教科書に載った

日本史人物
1000人
知っておきたい伝記・評伝

日外アソシエーツ

1000 Persons appeared in School Textbooks of Japanese History

Guide to Biographies

Compiled by

Nichigai Associates, Inc.

©2018 by Nichigai Associates, Inc.

Printed in Japan

本書はディジタルデータでご利用いただくことが
できます。詳細はお問い合わせください。

●編集担当● 城谷 浩／山本 幸子
装丁：小林 彩子（flavour）

刊行にあたって

　学校の歴史の授業では、古代から現代までの人物、国名・地名、事件・制度・年代、書物・作品など、多くの事柄を学ぶ。人名や年号は憶える項目が多く、暗記偏重となることへの批判がある。一方、歴史の教科書を通して出会い、学んだ人物や地域・時代への関心が、その後の大学での専攻、職業選択のきっかけとなることも多い。また教科書は、学習指導要領の改訂とともに、新しい歴史認識や、政治・社会情勢、人物研究の動向が採り入れられている。聖徳太子が存命当時の呼び名に沿った厩戸王の名になった、坂本龍馬の削除が提案された、などはニュースに取り上げられ、大きな話題となった。

　本書は、歴史教科書に載った人物をより深く知るための伝記案内ツールである。日本史、世界史の２冊構成で、高等学校の教科書で採りあげられる人物を収録する。人物ごとに生没年とプロフィールを付し、人物を深く知るための伝記・日記・書簡集・資料集・人物論などの伝記図書の情報を収録する。

　日本史では、記紀神話や邪馬台国の時代から、古代、中世、近世、近代を経て、昭和・平成の現代まで、教科書に掲載された日本史上の1,233人を収録、人物を深く知るための伝記文献9,664点を掲載した。天武天皇、織田信長、大久保利通ら時代を切り拓いた著名な人物、大和朝廷に敗れた阿弖流為（あてるい）、紫式部、千利休ら文化史上の人物、平成の時代に再評価された外交官の杉原千畝など、幅広い人物を収録している。

　編集にあたっては、誤りのないよう努めたが、人物確認や文献収録になお不十分な点もあるかと思われる。お気づきの点はご教示をいただければ幸いである。本書が、教科書から一歩深く学ぶ調べ学習や、かつて教科書で学んだ人物をあらためて学ぶための、コンパクトなツールとして、活用いただければ幸いである。

　2018 年 10 月

　　　　　　　　　　　　　　　　　　　　日外アソシエーツ

凡　　例

1．本書の内容

　　本書は、高等学校の日本史の教科書に記載された人物を知るための伝記文献を収録した文献目録である。

2．収録の対象

(1)　高等学校の地理歴史科「日本史Ｂ」「日本史Ａ」教科書（2014 年度版）に記載された日本史上の人物を収録した。チンギス・ハン、チャーチルなど世界史上の人物は収録対象外とした。

(2)　伝記文献は、国内で 1945 年（昭和 20 年）から 2018 年（平成 30 年）9 月までに刊行された伝記、評伝、自伝、日記、書簡集等の図書の中から、新しい図書を優先し、原則、1990 年（平成 2 年）以降に刊行された図書を、各人物に最大 30 点まで収録した。

(3)　収録人数は 1,233 人、伝記文献は 9,664 点である。

3．見出し

(1)　被伝者の人名を見出しとした。見出し人名は、教科書に記載された人名表記・よみのうち、一般に最も知られているものを採用し、雅号・別名・別よみ等からは、必要に応じて参照項目を立てた。

(2)　人名の使用漢字は、原則として常用漢字、新字体に統一した。人名のよみは現代かなづかいで示した。

(3)　西洋人は「姓」または「姓，名」形のカタカナ表記を見出しとし、原綴を付した。

4．見出しの排列

(1)　人名見出しは、読みの五十音順に排列した。

(2)　濁音・半濁音は清音、促音・拗音は直音とみなし、長音符は無視した。

(3) 同読みの場合は同じ表記のものをまとめた。

(4) 読み、表記とも同一の人物は、活動時期の古い順に並べた。

５．伝記文献の排列

人名見出しの下に、出版年月の新しい順に排列した。

６．記載事項

見出し人名／よみ

　生没年／別名など／プロフィール

〈伝記文献〉

　◇書名／副書名／巻次／各巻書名／版表示／シリーズ名／出版者／出版年月／ISBN（Ⅰで表示）／内容

7．書誌事項等の出所

本書に掲載した人物、伝記文献の書誌事項等は、主に次の資料に拠っている。

〈人 物〉

『日本史用語集　Ａ・Ｂ共用』

　（全国歴史教育研究協議会編、山川出版社、2014）

『新訂増補　人物レファレンス事典　古代・中世・近世編』

　（日外アソシエーツ、1996）

『新訂増補　人物レファレンス事典　古代・中世・近世編Ⅱ（1996-2006）』

　（日外アソシエーツ、2007）

『新訂増補　人物レファレンス事典　明治・大正・昭和（戦前）編』

　（日外アソシエーツ、2000）

『新訂増補　人物レファレンス事典　明治・大正・昭和（戦前）編Ⅱ（2000-2009）』（日外アソシエーツ、2010）

『新訂増補　人物レファレンス事典　昭和（戦後）・平成編』

　（日外アソシエーツ、2003）

『新訂増補　人物レファレンス事典　昭和（戦後）・平成編Ⅱ（2003-2013）』

　（日外アソシエーツ、2013）

『外国人物レファレンス事典　古代 - 19 世紀』（日外アソシエーツ、1999)

『外国人物レファレンス事典　古代 - 19 世紀 II（1999-2009)』
（日外アソシエーツ、2009 〜 2010)

『外国人物レファレンス事典　20 世紀』（日外アソシエーツ、2002)

『外国人物レファレンス事典　20 世紀 II（2002-2010)』
（日外アソシエーツ、2011 〜 2012)

〈伝記文献〉

『伝記・評伝全情報（45/89 〜 2010-2014 の各版)』（日外アソシエーツ、
1991 〜 2014)

データベース「bookplus」日外アソシエーツ

JAPAN/MARC

【あ】

鮎川義介　あいかわよしすけ

1880～1967　明治～昭和期の実業家, 政治家。参議院議員。日産コンツェルンの創始者。戦後参議院議員となる。

◇日産の創業者鮎川義介　宇田川勝著　吉川弘文館　2017.3　①978-4-642-08312-6

◇鮎川義介―日産コンツェルンを作った男　堀雅昭著　弦書房　2016.3　①978-4-86329-131-7

◇鮎川義介と経済的国際主義―満洲問題から戦後日米関係へ　井口治夫著　名古屋大学出版会　2012.2　①978-4-8158-0696-5　＊日産財閥を満洲に移駐してその経済開発を一手に担った男の、経済的自由主義のヴィジョンとは何か。統制経済と闘い、米国資本導入による日満の開発によって、日米開戦回避のために死力を尽くした希代の経営者の活動をダイナミックに描き、日米関係史の忘れられた水脈を浮かび上がらせる。日産自動車創業者の知られざる闘い。

◇重化学工業の開拓　2　鮎川義介・豊田喜一郎　宇田川勝述　法政大学イノベーション・マネジメント研究センター　（Working paper series　日本の企業家史戦前編―企業家活動の「古典」に学ぶ）2010.1

◇自動車が走った―技術と日本人　中岡哲郎著　朝日新聞社　（朝日選書）　1999.1　①4-02-259718-6　＊自動車を作ろうとした日本人が、作ろうとすることを通して、また自動車を街に走らせようとして、どのような現実を発見したか。

相沢三郎　あいざわさぶろう

1889～1936　大正, 昭和期の陸軍軍人。中佐。永田事件の首謀者。

◇永田鉄山昭和陸軍「運命の男」　早坂隆著

文芸春秋　（文春新書）　2015.6　①978-4-16-661031-0

相沢忠洋　あいざわただひろ

1926～1989　昭和期の考古学者。赤城人類文化研究所長。岩宿遺跡を発見、縄文時代以前に旧石器時代があったことを立証。著書に「岩宿の発見」など。

◇岩宿遺跡の発見者―人間 "相沢忠洋" を語る　相沢貞順著　ノンブル社　2017.11　①978-4-86644-008-8

◇岩宿発見以後の相沢忠洋―妻千恵子の思いと葛藤　野間清治顕彰会20周年記念　相沢千恵子著, 野間清治顕彰会広報総部編　野間清治顕彰会　（ふるさとの風）　2017.10

◇在野の考古学者相沢忠洋―赤城南麓岩宿の地に古代の光を灯した人　加藤正義著　白樺図書（製作）　2007.3　①978-4-9902905-1-1

◇相沢忠洋―「岩宿」の発見幻の旧石器を求めて　相沢忠洋著　日本図書センター　（人間の記録）　1998.8　①4-8205-4325-3

会沢安　あいざわやすし

1782～1863　会沢正志斎（あいざわせいしさい）とも。江戸時代後期の儒学者, 水戸藩士。水戸斉昭の藩政改革の中心的人物。尊皇攘夷論を唱え、彰考館総裁、藩校弘道館の初代総教となる。著作に「新論」「言志篇」など。

◇会沢正志斎の晩年と水戸藩―国立国会図書館所蔵『会沢正志斎書簡』解題と翻字　井坂清信著　ぺりかん社　2017.1　①978-4-8315-1461-5

◇会沢正志斎の生涯　安見隆雄著　錦正社　（水戸の人物シリーズ）　2016.5　①978-4-7646-0126-0

◇会沢正志斎書簡集　会沢正志斎著, 大阪大学会沢正志斎書簡研究会編　思文閣出版　2016.3　①978-4-7842-1828-8

靉光　あいみつ

1907～1946　昭和期の洋画家。美術文化協会結成に参加、新人画会を興す。作品

に「眼のある風景」「自画像」など。

◇池袋モンパルナスそぞろ歩き―培風寮/花岡謙二と靉光　尾﨑真人監修.・編集　オクターブ　（池袋モンパルナス叢書）2013.3　Ⓘ978-4-89231-115-4

◇戦没画家靉光の生涯―ドロでだって絵は描ける　窪島誠一郎著　新日本出版社2008.11　Ⓘ978-4-406-05178-1
＊暗黒の戦争下、あれほど強くひたむきに靉光を画道に駆りたてた魂の源泉に迫る。

▌ **亜欧堂田善**　あおうどうでんぜん
1748～1822　江戸時代中期、後期の銅版画家,陸奥白河藩士。本名、永田善吉。

◇亜欧堂田善の生涯と蘭学　磯崎康彦著玲風書房　2015.5　Ⓘ978-4-947666-67-3

◇江戸の銅版画　新訂版　菅野陽著　臨川書店　2003.3　Ⓘ4-653-03914-3
＊キリシタン時代の宗教銅版画以降、とかく実用的な考えに左右されがちだった日本の銅版画に洋風画的構成を求め苦闘したのは司馬江漢、亜欧堂田善、安田雷洲ら江戸系の画家たちが主だった。銅版画実作者ならではの視点で彼等の業績を解き明かす好著。論文2篇、索引を増補し、新訂版として再刊する。

▌ **青木昆陽**　あおきこんよう
1698～1769　江戸時代中期の儒学者,書誌学者,蘭学者。享保の改革に寄与。

◇青木昆陽伝記・事蹟　青木七男編　青木七男　2012.6

◇芋奉行 青木昆陽　羽太雄平著　光文社（光文社時代小説文庫）　2000.1
Ⓘ4-334-72941-X
＊書物御力掛かりを勤める青木文蔵（昆陽）は、寺社奉行・大岡越前守の命を受け、「古書探索」の旅に出た。連れは御庭番の左吉と剣術修行の松浦慎次郎。甲州道中、二人は怪しい襲撃者から文蔵を守る。世俗に疎く、非力な文蔵だが、やがて「古書採集」の旅の背後に、隠し金山を巡る暗闘が存在することに気付く。薩摩芋の栽培を奨励した男が

謎を解く、痛快ユーモア道中記。

▌ **青木繁**　あおきしげる
1882～1911　明治期の洋画家。浪漫性の強い文学的作風に特色を示す。作品に「海の幸」「わだつみのいろこの宮」など。

◇青木繁―世紀末美術との邂逅　高橋沙希著　求龍堂　（KYURYUDO LIBRARY求龍堂美術選書）　2015.3
Ⓘ978-4-7630-1513-6

◇青木繁とその情熱　かわな静著　てらいんく　2011.7　Ⓘ978-4-86261-085-0
＊房州布良の海の美しさに感動した繁は、古事記の神話をモチーフに名画を残した。「海の幸」は油彩画で重要文化財第一号という栄誉を与えられた。

◇悲劇の洋画家 青木繁伝　渡辺洋著　小学館　（小学館文庫）　2003.1
Ⓘ4-09-405371-9
＊日本の洋画史上に輝く名画『海の幸』（本書カバーに使用）をはじめとして物語性に富む名作を残し、二十九歳の若さで夭折した洋画家、青木繁。「天才」「鬼才」の称号をほしいままにしながら、その短い人生は波乱の連続だった。描くことにしか意味を見出せず、他人との関係を築けない一匹狼性格の故に、貧困に苦しみ、画壇からは見放され、ついには親兄弟にも見捨てられ、孤独のまま福岡の地でこの世を去った。青木と同郷に育った著者が、その裸の人間像に迫る。

▌ **青木周蔵**　あおきしゅうぞう
1844～1914　明治期の外交官,政治家。子爵,貴族院議員。日英通商航海条約を締結。外相、駐米大使などを歴任。

◇青木周蔵―渡独前の修学歴　森川潤著丸善出版　（広島修道大学学術選書）2018.6　Ⓘ978-4-621-30303-0

◇青木農場と青木周蔵那須別邸　岡田義治,磯忍著　随想舎　2001.11
Ⓘ4-88748-064-4
＊明治期、広大な那須野ヶ原を舞台に大農場の開拓建設に情熱を注いだ青木周蔵の足跡と、国重文に指定された那須

別邸の建築学的意味に迫る。

◇青木周蔵―日本をプロシャにしたかった男　下巻　水沢周著　中央公論社　（中公文庫）　1997.7　①4-12-202897-3

◇青木周蔵―日本をプロシャにしたかった男　中　水沢周著　中央公論社　（中公文庫）　1997.6　①4-12-202874-4
＊医学生から外交官への転身。プロシャ貴族の娘エリザベートとの結婚。幕末の不平等条約改正と憲法制定、そして若き軍医森林太郎との劇的な出会い―。自ら「世界男」と自負してはばからなかった明治の異才官僚、青木周蔵の波瀾万丈の生涯と日本の近代外交創成の日々を活写する。全三巻。

◇青木周蔵―日本をプロシャにしたかった男　上巻　水沢周著　中央公論社　（中公文庫）　1997.5　①4-12-202856-6

明石順三　あかしじゅんぞう
1889～1965　大正, 昭和期のキリスト教徒。エホバの証人の信者となり、灯台社を設立。

◇兵役を拒否した日本人―灯台社の戦時下抵抗　稲垣真美著　岩波書店　（岩波新書）　1993.1　①4-00-415019-1
＊昭和14年、ほぼ時を同じくして3人の兵士が上官に兵役拒否を申し出た。彼らが所属するキリスト教集団灯台社は、以後苛酷な弾圧にさらされる。兵役を拒否し、信仰を貫くという行為に直面して、戦争への道を疾走しはじめていた軍隊や国家は、どのような本質を露呈したか。関係者の証言や新資料により、抵抗者たちの生き方を描く。

◇戦争と聖書―兵役を拒否した灯台社の人々と明石順三　津山千恵著　三一書房　1988.10

赤松克麿　あかまつかつまろ
1894～1955　明治～昭和期の社会運動家, 政治家。衆議院議員。日本国家社会党を結成。著書に「日本社会運動史」。

◇現代日本思想大系 15　筑摩書房　1963

赤松則村　あかまつのりむら
1277～1350　赤松円心（あかまつえんしん）とも。鎌倉時代後期, 南北朝時代の武将, 法名円心, 播磨守護。

◇赤松円心・満祐　〔新装版〕　高坂好著　吉川弘文館　（人物叢書）　1988.9　①4-642-05130-9
＊建武の中興と足利政権の樹立に対して赤松円心の果した役割は大きかった。やがて赤松氏は播磨・備前・美作・摂津を併領する大守護となり幕府柱石の一家となったが、満祐のとき将軍義教の強圧に反撥してこれを弑逆した（嘉吉の変）。その後零落した家運が政則によって再興されるまでの転変の歴史を、地理及び文化史等の面と併せ描いて興味深い。

◇赤松円心則村とその一族　井戸誠一著　中央出版　1981.3～1982

赤松満祐　あかまつみつすけ
1373～1441　室町時代の武将, 播磨・備前・美作守護。将軍義教を猿楽の宴席で謀殺（嘉吉の乱）。後に山名・細川氏らによって追討されて自殺。

◇赤松物語 嘉吉記　矢代和夫著　勉誠社　（日本合戦騒動叢書）　1994.6　①4-585-05101-5
＊「これでは信義が通らぬ。やむをえぬ、将軍を弑し奉る」―赤松満祐一族は、ついに将軍義教を殺害する。中世・下剋上の世界。

◇赤松円心・満祐　〔新装版〕　高坂好著　吉川弘文館　（人物叢書）　1988.9　①4-642-05130-9
＊建武の中興と足利政権の樹立に対して赤松円心の果した役割は大きかった。やがて赤松氏は播磨・備前・美作・摂津を併領する大守護となり幕府柱石の一家となったが、満祐のとき将軍義教の強圧に反撥してこれを弑逆した（嘉吉の変）。その後零落した家運が政則によって再興されるまでの転変の歴史を、地理及び文化史等の面と併せ描いて興味深い。

赤松麟作　あかまつりんさく

1878〜1953　明治〜昭和期の洋画家。関西女子美術学校校長，大阪市立美術研究所教授。風俗画を得意とし，作品に「夜汽車」「迷児」など。

◇夜汽車の人―赤松麟作反骨の生涯　上村敦之著　美作出版社　（作州文庫）　1987.9

秋山真之　あきやまさねゆき

1868〜1918　明治，大正期の海軍軍人。中将。日露戦争時、参謀として日本海海戦の作戦を立案。

◇若き日本の肖像――一九〇〇年、欧州への旅　寺島実郎著　新潮社　（新潮文庫）
　2014.8　①978-4-10-126141-6
　＊20世紀を解読する「知の遠近法」。夏目漱石、秋山真之、南方熊楠…新世紀の熱い息吹に触れた若き日本人の精神と足跡。1900年の欧州で、彼らは何を見たか―。

◇秋山好古と秋山真之―日露戦争を勝利に導いた兄弟　楠木誠一郎著　PHP研究所（PHP文庫）　2011.11
　①978-4-569-67736-1
　＊「日本騎兵の父」と称えられた兄・好古。名将・東郷平八郎から「智謀湧くが如し」と絶賛された弟・真之。この兄弟を抜きにして日露戦争は語れまい。礼儀作法を重んじ、無欲恬淡、豪放磊落な兄と、形式にとらわれず、つねに本質を見極めた天才肌の弟。全く異なる性格だが、ふたりとも戦場ではつねに作戦のことしか考えなかったという。人間的な魅力溢れるこの兄弟の知られざる素顔に迫る人物評伝。

◇秋山真之の謎を解く　片上雅仁著　アトラス出版　2010.12　①978-4-901108-91-1
　＊「本日天気晴朗ナレドモ浪高シ」に込められた意味は？　正岡子規との魂の交流、幻の水雷奇襲戦法、日露戦争後の活躍、これまでの評伝ではほとんど触れられなかった晩年の宗教への傾倒など、秋山真之の全生涯を徹底検証し、その真相に迫る。圧倒的な最新評伝。

◇軍談 秋山真之の日露戦争回顧録　新人物往来社編　新人物往来社　（新人物文庫）
　2010.2　①978-4-404-03809-8
　＊日露戦争で日本の勝利を決定づけた日本海海戦に連合艦隊の作戦参謀として活躍した秋山真之。名文家としても知られた秋山だが、海軍部内の雑誌寄稿文を集めた『軍談』以外、一般向きの著作はない。「戦機は…これを謀るは人にあり、これをなすは天にあり」―"奇跡的"な大勝利となった黄海海戦と日本海海戦を回想しつつ、その戦闘経過と勝因を簡潔、的確に総括している。ほかに昭和十年（一九三五）の日露戦争三十周年企画の大座談会「参戦二十提督日露大海戦を語る」「参戦二十将星日露大戦を語る」から、陸海の戦闘に従事した当時の参謀・将校の貴重な証言を採録。

◇子規と「坂の上の雲」　石原文蔵著　新講社　2010.2　①978-4-86081-316-1
　＊青年はエンピツと手帳をもって、郊外に出た。もう一人は軍艦に乗った。二人の軌跡がふたたび交わるとき文章日本語は一つの成熟に達した。日本人が「リアリズム」を獲得してゆく物語。

◇アメリカにおける秋山真之　中　米西戦争を観る　島田謹二著　朝日新聞出版　（朝日文庫）　2009.12　①978-4-02-261648-7
　＊スペインに勝利したアメリカは大胆にも次の仮想敵をイギリスと定め、海軍大拡張計画を挙国一致で推進する。カリブ海海戦に立ち会い、この荒々しい息吹を肌で感じとった観戦武官・秋山真之は、来るべきロシアとの決戦を胸に秘め、あるべき日本海軍の戦略に思いを馳せる。

◇アメリカにおける秋山真之　下　日露開戦に備えて　島田謹二著　朝日新聞出版（朝日文庫）　2009.12
　①978-4-02-261649-4
　＊連合艦隊作戦参謀・秋山真之はバルチック艦隊を迎え撃ち、日本を勝利に導いた。世界を震撼させたその戦略・戦術を、若き秋山はカリブ海海戦に勝利したアメリカ北大西洋艦隊から学びとる。謎多きアメリカ留学2年の日々を本書が詳述する！　日本エッセイストクラブ賞受賞。

◇秋山真之―日本海海戦を勝利へ導いた名

参謀　歴史街道編集部編　PHP研究所
（「歴史街道」select）　2009.12
①978-4-569-77509-8
＊「皇国の興廃この一戦にあり、各員一層
奮励努力せよ」バルチック艦隊に完
勝！　奇跡の作戦を編み出し、日本軍を
勝利へ導いた男の真実。

◇天気晴朗ナレドモ波高シ―「提督秋山真
之」と「日本海海戦誌」　秋山真之会編
毎日ワンズ　2009.12
①978-4-901622-45-5

◇アメリカにおける秋山真之　上　米国海
軍の内懐（うちふところ）に　島田謹二著
朝日新聞出版　（朝日文庫）　2009.11
①978-4-02-261647-0
＊著者の島田謹二は、『坂の上の雲』の文
庫解説を執筆し、司馬遼太郎が深く敬愛
した碩学の人である。「外国に学ぶだけ
ではダメだ。エッセンスを使いこなせ
るようにならねば」若き日にアメリカ
留学を命じられた秋山真之は、理想に
燃えて米海軍の機密情報に接するが…。

◇秋山兄弟　好古と真之　森悠也著　学研パ
ブリッシング　（学研M文庫）　2009.11
①978-4-05-901251-1
＊新興国、明治の日本が一等国をめざし、
強国ロシアと戦った日露戦争。その日
露戦争において日本初の騎兵を率い、
黒溝台、奉天で大活躍した秋山好古、日
本海海戦で連合艦隊作戦参謀として勝
利をもたらした真之。泣き虫と腕白
だった少年時代から、「坂の上の雲」を
めざし、明治という時代を駆け抜けた
兄弟の実像を時代背景とともに描く。

◇知将秋山真之―ある先任参謀の生涯　生
出寿著　光人社　（光人社NF文庫）
2009.11　①978-4-7698-2624-8
＊日本海海戦で連合艦隊を勝利に導いた
作戦参謀はいかなる人物だったのか。
『坂の上の雲』の主人公知謀湧くがごと
き戦術家の生涯。

◇秋山真之のすべて　新人物往来社編　新
人物往来社　（新人物文庫）　2009.10
①978-4-404-03752-7
＊海軍きっての戦術家として日本海海戦
を完勝に導いた秋山真之。「智謀湧くが

ごとし」と形容された男の生涯とその
秘密を探る。

◇秋山真之　秋山真之会編　マツノ書店
2009.4

◇日本海海戦とメディア―秋山真之神話批
判　木村勲著　講談社　（講談社選書メチ
エ）　2006.5　①4-06-258362-3
＊連合艦隊司令長官・東郷平八郎とその参
謀・秋山真之。この軍神と天才によって
敢行された丁字戦法によって、連合艦
隊はロシアのバルチック艦隊を撃破―。
日本海海戦の勝利は胸のすく快挙として
昭和の軍国主義イデオロギーの核心を
形成していく。その伝説の影響は今日
にも及ぶといって過言ではない。これ
まで明らかにされることのなかった史
実を、第一級史料『極秘明治三十七八年
海戦史』を丹念に読み解き、浮き彫りに
するとともに、神話を作りあげていっ
たメディアの側をも批判的に検証する。

◇百年目の波濤―智謀の提督秋山真之の生
涯　石丸淳也著　光人社　2006.1
①4-7698-1279-5
＊日本海海戦で先任参謀として連合艦隊の
作戦指揮を執り、日本を勝利に導いた
海の男の航跡。明治人の思考、行動を
知り、日本の自立を考える歴史人物伝。

◇ロシヤ戦争前夜の秋山真之―明治期日本
人の一肖像　上（1900年2月―1902年7月）
島田謹二著　朝日新聞社　2005.9
①4-86143-064-X

◇ロシヤ戦争前夜の秋山真之―明治期日本
人の一肖像　下（1902年7月―1904年2月）
島田謹二著　朝日新聞社　2005.9
①4-86143-065-8

◇秋山真之のすべて　新装版　生出寿他著
新人物往来　2005.4　①4-404-03240-4
＊日本海大海戦勝利の名参謀・秋山真之
の劇的な生涯。

◇秋山真之　田中宏巳著　吉川弘文館　（人
物叢書 新装版）　2004.9
①4-642-05230-5

◇アメリカにおける秋山真之　上巻　島田
謹二著　朝日新聞社　（朝日選書）
2003.6　①4-925219-61-8

◇アメリカにおける秋山真之　下巻　島田
謹二著　朝日新聞社　（朝日選書）
2003.6　①4-925219-62-6

◇秋山真之―伝説の名参謀　神川武利著
PHP研究所　（PHP文庫）　2000.2
①4-569-57343-6
＊バルチック艦隊を日本海軍が破ることが
できるか―。これが日露戦争の勝敗を決
する最も大きな分水嶺であった。国家
存亡の危機に立った明治日本が、まさ
に背水の陣で戦った「日本海海戦」。伝
説の如く語り継がれるその勝利に日本
を導いたのが、参謀・秋山真之である。
この一戦に勝つために生まれて来たか
のような、彼の戦略・戦術に賭けた生涯
を勇壮に描き上げる、長編歴史小説。

◇秋山真之―日本海海戦の名参謀　中村晃著
PHP研究所　1999.4　①4-569-60514-1
＊秋山の補佐役、飯田少佐は真之のこと
をこう評した。「あの人は確かに頭がよ
い。だから名参謀である。しかし頭が
よくなければ、単なる奇人にすぎない」
連合艦隊の中でひときわ異彩を放った秋
山真之。その才能を生かす土壌が当時
の日本海軍には確かにあった。高橋是
清、小村寿太郎、正岡子規ら明治の一流
人たちと共に生き、日本の名を世界に
知らしめた男の生き方とは。日露戦争
における海上作戦のほとんどを案出し、
みごとバルチック艦隊を撃滅した天才参
謀・秋山真之。その気骨あふれる生涯。

◇甦る秋山真之、その軍学的経営パラダイム
三浦康之著　ウェッジ　1996.7
①4-900594-21-0
＊明治史の傑出した人物の一人、もっと
も興味深い海軍名参謀は、かくて、新た
な姿で平成の世に生き生きと甦って来
る。注目すべき労作である。団塊の世
代よ、元気を出せ。新入社員よ、これだ
けは読んでおけ。昭和の企業参謀から
平成の後輩に贈る、『碁、このアジア的
経営パラダイム』の異才・三浦康之が放
つ第二弾。

◇知将秋山真之―ある先任参謀の生涯　生出
寿著　光人社　1996.5　①4-7698-0286-2
＊史馬遼太郎の名作『坂の上の雲』のヒー
ロー――。智謀湧くがごとき戦術家の生

涯。権威や形式にとらわれず、合理的
作戦計画を立案、日本を勝利に導いた
海の男を描く感動の人物伝。

◇智謀の人秋山真之　土門周平著　総合法
令出版　1995.2　①4-89346-429-9
＊日本海海戦を完全勝利に導いた不世出の
参謀の生涯。日本の難局を救った天才参
謀・秋山真之を土門周平が見事に描く。

◇ロシヤ戦争前夜の秋山真之―明治期日本
人の一肖像　島田謹二著　朝日新聞社
1990.5　①4-02-256142-4
＊ロシア海軍に勝利した日本海軍の戦略
戦術は、どのように練り上げられて
いったのか。連合艦隊司令長官・東郷
平八郎の参謀・秋山の足跡をたどりな
がら、彼の編み出した高等戦術と明治
海軍の実体を、第一級の極秘資料を駆
使し徹底的に解き明かす。

芥川龍之介

あくたがわりゅうのすけ
1892～1927　大正期の小説家。「羅生門」
「鼻」「蜘蛛の糸」「河童」など、古典に材
を取った美しい文体の短編の名作を数多
く発表。評論「芭蕉雑記」、随筆「侏儒の
言葉」などの著作もある。

◇芥川龍之介　新装版　鷺只雄編著　河出
書房新社　（年表作家読本）　2017.10
①978-4-309-02615-2

◇菊池寛随想　片山宏行著　未知谷
2017.8　①978-4-89642-534-5

◇芥川追想　石割透編　岩波書店　（岩波文
庫）　2017.7　①978-4-00-312012-5

◇芥川龍之介　新装版　笠井秋生著, 福田清
人編　清水書院　（Century books　人と
作品）　2016.8　①978-4-389-40104-7

◇芥川龍之介ハンドブック　庄司達也編
鼎書房　2015.4　①978-4-907282-13-4

◇芥川龍之介―生誕120年　関口安義編　翰
林書房　2012.12　①978-4-87737-340-5

◇芥川龍之介新論　関口安義著　翰林書房
2012.5　①978-4-87737-335-1

◇芥川龍之介と久米正雄―われら作家を目
指したり 図録　鎌倉市芸術文化振興財

団・国際ビルサービス共同事業体編　鎌倉市芸術文化振興財団・国際ビルサービス共同事業体　2011.10

◇芥川龍之介─〈不安〉の諸相と美学イデオロギー　藤井貴志著　笠間書院　2010.2　①978-4-305-70504-4
＊危機を表象するメタファーとして何度も亡霊的に回帰し続ける、芥川の「不安」。その「不安」の意味を同時代の中から、著者が設定するキーワード「美学イデオロギー」と共に追跡する。「ぼんやりした不安」は現代とどう切り結ぶのか─。

◇芥川龍之介書簡集　石割透編　岩波書店（岩波文庫）　2009.10　①978-4-00-360016-0
＊芥川龍之介の全書簡から代表的な書簡百八十通余を収録。芥川の書簡は、その生涯、文学、交遊を知るための第一級の資料であり、芥川文学の「詩と真実」を最もいきいきと伝える作品の一つである。日本近代文学での書簡文学の名品に挙げられる。

◇芥川龍之介と有島武郎─生の原拠と死の美学　吉田俊彦著　おうふう　2009.4　①978-4-273-03523-5

◇若き久米正雄・芥川龍之介・菊池寛─文芸雑誌『新思潮』にかけた思い　特別企画展　郡山市文学の森資料館　2008.11

◇藪の中の家─芥川自死の謎を解く　山崎光夫著　中央公論新社　（中公文庫）　2008.7　①978-4-12-205093-8
＊昭和二年七月二十四日未明、芥川龍之介は睡眠薬により、自らの死を選んだ…。しかし、致死量に至る睡眠薬の入手は、芥川の治療のために出された処方によれば困難である─主治医の日記、龍之介の書簡などから、自死の真相に迫る、渾身のノンフィクション。第十七回新田次郎文学賞受賞作。

◇芥川龍之介の手紙─敬愛する友恒藤恭へ　山梨県立文学館編　山梨県立文学館　2008.4

◇芥川龍之介の夢─「海軍機関学校」若い英語教官の日　清水昭三著　原書房　2007.3　①978-4-562-04056-8
＊少年時代の芥川龍之介の夢は、海軍士官になることだった。海軍機関学校の教官となって、その夢は半ば実現された。その彼は将来に備え、海外の敗戦物語や体験談などを士官教育の教材とした。連戦連勝の大日本帝国海軍には、まったく不要な教育であった。しかし、この彼の教育を受けたために、敗戦時大いに助かった士官たちがいた…。

◇人間・芥川龍之介─やさしかった、かなしかった… 没後80年記念特別展　仙台文学館編　仙台文学館　2007.3

◇追想芥川龍之介　改版　芥川文著, 中野妙子記　中央公論新社　（中公文庫）　2007.1　①978-4-12-204805-8

◇佇立する芥川龍之介　東郷克美著　双文社出版　2006.12　①4-88164-574-9

◇芥川龍之介の鎌倉物語─青春のうた　図録　富岡幸一郎監修, 鎌倉市芸術文化振興財団鎌倉文学館編　鎌倉市芸術文化振興財団鎌倉文学館　2006.9

◇芥川龍之介の愛した女性─「藪の中」と「或阿呆の一生」に見る　高宮檀著　彩流社　2006.7　①4-7791-1183-8
＊発見された新資料をもとに鬼才・高宮檀が天才・芥川龍之介のコードを読み解く！芥川文学の多層構造とそこに隠された女性たちの実像。

◇よみがえる芥川龍之介　関口安義著　日本放送出版協会　（NHKライブラリー）　2006.6　①4-14-084207-5
＊芥川龍之介とは、どのような人だったのか。芥川の生きた時代は、民主的な大正デモクラシーの風潮から昭和史に深い影をおとす戦争への道のりにあった。日本の歴史認識が問われる今日、この時代に生きた作家の時代観を読み解き、厭世的で芸術至上主義者という芥川神話を打ち破り、あらたな "読み" を提示する。

◇芥川龍之介と中島敦　鷺只雄著　翰林書房　2006.4　①4-87737-225-3

◇薄田泣菫宛芥川龍之介書簡解読と解説　薄田泣菫顕彰会　2005.11

◇芥川龍之介　関口安義著　日本放送出版協会　（NHKシリーズ　NHKカルチャーアワー 文学探訪）　2005.4

明智光秀

①4-14-910566-9

◇文豪ナビ芥川竜之介　新潮文庫編　新潮社（新潮文庫）　2004.11　①4-10-102500-2

◇芥川竜之介の歴史認識　関口安義著　新日本出版社　2004.10　①4-406-03111-1

◇芥川竜之介王朝物の背景　長野甞一著　勉誠出版　（智慧の海叢書）　2004.7　①4-585-07109-1

◇芥川竜之介と江戸・東京　神田由美子著　双文社出版　2004.5　①4-88164-560-9

◇芥川竜之介展―21世紀文学の預言者　神奈川文学振興会編　神奈川近代文学館　2004.4

◇芥川竜之介―その知的空間　関口安義編　至文堂　（「国文学解釈と鑑賞」別冊）　2004.1

明智光秀　あけちみつひで

1528？～1582　戦国時代, 安土桃山時代の武将。越前朝倉義景・足利義昭に仕え, のち織田信長の家臣となる。1571年近江坂本城主に, 1580年丹波亀山城主となる。1582年京都本能寺に主君信長を殺害したが, 山崎の戦いで羽柴秀吉に敗れ, 近江坂本に逃げ帰る途中, 土民に殺された。

◇光秀からの遺言―本能寺の変436年後の発見　明智憲三郎著　河出書房新社　2018.9　①978-4-309-22743-6

◇明智光秀残虐と謀略――一級史料で読み解く　橋場日月著　祥伝社　（祥伝社新書）　2018.9　①978-4-396-11546-3

◇信長・光秀の死亡史料　岸元史明著　国文学研究所　2018.7

◇生きていた光秀―本能寺の変　井上慶雪著　祥伝社　2018.2　①978-4-396-61640-3

◇明智光秀の正体　咲村庵著　ブイツーソリューション　2017.11　①978-4-86476-535-0

◇明智光秀の生涯と丹波福知山　小和田哲男監修　福知山市　2017.3

◇明智光秀　藤田達生, 福島克彦編　八木書店古書出版部　（史料で読む戦国史）　2015.10　①978-4-8406-2210-3

◇明智光秀「誠」という生き方　江宮隆之著　KADOKAWA　（新人物文庫）　2015.2　①978-4-04-601035-3

◇明智光秀の乱―天正十年六月政変 織田政権の成立と崩壊　小林正信著　里文出版　2014.7　①978-4-89806-417-7
　＊天正十年六月政変 織田政権の成立と崩壊。いわゆる「本能寺の変」で知られる明智光秀の謎は何を意味するのか。本書ではその実像と政変の動機に迫ることで, 日本史研究における中世と近世の間に生まれた空白の真実を解き明かす。

◇明智光秀―浪人出身の外様大名の実像　谷口研語著　洋泉社　（歴史新書y）　2014.5　①978-4-8003-0421-6
　＊光秀には納得できないこと, 信長にキレた理由があった！ 信頼できる史料から心に秘めた「叛意」に迫る注目の書！

◇明智光秀と斎藤利三　山元泰生著　学陽書房　（人物文庫）　2013.7　①978-4-313-75288-7
　＊これまで長きにわたり議論されてきた「本能寺の変」の真相が遂に明らかになった！ 文武両道にわたる卓抜した才腕で, 織田政権のナンバー2にまでのし上がった明智光秀とその筆頭重臣・斎藤利三（春日局の父親）―それは単なる「怨恨」でもなければ「野望」でもなかった。比叡山の焼き討ち以来, 相次いだ信長の非道・横暴と残虐行為に, 二人は「この天下を灰にしてはならない」と, 精鋭軍団を固めて起ち上がった！

◇信長政権―本能寺の変にその正体を見る　渡辺大門著　河出書房新社　（河出ブックス）　2013.4　①978-4-309-62456-3
　＊明智光秀はなぜ謀反を起こしたのか―異説・新説が飛び交い, いまだ論争が絶えない「本能寺の変」。光秀の性格はむしろ信長に似ていた？ 四国出兵は長宗我部氏討伐が目的ではなかった？ 信長は天皇を蔑ろにしていたわけではない？ 将軍・足利義昭の黒幕説は成り立たない？ 史料を真摯にひもときながら, 日本史永遠の謎を改めて検証。あわせて織田政権の実像を浮き彫りにする。

◇織田信長・明智光秀事典―異なるリー

ダーの生き方に学ぶ　加来耕三著　東京堂出版　2011.7　①978-4-490-10804-0
＊あなたは「信長」か「光秀」か―「不断の努力」「根源的なものを問い詰める姿勢」「分に応じた独創性」「飽くなき向上心」…。卓越したセンスを持っていた二人を、分けへだてたのはいったい何だったのか。

◇明智光秀転生―逆賊から江戸幕府黒幕へ　伊牟田比呂多著　海鳥社　2011.6　①978-4-87415-821-0
＊謀略渦巻く本能寺の変の真相と、敗将から転生して徳川幕府の黒幕・天海大僧正となり、争乱のない天下の実現をめざして勢威を振るった人物の生涯を追う。

◇明智光秀―戦国人物伝　加来耕三企画・構成・監修, すぎたとおる原作, 早川大介作画　ポプラ社　（コミック版日本の歴史）　2011.1　①978-4-591-12229-7
＊信長の天下統一を最後に阻んだ男！「敵は本能寺にあり！」の真意とは。

◇明智光秀―正統を護った武将　井尻千男著　海竜社　2010.6　①978-4-7593-1136-5
＊なぜ光秀は「本能寺の変」を起こしたのか？　永遠の逆賊、明智光秀像を覆す渾身のメタフィジカル・ヒストリー。

◇明智光秀　村田武著　鳥影社　2010.6　①978-4-86265-245-4
＊明智光秀の生涯を追って、本能寺の変の真相に迫る。謎の多い生誕から信長の家臣となるまでに培われた人格と宗教観・天皇観までをも信長と対比して検証し、ついに本能寺の変に到る経緯をあきらかにする。

◇明智光秀野望！　本能寺の変　新人物往来社編　新人物往来社　（新人物文庫）　2009.11　①978-4-404-03771-8
＊織田軍団の有力武将として頭角をあらわし、信長からも信頼された光秀は、なぜ謀反に踏みきったか―わずか十一日間で夢まぼろしと消えた"三日天下"の謎を追う。

◇雁の泪―天下泰平を願った智将―明智光秀　大岡成美著, ジャック幼児教育研究所編　講談社出版サービスセンター（製作）　2009.5　①978-4-87601-858-1

◇本能寺の変―光秀の野望と勝算　樋口晴彦著　学習研究社　（学研新書）　2008.8　①978-4-05-403857-8
＊戦国時代を震撼させた「本能寺の変」。織田家随一の智将と称された明智光秀がなぜ事変を引き起こしたのか。果たして光秀に勝算はあったのか。通説のイメージとは異なる光秀の実像と多くの謎に満ちた事変の実相に迫る。

◇明智光秀と旅―資料で再現する武人の劇的な人生　信原克哉著　ブックハウス・エイチディ　2005.9　①4-938335-20-4

◇俊英明智光秀―才気迸る霹靂の智将　学習研究社　（歴史群像シリーズ　「戦国」セレクション）　2002.8　①4-05-602839-7

◇明智光秀―叛逆者にあらずその真意は！本能寺の変より四二〇年　明智光秀研究会編　明智光秀研究会　2001.10

◇明智光秀―鬼退治の深層を読む　永井寛著　三一書房　1999.5　①4-380-99202-0
＊「本能寺の変」は鬼神・信長から天皇家を護るための戦いであった！　歴史の「オートシステム（天皇制の維持）」を見定めて書かれた、まったく新しい視点の論考、天皇家と光秀一族との関係を古代史から考える。

◇明智光秀　上　桜田晋也著　学陽書房　（人物文庫）　1998.11　①4-313-75064-9
＊美濃の名門・土岐源氏支流の明智氏。戦国の梟雄・斎藤道三の盟友として信頼厚かったが道三と共に一族は滅亡、残された若き嫡男・光秀に明智家の再興が託されたのだった…。歴史上の敗者ゆえに正史から抹殺され、謎とされてきた光秀の前半生の真実に迫る。

◇明智光秀　中　桜田晋也著　学陽書房　（人物文庫）　1998.11　①4-313-75065-7
＊諸国流浪の果てに越前朝倉氏に仕えた光秀は、時代の奔流の中で織田信長の客将となり、その天下取りの一翼を担うようになった。光秀が理想とする平和な世は近づいたのだろうか…。戦乱の時代にありながら天下万民の幸福を心から願った慈悲深い武将を全く新しい視点から活写する。

◇明智光秀　下　桜田晋也著　学陽書房
（人物文庫）　1998.11　Ⓘ4-313-75066-5
＊比叡山を焼討にし、一向一揆勢を鏖殺
し、天皇の地位をも越えようとしはじ
めた独裁者・信長。その矛先はやがて
光秀にも向けられた…。国家と国民を
「信長の狂気」による破滅から救った救
国的英雄・光秀蹶起の真相を、綿密な史
料調査と大胆な発想、雄渾の筆致で描
く注目の巨編。

◇逆臣・光秀の本懐　笹沢左保著　双葉社
（Futaba novels）　1998.8
Ⓘ4-575-00636-X
＊主君織田信長から、その政治的軍事的
手腕を高く評価されていた明智光秀の
窃かな心労は、天下人を自認する信長
の増長にあった。癇性と気まぐれ、股
肱の家臣さえ些細なことで追放し、あ
まつさえ気に入らなければ主はおろか
眷属までも殺戮する。そんな信長から、
いつか光秀の心は離れ、ついには主君
弑逆に至るのであった。

◇明智光秀―つくられた「謀反人」　小和田
哲男著　PHP研究所　（PHP新書）
1998.5　Ⓘ4-569-60109-X
＊信長家臣団のナンバーワンの座を秀吉
と競い合い、つねに良きライバルで
あった光秀。本来ならば名将として歴
史に名を刻むべき光秀が、日本史上最
悪の「主殺し」「叛臣」の烙印を押され
たのはなぜか。丹念な史料検証を通し
て、「金ヶ崎退き口」の真相や「本能寺
の変」などの謎を解明し、いままでに知
られていなかった新たな光秀像を描く。
『石田三成』に続き、敗者の実像に迫る
力作評伝の第二弾。

◇湖影―明智光秀とその妻熙子　中島道子著
KTC中央出版　1998.3　Ⓘ4-87758-079-4

▌浅井忠　あさいちゅう
1856〜1907　明治期の洋画家。京都高等
工芸学校教授，関西美術院初代会長。京都
洋画壇の育成に尽くす。作品に「収穫」
「グレーの洗濯場」「武士の山狩」など。

◇明治を彩る光芒―浅井忠とその時代　北
脇洋子著　展望社　2014.10

Ⓘ978-4-88546-288-7

◇縁木求魚―浅井忠評伝　前川公秀著　前
川公秀　2012.4

◇夢さめみれば―日本近代洋画の父・浅井
忠　太田治子著　朝日新聞出版　2012.1
Ⓘ978-4-02-250924-6
＊日本近代洋画の父。そう呼ばれる人物
がいるとすれば、黒田清輝ではなく、浅
井忠だ―。国粋主義の台頭とともに起
こった洋画排斥の嵐が吹き荒れるなか、
ひたすらカンバスに向かった一人の画
家を通して、激動の明治を描く。

◇浅井忠白書　馬淵礼子著　短歌研究社
（馬淵礼子評論集）　2006.7
Ⓘ4-88551-907-1
＊浅井忠没後百年を期してまとめられた―
正岡子規と交流の深かった洋画家浅井
忠を、歌人の目で捉えた異色の美術評
論集。浅井の故郷千葉県佐倉、留学先
のフランス・グレーにその足跡を辿る。

◇浅井忠　前川公秀執筆,日本アート・セン
ター編　新潮社　（新潮日本美術文庫）
1997.10　Ⓘ4-10-601546-3

◇京都近代美術の継承―浅井忠からいざよ
いの人々へ　前川公秀著　京都新聞社
1996.6　Ⓘ4-7638-0395-6
＊本書は、浅井忠の死去した明治四十年か
ら大正五年頃までの美術界の動向をと
らえながら、その中で活躍した浅井の
教え子たちに焦点をあてたものである。

◇水仙の影―浅井忠と京都洋画壇　前川公
秀著　京都新聞社　1993.1
Ⓘ4-7638-0305-0

▌浅井長政　あざいながまさ
1545〜1573　戦国時代の北近江の大名。
浅井久政の子。織田信長の妹お市と政略
結婚したが、のち越前朝倉氏と結び、信長
と対立。1570年姉川の戦いで敗れ、のち
小谷城で自殺。

◇浅井長政と姉川合戦―その繁栄と滅亡への
軌跡　太田浩司著　サンライズ出版　（淡
海文庫）　2011.10　Ⓘ978-4-88325-167-4
＊「長政軍は姉川の合戦で大敗していな
い」「浅井・朝倉同盟は存在しなかった」

―これが史料から読みとれる真実である。戦国史の多くの常識が江戸時代以降の創作物によってつくられたものであり、浅井長政に関するものも例外ではない。大河ドラマ「江〜姫たちの戦国〜」で時代資料提供者として活躍した著者が、最新の研究成果を基に、大河ドラマでは描かれることのなかった浅井長政の真実に迫る。

◇浅井氏三代　新装版　宮島敬一著　吉川弘文館　（人物叢書）　2008.2
　①978-4-642-05244-3
　＊北近江を舞台に、亮政・久政・長政と三代にわたる繁栄を誇った戦国大名浅井氏。「国衆」から下剋上して領国支配を展開。小さな戦国大名でありながら織田信長と互角に戦い、軍事的に敗れはしたが、畿内近国ゆえに中央政治史に大きな影響を与えた。北近江の地域社会が生んだ戦国大名浅井氏の足跡から浮かび上がる、新たな戦国大名像とその時代を描く。

◇死して残せよ虎の皮―浅井長政伝　鈴木輝一郎著　徳間書店　2000.7
　①4-19-861206-4
　＊家族を守るがゆえに向けた刃。切っ先は義理の兄・信長―。江北の麒麟・浅井長政の清冽たる生涯。歴史小説の新境地を拓く傑作。

◇浅井長政の決断―賢愚の岐路　笹沢左保著　角川書店　（角川文庫）　1990.10
　①4-04-130666-3
　＊天文14年（1545）、近江の戦国大名・浅井亮政は、死の床で"竜の夢"を見続けていた。その霊夢を受け継いだ側近の膳鬼は、亮政の死の3年後に誕生した孫・長政こそ竜の化身であると信じて疑わなかった―。祖父の遺訓と義兄・信長への忠誠との板挟みに苦悩し、ついに信長に叛旗を翻した戦国武将・浅井長政の謀叛決断に至る心の軌跡と、滅びの美学を描く長編歴史小説。

◇浅井長政　徳永真一郎著　光文社　（光文社時代小説文庫）　1990.4
　①4-334-71131-6
　＊父にまさる大器として家臣の信望厚く、江北の地に毅然と立つ長政は、天下人を目ざす織田信長の妹・お市を娶り、同盟を果たすが…。亮政―久政―長政と三代つづいた浅井家の興亡を描いた長編歴史傑作小説。

朝河貫一　あさかわかんいち

1873〜1948　明治〜昭和期の歴史学者。エール大学名誉教授。比較法制史を研究。著書に「日本の禍機」「The Documents of Iriki」など。

◇朝河貫一資料―早稲田大学・福島県立図書館・イェール大学他所蔵　山岡道男，増井由紀美，五十嵐卓，山内晴子，佐藤雄基著　早稲田大学アジア太平洋研究センター　（研究資料シリーズ）　2015.2

◇100年前からの警告―福島原発事故と朝河貫一　武田徹，梅田秀男，佐藤博幸著　花伝社，共栄書房〔発売〕　2014.5
　①978-4-7634-0701-6
　＊一時の国利と一〇〇年の国害。福島が生んだ知られざる巨人・朝河貫一が問いかけるもの。有史以来、最大かつ最悪の原発事故を起こしてしまった日本人、その国民性への辛辣な指摘をどう受け止めるか？　日米開戦阻止に奔走した世界的歴史学者の生き方と哲学を追った、ポスト3.11時代の必読書！

◇朝河貫一と四人の恩師―岡田五兎・和田豊・能勢栄・蒲生義一　武田徹，佐藤博幸執筆・編集，梅田秀男，安西金造執筆，武田徹編著責任　朝河貫一博士顕彰協会（「ふくしま」が育んだ朝河貫一シリーズ）　2010.11　①978-4-9904747-1-3

◇朝河貫一論―その学問形成と実践　山内晴子著　早稲田大学出版部　（早稲田大学学術叢書）　2010.3　①978-4-657-10211-9

◇朝河貫一論―その学問形成と実践　山内晴子著　早稲田大学出版部　（早稲田大学モノグラフ）　2009.1　①978-4-657-08909-0

◇朝河貫一とその時代　矢吹晋著　花伝社，共栄書房（発売）　2007.12
　①978-4-7634-0508-1
　＊「日本の禍機」を警告し、アジアの平和外交を一貫して主張し続け、日米開戦前夜、ルーズベルト大統領の天皇宛親

書の草案を書いた朝河貫一。アメリカの日本史学の源流となり、ヨーロッパと日本の封建制の比較研究で、その業績を国際的に知られた朝河貫一。なぜ、日本で朝河史学は無視されたのか？巨人・朝河貫一の人と学問。よみがえる平和学、歴史学。

◇Kan'ichi Asakawa—A Historian Who Worked For World Peace　武田徹著　太陽出版　2007.6　Ⓘ978-4-88469-518-7
＊日露戦争から第2次世界大戦まで、日本の世界での生き方を終生訴え続けた孤高の世界的歴史学者朝河博士が、混迷を深めている今、再度脚光を浴びている。これ一冊で朝河博士の全体像がわかる。

◇「驕る日本」と闘った男—日露講和条約の舞台裏と朝河貫一　清水美和著　講談社　2005.9　Ⓘ4-06-213103-X
＊日本が戦勝気分に浮かれ、ナショナリズムが高揚したとき、「増長する日本人」に警鐘を鳴らした青年学者。日露戦争とポーツマス条約に焦点を当て、現代日本のあり方に一石を投じる問題作。

◇最後の「日本人」—朝河貫一の生涯　阿部善雄著　岩波書店　（岩波現代文庫　社会）2004.7　Ⓘ4-00-603094-0

◇朝河貫一新論—日本外交の理念　山内晴子著　東洋英和女学院大学大学院現代史センター　2003.2

◇朝河貫一—人・学問・思想 朝河貫一博士生誕一二〇周年記念シンポジウム　井出孫六ほか著　北樹出版　（叢書パイデイア）1995.6　Ⓘ4-89384-493-8
＊1993年開催された、世界的な歴史家朝河貫一博士の生誕120周年シンポジウムを、新しい研究成果とともにまとめ、「埋もれていた学究、国際的知識人」朝河貫一研究の一助となる。巻末に年譜及び著作・参考文献一覧を付す。

◇最後の「日本人」—朝河貫一の生涯　阿部善雄著　岩波書店　（同時代ライブラリー）1994.8　Ⓘ4-00-260195-1
＊日米の狭間で苦悩し、行動する明治人歴史家。

◇朝河貫一の世界—不滅の歴史家 偉大なる

パイオニア　朝河貫一研究会編　早稲田大学出版部　1993.9　Ⓘ4-657-93731-6

▎浅川巧　あさかわたくみ

1891～1931　大正、昭和期の朝鮮民芸研究家。朝鮮総督府林業試験所勤務。朝鮮民芸に深く傾倒し、ソウルに朝鮮民族美術館を開館。

◇道・白磁の人 浅川巧の生涯—民族の壁を超え時代の壁を超えて生きた人　小沢龍一著　合同出版　2012.6　Ⓘ978-4-7726-1083-4
＊1914年、日本が韓国を強制併合してから4年後の朝鮮半島。日本人「浅川巧」と朝鮮人「イチョンリム」は、林業技師として荒廃した山々を緑に戻すために、ともに歩き、ともに語り合い、特別な友情を育んで行く。しかしある事件がきっかけで、チョンリムは抗日運動の容疑で投獄されてしまう。時代が生んだ哀しい運命に抗おうとする浅川巧。果たして二人の行方は…。時代の壁を越える友情と人間愛を描く、史実から生まれた感動のヒューマン・ストーリーがここに誕生。

◇浅川伯教の眼＋浅川巧の心　里文出版編, 伊藤郁太郎監修　里文出版　2011.7　Ⓘ978-4-89806-373-6
＊「李朝」と「民芸」の源流は全部ここにあった！モノを愛することの意味を問う。悲運の歴史の中に埋れ、数奇な運命に翻弄された朝鮮陶磁器研究家兄弟の生涯に迫る。

◇回想の浅川兄弟　高崎宗司, 深沢美恵子, 李尚珍編　草風館　2005.9　Ⓘ4-88323-151-8
＊朝鮮の人と文物を愛した兄弟、浅田伯教・巧に関する心温まる追憶。

◇日韓交流のさきがけ—浅川巧　椙村彩著　揺籃社　2004.6　Ⓘ4-89708-208-0

◇朝鮮の土となった日本人—浅川巧の生涯　増補3版　高崎宗司著　草風館　2002.8　Ⓘ4-88323-126-7
＊韓国の山と民芸に身を捧げた日本人—韓国より半世紀ぶりに故郷に戻った「日記」を読み込み、最近数年にわたる

浅川巧をめぐる動きを追って、全面的に書き改めた増補三版。

◇朝鮮の土となった日本人―浅川巧の生涯　増補新版　高崎宗司著　草風館　1998.6　①4-88323-103-8
　＊韓国の山と民芸に身を捧げた日本人―韓国より半世紀ぶりに故郷に戻った「日記」を読み込み、最近数年にわたる浅川巧をめぐる動きを追って、全面的に書き改めた増補新版。

◇浅川巧全集　浅川巧著, 高崎宗司編　草風館　1996.11　①4-88323-092-9

◇白磁の人　江宮隆之著　河出書房新社　1994.5　①4-309-00908-5

▌**朝倉文夫**　あさくらふみお
1883～1964　明治～昭和期の彫刻家。東京美術学校教授。作品に「含羞」「いづみ」など。

◇朝倉文夫の青春　堀正三著　国文社　1976

▌**朝倉義景**　あさくらよしかげ
1533～1573　戦国時代の越前の大名。

◇朝倉義景　加来耕三企画・構成・監修、静霞薫原作、早川大介作画　ポプラ社　（コミック版日本の歴史　戦国人物伝）　2015.3　①978-4-591-14426-8

◇朝倉義景のすべて　松原信之編　新人物往来社　2003.8　①4-404-03133-5
　＊戦国大名・朝倉義景。激動の生涯を全調査。

◇越前 朝倉一族　松原信之著　新人物往来社　1996.11　①4-404-02412-6
　＊北陸に絢爛たる武家文化を誇った朝倉一族の栄光と滅亡を描く労作。

◇朝倉始末記　藤居正規著　勉誠社　（日本合戦騒動叢書）　1994.6　①4-585-05104-X
　＊朝倉義景は、越前一条谷に華やかな生活を送っていた。織田信長が攻め寄せた。一族の裏切りも出た。戦国時代、花と散った朝倉一族の興亡を描く。

▌**浅野総一郎**　あさのそういちろう
1848～1930　明治, 大正期の実業家。浅野財閥創業者。浅野セメントを中核として一代で浅野財閥を築く。

◇浅野総一郎―〈伝記〉浅野総一郎　浅野総一郎, 浅野良三著　大空社　（伝記叢書）　2010.11　①978-4-283-00826-7

◇浅野総一郎の度胸人生　新田純子著　毎日ワンズ　2008.8　①978-4-901622-31-8

◇九転十起の男―日本の近代をつくった浅野総一郎　新田純子著　毎日ワンズ　2007.4　①978-4-901622-21-9

◇その男、はかりしれず―日本の近代をつくった男浅野総一郎伝　新田純子著　サンマーク出版　2000.11　①4-7631-9346-5
　＊懸命だった。不器用だった。日本で初めて「会社組織」をつくる。日本で初めてコールタール事業に成功。日本で初めて「社内預金制度」を導入。日本で初めて「石油タンク」販売を開始。日本で初めて横浜―サンフランシスコ間航路を握る。日本で初めて労働者ストライキを受ける。日本で初めて昼夜兼業の銀行をつくる。日本で初めて東洋一のダムを築く。日本で初めて大規模埋立地を造成。西洋の200年を八十余年で駆け抜けた男の生涯。

◇稼ぐに追いつく貧乏なし―浅野総一郎と浅野財閥　斎藤憲著　東洋経済新報社　1998.11　①4-492-06106-1
　＊本書は、浅野総一郎とその一族の物語である。夜逃げ同然で故郷を離れ、東京へ出、また不況の1920年代、関連会社の業績不振で悩み、生涯に100を越える会社と関連をもった文字通りの事業王、明治時代のベンチャーに関する最初の研究書である。

◇人われを事業の鬼と呼ぶ―浅野財閥を創った男　若山三郎著　青樹社　1993.7　①4-7913-0769-0
　＊明治中期、廃物をとことん利用するその特異な商法で浅野セメントを興したのを礎に、一代にして大財閥を築き上げた傑物浅野総一郎の堂々たる生涯を活写する。

浅野長矩　あさのながのり

1667〜1701　江戸時代前期, 中期の大名。
播磨赤穂藩主。

◇考証風流大名列伝　稲垣史生著　立東舎
（立東舎文庫）　2016.10
①978-4-8456-2867-4

◇真説 赤穂銘々伝　童門冬二著　平凡社
（平凡社新書）　1999.11
①4-582-85027-8
＊松の廊下の刃傷から吉良邸討ち入り、
義士切腹までの一年十ケ月、この大事
件を担った人びとの真実の姿はどのよ
うなものだったのか。虚実さまざまな
イメージにとらわれてきた四十七士を
中心に、赤穂藩浅野家というユニーク
な風土に育まれた人間群像を、歴史人
物伝の達人が斬新な視点で描き出す。
現代にも通じる人間ドラマ「忠臣蔵」を
読み解くための必読人物列伝。

◇赤穂落城―元禄の倒産とその始末　童門冬
二著　経済界　1999.8　①4-7667-8188-0
＊倒産企業の後始末整理人・大石内蔵助
の生き方は、赤穂失業武士の名を末代
まで残した。大石内蔵助に学ぶ倒産（逆
境）の人間学。

◇元禄赤穂義士　山田啓太著　中央公論事
業出版〔制作〕, 丸ノ内出版〔発売〕
1998.12　①4-89514-140-3
＊元禄の泰平の世に衝撃を与えた赤穂事
件は、主君の仇を討つ忠義の物語とし
て、広く人口に膾炙している。しかし、
浅野内匠頭長矩が江戸城内で刀を抜い
た発端から吉良上野介義央の死まで、
事件には謎が満ちていた―。万巻の典
籍・史料を逍遥し、丹念に読み解くこと
によって、事件の核心に迫る。実証描
写で綴る歴史小説。

◇大石内蔵助と元禄・忠臣蔵の真実　伊藤
英一郎著　コスミックインターナショナ
ル　（コスモブックス）　1998.11
①4-88532-949-3

浅野長政　あさのながまさ

1547〜1611　安土桃山時代, 江戸時代前期
の武将, 大名。甲斐甲府藩主, 常陸真壁藩

主。五奉行の一人。

◇三英傑とともに歩んだ浅野長政―いちの
みやの戦国時代 平成二十八年度特別展
一宮市博物館編　一宮市博物館　2016.10

◇浅野長政とその時代　黒田和子著　校倉
書房　2000.10　①4-7517-3120-3

浅見絅斎　あさみけいさい

1652〜1711　江戸時代中期の儒学者。

◇靖献遺言　浅見絅斎著, 浜田浩一郎訳・解
説　晋遊舎　2016.7
①978-4-8018-0531-6

◇崎門三先生の学問―垂加神道のこころ
近藤啓吾著　皇学館大学出版部　2006.5
①4-87644-130-8

◇浅見絅斎の研究　増訂版　近藤啓吾著
神道史学会　（神道史研究叢書）　1990.6
①4-653-02143-0

◇叢書・日本の思想家　13　浅見絅斎　石
田和夫著　明徳出版社　1990.2

足利成氏　あしかがしげうじ

1434 ？〜1497　室町時代, 戦国時代の初代
の古河公方。鎌倉公方4代持氏の四男。

◇関東足利氏の歴史　第5巻　足利成氏とそ
の時代　黒田基樹編著　戎光祥出版
2018.2　①978-4-86403-276-6

足利尊氏　あしかがたかうじ

1305〜1358　足利高氏（あしかがたかう
じ）とも。鎌倉時代後期, 南北朝時代の室
町幕府初代の将軍。（在職1338〜1358）。
足利貞氏の子。母は上杉清子, 妻は赤橋登
子。元弘の変で幕命により上洛する途中、
北条氏に反旗を翻し、六波羅探題を攻略。
建武新政では勲功第一とされたが、後に
離反して持明院統の皇系を擁して後醍醐
天皇と対立し南北朝時代を招いた。北朝
のもと室町幕府を開き初代将軍となる。

◇足利尊氏と足利直義―動乱のなかの権威
確立　山家浩樹著　山川出版社　（日本史
リブレット人）　2018.2
①978-4-634-54836-7

足利尊氏

◇足利直義―兄尊氏との対立と理想国家構想　森茂暁著　KADOKAWA　（角川選書）　2015.2　Ⓘ978-4-04-703554-6

◇足利尊氏―その生涯とゆかりの名宝：開館三〇周年記念特別企画展　栃木県立博物館編　栃木県立博物館　2012.10　Ⓘ978-4-88758-069-5

◇足利尊氏と足利氏の世界　千田孝明著　随想舎　2012.10　Ⓘ978-4-88748-266-1
＊南北朝の嵐を駆け抜け室町幕府を開いた足利尊氏の生涯と、その尊氏を生んだ武家の名門足利氏の世界を探究した労作。

◇足利尊氏　加来耕三企画・構成・監修,すぎたとおる原作,早川大介作画　ポプラ社（コミック版日本の歴史　室町人物伝）　2012.7　Ⓘ978-4-591-12999-9
＊情け深く、人望厚き武将。新たな武士の世を切り開く。

◇足利尊氏と直義―京の夢、鎌倉の夢　峰岸純夫著　吉川弘文館　（歴史文化ライブラリー）　2009.6　Ⓘ978-4-642-05672-4
＊室町幕府成立後の尊氏・直義兄弟の確執は、義詮・直冬の争闘を経て、幕府と鎌倉府という二つの支配体制成立の要因となる。対立の実態を『太平記』などから当時の政治過程に位置づけて再現。神護寺三画像の比定も試みる。

◇室町記　山崎正和著　講談社　（講談社文芸文庫）　2008.9　Ⓘ978-4-06-290026-3
＊日本の歴史の中でも室町時代の二百年ほど、混乱の極みを見せた時代はなかった。が、一方では、その「豊かな乱世」は生け花、茶の湯、連歌、水墨画、能・狂言、作庭など今日の日本文化の核をなす偉大な趣味が創造された時代でもあり、まさに日本のルネサンスというべき様相を呈していた。史上に際立つ輝かしい乱世を、足利尊氏や織田信長らの多彩な人物像を活写しつつ、独自の視点で鮮やかに照射する。

◇足利尊氏―人と作品　河北騰著　風間書房　2005.5　Ⓘ4-7599-1506-0
＊武人にして文人、人間味あふれる尊氏の実像に迫る。

◇足利尊氏文書の総合的研究　本文編　上

島有著　国書刊行会　2001.2　Ⓘ4-336-04284-5
＊南北朝・室町時代は、古代からの引きつぎの文書とその変容、その後新たに成立した文書など、それぞれの様式、また多くの形式の文書が整然たる体系をもって出揃い、さらにそれに相応した料紙・封式その他の文書のかたちが整えられる。このような南北朝・室町時代の文書を取りあげる場合、まず触れなければならないのは足利尊氏の文書である。そこで本書では、足利尊氏文書の「総合的研究」をした。

◇風の群像―小説・足利尊氏　上　杉本苑子著　講談社　（講談社文庫）　2000.9　Ⓘ4-06-264995-0
＊天下取りの好機。後醍醐帝から討幕綸旨が下り、源氏の棟梁・足利尊氏は弟直義、高師直らと旗揚げして北条氏を討った。しかし "野草の群れ"、武士の暮しを守る武家政権を目指した尊氏と、親政を企む帝が対立。「土に根ざし汗にまみれた者たち」の幕府開設へ熾烈な戦いが始まった。好漢尊氏の魅力溢れる歴史長編。

◇風の群像―小説・足利尊氏　下　杉本苑子著　講談社　（講談社文庫）　2000.9　Ⓘ4-06-264996-9
＊幕府開府で戻った平穏も束の間、兄弟による二頭政治は綻び始めた。嫡子義詮を溺愛する尊氏に芽生えた、弟と己れの落し種直冬への疑心は、足利一門の骨肉相食む内乱を生んだ。燻る南朝の火種は燃え立ち、再び策謀渦まく権力興亡の世に。南北朝動乱を風のごとく駆け抜けた武士たちの春秋を描く、著者畢生の傑作。

◇足利尊氏―長編歴史小説　桜田晋也著　祥伝社　（祥伝社文庫）　1999.9　Ⓘ4-396-32714-5
＊足利尊氏は、武士の時代の潮流に乗って、「天皇」を戴きながら実権を握った。その結果、天皇が同時に二人在位するという日本史上未曾有の南北朝時代を出現させ、その影は戦国時代や近代史にまで及ぶ。彼は、鎌倉幕府の「後醍醐天皇に加担する楠木正成を討伐せよ」

足利尊氏

との命令を受けて京都へ出陣するが、一方では天皇から幕府討伐の命令を受けていた…。

◇日本中世史を見直す　佐藤進一，網野善彦，笠松宏至著　平凡社　（平凡社ライブラリー）　1999.2　Ⓝ4-582-76278-6
＊13世紀後半から14世紀にかけての「文明史的」「民族史的」な転換期。鎌倉幕府法の世界と、商業・金融の発展により激動し始めた社会の矛盾の中で中世社会はどのように変質していったのか。

◇天皇になろうとした将軍　井沢元彦著　小学館　（小学館文庫）　1998.4　Ⓝ4-09-402301-1
＊なぜ戦記を「大平」記と記したのだろうか？　金閣寺に塗り込められた足利義満の「野心」、金閣「寺」の命名に秘められた義満「暗殺」の真相、義満暗殺の「実行犯」と「大文字焼き」の秘密…。下克上の世に渦巻く権謀術数の闇を、日本史の"なぜ？"に挑み続ける著者が歴史推理の大ナタをふるい白日のもとにさらす。

◇足利尊氏　復刻版　山路愛山著　日本図書センター　（山路愛山伝記選集）　1998.1　Ⓝ4-8205-8239-9,4-8205-8237-2

◇足利尊氏　上巻　林青梧著　学陽書房　（人物文庫）　1997.10　Ⓝ4-313-75037-1

◇足利尊氏　下巻　林青梧著　学陽書房　（人物文庫）　1997.10　Ⓝ4-313-75038-X

◇足利尊氏文書の研究　小松茂美著　旺文社　1997.9　Ⓝ4-01-071143-4

◇足利尊氏女太平記　峰隆一郎著　広済堂出版　（広済堂文庫）　1995.4　Ⓝ4-331-60455-1

◇足利尊氏　童門冬二著　富士見書房　（時代小説文庫）　1994.12　Ⓝ4-8291-1258-1

◇足利尊氏—乱世の行動学　百瀬明治著　PHP研究所　（PHP文庫）　1993.11　Ⓝ4-569-56591-3
＊室町幕府の初代将軍・足利尊氏。戦前は逆賊とされ、正面から語られることのなかった尊氏に、初めて本格的な光をあてたのが本書。己れの目的のために知謀と行動力の限りを尽くし、天下

三分の乱世を雄々しく生き抜いた、新しいリーダー像がここにある。また、日本が今日のような日本になった直接の母胎として南北朝時代をとらえ、新しい時代論としても興味深い。

◇足利氏と足利尊氏　上島有述，亀岡市，亀岡市教育委員会編　亀岡市　（亀岡生涯学習市民大学）　1992.10

◇論集 足利尊氏　佐藤和彦編　東京堂出版　1991.9　Ⓝ4-490-20184-2

◇足利尊氏—物語と史蹟をたずねて　水野泰治著　成美堂出版　1991.8　Ⓝ4-415-06573-2
＊天下制覇を遂げた巨人の行動力と知謀。骨肉相はむ動乱の世を、尊氏はいかに生きたか…。後醍醐天皇を始めとする南北朝期の傑物像を浮き彫りにしながら、室町幕府の創設者として苦悩し逡巡し行動する尊氏の誕生から終焉までをビビッドに描く。

◇後醍醐天皇と足利尊氏—『太平記』の主人公　緒形隆司著　光風社出版　1991.2　Ⓝ4-87519-606-7
＊歴代天皇中でも、その剛毅な気質、決断力、行動力で群を抜き最も政治的であった後醍醐天皇と、武家の棟梁となるべき運命を自覚した足利尊氏の対決は、南北朝動乱を招き、楠木正成・正行、新田義貞等々の武人をもその渦中に巻込み、戦乱の世を造りだしたのであった…。

◇足利尊氏—天下を摑んだ男　竹内勇太郎著　光風社出版　1991.1　Ⓝ4-87519-181-2
＊天皇親政に執念を燃やす後醍醐天皇と、武家政権の復活をめざす足利尊氏の確執を軸に、「太平記」の周辺を描く書下ろし歴史長編。

◇足利尊氏の生涯と史蹟—太平記ガイド　下野新聞社　1991.1　Ⓝ4-88286-012-0

◇「太平記」足利尊氏に学ぶ大物になる悪の戦略戦術　後藤寿一著　日新報道　1991.1　Ⓝ4-8174-0252-0

◇南北太平記 足利尊氏　童門冬二著　創隆社　1990.11　Ⓝ4-88176-056-4
＊ときは鎌倉時代の末期—。北条氏の支配をつくがえすべく、後醍醐天皇の密

使は地方の有力武士のもとへと走った。そしてそれは、「三代ののちに天下を取れ」と遺言された足利尊氏のもとへやって来た。源氏の名門足利家の統領として生まれたゆえの、尊氏の悲劇を、新田義貞、楠木正成、護良親王らの多彩な人間群像とともに描き出す。

◇足利尊氏の生涯　童門冬二著　三笠書房（知的生きかた文庫）　1990.9
①4-8379-0408-4
＊「三代ののちに天下を取れ！」―鎌倉幕府の失政に端を発した日本史上空前の大騒乱期、源氏きっての名門、足利尊氏はこの "遺言" を胸についに立ち上がった。英主後醍醐帝との連携離反、宿敵新田義貞、楠木正成、護良親王との凄絶な戦いを通し、男のロマン、男の本懐をうたいあげる。

▎**足利直冬**　あしかがただふゆ
生没年不詳　南北朝時代,室町時代の武将。尊氏の庶長子。叔父直義の養子となり、直義が尊氏に毒殺された後は、実父尊氏に反旗を翻す。

◇足利直冬　瀬野精一郎著　吉川弘文館（人物叢書 新装版）　2005.6
①4-642-05233-X
＊南北朝時代の武将。足利尊氏の子に生まれながら認知されず、長門探題に任じられて下向途中で父尊氏の命を受けた軍勢に襲撃され、九州に逃亡。尊氏が誅伐命令を出すなか、九州・中国地方を転戦。一度は尊氏を京都から追い出したが、敗れて再び中国地方を放浪し、石見での長い隠棲生活の果て没した。その波瀾の生涯と激動の時代を描き出す本格的実伝。

▎**足利直義**　あしかがただよし
1306～1352　鎌倉時代後期、南北朝時代の武将, 副将軍。足利貞氏の子、尊氏の同母弟。兄とともに建武新政に協力したが、後に離反し鎌倉で護良親王を暗殺。室町幕府樹立後は実務面の最高実力者として尊氏との二頭政治をおこなうが、その後

反目し尊氏により毒殺された。

◇足利尊氏と足利直義―動乱のなかの権威確立　山家浩樹著　山川出版社　（日本史リブレット人）　2018.2
①978-4-634-54836-7

◇足利直義―下知、件のごとし　亀田俊和著　ミネルヴァ書房　（ミネルヴァ日本評伝選）　2016.10　①978-4-623-07794-6

◇足利直義―兄尊氏との対立と理想国家構想　森茂暁著　KADOKAWA　（角川選書）　2015.2　①978-4-04-703554-6

◇夢の中の問い―足利直義と『太平記』　理崎啓著　哲山堂　2011.9
①978-4-9905-1222-4

◇足利尊氏と直義―京の夢、鎌倉の夢　峰岸純夫著　吉川弘文館　（歴史文化ライブラリー）　2009.6　①978-4-642-05672-4
＊室町幕府成立後の尊氏・直義兄弟の確執は、義詮・直冬の争闘を経て、幕府と鎌倉府という二つの支配体制成立の要因となる。対立の実態を『太平記』などから当時の政治過程に位置づけて再現。神護寺三画像の比定も試みる。

▎**足利持氏**　あしかがもちうじ
1398～1439　室町時代の第4代の鎌倉公方。鎌倉公方3代満兼の子。

◇関東足利氏の歴史　第4巻　足利持氏とその時代　黒田基樹編著　戎光祥出版　2016.9　①978-4-86403-213-1

◇足利持氏　植田真平編著　戎光祥出版（シリーズ・中世関東武士の研究）　2016.5　①978-4-86403-198-1

▎**足利基氏**　あしかがもとうじ
1340～1367　南北朝時代の初代の鎌倉公方。足利尊氏の四男。

◇関東足利氏の歴史　第1巻　足利基氏とその時代　黒田基樹編　戎光祥出版　2013.4　①978-4-86403-080-9

▎**足利義昭**　あしかがよしあき
1537～1597　安土桃山時代の室町幕府の

第15代将軍。(在職1568〜1573)。12代義晴の次男、13代将軍義輝の弟。永禄11年織田信長を頼り上洛。義栄を追放して15代将軍となる。のち信長と対立し、石山本願寺、武田、朝倉、浅井氏らと結んだが結局信長に降伏し、1573年室町幕府は滅亡した。

◇足利義昭と織田信長—傀儡政権の虚像　久野雅司著　戎光祥出版　（中世武士選書）　2017.11　①978-4-86403-259-9

◇「戦国大名」失敗の研究—政治力の差が明暗を分けた　瀧沢中著　PHP研究所　（PHP文庫）　2014.6　①978-4-569-76192-3
＊名将と謳われた者、圧倒的な権威者、有能な二世、将来を嘱望された重臣…。戦国乱世の時代、本来「敗れるはずのなかった者」がなぜ敗れたのか？　本書は、強大な大名の"政治力"が失われていく過程を考察し、現代にも通じるリーダーが犯しがちな失敗の教訓を学ぶ。「武田勝頼の致命傷」「織田家臣団の有能ゆえの危険な未来」など、彼らが天下を取れなかった理由がここにある！　文庫書き下ろし。

◇室町最後の将軍—足利義昭と織田信長　平成22年度秋季特別展　滋賀県立安土城考古博物館編　滋賀県立安土城考古博物館　2010.10

◇足利義昭—流れ公方記　水上勉著　学陽書房　（人物文庫）　1998.3　①4-313-75033-9
＊三好三人衆の謀叛。兄の将軍義輝は自害し、弟周暠は殺され、母慶寿院も火死。仏門二十六年の覚慶（後の足利十五代将軍・義昭）の悲劇はここからはじまる。一還俗し、なぜ将軍位につこうとしたのか。なぜ生き恥さらしてまで将軍位に執着したのか。侍女ぬいのこまやかな女心のあやなす口伝をとおして義昭像に迫る叙情的歴史小説。

◇御所車—最後の将軍・足利義昭　岡本好古著　文芸春秋　1993.6　①4-16-314070-0
＊十五代将軍足利義昭。その擁立に貢献した騎虎の勢いの織田信長。やがて両雄は激しく対立して決裂する。足利時代の終焉を描く長篇歴史小説。

◇足利義昭　〔新装版〕　奥野高広著　吉川弘文館　（人物叢書）　1990.1　①4-642-05182-1
＊義昭は室町幕府最後の、しかも織田信長に擁立されのち追われた悲劇の将軍である。古いものと新しいものとが交替した変革の時代に、陋固としてその伝統を墨守しようとあせりつつも、ついに時代の波に押し流されて諸国を流浪する。本書は封建制度と、室町幕府の沿革から説き起し、巧みな筆致で、義昭とその周辺を追求する迫力のある好著。

▌足利義詮　あしかがよしあきら
1330〜1367　南北朝時代の室町幕府第2代の将軍。(在職1358〜1367)。初代尊氏の三男。

◇足利将軍列伝　桑田忠親編　秋田書店　1975

▌足利義澄　あしかがよしずみ
1480〜1511　戦国時代の室町幕府第11代の将軍。(在職1494〜1508)。堀越公方足利政知の次男。

◇足利将軍列伝　桑田忠親編　秋田書店　1975

▌足利義稙　あしかがよしたね
1466〜1523　戦国時代の室町幕府第10代の将軍。(在職1490〜1493および1508〜1521)。足利義視の長男。

◇足利義稙—戦国に生きた不屈の大将軍　山田康弘著　戎光祥出版　（中世武士選書）　2016.5　①978-4-86403-191-2

▌足利義輝　あしかがよしてる
1536〜1565　戦国時代の室町幕府第13代の将軍。(在職1546〜1565)。12代義晴の長男。

◇新日本人物史—ヒカリとあかり　4　戦国・安土桃山時代　今川義元/松永久秀/竹中半兵衛　斎藤利三/大谷吉継　つぼいこう著　朝日学生新聞社　（朝日小学生新

聞の学習まんが）　2017.2
①978-4-909064-01-1

足利義教　あしかがよしのり
1394〜1441　室町時代の室町幕府第6代の
将軍。(在職1429〜1441)。3代義満の四
男。将軍専制政治をめざし、鎌倉公方足
利持氏を滅ぼしたが、その強圧政策に諸
将が動揺して、1441年赤松満祐によって
謀殺された。

◇室町幕府崩壊―将軍義教の野望と挫折
森茂暁著　角川学芸出版, 角川グループパ
ブリッシング（発売）　（角川選書）
2011.10　①978-4-04-703496-9
　＊3代将軍足利義満の時代に全盛期を迎え
　　た室町幕府。その50年ほどのち、重臣
　　による将軍謀殺という前代未聞の事件
　　が起きる―。この前期の室町幕府、4代
　　義持、6代義教の時代に焦点を当て、室
　　町殿と有力守護層たちとの複雑で重層
　　的な関係から室町時代の政治史を読み
　　直し、幕府崩壊の一大転換点となった
　　義教謀殺＝嘉吉の乱に至る道筋を実証
　　的に跡付ける。

◇魔将軍―室町の改革児、足利義教の生涯
岡田秀文著　双葉社　2006.3
　①4-575-23543-1
　＊「かりに予が将軍となれば、あくまで予
　　は予の姿勢を貫き通すであろうぞ。さ
　　すれば守護大名や宿老たちが、予を将
　　軍へ推したことを後悔するであろう」
　　―そう言い、くじ引きで将軍の座につ
　　いた六代将軍・足利義教。"威をもって
　　治める"を旨とし、強い幕府、強い組織
　　をつくるため次々と改革を断行するそ
　　の姿は、後世の指導者たちが目指すと
　　ころとなった。信長も秀吉も家康もみ
　　な、この男の真似にすぎなかった。

◇足利将軍暗殺―嘉吉土一揆の背景　今谷
明著　新人物往来社　1994.2
　①4-404-02098-8

足利義尚　あしかがよしひさ
1465〜1489　室町時代, 戦国時代の室町幕
府第9代の将軍。(在職1473〜1489)。8代

義政の長男。

◇室町将軍の御台所―日野康子・重子・富子
田端泰子著　吉川弘文館　（歴史文化ライ
ブラリー）　2018.9　①978-4-642-05874-2

足利義政　あしかがよしまさ
1436〜1490　室町時代、戦国時代の室町幕
府第8代の将軍。(在職1449〜1473)。6代
義教の次男。父と兄が相次いで急死し、8
代将軍となる。幕政を顧みず、濫費によ
る財政難を招く。将軍後継問題に守護大
名家の家督争いがからみ応仁の乱が勃発
するが、義政は政治から逃避し、京都東山
に隠棲。東山文化を主導した。

◇足利義政と東山文化　河合正治著　吉川
弘文館　（読みなおす日本史）　2016.12
　①978-4-642-06720-1

◇ドナルド・キーン著作集　第7巻　足利義
政と銀閣寺　ドナルド・キーン著　角地
幸男ほか訳　新潮社　2013.5
　①978-4-10-647107-0
　＊京の都を燃やす戦乱をよそに、東山山
　　荘を築き、連歌・茶の湯・生け花・建
　　築・造園など、あらゆる文化の「先達」
　　となった将軍に光を当て、今日につな
　　がる「美の流れ」を追った『足利義政の
　　銀閣寺』。日清戦争が日本の文芸をどう
　　変えたかなど、他の誰にもない視点か
　　ら感性の心髄に迫る『日本人の美意
　　識』。日本語と翻訳の難しさを綴った
　　『私の日本文学逍遥　言葉と書をめぐっ
　　て』の三作品を収録。

◇足利義政と日野富子―夫婦で担った室町
将軍家　田端泰子著　山川出版社　（日本
史リブレット）　2011.7
　①978-4-634-54840-4
　＊足利義教時代の清算として期待された青
　　年将軍足利義政、その政治は、今参局ら
　　からの口入を体質としたため、波乱の幕
　　開けとなる。日野重子の死後、日野富
　　子は義政の正室として政治や文化の舞
　　台に登場し、応仁の乱中・乱後の混乱期
　　に義政と役割を分担しつつ政権を担う。
　　将軍家から民衆まで、猿楽能に熱中す
　　るという、混沌としつつ活気あふれる
　　義政と富子の時代を、天皇家から民衆

に至るさまざまな視点から描き出す。

◇足利義政と銀閣寺　ドナルド・キーン著,
角地幸男訳　中央公論新社　（中公文庫）
2008.11　①978-4-12-205069-3
　＊史上最悪の将軍は、すべての日本人に
　永遠の遺産を残した唯一最高の将軍
　だった。建築、庭園、生け花、茶の湯、
　そして能─日本の文化史に燦然と輝く
　東山時代の守護者として、室町幕府第
　八代将軍・足利義政を再評価する。

◇賊将　池波正太郎著　新潮社　（新潮文
庫）　1992.12　①4-10-115665-4
　＊幕末には「人斬り半次郎」と恐れられ、
　維新後はわが国最初の陸軍少将となり、
　最後は西郷隆盛をかついで西南戦争に
　散った快男児・桐野利秋を描いた表題
　作。10年に及ぶ戦乱に何らの力も発揮
　出来ない将軍・足利義政の苦悩を刻ん
　だ直木賞候補作の中編『応仁の乱』。表
　と裏の顔を兼ね備えた人間という生き
　物のおかしみを捉えた『秘図』など6編。
　直木賞受賞直前の力作を集めた短編集。

足利義満　あしかがよしみつ

1358～1408　南北朝時代, 室町時代の室町
幕府第3代の将軍。（在職1368～1394）。2
代義詮の長男。明徳の乱、応永の乱など
を平らげて幕府権力を確立し、その象徴
として京都室町に花の御所を造営。また
南北両朝を統一し、妻を後小松天皇の准
母として自らは法皇なみの格式を持つな
ど、権勢は朝廷をもしのぐ。日明勘合貿
易を推進したが、明帝からは「日本国王源
道義」と呼ばれた。

◇足利義満と京都　早島大祐著　吉川弘文
館　（人をあるく）　2016.11
①978-4-642-06793-5

◇足利義満─公武に君臨した室町将軍　小
川剛生著　中央公論新社　（中公新書）
2012.8　①978-4-12-102179-3
　＊公家社会と深く交わるなかで王朝文化
　に精通し、明国の皇帝には日本国王の
　称号を授与され、死後、朝廷から太上天
　皇の尊号を宣下される─。三代将軍足
　利義満の治世はしばしば「皇位簒奪」
　「屈辱外交」という悪評とともに語られ

る。だが、強大な権力、多様な事績に彩
られた生涯の全貌は、いまだ明らかに
はなっていない。本書では、新史料に
も光を当て、公武に君臨した唯一無二
の将軍の足跡をたどる。

◇足利義満─法皇への夢を追った華麗な生涯
伊藤喜良著　山川出版社　（日本史リブ
レット）　2010.11　①978-4-634-54839-8
　＊足利義満の評価はさまざまである。当
　時は最大の権力者として「鹿苑天皇（太
　上天皇）」などと呼ばれたりしており、
　一方では明皇帝とのあいだに「臣従関
　係」（冊封関係）を結んだりして、当時の
　知識人から批判を受けている。現在も
　義満は天皇位を簒奪しようとしたので
　はないかとみなす研究者もおり、かま
　びすしい。ここでは、公武権力の頂点
　をきわめていく義満の行動を中心に、
　多少の評価を交えながら、その実像に
　迫っていきたい。

◇足利義満 消された日本国王　小島毅著
光文社　（光文社新書）　2008.2
①978-4-334-03440-5
　＊かつて東アジア世界で日本が日本とし
　て生きていくために活躍した、一人の
　偉大な政治家がいた。その名は足利義
　満。いま、日本の行く末が不透明にな
　りつつあるなか、六百年前に「この国の
　かたち」を明確に構想し、周囲の雑音を
　一掃してその構想に向けて邁進したこ
　の人物に、われわれは学ぶべきことが
　多い、と思う。とりわけ、彼の「東アジ
　ア性」をわたしは高く評価したい。─
　最新の歴史学の知見と朱子学研究の成
　果をもとに、気鋭の歴史学者が、逆臣・
　義満像をくつがえす。

◇足利義満と東寺　京都府立総合資料館歴
史資料課編　京都府立総合資料館　（東寺
百合文書展）　2004.10

◇獅子の座─足利義満伝　平岩弓枝著　中
央公論新社　2000.10　①4-12-003058-X

◇中世日本の内と外　村井章介著　筑摩書
房　（ちくまプリマーブックス）　1999.4
①4-480-04228-8
　＊蒙古襲来が日本史に残した影響は大き
　く、かつ深い。しかしアジア的、あるい

は世界史的視野からとらえなおすとどうなるか。天皇家が世界史上まれにみる長寿を保ちえたのはなぜか。足利義満は「日本国王」をどのように考えていたのか。中世の日本では国や民族をこえた人びとの集団が行き交っていた。そのことは時の権力にどのような影響を与えたのだろう。中世日本がたどった歩みを、朝鮮を中心にアジアの諸地域との比較を通じて意味づける。

◇天皇になろうとした将軍　井沢元彦著
小学館　（小学館文庫）　1998.4
①4-09-402301-1
＊なぜ戦乱記を「大平」記と記したのだろうか？　金閣寺に塗り込められた足利義満の「野心」、金閣「寺」の命名に秘められた義満「暗殺」の真相、義満暗殺の「実行犯」と「大文字焼き」の秘密…。下克上の世に渦巻く権謀術数の闇を、日本史の "なぜ？" に挑み続ける著者が歴史推理の大ナタをふるい白日のもとにさらす。

◇足利義満　恵良宏著　皇学館大学出版部
（皇学館大学講演叢書）　1995.12

◇花は天地を呑む足利義満　弘末新一著
叢文社　1994.7　①4-7947-0219-1

◇天皇になろうとした将軍―それからの太平記　足利義満のミステリー　井沢元彦著
小学館　1992.5　①4-09-379411-1

◇『太平記』その後―下剋上　笠原一男著
木耳社　（オリエントブックス）　1991.4
①4-8393-7544-5
＊軍記物『太平記』は南北朝の動乱を描き、足利義満の代で筆を絶つが、その後の歴史に、はなばなしく登場する人物の生きざま死にざまを通して、中世武士の理念とその乱世をささえた庶民がいかに生きぬいたかを浮き彫りにする。

◇室町の王権―足利義満の王権簒奪計画
今谷明著　中央公論社　（中公新書）
1990.7　①4-12-100978-9
＊強大なカリスマ性をもって、絶対主義政策・中央集権化を支持する官僚・公家・寺社勢力を操り、武家の身で天皇制度の改廃に着手した室町将軍足利義満は、祭祀権・叙任権などの諸権力を我が物にして対外的に〈国土〉の地位を得たが、その死によって天皇権力簒奪計画は挫折する。天皇制度の分岐点ともいうべき応永の時代に君臨した義満と、これに対抗した有力守護グループのせめぎあいの中に、天皇家存続の謎を解く鍵を模索する。

▎足利義持　あしかがよしもち
1386〜1428　室町時代の室町幕府第4代の将軍。(在職1394〜1423)。3代義満の長男。1394年父義満より将軍職を譲られたが、義満在世中は政務は義満の手にあった。父の死後は前代の弊害を除くことにつとめ、将軍の貴族化を嫌い、また明との貿易を「屈辱外交」として廃した。

◇足利義持―累葉の武将を継ぎ、一朝の重臣たり　吉田賢司著　ミネルヴァ書房　（ミネルヴァ日本評伝選）　2017.5
①978-4-623-08056-4

◇室町幕府崩壊―将軍義教の野望と挫折
森茂暁著　角川学芸出版, 角川グループパブリッシング（発売）　（角川選書）
2011.10　①978-4-04-703496-9
＊3代将軍足利義満の時代に全盛期を迎えた室町幕府。その50年ほどのち、重臣による将軍謀殺という前代未聞の事件が起きる―。この前期の室町幕府、4代義持、6代義教の時代に焦点を当て、室町殿と有力守護層たちとの複雑で重層的な関係から室町時代の政治史を読み直し、幕府崩壊の一大転換点となった義教謀殺＝嘉吉の乱に至る道筋を実証的に跡付ける。

◇足利義持　伊藤喜良著　吉川弘文館　（人物叢書 新装版）　2008.6
①978-4-642-05246-7
＊室町幕府の第四代将軍。父義満の絶大な威光の下で将軍となるが、その政治的遺産はあまりに大きかった。日明交易の廃止など、守旧的な施策は前代への反動と評価されてきたが、諸大名や天皇家と協調し、神仏を篤く信奉した義持の執政は室町幕府の典型であり、もっとも平穏な時代を築きあげた。禅に帰依し、文化を大きく育んだその生

涯を描く初の伝記。

芦田均　あしだひとし

1887〜1959　明治〜昭和期の政治家,外交官。衆議院議員,ジャパンタイムズ社長,日本民主党総裁。軍閥政治に反対。戦後首相となるが昭電疑獄で辞職。

◇芦田均日記—1905-1945　第1巻(1905年〜1911年)　芦田均著,福永文夫,下河辺元春編　柏書房　2012.3
①978-4-7601-4065-7,
978-4-7601-4064-0(set)

◇芦田均日記—1905-1945　第2巻(1912年〜1925年)　芦田均著,福永文夫,下河辺元春編　柏書房　2012.3
①978-4-7601-4066-4,
978-4-7601-4064-0(set)

◇芦田均日記—1905-1945　第3巻(1926年〜1936年)　芦田均著,福永文夫,下河辺元春編　柏書房　2012.3
①978-4-7601-4067-1,
978-4-7601-4064-0(set)

◇芦田均日記—1905-1945　第4巻(1937年〜1945年)　芦田均著,福永文夫,下河辺元春編　柏書房　2012.3
①978-4-7601-4068-8,
978-4-7601-4064-0(set)

◇芦田均日記—1905-1945　第5巻(解題、主要人名録他)　芦田均著,福永文夫,下河辺元春編　柏書房　2012.3
①978-4-7601-4069-5,
978-4-7601-4064-0(set)

◇芦田政権・二二三日　富田信男著　行研　1992.6　①4-905786-91-6
＊戦前、権力に屈せず、日本の対外政策を鋭く批判した芦田均の英姿、戦後の泥にまみれた芦田内閣、栄光と挫折、連合政権のむずかしさ、政界の汚濁―。今日におよぶ諸問題を戦後の混乱期を背景に赤裸々に描く。

◇最後のリベラリスト・芦田均　宮野澄著　文芸春秋　1987.11　①4-16-341930-6
＊国を思い、国民を愛し、政治家として徒党を組むことを嫌った男。自由を守るべく、信念をまげずに生きた男。すぐ

れた識見と国際感覚あふれた男。「真の保守主義者」の清冽な生涯。

◇芦田均日記　第7巻　合同以後の政局　日米安保へ　2　芦田均著,進藤栄一編纂　岩波書店　1986.11　①4-00-008757-6

◇芦田均日記　第6巻　合同以後の政局　日ソ交渉前夜　1　芦田均著,進藤英一編纂　岩波書店　1986.9　①4-00-008756-8

◇芦田均日記　第5巻　保守合同への道　芦田均著,進藤栄一編纂　岩波書店　1986.7　①4-00-008755-X

◇芦田均日記　第4巻　民主党から改進党へ　再軍備運動と保守再編　芦田均著,進藤栄一編纂　岩波書店　1986.5　①4-00-008754-1

◇芦田均日記　第3巻　昭電事件と講和問題　空隙の日々　芦田均著,進藤栄一編纂　岩波書店　1986.3　①4-00-008753-3

◇芦田均日記　第2巻　外相から首相へ　連合の模索と挫折　芦田均著,進藤栄一編纂　岩波書店　1986.2　①4-00-008752-5

◇芦田均日記　第1巻　敗戦前夜から憲法制定まで　新国家の建設へ　芦田均著,進藤栄一編纂　岩波書店　1986.1　①4-00-008751-7

安達泰盛　あだちやすもり

1231〜1285　鎌倉時代後期の武将。霜月騒動で一族滅亡。

◇北条時宗と安達泰盛—新しい幕府への胎動と抵抗　福島金治著　山川出版社　(日本史リブレット)　2010.9
①978-4-634-54834-3

◇安達泰盛と鎌倉幕府—霜月騒動とその周辺　福島金治著　有隣堂　(有隣新書)　2006.11　①4-89660-196-3
＊鎌倉時代の中ごろ、鎌倉幕府は蒙古襲来の危機に直面し、執権政治にかわって、北条氏嫡流家の得宗による専制支配が進行していた。安達泰盛は、源頼朝の従者で側近として活躍した盛長の曽孫という名門の血をひき、北条時宗の死後、次々と改革の指針を打ち出し、幕府政治の転換点に立った人物である。

本書は、盛長・景盛・義景の安達家三代の軌跡をたどりながら、有力御家人層の信頼を一身に集めた泰盛が、弘安八年（一二八五）の霜月騒動によって、新興勢力である得宗被官の平頼綱に滅ぼされた生涯を明らかにする。

アダムズ, ウィリアム

Adams, William
1564～1620　三浦按針（みうらあんじん）とも。安土桃山時代, 江戸時代前期の日本に来た最初のイギリス人。徳川家康の政治顧問。本名ウィリアム・アダムズ。

◇三浦按針の話―ミステリアスな英国人　2　按針と家康の策略　吉江宏作成　吉江宏　2016.4　Ⓘ978-4-9907149-1-8

◇按針に会いに―青い目のサムライ ヨコスカ浄土寺　逸見道郎著　かまくら春秋社出版事業部　2007.11　Ⓘ978-4-7740-0378-8
＊江戸時代初期、横須賀は逸見に領地を授かったイギリス人侍がいた。その数奇で波乱に満ちた人生をたどる。

◇按針と家康―将軍に仕えたあるイギリス人の生涯　クラウス・モンク・プロム著, 幡井勉日本語版監修, 下宮忠雄訳　出帆新社　2006.2　Ⓘ4-86103-036-6
＊漂流の末に日本にたどり着き、徳川家康の外交顧問となって江戸時代の礎を築いたイギリス人、ウィリアム・アダムズ（三浦按針）の数奇なる生涯を追う決定版伝記。

◇さむらいウィリアム―三浦按針の生きた時代　ジャイルズ・ミルトン著, 築地誠子訳　原書房　2005.10　Ⓘ4-562-03864-0
＊大航海時代への日本の窓口として、家康の旗本になったイギリス人航海士・三浦按針。東方の未知の文明国で、交易の覇権を争い宗教対立に暗躍する西欧・南蛮の冒険商人や商館員たちの様々に個性豊かな人間像…やがて時代は鎖国へと。

◇三浦按針―初期日欧交流の架け橋　金井円著, 横須賀市編　横須賀市　2001.3

◇海の隼―参謀・三浦按針　大島昌宏著　学陽書房　1999.12　Ⓘ4-313-85134-8
＊時は、関ケ原前夜。苦難の航海の末に豊後に漂着したリーフデ号の航海士ウイリアム・アダムス（三浦按針）は、次の天下を窺う徳川康家との出会いによって自らの運命を、そして日本の歴史をも切り開いていった…。キリスト教対仏教、カソリック対プロテスタント、オランダ対イギリス、豊臣対徳川…激動の時代の様々な対立の中でアダムスはどのように身を処していったのか。

◇喫煙伝来史の研究　鈴木達也著　思文閣出版　1999.11　Ⓘ4-7842-1018-0

◇航海者 上　白石一郎著　幻冬舎　1999.7　Ⓘ4-87728-308-0
＊イギリスに生まれ、空前絶後の大航海の果てに日本に漂着した按針は、関ケ原の戦いでめざましく頭角をあらわす。冒険、交易、軍事…。海の男の雄渾な軌跡。家康最強の参謀三浦按針の生涯。

◇航海者 下　白石一郎著　幻冬舎　1999.7　Ⓘ4-87728-309-9
＊江戸幕府は、この男なしであり得たか？ 将軍職を退いた家康には覇権確立への深いたくらみがあった。三浦按針はその意を受け、諸国との交易に邁進する。望郷の念に駆られながら、果敢に生きる航海者を待ち受けた数奇な運命。1200枚！ 海洋歴史小説の不朽の傑作。

◇家康とウィリアム・アダムス　立石優著　恒文社　1996.8　Ⓘ4-7704-0884-6
＊W・アダムス＝日本名・三浦安針。その波瀾の生涯！ 関ヶ原戦い前夜、九州に漂着した英国人ウィリアム・アダムスは、家康の厚遇を受けながら外交問題等の助言を行い、幕府の政策に重要な影響を与えた。望郷の思いを胸に日本の土となったサムライ三浦安針の数奇な一生を描く異色の史伝。

◇日本に来た最初のイギリス人―ウイリアム・アダムズ 三浦按針　P.G.ロジャーズ著, 幸田礼雅訳　新評論　1993.9　Ⓘ4-7948-0192-0
＊三浦按針自身が故郷宛にしたためた手紙など、イギリス側所蔵の資料をもとにまとめた按針正伝の傑作。

阿弖流為　あてるい
?〜802　平安時代前期の蝦夷の首領。

◇アテルイと東北古代史　熊谷公男編　高志書院　2016.7　①978-4-86215-161-2

◇阿弖流為—夷俘と号すること莫かるべし　樋口知志著　ミネルヴァ書房　（ミネルヴァ日本評伝選）　2013.10　①978-4-623-06699-5
＊阿弖流為（?〜八〇二）陸奥国胆沢地方の蝦夷族長。奈良時代末〜平安時代初期の国家と蝦夷との戦争において蝦夷軍の総帥として戦い、最後には自ら投降し斬首されて世を去った阿弖流為。長く転戦を重ねながら、征夷の時代を終結させるために、国家側社会との平和・共生のありようを模索し続けたその生涯の真実に迫る。

◇田村麻呂と阿弖流為—古代国家と東北　新野直吉著　吉川弘文館　（歴史文化セレクション）　2007.10　①978-4-642-06340-1
＊古代東北史に大きな足跡を残す二つの巨星。誉れ高き「征夷」の名将・坂上田村麻呂。悲劇と伝説につつまれた「蝦夷」の領袖・阿弖流為。征服と抵抗の歴史をたどり、謎多い二人の英雄とその時代に新たな光をあてる。

◇まほろばの疾風　熊谷達也著　集英社　2000.7　①4-08-775273-9
＊八世紀。陸奥は日高見川のほとりで、ひとりの男の子が産声を上げた。「アテルイ」と名付けられたその子が十八歳になったとき、金の産出と蝦夷征伐を目的に、大和朝廷の陸奥支配は本格化する。坂上田村麻呂を征夷大将軍にすえ、卓抜した戦力を誇る朝廷軍。一方、自然を愛し平穏に暮らす蝦夷の人々。民族の誇りと未来をかけて、今、アテルイが立ち上がる。

◇火怨—北の燿星アテルイ　上　高橋克彦著　講談社　1999.10　①4-06-209848-2
＊八世紀、黄金を求めて押し寄せる朝廷の大軍を相手に、蝦夷の若きリーダー・阿弖流為は遊撃戦を展開した。古代の英雄の生涯を描く渾身の歴史巨編。

◇火怨—北の燿星アテルイ　下　高橋克彦著　講談社　1999.10　①4-06-209849-0
＊宿敵・坂上田村麻呂ひきいる朝廷軍の逆襲に、命を捨てて蝦夷の未来を救った阿弖流為。空前のスケールで描く歴史冒険巨編。

◇歌伝枕説　荒俣宏著　世界文化社　1998.10　①4-418-98528-X
＊歌枕は、それが成立した時点で、すでに古い、失われたイメージを引きずる土地であった。ちょうど現在、わたしたちが、末の松山だ、白河関だと見物に行って感じる「失われた古代」のイメージがじつは千年前にも同じように感じられていたのである。新説「歌枕」の旅。

◇田村麻呂と阿弖流為—古代国家と東北　新野直吉著　吉川弘文館　1994.8　①4-642-07425-2
＊古代東北史に大きな足跡を残す二つの巨星。誉れ高き「征夷」の名将・坂上田村麻呂。悲劇と伝説につつまれた「蝦夷」の領袖・阿弖流為。征服と抵抗の歴史を克明にたどり、いまだ謎多い二人の英雄とその時代に新たな光を当てる。

阿仏尼　あぶつに
?〜1283　鎌倉時代後期の女性歌人。「十六夜日記」の作者。

◇阿仏尼　田淵句美子著　吉川弘文館　（人物叢書 新装版）　2009.12　①978-4-642-05254-2
＊阿仏尼—鎌倉時代の女流歌人。歌道の家である御子左家に嫁ぎ、古典を講じ、歌論書を執筆するなど、当時の女性としては類を見ないほど和歌の世界で活躍し、家業を支えた。夫の為家死後、遺産争いの訴訟で鎌倉に下向した時の様子を『十六夜日記』として残す。才気溢れる文学者であり、良妻賢母の手本とされたその人物像を、時代背景や女性観に即して描き出す。

◇阿仏尼とその時代—『うたたね』が語る中世　田淵句美子著　臨川書店　（原典講読セミナー）　2000.8　①4-653-03723-X

◇阿仏尼—行動する女性　長崎健, 浜中修著　新典社　（日本の作家）　1996.2　①4-7879-7022-4

＊運命のままに流されて行った王朝の女性達とは異なり、自分で運命を切り開いて行こうと行動する鎌倉中期の作家・歌人でもある阿仏尼は、理性と激情とを持ち、文学的才能も豊かで『うたたね』『十六夜日記』などのすぐれた作品を遺した。その波乱に満ちた生涯を鮮烈に描き、人物像を浮き上がらせた労作。

安部磯雄　あべいそお
1865〜1949　明治〜昭和期の社会運動家, キリスト教社会主義者。衆議院議員, 日本学生野球協会会長, 早稲田大学教授。社会主義の啓蒙に努めた。また、早稲田大学に野球部を創設。

◇安部磯雄と西尾末広─日本民主社会主義の系譜　梅沢昇平著　桜耶書院　〔201-〕

◇嘉納治五郎と安部磯雄─近代スポーツと教育の先駆者　丸屋武士著　明石書店　2014.9　①978-4-7503-4070-8

◇安部磯雄の生涯─質素之生活 高遠之理想　井口隆史著　早稲田大学出版部　2011.6　①978-4-657-11006-0
＊「日本の野球の父」と敬愛されるその人は自由なキリスト教信仰と愛する妻に支えられ、平和・民主・社会主義の先駆けとして激動の明治・大正・昭和を清冽に生き抜いた理想主義者であった。

◇安部磯雄　平民社資料センター監修, 山泉進編・解題　論創社　（平民社百年コレクション）　2003.2　①4-8460-0355-8

◇安部磯雄伝　片山哲著　大空社　（伝記叢書）　1991.11　①4-87236-385-X

◇安部磯雄の研究　早稲田大学社会科学研究所　（研究シリーズ）　1990.9

安部公房　あべこうぼう
1924〜1993　昭和, 平成期の小説家, 劇作家。「壁─S・カルマ氏の犯罪」で芥川賞受賞。文学賞、岸田演劇賞など受賞多数。

◇安部公房とわたし　山口果林著　講談社　（講談社＋α文庫）　2018.3　①978-4-06-281743-1

◇安部公房を語る─郷土誌「あさひかわ」の誌面から　渡辺三子, 田中スエコ編　あさひかわ社　2013.12　①978-4-9907525-0-7

◇安部公房 メディアの越境者　鳥羽耕史編　森話社　（メディアとパフォーマンスの20世紀）　2013.12　①978-4-86405-055-5
＊安部公房は、小説や戯曲だけでなく、映画、ラジオ、テレビ、写真など、同時代に発展した多様なメディアと積極的に関わり、ジャンルを自在に越境しながら、自らのモチーフを表現しつづけた。文字・映像・音声・身体表現を巧みに駆使した安部の実験的な活動をさぐる。

◇安部公房とわたし　山口果林著　講談社　2013.8　①978-4-06-218467-0
＊その作家は、夫人と別居して女優との生活を選んだ。没後20年、初めて明かされる文豪の「愛と死」。

◇安部公房とはだれか　木村陽子著　笠間書院　2013.5　①978-4-305-70692-8
＊小説のみならず、演劇、映画、ラジオドラマ、テレビドラマまで自ら手掛けた、メディア・アートの先駆者、安部公房。その多彩な表現活動を分析しつつ、生涯を俯瞰する、安部公房入門書。

◇安部公房伝　安部ねり著　新潮社　2011.3　①978-4-10-329351-4
＊20世紀を代表する、世界的小説家の精神の冒険と軌跡を一人娘が、関係者への膨大な聞き取りから明らかにする。文章、写真、インタビュー集で立体的に迫る安部公房。作家の知られざる内宇宙への扉が、今、開かれる。

◇安部公房・荒野の人　宮西忠正著　菁柿堂, 星雲社（発売）　（Seishido brochure）　2009.3　①978-4-434-12940-7
＊男たちがまっしぐらに生きていた時代があった、飢えと野望と使命をかかえて。─時代の最前衛を駆けぬけた「砂の女」の作者の秘められた文学的生涯と、その時代を浮き彫りにした、公房初の評伝。

◇運動体・安部公房　鳥羽耕史著　一葉社　2007.5　①978-4-87196-037-3

◇安部公房の演劇　高橋信良著　水声社　（千葉大学人文科学叢書）　2004.4　①4-89176-522-4

◇安部公房展―没後10年　世田谷文学館編　世田谷文学館　2003.9

◇もうひとつの安部システム―師・安部公房その素顔と思想　渡辺聡著　本の泉社　2002.9　Ⓘ4-88023-635-7

◇安部公房評伝年譜　谷真介編著　新泉社　2002.7　Ⓘ4-7877-0206-8
　＊20世紀文学に屹立する異貌の作家の全活動記録。

◇安部公房の劇場　ナンシー・K.シールズ著,安保大有訳　新潮社　1997.7　Ⓘ4-10-535701-8

◇安部公房　新潮社　（新潮日本文学アルバム）　1994.4　Ⓘ4-10-620655-2
　＊死んだ有機物から生きている無機物へ。夢見る永遠の不在証明。〈安部工房〉全探険。写真で実証する作家の劇的な生涯。

▌**阿部次郎**　あべじろう
1883〜1959　明治〜昭和期の哲学者, 美学者。東北帝国大学教授。大正教養主義を代表する哲学者。著書に「三太郎の日記」「ニイチエのツァラツストラ解釈並びに批評」「人格主義」など。

◇阿部次郎をめぐる手紙―平塚らいてう/茅野雅子・蕭々/網野菊/田村俊子・鈴木悦/たち　青木生子,原田夏子,岩淵宏子編　翰林書房　（日本女子大学叢書）　2010.9　Ⓘ978-4-87737-305-4

◇阿部次郎とその家族―愛はかなしみを越えて　大平千枝子著　東北大学出版会　2004.6　Ⓘ4-925085-88-3

◇父阿部次郎　大平千枝子著　東北大学出版会　（東北大学出版会叢書）　1999.1　Ⓘ4-925085-16-6
　＊「語り部」として娘が描く、哲学者・阿部次郎の老いと死、家族愛の物語。

▌**安倍貞任**　あべのさだとう
1019?〜1062　平安時代中期の東北地方の豪族。前九年の役で敗死。

◇北天の魁―安倍貞任伝　菊池敬一著,岩手日報社編　岩手日報社　1986.3

▌**阿倍仲麻呂**　あべのなかまろ
698〜770　奈良時代の遣唐留学生。717年遣唐留学生として遣唐使に随行して入唐。科挙に合格し唐朝に仕官して玄宗皇帝に仕える。遂に帰国を果たせず長安で死去。

◇遣唐使阿倍仲麻呂の夢　上野誠著　角川学芸出版　（角川選書）　2013.9　Ⓘ978-4-04-703530-0
　＊日本を旅立ち、大帝国・唐の重臣閣僚となった男、阿倍仲麻呂。科挙を突破し、希有の昇進を遂げた非凡な才は、新生国家としての日本と、大宝律令の精神を体現する「知」そのものだった。唐を去る仲麻呂に大詩人・王維が捧げた荘厳なる送別詩。そしてただ一首だけ残された仲麻呂の有名な歌「天の原」が秘める謎―。伝説の遣唐使の苦難の生涯をつらぬく夢を、綿密な日唐交流史をふまえて鮮やかに描きだす。画期的評伝！

◇阿倍仲麻呂伝研究―手沢補訂本　杉本直治郎著　勉誠出版　2006.2　Ⓘ4-585-03131-6

◇阿部仲麻呂入唐記　分冊1　上坂氏顕彰会　史料出版部　（上坂氏顕彰会所蔵手写本）　2002.8

◇阿部仲麻呂入唐記　分冊2　上坂氏顕彰会　史料出版部　（上坂氏顕彰会所蔵手写本）　2002.8

◇阿部仲麻呂入唐記　分冊3　上坂氏顕彰会　史料出版部　（上坂氏顕彰会所蔵手写本）　2002.8

◇日本人のアジア観―前近代を中心に　片倉穣著　明石書店　1998.12　Ⓘ4-7503-1114-6
　＊本書は、日本人のアジア観の歴史的変遷過程を研究したものであり、その前近代編に相当する。

◇翔べ麒麟　辻原登著　読売新聞社　1998.10　Ⓘ4-643-98095-8
　＊玄宗皇帝・楊貴妃・安禄山・王維・李白・杜甫…絢爛たる大唐帝国の中枢で政治的才腕をふるう日本人。阿部仲麻呂の運命。

◇唐から見た遣唐使―混血児たちの大唐帝国　王勇著　講談社　1998.3

①4-06-258125-6
＊世界帝都・長安。この百万都市をめざ
した遣唐使五千人は、唐朝から札節と
容姿を賞賛される。科挙に合格、唐高
官となった阿部仲麻呂、周囲に才能を
嫉妬された吉備真備ほかのエリート。
唐との架け橋となった彼らとその子た
ちを通し、古代300年にわたる日中交流
の実態を描きだす。

◇阿倍仲麻呂の暗号　林青梧著　PHP研究
所　1997.11　①4-569-55860-7
＊望郷歌として名高い古歌に、驚くべき
秘密が隠されていた。中国皇帝の大臣
となった仲麻呂が、日本にいる同志に
向けて発した重大な通信とは？ 8世紀
の日本、中国、朝鮮半島を巻きこんだ外
交戦争の実態を明らかにし、天皇制成
立の謎にせまる。

◇長安の月―安倍仲麻呂伝　大原正義著
関西書院　1995.2　①4-7613-0177-5

◇阿倍仲麿　正延哲士著　三一書房
1994.12
＊本書は日本史上初の、そして最大の国
際人として激動の唐の時代を生きた、
阿倍仲麿とはなにものかを探る。

▌阿倍比羅夫　あべのひらふ
生没年不詳　飛鳥時代の官人, 武将。水軍
を率い、東北地方日本海側の蝦夷を討っ
て越の国守となる。のち朝鮮にも遠征し
たが、663年白村江の戦いで唐・新羅の連
合軍に敗れた。

◇古代東北史の人々　復刊　新野直吉著
吉川弘文館　（歴史文化セレクション）
2009.9　①978-4-642-06354-8
＊古代日本の北辺の天地には、蝦夷と呼
ばれた人々も含め、平泉に至るまで多
彩な人間の営みが展開されていた。そ
の地に活躍し、歴史を創り出した人間
の姿を、史実のなかで明らかにし、新た
な古代東北史像を描き出す。

▌阿部信行　あべのぶゆき
1875～1953　大正, 昭和期の陸軍軍人, 政
治家。大将。首相兼外相への就任直後に
勃発した第二次世界大戦に、「欧州大戦に

介入せず」の声明を発表。駐中国大使、朝
鮮総督を歴任。

◇宰相たちのデッサン―幻の伝記で読む日
本のリーダー　御厨貴編　ゆまに書房
2007.6　①978-4-8433-2381-6
＊幻の伝記を読み直すなかから生まれた
まったく新しい戦前期の総理大臣評
伝集。

▌阿部正弘　あべまさひろ
1819～1857　江戸時代末期の大名。備後
福山藩主, 老中。

◇阿部正弘事蹟　1　オンデマンド版　東京
大学出版会　（続日本史籍協会叢書）
2016.3　①978-4-13-009520-4

◇阿部正弘事蹟　2　オンデマンド版　東京
大学出版会　（続日本史籍協会叢書）
2016.3　①978-4-13-009521-1

◇阿部正弘―ペリー来航、そして維新への道
まんが物語　中山善照脚本・構成, 大塚勉
作画, まんが「福山を知ローゼ」制作委員
会, 福山市教育委員会監修　福山市　（ま
んが「福山を知ローゼ」）　2013.3
①978-4-905346-07-4

◇国難を背負って―幕末宰相―阿部正弘・
堀田正睦・井伊直弼の軌跡　脇坂昌宏著
論創社　2011.7　①978-4-8460-0846-8
＊未曾有の国難に立ち向かった宰相たち
の苦悩と決断。幕末前夜から桜田門外
の変まで、開国をめぐる三宰相の軌跡
とその肖像を個性ゆたかに描き出す。

◇開国への布石―評伝・老中首座阿部正弘
土居良三著　未来社　2000.8
①4-624-11178-8
＊ペリーの黒船来航のときに老中首座に
あった阿部伊勢守正弘は、「鎖国」を解
いた政治家として当時から毀誉褒貶の激
しい人間である。この誠実で先見の明に
あふれた人物の生涯をダイナミックか
つ肯定的にとらえた、幕末人物評伝の
第一人者・土居良三氏による力作伝記。

◇阿部正弘のすべて　新人物往来社編　新
人物往来社　1997.9　①4-404-02509-2

◇開国のとき―小説阿部正弘　上条俊昭著

東洋経済新報社　1996.12
①4-492-06091-X
＊日米・日英・日露・日蘭の和親条約を締結し、北方四島の日本帰属を決定した正弘の決断！　海洋国家の基礎をつくり「日章旗」を生み近代的陸海軍を創設した正弘の洞察力！　いま甦る日本近代化の父。

安倍能成　あべよししげ

1883～1966　明治～昭和期の哲学者、教育者。貴族院議員、学習院院長。個人と全体との弁証法的総合を強調した。平和問題にも発言。

◇安倍能成―教育に情熱を注いだ硬骨のリベラリスト：平成24年度愛媛人物博物館企画展　愛媛県教育委員会編　愛媛県生涯学習センター　2012.12

◇安倍能成先生―学習院中興の祖　山下一郎著　成蹊堂　2004.3　①4-915795-26-8
＊安倍能成の精神は今も現世に生きている。現行の憲法、教育基本法は能成がマッカーサー占領下、貴族院憲法改正委員会、教育刷新委員会の委員長として可決、施行されたものだ。それらの現時に相応しい改正が今や政界の話題になっている。これだけ見ても、能成は過去の人じゃない。

◇三木会の想い出　「三木会の想い出」編集委員会編　学習院三木会　1991.6

甘粕正彦　あまかすまさひこ

1891～1945　大正、昭和期の陸軍軍人。憲兵大尉。無政府主義者大杉栄ら殺害の首謀者、満州国建国の協力者。

◇乱世を生き抜いた知恵―岸信介、甘粕正彦、田中角栄　太田尚樹著　ベストセラーズ　（ベスト新書）　2018.8
①978-4-584-12586-1

◇満州裏史―甘粕正彦と岸信介が背負ったもの　太田尚樹著　講談社　（講談社文庫）　2011.8　①978-4-06-277031-6
＊激動の時代、日本人が満州に託した新興国家建設という夢。汚れ役の甘粕とエリート官僚の岸は、脆弱な国家経済を

磐石にするためにいったい何をしたのか？　国際社会の欲望うずまく大地で運命的に交錯した二人の男の人生を丹念にたどり、知られざるもう一つの昭和史を描き出す、渾身のノンフィクション。

◇甘粕正彦乱心の曠野　佐野真一著　新潮社　（新潮文庫）　2010.11
①978-4-10-131640-6
＊大杉事件の主謀者として“主義者殺し”の汚名を負い入獄。後年、満映理事長に着任後は一転、満州国の「夜の帝王」として君臨した、元憲兵大尉・甘粕正彦。趣味は「釣りと鴨撃ち、そして謀略」と公言し、現代史の暗部を彷徨した甘粕が、自死と共に葬ろうとしたものは何だったか？　講談社ノンフィクション賞受賞の衝撃作に、新事実を大幅加筆。通説を大きく揺さぶる満州巨編評伝。

◇甘粕正彦　乱心の曠野　佐野真一著　新潮社　2008.5　①978-4-10-436904-1
＊関東大震災後の戒厳令下、社会主義者・大杉栄一家を虐殺したとして獄に堕ちた元エリート憲兵。その異能と遺恨は新天地・満州で乱れ咲いた―。策謀渦巻く大陸の夜を支配した男の、比類なき生涯。湯水のごとく溢れる資金源の謎、地下茎のように複雑に絡み合った人脈、そして凄絶な自死とともに葬られたはずの大杉事件の「真相」を新資料、新証言で描破する。

◇幻のキネマ満映―甘粕正彦と活動屋群像　山口猛著　平凡社　（平凡社ライブラリー）　2006.9　①4-582-76588-2
＊「満鉄」発足から百年。傀儡国家“満州”の文化面の支配を担った「満州映画協会」は、長く謎の存在であった。その満映の理事長として君臨した甘粕正彦と多彩な“活動屋”に焦点を当て、歴史の謎に鋭く挑んだ唯一の書。広汎な史料と貴重な聞き書きで満映の全貌を浮き彫りにする。

◇満州裏史―甘粕正彦と岸信介が背負ったもの　太田尚樹著　講談社　2005.11
①4-06-213200-1
＊鬼憲兵大尉・甘粕正彦と昭和の妖怪・岸信介の人生は満州の地で交錯した。彼らは日本人が夢を託した大地でいった

い何をしたのか？ ふたりの男の生き様を辿り、いま、あらためて国のあり方を問いかける渾身のノンフィクション。知られざるもうひとつの昭和史。

◇甘粕大尉　増補改訂　角田房子著　筑摩書房　（ちくま文庫）　2005.2
①4-480-42039-8
＊関東大震災下に起きた大杉栄虐殺事件。その犯人として歴史に名を残す帝国陸軍憲兵大尉・甘粕正彦。その影響力は関東軍にもおよぶと恐れられた満洲での後半生は、敗戦後の自決によって終止符が打たれた。いまだ謎の多い大杉事件の真相とは？ 人間甘粕の心情とは？ ぼう大な資料と証言をもとに、近代史の最暗部を生きた男の実像へとせまる。名著・増補改訂。

◇問題の人甘粕正彦—伝記・甘粕正彦　山根倬三著　大空社　（伝記叢書）　1997.5
①4-7568-0464-0

▎天草四郎時貞
▎あまくさしろうときさだ
1623？～1638　益田時貞（ますだときさだ）とも。江戸時代前期の島原・天草一揆の指導者。

◇天草四郎の正体—島原・天草の乱を読みなおす　吉村豊雄著　洋泉社　（歴史新書y）　2015.4　①978-4-8003-0604-3

◇天草四郎時貞、真実の預言者　今倉真理著　碧天舎　2003.10　①4-88346-380-X
＊なぜ、四郎は「謎」という一文字に封印されたのか？ ローマ・カトリックという宗教的視点から、一級史料を駆使し、天草四郎時貞の真の姿を探究する渾身の歴史ノンフィクション。

◇寛永の楔—小説・天草四郎の乱　加来耕三著　講談社　1996.11　①4-06-207803-1
＊いまだ揺籃期の徳川幕府を震撼させた切支丹一揆。だが、その裏には体制崩壊を狙う様々な意志があった！ 気鋭の歴史作家が暴く、真実の天草四郎の乱。

◇天草四郎の陣中旗と首塚　鶴田文史著　西海の乱史研究会　1990.12

◇西海の乱と天草四郎　鶴田文史著　葦書

房　1990.7

▎天照大神　あまてらすおおみかみ
上代の女神。記紀神話の太陽神。

◇ヤマト国家成立の秘密—日本誕生と天照大神の謎　沢田洋太郎著　新泉社　1994.7　①4-7877-9409-4
＊記紀に展開されている物語が、どのような現実をふまえているのかについて、合理的な解釈をほどこし、日本神道の起源や生産力と武力の根源である金属精錬技術の発展をたどって、古代史にアプローチし、倭人のルーツを探る。

◇新ヤマト・出雲・邪馬台の三国志　高田康利著　新人物往来社　1994.1
①4-404-02085-6
＊ヤマト（九州）は東海以西を治めていたが、二世紀末、大和の三輪氏が邪馬台を建て反乱した。ヤマトは敗れ日向に遷った。天照大御神は日向から大和に遷座して女王に立ち、日向王朝と対立する。三世紀末、神武は邪馬台を討ち大和朝廷を開く。邪馬台時代の歴史を物語に。

◇伊勢神宮と日本の神々　朝日新聞社　1993.10　①4-02-258540-4

◇日本起源の謎を解く—天照大神は卑弥呼ではない　山本健造著　（国府町）福来出版，星雲社〔発売〕　1991.7　①4-7952-5462-1
＊本書では計量推定学方式により算定した天照大神は西暦前27年前後、神武天皇は西暦33年前後の実在の人物であることを証明し、西暦239年頃のヒミコより、天照大神は約266年前の人物であることを科学的に証明する。九州の女王ヒミコも近畿の神武天皇も、津軽半島に逃げた長髄彦も、ヤマトの語を大切にした。従って、九州ヤマタイ国論と近畿ヤマト国論の水掛け論争の終止符を打つのが本書である。

◇伝承が語る古代史　3　女王アマテラス　小椋一葉著　河出書房新社　1990.10
①4-309-22183-1
＊伊勢神宮をめぐる8つの謎の解明を通して浮かび浮るアマテラスの不思議な影。日向・出雲・大和・伊勢を結ぶ古代史の一本の線そして、ついに明らかにさ

れる「ヒミコ＝アマテラス」「耶馬台国＝南九州」説。

◇謎の列島神話―アマテラスの死と征服王朝　佐治芳彦著　徳間書店　（佐治・超古代推理シリーズ）　1990.2　①4-19-554150-6

■ 雨森芳洲　あめのもりほうしゅう
1668～1755　江戸時代中期の儒学者。

◇雨森芳洲と朝鮮通信使―未来を照らす交流の遺産　長浜市長浜城歴史博物館，高月観音の里歴史民俗資料館編　高月観音の里歴史民俗資料館　2015.9
①978-4-88325-578-8

◇雨森芳洲―朝鮮学の展開と禅思想　信原修著　明石書店　2015.7
①978-4-7503-4214-6

◇雨森芳洲―互に欺かず争わず真実を以て交り候　上田正昭著　ミネルヴァ書房（ミネルヴァ日本評伝選）　2011.4
①978-4-623-06032-0
＊雨森芳洲（1668～1755）儒者。江戸で木下順庵に学び、対馬藩藩儒として、また朝鮮方佐役・御用人としても活躍した芳洲が生涯説きつづけた「誠信の外交」、「善隣友好」の精神とはいかなるものか。足跡を辿りながらその思想の普遍性と先見性を解き明かす。

◇海峡の虹―日朝の架け橋雨森芳洲　小西健之助著　新風舎　2006.1
①4-7974-8517-5
＊五代将軍徳川綱吉の時代、木下順庵に学び、対馬藩に召し抱えられた儒学者雨森芳洲。唐語、朝鮮語を学び、鎖国下の江戸時代で朝鮮との友好外交に尽力した。同門の新井白石との確執からも読み取れる彼の思いを…。第25回新風舎出版賞ハミングバード賞受賞作品。

◇雨森芳洲―元禄享保の国際人　上垣外憲一著　講談社　（講談社学術文庫）
2005.2　①4-06-159696-9
＊朝鮮語と中国語を自在に操る対馬藩の儒者に、朝鮮通信使は称賛の言葉を惜しまなかった―。木下順庵に学び、新井白石・荻生徂徠との交友を通して研鑽された芳洲の思想は、言語哲学に発

し、偏見を排した文化・民族の平等理念へと昇華する。江戸時代、日韓親善の先駆者となり今日的思索を展開しながら、国学の擡頭により忘れさられた思想家が現代に甦る。

◇雨森芳洲―日韓のかけ橋　呉満著　新風書房　2004.11　①4-88269-539-1

◇雨森芳洲　岡田武彦監修, 永留久恵著　西日本新聞社　（西日本人物誌）　1999.11
①4-8167-0492-2
＊江戸時代中期、対馬藩の外交官として隣邦・朝鮮との交流で「誠信の交わり」を説き、朝鮮通信使と好を通じて、善隣外交を実践した国際人・雨森芳洲。その生涯と哲学が今、現代の日韓関係のあるべき姿を示唆する。

◇対馬藩藩儒雨森芳洲の基礎的研究　泉澄一著　関西大学東西学術研究所　（関西大学東西学術研究所研究叢刊）　1997.11
①4-87354-239-1

◇雨森芳洲の涙―朝鮮佐役　賈島憲治著　風媒社　1997.8　①4-8331-5088-3
＊江戸時代、朝鮮半島との外交の唯一の窓口となった対馬藩宗家に仕え、外交の実務にあたった儒学者・雨森芳洲。「誠信の交わり」を説き、藩政の腐敗、秀吉による朝鮮侵略の遺恨、門友新井白石との外交・経済政策をめぐる激しい論争等、難局に苦闘しつつ両国の友好に生涯を捧げた、一儒学者の類まれな人間像を描き、知られざる日本―朝鮮間の関係史に迫る歴史小説。

◇木下順庵・雨森芳洲　竹内弘行, 上野日出刀著　明徳出版社　（叢書・日本の思想家）　1991.11
＊加賀藩に仕え後に幕府の儒官となった順庵は、人格高潔な経学者。その門には達徳逸材が多数輩出した。その一人芳洲は、儒仏道を修め華韓両国語にも通じ、殊に朝鮮通信使との交渉では大活躍した。木門の二師弟の生涯と学問の特色を描いた教養書。

◇対馬物語―日韓善隣外交に尽力した雨森芳洲　田井友季子著　光言社　1991.5
①4-87656-023-4

新井白石　あらいはくせき

1657〜1725　江戸時代前期, 中期の学者, 政治家。甲府藩主徳川綱豊の侍講から綱豊が6代将軍家宣となると白石も幕臣として政治に参画、正徳の治を主導した。吉宗が8代将軍になると失脚。主な著書に「読史余論」「古史通」「采覧異言」「折りたく柴の記」など。

◇新井白石の経済学—付注と考察　寺出道雄著　日本経済評論社　2015.10　Ⓘ978-4-8188-2395-2

◇新井白石の人と魅力—君津市久留里発　新訂版　(仮称)新井白石記念館の設立を応援する会編　(仮称)新井白石記念館の設立を応援する会　2012.8

◇日本文学者評伝集　7　蜀山人・新井白石　塩川良平, 森本治吉編　浜田義一郎, 尾崎憲三著　クレス出版　2008.6　Ⓘ978-4-87733-427-7,978-4-87733-429-1

◇折りたく柴の記　新井白石［著］, 桑原武夫訳　中央公論新社　(中公クラシックス)　2004.6　Ⓘ4-12-160067-3

◇新井白石と裁判　山口繁著　西神田編集室　2003.2

◇新井白石の政治戦略—儒学と史論　ケイト・W.ナカイ著, 平石直昭, 小島康敬, 黒住真訳　東京大学出版会　2001.8　Ⓘ4-13-020132-8

◇新井白石　一海知義, 池沢一郎著　研文出版　(日本漢詩人選集)　2001.1　Ⓘ4-87636-191-6

◇奇会新井白石とシドティ　垣花秀武著　講談社　2000.1　Ⓘ4-06-209572-6

◇新井白石—国家再建の鬼　谷恒生著　学陽書房　1999.5　Ⓘ4-313-85133-X　＊いまこそ "鬼" の登場を！ 元禄のバブル崩壊後の世相をどう建て直すか。民の信頼を失った政治を正道に戻し、対立者を排斥して断固改革を貫徹した、白石の信念に満ちた行動を描く。書き下ろし長編。

◇新井白石　復刻版　山路愛山著　日本図書センター　(山路愛山伝記選集)　1998.1　Ⓘ4-8205-8244-5,4-8205-8237-2

◇市塵　上　藤沢周平著　講談社　(講談社文庫)　1991.11　Ⓘ4-06-185030-X

◇市塵　下　藤沢周平著　講談社　(講談社文庫)　1991.11　Ⓘ4-06-185031-8

◇新井白石　宮崎道生著　吉川弘文館　(人物叢書 新装版)　1989.10　Ⓘ4-642-05190-2

荒木貞夫　あらきさだお

1877〜1966　大正, 昭和期の陸軍軍人, 政治家。大将。東京裁判でA級戦犯に指名され, 終身禁固刑の判決を受けた。

◇荒木将軍の実像—その哲と情に学ぶ　橘川学著　泰流社　1987.3　Ⓘ4-88470-575-0　＊荒木の人生は、満州事変という一大国難の速やかな解決に、その全精力を傾注し尽くしたと言っても過言ではあるまい。昭和6、7、8年の危機に瀕する日本の陸軍大臣としての3年間でその使命を果たし、よく国家の負託に見事に応えた偉勲は、永く銘記さるべきであろう。彼の92年の人生に於ける数々の逸話を拾い、その背後の真実の昭和史の一端を述べたい。

荒木宗太郎　あらきそうたろう

?〜1636　江戸時代前期の朱印船貿易家。

◇海のサムライたち　白石一郎著　日本放送出版協会　2003.2　Ⓘ4-14-080758-X　＊歴史小説の大家が、海洋国家の忘れられた史実に迫る！ 古代から中世・戦国時代、海を舞台に活躍し遠く海外まで雄飛したサムライたちがいた。海の交易は莫大な富と争いを生む…。

荒木田守武　あらきだもりたけ

1473〜1549　戦国時代の連歌・俳諧作者, 伊勢内宮神官。

◇守武千句考証　沢井耐三著　汲古書院　(愛知大学文学会叢書)　1998.2　Ⓘ4-7629-3411-9

有沢広巳　ありさわひろみ

1896〜1988　昭和期の経済学者。東京大

学教授, 法政大学総長。傾斜生産方式の提唱で注目された。戦後は法政大学総長の他日本学士院長なども歴任。

◇有沢広巳の昭和史　『有沢広巳の昭和史』編纂委員会編　『有沢広巳の昭和史』編纂委員会　1989.3

有島武郎　ありしまたけお

1878〜1923　大正期の小説家, 評論家。白樺派。小説作品に「生まれ出づる悩み」「或る女」、評論に「惜しみなく愛は奪ふ」など。

◇有島武郎　新装版　高原二郎著, 福田清人編　清水書院　（Century Books　人と作品）　2018.4　①978-4-389-40125-2

◇有島武郎―世間に対して真剣勝負をし続けて　亀井俊介著　ミネルヴァ書房　（ミネルヴァ日本評伝選）　2013.11　①978-4-623-06698-8
＊有島武郎（一八七八〜一九二三）大正時代の小説家。クリスチャン、人道主義者、白樺派を代表する作家。何より『或る女』によって、日本近代文学に比類ない「本格小説」を実現した小説家。米国留学体験、ホイットマンとの出会い、日本社会の権威との対決、果敢な文学的実験を追跡し、主要作品を丹念に読み、その創造力の根底に迫る。

◇有島武郎小論　片山礼子著　蒼丘書林　2013.3　①978-4-915442-12-4

◇愛と革命・有島武郎の可能性―〈叛逆者〉とヒューマニズム　栗田広美著, 「栗田広美君遺稿集」編集委員会編　右文書院　2011.3　①978-4-8421-0741-7
＊二十一世紀の今、新たな変革を構想するとき、「愛」の現れとして革命と芸術をとらえた、有島武郎の思索の巨大な可能性に目を向けなくてはならない。―有島を、近代文明を批判した「叛逆者」として再評価する、著者・栗田広美の遺稿集。子ども論、マルクス主義論、岡倉天心・アジア論、ヒューマニズムの再検討にまで突き進んだ、著者の足跡を示す。

◇新編 言葉の意志―有島武郎と芸術史的転回　中村三春著　ひつじ書房　（未発選書）　2011.2　①978-4-89476-529-0
＊印象派から未来派まで、短時日のうちに芸術史を駆け抜けた孤高の作家・有島武郎の文学と思想の軌跡を、『或る女』『惜みなく愛は奪ふ』『星座』など代表作を網羅して執拗に追究した。近代の総決算でもあり、現代の出発点ともなったその転回の様相を、「創造的生命力」「小説構造論」「芸術史的転回」「表象のパラドックス」の4つのキーワードに即して縦横無尽に論じ切った、著者のテクスト文芸学の到達点。旧版を大幅に拡充した増補改訂版。

◇有島武郎事典　有島武郎研究会編　勉誠出版　2010.12　①978-4-585-06065-9

◇芥川龍之介と有島武郎―生の原拠と死の美学　吉田俊彦著　おうふう　2009.4　①978-4-273-03523-5

◇有島三兄弟―それぞれの青春 有島武郎/有島武郎/有島生馬/里見弴 四館共同特別企画展　有島三兄弟四館共同企画展実行委員会編　鎌倉市芸術文化振興財団　2009.4

◇有島三兄弟―それぞれの青春――有島武郎/有島武郎/有島生馬/里見弴 四館共同特別企画展　有島三兄弟四館共同企画展実行委員会編　有島記念館　2008.10

◇有島武郎論―二〇世紀の途絶した夢とその群像の物語　北村巌著　柏艪舎, 星雲社（発売）　（柏艪舎エルクシリーズ）　2007.12　①978-4-434-11330-7

◇雨の軽井沢挽歌―美貌の人妻と文豪の旅立ち　金沢聖著　新風舎　2006.7　①4-7974-4787-7

◇有島武郎とその農場・農団―北辺に息吹く理想　第2版　高山亮二著　星座の会　（星座の会シリーズ）　2003.5

◇有島武郎―作家作品研究　石丸晶子著　明治書院　2003.4　①4-625-45306-2

◇死と飛翔・有島武郎の青春―優等生からの離脱　栗田広美著　右文書院　2002.9　①4-8421-0009-5
＊…僕は、なぜ生きているのだろう。…僕が生きていることには、何か、意味があるのだろうか。我々の多くが、こうした問いに向かい合いながら、青春を出発

させてきた。しかし、誰が、この問いに答えられただろう。本書は、日清戦争の直後に、札幌農学校で青春を迎えた有島武郎を考えようとするものである。特権階級の優等生だった有島武郎も、我々と同じように、この「問い」に向かい合いやがて、自殺未遂を経て、優等生から離脱する道を歩むようになっていった。有島の、優等生から離脱するエネルギーは、いかに生まれたのか。問題を、「性格」や「影響」の考察などに、解消してしまわず、あくまでも、有島の精神の展開軸を追うことによって、我々自身の「問い」への視座をも、発見。

◇有島武郎全集 別巻 有島武郎研究 有島武郎著 筑摩書房 2002.9 ⓘ4-480-70916-9
＊年譜、著作年譜、有島家関係資料、周辺資料および精選された同時代評、追悼特集紙誌論評・追想を中心に、本巻未収録の短歌・俳句・書簡の補遺など、研究・理解のために必須の資料を集大成する。

◇有島武郎と向きあって─追悼高山亮二有島記念館名誉館長 高山亮二ほか著, ニセコ町教育委員会, 有島記念館編 ニセコ町教育委員会 2002.3

◇渓流釣り余滴 佐々木一男著 つり人社（つり人ノベルズ） 1999.7 ⓘ4-88536-252-0
＊渓流の釣りひとすじに歩みつづけ、日本渓流釣連盟会長、東京渓流釣人倶楽部創設者として知られる著者が、北は北海道から、南は九州まで、50有余年にわたって釣り歩いてきた思い出の数かずを、余韻にみちた筆致で綴った好エッセイ。本シリーズ3冊めの作品集である。

◇有島武郎〈作家〉の生成 山田俊治著 小沢書店 1998.9 ⓘ4-7551-0369-X
＊作家が生きた言説の歴史的現場に身を置き、さまざまな関係性のなかで流動化する作家と作品を緻密に検証する。初期作品、そして「或る女のグリンプス」から『或る女』への改稿過程を辿り、可能性としての「作家」を発見する、有島文学研究の気鋭による文学神話解体の試み。

◇有島武郎とヨーロッパ─ティルダ、まだ僕

のことを覚えていますか。北海道文学館編 北海道立文学館 1998.8

◇いま見直す有島武郎の軌跡─「相互扶助」思想の形成とその実践 図録 高山亮二, ニセコ町有島記念館編著 ニセコ町・有島記念館 1998.7

◇有島武郎─私の父と母/詩への逸脱 有島武郎著, 石丸晶子編 日本図書センター（シリーズ・人間図書館 作家の自伝） 1998.4 ⓘ4-8205-9507-5

◇有島武郎とキリスト教並びにその周辺 川鎮郎著 笠間書院 1998.4 ⓘ4-305-70179-0

◇亡命・有島武郎のアメリカ─＜どこでもない所＞への旅 栗田広美著 右文書院 1998.3 ⓘ4-8421-9801-X

◇父有島武郎と私 神尾行三著 右文書院 1997.9 ⓘ4-8421-9704-8
＊作家有島武郎の三男として生まれた著者が語り、綴った父の思い出。有島武郎の研究者、内田満氏らをまじえた座談を中心に、著者自身が執筆した父への追憶、さらに資料・年譜を収録。貴重な写真資料も満載。

◇有島武郎─「個性」から「社会」へ 外尾登志美著 右文書院 1997.4 ⓘ4-8421-9604-1

◇有島武郎と場所 有島武郎研究会編 右文書院 （有島武郎研究叢書） 1996.7 ⓘ4-8421-9510-X
＊抜群の語学力と広い視野を持っていた有島武郎は、欧米の文化、文学を幅広く摂取した類い稀な作家であり、思想家でもある。外国の文学、芸術をしばしば自己の創作に生かした才能も見逃せない。本書では、有島が傾倒していたホイットマンをはじめ、トルストイ、カーライル、ベルグソン等との思想的接点を探りながら、比較文学、比較文化の視点から有島の作品像を浮き彫りにする。

◇有島武郎と作家たち 有島武郎研究会編 右文書院 （有島武郎研究叢書） 1996.6 ⓘ4-8421-9508-8

◇有島武郎の評論 有島武郎研究会編 右文書院 （有島武郎研究叢書） 1996.6

有栖川宮熾仁親王

①4-8421-9507-X

◇有島武郎虚構と実像　内田満著　有精堂
出版　1996.5　①4-640-31075-7
＊有島武郎の生涯とその年譜的事実の中
に鏤められた創作方法確立の契機と創
作の媒材について、真摯・着実な研究で
知られる著者がテキストに即して犀利
に分析、創作と思想の核心、虚構と作家
の実像との関わりのあり方を浮き彫り
にした。有島への惜しみなき愛の書かし
めた研究論文集。

◇有島武郎論―関係にとって<同情>とはな
にか　丹羽一彦著　風琳堂　1995.11
①4-89426-501-X

有栖川宮熾仁親王
ありすがわのみやたるひと
1835～1895　江戸時代末期, 明治期の皇
族。参謀総長。有栖川宮幟仁親王の第一
子。尊皇攘夷運動を支持。戊辰戦争では
東征大総督、西南戦争では征討総督。

◇皇族軍人伝記集成　第1巻　有栖川宮熾仁
親王　上　佐藤元英監修・解説　ゆまに
書房　2010.12　①978-4-8433-3553-6

◇皇族軍人伝記集成　第2巻　有栖川宮熾仁
親王　下　佐藤元英監修・解説　ゆまに
書房　2010.12　①978-4-8433-3554-3

◇熾仁親王日記　有栖川宮熾仁著　東京大
学出版会　（続日本史籍協会叢書）
1976.7～9

有田八郎　ありたはちろう
1884～1965　昭和期の外交官, 政治家。衆
議院議員。駐外国大使、外相を歴任。三
島由紀夫の「宴のあと」をプライバシー侵
害で訴えた。

◇日本外交史人物叢書　第16巻　吉村道男
監修　ゆまに書房　2002.12
①4-8433-0682-7,4-8433-0694-0

有間皇子　ありまのみこ
640～658　飛鳥時代の孝徳天皇の皇子。

◇有間皇子の研究―斉明四年戊午十一月の
謀反　三間重敏著　和泉書院　（日本史研

究叢刊）　2016.2　①978-4-7576-0785-9

◇有間と宮子―御坊・日高に眠る古代史開
眼 市制施行60周年記念　御坊市教育委員
会生涯学習課編　御坊市　2015.3

◇有間皇子物語　前田文夫著　関西書院
1994.11　①4-7613-0175-9

有馬晴信　ありまはるのぶ
1567～1612　安土桃山時代, 江戸時代前期
の大名, キリシタン。肥前日之江藩主。

◇有馬晴信キリシタン領国の証―北有馬町
「日野江城跡の踏み石」　轟竜造著　未成
年社　2001.5

◇肥前 有馬一族　外山幹夫著　新人物往来
社　1997.8　①4-404-02502-5
＊天正少年使節を派遣した有馬晴信。有
馬一族の栄光と悲劇を新史料によって
描く。

在原業平　ありわらのなりひら
825～880　平安時代前期の歌人。六歌仙、
三十六歌仙の一人。

◇在原行平と業平―平安前期を生きた兄弟
の物語　玉置栄一著　玉置栄一　2017.3

◇業平ものがたり―『伊勢物語』の謎を読み
解く　松本章男著　平凡社　2010.7
①978-4-582-83477-2
＊妖しく魅惑する125段のテキストの順序
を一旦解体し、和歌を軸に並べ替え、再
構築を試みる…。封印されてきた在原
業平の、天衣無縫の生涯の全貌が、いま
鮮やかに浮かび上がる。

◇日本文学者評伝集　2　在原業平・小野小
町・二条良基　塩田良平, 森本治吉編
井上豊, 福井久蔵著　クレス出版　2008.6
①978-4-87733-422-2,978-4-87733-429-1

◇伊勢物語と業平―悪妻二人による不運
谷戸貞彦著　大元出版　2006.9
①4-901596-04-7
＊在原業平はドンファンではない！濡れ
衣を着せられた業平。「伊勢物語」の謎
を解く。

◇今井源衛著作集　第7巻　在原業平と伊勢

物語　今井源衛著，今西祐一郎［ほか］編
後藤康文編　笠間書院　2004.6
①4-305-60086-2

◇源氏物語と伊勢物語—王朝文学の恋愛関
係　島内景二著　PHP研究所　（PHP新
書）　1997.4　①4-569-55550-0
＊人間が思いつく男と女の恋のヴァリ
エーションをほとんど探究しつくした
伊勢物語。そして伊勢物語の愛の主題
の「変奏曲」として、女たちの人生の
「光と闇」を描いた源氏物語。本書は両
作品を、二つで一セットの「巴の文様」
をなす双璧として対比させながら、王
朝文学の恋愛観を読み解いていく。「人
はなぜ物語を求めるのか」という不変
の問いに挑む、新しい文学論。

◇在原業平野望彷徨—新釈『伊勢物語』　小
川久勝著　マイブック出版　1993.11

◇異文・業平東国密行記　中園英助著　新
人物往来社　1992.10　①4-404-01956-4

◇在原業平・小野小町—天才作家の虚像と
実像　片桐洋一著　新典社　（日本の作
家）　1991.5　①4-7879-7005-4
＊平安朝の代表的歌人でありながら、千
年の時空を超えた今でも、典型的な美
男美女の代名詞と謳われる業平と小町。
この2人は、数々の説話や伝承によって
様々な虚像を作り上げられたが、本書
ではそれらを打破粉砕し、徹底的に資
料に基づいて実像に迫った。平安朝文
学研究の第一人者である著者の意欲作。

▌安康天皇　あんこうてんのう
上代の第20代の天皇。允恭天皇の子。

◇古事記夜話　中村武彦著　たちばな出版
2001.8　①4-8133-1323-X

▌安重根　アンジュングン
1879〜1910　明治期の朝鮮の独立運動家。
ハルビン駅で伊藤博文を射殺した。

◇韓国人が知らない安重根と伊藤博文の真
実　金文学著　祥伝社　（祥伝社新書）
2017.12　①978-4-396-11523-4

◇安重根と東洋平和論　李泰鎮，安重根ハ

ルビン学会編著，勝村誠，安重根東洋平和
論研究会監訳　日本評論社　2016.9
①978-4-535-58690-1

◇愛国者がテロリストになった日—安重根
の真実　早坂隆著　PHP研究所　2015.4
①978-4-569-82443-7

◇わが心の安重根　遺された硯　広瀬為人，
斎藤泰彦著　創樹社美術出版　2008.9
①978-4-7876-0062-2

◇安重根と朝鮮独立運動の源流　市川正明
著　原書房　（明治百年史叢書）　2005.9
①4-562-03957-4

◇伊藤博文暗殺事件—闇に葬られた真犯人
大野芳著　新潮社　2003.8
①4-10-390405-4
＊明治42年10月、枢密院議長・伊藤博文が
ハルビンで暗殺された。狙撃犯は安重根
—韓国で今でも最も尊敬される歴史上の
人物である。だが、“真犯人”は別に存在
し、しかも政府はその情報を黙殺して
いた。背後には、韓国併合に絡む日清
韓露の複雑極まる外交戦略があった…。
新資料を基に、当時の極東情勢を浮き
彫りにする衝撃のノンフィクション。
秘匿された日露外交史の全貌を暴く。

◇最新 旅順・大連探訪—百年の歴史を刻ん
だセピアの世界　「旅順探訪」刊行会編著
近代消防社　1999.5　①4-421-00615-7
＊旅順＋大連ガイドブック。1910〜30年
代そのままの面影を残す、関東庁、関東
軍司令部、白玉山塔、日露戦跡、日本橋、
ヤマトホテル、白銀山トンネル…豊富
な満州時代の写真、新旧の市街図併載。
タイムトリップで史跡探訪ができる。

◇伊藤博文を撃った男—革命義士安重根の
原像　斎藤充功著　中央公論新社　（中公
文庫）　1999.4　①4-12-203402-7
＊岡山県笠岡市の浄土真宗本願寺派浄心
寺に残る、六十八枚の写真と安重根の
三幅の書。これらの遺品を手がかりに、
伊藤博文射殺に至る安の足跡を辿り、
獄中百四十四日間の素顔を探る。中国、
韓国への実地取材にもとづくノンフィ
クション。

◇安重根（アンジュングン）　第1部　生成

篇　韓碩青著，金容権訳　作品社
1997.12　Ⓘ4-87893-289-9

◇安重根（アンジュングン）　第2部　超人
篇　韓碩青著，金容権訳　作品社
1997.12　Ⓘ4-87893-290-2

◇わが心の安重根─千葉十七・合掌の生涯
増補新装版　斎藤泰彦著　五月書房
1997.3　Ⓘ4-7727-0189-3
　＊伊藤博文を殺害した安重根を終生供養
　した日本人憲兵千葉十七。日韓を結ぶ
　「心の絆」。鋭く切々と、知られざる歴
　史の真実に迫る。

◇安重根と伊藤博文　中野泰雄著　恒文社
1996.10　Ⓘ4-7704-0895-1
　＊1909（明治42）年10月下旬、視察のため
　ハルビン頭に下り立った前韓国統監伊
　藤博文は、韓国の一市民が放った数発
　の銃弾を受けて倒れた。伊藤を倒さね
　ばならなかった安重根は法廷に立つこ
　とになった。安の裁判から次第に明ら
　かにされていく事実を、大日本帝国は
　必死に隠蔽しようとする。東洋の平和
　はアジア各国の自主独立以外にないと
　する安の思想は、大日本帝国の主義主
　張と根本から相入れないものだった。
　当時の裁判記録を検証しながら、安と
　伊藤の生い立ちからの人間像を克明に
　浮き上がらせていく。

◇天主教徒安重根─私の中の安重根・日本
と韓国　津留今朝寿著　自由国民社
1996.7　Ⓘ4-426-75100-4

◇伊藤博文と安重根　佐木隆三著　文芸春秋
（文春文庫）　1996.3　Ⓘ4-16-721513-6

◇伊藤博文はなぜ殺されたか─暗殺者・安
重根から日本へ　鹿嶋海馬著　三一書房
（三一新書）　1995.6　Ⓘ4-380-95015-8
　＊歴史に残る暗殺事件。犯人は、凶悪犯
　かそれとも英雄なのか。戦後50年の今、
　改めて問いかける。

◇在日韓国・朝鮮の人々へ　淵本忠信著
〔淵本忠信〕　1995.6

◇伊藤博文を撃った男─革命義士安重根の
原像　斎藤充功著　時事通信社　1994.10
Ⓘ4-7887-9436-5
　＊安重根は明治26年から韓国全土に吹き

荒れた外国人排斥運動（東学党の乱）に
よって"国難"に目覚め、父の挙兵に参
加。義兵として戦ったが敗れ、フラン
ス人神父の教会に匿われた。その後、
筋金入りの義士になっていく。そして
運命の日…。新たに発掘された写真68
点と真筆などを手掛りに、処刑の謎、そ
して知られざる暗殺者の実像に迫る。

◇わが心の安重根─千葉十七・合掌の生涯
斎藤泰彦著　五月書房　1994.1
Ⓘ4-7727-0131-1
　＊1909年10月、韓国の独立運動家・安重
　根は日本の元老伊藤博文をハルビン駅
　頭において射殺した。死刑の判決を受
　けた安重根は、処刑直前、それまで"獄
　中の身"をいたわってくれた看守の千葉
　十七に感謝を込めて、「為国献身軍人本
　分」の遺書を贈った。千葉十七は、この
　遺墨に終生合掌し、安の冥福を祈った。
　そして死後も、千葉の遺言に従い遺墨
　は大切に供養されてきた。70年後の
　1979年安重根生誕百周年に当たり、遺
　墨は故国韓国へ返還された。それを機
　に、この遺墨を刻んだ「安と千葉の記念
　碑」が、日韓両国の友好を祈念し千葉の
　眠る宮城県若柳町の大林寺に建立され
　た。以来、大林寺住職の著者らを中心
　に多くの日韓人によって、亡き二人の
　心情を偲びつつ「日韓永遠の平和」を祈
　る追悼法要が毎秋つづけられている。
　それは、また日韓善隣関係の大切さを
　痛切に感じた千葉の心を通し、歴史を
　厳粛に問い直そうとする多くの人々の
　思いのときでもある。日韓問題の原点
　に鋭くメスを入れた切々たる歴史小説。

◇伊藤博文と安重根　佐木隆三著　文芸春
秋　1992.11　Ⓘ4-16-313630-4
　＊初代韓国統監・公爵伊藤博文は、明治
　42年満州ハルビンで暗殺された。狙撃
　者は韓国独立運動家安重根。暗殺事件
　に至る2人の運命的な出合いを描く出色
　の長篇小説。

▎アンジロー
　？〜1551？　　里見ヤジロウ（さとみやじ
　ろう）とも。戦国時代の日本人最初のキリ
　シタン。マラッカでザビエルに洗礼をう

けた。

◇ザビエルの同伴者アンジロー──戦国時代の国際人　岸野久著　吉川弘文館　（歴史文化ライブラリー）　2001.9
①4-642-05526-6
＊ザビエルを日本に導き、キリスト教布教を助けた日本人アンジローとは何者か。南欧諸国での調査に基づく最新のザビエル研究から、アンジローの果した歴史的役割を探る。国際化の進む現代日本が学ぶべきその実像を描く。

◇ロザリオの海　徳永健生著　リブリオ出版　1999.9　①4-89784-746-X
＊日本と西洋を結びつけた宣教師フランシスコ・ザビエル。彼の日本渡航のかげに、薩摩人士・弥次郎の存在があった。16世紀中葉の東・南アジアの海洋世界を背景に、ザビエルを引導した弥次郎の数奇な運命を描く。

▌**安藤昌益**　あんどうしょうえき
1703〜1762　江戸時代中期の農本思想家,漢方医。著作に「自然真営道」など。

◇安藤昌益の実像──近代的視点を超えて　山﨑庸男著　農山漁村文化協会　2016.3
①978-4-540-15222-1

◇いのちの思想家安藤昌益──人と思想と、秋田の風土　石渡博明著　自然食通信社　2012.11　①978-4-916110-97-8
＊「自り然る」「直ら耕す」『『対立』から『互性』へ』…いのちの営みとともに生きる共生社会のありようを新しい言葉に盛った安藤昌益。「自由であれ、つつましくあれ」未曾有の3.11災禍を経てなお、放射能下の今を生きる私たちに昌益から届けられたメッセージ。

◇現代（いま）に生きる安藤昌益　石渡博明,児島博紀, 添田善雄編　御茶の水書房　2012.10　①978-4-275-01000-1

◇狩野亨吉と安藤昌益　鈴木正著, 安藤昌益と千住宿の関係を調べる会編　安藤昌益と千住宿の関係を調べる会　（昌益文庫）　2011.9

◇互性循環世界像の成立──安藤昌益の全思想環系　東条栄喜著　御茶の水書房

2011.2　①978-4-275-00917-3
＊本書は昌益の思想方面を集中的に、しかもその全分野を対象にして、その特徴と内在論理性を明らかにするべく、しかも整理された認識として示すことを目標として纏められた。

◇安藤昌益──直耕思想いま再び　吉田徳寿著　東奥日報社　2010.6
①978-4-88561-107-0

◇忘れられた思想家──安藤昌益のこと　上巻　復刊　E.ハーバート・ノーマン著, 大窪愿二訳　岩波書店　（岩波新書）2008.4　①4-00-413141-3
＊徳川封建制度に対する本格的な批判者としての安藤昌益を発見した著者は、この政治思想家の全貌や当時の思想潮流を的確に描きつつ、世界史的観点からもその独自性を明らかにした。多くの日本人歴史家を瞠目せしめた卓越した史眼と、歴史に埋もれた思想家との出会いを示す古典的名著。

◇忘れられた思想家──安藤昌益のこと　下巻　復刊　E.ハーバート・ノーマン著, 大窪愿二訳　岩波書店　（岩波新書）2008.4　①4-00-413142-1
＊徳川封建制度に対する本格的な批判者としての安藤昌益を発見した著者は、この政治思想家の全貌や当時の思想潮流を的確に描きつつ、世界史的観点からもその独自性を明らかにした。多くの日本人歴史家を瞠目せしめた卓越した史眼と、歴史に埋もれた思想家との出会いを示す古典的名著。

◇安藤昌益の世界──独創的思想はいかに生れたか　石渡博明著　草思社　2007.7
①978-4-7942-1613-7
＊安藤昌益は現在では、中学・高校の歴史教科書のほとんどに取り上げられ、共通一次試験でも出題されるなど、名前だけはそれなりに知られるようになってきた。ただ、昌益その人やその説いたところは、いまでもほとんど知られていないに等しい。本書では、「知られざる思想家」安藤昌益の全体像を過不足なく、わかりやすく紹介している。

◇安藤昌益からみえる日本近世　若尾政希

著　東京大学出版会　2004.3
Ⓘ4-13-026206-8

◇今にして安藤昌益—安藤昌益を読む人の
ために　稲葉守著　風濤社　2004.2
Ⓘ4-89219-247-3

◇安藤昌益と八戸藩の御日記　野田健次郎
著　岩田書院　1998.4　Ⓘ4-87294-104-7

◇安藤昌益の学問と信仰　萱沼紀子著　勉
誠社　1996.5　Ⓘ4-585-05021-3
　＊歴史学への挑戦。18世紀の預言者・安
　　藤昌益へ今、文学者の眼で迫る。

◇八戸における安藤昌益　安藤昌益基金編
安藤昌益基金　1995.10

◇渡辺大濤昌益論集　1　安藤昌益と自然真
営道　渡辺大濤著　農山漁村文化協会
1995.9　Ⓘ4-540-95038-X
　＊自然と人間の調和を追究した先駆的エ
　　コロジスト、安藤昌益の思想が混迷の
　　時代を照射。昌益研究の基本文献、待
　　望の復刻。

◇渡辺大濤昌益論集　2　農村の救世主安藤
昌益　渡辺大濤著　農山漁村文化協会
1995.9　Ⓘ4-540-95039-8

◇都市を滅ぼせ—人類を救う最後の選択
中島正著　舞字社，星雲社〔発売〕
1994.10　Ⓘ4-7952-7187-9
　＊人類滅亡を救う道は「進歩、発展、拡大
　　へのコースを逆にたどり、自然に帰る
　　以外にない」。と、人間の生き方を根源
　　から問い直す。安藤昌益〔元禄時代の
　　大思想家〕云わく《不耕貪食の徒タダ刑
　　スベシ》の現代版警世衝撃の書。

◇復初の思想—老荘・昌益とわれわれの未
来　村上也寸志著　亜紀書房　1994.6
Ⓘ4-7505-9409-1

◇安藤昌益 日本・中国共同研究　農山漁村
文化協会編　農山漁村文化協会　1993.10
Ⓘ4-540-93055-9

◇（小説）安藤昌益—現代への伝言・自然真
営道　林太郎著　なのはな出版　1993.8
Ⓘ4-938652-44-7

◇安藤昌益—研究国際化時代の新検証　安
永寿延著　農山漁村文化協会　1992.10
Ⓘ4-540-92066-9

◇安藤昌益と三浦梅園　和田耕作著　甲陽
書房　1992.10　Ⓘ4-87531-523-6

◇写真集 人間安藤昌益　増補版　安永寿延
編著，山田福男写真　農山漁村文化協会
1992.10　Ⓘ4-540-92067-7
　＊「人間安藤昌益」が新しく見えてくる。
　　安藤昌益没後230年・生誕290年記念
　　出版。

◇忘れられた思想家—安藤昌益のこと　上
巻　E.ハーバート・ノーマン著，大窪愿
二訳　岩波書店　（岩波新書）　1991.9
Ⓘ4-00-413141-3

◇忘れられた思想家—安藤昌益のこと　下
巻　E.ハーバート・ノーマン著，大窪愿
二訳　岩波書店　（岩波新書）　1991.9
Ⓘ4-00-413142-1

▌**安藤信正**　あんどうのぶまさ
1819〜1871　江戸時代後期〜明治期の大
名，華族。

◇安藤対馬守信睦公　いわき歴史文化研究
会編著　磐城平藩主安藤家入部二五〇年
記念事業実行委員会　2006.8

◇安藤信正の時代—マンガ「いわきの歴史か
ら」　いわき市編　いわき市　1999.3

◇閣老安藤対馬守　藤沢衛彦著　白竜会竜
が城美術館　1992.7

▌**安藤広重**　あんどうひろしげ
⇒歌川広重（うたがわひろしげ）

▌**安徳天皇**　あんとくてんのう
1178〜1185　平安時代後期の第81代の天
皇。（在位1180〜1185）。高倉天皇の第1
皇子。

◇安徳じゃが浮かびたい—安徳天皇の四国
潜幸秘史　細川幹夫著　麗沢大学出版会
2004.4　Ⓘ4-89205-478-X

◇安徳帝の侍女 佳名姫物語　長野為義著
市井社　1996.4　Ⓘ4-88208-038-9
　＊日本歴史のなかで、幼くして運命に翻
　　弄された安徳帝の四国潜幸のお姿を、
　　侍女の目を通じて描く伝説紀行。

◇安徳帝因幡国古跡実記—東家蔵本　東慈性編著　安徳天皇古跡研究会　1995.10
ⓘ4-404-02268-9

◇能勢に潜幸された安徳天皇　野木円之助編　詩画工房　1992.2

◇安徳天皇御潜幸と越知の歩み　織田盛雄著　織田盛雄　1990.5

【い】

▌井伊直弼　いいなおすけ
1815～1860　江戸時代末期の大名，大老。近江彦根藩主。勅許のないまま日米修好通商条約に調印。将軍継嗣問題では徳川慶福を推挙し，尊王攘夷派や水戸藩の反感を買う。反対派を安政の大獄で弾圧したが，桜田門外の変で横死。

◇井伊一族のすべて　歴史と文化の研究所編　洋泉社　（歴史新書）　2017.2
ⓘ978-4-8003-1165-8

◇井伊一族—直虎・直政・直弼　相川司著　中央公論新社　（中公文庫）　2016.11
ⓘ978-4-12-206320-4

◇一期一会の世界—大名茶人井伊直弼のすべて　彦根城博物館編　彦根城博物館　2015.9

◇井伊直弼—精神科医による伝記的資料と各論的ノート　大原和雄著　パレード，星雲社（発売）　（Parade books）　2011.7
ⓘ978-4-434-15661-8
＊"開国"か"攘夷"か？　部下による不用意な調印の責任をとった大老—希代の政治家。

◇国難を背負って—幕末宰相—阿部正弘・堀田正睦・井伊直弼の軌跡　脇坂昌宏著　論創社　2011.7　ⓘ978-4-8460-0846-8
＊未曽有の国難に立ち向かった宰相たちの苦悩と決断。幕末前夜から桜田門外の変まで，開国をめぐる三宰相の軌跡とその肖像を個性ゆたかに描き出す。

◇政治の時代—井伊直弼と幕末の群像　井伊

直弼と開国150年祭　シリーズ直弼発見！特別企画展　彦根城博物館編　彦根城博物館　2009.10

◇井伊直弼の首—幕末バトル・ロワイヤル　野口武彦著　新潮社　（新潮新書）　2008.2　ⓘ978-4-10-610252-3
＊黒船到来という外患が内憂に転じ，動乱期が始まった—。激動期には，誰が政治権力を握るかが決定的な重要を帯びる。本書で扱う安政期のキーパーソンは，部屋住みの庶子から幕府権力の絶頂，大老にまで駆け上がった井伊掃部頭直弼だ。条約勅許，将軍継嗣問題，地震，インフレ，コレラなど難問が山積する中，京都朝廷の意向を無視して調印を強行し，反対派を弾圧することで自ら墓穴を掘ることになる…。

◇井伊直弼　母利美和著　吉川弘文館　（幕末維新の個性）　2006.5　ⓘ4-642-06286-6
＊独断の違勅調印，安政の大獄など，"独裁者"と評された大老井伊直弼。だが，実像はまったく違った。埋木舎から彦根藩主，そして桜田門外に斃れるまで，茶道から会得した，凛とした信条に生きた政治家の新たな個性に迫る。

◇萩大老　早瀬詠一郎著　新潮社　2000.2
ⓘ4-10-435201-2

◇おおとりは空に　津本陽著　淡交社　1999.10　ⓘ4-473-01689-7
＊茶人宗観として名著『茶湯一会集』を残した幕末の大老・井伊直弼。名門松平家から裏千家に入り11代家元となった玄々斎宗室。混乱の世に果敢にはばたいた男達のドラマ。

◇茶湯一会—井伊直弼を慕って　井伊文子著　春秋社　1998.9　ⓘ4-393-43613-X
＊安政の大獄を断行した大老井伊直弼の，禅と茶の精神に支えられた真の心と，それを守り受け継いできた井伊家の人々の生き様を，情緒溢れる筆致で描いた随想集。

◇井伊直弼—己れの信念を貫いた鉄の宰相　星亮一著　PHP研究所　（PHP文庫）　1997.12　ⓘ4-569-57089-5

◇井伊直弼—はたして剛毅果断の人か？

伊井弥四郎

山口宗之著　ぺりかん社　1994.4
Ⓘ4-8315-0629-X
＊安政の大獄を推進した大老井伊直弼は、謂われているように、はたして剛毅果断の人物であったのか？関連資料を駆使して、新たなる井伊直弼像を提出する。

◇日本を創った先覚者たち―井伊直弼・小栗忠順・河井継之助　新井喜美夫著　総合法令　（HOREI BOOKS）　1994.3
Ⓘ4-89346-316-0

◇花の生涯　上　舟橋聖一著　祥伝社　（ノン・ポシェット）　1992.12
Ⓘ4-396-32292-5
＊三十五万石彦根藩主の子ではあるが、十四番目の末子だった井伊直弼は、わが身を埋木に擬し、住まいも「埋木舎」と称していた。「政治嫌い」を標榜しつつも、一代の才子長野主膳との親交を通して、曇りのない目で時代を見据えていた。しかし、絶世の美女たか女との出会い、それに思いがけず井伊家を継ぎ、幕府の要職に就くや、直弼の運命は急転していった…。

◇花の生涯　下　舟橋聖一著　祥伝社　（ノン・ポシェット）　1992.12
Ⓘ4-396-32293-3
＊なぜ、広い世界に目を向けようとしないのか？―米国総領事ハリスの嘆きは、同時に井伊直弼の嘆きでもあった。もはや世界の趨勢を止めることはできない。徒らに攘夷を叫ぶことは、日本国自体を滅亡させることだった…。腹臣長野主膳、それに直弼の密偵として、また生涯を賭して愛を捧げたたか女を配し、維新前夜に生きた直弼の波瀾の生涯を描く、不朽の名作。

◇対決―大老VS.開国商人　長尾三郎著　講談社　1992.4　Ⓘ4-06-205600-3
＊幕末、水戸浪士による井伊大老暗殺の際、当時稀有の珍品であったピストルを浪士に提供した謎の人物―。また、横浜開港に際し、開国派の幕府官僚に協力して、非協力的な三井等豪商を尻り目に、「銅御殿」といわれる豪壮な店を構え、生糸貿易の先駆者として活躍、大火とともに忽然と姿を消した謎の商人―。この男こそ、中居屋重兵衛であ

る。尊王攘夷の声が吹き荒れる幕末、ペリーの来航以来、次々と開国を迫るアメリカ。この時代の情況は、まさにコメを中心に市場開放を迫られる現在の日本の姿そのものではないか。約130年前―、"開国"という「外圧」をどう生きたのか。歴史をたずね、男の生きざまを描破する話題の大作。

◇埋木舎―井伊直弼の青春　改訂版　大久保治男著　高文堂出版社　1991.10
Ⓘ4-7707-0368-6
＊本書は直弼公の青春時代の舞台「埋木舎」での各修業を探ると共に、今日迄奇蹟的に残っている埋木舎の建物など（国の特別史蹟）を説明していきます。

◇雪の桜田門外をゆく　鈴木茂乃夫著　暁印書館　1990.4　Ⓘ4-87015-085-9
＊明治維新の導火線となった水戸浪士による桜田の義挙録。

◇井伊直弼―その人と生涯　企画展　彦根城博物館編　彦根城博物館　1990.3

┃伊井弥四郎　いいやしろう
1905〜1971　昭和期の労働運動家。国鉄に入社。戦後、全官公庁共闘委員会議長を務め、2.1ゼネストの中止命令を出す。

◇回想の二・一スト　伊井弥四郎著　新日本出版社　1977.5

┃家永三郎　いえながさぶろう
1913〜2002　昭和,平成期の日本史学者。

◇家永三郎・人と学問―「家永三郎先生を偲ぶ会」の記録　家永三郎先生を偲ぶ会　2003.10

◇一歴史学者の歩み　家永三郎著　岩波書店　（岩波現代文庫 社会）　2003.5
Ⓘ4-00-603079-7

◇家永三郎集　第16巻　家永三郎著　岩波書店　1999.3　Ⓘ4-00-092136-3

◇家永裁判運動小史　徳武敏夫著　新日本出版社　（新日本新書）　1999.2
Ⓘ4-406-02645-2
＊家永裁判とは何だったのか。なぜ教育への国家権力の介入は続くのか。原告とと

もに歴史の真実を歪めようとする教科書検定の不当性とたたかった32年を体験をまじえて語る。侵略戦争を美化しようとする勢力と対決した歴史の証言。

◇家永教科書裁判―三二年にわたる弁護団活動の総括　家永教科書訴訟弁護団編　日本評論社　1998.11　Ⓘ4-535-51157-8

◇家永三郎――歴史学者の歩み　家永三郎著　日本図書センター　（人間の記録）1997.6　Ⓘ4-8205-4276-1

▌ 伊行末　いぎょうまつ
?〜1260　鎌倉時代前期の石工。宋の明州出身。

◇石造物が語る中世職能集団　山川均著　山川出版社　（日本史リブレット）2006.8　Ⓘ4-634-54290-0
＊平安時代末期、平家の南都焼討ちによって東大寺などの大寺は灰燼に帰しました。その復興のため中国から渡来した石工の子孫は「伊」姓を名乗り、大和を中心に多くの優れた石造物を残しました。また、その分流は「大蔵」姓を称し、鎌倉や箱根に活躍の場を見出しました。本書では、彼らの活躍ぶりをその作品と共に見ていこうと思います。最初に中国から石工を招致したのが、東大寺大勧進の重源であったように、一流の石工が活躍する背後には常にその時代を代表する高僧がいました。本書では、石造物を通じて垣間見ることができる、当時の仏教社会の一端にも触れてみたいと思います。

▌ 生田万　いくたよろず
1801〜1837　江戸時代後期の石見浜田藩士、上野館林藩士、国学者。

◇浜田藩清廉記　上村敦之著　知道出版　2005.4　Ⓘ4-88664-144-X
＊征長に敗れた浜田藩士の流転に富む敗亡の歴史。清廉の兵士達を襲う数々の惨禍。

◇私感「生田万」　高橋寛治著　〔高橋寛治〕　1997.2

▌ 池田勇人　いけだはやと
1899〜1965　昭和期の政治家。首相。「寛容と忍耐」「所得倍増」をスローガンに高度経済成長路線を敷く。

◇池田勇人ニッポンを創った男　鈴木文矢著　双葉社　2017.6　Ⓘ978-4-575-31268-3

◇池田勇人―日本を変えた男　たけはら美術館編　たけはら美術館　2015.10

◇池田勇人―所得倍増でいくんだ　藤井信幸著　ミネルヴァ書房　（ミネルヴァ日本評伝選）　2012.1　Ⓘ978-4-623-06241-6
＊高度経済成長への道を敷いた政治家の情熱の生涯を、時代背景とともに活写する。

◇危機の宰相　沢木耕太郎著　文芸春秋　（文春文庫）　2008.11　Ⓘ978-4-16-720913-1
＊1960年、安保後の騒然とした世情の中で首相になった池田勇人は、次の時代のテーマを経済成長に求める。「所得倍増」。それは大蔵省で長く "敗者" だった池田と田村敏雄と下村治という三人の男たちの夢と志の結晶でもあった。戦後最大のコピー「所得倍増」を巡り、政治と経済が激突するスリリングなドラマ。

◇危機の宰相　沢木耕太郎著　魁星出版，学灯社〔発売〕　2006.4　Ⓘ4-312-01004-8

◇小説池田学校　浅川博忠著　講談社　（講談社文庫）　2000.7　Ⓘ4-06-264893-8

▌ 池田光政　いけだみつまさ
1609〜1682　江戸時代前期の大名。播磨姫路藩主、因幡鳥取藩主、備前岡山藩主。

◇池田光政展―殿、国替えにございます　鳥取入府400年　「池田光政展」実行委員会編　「池田光政展」実行委員会　2017.10

◇「名君」の支配論理と藩社会―池田光政とその時代　上原兼善著　清文堂出版　2012.7　Ⓘ978-4-7924-0971-5

◇池田光政―学問者として仁政行もなく候へば　倉地克直著　ミネルヴァ書房　（ミネルヴァ日本評伝選）　2012.5　Ⓘ978-4-623-06313-0

＊池田光政（一六〇九～八二）江戸前期の備前岡山藩主。儒学者・熊沢蕃山を登用し、仁政理念に基づいた藩政を展開、新田開発、閑谷学校の開設などを行った光政。岡山藩の基礎を固めた「明君」の治政と人物像に多角的な視点から迫る。

池大雅　いけのたいが
1723～1776　江戸時代中期の文人画家, 書家。日本の文人画の大成者。

◇池大雅―中国へのあこがれ：文人画入門　池大雅画, 家田奈穂編, 小林忠監修　求竜堂　2011.10　①978-4-7630-1138-1
＊文人画をより深く鑑賞するための手引書。細部の拡大図が満載。漢詩をわかりやすく解説。「洞庭赤壁図巻」（重文）が修理を終え、いま新たに甦る。ニューオータニ美術館「開館二〇周年記念展池大雅―中国へのあこがれ」公式図録兼書籍。

◇文人池大雅研究―中国文人詩書画「三絶」の日本的受容　鄭麗芸著　白帝社　1997.2　①4-89174-302-6

池坊専応　いけのぼうせんおう
1482～1543　戦国時代の立花の宗匠。

◇花僧―池坊専応の生涯　沢田ふじ子著　中央公論社　（中公文庫）　1989.11　①4-12-201659-2

池坊専慶　いけのぼうせんけい
生没年不詳　室町時代の僧, 立花巧者。池坊花道の元祖。

◇日本人のDNAを創った20人　岬龍一郎著　育鵬社　2015.2　①978-4-594-07208-7

伊沢修二　いざわしゅうじ
1851～1917　明治, 大正期の音楽教育家, 近代的教育の指導者。東京音楽学校校長, 貴族院議員。音楽取調掛として伝習生の教育、教科書の編纂を行う。著書に「小学唱歌」など。

◇伊沢修二―明治文化の至宝　森下正夫著, 伊那市立高遠町図書館編　伊那市教育委員会　2009.9

◇国家と音楽―伊沢修二がめざした日本近代　奥中康人著　春秋社　2008.3　①978-4-393-93023-6
＊中央集権国家の樹立が急務とされた明治期、なぜ「西洋の音」が必要だったのか。統治技術としての音楽教育のありようを綿密に解析した洋楽受容史の新しい視座。

◇伊沢修二の中国語研究―日中文化交流の先覚者　埋橋徳良著　銀河書房　1991.3

石井菊次郎　いしいきくじろう
1866～1945　明治～昭和期の外交官。外務大臣, 貴族院議員。全権大使として渡米「石井・ランシング協定」を締結。空襲で行方不明。

◇日本外交史人物叢書　第6巻　吉村道男監修　ゆまに書房　2002.1　①4-8433-0494-8

石川三四郎　いしかわさんしろう
1876～1956　明治～昭和期の無政府主義者, 社会運動家。「世界婦人」等の筆禍事件により下獄, 無政府主義者となり, 著書に「西洋社会運動史」。

◇石川三四郎と日本アナーキズム　後藤彰信著　同成社　2016.7　①978-4-88621-731-8

◇石川三四郎論―明治期におけるその精神史　藤岡昭夫著　藤岡昭夫著作刊行会　2012.11

◇石川三四郎資料目録―埼玉県本庄市立図書館所蔵　本庄市立図書館編　本庄市立図書館　2000.3

石川啄木　いしかわたくぼく
1886～1912　明治期の歌人, 詩人。一首三行書き詩集「一握の砂」「悲しき玩具」は近代短歌史上不朽の作品。

◇たった一人の啄木―石川啄木・流浪の軌跡　中森美方著　思潮社　（詩の森文庫）　2018.8　①978-4-7837-2014-0

石川啄木

◇啄木賢治の肖像　阿部友衣子，志田澄子著　岩手日報社　2018.4
①978-4-87201-421-1

◇石川啄木論　中村稔著　青土社　2017.5
①978-4-7917-6977-3

◇啄木年表　吉田仁編　うみがめ文庫　2017.2

◇26年2か月―啄木の生涯　改訂再刊　松田十刻著　謙徳ビジネスパートナーズ　（もりおか文庫）　2016.10
①978-4-904870-38-9

◇石川啄木　新装版　堀江信男著，福田清人編　清水書院　（Century Books　人と作品）　2016.8　①978-4-389-40103-0

◇石川啄木　ドナルド・キーン著，角地幸男訳　新潮社　2016.2
①978-4-10-331709-8

◇啄木の手紙を読む　池田功著　新日本出版社　2016.1　①978-4-406-05956-5

◇石川啄木旅日記　西脇巽著　桜出版　2015.10　①978-4-903156-21-7

◇石川啄木と宮沢賢治の人間学―ビールを飲む啄木×サイダーを飲む賢治　佐藤竜一著　日本地域社会研究所　（〔コミュニティ・ブックス〕）　2015.5
①978-4-89022-161-5

◇石川啄木と北海道―その人生・文学・時代補遺　福地順一著　Akariya　2014.4

◇『啄木日記』公刊過程の真相―知られざる裏面の検証　長浜功著　社会評論社　2013.10　①978-4-7845-1910-1
＊第1級資料である啄木の日記がこの世の生き延びた隠れた歴史。その謎を読み解くことを通して、知られざる啄木の世界を描く。世代を超えて読み継がれる啄木文学の魅力と今日的課題を探る。

◇啄木うたの風景―碑でたどる足跡　小山田泰裕著　岩手日報社　2013.9
①978-4-87201-411-2
＊漂泊の詩人、石川啄木が足跡を残した土地に、啄木とその作品を愛する人々によって多くの碑が建てられた。文字に刻まれた作品と人々の思いとともに啄木の人生をたどる一冊。

◇石川啄木と北海道―その人生・文学・時代　福地順一著　鳥影社　2013.5
①978-4-86265-405-2
＊長年、石川啄木研究をライフワークとしてきた筆者は、北海道を抜きにして啄木文学は語れないと主張する。まさにその通りで、本書はその説得力とともに、至るところに調査・研究の独創性がみられ、啄木文学を愛好する人にとっては必見の書となっている。江湖に薦めたい一冊。

◇あっぱれ啄木―『あこがれ』から『悲しき玩具』まで　林順治著　論創社　2012.12
①978-4-8460-1194-9
＊明治17年に生まれ明治45年に夭折した石川啄木。啄木はなぜ「偉大なる小説」を書こうとしたのか。そしてなぜ書けなかったのか。作品、時代背景、資料の検討、実地調査を踏まえてその生涯を丁寧にたどる。没後100年目にして、望郷の天才詩人啄木の真髄に迫る。

◇自分の言葉に嘘はなけれど―石川啄木の家族愛　山川純子著　現代出版社　2012.12

◇人生の旅人・啄木　岡田喜秋著　秀作社出版　2012.4　①978-4-88265-505-3
＊短かった二十六歳の生涯に残された不朽の詩・歌。その余韻は、没後一〇〇年を迎えて、新たな響きを奏で始めた。『一握の砂』を詠った浜辺はどこか。放浪の人生を支えたものは夫婦愛か。その秘密を、日記や書簡を含めて解明している。異色の書き下ろし。

◇啄木「ローマ字日記」を読む　石川啄木原著，西連寺成子著　教育評論社　2012.4
①978-4-905706-67-0
＊貧困、借金、放蕩、家族、自殺願望、書けない小説…。ローマ字で書かれた1909年春・啄木23歳の赤裸々な告白。4月10日の記述こそ啄木の文学である。「ローマ字日記」を経て変貌を遂げた、啄木の短歌・詩・評論・小説を併録。

◇石川啄木―風景と言葉　碓田のぼる著　光陽出版社　2012.3　①978-4-87662-542-0
＊時代と社会に切り結んだ啄木最晩年の奇跡の一年を検証。「新しき明日」を熱望した啄木像を新たに彫りおこした没

教科書に載った日本史人物1000人　43

後百年に送る著者渾身の評論集。

◇啄木日記を読む　池田功著　新日本出版社　2011.2　①978-4-406-05463-8
＊はじめての日記論。赤裸々さと煩悶、心情の吐露から見える新たな啄木像。

◇石川啄木―その釧路時代　増補/北畠立朴/補注　鳥居省三著, 釧路市教育委員会生涯学習課編　釧路市教育委員会　（釧路新書）　2011.1

◇啄木と秋瑾―啄木歌誕生の真実　内田弘著　社会評論社　2010.11
①978-4-7845-0908-9
＊斬首された中国女性革命家・秋瑾の衝撃。啄木歌誕生の「知られざる真実」を究明。

◇啄木と郁雨―友の恋歌矢ぐるまの花　山下多恵子著　未知谷　2010.9
①978-4-89642-311-2
＊石川啄木と確かに「出会って」いた二人の友、「と」の向こう側にあった、その青春の物語。

◇教師・啄木と賢治―近代日本における「もうひとつの教育史」　荒川紘著　新曜社　2010.6　①978-4-7885-1201-6
＊盛岡中学が生んだ特異な詩人―啄木と賢治は、すぐれた教師でもあった。自由な発想で「ひとをつくる」教育をめざした二人の実践を手がかりに、江戸期の寺子屋・私塾から自由民権運動の学塾、そして自由教育運動、生活綴方運動などまで、日本近代教育史をたどりながら、「もうひとつの教育」の可能性を掘り起こす。

◇石川啄木という生き方―二十六歳と二ケ月の生涯　長浜功著　社会評論社　2009.10　①978-4-7845-0907-2
＊啄木の歌は日本人の精神的心情をわかりやすく単刀直入に表現している。そして、青春の歌人・啄木の人生は二十六歳で終わった。この壮絶な波乱にみちた啄木の生涯を再現する。

◇われ泣きぬれて―石川啄木の生涯　永田竜太郎著　永田書房　2005.11
①4-8161-0706-1
＊今また何故石川啄木か。貧困の生活のうちに幾度も現実との決別、また社会

主義に走り、食うべき詩の切実な呼び声、それをめぐる人たち、渋民村への野望を抱きつつ火花のように生きた二十六年の人間啄木を新たに描く…。

◇啄木の肖像　佐藤勝著　武蔵野書房　2002.3　①4-943898-27-0

◇石川啄木とその時代　岩城之徳著　おうふう　1995.4　①4-273-02821-2
＊天才が生きた明治の日本。戦後50年の研究成果を展望。

▎石川達三　いしかわたつぞう

1905～1985　昭和期の小説家。日本文芸家協会理事長, 日本ペンクラブ会長。「蒼氓」で芥川賞受賞、他に「私ひとりの私」「人間の壁」など。

◇石川達三―昭和の時代の良識　川上勉著　萌書房　2016.6　①978-4-86065-104-6

◇戦争と検閲―石川達三を読み直す　河原理子著　岩波書店　（岩波新書 新赤版）　2015.6　①978-4-00-431552-0

▎石川雅望　いしかわまさもち

1753～1830　宿屋飯盛（やどやのめしもり）とも。江戸時代中期, 後期の国学者, 狂歌師, 読本作者。

◇石川雅望研究　粕谷宏紀著　角川書店　1985.4　①4-04-865038-6

▎石坂洋次郎　いしざかようじろう

1900～1986　昭和期の小説家。「青い山脈」「石中先生行状記」で流行作家となる。菊池寛賞受賞。

◇石坂洋次郎映画と旅とふるさと　五十嵐康夫編　至文堂　（「国文学解釈と鑑賞」別冊）　2003.2

◇山のかなたに―石坂洋次郎と「青い山脈」によせるエッセイ集　石坂洋次郎と青い山脈の碑をつくる会編　対馬昇　2001.5　①4-89993-006-2

◇「青い山脈」のかなたに―クラス担任石坂洋次郎先生　半田亮悦著　秋田魁新報社　1995.4　①4-87020-146-1

石田梅岩　いしだばいがん

1685～1744　江戸時代中期の心学者。石門心学の祖。京都の商家で働き塾を創始。江戸後半の庶民社会に思想的影響を及ぼした。

◇商人道に学ぶ時代がやってきた――〜日本の商人道の源流〜石田梅岩に学ぶ　田中真澄著　ぱるす出版　2017.9　Ⓘ978-4-8276-0242-5

◇なぜ名経営者は石田梅岩に学ぶのか？　森田健司著　ディスカヴァー・トゥエンティワン　2015.10　Ⓘ978-4-7993-1777-8

◇石田梅岩――峻厳なる町人道徳家の孤影　森田健司著　かもがわ出版　（未来への歴史）　2015.5　Ⓘ978-4-7803-0768-9

◇徳川時代の宗教　R.N.ベラー著, 池田昭訳　岩波書店　（岩波文庫）　2010.9　Ⓘ4-00-334721-8
　＊西洋以外の国で、ただひとつ日本が近代化に成功したのは何故か――アメリカの社会学者ロバート・ベラー（1927 - ）が、徳川時代の文化的伝統、とりわけてその宗教のになった役割を、ウェーバーの流れをくむ師パーソンズの近代化論の方法で考察する。欧米人のすぐれた日本論として逸すべからざる著作。原書は1957年刊。

◇不易の人生法則――鈴木正三・石田梅岩・渋沢栄一に学ぶ　赤根祥道著　PHP研究所　（PHP文庫）　2000.7　Ⓘ4-569-57432-7
　＊人に勝つことを第一とし、儲けることをすべてと考える生き方では、もはや幸福はつかめない！ いま、心豊かに充実した人生を過ごすために必要な、いつの時代にも変わることのない、生き方の知恵が求められ始めた。本書は、江戸期から戦前の日本における仕事や生活の精神的な支えとなった正三、梅岩、渋沢ら先賢たちの思想をたずね、現代を生きる指針を示唆した一冊である。文庫書き下ろし。

◇石田梅岩に学ぶ――日常凡事に心を尽くす　寺田一清著　致知出版社　1998.7　Ⓘ4-88474-546-9
　＊日本人の仕事観の根底をつくった石門

心学の祖・石田梅岩。その人と思想に学ぶ。

◇人生は「自分の力」で切り開け！――石田梅岩・二宮尊徳の教え　田中真澄著　大和出版　1996.7　Ⓘ4-8047-1405-7
　＊弱気の虫を追い払い、仕事を人生をひと回り大きくする「自助努力」のすすめ。

◇石田梅岩人生の足場をどこにすえるか――もっと楽しく生きられる「心」の哲学　鈴村進著　大和出版　1996.5　Ⓘ4-8047-1394-8

◇石田梅岩――デフレ時代を生き抜く知恵日本経営の原点　山木育著　東洋経済新報社　1995.10　Ⓘ4-492-06076-6
　＊「石門心学」の祖、『都鄙問答』『倹約斉家論』の著者。難解にして広大無辺と敬遠されていたその哲学の真髄を、「ビジネス問答」として平易に再現。忘れかけていた日本人の仕事への姿勢、生き方の原点がここにある。

◇天下のために十銭を惜しむ――石田梅岩とアダム・スミス　森田芳雄著　河出書房新社　1994.9　Ⓘ4-309-24154-9

◇石田梅岩と『都鄙問答』〔特装版〕　石川謙著　岩波書店　（岩波新書の江戸時代）　1993.7　Ⓘ4-00-009134-4
　＊梅岩は江戸後期の庶民哲学であった「石門心学」の創始者。幼少より商家に奉公し、かたわら神・儒・仏の勉学に努め、後年、講席を開く。主著『都鄙問答』は、幕藩体制下、商品経済の発展の中に生きた彼の体験を基にしたもので、当時広汎な庶民の修養書となった。著者が生涯を捧げた心学研究の諸成果を基に、梅岩の人と哲学を語る。

◇倹約斉家論のすすめ――石田梅岩が求めた商人道の原点　森田芳雄著　河出書房新社　1991.1　Ⓘ4-309-24120-4

◇心学・石田梅岩　山本七平述, 亀岡市教育委員会編　亀岡市教育委員会　（丹波学叢書）　1990.3

石田三成　いしだみつなり

1560～1600　安土桃山時代の武将。豊臣政権下で近江佐和山城主、五奉行の一人と

石田三成

なる。秀吉の死後、徳川家康打倒のため挙兵したが関ヶ原の戦いに敗れ処刑された。

◇石田三成　谷徹也編著　戎光祥出版　（シリーズ・織豊大名の研究）　2018.2
①978-4-86403-277-3

◇石田三成伝　中野等著　吉川弘文館　2017.1　①978-4-642-02934-6

◇敗者の日本史　12　関ヶ原合戦と石田三成　矢部健太郎著　吉川弘文館　2014.1
①978-4-642-06458-3
＊秀吉の直臣、石田三成はなぜ「敗者」となったのか。徳川幕府によって「書き換えられた」豊臣政権の大名支配を「武家家格」から再考。通説の「五大老・五奉行制」を問い直し、三成が臨んだ“天下分け目の戦”の真実に迫る。

◇悲劇の智将石田三成　別冊宝島編集部編　宝島社　（宝島SUGOI文庫）　2012.12
①978-4-8002-0503-2
＊関ヶ原の闘いで敗北。すべてを投げ打って主家を守ろうとする石田三成の見せた健気なまでの忠義は、敵であった徳川家の光圀もそれに打たれ彼を評価している。しかし、武士（もののふ）の美しい心延えを示して散っていった石田三成の真実の姿を知っている人は少ない。本書では、石田三成という戦国武将が、実際どういう人物であったのか、彼の生い立ちと生き様を追いつつ様々な研究者、作家が執筆する。

◇石田三成―戦国人物伝　加来耕三企画・構成・監修，すぎたとおる原作，やまざきまこと作画　ポプラ社　（コミック版日本の歴史）　2010.9　①978-4-591-12049-1
＊忠孝仁義、豊臣家のために生きた忠義の将。彼が望んだ理想の世とは!?。

◇石田三成と湖北―石田三成生誕四五〇年記念 特別陳列　長浜市長浜城歴史博物館企画・編集　長浜市長浜城歴史博物館　2010.9

◇石田三成―家康を驚愕させた西軍の組織者　相川司著　新紀元社　（Truth in history）　2010.7　①978-4-7753-0831-8
＊慶長5年9月15日、東西両軍が関ヶ原で激突―。それは、豊臣公儀が内包した矛盾の爆発だった。遠因はどこにある

のか？　なぜ三成は挙兵したのか？　果たして三成に勝算はあったのか？　それとも彼は過酷な運命に翻弄されたのか？　秀吉政権や関ヶ原の戦いの最新研究成果を反映し、三成の生涯に迫る一冊。

◇石田三成―戦国を差配した才知と矜持　復刻版　学研パブリッシング　（歴史群像シリーズ）　2010.4　①978-4-05-605903-8

◇真説石田三成の生涯　白川亨著　新人物往来社　2009.12　①978-4-404-03788-6
＊石田三成の汚名を冤ぎ義に殉じた生涯を描く。

◇石田三成　桑田忠親著　中央公論新社　（中公文庫）　2009.9
①978-4-12-205203-1
＊石田三成にまつわる陰湿なイメージは、江戸時代、幕府御用学者によって捏造された虚像である。亡き秀吉の信頼と恩顧にこたえ、大敵・家康に挑んだ関ヶ原西軍の主将。直情径行かつ忠節の臣として三成を再評価し、その行動と真の人物像にせまる。

◇石田三成―復権！ 400年目の真実　新人物往来社　（別冊歴史読本）　2009.7
①978-4-404-03644-5

◇義に生きたもう一人の武将石田三成　三池純正著　宮帯出版社　2009.6
①978-4-86366-054-0
＊主家滅亡の危機!!「義」に生きた武将石田治部少輔三成は、家康を打倒するため立ちあがった。成功するかにみえた緻密周到な作戦は、なぜ、破綻したのか―。

◇島左近×石田三成　武山憲明著　ぶんか社　（ぶんか社文庫）　2009.6
①978-4-8211-5272-8
＊歴史は勝者の手によって作られる。豊臣家にとっては白眉の名臣・石田三成を貶めた徳川家による歴史を塗り替える真実の歴史！ そして、その三成を支え、守った戦国の猛将・島左近。下克上の世の最後に咲いた正義と友情の華。

◇近江が生んだ知将石田三成　太田浩司著　サンライズ出版　（淡海文庫）　2009.3
①978-4-88325-162-9
＊大河ドラマ「天地人」直江兼続の盟友・石田三成。彼は単なる「忠義」の臣だっ

たのか？ 戦国の構造改革を成し、家康
と戦った真の理由とは？ 新たな三成像
に迫る。

◇石田三成と大谷吉継―永遠の盟友　戦国
歴史研究会著　PHP研究所　（名将・名軍
師立志伝）　2009.1　①978-4-569-70505-7
＊伝説の茶会/千人斬り騒動/鶴翼の陣/利
休切腹の謎…。悪名高き将軍と、それ
を諫めた男とは!?二人の生きざまを漫画
と文章でつづる。

◇石田三成とその子孫　白川亨著　新人物
往来社　2007.12　①978-4-404-03509-7

◇石田三成の微笑　山崎泰著　新風舎
2004.5　①4-7974-4142-9

◇石田三成―戦国を疾走した秀吉奉行　特別
展覧会　第2章　市立長浜城歴史博物館編
市立長浜城歴史博物館　2000.10

◇知略と忍耐　徳川政権への道―石田三成と
徳川家康　江戸時代黎明期　旺文社編　旺
文社　（まんが解説・変革の日本史）
1999.10　①4-01-050031-X
＊本書は、戦国期を生き抜いた徳川家康の
生涯をたどることで、かつてないパラ
ダイム（規範）チェンジのなか、時代の
リーダーが何を目指し、どう考え、いか
に行動していったかを描くものである。

◇小説石田三成　童門冬二著　成美堂出版
（成美文庫）　1999.4　①4-415-06836-7
＊石田三成は秀吉の政治・経済・外交政策
の忠実な継承者であり、また豊臣政権の
文治派官僚のトップとして、政策立案、
遂行に存分の偉才を発揮した。秀吉が
目ざした国際化、重農主義と合わせて
重商主義、それを実現するために経営
感覚・経済感覚のすぐれた武士の登用
など…それらの条件を満たした近江出
身の石田三成を著者独自の視点で描く。

◇石田三成―戦国を差配した才知と矜持
学習研究社　（歴史群像シリーズ）
1998.7　①4-05-601917-7

◇乱世光芒―小説・石田三成　嶋津義忠著
PHP研究所　1998.3　①4-569-60003-4
＊戦国の世を生きながら常に時代の先を
見据え続けやがて来るべき新しい国づ
くりへの情熱を秘めた智将・石田三成。

彼は乱れた世に差し込んだ一筋の光で
あった…。秀吉最愛の側近であり、関
ケ原で家康に挑んだ男の、志を全うし
た鮮やかな生涯を描く。

◇石田三成とその一族　白川亨著　新人物
往来社　1997.12　①4-404-02550-5
＊歴史は敗者の側から書かなければ見え
てこない。10年にわたる史料収集の旅
から成った石田三成の真実を描く労作。

◇石田三成と津軽の末裔―「極楽寺系図」の
探索から解き明かされた真実。佐賀郁朗
著　北の街社　1997.12　①4-87373-076-7

◇石田三成―「知の参謀」の実像　小和田哲
男著　PHP研究所　（PHP新書）　1997.1
①4-569-55442-3
＊豊臣政権の官房長官というべき地位に
あって、秀吉の右腕として辣腕をふ
るった三成。本来、名官房長官として
歴史に書き記されるべき三成が、いつ、
なぜ、どのようにして「姦臣」に仕立て
上げられてしまったのか。千利休切腹
事件、豊臣秀次失脚事件、蒲生氏郷毒殺
説など、これら三成の策謀といわれる
事件の真相を、丹念な史料の再検証か
ら究明するとともに、戦下手の三成を
重用した背景から、平和の時代の参謀
像にもせまる力作評伝。

◇小説 石田三成　童門冬二著　成美堂出版
1996.10　①4-415-06706-9
＊石田三成は秀吉の政治・経済・外交政策
の忠実な継承者であり、また豊臣政権
の文治派官僚のトップとして、政策立
案、遂行に存分の偉才を発揮した。秀
吉が目ざした国際化、重農主義と合わ
せて重商主義、それを実現するために
経営感覚・経済感覚のすぐれた武士の
登用など…それらの条件を満たした近
江出身の石田三成を著者独自の視点で
描いた渾身の書き下ろし長編。

◇石田三成の生涯　白川亨著　新人物往来
社　1995.1　①4-404-02179-8

◇石田三成　改訂新版　徳永真一郎著　青
樹社　1991.1　①4-7913-0636-8
＊秀吉の恩顧を忘れず、遺児を守って潔
く関ケ原に散った智将三成。その生涯
を人間味溢れる筆致で綴り上げ、従来

石橋湛山

の三成観を大きく変えた渾身の力作。

■ **石橋湛山**　いしばしたんざん
1884〜1973　明治〜昭和期のジャーナリスト，政治家。第55代内閣総理大臣，東洋経済新報社長。日中，日ソの交流に尽力。石橋・周恩来声明を発表し，国交回復の土台を作る。

◇石橋湛山—思想は人間活動の根本・動力なり　増田弘著　ミネルヴァ書房　（ミネルヴァ日本評伝選）　2017.7
①978-4-623-08092-2

◇現代のジャーナリズムと石橋湛山—ポピュリズム・ナショナリズムの時代に湛山から何を学ぶか　石橋湛山記念財団編　石橋湛山記念財団　（「自由思想」ブックレット　石橋湛山研究学会シンポジウム）　2017.3

◇湛山読本—いまこそ，自由主義，再興せよ。船橋洋一著　東洋経済新報社
2015.12　①978-4-492-06197-8

◇石橋湛山　姜克実著　吉川弘文館　（人物叢書 新装版）　2014.2
①978-4-642-05271-9
＊石橋湛山—明治から昭和に活躍した言論人・政治家・思想家。戦前は植民地放棄論，小国主義を唱えた経済ジャーナリストとして活躍した。戦後は政界に転身して自民党総裁，内閣総理大臣まで登りつめたが，病に倒れわずか二カ月で退陣し，その後は中国との国交回復に尽くした。多彩な言論と顔を持ち，「ナショナリズムの超克」を終生追い続けたその生涯を描く。

◇近代日本と石橋湛山—『東洋経済新報』の人びと　松尾尊兊著　東洋経済新報社
2013.7　①978-4-492-06190-9
＊それは近代史の奇跡だ！ 石橋湛山と『東洋経済新報』は近代日本の言論史，経済史に何を残したのか。

◇石橋湛山論—言論と行動　上田美和著　吉川弘文館　2012.3　①978-4-642-03813-3
＊戦前は言論人，戦後は政治家となり内閣総理大臣を務めた石橋湛山。彼が主張した自立主義と経済合理主義に注目し，言論と行動の連続性を証明。小日

本主義という枠組みに再検討を迫り，新史料から石橋の思想を解明する。

◇偉大な言論人石橋湛山　浅川保著　山梨日日新聞社　（山日ライブラリー）
2008.4　①978-4-89710-723-3

◇戦う石橋湛山—昭和史に異彩を放つ屈伏なき言論 新装版　半藤一利著　東洋経済新報社　2008.1　①978-4-492-06146-6
＊日本が戦争へと傾斜していった昭和初期にあって，ひとり敢然と軍部を批判し続けた石橋湛山（後の第55代内閣総理大臣）。その壮烈なる言論戦を，戦争を煽りに煽った大新聞との対比で描き出した不朽の名作。

◇政治の品格—石橋湛山と遠山正瑛に学ぶ　後藤臣彦著　原書房　2006.11
①4-562-04043-2
＊日本の政治に品格を取り戻すためには，石橋湛山の，平和と人権をめざす理想の高さと，一貫してぶれない姿勢，深い洞察力，自由主義に対する確信…その哲学に学ぶと同時に，鳥取大学の名誉教授という年齢になってから中国にわたり，沙漠緑化に取り組んだ遠山正瑛の社会への貢献に対する類まれな意志の力…実践力を学ばねばならないと，筆者は考えている。

◇晩年の石橋湛山と平和主義—脱冷戦と護憲・軍備全廃の理想を目指して　姜克実著　明石書店　2006.11　①4-7503-2440-X
＊本書は，戦後における石橋湛山の思想的価値の究明を目的とするもので，二〇〇三年に完成した戦後湛山の第一構想—小日本主義的戦後復興構想—の研究(1)に続く，その第二構想—「日中米ソ平和同盟」—に焦点を当てるものである。時期的には首相になるまでの前者に続き，一九五七年首相引退後から亡くなるまでの，石橋湛山の晩年にあたる。

◇石橋湛山—信念を背負った言説　石村柳三著　高文堂出版社　2004.12
①4-7707-0726-6

◇気概の人石橋湛山　小島直記著　東洋経済新報社　2004.9　①4-492-06137-1

◇湛山除名—小日本主義の運命　佐高信著

岩波書店　（岩波現代文庫　社会）　2004.9
Ⓘ4-00-603098-3

◇日本リベラルと石橋湛山─いま政治が必
要としていること　田中秀征著　講談社
（講談社選書メチエ）　2004.6
Ⓘ4-06-258302-X

◇石橋湛山の戦後─引き継がれゆく小日本
主義　姜克実著　東洋経済新報社
2003.11　Ⓘ4-492-06135-5
＊時代を鋭く見通した湛山から、いま
我々は何を学ぶべきか。戦後を代表す
る知性をリアルに描き出した労作。

◇横手時代の石橋湛山　川越良明著　無明
舎出版　2003.6　Ⓘ4-89544-337-X

◇石橋湛山─占領政策への抵抗　増田弘著
草思社　（Ondemand collection）
2003.5　Ⓘ4-7942-9017-9

◇小日本主義はリアリズムであったか─石橋
湛山における思想構造の研究　文入努著
本の風景社　2002.3　Ⓘ4-8354-7071-0

◇石橋湛山日記─昭和20-31年　上　石橋湛
山著, 石橋湛一, 伊藤隆編　みすず書房
2001.3　Ⓘ4-622-03677-0,4-622-03676-2

◇石橋湛山日記─昭和20-31年　下　石橋湛
山著, 石橋湛一, 伊藤隆編　みすず書房
2001.3　Ⓘ4-622-03678-9,4-622-03676-2

◇戦う石橋湛山　新版　半藤一利著　東洋
経済新報社　2001.2　Ⓘ4-492-06123-1
＊日本人が "時代の空気" に流された一大
転回期の真相。満洲事変に端を発し、
破局への道を踏み出した昭和初期に
あって、ひとり敢然と軍部を批判しつ
づけた石橋湛山（後の第55代内閣総理大
臣）。その壮烈なる言論戦を、戦争を煽
りに煽った大新聞との対比で鮮やかに
描き出した感動の名作。

◇石橋湛山と小国主義　井出孫六著　岩波
書店　（岩波ブックレット）　2000.5
Ⓘ4-00-009210-3

◇政治的良心に従います─石橋湛山の生涯
江宮隆之著　河出書房新社　1999.8
Ⓘ4-309-01300-7
＊少数派を恐れず合理主義に徹し、終始
一貫、良心に従って生きた、宰相・石橋

湛山の生涯。

◇孤高を恐れず─石橋湛山の志　佐高信著
講談社　（講談社文庫）　1998.2
Ⓘ4-06-263699-9
＊徒党を組まず、大衆に媚びず、大衆を無
視しない政治家・石橋湛山。民権派リベ
ラルの真髄を体現し、権力政治に抗し
た良心の軌跡を追う。いま、日本の政
治は混迷のかぎり、将来への危惧は、日
ましに高まるばかり。あらためて良日
本主義のすすめを説いた "志" をさぐる。

◇石橋湛山─リベラリストの真髄　増田弘
著　中央公論社　（中公新書）　1995.5
Ⓘ4-12-101243-7
＊在野のエコノミストとして、また悲劇
の宰相として名高い石橋湛山の原点と
真骨頂は言論人としての存在にある。
即ち1910年以降の政府・軍部にみられ
る武断政治、対外膨張政策に真向から
対峙して「小日本主義」を掲げ、ラディ
カルな大正デモクラシーの論客として.
軍国主義批判を貫いた。新資料を踏ま
えて言論人湛山の思想を検討するとと
もに、戦後、日中貿易再開、脱冷戦の思
想を説いた政治家の顔を照射して巨人
の全貌を明示する。

◇石橋湛山─自由主義の背骨　姜克実著
丸善　（丸善ライブラリー）　1994.11
Ⓘ4-621-05141-5

◇良日本主義の政治家─いま、なぜ石橋湛山
か　佐高信著　東洋経済新報社　1994.11
Ⓘ4-492-21066-0

◇若き日の石橋湛山─歴史と人間と教育と
浅川保著　近代文芸社　1993.5
Ⓘ4-7733-1923-2
＊大正から昭和にかけて、民権と自由主
義・平和主義の論陣をはった偉大な
ジャーナリスト、そして、自由主義思想
家であった石橋湛山の若き日の実像に
迫る。

◇石橋湛山　斎藤栄三郎著　厳南堂書店
1990.6

石原莞爾　いしはらかんじ
1889～1949　昭和期の陸軍軍人。中将。

石原莞爾

関東軍参謀のとき中国東北占領を計画、満州事変を指導し満州国を操る。

◇鬼才石原莞爾─陸軍の異端児が歩んだ孤高の生涯　星亮一著　潮書房光人新社（光人社NF文庫）　2018.9
①978-4-7698-3086-3

◇石原莞爾満州合衆国─国家百年の夢を描いた将軍の真実　早瀬利之著　潮書房光人新社　（光人社NF文庫）　2018.3
①978-4-7698-3059-7

◇石原莞爾─愛と最終戦争　藤村安芸子著　講談社　（講談社学術文庫　再発見日本の哲学）　2017.3　①978-4-06-292400-9

◇石原莞爾マッカーサーが一番恐れた日本人　早瀬利之著　双葉社　（双葉文庫）　2016.8　①978-4-575-71459-3

◇参謀本部作戦部長 石原莞爾─国家百年の計に立ち上がった男　早瀬利之著　潮書房光人社　2015.10　①978-4-7698-1604-1

◇石原莞爾の変節と満州事変の錯誤─最終戦争論と日蓮主義信仰　伊勢弘志著　芙蓉書房出版　2015.8　①978-4-8295-0657-8

◇石原莞爾─生涯とその時代　上　新装版　阿部博行著　法政大学出版局　2015.7
①978-4-588-31632-6

◇石原莞爾　渡辺望著　言視舎　（言視舎評伝選）　2015.3　①978-4-86565-014-3

◇毅然たる孤独─石原莞爾の肖像　野村乙二朗著　同成社　2012.11
①978-4-88621-619-9
＊満州事変の立役者である石原莞爾は関東軍の行動をアジアの独立を求める昭和維新ととらえ、それゆえに中国と戦うことの愚を主張しつづけた。だがその気宇壮大・機略縦横は軍隊内で孤立し、天皇にも理解されることがなかった。本書は石原の生い立ちから敗戦時までの足跡を淡々と、かつ克明に追っている。

◇陸軍の異端児 石原莞爾─東条英機と反目した奇才の生涯　新装版　小松茂朗著　潮書房光人社　2012.10
①978-4-7698-1529-7
＊東条英機と反目した風雲児の生涯を描く！「王道楽土」「五族協和」の旗印を

掲げて満蒙の曠野に理想郷を建設すべく満州事変を企画演出し、主役までも演じて新国家を誕生させながら理想と現実の乖離に苦悩し、失意の日々を送る世紀の風雲児の生涯。

◇失敗の本質─戦場のリーダーシップ篇　野中郁次郎編著　ダイヤモンド社　2012.7　①978-4-478-02155-2
＊率先垂範の精神を欠くリーダー、硬直化した官僚的組織、プロフェッショナリズムの誤解─日本の企業・政府が「失敗の拡大再生産」のスパイラルに陥ってしまったのは、傑出したリーダーが出現しないからだ。いまこそ、戦争という有事におけるリーダーシップを検証すべきである。

◇軍ファシズム運動史　復刻新版　秦郁彦著　河出書房新社　（KAWADEルネサンス）　2012.5　①978-4-309-22573-9
＊陸軍内部の動きを知る古典的名著。桜会の結成から二.二六事件を経て日中戦争前夜に至る、粛軍と新政治体制成立までの足跡。最新の文献一覧を新たに収録して復刊。

◇石原莞爾将帥見聞記─達観した生涯の陰の壮絶闘病録　樋口正士著、島田守康編　樋口正士　2010.12

◇石原莞爾国家改造計画─秘められた「満州備忘ノート」の全貌　早瀬利之著　光人社　（光人社NF文庫）　2010.7
①978-4-7698-2649-1
＊発掘された第一級史料によって分かる、希代の風雲児・石原莞爾の驚愕なる国家構想とその戦略─篋底に秘されていた「昭和十二年日記」「満州備忘ノート」「昭和十三年日記」を解読、満州合衆国再建の秘策に迫る。ベールにつつまれていた参謀本部第一部長、関東軍参謀副長時代の思考と行動を初めて明らかにする。

◇石原莞爾と満洲帝国─夢と野望の「大帝国」の実像　『歴史読本』編集部編　新人物往来社　（新人物文庫）　2010.2
①978-4-404-03815-9
＊満州帝国の興亡および石原莞爾・甘粕正彦の思想と行動を高度成長という視

座から読み解く松本健一と佐野真一の対談、石原莞爾の人生の軌跡を明らかにする「石原莞爾の生涯」、わずか五カ月で満洲全土を占領した戦闘を追跡する「ドキュメント満洲事変」、"文化創造・謎の機関・満蒙の日本女性" という視点から満洲国に迫った「満洲の実像」、満洲国に夢を賭けた人びとの波乱の半生を描いた「満洲をめぐる群像」、満洲のさまざまな疑問に答える「満洲と日本の歴史」等々を掲載。

◇石原莞爾と満州事変　太平洋戦争研究会編著　PHP研究所　2009.12
①978-4-569-77465-7

◇石原莞爾のヨーロッパ体験　伊藤嘉啓著
芙蓉書房出版　2009.7
①978-4-8295-0454-3
＊若き日にドイツ留学をした石原莞爾。彼はそこで何を考え、何を学んだのか。ドイツに向かう船上から、そしてポツダム、ベルリンから毎日のように妻にあてて書いた膨大な手紙から浮かび上がるもう一つの石原莞爾像。

◇板垣征四郎と石原莞爾―東亜の平和を望みつづけて　福井雄三著　PHP研究所
2009.5　①978-4-569-70736-5

◇石原莞爾―満州国を作った男　別冊宝島編集部編　宝島社　（宝島sugoi文庫）
2008.8　①978-4-7966-6492-9
＊死後59年を経てなお、人々を魅了してやまない昭和期最大の天才軍人、石原莞爾。世界最終戦争論を唱えた彼は、満州事変を引き起こし、その後の二・二六事件では反乱軍討伐を主張。日本陸軍の中にありながら、その自由で縦横無尽な生き方が世代を超えて支持される一方、謎の多い人物でもある。本書は、生い立ちから軍人としての活躍、そして晩年の様子まで、あますところなく石原莞爾に迫った。

◇石原莞爾と小沢開作―民族協和を求めて
田中秀雄著　芙蓉書房出版　2008.6
①978-4-8295-0423-9
＊満洲事変に深く関与し、満洲国では民族協和を求めて戦った小沢開作の足跡をたどり、石原莞爾との接点を浮彫り

にする。

◇石原莞爾の時代―時代精神の体現者たち
田中秀雄著　芙蓉書房出版　2008.6
①978-4-8295-0424-6
＊石原を座標軸の中心にすえ、そこから派生していく壮大な昭和の物語。

◇虚構将軍石原莞爾　泉章四郎著　文芸春秋企画出版編集室，文芸春秋（発売）
2007.10　①978-4-16-008038-6
＊貴重な証言と緻密な資料の分析で描く "天才" と呼ばれた将軍の実像。

◇石原莞爾―愛と最終戦争　藤村安芸子著
講談社　（再発見日本の哲学）　2007.9
①978-4-06-278752-9
＊関東軍参謀、満州事変の主導者は、なぜ、戦争放棄を唱えたか!? 「法華経と世界統一」の思想を解明する。

◇イーハトーブと満洲国―宮沢賢治と石原莞爾が描いた理想郷　宮下隆二著　PHP研究所　2007.6　①978-4-569-69246-3
＊賢治と莞爾。イーハトーブと満洲国。いったい、この二人は何者なのか。共通点はある。それは、二人がともに法華経の熱心な信者であり、当時、一世を風靡した在家の法華経教団である国柱会の会員だったことである。しかも、この二人は、入会時期もほぼ同時期なのである。宗教的理想を根底にして、社会変革を夢見たユートピア思想家。このような観点から、宮沢賢治と石原莞爾の業績とその位置づけを整理。そして、その結果見えてくるものを、この混迷の時代に逆照射する。

◇石原莞爾―生涯とその時代　上　阿部博行著　法政大学出版局　2005.9
①4-588-31615-X
＊満州事変から太平洋戦争・敗戦に至る激動期の中心人物として毀誉相半ばする異彩軍人の思想と行動を厖大な資料を駆使して丹念に追跡し、その知られざる全体像に迫る。戦争の時代の虚構と現実を事実に基づいて描き出す。

◇石原莞爾―生涯とその時代　下　阿部博行著　法政大学出版局　2005.9
①4-588-31616-8
＊昭和史のカギを握るかずかずの事件の

渦中で描かれた壮大な夢と、戦争へと
ひた走る時代の行方をたどる。軍人、
思想家、政治家、宗教家という多面的な
顔をもつ人間・石原の60年の生涯を余
すところなく伝える本格評伝。

◇幻の宰相宇垣一成―陸軍をめぐる奇縁石
原莞爾と陸軍教授内田百間　小川晃一著
新風舎　2004.11　①4-7974-4704-4

◇石原莞爾満州備忘ノート―東亜連盟永久
平和　早瀬利之著　光人社　2004.10
①4-7698-1212-4

◇地ひらく―石原莞爾と昭和の夢　上　福
田和也著　文芸春秋　（文春文庫）
2004.9　①4-16-759302-5

◇地ひらく―石原莞爾と昭和の夢　下　福
田和也著　文芸春秋　（文春文庫）
2004.9　①4-16-759303-3

◇石原莞爾満州合衆国―国家百年の夢を描
いた将軍の真実　早瀬利之著　光人社
2003.11　①4-7698-1160-8
＊国家誕生に生命を賭けた天才戦略家の
生涯―発掘された石原直筆の新史料を
もとに、その人間像に迫る異色の歴史
人物伝。

◇石原莞爾その虚飾　佐高信著　講談社
（講談社文庫）　2003.8　①4-06-273814-7
＊ずばぬけた頭脳を持ち、日本陸軍史上最
大の知謀と評された石原莞爾。いわく時
代を先読みしていた、東条英機を批判し
たなど、平和主義者のように偶像視さ
れ、「石原讃歌」は今なお続く。しかし、
この風潮に対して、真っ向からその欺
瞞性を批判し、石原の行為は「放火犯の
消火作業」と喝破する碩心的力作評論。

◇石原莞爾―「満洲国」建国を演出した陸軍
参謀　楠木誠一郎著　PHP研究所
（PHP文庫）　2002.5　①4-569-57736-9

◇石原莞爾の悲劇　新装版　今岡豊著　芙
蓉書房出版　1999.7　①4-8295-0235-5
＊稀代の戦略家、石原莞爾はなぜ挫折し
たのか？ソ連の南進政策を予見し、支
那事変不拡大を叫んだ石原が、四面楚
歌のなかで無念の涙を飲んだ真相を、
元大本営参謀が、参謀本部内の対立、陸
軍・海軍との関係、政府との衝突を軸に

明らかにする。

◇陸軍良識派の研究―見落とされた昭和人
物伝　保阪正康著　光人社　1996.9
①4-7698-0785-6
＊天皇に忠誠を誓う軍隊という組織に
あって、己れの生命を国家に捧げるこ
とを本義とする職業軍人たち―その反
理性、反知性たる枠組の中に身を置き
ながら、時代状況、国際的位置、軍事的
能力等々を客観的に捉え、見きわめ、時
流に抗してもみずからの信条にした
がって、使命遂行に奔命した男たちの
戦い。理性的にして知性的な軍人たち
の系譜をたどるとともに、それぞれの
実像に迫る記念碑的労作。

▌石原慎太郎　いしはらしんたろう

1932～　昭和, 平成期の政治家, 小説家。
東京都知事, 衆議院議員。衆院に8選。環
境庁長官, 運輸相, 東京都知事などを歴
任。著書に「太陽の季節」「NOと言える
日本」など。

◇石原慎太郎とは？―戦士か、文士か　創ら
れたイメージを超えて　森元孝著　東信
堂　2016.7　①978-4-7989-1369-8

◇東京革命―わが都政の回顧録　石原慎太
郎著　幻冬舎　2015.6
①978-4-344-02776-3

◇歴史の十字路に立って―戦後七十年の回
顧　石原慎太郎著　PHP研究所　2015.6
①978-4-569-82369-0

◇石原慎太郎の思想と行為　7　同時代の群
像　石原慎太郎著　産経新聞出版, 日本
工業新聞社〔発売〕　2013.6
①978-4-8191-1184-3
＊『太陽の季節』での鮮烈デビューから半
世紀以上、その人生でまみえた各界の
異才、奇才が綺羅星のごとく登場する
『わが人生の時の人々』と『オンリー・
イエスタディ』を収録。戦後文化史に
重なり合う石原流人生論。

◇石原慎太郎「暴走老人」の遺言　西条泰著
ベストセラーズ　2013.5
①978-4-584-13501-3
＊憲法改正、反米愛国…最後に仕掛ける爆

石原慎太郎

弾とは？ 稀代の問題児の原点に迫る。

◇黒い都知事 石原慎太郎 一ノ宮美成，グループ・K21著 宝島社 （宝島sugoi文庫） 2012.1 ①978-4-7966-8892-5
＊小国に匹敵する莫大な財政で潤う首都東京。石原慎太郎は通算4期目、約13年間にわたって、その頂点に知事として君臨し続けてきた。その絶対的権力には、どんな秘密があるのか？ 首都を"支配"する本当のうまみとは何か？ マスコミはなぜともに批判できないのか？ 東京五輪招致、築地市場移転になぜ固執するのか？ その「金脈」と「人脈」に斬り込み、「石原タブー」の正体に初めて肉迫する、調査報道の金字塔。

◇慎太郎よ！―いいかげんにしろ、石原慎太郎 野田峯雄著 第三書館 2011.3 ①978-4-8074-1111-5
＊都知事12年。あなたの言ってきたこと、やってきたこと、いかがなものか。

◇東京を弄んだ男―「空疎な小皇帝」石原慎太郎 斎藤貴男著 講談社 （講談社文庫） 2011.3 ①978-4-06-276915-0
＊三期十二年という長期に及んだ石原都政。表現の自由を脅かす青少年育成条例、巨額赤字を抱え破綻した新銀行東京、莫大な費用をどぶに捨てた五輪招致。さらには、執拗に繰り返される外国人や障がい者に対する差別発言。彼は東京に何を残したのか―。

◇黒い都知事 石原慎太郎 一ノ宮美成，グループ・K21著 宝島社 2011.1 ①978-4-7966-7632-8
＊小国に匹敵する巨大な財政を誇る東京―。石原慎太郎は約12年間にわたって、その頂点に君臨し続けてきた。絶対的な力の背後には、どんな秘密があるのか？ 首都を"支配"する本当のうまみとは何か？ マスコミはなぜ、まともに批判できないのか？ その「金脈」と「人脈」に斬り込み、「石原タブー」の正体に肉迫する、唯一無二の本格ノンフィクション登場。

◇誰も書けなかった石原慎太郎 佐野真一著 講談社 （講談社文庫） 2009.1 ①978-4-06-276247-2

＊なぜ、彼はこの半世紀、人びとの関心を集め続けてきたのか。「男が惚れる男」だった父・潔と、「日本で最も愛された男」と言われた弟・裕次郎へのコンプレックスから、新銀行東京問題までを徹底取材。大衆の心にひそむ欲望を、無意識に、しかし過剰なまでに映し出す鏡であり続けてきた慎太郎の本質を暴く。

◇作家・石原慎太郎―価値紊乱者の軌跡 鈴木斌著 菁柿堂 （Edition trombone） 2008.4 ①978-4-434-11814-2

◇子供あっての親―息子たちと私 石原慎太郎著 幻冬舎 （幻冬舎文庫） 2007.10 ①978-4-344-41015-2
＊長男は自民党の重責を担う政治家。次男は気象予報士でもある人気タレント。三男はエリート銀行員から転身した衆議院議員。四男はその才能で注目を浴びる画家。それぞれに魅力的な兄弟は、父と何を語らい、何をともにしてきたのか―。弟・裕次郎や両親との心温まるエピソードも交え、解き明かされる素顔の家族像。石原家、感動の子育ての軌跡。

◇絵描きの石原慎太郎 勅使河原純著 フィルムアート社 2005.12 ①4-8459-0584-1
＊彼は何を描き、この国の文化をどうするつもりなのか？ 自ら絵を描き、大胆な文化政策を作るカリスマ政治家の最新評伝。

◇息子たちと私―子供あっての親 石原慎太郎著 幻冬舎 2005.11 ①4-344-01064-7
＊親から子へ、そしてまたその子へと受け継がれる石原家の子育ての流儀。数々の心温まるエピソードと、伝説の真相を通して明かされる素顔の家族像。

◇石原慎太郎論 江藤淳著 作品社 2004.4 ①4-87893-626-6

◇てっぺん野郎―本人も知らなかった石原慎太郎 佐野真一著 講談社 2003.8 ①4-06-211906-4
＊なぜ、この男の言動から目が離せないのか「総理にしたい男No.1」慎太郎のすべてを書いた決定版評伝。

◇石原慎太郎「総理」を検証する―国民に「日本大乱」の覚悟はあるか 福田和也編

著　小学館　2003.5　①4-09-387435-2
＊「小泉首相への失望と石原慎太郎への期待」「総理への可能性」「世界は彼をどう見ているか」「日本再生の経済戦略」など、「石原総理の日本」を考える。

◇石原「総理」の危うさ―やらせてみたい。でも……　鳥越俊太郎編著　小学館　（小学館文庫）　2003.4　①4-09-405551-7
＊依然として根強い「石原慎太郎総理大臣待望論」。都知事として実行力と強いリーダーシップを発揮しているが、国政の長になるとしたら、陥穽はないのか。安保、対中、対北朝鮮外交、経済政策、不良債権問題など逼迫する国内外の問題にもう妥協は許されない。彼の掲げる日本の未来像とは何か。代議士時代から都知事に到るまでの政治手法、政策、実行能力などを分析し、総理としての資質を第一線の学者・ジャーナリストら論客五人が徹底検証。「石原氏が総理になったら日本はどうなるか」―その実現の可能性と"危うさ"を考える。

◇永遠なれ、日本　中曽根康弘，石原慎太郎著　PHP研究所　（PHP文庫）　2003.3　①4-569-57924-8

◇解剖・石原慎太郎　嶋田昭浩著　講談社（講談社文庫）　2003.3　①4-06-273686-1
＊『太陽の季節』からはや五十年。都知事の座にある男も齢七十。最後の勝負の時は訪れるのか？　颯爽たるデビュー、華麗なる政界進出を果たしながらも、そこに漂う喪失感・不全感はいったい何なのか？　常に時代の寵児であり続ける人物の振幅の大きい言動を、敏腕記者が鋭くかつ大胆に読みきる。

◇空疎な小皇帝―「石原慎太郎」という問題　斎藤貴男著　岩波書店　2003.3　①4-00-022609-6
＊人は閉塞状況に陥ると、"英雄"を求める―。長引く不況、蔓延するナショナリズムの気分のなかで、政治家としての実績に乏しい石原慎太郎が時代の寵児となっていく危うい世相。関連人物への徹底した取材を通して浮かび上がる、現実の石原像と、メディアによって増幅された石原像との乖離。石原現象に覆われた日本人の集団心理の前途。

◇石原慎太郎入門　井上頌一，河合秀仁著　アールズ出版　2003.1　①4-901226-47-9
＊総理と期待される男を実感する159問。

◇最後の首相―石原慎太郎が日本を救う日　前野徹著　扶桑社　2002.5　①4-594-03550-7

◇石原慎太郎・日本を変えるリーダーシップ　竹村健一著　PHP研究所　2000.6　①4-569-61150-8

◇石原慎太郎猛語録　石原慎太郎研究会著　現代書館　2000.6　①4-7684-6781-4
＊石原とは、どのような人物なのか、どのような考えをもっているのか、これまでどのような行動をしてきたのか、そして、将来的にどのような構想を描いているのか、本書は、著書、雑誌、新聞などに著された、石原の発言をそのまま引用したうえで、それについて詳しく解説したものである。

◇倒せ、ファシスト石原　野口正敏著　前進社　2000.4

◇国家なる幻影―わが政治への反回想　石原慎太郎著　文芸春秋　1999.1　①4-16-354730-4

◇石原慎太郎事務所、ただいま大忙し。　矢島光弘著　日本文芸社　1994.9　①4-537-02429-1
＊自民党政権崩壊から村山内閣誕生まで混迷する政局の裏側が手にとるようにわかる。政治の舞台裏で繰り広げられる実力派政治家たちの覇権争いから村山内閣誕生秘話まで知られざるエピソードを石原慎太郎秘書が一挙公開。

▌以心崇伝　いしんすうでん
　⇒金地院崇伝（こんちいんすうでん）

▌泉鏡花　いずみきょうか
　1873～1939　明治～昭和期の小説家。「湯島詣」「高野聖」など神秘文学の作品が多い。

◇泉鏡花　新装版　福田清人，浜野卓也共編　清水書院　（Century Books　人と作品）　2017.9　①978-4-389-40114-6

泉鏡花

◇鏡花―泉鏡花記念館　改訂増刷　泉鏡花記念館編　泉鏡花記念館　2017.3

◇泉鏡花素描　吉田昌志著　和泉書院　（近代文学研究叢刊）　2016.7
①978-4-7576-0790-3

◇泉鏡花―転成する物語　秋山稔著　梧桐書院　2014.4　①978-4-340-40206-9

◇泉鏡花―逝きし人の面影に　小林弘子著　梧桐書院　2013.11　①978-4-340-40205-2

◇泉鏡花―百合と宝珠の文学史　持田叙子著　慶応義塾大学出版会　2012.9
①978-4-7664-1972-6
＊匂いたつ夢幻の森をゆく。指環、花、飴、くだもの、雛、汽車、骨…作品にちりばめられた多彩なイメージを手がかりとして、神秘的な鏡花の物語世界をひもといてゆく、珠玉の評論。

◇鏡花―泉鏡花記念館　泉鏡花記念館編　泉鏡花記念館　2009.3

◇泉鏡花―人と文学　真有澄香著　勉誠出版　（日本の作家100人）　2007.8
①978-4-585-05189-3
＊日本文学史上に屹立する孤高の作家、泉鏡花を知るための、最もわかりやすい案内書。文学のみならず、民俗学や文化人類学、演劇や絵画、社会学などさまざまな学問領域からのアプローチを受ける鏡花文学を教育学の側面から考究した「教科書からみた鏡花批評史」「教材化された鏡花作品」を中心として、泉鏡花の逸話に満ちた生涯を概観した「泉鏡花小伝」、代表作の案内と基礎資料を提供する「作品案内」「年譜」「主要参考文献」を加えた。「天才」といわれ「難解」と考えられた鏡花文学への最良の入り口となる一冊。

◇深層の近代―鏡花と一葉　山田有策著　おうふう　2001.1　①4-273-03155-8
＊鏡花と一葉の言語の表層と深層を解明しつつ、近代の“物語”的世界を掘り起こす。

◇白山の水―鏡花をめぐる　川村二郎著　講談社　2000.12　①4-06-210443-1
＊幽明があらわれる。エロティックな肌ざわりがあらわれる。この世ならざる

ところの空気が、孕まれる。泉鏡花の華麗を極めた文学の内奥を通じ、物語の広野を渉猟する長編エッセイ。

◇泉鏡花　佐伯順子著　筑摩書房　（ちくま新書）　2000.8　①4-480-05860-5
＊泉鏡花は劇的である。血なまぐさくも美しく、おどろおどろしくも繊細なその世界は、私たちの目に耳に、直接訴えかけてくる。だから、鏡花を語るには、「文学」研究という限られた領域だけではすまされない。実際、鏡花作品は、舞台化・映画化されるたびに、新しく生まれ変わってきた。本書では、映画化・舞台化作品と比較することで、視聴覚的な要素を取り込んだ豊饒なる泉鏡花―その文字どおりドラマティックな世界に切り込む。

◇泉鏡花文学の成立　田中励儀著　双文社出版　1997.11　①4-88164-518-8

◇泉鏡花―幼い頃の記憶/国貞えがく　泉鏡花著, 松村友視編　日本図書センター（シリーズ・人間図書館）　1997.4
①4-8205-9483-4

◇泉鏡花　三田英彬編　国書刊行会　（日本文学研究大成）　1996.3
①4-336-03088-X

◇評伝泉鏡花　笠原伸夫著　白地社　（コレクション人と作品）　1995.1
①4-89359-151-7
＊泉鏡花の幻想と文学はどこからきたか。切実にテクストの深層から聴こえてくる泉鏡花の声を求めて、辿りついた畢生の作家の肖像。「泉鏡花」と名づけられた織物が、現在の研究状況を踏まえながらあきらかにされる。

◇鏡花幻想　竹田真砂子著　講談社　（講談社文庫）　1994.9　①4-06-185803-3
＊神楽坂の芸者桃太郎との出会いは、新進作家泉鏡花の前途に大きな影響を与えた。絶対的権力をもつ師の尾崎紅葉がこの恋に猛反対した件は、のちに「婦系図」のお蔦と主税に投影される。だが桃太郎は結局鏡花の妻となり、苦難の鏡花を側面から支え続けた。耽美小説の祖泉鏡花の原点と生涯を精密に描く評伝。

教科書に載った日本史人物1000人　**55**

◇言葉の影響─鏡花五十年　村松定孝著
東京布井出版　1994.4　①4-8109-1096-2
＊近代文学研究家である著者が若き日の
泉鏡花との出会いに筆を起こし、七十
五年の生涯のおりおりの回想や見聞か
ら俳句・落語まで談じた軽妙洒脱な随
想集。そして、いま、あらためて問いか
ける、もうひとつの鏡花論。

◇鏡花万華鏡　生島遼一著　筑摩書房　（筑
摩叢書）　1992.6　①4-480-01365-2
＊金沢に生れた鏡花は、母や町内の娘か
ら草双紙の絵解きや口碑伝説を聞いて
育ち、十歳で母を失った。その作品で
は、郷里の自然は他界に変容し、女性は
超自然的な美の理想、深い中心に昇華
している。鏡花は犬と雷をこわがり、
怪異や幽霊の存在を信じていた。
シュールな作家なのだ。著者は特に晩
年、鏡花を熟読し、その面白さを折にふ
れて書き伝えた。単行本未収録、遺稿
を含む、そのすべてを収める。

◇泉鏡花　津島佑子ほか著　小学館　（群像
日本の作家）　1992.1　①4-09-567005-3
＊10歳で母を亡くし、雪深い北陸・金沢
の地で、育て紡いだ、亡母憧憬のエロス
と壮麗な幻想力。自然主義文学全盛に
抗し、己の芸術的信条、"幻視こそが透
視"以外の一切を拒み、今なお新鮮な親
和力を発信し続ける鏡花文学の宇宙。

◇泉鏡花─美と幻想　東郷克美編　有精堂
出版　（日本文学研究資料新集）　1991.1
①4-640-30961-9
＊本叢書は、既発表の研究論文のなかか
ら、従来の研究に大きな意味を持って
いるもの、あるいは新しい可能性を開
拓しているものなどを選択し、各時代・
ジャンル・作家・作品ごとに論集として
編集し、各研究分野の、基礎的・基本的
な情報を、出来る限り有効に提供する
ことを目標としたものです。

◇商人文化と泉鏡花の文学─尾張町界隈の歴
史と文学の散歩道　尾張町商店街振興組合
（老舗の街・尾張町シリーズ）　1990.7

◇泉鏡花─人と文学　東郷克美述　東京電
力営業部お客さま相談室　（東京電力文
庫）　1990.4

‖ **出雲阿国**　いずものおくに
生没年不詳　安土桃山時代, 江戸時代前期
の女歌舞伎役者。慶長8年～元和5年頃に
活躍した歌舞伎の創始者。出雲大社の巫
女を名乗り各地で公演。かぶき踊りは後
に女歌舞伎に発展する原形となった。

◇出雲阿国展─"天下一"のアイドルの系譜
初期歌舞伎図から寛文美人図まで　島根
県立美術館編　島根県立美術館　2013.9

◇阿国夢幻　冨士谷あつ子著　かもがわ出
版　2001.9　①4-87699-607-5

◇歌舞伎の歴史─新しい視点と展望　歌舞
伎学会編　雄山閣出版　1998.12
①4-639-01571-2
＊新しい歌舞伎のみかた。歌舞伎研究の
第一人者を結集。歌舞伎史を再検証し、
新しい歌舞伎史を提唱する。

◇出雲の阿国─出雲から見た阿国　大谷従
二著　松江今井書店　1996.2
①4-89593-014-9

◇（真説）出雲の阿国　早乙女貢著　読売新
聞社　1992.7　①4-643-92064-5

‖ **石上宅嗣**　いそのかみのやかつぐ
729～781　奈良時代の文人, 官人。（大納
言）。左大臣石上麻呂の孫、中納言石上乙
麻呂の子。

◇石上宅嗣卿　石上宅嗣卿顕彰会編　大空
社　（日本教育史基本文献・史料叢書）
1992.2　①4-87236-612-3

‖ **板垣征四郎**　いたがきせいしろう
1885～1948　大正, 昭和期の陸軍軍人。満
州国軍政部最高顧問, 関東軍参謀長, 陸軍
大臣。満州事変を計画・実行した。A級戦
犯として刑死。

◇板垣征四郎と石原莞爾─東亜の平和を望
みつづけて　福井雄三著　PHP研究所
2009.5　①978-4-569-70736-5

‖ **板垣退助**　いたがきたいすけ
1837～1919　江戸時代末期, 明治期の民権
家。自由党総理。「民選議員設立建白書」

を提出し自由民権運動を展開、自由党
結成。

◇板垣退助君伝記　第4巻　宇田友猪著, 公
文豪校訂　原書房　（明治百年史叢書）
2010.2　①978-4-562-04512-9

◇板垣退助君伝記　第3巻　宇田友猪著, 公
文豪校訂　原書房　（明治百年史叢書）
2009.11　①978-4-562-04511-2

◇板垣退助君伝記　第2巻　宇田友猪著, 公
文豪校訂　原書房　（明治百年史叢書）
2009.10　①978-4-562-04510-5

◇板垣退助君伝記　第1巻　宇田友猪著, 公
文豪校訂　原書房　（明治百年史叢書）
2009.9　①978-4-562-04509-9

◇板垣退助―孤雲去りて　上巻　三好徹著
学陽書房　（人物文庫）　1997.6
①4-313-75027-4

◇板垣退助―孤雲去りて　下巻　三好徹著
学陽書房　（人物文庫）　1997.6
①4-313-75028-2

◇幕末・維新の群像　第5巻　板垣退助　高
野澄著　PHP研究所　（歴史人物シリー
ズ）　1990.1　①4-569-52668-3

◇板垣退助―自由民権の夢と敗北　榛葉英
治著　新潮社　1988.8　①4-10-356703-1
＊精神の文明開化こそ先決と、"四民平均
の理"を説き、日本に自由思想をもたら
した彼が、なぜ政治家として大成し得
なかったか？　その生涯を描く。

板倉重昌　いたくらしげまさ

1588～1638　江戸時代前期の大名。三河
深溝藩主。

◇大江戸曲者列伝―太平の巻　野口武彦著
新潮社　（新潮新書）　2006.1
①4-10-610152-1
＊出世になりふり構わなかった学者、イ
ヌを食えといった町奉行、文化のパト
ロンになった汚職官僚、江戸城内のイ
ジメ、ぶらぶら遊び暮らす幕末のパラ
サイト、災害速報で売り出した男…な
ど四十五人。太平の世にもリスクはあ
る。当人たちが大まじめに生きる姿は、
傍目にはコミカルで、かつ物悲しい。

歴史の素顔はゴシップに宿る。江戸時
代二百五十年を"陰の声"で綴った無類
に面白い人物誌。

市川左団次（初代）　いちかわさだんじ

1842～1904　江戸時代末期, 明治期の歌舞
伎役者。明治座座主。9代市川団十郎、5
代尾上菊五郎と共に団・菊・左と称される
名優。

◇歌舞伎座を彩った名優たち―遠藤為春座
談　犬丸治編　雄山閣　2010.5
①978-4-639-02145-2
＊観客として、製作者として歌舞伎を八
十年見つづけた遠藤為春の座談の
数々を初めて集成。戸板康二をはじめ
久保田万太郎・円地文子・池田弥三郎と
いった錚々たる人々との洒脱な会話の
なかから、九代目団十郎、五代目菊五
郎、六代目菊五郎、初代吉右衛門などの
名優たちとその往年の舞台が鮮やかに
よみがえる歌舞伎ファン必読の書。

市川左団次（二代目）　いちかわさだんじ

1880～1940　明治～昭和期の歌舞伎役者。
「元禄忠臣蔵」の大石、「修善寺物語」の夜
叉王は当たり役。歌舞伎に新風をもた
らす。

◇荷風と左団次―交情蜜のごとし　近藤富
枝著　河出書房新社　2009.10
①978-4-309-01945-1
＊芝居への愛が二人をつないだ―歌舞伎
界の風雲児・二世市川左団次との温か
く純情な交流から浮かび上がる、荷風
の意外な素顔。

◇大向うとゆく平成歌舞伎見物　樽屋寿助
著　PHP研究所　（PHPエル新書）
2004.1　①4-569-63350-1
＊本書は、「大向う」ならではの視点で歌
舞伎を論じようとするものである。

市川団十郎（初代）　いちかわだんじゅうろう

1660～1704　江戸時代前期, 中期の歌舞伎

役者, 歌舞伎作者。延宝1年〜元禄17年頃に活躍。

◇市川団十郎　西山松之助著　吉川弘文館　（人物叢書 日本歴史学会編）　1960

市川団十郎（七代目）
いちかわだんじゅうろう

1791〜1859　江戸時代末期の歌舞伎役者。寛政6年〜安政6年頃に活躍。

◇信州舞台物語─団十郎も須磨子もやってきた 二〇〇五年度秋季企画展　長野県立歴史館編　長野県立歴史館　〔2005〕

市川団十郎（九代目）
いちかわだんじゅうろう

1838〜1903　明治期の歌舞伎役者。活歴とよぶ史劇を創始、新歌舞伎十八番を制定、歌舞伎の近代化に貢献。

◇九代目団十郎　渡辺保著　演劇出版社　2018.5　①978-4-86184-010-4

◇懐石料理とお茶の話─八代目八百善主人と語る　上　江守奈比古著　中央公論新社　（中公文庫）　2014.3　①978-4-12-205923-8
　＊老舗料理屋八百善の八代目主人と茶道研究家。生粋の江戸っ子で、通人の二人が気の向くままに語りゆく。八百善の歴史、ペルリ饗応、江戸料理、かつての魚河岸や吉原の風景、店の常連だった政財界の重鎮たち、懐石料理、茶道、古筆、琳派…。両人の博識と歯切れの良い語り口は読む者を引きこみ、古き良き時代を鮮やかに甦らせる。

◇市川団十郎　新装版　金沢康隆著　青蛙房　2013.3　①978-4-7905-0373-6
　＊新歌舞伎座開場を目前に他界した12代目団十郎。その父が11代目を襲名する際に初代から10代目までの「団十郎」の業績、芸風をまとめて欲しいと懇意にしていた著者に依頼した。代々の舞台のさまに想いを馳せる。梨園随一の名跡歴代「団十郎」の人と芸風。

◇団洲百話　松居真玄著　クレス出版　（近世文芸研究叢書）　1997.4

①4-87733-027-5

◇九代目団十郎と五代目菊五郎　小坂井澄著　徳間書店　1993.11　①4-19-860026-0
　＊幕末、明治維新、歌舞伎座の出現…。激動の荒波にもまれながら、重厚かつ写実的な「活歴」の完成を目指した九世市川団十郎と、「卑猥じゃいけねえのかい」とあくまでも生世話狂言に徹した五世尾上菊五郎。相対しながらも、人生の最後には固い絆で結ばれた名優二人の最後の「傾き」精神。

市川房枝　いちかわふさえ

1893〜1981　明治〜昭和期の婦人運動家, 政治家。参議院議員。婦人参政権はじめ女権運動の推進者。新日本婦人同盟を結成し、理想選挙を掲げる。

◇闘うフェミニスト政治家市川房枝　進藤久美子著　岩波書店　2018.8　①978-4-00-061288-3

◇市川房枝の言説と活動─年表でたどる人権・平和・政治浄化 1951-1981　市川房枝研究会編　市川房枝記念会女性と政治センター出版部　2016.7　①978-4-901045-18-6

◇市川房枝─女性解放運動から社会変革へ　政治家・市民運動家〈日本〉　筑摩書房編集部著　筑摩書房　（ちくま評伝シリーズ〈ポルトレ〉）　2015.1　①978-4-480-76617-5

◇市川房枝と「大東亜戦争」─フェミニストは戦争をどう生きたか　進藤久美子著　法政大学出版局　2014.2　①978-4-588-32704-9
　＊非戦論から戦争容認・協力へ。膨大な一次資料を渉猟しつつ、フェミニスト市川房枝の戦時期を再検証し、戦後平和民主主義の原点を明らかにする。

◇市川房枝の言説と活動─年表でたどる婦人参政権運動：1893-1936　市川房枝研究会編　市川房枝記念会女性と政治センター出版部　2013.5　①978-4-901045-15-5

◇平和なくして平等なく平等なくして平和なし─写真集市川房枝　市川房枝記念会女性と政治センター監修, 市川房枝研究会

編著　ドメス出版　2013.5
①978-4-8107-0788-5

◇市川房枝の言説と活動―年表で検証する
公職追放 1937-1950　市川房枝研究会編
市川房枝記念会出版部　2008.11
①978-4-901045-10-0

◇「母の家」の記録―高浜竹世から市川房枝
への書簡を中心に　神津良子著　郷土出
版社　（埋もれた歴史・検証シリーズ）
2005.1　①4-87663-730-X
＊諏訪湖畔や線路わきに標柱をたて、生
き悩む製糸工女たちを絶望の淵から救
おうとした女性社会事業家の歴史秘話。

◇「わたし」を生きる女たち―伝記で読むそ
の生涯　楠瀬佳子，三木草子編　世界思
想社　（SEKAISHISO SEMINAR）
2004.9　①4-7907-1078-5
＊女性の自己実現が今よりもずっと難し
かった時代に、「わたし」らしく懸命に
生きた女たちがいた。すばらしい出会い
を力に、逆風のなかで新しい時代を切
り拓いた女性たちのライフストーリー。

◇市川房枝理想選挙の記録　市川房枝記念
会出版部編　市川房枝記念会出版部
2003.11　①4-901045-06-7

◇市川房枝と婦人参政権獲得運動―模索と
葛藤の政治史　菅原和子著　世織書房
2002.2　①4-906388-89-2
＊婦人参政権を得るための壮烈な闘い、
それを体現してやまない市川房枝の軌
跡、そこに刻印された「光と影」、「幻想
と現実」、そして運動の結末…、新しい
事実・事象を掘り起こしつつ、その実相
を女性史の枠をこえてあますところな
く描き切る。

◇市川房枝―私の履歴書ほか　市川房枝著
日本図書センター　（人間の記録）
1999.2　①4-8205-4334-2,4-8205-4326-1

◇婦人参政権の市川房枝を継承する―『婦人
有権者』（機関紙）にみる五十年 1945年
（冠頭言）〜1995年（ひろば）　日本婦人有
権者同盟創立50周年記念事業実行委員会
1995.11

◇市川房枝自伝―戦前編 明治26年5月昭和
20年8月　新宿書房　1995.10

①4-88008-213-9

◇市川房枝と婦選運動のあゆみ　大森かほ
る著　平原社　1993.3

◇市川房枝おもいで話　市川ミサオ著，市
川房枝記念会編　日本放送出版協会
1992.5　①4-14-080041-0
＊市川房枝生誕100年記念出版。

◇市川房枝と婦人参政権運動―市川房枝生
誕100年記念　市川房枝記念会出版部
1992.5　①4-9900117-4-0

◇市川房枝の国会全発言集―参議院会議録
より採録　市川房枝記念会出版部
1992.5　①4-9900117-6-7

◇私の国会報告―復刻　市川房枝著　市川
房枝記念会出版部　1992.5
①4-9900117-5-9

◇虹を架けた女たち―平塚らいてうと市川
房枝　山本藤枝著　集英社　1991.8
①4-08-775149-X
＊女性の自立、恋愛と結婚、仕事と育児、
そして政治への参加。今なお新しいテー
マを軸に、ともに闘い、ともに苦悩を分
け合った、二人の出会いと別れを描く。

◇市川房枝自伝―戦前編 明治26年5月昭和
20年8月　新宿書房　1990.3

一木喜徳郎　いちききとくろう
1867〜1944　明治〜昭和期の法学者，政治
家。東京帝国大学教授，枢密院議長。法制
局長官、第二次大隈内閣文相、内相などを
歴任。

◇一木喜徳郎伝　堀内良著　〔大日本報恩
社〕　2003.8

一条兼良
いちじょうかねよし（かねら）
1402〜1481　兼良（かねら）とも。室町時
代、戦国時代の歌学者・公卿。（関白・太政
大臣）。左大臣・関白一条経嗣の次男。

◇一条兼良の学問と室町文化　田村航著
勉誠出版　2013.2　①978-4-585-22048-0

一休宗純　いっきゅうそうじゅん

1394〜1481　室町時代の臨済宗の僧。大徳寺住持。後世につくられたとんち話で知られる。

◇髑髏の世界——一休宗純和尚の跡をたどる　中川德之助著　水声社　2013.3
①978-4-89176-933-8
＊仏界、入り易く、魔界、入り難し。「風狂」の僧、「人間」一休宗純の「生」の軌跡を詩偈のなかによみとき、その実像にせまる。

◇なぜかあの一休さんが会社員だったら　空野石頭著　マイナビ　（マイナビ新書）
2012.10　①978-4-8399-4399-8
＊日本人なら誰もが知っている「一休さん」。アニメーションでもおなじみのとんち話で知られる一休は、室町時代に実在した人物。世間に思われているほのぼのとしたイメージとは裏腹に、実際の一休は“破戒僧”ともいわれ、世の中に反逆して生きた革命児である。その生き様に感銘を受けた江戸時代の人々による「一休とんち話」が、当時の庶民に受け入れられ、現在まで脈々と受け継がれている。既成概念に縛られない発想で乱世を生き抜いた一休の人生は、“失われた20年”の停滞にあえぐ現代日本においても大きな魅力を放ち続けている。本書では一休の生涯を振り返るとともに、彼が残した知恵と、後世の人々が彼をリスペクトすることで生み出たとんちに学ぶ、肩肘張らず気楽に自由に生きるためのエッセンスを提示した。

◇一休——日本人のこころの言葉　西村惠信著　創元社　2011.8　①978-4-422-80057-8
＊真の悟りに達しながら“風狂”に生きた一休——虚栄を嫌ったその生きざまと詩魂が激しく共鳴する。

◇一休・正三・白隠——高僧私記　水上勉著　筑摩書房　（ちくま学芸文庫）　2011.4
①978-4-480-09380-6
＊一休宗純。女犯、淫酒、風狂三昧の生を赤裸々に詩にのこした伝説の禅僧。乱世に五山の権力仏教に反旗を翻し、東北から九州まで一所不在、苦難困窮の庶民と同じ地平を歩んだ。鈴木正三。

武人の経験を出家生活に生かした異色の生涯。大坂夏の陣ののち感ずるところあり出家したが、武士を捨てても世は捨てず、庶民教化につくした。白隠。自在奔放な禅画で知られる臨済禅中興の祖。堕地獄から逃れるために出家、貧困と飢饉の巷でひたすらな坐禅と説法行脚に明け暮れた。——矛盾と罪苦に悩み、庶民のなかで禅を極めた異端の高僧三人。その思想と生涯を共感をこめて描いた本格評伝。

◇一休夢幻録　茂木光春著　文芸社
2010.8　①978-4-286-09153-2

◇一休和尚大全　上　一休宗純著, 石井恭二訓読・現代文訳・解読　河出書房新社
2008.3　①978-4-309-23081-8
＊少年期から最晩年の八十歳代まで、酒と女色と男色と風狂と詩作に淫し、愛欲と憤怒の炎に包まれて戦乱の時代を駆け抜けた、一代の傑僧にして稀有な詩僧、一休宗純の作品と思想と生涯の全貌が、分かりやすい訓読と現代文訳で、初めてすべての人のものに。

◇一休和尚大全　下　一休宗純著, 石井恭二訓読・現代文訳・解読　河出書房新社
2008.3　①978-4-309-23082-5
＊堕落腐敗した寺院仏教、頽廃を極める大衆、飢餓や病疫が蔓延する時代に向け、絶望と憂愁と慙愧と業因の想いを、歯ぎしりしながら婬坊酒肆のデカダンスに身を投じつつ叩き付けた輝ける詩業。狷介な異端僧の実相に伸びやかな現代文訳で初めて肉迫した待望の全作品集。

◇一休とは何か　今泉淑夫著　吉川弘文館　（歴史文化ライブラリー）　2007.12
①978-4-642-05644-1
＊室町時代の破戒・風狂の人、一休宗純。その生涯に深く影響を与えた「維摩居士」の教えに注目。その思想と手法を修道者として実践した姿こそ破戒・風狂の行動であったという新解釈を示し、知られざる一休の実像に迫る。

◇狂雲一休——仮面師の素顔　西村惠信著　四季社　（チッタ叢書）　2006.2
①④4-88405-356-7
＊風狂を装った前後截断の禅僧「一休」。

一休宗純

仕掛けた罠の謎を解く。

◇一休―その破戒と風狂　栗田勇著　祥伝社　2005.11　①4-396-61256-7
＊とんち小僧として誰からも親しまれる「一休さん」は、禅院の世俗化を痛烈に批判し、森侍女との愛欲を赤裸々に詩いあげた反俗の禅僧でもあった。このあまりにも大きい落差を、どう考えたらいいのか―。一遍、道元、良寛、最澄と、日本の精神文化史上の巨峰に挑みつづけてきた著者が満を持して放つ畢生の書き下ろし巨編。

◇一休と禅　平野宗浄著　春秋社　1998.11　①4-393-14107-5
＊伝統的修行生活を経た後、禅学研究に専心してきた著者の、研究成果の集大成。臨済禅・大灯禅に関する論考を含め、純粋禅をめざし、臨済の精神の日本化に大きな足跡を遺した一休の宗教的本質に迫る26論文を収録。

◇一休和尚年譜　2　今泉淑夫校注　平凡社　（東洋文庫）　1998.10　①4-582-80642-2
＊嗣法の弟子を定めず絶法を決意する一休。『狂雲集』に歌われる森女との交情は真実であったのか。「破戒」は一休をさいなみ、その苛酷があらゆる偽善から一休を解放する。一休の全生涯。

◇一休和尚年譜　1　今泉淑夫校注　平凡社　（東洋文庫）　1998.9　①4-582-80641-4

◇中世禅林の異端者――一休宗純とその文学　第104回日文研フォーラム　高文漢述，国際日本文化研究センター編　国際日本文化研究センター　1998.9

◇一休宗純の研究　中本環著　笠間書院　（笠間叢書）　1998.2　①4-305-10310-9

◇蓮如と一休　田代俊孝著　法蔵館　1997.9　①4-8318-8648-3

◇一休　改版　水上勉著　中央公論社　（中公文庫）　1997.5　①4-12-202853-1
＊権力に抗し、教団を捨て、地獄の地平で痛憤の詩をうたい、盲目の森女との愛に惑溺してはばからなかった一休のその破戒無慙な生涯と禅境を追跡した谷崎賞受賞に輝く伝記文学の最高峰。

◇一休の詩と生きざま　船木満洲夫著　近代文芸社　1995.6　①4-7733-4398-2
＊風狂の禅坊主一休の詩の問題点を整理し、仏道に根ざしたその生きざまの核心を探る。

◇一休―風狂に生きる　鎌田茂雄著　広済堂出版　（Refresh life series）　1995.3　①4-331-00683-2

◇一休―応仁の乱を生きた禅僧　武田鏡村著　新人物往来社　1994.6　①4-404-02111-9
＊大河ドラマ "花の乱" の主人公日野富子と同時代に天皇の子として生をうけた一休の人生模様を描く。狂雲詩集の中に詠まれた一休の詩の中に、応仁の乱を生きた一休の実像を読む。

◇一休文芸私抄　水上勉著　中央公論社　（中公文庫）　1994.1　①4-12-202067-0
＊五山文学においても傑出した文芸と史家の評価を得ている一休和尚。自由なる己が禅をもとめて、反抗と風狂にひた走る八十八年の生涯をみつめ直し、その実像に迫りつつ、『骸骨』『自戒集』『狂雲集』を中心に、一休和尚の文芸の道を探る。

◇一休を歩く　水上勉著　集英社　（集英社文庫）　1991.10　①4-08-749752-6
＊600年前の動乱の時代を生きた禅僧、一休。後小松帝の側室の子としてわずか6歳で出家。無欲清貧、風湌水宿、自己見性につとめる純粋禅僧に師事するが師と死別。やがて失意の青年僧一休は酒肆淫坊に出入りし、女犯をなす破戒三昧な生活の中で、人間的な自由禅を志向していく。放浪無頼な風狂の人、一休宗純和尚の由縁の地、京都嵯峨野、堅田、堺、住吉、田辺を水上勉が訪れ歩くほろつき文学紀行。

◇一休宗純　土岐信吉著　河出書房新社　1991.5　①4-309-00688-4
＊貴種に生まれながら時の権力と対峙し髑髏を手にあらゆる人々に平等を説いた一休。"風狂" の傑僧の生涯を描き切る待望の最新歴史長編。

◇一休伝説　岡松和夫著　講談社　1991.4　①4-06-205311-X
＊死の床に横たわる一休を見つめる二人の高弟と森女。卓抜な文章で見事に人間一休を描く歴史小説の傑作。

教科書に載った日本史人物1000人　**61**

一茶

◇一休さんの道　上　川口松太郎著　講談社　（講談社文庫）　1990.12
①4-06-184817-8
＊禅の道は現実逃避の独善ではない。酒・狂歌・女を愛する禅僧一休宗純は、南朝遺臣の反抗騒動や領民の一揆には命がけで周旋の労を取り、大地震、洪水、早魃では難民救済に奔走し、実生活に根ざす禅修行を貫く。だが、一休の持論である禅僧の妻帯発言が新たな紛糾の火種となる…。著者の遺作大長編。

◇一休さんの道　下　川口松太郎著　講談社　（講談社文庫）　1990.12
①4-06-184818-6
＊応仁の乱で焼失した大徳寺の伽藍再建の勅令を受けた一休禅師は、寄進行脚のすえ大役を果たし、名誉ある「紫衣」を賜る。そして山城の酬恩庵での修行生活に戻るが、ひそかに身辺をととのえる。やがて風狂僧一休にも非情な老いと病が訪れる。時に88歳、眠るがごとき大往生。著者、渾身の大傑作長編、完結。

◇一休さんの幸福論　松原泰道著　講談社　（こんな生き方）　1989.6
①4-06-193062-1

◇一休を歩く　水上勉著　日本放送出版協会　1988.2　①4-14-008563-0
＊乱世に生き腐敗した大寺を出、生涯を市中や地方に暮した。酒肆婬坊に出入りし、女犯、肉食を犯した。しかし、この破戒僧の教えは、持戒堅固な僧より人々の心を捉えた。風狂三昧、自由闊達な生きざまを辿り、人間一休の真実に迫る。気鋭の写真家水谷内健次のカメラにより、嵯峨野地蔵院から、京都、滋賀、福井、大阪、田辺の一休寺まで、巨匠のひたぶるな一休探訪の足跡を描写する。

‖　一茶　いっさ
⇒小林一茶（こばやしいっさ）

‖　一遍　いっぺん
1239〜1289　智真（ちしん）とも。鎌倉時代後期の時宗の僧。（開祖）。念仏唱名を称えて各地を遍歴・遊行して「遊行上人」と

も呼ばれる。

◇死してなお踊れ――一遍上人伝　栗原康著　河出書房新社　2017.1
①978-4-309-24791-5

◇一遍読み解き事典　長島尚道，高野修，砂川博，岡本貞雄，長沢昌幸編著　柏書房　2014.5　①978-4-7601-4406-8
＊一遍の生涯、教え、ゆかりの史跡、『一遍聖絵』、時宗の歴史、教義など、あらゆる事柄を掲載。用語集付きで、入門者から研究者まで使える決定版。

◇一遍の道―遊行上人の生涯　石井由彦著　愛媛新聞サービスセンター　2014.4
①978-4-86087-111-6
＊正岡子規をして「当地出身の第一の豪傑」と言わしめた、鎌倉時代の僧・一遍。踊り念仏をしながら全国を遊行。身分・貧富・男女の区別をせず、人々を平等に救済し続けたその生涯を克明につづる渾身の一冊。

◇一遍―その思想と生涯　早田啓子著　東京堂出版　2013.2　①978-4-490-20789-7

◇梅原猛の仏教の授業 法然・親鸞・一遍　梅原猛著　PHPエディターズ・グループ　2012.9　①978-4-569-80576-4
＊民衆に極楽往生の門を開いた法然、悪人・女人救済の仏道を説いた親鸞、踊り念仏・遊行を勧めた一遍、それぞれの人物と思想を読み解く。

◇一遍上人全集　新装版　橘俊道，梅谷繁樹訳　春秋社　2012.5
①978-4-393-17503-3

◇一遍―遊行に生きた漂白の僧 熊野・鎌倉・京都　井上宏生著　新人物往来社　（ビジュアル選書）　2010.12
①978-4-404-03950-7
＊熊野・鎌倉・京都。信・不信を選ばず、浄・不浄を嫌わず、一心に念仏流布を願った「捨聖」の一生。

◇一遍聖とアシジの聖フランシスコ　高野修著　岩田書院　2009.9
①978-4-87294-576-8

◇三人の求道者―ソクラテス・一遍・レヴィナス　岩田靖夫著　創文社　（長崎純心レクチャーズ）　2006.10　①4-423-30125-3

一遍

◇一遍上人全集　新装版　橘俊道，梅谷繁
樹訳　春秋社　2001.7　①4-393-17502-6

◇一遍聖人と聖絵　高野修著　岩田書院
2001.6　①4-87294-211-6
＊捨て聖一遍については、その生涯を記
録した『一遍聖絵』(以下『聖絵』とい
う)が知られています。この『聖絵』
は、実弟といわれる聖戒によって作成
されたものです。本書はこの『聖絵』を
基本史料として、一遍の生きざまを紹
介したものです。

◇一遍聖　大橋俊雄著　講談社　(講談社学
術文庫)　2001.4　①4-06-159480-X
＊時宗の開祖一遍聖は、鎌倉新仏教の展
開の最終段階に登場した最も行動的な
思想家である。その思想の特色は「南
無阿弥陀仏」の六字の名号そのものに
見出した救い、遊行、賦算、踊り念仏に
象徴される。鎌倉仏教六宗のなかでひ
ときわ異彩を放つ捨聖一遍の思想と生
涯を『一遍聖絵』『遊行上人縁起絵』『法
語集』等にさぐり、一遍歿後の時宗教団
の行方を追う。

◇漫画一遍上人　長島尚道監修，ビジネスコ
ミック社原作，ひろゆうこ漫画　エディコ
ム　2001.4　①4-88233-301-5
＊乱世の鎌倉時代を踊り念仏に生きた
「時宗」の宗祖、一遍上人の生涯。

◇一遍上人—旅の思索者　栗田勇著　新潮社
(新潮文庫)　2000.10　①4-10-125131-2

◇一遍聖絵　聖戒編，大橋俊雄校注　岩波書
店　(岩波文庫)　2000.7
①4-00-333212-1
＊法然・栄西・親鸞・道元・日蓮ら鎌倉新
仏教の祖師たちの中で、とりわけ行動
的な時宗の開祖一遍の伝記。北は奥州
江刺から南は大隅国まで全国を遊行し
て、踊りながら念仏を唱える「踊り念
仏」を主唱、全国の民衆の間に流行し
た。本書は、弟子聖戒が絵詞と共に師
の足跡をたどって全国を行脚して執筆、
師の没後十年に成った。画図は当時の
生活風俗を伝え、社会経済史・民衆史の
史料としても貴重。

◇一遍と中世の時衆　今井雅晴著　大蔵出
版　2000.3　①4-8043-1049-5

＊賦算と踊り念仏によって、中世社会に
広く受容された一遍と時衆教団の展開
と変質の過程を、社会的・文化的側面か
ら解き明かす。

◇親鸞と一遍　竹村牧男著　法蔵館
1999.8　①4-8318-8140-6
＊定住型の親鸞と漂泊型の一遍—全く対照
的な生き方をした日本浄土教の二大宗祖
の思想を、すべて現代語訳を付したテキ
ストを綿密に読み具体的に解き明かす。

◇中世遊行聖の図像学　砂川博著　岩田書
院　1999.5　①4-87294-147-0

◇捨聖一遍　今井雅晴著　吉川弘文館　(歴
史文化ライブラリー)　1999.3
①4-642-05461-8
＊衣食住・家族のすべてを捨て、「捨聖」
と呼ばれた時宗の開祖一遍は、ひたす
ら「南無阿弥陀仏」と唱え、全国を遊行
し念仏を勧めた。物質万能主義の現代
人に、「捨てる」豊かさの意味を考えさ
せる、心のメッセージ。

◇一遍聖絵を読み解く—動きだす静止画像
武田佐知子編　吉川弘文館　1999.1
①4-642-02771-8

◇一遍—放浪する時衆の祖　今井雅晴著
三省堂　(歴史と個性)　1997.11
①4-385-35783-8
＊最新の研究成果を書きおろし。僧が女
性を救うという「女人救済」は本当か？
遊行の真実を探る。

◇踊る一遍上人　亀井宏著　東洋経済新報
社　1997.5　①4-492-06095-2

◇果てしなき旅—捨てひじり一遍　越智通
敏著　愛媛県文化振興財団　(えひめブッ
クス)　1997.1

◇一遍智真の宗教論　渡辺喜勝著　岩田書
院　1996.9　①4-900697-60-5

◇一遍と時衆　石田善人著　法蔵館
1996.5　①4-8318-7492-2

◇捨聖・一遍上人　梅谷繁樹著　講談社
(講談社現代新書)　1995.12
①4-06-149281-0
＊南無阿弥陀仏とただ一度(＝一遍)唱え
るだけで極楽に往生すると説いた鎌倉

教科書に載った日本史人物1000人　**63**

仏教最後の祖師。族縁はすべて捨て去り、おどり念仏で全国をまわり、女人非人をも救済した希代の生涯を描く。

◇大乗仏典—中国・日本篇　第21巻　法然・一遍　佐藤平，徳永道雄訳　中央公論社　1995.2　①4-12-402641-2

◇一遍上人語録 捨て果てて　〔愛蔵版〕坂村真民著　大蔵出版　1994.10　①4-8043-2516-6
＊一遍の人生を捨て果てて歩いた、その思想と語録を、詩国賦算の決意にもえる詩人が一気に書きあげた熱意あふれる一遍讃歌。

◇風の誕生　長部日出雄著　福武書店　1993.5　①4-8288-2454-5
＊遍歴の捨聖一遍の歴史の謎が時空を超え現代と共鳴する捨聖一遍の謎を解き明かす長篇。

◇一遍入門　大橋俊雄著　春秋社　1991.7　①4-393-17521-2
＊生涯の大半を諸国の遊行に費やし、浄土教の大衆化につとめた異色の仏教者、一遍智真とその後の時宗の実像を詳細かつ平易に描く。

◇一遍—生きざまと思想　越智通敏著　一遍会　(一遍会双書)　1990.9

◇一遍上人の念仏思想と時衆—橘俊道先生遺稿集　橘俊道著　橘俊道先生遺稿集刊行会　1990.4

▌伊藤左千夫　いとうさちお
1864～1913　明治期の歌人，小説家。正岡子規に師事し「馬酔木」で活躍。作品に、小説「野菊の墓」、歌集「左千夫歌集」など。

◇伊藤左千夫—野菊の墓/牛飼の歌　伊藤左千夫著，永塚功編　日本図書センター　(シリーズ・人間図書館　作家の自伝)　2000.11　①4-8205-9548-2

◇伊藤左千夫文学アルバム　永塚功著　蒼洋社　1998.3　①4-273-03014-4

◇野の花の魂　鈴木貞男著　武蔵野書房　1997.4

◇伊藤左千夫と成東—思郷の文学 野菊の里

永塚功著　笠間書院　1996.4　①4-305-70163-4

◇伊藤左千夫の研究　永塚功著　桜楓社　1991.10　①4-273-02563-9

▌伊藤仁斎　いとうじんさい
1627～1705　江戸時代前期，中期の京都町衆。古義学の創始者。

◇大名鳥居忠英と学者伊藤仁斎　壬生町立歴史民俗資料館企画・構成・編集　壬生町立歴史民俗資料館　2013

◇仁斎学の教育思想史的研究—近世教育思想の思惟構造とその思想史的展開　山本正身著　慶応義塾大学出版会　2010.10　①978-4-7664-1777-7
＊京都堀川の古義堂を拠点に活躍、後世にまで広範な影響力を持った近世日本の儒者・伊藤仁斎。彼の思想を教育思想史の観点から追究し、現代教育学への遺産として再評価する試み。朱子学との対話・対決を経て、独自の学問＝古義学を創始するに至る軌跡を描き、人間の変化や成長に微細な眼差しを向けたその教育理論の体系を析出する。西欧からの影響に偏した明治以降の教育学を相対化し、あるべき教育を改めて問い直す、畢生の大著。

◇伊藤仁斎の世界　子安宣邦著　ぺりかん社　2004.7　①4-8315-1060-2

◇日本人の論語—『童子問』を読む　下　谷沢永一著　PHP研究所　(PHP新書)　2002.7　①4-569-62271-2

◇日本人の論語—『童子問』を読む　上　谷沢永一著　PHP研究所　(PHP新書)　2002.6　①4-569-62224-0

◇伊藤仁斎　浅山佳郎，厳明著　研文出版　(日本漢詩人選集)　2000.11　①4-87636-190-8

◇伊藤仁斎　相良亨著　ぺりかん社　1998.1　①4-8315-0827-6

▌伊藤東涯　いとうとうがい
1670～1736　江戸時代中期の儒学者。古

義学の大成者。

◇伊藤仁斎―(附)伊藤東涯　伊東倫厚著
明徳出版社　（叢書・日本の思想家）
1983.3

伊藤野枝　いとうのえ

1895～1923　大正期の婦人運動家，無政府
主義者。大杉栄の活動を援助、社会主義
婦人団体赤瀾会結成に参加。大杉と共に
甘粕正彦らに虐殺された。

◇飾らず、偽らず、欺かず―管野須賀子と伊
藤野枝　田中伸尚著　岩波書店　2016.10
①978-4-00-061156-5

◇村に火をつけ、白痴になれ―伊藤野枝伝
栗原康著　岩波書店　2016.3
①978-4-00-002231-6

◇『青鞜』の冒険―女が集まって雑誌をつく
るということ　森まゆみ著　平凡社
2013.6　①978-4-582-83627-1
＊雑誌の立ち上げに高揚したのも束の間、
集まらない原稿、五色の酒や吉原登楼
の波紋、マスコミのバッシング…明治・
大正を駆け抜けた平塚らいてう等同人
たちの群像を、おなじ千駄木で地域雑
誌『谷根千』を運営した著者が描く。

◇自由それは私自身―評伝・伊藤野枝　新
装版　井手文子著　パンドラ　2000.4
①4-7684-7811-5
＊伊藤野枝は毀誉褒貶の多い女性である。
野枝とかかわりの深かった平塚らいて
う、野上弥生子に“無思想の女性”とい
うような厳しい批判をうけている。著
者は、そうした二人の評価をあげ、それ
が何に由来するのか、というところか
ら伊藤野枝の生涯と思想にはいってい
る。自己の問題から社会問題へと視野
をひろげ、さらに労働問題、婦人問題へ
と個別に確実に生活を通して成長して
行った足跡を読者にガイドした。

◇絶望の書・ですぺら　辻潤著　講談社
（講談社文芸文庫）　1999.8
①4-06-197676-1
＊幼時にキリスト教を信仰し、のちダダ
イストとして登場、自由を求めて絶望
を知り、伊藤野枝と結婚し数年で離婚、

尺八を吹き各地を流浪の末、巷間に窮
死した辻潤（1884―1944）。後年大杉栄
の元に行った野枝との回想「ふもれす
く」を始め、著作集『浮浪漫語』『です
ぺら』『絶望の書』等と未収録エッセイ
より、小説「三ちゃん」を含む二十五篇
で構成。詩人の魂を持つこの無類の思
想家の現代的魅力を伝える。

伊藤博文　いとうひろぶみ

1841～1909　明治期の政治家。公爵、首
相。憲法制定に尽力し内閣制度を創設、
初代首相となる。韓国統監となり、韓国
合併推進中に暗殺された。

◇大日本帝国をつくった男―初代内閣総理大
臣・伊藤博文の功罪　武田知弘著　ベスト
セラーズ　2018.1　①978-4-584-13846-5
＊アジアの中でなぜ日本だけが近代化に
成功できたのか？　貧農出身から“愛さ
れキャラ”で政権トップまで上りつめた
伊藤博文。「国会」「憲法」「銀行」「鉄
道」「電信」「四民平等」etc.近代日本を
建国した人物の軌跡―。

◇伊藤博文―日本最初の内閣総理大臣　季
武嘉也監修, 岩田やすてるまんが　小学館
（小学館版学習まんが人物館）　2017.12
①978-4-09-270124-3

◇韓国人が知らない安重根と伊藤博文の真
実　金文学著　祥伝社　（祥伝社新書）
2017.12　①978-4-396-11523-4

◇伊藤博文―近代日本を創った男　伊藤之
雄著　講談社　（講談社学術文庫）
2015.3　①978-4-06-292286-9

◇明治国家をつくった人びと　瀧井一博著
講談社　（講談社現代新書）　2013.6
①978-4-06-288212-5
＊伊藤博文、山県有朋、井上毅から幕臣知
識人まで“この国のかたち”を築いた骨
太な指導者たちの思想と行動。

◇知性人・伊藤博文 思想家・安重根―日韓
近代を読み解く方程式　金文学著　南々
社　2012.3　①978-4-931524-95-8
＊韓民族の側から、初めて伊藤博文を公
正に評価した秀作。祖国の英雄・安重
根を冷静に分析した本、登場！　日本の

リーダー、首相の原点がここにある。

◇伊藤博文をめぐる日韓関係—韓国統治の夢と挫折、1905〜1921　伊藤之雄著　ミネルヴァ書房　2011.9
①978-4-623-06120-4
＊近代日本を創った男、伊藤博文が晩年に精力を傾けた韓国統治の構想は、いかなるものだったのか。本書では、伊藤の理想と挫折を通じて、その構想とは異なる朝鮮植民地統治が展開したことを示し、それにもかかわらず伊藤や明治天皇の死後も原敬内閣までは伊藤の理想の影響が残っていたことを明らかにする。

◇伊藤博文の青年時代—欧米体験から何を学んだか　泉三郎著　祥伝社　（祥伝社新書）　2011.6　①978-4-396-11241-7
＊現代ほど、政治家の資質とは何か、真の政治家とはどうあるべきかが厳しく問われる時代はない。伊藤博文はその意味で、好個の教材である。長州の倒幕運動の業火の中で鍛えられ、若くして三回も英米欧に旅して「文明の諸相」をつぶさに見た。そして幾多の挫折を経験しながら、常に知見を磨き、時勢を見通し、しなやかに強く対応する努力を怠らなかった。戦後の伊藤博文の評価は決して芳しいものでなかったが、近年急速に再評価が進みつつある。本書は、その前半生と洋行体験に焦点をあて、当初の急進的な「暴れ馬」が、いかに現実的でバランスのとれた稀代の大政治家に成長していったかの秘密に迫るものである。

◇伊藤博文—誕生！ 日本の総理大臣　岩尾光代著　大空出版　（大空ポケット新書 歴史ポケット人物新聞）　2010.11
①978-4-903175-31-7
＊天保12（1841）年9月2日、周防国熊毛郡束荷村（現在の山口県光市）の貧しい農家に生まれた伊藤博文。明治42（1909）年10月26日、韓国・ハルビン駅で凶弾に倒れるまでの生涯は、日本の幕末・明治史そのものといえる。明治維新をなし遂げ、近代国家の礎を築いた時代を、貴重な写真と新聞風の記事で再現。シリーズ第2弾。

◇伊藤公と山県公　復刻版　小松緑著　マ

ツノ書店　2010.5

◇伊藤博文—知の政治家　滝井一博著　中央公論新社　（中公新書）　2010.4
①978-4-12-102051-2
＊幕末維新期、若くして英国に留学、西洋文明の洗礼を受けた伊藤博文。明治維新後は、憲法を制定し、議会を開設、初代総理大臣として近代日本の骨格を創り上げた。だがその評価は、哲学なき政略家、思想なき現実主義者、また韓国併合の推進者とされ、極めて低い。しかし事実は違う。本書は、「文明」「立憲国家」「国民政治」の三つの視角から、丹念に生涯を辿り、伊藤の隠された思想・国家構想を明らかにする。

◇伊藤博文—近代日本を創った男　伊藤之雄著　講談社　2009.11
①978-4-06-215909-8
＊倒幕、廃藩置県、岩倉使節団、西南戦争、初代内閣総理大臣、条約改正、日清戦争、日露戦争、初代韓国総監、そして暗殺—「憲法政治」実現に懸けた全生涯。

◇滄浪閣の時代—伊藤博文没後100年記念展　大磯町郷土資料館編　大磯町郷土資料館　2009.10

◇歴代総理大臣伝記叢書　第1巻　伊藤博文　御厨貴監修　ゆまに書房　2005.7
①4-8433-1779-9

◇NHKにんげん日本史 伊藤博文—明治の国づくりをリードして　酒寄雅志監修, 小西聖一著　理論社　2004.12
①4-652-01477-5

◇伊藤博文と韓国併合　海野福寿著　青木書店　2004.6　①4-250-20414-6

◇伊藤博文暗殺事件—闇に葬られた真犯人　大野芳著　新潮社　2003.8
①4-10-390405-4
＊明治42年10月、枢密院議長・伊藤博文がハルビンで暗殺された。狙撃犯は安重根—韓国で今でも最も尊敬される歴史上の人物である。だが、"真犯人"は別に存在し、しかも政府はその情報を黙殺していた。背後には、韓国併合に絡む日清韓露の複雑極まる外交戦略があった…。新資料を基に、当時の極東情勢を浮き彫りにする衝撃のノンフィクション。

秘匿された日韓外交史の全貌を暴く。

◇「原典」秘書類纂—伊藤博文文書 宮内庁書陵部所蔵 第17巻 日清事件 1 伊藤博文原編，伊藤博文文書研究会編 檜山幸夫編 北泉社 2003.5 Ⓘ4-89483-016-7

◇伊藤博文と朝鮮 高大勝著 社会評論社 2001.10 Ⓘ4-7845-0554-7
＊ワールドカップ日韓共催を前に，教科書問題などで揺れる日韓関係。その始点に位置する日本の代表的政治家・伊藤博文。幕末の志士・有能な官僚・初代総理大臣・韓国統監・安重根による暗殺に至る生涯を活写し，一コリアンの目からその功罪を問う。

◇暗殺・伊藤博文 上垣外憲一著 筑摩書房 （ちくま新書） 2000.10 Ⓘ4-480-05868-0
＊1909年10月26日伊藤博文はハルビン駅頭で，韓国の独立運動家安重根の銃弾に倒れる。だが，もし安重根以外にも暗殺実行犯がいたとすると，それは誰だったのか。また伊藤はなぜ暗殺されなければならなかったのか。日露戦後の複雑怪奇な国際関係を背景に浮かび上がる伊藤暗殺計画。国際通と自他ともに認めた知謀伊藤博文の眼に映った明治国家日本と韓国のゆくえは？ 日韓併合前夜の近代史の謎に迫る。

◇史伝伊藤博文 上 三好徹著 徳間書店 （徳間文庫） 2000.9 Ⓘ4-19-891378-1
＊草莽の志士として幕末の動乱期を駆け抜け，維新後は，岩倉使節団に随行。征韓論争の帰結を左右するほどの重要な役割を担い，日本の近代国家としての礎を築くことになった巨魁，伊藤博文。その全生涯を，本人の手記，書簡はもとより，現存する資料や文書を駆使して余すところなく描いた。日本の近代黎明期の政治過程を浮き彫りにする，圧巻の歴史大作！ その維新動乱期から，日清戦争前夜までを収録。

◇史伝伊藤博文 下 三好徹著 徳間書店 （徳間文庫） 2000.9 Ⓘ4-19-891379-X
＊明治維新は近代日本における最大の政治的変革だった。幕藩体制という政治のシステムを根本的に変えただけでは

なく，日本や日本人をも変えた。最初の十年間の主役は，いわゆる維新の三傑だが，彼らの死後，伊藤は明治の終わりかけるころまで一貫して主役であり，同時代の政治家の中でもっとも影響力の強かった人物である。初代宰相の全生涯を描く第一級史伝。日清戦争から暗殺までを収録。

◇(小説)伊藤博文—幕末青春児 上 童門冬二著 学陽書房 （人物文庫） 1996.5 Ⓘ4-313-75009-6
＊一人の男を大きく変身させていったものはいったいなんだったのか。貧農の子として生まれながら，高杉晋作，桂小五郎，吉田松陰らとの出会いによって運命を切り開き，激動の波に乗って一歩前を歩きつづけた伊藤博文の若き日の心情と行動のすべてを描き切った大河小説。

◇(小説)伊藤博文—幕末青春児 下 童門冬二著 学陽書房 （人物文庫） 1996.5 Ⓘ4-313-75010-X
＊出会いが人間をつくる。農民から藩士へ，来原良蔵から吉田松陰へ，一介の暗殺者からエゲレス渡航へ，乱に生きた男・高杉晋作から治世の男・桂小五郎へ，そして女から女へ，奔馬のごとく生きた伊藤博文と井上聞多，坂本龍馬ら幕末の青春群像を描いた傑作小説。

◇伊藤博文と安重根 佐木隆三著 文芸春秋 1992.11 Ⓘ4-16-313630-4
＊初代韓国統監・公爵伊藤博文は，明治42年満州ハルビンで暗殺された。狙撃者は韓国独立運動家安重根。暗殺事件に至る2人の運命的な出合いを描く出色の長篇小説。

伊東マンショ　いとうマンショ

1570〜1612　伊東祐益（いとうすけます）とも。安土桃山時代，江戸時代前期の天正遣欧少年使節正使，神父。1582年正使として渡欧。

◇《伊東マンショの肖像》の謎に迫る—1585年のヴェネツィア 小佐野重利著 三元社 2017.4 Ⓘ978-4-88303-436-9

◇マンショからオラショまで その1 初の国際人・伊東マンショ 竹井成美著 大

阪公立大学共同出版会　（OMUPブック
レット　「みやざき自然塾」シリーズ）
2013.3　①978-4-901409-96-4

◇伊東マンショ―その生涯：天正少年遺欧
使節首席　伊東マンショを語る会編著
鉱脈社　2012.6　①978-4-86061-437-9

◇少年が歴史を開いた―伊東マンショ・その
時代と生涯　井上敬雄著　鉱脈社　（みや
ざき文庫）　2008.1　①978-4-86061-248-1

▌伊東巳代治　いとうみよじ
1857～1934　明治～昭和期の政治家、官
僚。伯爵。明治憲法草案の起草に従事、
伊藤博文の懐刀として活動。

◇「日本叩き」を封殺せよ―情報官僚・伊東
巳代治のメディア戦略 Miyoji Ito 1857-
1934　原田武夫著　講談社　2006.10
①4-06-213349-0
＊日本にも、こんな豪腕官僚がいた！ ロ
イター通信社に機密費を渡し、外国メ
ディアを思うがままに操縦する―稀代
の英語使いにして情報・宣伝の達人。
外交の裏面に生きた男の秘史。

◇伊東巳代治日記・記録―未刊翠雨荘日記
憲政史編纂会旧蔵　第1巻　伊東巳代治著,
広瀬順晧監修・編集　ゆまに書房　（近代
未刊史料叢書）　1999.7　①4-89714-752-2

◇伊東巳代治日記・記録―未刊翠雨荘日記
憲政史編纂会旧蔵　第2巻　伊東巳代治著,
広瀬順晧監修・編集　ゆまに書房　（近代
未刊史料叢書）　1999.7　①4-89714-753-0

◇伊東巳代治日記・記録―未刊翠雨荘日記
憲政史編纂会旧蔵　第3巻　伊東巳代治著,
広瀬順晧監修・編集　ゆまに書房　（近代
未刊史料叢書）　1999.7　①4-89714-754-9

◇伊東巳代治日記・記録―未刊翠雨荘日記
憲政史編纂会旧蔵　第4巻　伊東巳代治著,
広瀬順晧監修・編集　ゆまに書房　（近代
未刊史料叢書）　1999.7　①4-89714-755-7

◇伊東巳代治日記・記録―未刊翠雨荘日記
憲政史編纂会旧蔵　第5巻　伊東巳代治著,
広瀬順晧監修・編集　ゆまに書房　（近代
未刊史料叢書）　1999.7　①4-89714-756-5

◇伊東巳代治日記・記録―未刊翠雨荘日記

憲政史編纂会旧蔵　第6巻　伊東巳代治著,
広瀬順晧監修・編集　ゆまに書房　（近代
未刊史料叢書）　1999.7　①4-89714-757-3

◇伊東巳代治日記・記録―未刊翠雨荘日記
憲政史編纂会旧蔵　第7巻　伊東巳代治著,
広瀬順晧監修・編集　ゆまに書房　（近代
未刊史料叢書）　1999.7　①4-89714-758-1

▌稲村三伯　いなむらさんぱく
1758～1811　江戸時代後期の蘭学者。因
幡鳥取藩医。最初の蘭日辞典「ハルマ和
解」を完成。

◇稲村三伯と娘さだ―海上随鴎と中定　森
納著　〔森納〕　2008.5

▌犬養毅　いぬかいつよし
1855～1932　明治～昭和期の政治家。内
閣総理大臣。護憲運動、普選運動を推進、
立憲政友会総裁となり組閣。五・一五事
件で暗殺。漢詩を好み、著書に「木堂先生
韻語」がある。

◇恕の人 犬養毅　今西宏康著　吉備人出版
2018.2　①978-4-86069-539-2

◇普通選挙をめざして―犬養毅・尾崎行雄
―特別展　衆議院憲政記念館編　衆議院
憲政記念館　2016.11

◇犬養木堂伝　上　オンデマンド版　鷲尾
義直編　原書房　（明治百年史叢書）
2013.5　①978-4-562-10103-0

◇犬養木堂伝　中　オンデマンド版　鷲尾
義直編　原書房　（明治百年史叢書）
2013.5　①978-4-562-10104-7

◇犬養木堂伝　下　オンデマンド版　鷲尾
義直編　原書房　（明治百年史叢書）
2013.5　①978-4-562-10105-4

◇犬養毅（つよし）―党派に殉ぜず、国家に
殉ず　小林惟司著　ミネルヴァ書房　（ミ
ネルヴァ日本評伝選）　2009.7
①978-4-623-05506-7
＊犬養毅（一八五五～一九三二）政治家。
国会開設以来連続当選一九回、五〇年以
上にわたり国会で活躍し、「憲政の神様」
といわれた犬養毅。首相となり近隣諸
国との友好を図り、軍部の抵抗を排し

て議会制民主主義を死守した政党政治家。気骨ある明治人の生涯を活写する。

◇歴代総理大臣伝記叢書　第20巻　犬養毅　御厨貴監修　ゆまに書房　2006.6　①4-8433-1798-5

◇犬養毅―その魅力と実像　時任英人著　山陽新聞社　2002.5　①4-88197-702-4
＊犬養には「影の男」がいた。義理・人情で動いた政治家である。武士に憧れ、武士として死にたかった…没後70年記念出版。なぜ犬養は、あそこまで見事に晩年を過ごせたのか/「憲政の神」と並び称された尾崎行雄との、本当の関係は/多彩な趣味から見える犬養の世界は…気鋭の研究者が、新たな視点から、その素顔に迫る。

◇明治期の犬養毅（つよし）　時任英人著　芙蓉書房出版　1996.8　①4-8295-0168-5

◇犬養木堂書簡集　鷲尾義直編　岡山県郷土文化財団　1992.5

◇犬養毅―リベラリズムとナショナリズムの相剋　時任英人著　論創社　1991.10
＊立憲政治を高唱し、「憲政の神」とまで呼ばれた犬養の晩年に訪れた国家主義への「変節」は何を意味するのか。波瀾の生涯を生きた信念の人の思想と行動を分析する。

◇犬養先生のおもいで―上田丹崖、柚木玉邨画伯などとの交遊　豊田穣著　新風書房　1991.7

◇木堂先生から少年への書簡　国友弘行著, 岡山県郷土文化財団編　岡山県郷土文化財団　1990.12

井上円了　いのうええんりょう

1858〜1919　明治期の仏教哲学者。怪異を合理的に論じた「妖怪学講義」を普及させ妖怪博士と呼ばれた。東洋大学創設者。

◇井上円了―その哲学・思想　竹村牧男著　春秋社　2017.10　①978-4-393-13598-3

◇井上円了の教育理念　第5版　井上円了研究センター監修, 竹村牧男著　東洋大学（東洋大学史ブックレット）　2017.3

◇井上円了の教育理念―歴史はそのつど現

在が作る　改訂第20版　井上円了研究センター監修, 三浦節夫執筆責任　東洋大学　2017.3

◇井上円了の生涯　第5版　井上円了研究センター監修, 竹村牧男著　東洋大学（東洋大学史ブックレット）　2017.3

◇井上円了の哲学・思想　第5版　井上円了研究センター監修, 竹村牧男著　東洋大学（東洋大学史ブックレット）　2017.3

◇人間・井上円了―エピソードから浮かびあがる創立者の素顔　第5版　井上円了研究センター監修, 三浦節夫著　東洋大学（東洋大学史ブックレット）　2017.3

◇著作を通して見る井上円了の学問　第5版　井上円了研究センター監修, 柴田隆行著　東洋大学（東洋大学史ブックレット）　2017.3

◇井上円了―日本近代の先駆者の生涯と思想　三浦節夫著　教育評論社　2016.2　①978-4-905706-97-7

◇井上円了の教育理念　第3版　竹村牧男著　東洋大学（東洋大学史ブックレット）　2015.3

◇井上円了の教育理念―歴史はそのつど現在が作る　改訂第18版　三浦節夫執筆責任　東洋大学　2015.3

◇井上円了の生涯　第3版　竹村牧男著　東洋大学（東洋大学史ブックレット）　2015.3

◇井上円了の哲学・思想　第3版　竹村牧男著　東洋大学（東洋大学史ブックレット）　2015.3

◇人間・井上円了―エピソードから浮かびあがる創立者の素顔　第3版　三浦節夫著　東洋大学（東洋大学史ブックレット）　2015.3

◇著作を通して見る井上円了の学問　第3版　柴田隆行著　東洋大学（東洋大学史ブックレット）　2015.3

◇井上円了の世界旅行―旅する創立者海外編　東洋大学井上円了記念学術センター編, 渡辺章悟著　東洋大学（東洋大学史ブックレット）　2014.3

◇井上円了と柳田国男の妖怪学　三浦節夫著　教育評論社　2013.7
①978-4-905706-77-9
＊人をかどわかす未知の存在に挑んだ井上円了と、失われつつある民俗を守ろうとした柳田国男。二つの妖怪学を比較しながら、いまなお妖怪を愛する日本人の国民性を探る！

◇妖怪学の祖 井上円了　菊地章太著　角川学芸出版　（角川選書）　2013.1
①978-4-04-703518-8
＊明治時代、人々は狐憑きやコックリさんなどの怪現象に右往左往していた。若き哲学者の井上円了は、それらに合理的な道筋をつけることこそが哲学普及につながると信じて奔走。柳田国男からは見地の違いから「井上円了君には徹頭徹尾反対」と言われながらも、開学した「哲学館」（現東洋大学）で「妖怪学」の講義を行い、日本各地で膨大な怪異談を収集した。妖怪学者であり、哲学者、宗教改革者であった隠れた偉人、初の評伝。

◇日本人はなぜ妖怪を畏れるのか―井上円了の「妖怪学講義」　三浦節夫著　新人物往来社　2011.11　①978-4-404-04099-2
＊妖怪を信じる日本人を恐怖から解放した井上円了、畏怖から日本固有の民俗をさぐった柳田国男、二人の天才の、まったく異なる妖怪学。

◇井上円了研究　第7号　東洋大学井上円了記念学術センター編　東洋大学井上円了記念学術センター　1997.2

◇井上円了先生―伝記・井上円了　三輪政一編　大空社　（伝記叢書）　1993.9
①4-87236-424-4

◇山形ふしぎ紀行―井上円了の足跡を辿る　鳥兎沼宏之著　法政大学出版局　1991.4
①4-588-31203-0
＊「お化け博士」として親しまれた迷信打破の先駆者・井上円了は大正5年、山形県下を歩いて貴重な紀行日誌を遺している。75年前の円了の旅の足跡をたどって、怪異とロマンにみちた秘境山形の自然と人情の今昔を語りながら、地域のもつ豊かな魅力の源泉をさぐる。

井上馨　いのうえかおる

1835〜1915　江戸時代末期, 明治期の志士, 政治家。もと長州（萩）藩士。のち外務卿、外務大臣。

◇井上馨と明治国家建設―「大大蔵省」の成立と展開　小幡圭祐著　吉川弘文館　2018.2　①978-4-642-03871-3
＊明治四年の廃藩置県後、井上馨は財政官庁の大蔵省に地方行政などの民政権を掌握していた民部省を併合。強大かつ広範な権限を持つ「大大蔵省」が誕生し、明治六年の内務省の成立まで、国家建設に多大な役割を果たした。井上の思想や「大大蔵省」の制度・政策の考察を通じて、近代日本の出発点である明治初年の国家建設の苦悩に新たな視座を提起する。

◇井上馨侯爵を顕彰する　堀芳広執筆・著　Zizo会　2016.7

◇世外井上馨―近代数寄者の魁　百回忌記念出版　鈴木皓詞著　宮帯出版社　（宮帯茶人ブックレット）　2014.9
①978-4-8016-0006-5

◇世外井上公伝　第1巻　復刻版　井上馨侯伝記編纂会編　マツノ書店　2013.7

◇世外井上公伝　第2巻　復刻　井上馨侯伝記編纂会編　マツノ書店　2013.7

◇世外井上公伝　第3巻　復刻　井上馨侯伝記編纂会編　マツノ書店　2013.7

◇世外井上公伝　第4巻　復刻　井上馨侯伝記編纂会編　マツノ書店　2013.7

◇世外井上公伝　第5巻　復刻　井上馨侯伝記編纂会編　マツノ書店　2013.7

◇井上馨―開明的ナショナリズム　堀雅昭著　弦書房　2013.5　①978-4-86329-088-4
＊傑物か、世外の人か、三井の番頭か。長州ファイブのリーダー・井上馨（1835‐1915）が描いた近代化＝欧化政策の本質はどこにあったのか。膨大な資料と縁者からの取材をもとに虚像と実像のはざまを埋める戦後初の本格評伝。

◇MONTA 聞多　麻田公輔著　文芸社　2001.9　①4-8355-2334-2
＊ダイナミックに幕末を駆けぬけた井上

聞多（馨）の青春を圧倒的なリアリズム
で描写。

◇井上伯伝　中原邦平著　マツノ書店
1994.1

▌井上清直　いのうえきよなお
1809〜1867　江戸時代末期の幕府官僚, 町
奉行。

◇幕末 五人の外国奉行—開国を実現させた
武士　土居良三著　中央公論社　1997.7
①4-12-002707-4
＊米領事ハリスに「東海の知己」と親しま
れた井上信濃守清直。すべてにおいて
天才の誉れ高い岩瀬肥後守忠震。勝麟
太郎を育てた長崎海軍伝習所の生み
の親、永井玄蕃頭尚志。箱館と横浜の
町をととのえた堀織部正利熙。最期ま
で幕府を案じて逝った水野筑後守忠徳。
諸外国との条約締結、横浜開港、長崎海
軍伝習所の創設。初代外国奉行の五人
が携わった数々の事業は、やがて明治
の礎となっていく。開国に取り組んだ
幕臣たちの活躍と悲劇。

▌井上毅　いのうえこわし
1843〜1895　明治期の官僚, 政治家。子
爵, 文相。政府の憲法綱領作成、明治憲法
の起草に従事など憲法制定に尽力、教育
勅語草案を作成。

◇明治国家をつくった人びと　瀧井一博著
講談社　（講談社現代新書）　2013.6
①978-4-06-288212-5
＊伊藤博文、山県有朋、井上毅から幕臣知
識人まで "この国のかたち" を築いた骨
太な指導者たちの思想と行動。

◇井上毅とヘルマン・ロェスラー—近代日
本の国家建設への貢献　長井利浩著　文
芸社　2012.10　①978-4-286-12685-2
＊本書は、明治維新後の新生日本の近代化
に立ち向かった日本およびドイツの先
人の勇猛果敢なエネルギーを、一会社
経営者が解き明かした渾身の希望の書
である。明治の官僚、井上毅と外務省
の法律顧問、ドイツ人のヘルマン・ロェ
スラーが「緊密な連携と共同作業」によ
り、近代日本の礎ともいうべき明治憲法

並びに教育勅語の起草という一大事業を
成し遂げた、その経緯を明らかにする。

◇井上毅伝　史料篇 補遺 第2　国学院大学
日本文化研究所編　国学院大学　2008.3
①978-4-13-097982-5

◇井上毅と福沢諭吉　渡辺俊一著　日本図
書センター　（学術叢書）　2004.9
①4-8205-8894-X

◇井上毅とその周辺　梧陰文庫研究会編
木鐸社　2000.3　①4-8332-2292-2

◇古城貞吉稿井上毅先生伝　梧陰文庫研究
会編　木鐸社　1996.4　①4-8332-2219-1

◇井上毅研究　木野主計著　続群書類従完
成会　（木野主計著作集）　1995.3
①4-7971-0656-5

◇明治国家形成と井上毅　梧陰文庫研究会
編　木鐸社　1992.6　①4-8332-2168-3

▌井上準之助　いのうえじゅんのすけ
1869〜1932　大正, 昭和期の財政家, 政治
家。日本銀行総裁, 大蔵大臣。関東大震災
後の混乱の中モラトリアムを断行、震災
手形割引損失補償令施行。

◇高橋是清と井上準之助—インフレか、デフ
レか　鈴木隆著　文芸春秋　（文春新書）
2012.3　①978-4-16-660858-4
＊いまの日本に必要なのは、国債バラマ
キか、それとも財政緊縮か。昭和のは
じめ、同じ問題に直面していた。イン
フレ政策の高橋是清と、デフレ政策の
井上準之助。だが、ともに劇薬の扱い
を誤り、この国を悲劇へと導いた—渾
身の歴史経済ノンフィクション。

◇いま学ぶべき井上準之助の景況観—第9・
第11代日本銀行総裁 井上準之助の講演記
録より　日本信用調査　1993.5
①4-930909-27-9

◇凛の人 井上準之助　秋田博著　講談社
1993.5　①4-06-204132-4
＊命を賭して昭和軍閥に抗した国際派群
像。「外を救い、内を共に救う唯一の
途」を求めて、浜口首相の両輪となった
「幣原外交」と「井上財政」—。昭和動
乱の夜明けを彩った悲劇と栄光がここ

に甦る。

井上哲次郎　いのうえてつじろう

1855〜1944　明治〜昭和期の哲学者。東京帝国大学教授, 大東文化学院総長。日本におけるドイツ哲学優位の役割を果たし, またキリスト教を排撃し日本主義を唱える。

◇巽軒日記―自明治三三年至明治三九年　井上哲次郎著, 東京大学史史料室編　東京大学史史料室　2012.3

井上日召　いのうえにっしょう

1886〜1967　明治〜昭和期の国家主義者。血盟団事件を起こし無期判決, 大赦で出獄, 戦後は護国団団長。

◇血盟団事件―井上日召の生涯　岡村青著　潮書房光人社　（光人社NF文庫）　2016.4　①978-4-7698-2941-6

◇血盟団事件　中島岳志著　文芸春秋　2013.8　①978-4-16-376550-1
　＊一九二八（昭和三）年, 日本での革命を目指す宗教家・井上日召は, 流浪の末に茨城県大洗にたどり着く。巧みな弁舌で農村の若者たちを魅了し, 次第にカリスマ的な指導者として君臨するようになる井上。共に理想のための「捨石」となる決意を固めた彼は, 若者たちを「一人一殺」を掲げるテロリスト集団「血盟団」に変貌させていった―。

井上正鉄　いのうえまさかね

1790〜1849　江戸時代後期の神道家。禊教の教祖。

◇井上正鉄真蹟遺文　荻原稔編著　井上正鉄研究会　1995.11

◇井上正鉄門中史便覧　荻原稔編著　梅田神明宮　1990.4

井上勝　いのうえまさる

1843〜1910　明治期の鉄道創設家。鉄道庁長官, 汽車製造合資社長。工部省で品川・横浜間の鉄道敷設を指揮。京都・神戸、京都・大津間を開通させる。

◇井上勝―「長州ファイブ」から「鉄道の父」へ　老川慶喜著　萩ものがたり　（萩ものがたり）　2018.4　①978-4-908242-10-6

◇井上勝―職掌は唯クロカネの道作に候　老川慶喜著　ミネルヴァ書房　（ミネルヴァ日本評伝選）　2013.10　①978-4-623-06697-1
　＊井上勝（一八四三〜一九一〇）明治期の鉄道専門官僚。幕末の一八六三（文久三）年, 英国ロンドンに密航留学し「採長補短」の精神で西欧の近代技術を学び, 明治維新直後に帰国, 鉄道専門官僚となって近代日本の鉄道システムをつくり上げた井上勝。本書では, その生涯を鉄道の発展と重ね合わせながら実証的にたどる。

◇東海道線誕生―鉄道の父・井上勝の生涯　中村建治著　イカロス出版　2009.4　①978-4-86320-175-0
　＊全線開通から120年を迎えた東海道線。建設のリーダーは鉄道の父と敬愛された井上勝。彼の生涯と開業に至るまでのナゾとフシギに満ちたエピソードの数々…。ニッポンの大動脈完成・開通までの壮大なドラマがここに繰り広げられる。

◇鉄道事始め―井上勝伝　上田広著　井上勝伝復刻委員会　1993.8

井上靖　いのうえやすし

1907〜1991　昭和期の小説家。日本ペンクラブ会長。新聞小説家, 歴史小説家として活躍, 作品に「氷壁」「天平の甍」など。

◇父井上靖と私　浦城いくよ著　ユーフォーブックス　2016.5　①978-4-89713-161-0

◇残照　井上靖―道彩々　森井道男著　北国新聞社　2012.10　①978-4-8330-1895-1

◇詩人井上靖―若き日の叙情と文学の原点　藤沢全著　角川学芸出版角川出版企画センター　2010.9　①978-4-04-653730-0

◇井上靖―人と文学　田村嘉勝著　勉誠出版　（日本の作家100人）　2007.6　①978-4-585-05187-9

＊昭和を代表する作家、井上靖の人物と
文学を多方面から考究した本格的評伝。
その生い立ちから晩年までを丹念に調
べあげ、代表作の評論とともにおくる。
NHKドラマ『風林火山』で再び脚光を
浴びる井上文学の人気の秘密に迫る。

◇旭岳の裾野にて―井上靖生誕百年に寄せ
て　秋岡康晴著　グラフ旭川　2007.5

◇井上靖―グローバルな認識　藤沢全編著
大空社　2005.4　①4-283-00136-8

◇わが心の井上靖―いつまでも『星と祭』
福田美鈴著　井上靖文学館　2004.6

◇井上靖青春記　佐藤英夫編著　英文堂書店
（駿河新書）　2004.5　①4-900372-01-3

◇天城の人と文化の融合―思い出の井上靖
天城湯ケ島町「ふるさと叢書」編集委員会
編　天城湯ケ島町　（天城湯ケ島町ふるさ
と叢書）　2004.1

◇井上靖展―詩と物語の大河　北国氷壁敦煌
しろばんば孔子　神奈川文学振興会編
神奈川近代文学館　2003.10

◇地域文化のポリフォニー―井上靖を考え
る　天城湯ケ島町「ふるさと叢書」編集委
員会編　天城湯ケ島町　（天城湯ケ島町ふ
るさと叢書）　2003.1

◇しろばんばの里―井上靖　4　天城湯ケ島
町文学のふるさと実行委員会編　天城湯
ケ島町　（天城湯ケ島ふるさと叢書）
2001.1

◇詩歌文学館ものがたり　日本現代詩歌文
学館　2000.5

◇井上靖展―世田谷文学館開館5周年記念
世田谷文学館編　世田谷文学館　2000.4

◇父・井上靖の一期一会　黒田佳子著　潮
出版社　2000.2　①4-267-01547-3
＊小さい逸話やこぼれ話を通じてしか伝え
られない何か微妙なものが人間にはあ
る。父は娘によく見える眼と野太い強さ
と濃やかな親愛の情を残した。娘が書
いた他人には見せなかった作家の素顔。

◇しろばんばの里―井上靖　3　天城湯ケ島
町文学のふるさと実行委員会編　天城湯
ケ島町　（天城湯ケ島ふるさと叢書）

2000.1

◇井上靖―老いと死を見据えて　新井巳喜
雄著　近代文芸社　1997.10
①4-7733-6240-5
＊井上文学と共に生き、老いと死の究極
を解き明かした渾身の作。

◇井上靖詩と物語の饗宴　曽根博義編　至
文堂　（「国文学解釈と鑑賞」別冊）
1996.12

◇やがて芽をふく　井上ふみ著　潮出版社
1996.1　①4-267-01398-5

◇若き日の井上靖―詩人の出発　宮崎潤一
著　土曜美術社出版販売　（現代詩人論叢
書）　1995.1　①4-8120-0529-9
＊本書は井上靖の青年期、とりわけ四高時
代から京都帝国大学入学までの詩作を
中心に、その精神の軌跡をとらえるこ
とと、毎日新聞の記者として生活しな
がら応召した時期を検証することによ
り、従来言われてきた、芥川賞受賞時に
すでに完成された作家であったという
定評に対し、新しい視座をもって井上
靖文学を見つめようとするものである。

◇井上靖―過ぎ去りし日日/花の下　井上靖
著, 竹内清己編　日本図書センター　（シ
リーズ・人間図書館）　1994.10
①4-8205-8019-1

◇井上靖とわが町　天城湯ケ島町日本一地
域づくり実行委員会編　天城湯ケ島町
（天城湯ケ島町ふるさと叢書）　1994.1

◇若き日の井上靖研究　藤沢全著　三省堂
1993.12　①4-385-35539-8
＊その〈天才〉の由来を〈家系〉の原点から
掘り起こし、〈旭川〉から湯ヶ島の〈土
蔵〉を経て拡がっていく生の軌跡を、芥
川賞受賞時まで辿り明かす。井上靖文
学の基底に繋ぐ、圧倒的なボリューム
の伝記研究。

◇井上靖　新潮社　（新潮日本文学アルバ
ム）　1993.11　①4-10-620652-8
＊孤高の生を凝視める眼の底に流れる真
の人間愛とロマネスクを描き続けた83
年の軌跡。写真で実証する作家の劇的
な生涯。

◇花過ぎ―井上靖覚え書　白神喜美子著

紅書房　1993.5　Ⓘ4-89381-068-5

◇私の夜間飛行　井上ふみ著　潮出版社
1993.1　Ⓘ4-267-01319-5

◇追悼・井上靖　天城湯ケ島町日本一地域
づくり実行委員会編　天城湯ケ島町　（天
城湯ケ島町ふるさと叢書）　1993.1

◇晩年の井上靖―『孔子』への道　山川泰夫
著　求龍堂　1993.1　Ⓘ4-7630-9303-7
　＊「メモを取らないと忘れてしまいます
　　からね」と、記録の大切さを説かれ、
　　「なんでもいいから、書いてごらんなさ
　　いよ」と勧めてくださった師・井上靖。
　　本書は、著者山川泰夫が編集者の目か
　　ら見た晩年の『孔子』執筆時の井上靖の
　　知られざるドキュメンタリー。

◇井上靖評伝覚　増補版　福田宏年著　集
英社　1991.10　Ⓘ4-08-772815-3
　＊84年にわたる全生涯を検証し、処女作
　　「猟銃」「闘牛」から、晩年の到達点「本
　　覚坊遺文」「孔子」に至る井上文学の軌
　　跡を綿密に論考した井上靖評伝の決定
　　版。詳細年譜（多くの新事実を盛りこん
　　だ140ページ）、参考文献、索引つき。

◇井上靖と天城湯ケ島　日本一地域づくり
実行委員会編　天城湯ケ島町　1991.8

❚ 稲生若水　いのうじゃくすい
1655〜1715　江戸時代中期の本草学者。
「庶物類纂」を編纂。

◇稲生若水書簡　写（自筆）

❚ 伊能忠敬　いのうただたか
1745〜1818　江戸時代後期の地理学者, 測
量家。

◇伊能忠敬の足跡をたどる　星埜由尚著
日本測量協会　2018.5
Ⓘ978-4-88941-107-2

◇伊能忠敬の天草測量と上田宜珍　山下義
広編著　山下義広　2017.12
Ⓘ978-4-909486-00-4

◇伊能忠敬―歩いて作った初めての日本地
図　たからしげる文　あかね書房　（伝記
を読もう）　2016.3　Ⓘ978-4-251-04604-8

◇伊能忠敬―歩いてつくった日本地図　国
松俊英著　岩崎書店　（調べる学習百科）
2016.2　Ⓘ978-4-265-08435-7

◇伊能忠敬関係文献総目録―明治13年―平
成26年　髙木崇世芝編著　イノペディア
をつくる会　2015.4

◇伊能忠敬―日本を測量した男　童門冬二
著　河出書房新社　（河出文庫）　2014.2
Ⓘ978-4-309-41277-1
　＊緯度一度の正確な長さを知りたい―。
　　忠敬が奥州から蝦夷地にかけての測量
　　の旅に向かったのは、一八〇〇年、すで
　　に家督も譲った五十五歳の春であった。
　　傾きかかった佐原の名家に養子に入っ
　　て家業を建て直し、隠居後は天文・暦学
　　に精進し、身分の軛をはねかえし、初
　　めて日本の正確な地図を作成した晩熟
　　の男の生涯の軌跡。

◇江戸のスーパー科学者列伝　中江克己著
宝島社　（宝島SUGOI文庫）　2013.8
Ⓘ978-4-8002-1038-8
　＊「江戸」と「科学」には、なんの繋がり
　　もないように思える。しかし、江戸時
　　代には多くの科学者が日々研究に明け
　　暮れていた。「行列式」を発見した和算
　　家の関孝和、世界初の全身麻酔手術に
　　成功した華岡青洲、ソメイヨシノを開
　　発した遺伝学者の伊藤伊兵衛など。そ
　　のレベルは当時の世界を見ても決して
　　ひけをとっていなかった。本書では江
　　戸の科学者31人を取り上げ、彼らの功
　　績と人柄に迫る。

◇伊能忠敬―はじめて日本地図をつくった男
国松俊英著, 十々夜画　岩崎書店　（フォ
ア文庫）　2011.9　Ⓘ978-4-265-06424-3
　＊三治郎―のちの伊能忠敬は、夜になる
　　と浜辺にすわって星をながめた。かが
　　やく満天の星を見ていると、つらいこ
　　ともわすれられるのだった。江戸時代
　　に精密な日本地図をつくった伊能忠敬。
　　その算術に長けた少年時代、商人とし
　　て過ごした青年時代、そして学問に生
　　きた晩年の姿を描く。五千万歩を歩き、
　　日本の形を描いてみせた男。

◇図説 伊能忠敬の地図をよむ　改訂増補版/
鈴木純子著　渡辺一郎著　河出書房新社

（ふくろうの本）　2010.12
①978-4-309-76153-4
＊アメリカ議会図書館207枚、歴史民俗博物館2枚、海上保安庁海洋情報部147枚、東京国立博物館3枚…新たに発見された地図を含む、驚異的な伊能図の全貌。

◇伊能忠敬—日本をはじめて測った愚直の人　星埜由尚著　山川出版社　（日本史リブレット）　2010.4　①978-4-634-54857-2
＊日本人なら誰でも知っている伊能忠敬。五〇歳を過ぎてから地球一周分を歩き、はじめて国土を実測して日本地図をつくった。中高年の星、ウォーキングの元祖、史上最大の旅行家でもある。伊能忠敬は、決して天才ではなく、若いころから学を好み、世のため人のためにと心がけ、まじめに実直に根気よく測量し、地図をつくった努力の人である。効率優先の世相への警鐘として伊能忠敬に学ぶところは大きい。

◇明治後期産業発達史資料　第809巻　日本海員掖済会沿革提要・偉人伊能忠敬　後藤政蔵編,加瀬宗太郎編　竜渓書舎　（経済・社会一班篇）　2008.2
①978-4-8447-5508-1

◇伊能忠敬翁—文化の開拓者　宮内秀雄,宮内敏共著　川口印刷工房　2005.8

◇伊能忠敬　今野武雄著　社会思想社　（現代教養文庫）　2002.4　①4-390-11650-9

◇伊能忠敬—子午線への一万里　竜道真一著　広済堂出版　（広済堂文庫　特選歴史小説）　2001.11　①4-331-60902-2

◇伊能忠敬を歩いた　佐藤嘉尚著　新潮社　（新潮文庫）　2001.10　①4-10-146103-1
＊50歳過ぎの後半生に夢を実現し、大きな業績をあげた伊能忠敬。彼の足跡を世紀の変わり目の2年間をかけて辿り、日本中をくまなく歩き通した"伊能ウオーク"本部隊員たち。双方に自分の来し方を重ね合わせる著者は、人間らしさを取り戻す「歩く文化」を提唱し、たくさんの友人と15キロの体重減を勝ち取った。「人生を二度生きた男」たちから、満足できる自分の人生を志す人へ、力強いエール。

◇伊能測量隊伊豆をゆく　佐藤陸郎著　創栄出版　2001.9　①4-7559-0013-1

◇伊能測量隊、東日本をゆく　渡部健三著　無明舎出版　2001.3　①4-89544-271-3

◇四千万歩の男忠敬（ちゅうけい）の生き方　井上ひさし著　講談社　2000.12
①4-06-209536-X
＊歩け、歩け。50歳を過ぎてから日本全土を測量した大事業は、愚直な精神が支えた。第二の人生を全うする平凡な覚悟を学べ。

◇新考伊能忠敬—九十九里から大利根への軌跡　伊藤一男著　崙書房出版　2000.10
①4-8455-1073-1

◇図説伊能忠敬の地図をよむ　渡辺一郎著　河出書房新社　（ふくろうの本）　2000.2
①4-309-72624-0
＊地図ファン必見！　200年前の日本の姿が甦る。初めて見る伊能図の驚異的な全貌。現代に残る200種以上の測量成果を克明に紹介。詳細な測量ルート図・伊能図一覧表付き。

◇地図の記憶—伊能忠敬・越中測量記　竹内慎一郎著　桂書房　1999.8
①4-905564-04-2
＊忠敬を「隠密がましき」と断ずる加賀藩の中、石黒信由は忠敬といかにして会えたか。「村高、家数等を問うとも領主より指図なしとて云わず、そのほか山、島につき問えども云わず、ようやく測量地の村名を聞くのみ」と忠敬は加賀藩領で記すが、それだけではなかった。加賀藩天文御用を務める西村太冲の測量協力の申し出を受けて加賀藩に嘆願書を書きながら、藩の手厳しい拒否に出会ってもいた。そんな情勢の中、加賀藩の藩吏の一人である信由は、いかにして忠敬と放生津宿で会見できたのか。

◇伊能忠敬—生涯青春　童門冬二著　学陽書房　（人物文庫）　1999.6
①4-313-75075-4
＊傾きかかった佐原の名家伊能家に養子に入り、家業を建て直した後五十歳で家督を譲り、少年の頃から関心が深かった天文観測と暦学を学ぶ。時代の「舞台」はこの忠敬を呼び寄せ、世界に

劣らぬ正確な日本全図の完成へと向かわせる…。衰えることを知らない知力と意志と好奇心と、そして着実な一歩の中に"生涯青春"を貫いた忠敬の生涯。

◇伊能忠敬の歩いた日本　渡辺一郎著　筑摩書房　（ちくま新書）　1999.6
①4-480-05806-0

◇伊能忠敬　近畿日本ツーリスト　（歴史の舞台を旅する）　1999.5　①4-87638-674-9

◇伊能忠敬　童門冬二著　三笠書房　1999.4　①4-8379-1782-8
＊一身にして「二生」を見事に生きた伊能忠敬の実像。

◇伊能忠敬を歩く─江戸から蝦夷へ四百里の旅ガイド　「伊能忠敬の道」発掘調査隊編著　広済堂出版　（ウォーキングbook）　1999.2　①4-331-50674-6
＊忠敬旅立ちから200年が訪れる西暦2000年。忠敬の測量旅行を、現代人が追体験するための完全ガイド版刊行。

◇白輪─小説・伊能忠敬　竜道真一著　広済堂出版　1999.2　①4-331-05803-4
＊第二の人生を日本地図作製に賭けた男！　伊能忠敬の波瀾に満ちた生涯を描く書下ろし長篇小説。

◇風と歩く─小説・伊能忠敬と四人の妻たち　佐藤嘉尚著　KSS出版　1999.1
①4-87709-318-4

◇忠敬と伊能図　伊能忠敬研究会編　アワ・プランニング　1998.9　①4-7684-8897-8
＊いま注目の伊能忠敬の「人と仕事」決定版!!伊能図総集合。伊能測量の方法。人間・伊能忠敬。忠敬と四人の妻たち。

◇伊能図に学ぶ　東京地学協会編集　朝倉書店　1998.7　①4-254-16337-1

▌猪俣津南雄　いのまたつなお
1889〜1942　大正，昭和期の経済学者，社会主義者。金融資本，帝国主義の理論のもと，日本資本主義の現状分析に尽力。著書に「金融資本論」。

◇日本のマルクス主義者　鈴木正編　風媒社　1973

▌伊波普猷　いはふゆう
1876〜1947　大正，昭和期の言語学者，民俗学者。沖縄県立沖縄図書館館長。沖縄の総合的研究に寄与、日琉同祖を唱え、日本民俗学が沖縄に注目する端緒を開く。

◇沖縄の淵─伊波普猷とその時代　鹿野政直著　岩波書店　（岩波現代文庫　学術）　2018.8　①978-4-00-600386-9

◇「沖縄学」の父伊波普猷　新訂版　金城正篤，高良倉吉著　清水書院　（新・人と歴史拡大版）　2017.7　①978-4-389-44114-2

◇沖縄と日本（ヤマト）の間で─伊波普猷・帝大卒論への道　下　伊佐真一著　琉球新報社　2016.9　①978-4-89742-196-4

◇沖縄と日本（ヤマト）の間で─伊波普猷・帝大卒論への道　中　伊佐真一著　琉球新報社　2016.6　①978-4-89742-195-7

◇沖縄と日本（ヤマト）の間で─伊波普猷・帝大卒論への道　上　伊佐真一著　琉球新報社　2016.3　①978-4-89742-194-0

◇愛郷者 伊波普猷─戦略としての日琉同祖論　石田正治著　沖縄タイムス社　2010.9　①978-4-87127-199-8

◇鹿野政直思想史論集　第4巻　鹿野政直著　岩波書店　2008.2　①978-4-00-026647-5
＊沖縄を回復する志のもと、『おもろさうし』を基盤に、沖縄学を創始した伊波普猷。その願いは、戦後に引きつがれ、沖縄学はさらなる「にが世」の克服へと向かっていく。伊波普猷を中心に、思想史における沖縄とヤマトの相互性を追求し続ける著者の積年の研究を集成する。

◇伊波普猷批判序説　伊佐真一著　影書房　2007.4　①978-4-87714-368-8
＊「沖縄学の父」、デモクラット、自由人として敬慕されてきた伊波普猷の知られざる側面を照らし出す画期的研究。

◇国家を超えた思想 伊波普猷　西銘圭蔵著　ウインかもがわ，かもがわ出版（発売）　2005.1　①4-87699-862-0

◇人間・普猷─思索の流れと啓蒙家の夢　中根学著　沖縄タイムス社　1999.3
①4-87127-135-8

◇伊波普猷—没後50年 おもろと沖縄学の父
那覇市文化局歴史資料室編 那覇市
1997.8

◇素顔の伊波普猷 比嘉美津子著 ニライ
社 (沖縄人物叢書) 1997.8
①4-931314-26-0
＊沖縄学の父・伊波普猷。彼ほど沖縄を
識った人はいない。彼ほど沖縄を愛し
た人はいない。彼ほど沖縄を憂えた人
はいない。彼は識った為に愛し、愛し
たために憂えた。彼は学者であり、愛
郷者であり、予言者でもあった。

◇G.H.ミードと伊波普猷—プラグマティズ
ムと沖縄学 河村望著 新樹社 1996.3
①4-7875-8457-X
＊日本におけるプラグマティズムの受容
を検証し、日本文化研究の新しい可能
性を探る。

◇伊波普猷論 増補新版 外間守善著 平
凡社 1993.11 ①4-582-46502-1
＊同郷の研究者が語る、おもろと沖縄学
の父。

◇伊波普猷全集 第11巻 服部四郎ほか編
平凡社 1993.6 ①4-582-44500-4

◇沖縄の淵—伊波普猷とその時代 鹿野政直
著 岩波書店 1993.3 ①4-00-000249-X
＊沖縄学の父、伊波普猷—。ヤマトによ
る政治支配と文化侵略のもとで、沖縄
文化の固有性を守り、民族の独自性に
拠って立つ道はあっただろうか。伊波
普猷は、その問いを担って、民族文化の
自立と従属のはざまを歩み続けた。日
本近代の民間学史上、稀有な学風と文
体を育てた個性の秘密を探る評伝。

井原西鶴 いはらさいかく
1642～1693 江戸時代前期の浮世草子作
者, 俳人。作品に「好色一代男」「好色五
人女」「日本永代蔵」「世間胸算用」など。

◇ことばの魔術師西鶴—矢数俳諧再考 篠
原進, 中嶋隆編 ひつじ書房 2016.11
①978-4-89476-785-0

◇西鶴の文芸と茶の湯 石塚修著 思文閣
出版 2014.2 ①978-4-7842-1730-4
＊浮世草子作家の曙矢であり江戸時代前期

を代表する作家の一人、井原西鶴（一六
四二～一六九三）。その文芸作品に、い
かに当時の茶の湯文化が反映されていた
のか、西鶴が浮世草子作家になる以前
の俳諧師時代、さらに『好色一代男』か
ら遺稿集にいたるまでの浮世草子作品
をとりあげ、その影響関係を検証する。

◇21世紀日本文学ガイドブック 4 井原西
鶴 中嶋隆編 ひつじ書房 2012.5
①978-4-89476-511-5

◇西鶴と元禄メディア—その戦略と展開
新版 中嶋隆著 笠間書院 2011.11
①978-4-305-70567-9
＊稀代のメディア・プロデューサーはど
のように誕生したのか？ メディア・大
坂・文化をキーワードに、西鶴の文芸活
動とその時代を描く。近世前期文化史
としても重要な書。

◇新視点による西鶴への誘い 谷脇理史,
広嶋進編著 清文堂出版 (西鶴を楽し
む) 2011.8 ①978-4-7924-1418-4
＊7つの視座—「出自と俳諧」「遊廓」「武
家批判」「苦境」「文体」「引用」「享受」
から立ち現れる新しい西鶴の相貌。異
色の西鶴案内。急逝した西鶴研究者谷
脇理史氏を偲ぶ追悼出版。

◇西鶴研究資料集成 昭和12年 竹野静雄
監修・解題 クレス出版 2010.12
①978-4-87733-549-6

◇西鶴研究資料集成 昭和13年・14年 竹
野静雄監修・解題 クレス出版 2010.12
①978-4-87733-549-6

◇西鶴研究資料集成 明治・大正篇補遺
竹野静雄監修・解題 クレス出版
2010.10 ①978-4-87733-548-9
＊江戸時代前期の俳諧師、浮世草子作者
井原西鶴に関する昭和前期—学界・教
育界・出版界と文壇が相呼応して西鶴
を盛り立てた、復興と大衆化の季節—
の資料約820点を纏めて刊行。

◇西鶴研究資料集成 昭和6年・7年 竹野
静雄監修・解題 クレス出版 2010.10
①978-4-87733-548-9
＊江戸時代前期の俳諧師、浮世草子作者
井原西鶴に関する昭和前期—学界・教
育界・出版界と文壇が相呼応して西鶴

井原西鶴

を盛り立てた、復興と大衆化の季節──の資料約820点を纏めて刊行。

◇西鶴の感情　富岡多惠子著　講談社　（講談社文芸文庫）　2009.3
Ⓘ978-4-06-290045-4
＊商都大坂、銀が銀を生む世の実相と、色と欲に翻弄される人達の生態をリアルに描いた井原西鶴。伝記もなく、殆ど知られざるその実像を、作品の行間から、また同時代の遊女評判記などから鮮やかな手付きで攪みだし、西鶴が生きた「時代」と「場所」を臨場感たっぷりに現前させる。中勘助、釈迢空など、評伝に新境地を拓いた作者の批評精神が最高度に発揮され、伊藤整文学賞、大仏次郎賞両賞を受賞した傑作。

◇大谷晃一著作集　第4巻　大谷晃一著　沖積舎　2008.11　Ⓘ978-4-8060-6655-2

◇西鶴という鬼才──新書で入門　浅沼璞著　新潮社　（新潮新書）　2008.2
Ⓘ978-4-10-610250-9
＊一日で二万句を詠み、十年で三十の人気作を著した元禄の鬼才・井原西鶴。醒めた眼で金銭を語り、男と女の交情をあますところなく描く。芸能記者にして自らも芸人、そしてエンタメ作家として人気を博した。評伝的史料は極めて少なく、実在さえ疑われることもあるけれど、芥川や太宰をはじめ数多くの作家と読者を今も魅了しつづける。仕事と人生を「鬼のような心」で全うした謎多きマルチタレントの実像に迫る。

◇西鶴論──性愛と金のダイナミズム　森耕一著　おうふう　2004.9　Ⓘ4-273-03351-8

◇近世前期文学研究──伝記・書誌・出版　塩村耕著　若草書房　（近世文学研究叢書）　2004.3　Ⓘ4-948755-80-X

◇西鶴論　矢野公和著　若草書房　（近世文学研究叢書）　2003.9　Ⓘ4-948755-77-X

◇西鶴と元禄時代　松本四郎著　新日本出版社　（新日本新書）　2001.3
Ⓘ4-406-02806-4
＊商業・文化が発展し、商人が台頭した元禄期の大坂・江戸。「好色一代男」「日本永代蔵」などで代表される西鶴の眼を

通して、経済の転換期に覇をきそって抗争した元禄商人の姿、その時代感覚や庶民性を映し出す。

◇ちょんがれ西鶴　浅黄斑著　双葉社　2001.1　Ⓘ4-575-23408-7
＊春日局ゆかりの稲葉伊勢守死去に伴う御家騒動、大和川の治水をめぐる百姓の攻防、俳諧での談林派の興亡。井原西鶴を取り巻く時代を、軽快なタッチで活き活きと描いた書き下ろし歴史小説。

◇西鶴展望　浅野晃著　勉誠出版　2000.3
Ⓘ4-585-03065-4

◇西鶴──環境と営為に関する試論　西島孜哉著　勉誠社　1998.2　Ⓘ4-585-03055-7

◇岡田利兵衛著作集　3　西鶴・近松・伊丹　岡田利兵衛著，柿衞文庫編　八木書店　1997.11　Ⓘ4-8406-9606-3

◇西鶴事典　江本裕，谷脇理史編　おうふう　1996.12　Ⓘ4-273-02918-9

◇元禄文学研究──広末保著作集　第1巻　広末保著　影書房　1996.11
Ⓘ4-87714-228-2
＊芭蕉・近松・西鶴等を通して元禄期における文学・芸能研究に新たな視点を投じるとともに悪場所・遊行民の存在を文化史・精神史の角度から考察し、戦後の文学・演劇運動の可能性に挑戦した広末保の全著作と単行本未収録の論稿・エッセイを収録する。

◇西鶴──研究と批評　谷脇理史著　若草書房　（近世文学研究叢書）　1995.5
Ⓘ4-948755-00-1

◇近世と西鶴　第2版　吉江久弥著　仏教大学通信教育部　1995.3

◇西鶴への招待　暉峻康隆ほか著　岩波書店　（岩波セミナーブックス）　1995.3
Ⓘ4-00-004219-X

◇平成・西鶴ばなし──元禄マルチタレントのなぞ　読売新聞大阪本社文化部編著　フォーラム・A企画　1994.8
Ⓘ4-938701-80-4

◇西鶴──人間喜劇の文学　荒川有史著　こうち書房　1994.5　Ⓘ4-87647-248-3

◇西鶴研究資料集成　第5巻～第8巻　クレ

ス出版　1994.2　①4-906330-88-6

◇西鶴文学地図　大谷晃一著　編集工房ノ
ア　1993.12

▍井伏鱒二　いぶせますじ

1898〜1993　昭和期の小説家。庶民的
ユーモアと悲しみをもつ作風で知られる。
「ジョン万次郎漂流記」で直木賞受賞。代
表作に「山椒魚」「黒い雨」など。

◇井伏鱒二という姿勢　東郷克美著　ゆま
に書房　2012.11　①978-4-8433-4098-1
＊処女作「幽閉」から戦後の傑作「黒い
雨」へ、晩年最後の長篇「鞆ノ津茶会
記」にいたる主要作品を論じ、大戦を挟
んで輝かしい“変貌”を遂げた井伏文学
の全体像に迫る。

◇井伏鱒二の軌跡　続　改訂版　相馬正一著
津軽書房　2011.3　①978-4-8066-0218-7

◇師・井伏鱒二の思い出　三浦哲郎著　新
潮社　2010.12　①978-4-10-320921-8
＊日本文壇の中央を歩んだ師弟のドラマ
が紡ぐ、魂の文学史。

◇井伏鱒二と飯田龍太―往復書簡その四十
年　山梨県立文学館編　山梨県立文学館
2010.9

◇井伏鱒二と木山捷平　ふくやま文学館編
ふくやま文学館　2008.9

◇太宰と井伏―ふたつの戦後　加藤典洋著
講談社　2007.4　①978-4-06-213940-3
＊なぜ、戦後を生きられなかったの？『敗
戦後論』から11年―。のうのうと生き
る人の場所から、思いつめ、死んだ人の
ことを考えたい。

◇井伏鱒二の魅力　萩原得司著　草場書房
2005.7　①4-902616-03-3

◇井伏先生の書斎　藤谷千恵子著　求竜堂
2004.2　①4-7630-0406-9

◇井伏鱒二論全集成　松本鶴雄著　沖積舎
2004.2　①4-8060-4698-1
＊大正・昭和に巨大な足跡を残した井伏
鱒二。全体像を主にした『井伏鱒二
論』、『井伏鱒二―日常のモティーフ』の
二著を合本、それに増補篇と拾遺篇の
新稿を加えた全集成決定版の大冊。

◇井伏鱒二「宿縁」への眼差　松本武夫著
東京堂出版　2003.10　①4-490-20510-4

◇井伏鱒二―人と文学　松本武夫著　勉誠
出版　（日本の作家100人）　2003.8
①4-585-05166-X

◇井伏鱒二『山椒魚』作品論集　松本武夫著
クレス出版　（近代文学作品論集成）
2001.1　①4-87733-110-7,4-87733-103-4

◇「杉並文学館―井伏鱒二と阿佐ヶ谷文士」
展示図録　東京都杉並区立郷土博物館編
杉並区立郷土博物館　2000.3

◇井伏鱒二―鶏肋集/早稲田の森　井伏鱒二
著, 紅野敏郎編　日本図書センター　（シ
リーズ・人間図書館　作家の自伝）
1999.4　①4-8205-9539-3

◇井伏鱒二の風貌姿勢―生誕100年記念　東
郷克美編　至文堂　（「国文学解釈と鑑賞」
別冊）　1998.2

◇井伏鱒二―サヨナラダケガ人生　川島勝
著　文芸春秋　（文春文庫）　1997.8
①4-16-748703-9
＊明治、大正、昭和、平成の四代を生き、
95歳まで書きつづけた作家井伏鱒二さ
ん。その執筆の様子や健康管理、また
人づきあいなど処世の術のあれこれを、
44年ものあいだ酒はもとより、釣り、作
陶、写生などのお伴をした元「群像」編
集者が記す。“最後の文士”と人生の至福
の時を過ごした者の心ゆたかな思い出。

◇清水町先生　小沼丹著　筑摩書房　（ちく
ま文庫）　1997.6　①4-480-03269-X

◇井伏鱒二―宿縁の文学　松本武夫著　武
蔵野書房　1997.4

◇井伏鱒二の軌跡　続　相馬正一著　津軽
書房　1996.11　①4-8066-0160-8

◇知られざる井伏鱒二　豊田清史著　蒼洋
社　1996.7　①4-89242-781-0
＊著者は井伏鱒二と同じ備後に出生、戦
時中作品「丹下氏邸」を贈られてより、
名作「黒い雨」の「重松日記」の提供や
改題に深く関与し、地元で井伏の人と
作品を最もよく知る文学者。戦後50年、
この作家の秘められた郷里や交友との
事実を、今初めて世に問う労作。

◇井伏鱒二　東郷克美，寺横武夫共編　双文社出版　（昭和作家のクロノトポス）　1996.6　①4-88164-381-9

◇わが井伏鱒二　寺田透著　講談社　（講談社文芸文庫）　1995.7　①4-06-196330-9
　＊東西古今の文学・思想・芸術等々に該博な造詣を持ち、常に誠実で現代稀にみる明晰な書斎人としての業績を持つ批評家寺田透の、心を開いて親愛する井伏鱒二論の全てと、大震災を経、大空襲を経た"故郷"横浜に関わる秀逸な随想、単なる愛着や回顧を越えて滲み出す澄明な"歴史"の説得力。

◇井伏鱒二の軌跡　相馬正一著　津軽書房　1995.6　①4-8066-0145-4
　＊井伏文学が辿った道筋を追跡。これまで禁忌事項とされて来た領域に敢えて踏み込みながら、前半期の作品成立の背景に大胆な仮説を立てて独自の解読を試みた労作。

◇内田魯庵と井伏鱒二　片岡懋，片岡哲著　新典社　（新典社研究叢書）　1995.5　①4-7879-4078-3

◇井伏鱒二―サヨナラダケガ人生　川島勝著　文芸春秋　1994.9　①4-16-349220-8
　＊健康、人づきあいなど処世の術、あれこれ。酒、釣り、旅のお供。四十七年見つめつづけた文士の素顔。95歳まで書きつづけた作家の秘密。

◇井伏鱒二　松本武夫，安岡章太郎著　新潮社　（新潮日本文学アルバム）　1994.6　①4-10-620650-1
　＊少年時代は画家志望。青春の孤独を通して得たユーモアとエスプリ、清新な感覚で開花した市井人の文学。原爆の悲劇を世界に訴えた『黒い雨』の巨匠の生涯。

◇井伏鱒二聞き書き　萩原得司著　青弓社　1994.4　①4-7872-9095-9
　＊『黒い雨』をはじめ近代文学史上に大きな足跡を残した井伏翁が、幼年時代から自作品、山川草木、人事百般までを軽妙洒脱に語る、滋味あふれる聞き書き集。

◇旅人井伏鱒二　嘉瀬井整夫著　林道舎　1993.11　①4-947632-45-3

◇井伏さんの横顔　河盛好蔵編　弥生書房　1993.9　①4-8415-0677-2
　＊26人の友人、知己が語る巨匠井伏鱒二、その風貌・姿勢。

◇井伏鱒二―日常のモティーフ　増補　松本鶴雄著　沖積舎　1992.11　①4-8060-4575-6

‖ **今川宗久**　いまいそうきゅう
1520～1593　戦国時代、安土桃山時代の堺の豪商、茶湯者。信長茶頭。

◇茶道古典全集　第10巻　今井宗久茶湯日記抜書〔ほか〕　千宗室等編　永島福太郎校注並びに解題　淡交新社　1961

‖ **今川氏親**　いまがわうじちか
1471～1526　戦国時代の武将。

◇今川氏滅亡　大石泰史著　KADOKAWA　（角川選書）　2018.5　①978-4-04-703633-8

‖ **今川貞世**　いまがわさだよ
1326～？　今川了俊（いまがわりょうしゅん）とも。南北朝時代，室町時代の武将、歌人、九州探題。

◇今川氏の武将たち　土屋重朗著　近代文芸社　1996.3　①4-7733-5029-6
　＊今川武将の興亡記。南北朝・室町・戦国時代235年の今川国守たちの波乱に富んだ史実を描く。

‖ **今川義元**　いまがわよしもと
1519～1560　戦国時代の武将。東海一の弓取りといわれたが上洛の途次桶狭間で討死。

◇今川義元　すぎたとおる原作，加来耕三企画・構成・監修，玉置一平作画　ポプラ社　（コミック版日本の歴史　戦国人物伝）　2017.4　①978-4-591-15430-4

◇戦国大名今川氏と葛山氏　有光友学著　吉川弘文館　2013.4　①978-4-642-02912-4
　＊駿遠地域を領した今川氏と葛山氏の権力編成や支配機構の実態を追求。今川氏や葛山氏発給文書などを探り、両氏の動向やあり様に迫る。花蔵の乱の新

説、葛山氏＝今川氏・北条氏の両属説など、通説に一石を投じる。

◇二つの桶狭間の合戦―武田信虎と織田信長　武田健作著　叢文社　2011.6
①978-4-7947-0692-8
＊信長は甲斐武田信虎の戦術を模倣か？　今川義元が首を奪われた場所は？　義元は谷底ではなく高地にいた。傍の今川の大軍は何をしていたのか？―足で探った大真実。

◇今川義元　有光友学著　吉川弘文館　（人物叢書 新装版）　2008.8
①978-4-642-05247-4
＊駿河・遠江・三河の三ヵ国を治めた戦国大名。桶狭間の戦で信長に敗れ、あえない最期を遂げた暗愚の将として語られてきた義元だが、謎に包まれた家督争いに勝利して当主の座に就き、巧みな領国経営と法治主義をめざした武将であった。通説を見直しつつ、京都との交流で芽生えた今川文化にも迫るなど、知られざる実像を浮き彫りにした義元伝の決定版。

◇今川義元　杉村佳晃著　日本文学館　2007.10　①978-4-7765-1512-8

◇今川義元―自分の力量を以て国の法度を申付く　小和田哲男著　ミネルヴァ書房　（ミネルヴァ日本評伝選）　2004.9
①4-623-04114-X

◇義元謀殺　上　鈴木英治著　角川春樹事務所　（角川時代小説倶楽部）　2000.3
①4-89456-175-1
＊戦闘シーンは迫力に満ち、構成も巧妙である。確率に賭けた壮大な陥穽、司馬遼太郎『梟の城』に匹敵する大長篇1400枚。第一回角川春樹小説賞特別賞受賞作。

◇義元謀殺　下　鈴木英治著　角川春樹事務所　（角川時代小説倶楽部）　2000.3
①4-89456-176-X
＊義元時代の今川家の家中という歴史設定。司馬遼太郎『梟の城』に匹敵する大長篇1400枚。第一回角川春樹小説賞特別賞受賞作。

◇戦国幻野―新・今川記　皆川博子著　講談社　（講談社文庫）　1998.9

①4-06-263879-7
＊東海の強国駿河は、守護今川氏親の手で着々と覇道を進んでいた。東に北条、北に武田、大国が激しく牽制しあう戦国の世、氏親とその妻妾の息子たちも、奇しき愛憎の闘いに巻きこまれてゆく。野望のままに、広大な富士の裾野を馳ける、武者と修験者たちの凄絶な生と死。今川一族の興亡を描き切った傑作長編。

◇戦国幻野―新・今川記　皆川博子著　講談社　1995.9　①4-06-207765-5

◇今川義元のすべて　小和田哲男編　新人物往来社　1994.4　①4-404-02097-X
＊東海四ケ国を支配し黄金文化を築いた今川義元はなぜ桶狭間で信長に敗れたのか。

壱与　いよ
壱与（いよ），台与（いよ）とも。上代の女性。卑弥呼の宗女。

◇飯野布志夫著作集　4　眠る邪馬台国　飯野布志夫著　鳥影社　2014.3
①978-4-86265-444-1
＊「魏志倭人伝」に記された道程・方位を記述の通りに追うと北九州、近畿のいずれにもたどり着かない。だが読み解けない地名や役名などを南九州方言で読むと邪馬台国が南薩摩に存在したことが立証できる。さらに「倭人伝」の風俗・産物などの記述と、「古事記」に通底する神代南薩摩の伝承を重ねると、驚くべき邪馬台国の姿が浮かび上がってくる。

◇邪馬台国の終焉―卑弥呼の野望と壱与の挫折　後藤幸彦著　明窓出版　2013.5
①978-4-89634-326-7
＊卑弥呼は黄幢を待ちわびていた―。その黄幢に託された野望とは？　邪馬台国終末期、西日本の動勢を文献・考古、そして新年代論から読み解く。

◇壱与女王の東遷―邪馬台国問題の解決　甲斐道之著　新人物往来社　1993.10
①4-404-02052-X
＊邪馬台国・邪馬壱国・女王国は、それぞれ別の国であった。文献・考古資料から徹底究明。

磐井　いわい

⇒筑紫国造磐井（つくしのくにのみやつこいわい）

岩倉具視　いわくらともみ

1825〜1883　江戸時代末期、明治期の政治家。右大臣。討幕運動の指導者、王政復古を実現。特命全権大使として条約改正交渉と欧米視察。

◇岩倉具視—言葉の皮を剝きながら　永井路子著　文芸春秋　（文春文庫）　2011.2　①978-4-16-720048-0
＊明治維新の立役者の一人、岩倉具視。下級公家に生まれ、クーデターの画策などで何度も追放されながら、いかに権力の中枢にのし上がったのか。長年構想を温めてきた著者が、卓越した分析力と溢れる好奇心で史料と対峙。「尊王攘夷」「佐幕」といった言葉を剝きながら、新たな岩倉像を立ち上げた永井文学の集大成。第50回毎日芸術賞受賞。

◇岩倉具視　佐々木克著　吉川弘文館　（幕末維新の個性）　2006.2　①4-642-06285-8
＊いまだ「策謀政治家」のイメージが根強い岩倉具視。理想の新国家樹立に奔走したその実像とは？　大久保利通らと王政復古を実現、立憲政体を目指す途上に斃れたその生涯を描く。虚像を覆し、人間岩倉の豊かな個性に迫る。

◇明治国家と岩倉具視　大塚桂著　信山社　（SBC学術文庫）　2004.6　①4-86075-068-3

◇岩倉公実記　多田好問編　書肆沢井　1995.9

◇岩倉具視　増補版　大久保利謙著　中央公論社　（中公新書）　1990.8　①4-12-190335-8
＊明治維新の成就は薩長両藩の力に負うところが大きかったが、朝廷の呼応なくしては実現しなかった。ことに下級公家ながら、混迷の朝廷に異才をもって頭角を現わし、姦物と称され、のちに鉄の意志の人と評価された岩倉具視の存在は絶対不可欠であった。「王政復古」を視座に据え、明治政府樹立後も朝廷の権威確立と維持につとめ、近代日本の方向決定に重大な役割を果たした巨人の行動の軌跡をたどり、その歴史的意義を検証する。

岩崎弥太郎　いわさきやたろう

1834〜1885　明治期の実業家。三菱商会社長。三菱財閥の創始者で、郵便汽船三菱会社を設立、日本最大の独占的海運会社とする。

◇後藤象二郎と岩崎弥太郎—幕末維新を駆け抜けた土佐の両雄　志岐隆重著　長崎文献社　2016.11　①978-4-88851-269-5

◇評伝 岩崎弥太郎—日本の経営史上、最もエネルギッシュだった男　成田誠一著　毎日ワンズ　2014.6　①978-4-901622-78-3
＊岩崎弥太郎の原動力は時代の波である。まさにエネルギッシュな男であった。しかもその行動力は疾風怒濤の威力を秘めていた…

◇物語 財閥の歴史　中野明著　祥伝社　（祥伝社新書）　2014.2　①978-4-396-11357-5
＊三井、三菱、住友に代表される「財閥」。古くは江戸時代の豪商に始まるものもあり、幕末から明治にかけて強大な地位を固めた。太平洋戦争後、GHQによる財閥解体でその形を変えたものの、それらの名は今も巨大な企業グループとして残る。財閥のルーツはどこに求められるのか？　財閥を作った企業家とそうでない者の差は？　戦後の企業グループと財閥に、違いはあるのか？　財閥を通して見えてくる、日本の近現代史の秘密に迫る！

◇評伝 岩崎弥太郎—日本海運界の暴れん坊　山口幸彦著　長崎新聞社　2011.12　①978-4-904561-42-3
＊三菱の創始者、岩崎弥太郎。日本経済の礎を築いた半世紀の生涯を辿り、斬新な切り口で弥太郎の新しい人物像を描く。失敗も成功も、幸運も不運も、閉塞感ただよう現代に風穴をあける痛快評伝。

◇明治の巨人 岩崎弥太郎　砂川幸雄著　日本経済新聞出版社　2011.8　①978-4-532-16803-2
＊三菱の創業者・岩崎弥太郎。36歳で独

岩崎弥太郎

立して「三菱」を起こし、50歳で病没するまでの13年半で、海運界を独占し、造船、炭坑、銅山、商業学校、保険業へ進出するなど「大三菱」の基礎を築いた。企業経営の近代化をリードした「明治の巨人」の生涯に迫る。

◇岩崎弥太郎─日本海運の建設者〈伝記〉岩崎弥太郎　白柳秀湖著　大空社　（伝記叢書）　2011.6　①978-4-283-00833-5

◇岩崎弥太郎─商会之実ハ一家之事業ナリ　武田晴人著　ミネルヴァ書房　（ミネルヴァ日本評伝選）　2011.3　①978-4-623-06020-7
　＊岩崎弥太郎（一八三五～八五）実業家。入獄、藩職を辞すなど腰の据わらない青年時代を過ごすが、長崎に出向いたことから、藩の貿易業務に従事する。維新後、三菱商会を発足させ、「政商の時代」を築いた。この豪快な物語は虚実ないまぜに語られてきたが、本書では資料と時代背景から、三菱発展の真相と人間岩崎弥太郎の等身大の姿に迫る。

◇岩崎弥太郎─三菱の誕生と岩崎家ゆかりのコレクション　長崎歴史文化博物館開館5周年記念・NIB長崎国際テレビ開局20周年記念特別展　長崎歴史文化博物館編　長崎歴史文化博物館　2010.11

◇岩崎弥太郎伝─土佐の悪太郎と明治維新　太田尚樹著　角川学芸出版　2010.8　①978-4-04-653208-4
　＊「三菱商会」発足から二年半後の明治八年十月、岩崎弥太郎は東洋一の海運王となる。なぜこれほどの短期間で巨万の富を手にし、いかにして三菱は今なお続く巨大財閥となりえたのか。江戸や長崎での修業と挫折、航路をめぐる覇権闘争、そして二代目総帥弥之助以降も受け継がれる御用商人としての光と影。国家の混乱に乗じて肥大化し、地下浪人から成り上がった三菱創始者の生涯に迫る。

◇語り継がれる名相場師たち─明治・大正・昭和を駆け抜けた「勝ち組」53人　鍋島高明著　日本経済新聞出版社　（日経ビジネス人文庫）　2010.8　①978-4-532-19555-7
　＊厳しい相場の世界を生き抜き、巨富を築

いた相場師たちは、いったい何が優れていたのか。岩崎弥太郎、笹川良一、山本条太郎など、大成功を収めた巨人たちの辣腕ぶりを生き生きと描き、その投資手法と勝利の秘訣を明らかにする。

◇弥太郎の長崎日記　赤瀬浩著　長崎文献社　2010.7　①978-4-88851-155-1

◇慶応の人脈力　国貞文隆著　朝日新聞出版　（朝日新書）　2010.6　①978-4-02-273339-9
　＊慶応閥が強い会社・業界とはどこか？日本初のビジネススクールとして慶応義塾を読み解き、現代に至るビジネス人材供給源としての戦略と秘密に迫る。慶応出身者もそうでない人も、知っておきたい一冊。

◇岩崎弥太郎─「会社」の創造　伊井直行著　講談社　（講談社現代新書）　2010.5　①978-4-06-288051-0

◇龍馬の魂を継ぐ男　岩崎弥太郎　山村竜也著　グラフ社　2010.2　①978-4-7662-1317-1
　＊龍馬に憧れ、龍馬を憎み、そして龍馬を愛した、時代の風雲児・岩崎弥太郎。幕末屈指の経済人にして、三菱王国を築いた政商の波瀾万丈の生涯。

◇海援隊秘記─1867年長崎。龍馬と弥太郎が歴史を変える　織田毅著　戎光祥出版　2010.1　①978-4-86403-006-9
　＊龍馬の長崎時代を丹念に調査してきた著者が掘り起こす、激動の日本を動かした二人の若者の真実。

◇龍馬と弥太郎長崎風雲録　長崎新聞社編著　長崎新聞社　2010.1　①978-4-904561-10-2
　＊時代の寵児・龍馬と弥太郎、彼らが出会い、ともに夢を語り合った長崎の街。長崎での龍馬の足跡と弥太郎の人物像に迫る。

◇岩崎弥太郎　不屈の生き方─「三菱」の創業者　武田鏡村著　PHP研究所　2009.12　①978-4-569-77368-1
　＊先が読めない時代こそ、豪胆に逞しく己を貫け。

◇竜馬を継いだ男岩崎弥太郎　安藤優一郎著

教科書に載った日本史人物1000人　**83**

アスキー・メディアワークス （アスキー新書） 2009.12 ①978-4-04-868305-0
＊大政奉還後、夢半ばに横死した竜馬の遺志を受け継ぎ、世界の三菱をつくった岩崎弥太郎。そのイメージから明治の経済人として語られることが多いが、それ以前より土佐藩の経済官僚として商才を発揮し、竜馬率いる海援隊の活動を支えていた。竜馬と同時代をともに生き、維新回天を支えた一人の土佐藩士を通じてひもとく、幕末維新の裏表。

◇岩崎弥太郎—国家の有事に際して、私利を顧みず 立石優著 PHP研究所 （PHP文庫 〔大きな字〕） 2009.11 ①978-4-569-67357-8
＊天保五年、土佐国に、わが国の海運の礎を築いた男児が生を享けた。後の岩崎弥太郎である。幼少時は非凡な文才を発揮したが、経済の表舞台に登場したのは慶応三年、土佐商会主任、長崎留守居役に抜擢された時である。その後、海援隊の経理を担当。本書は、出生から、坂本竜馬ら幕末維新の英傑たちとの交流、そして三菱を大財閥に育て上げるまでの波瀾の一生を描いた評伝である。

◇日本の復興者たち 童門冬二著 講談社 （講談社文庫） 2006.1 ①4-06-275298-0
＊三菱の創業者・岩崎弥太郎、早稲田の建学者・大隈重信、不世出の蔵相・高橋是清。三人は自らの信念、理想を掲げて難局に立ち向かい、資本主義と財政の確立、国際的地位の向上に生命を賭けた。彼らの独立不羈の姿を描き、近代日本にあって現代に欠けている"勃興の精神"と"男の力量"について考察する。

◇岩崎弥太郎 上 村上元三著 学陽書房 （人物文庫） 2001.6 ①4-313-75136-X
◇岩崎弥太郎 下 村上元三著 学陽書房 （人物文庫） 2001.6 ①4-313-75137-8
◇岩崎弥太郎—伝記・岩崎弥太郎 山路愛山著 大空社 （近代日本企業家伝叢書） 1998.11 ①4-7568-0933-2
◇風雲に吼ゆ岩崎弥太郎 中村晃著 叢文社 1995.10 ①4-7947-0226-4
＊英雄項羽にあこがれ竜馬の識見に接して成長した弥太郎を待っていた日本の夜明け…台湾征討軍の輸送船の提供を郵便蒸気船会社から拒否された大久保と大隈は「私あって国家なし」と激怒。ピンチヒッターとして弥太郎に救援を求める。ソロバンだけの低次元商人と聞いていたが現れたのは信念に燃える野武士のツラ魂だった—。米英巨大海運会社との死闘と勝利。死中に活の荷為替金融創始。西南戦争の決断…海運の発展なくして日本の活路なしと猛進する弥太郎の前に三井と結んだ藩閥政府の魔手。大久保が暗殺され大隈が失脚すると仮面をかなぐり捨て三菱崩壊をはるかるが、共同運輸との泥沼の戦いにもくたばらない弥太郎に業をにやして国賊呼ばわりする政府高官。「遠州灘ですべての持ち船を焼き払い、残った全財産を自由党に寄付して藩閥政府と刺しちがい」を決意する弥太郎—。天運を背負って近代日本と三菱王国の礎を拓いた風雲児の真髄。

◇岩崎弥太郎 榛葉英治著 PHP研究所 （歴史人物シリーズ） 1990.4 ①4-569-52747-7
＊維新後、日本における海運業の重要性を見抜き、土佐藩船の払い下げを受けて三菱を創業、日本の船で世界の海に繰り出した男、岩崎弥太郎—。武士の気風と商人の心に支えられた「士魂商才」の生涯を描く。

岩崎弥之助 いわさきやのすけ
1851〜1908 明治期の実業家。男爵。三菱商会社長。事業分野を転換、三菱社、三菱合資設立。日銀総裁就任、金本位制実施を指導。

◇岩崎弥之助書翰集 岩崎弥之助著, 静嘉堂文庫編 静嘉堂文庫 2007.3
◇日本再建者列伝—こうすれば組織は甦る 加来耕三著 学陽書房 （人物文庫） 2003.4 ①4-313-75162-9
＊貴方の組織は激動の時代を生き残れるだろうか？ 破綻寸前の藩財政を救った細川重賢の人材登用術。危機にあった三菱を財閥に育て上げた二代目・岩崎弥之助。"ミスター合理化"土光敏夫にみ

る再建の奥義…。疲弊した組織の再建に取り組んだ先人達の苦闘の軌跡とその成否の分岐点を探る渾身の力作。文庫オリジナル版。

岩瀬忠震　いわせただなり
1818〜1861　江戸時代末期の幕府官僚, 外国奉行。

◇平山省斎と岩瀬忠震　陶徳民編著　関西大学東西学術研究所　（関西大学東西学術研究所資料集刊　開国初期の海外事情探索者たち）　2018.3　①978-4-87354-676-6

◇岩瀬忠震―五州何ぞ遠しと謂わん　小野寺龍太著　ミネルヴァ書房　（ミネルヴァ日本評伝選）　2018.1　①978-4-623-08259-9

◇岩瀬忠震書簡注解―橋本左内宛　岩瀬忠震書簡研究会著　忠震会　2004.6

◇岩瀬忠震書簡注解―木村喜毅（芥舟）宛　岩瀬忠震書簡研究会著　岩瀬肥後守忠震顕彰会　1993.3

◇岩瀬忠震の年譜的研究　飯田虎男著　〔飯田虎男〕　1990.6

巌谷小波　いわやさざなみ
1870〜1933　明治, 大正期の小説家, 児童文学作家。叢書「日本昔噺」「日本お伽噺」などで日本民話を定着させ、口演童話を開拓。

◇近代童話作家資料選集　第1巻　巌谷小波　小波身上噺・小波先生　宮川健郎編・解説　クレス出版　2015.4　①978-4-87733-862-6,978-4-87733-869-5

◇巌谷小波お伽作家への道―日記を手がかりに　勝尾金弥著　慶応義塾大学出版会　2000.11　①4-7664-0832-2

◇「児童文学」をつくった人たち　1　「おとぎばなし」をつくった巌谷小波　我が五十年　巌谷小波著　ゆまに書房　（ヒューマンブックス）　1998.4　①4-89714-266-0

◇巌谷小波日記翻刻と研究―自明治二十年至明治二十七年　巌谷小波著, 桑原三郎監修　慶応義塾大学出版会　（白百合児童文化研究センター叢書）　1998.3

①4-7664-0688-5

◇波の跫音―巌谷小波伝　巌谷大四著　文芸春秋　（文春文庫）　1993.12　①4-16-739105-8
＊日本の児童文学の嚆矢「こがね丸」の著者として知られる巌谷小波は、明治三年、医者としてより書家として名高い巌谷一六家に生をうけた。長じて尾崎紅葉らと知り合い、硯友社の同人に名を連ねるに至る。単なる父を偲ぶ回想録に留まらず、「人間・巌谷小波」を描きつつ、勃興期の近代日本に生きた明治人の生とその時代に迫る。

允恭天皇　いんぎょうてんのう
上代の第19代の天皇。

◇古事記夜話　中村武彦著　たちばな出版　2001.8　①4-8133-1323-X

隠元隆琦　いんげんりゅうき
1592〜1673　江戸時代前期の禅僧。

◇隠元禅師と黄檗文化　木村得玄著　春秋社　2011.6　①978-4-393-17603-0
＊黄檗派の人物・寺院・読誦経典に関する貴重な研究成果。「人物」では、開祖隠元禅師をはじめ渡来僧たちの渡来の理由・事情を探り、「寺院」では黄檗派の初期寺院149ヵ寺をリストアップし紹介する。また「読誦経典」では、朝夕の念経に使う「禅林課誦」の資料を比較検討し、梵唄を解説、さらに施餓鬼に関する文献資料を渉猟して徹底解説する。

◇隠元禅師逸話選　禅文化研究所編　禅文化研究所　1999.4　①4-88182-146-6
＊誰もが知っている “インゲン豆”。この名前は、ひとりの禅僧の名前に由来しているが、その禅僧こそ、本書の主人公、隠元禅師である。隠元禅師は、江戸前期に中国から日本に渡来し、京都宇治の地に黄檗山万福寺を開創した黄檗宗の開山であり、その大陸伝来の思想や文化が、鎖国日本に及ぼした影響ははかりしれない。まさに “インゲン” こそ、江戸期におけるもっとも重要な人物のひとりなのである。

◇隠元禅師年譜　能仁晃道編著　禅文化研究所　1999.3　④4-88182-129-6
＊江戸前期、中国から我が国に来朝し、京都宇治の地に、黄檗宗万福寺を開創した隠元禅師。その渡来は、鎖国日本の沈滞した仏教界に清新な刺激をあたえ、新しい息吹を吹き込み、その明朝文人風の学芸は、独特の黄檗文化を形成し、江戸文化に多大な影響を与えた。本書は、江戸期における最も重要な人物の一人である隠元禅師の年譜・伝記史料五編を集成した初めての訓読注解書。附、略伝・略年譜・索引。

【う】

ヴァリニャーニ

Valignano, Alessandro

1539〜1606　バリニャーノとも。戦国時代〜江戸時代前期のイタリアの宣教師。イエズス会日本巡察師。

◇巡察師ヴァリニャーノと日本　ヴィットリオ・ヴォルピ著, 原田和夫訳　一芸社　2008.7　①978-4-901253-15-4
＊信長・秀吉・家康との“対話”を重ね布教の道を拓いたルネサンスの天才に迫る。

◇ヴァリニャーノとキリシタン宗門　新装版　松田毅一著　朝文社　（松田毅一著作選集）　2008.4　①978-4-88695-209-7
＊信長・秀吉・家康三代にわたる日本の歴史上もっとも波乱にとみ、かつロマンのある時代天正遣欧使節の派遣や、ローマ法王への謁見を企てたヴァリニャーノ。彼こそが、日本キリシタン史上最も大いなる活動をした人物である。その人物、業績を日欧交渉史の泰斗である松田毅一が書きあげた渾身の一書。

◇ヴァリニャーノとキリシタン宗門　新装版　松田毅一著　朝文社　（松田毅一著作選集）　2003.3　④4-88695-166-X
＊本書には、布教が禁圧されて後、キリシタンの末裔たちがどのようになったかを含め、幕末までの経緯をも加えて全史を概説した。

◇ヴァリニャーノとキリシタン宗門　松田毅一著　朝文社　（松田毅一著作選集）　1992.3　①4-88695-059-0

▍植木枝盛　うえきえもり

1857〜1892　明治期の自由民権思想家。中江兆民らと共に民権思想家の代表で、著書に「民権自由論」「天賦人権論」など。

◇植木枝盛研究資料目録　外崎光広著　平和資料館・草の家　2001.6　①4-901466-00-3

◇植木枝盛集　第10巻　植木枝盛著　岩波書店　1991.11　①4-00-091570-3
＊本巻には、「植木枝盛自叙伝」「立志社始末記要」「飯田事件檄文」（再録）の三点の著作と、他人の著作に寄せた序文類、および書簡を収録した。また、関係資料として、「植木文庫図書目録」「略年譜」（戸籍資料を含む）、「著作年譜」ならびに「植木枝盛日記人名索引」を付した。

◇植木枝盛集　第9巻　植木枝盛著　岩波書店　1991.6　①4-00-091569-X

◇植木枝盛の生涯―解説目録 1990年度特別展　高知市立自由民権記念館編　高知市立自由民権記念館　1991.1

◇植木枝盛集　第8巻　植木枝盛著　岩波書店　1990.7　①4-00-091568-1
＊本巻には、「植木枝盛日記」（1873年〜1892年）のうち、1885（明治18）年から1892（明治25）年まで、および「購賣書日記」「閲読書日記」を収録した。

◇植木枝盛集　第7巻　植木枝盛著　岩波書店　1990.2　①4-00-091567-3
＊民権運動に挺身して、全国にわたって行なった遊説や組織活動を丹念に書きとめた枝盛の日記は、自由民権史研究の一級史料であり、同時に彼自身の赤裸々な人間性を大胆に告白した記録としても興味深い。

◇自由・平等をめざして中江兆民と植木枝盛　松永昌三著　清水書院　（清水新書）　1984.9　①4-389-44021-7

上杉謙信

▌ 上杉景勝　うえすぎかげかつ

1555～1623　安土桃山時代、江戸時代前期の大名。上杉謙信の養子。出羽米沢藩主。

◇米沢中納言上杉景勝―開館15周年記念特別展　米沢市上杉博物館　2016.4

◇上杉景勝と直江兼続―義と愛の絆　戦国歴史研究会著　PHP研究所　（名将・名軍師立志伝）　2009.1　①978-4-569-70508-8
＊幻の家康挟撃計画/独眼竜もたじろく漢のプライド/前田慶次が惚れた主臣…。謙信公より受け継ぎし越後の毘沙門天の誓願とは？　賢臣が支えた米沢・天下一の徳政を漫画と文章でつづる。

◇上杉景勝のすべて　新装版　花ヶ前盛明編　新人物往来社　2008.10　①978-4-404-03578-3
＊平成21年大河ドラマ『天地人』の世界。直江兼続が仕えた戦国大名・上杉景勝の生涯。

◇南魚沼が生んだ景勝と兼続　松永靖夫著,新潟県南魚沼市教育委員会編　南魚沼市教育委員会　2008.3

◇上杉景勝―転換の時代を生き抜いた人生　開館五周年記念特別展　米沢市上杉博物館　2006.4

◇上杉景勝伝―上杉氏入部400年・上杉鷹山公生誕250年記念　小野栄著　米沢信用金庫　（米沢信用金庫叢書）　2001.9

◇謙信公御書集・覚上公御書集　東京大学文学部蔵, 山田邦明解説　臨川書店　1999.5　①4-653-03544-X
＊本書は、上杉謙信・景勝二代の越後上杉氏当主の事歴を編年体で記述した上、多数の関係文書を収録した大部の古文書集の影印本である。

◇われ、謙信なりせば―上杉景勝と直江兼続　長編歴史小説　風野真知雄著　祥伝社　（ノン・ポシェット）　1998.6　①4-396-32635-1

◇上杉景勝のすべて　花ヶ前盛明編　新人物往来社　1995.2　①4-404-02180-1
＊名参謀・直江兼続をひきい、家康に刃向かった男・上杉景勝の劇的な生涯を描く。

▌ 上杉謙信　うえすぎけんしん

1530～1578　長尾景虎（ながおかげとら）とも。戦国時代、安土桃山時代の武将、関東管領。兄晴景に代わり春日山城に入り、越後を統一。信濃国に侵攻してきた甲斐の武田信玄と川中島で対陣。また上杉憲政から関東管領職をゆずられ改名、以後関東の経営にも腐心する。のち織田信長の軍とも加賀で対峙。

◇上杉謙信　福原圭一, 前嶋敏編　高志書院　2017.11　①978-4-86215-174-2

◇上杉謙信　水谷俊樹原作, 加来耕三企画・構成・監修, かわのいちろう作画　ポプラ社　（コミック版日本の歴史　戦国人物伝）　2017.8　①978-4-591-15522-6

◇信玄と謙信―決戦！　甲斐の虎越後の竜　田代脩監修, 田中顕まんが　学研プラス　（学研まんがNEW日本の伝記SERIES）　2017.7　①978-4-05-204614-8

◇完全図解！歴史人物データファイル　5　上杉謙信　小和田哲男監修　ポプラ社　2016.4　①978-4-591-14868-6,　978-4-591-91582-0

◇上杉謙信　新装版　花ヶ前盛明著　新人物往来社　2014.3（第4刷）　①978-4-404-03500-4

◇上杉謙信 謎解き散歩　花ケ前盛明編著　KADOKAWA　（新人物文庫）　2013.12　①978-4-04-600093-4
＊越後が生んだ戦国最強の武将。春日山城から川中島合戦、関東出陣、未完の大遠征まで。

◇神になった戦国大名―上杉謙信の神格化と秘密祭祀　今福匡著　洋泉社　2013.3　①978-4-8003-0115-4
＊真言密教の奥義を極めた謙信は、死後自らの遺骸を保存させた。歴代の上杉家当主は、軍神謙信と一体化するための「秘儀」を幕末まで行ってきた。毘沙門天の化身、最強の戦国武将「軍神謙信伝説」は史実だった。

◇名将と参謀―時代を作った男たち　中村彰彦, 山内昌之著　中央公論新社　（中公文庫）　2013.3　①978-4-12-205772-2
＊信長にあって謙信に欠けていた覇者の

上杉謙信

条件とは？ 龍馬暗殺の黒幕は誰だ？ 世に名将、名参謀と謳われた人物たちをめぐって、多彩なエピソードを掘り起こしつつ、その器量とコンビの妙を深く論じ合う、再発見の知的刺激に満ちた歴史対談。

◇謙信と信玄　井上鋭夫著　吉川弘文館（読みなおす日本史）　2012.9
①978-4-642-06385-2
＊越後の上杉謙信と甲斐の武田信玄。戦国時代の英雄として、後世の軍記物に描かれた以外、その実態は知られていない。川中島合戦の真実や、伝説の参謀の実在性、天下人になれなかった理由などを、実証的に追究した名著。

◇上杉謙信　新装版　花ヶ前盛明著　新人物往来社　2011.12（第3刷）
①978-4-404-03500-4

◇上杉謙信の夢と野望—幻の「室町幕府再興」計画の全貌　乃至政彦著　洋泉社（歴史新書y）　2011.12
①978-4-86248-856-5
＊「軍神神話」の陰に隠された天下平定のシナリオとは？ 二度の上洛、関東管領職、川中島合戦—そこには何の意味があったのか。

◇上杉謙信　花ヶ前盛明著　新潟日報事業社　（新潟県人物小伝）　2010.4
①978-4-86132-385-0

◇名将と参謀—時代を作った男たち　山内昌之, 中村彰彦著　中央公論新社　2010.3
①978-4-12-004105-1
＊織田信長にあって上杉謙信に欠けていた覇者の条件とは？ 幕末のヒーロー坂本龍馬暗殺の黒幕は誰だ？ 転換期を駆け抜けた傑物たちの魅力を、多彩なエピソードを掘り起こしつつ語り合う、再発見の知的刺激に満ちた歴史対談。

◇上杉謙信—最強軍団を率いた越後の竜　歴史街道編集部編　PHP研究所　（「歴史街道」select）　2010.1
①978-4-569-77578-4
＊「我こそは北方の守護神・毘沙門天の化身なり！」旧秩序が崩壊する混迷の世にあって、「義」を貫いた猛将・謙信。宿敵・信玄が惚れこみ、信長が恐れた男

の魅力とは？ 月刊『歴史街道』より選りすぐった愛蔵版。

◇信玄と謙信—宿命のライバル　柴辻俊六著　高志書院　（高志書院選書）　2009.11
①978-4-86215-065-3

◇上杉謙信—越後の竜、戦国に飛翔する　学習研究社　（新・歴史群像シリーズ）　2008.10　①978-4-05-605299-2

◇新編上杉謙信のすべて　花ヶ前盛明編　新人物往来社　2008.5
①978-4-404-03511-0

◇越後の竜謙信と上杉一族—義に生きた戦国最強の軍神　新人物往来社　（別冊歴史読本）　2008.3　①978-4-404-03396-3

◇上杉謙信　新装版　花ヶ前盛明著　新人物往来社　2007.10　①978-4-404-03500-4
＊45年にわたる上杉謙信の調査・研究の集大成。

◇竜虎盛衰—川中島合戦再考　和千坂涼次著　文芸社　2007.9　①978-4-286-02618-3
＊上杉謙信と武田信玄。ともに天下統一を果たすことはできずとも、両雄を戦国の覇者と呼ばずして何と呼ぼう。乱世の本当の舞台は甲斐の国であった。史料を突き合わせ欠落を埋める作業の先に、新たな戦国史像が浮かび上がる。

◇風林火山—信玄・謙信、そして伝説の軍師　大河ドラマ特別展　NHK,NHKプロモーション編　NHK　2007.4

◇上杉謙信—信長も畏怖した戦国最強の義将　相川司著　新紀元社　（Truth in history）　2007.1　①978-4-7753-0524-9
＊乱世を疾風の如く駆け抜けた信玄最大の好敵手。生涯「義」を貫いた越後の竜。

◇上杉謙信—政虎一世中忘失すべからず候　矢田俊文著　ミネルヴァ書房　（ミネルヴァ日本評伝選）　2005.12
①4-623-04486-6
＊上杉謙信（一五三〇～七八）戦国期越後の盟主。越後を本拠に関東・越中・能登を支配した上杉謙信については、江戸時代の兵学者らによって史実と異なることが多く語り継がれてきた。本書は、謙信が生きた時代の史料のみを使って、本物の謙信像を提示する。

◇上杉謙信―特別展　米沢市上杉博物館　2005.4

◇上杉軍記　千秋社　2004.9
ⓘ4-88477-309-8

◇上杉謙信　花ヶ前盛明著　新人物往来社　2003.12（8刷）　ⓘ4-404-01865-7

◇上杉謙信大事典　コンパクト版　花ヶ前盛明　新人物往来社　2002.4
ⓘ4-404-02959-4
＊謙信の家臣団とその居城、謙信と関係のあった武将や文化人、教養、領国統治、謙信ゆかりの品々などに重点をおいて項目立てた上杉謙信事典。

◇定本上杉謙信　池享、矢田俊文編　高志書院　2000.5　ⓘ4-906641-36-9

◇謙信暗殺―長編歴史推理小説　中津文彦著　光文社　（カッパ・ノベルス）　1999.12　ⓘ4-334-07367-0

◇迷走大将上杉謙信　小松重男著　小学館　（小学館文庫）　1999.10
ⓘ4-09-403641-5
＊上杉謙信の史料を見た医師たちの所見は、「高血圧症、糖尿病、アルコール依存症、躁鬱気質」だったという。「だからわれわれは謙信の急死を敢えて残念がらず、これで越後兵の生命が何千人も救われた、と思うべきなのである」と小松重男は厳しいが、その厳しさは、病と躁鬱状態に悩まされ、部下に離反されつづけて一時の平安も得られず、戦いに次ぐ戦いの四十九年を過ごさざるをえなかった、"聖将"上杉謙信の生涯の濃淡をくっきりとさせ、感情の激発を滑稽味で中和してその魅力をひきだしているのである。

▌**上杉憲実**　うえすぎのりざね
1410～1466　室町時代の武将, 関東管領。幕府からの独立をめざす鎌倉公方足利持氏を諫め幕府との調停役をつとめたが、かえって疎まれやがて幕府の命で持氏を討つ（永享の乱）。

◇上杉憲実　田辺久子著　吉川弘文館　（人物叢書 新装版）　1999.2
ⓘ4-642-05215-1

＊室町前期の武将。将軍足利教氏と関東公方持氏という二人の権力者の間で、翻弄されながらも調停を試みた関東管領。度重なる諫止を拒否する持氏と対立し、終に永享の乱で心ならずも持氏を死に追込む。乱の終息後、政界を退き、僧侶となって諸国を放浪し、長門国で没する。儒学に志篤く、足利学校を再興したことでも知られる武将の波乱の生涯を描く。

▌**上杉治憲**　うえすぎはるのり
1751～1822　上杉鷹山（うえすぎようざん）とも。江戸時代中期, 後期の大名。出羽米沢藩主。

◇上杉鷹山―改革への道 特別展　米沢市上杉博物館　2018.4（3刷）

◇日本の偉人物語　2　上杉鷹山 吉田松陰 嘉納治五郎　岡田幹彦著　光明思想社　2018.4　ⓘ978-4-904414-75-0

◇上杉鷹山リーダーの要諦　佃律志著　日本経済新聞出版社　（日経ビジネス人文庫）　2016.4　ⓘ978-4-532-19792-6

◇上杉鷹山と米沢　小関悠一郎著　吉川弘文館　（人をあるく）　2016.3
ⓘ978-4-642-06791-1

◇「生涯改革者」上杉鷹山の教え―成らぬは人の為さぬなりけり　佃律志著　日本経済新聞出版社　2012.2
ⓘ978-4-532-31775-1
＊55年もの間、改革を続けた人は、動機づけの天才でもあった。日本一の貧乏藩を、安定と繁栄の藩に立て直した名君の改革手法の全貌を、経営コンサルタントの視点から、現代と対比してとらえ直した刮目の書。

◇今こそ上杉鷹山に学べ　鈴木貞夫著　幻冬舎ルネッサンス　2011.11
ⓘ978-4-7790-0752-1
＊実践的な教育、意見の具体化、贅沢と無駄の修正、民への親しみ、合理的な意識改革、諦めない精神、日本一貧苦といわれた米沢藩を救った理由がここにある！ 混迷の江戸時代中期に活躍した鷹山の生き方から、危機を乗り越える経営のヒントを学ぶ。

上杉治憲

◇この国の環境―時空を超えて　陽捷行文,
ブルース・オズボーン写真　アサヒビー
ル, 清水弘文堂書房〔発売〕　（ASAHI
ECO BOOKS）　2011.10
①978-4-87950-603-0

◇直江兼続と上杉鷹山　渡辺誠著　学習研
究社　（学研M文庫　知の法則シリーズ）
2009.9　①978-4-05-902086-8
＊戦国から江戸にあまたの難局を乗り
切った名門上杉家。「義」と「愛」を組
織の核とし、北国の難条件で領国経営
を乗り切った上杉家のリーダー、直江
兼続と上杉鷹山の事績を追いつつ、危
機の時代に求められる才覚と意志を描
く。動の兼続に、静の鷹山―。越える
べき「峠」を前に、あなたはいずれの英
傑の道を選ぶか。

◇小説伝記上杉鷹山　八幡和郎著　PHPエ
ディターズ・グループ, PHP研究所（発
売）　2008.12　①978-4-569-70472-2
＊日本人が尊敬し続ける理想の名君、激
動の生涯を自伝形式で綴る。鷹山の藩
政改革は、なぜ成功したのか。

◇上杉鷹山―改革への道 特別展　米沢市上
杉博物館　2004.10

◇異端の変革者上杉鷹山　加来耕三著　集
英社　2001.9　①4-08-781235-9
＊本書は上杉鷹山が成し遂げた藩政改革
を、その部分の解説だけではなく、膨大
な史料・文献をもとに線でつなぎ、人物
を中心に考えることを目的とした。米
沢藩上杉家の興亡の中に、組織の可能
性、人心の矛盾、理想と現実のギャッ
プ、再建のキーポイントなど、今日のわ
れわれが活用しうる教訓を見いだそう
としたものである。

◇上杉鷹山の危機突破法　童門冬二著　広
済堂出版　（広済堂文庫　ヒューマンセレ
クト）　2001.5　①4-331-65287-4
＊財政難にあえぎ大名返上の危機に直面
した米沢藩を、斬新な藩政改革で再建
した上杉鷹山。名藩主として名高い鷹
山が実践した組織運営のための「知」の
管理と、人の心を掌握するのに不可欠
な「情」の管理とは何か。愛と信頼を甦
らせた改革者から複合不況に打ち勝つ

ための危機克服の要諦を学ぶ。

◇上杉鷹山―改革の指導者　松崎正董著
〔松崎正董〕　2001.3

◇日本人の美しい心―上杉鷹山に学ぶ　童
門冬二著　モラロジー研究所　（生涯学習
ブックレット）　2000.11
①4-89639-033-4
＊本書では、多くのハンディキャップを
抱えながら、藩を再生へと導いた鷹山
の改革と、その背景にある思想を紹介
しながら、「日本人の美しい心」につい
て考えます。

◇細井平洲と上杉鷹山　鈴村進著　三笠書
房　（知的生きかた文庫）　1999.8
①4-8379-7052-4
＊上杉鷹山は、当時「病名もつけられない
ほどの重病」といわれた米沢藩を見事に
再建し、繁栄させた名指導者である。そ
して、この若い指導者を支え、不世出と
いわれる名君に育て上げたのが細井平洲
である。この師にして、この弟子あり。
師は弟子に何を伝え、弟子はそこから
何をつかみとったのか。ここに、この
難しい現代を乗り切る「カギ」がある。

◇上杉鷹山の指導力―人心を結集できる
リーダーの条件　高野澄著　PHP研究所
（PHP文庫）　1998.3　①4-569-57117-4
＊江戸中期、極度の財政難により崩壊寸
前の危機にあった米沢藩を甦らせた上
杉鷹山。自ら木綿の衣服と一汁一菜の
質素な生活を率先して、保守派を制し、
倹約政策と農村の再興に力を注いだ。
ケネディ大統領が尊敬する日本人とし
てあげ、現代の企業経営者から「リスト
ラの神様」と支持される鷹山は、さまざ
まな困難にいかに対処し、組織と人間
を導いたのか。行財政改革の先駆者に
学ぶリーダー学。

◇上杉鷹山と細井平洲―人心をつかむリー
ダーの条件　童門冬二著　PHP研究所
（PHP文庫）　1997.9　①4-569-57072-0
＊見事に復興なった米沢の地で平洲と鷹
山は再会をはたした。二人とも無言で
頭を下げ、目には涙があふれている。
もはや師弟の間に言葉はいらなかった。
―崩壊寸前の米沢藩をたて直した藩主・

上杉治憲

上杉鷹山。その苦しい藩政改革を陰で支えたのは師・細井平洲の教えだった。かの吉田松陰や西郷隆盛をも感動させたという細井平洲の思想とは？　師弟の温かい触れ合いを通してその真髄にせまる。

◇勇気—細井平洲・上杉鷹山　上　鈴村進著　黙出版　（MOKU BOOKS）　1997.8
①4-900682-23-3
＊いま、必要なのは「勇気」である。瀕死の米沢藩を蘇らせた名指導者として知られる上杉鷹山。彼の活躍を支えたのはその「勇気」と師・細井平洲であった。厳しい時代にこそ活きる、現代のリーダーにも通ずる哲学。

◇勇気—細井平洲/上杉鷹山　下　鈴村進著　黙出版　（Moku books）　1997.8
①4-900682-24-1
＊そして、「明るさ」が蘇った。かつて「病名もつけられないほどの重病」といわれた米沢藩。北の小藩は長い冬を終え、いま、新しい春を迎える…。ビジネスに活かす、上杉鷹山・細井平洲が説く教え。

◇名指導者上杉鷹山に学ぶ　鈴村進著　三笠書房　1997.7　①4-8379-1689-9

◇（小説）上杉鷹山　童門冬二著　集英社（集英社文庫）　1996.12
①4-08-748546-3
＊九州の小藩からわずか十七歳で名門・上杉家の養子に入り、出羽・米沢の藩主となった治憲（後の鷹山）は、破滅の危機にあった藩政を建て直すべく、直ちに改革に乗り出す。一高邁な理想に燃え、すぐれた実践能力と人を思いやる心で、家臣や領民の信頼を集めていった経世家・上杉鷹山の感動の生涯を描いた長篇。

◇（小説）上杉鷹山　上　童門冬二著　学陽書房　（人物文庫）　1995.11
①4-313-75001-0
＊灰の国はいかにして甦ったか。九州高鍋の小藩から養子に入り、十七歳で名門上杉家の藩主の座についた治憲は、自滅か藩政返上かの瀬戸際にある米沢十五万石を再建すべく、冷メシ派を登用し改革に乗り出す。藩主や藩のために領民がいるのではない、との考えの

もとに人びとの心に希望の火種をうえつけてゆく…。

◇（小説）上杉鷹山　下　童門冬二著　学陽書房　（人物文庫）　1995.11
①4-313-75002-9
＊重役の反乱を克服し、家臣や領民一人ひとりの共感をかちとりながら、地域と人を活性化してゆく鷹山の経営手腕とリーダーシップのすべて。"最も尊敬する日本人はウエスギ・ヨウザン"と、かつてケネディ大統領が語ったように、「愛と信頼の政治」を貫いた鷹山の不撓不屈、信念の生涯を描く。

◇上杉鷹山の人間と生涯　3訂版　安彦孝次郎著　サイエンティスト社，遠藤書店〔発売〕　1994.3　①4-914903-14-8
＊原史料を大幅に引用した権威ある内容。近年の上杉鷹山関連図書の中に文献として本書が挙げられている。米沢出身の著者の7年にわたる研究の成果、昭和17年刊の著書の3訂版。常用漢字、新音訓に改訂、原典の引用文にも常用漢字を使用、難読文字には振仮名を付し、読みやすくした。近世文書に親しむことができる。

◇町医者のみた上杉鷹山　小松千春著　日本図書刊行会，近代文芸社〔発売〕　1994.2　①4-7733-2634-4
＊藩主の側近く、小納戸頭として長く仕えた者が語る、上杉鷹山とその家臣の、財政再建における戦い。

◇上杉鷹山—解説＆ビジュアル　歴史街道編集部編　PHP研究所　（PHP文庫）　1993.10　①4-569-56584-0
＊江戸中期、崩壊寸前の米沢藩を見事に甦らせた上杉鷹山。いったい彼はいかなる手法で組織を管理し、行財政改革を実行していったのか。本書はその経営再建法、人材育成法、危機克服法に加え、上杉家の変遷と米沢の歴史など周辺ももれなく網羅。多くの経営者やリーダーが、いま最も注目する上杉鷹山のすべてを著名執筆陣と豊富な写真で紹介する。

◇春の鷹—小説・上杉鷹山　風巻絃一著　春陽堂書店　（春陽文庫）　1993.5
①4-394-13211-8

教科書に載った日本史人物1000人　**91**

上杉鷹山

＊疲弊のどん底にあった米沢藩を継いで危機突破の道を拓いた鷹山の人間的側面をも描く。

◇上杉鷹山公　第3版　今泉亭吉著　しんきん出版　（米沢信用金庫叢書）　1993.4

◇上杉鷹山公とその時代―図録　米沢市教育委員会編　米沢上杉文化振興財団　1993.4

◇名君上杉鷹山公　中村忠雄著　酸漿出版　1993.4

‖ 上杉鷹山　うえすぎようざん
⇒上杉治憲（うえすぎはるのり）

‖ 上田秋成　うえだあきなり
1734～1809　江戸時代中期, 後期の歌人, 国学者, 読本作者。作品に「雨月物語」など。

◇上田秋成新考―くせ者の文学　近衞典子著　ぺりかん社　2016.2
　①978-4-8315-1431-8

◇上田秋成研究事典　秋成研究会編　笠間書院　2016.1　①978-4-305-70790-1

◇上田秋成―絆としての文芸　飯倉洋一著　大阪大学出版会　（阪大リーブル）　2012.12　①978-4-87259-321-1
　＊江戸時代の大坂と京都を舞台に、沢山の人との交流の中で生きた、『雨月物語』の作者・上田秋成の魅力を探る。

◇上田秋成―没後200年記念　日本近世文学会「特別展観没後200年記念上田秋成」実行委員会編　日本近世文学会　2010.10

◇秋成―上田秋成没後200年によせて　天理ギャラリー140回展　天理図書館編　天理ギャラリー　2010.5

◇上田秋成の思想と文学　加藤裕一著　笠間書院　2009.10　①978-4-305-70494-8
　＊人間秋成をどう捉えるか。国学思想にとどまらず、俳諧、和歌、和文などさまざまな新たな視点と時代把握から秋成の創作方法や思想を捉え直し、いまだ知られざる作品世界を提示。

◇雨月物語の世界―上田秋成の怪異の正体　井上泰至著　角川学芸出版, 角川グループ

パブリッシング（発売）　（角川選書）　2009.5　①978-4-04-703444-0
　＊『雨月物語』の9編の小説は、怪異・伝奇・歴史・翻案小説といった、いくつもの「顔」をもつ。これらは「死」が身近であった中世という時代枠で描かれているが、一見無関係に見える9編には上田秋成の生への不安や生い立ちからくるトラウマが色濃く映し出されている。さらに怪異の美をかたちづくる暗号や語り口が、中国や日本の多くの古典をふまえて構築されていることを解明。秋成の妖美な小説世界の全貌に迫る。

◇大谷晃一著作集　第4巻　大谷晃一著　沖積舎　2008.11　①978-4-8060-6655-2

◇江戸の鬼才上田秋成　原雅子著　楽書館, 中経出版（発売）　2007.8
　①978-4-8061-2765-9

◇宣長・秋成・蕪村　日野竜夫著　ぺりかん社　（日野竜夫著作集）　2005.5
　①4-8315-1103-X
　＊儒学と国学、漢詩と俳諧。近世中期文学の思想史。

◇秋成の「古代」　山下久夫著　森話社　2004.10　①4-916087-48-8

◇秋成綺想―十八世紀知識人の浪漫と現実　元田与市著　双文社出版　2003.12
　①4-88164-557-9

◇上田秋成文芸の研究　森田喜郎著　和泉書院　（研究叢書）　2003.8
　①4-7576-0227-8
　＊本書は、文芸は“人間いかに生きるべきか”を探究するものであるという基本認識にたって、その文芸作品の価値は、人間をいかに追究しているかを基準にして決めなければならないという観点から、『雨月物語』（一七七六年刊行）『春雨物語』（一八〇八年成立）などを書き、近世中期に活躍した上田秋成（享保一九 - 文化六）の文芸について、具体的な作品をとおして、その意義、展開、発展などを考察し、秋成の文芸にはどのような価値があるかを探究したものである。

◇秋成研究資料集成　第1巻　伝記論文集　近衞典子監修・解説　クレス出版　2003.1　①4-87733-170-0

92　教科書に載った日本史人物1000人

◇秋成と宣長―近世文学思考論序説　小椋嶺一著　翰林書房　2002.6
Ⓘ4-87737-152-4

◇秋成研究　長島弘明著　東京大学出版会　2000.9　Ⓘ4-13-080062-0

◇定本 佐藤春夫全集　第21巻　評論・随筆3　佐藤春夫著　臨川書店　1999.5
Ⓘ4-653-03331-5
＊詩に、小説に、評論に、多才を発揮し、常に文壇の先駆者として新生面を切り拓いた文豪佐藤春夫。その活動の軌跡を余すところなく伝える決定版全集。本全集で初めて書簡を収録するほか、詳細な人名索引を付し、作家の生涯と作品を再現する。

◇上田秋成の研究　中村博保著　ぺりかん社　1999.4　Ⓘ4-8315-0874-8
＊怪異・幻想の小説家といわれる、江戸文芸界を代表する物語作者＝上田秋成の作品追究に生涯をかけて取り組んだ著者畢生の研究。

◇冬の火花―上田秋成とその妻　童門冬二著　講談社　（講談社文庫）　1998.12
Ⓘ4-06-263885-1
＊怪奇幻想小説の最高傑作『雨月物語』。作者上田秋成は怪異に対する鋭い感覚をもっていたが、出生や不自由な指のことで生涯悩んだ。屈折した心情と、彼の"手余し者"時代からの行状をつぶさに見ながらも、結婚して彼を支えた妻たま。秋成とその妻の心理的葛藤を、"冬の火花"に見立てた話題作。

◇上田秋成の古典感覚　森山重雄著　三一書房　1996.2　Ⓘ4-380-96216-4

◇秋成論　木越治著　ぺりかん社　1995.5
Ⓘ4-8315-0672-9
＊本書は、諸本研究史をあとづけながら本文研究の今後の方向性を説き、さらに『雨月』『春雨』についての作品論を収録した力作論集。

◇上田秋成　森田喜郎著　紀伊国屋書店（精選復刻紀伊国屋新書）　1994.1
Ⓘ4-314-00639-0

◇上田秋成研究―そのテンカン症とデーモン　大場俊助著　島津書房　1993.6
Ⓘ4-88218-047-2
＊特異作家と称される秋成の、病跡の分析とその芸術の秘密をここに解き明かす。

◇上田秋成　長島弘明編, 池沢夏樹エッセイ　新潮社　（新潮古典文学アルバム）　1991.7　Ⓘ4-10-620720-6
＊人間の執念の戦慄を描く怪異小説『雨月物語』、人の運命の不可思議を問う『春雨物語』、俳諧・国学・和歌と、多才に生きた浪華の「浮浪子」秋成の文学と生涯。

▌**上田敏**　うえだびん
1874〜1916　明治期の詩人, 評論家。京都帝国大学教授。訳詩集「海潮音」でフランス印象派を紹介、詩壇に新調を生む母胎となる。

◇近代作家追悼文集成　第19巻　上田敏・岩野泡鳴　ゆまに書房　1992.12
Ⓘ4-89668-643-8

◇上田敏とイギリス世紀末芸術　尹相仁著, 富士ゼロックス・小林節太郎記念基金編　富士ゼロックス・小林節太郎記念基金　1990.11

▌**上原専禄**　うえはらせんろく
1899〜1975　大正, 昭和期の歴史学者, 思想家。東京商科大学学長, 国民文化会議議長。歴史学の形成と「世界史」の構築に尽力, 著書に「独逸中世史研究」など。

◇西洋史学の先駆者たち　土肥恒之著　中央公論新社　（中公叢書）　2012.6
Ⓘ978-4-12-004398-7
＊明治以来、西洋は私たちの国の「近代化」のモデルであり、さまざまな「西洋事情」が書かれてきた。「洋書」の翻訳・翻案の類は山のようになされてきたわけだが、西洋の歴史と文化を学問的に、つまり厳密な手続きにしたがって明らかにするという作業が始められたのは、ようやく二十世紀に入ってからのこと。本書はその先駆者たちの苦難の歩みの一端を明らかにするものだが、広く戦前の「学問と社会」に孕まれていた問題点をも考えていく。

上原勇作　うえはらゆうさく

1856～1933　明治～昭和期の陸軍軍人。
子爵, 元帥。西園寺内閣陸相就任、二個師
団増設を強硬に主張し単独辞任、大正政
変の因となる。

◇上原勇作日記　上原勇作著, 尚友倶楽部編
　尚友倶楽部　（尚友叢書）　2011.12

◇上原勇作日記　上原勇作著, 尚友倶楽部編
　芙蓉書房出版　2011.12
　①978-4-8295-0546-5
　＊明治22年～昭和6年前半まで書き綴った
　　37冊の日記のうち連続的に残っている
　　大正6年～昭和6年分を翻刻。二個師団
　　増設問題で陸軍大臣を辞任し、第二次
　　西園寺内閣崩壊のきっかけを作った
　　「陸軍強硬派」という上原像を見直し、
　　実像を探る史料。

植村正久　うえむらまさひさ

1857～1925　明治, 大正期の牧師。日本基
督公会、一致教会、日本基督教会の指導者
で、海老名弾正と基督論争を展開。

◇牧師植村正久　雨宮栄一著　新教出版社
　2009.6　①978-4-400-21306-2
　＊「自由なる国民教会」の形成を目指して
　　奮闘した壮年期から晩年に至る植村の
　　活動とその時代背景を活写。海老名弾
　　正との「キリスト論論争」、東京神学社
　　設立、韓国キリスト者との関係、大逆事
　　件、貧困問題、女性の地位向上等々、時
　　代の課題と取り組み続けた一牧師の姿
　　を浮き彫りにする。評伝3部作、完結。

◇戦う植村正久　雨宮栄一著　新教出版社
　2008.9　①978-4-400-21305-5

◇植村正久―その人と思想　復刊　京極純
　一著　新教出版社　（新教新書）　2007.12
　①978-4-400-64121-6

◇若き植村正久　雨宮栄一著　新教出版社
　2007.9　①978-4-400-21304-8

◇植村正久―生涯と思想　大内三郎著　日
　本キリスト教団出版局　2002.9
　①4-8184-0465-9

◇植村正久と其の時代　第1巻　復刻3版
　佐波亘編著　教文館　2000.10

◇植村正久と其の時代　第2巻　復刻3版
　佐波亘編著　教文館　2000.10
　①4-7642-2102-0

◇植村正久と其の時代　第3巻　復刻3版
　佐波亘編著　教文館　2000.10
　①4-7642-2103-9

◇植村正久と其の時代　第4巻　復刻3版
　佐波亘編著　教文館　2000.10
　①4-7642-2104-7

◇植村正久と其の時代　第5巻　復刻3版
　佐波亘編著　教文館　2000.10
　①4-7642-2105-5

◇植村正久と其の時代　補遺・索引　復刻3
　版　佐波亘編著　教文館　2000.10
　①4-7642-2106-3

◇植村正久と其の時代　新補遺　復刻再版
　佐波亘, 小沢三郎編著　教文館　2000.10
　①4-7642-2108-X

◇植村正久　佐藤敏夫著　新教出版社　（植
　村正久とその弟子たち）　1999.4
　①4-400-51861-2

◇植村正久文集　斎藤勇編　岩波書店　（岩
　波文庫）　1995.3　①4-00-331161-2
　＊旗本の子に生まれ、維新後は横浜バン
　　ドの代表的存在。富士見町教会牧師、
　　東京神学社校長、『福音新報』主筆とし
　　て、数多くの人々に影響を与え続けた
　　植村正久の思想と人間像。

◇植村正久伝―伝記・植村正久　青芳勝久
　著　大空社　（伝記叢書）　1992.12
　①4-87236-404-X

宇垣一成　うがきかずしげ

1868～1956　大正, 昭和期の陸軍軍人, 政
治家。大将, 参議院議員。ワシントン会議
後宇垣軍縮を断行、加藤、若槻、浜口内閣
陸相として宇垣時代を築く。

◇宇垣一成と戦間期の日本政治―デモクラ
　シーと戦争の時代　髙杉洋平著　吉田書
　店　2015.2　①978-4-905497-28-8

◇幻の宰相宇垣一成―陸軍をめぐる奇縁石
　原莞爾と陸軍教授内田百閒　小川晃一著
　新風舎　2004.11　①4-7974-4704-4

宇喜多秀家

◇宇垣一成とその時代―大正・昭和前期の
軍部・政党・官僚　堀真清編著　新評論
1999.3　①4-7948-0435-0
＊陸軍大臣、朝鮮総督、近衛内閣の外相を
歴任し、「政界の惑星」と称された宇垣
一成の思想と行動を多面的に究明！「宇
垣軍縮」の実態、未遂のクーデタ、三月
事件と宇垣、朝鮮総督としての治績、幻
の宇垣内閣など、その全貌に迫る。

◇宇垣一成関係文書　宇垣一成文書研究会編
芙蓉書房出版　1995.6　①4-8295-0151-0
＊昭和戦前期、もっとも注目される軍人
政治家宇垣一成。大正～昭和の来翰・
発翰約1000通を翻刻した画期的史料集。

◇宇垣一成―政軍関係の確執　渡辺行男著
中央公論社　（中公新書）　1993.5
①4-12-101133-3
＊2.26事件以降、政治の主眼は陸軍を抑え
ること、あるいは協調におかれた。そ
して「宇垣なら」という待望論が絶える
ことはなかった。宇垣一成とは何者で
あったのか。力量・識見あふれる実力
者だったのか。3月事件の影の主役であ
る野心家であったのか。昭和12年、組
閣の大命を受けながら陸軍中堅幹部の
排斥工作によって遂に大命拝辞に追い
こまれた真の理由は何か。新史料を駆
使して波瀾の生涯を辿り、昭和史の謎
に肉薄する。

◇宇垣一成宰相であれば第二次世界大戦は起
こらなかった。―宇垣一成将軍と蒋介石将
軍　池見猛著　池見学園出版部　1992.12

◇宇垣内閣流産に関する一考察　李正竜著,
富士ゼロックス・小林節太郎記念基金編
富士ゼロックス・小林節太郎記念基金
1991.2

▌ 宇喜多秀家　うきたひでいえ
1572～1655　安土桃山時代の大名, 五大
老。関ヶ原で敗れ、八丈島流罪。

◇宇喜多秀家　大西泰正著　戎光祥出版
（シリーズ〈実像に迫る〉）　2017.10
①978-4-86403-261-2

◇宇喜多秀家と明石掃部　大西泰正著　岩
田書院　2015.5　①978-4-87294-890-5

◇「大老」宇喜多秀家とその家臣団―続豊臣
期の宇喜多氏と宇喜多秀家　大西泰正著
岩田書院　2012.4　①978-4-87294-731-1

◇宇喜多直家・秀家―西国進発の魁となら
ん　渡辺大門著　ミネルヴァ書房　（ミネ
ルヴァ日本評伝選）　2011.1
①978-4-623-05927-0
＊宇喜多直家・秀家、備前の戦国大名。一
介の土豪から知略の限りを尽くして備前・
美作を支配するまでに成長し、後に「戦
国の梟雄」とも言われた直家。秀吉の
寵愛のもとに成長し、五大老の一人と
して豊臣政権を支えようとした秀家。
対照的な父子の実像を初めて解明する。

◇豊臣期の宇喜多氏と宇喜多秀家　大西泰
正著　岩田書院　（岩田選書　地域の中
世）　2010.4　①978-4-87294-612-3

◇宇喜多秀家―備前物語　津本陽著　文芸
春秋　（文春文庫）　2001.4
①4-16-731450-9

◇封じ込められた宇喜多秀家とその一族―
豊臣五大老(戦国武将)　浮田丈男著　文
芸社　2000.12　①4-8355-1132-8
＊関ヶ原合戦から400年、宇喜多秀家配流
の真相。八丈島に流されて赦免まで前
代未聞の264年の刑。子孫が明かす、島
の土と化した秀家と一族の哀史。

◇宇喜多秀家―備前物語　津本陽著　文芸
春秋　1997.12　①4-16-317380-3
＊秀吉の寵愛をうけ五大老にのぼりつめ
た白皙の貴公子・秀家。関ヶ原で一敗
地にまみれ八丈島の流人となって四十
九年。怒濤の乱世を懸命に生きぬいた
西国の雄。果敢なる生涯。

◇宇喜多秀家―秀吉が夢を託した男　野村
敏雄著　PHP研究所　（PHP文庫）
1996.9　①4-569-56929-3
＊関ヶ原の合戦に敗れ、涙にくれる家来
に向かって秀家はこう論した。「わしは
生きる。太閤から天下を盗奪した家康
が、この世に存在するかぎり、わしは死
なぬ。家康の治める天下とはどのよう
な天下か、じっくり見届けてくれよ
う。」秀家の新たな戦いが始まった…。
幼い頃から秀吉にかわいがられ、秀吉
のために縦横無尽の活躍をした宇喜多

秀家。その栄光と悲劇に彩られた波乱
の生涯を描く。

◇秀家　赤木駿介著　富士見書房　1996.6
　①4-8291-7318-1
　＊秀吉の養女、豪姫を妻に、戦国の梟雄・
　宇喜多直家を父とする秀家は、関ケ原
　合戦でかっての重臣と東軍・西軍に分
　かれ敵対して敗走。そして椿の咲き乱
　れる絶海の孤島・八丈島に流刑となっ
　た…。秀吉の愛を受け、巨大な影にお
　びえた宇喜多秀家、その流転の生涯と
　家臣団の悲劇を描いた注目の野心作。

▌**歌川国芳**　うたがわくによし
　1797～1861　江戸時代末期の浮世絵師。
　歌人派三巨匠の一人。

◇歌川国芳―奇想天外江戸の劇画家国芳の
　世界　中右瑛，稲垣進一，悳俊彦監修
　青幻舎　2014.3　①978-4-86152-436-3

◇もっと知りたい歌川国芳―生涯と作品
　悳俊彦著　東京美術　（アート・ビギナー
　ズ・コレクション）　2008.3
　①978-4-8087-0840-5

◇浮世絵を読む　6　国芳　浅野秀剛編，吉
　田伸之編　朝日新聞社　1997.11
　①4-02-257205-1

◇江戸を読む　3　国芳　〔完全復刻翻訳
　版〕　佐野文哉訳　二見書房　1996.9
　①4-576-96104-7
　＊いよいよ佳境！　秘蔵の江戸大衆文学を
　現代語訳で初公開。当代一の風俗絵師、
　歌川国芳が吉原を舞台に繰り広げる"艶
　本・源氏物語"収録作品『江戸紫吉原源
　氏』・『吾妻婦理』・『華古与見』。

◇幕末の修羅絵師国芳　橋本治ほか著　新
　潮社　（とんぼの本）　1995.7
　①4-10-602039-4

◇国芳の狂画　稲垣進一，悳俊彦編著　東
　京書籍　1991.10　①4-487-75272-8
　＊徳川300年の鎖国時代。閉塞された時空
　のなかで、ユーモアとウィットに富ん
　だ痛快な狂画を描いた画家がいる。浮
　世絵師・歌川国芳。彼の残した数々の
　狂画のなかには、現代の漫画家の作品
　をはるかに凌ぐ「笑いの文化」がつめ込

まれている。まさに抱腹絶倒。抑圧さ
れた江戸庶民のエネルギーが、一つひ
とつの作品からほとばしっている。本
書は、幕末最大の漫画家ともいえる奇
才・国芳の狂画の世界を一挙に紹介。
現代の漫画の原点となる貴重な作品を
収録している。浮世絵・美術愛好家の
みならず、ユーモアの世界を忘れかけ
た現代人・必見の書だ。

▌**歌川広重**　うたがわひろしげ
　1797～1858　安藤広重（あんどうひろし
　げ）とも。江戸時代末期の浮世絵師。歌川
　豊広の門人。「東海道五十三次」「名所江
　戸百景」で不動の名声を得た。

◇歌川広重の声を聴く―風景への眼差しと
　願い　阿部美香著　京都大学学術出版会
　（プリミエ・コレクション）　2018.3
　①978-4-8140-0139-2

◇歌川広重―日本の原風景を描いた俊才絵
　師　河出書房新社　（傑作浮世絵コレク
　ション）　2017.1　①978-4-309-62325-2

◇広重―初代～五代広重のガイドブック
　奥田敦子編集・執筆　太田記念美術館
　2007.11

◇もっと知りたい歌川広重―生涯と作品
　内藤正人著　東京美術　（アート・ビギ
　ナーズ・コレクション）　2007.6
　①978-4-8087-0817-7

◇『名所江戸百景』広重の描いた千代田区―
　わたしの散歩帳から　山本勝美著　五月
　書房　2003.1　①4-7727-0384-5

◇安藤広重のナゾ―東海道五十三次ミステ
　リー　中右瑛著　里文出版　2001.3
　①4-89806-141-9
　＊安藤広重という絵師はいない！　本書
　は、広重の生涯と数々の作品に隠され
　たミステリーを解明する。

◇広重　歌川広重画，浅野秀剛，吉田伸之編
　朝日新聞社　（浮世絵を読む）　1998.7
　①4-02-257204-3
　＊本書では、名所絵の巨匠として数多く
　の名作を残した広重の代表作を見、そ
　の画業の全体像をたどりながら、いく
　つかの切り口から背景となる時代や社

会のありようを具体的にみてゆく。ていねいな実証研究を大切にしながら、また一方でやや大胆に浮世絵の作品や作者にも迫ろうと試みている。

◇歌川広重名品展—生誕200周年記念 浮世絵 太田記念美術館所蔵 歌川広重画, 太田記念美術館編 王舎城美術宝物館 1997.12

◇広重五十三次を歩く 上 日本橋～袋井宿 日本放送出版協会編, 土田ヒロミ撮影 日本放送出版協会 1997.7
ⓘ4-14-080318-5
＊五十三次今(写真)昔(広重画)。宿場歴史物語。街道をめぐる伝説。有名、無名の人々の足跡。見どころ・味どころ。交通アクセス。旧東海道マップ。エッセイ・解説。

◇広重五十三次を歩く 下 見付宿～京都 日本放送出版協会編, 土田ヒロミ撮影 日本放送出版協会 1997.7
ⓘ4-14-080319-3
＊五十三次今(写真)昔(広重画)。宿場歴史物語。街道をめぐる伝説。有名、無名の人々の足跡。見どころ・味どころ。交通アクセス。旧東海道マップ。エッセイ・解説。

◇司馬江漢「東海道五十三次画帖」—広重「五十三次」には元絵があった 対中如雲監修 ワイズ出版 1996.12
ⓘ4-948735-59-0

◇広重「東海道五十三次」の秘密—新発見、その元絵は司馬江漢だった 対中如雲著 祥伝社 (ノン・ブック) 1995.11
ⓘ4-396-10372-7

◇広重東海道錦絵を読む 白石克執筆 慶応義塾大学三田情報センター情報サービス担当 (文献シリーズ) 1993.1

◇フランク・ロイド・ライトと広重 アルファキュービックギャラリーほか編 京都書院 1992.6 ⓘ4-7636-0051-6

▎**宇田川榕庵** うだがわようあん
1798～1846 江戸時代後期の蘭学医。

◇江戸のスーパー科学者列伝 中江克己著 宝島社 (宝島SUGOI文庫) 2013.8

ⓘ978-4-8002-1038-8
＊「江戸」と「科学」には、なんの繋がりもないように思える。しかし、江戸時代には多くの科学者が日々研究に明け暮れていた。「行列式」を発見した和算家の関孝和、世界初の全身麻酔手術に成功した華岡青洲、ソメイヨシノを開発した遺伝学者の伊藤伊兵衛など。そのレベルは当時の世界を見ても決してひけをとっていなかった。本書では江戸の科学者31人を取り上げ、彼らの功績と人柄に迫る。

◇シーボルトと宇田川榕菴—江戸蘭学交遊記 高橋輝和著 平凡社 (平凡社新書) 2002.2 ⓘ4-582-85129-0
＊「シーボルト事件」で知られるドイツ人シーボルトは、江戸参府の際、とある日本人の訪問をうけた。それが、蘭・独・英語にも通じ、今も残る数々の科学用語を考案し、名著『植物啓原』で知られる津山藩医、宇田川榕菴である。野心溢れる西洋知識人と第一級の蘭学者が出会ったとき、言語学・植物学など多岐にわたる、豊かな学術交流が花開いた。二人の天才の交流から生まれた、日本科学史の輝かしい成果を紹介する。

▎**宇多天皇** うだてんのう
867～931 平安時代前期の第59代の天皇。(在位887～897)。

◇日記で読む日本史 3 宇多天皇の日記を読む 天皇自身が記した皇位継承と政争 倉本一宏監修 古藤真平著 臨川書店 2018.7 ⓘ978-4-653-04343-0

◇寛平法皇御作次第集成 武内孝善著 東方出版 1997.2 ⓘ4-88591-517-1
＊寛平法皇は、真言宗史の上に大きな足跡を残した。弘法大師以降半世紀あまり、天台密教におされて沈滞期にあった真言密教を、隆盛におもむく端緒をひらいたのが、寛平法皇であった。仁和寺にあって、真言密教の正統な相承者、つまり阿闍梨として修法に精進する一方、付法にも力を尽した。そのなかで撰述されたのが、本書に収載された九種の作法次第であった。

◇宇多天皇と武芸川町　武芸川町歴史同好会　1995.3

◇歌語りの時代―大和物語の人々　山下道代著　筑摩書房　1993.7　①4-480-82300-X
＊恋・邂逅・賀・哀傷…。人間のあらゆる哀歓の一つ一つが歌によって表わされた時代。豊富な資料と綿密な考証のもとに、典雅な平安朝絵巻が、いま躍動しはじめる。歌語りの和歌史や文学史上の意義と再評価を問う意欲作。

内田康哉　うちだやすや
1865～1936　明治～昭和期の政治家, 外交官。外務大臣, 満鉄総裁。斎藤内閣の外相として満州国承認等強硬策を唱え、焦土外交と称される。

◇「肥後もっこす」かく戦えり―電通創業者光永星郎と激動期の外相内田康哉の時代　境政郎著　日本工業新聞社　2015.2　①978-4-86306-113-2

◇内田康哉関係資料集成　第1巻　資料編1　小林道彦, 高橋勝浩, 奈良岡聡智, 西田敏宏, 森靖夫編集　柏書房　2012.12　①978-4-7601-4173-9

◇内田康哉関係資料集成　第3巻　伝記編　小林道彦, 高橋勝浩, 奈良岡聡智, 西田敏宏, 森靖夫編集　柏書房　2012.12　①978-4-7601-4175-3

内村鑑三　うちむらかんぞう
1861～1930　明治, 大正期のキリスト教伝道者, 思想家。福音主義信仰に立ち、日露戦争で非戦論を唱える。

◇内村鑑三―悲しみの使徒　若松英輔著　岩波書店　（岩波新書 新赤版）　2018.1　①978-4-00-431697-8

◇明治の光・内村鑑三　新保祐司著　藤原書店　2018.1　①978-4-86578-153-3

◇内村鑑三　新保祐司著　文芸春秋　（文春学芸ライブラリー　雑英）　2017.10　①978-4-16-813064-9

◇現代に生きる内村鑑三―人間と自然の適正な関係を求めて　改訂版　三浦永光著　御茶の水書房　2017.2

①978-4-275-02060-4

◇余はいかにしてキリスト信徒となりしか　内村鑑三著, 鈴木範久訳　岩波書店　（岩波文庫）　2017.2　①978-4-00-381512-0

◇明治知識人としての内村鑑三―その批判精神と普遍主義の展開　柴田真希都著　みすず書房　2016.9　①978-4-622-08533-1

◇教育史の中の内村鑑三　安彦忠彦著　御茶の水書房　（神奈川大学評論ブックレット）　2016.3　①978-4-275-02038-3

◇近代日本の預言者―内村鑑三、1861-1930年　J.F.ハウズ著, 堤稔子訳　教文館　2015.12　①978-4-7642-7402-0

◇内村鑑三研究資料集成　鈴木範久編・解説　クレス出版　2015.11　①978-4-87733-914-2
＊内村鑑三は、近代日本の生んだ最大の思想家の一人である。本資料集は、彼の精神, 思想を一層立体的にとらえようとするものである。

◇ボーイズ・ビー・アンビシャス―第5集　内村鑑三神と共なる闘い　不敬事件とカーライルの「クロムウェル伝」　二宮尊徳の会　2014.10（2刷）　①978-4-9906069-6-1

◇道をひらく―内村鑑三のことば　鈴木範久著　NHK出版　2014.9　①978-4-14-081657-8

◇内村鑑三　富岡幸一郎著　中央公論新社　（中公文庫）　2014.3　①978-4-12-205925-2
＊「宗教による近代の超克者」との内村鑑三像に、本書は根底からの転換を求める。内村はどのような「宗教」も「主義」も拒絶したのだ。そして「仰ぐこと」の全的価値にゆきつき、それによって近代人に覚醒を求める営為を提示した。このダイナミズムを解読した本書は、まるで思想のダイナマイトだ！

◇宮川文平と内村鑑三　宮川創平, 玄文社編集室編著　玄文社　2013.12　①978-4-906645-24-4

◇ボーイズ・ビー・アンビシャス―《クラーク精神》&札幌農学校の三人組（宮部金吾・内村鑑三・新渡戸稲造）と広井勇　二宮尊

内村鑑三

徳の会　2013.3印刷
①978-4-9906069-2-3

◇内村鑑三をよむ　若松英輔著　岩波書店
（岩波ブックレット）　2012.7
①978-4-00-270845-4
＊真実の意味で「読む」とは、書かれた言
葉を通じて書いた人物に出会うことで
ある。日本的霊性の究明に挑み続ける
注目の批評家が、『基督信徒の慰』『後世
への最大遺物』『代表的日本人』を内村
鑑三の生きた声として読み直し、絶句
するほどの苦難の彼方に独自の境涯を
切り開いた精神的巨人の姿をいきいき
と描き出す。

◇内村鑑三の人と思想　鈴木範久著　岩波
書店　2012.4　①978-4-00-022223-5
＊内村鑑三の波瀾の生涯を、忠実かつ綿密
に再現する。「キリスト愛国」の理想と
その挫折、一高不敬事件後の孤立と貧困
のただ中でつかんだ新しい世界観、義戦
論から不戦論への転換と、晩年の宇宙的
終末思想…難問に直面して逃げること
なく、常に究め続けた生の軌跡を描く。

◇内村鑑三と再臨運動―救い・終末論・ユダ
ヤ人観　黒川知文著　新教出版社
2012.3　①978-4-400-31050-1
＊再臨運動を内村の信仰形成史の中に位
置づけ、また同時代人の受容と批判を
つぶさに検討し、さらに内村のユダヤ人
観との関わりを考究し、この特異な運
動に多角的に迫った労作。

◇内村鑑三―1861-1930　新保祐司編　藤原
書店　（別冊『環』）　2011.12
①978-4-89434-833-2

◇内村鑑三とともに　新装版　矢内原忠雄
著　東京大学出版会　2011.9
①978-4-13-013092-9

◇なまら内村鑑三なわたし―二つの文化の
はざまで　ミシェル・ラフェイ著　柏艪
舎　（〔柏艪舎ネプチューン（ノンフィク
ション）シリーズ〕）　2011.5
①978-4-434-15545-1
＊日本を代表する宗教思想家・内村鑑三。
その内村を研究対象とし、北大で最初
の宗教学文学博士となったアメリカ人
女性ミシェル・ラフェイ。明治期の日

本とアメリカを同時に生きた内村を、
自らの経験と結びつけることにより現
代に蘇らせ、ときに辛辣に、ときにユー
モアたっぷりに、今日の我々のあり方
に問いを投げかける。

◇信徒内村鑑三―人と思考の軌跡　前田英
樹著　河出書房新社　（河出ブックス）
2011.2　①978-4-309-62427-3
＊教義も説教もいらない、ただ「信徒」た
らんとした内村鑑三が生涯を賭けてつ
きつめた「信仰」とは何だったのか。

◇内村鑑三の転機と千葉　東京基督教大学
国際宣教センター　（FCCブックレット
千葉県キリスト教史研究）　2008.10

◇内村鑑三とその系譜　江端公典著　日本
経済評論社　2006.11　①4-8188-1883-6
＊不敬事件、非戦論…。思想家・内村鑑三
を、憲法・基本的人権・平和等、今日的
視座から考える。弟子の矢内原忠雄、
南原繁の平和論に言及。さらに預言者
論、真理論を展開。

◇内村鑑三とその周辺　高木謙次著　キリ
スト教図書出版社　（高木謙次選集）
2005.1

◇内村鑑三・我が生涯と文学　正宗白鳥著
講談社　（講談社文芸文庫）　1994.2
①4-06-196261-2
＊若き日に内村鑑三に魂を奪われて、そ
の著作を耽読し、キリスト教徒となっ
た「人生の求道者」正宗白鳥は、師の中
に「我執の人」を発見し、神を棄てる。
しかし、老いて八十三歳、再度死への恐
怖から信仰の告白をした。生涯、いか
に人間生くべきかを問い続けた作家が、
率直、真摯に綴った評伝「内村鑑三」
「内村鑑三雑感」と「我が生涯と文学」
「文壇的自叙伝」の代表作四篇。

◇内村鑑三の生涯―近代日本とキリスト教
の光源を見つめて　小原信著　PHP研究
所　1992.2　①4-569-53467-8
＊西洋文明一辺倒の時代の最中、"日本的
キリスト教"の可能性を生涯にわたり追
い求めた内村鑑三―。成功と失意、試
煉と名声に彩られた波瀾の一生を、従
来の鑑三論を超えた独自の視点で描き
上げた書き下ろし1,300枚。

厩戸王　うまやどのおう

574〜622　厩戸皇子（うまやどのみこ），聖徳太子（しょうとくたいし）とも。飛鳥時代の王族，用明天皇の子。推古天皇の摂政として蘇我馬子と協力して政治にあたる。冠位十二階，十七条憲法，遣隋使などの業績があり，法隆寺を建立したことも有名。

◇聖徳太子の真相　小林恵子著　祥伝社（祥伝社新書）　2018.1
①978-4-396-11525-8

◇聖徳太子—ほんとうの姿を求めて　東野治之著　岩波書店　（岩波ジュニア新書）2017.4　①978-4-00-500850-6

◇推古天皇・聖徳太子—古代を創った人びと　歴史展示企画会議監修　奈良県地域振興部文化資源活用課　2017.3

◇聖徳太子と斑鳩三寺　千田稔著　吉川弘文館　（人をあるく）　2016.7
①978-4-642-06792-8

◇聖徳太子—実像と伝説の間　石井公成著　春秋社　2016.1　①978-4-393-13587-7

◇斑鳩の幻影—聖徳太子ものがたり 古代維新のトップランナー　山本勝之著　ブイツーソリューション　2015.11
①978-4-86476-367-7

◇聖徳太子—倭国の「大国」化をになった皇子　大平聡著　山川出版社　（日本史リブレット人）　2014.4　①978-4-634-54804-6
＊「大国」の仲間入りをめざした推古天皇の時代，「大国」となるために仏教と儒教の摂取の大役をまかされたのが聖徳太子だった。世襲王権を確立した欽明の子，推古の課題は，全国政権としての実質をつくりあげていくこと。そのために大王のもとに初めて置かれた権力中枢に加わった初代の王族こそ，聖徳太子であった。その事実を土台に，『日本書紀』に聖徳太子＝推古摂政・皇太子が創作された理由を探る。

◇人間聖徳太子の生涯　古屋携挙著　フルヤ技研工業　2013.5

◇上宮聖徳法王帝説　東野治之校注　岩波書店　（岩波文庫）　2013.3

①978-4-00-330341-2
＊聖徳太子（厩戸皇子）についての現存最古の伝記。仏教興隆や冠位十二階など，太子とその一族にまつわる事績や，欽明天皇から推古天皇にいたる関係系譜などを記す。引用された「天寿国繡帳」の銘文も含め，日本古代史の第一級の史料に，詳しい注を付す。

◇聖徳太子　髙田良信著　創元社　（日本人のこころの言葉）　2012.12
①978-4-422-80060-8
＊「和をもって貴しとなし」は，すべての日本人が知っている。だが，いま，その精神が失われていないか？　こんな時代だからこそ，太子の言葉に耳を傾けたい。

◇聖徳太子伝　杉本好伸編　国書刊行会　2011.2　①978-4-336-05290-2
＊冠位十二階や十七条憲法の制定，遣隋使の派遣，数々の寺院を建立して仏教の興隆につとめるなど，あまたの事績・伝説に彩られた，聖徳太子のたぐいまれなる生涯を遠大なスケールで描いた魅力あふれる物語。

◇日本史を歩く　岡島茂雄著　高木書房　2011.2　①978-4-88471-203-7

◇図説 古代日本のルーツに迫る！ 聖徳太子　千田稔監修　青春出版社　（青春新書 インテリジェンス）　2010.9
①978-4-413-04286-4
＊仏教興隆・遣隋使派遣・冠位十二階・憲法十六条…聖徳太子が目指した理想の国づくりとは—「和の国」の成り立ちを解く。

◇聖徳太子　亀井勝一郎著　春秋社　2010.6　①978-4-393-41612-9
＊たびたび大和の地を訪れ，様々な太子伝と仏教経典に学んで思索を深めた著者が，戦中戦後の激動の時代に書き継いだ，奇跡的な労作。異文化と対峙し，混迷に正面から立ち向かった信仰の巨人の実像と伝承に，驚くほど大胆に迫る。

◇聖徳太子—飛鳥人物伝　加来耕三企画・構成・監修，水谷俊樹原作，早川大介作画　ポプラ社　（コミック版日本の歴史）　2010.1　①978-4-591-11096-6

＊日本の国の礎を築いた男、日出ずる処の天子の実像に迫る。

◇聖徳太子の歴史を読む　上田正昭，千田稔共編著　文英堂　2008.2
①978-4-578-10089-8
＊聖徳太子1400年、「和」のこころ厩戸皇子のすべてに答える。

◇大東急記念文庫善本叢刊　中古中世篇　第16巻　聖徳太子伝　築島裕，島津忠夫，井上宗雄，長谷川強，岡崎久司編　築島裕責任編集　大東急記念文庫　2008.1
①978-4-7629-3475-9

◇聖徳太子―伝説のなかの八尾　平成18年度特別展　八尾市文化財調査研究会編　八尾市文化財調査研究会　2006.10

◇聖徳太子伝集　臨川書店　（真福寺善本叢刊）　2006.3　①4-653-03885-6,
4-653-03880-5

◇推古朝と聖徳太子　森田悌著　岩田書院　2005.9　①4-87294-391-0

◇聖徳太子の実像に迫る　林春彦著　新人物往来社（発売）　2005.9　①4-404-03273-0
＊本書により太子をめぐるさまざまな誤解や謎が霧散。

◇中世聖徳太子伝集成　第1巻　慶応義塾大学附属研究所斯道文庫編　勉誠出版　（斯道文庫古典叢刊）　2005.4
①4-585-03128-6

◇聖徳太子―和国の教主　本郷真紹編　吉川弘文館　（日本の名僧）　2004.11
①4-642-07845-2

◇捏造された聖徳太子神話―聖徳太子は実在しなかった　佐治芳彦著　日本文芸社　2004.10　①4-537-25234-0

◇聖徳太子虚構説を排す　田中英道著　PHP研究所　2004.9　①4-569-63827-9

◇禁書聖徳太子五憲法　新装版　野沢政直著　新人物往来社　2004.8　①4-404-03213-7

◇聖徳太子の虚像―道後来湯説の真実　合田洋一著　創風社出版　2004.7
①4-86037-041-4

◇聖徳太子の仏法　佐藤正英著　講談社（講談社現代新書）　2004.6
①4-06-149722-7

◇聖徳太子はいなかった　谷沢永一著　新潮社　（新潮新書）　2004.4
①4-10-610062-2

◇聖徳太子伝説―斑鳩の正体　和田萃編　作品社　（史話日本の古代）　2003.7
①4-87893-534-0
＊信仰と史実の交錯が生み出した、古代史上最大の英雄＝聖徳太子の鴻業とその時代。

◇聖徳太子―この国の原郷　立松和平著　日本放送出版協会　2002.4
①4-14-080670-2
＊作家立松和平は、過去八年、奈良法隆寺の正月法要に参加してきた。厳冬期、薄暗い金堂の中での行である。やがて作家は、聖徳太子の仏への思いの深さを実感する。"和を以て貴し"となす―皇族や豪族が相争う血生臭い飛鳥時代に平和をもたらそうとした太子。作家は、太子のイメージを求めて思索を続けた。

◇聖徳太子　吉村武彦著　岩波書店　（岩波新書）　2002.1　①4-00-430769-4
＊今なお謎と伝説に包まれている聖徳太子の実像をとらえ直す。それは、信仰の対象の「聖徳太子」とは区別して、飛鳥時代の現実を生きた「厩戸王子」の姿を、史料に基づいて厳密に再構成していくことから始まらなければならない。推古朝の政治の構造、仏教を受容し、斑鳩を拠点としたことの意味などを視野に入れた、現代の太子伝の決定版。

◇聖徳太子の実像と幻像　梅原猛ほか著　大和書房　2002.1　①4-479-84059-1

◇厩戸皇子読本　藤巻一保著　原書房　2001.12　①4-562-03453-X
＊日出処の天子・聖徳太子の神秘世界。魂を異界に遊ばせ、過去・現在・未来を見通した"サイキック・ヒーロー"聖徳太子。神秘と謎の太子がいま甦る。現代語訳『聖徳太子伝暦』完全版掲載。

梅謙次郎　うめけんじろう
1860～1910　明治期の法学者。帝国法科大学教授。法典調査会委員で、明治民法・

明治商法の編纂にあたる。

◇韓国司法制度と梅謙次郎　李英美著　法政大学出版局　2005.11　①4-588-63510-7
＊1905・10年、日本はソウルに統監府を設けて韓国保護政治を行なった。初代統監・伊藤博文は、韓国内における諸外国の治外法権撤廃と施政改善を図り、特に日本民法の起草者の一人、梅謙次郎を起用して司法制度の改革を企てた。梅は、民商法制定のための大規模な慣習調査事業をはじめ、裁判制度の改革、法典編纂事業などに取り組む。本書は、統監府による韓国司法制度の近代的改革への関与の背景と内容を追究し、梅と小田幹治郎らの活動の発端から挫折までを、日本未紹介の一次資料も駆使、綿密に解明する。「韓国保護条約」より100年、統監府期に関する意欲的研究。

◇博士梅謙次郎—伝記・梅謙次郎　東川徳治著　大空社　（伝記叢書）　1997.11　①4-7568-0485-3

◇わが民法の父梅謙次郎博士顕彰碑建立の記録　梅謙次郎博士顕彰記念誌編集委員会編　〔梅謙次郎博士顕彰記念誌編集委員会〕　1992.3

┃ **梅田雲浜**　うめだうんぴん
1815〜1859　江戸時代末期の尊攘派志士。

◇梅田雲浜関係史料　オンデマンド版　東京大学出版会　（続日本史籍協会叢書）　2016.3　①978-4-13-009497-9

◇梅田雲浜　復刻版　梅田薫著　福井教育アーカイブス　2015.11　①978-4-938737-64-1

◇明治維新の扉を拓いた梅田雲浜の実像に迫る　小浜市郷土研究会編　小浜市郷土研究会　2015.9　①978-4-88483-965-9

◇梅田雲浜の人物像—道義に生きた志士　村上利夫著　交友プランニングセンター・友月書房　2015.4（2刷）　①978-4-87787-629-6

┃ **梅原龍三郎**
うめはらりゅうざぶろう
1888〜1986　大正、昭和期の洋画家。東京美術学校教授。豊麗な色彩の風景画が得意、「富士山図」で朝日賞受賞、文化勲章受章。他に「雲中天壇」など。

◇梅原龍三郎とルノワール　梅原龍三郎著，嶋田華子編著　中央公論美術出版　2010.10　①978-4-8055-0647-9

◇白洲正子　鶴川日記　復刊　白洲正子著　PHP研究所　2010.2　①978-4-569-77516-6
＊滋味に富んだ人々との交流を綴った随筆集。

◇梅原龍三郎　日本アートセンター編　新潮社　（新潮日本美術文庫）　1998.5　①4-10-601560-9

◇私の梅原龍三郎　高峰秀子著　文芸春秋　（文春文庫）　1997.10　①4-16-758701-7
＊女優だった著者が二十代のころから四十年近く、親交のあった洋画界の巨匠・梅原龍三郎画伯。画家としても人間としても、桁外れのスケールを持った梅原画伯の知られざる素顔とその魅力を、ユーモアたっぷりな筆で綴ったエッセイ集。著者がモデルになった肖像画をはじめ、カラー図版、スナップ写真も多数掲載。

◇「書簡集」梅原竜三郎先生の追憶　梅原竜三郎，岡村辰雄編　岡村多聞堂　1995.5

◇版画の国日本　平塚運一著　阿部出版　1993.9　①4-87242-026-8
＊平塚運一白寿記念出版。木版画の伝統を生きる。

┃ **卜部兼好**　うらべかねよし
⇒兼好法師（けんこうほうし）

┃ **瓜生繁子**　うりゅうしげこ
⇒永井繁子（ながいしげこ）

┃ **運慶**　うんけい
?〜1223　平安時代後期，鎌倉時代前期の仏師。鎌倉時代彫刻様式の祖。代表作に

快慶との合作の「東大寺金剛力士像」や興福寺北円堂の諸像などがある。

◇運慶―リアルを超えた天才仏師　山本勉，みうらじゅん，ヤノベケンジ，橋本麻里著　新潮社　（とんぼの本）　2012.7　Ⓘ978-4-10-602233-3
＊日本の仏像史上、ただひとり「天才」と呼ばれる仏師の全貌。

◇運慶―天下復夕彫刻ナシ　根立研介著　ミネルヴァ書房　（ミネルヴァ日本評伝選）　2009.8　Ⓘ978-4-623-05546-3
＊東大寺南大門仁王像に代表される鎌倉時代の新様式を打ち立てた仏師・運慶。彼の実像を提示する史料はさほど多くないが、仏師の中でこれほどまで名声を獲得した者はいない。今もなお神話化が進む運慶を、その事績や遺品に基づき再考し、彼の全体像を改めて問い直す。

◇快慶―運慶を超えた男　大湊文夫著　郁朋社　2007.10　Ⓘ978-4-87302-396-0
＊あ・うん造立。「優美」の快慶、「雄大」の運慶。鎌倉彫刻界二大巨頭のあまりにも対照的なその生涯を追う。

◇小説・運慶　錦和熙著　新風舎　2007.6　Ⓘ978-4-289-01868-0
＊貴族による政治から武士の台頭、そして初の武家政権となる鎌倉幕府の幕開け。歴史的な変革期の中で、一人の仏師がどのように才能を発揮し、自らの道を切り開いたのか。武家政治と仏教の結びつきという視点から、稀代の仏師の生涯を描いた物語。

◇運慶―その人と芸術　副島弘道著　吉川弘文館　（歴史文化ライブラリー）　2000.9　Ⓘ4-642-05501-0
＊日本を代表する仏師運慶は、古代から中世への激動期に、清新な表現の仏像を生みだし、檜舞台に登場した。現場からの最新の研究成果にもとづいて、運慶の作品の本質と、日本の仏像と仏師の魅力を明快に説いた仏像論。

◇運慶の挑戦―中世の幕開けを演出した天才仏師歴史ドラマランド　上横手雅敬，松島健，根立研介共著　文英堂　1999.7　Ⓘ4-578-12959-4

◇仏像と人の歴史発見―タイムカプセルが開かれて　清水真澄著　里文出版　1999.2　Ⓘ4-89806-090-0
＊仏像の体内に籠められた文書や銘文により、願主の想い、仏師の意識、解明された形等々…タイムカプセルによって、遙かなる歴史の中に一筋の光が見えてくる。何百年の時を越えて仏像とその願主、仏師と信仰の歴史が今明らかになる。

◇仁王像大修理　東大寺監修，東大寺南大門仁王尊像保存修理委員会編　朝日新聞社　1997.5　Ⓘ4-02-256986-7
＊運慶か、快慶か。七百九十年の時空を超えて東大寺国宝仁王像の謎に迫る。

◇運慶仏像彫刻の革命　西村公朝，熊田由美子著　新潮社　（とんぼの本）　1997.1　Ⓘ4-10-602054-8

◇運慶　小田三月著　河出書房新社　1991.9　Ⓘ4-309-00721-X

【え】

栄西　えいさい（ようさい）
1141〜1215　平安時代後期，鎌倉時代前期の臨済宗の僧。(開祖)。2度入宋して臨済宗を伝え、建仁寺を開く。また茶を初めて日本にもたらした。著作に「興禅護国論」。

◇栄西　中尾良信，瀧瀬尚純著　創元社　（日本人のこころの言葉）　2017.6　Ⓘ978-4-422-80071-4

◇アジアと日本をつないだ僧―重源・栄西―狭山池シンポジウム2014記録集　大阪狭山市教育委員会編　大阪狭山市教育委員会　2015.10

◇栄西―臨済宗　髙野澄著　淡交社　（京都・宗祖の旅）　2014.3　Ⓘ978-4-473-03936-1
＊日本仏教の再興をめざし、禅の教えと文化を広める。2014年、800年大遠諱。日本の禅の源流。

◇栄西の道―千光燦々　宮脇隆平著　禅文化研究所　2013.4　Ⓘ978-4-88182-271-5

＊九州・鎌倉・京都など国内だけでなく中国本土にも到る栄西禅師の足跡をたどる著者の旅は、足掛け十年にもわたり、いつしかライフワークとなっていた。

◇栄西―岡山県立博物館平成二十五年度特別展　岡山県立博物館編　岡山県立博物館　2013.3

◇重源と栄西―優れた実践的社会事業家・宗教者　久野修義著　山川出版社　（日本史リブレット）　2011.11
Ⓘ978-4-634-54827-5
＊東大寺再建に活躍した重源と、臨済禅と茶の祖とされる栄西。通常、あまり注目されないが、この二人にはたいへん共通点が多い。たがいに面識があっただけでなく、ともに「源平内乱」という未曾有の社会的大変動を目の当たりにし、乱後のあるべき社会と仏法を求めて、東アジア規模で活躍した実践的な宗教者たちであった。両者をあわせみるとき、またあらたな歴史の視野が広がってこよう。

◇栄西を訪ねて―生誕地と生涯　芝村哲三著　吉備人出版　2004.5　Ⓘ4-86069-067-2

◇栄西ものがたり　宮脇隆平著　文芸社　2003.9　Ⓘ4-8355-5999-1
＊濁世に千光を灯した僧・栄西の生涯。

◇禅とその歴史　古田紹欽, 柳田聖山, 鎌田茂雄監修, 石川力山編, 広瀬良弘解説　ぺりかん社　（叢書 禅と日本文化）　1999.8
Ⓘ4-8315-0809-8

◇うちのお寺は臨済宗　藤井正雄総監修　双葉社　（わが家の宗教を知るシリーズ）　1997.7　Ⓘ4-575-28752-0

◇禅とは何か　古田紹欽著　日本放送出版協会　（NHKライブラリー）　1996.12　Ⓘ4-14-084047-1
＊世界的な関心を呼ぶ禅の世界。その成り立ちと精神の源流を探る。中国初期の禅、達磨の禅、唐代・宋代の禅へと系譜をたどり、禅の思想と流派を簡潔に解説し、その神髄を明かす。また禅のわが国独時の発展をあとづけ、禅と日本文化との関わり、祖師たちや個性的な禅僧の行動にふれつつ、禅の全体像

を俯瞰する最適の入門書。

◇栄西の生涯　ひろさちや原作, 辰巳ヨシヒロ漫画　鈴木出版　（仏教コミックス）　1995.6　Ⓘ4-7902-1922-4
＊文治三年（一一八七）四月、栄西は四十七歳にして再び宋に渡った。天台山万年寺で虚庵懐敞に出会い、臨済宗黄龍派の法をつぎ、帰朝。九州を拠点に活発な布教活動を開始する。そんな栄西を待ち受けていたものは…。宋の禅院で得た体験をもとに、『喫茶養生記』を著し、日本に茶を広めた茶祖としても知られる栄西。果敢にも二度にわたる入宋を果たし、わが国に臨済禅をもたらした栄西の情熱に満ちた生涯を描く。

◇宗祖としての道元禅師　衛藤即応著　岩波書店　1994.2　Ⓘ4-00-002934-7

◇禅入門　1　栄西　興禅護国論・喫茶養生記　古田紹欽著　講談社　1994.1　Ⓘ4-06-250201-1
＊日本禅宗の開祖の名著。禅こそ護国の使命をになう仏教とする『興禅護国論』と、わが国最古の茶書『喫茶養生記』。

◇栄西　高野澄著　（京都）淡交社　（京都・宗祖の旅）　1990.7　Ⓘ4-473-01142-9

叡尊　えいそん

1201～1290　思円（しえん）とも。鎌倉時代後期の律宗の僧。西大寺の中興開山。

◇西大寺叡尊伝記集成　2版　奈良国立文化財研究所監修　法蔵館　2012.10　Ⓘ978-4-8318-6527-4

◇感身学正記―西大寺叡尊の自伝　1　叡尊著, 細川涼一訳注　平凡社　（東洋文庫）　1999.12　Ⓘ4-582-80664-3

◇救済の思想―叡尊教団と鎌倉新仏教　松尾剛次著　角川書店　（角川選書）　1996.5　Ⓘ4-04-703272-7

江川太郎左衛門

えがわたろうざえもん

1801～1855　江川坦庵（えがわたんあん）とも。江戸時代末期の代官, 洋式砲術家。

◇評伝江川太郎左衛門―幕末・海防に奔走

した韮山代官の軌跡　加来耕三著　時事
通信出版局, 時事通信社（発売）　2009.11
①978-4-7887-0983-6

◇幕臣たちと技術立国—江川英竜・中島三
郎助・榎本武揚が追った夢　佐々木譲著
集英社　（集英社新書）　2006.5
①4-08-720342-5
＊明治維新こそが近代の「夜明け」である
という認識が, 一般の日本人にとって,
ごくあたりまえの通念である。本書は,
激動の時代を駆け抜けた三人の幕臣た
ちの生涯を取り上げながら, そうした
歴史通念に異を唱えた一冊である。反
射炉やお台場築造に関わった先駆的な
行政官・江川太郎左衛門英竜, ペリー艦
隊と最初に接触した人物にして, 日本
初の西洋式帆船の建造者である中島三
郎助永胤, そして, 船舶技術や国際法の
知識を総動員して, 近代日本建設のい
くつものプロジェクトのリーダーと
なった榎本釜次郎武揚。日本の近代は,
幕末期の技術系官僚たちによって準備
され, すでに始まっていたのである—。

◇反射炉に学ぶ　〔2001〕増補改訂　山田
寿々六著　〔山田寿々六〕　2001.5

◇反射炉に学ぶ　増補改訂　山田寿々六著
修善寺印刷所（印刷）　1999.1

◇ふるさと百話　1巻　戸羽山瀚, 中川雄太
郎, 後藤清吉郎著　静岡新聞社　1998.11
①4-7838-0426-5
＊『ふるさと百話』は, 昭和40年6月から
50年12月まで静岡新聞に連載されたも
の。郷土の史話や伝説, 文化や自然等
を平易な読み物として熱心な郷土研究
者たちが執筆。

◇反射炉に学ぶ　山田寿々六著　〔山田
寿々六〕　1997.11

◇崋山の厄難—私説江川坦庵3　桐野玄蔵著
日本図書刊行会　1997.4
①4-89039-421-4
＊これが, 蛮社の獄だ！ 天保の世を震撼
させた鳥居耀蔵の暴挙に, 江川坦庵と
渡辺崋山の交流を介して迫る。

◇幕末・明治維新期における江川坦庵とそ
の門下生　磯部博平, 磯部美波共著　磯

部出版　1996.9

◇反射炉と江川坦庵　増補改訂　山田寿々
六著編　〔山田寿々六〕　1996.3

◇反射炉と江川坦庵　山田寿々六著編
〔山田寿々六〕　1995.1

江崎玲於奈　えさきれおな

1925〜　昭和, 平成期の物理学者。筑波大
学学長, 茨城県科学技術振興財団理事長。
固体物理学, 電子工学を研究。エサキダ
イオードを発明しノーベル物理学賞受賞。

◇「未知」という選択—世界のレオ創造の軌
跡　江崎玲於奈著　神奈川新聞社　（わが
人生）　2017.1　①978-4-87645-561-4

◇オプションを活かそう—選択が人生を決
める　江崎玲於奈著, 滝田恭子編集協力
中央公論新社　2013.10
①978-4-12-004556-1
＊日本人がノーベル賞を受賞することは
珍しくなくなった。しかし, 日本の科
学・技術は沈滞気味である。自らの歩
みを振り返りつつ, 科学と技術を育て
ていくための考え方を, 国際的な視野
から語りかける。

◇限界への挑戦—私の履歴書　江崎玲於奈
著　日本経済新聞出版社　2007.9
①978-4-532-16635-9

◇半導体の基礎　ピーター・Y.ユー, マ
ニュエル・カルドナ著, 末元徹, 勝本信
吾, 岡泰夫, 大成誠之助訳　シュプリン
ガー・フェアラーク東京　1999.5
①4-431-70810-3
＊半導体物理の基礎からデバイスへの応
用まで, 実践的に解説した教科書。半
導体の完全結晶や人工格子の製作法な
ど, マテリアル・サイエンスとしての側
面を強調する一方, 特に著者らの専門
であるラマン散乱, 発光, 光電子分光な
どといった光学的性質の記述に重点を
おいている。理論的取り扱いは, 冗長
な一般論を避け, 常に明快な物理的イ
メージに基づいて解説されている。ま
た, 半導体物理の歴史の中で重要な展
開となったトピックスについて, その9
人の立役者たち, Burstein, Cohen,

Haller、Herring、Kittel、Smith、Tauc、von Klitzing、江崎玲於奈の回想と展望を掲載。

恵心僧都　えしんそうず
⇒源信（げんしん）

江藤新平　えとうしんぺい
1834〜1874　江戸時代末期，明治期の佐賀藩士，政治家。司法卿。民法典編纂，司法権独立に尽力，征韓論が入れられず佐賀で挙兵，政府軍に敗れ処刑。

◇明治裏面史　下巻　伊藤痴遊著　国書刊行会　2013.4　①978-4-336-05643-6
＊昔日のベストセラー作家・伊藤痴遊が伝える幕末明治激震の姿。司法の父・江藤新平の悲痛な最期と大久保利通の冷酷さ。工作、謀略、手練手管…。志士たちの乱暴で荒々しい、剥き出しで命がけのかけひきの数々には、ただ驚くほかはない。

◇江藤南白　上巻　復刻　的野半助著　マツノ書店　2006.1

◇江藤南白　下巻　復刻　的野半助著　マツノ書店　2006.1

◇江藤新平伝—奇跡の国家プランナーの栄光と悲劇　星川栄一著　新風舎　2003.10　①4-7974-2929-1
＊教科書ですら、「征韓論を主張して下野し、不平士族を率いて佐賀の乱を起こし処刑された」と通説で伝えられている江藤新平。その歴史的記述・解釈の大いなる誤りを糺し、従来の江藤像を一新する衝撃の書。「近代日本を作った国家プランナーであり、史上最強のテクノクラート官僚」としての知られざる実像を明らかにする。

◇司法卿江藤新平　佐木隆三著　文芸春秋（文春文庫）　1998.4　①4-16-721514-4
＊明治7年、初代司法卿の江藤新平は「佐賀の乱」の首謀者として、佐賀裁判所で死刑判決を受け、即日、斬首された。彼はなぜ栄光の座を捨てて下野したのか。司法権の独立に辣腕をふるって、法の正義を貫いた江藤新平は、薩長勢力と対立

して悲劇的な最期を迎える。司法と行政の権限争いの視点から描く裁判小説。

◇江藤新平—近代日本のかたちをデザインした人　中島優著，自由主義史観研究会編　明治図書出版　（教科書が教えない歴史人物の生き方）　1997.11　①4-18-461207-5
＊欧米諸国の力がアジアにおしよせた、あの幕末・明治の時代に、日本の独立を守り、新しい国づくりを支えたリーダーたちがいました。その生き方をたずね、その活躍に心おどらせ、しばし苦楽をともにしてみませんか。本書は、ベストセラー『教科書が教えない歴史』を書いた自由主義史観研究会のメンバーが若い世代のために書き下ろした、歴史人物物語です。

◇司法卿江藤新平　佐木隆三著　文芸春秋　1995.4　①4-16-315470-1
＊初代法務大臣の栄光と悲惨。佐賀の乱の首謀者として斬首された初代法務代臣江藤新平。なぜ彼は栄光の座を捨てて下野したのか。その真相を新たな視点から描いた長篇小説。

◇民権の火柱江藤新平　日下藤吾著　叢文社　（現代を拓く歴史名作シリーズ）　1990.11　①4-7947-0180-2
＊「新しい日本国は俺の頭脳から生まれる」。佐賀鍋島藩のどん底武士の家に生まれた新平は、八面六臂、彗星のように維新政府の司法卿に躍り出ると強烈な自信と学才を駆使して僅か一年で法治国家の礎をつくったが—。官僚制国家を目ざす大久保と、自由民権国家を理想として燃える新平の間の亀裂—「維新の志を忘れ腐敗の限りを尽くす巨悪」にただ一人で挑戦した新平は、佐賀の乱の鎮静のために西下、大久保によって首魁にされ、太政官法廷での大論陣の計画も空しく、暗黒裁判で梟首刑に—。現代の病根の源流に肉迫。

江戸川乱歩　えどがわらんぽ
1894〜1965　大正，昭和期の探偵小説作家。日本推理作家協会理事長。江戸川乱歩賞の創設者、児童もの「怪人二十面相」、

猟奇趣味の濃厚な「陰獣」など。

◇乱歩彷徨―なぜ読み継がれるのか　紀田
順一郎著　春風社　2011.11
①978-4-86110-284-4

◇大槻ケンヂが語る江戸川乱歩―私のこだ
わり人物伝　江戸川乱歩, 大槻ケンヂ著
角川書店　（角川文庫）　2010.4
①978-4-04-184721-3
＊「少年探偵」シリーズに代表される少年
ものや、怪奇浪漫文学の名品を数多く
遺した江戸川乱歩―。小学2年で『電人
M』を読んで以来、乱歩に惹かれ、音楽
性にも多大な影響を受けた大槻ケンヂ
が、ロック・ミュージシャンの視点から
とらえ、新乱歩論を展開する。同時収
録は、乱歩の短編小説「鏡地獄」「押絵
と旅する男」「踊る一寸法師」「人でなし
の恋」。この1冊で評伝と作品が読める
「私のこだわり人物伝」シリーズ第2弾。

◇乱歩・正史・風太郎　高木彬光著, 山前譲
編　出版芸術社　2009.11
①978-4-88293-384-7
＊本格推理小説の巨人・高木彬光と、その
作家人生に転機を与えた三人の巨匠―。
著者の才能を発掘し、デビューさせた
“産みの親”江戸川乱歩、作家としての
処世術を伝授した“育ての親”横溝正史、
晩年まで長く水魚の交わりであった“親
友”山田風太郎。在りし日の推理小説界
が垣間見える異色の交友録。

◇大乱歩展　神奈川文学振興会編　県立神
奈川近代文学館　2009.10

◇乱歩の軌跡―父の貼雑帖から　平井隆太
郎著　東京創元社　2008.7
①978-4-488-02430-7
＊乱歩手製の自伝『貼雑年譜』を読み解き
ながら、職業と住居の大遍歴を経て
徐々に完成されていく探偵小説界の巨
人・乱歩の実像に迫る。

◇乱歩と名古屋―地方都市モダニズムと探
偵小説原風景　小松史生子著　風媒社
（東海風の道文庫）　2007.5
①978-4-8331-0622-1
＊乱歩が多感な少年時代を一番長く過ご
した名古屋。明治末期の、保守と革新
が入り混じった地方都市モダニズム文

化の洗礼を受けたことが、乱歩の感性
に何を刻印したのか。

◇うつし世の乱歩―父・江戸川乱歩の憶い
出　平井隆太郎著, 本多正一編　河出書房
新社　2006.6　①4-309-01763-0
＊真面目人間でハニカミ屋、不器用でギ
コチないが几帳面…好奇心はありあま
るほどでたえず夢を持ち続けていた。
怪人・乱歩の素顔！ 乱歩夫人・平井隆
氏のエッセイ収録。

◇探偵小説四十年　下　江戸川乱歩著　光
文社　（光文社文庫　江戸川乱歩全集）
2006.2　①4-334-74023-5

◇探偵小説四十年　上　江戸川乱歩著　光
文社　（光文社文庫　江戸川乱歩全集）
2006.1　①4-334-74009-X

◇わが夢と真実―江戸川乱歩全集　第30巻
江戸川乱歩著　光文社　（光文社文庫）
2005.6　①4-334-73883-4

◇子不語の夢―江戸川乱歩小酒井不木往復書
簡集　江戸川乱歩, 小酒井不木［著］, 中
相作, 本多正一監修, 浜田雄介編　乱歩蔵
びらき委員会　2004.10　①4-7744-0373-3

◇江戸川乱歩と大衆の二十世紀　藤井淑禎
編　至文堂　（「国文学解釈と鑑賞」別冊）
2004.8

◇幻影の蔵―江戸川乱歩探偵小説蔵書目録
新保博久, 山前譲編著　東京書籍
2002.10　①4-487-79758-6
＊12年間にわたる調査・研究がついに結
実。江戸川乱歩の遺した膨大な蔵書を
ミステリー評論家の新保博久と山前譲
が一挙に紹介。

◇乱歩の幻影　日下三蔵編　筑摩書房　（ち
くま文庫）　1999.9　①4-480-03505-2
＊幼い頃に見た写真によって江戸川乱歩の
小説にとりつかれたように成長した女
性が、夫の書棚で発見した一本のエッ
セイ。そのエッセイに導かれた彼女が
たどりつく乱歩にまつわる衝撃の事実
を描く表題作（「乱歩の幻影」）。江戸川
乱歩の作品、その人柄、性向、趣味を題
材とした小説、あるいは乱歩自身が登
場する作品十篇を収録する乱歩ファン
必読のオリジナル・アンソロジー。

江戸川乱歩

◇江戸川乱歩—わが夢と真実 (抄)　江戸川乱歩著, 中島河太郎編　日本図書センター（シリーズ・人間図書館　作家の自伝）1999.4　①4-8205-9535-0

◇近代作家追悼文集成　第40巻　江戸川乱歩・谷崎潤一郎・高見順　ゆまに書房1999.2　①4-89714-643-7,4-89714-639-9

◇江戸川乱歩　太陽編集部編　平凡社（コロナ・ブックス）　1998.6①4-582-63343-9

◇回想の江戸川乱歩　小林信彦著　文芸春秋（文春文庫）　1997.5　①4-16-725605-3＊日本の探偵小説のパイオニアである江戸川乱歩。「幻想」「怪奇」といったイメージに彩られた"巨人"の実像を、晩年に接した作家とイラストレーターの兄弟が初めて語り合う対談、エッセイ、小説によって描き出す。資料的価値はもちろん、乱歩が生きた大正・昭和という時代が浮び上る、ファン必読の好著。

◇一九三四年冬—乱歩　久世光彦著　新潮社（新潮文庫）　1997.2　①4-10-145621-6

◇乱歩—キネマ浅草コスモス座　高橋康雄著　北宋社　1996.4　①4-938620-92-8

◇われらは乱歩探偵団　小野幸二著　勉誠社　1995.9　①4-585-05016-7＊乱歩の軽妙なかたりと奇談。親しく乱歩と交流した著者が語る風変わりで楽しい乱歩回想。知られざる乱歩の実像と創作の謎にせまる。江戸川乱歩生誕百年記念出版。

◇私の江戸川乱歩体験　長谷部史親著　広済堂出版　1995.4　①4-331-05642-2＊伝説めいたエピソードに彩られた日本の推理小説界の第一人者の虚像と実像を探る。

◇生誕百年・探偵小説の大御所 江戸川乱歩99の謎—生誕百年・探偵小説の大御所企画者104編　二見書房（二見WAi WAi文庫）　1994.11　①4-576-94168-2＊猟奇的な事件続発の世紀末、生誕百年を迎えた「乱歩」は、なお妖しい光芒を放っている。乱歩自身に隠された数々の謎、怪人二十面相、名探偵明智小五郎、少年探偵団の謎、人形愛、覗き見、仮面、変装、暗号、男色、死体展示など「乱歩の小道具」の謎、さらに意外は裏ネタも発掘。幻想と怪奇の探偵小説家の妖しい世界に招待。

◇日本推理小説史　第2巻　中島河太郎著　東京創元社　1994.11　①4-488-02306-1＊江戸川乱歩とその時代、待望の第二巻。

◇乱歩打明け話　江戸川乱歩著, 新保博久編, 山前譲編　河出書房新社（河出文庫）　1994.11　①4-309-40427-8

◇回想の江戸川乱歩　小林信彦著　メタローグ　1994.10　①4-8398-2003-1＊弟・泰彦との初の対談。エッセイと小説で明かされる江戸川乱歩の「素顔」とは。

◇江戸川乱歩アルバム　新保博久編　河出書房新社　1994.10　①4-309-00937-9＊乱歩は若く、時代も若かった。江戸川乱歩（1894〜1965）生誕100周年・没後30周年記念。日本ミステリーの誕生から確立まで、若き日の横溝正史、夢野久作、松本清張、三島由紀夫、山田風太郎らが彩る大正・昭和クロニクル。

◇乱歩　上　新保博久, 山前譲編　講談社1994.9　①4-06-206990-3＊うつし世は夢…「二銭銅貨」「D坂の殺人事件」ほか代表作12編、乱歩論、書簡などを収録。怪しく華麗に花開く乱歩の世界に多角的な視点から迫る。

◇乱歩　下　新保博久, 山前譲編　講談社1994.9　①4-06-206991-1＊閉じ込められた白昼夢が夜の闇に咲き誇る…「芋虫」「怪人二十面相」など代表作10編や書下ろし乱歩伝を含めた資料価値充分の"怪人乱歩"決定版。

◇乱歩と東京　松山巖著　筑摩書房（ちくま学芸文庫）　1994.7　①4-480-08144-5＊探偵小説作家・江戸川乱歩登場。彼がその作品の大半を発表した1920年代は、東京の都市文化が成熟し、華開いた年代であった。大都市への予兆をはらんで刻々と変わる街の中で、人々はそれまで経験しなかった感覚を獲得していった。乱歩の視線を方法に、変貌してゆく東京を解読する。

榎本武揚

榎本健一　えのもとけんいち
1904～1970　昭和期の喜劇俳優。喜劇人協会会長。エノケン一座を作り有楽座へ進出、舞台の当たり役を次々と映画化、喜劇王時代を築く。

◇エノケンと菊谷栄―昭和精神史の匿れた水脈　山口昌男著　晶文社　2015.1
①978-4-7949-6865-4

◇エノケン喜劇のドラマツルギー―榎本健一と菊谷栄が見た夢　平島高文稿, 原健太郎編　日本芸術文化振興会　（演芸資料選書）　2013.3

◇榎本健一―喜劇こそわが命　榎本健一編　日本図書センター　（人間の記録）
2012.2　①978-4-284-70057-3

◇エノケンの泣き笑い人生　喜劇こそわが命―伝記・榎本健一　榎本健一著　榎本健一著　大空社　（伝記叢書）　1998.2
①4-7568-0495-0

◇エノケンと呼ばれた男　井崎博之著　講談社　（講談社文庫）　1993.11
①4-06-185528-X
＊日本中を笑いの渦に巻きこんだ喜劇王の素顔を克明に追う。浅草オペラの華を咲かせ、あの "洒落男" を唱い、そして孫悟空で舞台に映画に大活躍したエノケン。短身・塩辛声が奇妙に調和したアチャラカ喜劇の魅力は何か。貴重な写真資料と関係者の証言を駆使して、表面からは窺いしれなかった生涯を明かす。

榎本武揚　えのもとたけあき
1836～1908　江戸時代末期, 明治期の政治家。子爵, 外相。樺太・千島交換条約締結, 天津条約締結に尽力し, 第一次伊藤内閣逓信相, 文相を歴任。

◇榎本武揚と明治維新―旧幕臣の描いた近代化　黒瀧秀久著　岩波書店　（岩波ジュニア新書）　2017.12　①978-4-00-500864-3

◇古文書にみる榎本武揚―思想と生涯　合田一道著　藤原書店　2014.9
①978-4-89434-989-6

◇敗軍の将, 輝く―榎本武揚 "生きざま" の検証　望田武司著　中西出版　2013.10

①978-4-89115-285-7

◇敗者の日本史　17　箱館戦争と榎本武揚　関幸彦, 山本博文企画編集委員　樋口雄彦著　吉川弘文館　2012.11
①978-4-642-06463-7
＊戊辰戦争最後の激戦となった箱館戦争。新政府軍と戦い敗れた榎本武揚ら旧幕臣たちは、維新後の「明治」をどのように生き抜いたのか。国家の将来に心を砕き、日本の近代化に多大な役割を果たした「敗者」たちの後日譚。

◇近代日本の万能人・榎本武揚―1836-1908　榎本隆充, 高成田享編　藤原書店　2008.4
①978-4-89434-623-9
＊最先端の科学知識と広大な世界観を兼ね備え、世界に通用する稀有な官僚として外交・内政の最前線で日本近代化に貢献しながら、幕末維新史において軽視されてきた男。近代日本随一の国際人。

◇榎本武揚から世界史が見える　臼井隆一郎著　PHP研究所　（PHP新書）　2005.3
①4-569-63851-1
＊長崎海軍伝習所を経て、オランダに留学。最新鋭軍艦・開陽丸に乗って帰国し、旧幕府艦隊を率いて五稜郭に立てこもった蝦夷島総裁。榎本武揚の真骨頂は、しかし、知られざる後半生にある。ロシア、清、朝鮮、メキシコ…榎本が動いた先は、必ず明治日本の転換点となる。そして、奇妙な糸で結ばれた謎の外国人と任侠の志士たち。遅れてきた帝国主義国家ドイツと日本の命運は、黒船襲来から日露戦争まで、グローバリゼーションの波に挑んだ最後の侍にして、最初の外交官。歴史をふりかえれば榎本武揚がそこにいる。

◇人生を二度生きる―小説榎本武揚　童門冬二著　祥伝社　（祥伝社文庫）　2000.1
①4-396-32732-3
＊五稜郭の落城後、黒田清隆らは幕臣榎本武揚の助命に奔走した。榎本の学識・人格こそが新政府を作る土台になると確信したからである。死に場所を奪われて悩む榎本。そんな彼に決意の日が訪れた。残された命を新政府に捧げることが、恨みを呑んで殺された無数の幕臣に報いる道だと悟ったのだ。裏切

り者と罵倒されながらも明治政府を支え続けた男の活躍を描く。

◇（小説）榎本武揚（たけあき）―二君に仕えた奇跡の人材長編歴史小説　童門冬二著　祥伝社　1997.9　①4-396-63116-2
＊徳川幕府では軍艦奉行として活躍、一転、明治新政府下では閣僚を歴任し爵位まで得た奇跡の男―榎本武揚。「忠臣は二君に仕えず」の武士道精神が生きていた時代、「裏切者」の罵声を浴びながらも、不倶戴典の両政府間を生き抜きた彼にとって、組織とは、国家とは何だったのか。そして、なぜ、彼はかくも重用されたのか―。維新後、政府に弓を引いた箱館時代に敗れた榎本は、当然、刑死を覚悟した。しかしその時、強力な助命嘆願者が現われ、復活の道が拓けた。だが榎本はなおも揺れた。「徳川」に殉ずるか、「明治」に仕えるか…。斯界の第一人者が、榎本の稀有な人生を通して、激変の時代の組織と人材を問う歴史評伝小説の傑作。

◇榎本武揚―幕末・明治、二度輝いた男　満坂太郎著　PHP研究所　（PHP文庫）　1997.8　①4-569-57048-8
＊「わが艦隊は東洋一の無敵艦隊だ。この北の地で、その力のほどを見せてくれる！」提督・榎本武揚はそう檄をとばすと、針路を一路箱館へと向けた。―倒幕軍の江戸入城に際し、幕府艦隊を率いて脱走、箱館五稜郭で徹底抗戦した榎本武揚。敗戦で投獄されながらも、その才と智を買われ、新政府では外交官としての重責を果たす。幕末から明治にかけ、ひときわ異彩を放った英雄の生涯。

◇時代を疾走した国際人榎本武揚―ラテンアメリカ移住の道を拓く　山本厚子著　信山社出版　1997.8　①4-7972-1541-0

◇メキシコ榎本殖民―榎本武揚の理想と現実　上野久著　中央公論社　（中公新書）　1994.4　①4-12-101180-5
＊榎本武揚は増加する日本の人口問題解決策として「殖民協会」を設立し、明治30年、メキシコに36人を送りこんだ。通称これを「榎本殖民」という。だが長い異国への旅路の果てに入植しながら、未来永劫存続するはずだった理想郷建

設は、わずか3ヵ月で瓦解する。しかし、取り残された人々の中で日墨協働会社が設立され、日本人のメキシコにおける様々な事業が展開された。未知の国で苦難を克服して生きぬいた明治人の足跡を辿る。

◇榎本武揚　〔改版〕　安部公房著　中央公論社　（中公文庫）　1990.2　①4-12-201684-3
＊伝説によれば、脱走した三百人の囚人たちははてしない雪原をどこまでも越えて行き、阿寒の山麓あたりに彼等だけの共和国をつくり上げたと言われる。しかし、その後の消息は杳として知られない…。百年をへだてて彼等とその背後にあった榎本武揚を執拗に追う元憲兵、昨日の忠誠と今日の転向のにがい苦しみの中で唯一の救いである榎本は、はたして時代を先どりした先駆者なのか、裏切者なのか。

海老名弾正　えびなだんじょう

1856～1937　明治, 大正期の牧師, キリスト教指導者。同志社総長。熊本英学校、熊本女学校創設、基督同志会を組織、本郷教会を再建し牧師となる。

◇海老名弾正―その生涯と思想　関岡一成著　教文館　2015.9　①978-4-7642-7397-9

◇『新人』『新女界』の研究―20世紀初頭キリスト教ジャーナリズム　同志社大学人文科学研究所編　人文書院　（同志社大学人文科学研究所研究叢書）　1999.3　①4-409-42017-8
＊日清・日露戦争前後、東京・本郷教会にあって海老名弾正は、「忠君愛国の国民道徳の高調」を掲げてキリスト教啓蒙誌『新人』を、のち女性信徒に向けて『新女界』を発行した。本書は、帝国主義・社会主義・日本主義という時代思潮を背景に、両雑誌の主張、本郷教会会員の構成、女性信者の生き方など意義と性格を多面的に研究し、日本近代の信仰と世論にキリスト教の果たした役割を明らかにする。

◇近代日本キリスト教と朝鮮―海老名弾正の思想と行動　金文吉著　明石書店

1998.6　①4-7503-1051-4
＊本書は、海老名弾正のキリスト教思想
を分析し、海老名による、神道のキリス
ト教的 "読み込み" が、キリスト教の神
道化という「転倒」にいたったことを明
らかにし、そしてその必然的結果が朝
鮮（韓国）への日本の侵略を思想的に補
完する朝鮮伝道であったことを明らか
にしたものである。

◇海老名弾正先生―伝記・海老名弾正　渡
瀬常吉著　大空社　（伝記叢書）　1992.12
①4-87236-407-4

江馬細香　えまさいこう
1787〜1861　江戸時代末期の女性。漢詩
人、南画家。

◇風雲児頼山陽の光と影―山陽と細香を取
り巻く人間模様　堀霧澄編　〔堀霧澄〕
〔2012〕

◇江馬細香―化政期の女流詩人　門玲子著
藤原書店　2010.8　①978-4-89434-756-4
＊医者・江馬蘭斎の娘に生まれ、江戸後期
に漢詩人・書画家として活動した女流
文人、江馬細香（1787‐1861）の画期的
評伝、決定版。

◇試された女たち　沢地久枝著　講談社
（講談社文庫）　1995.10
①4-06-263076-1
＊江戸から昭和、それぞれの時代を生きた
女たちの軌跡。時の流れをしたたかに泳
ぎ切った女、流れの外でひっそりと生き
た女、流れに身をまかせた女、逆らった
女…。横浜富貴楼お倉、九条武子、杉田
久女など、時の流れの中で自己を試さ
れながらも勁くしなやかに生きた女た
ちの生と死を、今、愛惜をこめて描く。

◇江馬細香―化政期の女流詩人　3訂版　門
玲子著　BOC出版部　1993.2
①4-89306-001-5
＊頼山陽の恋人と伝えられる幕末の閨秀詩
人、江馬細香。父、蘭斎は美濃蘭学の祖
と言われる医師であった。その生涯を克
明に追うことによって、江戸時代の傑出
した女性像と女流文学を静かに描きだ
す。泉鏡花記念金沢市民文学賞、大垣市
文化連盟賞受賞。図書館協会選定図書。

恵美押勝　えみのおしかつ
⇒藤原仲麻呂（ふじわらのなかまろ）

円空　えんくう
1632〜1695　江戸時代前期の僧。遊行し
て数多くの木彫仏を残す。

◇円空と木喰　五来重著　KADOKAWA
（〔角川ソフィア文庫〕）　2016.11
①978-4-04-400153-7

◇円空の生涯　長谷川公茂著　人間の科学
新社　2015.7　①978-4-8226-0319-9

◇円空―祈りと求道の旅　若原高義著　岐
阜新聞情報センター　2014.3

◇円空の原像―岐阜県郡上市美並が発信す
る　新装　円空研究センター編著, 池田勇
次編集　惜水社　2013.1
①978-4-434-17526-8

◇円空―微笑みの謎　長谷川公茂著　新人
物往来社　（ビジュアル選書）　2012.12
①978-4-404-04279-8
＊二〇〇点超の傑作・円空仏を収録。円
空研究第一人者が読み解く謎の仏師・
円空の入門書決定版。

◇円空の旅　早坂暁著　佼成出版社
2012.12　①978-4-333-02573-2
＊魂の臨床医、円空。12万体におよぶ神仏
像を彫った伝説の遊行僧の生涯とは―。

◇修験僧 円空　2　足跡から見えてきたもの
池田勇次著　惜水社, 星雲社（発売）
2011.11　①978-4-434-16027-1
＊円空仏という美的鑑賞の呪縛を排し、
足で歩いた人間円空の足跡を求めて50
年―。摩多羅神、牛頭天王との深い関
わり。弾誓系聖との出会い等、驚くべ
き発見続々。"池田円空学"の評価高い注
目の新刊。

◇円空の隠し文　伊藤治雄著　ブック
ショップマイタウン　2010.9
①978-4-938341-73-2

◇円空シンポジウム―報告書　〔文化庁〕
〔2010〕

◇飛騨と円空―『飛州志』は語る　池之端甚
衛著　惜水社, 星雲社（発売）　2009.8

円空

①978-4-434-13483-8
＊著者の、円空に対する飛騨人の一人と
しての思いをまとめる。

◇歓喜する円空　梅原猛著　新潮社　（新潮
文庫）　2009.7　①978-4-10-124413-6
＊十二万体もの異形の神仏像を彫ったとい
う江戸の仏師・円空。三年にわたって全
国の円空仏を訪ね歩いた著者が、残され
た絵画、和歌などからその謎多き生涯
を読み解き、神仏習合の先駆けをなす
白山信仰の修験者で、日本人の宗教思
想を芸術表現にまで高めた文化史上の
重要人物として再評価。早くに母を亡
くした自らの人生を円空の生涯に重ね
合わせつつ、新しい円空像を描き出す。

◇五来重著作集　第10巻　木食遊行聖の宗
教活動と系譜　五来重著, 赤田光男ほか編
伊藤唯真編　法蔵館　2009.7
①978-4-8318-3416-4

◇円空彫のすすめ　新装版 第2版　三輪年
朗著　日貿出版社　2008.10
①978-4-8170-5075-5
＊円空は、江戸時代前期の僧侶で、諸国を
遍歴して各地で「円空仏」と呼ばれる独
特の仏像を数多く造った。その作風は
ノミの削り痕をそのままに残した大胆
な彫法で、原材の制約を利用した造形
と木材の自然のままの表面とがよく調
和して、従来の仏像には無い魅力をた
たえている。伝説では生涯に12万体の
仏像を造る大願をたてたといい、全国
各地に数千体の作品が確認されている。
円空彫の魅力は、庶民的な親しさと奥
深いささやきが豊かに感じられる点に
ある。円空の魅力に取りつかれて50年、
1日としてノミを離したことのない著者
が、刀法の秘密を初めて写真と図で明
かし、心和む円空仏の魅力へ読者を誘
う円空彫の技法入門。

◇芭蕉の旅、円空の旅　立松和平著　日本
放送出版協会　（NHKライブラリー）
2006.11　①4-14-084213-X
＊俳聖・松尾芭蕉と作仏聖・円空。同時代
を生き、捨身行脚の旅をした両者であ
るが、その旅の目的には、大きな違いが
あった。蕉風俳諧を確立して、自己を
追求した芭蕉に対し、円空は庶民のた

めに十二万体造仏を誓願し、他者救済
に自らの生涯を捧げた。行動派作家の
立松和平が、二人の足跡を辿りながら
旅の本質を語る。

◇歓喜する円空　梅原猛著　新潮社
2006.10　①4-10-303021-6
＊12万体におよぶという異形の神仏像を
彫った仏師・円空。謎多き生涯や、創造
への歓喜あふれるその芸術性、深く篤
い宗教思想を読み解きながら、円空を
日本文化史上の重要人物として大胆に
位置づける、渾身の力作500枚。

◇円空研究　6（別巻 1）　新装普及版　円空
学会編　人間の科学新社　2004.11
①4-8226-0246-X

◇円空研究　5　新装普及版　円空学会編
人間の科学新社　2004.10
①4-8226-0245-1

◇円空研究　4　新装普及版　円空学会編
人間の科学新社　2004.9
①4-8226-0244-3

◇円空研究　3　新装普及版　円空学会編
人間の科学新社　2004.8
①4-8226-0243-5

◇円空研究　2　新装普及版　円空学会編
人間の科学新社　2004.7
①4-8226-0242-7

◇円空研究　1　新装普及版　円空学会編
人間の科学新社　2004.6
①4-8226-0241-9

◇円空仏と北海道　堺比呂志著　北海道出
版企画センター　（北方新書）　2003.7
①4-8328-0308-5
＊新しい円空仏の発見を求めて！ 多くの
史料に記録された円空仏それら仏像の
行方は―。

◇岐阜県美並村が語る円空の原像　美並村
編著, 池田勇次編　惜水社　2003.3
①4-434-02775-1

◇慈愛の円空　岐阜新聞社出版局　1999.5
①4-905958-73-3
＊岐阜県の生んだ偉人、円空上人を紹介
する書。収録した円空仏は、いずれも
岐阜県内に所在するものを対象とし、

大般若経奥書・添絵等は、岐阜県外所在のものも収録。

◇円空―魂の形を求めつづけた旅人　里中満智子構成, 木村直巳作画　岐阜県　（マンガで見る日本まん真ん中おもしろ人物史シリーズ）　1999.3

◇日本「異界」発見　内藤正敏著　JTB　1998.12　Ⓘ4-533-03095-5
＊桓武天皇が, 空海が, 秀吉が, 修験者たちが, 豊かな想像力で創出した呪術空間を, 異界をめぐって日本各地を跋渉する写真家が, 鮮やかに読み解いていく。

◇円空と木喰　五来重著　淡交社　1997.8　Ⓘ4-473-01550-5
＊天才の円空・達人の木喰。造像された背景と美の本質を探る！　円空仏・木喰仏の謎にせまる！　民衆の祈りを明らかにする。

◇作仏聖―円空と木喰　五来重著　角川書店　（宗教民俗集成）　1995.5　Ⓘ4-04-530702-8

◇新・円空風土記　丸山尚一著　里文出版　1994.9　Ⓘ4-947546-72-7
＊江戸中期の遊行造像僧・円空の木彫仏に現代彫刻の原点をみ, その中に秘められた土の匂い, 陽の匂い, 風の音, 雨の音, 雪の静けさにひかれた著者が, 40年の歳月をかけ, 円空が滞在し, 刻んだ, その風土を訪ね, 調べ, 感動した円空仏への思いとさの旅の集大成である。

◇円空の謎を解く―円空没後三百年　加藤元人著　中日出版本社　1994.6　Ⓘ4-88519-095-9

円珍　えんちん

814～891　智証大師（ちしょうだいし）とも。平安時代前期の天台宗の僧。（天台座主, 寺門派の祖）。

◇智証大師円珍の研究　オンデマンド版　小山田和夫著　吉川弘文館　2013.10　Ⓘ978-4-642-04235-2

◇最澄とその門流　佐伯有清著　吉川弘文館　1993.10　Ⓘ4-642-07405-8
＊日本天台宗の開祖である最澄は, 子供の時に, はたして「小学」という村の学校に入学して勉強したのか。最澄の有名な言葉である「一隅を照らす」は, 本当にそのまま最澄が述べたものなのか。そうした問題に新しい光を照射して, 「小学」「照千一隅」の真相に肉薄する。あわせて最澄の門流, 円仁や円珍の生きた姿を, わかりやすく説きあかす興味深い書。

◇智証大師　円珍　小林隆彰著　（大阪）東方出版　1990.11　Ⓘ4-88591-254-7

◇智証大師円珍の研究　小山田和夫著　吉川弘文館　1990.11　Ⓘ4-642-02247-3
＊天台座主智証大師円珍の幼年・修行時代より, 入唐求法を経て比叡山で活躍するまでの生涯と事跡を, 当時の天台教団や仏教界の動向を踏まえながら考察。とくに比叡山における円珍の意識と位置を明らかにするとともに, 円珍に関する基本的史料を検討し, 新見解を提示。また慈覚大師円仁との関係についても, 従来とは異なる視点から分析した意欲作である。

◇円珍　新装版　佐伯有清著　吉川弘文館　（人物叢書）　1990.7　Ⓘ4-642-05192-9
＊天台座主智証大師円珍の生涯を克明にたどった初の詳細な伝記。当時の政治情況の中で多くの人びととかかわって行動する円珍の姿や唐での留学僧円載との相克を新たな視点から描く興味あふれる叙述。率直, かつ強烈に諸宗派や僧侶の動向を諸著述で批判する姿勢と終生経典の蒐集と校勘につとめたひたむきな人間像に魅せられないではいられないであろう。

遠藤周作　えんどうしゅうさく

1923～1996　昭和, 平成期の小説家。純文学, エッセイ, ユーモア文学などを執筆。著書に「白い人」「沈黙」など。

◇遠藤周作―その文学と神学の世界　アシェンソ・アデリノ著, 川鍋襄訳, 田村脩監訳　教友社　2013.12　Ⓘ978-4-902211-95-5
＊日本で初めての遠藤文学の神学的探求。悪, 罪, 裏切り, 弱さ, 棄教, 新しいイエス像―。遠藤周作が投げかけた神学的な問いを考察する。

遠藤周作

◇落第坊主の履歴書―私の履歴書　遠藤周作著　日本経済新聞出版社　（日経文芸文庫）　2013.10　Ⓘ978-4-532-28006-2
　＊テストは0点。女子にはフラれ、神父にも叱られ、授業はサボって映画三昧。周囲も心配するほど落ちこぼれだった少年は、やがて皆に愛される作家となった。生い立ちから「作家・遠藤周作」の誕生、作家仲間との交遊録まで。狐狸庵先生が語る、涙と笑いの回顧録。

◇文士の友情―吉行淳之介の事など　安岡章太郎著　新潮社　2013.7　Ⓘ978-4-10-321911-8
　＊何度も喧嘩をした。絶交したこともあった。しかし、彼等と文学上の生き別れは決してしなかった―。吉行淳之介、遠藤周作、島尾敏雄…文豪が人生の最後に振り返った、友人たちの風貌姿勢。

◇遠藤周作論―「救い」の位置　小嶋洋輔著　双文社出版　2012.12　Ⓘ978-4-88164-614-4
　＊戦後、高度経済成長期、二十世紀末という時代を生きた作家遠藤周作、時代時代が持つ多様な側面に適宜対応していった彼の言説・作品を、その周辺と照応させることで読み解く。

◇遠藤周作展―21世紀の生命のために　没後15年　神奈川文学振興会編　県立神奈川近代文学館　2011.4

◇遠藤周作論―母なるイエス　辛承姫著　専修大学出版局　2009.2　Ⓘ978-4-88125-217-8

◇遠藤周作―挑発する作家　柘植光彦編　至文堂　2008.10　Ⓘ978-4-7843-0269-7
　＊日本という風土が生んだ巨大な作家・思想家、遠藤周作像の「現在」に迫る。

◇遠藤周作とPaul Endo―母なるものへの旅　1923-1996　開館一周年記念特別企画展　町田市民文学館ことばらんど編　町田市民文学館ことばらんど　2007.9

◇光の序曲　久松健一監修, 町田市民文学館編　町田市民文学館ことばらんど　（町田市民文学館蔵遠藤周作蔵書目録）　2007.9

◇遠藤周作　加藤宗哉著　慶応義塾大学出版会　2006.10　Ⓘ4-7664-1290-7

　＊30年間師弟として親しく交わった著者が書き下ろした遠藤周作の初の本格的評伝。誕生から死の瞬間まで―。未公開新資料を交えて、丹念に描かれる遠藤周作の世界。

◇落第坊主を愛した母　遠藤周作著, 山根道公監修　海竜社　2006.9　Ⓘ4-7593-0946-2

◇遠藤周作のすべて　新装　広石廉二著　朝文社　2006.4　Ⓘ4-88695-183-X
　＊名作映画「私が棄てた女」（浦山桐郎監督）の企画者でもあり、編集者でもある著者が、読み解いた遠藤文学の壮大なテーマ。遠藤作品の奥深い魅力を著者体験の遠藤論で迫る。

◇遠藤周作の縦糸　新装　広石廉二著　朝文社　2006.4　Ⓘ4-88695-184-8
　＊遠藤周作没後10年に贈る。小西行長伝『鉄の首枷』とペドロ岐部伝『銃と十字架』は評伝として書かれた。だが、なぜ支倉常長伝とも言うべき『侍』は小説として書かれたのか。その謎を追って展開される体験的遠藤周作論。

◇遠藤周作へのワールド・トリップ　上総英郎著　パピルスあい, 社会評論社（発売）　2005.4　Ⓘ4-7845-9104-4

◇遠藤周作その人生と『沈黙』の真実　山根道公著　朝文社　2005.3　Ⓘ4-88695-176-7
　＊『沈黙』の背後にある遠藤の人生について、母親郁、井上神父、棄教神父や病床体験等の関わりを考察。そして原題である「日向の匂い」に込められたテーマを、多くの資料を緻密に読み込むことで浮き彫りにした渾身の書。

◇遠藤周作とドストエフスキー　清水正著　D文学研究会　2004.9　Ⓘ4-434-04823-6

◇遠藤周作を読む　笠間書院　（笠間ライブラリー　梅光学院大学公開講座論集）　2004.5　Ⓘ4-305-60253-9

◇吾が人生の「遠藤周作」　永井寿昭著　近代文芸社　2004.3　Ⓘ4-7733-7129-3

◇再会―夫の宿題それから　遠藤順子著　PHP研究所　（PHP文庫）　2002.9　Ⓘ4-569-57808-X

＊歓喜の表情で天国へ昇っていった夫・遠藤周作。臨終にあたり、夫は妻に3つの宿題―「死は終わりではない」というメッセージを伝え、「心あたたかな医療」が行なわれるよう力を尽くし、「日本人の心に届くキリスト像」を考えていくこと―を遺していった。あれから3年、宿題の答えを探し続けた妻が、読者に励まされつつ綴った感動的な報告書。前作のベストセラー『夫の宿題』の解答篇。

◇夫の宿題　遠藤順子著　PHP研究所（PHP文庫）　2000.12　Ⓘ4-569-57490-4
＊「俺はもう光の中に入った、おふくろにも兄貴にも逢ったから安心しろ」。夫・遠藤周作が臨終に際し遺した言葉に、夫人は夫が信仰したキリスト教のテーマ"復活"を確信した。死は終わりではない―夫から託されたメッセージをひろく伝え、愛する人の死に悲しんでいる人々を少しでも癒さなければという覚悟から本書は執筆された。43年間の夫との思い出と共に、美しい人間愛が綴られる感動の書。

◇遠藤周作―〈和解〉の物語　川島秀一著　和泉書院　（近代文学研究叢刊）　2000.9　Ⓘ4-7576-0074-7

◇夫・遠藤周作を語る　遠藤順子著, 鈴木秀子聞き手　文芸春秋　（文春文庫）2000.9　Ⓘ4-16-728002-7
＊「今も私の心の中に遠藤は生き続けています」。入退院を繰り返す生活。抱腹絶倒のイタズラの数々。母との絆と信仰への道。『沈黙』『深い河』の成立の背景。最後まで衰えることのなかった文学への執念…。四十年余りの間、遠藤さんを支え続けた夫人が、様々なエピソードを交えながら語る遠藤周作の文学と人間の素顔。

◇"遠藤さんの原っぱ"で遊んだ日―遠藤周作と世界一の素人劇団「樹座」　山崎陽子著　小池書院　2000.5　Ⓘ4-88315-536-6

◇町田市と遠藤周作―「遠藤周作の世界展」特別展示図録　町田市立図書館編　町田市立図書館　2000.2

◇再会―夫の宿題それから　遠藤順子著　PHP研究所　2000.1　Ⓘ4-569-60863-9

◇キャンパス万華鏡　池田真朗著　文芸社　1999.11　Ⓘ4-88737-732-0
＊キャンパス内外での心に残る出会いと別れ…遠藤周作、中山大三郎氏ら有名人も登場する人気教授の珠玉の人間ウォッチング。

◇遠藤周作おどけと哀しみ―わが師との三十年　加藤宗哉著　文芸春秋　1999.5　Ⓘ4-16-355160-3
＊抱腹絶倒のイタズラの数々とその裏に隠された作家の素顔。死と直面しながらもおどけ続けた遠藤周作の凄絶。

◇母なる神を求めて―遠藤周作の世界展　アートデイズ　1999.5　Ⓘ4-900708-49-6
＊遠藤周作の没後三年を記念して故人の業績を回顧し、その作品群が遺したものの今日的意義を考える展覧会の図録。この展覧会は、自筆原稿や日記、自作の絵、踏絵をはじめとするキリスト教関係の資料、交友関係の多彩さを物語る多くの写真類、絵画のコレクション等、貴重な遺品を展示し、その豊饒な作品世界と故人の人間的魅力に迫まろうという意欲的なものである。

◇国際文化学への招待―衝突する文化、共生する文化　島根国士, 寺田元一編　新評論　1999.4　Ⓘ4-7948-0442-3
＊地域で！そして世界で！21世紀に羽ばたく「真の国際文化人」となるために。文化と文化のあいだから文化をとらえるインターカルチュラリティの世界。

▎円仁　えんにん
794～864　慈覚大師（じかくだいし）とも。平安時代前期の天台宗の僧。山門派の祖。「入唐求法巡礼行記」の著者。

◇時空を超えて―慈覚大師円仁とライシャワー博士　上巻　小野寺永幸著　奥州出版　2012.12

◇時空を超えて―慈覚大師円仁とライシャワー博士　下巻　小野寺永幸著　奥州出版　2012.12

◇円仁とその時代　鈴木靖民編　高志書院　2009.2　Ⓘ978-4-86215-052-3

◇慈覚大師円仁とその名宝　NHKプロモー

ション編　NHKプロモーション　2007.4

◇天台入唐入宋僧の事跡研究　斉藤円真著
　山喜房仏書林　2006.12　⑭4-7963-0194-1

◇円仁求法の旅　玉城妙子著　講談社
　2000.4　⑭4-06-210173-4
　＊『大唐西域記』(三蔵法師)、『東方見聞
　　録』(マルコ・ポーロ)と共に世界三大旅
　　行記のひとつ、円仁の「入唐求法巡礼行
　　記」。中国5000キロの足跡を辿る。

◇浄土仏教と民衆　中村敬三著　校倉書房
　1999.7　⑭4-7517-2960-8

◇円仁唐代中国への旅―『入唐求法巡礼行
　記』の研究　エドウィン・O.ライシャ
　ワー著,田村完誓訳　講談社　(講談社学
　術文庫)　1999.6　⑭4-06-159379-X
　＊慈覚大師円仁の著わした『入唐求法巡
　　礼行記』は、日本最古の旅日記で、世界
　　三大旅行記の一つともされる。五台山
　　への巡礼、長安資聖寺での生活、廃仏毀
　　釈の法難。九年半にわたる円仁のさす
　　らいと冒険の旅の記録は、唐代動乱の
　　政治や庶民の生活を克明正確に描写す
　　る。本書は、この旅行記の魅力と歴史
　　的価値を存分に論じるライシャワー博
　　士畢生の研究の精華である。

◇求法曼荼羅　成島行雄著　日本図書刊行
　会　1994.6　⑭4-7733-2272-1

◇最澄とその門流　佐伯有清著　吉川弘文
　館　1993.10　⑭4-642-07405-8
　＊日本天台宗の開祖である最澄は、子供
　　の時に、はたして「小学」という村の学
　　校に入学して勉強したのか。最澄の有
　　名な言葉である「一隅を照らす」は、本
　　当にそのまま最澄が述べたものなのか。
　　そうした問題に新しい光を照射して、
　　「小学」「照千一隅」の真相に肉薄する。
　　あわせて最澄の門流、円仁や円珍の生
　　きた姿を、わかりやすく説きあかす興
　　味深い書。

◇マルコ・ポーロを超えた男―慈覚大師円
　仁の旅　松原哲明著,福島一嘉写真　佼
　成出版社　1993.5　⑭4-333-01643-6
　＊師・最澄の後を受け、比叡山興隆の基礎
　　を確立するとともに、マルコ・ポーロに
　　勝るとも評価される唐代・中国見聞記

を遺した慈覚大師円仁。その足跡を巡
歴し、旅情豊かに綴る“円仁・生涯の軌
跡”。

▌役小角　えんのおづの
生没年不詳　飛鳥時代の宗教家。修験道
の開祖。

◇役行者伝の謎　新装版　銭谷武平著　東
　方出版　2018.5　⑭978-4-86249-330-9

◇役行者伝記集成　新装版　銭谷武平著
　東方出版　2016.12　⑭978-4-86249-277-7

◇役小角読本　新装版　藤巻一保著　原書
　房　2015.6　⑭978-4-562-05177-9

◇修験道がつくった日本の闇　関裕二著
　ポプラ社　(関裕二古代史の謎コレクショ
　ン)　2009.2　⑭978-4-591-10843-7
　＊跳ぶ役小角！躍る安倍晴明！暗躍する
　　修験者たちの謎に関裕二が迫る第5弾！
　　修験者たちの真実とは？近代化を迎え
　　た日本が葬った、もう一つの日本史。

◇空海をめぐる人物日本密教史　正木晃著
　春秋社　2008.10　⑭978-4-393-17281-0
　＊密教は時代とどうかかわったか。最新
　　の研究成果にもとづく詳細な空海伝と、
　　個性豊かな密教者たちの生涯をとおし
　　て、奈良から江戸時代までの密教の歴
　　史を紐解く。

◇役行者―修験道と海人と黄金伝説　前田
　良一著　日本経済新聞社　2006.10
　⑭4-532-16571-7
　＊吉野には何が隠されているのか？修験
　　道取材三十年のジャーナリストが日本
　　古代史最大級の謎を追う。

◇空海民衆と共に―信仰と労働・技術　河
　原宏著　人文書院　2004.6
　⑭4-409-41076-8

◇修験道の開祖役行者その足跡に迫る―謎
　の生きざまに魅せられて　伊藤松雄著
　文芸社　2003.8　⑭4-8355-6114-7
　＊役行者の生誕地とされる土地から没し
　　たとされる土地まで奈良県・大阪府・京
　　都府・和歌山県・三重県・徳島県・愛媛
　　県内をまだまだ元気な70歳の著者が歩
　　きに歩いた。貴重な「役行者ゆかりの

地めぐりガイドブック」。

◇（外伝）役小角―夜叉と行者　黒須紀一郎
著　作品社　1997.10　①4-87893-287-2

◇役小角　続　黒須紀一郎著　作品社
1997.2　①4-87893-271-6

◇超人役行者小角　志村有弘著　角川書店
1996.10　①4-04-823010-7
＊修験道の開祖、役小角の謎に満ちた生
涯を、文献と伝承を渉猟して明らかに
する。

◇役小角―異界の人々　黒須紀一郎著　作
品社　1996.9　①4-87893-259-7
＊鬼神をあやつり、鳳凰のごとく飛翔す
る修験道の開祖＝役行者のまつろわぬ
生涯。

◇役行者伝の謎　銭谷武平著　東方出版
1996.5　①4-88591-484-1
＊奇異行者の筆頭本邦神仙の一人修験道、
開祖役行者を解く。行者にまつわる謎
と神秘を伝記の深い森に探る。

◇役行者伝記集成　銭谷武平編著　（大阪）
東方出版　1994.12
＊修験道、開祖役行者に関する略伝・伝記
を時代的に整理し現代語による抄訳に
て紹介する。本邦初の伝記集成。

◇役行者ものがたり　銭谷武平著　人文書
院　1991.5　①4-409-54031-9

【 お 】

‖ **応神天皇**　おうじんてんのう
上代の第15代の天皇。

◇応神天皇の正体　関裕二著　河出書房新
社　（河出文庫）　2017.1
①978-4-309-41507-9

◇扶桑国王蘇我一族の真実―飛鳥ゾロアス
ター教伝来秘史　渡辺豊和著　新人物往
来社　2004.7　①4-404-03195-5
＊飛鳥大王家の驚愕の起源論。古代天皇
家・有力豪族・飛鳥文化の実像を古代
ユーラシア大陸史の視点から検証する。

◇百済から渡来した応神天皇―騎馬民族王
朝の成立　石渡信一郎著　三一書房
2001.6　①4-380-01209-3
＊10年前小社で刊行し、古代史学界を沈
黙させた衝撃の書「応神陵の被葬者は
だれか」の改訂新版。10年間の研究成
果に基づき大幅増補改訂。

◇応神天皇の秘密―古代史朝廷ミステリー
安本美典著　広済堂出版　1999.11
①4-331-50704-1
＊『古事記』が記す皇后の無意識の殺意と
は？　日本軍の朝鮮出兵は捏造された創
作（フィクション）か？　応神天皇とは、
倭の五王とは、"誰"なのか？　風雲の五
世紀、朝廷を舞台に巨大な陰謀が立ち
のぼる。

◇物語応神天皇　田中繁男著　展転社
1999.5　①4-88656-166-7
＊高句麗、新羅、百済、加羅…そして日
本。混沌とした古代アジアを生き生き
と描く、シリーズ第4弾は応神天皇とそ
の時代。

◇幻の四世紀の謎を解く―空白をうめる豊
富な資料　沢田洋太郎著　新泉社
1997.2　①4-7877-9702-6
＊欠史八代の後を受けたイリ王朝（崇神、
垂仁）とタラシ王朝（景行～神功皇后）
について、応神に始まる四世紀は前方
後円墳が普及した時期である。『先代旧
事本紀』他の内外の資料で仮説の体系
を構築する。

◇応神陵の被葬者はだれか―消えた初代大
王を追う　石渡信一郎著　三一書房
1990.2　①4-380-90202-1
＊在野の研究者が初めて明らかにした驚
くべき史実の数々。「記紀」が隠したそ
の大王の名は？　消えた初代大王を追っ
て、いま、巨大古墳の謎を解く。

‖ **大井憲太郎**　おおいけんたろう
1843～1922　明治期の政治家，社会運動
家。代言人。東洋自由党を結成。著書に
「時事要論」など。

◇大井憲太郎　〔新装版〕　平野義太郎著
吉川弘文館　（人物叢書）　1988.5
①4-642-05117-1

＊明治期の自由民権運動の急先鋒、自由
党最左翼の驍将大井憲太郎の全生涯を
描く。板垣退助や土佐の立志社などの
自由党中央派は著名であるが、自由党
を乗り越えて進んだ平民的革命派の苦
闘を知る人は少ない。本書は大井を中
心として、普選運動と労働者農民運動
に、生命を賭して闘った歴史の推進力
の全貌を明らかにする。

‖ 大石誠之助　おおいしせいのすけ

1867〜1911　明治期の医師, 社会主義者。
「社会主義」に情歌、評論を寄稿。平民社
の社会主義運動に参加。

◇大石誠之助物語—新宮の医師 大逆事件の
犠牲者　北村晋吾著　北村小児科医院
2001.3

◇紀州 木の国・根の国物語—中上健次選集
3　中上健次著　小学館　（小学館文庫）
1999.1　①4-09-402613-4
＊著者の故郷であり、その数々の小説の
舞台ともなった "根の国" 紀州—そこは、
神武東征以来、敗れた者らが棲むもう
一つの国家であり、鬼らが跋扈する鬼
州、霊気の満てる気州でもある。闇に
眠る地霊を呼び起こすように、紀伊半
島の土地土地を自らの肉体で経巡りな
がら、そこに生きる人々が生の言葉で
語る "切って血の出る物語" の中に、隠
国・紀州の光と影を鮮やかに現出させ
た峻烈なルポルタージュ。紀州とは？
差別とは？ 日本とは？ 根源へと至る問
いに貫かれた豊饒なる旅の記録が、中
上文学の原点を解き明かす。他に、作
家の源流を照らすエッセイ二編を併録。

‖ 大石良雄　おおいしよしお

1659〜1703　江戸時代前期, 中期の播磨赤
穂藩家老。赤穂事件の指導者、通称は大
石内蔵助。

◇赤穂義士　新装版　海音寺潮五郎著　講
談社　（講談社文庫）　2009.10
①978-4-06-276478-0
＊喧嘩両成敗は家康以来の典則にもかかわ
らず、乱心の内匠頭は切腹、いっぽうの
吉良はお構いなし。将軍綱吉の不公平な

裁きに対する抗議が、浅野遺臣の怒りの
源であった。復讐ではなく、吉良の処
分とお家再興を求める内蔵助にとって、
仇討ちは最後の手段。数多の資料から
内蔵助の苦悩と機略を描いた傑作史伝。

◇赤穂浪士の実像　谷口眞子著　吉川弘文
館　（歴史文化ライブラリー）　2006.7
①4-642-05614-9
＊日本人の心を魅了する『忠臣蔵』。討ち
入り成功を前提に描かれた「勧善懲悪」
の物語から赤穂事件を解き放つ、大石
内蔵助、堀部安兵衛らの行動・思想をリ
アルタイムの感覚で捉え、等身大の赤
穂浪士と事件の真相に迫る。

◇新説大石内蔵助　宮西豊逸著　新人物往
来社　2000.4　①4-404-02863-6
＊九歳で、名僧盤珪和尚より禅の心を教
わった内蔵助。「不生の仏心」を悟得し
た赤穂藩家老大石内蔵助の生涯を描く。

◇完本 池波正太郎大成　10　おれの足音-大
石内蔵助・まぼろしの城・その男　池波
正太郎著　講談社　1999.12
①4-06-268210-9
＊決定版・大石内蔵助。凄絶・沼田万鬼
斎。剣士の生涯・杉虎之助。豊かな "物
語" の魅力！ 昭和46年から47年刊行の
三大長編を収録。

◇大石内蔵助—日本の英雄か？ その正体は
加来耕三著　光文社　（光文社文庫 グラ
フィティ・にんげん謎事典）　1999.12
①4-334-72705-0
＊日本的忠義の典型とされ、国民的に親
しまれる人物・大石内蔵助と「忠臣蔵」
の物語。しかしながら、その全貌は未
だ謎に包まれた部分が多い。浅野内匠
頭はなぜ刃傷沙汰に及んだのか？ 赤穂
浪士四十七士が決起した確固たる根拠
は何だったのか？ 内蔵助は、何を考え、
どう行動したのか？ 天下泰平を揺るが
した事件の核心に迫る異色の書。

◇真説 赤穂銘々伝　童門冬二著　平凡社
（平凡社新書）　1999.11
①4-582-85027-8
＊松の廊下の刃傷から吉良邸討ち入り、
義士切腹までの一年十ケ月、この大事
件を担った人びとの真実の姿はどのよ

大石良雄

うなものだったのか。虚実さまざまな
イメージにとらわれてきた四十七士を
中心に、赤穂藩浅野家というユニーク
な風土に育まれた人間群像を、歴史人
物伝の達人が斬新な視点で描き出す。
現代にも通じる人間ドラマ「忠臣蔵」を
読み解くための必読人物列伝。

◇大石内蔵助の素顔　飯尾精著　新人物往
来社　1999.1　①4-404-02702-8
＊赤穂城内に残る大石神社宮司が語る忠
臣蔵。

◇大石内蔵助　松永義弘著　学陽書房　（人
物文庫）　1998.12　①4-313-75062-2
＊「家老職はお家の引け際（改易、断絶）
に役に立てばよい」昼行灯といわれた大
石内蔵助が、時代の分水嶺となった元禄
に、易きにつきがちな心を励まし、片落
ちな裁定に生命を賭け、人間としての一
分を貫き通すため四十六人の同士たち
と共に立ち上がった戦いの日々を描く。

◇大石内蔵助と元禄・忠臣蔵の真実　伊藤
英一郎著　コスミックインターナショナ
ル　（コスモブックス）　1998.11
①4-88532-949-3

◇赤穂浪士　上巻　大仏次郎著　新潮社
（新潮文庫）　1998.10　①4-10-108304-5
＊画期的な解釈と設定で、忠臣蔵小説の最
高峰と讃えられ続ける名作。上巻では、
元禄太平の時勢に勃発した浅野内匠頭の
刃傷事件から、仇討ちに怯える上杉・吉
良側の困惑、茶屋遊びにふける内蔵助の
境地が、人情の機微に踏みこむ文体で、
時代相のひろやかな展望のもとに描き
上げられる。虚無的な浪人堀田隼人、
怪盗蜘蛛の陣十郎、謎の女お仙らの暗
躍がからみ、物語は佳境へと突き進む。

◇大石内蔵助―忠臣蔵本伝　加野厚志著
ケイエスエス　1998.10　①4-87709-269-2
＊リストラ浪士を束ねて本懐を果した昼行
灯とは、いかなる人物だったのか!?エロ
スとバイオレンスが綾なす討入りの真
実を描いた、書き下ろし本格時代小説。

◇大石内蔵助の生涯―真説・忠臣蔵　中島康
夫著　三五館　1998.9　①4-88320-154-6
＊あなたが知っている「忠臣蔵」の97
パーセントは虚構です。日本人である

以上、本当の「赤穂事件」を知っておい
てもよいのではないでしょうか。特別
付録に大石内蔵助が極秘で作成した四
十七士の勤務評定と全プロフィールも
一挙公開。この一冊が、テレビ・小説・
演劇「忠臣蔵」をもっと面白くする。

◇小説大石内蔵助―男の本懐を遂げた赤穂
藩家老　羽生道英著　PHP研究所
（PHP文庫）　1998.8　①4-569-57183-2

◇大石良雄・笛　野上弥生子作　岩波書店
（岩波文庫）　1998.6　①4-00-310498-6
＊「大石良雄」は弥生子41歳の作。この小
説における大石良雄は世の定説となっ
ている英雄ではない。いかにも人間ら
しい、屈折した家庭人大石良雄である。
「笛」は79歳の作。夫の死後、身を粉に
して働いて育てた子供が自分から離れて
いく―老いた母親の孤独を繊細な筆遣い
で描いて、しみじみと読者の胸を打つ。

◇考証 元禄赤穂事件―「忠臣蔵」の虚実　稲
垣史生著　PHP研究所　（PHPビジネス
ライブラリー）　1998.5　①4-569-60122-7
＊二枚目の殿様浅野内匠頭の刃傷は、幕
府によって不公平に裁かれ、大石内蔵
助ら遺臣が仇討ちに立ち上がる…。日
本人が大好きな「忠臣蔵」はしかし、虚
構だらけである。時代考証の第一人者
が明かす赤穂事件の真実とは。

◇大石内蔵助を見直す　勝部真長著　学生
社　1997.3　①4-311-20211-3
＊大石内蔵助のリーダーシップと「忠臣
蔵」の真相を見直す！ 大石の「金銀請
払帳」をはじめ日記、手紙などにかくれ
た「忠臣蔵」の秘密。

◇「男の意気」の貫き方―「忠臣蔵」の大石
内蔵助に見る統率力の研究　坂川山輝夫
著　大和出版　1994.2　①4-8047-1295-X

◇大石内蔵助の謎　高野澄著　毎日新聞社
1993.12　①4-620-72080-1
＊赤穂浪士は本当に「忠臣」か？ 復讐は
果たして大石の真意なのか？ 討入りが
何故十二月十四日なのか？ 綱吉、幕閣
が狼狽したのは何故か？ 俊鋭の歴史家
が疑問を投げかける、"裏返し忠臣蔵"。

◇大石良雄（大石内蔵助）―赤穂四十七士

教科書に載った日本史人物1000人　**119**

西本鶏介著　講談社　（講談社 火の鳥伝記文庫）　1992.12　①4-06-147583-5
＊テレビや歌舞伎で有名な『忠臣蔵』の赤穂浪士の討ち入り事件。昼あんどんとあだ名されながら、主君のあだ討ちのため、浪士たちを導いた大石内蔵助良雄の一生と事件の史実。

◇大石内蔵助秘話　林尚右著　林尚右　1992.7

◇大石良雄（よしとも）　改版　野上弥生子作　岩波書店　（岩波文庫）　1991.10　①4-00-310498-6

大内兵衛　おおうちひょうえ
1888～1980　大正，昭和期の経済学者，財政学者。東京帝国大学教授。社会党左派の理論家。法制大学総長。著書に「財政学大綱」。

◇大内兵衛と日本の統計　[大内兵衛]　[述]，大内賞委員会事務局編　全国統計協会連合会　2004.3

大内義隆　おおうちよしたか
1507～1551　戦国時代の武将。

◇大内義隆―名将が花開かせた山口文化　米原正義著　戎光祥出版　（中世武士選書）　2014.4　①978-4-86403-110-3
＊御器量無双の御人躰、世に隠れなく候（「言延覚書」）。長きにわたる出雲尼子氏との戦いや、陶晴賢の謀反による壮絶な最期など、明快な文章で激動の生涯を辿る。山口に大内文化を花開かせた名将の一代記。

◇大内義隆の光と影　山本一成著　大内文化研究会　2000.5

大内義弘　おおうちよしひろ
1356～1399　南北朝時代，室町時代の武将。周防ほか6国の守護。応永の乱で敗死。

◇大内義弘―天命を奉り暴乱を討つ　平瀬直樹著　ミネルヴァ書房　（ミネルヴァ日本評伝選）　2017.3　①978-4-623-08029-8

◇大内義弘　松岡久人著　戎光祥出版　（中世武士選書）　2013.1

①978-4-86403-076-2
＊将軍義満に従い九州平定・南北朝合一を実現するも朝鮮交易などで得た権勢を疎む義満軍と堺で決戦し敗死する。周防山口に、京文化をも華咲かせた魅力溢れる猛将の生涯。

◇炎の塔―小説大内義弘　古川薫著　文芸春秋　（文春文庫）　1991.6
①4-16-735706-2
＊室町期、戦場で果敢な生涯を閉じた大内義弘を描く直木賞作家の長篇。

◇失楽園の武者―小説・大内義隆　古川薫著　講談社　（講談社文庫）　1990.8
①4-06-184736-8
＊室町期、西日本切っての勢力を誇る守護大名大内氏の三十一代当主義隆はとりわけ貴族趣味が強く、武力強化よりも京都文化の摂取に熱中する。山口を京都の街並みに模し、文化人を招いては宴を催した。その結果、家臣間に亀裂を生み、やがては救いがたい破滅への道をたどることになるが…。大内氏の栄光と失墜を活写する長編。

◇大内義隆と陶晴賢　山本一成著　新人物往来社　1990.6　①4-404-01725-1
＊陶晴賢は「逆臣」ではなかった。16世紀、西国六ケ国の大守として勢威一世を覆い、山口に大内文化の華を咲かせた大内義隆はなぜ陶晴賢に滅ぼされたか。陶晴賢はほんとうに逆臣であったか。フランシスコ・サビエルと大内氏との交流をも追いながら、歴史の俗説に立ち向かって大内氏滅亡のドラマを描く大河小説。

大江健三郎　おおえけんざぶろう
1935～　昭和，平成期の小説家，評論家。大学在学中から執筆活動を始める。作品に「飼育」「万延元年のフットボール」。ノーベル文学賞受賞。

◇暴力に逆らって書く―大江健三郎往復書簡　大江健三郎著　朝日新聞社　（朝日文庫）　2006.10　①4-02-264372-2
＊困難と狂気の時代に、いかに正気の想像力を恢復するか。ノーベル賞作家が世界の知識人たちと交わした往復エッセイ。

大江健三郎

◇危機と闘争─大江健三郎と中上健次　井口時男著　作品社　2004.11
Ⓘ4-87893-694-0

◇大江健三郎研究─四国の森と文学的想像力　フィールドワーク　大隈満，鈴木健司編著　リーブル出版　2004.4　Ⓘ4-947727-52-7

◇作家はこのようにして生まれ、大きくなった─大江健三郎伝説　黒古一夫著　河出書房新社　2003.9　Ⓘ4-309-01575-1
＊果して大江文学は「難解」なのか？ 政治と性、「戦後精神」の原点を検証。

◇歴史認識と小説─大江健三郎論　小森陽一著　講談社　2002.6　Ⓘ4-06-211304-X
＊大江小説は"歴史"をどう認識しているのか？ そもそも"歴史"を認識するとはどのようなことなのか？ いま最も注目される文芸評論家の傑作評論。

◇トポスの呪力─大江健三郎と中上健次　張文穎著　専修大学出版局　2002.1
Ⓘ4-88125-124-4
＊熊野と四国の森の中。日本の現代文学のふたつの「起源」を、アジアの新鋭研究者が踏査し、探究する。

◇如来の果て─文学か宗教か　芳沢鶴彦著　近代文芸社　2001.11　Ⓘ4-7733-6905-1
＊神秘的な「向こう側」としての存在の存在を、文学と宗教で究尽した覚醒的企作。新しい視点による、異色の大江健三郎論・埴谷雄高論。

◇大江健三郎・再発見　大江健三郎，すばる編集部編　集英社　2001.7
Ⓘ4-08-774540-6

◇私（わたし）という小説家の作り方　大江健三郎著　新潮社　（新潮文庫）　2001.4
Ⓘ4-10-112621-6

◇私（わたし）という小説家の作り方　大江健三郎著　新潮社　1998.4
Ⓘ4-10-303617-6

◇よくわかる大江健三郎─文芸鑑賞読本　文芸研究プロジェ編著　ジャパン・ミックス　1998.2　Ⓘ4-88321-466-4
＊ノーベル賞文学を読むための本。大江文学の理解はこの一冊から。デビュー作から『燃えあがる緑の木』まで一挙解説。

◇大江健三郎とこの時代の文学　黒古一夫著　勉誠社　1997.12　Ⓘ4-585-05037-X
＊世紀末＝過渡期の現代、文学に何ができるか？ 大江健三郎、小田実、野間宏、高橋和巳、立松和平、三浦綾子、井伏鱒二、桐山襲、戦後文学・在日朝鮮人文学・原爆文学を論じ、混迷の現代文学を切開する渾身の文学状況論。

◇大江健三郎論　桑原丈和著　三一書房　1997.4　Ⓘ4-380-97246-1
＊大江健三郎をどのように論じることができるか。新進批評家の新・大江健三郎論。

◇大江健三郎─その文学世界と背景　一条孝夫著　和泉書院　1997.2
Ⓘ4-87088-839-4

◇大江健三郎とは誰か─鼎談：人・作品・イメージ　鷲山弥太ほか共著　三一書房　（三一新書）　1995.8　Ⓘ4-380-95020-4
＊戦後憲法の枠組みを大切にしてきた大江健三郎を対象に、戦後民主主義と大江文学の核心を探った緊急座談会。

◇大江健三郎─わたしの同時代ゲーム　平野栄久著　オリジン出版センター　1995.7　Ⓘ4-7564-0195-3

◇大江健三郎─文学の軌跡　中村泰行著　新日本出版社　1995.6　Ⓘ4-406-02358-5
＊戦後民主主義を作家的信条としつつ、つねに文壇の先端を走りつづける大江健三郎の人間観の葛藤と思想的推移を、緻密な作品分析を通して浮かびあがらせる本格的な作家論。

◇大江健三郎の八〇年代　榎本正樹著　彩流社　1995.2　Ⓘ4-88202-337-7

◇（よくわかる）大江健三郎　文芸研究プロジェ編　ジャパン・ミックス　1994.12
Ⓘ4-88321-162-2

◇大江健三郎　増補版　渡辺広士著　審美社　（審美文庫）　1994.12　Ⓘ4-7883-4074-7

◇大江健三郎　マサオ・ミヨシほか著　小学館　（群像 日本の作家）　1992.8
Ⓘ4-09-567023-1
＊東大在学中「奇妙な仕事」でデビュー、常に時代の課題と直面し、文学的前衛として新たな領域を拓く大江健三郎。

教科書に載った日本史人物1000人　**121**

四国の深い〈森のフシギ〉から発光する宇宙的想像力の翼を駆って織りなされる死と再生の〈神曲〉の世界。

大江千里　おおえのちさと
生没年不詳　平安時代前期, 中期の歌人, 学者。

◇平安儒者の家―大江家のひとびと　井上辰雄著　塙書房　2014.3
①978-4-8273-1265-2

大江広元　おおえのひろもと
1148〜1225　平安時代後期, 鎌倉時代前期の御家人, 公文所別当, 政所別当。

◇大江広元　上杉和彦著　吉川弘文館　（人物叢書 新装版）　2005.5
①4-642-05231-3
＊大江広元は鎌倉時代前期の政治家。もとは朝廷の実務官人であったが、源頼朝に招かれ草創期の幕府の中心的存在となる。政所別当として守護・地頭制の整備に関わり、朝廷・幕府間の交渉で卓越した政治手腕をふるった。頼朝没後、将軍頼家・実朝を支えつつ、北条氏とも協調を図り武家政権の確立に貢献した文人政治家の実像を、新史料を駆使して浮き彫りにする。

◇虹の礎　堀和久著　毎日新聞社　1996.11
①4-620-10552-X

大江匡房　おおえのまさふさ
1041〜1111　平安時代中期, 後期の学者, 歌人, 公卿。（権中納言）。参議大江音人の裔。

◇大江匡房―碩学の文人官僚　磯水絵編　勉誠出版　2010.12　①978-4-585-22009-1

◇中世神話の煉丹術―大江匡房とその時代　深沢徹著　人文書院　1994.8
①4-409-52022-9

大岡昇平　おおおかしょうへい
1909〜1988　昭和期の小説家。「俘虜記」で第一回横光利一賞受賞。作品に「レイテ戦記」「武蔵野夫人」など。紀行文、随筆などにも文明批評・時代批評の健筆をふるう。

◇三島由紀夫と大岡昇平――条の道　平松達夫著　平松達夫　2008.3
①978-4-02-100140-6
＊大岡昇平は、なぜ三島由紀夫の葬儀に行かなかったのか？　戦争と戦後。二人の作家の軌跡は微妙に触れ合い、交錯し、そして…。数々の「定説」を、新旧の史料を博捜して緻密に検証し、日本社会の実像を描ききる力作長編。

◇大岡昇平研究　花崎育代著　双文社出版　2003.10　①4-88164-556-0

◇大岡昇平と歴史　柴口順一著　翰林書房　2002.5　①4-87737-144-3
＊大岡の仕事はいったい何だったんだろうか。歴史記述と歴史小説の問題に関する大岡の仕事の全体を見わたし、その到達点を改めて明らかにする。

◇野間宏文学と親鸞―悪と救済の論理　張偉著　法蔵館　2002.1　①4-8318-7267-9
＊中国の文化大革命に遭遇し、人の心の闇を体験した、著者が野間宏文学のなかに、一筋の救いを見出し得たのはなぜか。晩年の野間宏との書簡のやりとりを通して、人間野間宏、その文学世界と親鸞との関わりを深く追究し、東洋人の視点から、野間宏文学を再解読した傑作論考。

◇贅沢なる人生　中野孝次著　文芸春秋　（文春文庫）　1997.9　①4-16-752304-3
＊気のすすまぬことはやらぬだけ…かつてそう豪語して、「自分らしく生きる」ことに賭けた、見事な男たちがいた―。大岡昇平、尾崎一雄、藤枝静男。著者が人生の師と仰ぐ、三人の文士の生き方から、醇乎として「自分」でありつづけることの困難と素晴らしさを問いかける、思い出の記。希有なる個性との遭遇。

◇作家の生き死　高井有一著　角川書店　1997.6　①4-04-883474-6
＊立原正秋はじめ、今はなき文学者の生と文学を、自らの人生と重ねつつ追懐した実感的作家論。他に自作の背景にふれたエッセイを収める。

◇大岡昇平―少年（抄）/歩哨の眼について　大岡昇平著, 富岡幸一郎編　日本図書セン

ター　（シリーズ・人間図書館）　1997.4
Ⓘ4-8205-9501-6

◇大岡昇平の仕事　中野孝次編　岩波書店
1997.3　Ⓘ4-00-022355-0

◇大岡昇平　新潮社　（新潮日本文学アルバ
ム）　1995.10　Ⓘ4-10-620671-4
＊戦後50年、再評価の時を迎える知的探
究者、戦争を凝視続けた昭和末までの
「夢の集約」。写真で実証する作家の劇
的な生涯。

◇小説家大岡昇平―敗戦という十字架を背
負って　松元寛著　東京創元社　1994.10
Ⓘ4-488-02340-1
＊冷戦構造の崩壊を予見し、それを超え
る論理を提起しながら昭和と共に逝っ
た大岡昇平―その文学の核心を抉る力
作長篇評論。

◇贅沢なる人生　中野孝次著　文芸春秋
1994.9　Ⓘ4-16-349230-5

◇三人の跫音―大岡昇平・富永太郎・中原中
也　樋口覚著　五柳書院　（五柳叢書）
1994.2　Ⓘ4-906010-61-X

◇一九四六年の大岡昇平　樋口覚著　新潮
社　1993.11　Ⓘ4-10-394801-9
＊終戦から二年目、未だ無名の復員兵が、
全く孤独に、文学との凄まじい闘いを
始めていた。作家誕生の秘密。

◇大岡昇平　金井美恵子ほか著　小学館
（群像　日本の作家）　1992.6
Ⓘ4-09-567019-3
＊小林秀雄、中原中也と出会い、辛い文学
的青春をスタンダリアンとして出発、
大戦下の俘虜体験を通し自らの魂のこ
とを書き続け、『俘虜記』『武蔵野夫人』
『野火』、そしてレイテ戦記に至る一時
代を疾走した小説家大岡昇平。

◇少年　大岡昇平著　講談社　（講談社文芸
文庫）　1991.12　Ⓘ4-06-196155-1

◇幼年　大岡昇平著　講談社　（講談社文芸
文庫）　1990.12　Ⓘ4-06-196107-1
＊幼い時期の記憶の断片―女になり替りた
い願望、金を盗んだ罪の意識、父との確
執と、母への思慕。それらを、主情的な
回顧としてではなく文献、再訪、知人ら
の証言で修復し、確認しつつ幼い精神の

形成されゆく一過程として提示した自
伝。緻密な実証で戦争という外部世界
を完璧なほど追究した死者への鎮魂の
名著「レイテ戦記」の著者の透徹した知
性、清冽なる精神の拠ってきたる源泉。

◇大岡昇平論―柔軟に、そして根源的に
鈴木斌著　教育出版センター　（以文選
書）　1990.7　Ⓘ4-7632-1520-5

▌**大岡忠相**　おおおかただすけ
1677〜1751　江戸時代中期の大名, 町奉
行, 幕臣。三河西大平藩主。8代将軍吉宗
に登用された。

◇大岡忠相―江戸の改革力吉宗とその時代
童門冬二著　集英社　（集英社文庫）
2015.10　Ⓘ978-4-08-745377-5

◇大岡裁きの法律学　岸本雄次郎著　日本
評論社　2011.6　Ⓘ978-4-535-51824-7
＊名判決の影に、裁く人格。大岡越前守
の「判決」を現代法で読み解いてみる
と…たのしくも奥深い法と裁きの噺。

◇大岡越前の構造改革―江戸のエリート経
済官僚　安藤優一郎著　日本放送出版協
会　（生活人新書）　2007.12
Ⓘ978-4-14-088238-2
＊物価上昇、格差拡大が進行し、社会不安
が増大した享保という時代。町奉行大
岡越前は、江戸の再生に乗り出した。
新田開発、貨幣改鋳、公共事業の推
進…、縦割り行政の厚い壁を壊し、次々
と難題を解決。経済官僚として手腕を
発揮した大岡の足跡を辿り、江戸町奉
行の実像に迫っていく。

◇大岡忠相　大石学著　吉川弘文館　（人物
叢書　新装版）　2006.12　Ⓘ4-642-05238-0
＊「大岡越前」として名高い江戸中期の幕
臣・大名。将軍吉宗の信頼の下、若くし
て江戸の町奉行に抜擢され、防火対策や
物価政策など、首都江戸の機能を強化。
また、地方御用・寺社奉行を歴任し、幕
府最高の司法・立法機関である評定所
一座に加わり、各地の紛争を裁定する。
全国各地の史料を博捜し、享保改革を支
えたその実像に鋭く迫る、本格的伝記。

◇大岡越前守忠相　堀和久著　講談社　（講

談社文庫）　1999.12　Ⓘ4-06-263945-9
＊南町奉行大岡越前守忠相は金銀相場を
巡る両替商との戦いに完敗、座敷に
飾った石を鉄扇で叩きつけた。―江戸
町人のため物価安定、治安維持に奔走
し、お白洲での裁きで弱きを助ける名
奉行ぶりばかりが伝えられる男の真の
姿とは？　挫折と栄達の陰に隠された人
間ドラマを描いた傑作時代小説。

◇江戸時代の官僚制　藤井讓治著　青木書
店　（AOKI LIBRARY　日本の歴史 近
世）　1999.11　Ⓘ4-250-99050-8
＊家格や身分に縛られた武家社会は、流
動性の低い静止的な社会だったのだろ
うか？　武家の昇進やそれに伴う加増の
実際を、幕府官僚制＝「職」の創出過程
として抽出し、動態的な歴史を描く。

◇大岡越前　縄田一男編　広済堂出版　（広
済堂文庫）　1998.7　Ⓘ4-331-60671-6
＊書院番から累進して伊豆山田奉行となっ
た大岡忠相。山田と紀州領松坂の争論
をさばくにあたり、従前の奉行のよう
に御三家・紀州の権勢を恐れることな
く、松阪方を非と断決し、その公正な態
度がかえって紀州藩主徳川吉宗に認め
られた。吉宗の将軍就任直後に江戸南
町奉行にあげられ、越前守と称する。
吉宗の信任あつく、町奉行としては下
情によく通じ、名裁判官とたたえられ
た裁判説話を七人の円熟作家が描く。

◇大岡越前守忠相　上野秀治著　皇学館大学
出版部　（皇学館大学講演叢書）　1995.12

◇大岡越前―物語と史蹟をたずねて　竹内
勇太郎著　成美堂出版　（成美文庫）
1994.10　Ⓘ4-415-06410-8
＊“大岡さばき”で名高い名奉行・大岡越
前守忠相はエリート官僚で僅厳実直、司
法官というより民政官の優等生であっ
た。芝居や講談などで伝わる名奉行像
は、政治家とはこうあってほしいとい
う、江戸庶民が産み出した虚像でもあっ
た。本書は世に伝わる人情裁きや捕り物
などの話を軸に物語を展開し、大岡忠相
の人物と業績を興味深く究明していく。

◇大岡越前守　堀和久著　講談社　1994.10
Ⓘ4-06-207224-6

◇徳川吉宗と大岡越前守　歴史と文学の会
編　勉誠社　1994.10　Ⓘ4-585-05010-8
＊非常時を生き抜いた将軍と補佐役。
NHK大河ドラマの世界の史実と伝説を
山田正紀・福田清人・今川徳三・西野辰
吉・加来耕三など、強力執筆陣で徹底
追及。

◇大岡越前守忠相　大石慎三郎著　岩波書店
（岩波新書）　1992.9　Ⓘ4-00-413107-3
＊おなじみの「大岡政談」が、実在した江
戸町奉行大岡越前守とほとんど関係の
ないことは、すでに学問的定説である。
それでは、将軍吉宗に抜擢された歴史
上の大岡忠相は、どのような人物で
あったのか。日本最初のすぐれた政策
官僚として、江戸の行政、とりわけ町火
消の設立、救貧対策、物価安定などに力
を注いだ彼の姿を、その日常生活を含
めて描きだす。

◇(新作)大岡越前　3　天馬の巻　葉村影
子著　ナイタイ　（ユーブック）　1991.6
Ⓘ4-87206-043-1

◇歴史を動かした人びと―大岡越前守・松
平定信　大石慎三郎，竹内誠著，国立教育
会館編　ぎょうせい　（教養講座シリー
ズ）　1990.5　Ⓘ4-324-01975-4

大川周明　おおかわしゅうめい

1886～1957　明治～昭和期の国家主義運
動家，大学教授。東亜経済調査局編集課
長。右翼理論家の最高峰で“アジアの論
客”と呼ばれた。「大川周明全集」。

◇「大国支配主義」の悪なる正義―不羈之
士・大川周明を読み解く　森仁平著　去
稚敬天塾　2016.12

◇大川周明と狂気の残影―アメリカ人従軍
精神科医とアジア主義者の軌跡と邂逅
エリック・ヤッフェ著，樋口武志訳　明石
書店　2015.7　Ⓘ978-4-7503-4219-1

◇大川周明アジア独立の夢―志を継いだ青年
たちの物語　玉居子精宏著　平凡社　（平
凡社新書）　2012.8　Ⓘ978-4-582-85651-4
＊昭和十三年、東京西郊に、ある“私塾”
がつくられた。思想家・大川周明を所
長とする東亜経済調査局附属研究所。

外務省、陸軍、満鉄が出資し、日本の南方進出に貢献する人材を育てることが目的とされた。二年間の修学の後、卒業生は東南アジア各地に渡り、戦争の裏面や独立運動の進展に関わることになる。卒業生への聞き取りと資料をもとに "知られざる教育機関" の実態を明らかにする。

◇岡倉天心と大川周明―「アジア」を考えた知識人たち　塩出浩之著　山川出版社（日本史リブレット）　2011.5
①978-4-634-54884-8
＊本書は二人の知識人を通じた、「アジア」という地域概念をめぐる思想史である。

◇大川周明―イスラームと天皇のはざまで　臼杵陽著　青土社　2010.8
①978-4-7917-6556-0
＊戦前の「国家主義者」の代表とされてきた男が、イスラームに生涯惹かれつづけたのはなぜか？　いまだ看過されがちなこの事実から、誤解多き思想家の知られざる姿を蘇らせる。

◇重光葵と昭和の時代―旧制五高で学んだ外交官の足跡　小泉憲和著　原書房（明治百年史叢書）　2010.2
①978-4-562-04559-4

◇大川周明「獄中」日記―米英東亜侵略史の底流　大川周明著　毎日ワンズ　2009.4
①978-4-901622-39-4
＊戦前は日本、戦後はアメリカによって投獄された思想家の不屈。

◇大川周明―ある復古革新主義者の思想　大塚健洋著　講談社（講談社学術文庫）2009.2　①978-4-06-291936-4
＊旧制荘内中学で社会主義に共鳴し、五高時代には黄金万能の資本主義社会打倒を訴えた扇動的学生・大川周明。帝大での宗教学研究から敬天・愛人・克己の思想を深め、さらに日本精神への回帰、アジア主義へと展開する思想的経路はいかなるものだったのか。また大東亜戦争の理論家として破局へと向かう道行とは？「始末に困る」至誠の人の思想と生涯。

◇インド国民軍を支えた日本人たち―日本ガ感謝サレズトモ独立達成ナラバ本望ナ

リ　伊藤啓介，関岡英之著　明成社2008.8　①978-4-944219-74-2

◇大川周明の大アジア主義　関岡英之著　講談社　2007.12　①978-4-06-287922-4
＊米国・欧州列強が最もおそれた「知の巨人」。アジア解放の思想の核心。

◇大川周明　松本健一著　岩波書店（岩波現代文庫　社会）　2004.10
①4-00-603099-1

◇大川周明関係文書　大川周明関係文書刊行会編　芙蓉書房出版　1998.9
①4-8295-0203-7

◇大川周明―ある復古革新主義者の思想　大塚健洋著　中央公論社　（中公新書）1995.12　①4-12-101276-3
＊近代日本は精神的には西洋崇拝、国内的には資本主義化、対外的には脱亜の道を歩んだ。しかし、第一次世界大戦後、従来の支配体制に対して変革志向を持つ集団、革新派が次々と誕生した。大川周明の猶存社もその一つである。大川周明は「復古革新派」として近代日本の西洋化に真正面から対決し、精神面では日本主義、内政面では社会主義あるいは統制経済、外交面ではアジア主義を唱道した。大川の生涯と思想を三つの視角から描く。

◇大川周明と近代日本　大塚健洋著　木鐸社　1990.9　①4-8332-2150-0
＊本書は、大川周明の生涯を根本資料に基づいて、明らかにしようとするものである。従って、資料集的色彩の濃い基礎的研究といえよう。

大木喬任　おおきたかとう

1832～1899　明治期の政治家。東京府知事。元老院議長、枢密院議長などを歴任。伯爵。

◇大木喬任―1832-1899　重松優著　佐賀県立佐賀城本丸歴史館　（佐賀偉人伝）2012.2　①978-4-905172-05-5
＊初代文部卿として近代教育の確立に尽力し、国家体制や法制度の構築に携わった。元老院と枢密院の双方の議長をつとめたのは、大木ただひとりである。

◇大木喬任─年譜考　島内嘉市著　アピア
ランス工房　2002.7　Ⓘ4-901284-10-X

正親町天皇　おおぎまちてんのう
1517〜1593　戦国時代, 安土桃山時代の第
106代の天皇。(在位1557〜1586)。

◇天皇と天下人　藤井譲治著　講談社　(天
皇の歴史)　2011.5　Ⓘ978-4-06-280735-7
＊天下布武を目指す信長と正親町天皇の
虚々実々の駆け引きとは。本能寺の変
後、権力を掌握し、朝鮮出兵に続き皇居
の北京移転まで決めた秀吉を後陽成天
皇はどう思い止まらせようとしたか。
家康・秀忠の強権に悲憤慷慨した後水
尾天皇の胸中など、日記、宸翰の史料を
駆使し、天下人と対峙した天皇の実像
を克明に描く。

大国主神　おおくにぬしのかみ
大国主命(おおくにぬしのみこと)とも。
記紀神話の神。天津神に国譲りし、後に
出雲大社にまつられた。

◇天つ神の世界　第3版　中西進著　角川書
店　(古事記をよむ)　1986.5
Ⓘ4-04-864011-9
＊古代の出雲を舞台に躍動する神々の魅
力を十分に解明した本書には、上巻の
うち序文・国土創成・須佐之男命・大国
主神を収める。

大久保利通　おおくぼとしみち
1830〜1878　江戸時代末期, 明治期の政治
家。大蔵卿、内務卿。鹿児島藩士。東京奠
都、版籍奉還、廃藩置県などを行う。

◇大久保利通─富国強兵・殖産興業─近代
日本の礎をつくった男　落合弘樹監修, 大
谷じろうまんが　小学館　(小学館版学習
まんが人物館)　2018.4
Ⓘ978-4-09-270129-8

◇大久保利通─西郷どんを屠った男　河合
敦著　徳間書店　2018.2
Ⓘ978-4-19-864548-9

◇大久保利通　水谷俊樹原作, 加来耕三企
画・構成・監修, 早川大介作画　ポプラ社

(コミック版日本の歴史　幕末・維新人物
伝)　2017.12　Ⓘ978-4-591-15650-6

◇大久保利通とその時代─企画展示　人間文
化研究機構国立歴史民俗博物館編　人間文
化研究機構国立歴史民俗博物館　2015.10

◇大政事家大久保利通─近代日本の設計者
勝田政治著　KADOKAWA　(〔角川ソ
フィア文庫〕)　2015.3
Ⓘ978-4-04-409219-1

◇大久保利通日記　1　オンデマンド版　大
久保利通著　東京大学出版会　(日本史籍
協会叢書)　2014.7　Ⓘ978-4-13-009326-2

◇大久保利通日記　2　オンデマンド版　大
久保利通著　東京大学出版会　(日本史籍
協会叢書)　2014.7　Ⓘ978-4-13-009327-9

◇明治裏面史　下巻　伊藤痴遊著　国書刊
行会　2013.4　Ⓘ978-4-336-05643-6
＊昔日のベストセラー作家・伊藤痴遊が
伝える幕末明治激震の姿。司法の父・
江藤新平の悲痛な最期と大久保利通の
冷酷さ。工作、謀略、手練手管…。志士
たちの乱暴で荒々しい、剥き出しで命が
けのかけひきの数々には、ただ驚くほ
かはない。

◇さまよう国へ─一蔵と吉之助の闘い　山
里石峰著　湘南社　2012.11
Ⓘ978-4-434-17135-2
＊明治6年“征韓論争”という偽装喧伝で大
久保一蔵が西郷吉之助を葬り、国の根
幹を捨て去った。ここを起点に、日本
は官吏独裁、脱亜入欧、そして富国強兵
でアジア侵攻へと雪崩をうち、あてど
ない国へと没入していった。

◇大久保利通の肖像─その生と死をめぐっ
て　横田庄一郎著　朔北社　2012.9
Ⓘ978-4-86085-101-9
＊襲撃されたとき乗っていた馬車を詳細
に調査し、大久保最期の場面を再現し
て、通説を正す。断固たる決断力が冷
酷とも評されてきた政治家の生と死を、
緻密な取材と史料の丹念な読込みによ
り鮮やかに蘇らせる。

◇西郷と大久保と明治国家─日本生態史観・
日本史の中の帝国と共和国　冨川光雄編
冨川光雄　2010.10

大隈重信

◇文芸春秋にみる坂本龍馬と幕末維新　文芸春秋編　文芸春秋　2010.2
　①978-4-16-372220-7
　＊龍馬、新選組、西郷、大久保、勝―文芸春秋に掲載された手記、エッセイで読むこの国の運命を決めた男たちの真実。

◇大久保利通―明治維新と志の政治家　佐々木克著　山川出版社　（日本史リブレット）　2009.12　①978-4-634-54872-5

◇大久保利通―国権の道は経済から　落合功著　日本経済評論社　（評伝・日本の経済思想）　2008.7　①978-4-8188-2011-1
　＊討幕運動へと突き進んだ大久保が、財政が疲弊し、士族の不満が吹き荒れる中、なぜ最後は殖産興業を人生（＝国家）の課題と考え、どのような独自の経済政策を推進したのか。

◇大久保利通日記　上巻　復刻版　大久保利通著　マツノ書店　2007.11

◇大久保利通日記　下巻　復刻版　大久保利通著　マツノ書店　2007.11

◇内務卿大久保利通評伝―遭難までの五年間、その業績と生きざま　安島良著　東京書籍　2005.6

◇大久保利通　笠原英彦著　吉川弘文館　（幕末維新の個性）　2005.5
　①4-642-06283-1
　＊薩摩藩下級武士の家に生まれながら、のちに藩の重役となって討幕に邁進し、維新後は参議・内務卿として明治政府を率いた大久保利通。柔軟なリアリズムで政治を指導し、近代日本を創出しようとした激動の生涯を描く。

◇大久保利通　佐々木克監修　講談社　（講談社学術文庫）　2004.11
　①4-06-159683-7

◇甲東逸話　復刻版　勝田孫弥著　マツノ書店　2004.7

◇大久保利通伝　上巻　勝田孫弥著　マツノ書店　2004.7

◇大久保利通伝　中巻　勝田孫弥著　マツノ書店　2004.7

◇大久保利通伝　下巻　勝田孫弥著　マツノ書店　2004.7

◇大久保利通と安積開拓―開拓者の群像　立岩寧著　青史出版　2004.5
　①4-921145-23-7

◇図説・西郷隆盛と大久保利通　新装版　芳即正，毛利敏彦編著　河出書房新社　（ふくろうの本）　2004.2　①4-309-76041-4

◇大久保利通―近代日本を創り上げた叡知　中村晃著　PHP研究所　（PHP文庫）　1997.10　①4-569-57074-7
　＊西郷隆盛は常々こう言っていたという。「おいは家を建てることはできる。しかしその家に人が住めるようにするのは、一蔵（大久保利通）さぁだ」―幼なじみの西郷隆盛と組んで倒幕を成功させ、ついに維新の偉業を成し遂げた大久保利通。時には冷徹とも見えるその行動の裏には、理想国家へのあくなき情熱があった。確かな先見力と実行力で近代日本の基礎を築いた男の清廉なる一生。

◇不敗の宰相大久保利通　加来耕三著　講談社　（講談社＋捜文庫）　1994.10
　①4-06-256064-X

◇大久保利通　宮野澄著　PHP研究所　（歴史人物シリーズ）　1990.2
　①4-569-52706-X
　＊「近代国家日本」を築いたリアリストの凛冽たる生涯。維新後日本の方向を欧米文明に見、殖産興業による近代化を強力に推進した大久保利通―。自国の現実を、つねに国際的視野から冷静に見つめ変革した大実行家の実像を描く。

大隈重信　おおくましげのぶ

1838～1922　明治，大正期の政治家，教育者。内閣総理大臣，早稲田大学総長，侯爵。大蔵省事務総裁，外務大臣などを歴任。日本最初の政党内閣を組織。著書に「大熊伯昔日譚」「開国五十年史」。

◇大隈重信自叙伝　大隈重信述，早稲田大学編　岩波書店　（岩波文庫）　2018.3
　①978-4-00-381182-5

◇大隈重信―民意と統治の相克　真辺将之著　中央公論新社　（中公叢書）　2017.2
　①978-4-12-004939-2

◇図録大隈重信の軌跡　早稲田大学大学史

教科書に載った日本史人物1000人　**127**

資料センター編　早稲田大学大学史資料センター　2015.9

◇福沢諭吉と大隈重信—洋学書生の幕末維新　池田勇太著　山川出版社　（日本史リブレット人）　2012.5　①978-4-634-54876-3
＊「一身にして二生を経るが如し」—地続きでありながら、明治から見た江戸は遠い世界のようだった。福沢諭吉と大隈重信。近代日本をリードしたこの二人の巨人は、幕末の若き日、かたや洋学者として、かたや尊王の志士として、自らの属する世界と格闘し、新しい時代を切り拓いていった。本書は、このタイプの全く異なる二人の洋学書生がいかなる行路を経て明治の舞台に上ったのかをたどる、短い物語である。

◇大樹　大隈重信　片桐武男著　佐賀新聞社　2012.4　①978-4-88298-184-8

◇大隈重信と江副廉蔵—忘れられた明治たばこ輸入王　改訂増補　末岡暁美著　洋学堂書店　2011.6　①978-4-9904418-1-4

◇大隈重信—1838-1922　島善高著　佐賀県立佐賀城本丸歴史館　（佐賀偉人伝）　2011.1　①978-4-905172-01-7

◇国民リーダー大隈重信　片岡寛光著　冨山房インターナショナル　2009.7　①978-4-902385-76-2
＊リーダー群像の一人として明治国家の建設に大隈重信が果たした役割を照射し、その人間像を、世界観、歴史展望、人生観、宗教観、若者への期待などを交えて描く。国民リーダーとなる契機となった明治14年の政変については、未発掘の資料により新解釈を試みる。

◇早稲田と慶応—名門私大の栄光と影　橘木俊詔著　講談社　（講談社現代新書）　2008.9　①978-4-06-287958-3
＊なぜ早慶の両校がこれほどまでに地位を高めたのか、というのが本書の関心であり、そのことを幅広い視点から論じている。戦前にあってはこの両校は東大・京大などの帝国大学の後塵を拝していた。戦後のある時期から早慶両大学が国立の名門大学に急追をかけ、現在、すでに追い越している分野もある。例えば、政界、マスメディア、文壇

における早稲田、経済界、政界における慶応である。なぜ早慶はこのような成功を収めているのであろうか。

◇円を創った男—小説・大隈重信　渡辺房男著　文芸春秋　2006.2　①4-16-324660-6
＊旧幕時代の複雑な貨幣制度を廃し、統一通貨を「円」と命名する—。若き日の大隈重信の苦闘を通して、近代国家誕生のドラマを描く歴史小説。

◇歴代総理大臣伝記叢書　第5巻　大隈重信　御厨貴監修　ゆまに書房　2005.7　①4-8433-1783-7

◇大隈重信　大園隆二郎著　西日本新聞社　（西日本人物誌）　2005.4　①4-8167-0628-3

◇大隈重信と政党政治—複数政党制の起源明治十四年—大正三年　五百旗頭薫著　東京大学出版会　2003.3　①4-13-036215-1

◇教科書が教えない歴史人物～福沢諭吉・大隈重信～　藤岡信勝監修, 久保田庸四郎, 長谷川公一著　扶桑社　（扶桑社文庫）　2001.6　①4-594-03095-5
＊新しい歴史教育のことがさかんに話題になっています。本書はその原点ともいえる人気シリーズ『教科書が教えない歴史』の続編で、人物に焦点をあてていきます。最初は早稲田大学、慶応義塾大学の創始者、大隈重信と福沢諭吉。二人が活躍したのは、欧米諸国が世界を植民地化した時代です。二人は、列強の間で木の葉のように揺らめいていたアジアの一小国日本を立ちゆかせるために、多大なる貢献をしました。二人の、生き方、業績、愛国心、世界観、建学精神…等を考えながら、21世紀の日本の姿と自分自身の生き様を重ね合わせてみましょう。早稲田・慶応の両校比較も掲載。

◇知られざる大隈重信　木村時夫著　集英社　（集英社新書）　2000.12　①4-08-720069-8
＊大隈重信は佐賀藩士の家に生まれ、漢学・蘭学・英学を学んで世界的な視野を開き、明治から大正期にかけて政治家として財政・外交に優れた手腕を発揮した。また近代日本の設計者として、

広く明治文明を推進した功績は大きい。一九一五年の二十一ヵ条要求によって、日本を軍国主義、中国侵略へと導いたとする説もあるが、本書では特にこの点で「大隈功罪論」を再考する。大隈の政治・外交の真意はどこにあったのか？孫文とも袁世凱とも親交のあった大隈はどのような態度をとったのか？また、山県有朋との確執や福沢諭吉との深い友情、素顔を語るエピソードなどを紹介して、大隈の人間的魅力を活写する。

◇わが早稲田―大隈重信とその建学精神 木村時夫著 恒文社 1997.12 ①4-7704-0959-1
＊早慶両校はとかくライバル視されるが、創設者大隈重信と福沢諭吉は、明治初期から肝胆相照らす仲だった。本書は、大学創設に至る歴史と建学の精神を説く第一部、第二部、時あたかも太平洋戦争下に学んだ著者自身の経験を中心に昭和十年代の学苑生活を描く第三部の三部構成。

◇食客風雲録―日本篇 草森紳一著 青土社 1997.11 ①4-7917-5589-8
＊大隈重信の屋敷に集って明治政府を陰で操った居候たち。芸者の金で南洋の島に渡り「占領」してしまった？後藤象二郎のドラ息子…。他人の家で食わせてもらいながら「主人を食う」気概に満ちた食客の面々。「維新」直後の激動期、主人と客の虚々実々、波瀾万丈を通して歴史と人間の真髄にふれる。

◇旋風時代―大隈重信と伊藤博文 南条範夫著 講談社 1995.9 ①4-06-207818-X
＊草創期の明治政府にあって、その豪放大胆な性格を縦横に駆使し、次々に新政策を実現させていった大隈重信と元勲たち。

◇大隈重信の余業 針ケ谷鐘吉著 東京農業大学出版会 1995.8

◇大隈重信 榛葉英治著 PHP研究所 （歴史人物シリーズ） 1989.12 ①4-569-52659-4
＊藩閥政府が最も恐れた男。明治6年の政変における征韓論反対、開拓使官有物払い下げ時の政府との対立…など、藩

閥政府の権力に自由民権の理想を掲げて立ち向かった生涯を、直木賞作家が鮮やかに描き上げる。

◇大隈重信とその時代―議会・文明を中心として 早稲田大学大学史編集所編 早稲田大学出版部 1989.10 ①4-657-89029-8

◇エピソード大隈重信125話 エピソード大隈重信編集委員会編 早稲田大学出版部 1989.7 ①4-657-89721-7

◇大隈重信 中村尚美著 吉川弘文館 （人物叢書 新装版） 1986.1 ①4-642-05026-4

大蔵永常 おおくらながつね

1768～1860？ 江戸時代後期の農学者。三河田原藩物産方。著作に「広益国産考」「農具便利論」など。

◇現代に生きる大蔵永常―農書にみる実践哲学 三好信浩 農山漁村文化協会 2018.8 ①978-4-540-18154-2

◇大蔵永常 頼祺一監修, 豊田寛三他著 大分県教育委員会 （大分県先哲叢書） 2002.3

◇大蔵永常資料集 第3巻 大蔵永常著 大分県教育委員会 （大分県先哲叢書） 2000.3

◇大蔵永常資料集 第4巻 大蔵永常著 大分県教育委員会 （大分県先哲叢書） 2000.3

大河内正敏 おおこうちまさとし

1878～1952 明治～昭和期の科学者, 実業家。理化学研究所所長。貴族院議員。理研コンツェルンの創始者。

◇大河内正敏―科学・技術に生涯をかけた男 斎藤憲著 日本経済評論社 （評伝・日本の経済思想） 2009.7 ①978-4-8188-2029-6
＊理化学研究所長であり、新興財閥理研コンツェルンの創設者であった大河内の、経営思想や科学技術教育の真髄を明らかにする。

大塩平八郎　おおしおへいはちろう

1793〜1837　江戸時代後期の儒学者，大坂東町奉行所与力。窮民救済に挙兵したが失敗。

◇評伝/ことば大塩平八郎への道　森田康夫著　和泉書院　（IZUMI BOOKS）2017.10　①978-4-7576-0846-7

◇大塩平八郎からの伝言　種村道雄著　種村道雄　2010.3

◇青天霹靂史　復刻版　島本仲道著　島本昭　2007.12　①978-4-901284-40-0

◇青天霹靂史—大塩平八郎伝・口語訳・夢路の記—口語訳　島本仲道著，島本昭訳著　アピアランス工房　2007.8　①978-4-901284-34-9

◇大塩平八郎　宮城公子著　ぺりかん社　2005.1　①4-8315-1100-5
　＊飢饉をきっかけに，重税を課しおごり極める為政者を「小人に国家をおさめしめば災害並びに至る」として，民を苦しめる役人と，それに結託する商人に罰を加えようとした大塩の評伝。

◇大塩平八郎書簡の研究　第1冊　[大塩平八郎]［著］，相蘇一弘著　清文堂出版　2003.10　①4-7924-0542-4,4-7924-0545-9

◇大塩平八郎書簡の研究　第2冊　[大塩平八郎]［著］，相蘇一弘著　清文堂出版　2003.10　①4-7924-0543-2,4-7924-0545-9

◇大塩平八郎書簡の研究　第3冊　[大塩平八郎]［著］，相蘇一弘著　清文堂出版　2003.10　①4-7924-0544-0,4-7924-0545-9

◇大塩平八郎—構造改革に玉砕した男　長尾剛著　ベストセラーズ　2003.5　①4-584-18747-9
　＊江戸後期，自らの命と引き換えに，疲弊したこの国の体制に修復のメスを入れようとした男がいた。その名は誰もが記憶しているが，知られざる改革者の足跡，意地，信念。

◇曽祖父大塩平八郎　小西利子著　小西利子　2001.3

◇週刊ビジュアル日本の歴史　no.45　徳川幕府の衰退，大塩平八郎の反乱　5　デア

ゴスティーニ・ジャパン　2000.12

◇三重幕末維新戦記—藤堂藩・桑名藩の戊辰戦争　横山高治著　創元社　1999.11　①4-422-20463-7
　＊殉節維新秘話。幕末維新の激動期のなかで，人に，職務に，藩また国に殉じ，信念，道義，思想，政治に殉じた人びとの生き様と回天の歴史ドラマ。

◇大塩平八郎起つ—長篇歴史小説　菊池道人著　広済堂出版　（広済堂文庫　特選時代小説）　1998.6　①4-331-60663-5

◇大塩中斎　竹内弘行，角田達朗著　明徳出版社　（シリーズ陽明学）　1994.10　①4-89619-925-1
　＊大塩中斎の乱は当時の人々に大衝撃を与えたが，その決起は金権社会に対する義憤に発していた。帰虚説，陽明学との関り等を主著・檄文を平訳して紹介しつつ彼の思想と行動の本質を追求。

◇政治と改革　安岡正篤著　明徳出版社　1993.9　①4-89619-118-8
　＊政治と改革・政治と人物・大塩中斎等，昭和初期の苛烈な世相を深憂して書かれた政教論七篇。時代の切望する政治の根本的在り方を説く現代の政治宝典。

◇大塩平八郎の時代—洗心洞門人の軌跡　森田康夫著　校倉書房　1993.8　①4-7517-2280-8

◇大塩平八郎　三谷秀治著　新日本出版社　1993.4　①4-406-02176-0
　＊時は天保，飢饉にあえぐ人々をよそに，私腹をこやす豪商・役人たち。儒学者平八郎は，民衆の苦しみを自らの怒りにして，ついに身をなげうって兵を挙げた。

◇大塩平八郎と民衆　大阪人権歴史資料館編　大阪人権歴史資料館　1993.3

◇史料が語る大塩事件と天保改革　中瀬寿一，村上義光編著　晃洋書房　1992.3　①4-7710-0556-7

◇民衆史料が語る大塩事件　中瀬寿一，村上義光編著　（京都）晃洋書房　1990.7　①4-7710-0491-9

凡河内躬恒　おおしこうちのみつね

生没年不詳　平安時代前期, 中期の歌人。
三十六歌仙の一人。

◇日本歌人講座 2　弘文堂　1960

大杉栄　おおすぎさかえ

1885〜1923　大正期の社会運動家, 著述家。無政府主義者。「近代思想」を発刊。妻伊藤野枝と甥と共に甘粕正彦ら軍部に虐殺される。

◇大杉栄　新装版　高野澄著　清水書院
（Century Books　人と思想）　2016.5
①978-4-389-42091-8

◇大杉栄の思想形成と「個人主義」　新装版
飛矢崎雅也著　東信堂　2014.6
①978-4-7989-1237-0

◇大杉栄伝―永遠のアナキズム　栗原康著
夜光社　2013.12　①978-4-906944-03-3
＊暗い時代に乱れ咲く生の軌跡。米騒動、ストライキ、民衆芸術論…。破天荒な生き方というだけでは語りつくせない、その思想に光をあてた、新たな評伝の登場。

◇現代に甦る大杉栄―自由の覚醒から生の拡充へ　飛矢﨑雅也著　東信堂　2013.11
①978-4-7989-1191-5
＊いま社会を覆う「現代的不幸」の根底に、若者を中心とした自己肯定感の低下がある。20世紀初頭、閉塞と強圧の状況下、「生の拡充」すなわち自己肯定感の拡充をめざした大杉の全生涯が、現代に示唆するものは何か―その強烈な個性の底に潜む繊細な魂の軌跡を辿り、個人における「生の拡充」と社会における「相互扶助」の一体性を明示した本書は、まさに今日における大杉の思想の現代的甦りをめざした一里塚である。

◇新編 大杉栄追想　大杉豊解説　土曜社
2013.9　①978-4-9905587-9-6
＊1923年9月一、関東大震災直後、戒厳令下の帝都東京。「三義者暴動」の流言が飛び、実行される陸軍の白色テロ。真相究明を求める大川周明ら左右両翼の思想家たち。社屋を失い、山本実彦社長宅に移した「改造」臨時編集部に、大

正一級の言論人、仇討ちを胸に秘める同志らが寄せる、享年38歳の革命児・大杉栄への、胸を打つ鎮魂の書！

◇大杉栄と仲間たち―『近代思想』創刊100年　「大杉栄と仲間たち」編集委員会著　ぱる出版　2013.6　①978-4-8272-0833-7
＊大杉栄とその仲間たちは、時代閉塞のなかでの自我の解放から出発して、世界へむけての社会的闘争を創り出していきました。それから一世紀がたちました。私たちは「3・11」後の混迷のなかで、個人や家族の新しい生き方と新しい社会像とを求めなければならない時代のなかにいます。『近代思想』が切り拓いたものは何だったのか。そしてその遺産から私たちは何を学ぶことができるのか。私たちは、『近代思想』創刊一〇〇年を記念して、新しい出会いの場を設けたいと考えました（大杉栄と仲間たち　『近代思想』創刊一〇〇年記念集会より）。

◇獄中記　大杉栄著　土曜社　2012.4
①978-4-9905587-2-7
＊1906(明治39)年一、東京外語大を出て8カ月で入獄するや、看守の目をかすめて、エスペラント語にのめりこむ。英・仏・エス語から独・伊・露・西語へ進み、「一犯一語」とうそぶく。生物学と人類学の大体に通じて、一個の大杉社会学を志す。出歯亀君、野口男三郎君ら獄友と交際する好奇心満足主義。牢格子を女郎屋に見立て、看守の袖をひく堺利彦は売文社以前。「おい、秋水！」という大杉に気づかず、歩み去る逆徒・幸徳。21歳の初陣から、大逆事件の26歳まで一、自分の頭の最初からの改造を企てる人間製作の手記。

◇大杉栄―日本で最も自由だった男　河出書房新社　（Kawade道の手帖）　2012.2
①978-4-309-74044-7

◇自叙伝　大杉栄著　土曜社　2011.9
①978-4-9905587-1-0

◇日本(にっぽん)脱出記　大杉栄著　土曜社　2011.4　①978-4-9905587-0-3

◇日録・大杉栄伝　大杉豊編著　社会評論社　2009.9　①978-4-7845-0586-9

＊鮮烈に、時代を拓こうと闘った男たち、女たち。明治から大正へ。反戦・非軍備主義の提唱、赤旗事件、文学者との交流、自由恋愛、労働運動に求めた社会革命の道、アジアの革命家との連帯、フランスでの活動、関東大震災直後の虐殺まで。大杉栄の甥にあたる著者が、関連史料を渉猟し、多くの新資料を加えて日々の行動をあとづけた。大杉栄の詳細な人生の航跡。

◇秋山清著作集　第5巻　大杉栄評伝　秋山清,秋山清著作集編集委員会編　ぱる出版　2006.8　⑪4-8272-0205-2

◇大杉栄の思想形成と「個人主義」　飛矢崎雅也著　東信堂　2005.9
　⑪4-88713-629-3

◇大杉栄自由への疾走　鎌田慧著　岩波書店　（岩波現代文庫 社会）　2003.3
　⑪4-00-603078-9
　＊「思想に自由あれ。しかしまた行為にも自由あれ。そしてさらにはまた動機にも自由あれ。」アナキストとして自由奔放に生き、日本軍国主義に虐殺された男、大杉栄。思想家として、行動する社会主義者として、日本近代に多大な影響を与えた大杉栄の鮮烈な生涯を、丹念な取材と新たな資料を駆使してダイナミックに描く。

◇大杉栄自叙伝　大杉栄著　中央公論新社　（中公文庫　Biblio 20世紀）　2001.8
　⑪4-12-203879-0

◇大杉栄語録　大杉栄原著,鎌田慧著　岩波書店　（岩波現代文庫 社会）　2001.1
　⑪4-00-603027-4
　＊思想に自由あれ。しかし又行為にも自由あれ。そしてさらには又動機にも自由あれ―躍動する知性、柔軟な思考、本当の自由人・アナキスト大杉栄の言動のエッセンスは閉塞した精神に風穴をあける。叛骨、反権威のルポライターが選んだ自由へ疾走する思想家の現代人への熱いメッセージ。

◇神に祈らず―大杉栄はなぜ殺されたのか　宮崎学著　飛鳥新社　2000.7
　⑪4-87031-426-6
　＊反逆の中に生の至上の美を幻視し、"美

は乱調にあり"と呟いた男は、なぜ殺されたのか？　独立不羈の精神で反権威・反権力の姿勢を貫き虐殺された、大正の無政府主義思想家・大杉栄。短くも激しい、その鮮烈で爽やかな生の軌跡を深い共感をこめて描き、バブル崩壊後の日本人の生き方を根源から問い質す、気魄の一書。

◇断影大杉栄　竹中労著　筑摩書房　（ちくま文庫）　2000.3　⑪4-480-03547-8
　＊ほんとうの自由を求めて、権威・権力と戦い、女性を愛し、ついには関東大震災直後に憲兵隊によって虐殺された大杉栄。歴史の闇に埋もれた大正アナーキストたちの中でも、ひと際、光彩を放つ大杉の激しく熱い魂へと迫る！　アナキズムとはなべての支配されざる精神―と語る竹中労が渾身の力で書き下ろした未発表原稿が文庫オリジナルで登場。

◇大杉栄自由への疾走　鎌田慧著　岩波書店　1997.10　⑪4-00-022359-3

◇日本的風土をはみだした男―パリの大杉栄　松本伸夫著　雄山閣出版　1995.4
　⑪4-639-01282-9
　＊虐殺された日本の代表的なアナーキスト大杉栄は日本を脱出、第一次大戦後の疲弊と不安の中に文化の華を咲かせたパリに潜入。自由な精神とその足跡を辿る。

◇大杉栄　高野澄著　清水書院　（Century Books）　1991.11　⑪4-389-41091-1
　＊人間の自由というものの重さについて、近代的な日本語によってはじめて明快な説明をつけてくれたのが大杉栄の文章だった。自由とは個々の人間の好みの問題ではなくて、それがなければ人間として生まれた意味がないというほど重要、かつ切羽つまったテーマであることを、言葉と行動でしめしたのも大杉だった。

◇自叙伝　大杉栄著,飛鳥井雅道校訂　岩波書店　（岩波文庫）　1991.6
　⑪4-00-331341-0

▌**大田南畝**　おおたなんぽ
1749～1823　蜀山人（しょくさんじん）とも。江戸時代中期、後期の戯作者、狂歌師。

狂歌三大家の一人。

◇大田南畝—江戸に狂歌の花咲かす　小林
　ふみ子著　岩波書店　2014.4
　①978-4-00-025971-2

◇日本文学者評伝集　7　蜀山人・新井白石
　塩田良平, 森本治吉編　浜田義一郎, 尾崎
　憲三著　クレス出版　2008.6
　①978-4-87733-427-7,978-4-87733-429-1

◇蜀山人大田南畝—大江戸マルチ文化人交
　遊録　太田記念美術館編　太田記念美術
　館　2008.5

◇大田南畝—詩は詩仏書は米庵に狂歌われ
　沓掛良彦著　ミネルヴァ書房　（ミネル
　ヴァ日本評伝選）　2007.3
　①978-4-623-04865-6
　＊大田南畝（一七四九〜一八二三）狂歌
　　師・狂詩人、江戸の文化人。幕臣であり
　　ながら、狂歌・狂詩界の中心で活躍し続
　　けた、蜀山人大田南畝。笑いの文学を追
　　究したその生涯を、粋人の元横文字文
　　学者が軽快な語り口で小気味よく描く。

◇大田南畝・蜀山人のすべて—江戸の利巧者
　昼と夜、六つの顔を持った男　渥美国泰
　著　里文出版　2004.4　①4-89806-207-5

◇蜀山残雨—大田南畝と江戸文明　野口武
　彦著　新潮社　2003.12　①4-10-316403-4

◇江戸文人論—大田南畝を中心に　池沢一郎
　著　汲古書院　2000.5　①4-7629-3430-5

◇反骨者大田南畝と山東京伝　小池正胤著
　教育出版　（江戸東京ライブラリー）
　1998.10　①4-316-35710-7
　＊牛込に生まれた幕臣の南畝。深川木場
　　生まれの商人京伝。江戸の戯作を代表
　　する二人の作品を読み、絵解きをして
　　探る、垣根を越えて賑わいをみせた江
　　戸戯作界を貫く生き方の美学。

◇蜀山人狂歌ばなし—江戸のギャグパロ
　ディーの発信源　春風亭栄枝著　三一書
　房　1997.5　①4-380-97235-6
　＊狂歌といえば、どうしても蜀山人とい
　　うことになってしまう。江戸の文学を
　　語る上で、どしても避けて通ることの
　　できないのが蜀山人。つまり、大田南
　　畝なのである。本書は、この南畝・蜀山
　　人とその狂歌にまつわる話を中心にし

ながら、著者の修業時代のこと、二人の
師匠の思い出、さらに今は亡き名人た
ちのこと、また著者が日頃あれこれ
思っていることなどをまじえながらま
とめたものである。

◇蜀山人の研究　玉林晴朗著　東京堂出版
　1996.4　①4-490-20292-X
　＊本書は、江戸時代に於ける大文豪蜀山
　　人、即ち大田南畝先生に就いて記述し
　　たものであつて、内容は単なる蜀山人
　　の伝記のみでなく、蜀山人の文学的作
　　品を論じ、蜀山人を中心とする江戸文
　　化一般に迄及んでゐる。従つて本書は
　　又蜀山人を中心とする江戸文学史でも
　　あり、又江戸文化史でもある。

◇沼と河の間で—小説大田蜀山人　童門冬
　二著　毎日新聞社　1995.4
　①4-620-10527-9
　＊酒・女・狂歌にのめり込んで田沼時代を
　　謳歌した大田蜀山人は、田沼失脚後、筆
　　を折りエリート役人への道を選ぶ。毀
　　誉褒貶の渦巻くなか、濁と清、二つの時
　　代を併わせ呑もうとした文人・蜀山人
　　の苦悩と波瀾の半生。男として譲れぬ
　　一線とは何か。著者入魂の書き下ろし。

大塚楠緒子　おおつかくすおこ（なおこ）

1875〜1910　明治期の歌人, 小説家。作品
に、懐古文体小説「くれゆく秋」、厭戦詩
「お百度詣」、小説「露」など。

◇文人悪妻　嵐山光三郎著　新潮社　（新潮
　文庫）　2012.4　①978-4-10-141910-7
　＊夫に殉死した女優妻・松井須磨子、谷崎
　　から譲渡された佐藤春夫の妻、精神錯
　　乱の教師妻・杉田久女、夫に絶縁状を書
　　いた華族出身妻・柳原白蓮、四回の人妻
　　を経験した宇野千代。漱石、鷗外、鏡
　　花、芥川の妻、そして与謝野晶子、林芙
　　美子から幸田文、武田百合子まで、明
　　治・大正・昭和の文壇を彩る53人。逞
　　しく、したたかでパワフルな人妻たち
　　の正体を描く、画期的な評伝集。

大塚久雄　おおつかひさお

1907〜1996　昭和期の西洋経済史学者, 思

想史学者。東京大学教授。大塚史学樹立。著書「近代欧洲経済史序説」「株式会社発生史論」。文化功労者。

◇大塚久雄論　楠井敏朗著　日本経済評論社　2008.7　ⓘ978-4-8188-1999-3
＊近代社会成立の経済的・人間的条件について比較研究を続け、また「マルクス＝ヴェーバー研究」をはじめ日本の社会科学研究をリードした大塚久雄の人と学問を語る。

◇大塚久雄　人と学問　石崎津義男著　みすず書房　2006.7　ⓘ4-622-07228-9
＊経済史研究、マックス・ウェーバー研究で日本の社会科学に大きな足跡をしるした大塚久雄。今年はその没後10年に当たる。『大塚久雄著作集』の担当編集者だった石崎津義男のことを大塚は、「なにか共著者のような気持さえする」と言っている。私事についてあまり細かく話さない大塚だが、石崎には幼少時からの過去についていろいろと語った。それは『著作集』完結後もつづき、分厚いメモが石崎の手許に残った。それに時代背景を加えて整理したのが本書である。左脚切断、左肺の3回にわたる大手術、戦前の右翼からの攻撃、戦後の"大塚史学"批判、『株式会社発生史論』(1938)の刊行、『欧州経済史序説』(1938)の朝鮮人学生への影響…。幼年時代から晩年まで、大塚久雄の人と学問を知るための稀有な書である。

◇大塚久雄と丸山真男―動員、主体、戦争責任　中野敏男著　青土社　2001.12　ⓘ4-7917-5933-8
＊大塚久雄と丸山真男は、国民を「自由な主体」として「動員」しようとする志向を、戦中から一貫して保持しつづけた。この「動員の思想」は、現在の「市民ボランティア」運動にも流れ込んでいる――「戦後啓蒙」を担った二人の思想と営為を、戦中の初出雑誌まで遡りながら読み直し、戦後日本思想史の常識を塗りかえる。

◇歴史への視線―大塚史学とその時代　住谷一彦，和田強編　日本経済評論社　1998.10　ⓘ4-8188-1041-X
＊松田智雄、小林昇、長幸男が語る自らの

学問形成と賀川豊彦、高野岩三郎など大塚久雄と同時代を生きた知識人たちのプロフィール。

◇師・友・学問―ヨーマン会の半世紀　ヨーマン会編　大塚久雄教授演習同窓会　1990.5

大槻玄沢　おおつきげんたく
1757～1827　江戸時代後期の陸奥一関藩士, 陸奥仙台藩士, 蘭学者。

◇遂げずばやまじ―日本の近代化に尽くした大槻三賢人　大島英介著　岩手日報社　2008.10　ⓘ978-4-87201-391-7

◇Gentaku―近代科学の扉を開いた人　新一関市合併・一関市博物館開館10周年記念特別展　大槻玄沢生誕250年　一関市博物館編　一関市博物館　2007.9

◇大槻三賢人　阿曽沼要著　高橋印刷　2005.6

◇大槻玄沢集　1　杉本つとむ編　早稲田大学出版部　(早稲田大学蔵資料影印叢書)　1994.7　ⓘ4-657-94008-2

◇蘭学、その江戸と北陸―大槻玄沢と長崎浩斎　片桐一男著　思文閣出版　1993.5　ⓘ4-7842-0769-4

◇磐水存響　大槻茂雄編　思文閣出版　1991.3　ⓘ4-7842-0624-8

◇大槻玄沢の研究　洋学史研究会編　(京都)思文閣出版　1991.1　ⓘ4-7842-0623-X

大津皇子　おおつのみこ
663～686　飛鳥時代の天武天皇の第3皇子。

◇鸎草―大津皇子とその姉と　池田美由喜著　新風舎　1999.8　ⓘ4-7974-0927-4
＊激しい時代のうねりに翻弄されながらも禁忌の愛を貫いた姉・大伯皇女と弟・大津皇子。幼くして母を亡くし、互いを支えに生きた姉弟の、その波乱に満ちた生涯を描く切ない愛の物語。

◇古代文学の研究　長瀬治著　おうふう　1999.5　ⓘ4-273-03070-5

＊『古代語研究―ことばとフォークロア』の続編。上代文学を中心に研究考察をすすめ、『記』『紀』『万葉』『風土記』を民俗学的視点から訓み解いた。

◇二上山　新装版　田中日佐夫著　学生社　1999.4　①4-311-20220-2
＊古代日本の葬儀はどう行われていたか？　天皇の墳墓の地の、遺跡や伝承に秘められた葬送儀礼の謎！「誄」(しのびごと)とはなにか？　大津皇子はなぜ飛鳥の西、二上山に葬られたか？「死」の世界に対する古代飛鳥人の秘められた「心」と儀式を解き明かす。

◇保田与重郎文芸論集　保田与重郎著, 川村二郎編　講談社　(講談社文芸文庫)　1999.1　①4-06-197649-4
＊戦前日本の思想界に多大な影響を与えた日本浪曼派の主軸たる保田与重郎の文芸論集を川村二郎が編成。ドイツロマン派の関連からよく西洋を理解し、近代批判と裏返しの日本の古典にもよく通暁した批評家保田与重郎は、帝国主義日本の戦争協力者、御用文学者と批判されてきた。政治と文学の季節が終って、文学作品としての批評の真骨頂を収録。「日本の橋」「誰ケ袖屏風」など八篇。

◇天翔(あまかけ)る白日―小説大津皇子　改版　黒岩重吾著　中央公論社　(中公文庫)　1996.10　①4-12-202713-6

◇飛鳥の落日―大津皇子の悲劇古代ミステリー浪漫　関沢睦子著　ベストセラーズ　(ワニの本)　1995.10　①4-584-17737-6

大友宗麟　おおともそうりん
⇒大友義鎮(おおともよししげ)

大伴金村　おおとものかなむら
6世紀前半頃　上代の武将, 豪族。(大連)。大連大伴室屋の孫。

◇日本書紀研究　大伴金村の失脚　八木充著　塙書房　1964

大伴坂上郎女
おおとものさかのうえのいらつめ
生没年不詳　奈良時代の女性。万葉歌人。大伴旅人の異母妹。

◇万葉の歌人と作品―セミナー　第10巻　大伴坂上郎女　後期万葉の女性歌人たち　神野志隆光, 坂本信幸企画編集　和泉書院　2004.10　①4-7576-0256-1

◇坂上郎女と家持―大伴家の人々　小野寺静子著　翰林書房　2002.5　①4-87737-148-6

◇坂上郎女―人と作品　中西進編　おうふう　1998.5　①4-273-03023-3

◇万葉の華―小説坂上郎女　三枝和子著　読売新聞社　1997.11　①4-643-97112-6
＊朝廷の権力争いの渦中で、家刀自(女あるじ)として大伴家を支えた旅人の異母妹。万葉集の編集に情熱を燃やした美貌の歌姫の波乱の物語。書き下ろし歴史長編小説。

◇天平の女　宮地たか著　勉誠社　1995.1　①4-585-05011-6

◇大伴坂上郎女の研究　浅野則子著　翰林書房　1994.6　①4-906424-46-5

◇大伴坂上郎女　小野寺静子著　翰林書房　1993.5　①4-906424-17-1

大伴旅人　おおとものたびと
665〜731　飛鳥時代, 奈良時代の歌人, 公卿。(大納言)。右大臣大伴長徳の孫。万葉集に七十以上の歌を残す。

◇万葉集歌人研究叢書　1　青木周平[ほか]編・解説　クレス出版　2004.4　①4-87733-208-1,4-87733-207-3

◇万葉集歌人研究叢書　2　青木周平[ほか]編・解説　クレス出版　2004.4　①4-87733-209-X,4-87733-207-3

◇宮廷歌人車持千年―奈良前期万葉研究　村山出著　翰林書房　2002.5　①4-87737-149-4

◇大伴旅人―人と作品　中西進編　おうふう　1998.10　①4-273-03022-5
＊おおむね生涯がわからない万葉歌人の

中で、大伴旅人は比較的に生涯がわかる歌人である。本書は、旅人の生涯そして秀歌をみていくものである。

◇大伴旅人・筑紫文学圏—筑紫文学圏論　大久保広行著　笠間書院　（笠間叢書）　1998.2　①4-305-10312-5

◇外来思想と日本人—大伴旅人と山上憶良　谷口茂著　玉川大学出版部　1995.5　①4-472-09681-1

◇大伴旅人逍遥　平山城児著　笠間書院　（笠間叢書）　1994.6　①4-305-10275-7

◇大伴旅人論　米内幹夫著　翰林書房　1993.4　①4-906424-08-2

◇大伴旅人・家持とその時代—大伴氏凋落の政治史的考察　木本好信著　桜楓社　1993.2　①4-273-02621-X

▌大友皇子　おおとものみこ
648〜672　飛鳥時代の近江朝廷の中心人物。

◇天皇陵と近代—地域の中の大友皇子伝説　宮間純一著　平凡社　（ブックレット〈書物をひらく〉）　2018.5　①978-4-582-36451-4

◇大友の皇子東下り　豊田有恒著　講談社　1990.7　①4-06-204932-5
＊大友の皇子は生きていた！　壬申の乱に敗れ自書したとされる悲劇の皇子の最期に潜む謎—「日本書紀」の記述の矛盾を衝き、大胆な推理で現代史の闇に挑む。書下ろし長編歴史小説。

▌大伴家持　おおとものやかもち
718？〜785　奈良時代の歌人、官人。（中納言）。右大臣大伴長徳の曽孫。万葉集の編者。

◇大伴家持—波乱にみちた万葉歌人の生涯　藤井一二著　中央公論新社　（中公新書）　2017.6　①978-4-12-102441-1

◇官人大伴家持—困難な時代を生きた良心　中西進監修, 高志の国文学館編・解説　桂書房　2017.3　①978-4-86627-024-1

◇大伴家持—氏族の「伝統」を背負う貴公子

の苦悩　鐘江宏之著　山川出版社　（日本史リブレット人）　2015.1　①978-4-634-54810-7

◇二つの主題—家持、鷗外の憂愁と決断　中橋大通著　能登印刷出版部　2014.6　①978-4-89010-636-3

◇大伴家持と中国文学　鈴木道代著　笠間書院　2014.2　①978-4-305-70723-9
＊中国の六朝詩学を導入し歌を創造した家持。歌を日本の「詩」と捉え、漢詩と同質にみる態度は、歌論に表される歌の本質論に繋がる問題であり、家持の"歌学"の源流がある。本書では、特に越中時代以降の作品を取りあげ、『文選』『玉台新詠』六朝詩と比較検討し、『文心雕龍』などの文学理論と照合。どのように中国文学を享受し、日本の歌へと展開させたのか。家持が構築した新たな文芸の核"歌学"を明らかにする。

◇家持と恋歌　小野寺静子著　塙書房　（塙選書）　2013.10　①978-4-8273-3117-2
＊戯れに満ちた恋の歌、物語性にあふれた片思い、生活をともにする妻への思い、亡くなった人への思い、古代の恋歌に込められた思いは多様である。万葉の歌人・大伴家持が、自らにかかわる恋歌を、どのような思いで『万葉集』に収めたのだろうか。家持の思いをさぐりながら、古代和歌の本質にせまる。

◇大伴家持　鉄野昌弘著　創元社　（日本人のこころの言葉）　2013.8　①978-4-422-80062-2
＊新たな国「日本」の形成期に、自らの内面を深く見つめた『万葉集』編者・家持の歌と人生。

◇大伴家持—人と文学　針原孝之著　勉誠出版　（日本の作家100人）　2011.2　①978-4-585-05199-2

◇中西進著作集　30　大伴家持　3　中西進著　四季社　2010.11　①978-4-88405-430-4

◇万葉集をつくった大伴家持大事典　小野寛編著　笠間書院　2010.11　①978-4-305-70523-5
＊世界に誇る最高の文化遺産『万葉集』—。その最終編者は、奈良時代随一の

大伴家持

歌人、大伴家持であったろうと考えられている。本書は家持の世界を俯瞰し、歌作りの場や意識を探究、その人物像の真実を探索していきます。『万葉集』の秘密に一歩でも近づくために―。

◇中西進著作集　29　大伴家持　2　中西進著　四季社　2010.9
①978-4-88405-429-8
＊越中の風土に磨ぎ澄される詩心。大歌人への階梯に迫る。

◇中西進著作集　28　大伴家持　1　中西進著　四季社　2010.7
①978-4-88405-428-1
＊万葉最大の歌人、その青春期の輝きに鋭い感性で迫る全歌詳解。

◇大伴家持　北山茂夫著　平凡社　（平凡社ライブラリー）　2009.8
①978-4-582-76675-2
＊万葉末期の代表的歌人にして、万葉編纂者の一人―天平内乱期を中核とするその時代に、この貴族政治家が、何を考え、どう生きたのか、なぜ「歌わぬ人」となったのか―歌に対する確かな鑑賞力と、歴史的な背景に関する独自の深い洞察力によって、その人物の全体像をもののみごとに描きだす。

◇吉田金彦著作選　3　悲しき歌木簡　新版　吉田金彦著　明治書院　2008.7
①978-4-625-43415-0

◇天平の歌人大伴家持　菊池威雄著　新典社　（新典社研究叢書）　2005.10
①4-7879-4172-0

◇大伴家持　広沢慶一郎著　叢文社　2005.1　①4-7947-0500-X
＊長屋王の死、藤原広嗣の乱、橘奈良麻呂の変、道鏡の栄光と没落、蝦夷抵抗…。そして藤原種継暗殺。荒れ狂う権力争奪の波にもてあそばれ越中、因幡、薩摩、太宰府。征東将軍となって陸奥。優麗艶美、万葉末期を代表する歌聖の数奇の生涯を初めて発掘。

◇万葉集歌人研究叢書　1　青木周平［ほか］編・解説　クレス出版　2004.4
①4-87733-208-1,4-87733-207-3

◇万葉の歌人と作品―セミナー　第9巻　大

伴家持　神野志隆光，坂本信幸企画編集　和泉書院　2003.7　①4-7576-0217-0

◇大伴家持　太田光一著　郁朋社　2002.7
①4-87302-183-9
＊恋模様、胡麻すりの才能もふくめて、家持という宮廷歌人・政治家の人間像がヴィヴィッドに描かれている優れた人物評伝。第2回『古代ロマン文学大賞』研究部門優秀賞受賞作品。

◇坂上郎女と家持―大伴家の人々　小野寺静子著　翰林書房　2002.5
①4-87737-148-6

◇万葉の歌人と作品―セミナー　第8巻　大伴家持　1　神野志隆光，坂本信幸企画編集　和泉書院　2002.5　①4-7576-0156-5

◇家持の争点　2　高岡市万葉歴史館　（高岡市万葉歴史館叢書）　2002.3

◇万葉集の精神―その成立と大伴家持　保田与重郎著　新学社　（保田与重郎文庫）2002.1　①4-7868-0033-3
＊本書は、昭和十五年秋、皇紀二千六百年を祝って東京帝室博物館で開かれた正倉院御物展の拝観をきっかけに想を起し、ほぼ一年で脱稿したのち、同十七年六月に上梓されたA五判五百七十一頁に及ぶ大著である。即ち、天平文化を仏教文化と見倣す一般の風潮を排し、『万葉集』の成立事情からその文化を見直すべきだとする天平文化論の性格をも備えた著者の代表作である。就中、同集の成立に果した大伴家持の役割が、国史の信実を再構築する営為にほかならなかったという一冊の眼目は、何よりも本書の性格を示して、著者の異立を表わしている。古典が持て囃され、国粋が幅を利かす時局とは別のところで、「今日に於て万葉集の最後の読者であるかもしれない」と誌す保田は、自らを家持の孤影に重ねていたのだろうか。

◇大伴家持と奈良朝和歌　吉村誠著　おうふう　2001.9　①4-273-03201-5

◇大伴家持と万葉集　なかのげんご著　花神社　2001.6　①4-7602-1645-6

◇家持の争点　1　高岡市万葉歴史館　（高岡市万葉歴史館叢書）　2001.3

◇大伴家持―その生涯の軌跡 第4回企画展図録　高岡市万葉歴史館企画・編集　高岡市万葉歴史館　2000.10

◇秋田城木簡に秘めた万葉集―大伴家持と笠女郎　吉田金彦著　おうふう　2000.9　①4-273-03111-6
　＊秋田城跡から出土した万葉仮名の木簡を解読し、それが家持の自署であったことを論じた。同時に、それに伴って浮上してきた万葉の女流歌人笠女郎の秘密を解く糸口を摑み、笠女郎の全歌を註釈し、両人を軸に万葉史の一部を問い直す。

◇家持と万葉集　高岡市万葉歴史館　（高岡市万葉歴史館叢書）　2000.3

◇万葉歌人の愛そして悲劇―憶良と家持　中西進著　日本放送出版協会　（NHKライブラリー）　2000.1　①4-14-084108-7
　＊憶良と家持、あまりに対照的なふたりの歌人。万葉集には、ふたりの存在が大きい。愛と自然、風土、人間の宿願、生老病死、そして死生観、これら万葉集の主題をふたりの歌からよみとることで、新しい万葉集の姿が見えてくる。懐の深い万葉集のあり方は、間違いなく"日本のかたち"である。愛と悲劇に満ちた、万葉集の世界へようこそ。

大友義鎮　おおともよししげ

1530～1587　大友宗麟（おおともそうりん）とも。戦国時代、安土桃山時代のキリシタン、大名。豊後守護、九州探題。

◇九州のキリシタン大名　吉永正春著　海鳥社　2004.12　①4-87415-507-3
　＊戦国大名はなぜ、キリスト教徒になったのか！初めてのキリシタン大名・大村純忠。日向にキリシタン王国を夢見た大友宗麟、キリシタンとして自死を拒んだ有馬晴信。ローマ法王に少年使節団を派遣した3人のキリシタン大名を鋭く描く。

◇花の反逆 大友宗麟の妻　水上あや著　叢文社　2000.1　①4-7947-0327-9
　＊光り輝く英傑宗麟が「国くずしの大砲」を先頭に九州の大半を制圧すると、なぜか一転、王国崩壊につながる「国くずしの愚挙」を重ねはじめる。離縁の命令

をはねつけ、強圧を押し返して、決然と妻の砦を守り抜く火の女のたたかい―。使命観を喪失した現代の夫と妻に問う。

◇宗麟自伝　青雲怒濤の巻　竹下勇著　叢文社　1999.11　①4-7947-0318-X
　＊天よ、天の志を知る武将にわれを導きたまえ。

◇王国燃ゆ―小説大友宗麟　赤瀬川隼著　学陽書房　（人物文庫）　1999.8　①4-313-75089-4
　＊戦国の世に豊後領主の子として生まれながら、父や既成の権威に反発していた青年・大友義鎮（宗麟）の心をとらえたのは宣教師ザビエルだった…。九州に覇を唱えた乱世の雄である一方、芸術家肌で、常に進取の精神を失わなかったキリシタン大名・宗麟の多面的な魅力と波瀾の生涯に迫る。

◇大友二階崩れ　高橋直樹著　文藝春秋　1998.8　①4-16-317930-5
　＊策謀渦巻く跡目争いを生き抜く男たち。戦国期を描き続ける気鋭の著者最新作。「大友二階崩れ」―キリシタン大名である大友宗麟、若き日の父との確執。「城井一族の殉節」―黒田如水の陰謀に散った、九州の名門宇都宮家の悲劇。「影」―生涯不犯を通した上杉謙信亡き後の壮絶な争い。

◇大友宗麟―戦国乱世の英傑　芦刈政治文,仲築間英人絵, 大分県立先哲史料館編　大分県教育委員会　（大分県先哲叢書）　1996.3

◇王の挽歌　上巻　遠藤周作著　新潮社　（新潮文庫）　1996.1　①4-10-112333-0

◇王の挽歌　下巻　遠藤周作著　新潮社　（新潮文庫）　1996.1　①4-10-112334-9

◇大友宗麟　王道幻想の巻　御手洗一而著　新人物往来社　1995.11　①4-404-02313-8
　＊キリシタンに入洗し、理想国家実現を夢みた宗麟の幻想と、その最期。

◇大友宗麟　竹本弘文著, 大分県立先哲史料館編　大分県教育委員会　（大分県先哲叢書）　1995.3

◇豊後の王妃イザベル―キリシタン大名大友宗麟の妻　小石房子著　作品社

1995.3 ①4-87893-217-1

◇大友宗麟—道を求め続けた男 風早恵介
著 PHP研究所 (PHP文庫) 1994.12
＊慧星の如く現われ、毛利元就との死闘の
末、北九州6カ国の覇者となった大友宗
麟。一方では、宣教師ザビエルとの運命
的な出会いから、求道者としての人生
をも歩むことになる。戦国の世に智将
と称された男に去来する苦悩と葛藤と
はなにか。才気煥発、正義感にあふれ、
進取の気性にとんだ宗麟の波瀾に満ち
た半生を描きあげた著者渾身の力作。

◇ドン・フランシスコ・大友宗麟 高山由紀
子著 八重岳書房 1994.5
①4-8412-1160-8

◇大友宗麟—資料集 第3巻 大分県教育庁
文化課編 大分県教育委員会 (大分県先
哲叢書) 1994.3

◇大友宗麟—資料集 第4巻 大分県教育庁
文化課編 大分県教育委員会 (大分県先
哲叢書) 1994.3

◇大友宗麟—資料集 第5巻 大分県教育庁
文化課編 大分県教育委員会 (大分県先
哲叢書) 1994.3

◇大友宗麟 毛利合戦の巻 御手洗一而著
新人物往来社 1993.10 ①4-404-02056-2
＊九州侵攻の毛利軍、それに呼応する一
族高橋鑑種、立花鑑載の反乱、龍造寺種
の攻撃を絶つ勝利の大友戦記。

◇大友宗麟—資料集 第1巻 大分県教育庁
文化課編 大分県教育委員会 (大分県先
哲叢書) 1993.3

◇大友宗麟—資料集 第2巻 大分県教育庁
文化課編 大分県教育委員会 (大分県先
哲叢書) 1993.3

◇戦国大名大友宗麟—その実像に迫る—開
館5周年記念シンポジウム 大分市歴史資
料館 1992.11

◇王の挽歌 上巻 遠藤周作著 新潮社
1992.5 ①4-10-303520-X
＊肉親も家臣も、いや自分自身さえ信じ
られぬ—。豊後・肥後の守護職に生ま
れ、北九州6ヶ国を従えた大友宗麟の、
内外の敵と戦い続けた人生はまた、自

分自身との闘いの人生だった。その彼
の生涯に、わずか数日のフランシスコ・
ザビエルとの出会いが影を落とす…。
九州・豊後の王、大友宗麟の生涯。

◇王の挽歌 下巻 遠藤周作著 新潮社
1992.5 ①4-10-303521-8
＊中国の毛利の勢力を排除し、北九州6ヶ
国を従えて九州探題となった大友宗麟
に、新たに南から島津の手がのびる。内
外の敵との戦いに疲れ、執拗にキリシ
タン排除を唱える妻を離別した宗麟は、
もうひとつの、心の王国を求め、洗礼を
受けて、フランシスコとなった…。戦
国のキリシタン大名、大友宗麟の生涯。

◇大友宗麟とその時代—覇権をめざした英
雄たち 開館5周年記念特別展 大分市歴
史資料館編 大分市歴史資料館 〔1992〕

◇大友宗麟 戦国求道の巻 御手洗一而著
新人物往来社 1990.9 ①4-404-01758-8
＊"謀略の毛利"対"豊後の虎"。門司城攻
防の明け暮れのうちにも宗麟の求道心
は深まっていく。「二階崩れの巻」につ
づく「戦国求道の巻」。

◇大友宗麟 〔新装版〕 外山幹夫著 吉川
弘文館 (人物叢書) 1988.12
①4-642-05139-2
＊北九州地方の雄族、大友氏は宗麟の時代
には領国が6カ国に及ぶ有力な戦国大名
であり、有馬・大村氏とともに、わが国
最初の遣欧使節をローマ法王に派遣した
キリシタン大名としても著名である。本
書は、その領国支配体制、キリスト教保
護、対外貿易などを解明するとともに、
島津氏に攻略されて衰微した、宗麟波
瀾の生涯を豊富な史料を駆使して描く。

◇大友宗麟のすべて 芥川竜男編 新人物
往来社 1986.4 ①4-404-01315-9
＊西国の雄・キリシタン大名大友宗麟の
劇的生涯を描く

太安万侶 おおのやすまろ

？～723 太安麻呂(おおのやすまろ)と
も。飛鳥時代、奈良時代の官人。「古事記」
の編纂者。

◇忘れてはならない日本の偉人たち 渡部

昇一著　致知出版社　2018.4
①978-4-8009-1175-9

大原幽学　おおはらゆうがく

1797〜1858　江戸時代末期の思想家。農民の教化活動および村落改革の指導者。

◇大原幽学ものがたり―農業組合と女性教育の先駆者　鈴木久仁直著　アテネ出版社　2016.6　①978-4-908342-03-5

◇大原幽学伝―農村理想社会への実践　改訂版　鈴木久仁直著　アテネ出版社　2015.7　①978-4-908342-01-1

◇大原幽学と飯岡助五郎―遊説と遊侠の地域再編　高橋敏著　山川出版社　（日本史リブレット）　2011.1　①978-4-634-54861-9
＊醤油・干鰯に代表される一大産業の隆盛をうけて、幕末の東総地域は未曽有の好況に湧き立っていたが、反面、奢侈と遊興に溺れて家族・村落が崩壊し、治安は乱れ、すさまじい荒廃に直面していた。この発展を秘めた荒廃に立ち向かったのが、遊歴から遊説に転じ、村落復興運動に献身した浪人大原幽学と民間秩序の新たな形成の担い手たらんとした遊侠の博徒飯岡助五郎であった。本書は、漂泊の余所者二人が織りなす地域社会再編の事件顛末に焦点をしぼった。

◇大原幽学伝―農村理想社会への実践　鈴木久仁直著　アテネ社　2005.8　①4-900841-32-3

◇大原幽学と幕末村落社会―改心楼始末記　高橋敏著　岩波書店　2005.3　①4-00-022383-6
＊幕末の農村指導者大原幽学。遊歴の浪士はいかにして改革の指導者へと変貌を遂げ、運動のシンボル改心楼はなぜ打ち壊されるに至ったのか。その数奇なる生涯をたどることで近世後期の村落社会におきた変革のうねりを描き出す。

◇木村礎著作集　9　大原幽学と門人たち　名著出版　1996.11　①4-626-01534-4

◇大原幽学〔新装版〕　中井信彦著　吉川弘文館　（人物叢書）　1989.6　①4-642-05162-7
＊大原幽学は日本農村の師父、協同組合

の創始者と呼ばれる。謎の出生と諸国流寓、のち下総に理想的農民社会の建設途上、幕府の弾圧を受けて自刃する。本書はその一生を、確実な史料に密着しつつ客観的に叙述した最初の幽学伝である。特に幕末の関東農村の事情の中で、農民指導者としての成長を跡付けることに力点がすえられた。

大平正芳　おおひらまさよし

1910〜1980　昭和期の政治家。衆議院議員。

◇大平正芳―理念と外交　服部龍二著　岩波書店　（岩波現代全書）　2014.4　①978-4-00-029129-3

◇大平正芳　全著作集　7　日記・手帳メモ・ノート、年譜　大平正芳著, 福永文夫監修　講談社　2012.6　①978-4-06-216087-2

◇茜色の空　辻井喬著　文芸春秋　2010.3　①978-4-16-329040-9
＊決してスマートとはいえない風貌に「鈍牛」「アーウー」と渾名された訥弁。だが遺した言葉は「環太平洋連帯」「文化の時代」「地域の自主性」など、21世紀の日本を見透していた。キリスト教に帰依した青年期から、大蔵官僚として戦後日本の復興に尽くした壮年期、そして"三角大福"の一人として党内抗争の渦中へ―「政治家は倒れて後やむ」と言い総選挙の最中に壮絶な"戦死"を遂げるまでを、愛惜とともに描く。

◇心の一灯―回想の大平正芳　その人と外交　森田一著, 服部竜二, 昇亜美子, 中島琢磨編　第一法規　2010.3　①978-4-474-02553-0
＊関係者が明かす密約の真実。

◇大平正芳全著作集　1　大蔵官僚時代から政界進出まで、1936年〜1955年　大平正芳著, 福永文夫監修　講談社　2010.3　①978-4-06-216075-9

◇大平正芳―「戦後保守」とは何か　福永文夫著　中央公論新社　（中公新書）　2008.12　①978-4-12-101976-9
＊戦後、「保守本流」の道を歩み、外相・蔵相などを歴任、一九七八年に首相の

座に就いた大平正芳。その風貌から「おとうちゃん」「鈍牛」と綽名された大平は、政界屈指の知性派であり、初めて「戦後の総決算」を唱えるなど、二一世紀を見据えた構想を数多く発表した。本書は、派閥全盛の時代、自由主義を強く標榜し、田中角栄、福田赳夫、三木武夫らと切磋琢磨した彼の軌跡を辿り、戦後の保守政治の価値を問うものである。

◇総理殉職—四十日抗争で急逝した大平正芳　杉田望著　大和書房　2008.2　Ⓘ978-4-479-39169-2
＊前代未聞の政治危機を、命に代えて救った大平正芳は、個人よりも宏池会を、宏池会よりも自民党を、自民党よりも国家のことを考えていた。徹底した新取材による渾身の書き下ろし大作。

◇権力の病室—大平総理最期の14日間　国正武重著　文芸春秋　2007.4　Ⓘ978-4-16-369080-3
＊最高権力者の入院から死までを描いて、政治と権力の実相に迫る、渾身のドキュメント。

◇去華就実—聞き書き大平正芳　大平正芳記念財団編　大平正芳記念財団　2000.6

◇大平元総理と私　栗原祐幸著　広済堂出版　1990.7　Ⓘ4-331-50296-1

◇大平正芳—人と思想　大平正芳記念財団　1990.6

▌**大村純忠**　おおむらすみただ
1533~1587　戦国時代, 安土桃山時代の武将, キリシタン。

◇長崎燃ゆ大村純忠　川道岩見著　叢文社　2001.5　Ⓘ4-7947-0367-8

▌**大村益次郎**　おおむらますじろう
1824~1869　村田蔵六(むらたぞうろく)とも。江戸時代末期, 明治期の兵学者, 長州藩士。軍制改革のリーダー。戊辰戦争で天才的な軍事的手腕を発揮した。靖国神社を創建。

◇大村益次郎—幕末維新の仕事師「村田蔵六」　山本栄一郎著　大村益次郎没後150

年事業実行委員会　2016.9

◇大村益次郎伝　木村紀八郎著　鳥影社　2010.6　Ⓘ978-4-86265-243-0
＊短期間に近代的長州軍を創りあげて長州征伐の幕府軍を撃破。幕府打倒の口火をきり、さらに戊辰戦争の早期終結を導いた。また西南戦争を予言し、明治の軍制改革に着手するも、暗殺される。幕末・維新に活躍した天才軍略家の生涯。

◇大村益次郎先生事蹟　復刻版　村田峰次郎著　マツノ書店　2001.11

◇大村益次郎史料　内田伸編　マツノ書店　2000.3

◇大村益次郎文書　復刻版　内田伸編　マツノ書店　2000.3

◇幕末期長州藩洋学史の研究　小川亜弥子著　思文閣出版　1998.2　Ⓘ4-7842-0967-0

◇大村益次郎—軍事の天才といわれた男　稲葉稔著　PHP研究所　(PHP文庫)　1998.1　Ⓘ4-569-57102-6

◇大村益次郎の知的統率力—語学の力で徳川を倒した男　村石利夫著　徳間書店　(トクマブックス)　1990.6　Ⓘ4-19-504270-4
＊周防国の片田舎で村医になるべくして生まれ維新政府の押しも押されもしない最高幹部のひとりとなった軍事的天才の軌跡。学問こそ社会を回天させる。

▌**大森房吉**　おおもりふさきち
1868~1923　明治, 大正期の地震学者。帝国学士院会員。地震学研究の開拓者の一人。大森式地震計の考案などの業績を残す。

◇地震学をつくった男・大森房吉—幻の地震予知と関東大震災の真実　上山明博著　青土社　2018.7　Ⓘ978-4-7917-7081-6

◇関東大震災を予知した二人の男—大森房吉と今村明恒　上山明博著　産経新聞出版　2013.8　Ⓘ978-4-8191-1224-6
＊1923年9月1日、そのとき地震学者は—関東大地震を「予知できなかった男」と記憶された東京帝国大学地震学教室教授・大森房吉、「予知した男」と記録された同助教授・今村明恒。権威の責任と

は、研究者の正義とは何か。ノーベル賞間違いなしと謳われた地震学の父、大森の信念に初めて光を当てる感動長編。

大山巌　おおやまいわお

1842〜1916　明治，大正期の陸軍軍人，元帥。公爵。日本陸軍の創設事業に携わった。日露戦争で満州軍総司令官として出征。

◇元帥公爵大山巌　大山元帥伝刊行会著　マツノ書店　2012.11

◇大山巌─剛腹にして果断の将軍　三戸岡道夫著　PHP研究所　（PHP文庫）　2000.6　①4-569-57414-9
＊迫り来る欧米列強の帝国主義から身を守るため、強豪ロシアを敵にまわさねばならなくなった、生まれて間もない明治日本。その陸戦の総司令官として、最前線に立った男が、本書の主人公・大山巌である。きわだって広い度量で軍の猛者たちを指揮するとともに、外見からはうかがいえない緻密な戦略眼で、苦戦を辛くも勝ち切った、日本陸軍史上最高の将軍の生涯を描く、長編歴史小説。

大山捨松　おおやますてまつ

1860〜1919　山川捨松（やまかわすてまつ）とも。明治，大正期の社会奉仕家。最初の女子留学生。赤十字社篤志看護婦会、愛国婦人会などで活躍。

◇少女たちの明治維新─ふたつの文化を生きた30年　ジャニス・P・ニムラ著，志村昌子，藪本多恵子訳　原書房　2016.4　①978-4-562-05303-2

◇明治の女子留学生─最初に海を渡った五人の少女　寺沢竜著　平凡社　（平凡社新書）　2009.1　①978-4-582-85449-7
＊明治四年、日本最初の女子留学生として渡米した五人の少女たちがいた。六歳の津田梅子をはじめ、山川捨松、永井繁子らが体験した十年余のアメリカ生活とはどのようなものだったのか。そして日本語も忘れて帰国した後、近代化の荒波の中で、彼女たちはどう生き抜いたのか。初の帰国子女としての波

瀾万丈の生涯と、女性として果たした偉業を明らかにする。

◇華族女学校教師の見た 明治日本の内側　アリス・ベーコン著、久野明子訳　中央公論社　1994.9　①4-12-002359-1
＊初めての女子留学生大山捨松、津田梅子の親友である若きアメリカ女性が綴った、天皇・皇后から町の人びとにいたる明治21、22年の日本の素顔。

◇鹿鳴館の貴婦人大山捨松─日本初の女子留学生　久野明子著　中央公論社　（中公文庫）　1993.5　①4-12-201999-0

◇「不如帰」の女たち　阿井景子著　文芸春秋　1991.7　①4-16-312620-1
＊日本初の女子留学生。そして明治の元勲大山巌の妻。栄華に包まれた捨松だったが、小説「不如帰」に登場する娘いじめの継母モデルと騒がれて…。

岡倉天心　おかくらてんしん

1862〜1913　明治期の美術評論家，思想家。東京美術学校校長。ボストン美術館東洋部長。文展開設に際し図画玉成会を結成。著書に「日本の覚醒」など。

◇洋々無限─岡倉天心・覚三と由三郎　清水恵美子著　里文出版　2017.1　①978-4-89806-450-4

◇岡倉天心─明治国家形成期における「日本美術」　大東文化大学東洋研究所・岡倉天心研究班編著　大東文化大学東洋研究所　2016.3　①978-4-904626-24-5

◇天心・岡倉覚三とアメリカ─ポストモダンをみすえて　池田久代述　皇学館大学出版部　（皇学館大学講演叢書）　2015.1

◇岡倉天心─伝統と革新　大東文化大学東洋研究所・岡倉天心研究班編著　大東文化大学東洋研究所　2014.3　①978-4-904626-16-0

◇天心つれづれ　新井恵美子著　ブレーン　2013.12　①978-4-86427-171-4
＊横山大観らを育てた日本美術の父、岡倉天心。その波瀾万丈の足跡を10年にわたって追い続けた著者の珠玉のエッセイ。

◇岡倉天心アルバム　増補改訂　茨城大学五浦美術文化研究所監修, 中村愿編　中央公論美術出版　(五浦美術叢書)　2013.11
①978-4-8055-0706-3

◇曾祖父覚三岡倉天心の実像　岡倉登志著　宮帯出版社　2013.10
①978-4-86366-903-1

◇父岡倉天心　岡倉一雄著　岩波書店　(岩波現代文庫　学術)　2013.9
①978-4-00-600299-2
＊世界に東洋の芸術、文化を知らしめた岡倉天心。没後百年、生誕百五十年を迎える今日なお、甚大な影響と問題を喚起し続ける思想家である。その生涯は、世界を舞台に公的にも私的にも、起伏に富んだ波乱万丈のものであった。著者である息子岡倉一雄は、知られざる巨人の素顔を浮き彫りにして、奔放で矛盾にみちた天心の生涯をいきいきと再現している。巻末に収載された孫岡倉古志郎の「祖父天心と父一雄のことども」は、天心についての貴重な証言に満ちている。天心を活写した岡倉一雄の好随筆五篇を併せて収録する。

◇岡倉天心―美と裏切り　清水多吉著　中央公論新社　(中公叢書)　2013.7
①978-4-12-004524-0
＊天心はヘーゲル美学を日本美術の解釈に当てはめ、その世界的進出の露払い役を自認し奮闘した。「麗しいアジア」「アジアの心」を訴えた天心の夢はなぜ壊れたか―画期的な「天心」像の再築論。美の煽動者、没後100年の降臨。

◇岡倉天心 思想と行動　岡倉登志, 岡本佳子, 宮瀧交二著　吉川弘文館　2013.7
①978-4-642-08088-0
＊近代日本美術の生みの親として、多岐にわたる足跡を残した岡倉天心(覚三)。万博やボストンでの活動、日本博物館史における功績、明治の文豪との交遊などから彼の業績を再評価。天心研究に新知見を提示し、実像に迫る。

◇岡倉天心―その内なる敵　松本清張著　河出書房新社　(河出文庫)　2012.11
①978-4-309-41185-9
＊東京美術学校校長非職騒動、九鬼男爵夫人波津子との灼熱の恋、姪貞との秘められた関係、デーヴィ夫人への愛―。近代日本美術の理論的指導者でありながら、その性格と行動ゆえに数々の「敵」を持った天心。清張自ら天心の足跡をたどり、新たに資料を発掘し、彼の人間性を精緻に描いた異色の評伝。

◇岡倉天心の比較文化史的研究―ボストンでの活動と芸術思想　清水恵美子著　思文閣出版　2012.2　①978-4-7842-1605-5

◇岡倉天心と大川周明―「アジア」を考えた知識人たち　塩出浩之著　山川出版社　(日本史リブレット)　2011.5
①978-4-634-54884-8
＊本書は二人の知識人を通じた、「アジア」という地域概念をめぐる思想史である。

◇〈日本美術〉の発見―岡倉天心がめざしたもの　吉田千鶴子著　吉川弘文館　(歴史文化ライブラリー)　2011.4
①978-4-642-05717-2
＊明治の極端な欧化政策で危機に瀕した古物(古美術)を、岡倉天心はいかに「美術」品として再評価させたのか。フェノロサらと関わりつつ古美術保護に献身し、「日本美術」発見にいたる天心の足跡を、新史料を交え描く。

◇美術商・岡倉天心　大井一男著　文芸社　2008.11　①978-4-286-05366-0
＊本書は、百年前に岡倉天心が試みた海外マーケティングの実態を摑み、その成功と挫折の原因を分析した。

◇岡倉天心―芸術教育の歩み　古田亮ほか編集　東京芸術大学岡倉天心展実行委員会　2007.10

◇宗教としての芸術―岡倉天心と明治近代化の光と影　金子敏也著　つなん出版　2007.7　①978-4-901199-60-5

◇世界史の中の日本―岡倉天心とその時代　岡倉登志著　明石書店　2006.11
①4-7503-2420-5

◇岡倉天心―日本文化と世界戦略　ワタリウム美術館責任編著　平凡社　2005.6
①4-582-28815-4
＊世界の現代美術を紹介してきたワタリウム美術館が企画・監修した「岡倉天心

展」に併せて刊行。海外における天心の詳細な足跡を、多数の未公開資料や図版で構成した。

◇天心岡倉覚三　清見陸郎著　中央公論美術出版　2005.6　Ⓘ4-8055-1228-8

◇岡倉天心―物ニ観ズレバ竟ニ吾無シ　木下長宏著　ミネルヴァ書房　（ミネルヴァ日本評伝選）　2005.3　Ⓘ4-623-04326-6
＊岡倉天心（一八六三〜一九一三）美術指導家。生涯をかけて"美術史"を追及した岡倉覚三は、どのように"日本"をそして"美術"を考えたのか。これまでの神話化された「岡倉天心」像を白紙に戻し、英語、漢文、日本語を駆使して生きた彼の生涯を、思考の方法論から読み直した新しい評伝。

◇岡倉天心来五浦百年記念講演とオペラの夕べ　茨城大学五浦美術文化研究所編　茨城大学五浦美術文化研究所　（五浦論叢別冊　茨城大学五浦美術文化研究所紀要）　2004.3

◇永遠の天心　茂木光春著　文芸社　2002.11　Ⓘ4-8355-4617-2

◇岡倉天心との出会い　堀岡弥寿子著　近代文芸社　2000.11　Ⓘ4-7733-6727-X
＊「アジアは一つ」その言葉の真意とは。明治を生きたコスモポリタン・天心の素顔に迫る。

◇岡倉天心アルバム　茨城大学五浦美術文化研究所監修, 中村愿編　中央公論美術出版　（五浦美術叢書）　2000.11　Ⓘ4-8055-0383-1
＊日本を代表する思想家「天心岡倉覚三」の生涯を、簡潔な解説と当時の遺品・写真六百余点の図版によって浮き彫りにした「岡倉天心百科事典」。

◇美の復権―岡倉覚三伝　中村愿著　邑心文庫　1999.10　Ⓘ4-946486-14-3
＊天心岡倉覚三の実像に迫る評伝第一弾。綿密な考証により、その前半生と思想の淵源を探り、来るべきアジアの世紀に向けて「理想」の原点を明示する。

◇祖父岡倉天心　岡倉古志郎著　中央公論美術出版　（五浦美術叢書）　1999.9　Ⓘ4-8055-0374-2

◇岡倉天心をめぐる人びと　岡倉一雄著　中央公論美術出版　（五浦美術叢書）　1998.7　Ⓘ4-8055-0351-3
＊天心が二十歳の時に長男として生まれた著者が、父天心の家庭での人となりや行状、天心と関わりを持った多彩な人々との交流を生き生きと回想する天心研究の基本図書である。本書を新たに復刊するに際して、註を付すと共に天心の令孫岡倉古志郎氏の解説を付す。

▌岡崎正宗　おかざきまさむね
生没年不詳　正宗（まさむね）とも。鎌倉時代後期, 南北朝時代の相模国鎌倉の刀工。

◇忘れてはならない日本の偉人たち　渡部昇一著　致知出版社　2018.4　Ⓘ978-4-8009-1175-9

▌岡田寒泉　おかだかんせん
1740〜1816　江戸時代中期, 後期の儒学者, 幕府代官。

◇岡田寒泉―善政を施した名代官　重田定一著　筑波書林　（ふるさと文庫）　1980.5

▌岡田啓介　おかだけいすけ
1868〜1952　大正, 昭和期の海軍軍人, 政治家。海軍次官, 首相。二・二六事件で襲撃される。

◇岡田啓介―開戦に抗し, 終戦を実現させた海軍大将のリアリズム　山田邦紀著　現代書館　2018.7　Ⓘ978-4-7684-5836-5

◇岡田啓介回顧録　改版　岡田啓介著, 岡田貞寛編　中央公論新社　（中公文庫）　2015.2　Ⓘ978-4-12-206074-6

◇歴代総理大臣伝記叢書　第22巻　岡田啓介　御厨貴監修　ゆまに書房　2006.6　Ⓘ4-8433-1800-0

◇宰相岡田啓介の生涯―2・26事件から終戦工作　上坂紀夫著　東京新聞出版局　2001.2　Ⓘ4-8083-0730-8
＊日本を終戦へ導き、平和の礎をつくった軍人宰相の生きざま。今、求められるリーダーシップ。息詰まる「東条との対決」。

◇父と私の二・二六事件—昭和史最大のクーデターの真相　岡田貞寛著　光人社　（光人社NF文庫）　1998.2　Ⓘ4-7698-2186-7
＊時の首相・岡田啓介の子息が目撃した奇蹟の脱出。

◇巨木は揺れた—岡田啓介の生涯　仙石進著　近代文芸社　1994.9　Ⓘ4-7733-3255-7
＊激動の明治、大正、昭和の三代に生き、軍人でありながら軍人らしからぬ政治家として、捨て身で初心を貫いた男の生涯を描く。

◇最後の重臣岡田啓介—終戦和平に尽瘁した影の仕掛人の生涯　豊田穣著　光人社　1994.5　Ⓘ4-7698-0674-4
＊東条内閣の幕を引き、和平の扉を押し開く。軍縮の父・加藤友三郎の薫陶をうけ軍政家として手腕を揮い。時局の収拾に優れ、天皇の信任厚き海軍大将。首相の任につき二・二六事件の惨劇を乗り越え忠誠一途、軍縮と和平に徹した明治の男の気概を綴る九百枚。

▌**尾形乾山**　おがたけんざん
1663～1743　江戸時代中期の京焼の名工，画家。

◇乾山—幽邃と風雅の世界　Miho Museum編　Miho Museum　2004.9

◇光琳乾山兄弟秘話　住友慎一著　里文出版　（Ribun books）　2002.10　Ⓘ4-89806-182-6

◇尾形光琳二代目 乾山　細野耕三著　世界日報社　1991.6　Ⓘ4-88201-045-3
＊兄光琳とともに多くの歴史的傑作を残した美の哲学者、尾形乾山の世界が今あざやかに甦る。元禄の京都を去り、江戸、佐野で創作にうちこむ老匠の魂はなぜこれほどまでに燃え続けたのか。没後250年を記念して書き下ろした長編時代小説。

▌**緒方洪庵**　おがたこうあん
1810～1863　江戸時代末期の医師，蘭学者。蘭学塾適々斎塾を開設。

◇緒方洪庵　梅渓昇著　吉川弘文館　（人物叢書 新装版）　2016.2

Ⓘ978-4-642-05277-1

◇緒方洪庵—幕末の医と教え　中田雅博著　思文閣出版　2009.9　Ⓘ978-4-7842-1482-2

◇適塾の謎　芝哲夫著　大阪大学出版会　2005.6　Ⓘ4-87259-192-5

◇洪庵のくすり箱　米田該典著　大阪大学出版会　2001.1　Ⓘ4-87259-072-4
＊今も残る150年前の薬の効能。薬を見事に保存した箱・包紙・ガラス瓶の技術や歴史、薬の流通の中心としての道修町、幕末の薬学・化学の水準など、著者の興味は止まることなく、読者を洪庵時代に誘う。

◇緒方洪庵のてがみ　その4　緒方洪庵著，緒方富雄，梅渓昇，適塾記念会編　菜根出版　1996.11　Ⓘ4-7820-0122-3

◇緒方洪庵のてがみ　その5　緒方洪庵著，緒方富雄，梅渓昇，適塾記念会編　菜根出版　1996.11　Ⓘ4-7820-0123-1

◇緒方洪庵と適塾　梅渓昇著　大阪大学出版会　1996.10　Ⓘ4-87259-027-9
＊蘭学を通して西洋思想と新技術に触れた若者は、困難の中で地元医療への実践をはじめる。師は往復書簡という"生涯教育"でこれを支えた。人のいのちと真正面から取組む師弟の群像を描く。

◇緒方洪庵のてがみ　その3　緒方富雄，梅渓昇編　菜根出版　1994.6　Ⓘ4-7820-0096-0

◇洪庵・適塾の研究　梅渓昇著　思文閣出版　1993.3　Ⓘ4-7842-0766-X

◇緒方洪庵の蘭学　石田純郎編著　思文閣出版　1992.12　Ⓘ4-7842-0751-1

▌**尾形光琳**　おがたこうりん
1658～1716　江戸時代前期，中期の画家，工芸家。

◇光琳を慕う—中村芳中　伊藤紫織，福井麻純，中村麻里子解説　芸艸堂　2014.4　Ⓘ978-4-7538-0274-6
＊ほのぼのおおらか中村芳中の世界。人物や動植物約200カット。たらし込みを自由自在に操るほっこりとした作風の

肉筆作品。ベストセラー版本『光琳画譜』全図を掲載、芳中関連年譜/全作品の詳細解説を収録。

◇もっと知りたい尾形光琳—生涯と作品　仲町啓子著　東京美術　（アート・ビギナーズ・コレクション）　2008.9　①978-4-8087-0850-4
＊宗達を貪欲に学び、天賦の才と努力で琳派を大成した巨匠。

◇生きつづける光琳—イメージと言説をはこぶ《乗り物》とその軌跡　玉虫敏子著　吉川弘文館　（シリーズ近代美術のゆくえ）　2004.7　①4-642-03765-9

◇光琳乾山兄弟秘話　住友慎一著　里文出版　（Ribun books）　2002.10　①4-89806-182-6

◇尾形光琳　仲町啓子著, 日本アート・センター編　新潮社　（新潮日本美術文庫）　1996.9　①4-10-601528-5

◇山根有三著作集　3　光彬研究　1　中央公論美術出版　1995.5　①4-8055-1449-3

◇日本を創った人びと　19　尾形光琳　元禄町人の造型　日本文化の会編集　赤井達郎著　平凡社　1979.5

◇尾形光琳—稀世の天才　白崎秀雄著　講談社　1978.12

荻生徂徠　おぎゅうそらい

1666〜1728　江戸時代中期の儒者。古文辞学を大成。

◇漢文圏における荻生徂徠—医学・兵学・儒学　藍弘岳著　東京大学出版会　2017.12　①978-4-13-036265-8

◇荻生徂徠の経営学—祀〈まつり〉と戎〈つわもの〉　舩橋晴雄著　日経BP社　2010.3　①978-4-8222-4799-7
＊江戸時代の独創的な儒学者、徂徠（1666〜1728）に市場原理主義を超える思想を見る異色の経営論。

◇叢書・日本の思想家　15　荻生徂徠　田尻祐一郎著　明徳出版社　2008.3　①978-4-89619-615-3
＊日本の儒学史に屹立する徂徠の全貌。徂徠の登場によって江戸の儒学は一変

した。古典はどのように読むべきか、それによってどう解釈するのか。古文辞学という新たな古典解釈の方法を提唱して、独自の学問体系を構築した徂徠の著作を現代訳し、彼の言語・国家観等その全体像を提示。

◇「事件」としての徂徠学　子安宣邦著　筑摩書房　（ちくま学芸文庫）　2000.8　①4-480-08575-0
＊一度書かれてしまった言説（ディスコース）は、筆者の意図とテクストが乖離し、筆者によって生きられた有限な地平を逃れ出る。本書は、その言説が他の言説と関係を持つことを「事件・出来事」としてとらえ、「徂徠学」というモダニズムの「大きな物語」の終焉の内で露呈した諸問題の核心を問い、徂徠の言葉から再構成された現代の物語「思想史」の虚構を脱構築する。解体と再構築という絶えざる往還運動からのみ立ち現れる日本思想史の新たなる方法論的視座。

◇荻生徂徠　復刻版　山路愛山著　日本図書センター　（山路愛山伝記選集）　1998.1　①4-8205-8243-7,4-8205-8237-2

◇江戸のバロック—徂徠学の周辺　新装版　高橋博巳著　ぺりかん社　1997.6　①4-8315-0782-2
＊元禄著名人と荻生徂徠との接点を探る。爛熟文化の底に広がるネットワークを浮かび上がらせた、画期的元禄文化論。

◇徂徠学と反徂徠　増補版　小島康敬著　ぺりかん社　1994.7　①4-8315-0645-1

◇荻生徂徠—江戸のドン・キホーテ　野口武彦著　中央公論社　（中公新書）　1993.11　①4-12-101161-9
＊荻生徂徠—。名のみいたずらに高いが、著作はどのくらい読まれているか。中国の古典書を読みぬいて『論語徴』をあらわしたこの思想家は、紀元前六世紀の春秋時代に向けた歴史の眼を、十八世紀の江戸時代の現実にふりもどす。『太平策』・『政談』の時局案、ここにあり。学者はその仕事を現実に還元しなくてはならない。純粋な学問探究がいつしか同時代の問題を背負いこむ運命になった人間・荻生徂徠の生涯が、いま

ここによみがえる。

◇徂徠学の史的研究　今中寛司著　思文閣
　出版　1992.10　①4-7842-0737-6

荻原重秀　おぎわらしげひで
1656〜1713　江戸時代前期, 中期の幕臣,
勘定頭。

◇荻原近江守重秀—江戸時代随一の財政家
　佐渡奉行兼勘定奉行　池田敏郎著　〔池
　田敏郎〕　2016.5

◇勘定奉行荻原重秀の生涯—新井白石が嫉
　妬した天才経済官僚　村井淳志著　集英
　社　（集英社新書）　2007.3
　①978-4-08-720385-1
　＊膨大な著述を残した新井白石によって、
　　一方的に歴史の悪役に貶められた勘定
　　奉行・荻原重秀。五代将軍綱吉時代後
　　半の幕府財政をほぼ掌中にし辣腕をふ
　　るった。マイナスイメージで伝えられ
　　る元禄の貨幣改鋳だが、物価上昇は年
　　率三％弱にすぎず、それも冷害の影響が
　　大きい。金銀改鋳以外にも、各種検地、
　　代官査察、佐渡鉱山開発、長崎会所設
　　置、地方直し、東大寺大仏殿建立、火山
　　災害賦課金など、実に多彩な業績を残
　　している。本書は、金属貨幣の限界に
　　いち早く気づいた荻原重秀の先駆的な
　　貨幣観に着目しつつ、悪化の一途をた
　　どる幕府財政の建て直しに苦闘し、最
　　後は謎の死を遂げるまでの生涯を描く。

荻原守衛　おぎわらもりえ
1879〜1910　明治期の彫刻家。文展で
「文覚」「北条虎吉像」が三等賞受賞。

◇荻原守衛書簡集　荻原守衛著　碌山美術
　館　2015.4

◇荻原守衛—忘れえぬ芸術家　上　林文雄
　著　新日本出版社　（新日本新書）
　1990.9　①4-406-01875-1
　＊日本近代彫刻に不滅の名を残す碌山・
　　荻原守衛。時代と人生の葛藤のなかで
　　創造への飛躍をとげた青年美術家の、
　　ヒューマニズムあふれる芸術と思想に
　　光をあてる。

◇荻原守衛—忘れえぬ芸術家　下　林文雄

著　新日本出版社　（新日本新書）
1990.9　①4-406-01876-X
＊海外での研鑽を終えて帰国した守衛を
　待ちうけたものは一。恋と苦悩のうち
　に開始された制作活動。絶作〈女〉を頂
　とするその作品群に刻まれた波瀾の生
　涯を描く。

◇碌山・32歳の生涯　仁科惇著　三省堂
　（三省堂選書）　1987.6　①4-385-43138-8

奥むめお　おくむめお
1895〜1997　大正, 昭和期の婦人運動家。
主婦連会長, 参議院議員。新婦人協会を設
立。婦人参政権運動を推進。「婦人と労
働」を創刊。

◇奥むめおものがたり—女性解放への厳し
　い道を歩んだ人　古川奈美子著　銀の鈴
　社　（ジュニア・ノンフィクション）
　2012.7　①978-4-87786-542-9

◇日本婦人運動小史—奥むめおを中心とし
　て　徳座晃子著　慶応義塾大学出版会
　1999.4　①4-7664-0731-8

小栗忠順　おぐりただまさ
1827〜1868　江戸時代末期の幕臣。1860
年遣米使節随員としてアメリカに渡る。

◇小栗上野介忠順年譜　改版　大塚秀郎著
　〔大塚秀郎〕　2014.8

◇維新前後の政争と小栗上野　蜷川新著
　マツノ書店　2014.1

◇小栗上野介正伝—海軍の先駆者　復刻版
　阿部道山著　マツノ書店　2013.7

◇小栗上野介忠順と幕末維新—『小栗日記』
　を読む　高橋敏著　岩波書店　2013.3
　①978-4-00-025888-3
　＊外国奉行や勘定奉行などの要職を歴任
　　し、幕政の中枢を担った小栗上野介忠
　　順。開国の信念のもとに断行された改
　　革はいかにして頓挫したのか。幕閣を
　　罷免された後、官軍によって処刑され
　　るに至ったのはなぜか。その生涯の最
　　期に綴られた四七四日間の日記を精緻
　　に読み解くことで、激動の時代におけ
　　る新たな小栗像を描き出す。

小栗忠順

◇小栗上野介─忘れられた悲劇の幕臣　村上泰賢著　平凡社　（平凡社新書）2010.12　①978-4-582-85561-6
＊安政七（一八六〇）年一月、この時三十四歳だった小栗は、遣米使節の目付として、日米修好通商条約批准のため渡米。世界を一周し九ヶ月後に帰国。その後、混乱のさなかにあった幕末期に、勘定奉行や外国奉行などの要職を歴任し、日本の構造改革に奔走した。しかし、幕府解散で上州権田村に移り住んでからわずか二ヶ月後、西軍により罪なくして斬られ、歴史の闇に葬られてしまった。司馬遼太郎が「明治の父」と評した最後の幕臣の苛烈な生涯。

◇最後の幕臣小栗上野介　星亮一著　筑摩書房　（ちくま文庫）　2008.8　①978-4-480-42459-4
＊江戸幕府の勘定奉行・外国奉行を歴任した小栗上野介。鎖国論が依然として根強いなか、一貫して海外との交流を主張するなど小栗には先見の明があった。幕末の数年間、命脈をつなぐ軍資金を調達できたのはひとえに小栗の力だった。しかし、この力ある主戦論者を不安に思う倒幕軍は、小栗追討令を出す─。江戸末期の幕府を支えた孤独な男の悲劇を描く力作。

◇小栗忠順のすべて　村上泰賢編　新人物往来社　2008.4　①978-4-404-03533-2
＊「武士の一分」を貫いた男の劇的な生涯。

◇覚悟の人─小栗上野介忠順伝　佐藤雅美著　岩波書店　2007.3　①978-4-00-022477-2
＊鎖国から開国、尊皇攘夷から倒幕へといたる激動の時代、優柔不断、卑怯未練な総大将・徳川慶喜のもとにあって、最期まで自らの信念に殉じ、その使命を全うするために孤軍奮闘した第一級の幕臣の姿が、変転する幕末史に浮かび上がる。

◇ジパングの艦（ふね）─小栗上野介・国家百年の計　上巻　吉岡道夫著　光人社　2001.10　①4-7698-1022-9
＊本物の新国家建設の設計者─未来を凝視し、己の命を賭して日本を救った幕臣、波乱の生涯。

◇ジパングの艦（ふね）─小栗上野介・国家

百年の計　下巻　吉岡道夫著　光人社　2001.10　①4-7698-1023-7
＊日米修好通商条約批准において、国益を守るために一歩も譲らず国造りに命を懸けた若き英傑の生涯。

◇小栗忠順　第2部　非命に死す　岳真也著　作品社　2001.8　①4-87893-428-X

◇小栗忠順　第1部　修羅を生きる　岳真也著　作品社　2001.7　①4-87893-399-2
＊硬直した制度に無能な将軍を戴き崩壊寸前の徳川幕府。山積する内外の難題を一身に背負い、自らの使命に殉じつつも日本国の将来の礎石を築いた幕臣随一の英傑の清冽な生涯。

◇小栗上野介一族の悲劇─勝海舟のライバル小栗騒動及び小栗夫人等脱出潜行、会津への道、踏査実録　小板橋良平著　あさを社　1999.5

◇小栗上野介─物語と史蹟をたずねて　星亮一著　成美堂出版　（成美文庫）1999.1　①4-415-06828-6
＊日米修好通商条約批准書交換のため渡米した小栗上野介は、帰国後、外国奉行、勘定奉行、陸軍奉行を歴任し、外交・財政・軍事と各方面で幕閣中で出色の手腕を発揮した。彼の建設した横須賀造船所は日本海軍の礎となり、明治維新政府へと引きつがれた。時流を読み、新国家建設を模索しながらも、薩長の指導達に恐れられ非業の最期を遂げる。

◇罪なくして斬らる─小栗上野介　大島昌宏著　学陽書房　（人物文庫）　1998.9　①4-313-75057-6
＊激動の幕末期。列国の外圧、台頭する西南雄藩、反幕府的な勝海舟らと対峙し、財政、外交、軍事に傑出した手腕を発揮した幕閣・小栗上野介忠順。横須賀造船所を建設し、日本海軍の礎を築いた先見と決断の人が何故斬首されねばならなかったのか…。第三回中山義秀文学賞受賞の傑作長編小説。

◇徳川幕府の埋蔵金─小栗上野介忠順の生涯　生駒忠一郎著　KTC中央出版　1998.5　①4-87758-100-6

◇獏─悲惨なり小栗上野介　菅蒼一郎著　日

本図書刊行会　1998.3　①4-89039-916-X
＊直参の名流とし幕府再建に全てを賭け
たが、徳川慶喜より「お直の罷免」を受
けた、悲劇の幕臣を描く。

◇小栗上野介　星亮一著　成美堂出版
1996.9　①4-415-06704-2
＊時流を読み、日本変革を模索した男!!我
国の将来を考えた旧幕中第一の実力能
吏は、薩長の指導者たちに最も恐れら
れ斬首される、非業の運命を甘受し
た…。黒船来航の衝撃による尊王攘夷
の嵐の中、我国の安全保障を考えアメ
リカを訪れ、開国促進による幕府優位
の新国家成立を模索し苦悩した能吏・
小栗上野介の非業の生涯は、現代の外
交を考える指針となろう。

◇上州権田村の驟雨―小栗上野介の生涯
星亮一著　教育書籍　1995.6
①4-317-60085-4
＊内政混乱と外圧の江戸末期、近代化の
ための数々の施策を断行した、孤高の
政治家の生涯。

◇日本を創った先覚者たち―井伊直弼・小
栗忠順・河井継之助　新井喜美夫著　総
合法令　（HOREI BOOKS）　1994.3
①4-89346-316-0

◇小栗上野介忠順―その謎の人物の生と死
時価200兆円といわれる徳川幕府の埋蔵
金！ その真実を知るただ一人の人物 レ
ポート　矢島ひろ明著　群馬出版セン
ター　1992.10

▍尾崎紅葉　おざきこうよう
1867～1903　明治期の小説家。「多情多
恨」は写実主義の傑作と激賞された。代
表作に「金色夜叉」。

◇「小説家」登場―尾崎紅葉の明治二〇年代
馬場美佳著　笠間書院　2011.2
①978-4-305-70536-5
＊紅葉作品は“近代小説か否か”という従
来の視点から抜け出し、同時代に存在
した数多の小説群の中で相対的に捉え
る試み。紅葉自身が意識していた、素
材や場面を用いて小説“世界”を構築す
る“趣向”という創作の観点から解析す
ることで、紅葉作品の意義を検証。同

時に作品から見えてくる「小説家」尾崎
紅葉の輪郭を描き出す。

◇尾崎紅葉―硯友社の沿革/煙霞療養（抄）
尾崎紅葉著，伊狩章編　日本図書センター
（シリーズ・人間図書館　作家の自伝）
2000.11　①4-8205-9547-4

◇尾崎紅葉の研究　木谷喜美枝著　双文社
出版　1995.1　①4-88164-504-8

▍尾崎秀実　おざきほつみ
1901～1944　昭和期の政治運動家，中国問
題研究家。「生きているユダ」を刊行。
「大衆文学論」で芸術選奨、「大衆文学の歴
史」で吉川英治文学賞。

◇尾崎秀実とゾルゲ事件―近衛文麿の影で
暗躍した男　太田尚樹著　吉川弘文館
2016.3　①978-4-642-08291-4

◇鳥居民評論集 昭和史を読み解く　鳥居民
著　草思社　2013.11
①978-4-7942-1995-4
＊今年（二〇一三年）一月に急逝した慧眼
の近代日本史家であり、現代中国研究
家の単行本未収録のエッセイ、対談等
を集めた評論集第一巻目。恐るべき洞
察力、独自の史観、膨大な資料収集、市
井の研究家として大著『昭和二十年』
（既刊13巻、草思社刊）を書き続けて、
昭和史の研究家たちに多大の影響を与
えた著者の偉業の一端を示すエッセイ
群。一つひとつが示唆に富む無類に面
白いエッセイや対談。

◇ゾルゲ事件の謎を解く―国際諜報団の内
幕　白井久也著　社会評論社　2008.12
①978-4-7845-0582-1
＊世界制覇の野望に燃えるナチス・ドイ
ツ。日本の大陸侵略の戦場になった中
国。東西両方面の安全を日独伊三国同
盟によって脅かされるソ連。日本のア
ジアにおける軍事的覇権の転覆を図る
米英両国。30年代世界危機のなかで、
国際情報戦を展開するゾルゲ諜報団。
戦争と革命の時代における国際情報戦。
ゾルゲ諜報団の全容は、いかに解明さ
れたか。ジャーナリストによるその迫
真のドキュメント。

◇赤い諜報員―ゾルゲ、尾崎秀実、そしてスメドレー　太田尚樹著　講談社　2007.11
①978-4-06-214362-2
＊世界に名を轟かせたスパイリヒャルト・ゾルゲと、日本のエリート知識人だった尾崎秀実、二人を結びつけたアグネス・スメドレー。主義と理想のために謀略の世界で闘ったこの三人の出会いと別離、そして死までの真相に迫った渾身のドキュメント・ノベル。

◇尾崎秀実ノート―そのルーツと愛　中里麦外著　刀水書房　2004.4
①4-88708-329-7

◇ゾルゲ事件上申書　尾崎秀実著　岩波書店　（岩波現代文庫　社会）　2003.2
①4-00-603075-4

◇デザートは死―尾崎秀実の菜譜　尾崎秀樹著　中央公論社　（中公文庫）　1998.9
①4-12-203245-8
＊ゾルゲ事件で逮捕された兄・尾崎秀実が、死刑確定ののち、獄中から家族に宛てて書き送った"食物考"。美食家だった兄が検閲をパスするため、食談を通して時事や人事を語ろうとした二十二通の書簡を手掛かりに、著者は秘められた歴史のドラマを解き明かそうとする。多彩なエピソードを織り込みながら綴る鎮魂の昭和史。

◇愛情はふる星のごとく　上　新装版　尾崎秀実著　青木書店　1998.8
①4-250-98033-2

◇愛情はふる星のごとく　下　新装版　尾崎秀実著　青木書店　1998.8
①4-250-98034-0

◇尾崎秀実伝　新装補訂版　風間道太郎著　法政大学出版局　（教養選書）　1995.2
①4-588-05085-0
＊尾崎秀実は、1928年朝日新聞記者として上海に赴き、魯迅ら中国の知識人をはじめ、アグネス・スメドレーやリヒァルト・ゾルゲらと交わる。帰国後も中国問題を論じ、第一次近衛内閣の新体制構想に関与するなど活躍したが、41年いわゆるゾルゲ事件で検挙され、治安維持法等違反のかどで、戦争の終結を見ることなく44年死刑に処された。

尾崎の終生の友人であった著者が精魂傾けて書き上げた本書で、その希有な生涯と思想が語りかけるものは何か。日本と中国、そしてアジアの将来に向けて、尾崎が問い続けた問題は、われわれの前にまだそのまま残されている。

尾崎行雄　おざきゆきお

1858～1954　明治～昭和期の政治家。東京市長，文相。閥族を攻撃し、憲政の神様と言われた。戦後名誉議員の称号を贈られる。

◇普通選挙をめざして―犬養毅・尾崎行雄―特別展　衆議院憲政記念館編　衆議院憲政記念館　2016.11

◇民権闘争七十年―咢堂回想録　尾崎行雄著　講談社　（講談社学術文庫）　2016.7
①978-4-06-292377-4

◇咢堂言行録―尾崎行雄の理念と言葉　尾崎行雄著, 石田尊昭, 谷本晴樹著　世論時報社　2010.11　①978-4-915340-76-5
＊議会の父・尾崎行雄（咢堂）が目指した政治、教育、平和に関する貴重な言葉を平成の人々に贈る。

◇咢堂・尾崎行雄の生涯　西川圭三著　論創社　2009.3　①978-4-8460-0830-7
＊自由民権運動、藩閥軍閥の打破、国際協調主義の旗印を高く掲げ、明治・大正・昭和を生きた孤高の政治家の生涯とその想いを、残された短歌と漢詩、「咢堂自伝」を縦横に駆使して綴る異色の評伝。

◇尾崎行雄と議会政治特別展―没後五〇年　衆議院憲政記念館編　衆議院憲政記念館　2004.5

◇咢堂尾崎行雄ものがたり　大塚喜一著　つくい書房　2002.12　①4-9901398-0-1

◇咢堂尾崎行雄　相馬雪香, 富田信男, 青木一能編　慶応義塾大学出版会　（Keio UP選書）　2000.8　①4-7664-0794-6
＊咢堂（がくどう）と号し、明治10年代の青年時代から昭和29年の晩年まで、議会制民主主義の確立に努力した尾崎行雄。「憲政の神様」と称され、東京市長を10年務め、ワシントンD.C.に桜の木を贈った尾崎行雄。人権尊重、国際平

和の実現のために、藩閥政治、官僚政治、軍閥政治と果敢に戦った尾崎行雄。欧米、とりわけアメリカで高く評価される尾崎行雄の思想と理念を明らかにし、近親者によるさまざまなエピソードから家庭人としての魅力的な人物像をも描き出す。

◇憲政の人・尾崎行雄　竹田友三著　同時代社　1998.1　①4-88683-388-8
＊犬養毅とともに護憲運動をにない、その鋭い舌鋒で桂太郎内閣を打倒し、戦時下の東条内閣とたった一人で対決し、敗戦後のアメリカ占領軍政に「世界連邦」を対置した、その波乱に満ちた生涯を描ききった感動の評伝。

◇尾崎行雄　村瀬信一述　皇学館大学出版部　（皇学館大学講演叢書）　1995.7

◇尾崎行雄の政治理念と世界思想の研究　総合研究開発機構　（NIRA研究報告書）　1992.8

▎小山内薫　おさないかおる

1881〜1928　明治, 大正期の演出, 小説家。慶応義塾大学教授、松竹キネマ研究所。著書に詩集「小野のわかれ」、小説「大川端」、戯曲「息子」など。

◇小山内薫　久保栄著　影書房　2009.12　①978-4-87714-401-2
＊日本新劇の先駆者・小山内薫の業績とその苦闘の軌跡。戦時下、ひそかに書きつがれ敗戦直後に完成した幻の名誉復刻。

◇僕の二人のおじさん、藤田嗣治と小山内薫　蘆原英了著　新宿書房　2007.9　①978-4-88008-373-5
＊一人は、世界的な画家フジタ・ツグハル。一人は、新劇運動の旗手で、築地小劇場の創始者オサナイ・カオル。この二人のおじさんに仕込まれ、誕生したのが、マルチ文化人アシハラ・エイリョウ。稀代のエンサイクロペディストの半自叙伝を通して読む、大正昭和の芸能文化私史。

◇小山内薫―近代演劇を拓く　小山内富子著　慶応義塾大学出版会　2005.2　①4-7664-1124-2

＊われ、未完を愛す。明治・大正期の演劇革新の旗手、小山内薫の閃光のごとき生と死を描く。薫の妻、薫の次男と共に暮らした歳月から映し出される "永遠の青年" の生涯。

◇小山内薫と二十世紀演劇　曽田秀彦著　勉誠出版　（遊学叢書）　1999.12　①4-585-04067-6

◇小山内薫―伝記・小山内薫　堀川寛一著　大空社　（伝記叢書）　1998.6　①4-7568-0504-3

▎大仏次郎　おさらぎじろう

1897〜1973　大正, 昭和期の小説家。新聞小説で大衆文壇に地位を確立。文化勲章受章、菊池寛賞受賞。代表作「鞍馬天狗」など。

◇大仏次郎―代初心　福島行一著　ミネルヴァ書房　（ミネルヴァ日本評伝選）　2017.11　①978-4-623-07880-6

◇大仏次郎と猫―500匹と暮らした文豪　大仏次郎記念館監修　小学館　2017.2　①978-4-09-388535-5

◇おさらぎ選書　第19集　大仏次郎記念館編　大仏次郎記念館　2011.7
＊大仏次郎書簡集：野尻正英（抱影）あて書簡、野尻抱影と大仏次郎/手塚甫著、講演録：大仏次郎のふたつの魂/渡辺京二述

◇大仏次郎の「大東亜戦争」　小川和也著　講談社　（講談社現代新書）　2009.10　①978-4-06-288019-0
＊誰よりも西欧自由主義を理解し、説いた作家は、誰よりも本気で祖国日本の勝利を願った。「鞍馬天狗」と「戦争協力」。

◇鞍馬天狗とは何者か―大仏次郎の戦中と戦後　小川和也著　藤原書店　2006.7　①4-89434-526-9

◇大仏次郎―その精神の冒険　村上光彦著　朝日新聞社, デジタルパブリッシングサービス（発売）　（朝日選書）　2005.6　①4-86143-033-X

◇おさらぎ選書　第12集　大仏次郎研究会　<講演と研究発表>論文集　大仏次郎記念

館編　大仏次郎記念館　2004.3

◇鞍馬天狗　川西政明著　岩波書店　（岩波新書）　2003.8　Ⓘ4-00-430851-8

◇大仏次郎—私の履歴書/猫の風呂番　大仏次郎著, 村上光彦編　日本図書センター（シリーズ・人間図書館　作家の自伝）1999.4　Ⓘ4-8205-9536-9

◇大仏次郎の横浜　福島行一著　神奈川新聞社　1998.6　Ⓘ4-87645-234-2

◇大仏次郎私抄—生と死を見つめて　宮地佐一郎著　日本文芸社　1996.1　Ⓘ4-537-02500-X
　＊1973年、逝去した大作家大沸次郎23回忌に当たり坂本龍馬研究の第一人者である著者が、歴史作家の史眼を通して華々しい人生と大らかな死を描く。

◇大仏次郎　新潮社　（新潮日本文学アルバム）　1995.11　Ⓘ4-10-620667-6
　＊「鞍馬天狗」から「天皇の世紀」へ—明晢な史観で歴史と激動する時代を捉えた国民的作家の全貌。

◇大仏次郎　上巻　福島行一著　草思社　1995.4　Ⓘ4-7942-0598-8
　＊光芒の75年精神の自由の獲得に静かな情熱を傾けた大仏次郎の初めての本格的評伝。

◇大仏次郎　下巻　福島行一著　草思社　1995.4　Ⓘ4-7942-0599-6
　＊『鞍馬天狗』から絶筆『天皇の世紀』に至る少年小説、時代小説、現代小説、史伝など、日本の文学史に収まりきらね大仏文学の原点にせまる。

◇大仏次郎と「苦楽」の時代　須貝正義著　紅書房　1992.11　Ⓘ4-89381-065-0

▌**織田有楽斎**　おだうらくさい
1547〜1621　安土桃山時代, 江戸時代前期の大名, 茶人。茶道有楽流の祖。織田信長の弟。関ヶ原の戦いでは徳川方につき、大坂の陣では東西両軍の斡旋役として調停につとめた。

◇小説・織田有楽斎 幻の茶器　斎藤史子著　淡交社　2003.9　Ⓘ4-473-03107-1
　＊本能寺に炎と化した名物「九十九茄子」

茶入が、勿然と博多に姿を現わした。消えたはずの茶器が何故？　兄信長と運命を共にした幻の茶器の行方を追い、戦国の世を奔走する有楽に、再び耳を疑う報せが届いた。織部が茶会に「勢高」茶入を使ったという。本能寺の名品が二つも出現した驚きに有楽は戸惑う。名器は己の持つ力ゆえに人を狂わせ、また自らも流転する。モノに憑かれた僧侶、商人、そして武将。三様の人間像が名物茶器を巡って交錯する。

◇織田有楽斎　堀和久著　講談社　（講談社文庫）　1997.9　Ⓘ4-06-263591-7
　＊兄、信長への恐怖心と初陣に味わった人を殺す嫌悪感。有楽斎の生き方は決まった。「弓矢の男にあらず」と陰口を叩かれながらも、茶々姫の後見人として、また、有職故実や茶の湯に通じることで自らの生きる道を見出した。肉親ではなく、権力者として利用する兄と絶妙な距離を保ち、戦乱の世を生きた男の生涯。

▌**小田野直武**　おだのなおたけ
1749〜1780　江戸時代中期の洋風画家。秋田蘭画の創始者。

◇日本洋画の曙光　平福百穂著　岩波書店（岩波文庫）　2011.12　Ⓘ978-4-00-335761-3
　＊司馬江漢に先立つ日本初の本格的な洋画風である秋田蘭画を初めて評価した、日本画家・百穂による貴重な文献。元本は1930年に美術書として300部刊行された。平賀源内に手ほどきを受けた秋田藩士・小田野直武や藩主・佐竹曙山らの試みはわずかの期間で終わるが、その輝きは近代を告げる閃光だった。

◇角館武家屋敷青柳家　沢田隆治監修　創童舎　2004.8　Ⓘ4-915587-24-X
　＊秋田県角館町。黒塀が続く武家屋敷群の中に青柳家は存在する。堂々とした居住まいの薬医門の中は、今も幕末・明治の時を刻んでいる。時代の流れに追随することなく、封印された空間。そこには創造を絶する謎が…。その封印が解かれる。

◇江戸のなかの近代—秋田蘭画と『解体新

152　教科書に載った日本史人物1000人

書』 高階秀爾監修・執筆, 芳賀徹, 武塙林太郎, 成瀬不二雄, 養老孟司, 河野元昭執筆 筑摩書房 1996.12
Ⓘ4-480-85729-X
＊18世紀後半の日本、長崎から遠く離れた東北の小都市に誕生した洋風画。近代日本科学史の金字塔『解体新書』に関わる知られざるドラマを、豊富な図版をまじえて紹介する。

◇日本研究 第14集 国際日本文化研究センター編 角川書店 （国際日本文化研究センター紀要） 1996.7 Ⓘ4-04-620314-5

◇源内が惚れこんだ男―近世洋画の先駆者・小田野直武 野村敏雄著 プレジデント社 1994.1 Ⓘ4-8334-1513-5
＊秋田・角館に生まれた直武は、平賀源内にその絵画の才能を見出され、『解体新書』の挿絵を描く大役を与えられた。田沼時代の改革の気運のなかで、洋画技法の習得に若き命を燃やし、主君佐竹曙山らとともに「秋田蘭画」の花を咲かせた武人画家の短い生涯を爽やかに描く力作歴史小説。

織田信長　おだのぶなが

1534〜1582 安土桃山時代の武将, 右大臣。尾張の織田信秀の子。家督を継いで尾張を統一。桶狭間の戦いで今川義元を討ち、美濃を攻略して足利義昭を擁して上洛。のち義昭を追放して室町幕府を滅ぼし、関東から中国にいたる勢力圏を確立し天下統一をめざしたが、明智光秀に叛かれて本能寺に自刃。

◇信長後記 堀井豪粋人著 ER 〔20-〕

◇信長君主論―マキャベリで読み解く戦国武将の虚実 関厚夫著 さくら舎 2018.9 Ⓘ978-4-86581-165-0

◇歴史人物伝織田信長―日本をかえた天才の野望 楠木誠一郎著 講談社 （日能研クエスト マルいアタマをもっとマルく！） 2018.8 Ⓘ978-4-06-512773-5

◇信長・光秀の死亡史料 岸元史明著 国文学研究所 2018.7

◇織田信長―乱世の風雲児 楠木誠一郎文 講談社 （講談社火の鳥伝記文庫）

2018.6 Ⓘ978-4-06-511875-7

◇織田信長435年目の真実 明智憲三郎著 幻冬舎 （幻冬舎文庫） 2018.4 Ⓘ978-4-344-42713-6

◇天才！ 織田信長―戦国最強ヒーローのすべて 中島望著, RICCA絵 集英社 （集英社みらい文庫 伝記シリーズ） 2018.4 Ⓘ978-4-08-321433-2

◇訳注信長公記 太田牛一著, 坂口善保訳注 武蔵野書院 2018.4 Ⓘ978-4-8386-0478-4

◇織田信長―近代の胎動 藤田達生著 山川出版社 （日本史リブレット人） 2018.3 Ⓘ978-4-634-54845-9

◇秀吉の武威、信長の武威―天下人はいかに服属を迫るのか 黒嶋敏著 平凡社 （中世から近世へ） 2018.2 Ⓘ978-4-582-47737-5

◇織田家臣団の謎 菊地浩之著 KADOKAWA （角川選書） 2018.2 Ⓘ978-4-04-703639-0

◇あらすじで読む「信長公記」―一級史料に記された織田信長の合戦・城・道楽 黒田基樹監修 三才ブックス 2018.1 Ⓘ978-4-86673-015-8

◇信長公記―天理本 現代語訳 首巻 太田牛一著, かぎや散人訳, 水野誠志朗編 デイズ 2018.1 Ⓘ978-4-9909405-1-5

◇信長と美濃 土山公仁監修 岐阜新聞社出版室 （岐阜新聞アーカイブズシリーズ） 2017.9 Ⓘ978-4-87797-248-6

◇大間違いの織田信長 倉山満著 ベストセラーズ 2017.9 Ⓘ978-4-584-13810-6

◇3DCGでよみがえる「信長公記」 小和田哲男監修 宝島社 2017.8 Ⓘ978-4-8002-7209-6

◇信長研究の最前線 2 まだまだ未解明な「革新者」の実像 日本史料研究会監修, 渡辺大門編 洋泉社 （歴史新書y） 2017.8 Ⓘ978-4-8003-1306-5

◇Gifu信長展―もてなし人信長!?知られざる素顔 特別展 織田信長公岐阜入城・岐阜命名450年記念事業 岐阜市歴史博物館編

岐阜市信長公四五〇プロジェクト実行委員会 2017.7

◇織田信長 山本博文監修, Rickeyまんが作画 KADOKAWA （角川まんが学習シリーズ まんが人物伝） 2017.6
①978-4-04-103966-3

◇信長のプロフィール―開館25周年記念平成29年春季特別展 滋賀県立安土城考古博物館編 滋賀県立安土城考古博物館 2017.4

◇経済で読み解く織田信長―「貨幣量」の変化から宗教と戦争の関係を考察する 上念司著 ベストセラーズ 2017.3
①978-4-584-13778-9

◇信長公記―現代語訳 太田牛一著, 榊山潤訳 筑摩書房 （ちくま学芸文庫） 2017.2 ①978-4-480-09777-4

◇信長戦いの若き日々―歴史を歩く 誕生から「天下布武」まで 泉秀樹著 PHP研究所 （PHP文庫） 2017.1
①978-4-569-76669-0

◇天下人100の覇道―天下統一を果たした男たちの知恵と覚悟 別冊宝島編集部編 宝島社 2016.12 ①978-4-8002-6325-4

◇超ビジュアル！ 歴史人物伝織田信長 矢部健太郎監修 西東社 2016.8
①978-4-7916-2500-0

◇日本を変えた魔王（カリスマ）―織田信長の言葉 守茂三郎著 アイバス出版 2016.7 ①978-4-86113-661-0

◇完全図解！ 歴史人物データファイル 1 織田信長 小和田哲男監修 ポプラ社 2016.4 ①978-4-591-14864-8, 978-4-591-91582-0

◇信長の家臣たち―平成28年春季特別展 滋賀県立安土城考古博物館編 滋賀県立安土城考古博物館 2016.4

◇大信長展―信長とその一族・家臣・ライバルたち 太陽コレクション編, 金子拓監修 太陽コレクション 2016.4

◇織田信長の古文書 織田信長著, 山本博文, 堀新, 曽根勇二編 柏書房 2016.2
①978-4-7601-4641-3

▎**織田幹雄** おだみきお
1905～1998 大正, 昭和期の陸上競技三段跳び選手。朝日新聞運動部長。五輪三段跳び優勝者で日本初の金メダリスト。

◇陸上競技ヨーロッパ転戦記―日本は強かった 織田幹雄日記から 織田幹雄著 有斐閣アカデミア（製作） 2001.12

◇織田幹雄―わが陸上人生 織田幹雄著 日本図書センター （人間の記録） 1997.2 ①4-8205-4254-0,4-8205-4239-7

◇陸上競技わが人生 織田幹雄著 ベースボール・マガジン社 1991.9
①4-583-02935-7
＊日本オリンピック陸上初の金メダリストが綴るひとすじの道八十余年。

◇織田幹雄 渡辺靖彦著, 中国新聞社編 広島県 （広島県名誉県民小伝集） 1991.2

▎**小津安二郎** おづやすじろう
1903～1962 昭和期の映画監督。「生まれてはみたけれど」など前編カットでつなぐ独特のスタイルを確立。遺作「秋刀魚の味」。

◇望郷の小津安二郎 登重樹著 皓星社 2017.8 ①978-4-7744-0638-1

◇殉愛―原節子と小津安二郎 西村雄一郎著 講談社 （講談社文庫） 2017.2
①978-4-06-293600-2

◇監督小津安二郎 増補決定版 蓮実重彦著 筑摩書房 （ちくま学芸文庫） 2016.12 ①978-4-480-09766-8

◇映画監督小津安二郎の軌跡―芸術家として、認識者として 竹林出著 風濤社 2016.5 ①978-4-89219-411-5

◇小津安二郎の喜び 前田英樹著 講談社 （講談社選書メチエ） 2016.2
①978-4-06-258620-7

◇蓼科日記抄 野田高梧ほか著, 「蓼科日記」刊行会編纂 「蓼科日記」刊行会 2013.8 ①978-4-7979-8118-6
＊蓼科高原の野田高梧山荘（雲呼荘）に置かれていた日記帳から、野田・小津のシナリオ創作過程、交友関係、山里の人々

との交流を精選して編纂された、映画ファン垂涎の文献、遂に現る！「小津安二郎自画像」をはじめ、図版・写真も多数収録！

◇路傍の光斑―小津安二郎の時代と現代 岩井成昭著　P3 art and environment 2013.5　①978-4-904965-05-4

◇小津安二郎周游　下　田中真澄著　岩波書店　（岩波現代文庫　文芸）　2013.3 ①978-4-00-602216-7
＊事前検閲という形で、映画も国家統制された時代に小津はどう向き合ったのか。敗戦による社会の激変は、彼の作品をいかに変えることになったか。下巻では戦中から戦後への社会の変転の中で、『晩春』『麦秋』『東京物語』などの名作群が誕生していく過程を、斬新な視角から捉えている。代表作の解説だけに留まることなく、巨匠の実像を時代とともに精緻に描きぬいた渾身の一冊。

◇小津安二郎周游　上　田中真澄著　岩波書店　（岩波現代文庫　文芸）　2013.2 ①978-4-00-602215-0
＊没後五〇年を迎える日本映画の巨匠の生涯と全仕事を見つめてきた小津研究の第一人者によるファン必携の一冊。人間小津の軌跡を驚異的な探索力で解明し、歴史の細部の検証をゆるがせにせず、映画史の該博な知識が全篇にみなぎる。上巻ではモダンボーイとして拳闘に熱狂、所属部隊の毒ガス戦への関与など戦前・戦中期の意外な事実の背景も明らかにしている。

◇殉愛―原節子と小津安二郎　西村雄一郎著 新潮社　2012.8　①978-4-10-303934-1
＊映画に殉じ、60歳で世を去った名監督。その彼に殉じ、42歳で銀幕を去った「永遠の処女」。映画史上もっとも美しい関係を描く―。丹念に紡がれる名作誕生秘話と、世紀のプラトニック・ラブの全貌。

◇小津安二郎の反映画　吉田喜重著　岩波書店　（岩波現代文庫）　2011.6 ①978-4-00-602187-0
＊映画を愛するがゆえに映画の「まやかし」を知り、それと「戯れる」ことで映画の本質にもっとも近づきえた小津安二郎。そのフィルムが秘める黙示録が、いま映画監督吉田喜重によって解き明かされる。この二人の監督の伝説化された、わずか二度の邂逅は、いまも生きている映画の歴史にほかならない。芸術選奨文部大臣賞、フランス映画批評家協会賞を受賞。アメリカ、フランス、イタリア、ブラジルなど海外でも翻訳出版され、高く評価されている。

◇帝国の残影―兵士・小津安二郎の昭和史 与那覇潤著　NTT出版　2011.1 ①978-4-7571-4261-9
＊監督・小津安二郎に差す、兵士・小津二郎の影。小津映画の精緻な解読を通じ、「昭和」「日本」とは何かを明らかにする、新しいタイプの歴史書。

◇平野の思想 小津安二郎私論　藤田明著, 倉田剛編　ワイズ出版　2010.12 ①978-4-89830-248-4
＊小津が青春期をすごした松阪・伊勢という地平から解く究極の小津安二郎論の誕生。

◇1秒24コマの美―黒沢明・小津安二郎・溝口健二　古賀重樹著　日本経済新聞出版社　2010.11　①978-4-532-16763-9
＊20世紀の世界の芸術家に多大な影響を与えた3人の巨匠監督の創造力と表現力の源泉へ…フィルムに焼きつけられた1秒24コマの写真。ひたすら作品を見つめる、映画記者による異色のノンフィクション。

◇絢爛たる影絵―小津安二郎　高橋治著 岩波書店　（岩波現代文庫）　2010.9 ①978-4-00-602175-7
＊日本映画において独自のスタイルを確立し海外での評価も高い巨匠・小津安二郎。その人間と作品の魅力を「東京物語」の助監督をつとめた直木賞作家が見事に描き出したノンフィクション・ノベル。原節子、岸恵子、杉村春子らのエピソードや撮影秘話もまじえ、名場面を考察する。戦中に軍部報道映画班としてシンガポールに赴任していた時代を描いた短編「幻のシンガポール」を併録。

◇小津安二郎 僕はトウフ屋だからトウフし

小津安二郎

か作らない　小津安二郎著　日本図書セ
ンター　（人生のエッセイ）　2010.5
①978-4-284-70038-2
＊日本の誇る映画監督・小津安二郎がそ
の人生と創作の秘密を語る。戦時中に
中国から友人・知人に送った貴重な手
紙も収録。

◇小津安二郎先生の思い出　笠智衆著　朝
日新聞社　（朝日文庫）　2007.5
①978-4-02-261532-9
＊『父ありき』『東京物語』『晩春』などを
代表作に、ほぼ全ての小津安二郎映画に
出演してきた俳優、笠智衆。小津監督
や原節子などを始め、様々な人との交
流や撮影秘話、また御前様としてなじ
み深い『男はつらいよ』など、朴訥とし
て優しく、不器用な役柄そのままに、自
らの俳優人生と小津安二郎を振り返る。

◇小津安二郎文壇交遊録　貴田庄著　中央
公論新社　（中公新書）　2006.10
①4-12-101868-0
＊小津安二郎の映画には独特の世界観が
ある。それは彼がどんな本を読み、ど
んな小説家と親交を深めていたかとい
うことからも炙り出すことができるだ
ろう。本書は小津の日記や座談会での
発言などから、彼が読んだ本や小説家
との交流の記録を丹念に拾い出し、若
い頃から愛読していた志賀直哉や谷崎
潤一郎の小説を原作とする映画をなぜ
撮らなかったのかを考える。そこには
映画と小説という二つの芸術の関係性
が浮かび上がってくる。

◇小津安二郎と戦争　田中眞澄著　みすず
書房　2005.7　①4-622-07148-7
＊戦場とは？　軍隊とは？　小津の「戦争体
験」とは何だったのか。新資料を発掘し
つつ解き明かされる人間ドキュメント。
―「小津安二郎陣中日誌」全文収録。

◇小津安二郎監督と野田―平成16年度特別
展図録　野田市郷土博物館　2004.10

◇国際シンポジウム小津安二郎―生誕100年
記念「Ozu 2003」の記録　蓮實重彦，山
根貞男，吉田喜重編著　朝日新聞社　（朝
日選書）　2004.6　①4-02-259853-0

◇監督小津安二郎　増補決定版　蓮實重彦

著　筑摩書房　2003.10　①4-480-87341-4
＊小津映画の魅力を構成する真の動因は
何か？　人々がとらわれている小津的な
るものの神話から瞳を解き放ち、映画
の現在に小津を甦らせる画期的著作。
生誕百年を機に新たに三章（129枚）を
書き下ろし増補する。名キャメラマン
厚田雄春と『美人哀愁』の主演女優井上
雪子へのインタヴューほかを併録。別
丁口絵写真40頁130点。

◇小津安二郎の食卓　貴田庄著　筑摩書房
（ちくま文庫）　2003.10
①4-480-03888-4
＊小津映画では、サイレント期の作品か
ら、飲食のシーンが印象的である。そ
れはなぜだろうか。小津は、食べ物の
シーンを通じて、日常のさまざまな出
来事を描き、"日本の家庭"を丹念に表現
しようとしたのではないか。どんなも
のに興味を示し、どのように食事シー
ンを撮ったのか。現存する作品を食の
視点から見なおす。

◇小津安二郎・生きる哀しみ　中沢千磨夫
著　PHP研究所　（PHP新書）　2003.10
①4-569-63085-5
＊小津安二郎の映画はなぜ懐かしいのか。
なぜ世界の映画人にこれほど賞賛され
つづけているのか。ビデオが普及した
今日、作品の細部にまで目を凝らすこ
とが可能になり、小津の真価が新たに
輝きだした。小津は映画のショットそ
のものを一枚の絵と捉え、精魂を込め
た「作家」だったのだ。本書は、小津が
描いた人間模様に焦点を当て、戦前か
ら戦後高度経済成長期に至る日本人の
生活や精神構造の変遷をたどる。そこ
から浮かび上がる、人間であること、家
族であることの喜びと哀しみが、深く
心に滲みることになるだろう。

◇監督小津安二郎入門40のQ&A　貴田庄著
朝日新聞社　（朝日文庫）　2003.9
①4-02-261428-5
＊今年で生誕100年を迎える、日本を代表
する監督、小津安二郎とはどんな人
だったのか。どこで生まれ育ち、いつ
映画に興味を持ったのか。好きな女優
は。原節子との結婚の噂は本当だった

156　教科書に載った日本史人物1000人

のか。なぜロー・アングルにこだわったのか。小津を知ることで、小津映画の核心に触れてゆく、画期的な小津本。

◇小津安二郎周游　田中真澄著　文芸春秋
　2003.7　Ⓘ4-16-365170-5
　＊小津研究の第一人者が放つ初の本格評伝。モダニズムから「喜八もの」へ、ガス戦の体験、戦後五社協定との対峙…17のテーマによって掘り起こされた巨匠の実像とその時代。

◇松竹大船撮影所覚え書―小津安二郎監督との日々　山内静夫著　かまくら春秋社
　2003.6　Ⓘ4-7740-0233-X
　＊「松竹大船撮影所を忘れないで欲しい」。小津安二郎に師事し佐田啓二と親しく交わった元プロデューサーの映画盛衰記。

◇いま、小津安二郎　小学館　（Shotor library）　2003.5　Ⓘ4-09-343155-8

◇絢爛たる影絵―小津安二郎　高橋治著　講談社　2003.3　Ⓘ4-06-211740-1
　＊小津安二郎の代表作、『東京物語』で助監督をつとめた作家・高橋治が伝説の巨匠の生涯を鮮やかに蘇らせたノンフィクション・ノベル。カメラマン厚田雄春ほか、笠智衆や岸恵子、篠田正浩、大島渚など、生前の小津を知るゆかりの人々を訪ね歩き、多くの文献に基づきながらも、あくまでも高橋治自身の眼で見た小津、セットの空気を一緒に吸った小津を語る。出色の小津論として評価された幻の名作が、小津安二郎生誕一〇〇年に際して復活！ 小津のシンガポール時代を書いた短編も併録。

◇小津安二郎 新発見　松竹編　講談社　（講談社プラスアルファ文庫）　2002.12　Ⓘ4-06-256680-X
　＊「映画には、文法がないのだと思う。これでなければならないという型はない。優れた映画が出てくれば、それが独特の文法を作ることになるのだから、映画は思いのままに撮ればいいのだ」―世界の名作映画にも選ばれた『東京物語』や『早春』『秋刀魚の味』など日本人の心を描きつづけた映画監督小津安二郎の仕事とプライベートを完全網羅。

小野梓　おのあずさ

1852〜1886　明治期の政治家, 法学者。太政官少書記官。共存同衆を設立、立憲改進党を結成。著書に「国憲汎論」など。

◇小野梓―未完のプロジェクト　大日方純夫著　冨山房インターナショナル　2016.3　Ⓘ978-4-86600-007-7

◇小野梓と自由民権　勝田政治著　有志舎　2010.6　Ⓘ978-4-903426-34-1

◇小野梓生誕150周年記念事業記録集　早稲田大学編　早稲田大学　2003.2

◇小野梓―独立自主の精神　吉井蒼生夫編　早稲田大学　2003.1

◇図録小野梓―立憲政治の先駆・大学創立の功労者　早稲田大学編　早稲田大学　2002.3

◇天賦人権論と功利主義―小野梓の政治思想　荻原隆著　新評論　（名古屋学院大学産業科学研究所研究叢書）　1996.1　Ⓘ4-7948-0279-X

◇小野梓の政治思想の研究　沢大洋著　天洋社　1995.10

◇小野梓伝―伝記・小野梓　西村真次著　大空社　（伝記叢書）　1993.6　Ⓘ4-87236-421-X

尾上菊五郎(五代目)
おのえきくごろう

1844〜1903　江戸時代末期, 明治期の歌舞伎役者, 座本。嘉永1年〜明治35年頃に活躍。

◇空飛ぶ五代目菊五郎―明治キワモノ歌舞伎　矢内賢二著　白水社　2009.4　Ⓘ978-4-560-09404-4

◇九代目団十郎と五代目菊五郎　小坂井澄著　徳間書店　1993.11　Ⓘ4-19-860026-0
　＊幕末、明治維新、歌舞伎座の出現…。激動の荒波にもまれながら、重厚かつ写実的な「活歴」の完成を目指した九世市川団十郎と、「卑猥じゃいけねえのかい」とあくまでも生世話狂言に徹した五世尾上菊五郎。相対しながらも、人生の最後には固い絆で結ばれた名優二

小野妹子

人の最後の「傾き」精神。

小野妹子　おののいもこ
生没年不詳　飛鳥時代の遣隋使。有名な
「日出づる処の天子」なる国書を隋の煬帝
に上表。翌年再度隋にわたる。

◇小野妹子・毛人・毛野─唐国、妹子臣を号
けて蘇因高と曰ふ　大橋信弥著　ミネル
ヴァ書房　（ミネルヴァ日本評伝選）
2017.12　①978-4-623-08168-4

◇遣隋使・小野妹子　志賀町史編集委員会
編　志賀町　1994.1

小野小町　おののこまち
生没年不詳　平安時代前期の女性。歌人。

◇小野小町追跡─「小町集」による小町説話
の研究　新装版　片桐洋一著　笠間書院
2015.7　①978-4-305-70781-9

◇日本文学者評伝集　2　在原業平・小野小
町・二条良基　塩田良平，森本治吉編
井上豊，福井久蔵著　クレス出版　2008.6
①978-4-87733-422-2,978-4-87733-429-1

◇小野小町─人と文学　伊東玉美著　勉誠
出版　（日本の作家100人）　2007.8
①978-4-585-05190-9
＊「花の色は/うつりにけりな/いたづら
に/我が身世にふる/ながめせし間に」
六歌仙・三十六歌仙のひとりとして日
本文学史上に残る名歌を詠み、恋多き
幻の美女として物語や芸能のモデルで
あり続けた小野小町。「時代」「歌」「位
置」「物語」「旅」という五つの視点か
ら、虚実のはざまにたたずむ小野小町
の全体像を浮き彫りにする。謎多き伝
説の才媛を知る絶好のガイド。

◇小野小町ものがたり　小野一二著　無明舎
出版　（んだんだブックレット　秋田の文
化入門講座）　2005.10　①4-89544-413-9

◇小野小町は舞う─古典文学・芸能に遊ぶ
妖蝶　福井栄一著　東方出版　2005.8
①4-88591-951-7
＊美貌と歌才、そして落魄─数奇な伝説
に彩られた小町。ゆかりの事蹟や文学・
芸能を手がかりに時空を超えた魅力を

味わう。

◇小野小町　古閑炯作著　古閑炯作
2004.12　①4-404-03174-2

◇小町伝説の誕生　錦仁著　角川書店　（角
川選書）　2004.7　①4-04-703364-2

◇小野小町論　黒岩涙香著　文元社　（教養
ワイドコレクション）　2004.2
①4-86145-068-3

◇小野小町再考─実像へのアプローチ　佐
藤卓司著　無明舎出版　1998.6
①4-89544-189-X
＊多くの文献資料を駆使して謎にみちた
伝説の女流歌人の素性と生涯にアプ
ローチする。

◇小野小町恋の夜語り　田中阿里子著　学
陽書房　（女性文庫）　1997.8
①4-313-72041-3

◇小野小町攷─王朝の文学と伝承構造2　3
版　小林茂美著　おうふう　1997.2
①4-273-01062-3

◇(小説)小野小町吉子の恋　三枝和子著
ベネッセコーポレーション　（福武文庫）
1995.11　①4-8288-5749-4

◇小野小町追跡─「小町集」による小町説話
の研究　改訂新版　片桐洋一著　笠間書
院　（古典ライブラリー）　1993.11
①4-305-60631-5
＊小町の虚像と実像にはじめてカケハシ
を架けた名著決定版。

◇小野小町　小野一二著　無明舎出版
1992.12

◇小野小町　春の夜語り　田中阿里子著　広
済堂出版　1992.12　①4-331-50386-0
＊女流歌人・六歌仙の1人として伝えられ
る小野小町の、伝説の霧につつまれた
実像に迫る。

◇小説　小野小町「吉子の恋」　三枝和子著
読売新聞社　1992.11　①4-643-92097-1
＊平安中期、匂うばかりの美しさで、五節
の舞姫に選ばれた天女の生まれ変わり、
空前絶後の美女。小野小町は仁明帝・
東宮・在原業平・僧正遍照など男たちと
の恋に懊悩しながら、情熱的な和歌の
才をますます発揮し、六歌仙の一人と

158　教科書に載った日本史人物1000人

なる。書き下ろし長編歴史ロマン。

◇小野小町攷究　三善貞司著　新典社　（新典社選書）　1992.5　①4-7879-6753-3

◇在原業平・小野小町—天才作家の虚像と実像　片桐洋一著　新典社　（日本の作家）　1991.5　①4-7879-7005-4
＊平安朝の代表的歌人でありながら、千年の時空を超えた今でも、典型的な美男美女の代名詞と謳われる業平と小町。この2人は、数々の説話や伝承によって様々な虚像を作り上げられたが、本書ではそれらを打破粉砕し、徹底的に資料に基づいて実像に迫った。平安朝文学研究の第一人者である著者の意欲作。

小野篁　おののたかむら

802〜852　平安時代前期の漢学者, 歌人, 公卿。（参議）。征夷副将軍・陸奥介小野永見の孫。

◇王朝三日記新釈　宮田和一郎校註　建文社　1948

小野道風
おののみちかぜ（とうふう）

894〜966　平安時代中期の能書家, 公卿。和様の開祖。

◇小野道風　山本信吉著　吉川弘文館　（人物叢書 新装版）　2013.3
①978-4-642-05266-5
＊平安中期の名筆。小野妹子らを輩出した中国通の名族に生まれ、若くして能書の誉れ高く、醍醐・村上天皇の側近として活躍した。唐の書風から苦心して和様書法を創造し、三跡の代表として名高い。断片的にしか知り得ない経歴を政治・文化などの時代背景から探り、真筆とされる書法の特徴を明らかにして、文化史上に多大な影響を及ぼした生涯に迫る。

◇書聖小野道風　春名好重ほか著, 春日井市道風記念館編　春日井市道風記念館　1991.11

折口信夫　おりくちしのぶ

1887〜1953　明治〜昭和期の国文学者, 民俗学研究家, 歌人。国学院大学教授。柳田国男民俗学方法論に触発され「口訳万葉集」を著す。歌集に「古代感愛集」など。

◇折口信夫—日本の保守主義者　植村和秀著　中央公論新社　（中公新書）　2017.10
①978-4-12-102458-9

◇折口信夫の晩年　岡野弘彦著　慶応義塾大学出版会　2017.10　①978-4-7664-2476-8

◇折口信夫—いきどほる心　木村純二著　講談社　（講談社学術文庫　再発見日本の哲学）　2016.11　①978-4-06-292396-5

◇折口信夫の生成　松本博明著　おうふう　2015.3　①978-4-273-03741-3

◇これを語りて日本人を戦慄せしめよ—柳田国男が言いたかったこと　山折哲雄著　新潮社　（新潮選書）　2014.3
①978-4-10-603743-6
＊山に埋もれた人生を描いた代表作『遠野物語』が出されたのは明治末期。さらに『山の人生』では、山間部の壮絶な人間苦が描かれていた。小説という娯楽も広がり近代国家を謳歌する時代、柳田は文明から遠く離れた過酷な人生に目を向けていた。その半生を俯瞰し、民俗学という新しい学問を通して訴えたかったメッセージを探る今までにない柳田論。

◇伊勢から熊野へ—折口信夫の足跡と神道観　半田美永述　皇学館大学出版部　（皇学館大学講演叢書）　2013.11

◇折口信夫の青春　富岡多恵子, 安藤礼二著　ぷねうま舎　2013.6
①978-4-906791-16-3
＊自殺願望と同性愛、言語像の革命と宗教思想の転回…知の巨人を育んだ精神のるつぼに近代日本の青春を読む。

◇魂の古代学—問いつづける折口信夫　上野誠著　新潮社　（新潮選書）　2008.8
①978-4-10-603614-9

◇古代から来た未来人 折口信夫　中沢新一著　筑摩書房　（ちくまプリマー新書）　2008.5　①978-4-480-68784-5

折口信夫

＊古代を実感することを通して、日本人の心の奥底を開示した稀有な思想家折口信夫。若い頃から彼の文章に惹かれてきた著者が、その未来的な思想を鮮やかに描き出す。

◇釈迢空ノート　富岡多惠子著　岩波書店
（岩波現代文庫）　2006.7
　①4-00-602106-2
＊法名を筆名とした国文学・民俗学者の折口信夫（歌人・詩人の釈迢空）が秘していたもの、自ら葬り去ったこととは何か。虚と実、学問と創作、短詩型と自由詩の狭間に生きた折口の難問とは。日本の近代と格闘した巨人の謎多き生涯を、その歌と小説にしかと向き合い、史料の発掘と確かな精読で描き出す渾身の評伝。毎日出版文化賞受賞作。

◇折口信夫・釈迢空—その人と学問　国学院大学折口信夫博士記念古代研究所，小川直之編　おうふう　2005.4
　①4-273-03363-1
＊折口信夫博士没後50年記念特別講座。今、改めて折口信夫の学問、釈迢空の文学を問い直す9氏10編の講座が折口の学問と文学を新たな視点で検証する。

◇神々の闘争折口信夫論　安藤礼二著　講談社　2004.12　①4-06-212690-7
＊『死者の書』にまた新しい読みの可能性を開き、民俗学と一神教が火花を散らし結びあう瞬間を描き出す。グローバリズムとナショナリズムを突き抜ける現代（思想）の超克の試み。2002年度「群像」新人文学賞評論部門優秀作受賞。

◇反折口信夫論　村井紀著　作品社
2004.4　①4-87893-635-5

◇釈迢空折口信夫筆墨と文学碑拓本　杉本瑞井，長高登共編著　椙本神社　2003.5
　①4-87503-186-6

◇古代国文学と芸能史　井口樹生著　瑞木書房，慶友社〔発売〕　2003.3
　①4-87449-040-9

◇信夫とひでの嬢子塾　穂積生萩著　鼎書房　2002.1　①4-907846-12-6

◇折口信夫の女歌論　阿木津英著　五柳書院
（五柳叢書）　2001.10　①4-906010-95-4

＊フェミニズムは生きている。まだまだ進化するジェンダー論。そのただ中で、日本語人として著者は、女歌の相対化について語る。

◇私の折口信夫　穂積生萩著　中央公論新社
（中公文庫）　2001.5　①4-12-203829-4
＊歌人・穂積忠を義父に、折口信夫（釈迢空）を"精神の父"として、残生をその学問の顕彰にと念じ続ける著者は、折口の女嫌いの定説を殆ど信じていなかったという。常に暗い心の内部をかいま見、特異な人物像を描いていたわれわれは、生萩氏との語らいの中に、人間迢空の限りない優しさと歌人学者の鮮烈な素顔を見出して驚嘆する。

◇釈迢空ノート　富岡多惠子著　岩波書店
2000.10　①4-00-023348-3
＊折口信夫の筆名は法名・戒名であった。詩と散文、創作と学問、聖と俗のはざまに秘された恋—折口は、何を葬ることで詩人たり得たのか。巨人の形成にまつわる謎に迫る。

◇折口（おりくち）信夫伝—その思想と学問　岡野弘彦著　中央公論新社　2000.9
　①4-12-003023-7
＊人間を深く愛する神ありてもしもの言はゞ、われの如けむ。戦後日本のあるべき姿に沈痛な思いをよせた折口。その学説を継ぐ著者が、緻密な知的追求と激情を秘めた詩的で求道的な思索とが交錯する師の内面をみつめ直し語り尽した力作伝記。

◇折口（おりくち）信夫の詩の成立—詩形/短歌/学　藤井貞和著　中央公論新社
2000.6　①4-12-003012-1
＊短歌以後の詩形をどう切りひらいてゆこうとしたか。『古代感愛集』『近代悲傷集』『現代襤褸集』にいたる詩魂の軌跡を描きとり、『折口学』以前の言語論の分析、日本文学の発生に関わる考察など、現代詩人の気魄あふれる知見の結実をみる一冊。

◇清らの人—折口信夫・釈迢空「緑色のインク」の幻想　鳥居哲男著　沖積舎
2000.2　①4-8060-4641-8
＊著者は詩人の透視力と小説家の人間把

握力とをもって、世上に流布し、私自身の心の片隅にも魚の小骨のように引っかかっていた折口ホモセクシュアル説を鮮やかにくつがえし、併せて折口文学を排他的なカルト信者の手から、驚くべき寛やかで濶達で豊饒な世界へと解き放った。十代に親炙した釈迢空の短歌についての思い出、塵労に疲れた中年男の再発見した折口の「清ら」の世界、孤児意識に悩まされつつ大和を彷徨する折口少年の後ろ姿、弟子たちにひどく不器用に愛情を発露する折口先生、折口に惚れとおした二人の女性の知られざる生涯、そして大食漢・折口の痛快きわまる椀盤振舞…。本書は唯一無二の画期的な折口信夫論である。

◇迢空・折口信夫事典　有山大五, 石内徹, 馬渡憲三郎編　勉誠出版　2000.2　①4-585-06012-X
＊迢空・折口信夫の文学・学問・文学に関する事項を収録した事典。巻末に付録として新版全集の全巻目次を抄録したもを付す。

◇海原のうた―折口博士父子記念歌会二十周年記念誌　〔折口博士父子記念会〕〔2000〕

◇生涯は夢の中径―折口信夫と歩行　吉増剛造著　思潮社　1999.12　①4-7837-1587-4
＊折口信夫の生涯の軌跡を求め、これまで誰にも読み解かれることのなかった、この類稀な文学者の特異なポエジーの秘密を明かす、詩・講演・評伝から紡がれたしなやかな詩的思考の奇蹟。ライフワークとしての折口信夫論集成。

◇折口信夫―笹の音/口ぶえ　折口信夫著, 阿部正路編　日本図書センター　（シリーズ・人間図書館　作家の自伝）　1999.4　①4-8205-9534-2

◇折口信夫とその古代学　西村亨著　中央公論新社　1999.3　①4-12-002878-X
＊折口学説に傾倒すること50余年、真摯な学者の透徹した論理で展開する日本古代学の誕生と成立の物語。学問をこころざす若い人びとに語りつたえ、読みつがれる待望の新著。

◇折口信夫独身漂流　持田叙子著　人文書

院　1999.1　①4-409-54057-2
＊根を離れる苦汁を浴びつつ葛藤する折口信夫の生と性―多様な生のかたちを模索する現代への豊かな刺激を孕む力作。

◇近代文学研究叢書　74　昭和女子大学近代文学研究室著　昭和女子大学近代文化研究所　1998.10　①4-7862-0074-3
＊本巻には、歌人斎藤瀏（明治12年4月16日～昭和28年7月5日）、国文学・民俗学者・歌人釈迢空（折口信夫）（明治20年2月11日～昭和28年9月3日）、国文学者藤村作（明治8年5月6日～昭和28年12月1日）の三名の研究調査を収めた。菊池寛賞受賞。

◇折口信夫事典　増補版　西村亨編　大修館書店　1998.6　①4-469-01258-0
＊折口信夫の学説研究に関心をもつ人々の便宜に供するため、研究の基礎となる学説・著作の解説、研究文献の一覧、評伝・年譜等を合わせて、折口学研究のハンドブックとしたもの。事典の核心となる折口名彙解説は、まれびと、常世、依代、貴種流離譚など37の主要名辞を見出しとして解説したもの。折口名彙索引、事項索引、研究文献目録著者索引付き。

オールコック
Alcock, Sir Rutherford
1809～1897　江戸時代末期のイギリスの外交官。初代駐日公使。

◇オールコックの江戸―初代英国公使が見た幕末日本　佐野真由子著　中央公論新社　（中公新書）　2003.8　①4-12-101710-2
＊一九世紀半ば、江戸 - ロンドン間の文書のやりとりに蒸気船で半年近くを要した時代、一人の外交官が担う責任は、今日とは比較にならないほど大きかった。そんな時代、日英関係の仕事は、初代駐日公使ラザフォード・オールコックの手に完全に託されていたといってよい。本書は、一八五九年から六二年まで、日本の外交にとって決定的に重要だった三年間の彼の思考と行動を、在外史料を駆使していきいきと描いた幕末物語である。

【か】

快慶　かいけい

？～1703　江戸時代前期，中期の僧。稗貫
郡大迫村の早池峰大権現別当寺真言宗早
池峰山妙泉寺18世。

◇快慶―運慶を超えた男　大湊文夫著　郁
朋社　2007.10　Ⓘ978-4-87302-396-0
＊あ・うん造立。「優美」の快慶，「雄大」
の運慶。鎌倉彫刻界二大巨頭のあまり
にも対照的なその生涯を追う。

◇仁王像大修理　東大寺監修，東大寺南大門
仁王尊像保存修理委員会編　朝日新聞社
1997.5　Ⓘ4-02-256986-7
＊運慶か，快慶か。七百九十年の時空を
超えて東大寺国宝仁王像の謎に迫る。

◇仏師快慶論　増補版　毛利久著　吉川弘
文館　1994.9

貝原益軒　かいばらえきけん

1630～1714　江戸時代前期，中期の儒学
者，博物学者。「養生訓」「女大学」「慎思
録」「大和本草」などの著者。

◇江戸のスーパー科学者列伝　中江克己著
宝島社　（宝島SUGOI文庫）　2013.8
Ⓘ978-4-8002-1038-8
＊「江戸」と「科学」には，なんの繋がり
もないように思える。しかし，江戸時
代には多くの科学者が日々研究に明け
暮れていた。「行列式」を発見した和算
家の関孝和，世界初の全身麻酔手術に
成功した華岡青洲，ソメイヨシノを開
発した遺伝学者の伊藤伊兵衛など。そ
のレベルは当時の世界を見ても決して
ひけをとっていなかった。本書では江
戸の科学者31人を取り上げ，彼らの功
績と人柄に迫る。

◇岡田武彦全集　23　貝原益軒　岡田武彦
著　明徳出版社　2012.10
Ⓘ978-4-89619-477-7
＊朱子学精神の日本的な継承と発展。当

代随一の博学を誇り儒学はもとより，
医学を始め実学に画期的業績を残し，
シーボルトを絶賛させた大儒益軒の生
涯と学問の全容。関係論文7篇を併載。

◇老いてますます楽し―貝原益軒の極意
山崎光夫著　新潮社　（新潮選書）
2008.3　Ⓘ978-4-10-603598-2
＊貝原益軒，じつは「楽しみの達人」だっ
た。節制を説いたのも，長生きして人
生を楽しむため。虚弱体質や不遇を乗
り越え，生涯現役，夫婦相愛，健康にし
て長寿という理想の人生をいかにして
まっとうしたか。『養生訓』と，貝原家
の処方箋ともいうべき門外不出の『用
薬日記』を読みほどき，「益軒流晩年術」
の真髄を明らかにする。

◇貝原益軒『楽訓』を読む　無能唱元著　致
知出版社　1999.8　Ⓘ4-88474-570-1
＊益軒は名高い「養生訓」の他に「楽訓」
も遺した。そこには，人生を楽しく生
きる知恵がしたためられている。

◇「学び」の復権―模倣と習熟　辻本雅史著
角川書店　1999.3　Ⓘ4-04-883565-3
＊日本人はどのように学んできたのか。
日本の「学び」の原点をときあかし，荒
廃する現代教育社会のなかで「学ぶ」こ
との意味を問い直す。

◇貝原益軒―天地和楽の文明学　横山俊夫
編　平凡社　（京都大学人文科学研究所共
同研究報告）　1995.12　Ⓘ4-582-70221-X
＊グローバルな超抑制型安定社会到来の
予兆のなかで，益軒翁の知恵にもうひ
とつの文明の思考を探りあてる。非成
長時代を生きる知恵。

◇貝原益軒　ふくおか人物誌編集委員会編
著　西日本新聞社　（ふくおか人物誌）
1993.7　Ⓘ4-8167-0342-X

海保青陵

かいほ（かいぼ）せいりょう

1755～1817　江戸時代中期，後期の経世思
想家。

◇海保青陵―江戸の自由を生きた儒者　徳
盛誠著　朝日新聞出版（発売）　2013.1
Ⓘ978-4-02-100216-8

＊天下泰平の江戸時代。商業化が進む社会に対して真摯に立ち向かい、独自の世界を切り拓いた儒者の全体像を、比較文化の視点も交えて解き明かす。

海北友松　かいほくゆうしょう
1533〜1615　安土桃山時代, 江戸時代前期の画家。

◇海北顕英遺稿集　石田肇編　海北昂
1982.3

臥雲辰致　がうんときむね
1842〜1900　明治期の発明家。ガラ紡績機の発明者。内国勧業博に出品、大阪を中心に使用された。

◇臥雲辰致とガラ紡機―発明の文化遺産 和紡糸・和布の謎を探る　増補　北野進著　アグネ技術センター　2018.6
①978-4-901496-91-9

◇臥雲辰致・日本独創のガラ紡―その遺伝子を受け継ぐ 生誕175年記念　ガラ紡を学ぶ会編著　シンプリブックス　2017.8
①978-4-908745-00-3

◇発明の文化遺産 臥雲辰致とガラ紡機―和紡糸・和布の謎を探る　北野進著　アグネ技術センター　（産業考古学シリーズ）
1994.7　①4-7507-0838-0

◇臥雲辰致―ガラ紡機100年の足跡をたずねて　宮下一男著　郷土出版社　1993.6
①4-87663-218-9
＊100年余の時を経て、今日再び脚光を浴びはじめたガラ紡つむぎ―。安曇野に生まれ、ガラ紡機の発明と改良に命を賭けた男の波乱の生涯の迫る。

加賀千代　かがのちよ
1703〜1775　加賀の千代女（かがのちよじょ）とも。江戸時代中期の女性。俳人。

◇千代女の謎　山根公著　桂書房　（桂新書）　2012.5　①978-4-905345-25-1

◇加賀の千代その生涯と芸術　白山市立千代女の里俳句館編　白山市立千代女の里俳句館　2011.3

◇月も見て―千代の句と出会う旅　酒師みどり著　2010.4　①978-4-8330-1743-5
＊千代の代表句といえば「朝顔や釣瓶とられてもらひ水」がまず挙がる。しかし、著者は「朝顔の句」とは異なるところに千代の本領があると見た。句に編まれた千代の意思を丹念に解き、細やかな詩情を拡げて見せた秀逸の書。

◇加賀の千代女―不思議の名人　松居高生著　能登印刷出版部　2005.1

香川景樹　かがわかげき
1768〜1843　江戸時代後期の歌人。桂園派の祖。

◇香川景樹研究―新出資料とその考察　田中仁著　和泉書院　（研究叢書）　1997.3
①4-87088-856-4

◇契冲阿闍梨　大町桂月著　クレス出版（近世文芸研究叢書）　1995.11
①4-87733-002-X

賀川豊彦　かがわとよひこ
1888〜1960　明治〜昭和期の宗教家, キリスト教社会運動家。日本基督教会牧師。日米開戦を避けるため非戦論を説いた。著書に「死線を越えて」「一粒の麦」など。

◇賀川豊彦―「助け合いの社会」を目指した功績を知る　日本生活協同組合連合会編集, 賀川豊彦記念松沢資料館監修　日本生活協同組合連合会　2018.1
①978-4-87332-338-1

◇賀川豊彦と明治学院 関西学院 同志社　鳥飼慶陽著　文芸社　2017.4
①978-4-286-18160-8

◇賀川豊彦伝―貧しい人のために闘った生涯 互助・友愛の社会を実現　三久忠志著　教育出版センター　2015.11

◇協同組合論―ひと・絆・社会連帯を求めて 2012年国際協同組合年事業・大学生協寄附講座講義録　庄司興吉, 名和又介編　全国大学生活協同組合連合会, 連合出版〔発売〕　2013.4　①978-4-89772-278-8

◇賀川豊彦と孫文　浜田直也著　浜田直也
2012.1　①978-4-343-00650-9

◇賀川豊彦　隅谷三喜男著　岩波書店　（岩波現代文庫）　2011.10
①978-4-00-603230-2
＊特異なキリスト者にして大ベストセラー『死線を越えて』の著者として知られる賀川豊彦（一八八八‐一九六〇）は、献身的な社会活動家として労働運動、農民運動、生協運動、平和運動の先駆者でもあった。きわめて多面におよぶが今や忘れられつつある彼の思想と行動を、狭い枠から解放し近代思想史上に位置付けた画期的評伝。

◇日本キリスト教史における賀川豊彦—その思想と実践　賀川豊彦記念松沢資料館編　新教出版社　2011.5
①978-4-400-21314-7
＊毀誉褒貶尽きないマルチな活動家にして文筆家、そして情熱的な伝道者。この日本キリスト教史に屹立する巨人の思想と実践に、過去と現在の論者たちはどのような分析・批評・解読を行ってきたのか。計16名の論者による賀川への多角的なアプローチを集大成。

◇平和の絆—新渡戸稲造と賀川豊彦、そして中国　布川弘著　丸善　（叢書インテグラーレ）　2011.1　①978-4-621-08344-4
＊15年戦争（満州事変からボツダム宣言受諾までの一連の戦争）以来、本当の意味で日本は中国との善隣友好関係を築くことができていないが、その根底にあるものとは何なのか？一本書では、1920年代末、満州事変前後という極めて限られた期間に絞り、平和運動全般ではなく、新渡戸稲造と賀川豊彦という二人の人物を平和運動の主体に据え、彼らと他の諸主体との関係性にスポットを当てながら当該期の平和運動の歴史的意義について考察することによって、これからの日中の友好関係のあり方に対するヒントを提供する。

◇Think Kagawaともに生きる—賀川豊彦献身100年記念事業の軌跡　2009賀川豊彦献身100年記念事業実行委員会編　賀川豊彦記念・松沢資料館, 家の光協会（発売）
2010.11　①978-4-259-58313-2
＊1930年代のアメリカで『THREE TRUMPRTS SOUND』という本が出版されました。三つのトランペットはマハトマ・ガンジー、シュヴァイツアーと賀川豊彦です。この3人が世界の曲がり角でトランペットを吹いて私たちに新しい社会の指標を与えたという内容です。賀川は、私たちの暮らしを支える根幹を築くことに尽力し、その生涯を捧げたのです。

◇賀川豊彦研究序説　小南浩一著　緑蔭書房　2010.2　①978-4-89774-305-9

◇賀川豊彦の思想とその実践及びその現代的展開—2009年度社会調査報告集　川上周三編　専修大学文学部人文学科社会学専攻　〔2010〕

◇賀川豊彦とボランティア　新版　武内勝口述, 村山盛嗣編　神戸新聞総合出版センター　2009.12　①978-4-343-00547-2

◇賀川豊彦—その社会的・政治的活動　K.-H.シェル著, 後藤哲夫訳　教文館　2009.8
①978-4-7642-7299-6
＊キリスト教の愛の実践者、労働運動、組合運動の先駆者として激動の時代を生き抜いた賀川豊彦。その生涯と多様な働きを、日本におけるキリスト教宣教史の文脈の中に位置づけ、全体像を描いた貴重な論考。

◇賀川豊彦を知っていますか—人と信仰と思想　阿部志郎, 雨宮栄一, 武田清子, 森田進, 古屋安雄, 加山久夫著　教文館　2009.4　①978-4-7642-6027-6

◇貧民の帝都　塩見鮮一郎著　文芸春秋　（文春新書）　2008.9
①978-4-16-660655-9
＊明治期、東京に四大スラムが誕生。維新＝革命の負の産物として出現した乞食、孤児、売春婦。かれらをどう救うか。渋沢栄一、賀川豊彦らの苦闘をたどる。近代裏面史の秀作。

◇賀川豊彦—愛と社会正義を追い求めた生涯　ロバート・シルジェン著, 賀川豊彦記念松沢資料館監訳　新教出版社　2007.5
①978-4-400-21302-4

◇賀川豊彦の贈りもの—いのち輝いて　鳥飼慶陽著　創言社　2007.4
①978-4-88146-568-4

◇満州基督教開拓村と賀川豊彦―特別展「満州基督教開拓村と賀川豊彦」(2006年10月3日～12月2日)関連企画　雲柱社賀川豊彦記念松沢資料館　(賀川資料館ブックレット)　2006.10

◇賀川豊彦　2　米沢和一郎編　日外アソシエーツ，紀伊国屋書店〔発売〕　(人物書誌大系)　2006.6　Ⓘ4-8169-1983-X
＊近代日本のキリスト教社会運動家，賀川豊彦(1888-1960)。不遇な生い立ちをバネに、社会の不条理と対峙する広範な社会運動を展開。スラムでの救済活動から、大正から昭和にかけて労働者・農民・協同組合による社会改良運動を指導。講演や伝道で良心の復興を説いたその足跡は、日本各地のみならず世界に及ぶ。その多彩な活動は、膨大な著作を生み出しただけでなく、行動の人としてボランティアの先駆けという、日本社会の指導的オピニオン・リーダーとしての役割をも担った。日本よりも世界で有名であった賀川の言動を、欧米の5つのキリスト教団体の協力により、著作・参考文献・年譜として集大成。賀川豊彦執筆稿、賀川豊彦の評伝、賀川豊彦について書かれた参考文献、賀川豊彦について書かれた新聞記事及び運動・事業概要等の収録内容で、2005年12月末日の期限までを収録期間としてまとめたものである。

◇暗い谷間の賀川豊彦　雨宮栄一著　新教出版社　2006.4　Ⓘ4-400-52778-6

◇貧しい人々と賀川豊彦　雨宮栄一著　新教出版社　2005.5　Ⓘ4-400-52777-8

◇賀川豊彦再発見―宗教と部落問題　鳥飼慶陽著　創言社　2002.11　Ⓘ4-88146-537-6

◇賀川豊彦―時代を超えた思想家　林啓介著　阿波銀行　(阿波の偉人伝)　2000.4

◇賀川豊彦から見た現代　賀川豊彦記念講座委員会編　教文館　1999.5　Ⓘ4-7642-6353-X
＊本書は、広く社会運動の理論家・実践家であり、キリスト教界の指導者であっただけでなく、詩人・小説家でもあった賀川豊彦と、どこかの分野で交友関係をもったり、影響を受けたり、関心を

もったりした人々の、これまで必ずしもよく知られていない関係を語ったものである。その点で賀川の多面性と独自性とがいっそう明らかにされている。

◇賀川豊彦　隅谷三喜男著　岩波書店　(同時代ライブラリー)　1995.11　Ⓘ4-00-260245-1

◇賀川豊彦　米沢和一郎編　日外アソシエーツ，紀伊国屋書店〔発売〕　(人物書誌大系)　1992.7　Ⓘ4-8169-1142-1
＊近代日本の社会運動家を代表する人物。不遇な生い立ちをバネに、キリスト教の信仰を糧として、スラムで愛を説く信念による救済活動を行った。大正から昭和にかけて、労働者・農民・協同組合による社会改良運動を指導、講演や伝道で道徳と良心の復興を説き日本巡礼の旅をした。その多彩な言論活動は、膨大な著作を生み、社会意識の啓発に、オピニオン・リーダーとしての役割を果たした。賀川豊彦記念・松沢資料館の全面的な協力により膨大な著作および参考文献を集大成。

◇賀川豊彦と太平洋戦争―戦争・平和・罪責告白　河島幸夫著　中川書店　1991.10

◇賀川豊彦初期史料集―1905～1914(明治38年～大正3年)　米沢和一郎，布川弘編　緑陰書房　(賀川豊彦関係史料双書)　1991.7

┃ 柿本人麻呂　かきのもとのひとまろ
生没年不詳　奈良時代の万葉歌人。平安期には歌聖と仰がれた。

◇猿丸と人麻呂―天才歌人を抹殺した闇の真相　中村真弓著　幻冬舎メディアコンサルティング　2018.1　Ⓘ978-4-344-91568-8

◇柿本人麻呂　多田一臣著　吉川弘文館　(人物叢書 新装版)　2017.6　Ⓘ978-4-642-05281-8

◇柿本人麻呂の栄光と悲劇―『万葉集』の謎を解く　池野誠著　山陰文芸協会　2016.9　Ⓘ978-4-92108-018-1

◇柿本人麿―神とあらはれし事もたびたびの事也　古橋信孝著　ミネルヴァ書房　(ミネルヴァ日本評伝選)　2015.9

柿本人麻呂

①978-4-623-07412-9

◇人麻呂さん石見に生きて恋して　川島芙美子著　山陰中央新報社　2014.3
①978-4-87903-179-2
＊日本随一の歌聖・柿本人麻呂。平安から現代まで、学問・歌道の神様として崇敬される人麻呂ゆかりの地が、島根県石見地方に集結する。心をゆさぶる恋の歌「石見相聞歌」をもとに、今、人麻呂像を問い直す。

◇職業人としての柿本人麻呂―万葉集鑑賞　土方賀陽著　あるむ　2014.1
①978-4-86333-073-3

◇古田武彦・古代史コレクション　11　人麿の運命　古田武彦著　ミネルヴァ書房　2012.4　①978-4-623-06059-7
＊歌人・柿本人麿は何を歌ったのか、なぜ歴史の中に存在しないのか、終焉の地はどこなのか。万葉集の「古集」とは何か。古田史学による新たな「万葉集」論。隠されていたキイ・ワード、それは「九州王朝」だった―。長文の書き下ろし「日本の生きた歴史」を新たに加えて、待望の復刊。

◇柿本人麻呂―ことばとこころの探求　倉住薫著　笠間書院　2011.1
①978-4-305-70535-8
＊天武・持統朝を中心に活躍した歌人、「歌聖」柿本人麻呂。本書はその人麻呂の相聞歌と挽歌の抒情、景と情との関連、そして、武田祐吉が描く人麻呂像の可能性を、人麻呂の作品における歌表現の検討から論じる。

◇柿本人麻呂の石見　神英雄著　自照社出版　2010.4　①978-4-903858-45-6

◇柿本人麻呂　高岡市万葉歴史館編　高岡市民文化振興事業団高岡市万葉歴史館（高岡市万葉歴史館叢書）　2007.3

◇柿本人麻呂論　北山茂夫著　岩波書店（岩波現代文庫）　2006.9
①4-00-600164-9
＊柿本人麻呂は天武・持統・文武朝に仕えた万葉の代表的歌人であるが、具体的な事績には不明なところが多い。本書はアララギ派の歌人や万葉学の先達の研究業績に再検討を加えながら、白鳳

時代に造詣が深い歴史家の眼で諸作品を鋭く分析し、人麻呂の伝記的事実と相聞歌人としての本質を明らかにする。著者の万葉学に関する研究の集大成。

◇人麻呂の作歌活動　上野理著　汲古書院　2000.3　①4-7629-3429-1

◇桜井満著作集　第2巻　柿本人麻呂論　伊藤高雄ほか編, 桜井満著　おうふう　2000.2　①4-273-03132-9

◇柿本人麻呂とその子躬都良　大西俊輝著　東洋出版　1999.12　①4-8096-7310-3
＊人麻呂には子供がいた。その名は躬都良…。人麻呂の息子躬都良は、深い伝承の霧の中に隠れている。躬都良は人麻呂伝承の象徴であり、人麻呂の影である。その躬都良の存在を白日のもとに曝す新説から、人麻呂の実像に迫る。躬都良伝承譚を核に、人麻呂から家持へ、そして万葉集の発生から終焉へ、その変遷の時代意識を、膨大な資料を検証しつつ探る、著者渾身の集大成の書。

◇セミナー万葉の歌人と作品　第2巻　柿本人麻呂　神野志隆光, 坂本信幸企画編集　和泉書院　1999.9　①4-87088-992-7
＊『万葉集』研究は注釈的研究をつねに中心としてきた。その方向を継承して、本シリーズは、歌人ごとに作品を見てゆくかたちで各巻を編成した。作品別研究史を積み上げながら、同時に作者（歌人）論として総括することをめざしている。主として昭和四十年代以降の『万葉集』研究を振り返り、その成果を集約するとともに、新しい展開の方向性を示した。

◇山辺の道―古墳・氏族・寺社　和田萃編　吉川弘文館　（古代を考える）　1999.3
①4-642-02189-2
＊日本最古の道、山辺の道。その道沿いには、初期の王陵とされる巨大古墳が密集し、古寺社や祭祀遺跡が点在している。ヤマト王権の成立をうかがわせる遺跡群を通して、三輪山や石上神宮の祭祀、古代寺院の歴史的背景をさまざまな視点から最新の成果をもとに描く。日本古代の政治・文化の揺籃の地であり、四季折々の趣をもつ山辺の道へ、いま読者を誘う。

覚猷

◇柿本人麻呂論考　増補改訂版　阿蘇瑞枝著　おうふう　1998.3　Ⓘ4-273-03030-6

◇古代幻視　梅原猛著　文芸春秋　（文春文庫）　1997.6　Ⓘ4-16-758301-1
＊日本人の魂の原質をさぐろうとすれば、最後は「幻視」という心の力に頼らざるをえない―。土偶の形から死んだ妊婦の姿を、人麿の歌から流罪人の骸を、『枕草子』から激烈な体制批判を、北野天神縁起絵巻から後鳥羽上皇への呪詛を幻視して、次々と謎を解く、梅原学真骨頂。そして怪奇な中世世界への新たなる挑戦。

◇柿本人麻呂と『古事記』　小林晴次著　日蓮宗新聞社　1996.1

◇人麻呂幻想　菊池威雄著　新典社　（新典社文庫）　1995.6　Ⓘ4-7879-6503-4
＊本書は万葉世界に彗星のように現われて人々を魅了し、忽然と姿を消した人麻呂の謎にみちた足跡をめぐる数々の伝承を明らかにする。

◇柿本人麻呂　北山茂夫著　岩波書店　（岩波新書評伝選）　1994.11　Ⓘ4-00-003863-X

◇人麿の運命　古田武彦著，青山富士夫写真　原書房　1994.3　Ⓘ4-562-02512-3
＊歌聖・人麿の謎ともうひとつの万葉集。

◇古代和歌の成立　森朝男著　勉誠社　1993.5　Ⓘ4-585-03015-8

◇万葉集作歌とその場―人麻呂攷序説　続篇　緒方惟章著　桜楓社　1993.3　Ⓘ4-273-02624-4

◇人麻呂の暗号　藤村由加著　新潮社　（新潮文庫）　1992.11　Ⓘ4-10-125821-X

◇人麻呂渡し―律令からのメッセージ　蓮沼徳次郎著　近代文芸社　1992.8　Ⓘ4-7733-1204-1
＊人麻呂は「なぞ」ではありません。「なぜ」か、その「なぜ」が人麻呂を解く "カギ" なのです。人麻呂は「なぜ」処刑されたのか…。その罪名、処刑方法は―。

◇柿本人麻呂と「壬申の乱」の影―万葉の歌聖は百済人だった　栄光と哀しみの歌に秘められた亡命歌人の叫び　朴炳植著

HBJ出版局　（記紀・万葉を古代朝鮮語で読むための必読シリーズ）　1992.5　Ⓘ4-8337-3133-9
＊天武の御代に渡来した1人の百済人。孤高の歌人・人麿である。しかし、激動の7世紀は、その歌聖をも翻弄し、歴史の渦の中に葬り去った。異郷に果てた歌人の歌と著者独自の史観をもとに、いままで語りえなかった真実の人麻呂像、そして、国史改竄の秘密が明らかにされる。

◇学問のすすめ―わが人生のロゴスとパトス　改訂版　梅原猛著　佼成出版社　（学問シリーズ）　1992.4　Ⓘ4-333-01562-6

◇柿本人麻呂　中西進著　講談社　（講談社学術文庫）　1991.12　Ⓘ4-06-159006-5
＊万葉学の第一人者が、人麻呂の和歌を七つの主題に分けて評釈し、その強靱な "詩人の魂" の核心を解明。古来、歌聖と崇められ、広く日本人に愛されてきた柿本人麻呂の詩の生命の秘密を探る鑑賞と評論の書。

◇人麿私記　牛山之雄著　近代文芸社　1991.11　Ⓘ4-7733-1173-8
＊歌を生む時空、詩の内側から、時代との緊張から、追い込み、追いつめたさきに見える柿本人麿像がここには描き出されている。

❙覚如　かくにょ
1270〜1351　鎌倉時代後期，南北朝時代の真宗の僧。本願寺第3世。

◇真宗は一日にして成らず―親鸞と覚如・存覚　柴田雅爾著　講談社ビジネスパートナーズ　2012.6　Ⓘ978-4-87601-965-6
＊名もない、金もない、文字も読めない衆生を浄土に誘うために粉骨砕身した高僧の生きざまに、混迷の今だからこそ学びたい。

◇新鸞　覚如　才市　新保哲著　晃洋書房　1992.3　Ⓘ4-7710-0561-3

❙覚猷　かくゆう
⇒鳥羽僧正覚猷（とばそうじょうかくゆう）

教科書に載った日本史人物1000人　**167**

景山英子　かげやまひでこ

1865〜1927　福田英子（ふくだひでこ）とも。明治, 大正期の社会運動家。婦人の政治・社会参加を主張。「世界婦人」を創刊。

◇雀百まで悪女に候―女性解放運動の先駆者・福田英子の生涯　内田聖子著　健友館　2003.9　①4-7737-0810-7
＊自由民権運動のクーデター失敗から、21才で投獄された福田英子の波瀾万丈の生涯。第10回健友館ノンフィクション大賞受賞。

◇福田英子集　福田英子著, 村田静子, 大木基子編　不二出版　1998.2　①4-938303-22-1

◇暁の鐘　前田愛子著　新日本出版社　1996.8　①4-406-02454-9
＊女性解放の先駆者福田英子の熱きたたかいの日々。教育者として、妻として、母として、傷つき挫折しながらも、旧道徳に抗い、女性参政権、女性の自立を求め続けた生涯を描く。

◇福田英子―婦人解放運動の先駆者　村田静子著　岩波書店　（岩波新書）　1996.7　①4-00-413139-1

◇わらはの思出　福田英子著　大空社　（叢書女性論）　1995.6　①4-7568-0013-0

笠置シヅ子　かさぎしづこ

1914〜1985　昭和期の歌手, 女優。日劇で「東京ブギウギ」を歌って大ヒット。

◇ブギの女王・笠置シヅ子―心ズキズキワクワクああしんど　砂古口早苗著　現代書館　2010.10　①978-4-7684-5640-8

梶原景時　かじわらかげとき

?〜1200　平安時代後期, 鎌倉時代前期の武将。源義経を讒言したと伝えられる。

◇梶原景時―知られざる鎌倉本体の武士　梶原等著　新人物往来社　2000.11　①4-404-02886-5
＊八百年の時を超えて甦った日本最初の「武士道精神」の実践者。景時は「讒言者」ではなかった。

和宮　かずのみや

1846〜1877　江戸時代末期, 明治期の皇族。仁孝天皇の第8王女。徳川家茂の妻。公武合体のため降嫁させられた。幕府滅亡の際慶喜の助命、徳川家存続などを嘆願。

◇天璋院篤姫と皇女和宮　清水将大著　コスミック出版　（コスミック文庫）　2008.10　①978-4-7747-2222-1
＊十三代将軍家定のもとに薩摩から遠路はるばる輿入れした篤姫と、公武合体の旗印として十四代将軍家茂に降嫁した皇女和宮。華やかな婚礼とは裏腹に重い命題を課せられ、二人が将軍の御台所となったのは幕末。新しい時代へと向かい、日本国中が揺れていた時期である。しかも篤姫は二年足らず、和宮は四年あまりで夫に先立たれてしまう。運命の過酷さに涙し、凄まじい確執の時をへて、やがて二人は「徳川の嫁」としてわかりあい、絆を深めていく―。運命に翻弄されつつも、力強く歩み続けた二人の女性と、彼女たちが過ごした大奥の実態を、エピソードを中心に描く。

◇和宮―後世まで清き名を残したく候　辻ミチ子著　ミネルヴァ書房　（ミネルヴァ日本評伝選）　2008.2　①978-4-623-05094-9
＊徳川幕府の崩壊のなかに身を置き、「朝敵」の汚名を蒙むるその渦中で、徳川宗家の存続という重責を果した和宮。彼女が、帰京して念願の父仁孝天皇の霊廟を参拝した、明治二年の和宮の最終章の歩みを序章にとりあげ、第一章から順を追って、誕生からの人生を宮中の年中行事のなか、仕来りに従ったなかで成長する宮の幼少期からを綴っていくことにする。

◇最後の大奥 天璋院篤姫と和宮　鈴木由紀子著　幻冬舎　（幻冬舎新書）　2007.11　①978-4-344-98062-4
＊密命を胸に秘めつつ十三代将軍家定に嫁いだ薩摩藩主の養女篤姫、武家の権力に屈して十四代将軍家茂の正室となった皇女和宮。変革期の動乱の最中、生い立ちと立場の違いから対立していた嫁姑が、暗躍する幕末志士の陰で手を取り「徳川」というお家存続のために

たちあがった―。江戸城下での戦いを
回避し、無血で倒幕軍に城を明け渡し
た、武家の女の生きざまとは。江戸城
大奥に生きた最後の女性を通じてひも
とく、明治維新の裏表。

◇和宮様御下向ニ付諸事留帳―古里下飯田
谷口宰著　朝日新聞名古屋本社企画事業
部編集制作センター（製作）　2004.2

◇和宮―物語と史蹟をたずねて　遠藤幸威
著　成美堂出版　（成美文庫）　1996.7
①4-415-06446-9
＊皇女和宮32年の生涯。幕末動乱の世を、
精一杯生き、精一杯行動した一人の皇
女・将軍夫人のすずやかで、寂しい生
涯。乱世を横切った女の記録。

◇NHK 歴史発見　9　〔カラー版〕　NHK
歴史発見取材班編　角川書店　1993.11
①4-04-522209-X
＊『源氏物語』成立の謎にたどる紫式部の
人生とは？　天才武将、上杉謙信が戦国
の世にめざしたものは何か？　秀吉政権
を支えた名補佐役にみるナンバーツー
の条件とは？　江戸時代に起きた教育
ブームの背景にあったものは何か？　幕
末の公武合体策の犠牲者とされる皇女
和の宮の実像とは？　日本史の空白に挑
戦し、歴史上の人物の実像に迫る。

◇和宮御降嫁―久世・安藤執政時代　徳富
蘇峰著，平泉澄校訂　講談社　（講談社学
術文庫）　1992.7　①4-06-159034-0
＊井伊大老横死後幕府の実権を握った久
世・安藤は、大老の遺策となった和宮降
嫁を朝廷との軋轢緩和の一とするも、
乾坤一擲、外夷掃除の大力量はなかっ
た。時に公卿岩倉具視、御降嫁を公武
合体の楔子とすべく天皇の諮問に答え
て上書。はじめ忌避していた和宮もつ
いにこれを承諾。「惜しまじな君と民と
のためならば身は武蔵野の露と消ゆと
も」と詠じて東下。自ら将軍家茂の御
台所としてその生涯を捧ぐ。

▌我禅　がぜん
⇒俊芿（しゅんじょう）

▌片岡健吉　かたおかけんきち
1843〜1903　江戸時代末期，明治期の政治
家。土佐藩士，衆議院議員。国会開設運動
を指導し、自由党の中心人物となる。

◇片岡健吉先生の生涯―伝記・片岡健吉
片岡健吉先生銅像再建期成会編　大空社
（伝記叢書）　1996.10　①4-87236-533-X

▌片岡直温　かたおかなおはる
1859〜1934　明治〜昭和期の実業家，政治
家。日本生命社長，衆議院議員。日本生命
の創立に参画。金融恐慌の発火点になる
発言をした。

◇日本財界人物列伝　第1巻　青潮出版株式
会社編　青潮出版　1963

▌荷田春満　かだのあずままろ
1669〜1736　江戸時代中期の国学者。復
古神道を唱道。国学の四大人の一人。

◇荷田春満の人的ネットワークと学統　根
岸茂夫研究代表　国学院大学文学部　（国
学院大学特別推進研究研究成果報告書）
2015.3

◇国学の始祖 荷田春満―国学院大学創立百
三十周年記念展示　国学院大学　2012.10

◇桂籠とその他の短篇　火坂雅志著　講談
社　1998.11　①4-06-209371-5
＊大石内蔵助と荷田春満の秘められた友
情！　異色忠臣蔵の「桂籠」をはじめ、
釣と武士道の「釣って候」、羊羹と侍の
道を描く「羊羹合戦」等、知られざる侍
の美を見据えた秀作集。

▌片山潜　かたやません
1859〜1933　明治〜昭和期の社会主義者，
社会運動家。万国社会党大会日本代表。
コミンテルン執行委員会幹部。「我社会主
義」などを著す。

◇日本社会民主主義の形成―片山潜とその
時代　大田英昭著　日本評論社　2013.2
①978-4-535-58635-2
＊大正デモクラシー、戦後民主主義、さら
には今日の市民・社会・労働運動へと連
なる、明治期社会民主主義の理想。日

片山哲

本近代思想史の巨大な水脈が、いま掘りおこされる。

◇片山潜　新装版　隅谷三喜男著　東京大学出版会　（近代日本の思想家）　2007.9
①978-4-13-014153-6

◇片山潜—歩いてきた道　片山潜著　日本図書センター　（人間の記録）　2000.12
①4-8205-5961-3

片山哲　かたやまてつ
1887〜1978　大正、昭和期の社会運動家、弁護士。日本社会党委員長、首相。民社党最高顧問政治家。著書に「回顧と展望」。

◇父・片山哲を語る—誇り高き宰相・第四十六代総理大臣　清水純談話、落合信男編筆　新風舎　2007.5　①978-4-289-02360-8
＊終戦間もない混乱期に組閣した、第四十六代総理大臣・片山哲首相。熱心なクリスチャンであり、文学と芸術をこよなく愛する文人宰相として内閣支持率66％を得た、その高潔な人柄と政治業績、そして知られざる秘話を長男とカバン持ちの側近であった著者がいまここに初めて語る。

勝海舟　かつかいしゅう
1823〜1899　勝義邦（かつよしくに）とも。江戸時代末期、明治期の蘭学者、政治家。日本海軍創設者。咸臨丸艦長として初の太平洋横断に成功。枢密顧問官。

◇海舟余波—わが読史余滴　江藤淳著　講談社　（講談社文芸文庫）　2018.7
①978-4-06-512245-7

◇勝海舟　小沢章友著、田伊りょうき絵　駒草出版　（新・歴史人物伝）　2018.7
①978-4-909646-01-9

◇勝海舟歴史を動かす交渉力　山岡淳一郎著　草思社　2018.3　①978-4-7942-2314-2

◇西郷隆盛と勝海舟　安藤優一郎著　洋泉社　（歴史新書）　2017.11
①978-4-8003-1355-3

◇ポケット勝海舟修養訓　石川真理子著　致知出版社　（活学新書）　2016.3
①978-4-8009-1107-0

◇勝海舟と幕末外交—イギリス・ロシアの脅威に抗して　上垣外憲一著　中央公論新社　（中公新書）　2014.12
①978-4-12-102297-4

◇海舟の論語的生き方—東京をつくった男　広瀬幸吉著　学校図書　2014.9
①978-4-7625-0174-6

◇勝海舟と江戸東京　樋口雄彦著　吉川弘文館　（人をあるく）　2014.1
①978-4-642-06777-5
＊戊辰戦争で両軍から厚い信頼を集め、江戸城無血開城を果たした勝海舟。咸臨丸で渡米した幕臣時代より、在野の巨人として影響力を及ぼした明治以降にいたる生涯を活写。海舟ゆかりの江戸東京の史跡を訪ね、実像に迫る。

◇勝小吉と勝海舟—「父子鷹」の明治維新　大口勇次郎著　山川出版社　（日本史リブレット人）　2013.4　①978-4-634-54866-4
＊勝小吉と勝海舟は、ともに閉塞した幕末江戸の下級旗本の世界に生まれた。小吉は脱出できなかったが、その代わり自叙伝のなかでその生活ぶりを描写してくれた。海舟は、黒船来航を機に、みずから閉塞社会に風穴を開けて飛びだすことに成功し、幕末の陸軍総裁、明治国家の伯爵にまでのぼりつめた。一八〇二年に生まれた親の小吉と、一八九九年に没した子の海舟が、二人して明治維新をはさむ十九世紀をフルに生きたストーリーである。

◇氷川清話／夢酔独言　勝海舟，勝小吉著，川崎宏編　中央公論新社　（中公クラシックス）　2012.8　①978-4-12-160135-3
＊大局観と人間関係を重んじた子・海舟。奔放不羈、無頼三昧の父・小吉。二代の江戸っ子回顧譚。

◇勝海舟と西郷隆盛　松浦玲著　岩波書店　（岩波新書）　2011.12
①978-4-00-431345-8
＊勝海舟と西郷隆盛といえば、明治維新の江戸城無血開城の立役者として有名である。しかし、二人の関係はそれ以降も終生続いた。さらに海舟は西郷が西南戦争で斃れた後、その名誉回復に尽力し、遺児の面倒をみた。敵対関係

にあった両雄がなぜ交友を続けたのか。出会いから海舟の西郷追悼行動までを丹念にたどり、その秘密にせまる。

◇勝海舟と明治維新の舞台裏　星亮一著　静山社　（静山社文庫）　2011.9
①978-4-86389-134-0
＊幕臣でありながら西郷隆盛との江戸無血開城で幕府を崩壊させ、薩長政権誕生のキーマンとなった勝海舟。幕府と薩長の両方を渡り歩き、戊辰戦争に敗れた旧幕臣や会津藩の人々からは裏切り者と呼ばれた。常に時代を先読みしつつ、己の思うがままに行動し、動乱の時代を巧妙に生き延びた稀有な人物だったが、その裏では様々な画策があった。明治維新の裏舞台の主役・勝海舟の真実。

◇勝海舟と福沢諭吉―維新を生きた二人の幕臣　安藤優一郎著　日本経済新聞出版社　2011.4　①978-4-532-16784-4
＊幕府の軍艦・咸臨丸でともに渡米して四十年。在野で文明開化の旗手となった諭吉は晩年、なぜ武士道を賛美し海舟を厳しく批判したのか。近世から近代へ。日本の何が変わり、何が変わらなかったのか。

◇交渉人 勝海舟―対話と圧力、駆け引きの名手　鈴村進著　ダイヤモンド社　2010.3　①978-4-478-01196-6
＊交渉は、男児世に処する道。けちな了見で何ができるものか―坂本龍馬と西郷隆盛が当代随一と驚愕した勝海舟の外交手腕。

◇勝海舟　松浦玲著　筑摩書房　2010.2　①978-4-480-88527-2
＊徳川幕府の「幕末」と明治薩長藩閥政治の終わり「閣末」。自らの大きな役割を果たしつつ、二つの激動期を生き抜いた勝海舟。膨大な資料精査と長年の勝海舟研究の成果を基に、その全生涯を描ききった書下ろし千八百枚、畢生の決定版評伝。

◇勝海舟―戦わなかった英雄　鵜沢義行，東都よみうり編集部著　ごま書房新社　2010.1　①978-4-341-08430-1
＊龍馬を創ったもう一人の英雄の真実にせまる大河ドラマ『龍馬伝』がより楽し

める1冊。

◇勝海舟　上　新装版　勝部真長著　PHP研究所　2009.10　①978-4-569-77186-1
＊哲人政治家・勝海舟はいかにして生まれたのか？ 曽祖父・米山検校と父・小吉の烈々たる生涯―。少年・麟太郎を取り巻く人々とその生い立ちから、「海舟精神」の源流を探る。

◇勝海舟　中　新装版　勝部真長著　PHP研究所　2009.10　①978-4-569-77187-8
＊海舟が33歳で幕府に見出されたのは、「幕末動乱」という時代の要請でもあった。海軍の育成に情熱を傾けながら、倒幕のうねりに期した、海舟の心底を描く。

◇勝海舟　下　新装版　勝部真長著　PHP研究所　2009.10　①978-4-569-77188-5
＊維新後の世に、是が非でも守ろうとしたもの―。徳川家と旧幕臣の保護・結束を目指して、死の直前まで奮闘した三十年の月日。哲人政治家・海舟の真価を見据える。

◇それからの海舟　半藤一利著　筑摩書房　（ちくま文庫）　2008.6　①978-4-480-42443-3
＊幕末の動乱期の中、幕臣の中心として江戸城無血開城という大仕事を成し遂げた後の人生を勝海舟はどう生きたのか。新旧相撃つ中で旧幕臣たちの生計をたてる道を探り、福沢諭吉らの批判を受けながらも明治政府の内部に入り、旧幕府勢力の代弁者としての発言力を確保して徳川慶喜と明治天皇の会見を実現。また一方では逆賊とされた盟友西郷隆盛の名誉回復に尽力した海舟の後半生に光を当てた名評伝。

◇勝海舟 強い生き方　窪島一系著　中経出版　（中経の文庫）　2008.1　①978-4-8061-2925-7
＊私心を捨ててこそ大事は成る！ 本書は、海舟が自ら語り、あるいは記した言葉を中心に、その真髄と思われるところを抽出して、生きるうえでの糧となるように解説をほどこしたものである。今よりもはるかに難しい状況下を生き抜いた“人生の達人”である海舟の言行

教科書に載った日本史人物1000人　**171**

葛飾北斎

は、私たちの心を奮いたたせ、確かな指針を与えてくれる。

▌ 葛飾北斎　かつしかほくさい

1760～1849　江戸時代後期の浮世絵師。葛飾流の始祖。代表作「富岳三十六景」など。

◇葛飾北斎　ちさかあや漫画, すみだ北斎美術館監修　ポプラ社　（コミック版世界の伝記）　2017.10　①978-4-591-15545-5

◇葛飾北斎　オンデマンド版　永田生慈著　吉川弘文館　（歴史文化ライブラリー）　2017.10　①978-4-642-75491-0

◇北斎の謎を解く―生活・芸術・信仰　オンデマンド版　諏訪春雄著　吉川弘文館　（歴史文化ライブラリー）　2017.10　①978-4-642-75524-5

◇葛飾北斎―江戸から世界を魅了した画狂　美術手帖編　美術出版社　（BTBOOKS）　2017.9　①978-4-568-43097-4

◇葛飾北斎の本懐　永田生慈著　KADOKAWA　（角川選書）　2017.3　①978-4-04-103845-1

◇葛飾北斎―世界を魅了した鬼才絵師　河出書房新社　（傑作浮世絵コレクション）　2016.12　①978-4-309-62324-5

◇葛飾北斎―世界を驚かせた浮世絵師　芝田勝茂文　あかね書房　（伝記を読もう）　2016.3　①978-4-251-04609-3
 ＊七十二歳にして「富岳三十六景」をかいて江戸っ子の度肝をぬき、すべてのものを「絵」というわくのなかにうつしとろうとした北斎。アメリカの有名な雑誌は「この一千年間で、世界の人びとに影響をあたえた百人」の中に、日本人からただひとり、葛飾北斎を選びました。かれこそは、今、世界中の若者に愛されている、日本のマンガ文化の先駆けでもあったのです。

◇辻惟雄集　4　風俗画の展開　辻惟雄著　岩波書店　2014.1　①978-4-00-028654-1
 ＊洛中洛外図屏風、嬉遊図、“保元・平治合戦図屏風”を総覧し、北斎芸術の本質、新しい俯瞰形式を模索した江戸後

期の浮世絵師、蕙（けい）斎・北斎・貞秀を論じる。

◇北斎―世界を魅了する浮世絵師と弟子たち　中右瑛監修　芸艸堂　2013.10　①978-4-7538-1299-8

◇北斎―カラー版　大久保純一著　岩波書店　（岩波新書 新赤版）　2012.5　①978-4-00-431369-4
 ＊「画狂人」と称した葛飾北斎（一七六〇～一八四九）は、生涯自らの到達点に満足することなく、画業に専心し、多彩な作品を遺した。初期の役者絵から、美人画、摺物、読本挿絵、絵手本（北斎漫画）、風景画、花鳥画、そして晩年の肉筆画まで、傑作・代表作六九点を収録し、その画業を江戸絵画史の中に位置づけながら、読み解く。

◇宇宙をめざした北斎　内田千鶴子著　日本経済新聞出版社　（日経プレミアシリーズ）　2011.2　①978-4-532-26111-5
 ＊北斎は文化3年（1806）、房州木更津へ旅立った。そして外房まで足を延ばし、太東岬の荒波を見て、鴨川の彫物大工 “波の伊八”の彫刻に出会った。世界的名画「神奈川沖浪裏」誕生へのインスピレーションをこのとき得たのだった…。カラー図版満載で解説する異色の北斎論。

◇葛飾北斎―すみだが生んだ世界の画人　葛飾北斎画, 永田生慈監修, 墨田区文化振興財団北斎担当編　墨田区文化振興財団北斎担当　2006.9

◇北斎宇宙をデザインす―時を超え国を超えた画人　西沢裕子著　農山漁村文化協会　2006.3　①4-540-05315-9

◇もっと知りたい葛飾北斎―生涯と作品　永田生慈監修　東京美術　（アート・ビギナーズ・コレクション）　2005.8　①4-8087-0785-3

◇新・北斎万華鏡―ポリフォニー的主体へ　中村英樹著　美術出版社　2004.4　①4-568-20178-0

◇北斎七つのナゾ―波乱万丈おもしろ人生　中右瑛著　里文出版　2002.11　①4-89806-184-2
 ＊武士か？ 農民か？ 出生のナゾ。スパイ

だったのか？ 小布施旅行のナゾ。「ア
ホクサイ」ペンネームのナゾ。度重な
る転居のナゾ。北斎にまつわる数々の
ナゾを解明する。

◇北斎の謎を解く―生活・芸術・信仰　諏訪
春雄著　吉川弘文館　（歴史文化ライブラ
リー）　2001.8　ⓘ4-642-05524-X
＊葛飾北斎は、日蓮宗や妙見菩薩、老荘思
想など、複雑な信仰の持ち主だが、数多
くの転居や画号の由来から、ある貫徹
した信念にたどり着く。生き方と信仰
をめぐる6つの謎を解き、北斎芸術の本
質をさぐる旅へいざなう。

◇謎解き北斎川柳　宿六心配著　河出書房
新社　2001.4　ⓘ4-309-01408-9
＊浮世絵の巨人・葛飾北斎は、川柳も詠ん
でいた！『誹諷柳多留』中で公認されて
いる「卍」名義の182句のほかに、北斎
の画号の変遷を手がかりにして600余句
をあぶりだす、刺激的でユーモラスな
"謎解き"の旅。川柳の世界で北斎は江
戸の庶民とともに鮮やかに躍動する。
「北斎川柳」は文芸版の「北斎漫画」だ。

◇葛飾北斎　永田生慈著　吉川弘文館　（歴
史文化ライブラリー）　2000.5
ⓘ4-642-05491-X
＊「冨岳三十六景」や、ヨーロッパ印象派
への影響力で知られる北斎。しかし、
この評価は、彼の90年にわたる生涯活
動の一部にすぎない。多くの作品を通
して、作画の変遷と特色を探り、全業績
の見直しをはかった北斎入門。

◇葛飾北斎伝　鈴木重三校注, 飯島虚心著
岩波書店　（岩波文庫）　1999.8
ⓘ4-00-335621-7
＊浮世絵研究の先覚者として知られる著
者が、直接北斎を知る人からの聞き書
きや北斎自身の書簡等を素材に、画狂
人を号した北斎の生活、著作、家族、門
人のことなどを克明に記す。北斎につ
いての基本文献といわれる貴重な書。
詳細な注・解説を付す。

◇最後の浮世絵師―河鍋暁斎と反骨の美学
及川茂著　日本放送出版協会　（NHK
ブックス）　1998.12　ⓘ4-14-001848-8
＊時代の激動期に生きた最後の大物絵師が

いた。国芳に美人画を学び、狩野派を僅
か19歳で卒業した天才絵師、暁斎であ
る。骸骨や動物を人間の如く描きだす
筆致にお雇い外国人も驚嘆した。徳川・
明治と時の政府を笑い飛ばし、文明開化
に右往左往する世情を面白おかしく描き
常に庶民に温かい目を向けた。まさに
時代の寵児と言える画狂人の生涯を変
転する時代とともに鮮やかに描きだす。

◇北斎　浅野秀剛, 吉田伸之編　朝日新聞
社　（浮世絵を読む）　1998.5
ⓘ4-02-257203-5

◇新訳・北斎伝―世界に挑んだ絵師　荒井
勉著　信濃毎日新聞社　1998.4
ⓘ4-7840-9808-9

◇葛飾北斎　日本アート・センター編　新
潮社　（新潮日本美術文庫）　1998.2
ⓘ4-10-601537-4

◇北斎―伝記画集　リチャード・レイン著,
竹内泰之訳　河出書房新社　1995.3
ⓘ4-309-25501-9
＊九十年の生涯と画業の全容に迫る、待望
の総合研究書。浮世絵研究の国際的権
威、リチャード・レイン博士の四十年に
およぶ北斎研究の成果。世界の各地に
散在する三万点ともいわれる北斎の作
品を精力的に渉猟。博士の新発見の作
品も多数紹介。日本浮世絵協会賞受賞。

◇世界の伝記　8　葛飾北斎　桂木寛子著
ぎょうせい　1995.2　ⓘ4-324-04385-X

◇Hokusai　西沢裕子著　文芸春秋　1994.5
ⓘ4-16-314710-1

◇北斎　永田生慈編著　ソフィア　1993.1
ⓘ4-915836-06-1

◇北斎―世界を魅了した絵本　永田生慈著
三彩社　1991.9　ⓘ4-7831-0053-5

◇小説 葛飾北斎　小島政二郎著　青樹社
（傑作時代小説叢書）　1990.11
ⓘ4-7913-0626-0
＊人々の生活を見つめ、大いなる自然を
見つめ、その感動を絵にした男、葛飾北
斎。妻・お砂との運命的な出会い、そし
て写楽、滝沢馬琴、蔦屋重三郎らとの交
流を通じて画家として、人間として成
長していく姿を瑞々しいタッチで描き

切った時代ロマンの傑作。

桂川甫周　かつらがわほしゅう
1751〜1809　江戸時代中期，後期の蘭方医，地理学者。官医桂川家の第4代。

◇慶応わっふる日記　村田喜代子著　潮出版社　1992.4　⑭4-267-01281-4
　＊近代日本への黎明のとき，将軍家御典医・桂川甫周と，それを囲む人たちが，揺れ動く時代のなかで，自らの道を歩む姿を，娘・みねの目を通し情愛に満ちた筆で描く。

桂小五郎　かつらこごろう
　⇒木戸孝允（きどたかよし）

桂太郎　かつらたろう
1847〜1913　明治期の政治家。陸軍大将。軍制改革を推進。公爵。

◇宰相桂太郎—日露戦争を勝利に導いた首相の生涯　渡部由輝著　潮書房光人社（光人社NF文庫）　2015.7
　⑭978-4-7698-2897-6

◇桂太郎—外に帝国主義，内に立憲主義　千葉功著　中央公論新社　（中公新書）
　2012.5　⑭978-4-12-102162-5
　＊日本最長の八年に及ぶ首相在任期間を誇る桂太郎。三度の政権下，日露戦争，韓国併合と，外には帝国主義政策を断行，内には伊藤博文らの次世代として，最後には政党結政に動く。山県有朋の“傀儡”と，低く評価されてきた桂だが，軍人出身ながら，軍の予算を抑制，国家全体の利益を最優先し，緊縮財政を追求し続ける。時代の制約の中，「ニコポン」と呼ばれた調整型政治家が求めたものは何か—。その全貌を描く。

◇桂太郎と森鷗外—ドイツ留学生のその後の軌跡　荒木康彦著　山川出版社　（日本史リブレット人）　2012.5
　⑭978-4-634-54891-6
　＊幕末・明治期に欧米に留学した日本人が果たした歴史的役割を考察することなしに，日本の近代化は語ることができない。とくに，十九世紀の後半から

二十世紀初めの日本とドイツの関係性から，ドイツ留学経験者のその後の軌跡は注目に値する。十九世紀後半にドイツに長期留学した桂太郎と森鷗外の動きを可能な限り一次史料で追い，それを通じ日本がドイツの国制・軍制・学術などを吸収して近代国家を構築していく過程の一端も明示する。

◇桂太郎発書翰集　桂太郎著，千葉功編　東京大学出版会　2011.1
　⑭978-4-13-026226-2

◇桂太郎—予が生命は政治である　小林道彦著　ミネルヴァ書房　（ミネルヴァ日本評伝選）　2006.12　⑭4-623-04766-0
　＊歴代最長の首相在任期間を誇る桂太郎。日英同盟，日露戦争，韓国併合を主導し，ついには明治国家の元勲となる。桂といえば，「保守反動」という評価が一般的であるが，本書はその生涯を辿る中で，桂が政党政治に目覚めていく過程を明らかにしていく。

◇桂太郎　宇野俊一著　吉川弘文館　（人物叢書 新装版）　2006.3　⑭4-642-05234-8
　＊明治時代の軍人政治家。長州藩士を率い，戊辰戦争で転戦。維新後，ドイツで軍事学を修め，陸軍の草創に貢献する。元老山県有朋の後継者として三度にわたり内閣を組織し，桂園時代を築く。日露戦争や条約改正など対外問題を処理する一方，大逆事件の対応などに苦慮した。やがて閥族政治の限界を悟り，その脱却を試みつつも挫折した波瀾の生涯に迫る。

◇歴代総理大臣伝記叢書　第6巻　桂太郎　御厨貴監修　ゆまに書房　2005.7
　⑭4-8433-1784-5

◇山河ありき—明治の武人宰相・桂太郎の人生　古川薫著　文芸春秋　（文春文庫）　2002.12　⑭4-16-735715-1
　＊軍人としては陸軍大将，政治家としては実に三度も首相の座についた桂太郎。激動の明治時代を生きたこの武人宰相は妥協と忍従の姿勢の陰で，癌研究会，日本赤十字社，そして拓殖大学の創立に尽力，「新生日本」のための布石を次々に打っていた—。「ニコポン首相」と呼

ばれた男の知られざる豪胆さを描く。

◇山河ありき―明治の武人宰相桂太郎の人生　古川薫著　文芸春秋　1999.10
①4-16-318710-3
＊日露戦争時の首相で、三度の首相に就いた桂太郎は拓殖大学の創立者でもあった。―激動の時代と共に生き、20世紀に目を向けた軍人政治家の生涯を描いた書き下ろし長篇歴史小説。

◇日本の大陸政策 1895 - 1914―桂太郎と後藤新平　小林道彦著　南窓社　1996.10
①4-8165-0194-0

◇桂太郎自伝　桂太郎著，宇野俊一校注平凡社　（東洋文庫）　1993.4
①4-582-80563-9
＊長州閥の嫡流、とりわけ元老山県有朋の直系として軍・政界を生き、日英同盟・日露戦争・日韓併合また大逆事件の弾圧をも主導した桂。藩閥・政党対抗の中、帝国主義国家へと向かう明治の政治を、裏面史・人物評・自己顕彰をとりまぜて語る。ニコポン宰相半生記の待望の翻刻。

加藤景正　かとうかげまさ
生没年不詳　鎌倉時代前期の陶工。瀬戸焼の祖とされる。

◇陶祖加藤景正の考察―瀬戸焼の祖・道元禅師入宋求法の従者　村上博優著　グリーン美術出版　2004.6　①4-9901505-2-X

加藤完治　かとうかんじ
1884～1967　明治～昭和期の農本主義者。旧満州開拓移民の指導者。戦時中 "満州移民の父" といわれる。

◇日本農民政策史論―開拓・移民・教育訓練伊藤淳史著　京都大学学術出版会
2013.12　①978-4-87698-383-4
＊土地や物や金（農地・食糧・金融等）についての農業政策史研究は数多い。しかし、政策のもとに耕作するのは農民であり、その視点から見たとき、実は国家や政策は一元的、固定的なものではない。政策の立案者のみならず、受容者にも焦点を当て、近現代日本農政の

系譜、その光と影を鮮やかに描き出す。

◇植民地帝国人物叢書　58（満洲編 19）　満洲開拓の父東宮大佐と加藤完治　東宮鉄男・加藤完治　加藤聖文編　石原文雄著ゆまに書房　2012.10
①978-4-8433-3674-8,
978-4-8433-4139-1（set）

加藤勘十　かとうかんじゅう
1892～1978　大正、昭和期の労働運動家、政治家。衆議院議員、労働大臣。日本鉱夫総連合会を創立。日本労働組合全国評議会を結成。

◇加藤勘十の事ども　加藤勘十著　加藤シヅエ　1980.2

加藤清正　かとうきよまさ
1562～1611　安土桃山時代、江戸時代前期の武将、大名。肥後熊本藩主、朝鮮出兵で活躍。関ヶ原の戦いでは東軍につく。

◇加藤清正の生涯―古文書が語る実像　熊本日日新聞社編　熊本日日新聞社
2013.12　①978-4-87755-463-7

◇加藤清正―生誕450年記念展　熊本県立美術館編　生誕四五〇年加藤清正展実行委員会　2012.7

◇加藤清正「妻子」の研究　続　水野勝之，福田正秀著　ブイツーソリューション
2012.1　①978-4-434-16325-8
＊新史料から見えてきた愛のかたち。「第29回熊日出版文化賞」受賞作品続編。

◇よみがえる清正―戦国武将・加藤清正への祈り 平成22年度熊本博物館特別展　熊本市立熊本博物館編　熊本市立熊本博物館　2010.7

◇加藤清正　荒木精之著　荒木いおり
2007.3　①978-4-9902705-1-3

◇仰清正公―神として人として　増補再版湯田栄弘著　加藤神社社務所　2002.4

◇名古屋市秀吉清正記念館館蔵品目録　名古屋市秀吉清正記念館　2001.3

◇伝記加藤清正　矢野四年生著　のべる出版企画　2000.7　①4-87703-108-1

加藤清正

＊現代によみがえる治水・築城・街道整備
の天才武将・加藤清正。誕生から少年
時代、肥後半国の大名、朝鮮出兵、関ケ
原の戦い、治水・灌漑事業、築城、街道
整備、二条城の会見とその死、ゆかりの
寺社、家族と家臣など、可能なところは
すべて訪ね回り詳細に記した執念とも
いえる一冊。

◇加藤清正　6（鬼将軍の巻）　村上元三著
学陽書房　（人物文庫）　2000.4
①4-313-75106-8
＊宝蔵院流槍法の達人胤栄との立合いと、
秀吉の小田原攻めに際し、島津勢の動き
を封じるため九州に残った清正は無事押
さえの役目を果たす。そして肥前名護屋
築城とそれに続く文禄の役へ。無謀な
戦いに心を痛めつつ、飢餓と寒さと圧
倒的な明軍の来襲に耐え、やがて撤兵
の際、村人の災いを除くため虎退治へ。
手負いの人喰い虎が清正の前へ迫る…。

◇加藤清正　5（妙法の巻）　村上元三著
学陽書房　（人物文庫）　2000.3
①4-313-75105-X

◇加藤清正　4（昇竜の巻　下）　村上元三著
学陽書房　（人物文庫）　2000.2
①4-313-75104-1
＊大坂築城に際し、小豆島より巨大な石
を運び入れた清正の手腕。つづいて秀
吉の命で堺へ鉄砲買入れに。やがて、
秀吉と東海の雄徳川家康との対決が表
面化し、小牧・長久手の戦いへ。秀吉・
家康の両雄の虚々実々の戦いの中で見
せた虎之助の見事な殿軍。家康の臣従、
関白就任、聚楽第建設、そして九州攻め
へと進む中に天下人秀吉の側に常に若
き清正の姿があった。

◇加藤清正　1　母と子の巻　村上元三著
学陽書房　（人物文庫）　2000.1
①4-313-75101-7
＊尾張国愛智郡中村の鍛冶屋の子に生ま
れた夜叉若。喧嘩が強いだけではなく、
才知に溢れ、井戸に落ちた少女を、あわ
てふためく大人たちを尻目に単身で助
け出す。やがて母の遠縁に当る近江長
浜の領主木下藤吉郎秀吉のもとに赴き
家臣の一人に加えられる。そこには利
かん気の少年福島市松がいた…。名将

清正の少年時代と母と子の交流を描く。

◇加藤清正　2　手がら者の巻　村上元三著
学陽書房　（人物文庫）　2000.1
①4-313-75102-5
＊信長の天下統一へ向けての戦いが熾烈
さを加えてゆくなかで、主君羽柴秀吉
に従い鳥取城攻撃など中国戦線へ従軍。
やがて“本能寺の変”から“山崎の合戦”
へ。若き日の虎之助清正の勇猛果敢さ
と、緻密で合理的な性格がしだいに頭
角を表わし、つぎつぎに手柄を立てて
行く…。部下、同僚、主君との交流のな
かに名将の片鱗が爽やかに描き出され
る傑作長篇。

◇加藤清正　3　武将編　矢野四年生著
〔矢野四年生〕　1994.6

◇加藤清正―太閤の夢に殉ず　佐竹申伍著
PHP研究所　（PHP文庫）　1994.3
①4-569-56624-3
＊勇猛果敢にして慈悲の心のあふれ、今
日なお語り伝えられる多くの逸話を残
した異色の戦国大名・加藤清正。戦乱
の世には剛毅なる武将として名を馳せ、
天下治まってからは、築城・治世の名人
としてその才能を讃えられた名君。波
乱に富んだ全生涯を壮大なスケールで
描き、併せて秀吉による朝鮮出兵の知
られざる側面を明らかにする。

◇加藤清正のすべて　安部英男編　新人物
往来社　（戦国武将すべてシリーズ）
1993.4　①4-404-01985-8

◇知謀の虎―猛将加藤清正　豊田有恒著
祥伝社　（ノン・ポシェット）　1992.12
①4-396-32294-1
＊「天下の英雄」か「侵略の鬼か」―。加
藤清正は、日韓両国の間で、まったく正
反対の評価を下され、さまざまな伝説
が生まれた。ところが清正は、合理主
義者で理財家、秀吉周辺の人々にまで
付け届けを欠かしたことのない気配り
の人で、世渡り上手であった。つまり
彼は、〈虎退治の豪傑〉ではなかった…。
日・中・韓の資料を駆使し、清正伝説の
虚実を抉る歴史大作。

◇覚兵衛物語　谷崎旭寿著　新人物往来社
1991.7　①4-404-01837-1

＊腕白仲間だった加藤清正のこと、築城
名人が語る肥後加藤家秘話。名古屋城・
熊本城の城づくり秘話。加藤家はなぜ
取り潰されたか？

◇加藤清正　佐竹申伍著　青樹社　1991.2
①4-7913-0640-6
＊勇猛果敢にして慈悲の心に溢れ、今日
なお語り伝えられる数々の逸話を残し
た異色の戦国大名・加藤清正。人を引
きつけてやまないその人間的魅力を著
者が愛着をこめて綴った力作長編。秀
吉の「朝鮮出兵」の知られざる側面も明
らかにする。

◇加藤清正　1　治水編　矢野四年生著　清
水弘文堂　1991.1　①4-87950-936-1

◇肥後の清正―桐と葵のはざまを生きる
熊本出版文化会館編　（熊本）熊本出版文
化会館, 亜紀書房〔発売〕　（熊本ふるさ
と選書）　1990.7
＊悩み多き武将の生涯。熊本城・名古屋
城等の築城者として有名な加藤清正は、
戦国時代最後の武将らしい武将であっ
た。豊臣から徳川への時代の変転の中
で清正はどう生きたのか。石田三成・
小西行長らとの関係に光をあてて解明
し、後世の清正公信仰をも考察。

|| **加藤高明**　かとうたかあき
1860～1926　明治, 大正期の政治家, 外交
官。内閣総理大臣。立憲同志会総裁。
伯爵。

◇加藤高明―主義主張を枉ぐるな　桜井良
樹著　ミネルヴァ書房　（ミネルヴァ日本
評伝選）　2013.12　①978-4-623-06607-0
＊加藤高明（一八六〇～一九二六）外交
官・政治家。東大卒業後三菱に入社、英
国留学後、官僚に転じて、英国公使・外
相となる。憲政会総裁として首相をつ
とめ、普通選挙法を成立させ二大政党
時代を切り開いた。日英接近を図る
いっぽうで、対華二一カ条要求を行っ
たが、首相時代には協調外交を展開さ
せた。その内政と外交の足跡に迫る。

◇加藤高明　上　オンデマンド版　加藤高
明伯伝記編纂会編　原書房　（明治百年史
叢書）　2013.5　①978-4-562-10106-1

◇加藤高明　下　オンデマンド版　加藤高
明伯伝記編纂会編　原書房　（明治百年史
叢書）　2013.5　①978-4-562-10107-8

◇加藤高明と政党政治―二大政党制への道
奈良岡聰智著　山川出版社　2006.8
①4-634-52011-7
＊本書は、加藤高明（一八六〇～一九二六
年）の政治指導を分析し、戦前期におけ
る二大政党制（一九二四～一九三二年）
の形成過程を明らかにするものである。

◇加藤高明　御厨貴監修　ゆまに書房　（歴
代総理大臣伝記叢書）　2006.2
①4-8433-1793-4

◇加藤高明―伝記・加藤高明　上巻　伊藤
正徳編　大空社　（伝記叢書）　1995.6
①4-87236-474-0

◇加藤高明―伝記・加藤高明　下巻　伊藤
正徳編　大空社　（伝記叢書）　1995.6
①4-87236-475-9

◇凛烈の宰相　加藤高明　寺林峻著　講談社
1994.4　①4-06-207010-3
＊宰相・加藤高明は大正デモクラシーが
乱舞するなか、連立政権を率い、政治に
体当りしていった。骨太で剛直、凛烈
一途の政治家が没後七十年、現代に届
けるメッセージ。

|| **加藤忠広**　かとうただひろ
1601～1653　江戸時代前期の大名。出羽
丸岡藩主、肥後熊本藩主。

◇大名廃絶録　新装版　南条範夫著　文芸
春秋　（文春文庫）　2007.7
①978-4-16-728221-9
＊武家にとって御家断絶以上の悲劇はあ
るだろうか。慶長5年の関ヶ原役以後、
徳川幕府によって除封削封された大名
家の数は240。理由は世嗣断絶、幕法違
反、乱心などさまざまだが、幕府は狙っ
たら必ず何かを見つけ出した。本書は廃
絶の憂目にあった大名家の中から福島正
則、本多正純など12の悲史を描く名著。

|| **加藤友三郎**　かとうともさぶろう
1861～1923　明治, 大正期の子爵, 海軍軍
人, 元帥。総理大臣。ワシントン会議全権

委員として条約を締結。

◇蒼茫の海─提督加藤友三郎の生涯　豊田穣著　潮書房光人社　（光人社NF文庫）2016.6　①978-4-7698-2951-5
＊海軍大将加藤友三郎とは何者であったか─八八艦隊建造の推進派でありながら、ワシントン会議において強力な統制力をもって軍縮の推進役に転じたその先見性とは。進むことを知り、かつ退くことも受け入れる柔軟性に富んだ「日本の誠意」と謳われた男の足跡を辿る感動の人物伝。近代の象徴といえる提督の気概を描く。

◇海軍大将加藤友三郎と軍縮時代─米国を敵とした日露戦争後の日本海軍　工藤美知尋著　光人社　（光人社NF文庫）2011.3　①978-4-7698-2677-4
＊なぜ日本は日露戦争の勝利という頂点に立ちながら、転落の道を歩まねばならなかったのか─日本という国家の脆弱さと列強の思惑をよく知り、米英との協調のなかに日本の進むべき道を見出そうとした海軍の至宝、加藤友三郎。日本海海戦で連合艦隊参謀長として奮戦し、また偉大な政治家でもあったその足跡を辿る。

◇加藤友三郎　御厨貴監修　ゆまに書房（歴代総理大臣伝記叢書）　2006.2　①4-8433-1791-8

◇日本宰相列伝 9　加藤友三郎　新井達夫著　時事通信社　1985.12　①4-7887-8559-5

▎**加藤弘之**　かとうひろゆき
1836〜1916　明治期の思想家, 啓蒙学者。東京帝国大学総理。「人権新説」を著し、民権論と対立した。貴族院議員、枢密顧問官、帝国学士院院長などを歴任。

◇加藤弘之と明治国家─ある「官僚学者」の生涯と思想　田頭慎一郎著　学習院大学（学習院大学研究叢書）　2013.11　①978-4-902913-06-4

◇日本教育史研究─堀松武一著作選集　堀松武一著　岩崎学術出版社　2003.2　①4-7533-0301-2

◇加藤弘之自叙伝　加藤弘之著　大空社（伝記叢書）　1991.11　①4-87236-387-6

◇加藤弘之文書　第1巻　草稿 1　上田勝美ほか編　同朋舎出版　1990.8　①4-8104-0883-3

◇加藤弘之文書　第2巻　草稿 2　上田勝美ほか編　同朋舎出版　1990.8　①4-8104-0884-1

◇加藤弘之文書　第3巻　加藤弘之講演全集自然と倫理・国家の統治権・責任論・人性の自然と吾邦の前途　上田勝美ほか編　同朋舎出版　1990.8　①4-8104-0885-X

◇加藤弘之　〔新装版〕　田畑忍著　吉川弘文館　（人物叢書）　1986.10　①4-642-05056-6
＊初代の東京大学学長、学士院院長などの肩書をもち思想界・法曹界に君臨、一世に感化を与えた明治時代最大の学傑。その論争家としての立場は官界・政界をバックとし、天賦人権論からダーウィニズムへの転向は、明治政治史の動向を側面からみるものとして興味深い。人物史としても思想史としても好適。

▎**金井延**　かないのぶる
1865〜1933　明治, 大正期の社会政策学者。東京帝国大学教授。ドイツ歴史学派の理論を紹介。対露強硬論7博士の一人。著書に「社会政策」など。

◇河合栄治郎選集 9　明治思想史の一断面─金井延を中心として　河合栄治郎著　日本評論社　1949

▎**仮名垣魯文**　かながきろぶん
1829〜1894　江戸時代末期, 明治期の小説家, 新聞記者。開化期の風俗を描き花形作家に。著書に「安愚楽鍋」など。

◇自由民権運動と戯作者─明治一〇年代の仮名垣魯文とその門弟　松原真著　和泉書院　（近代文学研究叢刊）　2013.12　①978-4-7576-0682-1
＊仮名垣魯文は開化期の庶民の生態を表面的に描いただけの戯作者ではない。魯文が最も得意であったのは新聞人として活動した時代であった。自由民権運動

の全国的高揚によって特徴付けられる、この時代における魯文とその門弟の活動実態を論考と資料によって明らかにし、文壇史・文学史に位置づけた一書。

◇仮名垣魯文　平塚良宣著　〔平塚良宣〕
　1995.8

◇仮名垣魯文—文明開化の戯作者　興津要著　(横浜)有隣堂　(有隣新書)　1993.6
　①4-89660-112-2
　＊幕末から明治にかけての文学的空白期に活躍した仮名垣魯文は、江戸戯作の衣鉢を受け継ぎながら、欧米文化を背景に変転する開化風俗模様を描いた。さらに、新聞人として、明治8年、横浜本町で「仮名読新聞」を創刊し、後に東京へと進出した。本書は、『西洋道中膝栗毛』『安愚楽鍋』などの代表的な著作とその背景に触れながら、有人・金鵞・応賀ら、同時代を生きた戯作者や円朝などの落語家たちの人生と対比しつつ、激しい時代の変動期に生きることを余儀なくされたその生涯をたどる。

金子堅太郎　かねこけんたろう
1853～1942　明治期の伯爵、官僚、政治家。首相秘書官。貴族院書記官。枢密顧問官、維新史料編纂会総裁などを歴任。

◇金子堅太郎—槍を立てて登城する人物になる　松村正義著　ミネルヴァ書房　(ミネルヴァ日本評伝選)　2014.1
　①978-4-623-06962-0
　＊金子堅太郎(一八五三～一九四二)。官僚、政治家。明治・大正・昭和を通じて、官僚、政治家として国際的な活躍を見せた金子堅太郎。その本領は一体何だったのか。法律家、経済政策通、遊説家、国際交流人、歴史家など様々な功績を振り返りながら、近代日本の発展を世界に広報し続けた「国際人」としての姿を描き出す。

◇日本保守思想のアポリア　礫川全次著　批評社　(PP選書)　2013.6
　①978-4-8265-0582-6
　＊「尊皇攘夷」を錦の御旗に、倒幕・権力奪取した明治維新政府は、近代化・欧化政策を推し進め、日本古来の伝承文化

を解体する一方、欽定の帝国憲法を制定するなど、新たな「保守主義」を創造し、アジア支配を目指す覇権国家として再出発した。「王政復古」という名の「断絶」と「継承」を支えたのは、「国体」という虚構のイデオロギーであった。「国体」というキーワードをとおして、近代日本の保守思想を解剖する。

◇金子堅太郎自叙伝　第2集　金子堅太郎著,高瀬暢彦編　日本大学精神文化研究所　(日本大学精神文化研究所研究叢書)　2004.3

◇金子堅太郎研究　第2集　高瀬暢彦著　日本大学精神文化研究所　(日本大学精神文化研究所研究叢書)　2002.3

◇金子堅太郎研究　第1集　高瀬暢彦編著　日本大学精神文化研究所　(日本大学精神文化研究所研究叢書)　2001.3

◇日露戦争と金子堅太郎—広報外交の研究　増補改訂版　松村正義著　新有堂　1987.10　①4-88033-010-8

金子直吉　かねこなおきち
1866～1944　明治～昭和期の実業家。鈴木商店番頭。日米船鉄交換契約に尽力。経営戦略を展開し、総合商社へと発展。

◇大番頭金子直吉　鍋島高明著　高知新聞社　2013.9　①978-4-906910-15-1

◇企業家活動の破綻—金子直吉　長谷川直哉述　法政大学イノベーション・マネジメント研究センター　(Working paper series　日本の企業家史戦前編—企業家活動の「古典」に学ぶ)　2010.1

◇行(い)け！まっしぐらじゃー評伝・金子直吉　辻本嘉明著　郁朋社　1999.2
　①4-87302-018-2
　＊世界の経済界が未曾有の大混乱に陥った大正初期。そんな先行き不透明な時代に、慧眼をもって「前進」と叫んだ金子直吉。鈴木商店を率いて不安定な世情をよそに商機を逃さず、ひとり気炎を吐いた商人の半生を綴った評伝小説。

◇金子直吉伝　白石友治編　ゆまに書房　(人物で読む日本経済史)　1998.12

①4-89714-601-1

金沢実時　かねざわさねとき

1224～1276　北条実時（ほうじょうさねとき）とも。鎌倉時代後期の武将。武蔵金沢に称名寺を建立、文庫を設置し、金沢文庫の基となった。

◇北条実時─21世紀開幕記念特別展　神奈川県立金沢文庫編　神奈川県立金沢文庫　2001.2

懐良親王
かねよし（かねなが）しんのう

？～1383　南北朝時代の後醍醐天皇の皇子，征西将軍。

◇武王の門　上　北方謙三著　新潮社　（新潮文庫）　1993.8　①4-10-146404-9
＊鎌倉幕府を倒し、後醍醐天皇が敷いた建武の新政も、北朝を戴く足利尊氏に追われ、わずか三年で潰えた。しかし、吉野に逃れて南朝を開いた天皇は、京の奪回を試み、各地で反撃を開始する。天皇の皇子・懐良は、全権を持つ征西大将軍として、忽那島の戦を皮切りに、九州征討と統一をめざす。懐良の胸中にある統一後の壮大な『夢』とは一。新しい視点と文体で描く、著者初の歴史長編。

◇武王の門　下　北方謙三著　新潮社　（新潮文庫）　1993.8　①4-10-146405-7
＊懐良は肥後の名将・菊池武光と結び、悲願の九州統一を果たした。そして大宰府を征西府の拠点とし、朝鮮半島の高麗や中国大陸の明と接触することで、全く新しい独立国家の建設を夢見る。しかし、足利幕府から九州探題に任ぜられた今川了俊は、懐良の野望を打ち崩すべく、執拗に軍を進めた一。二十数年にわたる男の夢と友情のドラマを、ダイナミックに描いた一大叙事詩の完結。

◇征西大将軍と八代─懐良親王・良成親王　江上敏勝著　八代史談会　1991.4

狩野永徳　かのうえいとく

1543～1590　安土桃山時代の画家。狩野

派全盛の基礎を築いた。

◇狩野永徳の青春時代・洛外名所遊楽図屏風　狩野博幸著　小学館　（アートセレクション）　2007.11　①978-4-09-607024-6
＊狩野永徳が20歳前後に描いた新発見のふたつの屏風を、オールカラーで完全収録。勇壮な「大画」で知られる画家の、「細画」と呼ばれる若き日の緻密な作品を大胆なクローズアップで掲載。細やかな筆の運びがわかるかのように伝えます。永徳の若き日の作品としてつとに知られる上杉本『洛中洛外図屏風』が描かれた謎を、時代に翻弄される人間群像から大胆に推理します。

◇狩野永徳　日本アート・センター編　新潮社　（新潮日本美術文庫）　1997.4　①4-10-601523-4

狩野山楽　かのうさんらく

1559～1635　安土桃山時代，江戸時代前期の画家。京狩野の祖。

◇京狩野三代生き残りの物語─山楽・山雪・永納と九条幸家　五十嵐公一著　吉川弘文館　2012.12　①978-4-642-07914-3
＊大坂夏の陣の後、大坂から京都に移住し、以降、京都を拠点に作画活動をした京狩野家。秀吉から家康へと政権が移る激動の時代、京狩野家は山楽・山雪・永納を中心に、京都画壇内に確固たる地位を占めていく。庇護者九条幸家の人物像や三人との親密な関係を明らかにし、京狩野家の個性豊かな作品と生き残り戦略の実態を浮き彫りにする注目の一冊。

狩野探幽　かのうたんゆう

1602～1674　江戸時代前期の画家。狩野派中興の祖。

◇徳川将軍権力と狩野派絵画─徳川王権の樹立と王朝絵画の創生　松島仁著　ブリュッケ，星雲社〔発売〕　2011.2　①978-4-434-15331-0
＊自らの統治する新しい時代の規範となるべき、新しいやまと絵─王朝絵画の構築。徳川将軍家の文化戦略の一つはここに実を結ぶ。日本絵画史の豊穣で

複雑な伝統を一身に堰きとめ、新しい奔流として解き放った狩野探幽。その絵筆は中世的絵画世界を「一変」させた。近世絵画はここにはじまる。

◇狩野探幽　狩野探幽画, 日本アート・センター編　新潮社　（新潮日本美術文庫）1998.4　①4-10-601527-7

▌**狩野内膳**　かのうないぜん
1570～1616　安土桃山時代, 江戸時代前期の画家。根岸御行松狩野家の祖。

◇もっと知りたい狩野永徳と京狩野　成沢勝嗣著　東京美術　（アート・ビギナーズ・コレクション）　2012.3
①978-4-8087-0886-3

▌**狩野長信**　かのうながのぶ
1577～1654　安土桃山時代, 江戸時代前期の画家。幕府の表絵師のひとつ御徒町狩野家の祖。

◇花下遊楽図考—夢のなごり　改訂版　中原定人著　舷窓工房　2001.11

▌**狩野秀頼**　かのうひでより
生没年不詳　戦国時代の狩野派の画家。

◇戦国時代狩野派の研究—狩野元信を中心として　新装版　辻惟雄著　吉川弘文館2011.6　①978-4-642-07913-6

▌**狩野芳崖**　かのうほうがい
1828～1888　明治期の日本画家。図画取調掛雇い。内国絵画共進会で「桜下勇駒図」が褒状、フェノロサとの観画会では1等賞。

◇幕末の絵師—若き日の狩野芳崖　桂英澄著　新人物往来社　1972

▌**狩野正信**　かのうまさのぶ
1434～1530　室町時代, 戦国時代の画家。狩野派の始祖。

◇辻惟雄集　3　障屏画と狩野派　辻惟雄著岩波書店　2013.10　①978-4-00-028653-4
＊重要作品の再発見で研究が進む障屏画

の全体像をとらえ、南禅寺本坊大方丈の障壁画の様式と筆者、"聚岳第図屏風"、狩野派の誕生と興隆、永徳、等伯、探幽の作品を論じる

▌**狩野元信**　かのうもとのぶ
1476～1559　戦国時代の画家。狩野派の大成者。

◇戦国時代狩野派の研究—狩野元信を中心として　辻惟雄著　吉川弘文館　1994.2
①4-642-07316-7

▌**鹿子木孟郎**　かのこぎたけしろう
1874～1941　明治～昭和期の洋画家。関西美術院院長。明治美術界、太平洋画会、官展に出品。作品に「ローランス画伯の肖像」など。

◇鹿子木孟郎史料集　鹿子木孟郎著, 鹿子木孟郎調査委員会編　学芸書院　2016.1
①978-4-904524-07-7

▌**樺山資紀**　かばやますけのり
1837～1922　明治期の海軍軍人。大将。初代台湾総督として島内を鎮圧。枢密顧問官、伯爵。

◇台湾史研究叢書　第1巻　台湾史と樺山大将　檜山幸夫編・解説　藤崎済之助著　クレス出版　2011.12　①978-4-87733-623-3

◇台湾史研究叢書　第2巻　西郷都督と樺山総督　檜山幸夫編・解説　西郷都督樺山総督記念事業出版委員会, 落合泰蔵著　クレス出版　2011.12　①978-4-87733-624-0

◇植民地帝国人物叢書　1台湾編1　台湾全誌　樺山資紀　谷ヶ城秀吉編　藤崎済之助著　ゆまに書房　2008.6
①978-4-8433-2941-2

◇父、樺山資紀—伝記・樺山資紀　樺山愛輔著　大空社　（伝記叢書）　1988.6

▌**鏑木清方**　かぶらぎきよかた
1878～1972　明治～昭和期の日本画家。帝国美術院会員。帝展で「築地明石町」が

帝国美術院賞受賞など。文化勲章受章。

◇鏑木清方の随筆『続こしかたの記』を読む
　その2　鏑木清方画, 倉田公裕監修, 鎌倉市
　鏑木清方記念美術館編　鎌倉市鏑木清方
　記念美術館　（鎌倉市鏑木清方記念美術館
　叢書）　2018.2　①978-4-903639-23-9
◇鏑木清方の随筆『続こしかたの記』を読む
　―『九州日報』掲載挿絵等所収　その1
　鏑木清方画, 倉田公裕監修, 鎌倉市鏑木清
　方記念美術館, 鎌倉市芸術文化振興財団
　編　鎌倉市鏑木清方記念美術館　（鎌倉市
　鏑木清方記念美術館叢書）　2017.2
　①978-4-903639-22-2
◇鏑木清方の随筆『こしかたの記』を読む
　その2　『報知新聞』大正期掲載挿絵及び
　関連口絵所収　鏑木清方画, 倉田公裕監修,
　鎌倉市鏑木清方記念美術館編　鎌倉市鏑木
　清方記念美術館　（鎌倉市鏑木清方記念美
　術館叢書）　2015.1　①978-4-903639-19-2
◇鏑木清方―清く潔くうるはしく　宮崎徹著
　東京美術　2014.9　①978-4-8087-1014-9
◇こしかたの記　改版　鏑木清方著　中央
　公論新社　（中公文庫）　2008.5
　①978-4-12-205032-7
　＊傑作「築地明石町」の清方は, 美術界に
　　あって, ついに流派を立てなかった。
　　新奇に流れず, 保守に留まらず, しかも
　　親しまれ愛される清雅な芸術と生涯を
　　自らつづる回想記。幼少期より文展開
　　設の明治末年まで。
◇鏑木清方と金沢八景　鏑木清方筆, 八柳サ
　エ著　有隣堂　（横浜美術館叢書）
　2000.12　①4-89660-164-5
　＊本書の第一部では, 清方と金沢の関わ
　　り, 画業における金沢での制作の意義に
　　若干の考察を加え, 絵日記作品を通し
　　て, そこに清方芸術の本質の一端を見出
　　そうと試みた。併せて絵日記作品の各場
　　面に描かれた事象や, それに関連する事
　　柄についてのささやかな解説を付した。
　　第二部には, 絵日記作品を可能な限り
　　復刻収録し, 賛の読み下し文を付した。
◇鏑木清方　日本アート・センター編　新
　潮社　（新潮日本美術文庫）　1997.3
　①4-10-601551-X

‖ **神屋宗湛**　かみやそうたん
1553～1635　安土桃山時代, 江戸時代前期
の筑前博多の豪商, 茶人。神谷とも記す。
福岡藩の産業開発に貢献。
◇天空の旅人―今甦る博多の豪商神屋宗湛
　山本十夢著　梓書院　2012.4
　①978-4-87035-445-6

‖ **亀井勝一郎**　かめいかついちろう
1907～1966　昭和期の文芸評論家。同人
誌「日本浪漫派」を創刊。著書に「大和古
寺風物誌」「現代人の遍歴」など。
◇亀井勝一郎研究序説　全訂　渡部治著
　現代思想研究会　2016.3
◇亀井勝一郎研究序説　新訂　渡部治著
　現代思想研究会　2012.11

‖ **亀井茲矩**　かめいこれのり
1557～1612　安土桃山時代, 江戸時代前期
の武将, 大名。因幡鹿野藩主。
◇戦国の知将 亀井茲矩―その足跡と遺産 :
　没後400年記念展　鳥取市あおや郷土館編
　鳥取市西部地域文化活用実行委員会
　2012.10

‖ **蒲生君平**　がもうくんぺい
1768～1813　江戸時代後期の学者, 尊王
家。「山陵志」の著者。
◇寛政三奇人伝―林子平・高山彦九郎・蒲生
　君平　安藤英男著　大和書房　1976

‖ **鴨長明**　かものちょうめい
1155 ?～1216　平安時代後期, 鎌倉時代前
期の歌人, 随筆家, 文学者。「方丈記」の
著者。
◇鴨長明―自由のこころ　鈴木貞美著　筑
　摩書房　（ちくま新書）　2016.5
　①978-4-480-06893-4
◇鴨長明方丈記　小林一彦著　NHK出版
　（NHK「100分de名著」ブックス）
　2013.6　①978-4-14-081590-8
　＊ゆく河の流れは絶えずして, しかももと
　　の水にあらず…の有名な書き出しで始

まる『方丈記』。世の中を達観した隠遁者の手による「清貧の文学」は、都の天変地異をルポルタージュのような手法で記録した「災害の書」であり、また著者自身の経験や暮らし、人生観を綴った一人語りの「自分史」でもあった。先の見えない激変の時代のいま、日本人の美学＝"無常"の思想を改めて考える。

◇鴨長明伝　五味文彦著　山川出版社
2013.2　①978-4-634-15034-8
＊飢饉、大地震、京中の大火、「世の不思議」をたびたび体験し、書き記した長明は、五十の春を迎えて家を出る。時代の波に翻弄されつつも、身をもって時代に立ち向かった長明の精神性を、『方丈記』『無名抄』などの著作から読み解く。

◇鴨長明　三木紀人著　創元社　（日本人のこころの言葉）　2012.10
①978-4-422-80059-2
＊「ゆく河の流れは絶えずして…」この名文で始まる『方丈記』が書かれて、ちょうど800年—大地震や竜巻などを経験し、運命の転変を生きた鴨長明の心のありようが、いま私たちを啓発する。

◇新視点・徹底追跡 方丈記と鴨長明　歴史と文学の会編　勉誠出版　2012.8
①978-4-585-29035-3
＊地震・火災・飢饉が繰り返し起こった激動の時代を長明は冷静な目で見つめ続けた。それから八〇〇年経った今、日本は再び天災と人災の時代を迎えている。これは、過ぎ去った出来事ではなく、現在の問題でもある。今だからこそ、もう一度読みたい『方丈記』の世界。原文とともに現代語訳も同時収録。

◇鴨長明とその時代 方丈記800年記念—国文学研究資料館創立40周年特別展示　人間文化研究機構国文学研究資料館編　人間文化研究機構国文学研究資料館　2012.5

◇鴨長明とその周辺　今村みゑ子著　和泉書院　（研究叢書）　2008.12
①978-4-7576-0493-3
＊歌人であり、歌論・随筆・説話のシャンルで著作を残し、また音楽家でもあった長明であるから、作品論・思想論・長明伝等、多岐にわたる研究が蓄積され続け

ている。しかしながら、研究の現在においてなお、不分明な部分や看過されてきた部分は多い。また、多岐にわたるが故に、個々の研究においては、必ずしも根底に長明という視点を必要としない研究も多い。本書は根底に長明論を据え、不分明な部分や看過されてきた部分を含めて各論を成したものである。

◇日本文学者評伝集　4　鴨長明・源実朝　塩田良平、森本治吉編　冨倉徳次郎，上田英夫著　クレス出版　2008.6
①978-4-87733-424-6,978-4-87733-429-1

◇人間・鴨長明—その思想面に関して　松城絵美加著　碧天舎　2003.7
①4-88346-305-2
＊長明は、なぜエリートの道を捨てたのか？『方丈記』であまりにも有名な歌人・鴨長明の、生き様を支える思想の根拠を考察する。

◇道元の風　陽羅義光著　国書刊行会
1998.11　①4-336-04120-2

◇碧冲洞叢書　第6巻（第31輯〜第36輯）　簗瀬一雄編著　臨川書店　1995.12
①4-653-03180-0

◇鴨長明　三木紀人著　講談社　（講談社学術文庫）　1995.2　①4-06-159164-9

◇堀田善衞全集　10　美しきもの見し人は・方丈記私記・定家明月記私抄　堀田善衞著　筑摩書房　1994.2　①4-480-70060-9
＊独自な美術論『美しきもの見し人は』と、長明、定家という乱世を生き抜いた人物像を捉え直し、転換期の時代を浮彫りにした二作。

◇鴨長明—閑居の人　三木紀人著　新典社　（日本の作家）　1984.10
①4-7879-7017-8

賀茂真淵　かものまぶち

1697〜1769　江戸時代中期の国学者, 歌人。復古主義を唱道。著作に「国意考」「万葉考」など。

◇賀茂真淵の研究　高野奈未著　青簡舎
2016.2　①978-4-903996-91-2

◇賀茂真淵攷　原雅子著　和泉書院　（研究

叢書） 2011.9 Ⓘ978-4-7576-0599-2

◇賀茂真淵とその門流 真淵生誕三百年記念論文集刊行会編 続群書類従完成会 1999.2 Ⓘ4-7971-0679-4

◇賀茂真淵の話―賀茂真淵翁生誕三百年記念 寺田泰政著 賀茂真淵翁遺徳顕彰会（県居文庫双書） 1997.4

◇賀茂真淵―伝と歌 奥村晃作著 短歌新聞社 1996.2 Ⓘ4-8039-0807-9

◇賀茂真淵 武島又次郎著 クレス出版（近世文芸研究叢書） 1995.11 Ⓘ4-87733-002-X

◇近世文芸研究叢書 第1期文学篇 18（作家4） 賀茂真淵 近世文芸研究叢書刊行会編 武島又次郎著 クレス出版 1995.11

◇賀茂真淵 〔新装版〕 三枝康高著 吉川弘文館 （人物叢書） 1987.7 Ⓘ4-642-05086-8
＊契沖以来の国学の大成をめざし、『万葉集』の研究に心血をそそいだ賀茂真淵は、世に“国学四大人”の1人にかぞえられる。真淵は国学に指導的役割を果し、古典研究の立場と方法を発見して、古道と詠歌とを緊密に結びつけた功績は大きい。とかく無味乾燥になり易い国学者の伝記を、本書は真に血の通った人間として再現した。

◇資料でたどる賀茂真淵 浜松市立賀茂真淵記念館編 浜松史蹟調査顕彰会 1984.11

◇賀茂真淵伝 小山正著 世界聖典刊行協会（発売） 1980.3

▌ **柄井川柳** からいせんりゅう
1718～1790 江戸時代中期の前句付点者。川柳風狂句の祖。

◇柄井川柳―無作の指導者 鈴木勝忠著 新典社 （日本の作家） 1982.12 Ⓘ4-7879-7031-3

▌ **河合栄治郎** かわいえいじろう
1891～1944 大正、昭和期の社会思想家、経済学者。東京帝国大学教授。マルクス主義批判を展開。「ファシズム批判」など

発禁。

◇河合栄治郎から塩尻公明への手紙―師弟関係の真髄 中谷彪著 アジア・ユーラシア総合研究所 2018.7 Ⓘ978-4-909663-04-7

◇全体主義と闘った男河合栄治郎 湯浅博著 産経新聞出版 2017.2 Ⓘ978-4-8191-1299-4

◇「学生に与う」と現代の学生たち―河合栄治郎生誕125周年記念出版 川西重忠、宇佐見義尚、髙久保豊、芝田秀幹編著、河合栄治郎研究会編 桜美林大学北東アジア総合研究所 2016.2 Ⓘ978-4-904794-70-8

◇塩尻公明と河合栄治郎―他力と自力の人間学 中谷彪著 大学教育出版 2013.11 Ⓘ978-4-86429-242-9

◇断固たる精神 河合栄治郎 川西重忠著 桜美林大学北東アジア総合研究所 2013.5 Ⓘ978-4-904794-32-6

◇赤城山日記―河合栄治郎若き日の日記 河合栄治郎研究会創立30周年記念出版 河合栄治郎著、松井慎一郎編 桜美林大学北東アジア総合研究所 2013.3 Ⓘ978-4-904794-31-9

◇教養主義者・河合栄治郎 青木育志著 春風社 2012.8 Ⓘ978-4-86110-320-9
＊ディレッタンティズムを超える「教養」とは。学問論・認識論から職業論・恋愛論まで、思想家にして稀有の教育家でもあった河合をさまざまな角度から照らし出し、人格主義を根幹に据える「教養」の意義をあらためて問いなおす。

◇河合栄治郎―戦闘的自由主義者の真実 松井慎一郎著 中央公論新社 （中公新書） 2009.12 Ⓘ978-4-12-102033-8
＊人格の成長を第一と考える理想主義を提唱し、昭和期の学生必読書『学生に与う』を著した思想家・河合栄治郎。彼の生涯は闘いの連続であった。中学校でのいじめにはじまり、保身に走る官僚、派閥抗争に明け暮れる大学教授、そしてファシズムに傾斜していく軍部に対し、彼は「戦闘的自由主義者」として、自らの信念を貫き通した。新発見の史料によって生涯・思想・後世への影響を

詳説。いま明かされる真実の河合栄治郎とは。

◇評伝河合栄治郎―不撓不屈の思想家　遠藤欣之助著　毎日ワンズ　2004.12　①4-901622-11-0
＊河合栄治郎の『唯一筋の路』は思想の涸渇した今、尋ねてみるに値する。気概ある生き方、志操を尊ぶ人は戦闘的自由主義者の真髄に触れて感動する。

◇評伝河合栄治郎―戦闘的自由主義者の生涯　松井慎一郎著　玉川大学出版部　2004.11　①4-472-30285-3

◇戦闘的自由主義者河合栄治郎　松井慎一郎著　社会思想社　2001.2　①4-390-60438-4
＊新進の研究者・松井慎一郎が呈示する新たな河合栄治郎像！　凛乎とした生涯を裏付けた「教養」の再評価。

◇近代日本のリベラリズム―河合栄治郎と永井柳太郎の理念をめぐって　岩本典隆著　文理閣　1996.6　①4-89259-262-5

◇修士録　角田克己著　角田克己　1996.3

◇河合栄治郎全集　第15巻　大学生活の反省,書斎の窓から　河合栄治郎,社会思想研究会編　社会思想社　1991.2　①4-390-50055-4

◇河合栄治郎全集　第16巻　第一学生生活　河合栄治郎著,社会思想研究会編　社会思想社　1991.2　①4-390-50056-2

◇河合栄治郎全集　第17巻　第二学生生活,在欧通信　河合栄治郎著,社会思想研究会編　社会思想社　1991.2　①4-390-50057-0

◇河合栄治郎全集　第20巻　随想集,研究ノート,資料　河合栄治郎著,社会思想研究会編　社会思想社　1991.2　①4-390-50060-0

◇河合栄治郎全集　第22巻　日記　1　河合栄治郎著,社会思想研究会編　社会思想社　1991.2　①4-390-50062-7

◇河合栄治郎全集　第23巻　日記　2　河合栄治郎著,社会思想研究会編　社会思想社　1991.2　①4-390-50063-5

◇河合栄治郎全集　別巻　河合栄治郎伝

江上照彦著,社会思想研究会編　社会思想社　1991.2　①4-390-50064-3

川上音二郎　かわかみおとじろう

1864～1911　明治期の俳優、興行師。「オッペケペー節」を売り物にした寄席芸人。近代劇運動の先駆者的役割を果たす。

◇川上音二郎と貞奴　3　ストレートプレイ登場する　井上理恵著　社会評論社　2018.2　①978-4-7845-1140-2

◇川上音二郎と貞奴　2　世界を巡演する　井上理恵著　社会評論社　2015.12　①978-4-7845-1138-9

◇川上音二郎と貞奴―明治の演劇はじまる　井上理恵著　社会評論社　2015.2　①978-4-7845-1135-8

◇川上音二郎・貞奴―新聞にみる人物像　白川宣力編著　雄松堂出版　1985.11　①4-8419-0017-9

◇川上音二郎の生涯　井上精三著　葦書房　1985.8

河上清　かわかみきよし

1873～1949　明治～昭和期の新聞記者、国際ジャーナリスト。「時事新報」「東京日日新聞」の特派員を務めた。著書に「米国は戦うか」など。

◇嵐に書く―日米の半世紀を生きたジャーナリスト　古森義久著　講談社　（講談社文庫）　1990.11　①4-06-184804-6
＊アメリカ言論界の第一線で活躍した、河上清とその一家の50年。外国のマスコミに定期的に記事を書き、その存在が認知されている日本人ジャーナリストは、いまみあたらない。河上清は明治時代にその難事をやってのけた。日本初の社会主義政党設立に挫折した青年が、K・K・カワカミとして再生した軌跡。

河上肇　かわかみはじめ

1879～1946　明治～昭和期の経済学者,社会主義者。京都帝国大学教授。マルクス主義の研究と紹介に尽力。共産党入党。

河上肇

自叙伝の執筆に専念。

◇短歌でつづる河上肇・津田青楓と言う時代　小木宏著　生活ジャーナル　2017.8
①978-4-88259-164-1

◇河上肇　新装版　山田洸著　清水書院
（Century Books　人と思想）　2016.5
①978-4-389-42055-0

◇戦時下の経済学者　牧野邦昭著　中央公論新社　（中公叢書）　2010.6
①978-4-12-004134-1
＊総力戦で重要なのは、軍備や戦術以上に経済だった。戦後日本へとつながる経済思想を準備したエコノミストたちの軌跡。

◇一海知義著作集　4　人間河上肇　一海知義著　藤原書店　2009.7
①978-4-89434-695-6
＊中国革命運動指導者たちに影響を与えた経済学者であると同時に、自ら創作する漢詩人でもあった河上肇。新旧中国との関わり、そして日記・書簡から窺える幅広い交流や証言を通して人間河上肇を自在に論じる。

◇河上肇　新装版　古田光著　東京大学出版会　（近代日本の思想家）　2007.9
①978-4-13-014158-1

◇杉原四郎著作集　3　学問と人間　河上肇研究　杉原四郎著　藤原書店　2006.9
①4-89434-523-4

◇シベリアの河上肇　落合東朗著　論創社
2004.3　①4-8460-0413-9

◇甦る河上肇―近代中国の知の源泉　三田剛史著　藤原書店　2003.1
①4-89434-321-5

◇河上肇と左京―兄弟はどう生きたか　河上荘吾著　かもがわ出版　2002.10
①4-87699-707-1
＊ファシズムの嵐吹きすさぶ冬の時代、二人はどう立ち向かったか―左京の長男が綴る。河上家の貴重な写真・資料、初めて記された人間味あふれるエピソードなど満載。

◇永井荷風と河上肇―放蕩と反逆のクロニクル　吉野俊彦著　日本放送出版協会

2001.6　①4-14-080613-3
＊四角四面のマルクス経済学者と女三昧の無頼の作家。同年生まれの対極の二人が軍国の世に見たものとは…。日記・書簡を読み比べ、時代をひた走った骨太の生涯をたどる。

◇河上肇21世紀に生きる思想　加藤周一ほか著　かもがわ出版　2000.10
①4-87699-521-4
＊「手作りの思想」と「河上精神」に学ぶ。

◇河上肇自叙伝　5　河上肇著, 杉原四郎編, 一海知義編　岩波書店　（岩波文庫）
1997.4　①4-00-331326-7

◇自叙伝　4　河上肇著, 杉原四郎, 一海知義編　岩波書店　（岩波文庫）　1997.3
①4-00-331325-9

◇留守日記―河上肇夫人獄外の記録　新版　河上秀著　岩波書店　1997.2
①4-00-002465-5

◇自叙伝　3　河上肇著, 杉原四郎, 一海知義編　岩波書店　（岩波文庫）　1996.12
①4-00-331324-0

◇漱石と河上肇―日本の二大漢詩人　一海知義著　藤原書店　1996.12
①4-89434-056-9

◇河上肇ノート　前川文夫著　白地社
1996.11　①4-89359-183-5
＊河上肇は明治の終わりから昭和のはじめまで、我が国第一級の経済学者として活躍した人である。若くしてジャーナリズムの寵児となり、あとにマルクス学の最高権威となったが、その生涯は、学者としては類がないほどに波乱に富んでいた。本書で著者は、河上の代表作でもある三つの貧乏物語（『社会主義評論』『貧乏物語』『第二貧乏物語』）と『自叙伝』を丁寧に読みながら彼の思想と人生の考察を試みる。

◇河上肇自叙伝　2　河上肇著, 杉原四郎, 一海知義共編　岩波書店　（岩波文庫）
1996.11　①4-00-331323-2

◇河上肇自叙伝　1　河上肇著, 杉原四郎, 一海知義共編　岩波書店　（岩波文庫）
1996.10　①4-00-331322-4

◇旅人河上肇　杉原四郎著　岩波書店

1996.10　①4-00-001282-7

◇奔馬河上肇の妻　草川八重子著　角川書店　1996.6　①4-04-872971-3
　＊大ベストセラー「貧乏物語」の著者、マルクス経済学者、河上肇。弾圧によって京大教授の職を追われ、獄中4年。暗い嵐の中で彼を支えた妻、秀の苦闘と夫婦愛。

◇河上肇―マルクス経済学にいたるまでの軌跡　小林漢二著　法律文化社　1994.3　①4-589-01788-1

◇河上肇―日本的マルクス主義者の肖像　ゲイル・L.バーンスタイン著，清水靖久，千本秀樹，桂川光正訳　（京都）ミネルヴァ書房　1991.11　①4-623-02125-4
　＊近代日本を代表する特異な一知識人である河上肇の生涯と思想に心理‐社会的、心理‐歴史的な方法でアプローチした、アメリカの女性研究者によるユニークな評伝。わが国の思想史研究において従来あまり試みられることの少なかった個人のパーソナリティに焦点を絞った新しい河上肇像を提示する。

◇河上肇　塩田庄兵衛著　新日本出版社（新日本新書）　1991.7　①4-406-01979-0

▌河口慧海　かわぐちえかい
　1866～1945　明治～昭和期の仏教学者，探検家。東洋大学教授。チベット探険家、チベット学の創始者。著書に「西蔵文典」。

◇人物書誌大系　44　河口慧海　高山龍三編　日外アソシエーツ　2015.9　①978-4-8169-2559-7

◇評伝河口慧海　奥山直司著　中央公論新社　（中公文庫）　2009.11　①978-4-12-205233-8
　＊大蔵経を求め、日本人として初めて禁断の国チベットに密入国。後にその一部始終を語った『西蔵旅行記』で広く知られる河口慧海。あまりに有名なその冒険的生涯とは対照的に、一般的にはほとんど知られていない仏教者としての側面に光を当て、明治から昭和を生きた一人の骨太な知識人の波瀾の生涯を活写する。

◇河口慧海―日本最初のチベット入国者

新版　河口正著　春秋社　2000.2　①4-393-13719-1
　＊慧海の艱難辛苦のチベット潜入記はもとより、本書で初めて明かされる第2回のチベット旅行後の生活とその膨大な業績の網羅的な紹介等を含め、慧海の甥である著者が、身内しか知り得ない慧海の素顔や逸話なども織り交ぜながら、日本人として前人未踏の大偉業をなしとげた“チベット学のパイオニア”の真実の姿を浮彫にする。

◇河口慧海―人と旅と業績　高山竜三著　大明堂　1999.7　①4-470-45051-0
　＊50回忌を記念して、名著『チベット旅行記』の著者を探検家としてだけでなく、宗教者として、人間として再評価する。

◇チベット冒険記　ひろさちや原作，森村たつお漫画　鈴木出版　（仏教コミックス）　1995.6　①4-7902-1923-2

◇西蔵回廊―カイラス巡礼　夢枕獏文，佐藤秀明写真　東京書籍　1994.9　①4-487-79186-3
　＊聖なる山・カイラスに向かって祈ることはただひとつ。来世も幸せでありますように。遙かなる天上の道4,000キロの大紀行。百年前、禁断の国チベットに潜入した日本人僧・河口慧海の足跡をたどる。

▌川崎正蔵　かわさきしょうぞう
　1837～1912　明治期の実業家，造船業者。郵便蒸気船頭取。川崎造船所を創業。「神戸新聞」創刊。

◇神戸を翔ける―川崎正蔵と松方幸次郎　辻本嘉明著　神戸新聞総合出版センター　2001.1　①4-343-00115-6
　＊川崎造船所と三菱造船所が覇を争い、鈴木商店が世界を相手にビジネスを繰り広げる、活気とエキゾティシズムに満ちていた明治～大正時代の神戸。このまちで、正蔵、幸次郎の“川崎二代”が、川崎造船所はじめ神戸の発展の基となった企業群を創り、大きく育て、そして昭和恐怖に直面するまでの、激動の70年を鮮やかに描く。

◇川崎正蔵　山本実彦著　ゆまに書房　（人

川路聖謨

物で読む日本経済史） 1998.12
①4-89714-604-6

◇造船王川崎正蔵の生涯　三島康雄著　同
文館出版　1993.7　①4-495-85871-8

|| 川路聖謨　かわじとしあきら
1801〜1868　江戸時代末期の幕府官僚, 勘
定奉行。

◇川路聖謨とプチャーチン―今蘇える幕末
の日露外交史　匂坂ゆり著　桜美林大学
北東アジア総合研究所　（北東アジア新書
人と歴史）　2016.9　①978-4-904794-77-7

◇川路聖謨の佐渡赴任日記　鹿野島孝二著
彩流社　2013.9　①978-4-7791-1918-7
＊単身赴任の佐渡の暮らしを私的な日記に
活写しては江戸に送り、生母の無聊を慰
め、孝を尽くした。九州の日田の武士の
子が、艱難辛苦の努力の末、登りつめた
る佐渡奉行。駕篭から覗く赴任の列は、
諸大名にも劣らない。引き立てくださ
る徳川様に、忠義つくさずなんとする。
のちに日露和親条約締結交渉の任に当
たった川路聖謨の出張人生の原点。

◇幕臣川路聖謨の日記　川越裕子著　新風
舎　2007.6　①978-4-289-02081-2
＊川路聖謨は開明派の能史として幕末に
活躍した幕臣である。幕末史・日露関
係史を彼抜きに語ることはできない。
プチャーチン・ゴンチャロフにも高く
評価をされた、その人となりの魅力に
せまる。

◇官僚川路聖謨の生涯　佐藤雅美著　文芸
春秋　（文春文庫）　2000.12
①4-16-762702-7
＊頼むは己の才智のみ―。徒士の子とし
て生まれながら、底辺から這い上がり、
昇りうる最高の地位まで立身を果たし
た幕末官僚・川路聖謨。激動の時代は
才能を必要とし、それに厳しく自己を
律することで応えた彼は、まさに江戸
期を通じて最高の官僚だった。幕末外
交史上に燦然とその名を残した男の波
瀾の人生を描いた歴史長編。

◇落日の宴―勘定奉行川路聖謨　吉村昭著
講談社　（講談社文庫）　1999.4

①4-06-264563-7
＊開国を迫るロシア使節プチャーチンに
一歩もひるむことなく幕末の日本を
守った男がいた。軽輩の身から勘定奉
行にまで登りつめ、自らを厳しく律し
て日露和親条約を締結する。軍事・経
済・外交のいずれも劣るわが国を聡明
さと誠実さで激動の時代から救った誇
り高き幕吏の豊かな人間性を鮮やかに
描く歴史長編。

◇立身出世―官僚川路聖謨の生涯　佐藤雅美
著　文芸春秋　1997.12　①4-16-317400-1
＊男は如何に底辺から這いあがり昇りう
る最高の地位まで栄達を果たしたのか。

◇川路聖謨　川田貞夫著　吉川弘文館　（人
物叢書 新装版）　1997.10
①4-642-05207-0
＊川路聖謨。対外関係の緊迫した幕末、
ロシアの国境画定要求を巧みに処理し、
寸土を譲ることなく日露和親条約の締
結を成し遂げた幕府吏僚の俊秀。軽輩
の家から立身して勘定奉行に栄進し、
海防事務に参与したが、安政の大獄に
坐して隠居、江戸開城の決定を知りピ
ストルで自尽するに至る。その才腕を
示す業績の全般と幕臣としての信念に
生きた生涯を克明に描く。

◇落日の宴―勘定奉行川路聖謨　吉村昭著
講談社　1996.4　①4-06-207926-7
＊嘉永六年（1853年）、時の勘定奉行川路
聖謨は、開国を迫るロシアのプチャー
チンと対峙。―激動の幕末、日本を大
国間の荒波から守った幕臣を描き、日
本人の誇り高き精神を問う。

◇伝記文学の面白さ　中野好夫著　岩波書
店　（同時代ライブラリー）　1995.2
①4-00-260216-8

◇川路聖謨　江上照彦著　教育社　1987.4
①4-315-50579-X
＊幕末の外交家・川路聖謨。微賎の出な
がら破格の出世をし、対露北方領土交
渉をまとめあげ、自らの信念によって
徳川幕府崩壊に殉ず。感銘ほとばしる
"男"の生涯。

川路利良　かわじとしよし

1834〜1879　江戸時代末期, 明治期の内務省官吏。大警視。警察行政確立の功労者。

◇川路大警視―附・大警視川路利良君伝　合本復刻版　中村徳五郎, 鈴木蘆堂著　マツノ書店　2017.4

◇全訳警察手眼　改訂第15版　荒木征逸著　警察時報社　2015.1

◇大警視川路利良の魅力―『翔ぶがごとく』の司馬遼太郎から警察官へのメッセージ　久野猛著　教育実務センター　2005.6　①4-902773-08-2

◇日本警察の父川路大警視―幕末・明治を駆け抜けた巨人　加来耕三著　講談社　(講談社＋α文庫)　2004.2　①4-06-256824-1

◇大警視・川路利良―日本の警察を創った男　神川武利著　PHP研究所　2003.2　①4-569-62591-6
＊大義の前に、私情を振り切った。近代警察の形と魂を創るために、人生をすべて捧げた男の生涯。"警察官の論語"といわれる『警察手眼』を全文掲載。

◇脈々と―大警視川路利良銅像建立記念誌　鹿児島県警察本部監修　鹿児島県警察協会　2000

◇大警視川路利良―幕末・明治を駆け抜けた巨人　加来耕三著　出版芸術社　1999.12　①4-88293-180-X
＊鳥羽伏見の戦・彰義隊攻略・戊辰戦役と幕末の砲煙をくぐり抜け明治維新の理想国家建設に参加した薩摩の木強漢・川路利良は、当時世界最高と言われたフランス警察の優秀さに感動、初代の警察長官として近代的警察機構の構築こそが日本の急務と痛感する。今日の日本警察は、まさに心底から警察を愛しぬいた川路の申し子とさえ言われる。本書は彼を生んだ幕末・明治の風雲を活写する雄編である。巻末に川路の心魂こめた訓示集 "警察手眼" 現代語訳を全文収録。

◇大警視川路利良随想　肥後精一著　〔肥後精一〕　1990.9

川島武宜　かわしまたけよし

1909〜1992　昭和期の民法・法社会学者。東京帝国大学教授。日本私法学会理事長。著書に「日本社会の家族的構成」など。

◇ある法学者の軌跡　川島武宜著　有斐閣　1997.8　①4-641-02622-X

河竹黙阿弥　かわたけもくあみ

1816〜1893　江戸時代末期, 明治期の歌舞伎作者。講談種の白波物を書く。「島衛月白波」を一世一代として引退。

◇黙阿弥の明治維新　渡辺保著　岩波書店　(岩波現代文庫)　2011.9　①978-4-00-602190-0
＊河竹黙阿弥にとって明治維新の意味とは何であったか。彼の作品の「江戸情緒」や「江戸趣味」は本物か、「島衛月白浪」の背景に存在する招魂社の意味は何か。明治維新以前の小団次らとの協働の検証と維新以後の散切物の読み込みを通して、黙阿弥こそが日本の近代演劇の始祖であると主張し、演劇史の書き換えを要求する刺激的な評伝。

◇黙阿弥　河竹登志夫著　講談社　(講談社文芸文庫)　2011.6　①978-4-06-290125-3
＊坪内逍遥に "明治の近松、我国のシェークピア" と称された河竹黙阿弥。その七十八年の生涯を、秘蔵の原稿や手記をもとに、曽孫にあたる著者が心をこめて描いた評伝。幕末から明治への激動の時代を生きた黙阿弥の作者魂と、江戸作者の矜持。それは現代にも通じるひとつの「生」の記録でもある。

◇河竹黙阿弥―元のもくあみとならん　今尾哲也著　ミネルヴァ書房　(ミネルヴァ日本評伝選)　2009.7　①978-4-623-05491-6
＊河竹黙阿弥 (一八一六〜一八九三) 歌舞伎狂言作者。江戸末期から明治中期という維新をまたぐ日本の新旧転換期に活躍。過去の慣習から脱却し、新たな芝居世界を切り拓いて狂言作者から劇作家に転じようとした脚本作者の生涯を活写する。

◇黙阿弥の明治維新　渡辺保著　新潮社　1997.10　①4-10-394103-0

川端康成

＊江戸から明治へ、黙阿弥が夢み、芝居に託したものは何だったのか？ 近代日本の原点を、黙阿弥の全体像を通して検証する労作。

◇河竹黙阿弥　河竹繁俊著　クレス出版（近世文芸研究叢書）　1997.4
①4-87733-027-5

◇黙阿弥　河竹登志夫著　文芸春秋（文春文庫）　1996.5　①4-16-744502-6
＊坪内逍遙は河竹黙阿弥を「明治の近松、我国のシェークスピア」と称讃した。多くの人々に親しまれ、最多上演作家として、逝って百年余の今なお舞台に生き続ける作者。その義理と恩義に厚い、「忍」から「容」への七十八年の生涯と不屈の作家魂、江戸作者の誇りを、秘蔵の原稿・手記をもとに、曾孫がやさしく語る黙阿弥評伝の決定版。

◇黙阿弥　河竹登志夫著　文芸春秋　1993.2　①4-16-347210-X
＊万人の作者となり、最多上演作者として逝って百年の今なお生きる、河竹黙阿弥。秘蔵の原稿・手記をもとに曾孫がやさしく語る義理と恩義に厚い〈忍〉から〈容〉への七十八年の生涯。

◇歴史を動かした人びと　石山洋，頼惟勤，諏訪春雄著，国立教育会館編　ぎょうせい（教養講座シリーズ）　1990.12
①4-324-02365-4

▌川端康成　かわばたやすなり
1899～1972　大正、昭和期の小説家。日本ペンクラブ会長。日本最初のノーベル文学賞受賞作家。文化勲章受章。作品「伊豆の踊り子」「雪国」など。

◇おじ様と私―川端康成回想記　阪本昭子著　PHPエディターズ・グループ　2017.12　①978-4-909417-02-2

◇川端康成　新装版　板垣信著，福田清人編　清水書院（Century Books　人と作品）　2016.8　①978-4-389-40109-2

◇川端康成詳細年譜　小谷野敦，深沢晴美編　勉誠出版　2016.8　①978-4-585-29107-7

◇巨匠の眼―川端康成と東山魁夷　求龍堂　2014.4　①978-4-7630-1426-9
＊往復書簡から明らかとなった川端康成と東山魁夷の魂の交流。美を愛して止まない川端の美術コレクションや国民画家東山魁夷の作品のほか、初公開となる東山の美術コレクションや新発見の川端コレクション、日本が誇る小説家川端の文学にまつわる貴重なエピソードなど大満足の充実度。どこから読んでも楽しめる決定版！

◇川端康成伝―双面の人　小谷野敦著　中央公論新社　2013.5　①978-4-12-004484-7
＊文豪と呼ばれた作家の、その複雑な生い立ちから謎に満ちた死まで、人生の軌跡を追った。華やかな文壇における活躍と、虚無的ともいえるひとつの顔を描く。日本初のノーベル賞作家、その本格的伝記！

◇川端康成作品論集成　第5巻　十六歳の日記・名人　羽鳥徹哉，林武志，原善監修　深沢晴美，細谷博編　おうふう　2010.9
①978-4-273-03575-4

◇大和し美し―川端康成と安田靫彦　川端康成，安田靫彦著，川端香男里，安田建一監修，水原園博ほか編者　求龍堂　2008.9
①978-4-7630-0819-0
＊良寛の辞世の句に導かれ、文豪川端康成と画家安田靫彦の魂が触れ合う。安田靫彦愛蔵の良寛の書、安田靫彦作品、珠玉の安田・川端コレクション。

◇川端康成と東山魁夷―響きあう美の世界　川端香男里，東山すみ監修，「川端康成と東山魁夷 響きあう美の世界」製作委員会編　求龍堂　2006.9　①4-7630-0643-6
＊文豪と画家、知られざる魂の邂逅。日本の美を追求した芸術家同士の素顔がのぞく往復書簡、発見される。直筆書簡、東山魁夷作品、国宝級の川端康成コレクション、一挙公開。

◇作家の肖像―宇野浩二・川端康成・阿部知二　森本穫著　林道舎　2005.1
①4-947632-61-5
＊その時期ごとに著者の熱中した作家たち―。宇野浩二の文学的生涯をとらえた「宇野浩二―その出発から終焉まで」、川端晩年の痛ましいばかりに孤独

な内面を追求した「片腕」論、「雪」論、阿部知二の処女作前夜ともいうべき八高時代の「歌稿」一六八首を解明した論、姫路という視点から鳥瞰された「阿部知二―城のある街」など、稀有な作家三人の肖像を描く。

◇文豪ナビ川端康成　新潮文庫編　新潮社（新潮文庫）　2004.12　Ⓒ4-10-100100-6

◇川端康成―美しい日本の私　大久保喬樹著　ミネルヴァ書房　（ミネルヴァ日本評伝選）　2004.4　Ⓒ4-623-04032-1

◇川端康成―余白を埋める　平山城児著　研文出版　（研文選書）　2003.6　Ⓒ4-87636-218-1

◇川端康成―文豪が愛した美の世界 没後三〇年　平山三男，サントリー美術館編　日中ビデオネットワーク　2002.10

◇川端康成と三島由紀夫をめぐる21章　滝田夏樹著　風間書房　2002.1　Ⓒ4-7599-1296-7
　＊モダニズムをくぐり抜けてきた川端と古典主義を信条とする三島、「昭和」を背景に相互照射の期待を込めて論じる。

◇川端康成の美の性格　張月環著　サン・エンタープライズ　2001.11　Ⓒ4-915501-20-5

◇川端文学への視界　no.15　川端文学研究会編　グローバルメディア　（川端文学研究）　2000.6　Ⓒ4-7632-1566-3
　＊今期の年報は、川端康成生誕百年にあたる1999年度の成果を収載している。天城湯ケ島大会・日中シンポジウムについてその成果の一端を収録し、この一年の動きを展望すべく研究展望に頁を割いた。

◇川端康成燦遺映　続　長谷川泉著　至文堂　2000.5　Ⓒ4-7843-0200-X

◇世界の中の川端文学―川端康成生誕百年記念　川端文学研究会編　おうふう　1999.11　Ⓒ4-273-03118-3
　＊地上各国、40名の論者を糾合しての一大国際紙上シンポジウム。

◇川端康成―その遠近法　原善著　大修館書店　1999.4　Ⓒ4-469-22148-1

＊あらゆる作家は、それぞれの世界との関わりの中で彼/彼女なりの距離の測定をしているはずだろう。本書は、川端の代表作を、彼の『感傷』『血』『記憶』といったものへのスタンスの特異性と、表現における遠近法の解体の度合いの二面に亘って測定していくことで、学界でも読書界でも二重に敬して遠ざけられているかの川端康成という作家とその作品に、すこしでも近づこうとする試みである。

◇近代作家追悼文集成　第43巻　高橋和巳・志賀直哉・川端康成　ゆまに書房　1999.2　Ⓒ4-89714-646-1,4-89714-639-9

◇川端康成燦遺映　長谷川泉著　至文堂　1998.9　Ⓒ4-7843-0193-3

◇康成・鷗外―研究と新資料　野末明著　審美社　1997.11　Ⓒ4-7883-4078-X

◇川端康成瞳の伝説　伊吹和子著　PHP研究所　1997.4　Ⓒ4-569-55596-9
　＊本書は、死後二十五年の歳月を経た今、生前の川端康成をじかに知る人々が在りし日の貴重な思い出を語り、川端康成の文学と人物について新たな魅力を伝えようとするものである。今明かされる数々のエピソードにより、川端康成が自作について語った言葉が現代によみがえり、川端の素顔を照らし出している。進藤純孝、今東光夫人、高見順夫人、佐伯彰一、高井有一、ドナルド・キーン、E.G.サイデンステッカー、栗原雅直、荻野アンナ各氏との対談と、著者の思い出の記150枚。

◇川端康成と信州　川俣従道著　あすか書房　1996.11　Ⓒ4-317-80061-6
　＊作品「牧歌」を中心に、初めての信州入りから「山の音」まで、川端文学と信州の繋りを探る。

◇川端康成―内なる古都　河野仁昭著　京都新聞社　1995.6　Ⓒ4-7638-0377-8

◇私の川端康成　土居竜二著　文化書房博文社　1995.3　Ⓒ4-8301-0716-2

◇川端康成―十六歳の日記/少年/故園（抄）　川端康成著，羽鳥徹哉編　日本図書センター　（シリーズ・人間図書館）　1994.10

①4-8205-8016-7

◇(実録)川端康成　読売新聞文化部編　日本図書センター　(近代作家研究叢書)　1992.10　①4-8205-9209-2

◇川端康成―後姿への独白　岩田光子著　ゆまに書房　1992.9　①4-89668-642-X

◇川端文学への視界　7　川端文学研究会編　教育出版センター　1992.6　①4-7632-1527-2

◇川端康成　田久保英夫ほか著　小学館　(群像 日本の作家)　1991.7　①4-09-567013-4
　＊顔を知らず命日も覚えない父母の死。祖母、姉が死に、盲目老残の祖父を看取った15歳の少年康成。ノーベル賞受賞の4年後、自ら命を断った康成、72歳。日本の美と抒情に彩られた川端文学を通徹する "強靱な孤独" と "死" の秘密。

▌河東碧梧桐　かわひがしへきごとう
1873～1937　明治～昭和期の俳人。無季の自由律俳句を実践。「三千里」「碧梧桐句集」など著書多数。

◇忘れられた俳人河東碧梧桐　正津勉著　平凡社　(平凡社新書)　2012.7　①978-4-582-85649-1
　＊虚子と並び近代俳句を拓いた二大俳人、碧梧桐。子規亡き後、俳句革新を推し進めるべく一念発起、ひとり全国行脚「三千里」の旅に発つ。その歩きっぷりに惚れ込んだ詩人が歴史に埋もれた巨人の足跡を丹念に辿り直し、独自の語り口で現代によみがえらせる。

◇革新の書人河東碧梧桐　島田三光著　思文閣出版　2009.12　①978-4-7842-1488-4

◇河東碧梧桐の基礎的研究　栗田靖著　翰林書房　2000.2　①4-87737-088-9

◇甦える碧梧桐　下巻　来空著　蒼天社　(来空文庫)　1997.3　①4-938791-96-X

◇甦える碧梧桐　中巻　来空著　蒼天社　(来空文庫)　1996.12　①4-938791-94-3

◇甦える碧梧桐　上巻　来空著　蒼天社　(来空文庫)　1996.5　①4-938791-91-9

◇河東碧梧桐　河東碧梧桐著, 栗田靖編著　蝸牛社　(蝸牛俳句文庫)　1996.1　①4-87661-265-X

▌河村瑞賢　かわむらずいけん
1618～1699　河村瑞軒(かわむらずいけん)とも。江戸時代前期の商人。海運・治水の功労者。

◇瑞賢の熱い眼差し　大西吉郎著　〔大西吉郎〕　2006.1　①4-8062-0515-X

◇河村瑞賢―国を拓いたその足跡 没後三〇〇年　土木学会土木史研究委員会河村瑞賢小委員会編　土木学会　2001.6　①4-8106-0263-X

▌観阿弥　かんあみ
1333～1384　南北朝時代の能役者。観世流の祖。

◇観阿弥清次 世阿弥元清―野上豊一郎批評集成 人物篇　野上豊一郎著　書肆心水　2010.4　①978-4-902854-72-5

◇観阿弥・世阿弥時代の能楽　竹本幹夫著　明治書院　1999.2　①4-625-41116-5

◇観阿弥と世阿弥　戸井田道三著　岩波書店　(同時代ライブラリー)　1994.11　①4-00-260206-0

◇郷土史観阿弥と名張　石井義信著　青山文化書房　1989.2

▌鑑真　がんじん
688～763　飛鳥時代, 奈良時代の唐の学僧, 日本律宗の開祖。数度の失敗により盲目となったが、日本に戒律を伝え唐招提寺を開く。

◇鑑真　東野治之著　岩波書店　(岩波新書)　2009.11　①978-4-00-431218-5
　＊五度の失敗の末に、ようやく来日を果たした苦心談で知られる鑑真。しかし、彼がどのような学問を修めていたか、何を実現するために日本へ来たのか、また結果として日本の仏教に何をもたらしたかについては、これまであまり語られてこなかった。日本の仏教受容という大きな流れのなかに鑑真の存在

を位置づける、画期的な試み。

◇鑑真は日中友好のかがり火—百折不撓の聖人鑑真の背景と影響　山田昌夫著　エコー出版　2006.10　①4-901103-99-7

◇鑑真和上—私の如是我聞　遠藤証円著　文芸社　2004.2　①4-8355-7062-6

◇唐招提寺　新装版　唐招提寺編　学生社　1998.4　①4-311-40806-4
＊鑑真和尚は何のために唐招提寺を建立したか？　律宗とは何か？　戒律とは何か？　天平の甍、エンタシスの大円柱で有名な唐招提寺は律宗の総本山である。今でも厳重に戒律を守る寺、奈良仏教が色濃く残る寺が唐招提寺だ。律宗の教義、鑑真和尚の真髄、唐招提寺の行事、境内の建物などをくわしく解説する。

◇隋唐台智者大師別伝・不空三蔵行状・唐大和上東征伝　福原隆善、頼富本宏、高佐宣長訳　大東出版社　（現代語訳一切経）　1997.4　①4-500-00634-6
＊難解な仏典を現代語訳。高僧達の輝かしい生涯の記録。

管野スガ　かんののすが

1881〜1911　管野すが（かんのすが）、管野須賀子（かんのすがこ）とも。明治期の社会主義革命家、記者。大阪矯風会に入会。大逆事件で死刑となる。

◇飾らず、偽らず、欺かず—管野須賀子と伊藤野枝　田中伸尚著　岩波書店　2016.10　①978-4-00-061156-5

◇管野須賀子と大逆事件—自由・平等・平和を求めた人びと　管野須賀子研究会編　せせらぎ出版　2016.6　①978-4-88416-250-4

◇管野須賀子の生涯—記者・クリスチャン・革命家　清水卯之助著　和泉書院　（和泉選書）　2002.6　①4-7576-0161-1
＊須賀子を明治社会主義の先駆者として再評価。『管野須賀子全集』の編者としてよく知られ、人生の最後を管野須賀子に捧げつくした著者が、徹底した「現場主義」「実証主義」の方法により、その文業と生涯、特に知られざる青春期を明らかにする。

桓武天皇　かんむてんのう

737〜806　平安時代前期の第50代の天皇。（在位781〜806）。平安遷都を行なった。

◇桓武天皇と平安京　井上満郎著　吉川弘文館　（人をあるく）　2013.12　①978-4-642-06774-4
＊平安京に遷都して、千年の都京都の礎を築いた桓武天皇。都の名前に込めた帝の決意とは何だったのか。強い意志で旧勢力を抑え、蝦夷政策を遂行した波瀾の生涯を活写。古代京都の文化遺産を訪ね、桓武天皇の実像に迫る。

◇桓武天皇—造都と征夷を宿命づけられた帝王　西本昌弘著　山川出版社　（日本史リブレット人）　2013.1　①978-4-634-54811-4
＊平安遷都を実現し、蝦夷勢力を撃破した桓武天皇。しかし、百済系渡来氏族の母をもつ桓武は、出自の点で大きな弱点を抱えており、その立太子と即位を支持しない勢力が少なくなかった。発足当初の桓武政権は、権威を認められなかったがゆえに、造都と征夷の二大事業を推進することが宿命づけられたのである。桓武が自身の弱点をバネにして、難事業を成功に導くとともに、積極的に政治改革を進めて、傑出した帝王と呼ばれるにいたる過程をみてゆく。

◇桓武天皇と平安京—桓武天皇御事蹟記　平安神宮編、井上幸治執筆　桓武天皇千二百年記念大祭特別委員会　2012.7

◇桓武天皇の謎—海を渡る国際人　なぜ「京都」を都に定めたのか　小林恵子著　祥伝社　2009.12　①978-4-396-61351-8

◇桓武天皇—当年の費えといえども後世の頼り　井上満郎著　ミネルヴァ書房　（ミネルヴァ日本評伝選）　2006.8　①4-623-04693-1
＊桓武天皇（七三七〜八〇六）、（在位七八一〜八〇六）。「軍事と造作」の日々の中の人生。奈良から平安への時代の変わり目にあって国事に奔走し、平安時代四百年の王朝はもとより、京都の礎を築いた功績者の、新しい地平を目指しての苦難に満ちた生涯を辿る。

教科書に載った日本史人物1000人　**193**

◇万葉遊宴　近藤信義著　若草書房　（古代文学研究叢書）　2003.2　①4-948755-75-3

◇続日本紀の世界―奈良時代への招待　中村修也編著　思文閣出版　1999.6　①4-7842-0997-2
　＊本書は、政治史に固執することなく、まさに『続日本紀』の世界を生きた人びとを中心に、奈良時代を描こうとする一つの試みです。平城京という都市空間で、人びとはどのような暮らしをし、そして誰と恋愛し、恋に悩み、成長していったのでしょうか。為政者といえども人の子です。家庭もあれば、子や孫もいます。一家をそして一族を支えて行くにはさまざまな苦労があったことでしょう。また、奈良時代を生きたのは平城京の人びとだけでなく、地方の人もまたそれぞれの境遇で短い人生を精一杯生きたはずです。その、ほんの一齣を覗いてみるだけでも、楽しいことではありませんか。

◇古代の日本と渡来人―古代史にみる国際関係　井上満郎著　明石書店　1999.4　①4-7503-1149-9

◇風景の文化誌　2　風水・精神・哲学　千田稔編　古今書院　1998.9　①4-7722-1409-7

◇桓武朝論　林睦朗著　雄山閣出版　（古代史選書）　1994.6　①4-639-01222-5
　＊奈良時代の政治・社会情勢の混乱のつづくなか、独裁的権力を発揮して、長岡、平安京への遷都、蝦夷の征討をはじめ勘解由使の設置、国司の交替の制など地方政治の改革を断行した桓武朝の諸問題を、古代国家のしくみのなかで改めて問い直す。

◇暁の平安京―桓武天皇史話　緒形隆司著　光風社出版　1994.1　①4-87519-611-3
　＊延暦十三年、第五十代桓武天皇によって造営遷都された平安京は、以来千二百年に渡って、幾多の戦乱、権力構造の変化を経験し、産業経済の発展と文化の保存という二律背反の命題にも対応し、その機能・風景を保ち続けてきた。平安京造営遷都千二百年を記念して贈る、京都の歴史・魅力を探る好著。

【き】

▐ **木内宗吾**　きうちそうご
　⇒佐倉惣五郎（さくらそうごろう）

▐ **菊池寛**　きくちかん
　1888～1948　大正, 昭和期の文学者, 劇作家。文芸春秋社社長。「文芸春秋」の創始者、日本文芸家協会会長。小説「恩讐の彼方に」「入れ札」などが著名。

◇菊池寛　新装版　小久保武著, 福田清人編　清水書院　（Century Books　人と作品）　2018.4　①978-4-389-40127-6

◇菊池寛随想　片山宏行著　未知谷　2017.8　①978-4-89642-534-5

◇映画人・菊池寛　志村三代子著　藤原書店　2013.8　①978-4-89434-932-2
　＊1920年代から48年の死に至るまで、文学作品の単なる映画化ではなく映画を軸に新聞・出版・広告を巻き込んだメディア・ミックスを仕掛け、文壇人のみならず「映画人」としてメディアに君臨した菊池寛とは何者だったのか。「映画」を通して、時代と最も鋭敏に切り結んだ菊池寛の実像を初めて描く。第7回「河上肇賞」本賞受賞作。

◇菊池寛 急逝の夜　菊池夏樹著　中央公論新社　（中公文庫）　2012.8　①978-4-12-205682-4
　＊昭和二十三年三月六日、人気作家で文芸春秋を興した稀代の出版人であった菊池寛の自宅では、快気祝いの宴がひらかれていた。身内が集まり、主治医もまじえての歓談の最中、席を立った主役を襲った突然の悲劇。文壇の大物の急逝に、周囲は騒然となった―。孫である著者が、その破天荒な生涯を愛情をこめて描く。

◇菊池寛と大映　菊池夏樹著　白水社　2011.2　①978-4-560-08116-7
　＊初代大映社長に就任した菊池寛。万全

菊池寛

の態勢で依頼した永田雅一。文豪と
ラッパが築き上げた太くて短いビジネ
スモデル。

◇菊池寛急逝の夜　菊池夏樹著　白水社
2009.4　①978-4-560-03198-8
＊快気祝いの宴を襲った突然の悲劇。祖
父創立の文芸春秋で活躍したその孫が、
文豪の駆け抜けた生涯を「その日」から
迫る。

◇若き久米正雄・芥川龍之介・菊池寛─文芸
雑誌『新思潮』にかけた思い　特別企画展
郡山市文学の森資料館　2008.11

◇こころの王国─菊池寛と文芸春秋の誕生
猪瀬直樹著　文芸春秋　（文春文庫）
2008.1　①978-4-16-743115-0
＊菊池寛先生の秘書になった「わたし」。
流行のモガ・ファッションで社長室に
行くと、先生はいつも帯をずり落とし
そうにしてます。創刊された「モダン
日本」編集部では、朝鮮から来た美青
年・馬海松さんが、またわたしをからか
うの─。昭和初年、日本の社会が大変
貌をとげる中で、菊池が唱えた「王国」
とは何だったのか。

◇半自叙伝・無名作家の日記　他四篇　菊池
寛著　岩波書店　（岩波文庫）　2008.1
①978-4-00-310633-4
＊『文芸春秋』を創刊し、出版人としても
功成り名を遂げた菊池（1888 -
1948）。生い立ちから紆余曲折を経なが
ら作家として世に出る頃までを描いた
「半自叙伝」。他に、自身をモデルにし
た短篇小説二篇、恩師・上田敏と友・芥
川龍之介についての回想文を収録。

◇菊池寛─人と文学　小林和子著　勉誠出
版　（日本の作家100人）　2007.11
①978-4-585-05193-0
＊日本文壇の中心にいた〝全く文学者らし
くない〟人物。文芸春秋社創始者であ
り、『恩讐の彼方に』『藤十郎の恋』『真
珠夫人』などで大衆社会、都市文化を描
きつづけた菊池寛。時代の同伴者とも
いうべきその人生を見ていくことは、
日本の近代の確立と崩壊を見ていくこ
とに他ならない。決して自分の中に閉
じこもることなく、世相の真ん中にい

たがゆえに、常に時代の変化に晒され
つづける菊池文学を、現代社会を考え
る意味で再考する。

◇菊池寛残影　大西良生著　大西良生
2007.10

◇こころの王国─菊池寛と文芸春秋の誕生
猪瀬直樹著　文芸春秋　2004.4
①4-16-365850-5

◇芥川竜之介と菊池寛・久米正雄─文士の
友情　山梨県立文学館編　山梨県立文学
館　2003.9

◇人間・菊池寛　佐藤碧子制作・著作　新
風舎　2003.9　①4-7974-3205-5

◇菊池寛を読む　日高昭二著　岩波書店
（岩波セミナーブックス）　2003.3
①4-00-026608-X
＊作家として『父帰る』や『真珠夫人』な
ど数々の話題作をものしながらも、「生
活第一、芸術第二」をモットーに、文芸
春秋社の経営にその辣腕をふるい、
ジャーナリズム王とも文壇の大御所と
も称され、自らが築いた王国に君臨し
た男、菊池寛。代表作にこめられた彼
の文化戦略とは何か。菊池寛と彼がつ
くりあげた時代とを多角的に読み解く
斬新な試み。

◇菊池寛の祖とその時代　井下香泉著　高
松大学出版会　2002.3

◇菊池寛の仕事─文芸春秋、大映、競馬、麻
雀…時代を編んだ面白がり屋の素顔　井
上ひさし，こまつ座編・著　ネスコ
1999.1　①4-89036-990-2
＊菊池寛を知らずして、活字を語ること
なかれ。今こそ学べ、希代の名プロ
デューサーを。

◇井伏鱒二全集　第12巻　山峡風物誌・白
毛　井伏鱒二著　筑摩書房　1998.11
①4-480-70342-X
＊初めての本格的全集。井伏鱒二が発表し
た全ての作品を収録する。底本には初
収録刊本を用い、井伏文学の形成過程
をたどる。本巻には昭和23年3月から12
月を対象に、「シビレ池のかも」「白毛」
「かの子と真沙子」「亡友」などを収録。

◇菊池寛の世界　大西良生編著　大西良生

教科書に載った日本史人物1000人　**195**

1997.11

◇菊池寛の航跡―初期文学精神の展開　片
山宏行著　和泉書院　（近代文学研究叢
刊）　1997.9　Ⓘ4-87088-873-4

◇近代作家追悼文集成　第32巻　菊池寛・
太宰治　ゆまに書房　1997.1
Ⓘ4-89714-105-2

◇松本清張全集　64　両像・森鷗外　暗い血
の旋舞　松本清張著　文芸春秋　1996.1
Ⓘ4-16-508260-0
＊森鷗外、クーデンホーフ光子、菊池寛。
独自の視座から描く評伝。

◇菊池寛―半自叙伝/私の初恋物語　菊池寛
著，浅井清編　日本図書センター　（シ
リーズ・人間図書館）　1994.10
Ⓘ4-8205-8011-6

◇菊池寛　新潮社　（新潮日本文学アルバ
ム）　1994.1　Ⓘ4-10-620643-9
＊"誰にも伝記は書けないように行動を隠
した"文壇の大御所、天才ジャーナリス
トの気迫。写真で実証する作家の劇的
な生涯。

▌ 菊池大麓　きくちだいろく
1855～1917　明治、大正期の数学者, 政治
家。東京帝国大学教授。東京帝国大学総
長、桂内閣文相なども歴任。男爵。

◇破天荒明治留学生列伝―大英帝国に学ん
だ人々　小山騰著　講談社　（講談社選書
メチエ）　1999.10　Ⓘ4-06-258168-X
＊日本近代化の尖兵・明治留学生。彼ら
は、大英帝国で「奮闘」していた。剣橋
（ケンブリッジ）大学首席伝説まで生ん
だ菊池大麓―15歳にして、二度目の英
国留学をした怪童。大倉財閥二代目の
趣味人・喜七郎―英国初のカーレース
で第二位入賞。大秀才、遊び人、苦学
生…。激動の時代を駆け抜けた留学生
たちの夢と希望と挫折の日々をつづる。

▌ 菊池武時　きくちたけとき
？～1333　鎌倉時代後期の肥後国の武将。

◇菊池氏三代　〔新装版〕　杉本尚雄著　吉
川弘文館　（人物叢書）　1988.4
Ⓘ4-642-05112-0

＊南朝派の抵抗は、かつて勤王史観に
よって尽忠報国とされ、戦後は全く逆
に反動として取扱われた。本書は、建
武新政の先駆としての武時、その後継
者で、一族を組織化した武重、征西将軍
宮を迎えて九州宮方の全盛を現出した
武光、この3人の人間性に注目し、新し
い角度から、数多くの知見を示し、一族
をあげての実態を再現している。

▌ 菊池武光　きくちたけみつ
？～1373　南北朝時代の南朝方の武将。

◇菊池氏三代　〔新装版〕　杉本尚雄著　吉
川弘文館　（人物叢書）　1988.4
Ⓘ4-642-05112-0
＊南朝派の抵抗は、かつて勤王史観に
よって尽忠報国とされ、戦後は全く逆
に反動として取扱われた。本書は、建
武新政の先駆としての武時、その後継
者で、一族を組織化した武重、征西将軍
宮を迎えて九州宮方の全盛を現出した
武光、この3人の人間性に注目し、新し
い角度から、数多くの知見を示し、一族
をあげての実態を再現している。

▌ 岸田俊子　きしだとしこ
1863～1901　中島俊子（なかじまとしこ）
とも。明治期の婦人運動家, 教師。女権拡
張運動者。昭憲皇太后に「孟子」を進講。

◇中島信行と俊子　町田市立自由民権資料
館編　町田市教育委員会　（民権ブック
ス）　2016.3

◇性と文化　山本真鳥編　法政大学出版局
2004.3　Ⓘ4-588-67204-5
＊文化史から文化人類学まで幅広い視野
から性と文化を論じ時代・社会によって
植えつけられた性に対する思いこみ
をうち破る。

◇湘烟日記　中島湘烟著, 石川栄司, 藤生て
い共編　大空社　（叢書女性論）　1995.6
Ⓘ4-7568-0011-4

▌ 岸田劉生　きしだりゅうせい
1891～1929　明治～昭和期の洋画家。古
典絵画に関心を持ち独自の世界を築く。

「初夏の小径」で二科賞受賞。麗子像は12年間続いた。

◇岸田吟香・劉生・麗子―知られざる精神の系譜　岸田吟香，劉生，麗子作，世田谷美術館，岡山県立美術館，毎日新聞社編　毎日新聞社　2014

◇麗子と麗子像―肖像画の不思議　岸田夏子編・著　求竜堂　2009.4
①978-4-7630-0910-4
＊娘・麗子の誕生を喜んだ劉生は、70点もの麗子像を描き続けた。劉生の孫にして麗子の娘、画家・岸田夏子による麗子論。豊富な作品カラー図版と資料写真を収録。第1章では、麗子像が生み出された決して平坦ではなかった日々を劉生の遺した日記と手記を参考にし、作品と麗子本人の写真を併録することにより、16年間(麗子が生まれた、劉生22歳の春から、38歳で亡くなるまで)描き続けられた麗子像の変化を追った。第2章では、劉生のモデルをしながら麗子の中で育まれた感性の一生を辿る。

◇ふくやま美術館調査研究報告　ふくやま美術館編　ふくやま美術館　2001.1

◇岸田劉生　日本アート・センター編　新潮社　(新潮日本美術文庫)　1998.2
①4-10-601561-7

◇岸田劉生―美と生の本体　瀬木慎一著　東京四季出版　1998.2　①4-87621-896-X

◇摘録劉生日記　岸田劉生著，酒井忠康編　岩波書店　(岩波文庫)　1998.1
①4-00-311512-0

◇絵画空間の哲学―思想史の中の遠近法　新装版　佐藤康邦著　三元社　1997.1
①4-88303-036-9
＊奥行きへの眼差しと近代。ルネッサンス以降、今に至るまで表現の規範となっている遠近法。その作品空間に織り込まれた美と世界観をときほぐし、近代の美と知のあり方を問う。

◇岸田劉生と大正アヴァンギャルド　北沢憲昭著　岩波書店　(Image collection精神史発掘)　1993.11　①4-00-003728-5

岸信介　きしのぶすけ

1896～1987　昭和期の政治家。首相。自民党最高顧問。国会引退後も韓国・台湾ロビー、保守長老として長く勢力を維持。

◇乱世を生き抜いた知恵―岸信介、甘粕正彦、田中角栄　太田尚樹著　ベストセラーズ　(ベスト新書)　2018.8
①978-4-584-12586-1

◇悪と徳と―岸信介と未完の日本　福田和也著　扶桑社　(扶桑社文庫)　2015.8
①978-4-594-07315-2

◇叛骨の宰相　岸信介　北康利著　KADOKAWA　2014.1
①978-4-04-600141-2
＊東条英機、小林一三、吉田茂に挑み、国民に媚びることなく、真の指導者たらんとした政治家がかつていた―。圧倒的な知識と教養、先見性と冷静な判断力、敵を作ることを恐れない強固な意志と実行力、人を捉えて離さない人間的魅力、そして強運…。政治家として理想的な資質を兼ね備えた岸信介の数々の業績は、首相の資質が国家の将来を左右するという厳然たる事実を我われに思い出させてくれる。現代日本人に向けた渾身の宰相論ここに誕生！

◇昭和の妖怪　岸信介　岩見隆夫著　中央公論新社　(中公文庫)　2012.11
①978-4-12-205723-4
＊「商工省に岸あり」と謳われた切れ者が満州に渡り、わずか三年余、運営と統治に十全な指導力を発揮して、日本に凱旋する。終戦後、A級戦犯から復活を遂げ急ぎ足で権力の階梯を駆け上ったこの男は、総理となって安保改定に真骨頂を発揮する…。昭和史の光と影をつねに身にまとったこの妖人政治家の特異な野望とは。

◇アメリカに潰された政治家たち　孫崎享著　小学館　2012.9　①978-4-09-379836-5
＊岸信介、田中角栄、小沢一郎―日本の自主自立を目指した政治家たちは、なぜ、どのようにして潰されたのか。戦後政治史"最大のタブー"に挑み、この国の「かつてない危機」を明らかにする。

岸信介

◇絢爛たる悪運 岸信介伝 工藤美代子著
幻冬舎 2012.9 ①978-4-344-02238-6
＊長州の政治家血族として生を享け、帝
大卒業後は少壮官僚の力を発揮し、39
歳で満州経営に乗り出す。A級戦犯容疑
で巣鴨プリズン拘留後、無罪放免され
ると、一気に政治の世界を上り詰めた。
保守合同後、59歳で自民党初代幹事長
に、翌年第56代首相に就任。60年安保
改定にひとりで立ち向かった。口癖は
「金は濾過して使え」。家族には決して
怒らない優しい素顔と、一方で上長を
斬り捨てる一面も見せる。情と合理性
としたたかさを併せ持った、昭和の傑
物政治家の全て。

◇悪と徳と―岸信介と未完の日本 福田和
也著 産経新聞出版 2012.4
①978-4-594-06590-4
＊岸信介は、いかに困難を乗り越えたの
か―稀代の文芸評論家による雄編評伝。

◇満州裏史―甘粕正彦と岸信介が背負った
もの 太田尚樹著 講談社 （講談社文
庫） 2011.8 ①978-4-06-277031-6
＊激動の時代、日本人が満州に託した新興
国家建設という夢。汚れ役の甘粕とエ
リート官僚の岸は、脆弱な国家経済を
磐石にするためにいったい何をしたの
か？ 国際社会の欲望うずまく大地で運
命的に交錯した二人の男の人生を丹念に
たどり、知られざるもう一つの昭和史
を描き出す、渾身のノンフィクション。

◇興亡の世界史 第18巻 大日本・満州帝
国の遺産 青柳正規、陣内秀信、杉山正
明、福井憲彦 姜尚中、玄武岩著 講
談社 2010.5 ①978-4-06-280718-0
＊揺籃の地、満州が生んだ日韓の権力者、
昭和の妖怪・岸信介と独裁者・朴正煕の
軌跡。

◇日本の地下人脈―戦後をつくった陰の男
たち 岩川隆著 祥伝社 （祥伝社文庫）
2007.7 ①978-4-396-33368-3
＊満洲を支配した革新官僚岸信介は人心
掌握術を学ぶ。上海で軍需物資を確保
し、巨万の富を得た特務機関長児玉誉
士夫は金をばらまく術を知る。A級戦犯
をからくも免れた彼らは、いかにして
黒幕として君臨し得たのか？ 戦後の政

財界を牛耳るに至った「地下人脈」の全
貌を明らかにするとともに、今につな
がる日本の暗部を衝く、戦慄のルポル
タージュ復刊。

◇「昭和の怪物」岸信介の真実 塩田潮著
ワック （WAC BUNKO） 2006.10
①4-89831-554-2

◇安倍晋三の敬愛する祖父岸信介 宮崎学、
近代の深層研究会著 同時代社 2006.9
①4-88683-586-4
＊甦るのか―"昭和の妖怪"!?「政治的
DNA」の正体に迫る。新総理を知るた
めの必読書。

◇巨魁―岸信介研究 岩川隆著 筑摩書房
（ちくま文庫） 2006.9 ①4-480-42252-8
＊A級戦犯容疑者になりながら不起訴とな
り、瞬く間に総理総裁となった岸信介。
戦後政治をリードし60年安保を乗り切
り、引退後も政界に隠然たる力をふる
い続けた。安倍晋三の祖父であるこの
「巨魁」は、どのような人物だったのか。
そしてその政治理念とは。憲法改正や
自衛隊・安保の問題など、戦後政治の枠
組みが改めて問われる今日、その原点
を見つめ直す貴重な記録。

◇満州裏史―甘粕正彦と岸信介が背負った
もの 太田尚樹著 講談社 2005.11
①4-06-213200-1
＊鬼憲兵大尉・甘粕正彦と昭和の妖怪・岸
信介の人生は満州の地で交錯した。彼
らは日本人が夢を託した大地でいった
い何をしたのか？ ふたりの男の生き様
を辿り、いま、あらためて国のあり方を
問いかける渾身のノンフィクション。
知られざるもうひとつの昭和史。

◇岸信介証言録 岸信介述、原彬久編 毎日
新聞社 2003.4 ①4-620-31622-9
＊日本のその後の運命を決した1960年、
安保改定。岸は何を思い、悩み、そして
決断したのか。生前の1年半に及ぶロン
グインタビューと側近、政敵の証言で
構成した壮大な政治ドラマ、戦後史へ
の貴重な証言。

◇岸信介政権と高度成長 中村隆英、宮崎
正康編 東洋経済新報社 2003.4
①4-492-37098-6

＊安保改定、労働争議等の「対立の時代」のなかで岸内閣を中心に行われたさまざまな発展への基礎固めを経済政策、政治、外交の3つの側面から多面的に分析。岸内閣関係者のヒアリングも収録。

◇昭和の巨魁岸信介と日米関係通史　高橋正則著　三笠書房　2000.8
Ⓘ4-8379-1844-1
＊「どんなことがあっても安保改定は私の手で実現する」—この執念、この使命感があればこそ…戦前、満州を舞台に「革新官僚」として活躍、のち東条内閣の閣僚となり、戦後、A級戦犯として逮捕されるも不起訴釈放。ついに首相へと上りつめた岸信介。「日米新時代」を掲げ、反対論を制して、あくまで自己の国家観を貫くことで戦後の日本をグランドデザインした岸には、いったい何が見えていたのか。

◇岸信介—昭和の革命家　岩見隆夫著　学陽書房　（人物文庫）　1999.4
Ⓘ4-313-75086-X

◇岸信介　塩田潮著　講談社　1996.8
Ⓘ4-06-208057-5
＊A級戦犯容疑者の烙印を押された人物は、なぜ戦後10年余りで最高権力者の地位まで昇り詰め、安保改定に執念を燃やしたのか。「安保宰相」の波瀾の生涯。

◇岸信介—権勢の政治家　原彬久著　岩波書店　（岩波新書）　1995.1
Ⓘ4-00-430368-0

◇昭和の妖怪/岸信介　新版　岩見隆夫著　朝日ソノラマ　1994.6　Ⓘ4-257-03390-8

┃ **木曽義仲**　きそよしなか
⇒源義仲（みなもとのよしなか）

┃ **北一輝**　きたいっき
1883〜1937　大正、昭和期の社会活動家、著述家。国家改造運動の教祖、国家主義運動の思想的指導者。

◇孫文と北一輝—〈革命〉とは何か　八ケ代美佳著　敬文舎　2017.3
Ⓘ978-4-906822-86-7

◇北一輝—国家と進化　嘉戸一将著　講談社　（講談社学術文庫　再発見日本の哲学）　2017.2　Ⓘ978-4-06-292399-6

◇北一輝と萩原朔太郎—「近代日本」に対する異議申し立て者　芝正身著　御茶の水書房　2016.8　Ⓘ978-4-275-02050-5

◇北一輝—もう一つの「明治国家」を求めて　清水元著　日本経済評論社　（評伝日本の経済思想）　2012.8　Ⓘ978-4-8188-2221-4
＊帝国主義の世界にあって、明治国家とは異なる「日本の近代」を構想し、闘い敗れた「急進的ナショナリスト」が目指したものは何か。その思想と生涯に迫る。

◇北一輝—日本の魂のドン底から覆へす　岡本幸治著　ミネルヴァ書房　（ミネルヴァ日本評伝選）　2010.8
Ⓘ978-4-623-05836-5
＊北一輝（一八八三〜一九三七）政治思想家・実践家。独学によって自らの思想形成を行い、生涯定職につくことなく波乱に満ちた人生を歩んだ北。若くして日本的社会主義の理論を構築し、アジアの復興を目指したが、そのために必要な急進的変革思想と具体策の提示によって、昭和の日本政治に大きな衝撃を与えた浪人の実像に迫る。

◇北一輝の革命—天皇の国家と対決し「日本改造」を謀った男　松本健一文, ふなびきかずこイラスト　現代書館　（For beginnersシリーズ　日本オリジナル版）　2008.10　Ⓘ978-4-7684-0103-3

◇北一輝　渡辺京二著　筑摩書房　（ちくま学芸文庫）　2007.2　Ⓘ978-4-480-09046-1
＊二十三歳で、明治天皇制国家の本質を暴き、鋭く批判した大著『国体論及び純正社会主義』を発表して識者を震撼させた北一輝。のち『日本改造法案大綱』を著して、二・二六事件を引き起こす青年将校運動の黒幕と目され刑死する。以来、北に対する評価は毀誉褒貶あい半ばする。はたして、北一輝とは何者なのか。本書は、多くの北一輝論とは違い、「日本コミューン主義者」として第二維新革命のテーマにもっとも近代的、かつもっともよくできた解を提出した思想家ととらえ、この近代日本最

北一輝

大の政治思想家の真実像を描いた、夙に名著の誉れ高い労作。第33回毎日出版文化賞受賞作品。

◇北一輝と二・二六事件の陰謀　新装版　木村時夫著　恒文社　2007.2　①978-4-7704-1124-2
＊国家主義運動の指導者として、強い信念と先見性をもって国家改造を志しながら、陸軍首脳の謀議により「二・二六事件」の首魁として処刑された悲劇の男、北一輝―。その壮絶な生涯を辿りながら事件との関わりを明らかにし、昭和史の暗部を解明。

◇魔王と呼ばれた男北一輝　藤巻一保著　柏書房　2005.4　①4-7601-2701-1
＊かつての盟友・大川周明は、北一輝のことを「神仏のように崇高な志と悪魔の如く善悪を超越した超人的な人格が一つの身体に同居している」と評し、彼を「魔王」と呼んだ―「革命家」や「ファシスト」といった称号では言い尽くせない北一輝のもう一つの顔を描き出す。

◇評伝北一輝　5　北一輝伝説　松本健一著　岩波書店　2004.9　①4-00-026480-X

◇評伝北一輝　4　二・二六事件へ　松本健一著　岩波書店　2004.6　①4-00-026479-6

◇評伝北一輝　3　中国ナショナリズムのただなかへ　松本健一著　岩波書店　2004.3　①4-00-026478-8

◇評伝北一輝　2　明治国体論に抗して　松本健一著　岩波書店　2004.2　①4-00-026477-X

◇評伝北一輝　1　若き北一輝　松本健一著　岩波書店　2004.1　①4-00-026476-1

◇一輝と昤吉―北兄弟の相剋　稲辺小二郎著　新潟日報事業社　2002.6　①4-88862-912-9
＊「国体論及び純正社会主義」や「日本改造法案大綱」などを執筆して陸軍青年将校らに強い影響を与えた一輝。多摩美術専門学校を創立し、その後二・二六事件と同時期に代議士となり、政界で活躍した昤吉。これまで語られることの少なかった兄弟の真の姿を、昤吉の秘

書を務めた著者が克明に語る。

◇北一輝―ある純正社会主義者　粂康弘著　三一書房　1998.9　①4-380-98305-6
＊天皇制国家権力との対決。その破綻と敗北の命題に迫る。

◇革命家・北一輝―「日本改造法案大綱」と昭和維新　豊田穣著　講談社　（講談社文庫）　1996.6　①4-06-263270-5
＊主著『日本改造法案大綱』に記された壮大な国民救済の論理と日本民族発展の理想は、青年将校に多大な影響を与えた。"昭和維新の聖典"としてもてはやされたばかりではなく、その後の大日本帝国の運命をも変えた。本書は、昭和初期の最大のイデオローグであった北一輝の生涯と思想を追究した傑作評伝である。

◇北一輝と二・二六事件の陰謀　木村時夫著　恒文社　1996.2　①4-7704-0867-6
＊太平洋戦争へ至る決定的な転換点となった二・二六事件から六十年。その真相に迫る。国家主義運動の指導者として、強い信念と先見性をもって国家改造を志しながら、陸軍首脳の謀議により「二・二六事件」の首魁として処刑された悲劇の男、北一輝―。その壮絶な生涯を辿りながら事件との関わりを明らかにし、昭和史の暗部を解明。

◇北一輝論　松本健一著　講談社　（講談社学術文庫）　1996.2　①4-06-159214-9
＊昭和初期の国家主義運動の教典とされた『日本改造法案大綱』を発表、政界を揺るがす数々の事件に暗躍し、一九三六年の二・二六事件の黒幕として処刑された北一輝。著者は、新発見資料を縦横に駆使して、佐渡の多感な少年時代から、辛亥革命に始まる中国の革命運動に挺身した北一輝の足跡を辿り、その「ロマン的革命家」としての稀有の実像を造形した。昭和史の暗部をみごとに照射した会心の評伝。

◇北一輝―転換期の思想構造　岡本幸治著　ミネルヴァ書房　（Minerva21世紀ライブラリー）　1996.1　①4-623-02587-X
＊戦後、毀誉褒貶に晒され続けた北一輝。「ファシスト」「超国家主義者」等のレッテル貼りに終始した戦後イデオロギー

の虚妄性を指弾し、彼の思想構造に肉薄する。戦後思想の再考を促す、北一輝論の決定版。

◇北一輝　長谷川義記著　紀伊国屋書店（精選復刻紀伊国屋新書）　1994.1
①4-314-00668-4

◇革命家・北一輝─「日本改造法案大綱」と昭和維新　豊田穣著　講談社　1991.12
①4-06-205618-6
＊「昭和維新」の名のもとに行なわれた国家改造運動に最大の影響を与えたイデオローグ・北一輝。その生涯と思想を追究する書下ろし長編人物評伝。

喜多川歌麿　きたがわうたまろ

1753～1806　江戸時代中期，後期の浮世絵師。北斎と並ぶ浮世絵の二大巨頭。美人画で有名。

◇歌麿とその時代─黄金期の浮世絵：美人画と役者絵　青月社　2013.6
①978-4-8109-1265-4

◇とちぎの歌麿を追う　増補改訂版　川岸等，星雅樹著　アートなまちづくり研究会　2011.10

◇栃木の歌麿を追う　改訂　川岸等，星雅樹著　アートなまちづくり研究会　2010.11

◇歌麿　抵抗の美人画　近藤史人著　朝日新聞出版　（朝日新書）　2009.1
①978-4-02-273257-6
＊「寛政の改革」の時代を生きた絵師・歌麿。時の老中・松平定信は、次々と浮世絵に対する禁令を出す。男は、それでも描き続けた。描くことが生きることだから。秘蔵コレクションをカラー40ページで一挙公開。

◇歌麿　エドモン・ド・ゴンクール著，隠岐由紀子訳　平凡社　（東洋文庫）　2005.12
①4-582-80745-3
＊ゴンクール賞の生みの親、エドモン・ド・ゴンクールは日本美術の熱烈な愛好者だった！　本書は歌麿研究の嚆矢にして今なお世界中で読まれている古典的書物。本邦初の完訳書。図版入り。

◇写楽は歌麿である　増補改訂版　土淵正一郎著　新人物往来社　1995.7

①4-404-02240-9
＊謎の天才画家・写楽が消えて200年つい に解明される写楽の正体。諸資料の精査によって従来の諸説を論破し、新たな視点から写楽が美人画の巨匠・歌麿であることを立証する知的興奮に満ちた衝撃の書。

◇藤沢周平珠玉選　4　喜多川歌麿女絵草紙　藤沢周平著　青樹社　1994.1
①4-7913-0799-2
＊藤沢周平の眼が捉えた浮世絵誌歌麿。絵筆一本に全てを賭ける生身の姿を鋭く見つめ、優麗な筆致で浮き彫りにした余情溢れる連作集。

◇喜多川歌麿　上　熊倉精一著　熊倉精一（江戸時代の栃木）　1993.12

◇喜多川歌麿　続　林美一著　河出書房新社　（江戸枕絵師集成）　1993.12
①4-309-71254-1
＊浮世絵界の寵児・大歌麿のミステリアスな生涯と画業の全貌。『会本小町引』他二篇。評伝＋艶本資料。

◇平成夢幻歌麿追放　下　熊倉精一著　下野歴史研究会　（江戸時代の栃木）　1993.5

◇平成夢幻歌麿追放　上　熊倉精一著　下野歴史研究会　（江戸時代の栃木）　1992.11

◇歌麿と栃木─新考証　渡辺達也著　歌麿と栃木研究会　1991.10

◇歌麿　下村良之介，安村敏信，林美一，稲賀繁美著　新潮社　（とんぼの本）
1991.7　①4-10-601996-5
＊浮世絵の黄金時代を築いた歌麿。雲母摺の導入、美人大首絵など様々な新しい試みから奇跡的な完成度を示す「女絵」。驚異的な観察眼とデッサン力による「博物図譜」ともいうべき知られざる傑作・狂歌絵本三部作『画本虫撰』『潮干のつと』『百千鳥』。枕絵の真髄で秘本中の秘本とされる『歌まくら』をはじめとする「枕絵」。歌麿絶頂期の逸品の魅力を特別撮影により詳細にグラフ紹介、あわせてその人と生涯を解説する。

◇喜多川歌麿女絵草紙　藤沢周平著　青樹社　（傑作時代小説叢書）　1990.12
①4-7913-0632-5

＊"好色漢"の代名詞のようにいわれてき
た美人画の第一人者・歌麿。—その
レッテルの下に息づく生身の姿を捉え、
いきいきと浮き彫りにした藤沢版喜多
川歌麿！ 優麗緻密な筆致で描き出され
る浮世絵師の世界。

◇喜多川歌麿　正　林美一著　河出書房新
社　（江戸枕絵師集成）　1990.10
Ⓘ4-309-71252-5
＊浮世絵研究の到達点。半世紀におよぶ
業績を集大成した待望の個人全集。女
絵かきの第一人者・喜多川歌麿像を大
胆に塗り変えた画期的労作。艶本資料4
篇収録。

北里柴三郎　きたさとしばさぶろう
1852～1931　明治～昭和期の細菌学者。
慶応義塾大学医学部長。血清療法の創始
者。ジフテリア血清療法などの業績をあ
げる。北里研究所を興した。男爵。

◇北里柴三郎と後藤新平—世界的細菌学者
と近代行政の先覚者との絆　野村節三著
東海新報社（印刷）　2014.3
Ⓘ978-4-905336-11-2

◇北里柴三郎読本　上　北里柴三郎著　書
肆心水　2013.1　Ⓘ978-4-906917-09-9
＊世界をリードした学理研究のみならず、
衛生行政にも力を尽した北里柴三郎が
のこした言葉のなかから、平易な講演
記録を主として集成。医学史としてば
かりでなく医療社会史としても貴重な
記録。研究機関においても政治制度に
おいても、専門化が深まることによる
功より罪が大きくなりかねない状況に
北里の言葉が響く。

◇北里柴三郎読本　下　北里柴三郎著　書
肆心水　2013.1　Ⓘ978-4-906917-10-5
＊世界をリードした学理研究のみならず、
衛生行政にも力を尽した北里柴三郎が
のこした言葉のなかから、平易な講演
記録を主として集成。医学史としてば
かりでなく医療社会史としても貴重な
記録。研究機関においても政治制度に
おいても、専門化が深まることによる
功より罪が大きくなりかねない状況に
北里の言葉が響く。

◇福沢先生と北里先生　長木大三著　メン
タルケア協会　（メンタルケア選書）
2012.12

◇北里柴三郎—熱と誠があれば　福田真人
著　ミネルヴァ書房　（ミネルヴァ日本評
伝選）　2008.10　Ⓘ978-4-623-04981-3
＊この本は、明治から昭和時代にかけて
活躍した医学者北里柴三郎の生涯を俯
瞰しようとする試みである。

◇北里柴三郎の生涯—第1回ノーベル賞候補
砂川幸雄著　NTT出版　2003.3
Ⓘ4-7571-4049-5
＊日本近代を拓いたアントレプレナーに
して、最高最大の学者はなぜノーベル
賞を逃したのか。

◇闘う医魂—小説・北里柴三郎　篠田達明
著　文芸春秋　（文春文庫）　1997.7
Ⓘ4-16-751403-6

◇闘う医魂—小説・北里柴三郎　篠田達明
著　文芸春秋　1994.7　Ⓘ4-16-314870-1

北畠顕家　きたばたけあきいえ
1318～1338　鎌倉時代後期, 南北朝時代の
武将。北畠親房の長子。奥州に派遣され
ていたが、宮方の危機にあたり二度に
渡って中央に遠征。

◇北畠顕家—奥州を席捲した南朝の貴族将
軍　大島延次郎著　戎光祥出版　（中世武
士選書）　2014.6　Ⓘ978-4-86403-118-9
＊南北朝の動乱期に鎮守府将軍として奥
州を支配。南朝の興望を一身に担って
各地を東奔西走し、若くして戦陣に
散った名将の激動の一代記。

◇花将軍北畠顕家　横山高治著　北畠顕家
公顕彰会　2012.5　Ⓘ978-4-88269-754-1

◇破軍の星　北方謙三著　集英社　（集英社
文庫）　1993.11　Ⓘ4-08-748094-1
＊建武の新政で後醍醐天皇により十六歳
の若さで陸奥守に任じられた北畠顕家
は奥州に下向、政治機構を整え、住民を
掌握し、見事な成果をあげた。また、足
利尊氏の反逆に際し、東海道を進撃、尊
氏を敗走させる。しかし、勢力を回復
した足利方の豪族に叛かれ苦境に立ち、
さらに吉野へ逃れた後醍醐帝の命で、

尊氏追討の軍を再び起こすが…。一瞬の閃光のように輝いた若き貴公子の短い、力強い生涯。柴田錬三郎賞受賞作。

◇花将軍 北畠顕家　横山高治著　新人物往来社　1990.11　Ⓘ4-404-01781-2
＊19歳で鎮守府将軍となり、東軍の精兵を率いて足利尊氏をいくたびも破り、京都奪還を目前にして阿倍野に青春散華した花の若将軍の生涯。

◇破軍の星　北方謙三著　集英社　1990.11　Ⓘ4-08-772765-3
＊南北朝の動乱を、猛き貴公子、北畠顕家が、疾風の如く駆け抜ける。時代小説雄編。

▎北畠親房　きたばたけちかふさ
1293〜1354　鎌倉時代後期, 南北朝時代の公卿, 武将。(大納言・准大臣)。権大納言北畠師重の長男、母は左少将隆重の娘。南朝の重臣。「神皇正統記」を著す。

◇南朝の柱石―北畠親房公との出会い　桜井敏行著　奈良新聞社　2010.4　Ⓘ978-4-88856-090-0
＊南朝の重臣・北畠親房の墓は西吉野にあった!?『正平十六年の五輪塔』の謎に迫る。

◇北畠親房―大日本は神国なり　岡野友彦著　ミネルヴァ書房　（ミネルヴァ日本評伝選）　2009.10　Ⓘ978-4-623-05564-7
＊北畠親房（きたばたけちかふさ、一二九三〜一三五四）鎌倉〜南北朝期の公卿。後醍醐天皇から信任を受け、劣勢の南朝を支え続けた北畠親房。南朝の正統性を主張した『神皇正統記』などの著作により、戦前は過度に高く、戦後は過度に低く評価されてきたが、本書では動乱期を生きた一人の公卿という視点から捉えなおす。

◇東国の南北朝動乱―北畠親房と国人　伊藤喜良著　吉川弘文館　（歴史文化ライブラリー）　2001.12　Ⓘ4-642-05531-2
＊「関東は戎夷なり」といわれた東国へ、果敢に身を投じた上流貴族北畠親房。彼は東国に何をもたらしたか。結城・宇都宮など有力貴族の動向や、鎌倉府などの成立過程を辿り、親房と東国武

士にとっての南北朝動乱を探る。

◇北畠親房の儒学　下川玲子著　ぺりかん社　2001.2　Ⓘ4-8315-0954-X
＊儒学ルネッサンスと日本中世。後醍醐・後村上天皇父子に仕え、政治史に大きな足跡を残した北畠親房の歴史思想には、日本神話のみならず、『易』『大学』『中庸』『孟子』等の中国思想の考え方が強いことを明らかにし、中世思想の重層性を追究した研究。

◇北畠親房の研究　増補版　白山芳太郎著　ぺりかん社　1998.9　Ⓘ4-8315-0836-5
＊混沌とした南北朝動乱の時代を指導し、日本の神道をはじめて「思想」として体系づけた伊勢神道を広く世に紹介したことで知られる―北畠親房の業績を、多方面から追求した好著。

◇小説北畠親房―南北朝の梟　童門冬二著　成美堂出版　（成美文庫）　1998.2　Ⓘ4-415-06489-2
＊鎌倉幕府の滅亡から南北両朝の講和成立までの56年間、抗争と叛乱のやまぬ南北朝時代ほど複雑な時代はない。後醍醐帝の南朝と足利尊氏の北朝の、いずれが正しい皇統か？　梟公家こと北畠親房は、後醍醐天皇を吉野山に迎え南朝をたてると、『神皇正統記』を著して南朝の正統性を訴える。本書は、南朝の政治的指導者親房を通して南北朝の動乱を描く。

◇北畠親房　岡野友彦著　皇学館大学出版部　（皇学館大学講演叢書）　1995.12

◇南朝の日輪―北畠親房　志茂田景樹著　秋田書店　1991.10　Ⓘ4-253-00299-4
＊南朝の京都回復のために影の軍団・多聞党を使い、足利家内部を攪乱する親房。その心には若くして戦場に散ったわが子顕家のおもかげが常によぎる―。公卿でありながら、武将であり、軍師であり、冷徹な経営家でもあった親房の炎の生涯を描く。

◇南北朝の梟　童門冬二著　日本経済新聞社　1991.3　Ⓘ4-532-17005-2

北原白秋

北原白秋　きたはらはくしゅう
1885〜1942　明治〜昭和期の歌人、童謡作家。パンの会設立に参加。代表作に「邪宗門」など。

◇三人の詩人たちと歌—牧水・白秋・啄木—その暮らしの風景　大岡敏昭著　里文出版　2018.2　①978-4-89806-461-0

◇北原白秋　新装版　恩田逸夫著　清水書院　（Century Books　人と作品）2017.9　①978-4-389-40116-0

◇北原白秋—言葉の魔術師　今野真二著　岩波書店　（岩波新書　新赤版）　2017.2　①978-4-00-431649-7

◇写真とイラストで辿る金子みすゞ　小倉真理子著　勉誠出版　2016.9　①978-4-585-29505-1

◇白秋近影　北原東代著　現代短歌社　2015.1　①978-4-86534-073-0

◇北原白秋 石川啄木 萩原朔太郎—対比評伝　宮本一宏著　花書院　2014.3　①978-4-905324-92-8

◇白秋望景　川本三郎著　新書館　2012.2　①978-4-403-21105-8
　＊都会、田園、そして戦争、白秋が生きた明治、大正、昭和…心の襞にふれる川本三郎・文学評伝の最高峰。

◇メロディアの笛—白秋とその時代　渡英子著　ながらみ書房　2011.12　①978-4-86023-748-6

◇北原白秋　萩原昌好編　あすなろ書房　（日本語を味わう名詩入門）　2011.10　①978-4-7515-2647-7
　＊雑誌「赤い鳥」に創刊から関わり、「赤い鳥小鳥」など、今なお歌いつがれる、多くの童謡を残した北原白秋。詩、短歌、童謡と幅広い分野で活躍した詩人の代表作をわかりやすく紹介します。

◇北原白秋　玉城徹著　短歌新聞社　（短歌新聞社選書）　2010.2　①978-4-8039-1477-1

◇白秋　高貝弘也著　書肆山田　2008.6　①978-4-87995-740-5

◇白秋への小径　北原東代著　春秋社

2008.6　①978-4-393-43630-1
　＊詩人北原白秋を義父と仰ぎ白秋研究に至った著者の思い出の哀歓。

◇北原白秋—象徴派詩人から童謡・民謡作家への軌跡　中路基夫著　新典社　（新典社研究叢書）　2008.3　①978-4-7879-4191-6

◇父・白秋の周辺　北原隆太郎著　短歌新聞社　2007.3　①978-4-803913-32-3
　＊白秋をめぐる芸術家の肖像。父・白秋と芸術の絆で結ばれた多彩なる人々の肖像を長男隆太郎が活写した、『父・白秋と私』の姉妹篇。

◇父・白秋と私　北原隆太郎著　短歌新聞社　2006.3　①4-8039-1238-6
　＊著者は白秋と永別後、学徒出陣により過酷な中国戦線に投入され、奇跡的に生還。戦後、哲学と禅に長年傾倒し、その透徹した眼指で「白秋芸術の根底と本質」を鋭く抉り出す。近代詩歌の巨星・白秋の理解に必読の一冊。

◇北原白秋　三木卓著　筑摩書房　2005.3　①4-480-88521-8
　＊巨大な軌跡の全貌に迫る。詩集『邪宗門』『思ひ出』歌集『桐の花』童謡集『とんぼの眼玉』—白秋が日本の近代文学に残したかけがえのない仕事を、生い立ち、実家の破産、人妻との姦通事件などへ踏み込みながら追尋する本格的な評伝。

◇沈黙する白秋—地鎮祭事件の全貌　北原東代著　春秋社　2004.11　①4-393-44160-5
　＊地鎮祭の夜に何が起こったのか、新資料によって解く二度目の妻章子出奔の実相。北原家で約80年ぶりに発見された新資料の数々。白秋の断簡等によって今明らかにされる白秋の想い。

◇北原白秋と検事長—邪宗門の回廊　西田洪三著　あき書房（発売）　2003.9　①4-900428-42-6

◇立ちあがる白秋　北原東代著　灯影舎　2002.9　①4-924520-03-9

◇九州　音楽之友社　（先生のための音楽修学旅行シリーズ）　1999.7　①4-276-32201-4
　＊キリシタン文化から炭坑の歌まで、国

際文化交流の歴史を九州に見る。新教育課程対応。

◇北原白秋の都市計画論　新藤東洋男著　熊本出版文化会館　1999.7
Ⓘ4-915796-28-0
＊朝鮮・中国・南方を見すえ、柳河を日本の首都に。日本帝国主義の朝鮮・台湾の植民地支配及びアジア・太平洋地域への侵略を前提とし、それを肯定した上での柳河帝都論。白秋の知られざる衝撃的相貌浮上。

◇姦通の罪―白秋との情炎を問われて　金沢聖著　文芸社　1998.9　Ⓘ4-88737-149-7
＊人妻俊子との恋に落ち、姦通罪に問われた白秋。発端となる運命の出会いから、裁判官の粋な計らいによる「無罪」判決、そして長くは続かなかった二人の生活まで、その一部始終をたどる。

◇白秋というひと　北原東代述, 富山県民生涯学習カレッジ編　富山県民生涯学習カレッジ　（県民カレッジ叢書）　1998.3

◇北原白秋再発見―白秋批判をめぐって　畑島喜久生著　リトル・ガリヴァー社　1997.8　Ⓘ4-7952-0359-8
＊白秋生誕112年の今日、改めて問われる白秋の芸術運動。詩・童謡・児童自由詩・民謡・短歌など、広域の詩業の完成に向けて注ぎこまれた純粋なる精神は、ともするとその激烈さゆえに誤解を招きがちであった。本書は大詩人白秋の精神のほとばしりを、その童詩に見い出す著者、苦心の評論集である。

◇白秋の水脈　北原東代著　春秋社　1997.7　Ⓘ4-393-44138-9
＊数々の苦難に遭遇しながらも、人生を肯定し、人生を愛してやまなかった詩人、白秋。その全生涯を貫く詩魂は、いかにして醸成されたか。母方の家系に光をあて、新しい視点から考察した論考など14篇。新発見の書簡も収録。

◇北原白秋と児童自由詩運動　野口茂夫著　興英文化社　1997.5

◇北原白秋の世界―その世紀末的詩境の考察　河村政敏著　至文堂　1997.4
Ⓘ4-7843-0184-4
＊日本の近代文学史を美しく彩った「パン

の会」の詩人、白秋、杢太郎、光太郎らは、隅田川にセーヌをしのびながら、詩と酒と青春との饗宴を繰り展げ、酔えば白秋のこの詩を当時流行の「ラッパ節」の節に合わせて歌ったものだという。享楽の底にしのび入るようなこの世紀末的哀傷こそ、彼等詩人がこよなく愛した情趣であった。本書は、そうした白秋詩の成立と展開を追いながら、その魅力の核心に迫ったものである。

◇北原白秋―生ひたちの記/雀と人間との愛　北原白秋著, 野山嘉正編　日本図書センター　（シリーズ・人間図書館）　1995.11
Ⓘ4-8205-9397-8

◇北原白秋文学逍遙　田島清司著　近代文芸社　1995.11　Ⓘ4-7733-4815-1

◇白秋片影　北原東代著　春秋社　1995.2
Ⓘ4-393-44133-8
＊「からたちの花」「この道」など多くの童謡で親しまれている生粋の詩人白秋の実像に多彩な作品や永遠の妻菊子を通して迫る気鋭のエッセイ。

▎**北村季吟**　きたむらきぎん
1624〜1705　江戸時代前期, 中期の俳人, 歌人, 和学者, 幕府歌学方。

◇北村季吟―没後三〇〇年記念展　野洲市誕生記念企画展図録　野洲市歴史民俗博物館(銅鐸博物館)編　野洲市歴史民俗博物館　2005.4

◇北村季吟―この世のちの世思ふことなき　島内景二著　ミネルヴァ書房　（ミネルヴァ日本評伝選）　2004.9
Ⓘ4-623-04055-0

◇北村季吟論考　榎坂浩尚著　新典社　（新典社研究叢書）　1996.6　Ⓘ4-7879-4098-8

◇北村季吟伝　石倉重継著　クレス出版　（近世文芸研究叢書）　1995.11
Ⓘ4-87733-002-X

▎**北村透谷**　きたむらとうこく
1868〜1894　明治期の文学者, 自由民権家。「厭世詩家と女性」で恋愛論、芸術論を

北村透谷

発表し、注目を集める。平和主義運動者。

◇封殺されたもうひとつの近代―透谷と啄木の足跡を尋ねて　渥美博著　スペース伽耶　2016.11　①978-4-434-22660-1

◇北村透谷 その詩と思想としての恋愛　堀部茂樹著　七月堂　2012.11　①978-4-87944-198-0

◇北村透谷―没後百年のメルクマール　平岡敏夫著　おうふう　2009.4　①978-4-273-03527-3
＊透谷評価の一頂点を示した没後百年をひとつのメルクマールとして、さまざまな側面から編んだ。没後百年の透谷像(早大講演)・透谷とアメリカ革命(ハーヴァード大)・透谷とビュヒナー等を含む。

◇北村透谷　新装版　色川大吉著　東京大学出版会　(近代日本の思想家)　2007.9　①978-4-13-014156-7

◇北村透谷とは何か　北村透谷研究会編　笠間書院　2004.6　①4-305-70271-1
＊透谷をどう評価するかは近代日本の文学史評価の試金石であり、原理喪失の文学・文学ジャーナリズムに抗して、第一線の研究者が総力をあげて「北村透谷とは何か」をあらためて問う。芥川賞作家藤沢周氏の講演を収載。

◇小田原と北村透谷　小沢勝美著　夢工房　(小田原ライブラリー)　2003.2　①4-946513-87-6

◇北村透谷―「文学」・恋愛・キリスト教　永淵朋枝著　和泉書院　(和泉選書)　2002.8　①4-7576-0168-9
＊明治二十年、自由民権運動離脱・商売上の失敗から絶望の淵にあった透谷は、美那子との恋愛・入信により文学へ向かう。文学、宗教、ジェンダー等、幅広い視点から透谷に迫る著。

◇北村透谷研究―絶対と相対との抗抵　槇林滉二著　和泉書院　(槇林滉二著作集)　2000.5　①4-7576-0029-1
＊若くして自死した穎才北村透谷の文学は、思想は、事を求めてただなる絶対化とその相対化の内的抗争の中にあった。その意を表するに、森鷗外訳クラウゼッツの『大戦の学理』より「抗抵」の語を配して副題とした。透谷の現代的な意味、その思想の開展状況、その文学とその原景、文体の意味などに垂鉛、その思想的総量の俯瞰を志した論著である。

◇北村透谷　槇林滉二編　国書刊行会　(日本文学研究大成)　1998.12　①4-336-03087-1

◇透谷と現代―21世紀へのアプローチ　桶谷秀昭, 平岡敏夫, 佐藤泰正編　翰林書房　1998.5　①4-87737-043-9

◇北村透谷と人生相渉論争　佐藤善也著　近代文芸社　1998.4　①4-7733-6290-1
＊文学は人生とどう関わるのか。透谷が投じた一石の波紋を追尋すると共に、渦中の透谷の内面に入って、その批評的営為を検証する。

◇北村透谷論―近代ナショナリズムの潮流の中で　尾西康充著　明治書院　1998.2　①4-625-43076-3

◇近世・近代文学の形成と展開―継承と展開 7　山根巴, 横山邦治編　和泉書院　(研究叢書)　1997.11　①4-87088-879-3

◇透谷と多摩―幻境・文学研究散歩　小沢勝美著　法政大学多摩地域社会研究センター　(法政大学多摩地域社会研究センターブックレット)　1997.11

◇孤蝶の夢―小説北村透谷　渥美饒児著　作品社　1996.1　①4-87893-245-7

◇北村透谷と小田原事情――点の花なかれよ　北村透谷没後百年祭実行委員会編　夢工房　1995.5

◇北村透谷と多摩の人びと　町田市立自由民権資料館編　町田市教育委員会　(民権ブックス)　1995.3

◇北村透谷研究評伝　平岡敏夫著　有精堂出版　1995.1　①4-640-31056-0
＊透谷の「熱涙」を現代に伝えるライフ・ワーク。一人称の「私」を排し、禁欲的に文献を操作することの中で、しかし著者の業前は精緻細心を極め、あるときは紙背を読み、あるときは資料の渉猟に砕身した一月一年を積み重ねた彫心の評伝。従来の透谷像を一新し、没

後百年に際し日本近代への新たな撃攘を思念する。

◇北村透谷　桶谷秀昭著　筑摩書房　（ちくま学芸文庫）　1994.10　①4-480-08160-7
＊江戸期のデカダンスを濃く曳きながら、文明開化による破壊と建設をおこなおうとしていた近代日本。詩人であり、思想家でもある北村透谷は、その知的混沌の不幸を背負いつつ新たな文学の可能性を追求した。近代精神の深い亀裂にみまわれたその作品『楚因之詩』『蓬莱曲』を中心に、評論・随筆、晩年の叙情詩まで、一人の天才の栄光と悲惨、壮大な思考実験の軌跡をたどる。

◇北村透谷論　桑原敬治著　学芸書林　1994.10　①4-87517-009-2
＊「政治から文学へ」という文脈で語られてきた透谷像は、戦後社会の思考様式が生み出した神話にすぎない。歴史を生きた透谷の実像を描き上げ、透谷像の書き換えを迫る力作評論。

◇北村透谷―彼方への夢　青木透著　丸善　（丸善ライブラリー）　1994.7　①4-621-05128-8
＊透谷は、明治維新の変革を「革命にあらず、移動なり」と喝破した。この移動の変遷が現在にいたり、その本質は何も変革されていないのではないか。だからこそ、明治という近代のはやい時代を疾走して果てた北村透谷のことを考えることは、我々の〈現在性〉を思索することの起点になると思われる。著者自身の経験を交えながら、透谷という一人の詩人・思想家が凝視したことは何だったのかを探る。

◇北村透谷―その創造的営為　佐藤善也著　翰林書房　1994.6　①4-906424-43-0

◇双蝶―透谷の自殺　永畑道子著　藤原書店　1994.5　①4-938661-93-4

◇透谷と近代日本　北村透谷研究会編　翰林書房　1994.5　①4-906424-42-2

◇北村透谷　色川大吉著　東京大学出版会　1994.4　①4-13-013017-X

◇北村透谷研究　第4　平岡敏夫著　有精堂出版　1993.4　①4-640-31041-2

◇北村透谷　笹淵友一著　日本図書センター　（近代作家研究叢書）　1993.1　①4-8205-9223-8

◇北村透谷の回復　岡部隆志著　三一書房　1992.12　①4-380-92255-3

◇透谷と漱石―自由と民権の文学　小沢勝美著　双文社出版　1991.6　①4-88164-337-1

▌義堂周信　ぎどうしゅうしん

1325～1388　南北朝時代の臨済宗の僧。五山文学僧。

◇義堂周信　蔭木英雄著　研文出版　（日本漢詩人選集）　1999.9　①4-87636-173-8
＊本稿を執筆するとき、1900首余りの『空華集』から、どの作品を撰び出して評釈しようかと思案した。そして、文学的鑑賞眼の鈍い筆者は、義堂周信の文学的精神史を探ることに重点を置こうと方針を定めたのである。

▌木戸幸一　きどこういち

1889～1977　昭和期の政治家。侯爵木戸孝允の孫。天皇側近の重臣。著書に極東軍事裁判資料となった「木戸幸一日記」。

◇鳥居民評論集 昭和史を読み解く　鳥居民著　草思社　2013.11　①978-4-7942-1995-4
＊今年（二〇一三年）一月に急逝した慧眼の近代日本史家であり、現代中国研究家の単行本未収録のエッセイ、対談等を集めた評論集第一巻目。恐るべき洞察力、独自の史観、膨大な資料収集、市井の研究家として大著『昭和二十年』（既刊13巻、草思社刊）を書き続けて、昭和史の研究家たちに多大の影響を与えた著者の偉業の一端を示すエッセイ群。一つひとつが示唆に富む無類に面白いエッセイや対談。

◇決断した男木戸幸一の昭和　多田井喜生著　文芸春秋　2000.4　①4-16-356130-7

▌木戸孝允　きどたかよし

1833～1877　桂小五郎（かつらこごろう）

木戸孝允

とも。江戸時代末期～昭和期の長州藩士。地方長官会議議長。薩長連合の密約を西郷隆盛と結ぶ。廃藩置県、憲法制定を提唱。

◇木戸孝允〈桂小五郎〉―薩長同盟を結び明治維新に大活躍　落合弘樹監修, 坂倉彩子まんが　小学館　（小学館版学習まんが人物館）　2018.4　Ⓘ978-4-09-270125-0

◇木戸孝允と幕末・維新―急進的集権化と「開化」の時代1833～1877　斉藤紅葉著　京都大学学術出版会　（プリミエ・コレクション）　2018.3　Ⓘ978-4-8140-0141-5

◇木戸孝允と高杉晋作―維新を切り開いた長州のヒーロー　梅屋敷ミタまんが, 三上修平シナリオ, 河合敦監修・解説　集英社（集英社版・学習まんが　世界の伝記NEXT）　2017.12　Ⓘ978-4-08-240076-7

◇木戸松菊公逸事―史実考証　妻木忠太著　マツノ書店　2015.11

◇木戸松菊公逸話―史実参照　妻木忠太著　マツノ書店　2015.11

◇木戸孝允日記　第1巻　新装普及版　木戸孝允著, 日本史籍協会編　マツノ書店　2015.7

◇木戸孝允日記　第2巻　新装普及版　木戸孝允著, 日本史籍協会編　マツノ書店　2015.7

◇木戸孝允日記　第3巻　新装普及版　木戸孝允著, 日本史籍協会編　マツノ書店　2015.7

◇木戸孝允日記　1　オンデマンド版　木戸孝允著　東京大学出版会　（日本史籍協会叢書）　2014.9　Ⓘ978-4-13-009374-3

◇木戸孝允日記　2　オンデマンド版　木戸孝允著　東京大学出版会　（日本史籍協会叢書）　2014.9　Ⓘ978-4-13-009375-0

◇木戸孝允日記　3　オンデマンド版　木戸孝允著　東京大学出版会　（日本史籍協会叢書）　2014.9　Ⓘ978-4-13-009376-7

◇木戸孝允―「勤王の志士」の本音と建前　一坂太郎著　山川出版社　（日本史リブレット）　2010.7　Ⓘ978-4-634-54870-1
　＊開国問題を機に、それまで政治の蚊帳の外におかれていた天皇の権威が急速に高まった幕末。長州藩の若手リー

ダーとなった桂小五郎（木戸孝允）は、いかにして動乱の時代に向きあい、新時代への道を模索していったのか。ある時は「勅」を利用し、またある時は「勅」により追いつめられる日々。朝敵の烙印を押された長州藩を復権させ、維新の栄光を背負わせた「勤王の志士」の生涯とは。

◇木戸孝允　松尾正人著　吉川弘文館　（幕末維新の個性）　2007.2　Ⓘ978-4-642-06288-6
　＊幕末の桂小五郎と明治の木戸孝允の一身二生。倒幕の志士から新時代の政治家へ変貌していく姿を生き生きと描く。版籍奉還、廃藩置県、立憲制導入など、明治国家の建設に奔走した、木戸の後半生に焦点を絞り、その個性に迫る。

◇文明開化と木戸孝允　桑原三二著　桑原三二　1996.4

◇松菊木戸公伝　木戸公伝記編纂所編　マツノ書店　1996.2

◇木戸孝允日記　1　日本史籍協会編　マツノ書店　1996.2

◇木戸孝允日記　2　日本史籍協会編　マツノ書店　1996.2

◇木戸孝允日記　3　日本史籍協会編　マツノ書店　1996.2

◇木戸孝允をめぐるドイツ・コネクションの形成　森川潤著　広島修道大学総合研究所　（広島修道大学研究叢書）　1995.4

◇醒めた炎―木戸孝允　4　村松剛著　中央公論社　（中公文庫）　1991.10　Ⓘ4-12-201849-8
　＊西南の役のさなか、睡眠中に木戸は突然「西郷も大抵にせんか」と大声で叫んだという。役の結果を知らぬまま、新生日本の行く末を案じつつ45歳で没したその生涯は、苦難に満ちた明治政府の形成過程そのものだったのである。巻末に詳細な出典一覧・人名索引を付す。昭和62年度菊池寛賞受賞の大作。

◇醒めた炎―木戸孝允　3　村松剛著　中央公論社　（中公文庫）　1990.10　Ⓘ4-12-201752-1
　＊狂瀾が、日本を覆う。徳川慶喜推戴を

夢みていた坂本龍馬は幕吏の兇刃に殪れ、慶喜自身はロッシュにすすめられて官軍を静岡で迎撃しようと企て、賀陽宮は維新政府転覆のクー・デタを画策する。木戸孝允は開明派をひきいて版籍奉還、廃藩置県へと政府を踏切らせるが、大久保利通はその木戸の追落しを、明治2年に図るのである。豊富な未公開史料を駆使してえがく、国民国家日本の誕生の劇。昭和62年度菊池寛賞受賞の大作。出典一覧・人名索引を、新たに最終巻に収録。

◇醒めた炎 2 村松剛著 中央公論社 （中公文庫） 1990.9 Ⓘ4-12-201745-9
＊新選組の白刃の下をくぐって桂小五郎（木戸孝允）は政治工作に奔走し、蛤御門の戦いでは天皇遷座の秘密部隊の指揮をとった。出石に脱れてからの彼は荒物屋の主人となり、美貌の「京猫」幾松を思いつづける。フランス公使ロッシュの手紙をはじめ数々の未公開史料を用いて本書は従来の定説に修正を加え、池田屋の変から大政奉還にいたる歴史の巨大な劇を、詳細かつ躍動的にえがき出す。昭和62年度菊池寛賞受賞の大作。

◇醒めた炎―木戸孝允 1 村松剛著 中央公論社 （中公文庫） 1990.8 Ⓘ4-12-201738-6
＊ペリーが浦賀に来たとき、桂小五郎（木戸孝允）は江戸で剣の修業中だった。黒船の日本来航は「黄金の国」日本の幻影と、パルマーという人物の熱心な運動とに、アメリカの議会が動かされたためである。欧米の未発表史料や幕府隠密の報告までも駆使して、本書は、小五郎を中心に幕末、維新の歴史を活写する。昭和62年度菊池寛賞受賞の大作。

紀伊国屋文左衛門
きのくにやぶんざえもん
1669？～1734 江戸時代中期の江戸の豪商，材木問屋。

◇紀伊国屋文左衛門―元禄豪商風雲録 羽生道英著 広済堂出版 （広済堂文庫 特選歴史小説） 2001.12 Ⓘ4-331-60906-5

◇元禄吉原大尽舞―奈良茂と紀文 南原幹

雄著 学陽書房 （人物文庫） 1999.3 Ⓘ4-313-75074-6
＊「時代がかわったのだよ。だから奈良屋もかわらなければならない。今一年おくれをとれば、この先十年では取りかえせない」。絢爛たる元禄期に、巨額の富を築いた奈良屋茂左衛門と紀伊国屋文左衛門の華麗を極めた大尽遊び。そして、その後に襲いかかったバブル経済崩壊後の潔い生きざまと先見性を二代目奈良茂の眼を通して描く。

◇紀伊国屋文左衛門―歴史小説 羽生道英著 青樹社 1994.4 Ⓘ4-7913-0817-4

◇紀伊国屋文左衛門の生涯―バブル崩壊を乗り切った男 山木育著 マネジメント社 1993.4 Ⓘ4-8378-0317-2
＊バブル景気を巧みに乗り切って事業を後世に残した紀伊国屋文左衛門の偉大さと、時代の流れに取り残され非業の最期を遂げた、5代目奈良屋茂左衛門の差はどこにあるか。

◇黄金の海へ 津本陽著 文芸春秋 （文春文庫） 1992.11 Ⓘ4-16-731427-4
＊文字通り命を賭けた江戸へのみかん輸送で得た3万esso両をもとに紀伊国屋文左衛門は、日本一の豪商めざして突き進む。大長者・河村瑞賢、杉山検校の後押しで材木商となって活躍。80万両もの稼ぎを上げる。が、貨幣改鋳に手をつけて失敗。以後、時勢の流れから外れ、一代を限りで引退した文左の豪快な生涯。

◇紀伊国屋文左衛門―元禄豪商伝 邦光史郎著 徳間書店 （徳間文庫） 1991.7 Ⓘ4-19-569344-6
＊江戸・元禄の世に彗星のごとく現れ、一代の栄耀を振りまいて歴史のかなたに消えた伝説の男・文左衛門。暴風雨をおして蜜柑を江戸に運び、巨利を手にするや、幕吏に近づき公儀御用達の金看板を手にする。江戸の華・火事を目当てに材木を買い占め、上野寛永寺建立を請け負ったその富の高しれず。しかし吉原に豪遊する文左の心は晴れなかった。野望と冒険に生きた、一代の豪商の生涯を描く傑作時代長篇。

木下恵介

木下恵介 きのしたけいすけ

1912～1998 昭和期の映画監督。作品に
「二十四の瞳」「楢山節考」など。

◇新編 天才監督木下恵介　長部日出雄著
論創社　2013.5　①978-4-8460-1247-2
＊戦争の記憶、創作の舞台裏、松竹との訣
別、TVドラマへの進出、幻と消えた大
作…。『二十四の瞳』『楢山節考』『カル
メン故郷に帰る』『笛吹川』など、多く
の名画を世に送りだし、黒沢明と人気
を二分した木下恵介の実像に迫る傑作
評伝。全49作品のスチール写真と、詳
細な年譜を収録した決定版。

◇三国連太郎の「あなたがいたから」―運命
の人木下恵介　NHK「こころの遺伝子」
制作班編　主婦と生活社　（NHK「ここ
ろの遺伝子」ベストセレクション）
2011.3　①978-4-391-14016-3
＊「自分の好きなように」その言葉が、人
生の道しるべとなった。巨匠と呼ばれ
た映画監督から俳優・三国連太郎さん
へ。演技の世界に導いてくれた監督が
映画作りの現場で身をもって教えてく
れた「こころの遺伝子」とは。

◇木下恵介の世界―愛の痛みの美学　佐々
木徹著　人文書院　2007.5
①978-4-409-10022-6
＊「二十四の瞳」「カルメン故郷に帰る」
「喜びも悲しみも幾歳月」などの作品で
知られ、戦後の日本映画黄金期を代表
する巨匠、木下恵介。木下監督が描い
た、人間の絆とは、無償の愛とは、一体
どのようなものであったか。その作品
を詳細にたどりながら、監督の稀有な
才能の軌跡と、失われつつある昭和の
風景をよみがえらせる。

◇天才監督木下恵介　長部日出雄著　新潮
社　2005.10　①4-10-337408-X
＊『二十四の瞳』『カルメン故郷に帰る』
『喜びも悲しみも幾歳月』『楢山節考』
『笛吹川』…。天才監督の謎多き素顔と
全四十九作品に迫る、著者渾身の傑作
評伝。

◇木下恵介の遺言　横堀幸司著　朝日新聞
社　2000.8　①4-02-257524-7
＊これは見事な追悼の書である。敬意と

哀惜に満ちていながら、面白い。映画
界の記録としても作家論としても、監
督と三十五年交際のあった著者でなけ
れば書けない貴重な一冊だ。

◇異才の人木下恵介―弱い男たちの美しさ
を中心に　石原郁子著　パンドラ
1999.5　①4-7684-7804-2
＊1998年暮れに他界した巨匠・木下恵介
の多面的世界に肉迫する気鋭の書き下
し！　木下作品49本のうち、いままで語
られることの少なかった『わが恋せし
乙女』『少年期』『惜春鳥』など12本を詳
細に見直し、まったく新しい木下像を
構築する。

◇木下恵介伝―日本中を泣かせた映画監督
三国隆三著　展望社　1999.4
①4-88546-017-4
＊本書は通常の伝記では見られないほど
頻繁にライバルを引き合いに出しなが
ら、戦後の日本人の精神生活を知るう
えで重要な天才・木下恵介監督の作品
と生涯をたどる異色の書き下ろしです。

木下順庵 きのしたじゅんあん

1621～1698 江戸時代前期の儒学者。門
下から木門十哲を輩出。

◇木下順庵・雨森芳洲　竹内弘行，上野日出
刀著　明徳出版社　（叢書・日本の思想
家）　1991.11
＊加賀藩に仕え後に幕府の儒官となった
順庵は、人格高潔な経学者。その門に
は達徳逸材が多数輩出した。その一人
芳洲は、儒仏道を修め華韓両国語にも
通じ、殊に朝鮮通信使との交渉では大
活躍した。木門の二師弟の生涯と学問
の特色を描いた教養書。

木下順二 きのしたじゅんじ

1914～2006 昭和期の劇作家。作品に
「風浪」「夕鶴」など。

◇木下順二の世界―敗戦日本と向きあって
井上理恵編著　社会評論社　2014.2
①978-4-7845-1132-7

◇木下順二・戦後の出発　関きよし，吉田一
著　影書房　2011.8

①978-4-87714-416-6
＊戦後演劇の暁鐘を告げた木下順二の劇作『山脈』『暗い火花』『蛙昇天』の三作品を通して、作家が果たした芸術的・思想的業績の全体像に迫る。

◇木下順二・その劇的世界　吉田一著　影書房　2008.2　①978-4-87714-380-0

◇木下順二の世界　新藤謙著　東方出版　1998.12　①4-88591-583-X
＊葛藤する良心。流れにあらがい傷ついてゆく、誠実で真摯な人間の在りようが、劇作の中から立ち現われる。

◇木下順二・民話の世界　木下順二ほか著　創風社　1995.10　①4-915659-73-9

◇木下順二論　宮岸泰治著　岩波書店　1995.5　①4-00-002746-8
＊“ことば”に対する鋭い感性、日本人の自立性にこだわり続ける不撓の精神。戦後の時代状況に身を置いて、真の日本のドラマを確立しようとした作家・思想家の内奥に迫る。

◇あの過ぎ去った日々　木下順二著　講談社　1992.12　①4-06-204565-6
＊「あの過ぎ去った日々を取り戻したいと思う。(だが取り戻してどうしようというのだ。)過ぎ去ってしまってもう取り返しのつかないあれらの日々。しかし確実に過去に存在したあれらの日々」―。自らの全仕事と交友関係を通して語る戦後体験覚書。

木下尚江　きのしたなおえ
1869～1937　明治～昭和期のジャーナリスト, 小説家。社会党創立に参加。小説に「火の柱」「良人の自白」など。キリスト教社会主義者。

◇野生の信徒木下尚江　清水靖久著　九州大学出版会　2002.2　①4-87378-720-3

◇木下尚江考　後神俊文著　近代文芸社　1994.1　①4-7733-2049-4
＊木下尚江―この「至誠」の人物が、日露戦争期を通過するさまを中心に真実の姿を発見すべく取りくんだ、著者の真摯な情熱がここに結集。

◇木下尚江研究　青木信雄著　双文社出版

1991.11　①4-88164-339-8

◇懺悔―伝記・木下尚江　木下尚江著　大空社　(伝記叢書)　1991.11　①4-87236-383-3

◇木下尚江語録　新訂版　清水靖久校訂　青木吉蔵編　清水靖久　1991.9

紀貫之　きのつらゆき
866頃？～945　平安時代前期, 中期の歌人。三十六歌仙の一人で「古今和歌集」の撰者。また「土佐日記」の著者でもある。

◇紀貫之　大岡信著　筑摩書房　(ちくま学芸文庫)　2018.2　①978-4-480-09845-0

◇新編 土左日記　紀貫之著, 東原伸明, ローレン・ウォーラー編　おうふう　2013.9　①978-4-273-03682-9
＊『土左日記』は、紀貫之(八六八？～九四五)が任国を船出し呻吟の末帰京するまでを、女性の視点に仮託して綴ったわが国初の仮名による日記文学。次代の女流文学を領導する先駆となった貫之唯一の散文作品。本書の特色は、従来『源氏物語』等で実践されてきた言説分析の成果に基づき、本文の分析(地の文・内話文・会話文・草子地・移り詞・自由間接言説・自由直接言説等)と注解を行っていることにあり、解説部分を英訳することで国外にも視野を開いた。

◇紀貫之―あるかなきかの世にこそありけれ　神田竜身著　ミネルヴァ書房　(ミネルヴァ日本評伝選)　2009.1
①978-4-623-05343-8
＊紀貫之(きのつらゆき、八七二頃～九四六)平安期の歌人。『古今和歌集』編纂や『土佐日記』執筆で知られ、また膨大な和歌を『貫之集』として残す平安歌人、紀貫之。本書では、貫之の言葉を読み込むことにより、その多彩なフィクションの問題を明らかにする。フィクションとしての屏風歌、フィクションとしての歌・物語、フィクションとしての日本語、そしてフィクションとしての人生…。

◇紀貫之　藤岡忠美著　講談社　(講談社学術文庫)　2005.8　①4-06-159721-3

＊我が国最初の仮名文日記『土佐日記』の作者、また、『古今和歌集』の編者で、その代表的歌人、紀貫之。国風文化を隆盛に導いた平安期文人は、いかなる生涯を送り、日本文学史にどんな刻印を残したのだろうか。余情妖艶な風趣、花鳥風詠の和歌、彫琢された日本語。日記文学研究の第一人者が、先学の論考と著作を踏まえ、独自の視点から日本人の美意識誕生の秘密を解き明かす。

‖ 紀夏井　きのなつい

生没年不詳　平安時代前期の官人，国司。

◇平安初期の文人官僚―栄光と苦悩　井上辰雄著　塙書房　2013.3
①978-4-8273-1260-7

‖ 吉備真備　きびのまきび

695〜775　奈良時代の学者，官人。(右大臣)。吉備彦命の裔。もと遣唐留学生で橘諸兄政権下で政治顧問として登用された。

◇実像吉備真備　小野克正著　文芸社　2015.11　①978-4-286-16671-1

◇天平に輝く吉備真備公　高見茂著　吉備人出版　（吉備人選書）　2003.11
①4-86069-056-7

◇吉備真備の世界　中山薫著　日本文教出版　（岡山文庫）　2001.2　①4-8212-5210-4

◇吉備真備とその伝承―天平のマルチ人間　高見茂著　山陽新聞社　2000.3
①4-88197-678-8
＊吉備真備の伝承と顕彰事業を集大成。高名な吉備真備も、その人物像に迫る史料は極めて少ない。そこに謎が生まれ、謎を埋める伝説が生まれた。各地で語り継がれる伝説と顕彰事業を通して、人々の心の中に生きる真備像を浮き彫りにする。

◇唐から見た遣唐使―混血児たちの大唐帝国　王勇著　講談社　1998.3
①4-06-258125-6
＊世界帝都・長安。この百万都市をめざした遣唐使五千人は、唐朝から札節と容姿を賞賛される。科挙に合格、唐高官となった阿部仲麻呂、周囲に才能を

嫉妬された吉備真備ほかのエリート。唐との架け橋となった彼らとその子たちを通し、古代300年にわたる日中交流の実態を描きだす。

◇吉備真備―天平の光と影　高見茂著　山陽新聞社　1997.9　①4-88197-632-X
＊吉備地方の豪族出身ながら、二度も唐へ派遣され、日中交流に大きく貢献した上、右大臣にまで昇りつめ、奈良朝の文化・政治史に燦然と輝く吉備真備の生涯を描く。

◇人物　中西進，王勇編　大修館書店　（日中文化交流史叢書）　1996.10
①4-469-13050-8

‖ 木村栄　きむらひさし

1870〜1943　明治〜昭和期の天文学者。水沢緯度観測所所長。世界の中央局となる契機をつくり国際緯度観測中央局長を務める。

◇ほくりく20世紀列伝　上巻　北国新聞社論説委員会・編集局編　時鐘舎　（時鐘舎新書）　2007.12　①978-4-8330-1597-4
＊近代日本動かした北陸人のど根性。激動の時代を駆け抜けた偉人たちのドラマ。

‖ 木村喜毅　きむらよしたけ

1830〜1901　木村芥舟（きむらかいしゅう）とも。明治期の幕臣。咸臨丸提督として太平洋横断。幕府海軍創設の功労者。

◇軍艦奉行木村摂津守伝　木村紀八郎著　鳥影社　2011.11　①978-4-86265-325-3
＊咸臨丸を率いてアメリカに渡った男。大きな功績を残しながら維新後は若くして名利をもとめず隠居。福沢諭吉が終生敬愛したというサムライの生涯を掘りおこす。

◇軍艦奉行木村摂津守―近代海軍誕生の陰の立役者　土居良三著　中央公論社　（中公新書）　1994.2　①4-12-101174-0
＊浜御殿で生まれ育ち、若くして幾多の要職を勤めた木村喜毅は、長崎表取締並海軍伝習取扱になったことが契機となって軍艦奉行となり、その後も幕府の海軍建設に貢献した。咸臨丸のアメ

リカ航海では司令官として、また遣米使節副使として優れた外交能力を発揮した。明治政府になっても、その人格・経歴に対する評価は高く、在野から日本の近代海軍建設に力を尽くした。本書は、木村の行動の軌跡をたどりながら、幕末日本の諸相を描く。

▌行基　ぎょうき

668〜749　奈良時代の僧。民間布教や土木事業で知られる。東大寺大仏造営の勧進を行った。

◇行基菩薩の功績　姜健栄著　かんよう出版　2018.6　①978-4-906902-95-8

◇行基と長屋王の時代―行基集団の水資源開発と地域総合整備事業　尾田栄章著　現代企画室　2017.1　①978-4-7738-1701-0

◇行基―古代を創った人びと　歴史展示企画会議監修　奈良県地域振興部文化資源活用課　2016.3

◇行基論―大乗仏教自覚史の試み　角田洋子著　専修大学出版局　2016.2　①978-4-88125-302-1

◇行基と知識集団の考古学　近藤康司著　清文堂出版　2014.2　①978-4-7924-1001-8

◇行基―文殊師利菩薩の反化なり　吉田靖雄著　ミネルヴァ書房　（ミネルヴァ日本評伝選）　2013.2　①978-4-623-06601-8
　＊行基（六六八〜七四九）奈良時代薬師寺の僧侶。和泉国の出身。民衆寺院・布施屋の建立など教化活動や、橋・ため池を造るなどの民衆福利の事業に取り組む。朝廷は行基集団を危険視して弾圧を加えたが、のち容認し大僧正に抜擢した。畿内に残る寺院や伝承、ため池などの調査結果を丁寧に踏まえ、行基の足跡に迫る。

◇空海民衆と共に―信仰と労働・技術　河原宏著　人文書院　2004.6　①4-409-41076-8

◇行基―民衆の導者　速水侑編　吉川弘文館　（日本の名僧）　2004.4　①4-642-07846-0

◇行基―生涯・事跡と菩薩信仰　没一二五〇年記念特別展　堺市博物館編　堺市博物館　1998.10

◇行基事典　井上薫編　国書刊行会　1997.7　①4-336-03967-4

◇図説 日本仏教の歴史―飛鳥・奈良時代　田村円澄著　佼成出版社　1996.9　①4-333-01749-1

◇天平の僧 行基―異能僧をめぐる土地と人々　千田稔著　中央公論社　（中公新書）　1994.3　①4-12-101178-3
　＊奈良時代、寺院建設はもちろん、道路や河川・池溝の整備や掘削、あるいは架橋と、多くの事業を行ったという行基の実像は俗説の奥に隠れて未だ明らかではない。行基はなぜこれほど多くの事業を成し得たのか。行基像、あるいはその背景を、文献資料だけでなく、事業の足跡を実地に検証するとともに、彼の行動の背後にある有力な渡来人と技術集団、また同時に彼らによりもたらされた神や神仙思想を、行基八十余年の生涯にとらえる。

◇行基と狭山池―特別展　大阪狭山市立郷土資料館編　大阪狭山市立郷土資料館　1993.10

◇行基と古代仏教　中井真孝著　永田文昌堂　1991.7

▌姜沆　きょうこう

1567〜1618　安土桃山時代, 江戸時代前期の李朝の儒学者。

◇姜沆―宇和島城と豊国神社に落書きをした儒学者　柳哲雄著　創風社出版　（風ブックス）　2008.4　①978-4-86037-101-2

◇姜沆（カンハン）―儒教を伝えた虜囚の足跡　村上恒夫著　明石書店　1999.11　①4-7503-1229-0
　＊姜沆（カンハン）著『看羊録』は、その中に日本を誹謗する言葉があるとして焚書の災難に遭い、姜沆の名は、我が国の歴史・教育上に抹殺されていた。『看羊録』の完全日本語訳が出たのは1984年であり、姜はん研究はまだ緒についたばかりである。1991年、著者は辛基秀と共著で『儒者姜沆と日本』を明石書店から出版した。その後も研究を続け

るうち、著者の執筆にいくつかの誤り
を発見し、また書き足りないものが多
くあることを知り、ここに著者の文の
全部を書き改め、更に第二部を追加し
て刊行することになった。

◇儒者姜沆と日本―儒教を日本に伝えた朝
鮮人　辛基秀，村上恒夫著　明石書店
1991.10
　＊豊臣秀吉の朝鮮出兵で日本に連行され、
　伊予、大洲に抑留された儒学者・姜沆
　は、藤原惺窩など当時の知識人と親交
　を深め、近世日本思想史に大きな影響
　を及ぼした。いま、埋もれさせてはな
　らない歴史がよみがえる。

清浦奎吾　きようらけいご
1850～1942　明治，大正期の官僚，政治
家。貴族院議員，伯爵。第1次桂内閣の法
相、枢密顧問官、枢密院議長などを歴任。

◇私人清浦奎吾―清浦奎明先生講演録　清
浦奎明述　山鹿市教育委員会社会教育課
（新山鹿双書　山鹿市文化歴史講演会）
2018.3

◇清浦奎吾　御厨貴著　ゆまに書房　（歴代
総理大臣伝記叢書）　2006.2
　①4-8433-1792-6

曲亭馬琴　きょくていばきん
1767～1848　滝沢馬琴（たきざわばきん）
とも。江戸時代後期の戯作者，読本，合
巻，黄表紙作者。作品に「南総里見八犬
伝」「椿説弓張月」など。

◇曲亭馬琴日記　別巻　曲亭馬琴著，柴田光
彦編　中央公論新社　2010.2
　①978-4-12-403545-2

◇曲亭馬琴日記　1　文政九年丙戌日記抄、
文政十年丁亥日記、文政十一年戊子日記
新訂増補版　柴田光彦新訂増補　中央公
論新社　2009.7　①978-4-12-403541-4
　＊文人馬琴の日記にみる江戸の暮らし。

◇馬琴研究資料集成　第1巻　服部仁編・解
説　クレス出版　2007.6
　①978-4-87733-375-1

◇馬琴研究資料集成　第4巻　服部仁編・解

説　クレス出版　2007.6
　①978-4-87733-375-1

◇滝沢馬琴―百年以後の知音を俟つ　高田
衛著　ミネルヴァ書房　（ミネルヴァ日本
評伝選）　2006.10　①4-623-04739-3
　＊滝沢馬琴（一七六七～一八四八）江戸後
　期の戯作者。貧しい下級武士に生まれ
　ながら、戯作という天職を得た馬琴は、
　失明などの障害を乗り越えて誠実にそ
　の著作に明け暮れた。本書では、『南総
　里見八犬伝』等の著作に見られる馬琴
　の知的感性を読み取りつつ、初の本格
　的職業作家としての生涯を描き出す。

◇馬琴、滝沢瑣吉とその言語生活　杉本つ
とむ著　至文堂　2005.12
　①4-7843-0259-X
　＊坪内逍遙『小説神髄』、一たび世にでて、
　壮大なロマンの世界は否定され、志厚
　い作家の意味は忘れ去られた。かかる
　とき八犬士を創造し、大伝奇の物語を
　一本の筆に托して江戸市民を興奮と読
　書の海に溺愛させた作家、滝沢馬琴。
　そのロマンの根本を厖大な日記、手紙
　にさぐって、作家の魂と言語生活の実
　態をあますところなく解明。言文一途
　の論、叫ばれて百余年、日本語は枯渇の
　道をひた走る。ここにあらためて、江
　戸知識人の豊かな語彙と堅実な表現の
　世界を明示し、日本語の伝統と革新の
　方向を探究する。

◇寂しい人・曲亭馬琴　滝沢昌忠著　鳥影
社　2005.4　①4-88629-908-3
　＊『南総里見八犬伝』『椿説弓張月』など
　で知られる、江戸の大流行作家の生涯。
　当時の出版事情、病弱な息子とその孫
　への愛情、晩年の失明をおしての活動
　など、書簡をもとにその素顔を追う。

◇馬琴の大審里見八犬伝の世界　信多純一
著　岩波書店　2004.9　①4-00-024424-8

◇馬琴一家の江戸暮らし　高牧実著　中央
公論新社　（中公新書）　2003.5
　①4-12-101699-8
　＊いわずとしれた伝奇小説『南総里見八
　犬伝』の作者滝沢馬琴は、実に具体的か
　つ詳細な日記を残している。長男の嫁
　の路も、馬琴のあとをついで同様の日

記を書き続けた。下級とはいえ武士であることを意識し続けた馬琴も、隠居後の生活は町人のそれにほぼ近い。家族の結婚、お産、離縁、死別から台所事情、近所づきあい、祝儀のやりとりまで、十九世紀中頃を生きた江戸市井人たちの四季折々を垣間見る。

◇随筆滝沢馬琴　真山青果著　岩波書店（岩波文庫）　2000.6　①4-00-311014-5
＊改めて資料を読み直すと、かつては厭わしく思えた彼の性癖の一つ一つが、かえって人間としての弱さや正しさの証しと見え、しみじみと心に迫ってくる親しみを覚えたという。自身の好悪、感情をむきだしにして対象に迫りながら、あくまでも具体的な筆致で客観的な説得力を失わない、青果渾身の馬琴伝。

◇馬琴　板坂則子編　若草書房　（日本文学研究論文集成）　2000.3　①4-948755-55-9

◇開巻驚奇侠客伝　横山邦治、大髙洋司校注　岩波書店　（新日本古典文学大系）　1998.10　①4-00-240087-5
＊南朝遺臣の義侠譚。南北朝合体後の室町初期、近世の侠客に想を得た男女二人の主人公が南朝方の遺臣として活躍、波瀾万丈の物語を繰り広げる。曲亭馬琴ならではの構想雄大な読本。

◇滝沢馬琴―人と書翰　木村三四吾著　八木書店　（木村三四吾著作集）　1998.6　①4-8406-9611-X
＊『南総里見八犬伝』で著名な孤高の作者馬琴の知られざる実像！　無類の長文かつ難読をもって名高い馬琴書翰を博捜精査し、徹底した読解により従前の馬琴論を一変させ、生身の人間馬琴に迫る。

◇杉本苑子全集　8　滝沢馬琴　杉本苑子著　中央公論社　1998.1　①4-12-403451-2
＊失明、生活苦などの困難を不屈の気力で克服し、嫁のお路の献身的協力により、大作『南総里見八犬伝』を完成させた馬琴の苛酷な晩年を描く。

◇曲亭馬琴の文学域　服部仁著　若草書房　（近世文学研究叢書）　1997.11　①4-948755-19-2

◇岩波講座 日本文学史　第10巻　19世紀の文学　岩波書店　1996.4　①4-00-010680-5

◇江戸の明け暮れ　森田誠吾著　新潮社　1992.11　①4-10-338703-3
＊眼疾を負いながらも、名作『南総里見八犬伝』を著した曲亭馬琴。その完成のかげに、眼となり、手となって、支えた息子の嫁・路女がいた。馬琴の家を通して描く江戸の暮らし、江戸事情。

◇江戸と悪―『八犬伝』と馬琴の世界　野口武彦著　角川書店　1992.2　①4-04-883303-0

◇馬琴評答集　5　柴田光彦編　早稲田大学出版部　（早稲田大学蔵資料影印叢書）　1991.9　①4-657-91903-2

◇道は講釈に通ず―馬琴の芸談余話　宝井馬琴著　柏樹社　1991.5
＊馬琴が語る「芸」の道、人生の知恵。

◇滝沢馬琴　徳田武編著，森田誠吾エッセイ　新潮社　（新潮古典文学アルバム）　1991.4　①4-10-620723-0
＊馬琴48歳から76歳、96巻106冊、失明をこえて書き継ぎ、大江戸の読者を熱狂させた『八犬伝』―。姫の胎内から飛翔した8つの珠がたどる妖しくも華麗なロマン。

◇曲亭馬琴遺稿　森田誠吾著　新潮社　（新潮文庫）　1990.6　①4-10-109122-6
＊「南総里見八犬伝」をはじめ、厖大な作品群で大いなる文名を謳われた江戸作者、曲亭馬琴。大病を患った晩年の馬琴は、死後、その盛名が汚されることを恐れ、自らの半生と重ねあわせた江戸文壇史の執筆を決意した。曲折の生涯を振り返りつつ、馬琴は発表のあてとてない原稿に精魂を傾ける。一人の作家の心象を丹念に辿りながら、なつかしい江戸の姿を鮮やかに浮かび上がらせた名作。

▌清沢洌　きよさわきよし
1890〜1945　大正, 昭和期の外交史家。東京朝日新聞社に入社。戦中日記「暗黒日記」は貴重な現代史史料。

◇清沢洌の自由主義思想　佐久間俊明著　日本経済評論社　2015.12

清沢満之

①978-4-8188-2409-6

◇清沢洌展記録―昭和史における慧眼の外交評論家　清沢洌展実行委員会　2010.5

◇暗黒日記―1942‐1945　清沢洌著，山本義彦編　岩波書店　（岩波文庫）　2004.10
①4-00-331781-5
＊太平洋戦争下，豊かな国際感覚と幅広い交友をもとに，当時の政治・経済状況や身辺の生活をいきいきと記した希有の記録（原題「戦争日記」）。外交評論家・清沢洌（1890‐1945）は，将来日本現代史を書くための備忘録として，この日記を書きつづけたが，その鋭い時局批判はリベラリズムの一つの頂点を示している。人名・事項索引を付す。

◇清沢洌―外交評論の運命　増補版　北岡伸一著　中央公論新社　（中公新書）　2004.7　①4-12-190828-7

◇清沢洌研究ノート　松田義男著　松田義男　2002.8

◇清沢洌と植原悦二郎―戦前日本の外交批評と憲法論議　高坂邦彦著　銀河書房新社ネットワーク　2001.6　①4-9901088-0-9

◇清沢洌の政治経済思想―近代日本の自由主義と国際平和　山本義彦著　御茶の水書房　1996.2　①4-275-01616-5
＊昭和戦前期のファシズム下で民主主義と国際協調，平和，反戦を主張し，戦時下もリベラリズムの見地を一貫して守り，戦後の国際平和を希求し，かつ展望するという驚くべき思想性を堅持した清沢洌の初めての全体像。

◇暗黒日記―戦争日記1942年12月～1945年5月　清沢洌著，橋川文三編集・解説　評論社　1995.6　①4-566-05017-3

◇暗黒日記―1942―1945　清沢洌著，山本義彦編　岩波書店　（岩波文庫）　1990.7
①4-00-331781-5

清沢満之　きよざわまんし

1863～1903　明治期の僧侶。真宗大学監。愛知県大浜西方寺住職となり清沢性を継ぐ。「精神界」を刊行し精神主義を唱え，

絶対信仰を鼓舞した。

◇清沢満之入門―絶対他力とは何か　暁烏敏，清沢満之著　書肆心水　2015.9
①978-4-906917-46-4

◇清沢満之が歩んだ道―その学問と信仰　藤田正勝著　法蔵館　2015.4
①978-4-8318-3842-1

◇天皇制国家と「精神主義」―清沢満之とその門下　近藤俊太郎著　法蔵館　（日本仏教史研究叢書）　2013.6
①978-4-8318-6041-5
＊清沢満之とその門下によって担われた「精神主義」運動は，近代仏教の代表格として高く評価されてきた。本書は，社会問題や戦争といった近代日本の諸問題に「精神主義」運動がどう対応したのかを追跡し，清沢満之や暁烏敏，金子大栄らの信仰の歴史的内実をあきらかにする。

◇清沢満之物語―清沢満之記念館・西方寺版：人々の心に安楽を願い仏の道をきわめたお坊さま　浅井久夫著　清沢満之記念館　2011.12

◇六花翻々―清沢満之と近代仏教　理崎啓著　哲山堂　2011.11　①978-4-9905122-3-1

◇臘扇記―注釈　清沢満之著，大谷大学真宗総合研究所編集・校注　法蔵館　2008.6
①978-4-8318-7668-3
＊近代を代表する宗教哲学者・清沢満之晩年の日記『臘扇記』。仏教の近代化に多大な功績を残し，のちの大谷大学初代学長となる満之が，教団（真宗大谷派）改革の挫折と不治の病という失意のどん底のなかで，真宗他力の教えを成熟させるに至る，苦悶と回心の軌跡を綴った信心告白記。

◇清沢満之その思想の軌跡　神戸和麿著　法蔵館　2005.3　①4-8318-7697-6

◇清沢満之―生涯と思想　教学研究所編　真宗大谷派宗務所出版部　2004.3
①4-8341-0314-5

◇清沢満之と哲学　今村仁司著　岩波書店　2004.3　①4-00-022533-2

◇清沢満之の思想　今村仁司著　人文書院

2003.5　①4-409-41074-1

＊西洋思想を批判的に吸収し、独自の仏教哲学を構想した近代日本の最初の哲学者・清沢満之。その思想の内在的展開を辿り、「精神主義」「目覚めの倫理学」など重要な概念を検討し、現代世界におけるアクチュアルな意味を追及する。「忘れられた思想家」清沢満之の再発見の書。

◇清沢満之に学ぶ生と死　田代俊孝著　法蔵館　（伝道シリーズ）　2002.11
①4-8318-2170-5

◇清沢満之に学ぶ―現代を真宗に生きる　児玉暁洋著　樹心社　2002.7
①4-434-02251-2

＊遙か二千五百年の昔、ギリシャのデルフォイの神殿に掲げられていた「汝自身を知れ」という呼びかけに応答して、「自己とは何ぞや。是れ人生の根本的問題なり」という問いを立て、その課題を釈尊と親鸞にぶつけて、他力信仰の実践に生き切った清沢満之。―清沢満之の門下生であった暁烏敏師のもとで満之と出遇い、満之の課題を、その生き方を自らの課題として歩んで来た著者の「清沢満之」論究の集大成。

◇清沢満之―その人と思想　藤田正勝，安冨信哉編　法蔵館　2002.5
①4-8318-7859-6

＊清沢満之は、日本が近代に入った十九世紀から二十世紀初頭において、仏教的伝統の意義を追求し、その伝統の回復を世に訴え、日本の思想界・宗教界に影響を与えた人である。しかしその行跡は、彼が身を置いた真宗大谷派の外側では、死後あまり顧みられることがなかった。二〇〇二年六月に没後百年を迎えるにあたり、いまその出現の意義を再び捉え直してみようという気運が出てきている。本書は、その再考の試みの一環として編まれた。

◇清沢満之語録―現代語訳　清沢満之原著，今村仁司編訳　岩波書店　（岩波現代文庫　学術）　2001.1　①4-00-600043-X

＊明治の日本が生んだ天才宗教哲学者清沢満之は、一五歳で真宗の得度を受け、東京大学で哲学を学び、宗門改革運動

を主導しつつ、四〇歳で生涯を閉じた。西洋哲学を媒介させて宗教に到達しようとし、ついに独自の「精神主義」を構築した稀有な宗教家の思想を、現代思想の視点から編集し、平易な現代語訳で二一世紀に甦らせる。

◇清沢満之の生と死　神戸和麿著　法蔵館　2000.7　①4-8318-7858-8

◇満之研究　1　角谷道仁著　原生社　1999.9

◇清沢満之と個の思想　安冨信哉著　法蔵館　1999.5　①4-8318-7857-X

＊真宗大谷派の僧で、精神主義を唱え他力信仰を追求、思想界全体に影響を与えた清沢満之の研究。

◇清沢満之―伝記・清沢満之　観照社編　大空社　（伝記叢書）　1994.5
①4-87236-443-0

◇浄土仏教の思想　第14巻　清沢満之・山崎弁栄　脇本平也，河波昌著　講談社　1992.11　①4-06-192584-9

◇親鸞の鉱脈―清沢満之　本多弘之著　草光舎　1992.7　①4-7952-8281-1

◇資料清沢満之　資料篇　福嶋寛隆，赤松徹真編　同朋舎出版　1991.3
①4-8104-0909-0

◇いかにして「信」を得るか―内村鑑三と清沢満之　加藤智見著　法蔵館　（法蔵選書）　1990.9　①4-8318-1051-7

＊宗教の伝統的な教えを、近代的自我と徹底的に「対決」させ、自己において真であると信じ得る信仰を「選択」していった2人の求道的信仰者、内村鑑三と清沢満之。2人の、主体的、積極的に「信」をかちえた過程と宗教の近代化に向けて闘いつづけた生涯をたどり、いまだなされずにいる日本の宗教と日本人の精神の近代化と国際化の道を指し示す。

┃**キヨソネ**　Chiossone, Edoardo
1833～1898　明治期のイタリアの銅版画家。大蔵省紙幣寮で銅版技術を指導。

◇東京青山霊園物語―「維新の元勲」から「女工哀史」まで人と時代が紡ぐ三十組の

物語　立元幸治著　明石書店　2015.10
①978-4-7503-4258-0

吉良義央　きらよしなか
1641～1702　江戸時代前期, 中期の高家。
赤穂浪士に殺害された。

◇吉良家と山田家について　岡田幸子著
岡田幸子　2012.9

◇吉良上野介の覚悟　中津攸子著　文芸社
2001.2　①4-8355-1354-1
＊忠臣蔵の知られざる実態に迫る!!吉良上
野介、浅野内匠頭はどんな人物であっ
たか。

◇義にあらず―吉良上野介の妻　鈴木由紀
子著　PHP研究所　1999.5
①4-569-60601-6
＊敵役吉良上野介の実像を妻側から描い
た力作。NHK『元禄繚乱』もうひとつ
の真実。『忠臣蔵』伝説が覆る。

◇政治と復讐―元禄事件物語　田辺明雄著
東方出版　1998.12　①4-88591-589-9
＊吉良上野介は慈愛の人だった。一切の偏
見をくつがえし、優しさと公正の限り
をつくして忠臣蔵に迫った画期的作品。

◇吉良上野介―討たれた男の真実　麻倉一
矢著　PHP研究所　（PHP文庫）
1998.11　①4-569-57211-1
＊上野介は「けっして口外するでないぞ」
と釘をさし、息子の綱憲に話し始めた。
「柳沢吉保様は御領地で製塩を始めるた
め、儂に赤穂藩の製塩法を探らせたの
じゃ。それ以来、赤穂の儂への恨み、あ
らぬ噂は募るばかり…」―これまで専
ら悪役とされてきた上野介は実は悲劇
の名君だった。朝廷、将軍綱吉、側用人
柳沢吉保、御三家など、複雑な政争劇を
通して見たまったく新しい忠臣蔵。

◇元禄快挙別録―鳶魚江戸文庫　27　三田
村鳶魚著, 朝倉治彦編　中央公論社　（中
公文庫）　1998.11　①4-12-203295-4
＊吉良家の歴史、義央の人物像、上杉家と
の関係を考証した「口碑に存せる吉良
義央」、上野介のために戦い死んだ小林
平八郎を扱った「鷺坂伴内」、吉良方の
防備や死者を追跡調査した「当夜の忠

死者」など、打入り一件を吉良側の立場
から描く。赤穂義士顕彰の空気の中、
独自の眼で見直した鳶魚の処女出版。

◇大石内蔵助を見直す　勝部真長著　学生
社　1997.3　①4-311-20211-3
＊大石内蔵助のリーダーシップと「忠臣
蔵」の真相を見直す! 大石の「金銀請
払帳」をはじめ日記、手紙などにかくれ
た「忠臣蔵」の秘密。

◇その日の吉良上野介　池宮彰一郎著　新
潮社　1996.3　①4-10-387203-9
＊浅野内匠頭刃傷の真因がいまこそ明かさ
れる。300年来の謎を解きあかす表題作
はじめ、忠臣蔵小説の第一人者が描く、
赤穂方・吉良方それぞれの人間模様。

◇吉良上野介　新版　鈴木悦道著　中日新
聞本社　1995.11　①4-8062-0302-5
＊吉良公の実像を事績から探り、義央の
名誉を回復。赤穂市とも友好関係に。

◇赤馬物語―吉良上野介伝　松尾和彦著
日本図書刊行会, 近代文芸社〔発売〕
1993.3　①4-7733-1364-1
＊「赤馬様」として三河の領民に慕われた
吉良上野介義央。“忠義の士”赤穂浪士の
影に押し潰されてしまった真実の姿
とは…。

桐生悠々　きりゅうゆうゆう
1873～1941　明治～昭和期のジャーナリ
スト。信濃毎日新聞主筆。個人雑誌「他
山の石」を発行、時局と軍部を批判し続
けた。

◇新版 桐生悠々自伝―思い出るまま　太田
雅夫編　新泉社　1991.9
＊反軍・反戦を貫いたジャーナリストの
記録。1933年「関東防空大演習を嗤ぶ」
で『信毎』主筆の座を追われ、その後個
人誌『他山の石』で反軍・反戦を主張し
続けた抵抗の新聞人・悠々の人柄と思
想を浮び上がらせる。

◇起て、不屈のペン―新聞が大罪を償うとき
三島昭男著　情報センター出版局
1991.3　①4-7958-1122-9
＊本書は、主に私の記者体験に基づいた
「新聞懺悔録」であり、「新聞再生論」で

218　教科書に載った日本史人物1000人

もある。導入部に、かつて朝日新聞と訣別した抵抗のジャーナリスト、桐生悠々の身命を擲った「反戦の闘い」を描き、その〈反骨のペン〉に比べて、大朝日のペンは権力に対していかに脆く、迎合してきたかを歴史的に検証した。

欽明天皇　きんめいてんのう

?～571　飛鳥時代の第29代の天皇。仏教渡来を受け入れた。

◇継体・欽明朝と仏教伝来　吉村武彦編　吉川弘文館　（古代を考える）　1999.12　①4-642-02191-4
＊六世紀初頭から後半にいたる継体・欽明天皇の時代は、いまだ多くの謎に包まれながらも、古代史上の大きな転換期とされる。その解明に挑み、王位継承にまつわる「内乱」を朝鮮半島の政治情勢を踏まえて検証。群集墳・ミヤケの成立、蘇我氏の台頭、仏教伝来といった複雑に絡み合う歴史事象を解きほぐしつつ、ヤマト王権強化への歴史のうねりを描く。

【く】

空海　くうかい

774～835　弘法大師（こうぼうだいし）とも。平安時代前期の真言宗の開祖。唐に留学、帰国後の816年高野山金剛峯寺を、823年平安京に教王護国寺を開き、真言密教を布教した。書道にも優れていた。

◇釈伝空海　上　西宮紘著　藤原書店　2018.3　①978-4-86578-164-9

◇釈伝空海　下　西宮紘著　藤原書店　2018.3　①978-4-86578-165-6

◇心を洗う断捨離と空海　やましたひでこ，永田良一著　かざひの文庫　2018.3　①978-4-88469-903-1

◇空海名言法話全集空海散歩　第1巻　苦のすがた　白象の会著，近藤堯寛監修，白象の会発起人編集　筑摩書房　2017.12

①978-4-480-71311-7

◇聖なる珠の物語―空海・聖地・如意宝珠　藤巻和宏著　平凡社　（ブックレット〈書物をひらく〉）　2017.11　①978-4-582-36450-7

◇空海に出会った精神科医―その生き方・死に方に現代を問う　保坂隆著　大法輪閣　2017.1　①978-4-8046-1391-8

◇人生の悩みが消える空海の教え　大栗道栄著　三笠書房　（知的生きかた文庫〔LIFE〕）　2016.12　①978-4-8379-8442-9

◇空海入門―弘仁のモダニスト　竹内信夫著　筑摩書房　（ちくま学芸文庫）　2016.10　①978-4-480-09748-4

◇空海曼陀羅　夢枕獏編著　文芸春秋　（文春文庫）　2016.10　①978-4-16-790715-0

◇弘法大師空海と出会う　川﨑一洋著　岩波書店　（岩波新書　新赤版）　2016.10　①978-4-00-431625-1

◇超訳空海―弘法大師のことば　苫米地英人著　PHP研究所　（PHP文庫）　2016.8　①978-4-569-76631-7

◇最澄と空海―日本仏教思想の誕生　立川武蔵著　KADOKAWA　（〔角川ソフィア文庫〕）　2016.5　①978-4-04-400082-0

◇空海の座標―存在とコトバの深秘学　高木訷元著　慶応義塾大学出版会　2016.3　①978-4-7664-2309-9

◇高野山のすべて―聖地巡礼と空海の生涯　静慈円監修　宝島社　（宝島SUGOI文庫）　2016.2　①978-4-8002-5248-7

◇空海の文字とことば　岸田知子著　吉川弘文館　（歴史文化ライブラリー）　2015.11　①978-4-642-05812-4

◇此処にいる空海　岳真也著　牧野出版　2015.11　①978-4-89500-198-4

◇空海　髙村薫著　新潮社　2015.9　①978-4-10-378408-1

◇空海さんに聞いてみよう。一心がうれしくなる88のことばとアイデア　白川密成著　徳間書店　（徳間文庫カレッジ）　2015.9　①978-4-19-907039-6

◇0からわかる空海と高野山のすべて　渋谷

空也

申博著　三笠書房　（知的生きかた文庫
CULTURE）　2015.7
①978-4-8379-8347-7

◇素顔の空海　池口豪泉著　ロングセラー
ズ　2015.7　①978-4-8454-2359-0

◇空海 無限の言葉―高野山開創1200年　中
島孝志, 吉川政瑛著　ゴマブックス
（GOMA BOOKS）　2015.6
①978-4-7771-1616-4

◇今こそ知りたい！ 空海と高野山の謎　『歴
史読本』編集部編　KADOKAWA　（新
人物文庫）　2015.6　①978-4-04-601326-2

◇空海と高野山―世界遺産・天空の聖地・開
創1200年　頼富本宏監修　PHP研究所
2015.4　①978-4-569-82279-2

◇弘法大師空海の生涯―1200年前の空海と
四国　大本敬久著　〔大木敬久〕　2015.3

◇弘法大師空海伝十三講―その生涯・思想
の重要課題とエピソード　加藤精一著
大法輪閣　2015.3　①978-4-8046-1371-0

◇弘法大師空海読本　新装版　本田不二雄著
原書房　2015.3　①978-4-562-05148-9

◇「腹を括れば道は拓ける」煩悩和尚の人生
を変えた、空海の言葉。―手塚治虫の漫画
『ブッダ』で解説　吉川政瑛著　マガジン
ハウス　2015.3　①978-4-8387-2733-9

◇空海はいかにして空海となったか　武内
孝善著　KADOKAWA　（角川選書）
2015.2　①978-4-04-703552-2

◇空海伝の研究―後半生の軌跡と思想　武
内孝善著　吉川弘文館　2015.2
①978-4-642-04616-9

◇恵観の「新空海伝」―現代をお大師さまと
ともに生きる　池口恵観著　ロングセ
ラーズ　2015.2　①978-4-8454-2347-7

▌空也　くうや
903～972　空也（こうや）とも。平安時代
中期の浄土教の民間布教僧。踊念仏の祖。
市聖、阿弥陀聖などと尊称され、浄土教信
仰が広がる契機を作った。

◇空也―我が国の念仏の祖師と申すべし
石井義長著　ミネルヴァ書房　（ミネル

ヴァ日本評伝選）　2009.2
①978-4-623-05373-5
＊空也（九〇三～九七二）、平安中期の僧。
物の怪や怨霊のはびこった古代平安京
で、民衆に「南無阿弥陀仏」の念仏を勧
めた空也。その生涯と仏教思想を辿り、
市井の聖として生きた人物像に迫る。

◇権者の化現―天神・空也・法然　今堀太逸
著　仏教大学通信教育部, 思文閣出版〔製
作発売〕　（仏教大学鷹陵文化叢書）
2006.9　①4-7842-1321-X

◇空也―浄土の聖者　伊藤唯真編　吉川弘
文館　（日本の名僧）　2005.1
①4-642-07849-5
＊平安中期、民衆の中に飛び込み、念仏の
利益を説いた阿弥陀聖空也。難解な教
学仏教によらず、除災と招福を求める
民衆の要望に応え、滅罪・祈禱・葬祭の
世俗的な沙弥の仏教を貫いた七十年の
生涯を、民間浄土教の世界に探る。

◇空也と将門―猛霊たちの王朝　滝沢解著
春秋社　2001.8　①4-393-44156-7
＊念仏の創始者とされながら実像は謎の
空也。関東王権をめざし幾多の伝説を
生み出した将門。二人の間には意外な
結びつきがあった。王朝から中世へと
揺れ動く日本史の闇を描く。

▌陸羯南　くがかつなん
1857～1907　明治期のジャーナリスト。
日本新聞社主筆兼社長。国民主義を唱え、
政治の道徳性を強調。

◇陸羯南―道理と至情の新聞人　松田修一
著, 東奥日報社編　東奥日報社　2015.6
①978-4-88561-200-8

◇陸羯南―「国民」の創出　オンデマンド版
小山文雄著　みすず書房　2010.12
①978-4-622-06224-0

◇熟慮ジャーナリズム―「論壇記者」の体験
から　奥武則著　平凡社　（平凡社新書）
2010.10　①978-4-582-85549-4
＊唯一の「正解」を見出すのが難しい問題
が山積している。そんな時代に新聞は
いかなる役割を果たすべきか。盛んに
いわれる「新聞危機」をどう乗り越える

か。書評や論壇担当といった、一般的な新聞記者像とは異なる経歴を歩んできた著者が、自らの体験を軸に、これからの目指すべき新聞の姿を指し示す。現象の奥にあるものをみつめる—。「論壇記者」の体験から新聞の可能性を探る。

◇陸羯南—自由に公論を代表す　松田宏一郎著　ミネルヴァ書房　（ミネルヴァ日本評伝選）　2008.11　①978-4-623-05280-6
＊ジャーナリスト陸羯南は、藩閥政府の欧化主義を批判した反骨の政論記者、あるいは明治の健康なナショナリズムを体現した言論人とされてきた。本書では、陸が主宰した新聞『日本』の論説を読み込むことで、政論家としての新たな実像に迫り、日本にジャーナリズムが定着していく過程を明らかにする。

◇陸羯南の津軽　稲葉克夫著　陸羯南生誕百五十年没後百年記念事業実行委員会　2007.8　①978-4-902718-01-0

◇陸羯南　新装版　有山輝雄著　吉川弘文館　（人物叢書）　2007.5　①978-4-642-05239-9
＊明治時代のジャーナリスト。不遇な家庭環境や司法省法学校退学事件など、青年期に雌伏を余儀なくされるが、政界との人脈を得て中央進出し、新聞記者の道を選ぶ。徳富蘇峰らと対峙し、時代の直面した事件に独自の論説を展開する一方、『日本』主宰者として新聞社経営に腐心する。時流に迎合しない「独立新聞」をめざした孤高の人生51年に迫る。

◇国民・自由・憲政—陸羯南の政治思想　本田逸夫著　木鐸社　1994.2　①4-8332-2189-6

◇陸羯南—「国民」の創出　小山文雄著　みすず書房　1990.4　①4-622-03337-2
＊「国民」という観念を、日本天然の「資」に現実化しようと希求した明治言論人の姿。子規、如是閑ら周辺の群像とともに、近代日本ジャーナリズムの形成期をえがく。

▌公暁　くぎょう
1200〜1219　鎌倉時代前期の僧。2代将軍源頼家の子。

◇公暁—鎌倉殿になり損ねた男　矢代仁著　ブイツーソリューション　2015.4　①978-4-434-20501-9

▌久坂玄瑞　くさかげんずい
1840〜1864　江戸時代末期の尊攘派志士。

◇久坂玄瑞史料　一坂太郎，道迫真吾編　マツノ書店　2018.4

◇吉田松陰—久坂玄瑞が祭り上げた「英雄」　一坂太郎著　朝日新聞出版　（朝日新書）　2015.2　①978-4-02-273602-4

◇高杉晋作・久坂玄瑞　林田慎之助，亀田一邦著　明徳出版社　（叢書・日本の思想家儒学編）　2012.10　①978-4-89619-650-4
＊その短い生涯に尊攘倒幕の志士として、全力を出し切って生きた高杉晋作と久坂玄瑞。彼らがいかに学問し、苦悩し、藩のため、国のために行動したか。両者の感懐を吐露した詩を多く紹介し、また、激動の時代背景にも十分に配慮して感銘深く描いた評伝。

◇久坂玄瑞　復刻版　武田勘治著　マツノ書店　1998.6

◇高杉晋作と久坂玄瑞　〔新装版〕　池田諭著　大和書房　1993.9　①4-479-81005-6

◇久坂玄瑞全集　福本義亮編　マツノ書店　1992.2

◇花冠の志士—小説久坂玄瑞　古川薫著　文芸春秋　（文春文庫）　1991.12　①4-16-735707-0

▌草壁皇子　くさかべのみこ
662〜689　飛鳥時代の天武天皇の第1皇子。

◇古代女帝の時代　小林敏夫著　校倉書房　1987.12　①4-7517-1820-7

▌櫛田民蔵　くしだたみぞう
1885〜1934　大正，昭和期の経済学者。同志社大学教授、東京帝国大学講師。マルクス経済学の発展に寄与。森戸事件を機に

教職を辞す。

◇何事かを為せ。為さざるべからず―櫛田民蔵・評伝 生誕百年を迎えて　大村哲也編　いわき市社会問題研究会　1985.6

▌ 九条兼実　くじょうかねざね
1149～1207　藤原兼実（ふじわらのかねざね）とも。平安時代後期, 鎌倉時代前期の公卿。（摂政・関白・太政大臣）。九条家の祖。太政大臣藤原忠通の三男。日記「玉葉」。

◇九条兼実―貴族がみた『平家物語』と内乱の時代　樋口健太郎著　戎光祥出版　（戎光祥選書ソレイユ）　2018.1　①978-4-86403-275-9

◇法然との新たな出会い　岡村貴句男著　太陽出版　2016.11　①978-4-88469-887-4

◇九条兼実―社稷の志、天意神慮に答える者か　加納重文著　ミネルヴァ書房　（ミネルヴァ日本評伝選）　2016.2　①978-4-623-07577-5

◇玉葉精読―元暦元年記　高橋秀樹著　和泉書院　（日本史研究叢刊）　2013.8　①978-4-7576-0671-5
　＊平安末～鎌倉初期の最重要史料・藤原兼実の日記『玉葉』を精読。元暦元年（1184）記は、木曾義仲の滅亡、一の谷合戦、後鳥羽天皇の即位式・大嘗会、春日宮曼荼羅、和歌判起請などの記事を有し、歴史、文学、美術史など多分野で利用されてきた。九条家本を底本として先行刊本の誤りを正した「本文」、古辞書の読みや国語学の成果を取り入れた「書き下し」、平易な「口語訳」を掲げた。関連史料や先行研究を博捜し、記主の語法・文体などを踏まえ、その筆録意識や写本の書写意識のレベルまで掘り下げた解釈を示す詳細な「註釈」によって、古記録の史料読解を新次元へと導く。

◇図書寮叢刊　九条家本玉葉 14（自建久四年至建仁三年）　宮内庁書陵部編　明治書院　2013.4　①978-4-625-42411-3

◇『玉葉』を読む―九条兼実とその時代　小原仁編　勉誠出版　2013.3　①978-4-585-22047-3

　＊十二世紀後半から十三世紀にかけての歴史的大変革の時期を当事者の一人として生き抜いた九条兼実。その兼実の残した日記『玉葉』はさまざまな事実や事件に関わる良質の情報に満ちた第一級の史料として高い評価が与えられてきた。そこには、平安末期から鎌倉初期における摂関家の実態や政治・宗教・文化への関わり、儀礼や学問のあり方など、多方面に資する重要な記事が数多く含まれている。『玉葉』の記述を一字一句詳細に検討し、そこに描かれた歴史叙述を諸史料と対照することにより、九条兼実と九条家、そして同時代の公家社会の営みを立体的に描き出す。

◇関白九条兼実をめぐる女性たち　今井雅晴著　自照社出版　（歴史を知り、親鸞を知る）　2012.5　①978-4-903858-74-6

◇図書寮叢刊　九条家本玉葉 13（自建久2年夏至建久3年冬）　宮内庁書陵部編　明治書院　2011.4　①978-4-625-42407-6

◇玉葉索引―藤原兼実の研究　オンデマンド版　多賀宗隼編著　吉川弘文館　2010.11　①978-4-642-04204-8

◇九条家本　玉葉　1　宮内庁書陵部編　明治書院　（図書寮叢刊）　1994.3　①4-625-51049-X
　＊本書は、『九条家本玉葉一』として、九条兼実の日記『玉葉』の長寛二年より承安元年までの記事を収めた。

▌ 九条道家　くじょうみちいえ
1193～1252　藤原道家（ふじわらのみちいえ）とも。鎌倉時代前期の歌人・公卿。（関白・摂政・太政大臣）。摂政・太政大臣九条良経の長男。

◇玉蘂　今川文雄校訂　（京都）思文閣出版　1992.11　①4-7842-0746-5

▌ 楠木正成　くすのきまさしげ
？～1336　南北朝時代の南朝の武将。後醍醐天皇の呼びかけに応じて挙兵。摂津湊川で敗死。

◇教科書が教えない楠木正成　産経新聞取材班著　産経新聞出版　2018.7

楠木正成

①978-4-8191-1340-3

◇楠木正成関係史料　上　大阪市史編纂所編　大阪市史料調査会　（大阪市史史料）2017.8

◇真説楠木正成の生涯　家村和幸著　宝島社　（宝島社新書）　2017.5
①978-4-8002-7092-4

◇楠木正成・正行　生駒孝臣著　戎光祥出版　（シリーズ〈実像に迫る〉）　2017.2
①978-4-86403-229-2

◇蟠竜昇天―楠木正成英雄伝　理崎啓著　哲山堂　2013.5　①978-4-9905122-6-2

◇楠木正成　加来耕三企画・構成・監修,水谷俊樹原作,やまざきまこと作画　ポプラ社　（コミック版日本の歴史　室町人物伝）　2012.11　①978-4-591-13137-4

◇闘戦経―武士道精神の原点を読み解く　家村和幸編著　並木書房　2011.11
①978-4-89063-283-1
＊今から九百年前に書かれた日本最古の兵法書『闘戦経』。日本に古来から伝わる「武」の知恵と「和」の精神を簡潔にまとめた書物である。「孫子」をはじめとする古代シナの兵法が、戦いの基本を「詭道」として権謀術数を奨励するのに対し、『闘戦経』を貫く基本理念は「誠」と「真鋭」である。「孫子」と表裏をなす純日本の兵法書『闘戦経』の全訳。

◇楠木正成　新井孝重著　吉川弘文館　2011.10　①978-4-642-08066-8
＊民間武装民の勢力を基礎に、巨大権力鎌倉幕府と戦った楠木正成。正成とは何者か、その意外なルーツと合戦の実態を探り、蜂起から敗北までを活写。戦前来の忠臣像から解き放ち、"生ける正成"に光を当てる注目の書。

◇大谷晃一著作集　第5巻　大谷晃一著　沖積舎　2009.6　①978-4-8060-6656-9
＊この巻は、近世以前で文学者でない人物の歴史小説を集めた。

◇太平記をかけぬけた河内の武将楠木正行　天竹薫信著　天竹薫信　2006.9

◇楠子遺言并兵庫ノ巻―楠木正成関係史料　上坂氏顕彰会史料出版部　（上坂氏顕彰会所蔵手写本）　2000.5

◇楠正成一巻書　上坂氏顕彰会史料出版部　（理想日本リプリント）　2000.5

◇楠正成と悪党―南北朝時代を読みなおす　海津一朗著　筑摩書房　（ちくま新書）　1999.1　①4-480-05785-4
＊日本史上にあまり例を見ない流動的で不安定な時期を、人は何を頼りに生きたのだろうか。天皇独裁をめざした後醍醐天皇や忠臣のシンボルである楠木正成と北畠親房、新田義貞、さらに逆賊とされた高師直とその家臣団などの実像を探り、14世紀内乱の構図を描きなおす。

◇経営と未来予知―楠木正成の経営術　深見東州著　たちばな出版　1998.12
①4-88692-916-8
＊今こそ、飛躍の大チャンス！　経営でいちばん重要なのはまず、「先を読む力」だ。さらに、その極意は、南北朝の戦乱を生き抜いた楠木正成の生き方にあるのである。

◇聖徳太子の大預言―未来記と未然紀　飛鳥昭雄，山上智詞　徳間書店　1998.6
①4-19-860868-7
＊遙か斑鳩の里より、太子は警告する！　アメリカが樹立を目指す「世界政府」は世界の逆賊となり、まもなく、第3次世界大戦が始まると…日本発！　地球最大規模の預言体系の全貌。

◇楠木氏三代―正成・正行・正儀　井之元春義著　創元社　1997.2　①4-422-20136-0

◇楠木正成―物語と史蹟をたずねて　童門冬二著　成美堂出版　（成美文庫）　1995.6　①4-415-06422-1

◇楠木正成―「大義」に生きた武将の実像　土橋治重著　PHP研究所　（PHP文庫）　1991.5　①4-569-56363-5
＊赤坂城・千早城攻防で名高い南北朝期の知将・楠木正成。後醍醐天皇の鎌倉幕府討伐に参加し、理想の政治実現を計るが、天皇親政も理想とは程遠く、夢は無残に砕け散る。そして、負け戦と知りながら「節」を守って死地へ赴く。実子・正行との「桜井の別れ」―父子の熱き絆は、我々の心を揺さぶらずにはおかない。常に「誠実」を旨とした生き様、忠義の心、そして肉親や家臣への慈

教科書に載った日本史人物1000人　223

しみ溢れる正成の実像に迫る、著者渾身の歴史小説。

◇楠木正成―千早城血戦録　奥田鉱一郎著　ビジネス社　1991.4　Ⓘ4-8284-0447-3
＊妻子や領民たちによせる愛情、優れたリーダーシップ、孫子の兵法に根ざした地域戦略…。南北朝時代の名将楠木正成の魅力と隠された実像を浮き彫りにし、現代の期待されるリーダー像を探る。

◇楠木正成　童門冬二著　成美堂出版　（物語と史蹟をたずねて）　1991.2　Ⓘ4-415-06572-4

◇楠木正成　直木三十五著　鱒書房　（歴史ノベルズ）　1990.12　Ⓘ4-89598-008-1

◇楠木正成　祖田浩一著　学習研究社　1990.11　Ⓘ4-05-105180-3

◇大楠公 楠木正成　大仏次郎著　徳間書店　（徳間文庫）　1990.10　Ⓘ4-19-599183-8
＊元弘元年（1331）8月24日、神器を帯した後醍醐天皇は、にわかに京を脱し、奈良に疾った。笠置山に籠った帝は、鎌倉幕府を倒すべく、討幕の綸旨を発した。帝の志に応え、諸国の武将に先んじて兵を挙げたのが、河内国金剛山麓の赤坂に小城を構える無名の田舎武士、楠木正成であった。時に元弘元年9月14日―この日、正成は光芒を発して歴史に登場したのであった。

◇（史伝）楠木正成―「大義」に生きた武将の実像　土橋治重著　PHP研究所　1990.8　Ⓘ4-569-52824-4

◇楠木正成　上 青雲篇　邦光史郎著　徳間書店　（徳間文庫）　1990.6　Ⓘ4-19-569094-3
＊鎌倉時代も末、都では皇統が2つに分裂、皇位継承を争って権謀術教がめぐらされ、機に乗じて公卿世界への介入を企む幕府と、それに反撥し討幕の意志を鮮明にする宮方の、鋭い対立が表面化していた。一方、河内の土豪・楠木多聞正成は、父・正遠に従い横暴を極める荘官襲撃に赴くが、隣国の土豪・当器氏の騙し討ちにあい、父は死亡、領地も奪われ、捲土重来を期して都へ逃れていた。傑作歴史長篇。

◇楠木正成　下 風雲篇　邦光史郎著　徳間書店　（徳間文庫）　1990.6　Ⓘ4-19-569095-1
＊皇統分裂と、機に乗じて介入を謀る鎌倉幕府。宮方に志を寄せる正成だったが、陰険な公卿社会を嫌って河内へ戻り、ひたすら兵力の備蓄に努めていた。やがて宿敵・当器一族を滅ぼし河内を収めた正成は、元弘元年、後醍醐帝笠置山に籠るの報に接するや直ちに本拠赤坂城に挙兵、笠置に向う鎌倉方数万の精鋭を迎え討った…。一代の英傑・正成の出自とその天才的な軍略家像を活写した傑作歴史長篇。

▍**楠木正行**　くすのきまさつら
?～1348　南北朝時代の南朝の武将。楠木正成の長男。畿内各地を転戦。四条畷で敗死。

◇楠木正成・正行　生駒孝臣著　戎光祥出版　（シリーズ〈実像に迫る〉）　2017.2　Ⓘ978-4-86403-229-2

◇太平記をかけぬけた河内の武将楠木正行　天竹薫信著　天竹薫信　2006.9

◇青嵐―楠木正行の生涯　斉城昌美著　中央公論新社　1999.7　Ⓘ4-12-002923-9
＊大義と忠節の裂け目で武士の意地と誇りを貫いた楠木正行。菊水の旗を靡かせ傾く南朝を支え、和のために戦い、死して名を残した楠木一族の物語。

◇楠木氏三代―正成・正行・正儀　井之元春義著　創元社　1997.2　Ⓘ4-422-20136-0

▍**楠瀬喜多**　くすのせきた
1836～1920　明治期の女性民権家。板垣退助の立志社を支援。民権婆さんと慕われる。

◇「民権ばあさん」楠瀬喜多小論―公文豪自由民権史論集　公文豪著　高知市立自由民権記念館友の会　（高知市立自由民権記念館友の会ブックレット）　2006.7

▍**久隅守景**　くすみもりかげ
生没年不詳　江戸時代前期の画家。狩野

探幽門下の四天王の一人。

◇日本美術絵画全集　第16巻　守景・一蝶
小林忠, 榊原悟著　集英社　1982.2

工藤平助　くどうへいすけ
1734〜1800　江戸時代中期, 後期の経世
家, 医師。「赤蝦夷風説考」の著者。

◇開国前夜─田沼時代の輝き　鈴木由紀子
著　新潮社　（新潮新書）　2010.6
Ⓘ978-4-10-610369-8
＊田沼意次といえば, 賄賂を好んだ金権政
治家と見られがちだが, 彼の施政には,
旧来の格式にとらわれない発想の斬新さ
と先見性があった。田沼時代は, この
時代がなければ, のちの明治維新はな
かったと思えるほど, 諸外国とくらべて
も遜色のない経済の活況と豊饒な文化
を生みだした時代なのである。本書で
は, 平賀源内や杉田玄白, 池大雅など,
開国前夜ともいうべき時代を生きた先
駆者たちを通して田沼時代を俯瞰する。

国木田独歩　くにきだどっぽ
1871〜1908　明治期の詩人, 小説家。「武
蔵野」「牛肉と馬鈴薯」「春の鳥」などは自
然主義文学の先駆。

◇国木田独歩　新装版　本多浩著, 福田清人
編　清水書院　（Century Books　人と作
品）　2018.4　Ⓘ978-4-389-40124-5

◇媒介者としての国木田独歩─ヨーロッパ
から日本, そして朝鮮へ　丁貴連著　翰
林書房　2014.2　Ⓘ978-4-87737-362-7

◇国木田独歩の文学圏　芦谷信和著　双文
社出版　2008.11　Ⓘ978-4-88164-587-1
＊小説・評論・報道・日記をはじめ, 浪漫
主義から自然主義に至る文学史的展開,
恒星的存在であった花袋・藤村・有島と
の交友, 竜野から山口・東京・佐伯・北
海道・朝鮮・中国に至る足跡等々, その
多彩な独歩の文学圏を照射する。

◇編集者国木田独歩の時代　黒岩比佐子著
角川学芸出版　（角川選書）　2007.12
Ⓘ978-4-04-703417-4
＊自然主義作家として名を残す国木田独
歩は, 日露戦争の戦況を伝えたグラフ

誌で一時代を築いた有能な編集者で
あった。独歩のもとには, 日夜, 友情で
結ばれた画家や作家が集い, 日本初の
女性報道カメラマンも加わり, 独歩社
を結成。報道写真雑誌を開花させた彼
らに, 活気ある明治の時代を読む。

◇国木田独歩の短篇と生涯　右遠俊郎著
右遠俊郎　2007.7

◇国木田独歩─その求道の軌跡　伊藤久男著
近代文芸社　2001.6　Ⓘ4-7733-6781-4
＊作品を離れた一人の人間として見ると
き, 国木田独歩は常にキリスト教から離
れきることができず, その意味で求道の
道を歩みつづけたことも確かであるが,
その内実には, 様々な要因が混在してい
る。独歩をして解脱, 悟達の境地に達せ
しめ得たか否か, そしてその求道の軌
跡が独歩の作品にどのように現れてい
るのか。本書では, それらの事柄を主
としてキリスト教的視点から考察した。

◇国木田独歩─短編小説の魅力　中島礼子
著　おうふう　2000.7　Ⓘ4-273-03127-2
＊独歩の本領は短編小説にあるといって
よいだろう。本書では, 前者で論究し
た「源おぢ」「武蔵野」の二編を除き,
短編を八つに絞り, 考察を試みた。そ
れらの小説には, 『欺かざるの記』の時
代に練りあげられた独歩固有の問題意
識と, さらに民友社で培われた時代へ
の敏感な眼配りが通底している。独歩
は, その時々で, 何が問題になっている
かを的確につかんだ。その把握したも
のを彼固有の問題意識に引きつけて小
説世界を創造しようとしたのである。

◇国木田独歩と其周囲　復刻版　斎藤弔花著
牧野出版　（近代文学研究文献叢書　国木
田独歩研究）　2000.5　Ⓘ4-89500-064-8

◇国木田独歩論─独歩における文学者の誕
生　鈴木秀子著　春秋社　1999.6
Ⓘ4-393-44143-5

◇国木田独歩─武蔵野/欺かざるの記（抄）
国木田独歩著, 北野昭彦編　日本図書セン
ター　（シリーズ・人間図書館）　1995.11
Ⓘ4-8205-9393-5

◇田布施時代の国木田独歩　林芙美夫著

田布施町教育委員会 （郷土館叢書）
1995.11

◇若き日の国木田独歩―佐伯時代の研究
小野茂樹著 日本図書センター （近代作
家研究叢書） 1993.6 Ⓘ4-8205-9242-4

◇一つの水脈―独歩・白鳥・鱒二 岩崎文人
著 渓水社 1990.9 Ⓘ4-87440-227-5

◇国木田独歩 〔復刻版〕 中根駒十郎編
日本図書センター （近代作家研究叢書）
1990.3 Ⓘ4-8205-9060-X

▌熊沢蕃山 くまざわばんざん
1619～1691 江戸時代前期の経世家。陽
明学者中江藤樹の第一の門人。岡山藩に
出仕して藩政を導く。のち著作「大学或
問」および幕府への上申書を咎められ、古
河に幽閉。

◇この国の環境―時空を超えて 陽捷行文,
ブルース・オズボーン写真 アサヒビー
ル, 清水弘文堂書房〔発売〕 （ASAHI
ECO BOOKS） 2011.10
Ⓘ978-4-87950-603-0

◇大いなる蕃山 茂木光春著 文芸社
2007.6 Ⓘ978-4-286-02927-6
＊江戸初期の陽明学者として歴史に名を残
す熊沢蕃山。孤高の才能ゆえに歩んだ悲
劇の一生とその思想を緻密に検証しなが
ら大胆に描く。「永遠の天心」「来たる
べき良寛」に続く評伝シリーズ第三作。

◇熊沢蕃山―その生涯と思想 吉田俊純著
吉川弘文館 2005.10 Ⓘ4-642-03405-6
＊近世を代表する儒者、熊沢蕃山。幕藩
体制への批判精神を持ち続けた生涯を
たどる。蕃山の著作を読み解き、矛盾
に満ちた思想を解明。また、荻生徂徠
や水戸学への影響を明らかにし、日本
思想史研究に新たな視座を拓く。

◇反近代の精神熊沢蕃山 大橋健二著 勉
誠出版 （遊学叢書） 2002.6
Ⓘ4-585-04087-0
＊武士という名の「会社人間」が登場し、
経済至上主義化とそれに伴う自然破壊
が始まるなど、原初"近代"としての江
戸時代。陽明学という"近代思想"で主
体的自己を確立し、今日にも通じる"近

代"の矛盾を真正面から批判した江戸初
期の思想家熊沢蕃山を多面的に論じた
快著。

◇熊沢蕃山―人物・事績・思想 宮崎道生著
新人物往来社 1995.5 Ⓘ4-404-02207-7

◇わが郷土と蕃山先生―蕃山先生三百年祭
記念誌 蕃山先生三百年祭実行委員会編
蕃山先生三百年祭実行委員会 1990.10

◇熊沢蕃山―三百年祭記念誌 蕃山先生三
百年祭実行委員会編 蕃山先生三百年祭
実行委員会 1990.10

◇熊沢蕃山の研究 宮崎道生著 思文閣出
版 1990.2 Ⓘ4-7842-0585-3

▌久米邦武 くめくにたけ
1839～1931 明治期の歴史学者。帝国大
学教授、早稲田大学教授。岩倉具視の遣外
使節に随行。啓蒙的な歴史観を主張、「抹
殺主義」と一部保守派から非難された。

◇「久米邦武」と「佐野常民」の思想研究―
近代日本の礎を築いた佐賀藩士 文学博士
西田みどり論文集 西田みどり著 知玄
舎 2015.11 Ⓘ978-4-907875-16-9

◇重野安繹と久米邦武―「正史」を夢みた歴
史家 松沢裕作著 山川出版社 （日本史
リブレット） 2012.3
Ⓘ978-4-634-54882-4
＊歴史研究は社会にとってどのような意
味をもつのか。重野安繹と久米邦武は、
日本の近代歴史学の草創期を担った歴史
家である。しかし、彼らが歴史家となっ
た経緯は、後の時代の歴史学者とはまっ
たく異なっている。そして彼らに求め
られたのは、明治政府の官吏として、国
家の「正史」を執筆することであった。
彼らの栄光と挫折の軌跡を追うことは、
社会にとっての歴史研究の意味という
問いを改めて考えることでもある。

◇久米邦武―史学の眼鏡で浮世の景を 高
田誠二著 ミネルヴァ書房 （ミネルヴァ
日本評伝選） 2007.11
Ⓘ978-4-623-05030-7
＊『欧米回覧実記』の編著者、歴史の特等
席で近代日本を眺む。

◇久米邦武文書 2 科学技術史関係 久米邦武著, 久米美術館編 吉川弘文館 2000.1 ①4-642-01362-8

◇久米邦武文書 1 久米邦武著, 久米美術館編 吉川弘文館 1999.1 ①4-642-01361-X
＊明治十三年、山梨・長野・岐阜・愛知・三重・滋賀・京都・神戸に及ぶ明治天皇の巡幸を久米邦武が記録した巡幸日記は、各地の歴史地理・民情・地場産業など興味ある記述に富む。また文書採訪日記は近代史学確立の基礎となった同二十年内閣臨時修史局による九州七県の採訪記録であり、当時の調査手法と採訪の苦心が窺われる初公開史料。他に採訪文書目録も収める。

◇維新の科学精神─『米欧回覧実記』の見た産業技術 高田誠二著 朝日新聞社 （朝日選書） 1995.5 ①4-02-259627-9

◇科学史からみた久米邦武─平成三年十一月十六日「歴史家・久米邦武展」講演会より 高田誠二著 〔久米美術館〕 （久米美術館研究報告） 1993

◇久米邦武の研究 大久保利謙編 吉川弘文館 1991.11 ①4-642-01277-X

‖ 久米桂一郎 くめけいいちろう
1866〜1934 明治, 大正期の洋画家。留学期代表作「晩秋」。黒田清輝と天真道場を開設。

◇久米桂一郎日記 久米桂一郎著 中央公論美術出版 1990.3 ①4-8055-0188-X
＊本書は、久米美術館所蔵の久米桂一郎の日記を翻刻したものである。日記は、明治14年（1881）から大正11年（1922）の期間に及び、19年間分の筆録が邦文、欧文のいずれかで記されている。

‖ クラーク Clark, William S.
1826〜1886 明治期のアメリカの教育者。札幌農学校（北海道大学）の初代教頭で建学の祖。

◇偉人たちの黒歴史 偉人の謎研究会編 彩図社 2011.12 ①978-4-88392-828-6

◇ルイス＝クラーク探検─アメリカ西部開拓の原初的物語 明石紀雄著 世界思想社 （SEKAISHISO SEMINAR） 2004.12 ①4-7907-1099-8
＊1804年、合衆国第三代大統領ジェファソンの命により、探検隊は北アメリカ大陸北西部の調査に乗り出した。2年4カ月におよぶ探検の全貌を描き出し、その今日的意義を探る。

◇クラーク先生詳伝─伝記・W・S・クラーク 第3版 逢坂信忢著 大空社 （伝記叢書） 1995.10 ①4-87236-491-0

◇クラーク先生とその弟子たち 大島正健著, 大島正満, 大島智夫補訂 教文館 1993.5 ①4-7642-6523-1
＊本書は病床の正健が長子正満を枕頭に呼び、憶い出を口述し、正満がそれを整理編集したものが原型となっている。その編者逝いてすでに四半世紀となり、ここに正健の孫智夫氏の手により、原著の記述を札幌農学校の膨大な史料と照合して謬りなきかを吟味補正し、さらに正健の小伝を加えて本書の決定版が世に送られることとなった。

◇クラーク先生とその弟子たち 大島正健著, 大島正満, 大島智夫補訂 新地書房 1991.2 ①4-88018-148-X

‖ 倉田百三 くらたひゃくぞう
1891〜1943 大正, 昭和期の劇作家, 評論家。戯曲「出家とその弟子」は親鸞ブームを招いた。国民協会に参加の頃から日本主義に傾く。

◇倉田百三─光り合ういのち 倉田百三著 日本図書センター （人間の記録） 2001.9 ①4-8205-5971-0

◇生きんとて─倉田百三とその弟子 浅田晃彦著 近代文芸社 1992.6 ①4-7733-1650-0
＊百三の悲願は日本を盟主とするアジア諸国の解放であった。太平洋戦争という大きな犠牲を払ったが、結果的にそれは実現しつつある。本書は晩年の百三の赤裸々な人間像と、時代に生きんとする青年達のひたむきな歩みを描いたものである。

◇倉田百三の精神世界―出家とその弟子
白鵠会編　白鵠会　1991.4

鞍作鳥　くらつくりのとり
生没年不詳　止利仏師（とりぶっし），鞍
作止利（くらつくりのとり）とも。飛鳥時
代の仏師。止利派の祖。

◇ほとけを造った人びと―止利仏師から運
慶・快慶まで　根立研介著　吉川弘文館
（歴史文化ライブラリー）　2013.8
①978-4-642-05766-0
＊「ほとけ」，すなわち仏像はいかなる
人々によってなぜ造られたのか。止利
仏師や定朝，運慶，快慶ら，飛鳥時代よ
り鎌倉前期に活躍した仏師の姿や，彼
らが率いた工房の活動を描き出す。仏
像をより深く理解できる一冊。

グラバー　Glover, Thomas Blake
1838～1911　江戸時代末期～明治期のイ
ギリスの商人。長崎にグラバー商会を
設立。

◇トーマス・グラバーと倉場富三郎―グラ
バー父子の栄光と悲劇　志岐隆重著　長
崎新聞社　2012.10　①978-4-904561-59-1

◇トマス・グラバーの生涯―大英帝国の周
縁にて　マイケル・ガーデナ著，村里好
俊，杉浦裕子訳　岩波書店　2012.6
①978-4-00-025848-7
＊長崎のグラバー邸に名を残すスコット
ランド人トマス・グラバー（1838～1911）
は，幕末から明治にわたり，貿易商とし
て，実業家として，また晩年は日英同盟
推進の陰の立役者として活躍した。帝
国主義と近代化の波がおしよせる極東
の小島日本において，グラバーの活動
はいかなる意味を持ったのか。曲折に
みちた生涯を跡づけながら，グローバ
ルな歴史の文脈から，その多面的な相
貌を捉え直す。スコットランド出身の
気鋭の比較文化論者による斬新な評伝。

◇グラバー家の人々　改訂新版　ブライア
ン・バークガフニ著，平幸雪訳　長崎文献
社　2011.9　①978-4-88851-172-8
＊維新，近代化の足音が聞こえるグラ

バー父子の克明な伝記。

◇長崎グラバー邸父子二代　山口由美著
集英社　（集英社新書）　2010.9
①978-4-08-720559-6
＊観光名所として訪れる人が絶えない日
本最古の木造西洋風建築，長崎の旧グ
ラバー住宅（グラバー邸）。かつてそこ
には，維新の重要人物トーマス・ブレー
ク・グラバーと，息子の倉場富三郎が住
んでいた。武器商人として，維新の陰
の立役者として，激動の時代を駆け抜
けた父と，後世に残る魚譜（グラバー魚
譜）を残しながら原爆投下からまもなく
自殺した息子―。二人の生涯は，近代
日本の成り立ちを象徴するかのようで
ある。幕末・維新から第二次大戦終結
まで，日本の栄枯盛衰と重なり合う父
子二代の歴史ドラマを活写する。

◇花と霜―グラバー家の人々　ブライアン・
バークガフニ著，平幸雪訳　長崎文献社
2003.12　①4-88851-081-4

◇異人館　上　白石一郎著　朝日新聞社
（朝日文庫）　1999.11　①4-02-264215-7

◇異人館　下　白石一郎著　朝日新聞社
（朝日文庫）　1999.11　①4-02-264216-5

◇もうひとりの蝶々夫人―長崎グラバー邸
の女主人ツル　楠戸義昭著　毎日新聞社
1997.7　①4-620-31184-7
＊『蝶々夫人』の誕生から100年。今，解
き明かされるモデルの謎！　グラバー夫
人ツルの未公開資料をもとに長年のモ
デル論争に終止符を打つ。

◇異人館　白石一郎著　朝日新聞社
1997.2　①4-02-257054-7

◇トーマス・グラバー伝　アレキサンダー・
マッケイ著，平岡緑訳　中央公論社
1997.1　①4-12-002652-3
＊日本の近代化を推進した大貿易商の劇
的生涯。幕末・維新の激動期，長崎を拠
点に艦船や武器を輸入販売し，倒幕運
動に直接に関わった「スコットランド
生まれの侍」グラバーの魅力を，日本・
イギリス・アメリカの資料を駆使して
描く異色の伝記。

◇グラバー夫人―歴史のヒダに光る真実

改訂新版 野田和子改訂　野田平之助著
野田和子　1996.3

◇隠れ間のあるじ─トーマス・ブレイク・グ
ラバー　山崎識子著　栄光出版社
1994.4　①4-7541-9311-3
＊徳川幕府末期、国家改革をめざして奔
走する若き革命家たちがいた。その中
にあって、ただ一人異国人として、幕府
打倒に向かったトーマス・ブレイク・グ
ラバー。彼の波乱に富んだ生涯を、明
治維新という激動と共に綴る感動の大
河小説。

◇明治維新とイギリス商人─トマス・グラ
バーの生涯　杉山伸也著　岩波書店　（岩
波新書）　1993.7　①4-00-430290-0
＊長崎・グラバー邸で名高いトマス・グラ
バー。その生涯は、薩長の黒幕、死の商
人という神話に覆われている。スコット
ランドをあとに幕末日本を訪れ転換期に
活躍した商人の実像や、炭鉱開発を進
める企業家の姿などの多面的な相貌を
初めて明らかにし、激動の時代を生き
ぬく一商人の姿と、幕末維新期の日本
に果たした役割とを重層的にとらえる。

◇グラバー家の最期─日英のはざまで　多
田茂治著　葦書房　1991.12
＊長崎被爆後半月、自ら命を断ったグ
ラバー家最後の当主倉場富三郎と父
トーマス・グラバーその光と影、栄光と
悲惨とに隔てられた生涯。

▌グリフィス　Griffis, William E.
1843～1928　明治期のアメリカの教育者。
福井藩の招きで来日、藩校明新館で指導
した。

◇W.E.グリフィス来福140年記念事業報告書
福井大学グリフィス来福140年記念事業編
纂委員会編　福井大学総合図書館　2013.3

◇グリフィスと福井　増補改訂版　山下英
一著, 福井大学監修　エクシート　2013.3
①978-4-900858-24-4

◇グリフィス福井書簡─William Elliot
Griffis pioneer educator author of the
Mikado's empire　山下英一著　能登印刷
出版部（印刷）　2009.6

◇グリフィスの福井生活─福井県文書館県
史講座記録　山下英一述, 福井県文書館編
福井県文書館　2008.6

◇ハーン、モース、グリフィスの日本　R.
A.ローゼンストーン著, 杉田英明，吉田和
久訳　平凡社　1999.10　①4-582-46004-6
＊極東の異国を訪れた者の眼に映ったも
のは一体何だったのか。明治期の日本
に足跡を記した3人のアメリカ人に光を
あて、その生涯と思想を対比的にとら
えた画期的評伝。

◇グリフィスと日本─明治の精神を問いつづ
けた米国人ジャパノロジスト　山下英一著
近代文芸社　1995.4　①4-7733-3125-9
＊明治3年来日のお雇い教師グリフィス。
彼の60年に及ぶ日本研究から明治史の
側面を浮き彫りにする。

▌グルー　Grew, Joseph C.
1880～1965　昭和期のアメリカの外交官。
1932～1942年に駐日大使を務めた。

◇象徴天皇制への道─米国大使グルーとそ
の周辺　中村政則著　岩波書店　（岩波新
書）　1989.10　①4-00-430089-4

▌来栖三郎　くるすさぶろう
1886～1954　昭和期の外交官。駐ドイツ
大使。日伊独三国同盟に調印。著書に日米
交渉を中心とした回想録「泡沫の35年」。

◇日本外交史人物叢書　第18巻　吉村道男
監修　ゆまに書房　2002.12
①4-8433-0684-3,4-8433-0694-0

▌黒岩涙香　くろいわるいこう
1862～1920　明治、大正期の新聞人、翻訳
家。万朝報、同盟改進新聞、日本たいむす
などで活躍。翻訳小説「鉄仮面」「巌窟王」
など。

◇反骨─反骨のジャーナリスト陸羯南・宮
武外骨・黒岩涙香　子規博'08　松山市立子
規記念博物館第54回特別企画展　松山市
子規記念博物館編　松山市子規記念博物
館　2008.7

◇言葉の戦士─涙香と定輔 明治新聞人の気

概を知りたい　井川充雄，南部哲郎，張宝
芸企画構成，日本新聞博物館編　日本新聞
博物館　2007.2

◇黒岩涙香の研究と書誌―黒岩涙香著訳書
総覧　伊藤秀雄，榊原貴教編著　ナダ出
版センター　（翻訳研究・書誌シリーズ）
2001.6　①4-7727-0354-3
　＊探偵小説は「ノベル」ではなく，「ス
　トーリー」だという。そのストーリー
　は初期の作品をみると，服部誠一ら戯
　作者たちが時の権力者や富者たちの不
　正を暴くと同じ位相で，社会的な誤謬
　を糺す手法によって物語を創造してい
　た。この伝統は戦後日本においても社
　会派の小説作品に継承されていったが，
　今日の推理小説は虚構の中の合理性の
　みを追求し，その衝撃度によって読者
　の興味を引き続けているようにみえる。
　現代の社会構造に対するアパシーな状
　況は，これに拍車をかけている。涙香
　が今日なお多くのファンを持ち続けて
　いるのは，彼が出発点でもち得た社会
　性と合理性を探偵小説の中に総合化し
　ていたからであろう。この経緯を再検
　討し，探偵小説とは何であったのか，そ
　して現代のミステリー小説がいかなる
　位置に立たされているのかを解読する。

◇涙香外伝　伊藤秀雄著　三一書房
1995.6　①4-380-95250-9
　＊江戸川乱歩が心酔した，明治新聞界の
　鬼才・黒岩涙香について，ゆかりの人々
　が語る，耳寄りな外伝。

◇黒岩涙香　涙香会編　日本図書センター
（近代作家研究叢書）　1992.10
①4-8205-9210-6

黒沢明　くろさわあきら
1910～1998　昭和期の映画監督。「羅生
門」でベネチア国際映画祭グランプリ，
「影武者」でカンヌ映画祭グランプリ。

◇人間黒沢明の真実―その創造の秘密　都
築政昭著　山川出版社　2018.7
①978-4-634-15141-3

◇黒沢明と三船敏郎　ステュアート・ガル
ブレイス4世著，桜井英里子訳　亜紀書房
2015.10　①978-4-7505-1458-1

◇大系黒沢明　第2巻　黒沢明著，浜野保樹
編・解説　講談社　2009.12
①978-4-06-215576-2

◇大系黒沢明　第1巻　黒沢明著，浜野保樹
編・解説　講談社　2009.10
①978-4-06-215575-5
　＊画家志望時代から『羅生門』『白痴』ま
　で幻だった脚本・ノベライズを多数発
　掘。全著述・全発言を集大成し「世界の
　クロサワ」の全貌を明かす。

◇黒沢明という時代　小林信彦著　文芸春
秋　2009.9　①978-4-16-371720-3
　＊すべての作品をリアルタイムで観てき
　た作家が読み解く映画と時代。最もス
　トイックでヴィヴィッドな視線を黒沢
　に投げかける。

◇黒沢明から聞いたこと　川村蘭太著　新
潮社　（新潮新書）　2009.4
①978-4-10-610311-7
　＊"世界のクロサワ"の傍らで約二〇年間，
　数々の言葉を聞いてきた映像プロ
　デューサーが回想する，その威容。

◇黒沢明大好き！―強烈な優しさと強烈な
個性と強烈な意志と　塩沢幸登著　やの
まん　2009.2　①978-4-903548-17-3
　＊日本人が忘れかけたこころを取り戻せ。
　31本目の黒沢映画を見たかった人に
　贈る。

◇黒沢明の作劇術　古山敏幸著　フィルム
アート社　2008.5　①978-4-8459-0818-9
　＊"映画的"をきわめる執念と技巧。黒沢
　映画は世界遺産だ！巨匠没して早くも
　10年―黒沢映画の面白さを劇的発想の
　根源から明かす。

◇黒沢明―封印された十年　西村雄一郎著
新潮社　2007.8　①978-4-10-303932-7
　＊"世界のクロサワ"に何があったのか？
　なぜ，このあと作風が変わったのか？
　あの頃のニッポンは何だったのか？
　1966・1975，巨匠が苦悩し闘った十年
　間の日々。気鋭の映画研究者が"狂った
　時代"と自らの青春を交錯させつつ，全
　身全霊で描いた異色評伝ノンフィク
　ション。

◇複眼の映像―私と黒沢明　橋本忍著　文

芸春秋　2006.6　①4-16-367500-0
＊戦後を代表するシナリオ作家、橋本忍はどのようにつくられたか。本書は、盟友・黒沢明との交友、葛藤を通じて描いた、すべての映画ファンに捧げる真に個性的な自伝である。

◇黒沢明と早坂文雄―風のように侍は　西村雄一郎著　筑摩書房　2005.10　①4-480-87349-X
＊「七人の侍」を創った男たち。映画と音楽に生命を捧げ、昭和を生きた壮烈な二人の青春！　没後50周年。初公開の日記、新発見の資料をもとにいま明かされる伝説の作曲家の実像。

◇十五人の黒沢明―出演者が語る巨匠の横顔　ぴあ　2005.3　①4-8356-1537-9
＊「生きる」「七人の侍」「用心棒」「影武者」「乱」など、1998年に他界するまでに30本の監督作品を残した巨匠・黒沢明。その厳しくも楽しい現場を体験してきた15人の出演者達が、それぞれの“黒沢感”を語り尽くした万人必携の証言集。

◇黒沢明を語る人々　黒沢明研究会編　朝日ソノラマ　2004.9　①4-257-03703-2

◇回想黒沢明　黒沢和子著　中央公論新社（中公新書）　2004.8　①4-12-101761-7

◇黒沢明をめぐる12人の狂詩曲　岩本憲児編　早稲田大学出版部　2004.8　①4-657-04919-4

◇天気待ち―監督・黒沢明とともに　野上照代著　文芸春秋（文春文庫）　2004.3　①4-16-767901-9

◇パパ、黒沢明　黒沢和子著　文芸春秋（文春文庫）　2004.2　①4-16-765697-3

◇評伝黒沢明　堀川弘通著　筑摩書房（ちくま文庫）　2003.9　①4-480-03882-5
＊助監督時代や戦時下での映画製作、東宝争議など、青春時代の黒沢明に始まり、監督デビュー、そして世界のクロサワとなるまでを、助監督として支え、同時代を生きた堀川弘通が綴る。巨匠の知られざる人間像を明かした初の本格評伝。第11回Bunkamuraドゥマゴ文学賞受賞作。

◇黒沢明と『生きる』―ドキュメント・心に響く人間の尊厳　都築政昭著　朝日ソノ
ラマ　2003.2　①4-257-03670-2
＊黒沢、42歳。胃ガンを宣告された平凡な男が、その後、どう生き死んでいったか―鮮烈なテーマが重厚な画面に漲る！　この最高傑作の“創作の秘密”が、今ドキュメントで露になる！　写真多数。

◇黒沢明作品解題　佐藤忠男著　岩波書店（岩波現代文庫　文芸）　2002.10　①4-00-602059-7
＊『姿三四郎』で鮮烈なデビューをかざり、『羅生門』で国際的な評価を得た黒沢明は、常に次回作が世界中で待望されたもっとも著名な日本人映画監督である。その創造力の秘密とは何か。日本映画史研究の第一人者が、全監督作品三〇作とシナリオ作品を綿密に読みとき、スタッフ、俳優等を論じ、巨匠の精神の遍歴を明らかにする。

◇黒沢明の精神病理―映画、自伝、自殺未遂、恋愛事件から解き明かされた心の病理　柏瀬宏隆，加藤信著　星和書店　2002.4　①4-7911-0472-2

◇黒沢明―天才の苦悩と創造　野上照代責任編集　キネマ旬報社（キネ旬ムック）　2001.11　①4-87376-577-3

◇蝦蟇の油―自伝のようなもの　黒沢明著　岩波書店（岩波現代文庫　文芸）　2001.8　①4-00-602037-6

◇黒沢明の食卓　黒沢和子著　小学館（小学館文庫）　2001.7　①4-09-402296-1
＊「映画の現場では無論映画監督だが、食卓の監督も父である。やる気を起こさせる美味しい食卓。元気の元は食べかつ飲むこと、黒沢映画の源のパワーは食卓から始まっていた」。黒沢家の名料理長兼名マネージャーとして、黒沢組を支えた著者が明かす名匠の秘密。

◇クロサワ―炎の映画監督・黒沢明伝　園村昌弘原作，中村真理子作画　小学館（Big spirits comics special　日本映画監督列伝）　2001.4　①4-09-179322-3

◇天気待ち―監督・黒沢明とともに　野上照代著　文芸春秋　2001.1　①4-16-356910-3
＊本書は、一九九一年七月から九七年十月までの六年に亘り“キネマ倶楽部”と

いうビデオ販売機構の会報に連載された「天気待ち」というエッセイが中心になっている。『羅生門』以来黒沢組にかかわる著者の、巨匠の逸話満載。

◇黒沢明と『赤ひげ』―ドキュメント・人間愛の集大成　都築政昭著　朝日ソノラマ　2000.12　①4-257-03620-6
＊黒沢映画の集大成！「映画に不可能はないんだ！」至宝のスタッフ全員の力をギリギリまで絞って、黒沢システムを完遂させた空前の傑作！　この作品は、どのように創られたのか。

◇評伝黒沢明　堀川弘通著　毎日新聞社　2000.10　①4-620-31470-6
＊名作『生きる』『七人の侍』など数々の製作現場を助監督として支えた著者が初めて明らかにする黒沢明の映画人生と、その横顔。

◇黒沢明を求めて　西村雄一郎著　キネマ旬報社　（キネ旬ムック）　2000.5　①4-87376-539-0

◇パパ、黒沢明　黒沢和子著　文芸春秋　2000.1　①4-16-355890-X
＊私の歳、学年はおろか、通う学校の名さえ知らなかった父。離婚して二年も経ってから「和子は独り者か？」と訊いた父。売り食いの生活状況など露知らず、贅沢三昧していた父。孫の初節句の鮨飯を、団扇であおいで冷ましてくれた父。初めて明かされる家庭人クロサワ。

▌ 黒住宗忠　くろずみむねただ
1780～1850　江戸時代後期の神道家, 黒住教の教祖。

◇太陽の神人黒住宗忠　続　山田雅晴著　たま出版　2009.9　①978-4-8127-0290-1
＊ロングセラー『太陽の神人黒住宗忠』の待望の続編！　今回は、神人・宗忠出現の意義を歴史的・霊的に明らかにし、混迷する21世紀に生きる私たちが、宗忠から学ぶべき人生の指針を示す。宗忠の「慈愛の心」と「神仏との上手なお付き合い方」を紹介し、宗忠の教えを参考にした各種開運法・ピンチ克服法などを盛り込んだ「開運の指南書」「自己信頼と癒しの書」。

◇いのちの教え―黒住宗忠に学ぶ自然体の生き方　山田敏雄著　テーミス　2008.9　①978-4-901331-15-9

◇黒住宗忠に学ぶ生き方―神と人と世界と　山田敏雄著　たま出版　2003.5　①4-8127-0073-6
＊江戸末期の天才宗教家・黒住宗忠の生き方を紹介し、混迷の世を生きる我々の学ぶべきところを探る。

◇神の心で生きる　山田敏雄著　文芸社　1999.9　①4-88737-615-4
＊天照大御神の心で生きるとは―人間はどうあるべきか…？　その答えがここにある！　江戸末期の天才宗教家・黒住宗忠が説く最高の生き方、楽しみ方。

◇世界を救う愛の原理――即他他即一　志水一夫, 坂本晋著　たま出版　1999.8　①4-8127-0024-8
＊本当の神は、今まで私達が考えていたような偏った存在ではありません。大宇宙、大自然そのものが神であり、存在の源であり、存在そのものなのです。この本では、科学の裏付けを提示しながら神の存在を説明して行きます。

◇太陽の神人黒住宗忠―その超逆転発想は、激動の時代を生き抜く処方箋。山田雅晴著　たま出版　1996.7　①4-88481-483-5
＊幕末日本に釈迦やキリスト級の驚異的聖者がいた。地球との"共生"時代にこそ生きる彼の生命哲学。中村天風にも通じる生命哲学を説き、数々の奇跡を起こした宗忠の人生に光をあて、幕末日本史の裏に隠れた皇室とのつながりを明かす著者渾身の書。

▌ 黒田清隆　くろだきよたか
1840～1900　明治期の政治家。総理大臣。討幕運動、薩長連合に尽力。特命全権弁理大使として日朝修好条規を締結。明治21年首相。

◇青雲の果て―武人黒田清隆の戦い　奥田静夫著　北海道出版企画センター　2007.10　①978-4-8328-0715-0

◇歴代総理大臣伝記叢書　第2巻　黒田清隆　御厨貴監修　ゆまに書房　2005.7

①4-8433-1780-2

◇黒田清隆　〔新装版〕　井黒弥太郎著　吉
川弘文館　（人物叢書）　1987.11
①4-642-05099-X
＊埋もれたる明治の礎石。開拓使長官と
して北海道開拓に尽力し，のち第二代
総理となったが，条約改正に失敗して
辞任。その後，強烈な個性がわざわい
して，伊藤博文主導の明治政界で冷遇
される。『開拓使簿書』『黒田榎本文書』
等に溯り，『明治天皇紀』や巷間の伝説
等をも吟味して，従来の伝記では記述
しえなかった明治史の盲点を突く，初
めての実伝成る。

黒田如水　くろだじょすい
⇒黒田孝高（くろだよしたか）

黒田清輝　くろだせいき
1866〜1924　明治，大正期の洋画家。子
爵，貴族院議員。「読書」「朝妝」がサロン
に入選。天真道場を開設，外光派の画風
を伝える。

◇黒田清輝―生誕150年 日本近代絵画の巨
匠 特別展　黒田清輝画　美術出版社
2016.3　①978-4-568-10487-5

◇黒田清輝日記　第1巻　黒田清輝著　中央
公論美術出版　2004.5　①4-8055-1204-0

◇黒田清輝日記　第2巻　黒田清輝著　中央
公論美術出版　2004.5　①4-8055-1205-9

◇黒田清輝日記　第3巻　黒田清輝著　中央
公論美術出版　2004.5　①4-8055-1206-7

◇黒田清輝日記　第4巻　黒田清輝著　中央
公論美術出版　2004.5　①4-8055-1207-5

◇裸体画の黎明―黒田清輝と明治のヌード
勅使河原純著　日本経済新聞社　1986.3
①4-532-09410-0

黒田長政　くろだながまさ
1568〜1623　安土桃山時代，江戸時代前期
の武将，大名。

◇黒田官兵衛―姫路が生んだ戦国の智将
姫路独協大学播磨総合研究所編　神戸新

聞総合出版センター　2014.5
①978-4-343-00804-6
＊「戦わずして勝つ交渉力」「最悪のピン
チを智略で切り抜ける」「人は活かして
使う」―「軍師官兵衛」を生んだ戦国期
の播磨を見渡しながら，今に通じるそ
の生き方と人間性に10人の筆者が迫る。

◇黒田官兵衛と二十四騎　本山一城著　宮
帯出版社　2014.4　①978-4-86366-913-0
＊黒田二十四騎伝記の決定版!!甲冑50点・
刀剣類25点のほか図版245点収録。

◇黒田長政と二十四騎黒田武士の世界―黒
田長政生誕四四〇年記念展　黒田長政と
二十四騎展実行委員会編　黒田長政と二
十四騎展実行委員会　2008.9

黒田孝高　くろだよしたか
1546〜1604　黒田如水（くろだじょすい）
とも。安土桃山時代の武将，大名。

◇官兵衛がゆく―敗者たちの栄光とともに
柳谷郁子著　スプリング　2016.4
①978-4-905449-08-9

◇官兵衛―鮮烈な生涯　播磨学研究所編
神戸新聞総合出版センター　2015.5
①978-4-343-00847-3

◇戦国時代の組織戦略　堺屋太一著　集英
社　2014.6　①978-4-08-786047-4
＊乱世を制したのは「組織戦略」だった！
堺屋太一の「歴史を活かす」鋭い分析と
ビジネス論。

◇黒田官兵衛―姫路が生んだ戦国の智将
姫路独協大学播磨総合研究所編　神戸新
聞総合出版センター　2014.5
①978-4-343-00804-6
＊「戦わずして勝つ交渉力」「最悪のピン
チを智略で切り抜ける」「人は活かして
使う」―「軍師官兵衛」を生んだ戦国期
の播磨を見渡しながら，今に通じるそ
の生き方と人間性に10人の筆者が迫る。

◇黒田官兵衛と二十四騎　本山一城著　宮
帯出版社　2014.4　①978-4-86366-913-0
＊黒田二十四騎伝記の決定版!!甲冑50点・
刀剣類25点のほか図版245点収録。

◇信長・秀吉・家康の時代を生き抜いた軍師

黒田孝高

官兵衛戦跡地図本　鳥越一朗文, ユニプラン編集部編　ユニプラン　2014.4
①978-4-89704-330-2
＊訪ねて巡る観光地満載！ 京都・滋賀の食事処24件紹介。

◇黒田官兵衛はなぜ天下を取らなかったのか？　爆笑問題著　幻冬舎　（〔爆笑問題の日本原論〕）　2014.3
①978-4-344-02544-8

◇キリシタン黒田官兵衛　下巻　雑賀信行著　雑賀編集工房　2014.2
①978-4-906968-02-2
＊なぜ官兵衛がキリスト教に入信したのか、いつ入信したのかを、当時のイエズス会関係史料を駆使して究明するとともに、キリシタンとしてどのように生きたのかについても論及。随所に、フランシスコ・ザビエルがはじめてわが国にキリスト教を伝えてからの伝道の歴史が盛りこまれている。

◇マンガ戦国の世を生きる黒田官兵衛と宇都宮鎮房　屋代尚宣漫画, 大分県中津市監修　梓書院　2014.2　①978-4-87035-515-6

◇秀吉に天下を獲らせた男 黒田官兵衛　本山一城著　宮帯出版社　2014.1
①978-4-86366-912-3
＊新発見の遺構写真、新説等を多数掲載！ 深志野構・大塩城・笹峠…これまでに発表されていない遺構写真等を交えながら軍師官兵衛の足跡が明らかに！

◇日本に今一番必要な男 黒田官兵衛　原口泉著　幻冬舎　2014.1
①978-4-344-02516-5
＊秀吉・家康が最も恐れた男は、「インテリジェンスの達人」か？「裏切らない情の人」か？ NHK大河ドラマの主役、最強の軍師。

◇黒田官兵衛―天下をねらった天才軍師 漫画でよめる！　講談社編, 百田文作　講談社　2013.12　①978-4-06-218754-1

◇黒田官兵衛は天下を狙ったのか　楠木誠一郎著　ベストセラーズ　（ベスト新書）　2013.12　①978-4-584-12426-0
＊黒田官兵衛は天下人たる器があったか？ 本書は軍師としての優れた采配を中心に、時代の流れを敏感に察しなが

らも波乱の生涯を生きた官兵衛を綴る。

◇軍師・黒田官兵衛に学ぶ、絶対に負けない経営学　横山茂彦著　宝島社　（宝島SUGOI文庫）　2013.11
①978-4-8002-1805-6
＊黒田官兵衛の生涯を辿ることで、彼の生き方を今日的に捉え返し、ビジネスの現場に生かす“教訓”をとりだす、それが本書の狙いです。

◇黒田官兵衛―「天下を狙った軍師」の実像　諏訪勝則著　中央公論新社　（中公新書）　2013.11　①978-4-12-102241-7
＊時代の趨勢を読み、織田陣営についた黒田官兵衛は、瞬く間に頭角を現した。秀吉の右腕として中国経略、九州遠征、小田原合戦など各地を転戦。官兵衛の働きなくして秀吉による全国統一もなかった。「稀代の軍師」とも呼ばれる武将の活躍の実態はいかなるものだったのか。関ヶ原合戦に際して天下を目指したとする説の真偽は―。茶の湯や連歌に優れ、キリスト教信仰を貫くなど、名将の知られざる側面にも光を当てる意欲的な評伝。

◇黒田官兵衛　加来耕三企画・構成・監修, 水谷俊樹原作、やまざきまこと作画　ポプラ社　（コミック版日本の歴史　戦国人物伝）　2013.11　①978-4-591-13656-0
＊2014年NHK大河ドラマ「軍師官兵衛」の主人公!!秀吉を天下人へと導いた男の生涯！

◇黒田官兵衛―天才軍師ここにあり　藤咲あゆな著　ポプラ社　（ポプラポケット文庫）　2013.11　①978-4-591-13661-4
＊播磨国の小大名小寺家に仕えていた黒田官兵衛は、西は毛利、東は織田にはさまれ、どちらにつくかの選択を迫られたとき、家臣でただ一人「織田につくべき」と断言。そのたしかな目とずばぬけた知略で戦乱の世を生き抜き、豊臣秀吉を天下人へと導いた、天才軍師の生涯をえがきます。小学校上級～。

◇黒田官兵衛に学ぶ経営戦略の奥義 “戦わずして勝つ！”　福永雅文著　日刊工業新聞社　（B&Tブックス）　2013.11
①978-4-526-07163-8
＊ランチェスター戦略の第一人者が教え

234　教科書に載った日本史人物1000人

黒田孝高

る経営戦略の奥義 “消耗戦をしないで勝つ！”

◇秀吉ではなく家康を「天下人」にした黒田官兵衛―「天才軍師」と呼ばれる男の虚と実 跡部蛮著 双葉社 （双葉新書） 2013.11 ①978-4-575-15423-8
＊2014年NHK大河ドラマの主役となる黒田官兵衛。豊臣秀吉の懐刀として「中国大返し」を秀吉に助言。結果的に主君を天下人にした稀代の軍師といわれている。しかし、それは史実なのだろうか…。信頼に足る史料を紐解くと、実は官兵衛は秀吉ではなく、徳川家康を天下人にするために、想像を絶するような裏工作をしていたことがわかる。次々に新説を投げかける話題の著者、渾身の書き下ろし作。

◇キリシタン黒田官兵衛 上巻 雑賀信行著 雑賀編集工房 2013.10 ①978-4-906968-01-5
＊黒田官兵衛がキリシタンだったことが隠蔽され、すぐ棄教したという風説を信じ込まされてきたのは、日本人のキリスト教音痴ゆえだった。司馬遼太郎『播磨灘物語』、火坂雅志『軍師の門』、上田秀人『日輪にあらず』、童門冬二『黒田如水』、加来耕三『乱世を勝ち抜く参謀学』、吉川英治『黒田如水』、松本清張『軍師の境遇』、海音寺潮五郎『武将列伝』など、官兵衛を描いた小説や評伝を取り上げ、その誤解や問題を再検討する。官兵衛の生涯に訪れた入信の契機はいつだったのか？

◇黒田官兵衛の情報学（インテリジェンス）宮崎正弘著 晋遊舎 （晋遊舎新書） 2013.10 ①978-4-86391-856-6
＊インテリジェンスは戦国武将に学べ！軍師・官兵衛が秀吉に教えた情報学とは？ 国際情勢に精通するトップジャーナリストが説く、いま日本人に必要な情報戦略術。

◇黒田官兵衛―作られた軍師像 渡辺大門著 講談社 （講談社現代新書） 2013.9 ①978-4-06-288225-5
＊類稀なる交渉術を駆使し、中国計略から北条氏討伐の小田原合戦に至るまで豊臣秀吉の天下統一の大事業を扶けた

稀代の智将。「備中高松城水攻め」「中国大返し」の真実とは？ 本当に天下獲りを目指したのか？ 信頼できる史料のみをもとに、その出自から「名軍師」「二流の人」などに至るまで後世に創作された様々な俗説を徹底検証し、巷間に流布された従来の軍師像を超えて、自らの才覚のみで道を切り開いた新しいタイプの武将として新たな黒田官兵衛像を描く。

◇黒田官兵衛のすべて 安藤英男編 中経出版 2013.9 ①978-4-8061-4915-6
＊出自と人物像から、軍師や領主としての能力、合戦での活躍、教養、女性との関係まで。秀吉に天下を取らせた、戦国一の軍師の実像に迫る。古典的名著が、大幅な加筆・修正を経て復刻！

◇我が君主は天にあり―軍師・黒田官兵衛伝 上 浅黄霞雲著 文芸社 （文芸社文庫） 2013.8 ①978-4-286-14273-9
＊100年にわたる乱世が統一へと向かっていた安土桃山時代、織田信長による天下布武を影で支える男がいた。本能寺の変により消えかけた夢を羽柴秀吉が受け継ぐと、その男、黒田官兵衛の活躍が天下統一をさらに加速させてゆく。激動の時代を知略と信念で駆け抜け、最強のナンバー2と言われた男の生き様とは？ 上巻では出生から秀吉による天下統一まで、謎の多い前半生を描く。

◇我が君主は天にあり―軍師・黒田官兵衛伝 下 浅黄霞雲著 文芸社 （文芸社文庫） 2013.8 ①978-4-286-14274-6
＊北条氏を討伐し、秀吉による天下統一が最終段階に入ると、官兵衛孝高は嫡男の長政に家督を譲り、『如水』と号して隠居する。ところが、朝鮮出兵、秀吉の死、そして徳川を中心とした覇権争いと、時代はまだ如水を必要としていた。乱世に翻弄されながらも、したたかに生きた男が最期に遺したものとは？ 下巻では、隠居から九州席捲、関ヶ原の戦いへと続く波乱万丈の晩年を描く。

◇不屈の人 黒田官兵衛 安藤優一郎著 メディアファクトリー （メディアファクトリー新書） 2013.6 ①978-4-8401-5222-8
＊羽柴秀吉は「敵を殺さない」ことで人望

教科書に載った日本史人物1000人　235

景行天皇

を集め天下を獲った。しかし、殺さず
して諸将をしたがわせるその戦略はそ
の軍師・黒田官兵衛に並外れた知恵と
仁愛の心があってこそ。小大名の家老
の家に生まれて広い世界を望み、自由
を奪われても疑われても、己の信ずる
ところをまっすぐに行い、天下の統一
に大きくあずかった稀代の智将。毀誉
褒貶あったその生涯を、平易な文章と
豊富な図で完全網羅。

◇方円の器―時代を超えて通じる如水の生
き方　浅黄霞雲著　文芸社　2012.6
　①978-4-286-12030-0

◇黒田如水―臣下百姓の罰恐るべし　小和田
哲男著　ミネルヴァ書房　（ミネルヴァ日
本評伝選）　2012.1　①978-4-623-06245-4
　＊黒田如水（官兵衛、孝高。一五四六〜一
六〇四）豊前の戦国大名。播磨の豪族の
家臣に生まれながら、持ち前の知略に
より豊臣秀吉の天下統一戦を支え、豊
前中津一二万石を与えられた如水。豊
臣政権の成立、そして秀吉死後の政情
をも左右した名軍師の実像を、確実な
史料から明らかにする。

◇残照の記　黒田如泉著　文芸社ビジュア
ルアート　2010.2　①978-4-7818-0346-3

◇藤の三つ巴　黒田如泉著　文芸社ビジュア
ルアート　2009.6　①978-4-7818-0151-3
　＊天下取りを演出した稀代の軍師黒田官
兵衛、子孫である黒田如泉が描くその
実像。

【け】

▌景行天皇　けいこうてんのう

上代の第12代の天皇。垂仁天皇の子、子
に成務天皇、日本武尊。

◇景行天皇と日本武尊―列島を制覇した大
王　河村哲夫, 志村裕子著　原書房
2015.6　①978-4-562-05180-9

◇九州王朝一元論　吉田舜著　（福岡）葦書
房　1993.9　①4-7512-0528-5

　＊日本古代史の定説、津田左右吉氏の「記
紀造作説」と、大和王朝も九州王朝も共
存していたとする古田武彦氏の「古代
多元史説」を共に止揚し、発展的統合を
試みた待望の書。

▌桂昌院　けいしょういん

1624〜1705　江戸時代前期, 中期の女性。
3代将軍徳川家光の側室、5代将軍綱吉の
生母。

◇悪の歴史―隠されてきた「悪」に焦点をあ
て、真実の人間像に迫る　日本編下　大
石学編著　清水書院　2017.12
　①978-4-389-50064-1

▌継体天皇　けいたいてんのう

？〜531　上代の第26代の天皇。応神天皇
の5世孫。

◇日本書記神代から月読命尊継承の地轟―
継体大王ゆかりの神郷　こしの都千五百
年プロジェクト実行委員会継体大王ゆか
りの地継承部会編　こしの都千五百年プ
ロジェクト実行委員会継体大王ゆかりの
地継承部会　2018.2

◇継体大王と筑紫君磐井―高槻市立今城塚
古代歴史館開館5周年記念特別展　高槻市
立今城塚古代歴史館　2016.3

◇継体天皇　篠川賢著　吉川弘文館　（人物
叢書 新装版）　2016.2
　①978-4-642-05276-4

◇継体大王とヤマト―平成27年度春季特別
展　奈良県立橿原考古学研究所附属博物館
編　奈良県立橿原考古学研究所附属博物館
（奈良県立橿原考古学研究所附属博物館特
別展図録）　2015.4　①978-4-905398-33-2

◇継体天皇と朝鮮半島の謎　水谷千秋著
文芸春秋　（文春新書）　2013.7
　①978-4-16-660925-3
　＊遠い血縁、地方出身にもかかわらず天
皇の座に就いたのはなぜか？　味方をし
たのは誰か？　緊迫する朝鮮半島との関
係にどう対処したのか？　古墳、石棺、
冠など考古学上の新しい成果を取り入
れ、文献考察と突き合わせて、「謎の大
王」の実像に迫る。

◇遷都に秘められた古代天皇家の謎　関裕二著　PHP研究所　（PHP文庫）　2012.6　①978-4-569-67837-5
＊人が住まいを替えるとなるとそれなりの覚悟を要する。ところが7世紀末から8世紀末にかけて、20年に一度という異常な頻度で古代の天皇は目まぐるしく住処を替えた。それも、都の機能そのものを転々と遷し、造営途中の宮を捨てて大慌てと思えるような遷都もあったのだ。この意図はどこにあるのか？これら不可解な古代史の謎を気鋭の歴史作家がすべて解き明かす。

◇継体天皇を疑う─東アジアから見た日本古代史の謎　壱岐一郎著　かもがわ出版　2011.4　①978-4-7803-0428-2
＊中国・韓国史料と日本の古代遺跡から列島政治文化の様相を読み解く─巨大古墳地帯VS中小墳＋山城地帯、6世紀日本の真実は各地自立王国＋ヤマト王権だ。対外蔑視と「ヤマト原理主義」の源は藤原氏による時空を超えた「天皇家」創作だった。

◇消えた出雲と継体天皇の謎　関裕二著　学研パブリッシング　2010.8　①978-4-05-404627-6
＊なぜ『日本書紀』は継体天皇に関する「出雲」の人脈と有縁の「地」を隠したのか!?著者が満を持して放つ渾身の意欲作。

◇継体大王の時代─百舌鳥・古市古墳群の終焉と新時代の幕開け　平成22年度春季特別展　大阪府立近つ飛鳥博物館編　大阪府立近つ飛鳥博物館　（大阪府立近つ飛鳥博物館図録）　2010.4

◇継体天皇と王統譜　前田晴人著　同成社　2010.3　①978-4-88621-515-4
＊継体天皇は地方豪族だったのか、傍系の王族だったのか。古くより議論の絶えない継体天皇の出自について、その系譜・事績を総合的に捉え直し、緻密な考察を経て、真の王統譜と継体天皇の新しい人物像を提示する。

◇継体天皇 二つの陵墓、四つの王宮　森田克行，西川寿勝，鹿野塁著　新泉社　2008.8　①978-4-7877-0816-8

＊多くの謎につつまれた継体天皇とは？真の陵墓である今城塚古墳や、即位してから大和に入るまで、転々とした王宮周辺の発掘成果から、新しい視点で継体天皇に迫る。

◇継体天皇と即位の謎　大橋信弥著　吉川弘文館　2007.12　①978-4-642-07983-9
＊継体天皇は応神天皇五世孫なのか、王統とはつながらない地方豪族であったのか。出自をめぐる問題、擁立勢力と即位の事情などを、今城塚古墳の発掘成果や息長氏との関わりを交えて解明。謎に包まれた実像を探る。

◇古典が語る継体天皇─平成19年秋季特別展 展覧会図録　福井市立郷土歴史博物館企画・製作・編集　福井市立郷土歴史博物館　2007.9

◇大王がゆく─継体天皇即位一五〇〇年　福井新聞社　2007.9　①978-4-938833-57-2

◇継体天皇の実像　白崎昭一郎著　雄山閣　2007.3　①978-4-639-01964-0
＊継体の出自、即位の事情、遷都の理由、朝鮮半島との関係、磐井の乱、崩御時の混乱など古代史上最大の謎に挑む。

◇継体大王とその時代─史跡今城塚古墳シンポジウム資料集　高槻市教育委員会文化財課埋蔵文化財調査センター編　高槻市教育委員会文化財課埋蔵文化財調査センター　2005.9

◇継体天皇の謎─古代史最大の秘密を握る大王の正体　関裕二著　PHP研究所（PHP文庫）　2004.11　①4-569-66284-6

◇神功皇后を読み解く　山田昌生著　国書刊行会　2003.11　①4-336-04605-0
＊半島南部から畿内に及ぶ広大な海を支配していた皇后の、天性の魅力とカリスマ性を鮮烈に描く。

◇日継知らす可き王無し─継体大王の出現 平成15年度春季特別展　滋賀県立安土城考古博物館編　滋賀県立安土城考古博物館　2003.4

◇継体大王とその時代　枚方市文化財研究調査会編　和泉書院　（和泉選書）　2000.4　①4-7576-0036-4
＊考古学、文献史学の両側面から古代史

最大の謎「継体大王」に迫る。応神五世孫として河内・樟葉宮で即位したという謎多き大王「継体」に、考古学三篇、文献史学三篇の論考が挑む。

◇継体・欽明朝と仏教伝来　吉村武彦編　吉川弘文館　（古代を考える）　1999.12　①4-642-02191-4
　＊六世紀初頭から後半にいたる継体・欽明天皇の時代は、いまだ多くの謎に包まれながらも、古代史上の大きな転換期とされる。その解明に挑み、王位継承にまつわる「内乱」を朝鮮半島の政治情勢を踏まえて検証。群集墳・ミヤケの成立、蘇我氏の台頭、仏教伝来といった複雑に絡み合う歴史事象を解きほぐしつつ、ヤマト王権強化への歴史のうねりを描く。

◇継体天皇と古代の王権　水谷千秋著　和泉書院　（日本史研究叢刊）　1999.10　①4-7576-0005-4
　＊本書は、これまで筆者が研究の中心に置いてきた継体天皇に関わる諸論文をまとめ、一書と為したものである。全部で五部、十二編の論文と終章とによって構成されているが、一貫して継体天皇とその前後の時代を主題としており、統一性のある書物として読めるものである。

◇継体天皇略説　竹島平兵衛著　竜汀荘　1995.4

◇継体東国王朝の正体—伽耶・東北王朝復活の謎　関裕二著　三一書房　1995.3　①4-380-95209-6

◇継体大王と尾張の目子媛—新王朝を支えた濃尾の豪族たち　網野善彦，門脇禎二，森浩一編　小学館　1994.3　①4-09-626179-3
　＊古代新王朝成立のかぎをにぎる継体大王をめぐる妃たち。古代史シンポジウム。

◇継体大王のふるさと考　西尾作一著　〔西尾作一〕　1994.1

◇継体天皇は新王朝ではない—古代日本の統一　南原次男著　新人物往来社　1993.7　①4-404-02035-X
　＊継体天皇は正統かつ平和的に皇位を継承した。古代日本の統一は四世紀以前にさかのぼる。日本の軍制上、好太王

碑改ざんは不可能etc。古代史学界への実証的提言。

◇継体天皇とうすずみ桜—古代秘史『真清探当証』の謎　小椋一葉著　河出書房新社　（伝承が語る古代史）　1992.3　①4-309-22220-X
　＊岐阜の山奥にひっそりと息づく世界的名木「薄墨の桜」—。この桜には継体天皇にまつわる悲しい伝承が隠されていた。闇の中からたちあらわれた秘本『真清探当証』が明かす、尾張の抹消と物部氏の滅亡にからむ驚くべき真実。

契沖　けいちゅう

1640〜1701　江戸時代前期, 中期の和学者。「万葉代匠記」の著者。

◇契沖学の形成　井野口孝著　和泉書院　（研究叢書）　1996.7　①4-87088-814-9

◇契沖阿闍梨　大町桂月著　クレス出版　（近世文芸研究叢書）　1995.11　①4-87733-002-X

ケプロン　Capron, Horace

1804〜1885　明治期のアメリカの農政家。開拓使教師頭取。北海道開拓の基本計画をまとめた。

◇ケプロンの教えと現術生徒—北海道農業の近代化をめざして　富士田金輔著　北海道出版企画センター　2006.4　①4-8328-0605-X
　＊開拓使による欧米農業技術の導入、その歴史的場面を克明に描く異彩のドキュメンタリー。それまで我が国においては経験したことのない、未開の北方寒冷地における農業技術の成立を目指して開拓使（明治政府）が試みた洋式農業導入の実態を、膨大な開拓使文書を丹念に調査することによって明らかにした労作である。特に、農業現術生制度と試験場（官園、育種場）に関する研究は学術的にも貴重である。北海道開拓史、北海道農業発達史は言うでもなく、欧米技術文化の移植による我が国の近代化の過程を知る上からも極めて興味深い著書と言える。

ケーベル Köber, Raphael

1848〜1923 明治・大正期のドイツの哲学者,音楽教育家。帝国大学・東京音楽学校で指導。

◇日本を愛したドイツ人—ケンペルからタウトへ 島谷謙著 広島大学出版会 2012.9 ①978-4-903068-25-1

◇ケーベル先生とともに 久保勉著 岩波書店 1994.2 ①4-00-000626-6

源空 げんくう

⇒法然(ほうねん)

兼好法師 けんこうほうし

1283?〜1350 卜部兼好(うらべかねよし),吉田兼好(よしだけんこう)とも。鎌倉時代後期,南北朝時代の歌人,随筆家。「徒然草」の著者。

◇兼好法師—徒然草に記されなかった真実 小川剛生著 中央公論新社 (中公新書) 2017.11 ①978-4-12-102463-3

◇吉田兼好とは誰だったのか—徒然草の謎 大野芳著 幻冬舎 (幻冬舎新書) 2013.5 ①978-4-344-98304-5
＊日本三大随筆の一つ「徒然草」は鎌倉後期,吉田兼好によって書かれた作品。だが爾来,兼好の実体は藪の中である。本名はわかっているが生没年ともに不祥。徒然草原本は消失。最古の写本も兼好の死後数十年のものである。そもそも原本は存在せず,兼好が反古を壁や襖の張り紙としていたものを死後,弟子が剥がし集めたのが徒然草になったという伝説もある。誕生から六百六十年,研究が始まってから二百六十年,ずっとベストセラーであり続けた特異な随筆文学を残した兼好の人物像を,ノンフィクション作家があぶりだした。

◇法師になりきれなかった兼好の徒然草 矢吹邦彦著 明徳出版社 2010.11 ①978-4-89619-786-0
＊少年の日の癒し難い苦痛を救ったのは徒然草だった。半世紀以上を経て思い出深いこの書に挑み,兼好を現代に迎

え,少年時代に戻り,作品の多様な世界と自由自在な兼好の人物・精神を,独断を恐れず熱く語った出色の徒然草私記。

◇歌人兼好とその周辺 丸山陽子著 笠間書院 2009.3 ①978-4-305-70476-4
＊吉田兼好が生きた中世という時代,人々はどのように交流し,そのネットワークはどのように築かれていたのか? 『兼好自撰家集』の「哀傷歌」を探ると,兼好と交流の深かった人物が見えてくる。

◇夢窓と兼好—道は吾等と共にあり 久米宏毅著 中央公論事業出版 2009.3 ①978-4-89514-332-5
＊鎌倉時代の碩学二人が語る人生の神髄。

◇兼好法師の虚像—偽伝の近世史 川平敏文著 平凡社 (平凡社選書) 2006.9 ①4-582-84226-7
＊「徒然草は近世文学である」—近世初頭「古典」として発見された徒然草は,出版産業の興隆ともあいまって一大ブームとなり,おびただしい注釈書類を産んだ。そのなかで,中世には知られていなかった兼好の伝記資料が出現する。兼好と同時代の公家の日記の抜粋を称しながら,その実まったくの偽文であるその資料は,伊賀に発して何次かにわたって増殖,芭蕉とその一門のはたらきもあって広く流布し,これをもとにいくつもの兼好伝記が書かれた。そして,まるでこの偽文に仕組まれていた時限装置が作動したかのように,兼好のイメージは時を経て変転する。恋にも強い分け知りの法師,西行と並ぶまことしき隠者,江戸後期には,諜報謀略活動にいそしむ南朝の忠臣。江戸期の文芸・学芸思潮の変遷とともに,明治後半まで信じられていたこの偽伝と兼好像変転の顛末を活写する,気鋭の論考。

◇兼好—人と文学 下西善三郎著 勉誠出版 (日本の作家100人) 2005.7 ①4-585-05180-5

◇兼好—露もわが身も置きどころなし 島内裕子著 ミネルヴァ書房 (ミネルヴァ日本評伝選) 2005.5 ①4-623-04400-9
＊兼好(一二八三頃〜一三五二頃)鎌倉時代末期の二条派歌人。現実への違和感

を持つ孤独な青年兼好は、いかにして
人生の達人へと成熟したか。老成した
人物という既成のイメージを吹き払い、
変貌する精神のダイナミズムを『徒然
草』から読み取る。今ここに清新な兼
好像を提示する。

◇滑稽徒然草─近世の読書事情 平成16年度
企画展 神奈川県立金沢文庫編 神奈川
県立金沢文庫 2004.12

◇近世兼好伝集成 川平敏文編注 平凡社
（東洋文庫） 2003.9 ①4-582-80719-4

◇与える愛に生きて─先達の教え 瀬戸内寂
聴著 小学館 1995.12 ①4-09-840039-1
＊ひとはなぜ出家するのか。"人生とは無
償の愛へと到るはるかな道のり"と気づ
かせてくれた、兼好・道元・最澄の生涯。

◇NHK 歴史発見 12 〔カラー版〕
NHK 歴史発見取材班編 角川書店
1994.3 ①4-04-522212-X
＊吉田兼好の『徒然草』に秘められた政治
的意図とは何か？ ザビエルゆかりとい
われる日傘がつくられた目的は何か？
江戸時代にブームとなった伊勢参りの
人気の秘密とは？ 日本の通貨「円」の
誕生に込められた明治政府の戦略と
は？ マリア・ルス号事件の国際裁判を
めぐる外交戦略とは？ 日本史の空白に
挑戦し、歴史上の人物の実像に迫る。

◇兼好凶状秘帖─徒然草殺しの硯 嵐山光
三郎著 角川書店 （角川文庫） 1993.11
①4-04-190801-9
＊崩壊寸前の鎌倉幕府と朝廷との対立が
続く混乱の時代を、強烈な個性で生き
ぬく吉田兼好。そして兼好が綴りつづ
ける『徒然草』は、彼の仕える邦良親王
への帝王学の書だった─。無常迅速、
定めない世を、兼好は兼治、のちの後醍
醐帝暗殺というひそかなたくらみの実
現をめざして生きた。女に欲望を放ち、
智謀を尽くし、殺人技を駆使してみず
からの求めるところをめざす。稀代の
マキャベリスト兼好の壮年期をとらえ、
絢爛と展開する人生ゲームを描いた、
野望に満ちたピカレスク・ロマン。

◇徒然草 久保田淳著 岩波書店 （岩波セ
ミナーブックス） 1992.10

①4-00-004254-8
＊『徒然草』は処世哲学の書か。鬼女の噂
に引かれ出、賀茂の競馬を見物する物
見高さ。田地を買い求め、また関東の
情報をもつのはなぜなのか。兼好の素
顔を明らかにするとともに、徹底した
観察眼によって書かれた作品内部から
は、その女性観、人間観、信仰、美意識
などを探り、さまざまな相貌をみせる
作品世界に迫る。

元正天皇 げんしょうてんのう
680～748 奈良時代の第44代の天皇。（女
帝、在位715～724）。

◇古代女帝の光と影 矢田彰著 講談社ビ
ジネスパートナーズ 2013.4
①978-4-87601-996-0

◇元明天皇・元正天皇─まさに今、都邑を建
つべし 渡部育子著 ミネルヴァ書房
（ミネルヴァ日本評伝選） 2010.3
①978-4-623-05721-4
＊元明天皇（六六一～七二一）・元正天皇
（六八〇～七四八）。日本史上で唯一、
母から娘へと皇位が継承された二人の
女帝の物語。息子の死後に即位した母
と、生涯独身を貫いた娘。運命に翻弄
されながらも、多難の時代の舵を取り、
平城京遷都を成し遂げ、天平の繁栄を
築き上げた母娘の生涯に迫る。

◇女帝・氷高皇女 三枝和子著 講談社
2000.11 ①4-06-210438-5

源信 げんしん
942～1017 恵心僧都（えしんそうず）と
も。平安時代中期の天台宗の学僧、浄土教
家。比叡山延暦寺で良源に天台教学を学
ぶ。のち「往生要集」を書き、自身も念仏
運動を指導し、浄土信仰が広まる礎と
なった。

◇都率先徳、覚超の行実─源信と覚超 池
辺義教著 青山社（制作） 2010.7

◇源信─往生極楽の教行は濁世末代の目足
小原仁著 ミネルヴァ書房 （ミネルヴァ
日本評伝選） 2006.3 ①4-623-04594-3
＊源信（九四二～一〇一七）、平安後期の

240 教科書に載った日本史人物1000人

僧（天台宗）。『往生要集』を縁として、あらゆる人々に極楽往生の方法を示した源信は、その成果を中国仏教界にも問うた。比叡山横川の地で脚下の現実を見据えながら、遠く海外に発信を試みた、意欲的で真摯な宗教家の足跡を辿る。

◇地獄と極楽―恵心僧都源信と浄土美術の展開 平成一五年度特別展 香芝市二上山博物館編 香芝市教育委員会 2003.10

◇原典 日本仏教の思想 4 源信 往生要集〔新装版〕 石田瑞麿校注 岩波書店 1991.2 ①4-00-009024-0

◇恵心僧都絵詞伝 沙門法竜著 隆文館 1989.4 ①4-89747-308-X

◇源信 速水侑著 吉川弘文館 （人物叢書新装版） 1988.12 ①4-642-05157-0

▌顕如 けんにょ
1543～1592 光佐（こうさ）とも。安土桃山時代の真宗の僧。石山合戦を主導。

◇顕如―信長も恐れた「本願寺」宗主の実像 金龍静，木越祐馨編 宮帯出版社 2016.6 ①978-4-8016-0044-7

◇火焔浄土―顕如上人伝 津本陽著 角川書店 （角川文庫） 1995.2 ①4-04-171309-9

◇火焔浄土―顕如上人伝 津本陽著 角川書店 1991.3 ①4-04-872631-5
＊群雄割拠の時代に一大勢力を築いた一向宗の頭領と、阿修羅のごとく仏法を席巻する実力者・織田信長との厳しい対立を描いた戦国歴史小説。

▌ケンペル Kaempfer, Engelbert
1651～1716 江戸時代前期のドイツの医師，博物学者。オランダ商館長付医師として1690年に来日。江戸参府に随行。「日本誌」を著した。

◇日本を愛したドイツ人―ケンペルからタウトへ 島谷謙著 広島大学出版会 2012.9 ①978-4-903068-25-1

◇ケンペルとシーボルト―「鎖国」日本を語った異国人たち 松井洋子著 山川出版社 （日本史リブレット） 2010.9 ①978-4-634-54862-6
＊長崎出島のオランダ商館に来た人びとを通じて、江戸時代の日本はかろうじてヨーロッパ諸国とつながっていた。オランダ商館の医師として来日し、当時の日本の姿を紹介した人物としてよく知られるケンペルとシーボルトは、それぞれどのような動機で日本に来たのか、日本のなにをどのように伝えようとしたのか、そして日本側からどのように受けとめられたのかを、二人を取り囲む周囲の状況の違いにも着目しつつ、跡づけてみたい。

◇ケンペル―礼節の国に来たりて ベアトリス・M.ボダルト＝ベイリー著，中直一訳 ミネルヴァ書房 （ミネルヴァ日本評伝選） 2009.9 ①978-4-623-05560-9
＊知識欲に駆られた博物学者が徳川日本で見たものとは…。

◇大場秀章著作選 1 植物学史・植物文化史 大場秀章著 八坂書房 2006.1 ①4-89694-788-6
＊西洋における植物学の体系化を概観し、植物愛好熱と健康指向に支えられた江戸時代の日本の本草学の実相と、本草学を脱した近代植物学が明治の日本に根づくまでを、人々の活躍と業績を追いつつ解説した論考を収録。

◇ケンペルと徳川綱吉―ドイツ人医師と将軍との交流 ベアトリス・M.ボダルト・ベイリー著，中直一訳 中央公論社 （中公新書） 1994.1 ①4-12-101168-6
＊ケンペルの名は、元禄時代の日本の貴重な記録者として有名であるが、彼の日本あるいは徳川綱吉への共感と好意は、彼が日本到着以前に、ドイツからスウェーデン、ロシア、中東、東南アジアを経巡ることによって生まれたともいえる。本書は、ケンペルの人生を、来日以前の研究旅行の時期、将軍との出会いを頂点とする日本での諸見聞の時期、帰国後不遇の生活の中で著述を纏める時期と分けて、人間ケンペルの全貌を描くものである。

◇ケンペル展―ドイツ人の見た元禄時代 国立民族学博物館，ドイツ・日本研究所

教科書に載った日本史人物1000人 **241**

編　国立民族学博物館　1991.2

◇ケンペル展—ドイツ人の見た元禄時代
　ドイツ‐日本研究所ほか編　ドイツ‐日
　本研究所　〔1990〕

‖ 玄昉　げんぼう
　?～746　奈良時代の僧。唐で学問を修
　め、帰朝後橘諸兄に登用された。

◇空海をめぐる人物日本密教史　正木晃著
　春秋社　2008.10　①978-4-393-17281-0
　＊密教は時代とどうかかわったか。最新
　の研究成果にもとづく詳細な空海伝と、
　個性豊かな密教者たちの生涯をとおし
　て、奈良から江戸時代までの密教の歴
　史を紐解く。

◇眩人　改版　松本清張著　中央公論社
　（中公文庫）　1998.6　①4-12-203160-5

‖ 元明天皇　げんめいてんのう
　661～721　飛鳥時代, 奈良時代の第43代の
　天皇。（女帝、在位707～715）。

◇古代女帝の光と影　矢田彰著　講談社ビ
　ジネスパートナーズ　2013.4
　①978-4-87601-996-0

◇元明天皇・元正天皇—まさに今、都邑を建
　つべし　渡部育子著　ミネルヴァ書房
　（ミネルヴァ日本評伝選）　2010.3
　①978-4-623-05721-4
　＊元明天皇（六六一～七二一）・元正天皇
　（六八〇～七四八）。日本史上で唯一、
　母から娘へと皇位が継承された二人の
　女帝の物語。息子の死後に即位した母
　と、生涯独身を貫いた娘。運命に翻弄
　されながらも、多難の時代の舵を取り、
　平城京遷都を成し遂げ、天平の繁栄を
　築き上げた母娘の生涯に迫る。

‖ 建礼門院　けんれいもんいん
　⇒平徳子（たいらのとくこ）

【 こ 】

‖ 恋川春町　こいかわはるまち
　1744～1789　倉橋格（くらはしいたる）と
　も。江戸時代中期の黄表紙・洒落本・狂歌
　師。松平家の家臣。

◇戯作者銘々伝　井上ひさし著　筑摩書房
　（ちくま文庫）　1999.5　①4-480-03477-3
　＊お上を皮肉ってついに命を断つにいた
　る恋川春町、なんでも世の中のアベコ
　べをやり、あげくのはてに恋女房を吉
　原に売ってしまった唐来参和、ほかに
　式亭・三馬、山東京伝など、江戸の戯作
　者の生態を、見て来たような筆で今に
　よみがえらせる傑作。

‖ 小磯国昭　こいそくにあき
　1880～1950　大正, 昭和期の陸軍軍人, 政
　治家。朝鮮総督、首相。関東軍参謀長、特
　務部長に就任。内閣を組織し、沖縄戦最
　中に総辞職。A級戦犯。

◇葛山　小磯国昭—陸軍大将・総理としての
　波瀾の生涯と激動の時代　小野正一著
　〔小野正一〕　2012.3

◇歴代総理大臣伝記叢書　第30巻　小磯国
　昭　上　御厨貴監修　ゆまに書房
　2006.12　①4-8433-1808-6,4-8433-2298-9

◇歴代総理大臣伝記叢書　第31巻　小磯国
　昭　下　御厨貴監修　ゆまに書房
　2006.12　①4-8433-2042-0,4-8433-2298-9

◇怒り宰相小磯国昭　中村晃著　叢文社
　（現代を拓く歴史名作シリーズ）　1991.5
　①4-7947-0186-1

‖ 光格天皇　こうかくてんのう
　1748～1840　江戸時代後期の第119代の天
　皇。（在位1779～1817）。閑院宮典仁親王
　の第6皇子、祐宮。

◇光格天皇—自身を後にし天下万民を先と
　し　藤田覚著　ミネルヴァ書房（ミネル

ヴァ日本評伝選） 2018.7
①978-4-623-08387-9

◇幕末の天皇　藤田覚著　講談社　（講談社
学術文庫）　2013.2　①978-4-06-292157-2
＊近代天皇制を生み出した、十八世紀から
八十年にわたる朝廷の"闘い"のドラマ
—。神事や儀礼の再興・復古を通して朝
権強化をはかった光格天皇。その遺志
を継いで尊皇攘夷のエネルギーを結集
しカリスマとなった孝明天皇。幕末政
治史の表舞台に躍り出た二人の天皇の、
薄氷を踏むような危うい試みを活写し、
「江戸時代の天皇の枠組み」を解明する。

◇近世天皇論—近世天皇研究の意義と課題
藤田覚著　清文堂出版　2011.12
①978-4-7924-0954-8
＊政治的な権力を喪失しながらも存続し、
しかも近代天皇制へ復活を遂げた江戸
時代の天皇と朝廷をかんがえる。

◇幕末の天皇　藤田覚著　講談社　（講談社
選書メチエ）　1994.9　①4-06-258026-8
＊近代天皇制は、十八世紀末から八十年
間にわたる、朝廷の"闘い"のドラマか
ら生まれた。神事や儀礼の再興、復古
を通して、朝権を強化した光格天皇。
その遺志を継ぎ、尊皇攘夷のエネル
ギーを結集した孝明天皇。幕末政治史
の表舞台に躍り出た二人の天皇の、薄
氷を踏むような危うい試みを描き、「江
戸時代の天皇の枠組み」を解明する。

▌**皇極天皇**　こうぎょくてんのう
594〜661　飛鳥時代の第35代の天皇。（女
帝、在位642〜645）。のち重祚して斉明天
皇（37代。在位655〜661）。

◇古代女帝の光と影　矢田彰著　講談社ビ
ジネスパートナーズ　2013.4
①978-4-87601-996-0

◇斉明女帝と狂心渠　鷸井忠義著, 奈良の古
代文化研究会編　青垣出版, 星雲社〔発
売〕　（奈良の古代文化）　2012.6
①978-4-434-16686-0

◇巫女王（みこのおう）斉明　小石房子著
作品社　1997.12　①4-87893-292-9

▌**孝謙天皇**　こうけんてんのう
718〜770　孝謙太上天皇（こうけんだじょ
うてんのう）、称徳天皇（しょうとくてん
のう）とも。奈良時代の第46代の天皇。
（女帝、在位749〜758）。のち重祚して称
徳天皇（第48代。在位764〜770）。

◇天平の三皇女—聖武の娘たちの栄光と悲
劇　遠山美都男著　河出書房新社　（河出
文庫）　2016.11　①978-4-309-41491-1

◇古代女帝の光と影　矢田彰著　講談社ビ
ジネスパートナーズ　2013.4
①978-4-87601-996-0

◇海人と天皇—日本とは何か　下　梅原猛
著　朝日新聞出版　（朝日文庫）　2011.8
①978-4-02-264622-4
＊僧・道鏡を恋人とした孝嫌女帝は、天皇
の位をも彼に譲ろうと画策する。それ
は、自らが海人の血を引くことに起因
する、貴族制破壊への屈折した欲望か。
それとも、"国家"と"宗教"の一体化を
目指す壮大な政略か。天皇家の血筋を
巡る争いの結末は—。

◇女帝と道鏡—天平末葉の政治と文化　北
山茂夫著　講談社　（講談社学術文庫）
2008.5　①978-4-06-159876-8
＊政変の相次ぐ八世紀後半、孤独で病身
の称徳天皇は看病禅師の道鏡と出会う。
二人は、称徳が仏教へ傾倒するとともに
親密さを増し、孤立し、やがて宇佐八幡
神託事件を引き起こした。正統の嫡糸
が皇位を継ぐことにこだわっていた称
徳が、皇統外の道鏡に皇位を譲ろうと
したのは何故なのか。悪名高き僧・道
鏡の真の姿と、悩み深き女帝称徳の心
中に迫り、空前絶後の関係を暴き出す。

◇悪女伝説の秘密　田中貴子著　角川書店
（角川ソフィア文庫）　2002.9
①4-04-366301-3
＊未婚の女帝でありながら道鏡との性的
関係を噂され、露骨なセクシャル・ハラ
スメントでバッシングされた称徳天皇。
藤原氏に生まれ、文徳天皇の後宮で皇
太子を産みながら、憑きモノの噂と好
色なスキャンダルにまみれた染殿后。
愛しい男を追いかけ大蛇に変身する
「日高川の女」…。中世の説話に数多く

登場する典型的な"悪女"を中心に、女性たちの真の姿と、"悪女"伝説がつくりあげられてゆく謎を解明する。

◇天翔ける女帝　三田誠広著　広済堂出版　1999.2　①4-331-05799-2
＊神宿る皇女としての天命を生き、おのれの渇愛に心を惑わされ、吉備真備、藤原仲麻呂、そして道鏡との運命的な邂逅により苛酷な歴史の表舞台を悲喜こもごもに演出した孝謙・称徳天皇を描いた書下ろし長篇歴史ロマン。

◇最後の女帝孝謙天皇　滝浪貞子著　吉川弘文館　（歴史文化ライブラリー）　1998.8　①4-642-05444-8
＊堕落した女帝と評価されてきた孝謙＝称徳天皇。その復権を目指し、皇位継承問題や道鏡との関わりなど、錯綜する歴史を解きほぐす。新しい観点から宇佐八幡宮神託事件の真相と、皇統にたいする苦悩の決断を究明する。

◇女帝の手記　第4巻　かぎろひ淳仁天皇　里中満智子著　読売新聞社　1992.5　①4-643-92041-6

◇女帝の手記　第3巻　うつせみ藤原仲麻呂　里中満智子著　読売新聞社　1992.4　①4-643-92031-9

◇女帝の手記　第2巻　たゆたひ聖武天皇　里中満智子著　読売新聞社　1992.3　①4-643-92017-3

◇女帝の手記　第1巻　まほろば光明皇后　里中満智子著　読売新聞社　1992.2　①4-643-92007-6

◇天平の女帝―孝謙・称徳天皇私伝　橋本哲二著　創芸出版　1984.11　①4-915479-06-4

▌**光孝天皇**　こうこうてんのう
830～887　平安時代前期の第58代の天皇。（在位884～887）。仁明天皇の子。

◇新訂増補 国史大系　第4巻　日本三代実録　黒板勝美，国史大系編修会編　吉川弘文館　1966

▌**光厳天皇**　こうごんてんのう
1313～1364　南北朝時代の北朝初代の天皇。（在位1331～1333）。後伏見天皇の第1皇子。

◇光厳天皇―をさまらぬ世のための身ぞうれはしき　深津睦夫著　ミネルヴァ書房　（ミネルヴァ日本評伝選）　2014.2　①978-4-623-07006-0
＊光厳天皇（一三一三～一三六四）北朝第一代天皇。南北朝の動乱の中で、皇統の正嫡として生まれた責任を誠実に果たそうとしながら、乱世の渦に巻き込まれて波瀾に満ちた生涯を送った光厳天皇。最後には山寺で一禅僧として静かに生を終えた一人の「人」の姿を描く。没後六百五十年記念出版。

◇風雅の帝 光厳　松本徹著　鳥影社　2010.2　①978-4-86265-227-0
＊後醍醐天皇と対峙、尊氏に裏切られ、歴史から抹消された光厳。激動の時代に怯むことなく、帝の道を歩み、優れた歌人として「風雅集」を編む。ゆかりの地を訪ね、生涯を甦らせる。

◇地獄を二度も見た天皇 光厳院　飯倉晴武著　吉川弘文館　（歴史文化ライブラリー）　2002.12　①4-642-05547-9
＊敗者は勝者から否定され、歴史から忘れ去られるのか。北朝初代の天皇、上皇となった光厳院は、南朝の後醍醐天皇や足利尊氏に翻弄され、二度も生き地獄を味わった。歴代天皇から外された悲劇の生涯とその時代を描く。

◇宮廷に生きる―天皇と女房と　岩佐美代子著　笠間書院　（古典ライブラリー）　1997.6　①4-305-60038-2
＊「お宮仕え」を幼時から体験した著者による、中古・中世女流文学の魅力溢れる講演集。

▌**光佐**　こうさ
⇒顕如（けんにょ）

▌**幸田露伴**　こうだろはん
1867～1947　明治～昭和期の小説家，随筆家。「露団々」「風流仏」で作家的地位を確

立。理想詩人といわれ、「五重塔」はその代表作。

◇幸田家のことば―知る知らぬの種をまく　青木奈緒著　小学館　2017.2　①978-4-09-388502-7
＊曾祖父・幸田露伴、祖母・幸田文、母・青木玉、そして筆者へと連なる40のことばからひもとく珠玉のエッセイ集。

◇幸田露伴と西洋―キリスト教の影響を視座として　岡田正子著　関西学院大学出版会　2012.10　①978-4-86283-123-1

◇幸田露伴　斎藤礎英著　講談社　2009.6　①978-4-06-215391-1
＊人間世界への強い愛着、憧憬が拓く物語世界。古今の文学に通暁した巨人が求めた文学的理想のすべて。孤高の教養と露伴文学の神髄。

◇幸田露伴の世界　井波律子，井上章一共編　思文閣出版　2009.1　①978-4-7842-1444-0

◇幸田露伴論　関谷博著　翰林書房　2006.3　①4-87737-221-0

◇露伴と道教　瀬里広明著　海鳥社　2004.8　①4-87415-488-3

◇幸田露伴と明治の東京　松本哉著　PHP研究所　（PHP新書）　2004.1　①4-569-63348-X

◇幸田露伴の世界―孔子とハイデッガー　瀬里広明著　白鷗社　2002.11

◇現代に生きる幸田露伴　瀬里広明著　白鷗社　2000.12

◇幸田露伴　牛山之雄著　〔牛山之雄〕　2000.10

◇露伴とその時代　瀬里広明著　白鷗社　2000.1

◇幸田露伴―少年時代/硯海水滸伝　幸田露伴著，登尾豊編　日本図書センター　（シリーズ・人間図書館　作家の自伝）　1999.4　①4-8205-9526-1

◇釣り人露伴　桜井良二著　近代文芸社　1995.7　①4-7733-4186-6
＊幸田露伴の釣りに対する情熱を通して、その人柄、そして生活の喜びと哀感を描く異色作。

◇蝸牛庵覚え書―露伴翁談叢抄　斎藤越郎著　けやき出版　1994.11　①4-905942-59-4
＊深い教養と該博な知識、鋭い洞察力、洗練された文体で、日本の近代文学に独自の世界を築いた幸田露伴。親子二代に渡って親しく薫陶をうけた著者が、愛惜の念を込めて記す文豪の知られざる素顔、その思い出…。

◇小石川の家　青木玉著　講談社　1994.8　①4-06-206198-8

◇露伴―自然・ことば・人間　瀬里広明著　海鳥社　1993.4　①4-87415-047-0
＊日本近代が生んだ"難解"なる天才幸田露伴。その東洋思想と西洋哲学との融合を読み解き、近代日本を照射する。

◇ちぎれ雲　幸田文著　講談社　（講談社文芸文庫）　1993.2　①4-06-196214-0
＊「おれが死んだら死んだとだけ思え、念仏一遍それで終る」死の惨さ厳しさに徹し、言葉を押さえて話す病床の父露伴。16歳の折りに炊事一切をやれと命じた厳しい躾の露伴を初めて書いた、処女作品「雑記」、その死をみとった「終焉」、その他「旅をおもう」「父の七回忌に」「紙」等22篇。娘の眼で明治の文豪露伴を回想した著者最初期の随筆集。

◇蝸牛庵訪問記　小林勇著　講談社　（講談社文芸文庫）　1991.1　①4-06-196111-X
＊蝸牛庵・幸田露伴との若き日の出会いから、その凄絶、荘厳な終焉の日までの"日常"の比類なき記録。該博な知識、不羈の精神、巨大な文学空間を展開する"文豪"露伴の、慈父のごとき姿をあざやかに捉える、小林勇のエッセイ文学の名著『蝸牛庵訪問記』。

◇幸田露伴―詩と哲学　瀬里広明著　創言社　1990.12　①4-88146-344-6

◇露伴の俳話　高木卓著　講談社　（講談社学術文庫）　1990.4　①4-06-158921-0
＊文豪露伴は、かつて身寄りの初心者を相手に俳句指導の会を開いたことがあった。露伴の甥にして後に東大教授・作家として知られた著者が、自らその筵に列なったときのノオトをもとに露

伴の肉声を再現する。的確無比の評言、舌を捲く博引旁証、ときに微醺をおび悠揚と説く俳句作りの勘所は、読む者を魅了する。一読、句作の腕・鑑賞の力が一ランク・アップ疑いなしの、豊饒にして稀有の記録である。

◇人間露伴 〔復刻版〕 高木卓著 日本図書センター （近代作家研究叢書） 1990.3 ①4-8205-9051-0
＊露伴の甥の立場から視た露伴の回想集で、日常的な思い出のほかに聞き書きによる露伴の俳話、露伴の娘の言葉、露伴の妹の言葉など、総じて「ことば」から把えた露伴像として出色の書といえよう。

幸徳秋水 こうとくしゅうすい

1871～1911 明治期の社会主義者。筆禍事件で入獄し、無政府主義に傾く。官憲から大逆事件の首魁と目され刑死。

◇兆民と秋水―自由と平等を求めて 崎村裕著 かりばね書房 2015.11 ①978-4-904390-12-2

◇幸徳秋水 新装版 糸屋寿雄著 清水書院 （Century Books 人と思想） 2015.9 ①978-4-389-42051-2

◇幸徳秋水―その人と思想 木戸啓介著 デジプロ 2010.12 ①978-4-434-15291-7

◇革命伝説大逆事件 1 黒い謀略の渦 新版 神崎清著，「大逆事件の真実をあきらかにする会」監修 子どもの未来社 2010.6 ①978-4-86412-003-6
＊大逆事件の謎を解いた名著。明治の一大事件史を新版で復刊。

◇反骨のジャーナリスト中島及と幸徳秋水 鍋島高明著 高知新聞社 （高知新聞ブックレット） 2010.1 ①978-4-87503-419-3

◇謀叛論―他六篇・日記 徳冨健次郎著，中野好夫編 岩波書店 （岩波文庫） 1998.10 ①4-00-310157-X
＊明治44年1月、大逆事件被告幸徳秋水ら12名が処刑された。その1週間後、蘆花は招かれて一高の演壇にたち、死刑に処した政府当局を弾劾、精神の「自立自信、自化自発」を高らかに鼓吹する。そ

の講演のほかに、これと密接に関連する「死刑廃すべし」等6篇、また兄蘇峰との確執が窺われる日記を併収。

◇虚構の死刑台―小説幸徳秋水 夏堀正元著 新人物往来社 1998.6 ①4-404-02623-4
＊明治43年、天皇暗殺計画の容疑によって逮捕され、死刑となった幸徳秋水―。世にいう「大逆事件」の真実と人間幸徳秋水を描く渾身の長篇力作。

◇幸徳秋水 塩田庄兵衛著 新日本出版社 （新日本新書） 1993.6 ①4-406-02192-2
＊「日本人民と天皇制との最初の正面衝突」＝「大逆事件」によって "国賊" として抹殺された幸徳秋水。自由民権運動を継承し、わが国の社会主義運動の先駆者として疾走した生涯に新たな光をあてる。

◇幸徳秋水等の大逆事件 武安将光著 勁草書房 1993.3 ①4-326-93280-5
＊この事件は明治政府の「でっち上げ」で、大部分は事実無根であったとする説が広く流布されているが、本書は、最高裁判所保管の事件記録等の資料を精密に調査した結果に基づいて、事件の真相を説明する。

◇幸徳秋水の日記と書簡 増補決定版 塩田庄兵衛編 未来社 1990.4 ①4-624-11125-7

孝徳天皇 こうとくてんのう

596～654 飛鳥時代の第36代の天皇。（在位645～654）。茅渟王と吉備姫王の子、皇極天皇の同母弟。

◇天智天皇 森公章著 吉川弘文館 （人物叢書 新装版） 2016.9 ①978-4-642-05280-1

光仁天皇 こうにんてんのうてんのう

709～781 奈良時代の第49代の天皇。（在位770～781）。天智天皇の皇孫。

◇天皇の日本史 井沢元彦著 KADOKAWA 2018.7 ①978-4-04-400369-2

河野広中　こうのひろなか

1849〜1923　明治,大正期の政治家。衆議院議長,農商務大臣。尊攘派のち自由党結成に参加。福島県議会議長となり、福島事件で下獄。大赦で出獄、憲政本党入党。

◇河野広中　長井純市著　吉川弘文館　（人物叢書 新装版）　2009.5
①978-4-642-05251-1
＊明治・大正期の民衆政治家。幕末、東北戦争で板垣退助と出合い、尊王論を奉じる郷士から、維新後は自由民権運動の闘士へと転じる。県令三島通庸と対立し投獄された福島事件で名を馳せ、国会開設後は代議士となる。民党の闘士として活躍後、衆議院議長、農商務大臣を務め、晩年は普選運動の先頭に立つ。立憲政治の完成を追い求め続けた生涯に迫る。

高師直　こうのもろなお

？〜1351　南北朝時代の武将。師重の子。足利尊氏の執事。

◇悪名太平記―夜狩り宰相高師直　小野孝二著　叢文社　1988.8　①4-7947-0160-8

高師泰　こうのもろやす

？〜1351　南北朝時代の武将,師重の子,師直の兄弟,尾張守,越後守。

◇高一族と南北朝内乱―室町幕府草創の立役者　亀田俊和著　戎光祥出版　（中世武士選書）　2016.3　①978-4-86403-190-5

高弁　こうべん
⇒明恵（みょうえ）

弘法大師　こうぼうだいし
⇒空海（くうかい）

光明皇后　こうみょうこうごう
⇒光明子（こうみょうし）

光明子　こうみょうし

701〜760　光明皇后（こうみょうこうご

う）,光明皇太后（こうみょうこうたいごう）とも。奈良時代の女性。聖武天皇の皇后。施薬院、悲田院を設置、また国分寺、国分尼寺、東大寺の創建にも関わる。

◇論集 光明皇后―奈良時代の福祉と文化　GBS実行委員会編　東大寺　（ザ・グレイトブッダ・シンポジウム論集）　2011.12

◇「阿修羅像」の真実　長部日出雄著　文芸春秋　（文春新書）　2009.12
①978-4-16-660731-0
＊半世紀ぶりに興福寺を出た阿修羅像は、全国を回り、百六十万人を動員した。時代を超え、見るものを惹き付ける秘密は何か。天平の世を生き抜いた、稀有な女性の生涯に迫る。

◇すぐわかる正倉院の美術―見方と歴史　米田雄介著　東京美術　2002.10
①4-8087-0728-4
＊正倉院と宝物についての知っておきたい基本的知識を網羅。宝物の見方・技法・使われ方をエピソードも交え、簡潔に紹介。1250年前の名宝の魅力と見方、歴史がよくわかる。

◇蘇我大王家と飛鳥―飛鳥京と新益京の秘密　石渡信一郎著　三一書房　2001.6
①4-380-01208-5
＊本書は、最近の考古学の研究成果を利用して、見瀬丸山古墳と平田梅山古墳の謎を解き、隠された飛鳥京の京域を復原する。

◇正倉院の秘宝　梓沢要著　広済堂出版　1999.2　①4-331-05802-6
＊正倉院をめぐる光明皇后と藤原氏の陰謀？ 病弱で神経過敏、情緒不安定な夫・聖武天皇を陰で支え続けた気丈で聡明な妻・光明皇后。奈良時代を代表するカップルの間に何があったのか…。

◇知られざる古代の天皇　門脇禎二, 栄原永遠男, 鎌田元一, 坂元義種, 亀田隆之著　学生社　（エコール・ド・ロイヤル 古代日本を考える）　1995.11　①4-311-41019-0

孝明天皇　こうめいてんのう

1831〜1866　江戸時代末期の第121代の天皇。(在位1846〜1866)。仁孝天皇の第4皇

子。ペリー来航時の天皇で、条約勅許問題の際井伊直弼を批判した。公武合体に和し、皇妹和宮の降嫁を承認、急進派とは一線を画す。第二次長州征伐後急逝。

◇幕末の天皇　藤田覚著　講談社（講談社学術文庫）　2013.2　①978-4-06-292157-2
＊近代天皇制を生み出した、十八世紀から八十年にわたる朝廷の"闘い"のドラマ——。神事や儀礼の再興・復古を通して朝権強化をはかった光格天皇。その遺志を継いで尊皇攘夷のエネルギーを結集しカリスマとなった孝明天皇。幕末政治史の表舞台に躍り出た二人の天皇の、薄氷を踏むような危うい試みを活写し、「江戸時代の天皇の枠組み」を解明する。

◇幕末の朝廷——若き孝明帝と鷹司関白　家近良樹　中央公論新社　（中公叢書）　2007.10　①978-4-12-003883-9
＊孝明天皇といえば、近年の研究では、朝廷の実権を握る摂関家や、開国を迫る幕府に、敢然と立ち向かった豪胆な性格の人物とされる。しかし史料から浮かび上がるのは、周囲への配慮と優しさをみせ、重大な決断を迫られて苦悩する姿である。孝明天皇の実像とは？なぜ岩倉具視ら中下層公家集団が発言力を持つようになったのか？本書では、孝明天皇や関白鷹司政通らの動向を中心に、公家社会の実態に迫り、幕末史の新たな視点を示す。

◇幕末の天皇・明治の天皇　佐々木克著　講談社　（講談社学術文庫）　2005.11　①4-06-159734-5

◇孝明天皇の攘夷　鍋谷博著　近代文芸社　1995.8　①4-7733-4111-4
＊幕末の乱世、一国の独立を懸けて、渾身の力を傾けた天皇がいた——。明治天皇の華々しい業績の礎をつくった孝明天皇にスポットをあて、激動の時代の真実を探る——。

◇幕末の天皇　藤田覚著　講談社　（講談社選書メチエ）　1994.9　①4-06-258026-8
＊近代天皇制は、十八世紀末から八十年間にわたる、朝廷の"闘い"のドラマから生まれた。神事や儀礼の再興、復古を通して、朝権を強化した光格天皇。

その遺志を継ぎ、尊皇攘夷のエネルギーを結集した孝明天皇。幕末政治史の表舞台に躍り出た二人の天皇の、薄氷を踏むような危うい試みを描き、「江戸時代の天皇の枠組み」を解明する。

▌河本大作　こうもとだいさく
1882～1955　昭和期の陸軍軍人。関東軍高級参謀となり、陰謀で張作霖を爆殺し停職処分。陸軍クーデター未遂の三月事件に連座。

◇赤い夕陽の満州野が原に——奇才河本大作の生涯　相良俊輔　光人社　（光人社NF文庫）　1996.1　①4-7698-2107-7
＊過去は語られなければならないし、現代はそれに耳を傾けねばならない——昭和動乱の引鉄、張作霖氏の爆殺を画して、日本陸軍を逐われ、暗黒昭和史の一ページに悲劇の刻印を捺した世紀の風雲児・河本大作の知られざる生涯を描いた感動作。広漠たる原野にくりひろげられた雄渾なる昭和の舞台の序幕を綴る一千枚。

▌空也　こうや
⇒空也（くうや）

▌古賀精里　こがせいり
1750～1817　江戸時代中期、後期の儒学者。「寛政三博士」の一人。

◇早すぎた幕府御儒者の外交論古賀精里・侗庵　梅沢秀夫著　出門堂　（肥前佐賀文庫）　2008.6　①978-4-903157-07-8

▌小金井良精　こがねいよしきよ
1858～1944　明治～昭和期の解剖学者、人類学者。帝国大学医科大学教授。解剖学担当。骨格を研究、石器時代の人骨、人種差など形態人類学に業績を上げた。

◇小金井良精日記　明治篇〔1〕　1883-1899　小金井良精著　クレス出版　2016.12　①978-4-87733-915-9

◇小金井良精日記　明治篇〔2〕　1900-1912　小金井良精著　クレス出版　2016.12　①978-4-87733-915-9

◇小金井良精日記　大正篇　1913-1926　小
金井良精著　クレス出版　2015.12
①978-4-87733-916-6

◇小金井良精日記　昭和篇　1927-1942　小
金井良精著　クレス出版　2015.12
①978-4-87733-916-6

◇祖父・小金井良精の記　上　星新一著
河出書房新社　（河出文庫）　2004.6
①4-309-40714-5
＊小金井良精は安政五年（一八五八）、越
後長岡藩士として生まれた。戊辰戦争
を指揮して新政府軍に敗れた河井継之
助や、「米百俵」で名を馳せる小林虎三
郎とは姻戚関係にあった。会津への敗
走行を経験して維新を迎え、東大医学
部の前身に入学、ドイツ留学など、苦学
力行して解剖学の草創期を築いた。森
鷗外の妹との結婚、アイヌの人骨研究
など、前半生を描く。

◇祖父・小金井良精の記　下　星新一著
河出書房新社　（河出文庫）　2004.6
①4-309-40715-3
＊小金井良精の解剖学の関心は、人類学、
考古学の方へも及び、退官後も先住民
族、古事記の研究などに尽力し、晩年ま
で大学に通った。さまざまな出会いも
広がり、娘婿星一、考古学者大山柏、政
府の黒幕杉山茂丸、そして名もない市
井の人々との交情を大切に、戦争へと
向かう明治・大正・昭和の歴史を、時代
に翻弄されずに誠実に生きた。著者畢
生の大河小説。

▌古賀春江　こがはるえ
1895～1933　大正, 昭和期の洋画家。日本
水彩画会会員。前衛美術集団アクション
を結成。作品に「海」。

◇古賀春江研究―アレゴリーとしての超現
実主義　後藤耕二著　花書院（制作）
2011.8

◇写実と空想　古賀春江著　中央公論美術
出版　2004.5　①4-8055-1213-X

▌古賀政男　こがまさお
1904～1978　大正, 昭和期の作曲家。日本

作曲家協会会長。明大マンドリン倶楽部
に入り、作曲を試作。のち、「影を慕いて」
「丘を越えて」など約5千曲を発表、歌謡界
で初の国民栄誉賞を受賞した。

◇評伝古賀政男―日本マンドリン&ギター史
菊池清麿著　彩流社　2015.10
①978-4-7791-2078-7

◇音霊―古賀メロディとともに　アントニ
オ・古賀著　講談社　2009.6
①978-4-06-215553-3
＊昭和歌謡の巨人・古賀政男没後30年。
最後の愛弟子が語る師の面影。受け継
いだメロディ・音霊がキューバで新た
な生を受けるまでの感動ドキュメント。

◇酒は涙か溜息か―古賀政男の人生とメロ
ディ　佐高信著　角川書店, 角川グループ
パブリッシング（発売）　（角川文庫）
2008.11　①978-4-04-377509-5
＊演歌の代名詞「古賀メロディ」にその名
を残す昭和の作曲家、古賀政男は、日本
の歌謡曲の源流を築いた。北原白秋か
ら美空ひばりまで、多くの出会いの中
で、古賀は悲しみを歌へと結晶させて
いく。しかし、大衆に寄り添う流行歌
は、軍歌という形で戦争にも深くかか
わった。戦前・戦後を通し、日本の庶民
は何に悲しみ、何に追いつめられて
いったのか。日本歌謡史を抵抗の精神
で読み解き、古賀メロディに秘められ
た日本の悲劇に迫る。

◇悲歌―古賀政男の人生とメロディ　佐高
信著　毎日新聞社　2005.8
①4-620-31734-9
＊哀しみを歌に結晶させた巨星＝古賀政
男の魂の軌跡を、北原白秋から美空ひ
ばりに至る人との出会いのなかに描き
出し、古賀メロディの底流に、必死に生
きた日本の庶民の声や、韓国民衆の闘
いの歌を聴く。

◇夢人生を奏でて―古賀政男生誕百年記念
特別版　古賀政男音楽文化振興財団著
古賀政男音楽文化振興財団　2004.12
①4-7979-8206-3
＊音楽和也、音楽は音を楽しむこと。心
の音が集結すれば、人の和が生まれ、世
の中は美しいハーモニーとなる。古賀

政男が言葉にした、書にしていた音楽への思いである。

◇評伝・古賀政男―青春よ永遠に　菊池清磨著　アテネ書房　2004.7
①4-87152-231-8
＊故郷喪失の少年時代、苦学の青年時代に独学で音楽を学び、豊かな音楽的世界を創り上げた波乱の人生を、激動の昭和を背景に解き明かした音楽家評伝の決定版。

◇古賀メロディー意外史　里村あきら著　里村千鶴子　2003.12　①4-89693-090-8

◇古賀政男―歌はわが友わが心　古賀政男著　日本図書センター　（人間の記録）1999.2　①4-8205-4339-3,4-8205-4326-1

◇謎の森に棲む古賀政男　下嶋哲朗著　講談社　1998.7　①4-06-209272-7
＊いまも多くのファンに愛される作曲家が逝って20年。知っていたつもりの古賀像にいま新しい光があてられた。

◇二人の千代子―古賀政男の結婚　沢憲一郎著　文園社　1994.7　①4-89336-080-9

◇影を慕いて…―「古賀メロディー」知ったかぶり　里村あきら著　雄文社出版企画室　1993.3　①4-89693-036-3

‖ **虎関師錬**　こかんしれん
1278～1346　虎関師練（こかんしれん）とも。鎌倉時代後期、南北朝時代の臨済宗聖一派の僧。仏教史家。五山文学の先駆。

◇山田昭全著作集　第6巻　長明・無住・虎関　山田昭全著、清水宥聖、米山孝子、大場朗、森晴彦、魚尾孝久、鈴木治子、由井恭子、室賀和子、林克則編集委員　おうふう　2013.2　①978-4-273-03656-0

‖ **後小松天皇**　ごこまつてんのう
1377～1433　室町時代の第100代（北朝第6代）の天皇。（在位1382～1412）。後円融天皇の嫡子。

◇天皇日本史―対談　山崎正和著　文芸春秋　1974

‖ **後嵯峨天皇**　ごさがてんのう
1220～1272　後嵯峨上皇（ごさがてんのう）とも。鎌倉時代前期の第88代の天皇。（在位1242～1246）。土御門天皇の子。

◇上皇の日本史　本郷和人著　中央公論新社　（中公新書ラクレ）　2018.8
①978-4-12-150630-6

‖ **小崎弘道**　こざきひろみち
1856～1938　明治～昭和期のキリスト教伝道者、牧師。同志社英学校社長。東京YMCA建設に参加、会長となる。赤坂霊南坂に教会堂を建堂。「東京毎週新誌」刊行。

◇七十年の回顧―伝記・小崎弘道　小崎弘道著　大空社　（伝記叢書）　1992.12
①4-87236-401-5

‖ **後桜町天皇**　ごさくらまちてんのう
1740～1813　江戸時代中期、後期の第117代の天皇。（女帝、在位1762～1770）。

◇女帝のいた時代　つげのり子著　自由国民社　2015.5　①978-4-426-11925-6

‖ **後三条天皇**　ごさんじょうてんのう
1034～1073　平安時代中期、後期の第71代の天皇。（在位1068～1072）。天皇親政を強化した。三条天皇の皇女禎子内親王の子。

◇後三条天皇―中世の基礎を築いた君主　美川圭著　山川出版社　（日本史リブレット人）　2016.9　①978-4-634-54821-3

‖ **児島惟謙**　こじまこれかた（いけん）
1837～1908　明治期の裁判官。衆議院議員。名古屋裁判所所長、大審院判事、大阪控訴院長などを歴任。大津事件で司法権の独立を守る。

◇児島惟謙の航跡　続　児島惟謙研究班著　関西大学法学研究所　（関西大学法学研究所研究叢書）　1998.3　①4-906555-11-X

◇児島惟謙と其時代―護法の巨人伝記・児島惟謙　原田光三郎著　大空社　（伝記叢

書） 1997.11 ①4-7568-0490-X

◇児島惟謙（これかた）—大津事件と明治ナ
ショナリズム 楠精一郎著 中央公論社
（中公新書） 1997.4 ①4-12-101358-1
＊訪日したロシア皇太子を警護の日本人
巡査が切りつけ負傷させた事件に日本
は朝野ともに震撼し、政府は「皇室に対
する罪」を適用して犯人を極刑にしよ
うとしたが、大審院長児島惟謙は毅然
として反対し、司法権の独立を護った
—これが大津事件と「護法の神」児島の
伝説である。しかし、仔細に経緯を辿
れば疑問は多い。児島にとって司法権
独立とは何のためのものであったのか。
明治国家形成期の時代精神の中で児島
の全体像を検討する。

◇児島惟謙の航跡 児島惟謙研究班編 関
西大学法学研究所 （関西大学法学研究所
研究叢書） 1996.3 ①4-906555-06-3

後白河天皇 ごしらかわてんのう

1127〜1192 後白河上皇（ごしらかわ
じょうこう），後白河法皇（ごしらかわほ
うおう）とも。平安時代後期の第77代の天
皇。（在位1155〜1158）。鳥羽天皇と待賢
門院の第4皇子。保元の乱で崇徳上皇、藤
原頼長を除き、院政を開始。平治の乱で
台頭した平清盛と結んで政権の安定をは
かった。のち平氏と対立し一時幽閉され
たが、今度は源氏と接近し平氏を滅ぼし、
院政を継続した。

◇後白河法皇日録—別冊 小松茂美，前田
多美子編 学芸書院 2012.5

◇後白河法皇日録 小松茂美編著, 前田多美
子補訂 学芸書院 2012.5
①978-4-904524-05-3

◇後白河院—王の歌 五味文彦著 山川出
版社 2011.4 ①978-4-634-15014-0
＊王として君臨した後白河院。保元・平
治の乱から源平合戦にいたる激動の三
十数年を、王の歌をとおして紡ぎ出す。

◇後白河上皇—中世を招いた奇妙な「暗主」
遠藤基郎著 山川出版社 （日本史リブ
レット） 2011.1 ①978-4-634-54824-4
＊今様狂いの宮様がどうした具合か帝位

についた。少々奇妙なその性癖ゆえに、
「暗主」と揶揄された後白河の政治は、
芸能民・手工業者とともに遊興のなか
にあり、白河院・鳥羽院の政治から逸脱
していく。その一方で、この時代は「聖
代」を実現するため、信西・二条天皇・
清盛などが徳政を行った時代でもあっ
た。あざやかなコントラストのなか、
やがて後白河をめぐる葛藤が、武家権
力の中世を招きよせていく。

◇後白河法皇 棚橋光男著 講談社 （講談
社学術文庫） 2006.8 ①4-06-159777-9
＊源頼朝に対抗し、守旧勢力を巧務に
操った老獪な "大天狗"。はたまた『梁
塵秘抄』を編纂した粋狂な男。後白河
がいなければ、天皇制は存続しなかっ
たかもしれない。古代王権を中世王権
へと再生させるために、法皇は何を考
えていたのか？ 王権の機能を再編成
し、文化情報の収集・独占と操作の意味
を透視した天才の精神に迫る。

◇天狗はうたう—後白河院の癒しの生涯
藤原成一著 法蔵館 2001.3
①4-8318-5627-4
＊生きてゆく上で人間にはどれだけの「癒
し」が必要か？ 源平争乱の動乱期、後
白河院は、力を揮う者がつぎつぎと滅び
てゆくのを見やりながら、無常の世を
生ききった。その秘訣は？ 天狗のよう
な「無形の位」こそ人生の構えだった。

◇後白河院政の研究 下郡剛著 吉川弘文
館 1999.8 ①4-642-02781-5
＊院政下における政務処理の二大ルート
である奏事と公卿議定を綿密に分析す
る。そして成立期の白河院から後白河
院に至る院政の構造変化を解明し、後
白河院政期には院・天皇・摂関三者で政
策が合議されたことを立証する。

◇平家物語発生考 武久堅著 おうふう
1999.5 ①4-273-03064-0
＊本書は、平家物語成立過程の、特にその
発生段階の状況分析を手掛かりに、輻
輳するこの物語の発生事情の解明に取
り組んだ、生成平家物語論、発生考篇で
ある。

◇後白河法皇 棚橋光男著 講談社 （講談

社選書メチエ）　1995.12
①4-06-258065-9
＊保元の乱から鎌倉幕府成立にかけて、つねに敵役であった「偉大なる暗闇」。はたして、後白河は権謀術数のかぎりをつくした「日本一の大天狗」だったのだろうか。本書は、文化創造の場や、精神史の暗部にまでわけいり、現実の向こうにこの政治的巨人が透視していた可能性を鋭く指摘する。王権の転換・再生を軸に、東アジアの知的交流にまで眼くばりした力作論文集。

◇後白河院―動乱期の天皇　古代学協会編　吉川弘文館　1993.3　①4-642-02262-7

後醍醐天皇　ごだいごてんのう
1288〜1339　鎌倉時代後期、南北朝時代の第96代（南朝初代）の天皇。（在位1318〜1339）。後宇多天皇の第2皇子。院政を廃し、記録所を中心として天皇親政を目指す。鎌倉幕府の打倒を画策し、正中の変、元弘の変を起こし、自ら隠岐に配流されながらも、楠木正成、足利尊氏、新田義貞らにより倒幕を果たす。建武新政では天皇専制政治を標榜したが、足利尊氏を中心とした武家と対立して新政府は崩壊。吉野に逃れて尊氏の擁立した持明院統の天皇に対抗、南北朝時代を招いた。

◇後醍醐天皇　兵藤裕己著　岩波書店　（岩波新書 新赤版）　2018.4
①978-4-00-431715-9

◇後醍醐天皇と動乱の人々　村田一司著　文芸社　2013.2　①978-4-286-13269-3

◇後醍醐天皇　加来耕三企画・構成・監修, すぎたとおる原作, 中島健志作画　ポプラ社　（コミック版日本の歴史 室町人物伝）　2012.9　①978-4-591-13065-0
＊理想の世を目指し、鎌倉幕府打倒に挑み続けた不屈の天皇・後醍醐天皇の人生を描く。

◇建武政権―後醍醐天皇の時代　森茂暁著　講談社　（講談社学術文庫）　2012.6
①978-4-06-292115-2
＊北条得宗家の執政体制下、幕府は武士の支持を失い、朝廷は大覚寺統と持明院統の対立と両統迭立の中にあった鎌倉時代後期に出現した公家一統体制。それは復古反動か、封建王政か？ 延喜・天暦の治を理想とする天皇の政権はどのように誕生し、どんな構成と性格を有し、短期間で滅んでいったのか。史料の精緻な読みを通し、後醍醐の夢と挫折を解明する。

◇ユーラシアの東西―中東・アフガニスタン・中国・ロシアそして日本　杉山正明著　日本経済新聞出版社　2010.12
①978-4-532-16771-4
＊イラク・アフガン戦争の歴史的意味、地政学でみる中国・ロシア、大陸視点からの後醍醐天皇論―。ユーラシアをひとつのかたまりとしてみれば、あらたな地平が浮かび上がる。壮大なる日本発世界史への試み。

◇後醍醐天皇のすべて　佐藤和彦, 樋口州男編　新人物往来社　2004.9
①4-404-03212-9

◇後醍醐天皇―南北朝動乱を彩った覇王　森茂暁著　中央公論新社　（中公新書）　2000.2　①4-12-101521-5
＊後醍醐天皇は、鎌倉幕府を倒し南北朝時代の幕を開けた動乱の立役者、天皇親政を復活させ全国支配の規範を示した専制君主、死後も怨霊として足利政権に影を落としつづけた存在と幾つもの貌を持つ。本書では、彼に討幕を決意させた両統迭立の中での立場や、その王権を特異ならしめる芸能や密教への深い関心、海外との交流を当時の社会的文脈に即して読み解き、後醍醐政権の歴史的役割を探るとともに、多面的な後醍醐像を提示する。

◇後醍醐天皇と建武政権　伊藤喜良著　新日本出版社　（新日本新書）　1999.10
①4-406-02685-1
＊十四世紀、時代の転換期に歴史の舞台に登場した後醍醐天皇。東アジア世界の激動をみすえながら、日本中世史で特異な位置を占める後醍醐天皇と建武政権の成立から解体までを描く。

◇相剋　渡辺了昭著　新風舎　1999.7
①4-7974-0946-0
＊北条幕府を斃し、天皇の復権に執念を

燃やす後醍醐天皇は、自らの皇子護良の非凡な資質を頼りに思いを遂げる。しかし、目的のためには裏切りも辞さぬ父の酷薄さと、奸計を嫌う息子の間に不信が芽生え、ジワジワと親子の距離を広げていった…。

◇校本 保暦間記　佐伯真一，高木浩明編著　和泉書院　（重要古典籍叢刊）　1999.3
Ⓘ4-87088-964-1
＊保元の乱から後醍醐天皇崩御までを記述した「保暦間記」慶長古活字版の翻刻本文、影印、解題を収めたもの。

◇日本中世史を見直す　佐藤進一，網野善彦，笠松宏至著　平凡社　（平凡社ライブラリー）　1999.2　Ⓘ4-582-76278-6
＊13世紀後半から14世紀にかけての「文明史的」「民族史的」な転換期。鎌倉幕府法の世界と、商業・金融の発展により激動し始めた社会の矛盾の中で中世社会はどのように変質していったのか。

◇儀礼国家の解体―中世文化史論集　桜井好朗著　吉川弘文館　1996.6
Ⓘ4-642-07490-2
＊後醍醐天皇は、王朝国家にならって儀礼と政治を一体化させることで、王権の高揚をめざす。それは中世の国家-王権が古代神話にかわる何ものかを求める姿でもあった。絵画資料や芸能も援用して中世の思想・文化の構造に迫る。

◇後醍醐天皇　徳永真一郎著　徳間書店　（徳間文庫）　1991.2　Ⓘ4-19-599266-4
＊天皇親政の実現と鎌倉幕府打倒こそ、天の命ずる使命だとかたく覚悟されている後醍醐天皇は、日野資朝・日野俊基らと倒幕を密議されたが、正中元年、六波羅の知るところとなって事は破れた。豪宕にして英邁無比の帝は、危難に屈せず元弘元年、笠置山に挙兵されたが、雄図むなしく隠岐配流の身となられたのだった。人皇、九十六代、古今無類の英傑、苦難の生涯を描く書下し大作。

◇後醍醐天皇と足利尊氏―『太平記』の主人公　緒形隆司著　光風社出版　1991.2
Ⓘ4-87519-606-7
＊歴代天皇中でも、その剛毅な気質、決断力、行動力で群を抜き最も政治的であっ

た後醍醐天皇と、武家の棟梁となるべき運命を自覚した足利尊氏の対決は、南北朝動乱を招き、楠木正成・正行、新田義貞等々の武人をもその渦中に巻込み、戦乱の世を造りだしたのであった…。

▎**五代友厚**　ごだいともあつ
1835～1885　明治期の実業家。関西貿易、大阪製銅など多くの事業に関与。大阪商法会議所などの設立に尽力。大阪の恩人と呼ばれる。

◇五代友厚―明治産業維新を始めた志士　桑畑正樹著　髙城書房　（鹿児島人物叢書）　2016.4　Ⓘ978-4-88777-160-4

◇五代友厚と渋沢栄一―日本を飛躍させたふたりの男の生涯　洋泉社　（洋泉社MOOK）　2016.3　Ⓘ978-4-8003-0866-5

◇五代友厚―商都大阪を築き上げた「英雄」の生涯　三才ブックス　（三才ムック）　2016.2　Ⓘ978-4-86199-850-8

◇商都大阪をつくった男 五代友厚　宮本又郎著　NHK出版　2015.12
Ⓘ978-4-14-081690-5

◇維新経済のヒロイン広岡浅子の「九転十起」―大阪財界を築き上げた男五代友厚との数奇な運命　原口泉著　海竜社　2015.9　Ⓘ978-4-7593-1452-6

◇五代友厚伝―伝記・五代友厚　五代竜作編　大空社　（近代日本企業家伝叢書）　1998.11　Ⓘ4-7568-0934-0

◇大阪をつくった男―五代友厚の生涯　阿部牧郎著　文芸春秋　1998.1
Ⓘ4-16-317450-8
＊日本資本主義の指導者。幕末、薩摩の倒幕戦を支えた後実業界に身を投じて、大阪株式取引所や商法会議所を創立、大阪の近代化に力を尽くした五代友厚の波瀾の人生。

◇功名を欲せず―起業家・五代友厚の生涯　渡部修著　毎日コミュニケーションズ　1991.4　Ⓘ4-89563-150-8
＊あの西郷隆盛も惚れた福沢諭吉、渋沢栄一に並ぶ明治の傑物。地球的観点で〈近代〉を立ち上げた男の夢と情熱は第3の開国期を迎えた現在に甦る。

児玉源太郎

児玉源太郎 こだまげんたろう
1852〜1906 明治期の陸軍軍人。第4次伊藤内閣の陸相、第1次桂内閣の内相・文相などを歴任。日露戦争時には満州軍総参謀長。

◇史論児玉源太郎—明治日本を背負った男 中村謙司著 潮書房光人社 （光人社NF文庫） 2017.1 ①978-4-7698-2987-4

◇児玉源太郎関係文書 尚友倶楽部児玉源太郎関係文書編集委員会編 同成社 2015.1 ①978-4-88621-690-8

◇児玉源太郎—明治陸軍のリーダーシップ 大沢博明著 山川出版社 （日本史リブレット人） 2014.9 ①978-4-634-54889-3

◇偉人伝/児玉源太郎—現代人が今一番目指すべき姿 前篇 木立順一著 メディアポート 2014.4 ①978-4-86558-011-2

◇児玉源太郎—そこから旅順港は見えるか 小林道彦著 ミネルヴァ書房 （ミネルヴァ日本評伝選） 2012.2 ①978-4-623-06283-6
＊児玉源太郎（一八五二〜一九〇六）陸軍大将・台湾総督。佐賀の乱、西南戦争での熊本城篭城、日露戦争における旅順要塞攻防戦…。大日本帝国の興隆とともに、数多の戦場を駆け抜けた児玉源太郎。「天才的戦術家」などの既存のイメージを超え、立憲主義的軍人としての真の姿を実証的に描き出す。

◇思ひ出の日露戦争 イアン・ハミルトン著, 前沢哲也解題 雄山閣 （日露戦争戦記文学シリーズ） 2011.11 ①978-4-639-02171-1
＊観戦武官ハミルトン英国中将の日露戦争「回想録」は戦闘の冷静な分析とともに、大山巌・児玉源太郎・黒木為楨など将軍たちの素顔が記された貴重な記録である。

◇児玉将軍十三回忌寄稿録 吉武源五郎編 マツノ書店 2010.12

◇軍談 秋山真之の日露戦争回顧録 新人物往来社編 新人物往来社 （新人物文庫） 2010.2 ①978-4-404-03809-8
＊日露戦争で日本の勝利を決定づけた日本海海戦に連合艦隊の作戦参謀として活躍した秋山真之。名文家としても知られた秋山だが、海軍部内の雑誌寄稿文を集めた『軍談』以外、一般向きの著作はない。「戦機は…これを謀るは人にあり、これをなすは天にあり」—"奇跡的"な大勝利となった黄海海戦と日本海海戦を回想しつつ、その戦闘経過と勝因を簡潔、的確に総括している。ほかに昭和十年（一九三五）の日露戦争三十周年企画の大座談会「参戦二十提督日露大海戦を語る」「参戦二十将星日露大戦を語る」から、陸海の戦闘に従事した当時の参謀・将校の貴重な証言を採録。

◇史論児玉源太郎—明治日本を背負った男 新装版 中村謙司著 光人社 2009.12 ①978-4-7698-1454-2
＊鮮やかな作戦指揮で日露戦争を勝利に導きながら、その翌年、志なかばで病に斃れた知将・児玉源太郎。しかし彼の真価は、軍事的戦術のみに発揮されたのではなかった！ グローバルな視野と傑出したリーダーシップを備えた戦略家・政治家として、その後の日本の運命を変えたかもしれない男の再評価を試みる。

◇謀将児玉源太郎—ある名補佐役の生涯 生出寿著 光人社 （光人社NF文庫） 2009.11 ①978-4-7698-2625-5
＊絶妙の作戦指導によって二〇三高地を奪取させた清冽なる戦術家の手腕。『坂の上の雲』を彩った神算鬼謀、偉大な軍師の生涯。

◇史論児玉源太郎—明治日本を背負った男 中村謙司著 光人社 2006.8 ①4-7698-1314-7
＊鮮やかな作戦指揮で日露戦争を勝利に導きながら、その翌年（1906年）、志なかばで急逝した知将・児玉源太郎。しかし彼の真価は、軍事的戦術のみに発揮されたのではなかった！ グローバルな視野と傑出したリーダーシップを備えた戦略家・政治家として、その後の日本の運命を変えたかもしれない男の再評価を試みる。

◇児玉陸軍大将 博文館編 マツノ書店 2005.7

◇児玉源太郎 長田昇著 「児玉源太郎」出

版記念委員会　2003.11

◇日本人の生き方―児玉源太郎と歴史に学ぶ「生き残る道は必ずある！」　濤川栄太著　文芸社　2000.5　①4-8355-0332-5
＊ベストセラー『今、親は子に何を語るべきか』『戦後教科書から消された人々』の著者が全身全霊をかたむけて書き下ろした、21世紀の日本人の生きるべき道。多くの人々が日本人としてのアイデンティティを見失っている現代にあって、今、この国は、そして私たちはどう生きればいいのか―。「蒼天・忠恕」の人・児玉源太郎を中心に、日本の歴史と精神を築いてきた人物たちにスポットを当て、その戦略的生き方から私たちが今学ぶべきものを問う、司馬遼太郎が描ききれなかった世界。

◇児玉源太郎―神謀と奇略の大軍師　中村晃著　PHP研究所　（PHP文庫）1999.10　①4-569-57322-3
＊新興国家・明治日本が、存亡を賭けて戦った「日露戦争」。国力において、あらゆる面で優るロシアとの戦いは、"敗れて当然、勝つのは奇跡"とまで言われ、日本にとってはまさに、乾坤一擲の大勝負であった。その陸戦における参謀本部の頭脳として、"奇跡実現の演出"を行なった男、児玉源太郎の天啓とも言うべき智謀の生涯を鮮烈に描き上げる、長編歴史小説。

◇知将児玉源太郎―ある名補佐役の生涯　生出寿著　光人社　1996.5　①4-7698-0317-6

◇天辺の椅子―日露戦争と児玉源太郎　古川薫著　文芸春秋　（文春文庫）　1996.5　①4-16-735711-9
＊ドイツの戦術家メッケルから"日本最高の戦術家"と称された児玉源太郎。日露戦争の激戦地203高地攻略では立役者となったが、彼の地位はつねに"ナンバー2"にとどまった。宰相の座を目前にしながら、"天辺の椅子"に坐ることなく、急死した、気骨ある明治の軍人の生涯を描いた長篇歴史小説。

◇児玉源太郎　宿利重一著　マツノ書店　1993.7

◇大軍師児玉源太郎　中村晃著　叢文社　1993.7　①4-7947-0208-6
＊敗れて当然。勝てたら奇蹟。敗れたら日本は植民地の運命。地上最強のロシア陸軍と対決した貧乏日本の陸軍は「命知らずの将兵の勇」と「神謀奇略の児玉源太郎」に賭ける。生きた空もない明治政府。ロシア軍司令官を手玉に取る源太郎―。神謀は「神の心」に宿り、奇略は「異端の心」に宿る。

◇謀将児玉源太郎　生出寿著　徳間書店（徳間文庫）　1992.12　①4-19-577389-X

◇天辺の椅子　古川薫著　毎日新聞社　1992.11　①4-620-10464-7
＊宰相という天辺の椅子を目前に、歴史から消えていった、明治の俊才児玉源太郎その、起伏に富んだ生涯を、直木賞作家の眼で鋭く描いた長篇小説。

後藤象二郎　ごとうしょうじろう
1838～1897　江戸時代末期，明治期の高知藩士，政治家。蘭学，英学を修め藩政の中心となる。維新後，新政府の参与、参議などを歴任。自由党を結成。

◇大政奉還を「象」った男後藤象二郎―平成29年度幕末維新博関連企画展　高知県立歴史民俗資料館編　高知県立歴史民俗資料館　2017.7

◇後藤象二郎と岩崎弥太郎―幕末維新を駆け抜けた土佐の両雄　志岐隆重著　長崎文献社　2016.11　①978-4-88851-269-5

◇伯爵後藤象二郎―伝記・後藤象二郎　大町桂月著　大空社　（伝記叢書）　1995.6　①4-87236-470-8

◇後藤象二郎と近代日本　大橋昭夫著　三一書房　1993.6　①4-380-93232-X
＊坂本龍馬と協力して大政奉還を成功させ、盟友板垣退助とともに、自由党の結成に参画した土佐藩の生んだ傑物政治家、維新の元勲後藤象二郎の浮沈の激しい生涯を豊富な史料で迫った本格的な評伝。

後藤新平　ごとうしんぺい
1857～1929　明治，大正期の政治家。貴族

後藤新平

院議員。満鉄の初代総裁。第2次・3次桂内閣通信相、寺内内閣外相などを歴任。

◇後藤新平の発想力　補訂版　渡辺利夫，奥田進一編著　成文堂　（パースペクティヴズ）　2015.3　Ⓘ978-4-7923-9247-5

◇後藤新平追想録　改訂版　奥州市立後藤新平記念館編　奥州市教育委員会　2015.2

◇後藤新平日本の羅針盤となった男　山岡淳一郎著　草思社　（草思社文庫）2014.12　Ⓘ978-4-7942-2092-9

◇時代が求める後藤新平―1857-1929 自治/公共/世界認識　藤原書店編集部編　藤原書店　2014.6　Ⓘ978-4-89434-977-3
　＊現代に生きるわれわれは、百年先を見通し、近代日本のあるべき道を指し示した後藤新平に何を思い、何を託すのか。100人を超える各界識者が描く多面的後藤新平像。『機』誌の大好評連載と『環』誌寄稿の単行本化。

◇北里柴三郎と後藤新平―世界的細菌学者と近代行政の先覚者との絆　野村節三著　東海新報社（印刷）　2014.3　Ⓘ978-4-905336-11-2

◇後藤新平―大震災と帝都復興　越沢明著　筑摩書房　（ちくま新書）　2011.11　Ⓘ978-4-480-06639-8
　＊東日本大震災を機に、関東大震災後の帝都復興に稀代のリーダーシップを発揮した後藤新平が再び注目され始めた。なぜ後藤のような卓越した政治家が出現し、多彩な人材を総動員して迅速に復旧・復興に対処できたのか。壮大で先見性の高い帝都復興計画は縮小されたにもかかわらず、なぜ区画整理を断行できたのか。都市計画の第一人者が「日本の都市計画の父」後藤新平の生涯をたどり、その功績を明らかにするとともに、後藤の帝都復興への苦闘が現代に投げかける問題を考える。

◇震災復興後藤新平の120日―都市は市民がつくるもの　後藤新平研究会編著　藤原書店　（後藤新平の全仕事）　2011.7　Ⓘ978-4-89434-811-0
　＊いま、なぜ「平成の後藤新平」が求められているのか？　大地震翌日、山本権兵衛内閣の内務大臣を引き受けた後藤は、その2日後「帝都復興の議」を立案する。その構想は、政争の中で削減されてゆくが、基本構想は残った。わずか120日という短期間で、現在の首都・東京や横浜の原型をどうして作り上げることが出きたか？　豊富な史料を読み解き、「復興」への道筋を跡づけた決定版ドキュメント。

◇赤い男爵　後藤新平　田中重光著　叢文社　2011.5　Ⓘ978-4-7947-0663-8
　＊関東大震災から東京を復興させた決断の男。明治という肇国の時代が生んだ巨人。

◇後藤新平と日露関係史―ロシア側新資料に基づく新見解　ワシーリー・モロジャコフ著, 木村汎訳　藤原書店　2009.5　Ⓘ978-4-89434-684-0
　＊"地政学的隣人"としてのロシア/ソ連と、日本はいかなる関係を築くべきか？　満鉄総裁として、またシベリア出兵、ヨッフェ招聘、漁業交渉、スターリン会談などを通じて、一貫してロシア/ソ連との関係を重視し、日英同盟のオルタナティブを模索し続けた後藤新平の、日露関係に果たした役割を初めて明かす、俊英による注目作。

◇後藤新平―夢を追い求めた科学的政治家の生涯　八田晃夫著, 磯貝正雄編著　文芸社　2008.3　Ⓘ978-4-286-04370-8
　＊台湾統治の基礎を築き、その後も、満鉄総裁・逓信大臣・東京市長など要職を歴任し、手腕をふるった後藤新平―稀代の政治家をとおして人間の理想像を追求した人物評伝。本文理解の一助となるよう、巻末に詳細な「人名・地名・事件などの索引および解説」を掲載した画期的な内容。

◇経世家・後藤新平―その生涯と業績を語る　東京市政調査会　（「都市問題」公開講座ブックレット）　2007.11　Ⓘ978-4-924542-34-1

◇正伝・後藤新平―決定版　別巻　後藤新平大全　御厨貴編　藤原書店　（後藤新平の全仕事）　2007.6　Ⓘ978-4-89434-575-1
　＊複合的かつ複層的な"後藤新平の世界"

を明らかにする攻略本。『正伝後藤新平』を読み進める上でのガイドラインであると同時に、『後藤新平・解体新書』の役割を果たし、"後藤新平的世界"の要素分解の機能を示す。

◇後藤新平の「仕事」　藤原書店編集部編　藤原書店　（後藤新平の全仕事）　2007.5　Ⓘ978-4-89434-572-0
＊公衆衛生、鉄道、郵便、放送、都市計画などの内政から、国境を越える発想に基づく外交政策まで「自治」と「公共」に裏付けられたその業績を明快に示す！　後藤を知るための必携書。

◇正伝・後藤新平―決定版 8　「政治の倫理化」時代 1923～29年　鶴見祐輔著, 一海知義校訂　藤原書店　（後藤新平の全仕事）　2006.7　Ⓘ4-89434-525-0

◇後藤新平―大風呂敷の巨人　高橋通泰著〔高橋通泰〕　2006.4

◇正伝・後藤新平―決定版 7　東京市長時代 1919～23年　鶴見祐輔著, 一海知義校訂　藤原書店　（後藤新平の全仕事）　2006.3　Ⓘ4-89434-507-2

◇正伝・後藤新平―決定版 6　寺内内閣時代 1916～18年　鶴見祐輔著, 一海知義校訂　藤原書店　（後藤新平の全仕事）　2005.11　Ⓘ4-89434-481-5
＊第一次大戦、ロシア革命…極東に暗雲迫る中、外相・後藤新平の外交政策とは。

◇正伝・後藤新平―決定版 5　第二次桂内閣時代 1908～16年　鶴見祐輔著, 一海知義校訂　藤原書店　（後藤新平の全仕事）　2005.7　Ⓘ4-89434-464-5

◇後藤新平伝―未来を見つめて生きた明治人　星亮一著　平凡社　2005.6　Ⓘ4-582-83268-7

◇正伝・後藤新平―決定版 4　満鉄時代 1906～08年　鶴見祐輔著, 一海知義校訂　藤原書店　（後藤新平の全仕事）　2005.4　Ⓘ4-89434-445-9
＊広軌鉄道、ホテル建築、都市計画、満鉄調査部の設置…初代満鉄総裁が振るった辣腕。

◇正伝・後藤新平―決定版 3　台湾時代 1898～1906年　鶴見祐輔著, 一海知義校訂

藤原書店　（後藤新平の全仕事）　2005.2　Ⓘ4-89434-435-1

◇正伝・後藤新平―決定版 2　衛星局長時代 1892～98年　鶴見祐輔著, 一海知義校訂　藤原書店　（後藤新平の全仕事）　2004.12　Ⓘ4-89434-421-1

◇正伝・後藤新平―決定版 1　医者時代前史～1893年　鶴見祐輔著, 一海知義校訂　藤原書店　（後藤新平の全仕事）　2004.11　Ⓘ4-89434-420-3

◇時代の先覚者・後藤新平―1857-1929　御厨貴編　藤原書店　2004.10　Ⓘ4-89434-407-6

◇大風呂敷―後藤新平の生涯　上　杉森久英著　毎日新聞社　1999.11　Ⓘ4-620-51045-9
＊高野長英の類縁の家に生れ青雲の志を抱き貧書生として出発、35歳にして内務省衛生局長。得意の絶頂にある時、相馬事件にまきこまれ入獄―波乱の前半生を描く。

◇大風呂敷―後藤新平の生涯　下　杉森久英著　毎日新聞社　1999.11　Ⓘ4-620-51046-7
＊台湾民政長官・満鉄総裁として巨大なスケールの都市計画を推進。関東大震災にそれを生かそうとしたが…「大風呂敷」と呼ばれる男にとって、日本と日本人は小さすぎたのか。

◇小説後藤新平―行革と都市政策の先駆者　郷仙太郎著　学陽書房　（人物文庫）　1999.8　Ⓘ4-313-75088-6
＊これからの日本、こんな指導者がほしい！　東北の没落平民から身を起こし、医師、行政マンを経て台湾・満鉄の経営、東京市の大改革、関東大震災からの復興―。大胆な先見性をもとに新しい政策を次々に打ち立て、行革を断行した後藤新平。無私と実行力に貫かれた生涯をいきいきと描く。

▍**後鳥羽天皇**　ごとばてんのう
1180～1239　後鳥羽上皇（ごとばじょうこう）とも。鎌倉時代前期の第82代の天皇。（在位1183～1198）。高倉天皇の子。後白

後鳥羽天皇

河法皇の死後、譲位して上皇となり院政を継承。のち鎌倉幕府と対立して北条義時追討の宣旨をだして挙兵したが敗れ、隠岐に流され生涯を終わった。歌人としてもすぐれ「新古今和歌集」を撰上させた。

◇後鳥羽院とその時代　吉野朋美著　笠間書院　2015.12　①978-4-305-70791-8

◇後鳥羽院　第2版　丸谷才一著　筑摩書房（ちくま学芸文庫）　2013.3
①978-4-480-09532-9
＊承久の変後、孤絶と憂悶の慰めを日々歌に託し、失意の後半生を隠岐に生きた後鳥羽院。同時代の歌人・藤原定家が最初の近代詩人となることによって実は中世を探していたのに対し、後鳥羽院は最後の古代詩人となることによって近代を超えた一歌人であるうえに『新古今和歌集』で批評家としての偉大さも示す後鳥羽院を、自ら作家でもあり批評家でもある著者が論じた秀抜な日本文学史論。宮廷文化＝“詩の場”を救うことを夢みた天皇歌人のすがたに迫る。1973年度に読売文学賞を受賞した第一版に三篇を加え、巻末に後鳥羽院年譜と詳細な和歌索引を付した増補決定版。

◇敗者の日本史　6　承久の乱と後鳥羽院　関幸彦著　吉川弘文館　2012.10
①978-4-642-06452-1
＊鎌倉と京、公武権力構図の転換点とされる承久の乱。治天の君＝後鳥羽院が歌に込めた「道ある世」への希求とは何だったのか。諸史料を中心に、協調から武闘路線への道をたどり、隠岐に配流された後鳥羽院のその後にも迫る。

◇後鳥羽上皇─新古今集はなにを語るか　五味文彦著　角川学芸出版　（角川選書）　2012.5　①978-4-04-703506-5
＊神器なき帝、後鳥羽上皇はなぜ若くして短期間に『新古今集』を編むことができたのか。そこには王権を高揚させる強力な文化統治の手段として和歌・勅撰集を位置づけ、幕府を凌駕し、「武」を圧倒しようとした上皇の強い意志があった。この『新古今集』成立にいたる道筋を、歌会・歌合の記録や撰集の過程から詳細に跡づけ、朝幕関係を含んだ複雑な史実とともに丹念に描き出し、

武家政権下の王と「和歌の力」を浮き彫りにする。

◇新古今集 後鳥羽院と定家の時代　田渕句美子著　角川学芸出版，角川グループパブリッシング〔発売〕　（角川選書）　2010.12　①978-4-04-703481-5
＊八番目の勅撰集『新古今和歌集』が編まれた時代は、和歌の黄金期である。新たな歌風が一気に生み出され、優れた宮廷歌人が輩出した。未曾有の規模の千五百番歌合、上皇自ら行う勅撰集の撰歌、と前例のない熱気をみせながら、宮廷の政治と文化は後鳥羽院の磁力のもと、再編成されていく。後鳥羽院と藤原定家という二つの強烈な個性がぶつかりあい、日本文化の金字塔が打ち立てられていく時代の熱い息吹に迫る。

◇後鳥羽院─歌帝　松本章男著　平凡社　2009.4　①978-4-582-83434-5
＊文武に秀で、「新古今」編纂という大事業を成し遂げ、中世屈指の歌詠みとして生きながらも、隠岐流刑という最期を遂げたその波瀾の生涯の真実を、膨大な数の歌の読み込みから追究した、渾身の書き下ろし評伝。

◇後鳥羽院のすべて　鈴木彰，樋口州男編　新人物往来社　2009.3
①978-4-404-03575-2
＊「新古今和歌集」を編纂した後鳥羽院は承久の乱で敗れ、配流地・隠岐で生涯を閉じた。享年60。

◇夢のなかぞら─父 藤原定家と後鳥羽院　大垣さなゑ著　東洋出版　2007.12
①978-4-8096-7556-0
＊藤原定家と後鳥羽院という、たぐい稀なる天稟と強烈な個性の出会いと別れ、そして恩讐と愛憎。巨大な価値変動の坩堝へと現実を圧し流す時間の氾濫のなかで、憂き身を投じる「虚構の器」としての三十一文字に、「不滅」を賭して挑んだ天与の詩人たちの軌跡を追う。

◇史伝後鳥羽院　目崎徳衛著　吉川弘文館　2001.11　①4-642-07781-2
＊異数の幸運によって帝位につき、天衣無縫の活動をしながら、一転して絶海の孤島に生を閉じた後鳥羽院の生涯を、

史実に基づき描き出す。和歌などの才能にあふれた多芸多能な側面にもふれ、生き生きとした人間像に迫る。

◇(小説)後鳥羽院―新島守よ、隠岐の海の綱田紀美子著　オリジン出版センター　1995.7　①4-7564-0193-7

◇後鳥羽院と定家研究　田中裕著　和泉書院　1995.1　①4-87088-698-7

▌ 小西行長　こにしゆきなが

?～1600　安土桃山時代の大名。肥後宇土藩主。朝鮮出兵では加藤清正らとともに活躍したが、関ヶ原の戦いでは西軍に加担し、石田三成らとともに六条河原で刑死した。

◇再検証小西行長―謎の武将が今よみがえる　第3集　宇土市教育委員会編　熊本県宇土市　2018.3　①978-4-9905359-3-3

◇鉄の首枷―小西行長伝　改版　遠藤周作著　中央公論新社　(中公文庫)　2016.8　①978-4-12-206284-9

◇再検証小西行長―謎の武将が今よみがえる　第2集　宇土市教育委員会編　宇土市　2016.3　①978-4-9905359-2-6

◇再検証小西行長―謎の武将が今よみがえる　宇土市教育委員会編　熊本県宇土市　2010.7　①978-4-9905359-0-2

◇小西行長―「抹殺」されたキリシタン大名の実像 史料で読む戦国史　島津亮二著　八木書店　2010.7　①978-4-8406-2049-9
　＊関ヶ原の敗軍の将として「抹殺」されたはずの史料を原本にあたり徹底調査、「つくられた行長」の虚像を覆す。

◇小西行長　森本繁著　学研パブリッシング，学研マーケティング〔発売〕　(学研M文庫)　2010.4　①978-4-05-901260-3
　＊堺の商人から宇喜多家に仕え、さらに豊臣秀吉に仕えることになった異色の武将・小西行長。キリシタンゆえの苦悩、文禄・慶長の役での活躍、石田三成との友情や加藤清正との確執、そして西軍に身を投じ関ヶ原に散ったその生涯を、実証歴史作家の著者が、あますところなく伝える。

◇小西行長を見直す―記録集　宇土市教育委員会編　宇土市　2010.3

◇鉄の首枷―小西行長伝　遠藤周作著　ぶんか社　(ぶんか社文庫)　2009.5　①978-4-8211-5238-4
　＊悲劇のキリシタン大名・小西行長。切支丹としての信仰と、切支丹信者からの期待、時の権力者・豊臣秀吉との関係、そして己の世俗的野心…。それぞれ相容れない中で彼はどのように生きたのか。そして彼にはめられた『鉄の首枷』とは？　文豪・遠藤周作が豊富な取材量と重厚な筆で異端の戦国大名の謎の生涯に迫った。

◇小西行長伝　木村紀八郎著　鳥影社　2005.11　①4-88629-947-4
　＊文禄・慶長の役において明と主君の秀吉を欺き、朝鮮に平和を求めて苦闘した悲劇の生涯を描く。町人出身・キリシタンという異色の武将はまた、今日的世界観の先駆者でもあった。

◇小西行長公没後400年記念事業資料集―関ヶ原の戦いから四百年　宇土市教育委員会編　宇土市教育委員会　2000.10

◇海将　上　白石一郎著　講談社　(講談社文庫)　1999.9　①4-06-264669-2
　＊堺の薬問屋・小西隆佐は、まだ信長の家臣の一人にすぎない羽柴秀吉に己と一族の将来を賭ける。時は天正、西国の毛利家に対抗するための要となる備前・宇喜多家へ、隆佐は手塩にかけて育て跡継ぎと考えていた十八歳の弥九郎を送り込む。わずか十数年後に二十四万石大名となる小西行長の若かりし日を描いた傑作長編。

◇海将　下　白石一郎著　講談社　(講談社文庫)　1999.9　①4-06-264670-6
　＊海を知り船を自在に操る小西行長は、豊臣秀吉の西国征服で重要な役割を果たす。だがその心のうちは、宇喜多家に仕えながら小西家の繁栄を願い、悩みに揺れていた。才智の男として歴史に名を残した行長の表と裏を丹念に描いた感動の歴史大作。吉川英治文学賞に輝いた海洋歴史小説の第一人者の筆が冴える。

◇小西行長―後悔しない生き方　江宮隆之

著　PHP研究所　（PHP文庫）　1997.7
①4-569-57031-3

◇小西行長と沈惟敬─文禄の役、伏見地震、そして慶長の役　三木晴男著　日本図書刊行会　1997.6
＊乱中ニ和ヲ探ル。日本・朝鮮・中国・西洋の資料を駆使した地震学者による異色の歴史書。

◇小西行長─長編時代小説　麻倉一矢著　光文社　（光文社文庫）　1997.4
①4-334-72392-6

◇海将─若き日の小西行長　白石一郎著　新潮社　（新潮文庫）　1996.10
①4-10-141806-3

◇海将─若き日の小西行長　白石一郎著　新潮社　1993.7　①4-10-393001-2
＊商人から二十四万石の大名へ─。戦国末期の武将の中でも、異色の経歴を持つ小西行長の、霧に包まれた若き日を鮮やかに甦らせた長篇時代小説。

▌**近衛秀麿**　このえひでまろ
1898～1973　大正, 昭和期の指揮者, 作曲家。日本交響楽協会を設立、新交響楽団（のちN響）を組織、主宰。のちに近衛管弦楽団を組織。

◇近衛秀麿─亡命オーケストラの真実　菅野冬樹著　東京堂出版　2017.12
①978-4-490-20976-1

◇戦火のマエストロ近衛秀麿　菅野冬樹著　NHK出版　2015.8　①978-4-14-081682-0

◇近衛秀麿─日本のオーケストラをつくった男　大野芳著　講談社　2006.5
①4-06-212490-4
＊兄は宰相近衛文麿、恋人・愛人は数知れず。山田耕筰との確執、フルトヴェングラーとの交友、そしてユダヤ人救出─世界をうならせた名指揮者の知られざる全貌。

▌**近衛文麿**　このえふみまろ
1891～1945　昭和期の政治家。貴族院議員, 首相。大政翼賛会を設立、日独伊三国同盟締結を行うが、対米関係は悪化。戦

後、戦犯容疑で指名され、服毒自殺。

◇近衛文麿　古川隆久著　吉川弘文館　（人物叢書 新装版）　2015.9
①978-4-642-05275-7

◇軍閥─二・二六事件から敗戦まで　大谷敬二郎著　潮書房光人社　（光人社NF文庫）　2014.6　①978-4-7698-2835-8
＊ともに新しい陸軍を願い求めながら、統制派と皇道派はなぜ対立したのか！両派の間に立って東条内閣打倒、戦争終結に心胆を砕く近衛文麿を中心に、元憲兵隊司令官が各派抗争の歴史と政財官各界の相関関係を明らかにする。

◇無念なり─近衛文麿の闘い　大野芳著　平凡社　2014.1　①978-4-582-83640-0
＊聡明で、実は胆力もあったが、敗戦の責任を負って自死した「運命の子」近衛文麿の生涯を丹念な調査に基づき等身大で描いた傑作。

◇鳥居民評論集 昭和史を読み解く　鳥居民著　草思社　2013.11
①978-4-7942-1995-4
＊今年（二〇一三年）一月に急逝した慧眼の近代日本史家であり、現代中国研究家の単行本未収録のエッセイ、対談等を集めた評論集第一巻目。恐るべき洞察力、独自の史観、膨大な資料収集、市井の研究家として大著『昭和二十年』（既刊13巻、草思社刊）を書き続けて、昭和史の研究家たちに多大の影響を与えた著者の偉業の一端を示すエッセイ群。一つひとつが示唆に富む無類に面白いエッセイや対談。

◇近衛文麿の戦争責任─大東亜戦争のたった一つの真実　中川八洋著　PHP研究所　2010.8　①978-4-569-79116-6
＊「幻の奇書」待望の復刊。日本を地獄の底に突き落とした「仮面の戦争屋」の正体をあばく。

◇われ巣鴨に出頭せず─近衛文麿と天皇　工藤美代子著　中央公論新社　（中公文庫）　2009.7　①978-4-12-205178-2
＊米国の戦犯法廷を拒み、決然と命を絶った近衛文麿。最後まで「弱い人」と言われつづけた近衛が命を賭して守ろうとしたものとは何だったのか。幼少

近衛文麿

期の記録から、新発見の外交書類まで
を広範にわたって検証し、新たな近衛
文麿像に迫る。

◇近衛文麿─教養主義的ポピュリストの悲
劇　筒井清忠著　岩波書店　（岩波現代文
庫）　2009.5　①978-4-00-600218-3
＊戦前の人気政治家は、戦争の時代にい
かなるリーダーシップを発揮したのか。
三度も宰相を務めながら、なぜ日本を
破局の淵から救えなかったのか。近衛
の栄光と挫折を、教養主義とポピュリ
ズムとの連関から究明し、大衆社会状
況下のマスメディアのイメージ戦略に
注目して考察した待望の書き下ろし。
岩波現代文庫オリジナル版。

◇歴代総理大臣伝記叢書　第25巻　近衛文
麿　御厨貴監修　ゆまに書房　2006.12
①4-8433-1803-5,4-8433-2298-9

◇われ巣鴨に出頭せず─近衛文麿と天皇
工藤美代子著　日本経済新聞社　2006.7
①4-532-16563-6
＊新発見の外交文書などを通して、葬り
去られた昭和史の棺の重い蓋が、いま
開かれる。一挙書き下ろし770枚。敢然
と毒をあおぎ「米国の法廷」で裁かれる
ことを拒絶した華族筆頭の矜持。「弱い
人」が命を捨てて守ったものとは…僕
の志は知る人ぞ知る。

◇大東亜戦争と「開戦責任」─近衛文麿と山
本五十六　中川八洋著　弓立社　2000.12
①4-89667-011-6
＊本書の前編は、日本ではなじみにくく日
本人の膚にあわない謀略学という方法
論をもって大東亜戦争が国家意思として
決定されていくその過程の中枢に斬
り込んでいる。後編では、英米系地政
学という方法論により軽快かつ明晰に
世界史のなかで大東亜戦争を鳥瞰した。

◇近衛文麿─「運命」の政治家　岡義武著
岩波書店　（岩波新書）　1994.6
①4-00-003852-4

◇近衛文麿─誇り高き名門宰相の悲劇　矢
部貞治著　光人社　（光人社NF文庫）
1993.10　①4-7698-2025-9
＊「一盲、衆盲ヲ引ク」の辞がある。帝国
陸軍なる「一盲」を抑えんとして戦争へ

の道を引きずられ、国民を「衆盲」とな
して滅亡の淵に落とし、戦犯の指名に毒
を仰ぐ運命の人─。細川護煕首相の母方
の祖父の生涯。公家筆頭の家柄に生をう
け、軍国狂乱の時代に三たび首相となり
苦悩と失意のうちに死する宰相の悲劇。

◇政治家の文章　武田泰淳著　岩波書店
（岩波新書）　1993.9　①4-00-414038-2
＊作家武田泰淳氏は、政治家（宇垣・浜
口・近衛・重光・鳩山など）の文章を取
りあげて、その人間像を見事に描き出
す。少年時代の作文、憂国の心情を吐
露したもの、艶福の想い出を書いたも
の、そして遺書などを縦横に解剖する
中から、政治を動かした人間と時代の
交鎖を描き出し、大正・昭和の深部をの
ぞく興味とともに日本人というものを
考えさせるユニークな書。

◇岡義武著作集　第5巻　山県有朋・近衛文
麿　岡義武著　岩波書店　1993.2
①4-00-091755-2

◇近衛文麿　上　杉森久英著　河出書房新社
（河出文庫）　1990.12　①4-309-40291-7
＊藤原鎌足にさかのぼる飛鳥朝以来の名
家、五摂家筆頭の公爵近衛家の嫡男と
して、文麿が生まれたのは明治24年
（1891）であった─。富国強尾策を掲
げ、躍進と膨張を続ける大日本帝国。
一方、文麿は早くに両親を失い、文学や
哲学を愛する憂鬱なるインテリ青年と
して成長する。しかし時代は激動の昭
和を迎え、文麿を否応なく政治の中枢
に引き入れて行った…。宿命の貴公子
の青春を描く第一部。

◇近衛文麿　下　杉森久英著　河出書房新社
（河出文庫）　1990.12　①4-309-40292-5
＊昭和11年（1936）の二・二六事件、翌年、
衆望をにない文麿はついに首相に任命
される、僅か45歳の青年宰相であった。
しかし意図と努力に反し、軍部はひたす
ら戦争を拡大して行く。総辞職、大戦の
勃発、そして敗戦…文麿は戦犯容疑の
収監を拒否して自決する。激動の昭和
の悲撃を一身に背負った文人宰相の生
涯と人間像をあますところなく描いて
毎日出版文化賞に輝いた渾身の大作。

教科書に載った日本史人物1000人　**261**

小早川隆景　こばやかわたかかげ

1533～1597　戦国時代, 安土桃山時代の武将。毛利元就の3男。次兄吉川元春とともに毛利本家を補佐した。豊臣秀吉に篤く信頼され五大老の一員となり, 秀吉の甥秀俊 (のちの秀秋) を養子に迎えた。

◇小早川隆景—毛利を支えた知謀の将　野村敏雄著　PHP研究所　（PHP文庫）2000.8　Ⓘ4-569-57437-8
　＊謀将・毛利元就の三男であり, 長兄・毛利隆元の死後,「毛利の両川」として次兄・吉川元春と毛利家を支えた武将・小早川隆景。父・元就の中国制覇に貢献し, 元就亡き後は羽柴秀吉の中国攻めに適切に対処, やがて豊臣政権で重きをなしていく隆景。しかし晩年は, 毛利宗家のために進んで小早川家を犠牲にする苦渋の決断を下していく。至誠にして無私, 円満具足の名将の堂々たる生涯を描く力作。

◇小早川隆景のすべて　新人物往来社編　新人物往来社　1997.11　Ⓘ4-404-02517-3
　＊篤実に生きた元就の三男, 小早川隆景の波瀾の生涯。

◇小早川隆景—毛利一族の賢将　童門冬二著　実業之日本社　1997.10　Ⓘ4-408-53322-X
　＊毛利元就の三男隆景。智将とうたわれた男の乱世を生き抜く処世術。

◇小早川隆景　限定特装版　渡辺世祐, 川上多助著　マツノ書店　1997.5

◇小早川隆景　野村敏雄著　PHP研究所　1997.5　Ⓘ4-569-55591-8
　＊深慮遠謀の覇者・毛利元就を父とし, 勇猛果敢な武者・吉川元春を兄とし, 容貌魁偉な友人・安国寺恵瓊とともに複雑怪奇な戦国末期を生き抜き, 毛利宗家を守り立てることに専念した円満具足の武将・小早川隆景―。父・元就の中国制覇に貢献し, 毛利宗家の存続に一身をなげうった男の生涯を描く歴史長篇。

◇瀬戸の鷹小早川隆景　新装改訂版　泉淳著　叢文社　1994.2　Ⓘ4-7947-0214-0

小早川秀秋　こばやかわひであき

1582～1602　安土桃山時代の大名。

◇小早川秀秋　黒田基樹著　戎光祥出版（シリーズ〈実像に迫る〉）　2017.2　Ⓘ978-4-86403-228-5

◇咲き残す香こそ惜しけれ—小早川秀秋抄伝　永井芳順著　小早川陽　2011.4

◇小早川秀秋の悲劇　笹沢左保著　双葉社（双葉文庫）　2000.6　Ⓘ4-575-66108-2
　＊慶長五年九月, 関ケ原の合戦は東軍の大勝に終わる。小早川秀秋の寝返りが西軍を崩壊させた。このとき秀秋, 十九歳。家康への報恩と石田三成への不信感が天下の行方を左右した。論功行賞は備前, 美作五十一万石。だが, 秀秋には荷が重すぎた。日本一の裏切者の, 知られざる "その後" を描く長編歴史小説。

◇小早川秀秋の悲劇　笹沢左保著　双葉社　1997.10　Ⓘ4-575-23319-6
　＊家康に天下を取らせた男の関ケ原以後を描く。日本史上最大の裏切者, 二十一年の生涯。慶長五年九月十五日辰の中刻, 関ケ原。東軍に内応する小早川秀秋の軍勢一万三千は松尾山を駆け下り, 大谷刑部軍に襲いかかった―。しかし, 合戦の功により安泰であったはずの名家が暗雲に覆われる。まるで人が変わったかのように酒色に溺れ, 殺生をくりかえす秀秋。このままでは岡山五十一万石はお取り潰しになる。命を賭した諫言も聞き入れられず, 万策尽きた重臣たちはついに…遁走した。

小林一三　こばやしいちぞう

1873～1957　明治～昭和期の実業家, 政治家。東宝社長, 戦災復興院総裁。住宅地・レジャー・娯楽施設・百貨店を兼営。多角的鉄道経営のパイオニア。

◇今太閤—小林一三が描いた夢と感動　向山建生著　逸翁・耳庵研究所　（雅俗の偉人 努力すれば夢は叶う）　2018.6印刷

◇宝塚戦略—小林一三の生活文化論　津金沢聡広著　吉川弘文館　（読みなおす日本史）　2018.4　Ⓘ978-4-642-06760-7

小林一三

◇小林一三―天才実業家と言われた男　小堺昭三著　ロングセラーズ　（〔ロング新書〕）　2017.11　①978-4-8454-5040-4

◇小林一三は宝塚少女歌劇にどのような夢を託したのか　伊井春樹著　ミネルヴァ書房　2017.7　①978-4-623-07998-8

◇小林一三―都市型第三次産業の先駆的創造者　老川慶喜著　PHP研究所　（PHP経営叢書　日本の企業家）　2017.3　①978-4-569-83425-2

◇逸翁自叙伝―阪急創業者・小林一三の回想　小林一三著　講談社　（講談社学術文庫）　2016.4　①978-4-06-292361-3

◇小林一三・価千金の言葉―天才実業家　小堺昭三著　ロングセラーズ　2015.10　①978-4-8454-2364-4

◇小林一三の贈り物―レール＆ステージ　阪急文化財団　2015.9

◇小林一三の知的冒険―宝塚歌劇を生み出した男　伊井春樹著　本阿弥書店　2015.6　①978-4-7768-1180-0

◇DREAMER―阪急・宝塚を創り、日本に夢の花を咲かせた男　宮徹著　WAVE出版　2014.7　①978-4-87290-703-2

◇小林一三―時代の十歩先が見えた男　北康利著　PHP研究所　2014.6　①978-4-569-81889-4
＊宝塚歌劇団をつくり上げた男の人生を通じて知る、夢を現実にできる、人間の無限の可能性。無から有を生み出した稀代の事業家の生涯。

◇鬼才縦横―小林一三の生涯　上　小島直記著　日本経済新聞出版社　（日経ビジネス人文庫）　2012.11　①978-4-532-19659-2
＊文学者志望で遊び好きの青年小林一三は、縁あって入った三井銀行で、早々に「ダメ行員」の烙印を押されてしまう。34歳で思い切って退職し、大阪で証券会社の支配人となるはずだったが…。阪急東宝グループの創設者、挫折と雌伏の前半生。

◇鬼才縦横―小林一三の生涯　下　小島直記著　日本経済新聞出版社　（日経ビジネス人文庫）　2012.11　①978-4-532-19660-8

＊阪急電鉄の前身、箕面有馬電軌の創設で再起を果たした小林一三は、独創的なアイデアで宝塚少女歌劇団、阪急百貨店、東宝映画と次々に事業を展開する一方、東京電灯を再建し商工大臣にも就任したが…。希代の経営者、挑戦と雄飛の後半生。

◇茶の湯文化と小林一三　逸翁美術館編，岡田彰子監修　逸翁美術館　2009.9　①978-4-7842-1485-3
＊逸翁美術館の新装オープンを記念して開催された特別展「茶人 逸翁―茶の湯文化と小林一三」の展覧会図録。小林一三（逸翁）の世界を「茶道との出会い」「逸翁の茶懐石」「逸翁と茶友」「逸翁の茶道観」「逸翁の愛した茶道具」の5つのテーマにそってオールカラーで紹介する。

◇小林一三―発想力で勝負するプロの教え　永久保存版　小林一三研究室編　アスペクト　（ビジネスの巨人シリーズ）　2008.2　①978-4-7572-1445-3
＊「アイデア」と「粘り強さ」を武器に、逆転の発想で時代を切り拓いた、天才起業家の生涯と実践を知る入門書。

◇逸翁自叙伝―青春そして阪急を語る　小林一三著　阪急電鉄　2000.8　①4-89485-032-X

◇小林一三知恵は真剣勝負が生む―不滅の商才に今、学ぶべきこと　永川幸樹著　ベストセラーズ　1999.9　①4-584-18513-1
＊溢れ出るビジネスヒント、涸れることなきアイディア、事業成功の秘訣が見えてきた！

◇小林一三―逸翁自叙伝　小林一三著　日本図書センター　（人間の記録）　1997.6　①4-8205-4266-4

◇福沢諭吉の着眼塾小林一三の行動塾―いまビジネスの現場に一番必要な武器だ　永川幸樹著　青春出版社　（プレイブックス）　1996.12　①4-413-01679-3
＊不況脱出まであと一歩のいま、日本企業には何が必要なのか―。そのカギは、実業の神様・福沢諭吉の商才と、その遺志を継いだ関西商人の祖・小林一三の実行力にあった。偉大なるビジネスの達人が秘めていた「ヒューマン・サービ

教科書に載った日本史人物1000人　　263

小林一茶

ス の極意」を、ここに初めて明かす。

◇小林一三夢なき経済に明日はない—阪急・東宝グループ創始者　宮徹著　Wave出版　1995.9　①4-900528-56-0
＊1940年、日本経済再編を巡って…岸信介と激突。官僚と闘い、生活者の視点を貫いたニュービジネスの神様、一三。独創の事業家、小林一三の生涯を描き切った労作。

◇日日これ夢—小説 小林一三　邦光史郎著　集英社　（集英社文庫）　1993.5　①4-08-748029-1
＊小林一三は特異な存在だった。経営者として彼ほどのアイディアマンは、まずそう多くはいるまい。彼の一生を貫いている旺盛な創造力、これまでにないものをつくり上げたいという創意工夫が、彼を普通の財界人とは一味も二味もちがう独創的経営者に仕立てあげた。そんな小林一三の肖像を模写しようと試みたのが本書である。阪急、宝塚、東宝…、大阪急王国を実現した小林一三の魅力の全てを鮮やかに描く。

◇私の行き方　小林一三著　大和出版　（創業者を読む）　1992.7　①4-8047-5024-X
＊徹底した自由・合理主義の精神から、権威・特権・因習に挑み、強大な「阪急王国」を築きあげた "比類なきアイデアマン" の経営論・人生論。

◇小林一三日記　阪急電鉄　1991.6

◇宝塚戦略—小林一三の生活文化論　津金沢聡広著　講談社　（講談社現代新書）　1991.4　①4-06-149050-8
＊朗らかに、清く正しく美しく…。歌劇を中心とする小林一三の企業戦略は、たんなる経営の視点をこえた文化運動でもあった。共存共栄の理念による「宝塚戦略」をいま一度ふり返り、現代に生かした力作。

◇わが小林一三—清く正しく美しく　阪田寛夫著　河出書房新社　（河出文庫）　1991.2　①4-309-40299-2
＊小林一三、明治6年山梨県生まれ。慶応義塾卒。阪急電鉄を創設し、宝塚歌劇団をおこし、梅田のターミナルビルでデパートを経営し、興行界に進出して

東宝をつくるなど、多角的経営戦略を展開して阪急グループを築く。本書は、この独創性に富んだ魅力あふれる経営者の生涯を、厖大な資料の渉猟と綿密な取材の積み重ねによって能うかぎり詳細に描ききった評伝小説の傑作。毎日出版文化賞受賞。

◇逸翁自叙伝　小林一三著　図書出版社　1990.1
＊阪急電鉄の経営に手腕を揮い、宝塚少女歌劇団を設立、大衆娯楽産業の草分けとして活躍した小林一三が、みずからの事業家としたの生涯を洒脱に語った自叙伝。

▍ 小林一茶　こばやしいっさ
1763～1827　一茶（いっさ）とも。江戸時代中期, 後期の俳人。主に葛飾派に学び、各地を放浪して句作した。のち故郷に帰り俳文集「おらが春」を編む。俳風はシニカル、かつ現実直視で、当時にあっては異彩を放った。

◇いま、よみがえる小林一茶　宮川洋一著　文芸社　2017.8　①978-4-286-18279-7

◇小林一茶—一句による評伝　金子兜太著　岩波書店　（岩波現代文庫　文芸）　2014.3　①978-4-00-602236-5
＊小林一茶（一七六三 - 一八二七）は、芭蕉、蕪村と並んで、日本人に永く最も親しまれてきた俳人である。一茶が生涯に詠んだ約二万句から、年次順に約九十句を精選して、自由な口語訳と的確、精細な評釈を付す。一句一句の中に、あまりに人間的だった俳人一茶のその時々の情念と境涯を点描して、その生涯を浮かび上がらせる。一茶の俳句への入門書としても最適な一冊となっている。

◇俳諧つれづれの記—芭蕉・蕪村・一茶　大野順一著　論創社　2014.2　①978-4-8460-1294-6
＊近世に生きた三つの詩的個性の心の軌跡を、歴史の流れのなかに追究した異色のエッセイ。近世俳諧史の前・中・後の三期を代表する芭蕉・蕪村・一茶をつらねて、それぞれの個性の所在をさぐりながら、合わせて近世という時代

の思想史的な変遷を跡づけた。

◇一茶研究論集　一茶記念館編　一茶記念館　2013.12

◇小林一茶―時代を詠んだ俳諧師　青木美智男著　岩波書店　（岩波新書 新赤版）　2013.9　①978-4-00-431446-2
　＊夏の暑さに豊作を願い、打ちこわし騒動に心を寄せ、大黒屋光太夫の帰国に反応し、「君が代」や「神国」日本を詠む。市井の営みをつぶさに見つめた一茶の句からは、外国船の出現に動揺し、国学に沸く激動の文化文政年間を生きる人びとの姿が浮かび上がる。「幕末維新を準備した」と言われるその時代を、近世史家が読み解く。

◇一茶ものがたり―小林一茶と信州高山　矢羽勝幸監修, 歴史公園信州高山一茶ゆかりの里一茶館著　ほおずき書籍, 星雲社〔発売〕　2012.10　①978-4-434-17165-9

◇一茶　17版　一茶記念館編　一茶記念館　2012.6

◇荒凡夫一茶　金子兜太著　白水社　2012.6　①978-4-560-08217-1
　＊芭蕉に冷淡、蕪村は相手にせず、とことん一茶を追い続けた巨匠が、自由人としての魅力を語りつくす。

◇小林一茶―時代をよむ俳諧師　青木美智男著　山川出版社　（日本史リブレット）　2012.1　①978-4-634-54863-3
　＊「我と来て遊べや親のない雀」とよんだ小林一茶は、慈愛に満ちた俳諧師として知られている。また、江戸の著名な俳諧師のなかでたくましく生きながら、滑稽味豊かな句をよみつづけた一茶像を想像する方もおられることだろう。一茶は日本や中国の古典を研究しつづけた勉強家で、自分が生きた時代を真摯にみつめて句によんだ俳諧師でもあった。本書ではそんな句を紹介しながら、歴史学的な関心から、一茶像に新たな側面を加える。

◇江戸のエコロジスト一茶　マブソン青眼著　角川学芸出版　（角川学芸ブックス）　2010.8　①978-4-04-621287-0
　＊人間と自然の関係はどうあるべきか―。たび重なる挫折に屈することなく、周囲の人・モノをいつくしみ謙虚に生きた偉大な農民俳人・一茶が、最晩年に辿り着いた「雅鄙混交」の美学。そして「他力」と「自力」のバランスを唱えた一茶の精神生活に学ぶエコロジー。新たな小林一茶を発見する。

◇漂泊の俳諧師小林一茶―家族をめぐる愛と悲劇　中田雅敏著　角川書店, 角川グループパブリッシング（発売）　2009.3　①978-4-04-621398-3

◇芭蕉、蕪村、一茶の世界―近世俳諧、俳画の美 カラー版　雲英末雄監修　美術出版社　2007.5　①978-4-568-40069-4
　＊旅こそ人生だと観じ、風雅の誠を求め、野ざらし、笈の小文、奥の細道の旅を経て、俳諧を庶民詩の頂点にまで高めた芭蕉。成熟した京の都で、俳諧と絵画の世界を自在に往き来し、新しい領域を追求した蕪村。信州の農民出身で、人々のくらしや自然、小動物を克明に謳いあげた一茶。三者をたどりながら、俳諧の本質と美にせまる。掲載図版三〇〇点。

◇俳諧教師小林一茶の研究　渡辺弘著　東洋館出版社　2006.8　①4-491-02192-9
　＊本書は、「教育」の視座に立つ一茶像研究を目指し、その人間観や形成観を考察するとともに、俳諧の教師として一人前になるための修養の過程、「業俳」として自立するための社中形成の経緯、さらには指導の実態を、現在残っている日記、書簡、記録等を中心史料として実証的に明らかにし、それらを通じて、近世社会に広く展開した成人の学修活動のエートス、学修の形態、組織原理等の特質の解明を目指した。すなわち、本書は、表題にも示されているように、もっぱら史上に俳諧師（俳人、詩人）として知られてきた小林一茶を、あらためて教育史上の人物―俳諧教師として研究対象にとりあげ、その生涯と活動の特色を教育史の文脈においてとらえようと試みたものである。

◇小林一茶―人と文学　矢羽勝幸著　勉誠出版　（日本の作家100人）　2004.10　①4-585-05173-2

◇一茶の信濃方言と江戸語　川村杳一, 川

村良江編, 小川雄康監修　川村喬一　（信濃町・富が原集落の方言）　2004.9

◇一茶の生涯と文学―解説　一茶記念館展示案内　一茶記念館　2004.8

◇一茶と女性たち―小林一茶を理解する231句　小林雅文著　三和書籍　2004.6　①4-916037-64-2
＊一茶の女性を見る目は優しい。三人の妻を含めて女性の句をたくさん残していた。薬理学者の著者が明らかにした、一茶がもっていた病気の真実とは…そして一茶の三人の妻たちと子供が辿った運命とは…一茶の隠された真実がここに語られる。一茶のタブーに挑戦し、新たな側面を掘り起こした力作。

◇一茶の新研究―人と文学　矢羽勝幸著　東洋書院　2004.4　①4-88594-358-2

◇一茶名句　荻原井泉水著　文元社　（教養ワイドコレクション）　2004.2　①4-86145-002-0

◇一茶に惹かれて―一足で描いた信濃の一茶　千曲山人著　文芸書房　2004.1　①4-89477-165-9

◇一茶と句碑　『一茶と句碑』刊行会編　里文出版　2003.4　①4-89806-038-2
＊全国にある句碑306基を網羅し、一挙掲載。句碑の句全部にフランス語訳を付記し、一茶の句に理解の深いフランス語圏でも発売。江戸三俳人の一人として世界に通用する詩人・一茶を、句碑の写真と共に理解することができる。

◇一茶―その生涯と文学　小林計一郎著　信濃毎日新聞社　2002.10　①4-7840-9919-0

◇一茶を訪ねて――一茶と善光寺　千曲山人著　文芸書房　（道標叢書）　2001.8　①4-89477-091-1

◇一茶双紙―小林一茶と秋元双樹　伊藤晃著　崙書房出版　（ふるさと文庫）　2001.8　①4-8455-0176-7

◇一茶秀句　加藤楸邨著　春秋社　（日本秀句　新版）　2001.7　①4-393-43423-4
＊一茶ほど誤解されている俳人はない。ゆがめられた一茶の真価を、重厚、綿密な批評眼によってはじめて明らかにする。

◇小林一茶―物語と史蹟をたずねて　嶋岡晨著　成美堂出版　（成美文庫）　2001.6　①4-415-06951-7
＊故郷柏原をあとに江戸に出た十五歳の弥太郎は、数々の荒奉公に耐えつつ、葛飾派の俳人大川立砂との出会いを機に、俳諧師一茶への道を拓く。諸国行脚の末、かるみと慈愛に満ちた俳風を確立、俳人・小林一茶の声望を高める一方で、父の遺産をめぐる継母や弟との確執に悩み、妻子との愛の生活を築く。人間小林一茶の、波乱に満ちた生涯を赤裸々に描く。

◇一茶とその周辺　丸山一彦著　花神社　2000.10　①4-7602-1565-4

◇カミを詠んだ一茶の俳句―希望としてのアニミズム　山尾三省著　地湧社　2000.9　①4-88503-155-9
＊巡る季節がカミであり、生きるその場がカミである。本書は、江戸時代後期の俳人小林一茶の生涯と俳句を借景としたものであるが、その本意は、だいそれたことかもしれないが、この時代およびこれから訪れる時代に即した新しい普遍的な宗教、ないし宗教性を索ね求めることにこそある。

◇小林一茶　童門冬二著　学陽書房　（人物文庫）　2000.6　①4-313-75100-9
＊現代に似た化政文化の世相の中で、自分をとりまくさまざまな俗世の煩い―遺産争い、相つぐ子どもの死、妻との不仲、病苦に苦しみながらも、おのれ自身の醜さとこの世に生きる者たちの弱さ、哀しさを凝視し、やがて"かるみとおかしみ"の境地へと到達していった人間一茶のこころと俳句と自己変革の軌跡をつづった好著。

◇俳諧寺一茶――一茶同好会蔵版　束松露香著, 一茶同好会編輯　郷土出版社　（長野県稀覯本集成　精選復刻）　2000.4

▌小林清親　こばやしきよちか
1847〜1915　明治期の版画家。西洋画法を取りいれた画法は「光線画」と呼ばれ浮世絵版画に新風を吹き込んだ。のちに戦

争画を多数刊行。

◇小林清親—光と影をあやつる最後の浮世絵師　河出書房新社　（傑作浮世絵コレクション）　2017.11　①978-4-309-62326-9

◇開化の浮世絵師清親　酒井忠康著　平凡社　（平凡社ライブラリー）　2008.6　①978-4-582-76642-4
＊清親は旧幕臣で、六尺二寸の大男であった。前半生は波乱にとみ、無頼の徒への仲間入りを含む数々のエピソードは興味深い。明治九年、絵師になった時はすでに三十歳。光線画「東京名所図」で一躍有名になるが、その期間は短く、以後作風は変化する。清親の人生と心模様が、しなやかな文体、新鮮な言葉で綴られる名作。第1回サントリー学芸賞受賞作。

▌小林古径　こばやしこけい
1883〜1957　明治〜昭和期の日本画家。東京美術学校教授。梶田半古に師事、紅児会に参加。文展で「極楽井」が入賞。帝国美術院会員、帝室技芸員など。

◇古径—この地に生まれて 作品とゆかりの品々でたどる画家の足跡　古径画, 小林古径記念美術館編　小林古径記念美術館　2015.3

▌小林多喜二　こばやしたきじ
1903〜1933　昭和期の小説家。「蟹工船」を発表、プロレタリア作家同盟書記長となり、共産党入党、地下に潜る。検挙され拷問死。

◇小林多喜二展—秋田県多喜二祭50周年記念記録集　秋田県多喜二祭実行委員会秋田県多喜二祭50周年記念記録集編纂委員会編　秋田県多喜二祭実行委員会秋田県多喜二祭50周年記念記録集編纂委員会　2013.2

◇煌めきの章—多喜二くんへ、山宣さんへ　本庄豊著　かもがわ出版　2012.1　①978-4-7803-0523-4
＊暗黒の時代を矢のように駆けぬけた二人。人を愛するとは何なのか…。混迷する現代のなかで、凛として生きる意味を考える。

◇多喜二文学と奪還事件—多喜二奪還事件80周年記念論文集　多喜二奪還事件80周年記念文集編集委員会編　伊勢崎・多喜二祭実行委員会　2011.9　①978-4-99048-192-6

◇母の語る小林多喜二　小林セキ述, 小林広編　新日本出版社　2011.7　①978-4-406-05491-1
＊六十年余を経て実現した幻の「多喜二伝」。多喜二を生み、育て、そして寄り添い続けた母セキの思いがあふれ、等身大の実像が浮かび上がる。

◇小林多喜二 青春の記録—多喜二の文学は時代を超えて力強く読み継がれた　高田光子著　八朔社　（叢書ベリタス）　2011.1　①978-4-86014-051-9

◇「多喜二奪還事件」の記録—伝説から史実へ　長谷田直之編集・解説　伊勢崎・多喜二祭実行委員会　（「多喜二奪還事件」資料集）　2010.9　①978-4-99048-191-9

◇火を継ぐもの—小林多喜二—兵頭勉「小林多喜二講演集」　兵頭勉著　日本民主主義文学会弘前支部　2009.12

◇小林多喜二の手紙　荻野富士夫編　岩波書店　（岩波文庫）　2009.11　①978-4-00-310882-6
＊注目の人多喜二（一九〇三‐三三）。半途で断たれたその生涯は暗黒の三〇年代に一際異彩を放つ。「闇があるから光がある」—不滅の恋人タキ宛書簡、友人や同志達に宛てた獄中書簡を貫く人懐こさ、陽気さ。『蟹工船』の、もっと奥へ。

◇「蟹工船」の社会史—小林多喜二とその時代　浜林正夫著　学習の友社　2009.2　①978-4-7617-0655-5
＊小林多喜二が"極限の搾取形態"＝「蟹工船」を描いてから80年。その"極める眼"で「蟹工船」の先に見通したものは何だったのか—民衆のたたかいを描き続けた多喜二を、社会科学的な視点から読み解く画期的なこころみ。

◇小林多喜二—21世紀にどう読むか　ノーマ・フィールド著　岩波書店　（岩波新書）　2009.1　①978-4-00-431169-0
＊『蟹工船』の作者、小林多喜二（一九〇三‐三三）。その生き方と作品群は、現

小林多喜二

代に何を語りかけるのか。多喜二に魅せられ、その育った街・小樽に住んで多くの資料・証言に接した著者が、知られざる人間像に迫る。絵画も音楽も映画も愛し、ひたむきな恋に生き、反戦と社会変革をめざして拷問死に至った軌跡が、みずみずしい筆致の中に甦る。

◇小林多喜二　手塚英孝著　新日本出版社　2008.8　①978-4-406-05160-6
＊「蟹工船」作家の生涯と業績を生きいきと描く評伝。

◇小林多喜二 時代への挑戦　不破哲三著　新日本出版社　2008.7　①978-4-406-05149-1

◇小林多喜二とその盟友たち　藤田広登著　学習の友社　2007.12　①978-4-7617-0646-3
＊多喜二とともに学びたたかった盟友たち、執筆を支えた拓銀の同僚、多喜二奪還闘争を展開した伊勢崎の人たちなど、多喜二をとりまく人間群像にいま光をあてる。

◇「文学」としての小林多喜二　神谷忠孝，北条常久，島村輝編　至文堂　（「国文学解釈と鑑賞」別冊）　2006.9

◇生誕100年記念小林多喜二国際シンポジウムpart2報告集　白樺文学館多喜二ライブラリー企画・編集，島村輝監修　東銀座出版社（発売）　2004.12　①4-89469-085-3
＊小林多喜二（1903〜33）の生誕100年を期して「小林多喜二国際シンポジウムPart2」を2004年8月28、29日の両日、東京・新橋ヤクルトホールで開催した（主催 白樺文学館多喜二ライブラリー）。本書はその全記録である。

◇極める眼―小林多喜二とその時代　浜林正夫著，白樺文学館多喜二ライブラリー企画・編集　東銀座出版社　2004.8　①4-89469-081-0

◇魂のメッセージ―ロシア文学と小林多喜二　松本忠司著　東銀座出版社　2004.7　①4-89469-077-2

◇小林多喜二生誕100年・没後70周年記念シンポジウム記録集　白樺文学館多喜二ライブラリー　2004.2　①4-89469-074-8

◇小林多喜二の文学―近代文学の流れから探る　松沢信祐著　光陽出版社　2003.11　①4-87662-348-1

◇小樽小林多喜二を歩く　小樽多喜二祭実行委員会編　新日本出版社　2003.2　①4-406-02988-5
＊本書は、人間不在のいわゆる観光案内ではなく、多喜二と小樽の街や人々とのかかわりを大事にする。このことは、多喜二の作品世界と同じように、明日の小樽へ向けての示唆を与えるもののように思える。叙述の前後関係を明確にするために、多喜二ツアーのモデルコースを設定し、途中の景物を簡単に説明しながら先に進むが、多喜二の人と作品にかかわりのあるものについては、チェックポイントとして特にくわしく解説するようにした。

◇小林多喜二の人と文学　布野栄一著　翰林書房　2002.10　①4-87737-156-7
＊多喜二文学を育んだ北海道小樽。その文学の原点に迫る。

◇読本・秋田と小林多喜二―秋田県多喜二祭の記録　「秋田と小林多喜二」刊行会編　「秋田と小林多喜二」刊行会　2001.4

◇小林多喜二とその周圏　小笠原克著　翰林書房　1998.10　①4-87737-047-1

◇青春の小林多喜二　土井大助著　光和堂　1997.5　①4-87538-113-1

◇小林多喜二―年譜/党生活者（抄）　小林多喜二著，小笠原克編　日本図書センター（シリーズ・人間図書館）　1997.4　①4-8205-9493-1

◇近代北海道文学論への試み―有島武郎・小林多喜二を中心に　篠原昌彦著　生活協同組合道央市民生協　1996.6

◇ガイドブック 小林多喜二と小樽　小樽多喜二祭実行委員会編　新日本出版社（新日本Guide Book）　1994.2　①4-406-02235-X

◇近代作家追悼文集成　第23巻　小林多喜二・直木三十五・土田杏村　ゆまに書房　1992.12　①4-89668-647-0

◇母　三浦綾子著　角川書店　1992.3

①4-04-872667-6
＊結婚、家族、愛、信仰、そして死—。明治初め、東北の寒村に生まれた多喜二の母、セキの波乱に富んだ一生を描く、書下し長編小説。構想10年。三浦文学の集大成。

◇小林多喜二・宮本百合子論　蔵原惟人著　新日本出版社　（新日本新書）　1990.3
①4-406-01837-9

▎小林秀雄　こばやしひでお

1902～1983　昭和期の文芸評論家。「様々なる意匠」で評論家として認められる。他に「私小説論」「無常といふ事」「本居宣長論」など。

◇定本小林秀雄　前田英樹著　河出書房新社　2015.3　①978-4-309-02368-7

◇小林秀雄の思ひ出　郡司勝義著　文芸春秋　（文春学芸ライブラリー）　2014.6
①978-4-16-813021-2
＊「日本最高の知性」小林秀雄。戦前から文壇にその名を轟かせた小林だが、昭和四十年代以降、その傍には郡司勝義の姿があった。作品、旅、座談を通して、溢れ出る小林秀雄の生の声を丹念に紡ぎ上げた本書は、評伝や研究といった枠を超えた、第一級の「小林秀雄論」となっている。

◇小林秀雄の哲学　高橋昌一郎著　朝日新聞出版　（朝日新書）　2013.9
①978-4-02-273526-3
＊「文は人なり」と小林は著した。本書は、小林がこれまで残した数々の名評論をもとに、彼の生涯を丹念に追いながら、その一貫した「思索の軌跡」を探る試みである。彼の文章は無数の読者を陶酔させてきた。その秘密はどこにあるのだろうか？

◇兄小林秀雄との対話—人生について　高見沢潤子著　講談社　（講談社文芸文庫）　2011.10　①978-4-06-290137-6
＊小林秀雄の妹であり、田河水泡の妻である作者が、敬愛してやまない兄の生き方や心、そして難しい作品の意味を、兄との対話によって、わかりやすく伝える。小林秀雄の誠実なものの考え方

や精神を、身近にいるからこそ書き表した魂の言葉。美について、批評精神について、読書について…、人間小林秀雄と妹の美しい愛情に溢れた書。

◇夢みたさきに—小林秀雄 魂の呻き　増田由喜子著　櫟　2011.1
①978-4-903880-07-5

◇小林秀雄の昭和　神山睦美著　思潮社　2010.10　①978-4-7837-1662-4
＊日中戦争から連合赤軍事件まで、「ドストエフスキイの生活」から「本居宣長」まで、時代の衝迫のなかに身を置きながら近代批評を鍛え上げてきた小林秀雄。その軌跡を仮借なくとらえ実効ある思想を浮き彫りにする、原理的考察の到達点。

◇白洲スタイル—白洲次郎、白洲正子、そして小林秀雄の“あるべきようわ”　白洲信哉著　飛鳥新社　2009.8
①978-4-87031-939-4
＊白洲次郎、白洲正子、そして小林秀雄が歩いた道を、一今、白洲信哉のスタイルで歩きだす。

◇白洲家の流儀—祖父母から学んだ「人生のプリンシプル」　白洲信哉著　小学館　（小学館101新書）　2009.4
①978-4-09-825030-1
＊バブル崩壊後の「失われた10年」を経て、白洲次郎、正子夫妻の生き方に共感する人々が増えている。戦後、己のプリンシプルを貫きGHQと折衝した次郎、独自の視点から、忘れられたこの国の美を綴った正子。なぜ、平成の世に生きる私たちは、この夫妻に魅せられるのか？　文芸評論家・小林秀雄の初孫でもある白洲信哉氏が、3人の祖父母から継承した「白洲家の流儀」を珠玉のエピソードを交えて書き下ろした一。

◇高級な友情—小林秀雄と青山二郎　野々上慶一著　講談社　（講談社文芸文庫）　2008.8　①978-4-06-290023-2
＊昭和六年、本郷東大正門前に開業した古書店兼出版社・文圃堂。売り場面積三坪余り、主人は二十一歳になったばかりの青年。中原中也の『山羊の歌』、最初の『宮沢賢治全集』を出版、第二次「文学

界」の発行所となったが、僅か六年にして廃業。しかし、若者は昭和文学史を彩る多くの文学者達に愛された。小林秀雄、青山二郎、河上徹太郎、そして吉田健一。昭和の知的青春に揉まれ成長した、個性際立つ一出版人の貴重な証言。

◇小林秀雄―近代日本の発見　佐藤正英著　講談社　（再発見日本の哲学）　2008.3　①978-4-06-278755-0
＊ランボオ、ドストエフスキィから本居宣長まで―小林見通した「日本人の知恵」はどこへ行ったのか。

◇小林秀雄の恵み　橋本治著　新潮社　2007.12　①978-4-10-406110-5
＊ベルグソン論「感想」を中断した小林秀雄が、63歳から11年間、まさに「晩年の仕事」として、人生のすべてを賭けるように書き継いだ『本居宣長』。本居宣長こそ、日本における「学問する」知性＝近代の始まりだと小林秀雄は考え、その宣長に自分を重ね、ひそかに生涯を振り返ったのではないか？ 37歳で読んだこの本に震えるほど感動したことが、日本の歴史・古典と格闘する作家、橋本治を生みだした。小林秀雄という存在を、人生に「学問」という恵みを与えてくれる人として新たに読み解いてゆく愛のある論考。

◇小林秀雄全作品　別巻4　無私を得る道下　新潮社編　新潮社　2005.5　①4-10-643572-1

◇小林秀雄全作品　別巻3　無私を得る道上　白洲明子他著　新潮社　2005.4　①4-10-643571-3
＊批評とは、無私を得る道である―。ひとすじに八十年、小林秀雄はこの道を歩いた。ここにその折々の同行諸氏の追想・随想23篇。読者に、最良の道しるべ…。

◇小林秀雄―人と文学　細谷博著　勉誠出版　（日本の作家100人）　2005.3　①4-585-05178-3

◇小林秀雄創造と批評　佐藤雅男著　専修大学出版局　2004.4　①4-88125-151-1

◇小林秀雄論　藤田寛著　せせらぎ出版　2003.6　①4-88416-120-3

◇死の骨董―青山二郎と小林秀雄　永原孝道著　以文社　（以文叢書）　2003.4　①4-7531-0225-4
＊骨董をめぐる青山二郎と小林秀雄の確執をはじめて本格的に論じ、第6回三田文学新人賞を受賞した労作。小林秀雄の "批評の誕生" の現場に迫る鋭い論考。

◇文体の論理―小林秀雄の思考の構造　新装版　柳父章著　法政大学出版局　2003.3　①4-588-43608-2
＊「どんなに正確な論理的表現も、厳密に言へば畢竟文体の問題に過ぎない」（『Xへの手紙』）という小林秀雄自身の文章の構造を、思考運動の二元的対立を表わすベクトル記号を用いて詳細に分析し、そこに日本的思想に特有の思考のモデルを発見する異色の文体論。小林の批評文に特徴的な「思考の飛躍」と「印象批評」に詩と批評の対立構造を読みとり、言葉の背後に隠された「論理」を浮彫にする。

◇思い出の小林秀雄　野々上慶一著　新潮社　2003.2　①4-10-401002-2
＊昭和初年、文士と出版者として苦楽を共にし、以来、五十年余におよんだ親交の折節を追懐しつつ、人間・小林秀雄の尽きせぬ魅力を、生き生きと浮彫りにする。

◇小林秀雄 批評という方法　樫原修著　洋々社　2002.10　①4-89674-915-4
＊厳密な論理性と柔軟な感性の交響が拓く、作品論の新しい可能性。小林秀雄の提示する "世界" のリアリティーに迫る渾身の論考。

◇小林秀雄美と出会う旅　白洲信哉編　新潮社　（とんぼの本）　2002.10　①4-10-602096-3
＊ゴッホ、セザンヌ、雪舟、鉄斎から、骨董、旅、食生活まで、残された文章を道標に、小林秀雄の美の遍歴を追体験する旅。「難しかった」小林秀雄が、ぐっと身近に感じられる一冊。

◇小林秀雄美を求める心―生誕百年記念展ジパング，新潮社編　日本経済新聞社　2002.10

◇小林秀雄　江藤淳著　講談社　（講談社文

芸文庫）　2002.8　Ⓘ4-06-198303-2
＊中原中也、富永太郎らとの交友関係、未発表の書簡や広汎にわたる資料を駆使して、小林秀雄の批評の成立、構成、その精神に迫る。『夏目漱石』『作家は行動する』などで出発した批評家江藤淳の自身への問いは、確固たる地位を築く記念碑的評伝となった。新潮社文学賞受賞。

◇小林秀雄の論理—美と戦争　森本淳生著　人文書院　2002.7　Ⓘ4-409-16083-4
＊逆説的な独断家と称される小林秀雄、その一貫した批評の原理を明かし、美と戦争が混淆する言説を読み解くはじめての本格的テクスト分析。

◇小林秀雄論—〈孤独〉から〈無私〉へ　細谷博著　おうふう　（南山大学学術叢書）2002.2　Ⓘ4-273-03218-X
＊「その「せまさ」に徹して、言葉と『自分』のはざまに、まさに人間精神のただ中にとどまろうとした批評がわれわれに今も見せてくれるものは」何か？　小林秀雄生誕100年を迎え集成された著者25年の小林秀雄読解のかたち。

◇小林秀雄の流儀　山本七平著　新潮社（新潮文庫）　2001.5　Ⓘ4-10-129422-4
＊いつも、自分のしたいことだけをして、しかも破綻なく、決して後悔せず、みごとなまでに贅沢な生き方を貫いた人。小林秀雄の、人生の「秘伝」をなんとしても盗みたくて、ひたむきな疾走にも似た、あの徹底的な思索の軌跡に肉薄する。すなわち、ドストエフスキイを、モオツァルトを、ゴッホを、本居宣長を、全身全霊で感得し尽そうとした、小林秀雄その人の「流儀」にならって—。

◇小林秀雄ノオト　新訂　星加輝光著　梓書院　2001.5　Ⓘ4-87035-157-9

◇わが小林秀雄ノート—向日性の時代　郡司勝義著　未知谷　2000.2　Ⓘ4-89642-006-3

◇小林秀雄のこと　二宮正之著　岩波書店　2000.2　Ⓘ4-00-022808-0
＊日本近代における「信」と「知」との間に身を横たえ、文人としてその歩みを続けた小林秀雄。その軌跡をいま現代文明の抱えている世界共通の問題にかわらせて、その思考の相—「よむ」「やくす」「かく」「からだ」「たましい」など—を「ことば」の深い地平で読み解き、平明に語る。

◇小林秀雄とは誰か—絶ち切られた時間と他者　荻原真著　洋々社　1999.6　Ⓘ4-89674-912-X
＊小林神話の解体。ベルクソン、ヴァレリー、ニーチェ、フーコーら、西欧の知の形態の変遷をたどりつつ「時間の断絶」と「他者との断絶」という二つの視点から小林秀雄の全体像を明らかにする独創的な試み。

小堀遠州　こぼりえんしゅう

1579〜1647　安土桃山時代、江戸時代前期の大名。近江小室藩主、備中松山藩主。

◇茶人・小堀遠州の正体—寛永文化の立役者　矢部良明著　KADOKAWA　（角川選書）　2017.4　Ⓘ978-4-04-703597-3

◇新・小堀遠州の書状　小堀宗実著　思文閣出版　2017.3　Ⓘ978-4-7842-1886-8

◇小堀遠州 綺麗さびの茶会　深谷信子著　大修館書店　2013.10　Ⓘ978-4-469-22229-6
＊有能なる官僚、茶の湯に新しい美の世界を切り拓く遠州—今に残る多くの茶会記を、官僚としての活躍と、「綺麗さび」といわれる遠州の美の世界とのコラボレーションで読み解き、大きな時代の転換期に生きた遠州の実像に迫る。

◇湖北残照 文化篇—観音信仰と偉大なる先人たち　豊島昭彦著　サンライズ出版　2012.12　Ⓘ978-4-88325-491-0

◇小堀遠州の美を訪ねて　小堀宗慶著　集英社　2010.11　Ⓘ978-4-08-781468-2
＊武将にして天下一の茶人、作庭の名人にして建築家、書家として、また歌人として多彩な才能を発揮した江戸の総合芸術家、小堀遠州。その子孫であり、"今遠州"と謳われる小堀宗慶（十二世遠州茶道宗家）氏が全国に残る遠州ゆかりの地を訪ね、その美の心を説く、決定版。

◇小堀遠州の茶会　深谷信子著　柏書房　2009.1　Ⓘ978-4-7601-3189-1

＊天下一の茶匠と呼ばれた達人の素顔に迫る意欲作。

◇小堀遠州―気品と静寂が貫く綺麗さびの庭　北岡慎也，田畑みなお写真，野村勘治監修　京都通信社　（シリーズ京の庭の巨匠たち）　2008.10　①978-4-903473-03-1

◇小堀遠州茶友録　熊倉功夫著　中央公論新社　（中公文庫）　2007.12　①978-4-12-204953-6
＊幕府奉行職にして多くの建築・庭造りに参画，当時のデザイン感覚をリードした茶の宗匠・遠州は「綺麗さび」「遠州好み」という言葉をも生み出した。本書は将軍をはじめ，大名，公家，僧侶，町衆に至るまで各界五〇人との幅広い交流とその行方を描く。寛永文化を代表する数寄大名・マルチアーティストを多角的な観点から研究した稀なる外伝。図版多数。

◇小堀遠州　綺麗さびの極み　小堀宗実，熊倉功夫，磯崎新，竜居竹之介ほか著　新潮社　（とんぼの本）　2006.6　①4-10-602144-7
＊茶人として茶の湯を総合芸術に高め，作庭家として日本の庭の新しいスタイルを確立し，作事奉行として禁裏・幕府の建造物を担当。まさに，八面六臂の活躍を果たした小堀遠州。彼の愛した"綺麗さび"の世界とは何か？ この万能の達人の全貌に迫る。

◇小堀遠州の書状　続　小堀宗慶著　東京堂出版　2006.1　①4-490-20574-0

◇小堀遠州の書状　小堀宗慶著　東京堂出版　2002.5　①4-490-20461-2

◇テクノクラート小堀遠州―近江が生んだ才能　太田浩司著　サンライズ出版　（淡海文庫）　2002.2　①4-88325-131-4
＊お茶・生け花・和歌・庭造りなどに通じた江戸時代わが国きっての文化人，小堀遠州は，幕府の有能な技術官僚でもあった。生地・長浜をはじめ各地に残る古文書を読み解き，小堀一族の横顔，徳川家光・井伊直孝ら同時代の人物との関係などを通して，その知られざる実像に迫る。

小松帯刀　こまつたてわき

1835～1870　江戸時代末期，明治期の鹿児島藩士。禁門の変の処理にあたり，薩長連合に調印した。のち，総務局顧問，外国官副知事。

◇小松帯刀　高村直助著　吉川弘文館　（人物叢書 新装版）　2012.6　①978-4-642-05262-7
＊幕末の薩摩藩家老。「国父」島津久光の絶大な信頼のもと，海軍増強など強藩づくりを推進し，中央政局においては，大政奉還から王政復古を導き出した演出者であった。維新後も外交の矢面に立ったが，その余りに早い死は歴史的評価を著しく低くした。幕末維新史を大胆に見直しながら，東奔西走し大変革を成し遂げた奮闘の生涯を描く初の本格評伝。

◇龍馬を超えた男 小松帯刀　原口泉著　PHP研究所　（PHP文庫）　2010.9　①978-4-569-67536-7
＊この男がいなければ，薩長同盟も大政奉還も実現しなかった，といわれる人物がいた。薩摩藩家老・小松帯刀である。龍馬を支援する一方で，朝廷や将軍・慶喜からの信頼も厚かった名宰相。その知られざる生涯を，数々の逸話と史料で明らかにした話題作。「尊皇」「佐幕」という壁を超えた生き方は，現代人に何を訴えるのか。

◇維新の系譜―家に，国に，命を尽くした薩摩藩・三人の功臣たち　原口泉著　グラフ社　2008.12　①978-4-7662-1199-3
＊幕末の大転換は，なぜ薩摩から始まったのか？ 時を超え，幕末維新期に結実した薩摩藩家老・不屈不朽の哲学。

◇幻の宰相小松帯刀伝　改訂復刻版　瀬野冨吉著，原口泉監修　宮帯出版社　2008.10　①978-4-86350-286-4

◇竜馬を超えた男小松帯刀　原口泉著　グラフ社　2008.4　①978-4-7662-1137-5
＊篤姫と同時代を生きた"幻の名宰相"。西郷隆盛，大久保利通，坂本竜馬，徳川慶喜。尊皇・佐幕の壁を超えて「小松なくば何もできぬ」と言わしめた幕末最大の英傑，小松帯刀の知られざる生涯。

◇東京行幸と小松帯刀　小松帯刀研究会
（小松帯刀研究会叢書）　2001.4

◇薩摩藩最後の城代家老小松帯刀と堺事件
小松帯刀研究会　（小松帯刀研究会叢書）
1998.4

◇明治新政府に残した小松帯刀の足跡・略
年譜　小松帯刀研究会　（小松帯刀研究会
叢書）　1997.11

後水尾天皇　ごみずのおてんのう
1596〜1680　後水尾上皇（ごみずのおて
んのう）とも。江戸時代前期の第108代の
天皇。（在位1611〜1629）。後陽成天皇第3
皇子、三宮。

◇後水尾院の研究―研究編・資料編・年譜稿
上冊　研究編・資料編　日下幸男著　勉
誠出版　2017.2　①978-4-585-29141-1

◇後水尾院の研究―研究編・資料編・年譜稿
下冊　年譜稿　日下幸男著　勉誠出版
2017.2　①978-4-585-29141-1

◇後水尾天皇　熊倉功夫著　中央公論新社
（中公文庫）　2010.11
①978-4-12-205404-2
＊朝幕対立の時代に即位した青年天皇は
徳川和子を妃に迎え学問と芸道を究め
る。幕府の莫大な資金を引き出しなが
ら宮中の諸儀式を復活させ、修学院離宮
を造営する。"葵"の権力から"菊"の威
厳を巧みに守りつつ、自ら宮中サロン
を主宰、寛永文化を花開かせた帝の波
瀾の生涯を描く評伝の決定版。

◇後水尾天皇―千年の坂も踏みわけて　久保
貴子著　ミネルヴァ書房　（ミネルヴァ日
本評伝選）　2008.3　①978-4-623-05123-6
＊後水尾天皇（一五九六〜一六八〇、在位
一六一一〜一六二九）江戸幕府の草創
期、徳川家と外戚関係を結びながらも、
幕府の圧力による確執の中で譲位を敢
行。学問・和歌を好み寛永文化を花開
かせながら、その後は、幕府と折り合い
つつ四代の天皇を後見し、朝廷を牽引
した帝の生涯。

◇後水尾天皇　熊倉功夫著　岩波書店　（同
時代ライブラリー）　1994.1
①4-00-260170-6

＊江戸幕府の草創期に皇位を継承し、徳川
和子を妃に迎えた後水尾天皇。学問と芸
道を究め、幕府の多大な経済援助を得
て宮中の諸儀式を復活させ、修学院離
宮を造営した。〈葵〉の権力から〈菊〉の
威厳を功みに守りつつ、自ら宮廷サロ
ンを主宰し、池坊専好、千宗旦、本阿弥
光悦らが輩出する寛永文化を花開かせ
た帝の、波瀾の生涯を描く出色の評伝。

◇花と火の帝　上　隆慶一郎著　講談社
（講談社文庫）　1993.9　①4-06-185495-X
＊後水尾天皇は十六歳の若さで即位する
が、徳川幕府の圧力で二代将軍秀忠の
娘、和子を皇后とすることを余儀なく
される。「鬼の子孫」八瀬童子の流れを
くむ岩介ら"天皇の隠密"とともに、帝
は権力に屈せず、自由を求めて、幕府の
強大な権力と闘う決意をする…。著者
の絶筆となった、構想宏大な伝奇ロマ
ン大作。

◇花と火の帝　下　隆慶一郎著　講談社
（講談社文庫）　1993.9　①4-06-185496-8
＊徳川家康、秀忠の朝廷に対する姿勢は
禁裏のもつ無形の力を衰弱させ、やが
て無にしてしまうことだった。「禁中並
公家諸法度」の制定や「紫衣事件」など
の朝廷蔑視にあって、帝は幕府に反抗
し、女帝に譲位し、自らは院政を敷くこ
とにする…。波瀾万丈の生を歩まれる
後水尾天皇を描く、未完の伝奇ロマン。

◇後水尾院　熊倉功夫著　朝日新聞社　（朝
日評伝選）　1982.10

後村上天皇　ごむらかみてんのう
1328〜1368　南北朝時代の第97代（南朝
第2代）の天皇。（在位1339〜1368）。後醍
醐天皇の皇子。南朝第2代の天皇。幼少時
から北畠顕家と奥州に下向。母阿野廉子
の影響力で兄たちを越えて皇太子となり、
即位。幕府に吉野を攻められてからは賀
名生に行宮をおき、抗戦した。

◇皇子たちの南北朝―後醍醐天皇の分身
森茂暁著　中央公論新社　（中公文庫）
2007.10　①978-4-12-204930-7
＊後醍醐天皇の夢の実現のため、命さえ
惜しまず働く尊良、世良、宗良、恒良、

成良、義良、護良、懐良らの皇子たち─はじめは討幕計画の推進者として、のちには各地の南朝軍の旗頭として果敢に戦い、南北両朝統合に至る激動の時代に全青春を費やす─彼らの姿をとおして、新たな南北朝史を描く一冊。

▌小村寿太郎　こむらじゅたろう
1855〜1911　明治期の外交官。外務大臣，公爵。日英同盟を締結し日露開戦外交・小村外交を展開。ポーツマス条約に調印。

◇小村寿太郎─若き日の肖像　小村寿太郎侯伝記本編集委員会執筆・編集　小村寿太郎侯奉賛会　2013.11　①978-4-86061-519-2

◇韓国併合─小村寿太郎の外交信念　木村勝美著　イースト・プレス　（文庫ぎんが堂）　2012.12　①978-4-7816-7079-9
＊領土問題の再燃によって注目を浴びる日本の外交。かつて開国間もない近代日本は欧米列強に対して物怖じしない姿勢を貫いていた。外交官・小村寿太郎は、日露講和条約、日米不平等条約の解消など、数々の外交実績をもち、そして、いま直面する日韓問題の源流となった「韓国併合」を推し進めた当時の外務大臣でもある。彼の半生を追いながら、外交とは、国防とは何か、そして、いかにして韓国併合の道へ至ったかを読み解く。歴史ノンフィクション。

◇小村寿太郎─近代日本外交の体現者　片山慶隆著　中央公論新社　（中公新書）2011.12　①978-4-12-102141-0
＊幕末に結んだ欧米列強との不平等条約の改正を目指し、一九〇〇年代に日英同盟、日露戦争、韓国併合を推進した外相・小村寿太郎。日向国飫肥藩の下級藩士に生まれた小村は、病弱で一五〇センチに満たない身長、非藩閥出身と恵まれない出自ながら、第一回文部省留学生としてハーバード大学に留学。抜群の語学力と高い交渉能力を身につけ、日本を「一等国」に引き上げた。帝国主義と国際協調の間を巧みに動いた外政家の真実。

◇骨肉　小村寿太郎侯奉賛会企画編集, 小村捷治著　鉱脈社　2005.9

①4-86061-151-9

◇小村寿太郎─近代随一の外交家その剛毅なる魂　岡田幹彦著　展転社　2005.2
①4-88656-257-4
＊凄い外務大臣がいた。日露戦争前後7年あまり外相として日本の政治外交を取り仕切り、近代日本を強国に躍進せしめた小村寿太郎。その軌跡をたどり、今日の日本外交を問う。

◇小村寿太郎とその時代　岡崎久彦著PHP研究所　（PHP文庫）　2003.5
①4-569-57954-X
＊明治維新から日清・日露戦争を経て、世界の頂点に躍り出た日本。陸奥宗光に見出され、桂太郎内閣では外相として、その外交を一手に担った小村寿太郎は、英米の力を背景にロシアに対抗し、その後日本独自の大陸発展を目指したが…。本書は、興隆期日本の命運を背負った小村寿太郎の生涯とともに、日本近代化の歴史を描く力作評伝である。好評シリーズ「外交官とその時代」の文庫化第二弾。

◇小村寿太郎とその時代　岡崎久彦著PHP研究所　1998.12　①4-569-60362-9

◇人間小村寿太郎─国を愛し国家に尽くした外務大臣の生涯　木村勝美著　光人社1995.10　①4-7698-0734-1

◇自然の人小村寿太郎─伝記・小村寿太郎　桝本卯平著　大空社　（伝記叢書）1995.6　①4-87236-471-6

▌後陽成天皇　ごようぜいてんのう
1571〜1617　安土桃山時代, 江戸時代前期の第107代の天皇。(在位1586〜1611)。誠仁親王の第1王子。

◇日本人が知らない「天皇と生前退位」　八柏龍紀著　双葉社　2016.10
①978-4-575-31189-1

▌伊治呰麻呂　これはりのあざまろ
生没年不詳　奈良時代の蝦夷の族長。

◇古代東北史の人々　復刊　新野直吉著吉川弘文館　（歴史文化セレクション）

2009.9 ①978-4-642-06354-8
＊古代日本の北辺の天地には、蝦夷と呼ばれた人々も含め、平泉に至るまで多彩な人間の営みが展開されていた。その地に活躍し、歴史を創り出した人間の姿を、史実のなかで明らかにし、新たな古代東北史像を描き出す。

ゴローニン　Golovnin, V.M.
1776～1831　ゴロウニンとも。江戸時代後期のロシアの軍人。ディアナ号艦長。国後島で幕府守備隊に捕らえられ、のち高田屋嘉兵衛と交換に釈放された。

◇遭厄日本紀事附録篇―高田屋嘉兵衛・ゴローニン遭厄事件についてのリコルドの手記 現代訳・解読文　北山学解読・訳文　友月書房，交友プランニングセンター（制作）　2008.10　①978-4-87787-399-8

◇南千島探検始末記　ワシリー・ミハイロヴィチ・ゴロウニン著，徳力真太郎訳　同時代社　1994.1　①4-88683-300-4
＊1811年、ロシア海軍艦長のゴロウニンが、探検航海の果てに、幕府側に捕らえられるまで。千島列島の正確な地図はどのようにして完成したのか。本邦初訳。

金地院崇伝　こんちいんすうでん
1569～1633　以心崇伝（いしんすうでん）とも。安土桃山時代，江戸時代前期の臨済宗の僧。徳川家康に重用された。

◇天海・崇伝―政界の導者　圭室文雄編　吉川弘文館　（日本の名僧）　2004.7　①4-642-07859-2

近藤勇　こんどういさみ
1834～1868　江戸時代末期の京都守護職傘下の新撰組局長。

◇浪士文久報国記事―新選組戦場日記　永倉新八著　中経出版　（新人物文庫）　2013.9　①978-4-8061-4882-1
＊『浪士文久報国記事』は、新選組二番組頭として常に戦闘の第一戦で活躍した永倉新八が、戊辰戦争の硝煙が消えやらぬ、明治八年頃に書き記した三冊の回顧録である。後年、無数に輩出される新

選組本の基本文献となった第一級の史料であることが認められながら、実物は明治期に人手に渡り行方不明となり、以後、幻の記録として語り継がれた。浪士隊の結成、芹沢鴨の暗殺、池田屋事件、甲陽鎮撫隊の敗戦から新選組の瓦解までの実戦史を、写真原版から解読した原文、詳細な解説を付した読み下し文、平易な現代語訳の三部構成で再現。

◇新選組を旅する　一個人編集部編　ベストセラーズ　2012.3　①978-4-584-16628-4
＊結成から終焉までの軌跡、全国のゆかりの地までを徹底紹介。動乱の幕末を駆け抜けた「新選組」のすべてが1冊に。

◇再現・新選組―見直される青春譜　新装版　鈴木亨著　三修社　2008.1　①978-4-384-04143-9
＊この本では、幕末維新史のなかで一瞬ともいえる光芒を放って消滅した新選組の盛衰を丹念に辿ってみた。

◇新選組　二千二百四十五日　伊東成郎著　新潮社　（新潮文庫）　2007.6　①978-4-10-131871-4
＊近藤勇、土方歳三、沖田総司。おのれの志を貫き通した最後の侍たち。新選組は争闘の巷と化した京都の治安を守るために結成され、分裂を越え、最強の武装集団となる。だが、時代の波は彼らを北へと追いつめてゆく―。気鋭の研究家が、埋もれていた史料から、有名無名の人々の肉声を聞きとり、その実像を活き活きと甦らせる。文庫版には特別対談も収録。

◇未完の「多摩共和国」―新選組と民権の郷　佐藤文明著　凱風社　2005.9　①4-7736-3001-9
＊新選組を生んだ多摩とはどういう地だったのか。幕末維新期、多摩人は共和政体の実現を夢見たのでは？　自治・自由を求めた人びとがはなつ輝きをすくい上げた歴史ノンフィクション。

◇近藤勇―士道を貫く誠の魂　学習研究社　（歴史群像シリーズ　歴史群像フィギュアシリーズ）　2004.1　①4-05-603324-2

◇俳遊の人・土方歳三―句と詩歌が語る新選組　管宗次著　PHP研究所　（PHP新

近藤重蔵

書） 2004.1 ①4-569-63346-3

◇新選組血風録 総司燃え尽きる 笹沢左保
著 双葉社 （双葉ノベルズ） 1998.8
①4-575-00635-1
＊遠くへ来たものだ、と総司はつくづく
思う。九歳から試衛館道場に内弟子と
して住みついた。そこで近藤勇を知っ
て以来、肉親に対する以上の情を抱き、
だからこそ京都まで来たのだ。だが新
選組にいた五年近い歳月は、振り返り
たくなるような青春時代ではなかった。
それは血塗られた歴史と呼ぶに相応し
い凄絶なものだった。

◇新選組誠史 釣洋一著 新人物往来社
1998.3 ①4-404-02570-X
＊幻の書『新選組再掘記』を含む著者の新
選組研究集大成。

◇新選組血風録 改版 司馬遼太郎著 中
央公論社 （中公文庫） 1996.4
①4-12-202576-1
＊悲恋に涙する沖田総司、隊士の心を妖
しくときめかす前髪の美剣士、薩摩の
間者富山弥兵衛、真贋の判じがたい虎
徹に執する近藤勇…幕末の大動乱期、
剣に生き剣に死んでいった新選組隊士
一人一人の哀歓、生死のかたちを冴え
冴えと浮彫りにする。

◇近藤勇・流山慕情 小松茂朗著 泰流社
1996.3 ①4-8121-0135-2

◇新選組日誌 上 菊地明，伊東成郎，山村
竜也編 新人物往来社 1995.8
①4-404-02232-8
＊天保5年（1834）から慶応元年（1865）。
失なわれた新選組日誌を、ぼう大な史
料で復元。近藤勇、土方歳三、沖田総司
らの日々の行動が明らかとなった。

◇爆笑新選組 シブサワコウ編 光栄 （歴
史人物笑史） 1993.7 ①4-87719-019-8

◇英雄の時代 1 新選組 萩尾農，山村竜
也編 教育書籍 1991.6
①4-317-60057-9

◇近藤勇 井上友一郎著 鱒書房 （歴史ノ
ベルズ） 1990.9 ①4-89598-006-5
＊幕末、京都治安パトロール隊として名
をはせた新選組。近藤勇の孤独人とし

ての生涯を追求した香気みなぎる名編。

◇新選組事件帖 佐木隆三著 文芸春秋
（文春文庫） 1990.7 ①4-16-721512-8
＊一介の"さむらい百姓"から新選組局長
として幕末動乱期の檜舞台を歩んだ近
藤勇を、犯罪小説の第一人者が丹念な
取材で初めて描いた長篇時代小説。

近藤重蔵 こんどうじゅうぞう

1771〜1829 江戸時代後期の北方探検家，
幕臣。幕命により東蝦夷を探検し、国後・
択捉に渡る。択捉島北端に「大日本恵登
呂府」の標柱をたてた。

◇近藤重蔵と近藤富蔵—寛政改革の光と影
谷本晃久著 山川出版社 （日本史リブ
レット） 2014.4 ①978-4-634-54858-9
＊近藤重蔵と近藤富蔵、実の親子である。
父は御家人の家に生まれ、国際情勢の
変化や寛政改革の潮流に乗り、長崎や
蝦夷地に活躍の場をえて旗本に昇進し
た。旗本の子として生まれた息子は父
との確執を抱え出奔を繰り返した末、
家へ戻り和解の直後に刃傷沙汰を起こ
す。結果、家は改易となる。刃傷沙汰
の遠因は、幕閣内部の対立のあおりを
受けた父の排斥にあった。寛政改革を
契機に抜擢された旗本家の姿と、明治
維新後におよぶ長い"その後"を描く。

◇江戸のスーパー科学者列伝 中江克己著
宝島社 （宝島SUGOI文庫） 2013.8
①978-4-8002-1038-8
＊「江戸」と「科学」には、なんの繋がり
もないように思える。しかし、江戸時
代には多くの科学者が日々研究に明け
暮れていた。「行列式」を発見した和算
家の関孝和、世界初の全身麻酔手術に
成功した華岡青洲、ソメイヨシノを開
発した遺伝学者の伊藤伊兵衛など。そ
のレベルは当時の世界を見ても決して
ひけをとっていなかった。本書では江
戸の科学者31人を取り上げ、彼らの功
績と人柄に迫る。

◇重蔵始末 逢坂剛著 講談社 2001.6
①4-06-210710-4

◇近藤重蔵富蔵の生涯と其の時代 1 金子
正義著 栄光出版社 1999.3

①4-7541-0021-2

◇近藤重蔵—北方探検の英傑　近藤重蔵翁顕彰会　（高島町歴史民俗叢書）　1992.7

◇北方探検の英傑 近藤重蔵とその息子 久保田暁一著　PHP研究所　（PHP文庫）　1991.2　①4-569-56324-4
　＊江戸後期、数回にわたり千島方面を探検、択捉（エトロフ）島に「大日本恵登呂府」という標柱を建てるなど、北方の開択・防備に尽くした英傑・近藤重蔵。のち書物奉行となり、多くの著者を残したが、そのスケールの大きさと旺盛な研究心はかえって幕閣の反感を買い、ついには、長男・富蔵の殺傷事件に連座して悲壮な最期を遂げる—。綿密な文献調査と取材をもとに、重蔵と富蔵父子の愛憎に彩られた親子関係を浮き彫りにしつつ、二人の足跡を辿った書き下ろし歴史巨編。

┃ コンドル　Conder, Josiah
　1852〜1920　明治, 大正期のイギリスの建築家。1876年来日。日本の近代建築の発展に多大の貢献をなした。主要作品に「旧帝室博物館」(1878〜82)、「鹿鳴館」(1881〜83) など。

◇ジョサイア・コンドルの綱町三井倶楽部　石田繁之介著　南風舎　2012.8　①978-4-7824-1209-1
　＊明治政府がイギリスから招いた初めての本格的建築家、ジョサイア・コンドルが総力を結集して設計した最高傑作「綱町三井倶楽部」。そこにはコンドルの日本に対する深い愛情と隠された秘密があった。

◇物語ジョサイア・コンドル—丸の内赤レンガ街をつくった男　永野芳宣著　中央公論新社　2006.10　①4-12-003775-4
　＊モダンなオフィスタウンはいかにして出来たのか。明治日本に西洋建造物を。イギリスから来た建築家の苦悩と努力の生涯を綴る。

◇綱町三井倶楽部—J.コンドルの建築をめぐって　石田繁之介著　中央公論美術出版　2001.6　①4-8055-0400-5

◇鹿鳴館を創った男—お雇い建築家ジョサイア・コンドルの生涯　畠山けんじ著　河出書房新社　1998.2　①4-309-22323-0
　＊近代日本建築の父はなぜ忘れられたのか。夜明けの国にやってきた若き建築家は何を見て、何を残したのか。世界初のコンドル伝。

◇鹿鳴館の夢—建築家コンドルと絵師暁英　INAX　（INAX booklet）　1991.2

【さ】

┃ **西園寺公望**　さいおんじきんもち
　1849〜1940　明治〜昭和期の政治家。公爵、内閣総理大臣。立憲政友会創立委員、枢密院議長などを歴任し、政友会総裁。パリ講和会議の首席全権。

◇西園寺公望—政党政治の元老　永井和著　山川出版社　（日本史リブレット人）　2018.3　①978-4-634-54890-9

◇元老西園寺公望—古希からの挑戦　伊藤之雄著　文芸春秋　（文春新書）　2007.12　①978-4-16-660609-2
　＊若き日の昭和天皇に政治を指南して、首相を二度つとめ、日本の将来を真摯に憂えた巨人政治家。その一方で文学と食を愛し、三人の若い「妻」をもったエピキュリアンの人生。

◇歴代総理大臣伝記叢書　第7巻　西園寺公望　御厨貴監修　ゆまに書房　2005.7　①4-8433-1785-3

◇陶庵随筆　改版　西園寺公望著, 国木田独歩編　中央公論新社　（中公文庫）　2004.4　①4-12-204347-6

◇青年君主昭和天皇と元老西園寺　永井和著　京都大学学術出版会　2003.7　①4-87698-614-2
　＊政治的青年君主を元老はいかに補佐したか。摂政時代の久邇久訓戒から張作霖爆殺事件＝田中首相辞職まで、青年大権君主の「立憲政治」を演出した元老・宮中グループの行動を新資料を駆

西行

使して克明に描く。

◇西園寺公望―最後の元老　岩井忠熊著
岩波書店　（岩波新書）　2003.3
①4-00-430829-1
＊フランス留学で培われた広い国際的視
野と自由主義をもって、軍閥支配に抵
抗しながら、明治から昭和まで長期に
わたって権力の中枢にいた政治家の評
伝。時代が一つの方向に流されていく
時、それに歯止めをかけられるバラン
ス感覚をもった稀有の政治家として、
また和漢洋の学問や詩文に造詣が深い
文化人としても興味ぶかい。

◇西園寺公望と明治の文人たち　高橋正著
不二出版　2002.1　①4-8350-3120-2
＊本書は、筆者が「雨声会の経緯と大町桂
月」と題して、同人誌『日本文学研究』
二一号（'83・12）、二二号（'84・12）、
二三号（'85・12）に連載したもの、およ
び「中江兆民と西園寺公望」と題して
『兆民研究』一五号（'00・2）、『日本文
学研究』三七号（'00・3）に分載したも
のを再編集したものである。

◇西園寺公望伝　別巻2　立命館大学西園寺
公望伝編纂委員会編　岩波書店　1997.10
①4-00-008796-7

◇西園寺公望伝　別巻1　立命館大学西園寺
公望伝編纂委員会編　岩波書店　1996.11
①4-00-008795-9

◇西園寺公望伝　第4巻　立命館大学西園寺
公望伝編纂委員会編　岩波書店　1996.3
①4-00-008794-0

◇西園寺公望伝　第3巻　立命館大学西園寺
公望伝編纂委員会編　岩波書店　1993.1
①4-00-008793-2

◇西園寺公望伝　第2巻　立命館大学西園寺
公望伝編纂委員会編　岩波書店　1991.9
①4-00-008792-4

◇西園寺公望伝　第1巻　立命館大学西園寺
公望伝編集委員会編　岩波書店　1990.10
①4-00-008791-6
＊永い歴史を背負った門地と倒幕派公卿
としての活動、長期の在欧経験など、近
代政治家として登場するまでの閲歴を
無視して、公望は語り得ない。本巻は

西園寺家の歴史をふり返り、維新後の
経歴についてはさまざまの新しい史実
と解釈を提出しつつ、1880（明治13）年
帰国後の活動・再渡欧までを描く。

西行　さいぎょう

1118～1190　平安時代後期の歌人，僧。藤
原秀郷の末裔。各地を遍歴して歌を詠む。
歌集に「山家集」がある。

◇西行　新装版　渡部治著　清水書院
（Century Books　人と思想）　2015.9
①978-4-389-42140-3

◇西行弾奏　沓掛良彦著　中央公論新社
2013.5　①978-4-12-004506-6
＊弾き方のわからなくなった古代の楽器
にたとえられる西行の和歌。古今東西
の詩歌・文学に通暁する著者が、深い敬
慕の念をもって奏でる西行讃歌。

◇西行と芭蕉―詩歌とともに辿る漂泊の軌
跡　田口宏雄著　牧歌舎　2012.10
①978-4-434-17285-4
＊西行・芭蕉の漂泊の旅を、深い共感とと
もに辿り、深奥にひそむ芸術的価値観
の源泉をやわらかい表現ですくい取る
―淡々としたソフトな文体により、独
力で歩みきった紀行の評伝。

◇山田昭全著作集　第4巻　西行の和歌と仏
教　山田昭全著, 清水宥聖, 米山孝子, 大
場朗, 森晴彦, 魚尾孝久, 鈴木治子, 由井
恭子, 室賀和子, 林克則編集委員　おうふ
う　2012.7　①978-4-273-03654-6

◇西行と崇徳上皇・その後の静御前　横井
寛著　美巧社　2012.7
①978-4-86387-025-3

◇西行その「聖」と「俗」　火坂雅志著
PHP研究所　2012.2
①978-4-569-80192-6
＊武に秀で政治に関わり恋に苦悩した男
―西行の真実の生涯。

◇西行―花と旅の生涯　佐藤和彦, 樋口州
男編　新人物往来社　（新人物文庫）
2012.1　①978-4-404-04133-3
＊「願はくは花の下にて春死なんそのき
さらぎの望月のころ」西行は歌で予言
した通り、建久元年（一一九〇）二月十

278　教科書に載った日本史人物1000人

六日、花の咲き誇る満月の日に入寂した―その日から、西行は伝説の歌人となった。佐藤義清と名乗る北面の武士・西行は、二十三歳の時、妻子を捨てて突如出家する。歌と仏の道にひとり生きる一方で、崇徳上皇や平清盛、源頼朝、藤原秀衡ら時の権力者とも交渉を持ちつづけた。激動する時代と深く関わりながら、花にあこがれ歌枕を訪ねて旅立った。その矛盾に満ちた生きざまこそ、西行の最大の謎であり魅力だろう。中世という新しい時代を切り拓いた西行の数奇な一生と謎に迫る。

◇平清盛の盟友 西行の世界をたどる　石川雅一文と写真　鳥影社　2012.1
①978-4-86265-330-7
＊共に北面の武士出身ながら、清盛と対照的に同じ乱世を生きた西行の壮大なる生涯。

◇西行と清盛―時代を拓いた二人　五味文彦著　新潮社　（新潮選書）　2011.11
①978-4-10-603692-7
＊1118年生まれの二人の男。片や二十三歳で出家し、中世を代表する歌僧となって往生し、片や十代から出世街道をひた走り、武者の世の栄華を極めたすえに滅亡した。文と武、聖と俗―いかにも対照的な彼らは十二世紀の日本をいかに生き、新たな時代の文化と政治をどう拓こうとしたのか？　中世史研究の泰斗、渾身の書き下ろし七〇〇枚。

◇中世幻妖―近代人が憧れた時代　田中貴子著　幻戯書房　2010.6
①978-4-901998-58-1
＊小林秀雄、白洲正子、吉本隆明らがつくった"中世"幻想はわたしたちのイメージを無言の拘束力をもって縛りつづける。日本的なるものへのやわらかな鋭さ。

◇西行求道の境涯　佐竹温知著　春秋社　2010.4　①978-4-393-43442-0
＊西行は仏教の思想をどう捉え、歌に修行に生かしえたか。"煩悩即菩提"の想いこそ究極の境地であった…。北面の勤めを捨て俗世を出離し、激動の時代に作歌と旅と思索にあけくれた行動の歌人。和歌と宗教的境地の融合という視

点を駆使し、仏教思想を深めていく西行の姿を克明に活写した労作。

◇新訳 西行物語―がんばらないで自由に生きる　宮下隆二訳　PHP研究所　2008.12
①978-4-569-70478-4
＊どうしたら西行のように生きられるのか―松尾芭蕉に代表される多くの自由人に敬愛された人生の達人の生き様に触れる。

◇西行―月に恋する　三田誠広著　河出書房新社　2008.7　①978-4-309-01875-1
＊流鏑馬の達人で蹴鞠もこなす、和歌の天才、西行。平安末期のドラマチックな時代の中で、武士として僧侶として歴史の現場に立会い奔走した姿と、待賢門院璋子との恋を描く、待望の歴史小説。

◇西行―その歌その生涯　松本章男著　平凡社　2008.6　①978-4-582-83404-8
＊新たな視座を切り開く渾身の評伝！ 若き西行の忍ぶ恋、おもかげびととは誰だったのか。仏教者としての軌跡とは？ その歌は、いつ、どこで詠まれたか。人生の半分を過ごした京都生活の真の姿とは。

◇西行の旅路　岡田喜秋著　秀作社出版　2005.6　①4-88265-369-9
＊西行は不朽の歌人である。桜と月をこよなく愛し、その歌集は『山家集』に一、五六〇首収録され、後世に多大な影響を与えた。没後八〇〇年を過ぎた今日も西行を慕う人が多いのは、二〇歳を過ぎて謎の出家をして以来、歌と旅に明けくれる起伏に富んだ人生に共感するからであろう。紀行文学者として名高い岡田喜秋氏は、西行が生きた時代背景を軸として、和歌を手がかりに西行の全足跡を十年かけてたどった。独自の構想と視点で新しい西行の実像に迫った会心の作で、前著『雪舟の旅路』の姉妹書である。

◇久保田淳著作選集　第1巻　西行　久保田淳著　岩波書店　2004.4
①4-00-026048-0

◇西行・世阿弥・芭蕉私見　石田時次著　角川学芸出版　2003.9

西行

◇西行研究資料集成　第3巻　西行法師伝
西沢美仁監修・解説　梅沢精一著　クレ
ス出版　2002.10　①4-87733-159-X

◇西行のみち―さすらいの歌聖を追う旅
槇野尚一著　紫紅社　2002.9
①4-87940-571-X

◇西行伝説を探る―西日本を中心に　岡田
隆著　〔岡田隆〕　2002.6

◇西行と兼好―乱世を生きる知恵　小松和
彦ほか著　ウェッジ　（ウェッジ選書）
2001.10　①4-900594-46-6

◇西行・山家集　井上靖著　学習研究社
（学研M文庫）　2001.10
①4-05-902050-8
＊23歳の若さで謎の出家を遂げた歌人・
西行。嵯峨野、東山、鞍馬、そして伊
勢、吉野、難波と、転々と隠遁生活をつ
づけるかたわら、二度の陸奥への旅、西
国への旅を敢行する。漂白の歌人・西
行とは、いったい何者なのか？　平安時
代末期の乱世を見つめ、のこされた歌
と対峙することによって、作家井上靖
が西行の実像に迫る。『現代語訳・日本
の古典（9）西行/山家集』を文庫化。

◇西行の研究―伝本・作品・享受　高城功夫
著　笠間書院　（笠間叢書）　2001.3
①4-305-10338-9

◇西行―捨て果ててきと思ふ我身に　高木
きよ子著　大明堂　2001.1
①4-470-95012-2
＊本書は平成元年六月に刊行した学術論
文『西行の宗教的世界』を台として、著
者の所属する短歌会の会誌「宇宙風」
（隔月刊）一四五号（昭和六十三年四月
刊）から二一五号（平成十二年一月刊）
まで連載したものである。

◇歌碑が語る西行　岡田隆著　三弥井書店
（三弥井民俗選書）　2000.12
①4-8382-9053-5
＊動乱の時代を旅した西行。八百年あま
りを経てその影響力は西行伝承として、
現代まで全国各地に増幅し、浸透して
いた。歌碑というオブジェを通して語
られる西行その人との一期一会。

◇西行と清盛　嵐山光三郎著　学陽書房

（人物文庫）　1999.11　①4-313-75092-4
＊「西行の歌はめちゃくちゃうまい。絶
品である。（略）ここまで日本人を感動さ
せ、だましてしまう作家とはナニモノ
であるか。かなりのワルを通りこした
超凄玉ワルではあるまいか。これこそ
文芸の王道である」北面の武士の同僚
だった平清盛との交流を通して漂泊の
天才歌人の活躍を描く時代小説の快作。

◇西行花伝　辻邦生著　新潮社　（新潮文
庫）　1999.7　①4-10-106810-0
＊花も鳥も風も月も―森羅万象が、お慕い
してやまぬ女院のお姿。なればこそ北面
の勤めも捨て、浮島の俗世を出離した。
笑む花を、歌う鳥を、物ぐるおしさもろ
ともに、ひしと心に抱かんがために…。
高貴なる世界に吹きかよう乱気流のさ
なか、権能・武力の現実とせめぎ合う
“美”に身を置き通した行動の歌人。流
麗雄偉なその生涯を、多彩な音色で唱
いあげる交響絵巻。谷崎潤一郎賞受賞。

◇西行の風景　桑子敏雄著　日本放送出版
協会　（NHKブックス）　1999.4
①4-14-001857-7
＊仏道に徹しきれなかった歌人という従来
の西行像を本書は斥ける。密教でいう虚
空は存在するものの真のすがたをさす
が、そのグローバルな虚空空間に出現す
るローカルな風景を日本語で歌い融合
すること、それが西行の求めた「道」で
あった。この「空間と言語の思想」は、
晩年、和歌によって仏教を空間化する
革新的な神仏習合の思想へと展開した。
そのように著者は明快に論証していく。
空間の豊かさと西行像を問い直す力作。

◇西行のすべて　佐藤和彦，樋口州男編
新人物往来社　1999.3　①4-404-02674-9
＊北面の武士・西行の生涯。それぞれの
分野と視角から、自由に生き生きと語
られた西行像。

◇白道　瀬戸内寂聴著　講談社　（講談社文
庫）　1998.9　①4-06-263881-9
＊北面の武士佐藤義清は、決然と出家し
た。忘れ得ぬ女院への激しい恋を秘め、
仏の救いを願いながら歌に執着する懊悩
の日々。源平の争乱の世に歌一筋、草庵
閑居と漂泊の旅。矛盾と相克の末に西行

は、わが心ひとつがついに捕えきれない
ことを悟る。人間西行を描いて深い感
動をよぶ、芸術選奨文部大臣賞受賞作。

西郷隆盛　さいごうたかもり
1827〜1877　江戸時代末期, 明治期の鹿児
島藩士, 政治家。陸軍元帥。薩長同盟を締
結。東征軍参謀となり、江戸無血開城を
実現する。

◇虚像の西郷隆盛虚構の明治150年—明治維
新という過ち 完結編　原田伊織著　講談
社　（講談社文庫）　2018.6
①978-4-06-511829-0

◇西郷隆盛と西南戦争を歩く　正亀賢司著
文芸春秋　（文春新書）　2018.6
①978-4-16-661175-1

◇超ビジュアル！ 歴史人物伝西郷隆盛　矢
部健太郎監修　西東社　2018.5
①978-4-7916-2612-0

◇こげなお人ではなか！—発見された西郷
隆盛の写真　茶屋二郎著　ボイジャー
2018.4　①978-4-86239-828-4

◇大西郷の夢　村本正博著　南方新社
2018.4　①978-4-86124-379-0

◇権力に対峙した男—新・西郷隆盛研究
下巻　米村秀司著　ラグーナ出版
2018.3　①978-4-904380-68-0

◇西郷隆盛の幻影—維新の英雄はいかにし
て作られたか　森田健司著　洋泉社　（歴
史新書y）　2018.3　①978-4-8003-1438-3

◇素顔の西郷隆盛　磯田道史著　新潮社
（新潮新書）　2018.3
①978-4-10-610760-3

◇語り継がれた西郷どん—発掘！ 維新スク
ラップブック　一坂太郎著　朝日新聞出
版　（朝日新書）　2018.2
①978-4-02-273755-7

◇新・西郷隆盛の実像—敬天愛人を貫いた
人生 明治維新一五〇年最大の立役者西郷
隆盛の実像と人物評　松田高明著　秀作
社出版　2018.2　①978-4-88265-604-3

◇西郷どん。壊さない！「破壊の英雄」　武
山憲明著　音羽出版　2018.2

①978-4-901007-66-5
＊幕末、明治を駆け抜けた英雄の激動の
生涯と逸話、そして全国ゆかりの地を
紹介。

◇西郷隆盛　越水利江子著, フカキショウコ
絵　駒草出版　（新・歴史人物伝）
2018.2　①978-4-905447-90-0

◇西郷隆盛 激動の生涯—幕末明治を生きた
最後の武士　三栄書房　（サンエイムッ
ク）　2018.2　①978-4-7796-3505-2

◇Saigo Takamori—西郷隆盛　西海コエン
著　IBCパブリッシング　（ラダーシリー
ズ）　2018.1　①978-4-7946-0520-7
＊斉藤一、天璋院、愛加那、大久保利通、
勝海舟、伊藤博文、立見尚文、西郷糸
子。幕末の当事者たちが語る、西郷隆
盛の物語。巻末辞書、登場人物相関図、
関連地図付き。

◇西郷どんと明治偉人さん　相生リサコ著
ジュネット　（ウォー！ コミックス
Wooooo！ comics）　2018.1
①978-4-909460-70-7

◇西郷隆盛—その伝説と実像 歴史再発見
町田明広著　NHK出版　（NHKシリーズ
カルチャーラジオ）　2018.1
①978-4-14-910966-4

◇西郷隆盛と聖書—「敬天愛人」の真実　守
部喜雅著　いのちのことば社フォレスト
ブックス　（聖書を読んだサムライたち）
2018.1　①978-4-264-03878-8
＊「西郷さんは聖書を読んでいた」多くの
資料や証言で西郷隆盛の人物像に迫る。

◇西郷隆盛はどう語られてきたか　原口泉
著　新潮社　（新潮文庫）　2018.1
①978-4-10-121096-4

◇西郷隆盛ぴあ—ゆかりの地・人物・歴史・
人間関係がすべてわかる！　ぴあ　（ぴあ
MOOK）　2018.1　①978-4-8356-3364-0

◇西郷隆盛事典　志村有弘編　勉誠出版
2018.1　①978-4-585-20059-8
＊維新史の巨人、日本人が愛する英雄の
生涯を知る。島津斉彬、勝海舟、岩倉具
視、乃木希典、大久保利通ら138名の関
連人物を網羅。薩長同盟、鳥羽伏見の
戦い、江戸無血開城、西南戦争まで、50

を超える事件・地名を紹介。南洲翁遺訓の現代語訳、主要研究文献目録、年譜などの付録も充実させた。

◇西郷家の人びと　原口泉著
KADOKAWA　2017.12
Ⓘ978-4-04-400249-7

◇西郷隆盛―新たな時代をきりひらいた維新の巨星　大石学監修, 卯月まんが, 南房秀久原作　学研プラス　（学研まんがNEW日本の伝記SERIES）　2017.12
Ⓘ978-4-05-204743-5

◇西郷隆盛―幕末維新の英傑 漫画でよめる！　講談社編, 瀬畑純漫画　講談社
2017.12　Ⓘ978-4-06-220915-1

◇西郷隆盛―敗者のために戦った英雄　時海結以著, 落合弘樹監修, 五浦マリイラスト　小学館　（小学館ジュニア文庫）
2017.12　Ⓘ978-4-09-231199-2

◇西郷隆盛大全―新説あり！ 謎が多い偉人の真実の姿 オールカラー保存版　広済堂出版　（広済堂ベストムック）　2017.12
Ⓘ978-4-331-80377-6

◇徳川家が見た西郷隆盛の真実　徳川宗英著　KADOKAWA　（角川新書）
2017.12　Ⓘ978-4-04-082138-2

▎**西郷従道**　さいごうつぐみち
1843～1902　江戸時代末期, 明治期の軍人, 政治家。侯爵。文部卿, 陸軍卿, 農商務卿を経て海相, 内相を歴任する。

◇大西郷兄弟物語―西郷隆盛と西郷従道の生涯　豊田穣著　潮書房光人社　（光人社NF文庫）　2017.11　Ⓘ978-4-7698-3040-5
＊波瀾激動の時代を雄々しくリードしながら、朝敵として斃れた隆盛。維新早々に欧米を視察して、外国の文明や制度に触れ、兄の知らない新しい世界を見てきた従道―偉大な英雄を兄としたがゆえの悲しき宿命を背負いつつ、時代の潮流を見すえて、新生日本の舵取り役となった大人物の内面を照射した感動の人物伝。

◇台湾史研究叢書　第2巻　西郷都督と樺山総督　檜山幸夫編・解説　西郷都督樺山総

督記念事業出版委員会, 落合泰蔵著　クレス出版　2011.12　Ⓘ978-4-87733-624-0

◇元帥西郷従道伝　西郷従宏著　芙蓉書房出版　1997.4　Ⓘ4-8295-0183-9
＊帝国海軍を育てた西郷従道の生涯を兄西郷隆盛や大山巌など明治に生きた男たちの波瀾の航跡とともに浮き彫りにする。

◇西郷従道―大西郷兄弟物語　豊田穣著
光人社　（光人社NF文庫）　1995.4
Ⓘ4-7698-2081-X
＊波瀾激動の時代を雄々しくリードしながら、朝敵として斃れた隆盛。維新早々に欧米を視察して、外国の文明や制度に触れ、兄の知らない新しい世界を見てきた従道―偉大な英雄を兄としたがゆえの悲しき宿命を背負いつつ、時代の潮流を見すえて、新生日本の舵取り役となった大人物の内面を照射した感動の人物伝。

◇豊田穣文学・戦記全集　第15巻　豊田穣著　光人社　1994.4　Ⓘ4-7698-0525-X
＊将に将たる器と称えられつつ隆盛の影をひき己を顧みず陸軍政興隆に精進する『西郷従道』。ロシア帝政覆滅の任を帯び、欧州に暗躍する諜報戦の鬼―、『情報将軍明石元二郎』他2篇。

◇飢えて死ね！　南条範夫著　新人物往来社　1990.7　Ⓘ4-404-01736-7
＊暗愚な主君のもと、家臣たちの抗争の果てに御家取り潰しとなった丸岡騒動を描く表題作をはじめ、時代の激動に翻弄される人々を重厚で綴る傑作時代小説集。

◇大西郷兄弟物語―西郷隆盛と西郷従道の生涯　〔新装版〕　豊田穣著　光人社
1990.5　Ⓘ4-7698-0333-8
＊波瀾激動の時代を雄々しくリードしながら、朝敵として斃れた隆盛。偉大な英雄を兄とした故の悲しき宿命を背負った従道。二人の天性の大人物の内面を照射した感動作。

▎**西光万吉**　さいこうまんきち
1895～1970　明治～昭和期の部落解放運動家, 農民運動家。全国水平社の創立者の一人で、「水平社宣言」起草者。3.15事件

で検挙。

◇西光万吉　新装版　師岡佑行著　清水書院　（Century Books　人と思想）　2016.4　①978-4-389-42110-6

◇水平社宣言起草者西光万吉の戦後—非暴力政策を掲げつづけて　加藤昌彦著　明石書店　（世界人権問題叢書）　2007.5　①978-4-7503-2540-8
　＊その生涯を通じて差別と果敢にたたかい続けた自主的部落解放運動の創始者の一人、西光万吉は、戦前においてこの非暴力の道と葛藤し、戦後は自然とその道をひたすら邁進した数少ない日本の社会運動家である。本書では、西光万吉宅に残されていた未公表資料や関係者の聞き取りによって、西光万吉の「和栄政策」を追った。

◇忘れさられた西光万吉—現代の部落「問題」再考　吉田智弥著　明石書店　2002.7　①4-7503-1599-0

◇没後30周年記念「西光万吉展」　没後30周年記念「西光万吉展」東京実行委員会編　没後30周年記念「西光万吉展」東京実行委員会　2000.9

◇至高の人西光万吉—水平社の源流・わがふるさと　宮橋国臣著　人文書院　2000.3　①4-409-24062-5
　＊人間解放の熱い息吹き—奈良県御所市。この水平社の地に育った著者が、創立者や古老からの聞き取りを通して、西光万吉ら水平社の群像と歴史の真実に迫る。

◇西光万吉の浪漫（ろうまん）　塩見鮮一郎著　解放出版社　1996.10　①4-7592-5011-5
　＊水平社結成への心高鳴る感動が伝わる、奈良・柏原北方の青春群像。"人間はいたわるべきものではなく、尊敬されるべきものなのだ"被差別の苦悩をのりこえて、その「誇り」を叫んだ西光万吉の浪漫は、虐げられていた魂を目覚めさせた。

◇西光万吉—"熱と光・和栄"を求めた生涯　西光万吉資料保存委員会ほか編　大阪人権歴史資料館　1994.2

◇西光万吉　師岡佑行著　清水書院

（Century Books）　1992.3　①4-389-41110-1
　＊「人と思想」は、世界の有名な大思想家の生涯とその思想を、当時の社会的背景にふれながら、立体的に解明した思想の入門書です。第1編の生涯編で、思想家の生涯を交友関係や、エピソードなどにもふれて、興味深く克明に記述、第2編では、その主要著書を選択して、概説とその中心となる思想を、わかりやすく紹介してあります。

◇西光万吉の絵と心　西光万吉画，西光万吉画集刊行委員会編　大阪人権歴史資料館　1990.9

▌最澄　さいちょう

767〜822　伝教大師（でんぎょうだいし）とも。奈良時代、平安時代前期の僧。日本天台宗の祖。804年唐に渡り、密教を学ぶ。延暦寺は最澄が初めて草庵をむすんだもので、北嶺と称され天台宗の中心となった。

◇最澄と空海—日本仏教思想の誕生　立川武蔵著　KADOKAWA　（〔角川ソフィア文庫〕）　2016.5　①978-4-04-400082-0

◇弘法大師空海伝十三講—その生涯・思想の重要課題とエピソード　加藤精一著　大法輪閣　2015.3　①978-4-8046-1371-0

◇最澄　多田孝正，木内堯大著　創元社　（日本人のこころの言葉）　2012.4　①978-4-422-80058-5

◇新アジア仏教史—日本1　11　日本仏教の礎　末木文美士編集委員，松尾剛次，佐藤弘夫，林淳，大久保良峻編集協力　佼成出版社　2010.8　①978-4-333-02439-1

◇日本文学者評伝集　1　最澄（伝教大師）・山部赤人　塩田良平，森本治吉編　堀一郎，武田祐吉著　クレス出版　2008.6　①978-4-87733-421-5,978-4-87733-429-1

◇伝教大師の生涯と教え　天台宗教学振興委員会，多田孝正編　大正大学出版会〔発売〕　（大正大学まんだらライブラリー）　2006.10　①4-924297-40-2
　＊天台宗開宗1200年。日本仏教の母なる存在。天台宗宗祖・最澄（伝教大師）の『身分の差なく、仏教はすべての人々を

教科書に載った日本史人物1000人　283

救う』。時代を超えて、今、ここに仏教
の真髄を伝える。

◇伝教大師最澄─世界平和の祈り 一隅を照
す叡れ国宝 叡南覚範監修, 山本覚雄文,
村上正師画 善本社 （歴史絵本）
2006.10 ①4-7939-0438-6

◇最澄と空海─日本人の心のふるさと 梅
原猛著 小学館 （小学館文庫） 2005.6
①4-09-405623-8

◇ひろさちやの「最澄」を読む ひろさちや
著 佼成出版社 2004.11
①4-333-02115-4

◇最澄再考─日本仏教の光源 上原雅文著
ぺりかん社 2004.10 ①4-8315-1086-6

◇最澄─山家の大師 大久保良峻編 吉川
弘文館 （日本の名僧） 2004.6
①4-642-07847-9

◇伝教大師の生涯と思想 木内堯央著 春
秋社 2004.3 ①4-393-17163-2

◇最澄 鈴木史楼著 紅糸文庫 （本朝書人
論） 2003.11

◇照千一隅論攷─伝教大師最澄の真意を問
う 木村周照編著 青史出版 2002.11
①4-921145-16-4

◇梅原猛著作集 9 三人の祖師 最澄・空
海・親鸞 梅原猛著 小学館 2002.6
①4-09-677109-0
＊仏教こそ日本人の心のふるさと。日本
仏教の開祖たちの思想と実践に現代の
危機を救う手がかりが…。梅原仏教研
究の到達点。

◇週刊ビジュアル日本の歴史 no.96 奈良
から平安へ, 最澄と空海 6 デアゴス
ティーニ・ジャパン 2001.12

◇伝教大師伝記 非際著 観行院 2000.9

◇悲願に生きる─最澄 木内堯央著 中央
公論新社 （仏教を生きる） 2000.9
①4-12-490156-9

◇空海と最澄の手紙 高木訷元著 法蔵館
1999.5 ①4-8318-8100-7
＊平安仏教形成の謎に迫る!!日本仏教に新
時代を築いた二大巨星の手紙をもとに、
両者の仏教観や人間性の違い、その交

流と訣別の軌跡を鮮やかに読み解く。
すべての手紙に現代語訳・解説を付し
た決定版。

◇最澄と空海─日本仏教思想の誕生 立川
武蔵著 講談社 （講談社選書メチエ）
1998.12 ①4-06-258145-0
＊804年。遣唐使船で、ともに超大国唐を
目指した二学僧。運命は二人を、協力
者からライバルへと変える。天台の
「正統」理論を学び、日本仏教千年の礎
を築いた最澄。勃興する「新思想」密教
を学び、独創的な世界構造論を樹立し
た空海。二巨人が思索を重ねた「一念
三千の哲学」「マンダラ理論」等を読み
解き、「日本仏教」誕生の瞬間に迫る。

◇最澄 1 栗田勇著 新潮社 1998.8
①4-10-327107-8
＊あれが三十年前の聖武帝の世の大事業、
大仏開眼供養の行われた東大寺だ…聖
徳太子の理想と鑑真和上の教えを敬仰
しつつ仏教者を志した若き最澄（広野）
の眼に、大仏殿の偉容が、都の甍が見え
た。師・行表に導かれて得度し、山の聖
や民に守られながら修業を続け、やが
て、南都の大寺、大安寺の僧として受戒
の日も近い新たな決意の中で、最澄はす
でに着手されている遷都計画と政争に
揺れる桓武朝廷内の空気を感知しつつ、
師や先達僧、陰陽師の友・犬目、政事の
黒幕・克麻呂、新羅商人の娘・張詠麗ら
の話から、まだ見ぬ中国、印度、新羅の
仏教聖地への巡礼を、日本の仏教の行
方を思った…。爛熟した奈良仏教の渦
の中日本の神々と出会い新しい日本仏
教の扉を開く。伝教大師の生涯と思想。

◇最澄 2 栗田勇著 新潮社 1998.8
①4-10-327108-6
＊自ら得度した故郷の近江国分寺が焼失、
広野（最澄）は栄達を捨て比叡のお山に
籠り、読経と瞑想と熾烈な修業を重ね
る。"沙門最澄"の名、いよいよ高まる時
に、都は平城京から長岡京へ、さらに、
桓武帝は平安京の造営に臨む。最澄は
天台法華の講筵を高雄山寺に開き、宮
廷の心を惹きつける。しかし…存在が
大きくなればなるほど危険は迫る。
いったい何者が最澄の命を狙うのか？

284 教科書に載った日本史人物1000人

そして、入唐求法という大きな歴史の波濤が、彼の心を、また、長年の友でありライバルとなる空海の心を、まだ見ぬ曼荼羅的宇宙へと誘った。同じ遣唐使船団に加わり、別々に、二人は辛苦の旅程を辿り、大望を遂げて夫々奇蹟的に帰国するが…。

◇最澄 3 栗田勇著 新潮社 1998.8 ①4-10-327109-4
＊入唐求法を果した最澄の天台宗は南都仏教の圧力に屈せず、朝廷から公認され、後世の日本仏教の源流として、広く都の人々の心をとらえ発展していく。桓武帝の崩後、朝廷の勢力は二分、策謀が渦巻く。しかし、最澄はひたすら天台法華の正統を貫き、永劫の法灯を守るため、経典の書写・蒐集、大乗戒の確立、得度僧の資格認定にも心をくだき、密教経典の写経では、度々空海に懇請する。ともに国家鎮護の祈願を掲げ、朝廷から篤く信仰されながら、天台法華と真言密教は両立し得るのか？ 友誼か訣別か？ 数多の書簡や膨大な文献を読み解きながら、二大宗教的巨星の心理的葛藤を詳細に検証して描く記念碑的伝記大作の静かなる終章。

◇最澄と空海―交友の軌跡 佐伯有清著 吉川弘文館 1998.1 ①4-642-07742-1
＊平安新仏教の創始者である最澄と空海。ともに唐に渡り、進んだ中国仏教を学び、飢餓の時代に苦悩する衆生や国家を救うために行動する。空海が唐からもたらした経典の借用を求める最澄を軸に空海との交友を描く。

◇うちのお寺は天台宗 藤井正雄総監修 双葉社 （わが家の宗教を知るシリーズ） 1997.12 ①4-575-28796-2
＊わが家の宗派と仏事のことが、この一冊でまるわかり。

◇天台の流伝―智顗から最澄へ 藤善真澄著、王勇著 山川出版社 1997.5 ①4-634-60470-1

◇与える愛に生きて―先達の教え 瀬戸内寂聴著 小学館 1995.12 ①4-09-840039-1
＊ひとはなぜ出家するのか。"人生とは無償の愛へと到るはるかな道のり"と気づ

かせてくれた、兼好・道元・最澄の生涯。

◇上山春平著作集 第8巻 空海と最澄 法蔵館 1995.1 ①4-8318-3538-2

◇最澄―だれでも仏になれる 由木義文著 広済堂出版 （リフレッシュライフシリーズ） 1994.8 ①4-331-00655-7
＊本書は最澄の思想や行動を明らかにすると共に、それらが私たちの時代や生き方とどのように係わるかを著わしたものである。

◇若き日の最澄とその時代 佐伯有清著 吉川弘文館 1994.6 ①4-642-07424-4
＊平安建都の時代における伝教大師最澄の前半生を描いた古代史研究者の手に成るユニークな最澄伝。最澄の伝記を語るには、藤原種継の暗殺、早良親王の廃太子事件以後の政治社会の動きを落とすことはできない。そうした時代に天台大師の教説をひたすら学び、高雄山寺における講説、そして入唐求法の好機をつかんだ最澄の姿を鮮明に浮かび上がらせた好著。

斎藤隆夫 さいとうたかお

1870～1949 大正、昭和期の政治家。衆議院議員、国務相。二・二六事件後、軍人の政治干渉を批判する粛軍演説を行う。進歩党結成に参加。

◇神風、憲法、混乱の帝国―斎藤隆夫に学ぶ先人たちの判断 渡辺明洋著 〔渡辺明洋〕 〔201-〕

◇政治家の品格―反軍・憲政の常道を貫いた斎藤隆夫 工藤好彦著 文芸社 2013.5 ①978-4-286-13610-3

◇斎藤隆夫日記 下（昭和7年～24年） 斎藤隆夫著、伊藤隆編 中央公論新社 2009.11 ①978-4-12-004061-0

◇斎藤隆夫日記 上（大正5年～昭和6年） 斎藤隆夫著、伊藤隆編 中央公論新社 2009.9 ①978-4-12-004060-3
＊没後六十年。「粛軍演説」「反軍演説」など議会演説を最大の武器とした不屈の政治家。第二次大隈内閣から犬養内閣に至る政党内閣期。政党間の闘い、普通選挙法案の行方から代議士の日常、

選挙費用の捻出と選挙運動の実際、関東大震災、相次ぐ愛児の不幸まで、憲政のあるべき姿を追い続けた斎藤の肉声を聞く。政党政治の理想と現実。大正・昭和期の代表的政党政治家が遺した、第一級史料。

◇政治家の条件―リベラリスト斎藤隆夫の軌跡　春田国男著　みもざ書房　2007.9　Ⓘ978-4-944160-04-4

◇回顧七十年　改版　斎藤隆夫著　中央公論新社　（中公文庫）　2007.7　Ⓘ978-4-12-204895-9

◇評伝斎藤隆夫―孤高のパトリオット　松本健一著　岩波書店　（岩波現代文庫）　2007.6　Ⓘ978-4-00-603154-1
　＊斎藤隆夫の名は、二・二六事件当時の軍部の独裁を批判した一九三六年の「粛軍演説」と、四〇年の「支那事変処理に関する質問演説」で政府に厳しく迫り衆議院議員を除名されたことによって知られている。本書は彼の思想の形成過程、その精神や政治哲学、二つの演説の内実を子細に検討した本格的評伝である。略年譜、人名索引を付す。

◇斎藤隆夫かく戦えり　草柳大蔵著　グラフ社　2006.4　Ⓘ4-7662-0961-3
　＊激動の昭和初期、憲政史上に一条の光を投じた政治家がいた。二・二六事件直後の「粛軍演説」、「国家総動員法に関する質問演説」。本書は、軍部の専横と政党の腐敗に抗し続けた硬骨政治家の反時代的半生の証しである。草柳大蔵渾身の名著、ここに復刊。

◇斎藤隆夫―立憲政治家の誕生と軌跡　大橋昭夫著　明石書店　2004.11　Ⓘ4-7503-2004-8

◇評伝斎藤隆夫―孤高のパトリオット　松本健一著　東洋経済新報社　2002.10　Ⓘ4-492-21131-4
　＊現実を、あるがままに見よ。現在に通じるその言説。希代の政治家、初の本格評伝。

▌斎藤竜興　さいとうたつおき
1548〜1573　戦国時代の美濃国の大名。

義竜の子。

◇斎藤道三と義龍・龍興―戦国美濃の下克上　横山住雄著　戎光祥出版　（中世武士選書）　2015.9　Ⓘ978-4-86403-172-1

▌斎藤道三　さいとうどうさん
1494〜1556　戦国時代の美濃国の大名。油売りから立身、美濃一国の戦国大名に。のち長男義竜と争い敗死。

◇斎藤道三―兵は詭道なり　1　岩井三四二著　学習研究社　（学研M文庫）　2001.11　Ⓘ4-05-900091-4

◇簒奪者　岩井三四二著　学習研究社　（歴史群像新書）　1999.4　Ⓘ4-05-401070-9
　＊圧倒的筆力！　待望の本格的歴史小説ついに誕生。大永五年、のちに斎藤道三と名乗ることになる長井新九郎は、22歳の若さで父の新左衛門尉に東山口郷の押領を命じられた。しかし、その策謀が美濃の実力者・斎藤又四郎の知る所となり、長井と斎藤の間に大きな軋轢を生じさせる結果となってしまう。やがて二家の争いは激化し、戦いの火蓋が切って落とされた。先手を取られ、西美濃に落ち延びた長井に勝算はあるのか？　出兵命令を受けた新九郎がとった仰天の奇策とは如何に!?第五回歴史群像大賞受賞作。

◇もののふ　柴田錬三郎著　新潮社　（新潮文庫）　1999.1　Ⓘ4-10-115048-6
　＊陰謀、裏切り、卑劣。戦国期随一の奸雄、斎藤道三の悪辣残酷な血とその宿運を描く「斎藤道三残虐譚」。佐助と才蔵、卓越した二人の忍びが天下の再びの争乱を謀った…。信長暗殺を大胆な構想で描く「本能寺」。鎌倉から戦国まで武士たる者の壮絶な一瞬を捉えた歴史譚集「もののふ」「戦国武士」等、激動期に生命を賭して美を貫いた男どもの苛烈極まりない死に様を描く12の傑作。

◇宿曜師斎藤道三　勝見秀雄著　東京新聞出版局　1998.1　Ⓘ4-8083-0617-4

◇斎藤道三―物語と史蹟をたずねて　土橋治重著　成美堂出版　（成美文庫）　1997.6　Ⓘ4-415-06469-8

◇斎藤道三―信長が畏れた戦国の梟雄　高橋和島著　PHP研究所　（PHP文庫）　1996.1　Ⓘ4-569-56854-8

◇斎藤道三　高橋和島著　青樹社　（青樹社戦国武将シリーズ）　1992.6　Ⓘ4-7913-0708-9
＊一介の油売りから度胸と才覚だけで美濃一国の支配者にまで成り上がった男の国盗り一代記。

◇斎藤道三―美濃戦国伝「虹の城」　〔新装版〕　岸宏子著　（名古屋）エフエー出版　1992.3　Ⓘ4-87208-022-X
＊陰謀あり、裏切りあり、愛憎あり―。凄惨な戦場に燃え上がる道三と女忍との恋。壮大なスケールで描く戦国大ロマン。

▌斎藤実　さいとうまこと

1858～1936　明治，大正期の海軍軍人，政治家。海相，内閣総理大臣。朝鮮総督、ジュネーブ海軍軍縮会議全権委員など。帝人事件で総辞職。二・二六事件で殺された。

◇植民地帝国人物叢書　20（朝鮮編 1）　斎藤内府の片鱗―斎藤実 斎藤子爵を偲ぶ―斎藤実　永島広紀編　石森久弥著，中村健太郎編　ゆまに書房　2010.5　Ⓘ978-4-8433-3384-6

◇下学上達の先人―後藤新平・斎藤実生誕一五〇年記念事業記録集　後藤新平・斎藤実生誕一五〇年記念事業実行委員会編　〔後藤新平・斎藤実生誕一五〇年記念事業実行委員会〕　2010.3

◇斎藤実伝―「二・二六事件」で暗殺された提督の真実　松田十刻著　元就出版社　2008.11　Ⓘ978-4-86106-170-7
＊昭和を暗転させた「二・二六事件」。青年将校の凶弾に斃れた斎藤実は、国際平和を願ったコスモポリタンだった。知られざる提督の生涯を描く。

◇歴代総理大臣伝記叢書　第21巻　斎藤実　御厨貴監修　ゆまに書房　2006.6　Ⓘ4-8433-1799-3

◇斎藤実関係文書目録　書翰の部 2　国立国会図書館専門資料部編　国立国会図書館（憲政資料目録）　1999.10　Ⓘ4-87582-551-X

◇惨殺―提督斎藤実「二・二六」に死す　高橋文彦著　光人社　1999.2　Ⓘ4-7698-0900-X
＊軍人宰相はなぜ殺されたか。昭和史の暗部「二・二六事件」で青年将校の凶弾を受けて非業の死を遂げた斎藤実。若き気鋭のノンフィクション作家が同郷の一軍人政治家の波瀾の生涯を浮き彫りにする感動の一冊。

◇斎藤実関係文書目録　書翰の部 1　国立国会図書館専門資料部編　国立国会図書館（憲政資料目録）　1998.11　Ⓘ4-87582-530-7

◇斎藤実関係文書目録　書類の部 2　昭和期・日記・伝記資料等　国立国会図書館専門資料部編　国立国会図書館（憲政資料目録）　1995.6　Ⓘ4-87582-424-6

◇日本宰相列伝 14　斎藤実　有竹修二著　時事通信社　1986.2　Ⓘ4-7887-8564-1

▌斎藤茂吉　さいとうもきち

1882～1953　大正、昭和期の歌人。長崎医科専門学校教授。「アララギ」の創刊に参加、編集を担当。歌集「赤光」「あらたま」など。

◇不可思議国の探求者・木下杢太郎―観潮楼歌会の仲間たち　丸井重孝著　短歌研究社　（星雲叢書）　2017.10　Ⓘ978-4-86272-560-8

◇斎藤茂吉　新装版　片桐顕智著　清水書院　（Century Books　人と作品）　2017.9　Ⓘ978-4-389-40118-4

◇茂吉入門―歌人茂吉 人間茂吉　秋葉四郎著　飯塚書店　2016.12　Ⓘ978-4-7522-1040-5

◇斎藤茂吉―生きた足あと　藤岡武雄著　本阿弥書店　2016.11　Ⓘ978-4-7768-1278-4

◇歌人・斎藤茂吉とその周辺　杉沼永一編著　山形Bibliaの会　2015.12

◇斎藤茂吉と佐藤佐太郎―二十世紀の抒情詩人　岩田亨著　角川学芸出版　2013.8　Ⓘ978-4-04-652751-6

斎藤茂吉

◇茂吉再生―生誕130年 斎藤茂吉展　神奈川文学振興会編　県立神奈川近代文学館　2012.4

◇歌人茂吉 人間茂吉　秋葉四郎著　日本放送出版協会　（NHKシリーズ　NHKカルチャーラジオ　短歌をよむ）　2011.1　①978-4-14-910750-9

◇斎藤茂吉―あかあかと一本の道とほりたり　品田悦一著　ミネルヴァ書房　（ミネルヴァ日本評伝選）　2010.6　①978-4-623-05782-5
　＊斎藤茂吉（一八八二〜一九五三）。歌人、精神病医。万葉の伝統的な調べに近代の感覚を盛ったと評される茂吉。だが、その「伝統」が近代の産物だとすれば、彼はいったい何をしてのけたことになるのか―『万葉集の発明』の著者が満を持して世に問う問題作。

◇加藤淑子著作集　1　斎藤茂吉と医学　加藤淑子著　みすず書房　2009.9　①978-4-622-08221-7

◇加藤淑子著作集　2　山口茂吉　斎藤茂吉の周辺　加藤淑子著　みすず書房　2009.9　①978-4-622-08222-4

◇加藤淑子著作集　3　斎藤茂吉の十五年戦争　加藤淑子著　みすず書房　2009.9　①978-4-622-08223-1

◇鷗外・茂吉・杢太郎―「テエベス百門」の夕映え　岡井隆著　書肆山田　2008.10　①978-4-87995-752-8

◇正岡子規・斎藤茂吉　内藤明，安森敏隆著　晃洋書房　（新しい短歌鑑賞）　2008.4　①978-4-7710-1926-3
　＊21世紀の"眼"で正岡子規と斎藤茂吉をとらえ直し、新しい短歌鑑賞でその魅力をさぐる。

◇茂吉形影　加藤淑子著　幻戯書房　2007.7　①978-4-901998-26-0

◇大石田町立歴史民俗資料館史料集　別集　斎藤茂吉病床日誌　大石田町教育委員会編纂　斎藤茂吉述，板垣チヨエ著　大石田町教育委員会　2007.1

◇斎藤茂吉論―歌にたどる巨大な抒情的自我　松林尚志著　北宋社　2006.6

①4-89463-076-1

◇斎藤茂吉―人と文学　小倉真理子著　勉誠出版　（日本の作家100人）　2005.5　①4-585-05181-3

◇今甦る茂吉の心とふるさと山形―斎藤茂吉没後50周年記念シンポジウム/全四回　斎藤茂吉没後50周年事業実行委員会編　短歌研究社　2004.3　①4-88551-834-2

◇続・茂吉秀歌　米田利昭，米田幸子編　短歌研究社　2003.11　①4-88551-770-2

◇茂吉と九州　合力栄著　葦書房　2003.10　①4-7512-0860-8

◇斎藤茂吉　小林利裕著　近代文芸社　2003.9　①4-7733-7068-8

◇茂吉を読む―五十代五歌集　小池光著　五柳書院　（五柳叢書）　2003.6　①4-901646-00-1
　＊茂吉が五十代のときに詠んだ五つの歌集、『石泉』『白桃』『暁紅』『寒雲』『霜』。五十代に足を踏み入れた、日常をシュールに俯瞰する歌人、小池光。茂吉の突出した空想力と独特の時間感覚を徹底解読する。

◇推すか敲くか―斎藤茂吉の創作技術を検証する　平柳一夫著　碧天舎　2003.3　①4-88346-173-4
　＊短歌史に燦然と輝く巨星、茂吉の推敲過程を徹底研究。

◇茂吉の山河―ふるさとの風景　塚本邦雄監修，斎藤茂吉他執筆，石寒太編，中村太郎撮影　求竜堂　2003.3　①4-7630-0301-1

◇少年茂吉　林谷広著　短歌新聞社　2002.11　①4-8039-1107-X

◇斎藤茂吉　西郷信綱著　朝日新聞社　2002.10　①4-02-257793-2
　＊茂吉について語ることは、芭蕉、さらに人麿にまで遡り、日本詩歌の根源を旅することにほかならない。茂吉と出会い、深い衝撃を受けてから半世紀、著者渾身の書き下ろし。

◇茂吉さんは私の友人でした―スラヴィク博士と茂吉山人　松下統一郎著　葦書房　2002.9　①4-7512-0853-5

◇茂吉短歌表現考　高橋宗伸著　短歌新聞

社　2002.3　①4-8039-1079-0

斉明天皇　さいめいてんのう
594〜661　飛鳥時代の35・37代天皇。舒明天皇の后。

◇奈良で出会う天皇になった皇女（ひめみこ）たち　生駒あさみ著,上村恭子イラスト　淡交社　2017.9
①978-4-473-04190-6

酒井田柿右衛門（初代）
さかいだかきえもん
1596〜1666　江戸時代前期の伊万里焼の陶工。

◇柿右衛門　柿右衛門調査委員会著　金華堂　1957

酒井忠清　さかいただきよ
1624〜1681　江戸時代前期の大名,大老。上野前橋藩主。

◇酒井忠清　福田千鶴著　吉川弘文館　（人物叢書 新装版）　2000.9
①4-642-05218-6
＊徳川4代将軍家綱期の老中・大老。「下馬将軍」と称され、権勢をふるった専制政治家と評されるが、意外にもその素顔は、小柄で端正な顔立ちのよく笑う人物で、芸能を好み、また大変な早口で有名であったという。譜代の名門、酒井雅楽頭家に生まれ、政治的資質にも恵まれながら、なぜ後世に悪者として描かれたのか。その生涯と時代に迫る初の伝記。

堺利彦　さかいとしひこ
1870〜1933　明治〜昭和期の社会主義者。東京市議会議員。幸徳秋水と平民社を創立。日本社会党評議員、のちに共産党創立に関与。

◇堺利彦―初期社会主義の思想圏　小正路淑泰編著　論創社　2016.6
①978-4-8460-1544-2

◇パンとペン―社会主義者・堺利彦と「売文社」の闘い　黒岩比佐子著　講談社　（講談社文庫）　2013.10

①978-4-06-277661-5
＊親友・幸徳秋水らが処刑された大逆事件後の弾圧の時代、堺利彦は「売文社」を立ち上げる。手紙や借金依頼の代筆から翻訳まで、あらゆる売文業を請け負い、窮地の同志に仕事と居場所を与えたのだ。不屈とユーモアの精神で暗黒の時代を闘った堺の業績に光を当てる、著者の人生を締め括る傑作！ 読売文学賞受賞。

◇堺利彦獄中書簡を読む　堺利彦獄中書簡を読む会編,原田さやかほか執筆　菁柿堂（Edition trombone）　2011.1
①978-4-434-15299-3

◇堺利彦伝　改版　堺利彦著　中央公論新社　（中公文庫）　2010.10
①978-4-12-205387-8
＊平民社創設者、海外文学の紹介者にして名翻訳家、フェミニスト、投獄された社会主義者第一号…。多彩な顔を持ち、激動の時代を生き抜いた堺利彦が「万朝報」記者になるまでの勉学と放蕩の日々を回想する。巻末に師弟の関係にあった荒畑寒村による献辞のほか、改版にあたり新たにノンフィクション作家、黒岩比佐子による解説を付す。

◇平民社の時代―非戦の源流　山泉進著　論創社　2003.11　①4-8460-0336-1
＊1903（明治36）年、日露開戦の気運が高まるなか、非戦論を掲げて孤軍奮闘した幸徳秋水、堺利彦、岩崎革也らの足跡をさぐる。

◇捨石埋草を生きて―堺利彦と娘近藤真柄　大森かほる著　第一書林　1992.6
①4-88646-077-1

酒井抱一　さかいほういつ
1761〜1828　江戸時代中期,後期の琳派の画家。

◇酒井抱一―大江戸にあそぶ美の文人　玉虫敏子著　山川出版社　（日本史リブレット人）　2018.6　①978-4-634-54854-1

◇酒井抱一と江戸琳派の全貌　酒井抱一展開催実行委員会企画・監修,松尾知子,岡野智子編　求龍堂　2011.9

①978-4-7630-1133-6
＊生誕250年。酒井抱一、ここに極まる。作品図版338点すべてカラー掲載！各作品見どころ解説付き。

◇もっと知りたい酒井抱一——生涯と作品　玉虫敏子著　東京美術　（アート・ビギナーズ・コレクション）　2008.9
①978-4-8087-0852-8
＊装飾的で優美艶麗、酒脱で都会的な作風の江戸琳派の異才抱一。

◇都市のなかの絵——酒井抱一の絵事とその遺響　玉虫敏子著　ブリュッケ　2004.6
①4-434-04618-7

◇酒井抱一　日本アート・センター編　新潮社　（新潮日本美術文庫）　1997.1
①4-10-601538-2

◇酒井抱一筆夏秋草図屏風——追憶の銀色　玉虫敏子著　平凡社　（絵は語る）　1994.1　①4-582-29523-1

▌ **坂口安吾**　さかぐちあんご
1906〜1955　昭和期の小説家。「現代文学」同人。「堕落論」「白痴」を発表、文壇の寵児となる。

◇安吾のことば——「正直に生き抜く」ためのヒント　坂口安吾著, 藤沢周編　集英社　（集英社新書）　2016.12
①978-4-08-720863-4

◇戦争と一人の作家——坂口安吾論　佐々木中著　河出書房新社　2016.2
①978-4-309-24750-2

◇坂口安吾復興期の精神——〈いま〉安吾を読むこと　坂口安吾研究会編　双文社出版　2013.5　①978-4-88164-615-1

◇無頼の先へ——坂口安吾魂の軌跡：第76回企画展　群馬県立土屋文明記念文学館編　群馬県立土屋文明記念文学館　2012.4

◇太宰治・坂口安吾の世界——反逆のエチカ　新装版　斎藤慎爾責任編集　柏書房　2010.2　①978-4-7601-3761-9
＊生誕100年を期に太宰の世界に深く浸りたい人に贈る。秘蔵のフォト満載のビジュアル・アンソロジー。

◇坂口安吾と太平洋戦争　半藤一利著

PHP研究所　2009.2
①978-4-569-70494-4
＊「堕落論」「白痴」によって戦後派の旗手となった坂口安吾。彼は、戦争中の雌伏時代をいかに生きたのか。戦争という体験は、彼の文学にいかなる影響を与えたのか。“元祖・歴史探偵”である安吾の衣鉢をつぐ著者が、眼光鋭く探り当てる。

◇安吾マガジン　坂口安吾文, 坂口綱男写真・監修　イースト・プレス　2007.8
①978-4-87257-747-1
＊まるごと一冊、坂口安吾。いま、孤独と絶望の底から「生」をつかみとれ。

◇坂口安吾 戦後を駆け抜けた男——farce & allegory　相馬正一著　人文書館　2006.11　①4-903174-09-3
＊坂口安吾の文学について坂口安吾の内部には、時代の本質を洞察する文明評論家と豊饒なコトバの世界に遊ぶ戯作者とが同居しており、それが時には鋭い現実批判となって国家権力の独善や欺瞞を糾弾し、時には幻想的なメルヘンとなって読者を耽美の世界へと誘導する。安吾文学の時代を超えた斬新さ、詩的ダイナミズムの文章力、そして何よりも、奇妙キテレツな人間どもの生きざまを面白おかしく説き明かす “語り”の巧さ、などの魅力の秘密もそこに由来している。

◇安吾のいる風景　坂口綱男著　春陽堂書店　2006.7　①4-394-90241-X
＊坂口安吾生誕100年。無頼派作家 “坂口安吾”の彷徨の足跡を辿るフォト・エッセイ。名作「桜の森の満開の下」を収録。

◇坂口安吾百歳の異端児　出口裕弘著　新潮社　2006.7　①4-10-410204-0
＊今なお光を放つ卓抜な日本論の数々、そして甘美な恋愛小説など、傑作を次々と生み出す一方、隙だらけの文章で暴走し、読者を振り回す——。矢田津世子との不毛の恋に身をやつし、果敢な文学追求の道半ばで逝った正体いまだ不明の愛すべき巨人・坂口安吾を、生涯をかけて読み込んできた著者が、その魅力も弱みも大胆に語り尽す。

◇坂口安吾　小林利裕著　近代文芸社　2005.9　①4-7733-7291-5

◇坂口安吾生成―笑劇・悲願・脱構築　花田俊典著　白地社　（21世紀叢書）　2005.6　①4-89359-235-1

◇安吾からの挑戦状　坂口安吾研究会編　ゆまに書房　（坂口安吾論集）　2004.11　①4-8433-1566-4

◇坂口安吾と南川潤―江口恭平七回忌法要　江口恭平著　江口文陽　2004.9

◇太宰と安吾　檀一雄著　バジリコ　2003.5　①4-901784-15-3

◇越境する安吾　坂口安吾研究会編　ゆまに書房　（坂口安吾論集）　2002.9　①4-8433-0722-X

◇ひとりという幸福　坂口三千代著　メタローグ　（パサージュ叢書）　1999.5　①4-8398-3007-X
　＊ひとりになって初めて、失ったものの大きさ、2人でいることの大切さが身にしみる。『堕落論』『白痴』で知られる作家・坂口安吾は優しい半面、アルコールや薬物を飲んでは暴れる無頼な作家だった。そんな安吾を愛しぬき、安吾亡き後、作家らが訪れるバー「クラクラ」を経営。安吾への愛を確認しつつ、ひとりでいることの贅沢さを日々味わう。単行本未収録作品も所収。

◇安吾と三千代と四十の豚児と　坂口綱男著　集英社　1999.2　①4-08-774384-5
　＊安吾の子、安吾知らず。一人息子が綴る、父と母、そしてわたしの青春。

◇太宰治・坂口安吾の世界―反逆のエチカ　斎藤慎爾責任編集　柏書房　1998.5　①4-7601-1647-8

◇人間坂口安吾　野原一夫著　学陽書房　（人物文庫）　1996.11　①4-313-75017-7

◇坂口安吾　奥野健男著　文芸春秋　（文春文庫）　1996.10　①4-16-714902-8
　＊「人間は生き、人間は堕ちる。そのこと以外の中に人間を救う便利な近道はない」…。敗戦の混乱の中、「風」のような笑いと、「石」のようなニヒリズムをもって、焼け跡を駆け抜けた巨人・坂口

安吾。そのめくるめく精神の振幅を、苛烈な人生と作品群から総合的に論じる、批評文学の名作。長男・坂口綱男氏のエッセイを巻末に併録。

◇太宰と安吾　檀一雄著　沖積舎　1996.7　①4-8060-4534-9

◇坂口安吾と中上健次　柄谷行人著　太田出版　（批評空間叢書）　1996.2　①4-87233-265-2
　＊中上健次は柄谷行人との25年の盟友関係に別れを告げて、'92年に没した。柄谷は'74年に中上について初めての小品を書く。翌年には初めての安吾論を発表する。柄谷は安吾に「文学のふるさと」を見る。だが「ふるさと」とは想像的な風景ではなく、無機的で「突き放される」非意味の、しかも「懐かしい」場所である。この「ふるさと」は中上健次の「路地」において、そして柄谷行人の「批評」においていかに反復されるのだろうか。本書は安吾読解に画期をもたらした『『日本文化私観』論』を収めるとともに、同時代をともに生きた中上健次との軌跡を網羅した、柄谷的「ふるさと」を示す記念碑的著作である。

◇追憶坂口安吾　坂口三千代著　筑摩書房　1995.11　①4-480-81389-6
　＊新発見の「安吾先生の一日」を含め、その溢れるばかりの人間的魅力を語り遺した夫人の全エッセイを集成。安吾直筆「遺言書」もカラーで収載。

◇アイ・ラブ安吾　荻野アンナ著　朝日新聞社　（朝日文芸文庫）　1995.7　①4-02-264073-1

◇奇蹟への回路―小林秀雄・坂口安吾・三島由紀夫　松本徹著　勉誠社　1994.10　①4-585-05008-6

◇坂口安吾の旅　若月忠信著　春秋社　1994.7　①4-393-44122-2
　＊安吾の桜は花盛り。名門に生まれながら特異な育ちかたをして、のちに独自の諦観に至るまで、安吾の誕生から終焉の地を訪ね歩く。往時の関係者と面会し、写真も豊富に旅情をかき立てる。懐しい気持でたどる紀行評伝。

◇若き日の坂口安吾　相馬正一著　洋々社

1992.10　①4-89674-903-0
＊伝説化された安吾像に挑戦、安吾文学の原点とその青春像を追跡した労作。

◇アイ・ラブ安吾　荻野アンナ著　朝日新聞社　1992.1　①4-02-256395-8

◇人間 坂口安吾　野原一夫著　新潮社　1991.9　①4-10-335305-8
＊「無頼派作家」として、戦前、戦中、戦後を奔放に駆け抜けた49年。波乱に満ちた生の軌跡を鋭く描く。太宰治、檀一雄に続いて著者が実証的に辿る力作評伝。

▎坂田藤十郎（初代）
さかたとうじゅうろう

1647〜1709　江戸時代前期, 中期の歌舞伎役者, 歌舞伎座本。延宝4年〜宝永6年頃に活躍。

◇江戸の役者たち　新装版　津田類著　ぺりかん社　1998.6　①4-8315-0848-9
＊本書は名優たちの芸風や芸歴、人柄などを紹介しながら歌舞伎がどう発展し花開いたかを描いたものである。

▎嵯峨天皇　さがてんのう

786〜842　嵯峨太上天皇（さがだじょうてんのう）とも。平安時代前期の第52代の天皇。（在位809〜823）。桓武天皇と皇后藤原乙牟漏の次男。

◇嵯峨御絵巻　平岩弓枝著, 岡田嘉夫絵　角川書店　1992.11　①4-04-872727-3

▎坂上田村麻呂
さかのうえのたむらまろ

758〜811　奈良時代, 平安時代前期の武将, 征夷大将軍。

◇熊野鬼伝説—坂上田村麻呂 英雄譚の誕生　桐村英一郎著　三弥井書店　2012.1
①978-4-8382-3221-5
＊鬼ヶ城、大馬神社、泊観音、南紀・熊野に伝わる田村麻呂鬼退治伝説。史実と伝承の鬩ぎあいを超越し融合から生れた伝説の背景に切り込む。

◇田村麻呂と阿弓流為—古代国家と東北　新野直吉著　吉川弘文館　（歴史文化セレク

ション）　2007.10　①978-4-642-06340-1
＊古代東北史に大きな足跡を残す二つの巨星。誉れ高き「征夷」の名将・坂上田村麻呂。悲劇と伝説につつまれた「蝦夷」の領袖・阿弓流為。征服と抵抗の歴史をたどり、謎多い二人の英雄とその時代に新たな光をあてる。

◇火怨—北の燿星アテルイ　下　高橋克彦著　講談社　1999.10　①4-06-209849-0
＊宿敵・坂上田村麻呂ひきいる朝廷軍の逆襲に、命を捨てて蝦夷の未来を救った阿弓流為。空前のスケールで描く歴史冒険巨編。

◇歌伝枕説　荒俣宏著　世界文化社　1998.10　①4-418-98528-X
＊歌枕は、それが成立した時点で、すでに古い、失われたイメージを引きずる土地であった。ちょうど現在、わたしたちが、末の松山だ、白河関だと見物に行って感じる「失われた古代」のイメージがじつは千年前にも同じように感じられていたのである。新説「歌枕」の旅。

◇田村麻呂と阿弓流為—古代国家と東北　新野直吉著　吉川弘文館　1994.8
①4-642-07425-2
＊古代東北史に大きな足跡を残す二つの巨星。誉れ高き「征夷」の名将・坂上田村麻呂。悲劇と伝説につつまれた「蝦夷」の領袖・阿弓流為。征服と抵抗の歴史を克明にたどり、いまだ謎多い二人の英雄とその時代に新たな光を当てる。

◇北の砦—将軍田村麻呂　井口朝生著　光風社出版　1992.1　①4-87519-187-1

◇北天鬼神—阿弓流為・田村麻呂伝　菊池敬一著, 岩手日報社出版部編　岩手日報社　1990.6　①4-87201-036-1

▎坂本龍馬　さかもとりょうま

1835〜1867　江戸時代末期の志士。もと土佐藩士。脱藩して海援隊を組織し、薩長連合を斡旋。「船中八策」を起草して倒幕活動中暗殺された。

◇坂本龍馬—新しい日本を夢みたサムライ　山本省三文, 伊藤正市絵　学研プラス（やさしく読めるビジュアル伝記）

2018.7 ①978-4-05-204859-3

◇世界一よくわかる坂本龍馬 山村竜也著 祥伝社 (祥伝社黄金文庫) 2018.6 ①978-4-396-31736-2

◇龍馬暗殺 桐野作人著 吉川弘文館 (歴史文化ライブラリー) 2018.3 ①978-4-642-05862-9

◇坂本龍馬 仲野ワタリ著, 瀧玲子絵 駒草出版 (新・歴史人物伝) 2018.2 ①978-4-905447-91-7

◇正調土佐弁で龍馬を語る 土佐文雄著 高知新聞社 2018.2 ①978-4-906910-68-7

◇坂本龍馬志の貫き方 岡信太郎著 カンゼン 2017.11 ①978-4-86255-420-8

◇坂本龍馬大鑑 小美濃清明著 KADOKAWA 2017.11 ①978-4-04-895913-1

◇龍馬がみた下関―坂本龍馬没後150年記念特別展 下関市立歴史博物館編 下関市立歴史博物館 2017.10

◇坂本龍馬の正体 加来耕三著 講談社 (講談社+α文庫) 2017.9 ①978-4-06-281729-5

◇土佐から来たぜよ! 坂本龍馬展―平成二十九年度企画展 展示図録 広島県立歴史博物館編 広島県立歴史博物館 (広島県立歴史博物館展示図録) 2017.7

◇日本の偉人物語 1 二宮尊徳 坂本龍馬 東郷平八郎 岡田幹彦著 光明思想社 2017.4 ①978-4-904414-58-3

◇龍馬・元親に土佐人の原点をみる 中城正堯著 高知新聞総合印刷(発売) 2017.2 ①978-4-906910-59-5

◇龍馬の「人たらし」力 西村克己著 日本経済新聞出版社 (日経プレミアシリーズ) 2017.1 ①978-4-532-26327-0

◇龍馬おもしろばなし百話―新選組記念館青木繁男調べ・知り・聞いた秘話を語る! 青木繁男, ユニプラン編集部著 ユニプラン 2016.12 ①978-4-89704-405-7

◇超訳坂本龍馬世界一幸せに生きる人生の遊び方―どん底から超一流になったサムライの秘密21α 茶谷清志著 ヒカルランド 2016.11 ①978-4-86471-437-2

◇坂本龍馬を歩く 一坂太郎著 山と渓谷社 (ヤマケイ文庫) 2016.10 ①978-4-635-04822-4

◇没後150年坂本龍馬―特別展覧会 京都国立博物館編 読売新聞社 2016.10

◇龍馬の家計簿―元国税調査官が龍馬の金銭資料を徹底鑑査 大村大次郎著 河出書房新社 2016.7 ①978-4-309-22673-6

◇坂本龍馬―没後150年を前にもっと知りたい龍馬の素顔 洋泉社 (洋泉社MOOK) 2016.6 ①978-4-8003-0931-0

◇坂本龍馬 大器の金言―幕末最大の革命家から学ぶ〈すべてを抱擁する〉生きざま ダイアプレス (DIA Collection) 2016.5 ①978-4-8023-0154-1

◇坂本龍馬―世界を夢見た幕末のヒーロー 榎本秋文, 山本祥子画 あかね書房 (伝記を読もう) 2016.3 ①978-4-251-04601-7,978-4-251-90535-2

◇坂本龍馬の手紙―歴史を変えた「この一行」 楠戸義昭著 三笠書房 (知的生きかた文庫〔CULTURE〕) 2016.3 ①978-4-8379-8393-4

◇坂本龍馬180年目の真実―ここまでわかった「永遠の英雄」の実像 八幡和郎監修 宝島社 (別冊宝島) 2016.2 ①978-4-8002-4982-1

◇坂本龍馬に学ぶ「仲間をつくる力」 神谷宗幣著 きずな出版 2016.2 ①978-4-907072-51-3

◇龍馬後記―after experience called death one still lives as in heaven so on earth 堀井豪粋人著 ER 2016.2

◇坂本龍馬の謎を解く 嶋矢礼二著 〔嶋矢礼二〕 2016

◇「信長:幸村:龍馬」後記―after experience called death one still lives as in heaven so on earth 堀井豪粋人著 ER 2016

◇龍馬の遺言―近代国家への道筋 小美濃清明著 藤原書店 2015.11 ①978-4-86578-052-9

◇私塾・坂本竜馬　武田鉄矢著　小学館（小学館文庫）　2015.10
①978-4-09-406225-0

◇坂本龍馬の謎と真実　ベストセラーズ（BEST MOOK SERIES）　2015.9
①978-4-584-20595-2

相楽総三　さがらそうぞう

1839〜1868　江戸時代末期の尊攘派志士，赤報隊1番隊隊長。

◇草莽枯れ行く　上　北方謙三著　集英社　1999.3　①4-08-774390-X
＊草莽一野にあって天下を憂うる男たち悲劇的なまでに純粋な魂が駆けぬけた幕末の青春群像巨篇。

◇闇の維新 相楽総三　原田務著　叢文社　1997.11　①4-7947-0275-2
＊捨て石にされた関東勤王志士の悲憤。徳川幕府を戦争に引き込むための西郷と岩倉の懇願によって「江戸御用盗」を引き受けさせられ，事が成就すると「偽官軍のレッテル」で斬首の無惨。愛児を義父に託して自決した妻の怒り。事件の背後に，早くも新勢力と結ぶ豪商の腐った影―。併載「笑左残響記」…薩摩藩を奇手奇略で破産から救った大功臣の調所笑左衛門を逆臣として亡ぼした迷君と迷藩士―。なにが真実なのか。歴史はかくも悲しい―。

佐久間象山

さくましょうざん（ぞうざん）
1811〜1864　江戸時代末期の思想家，信濃松代藩士。

◇吉田松陰と佐久間象山　陶徳民編著　関西大学東西学術研究所　（関西大学東西学術研究所資料集刊　開国初期の海外事情探索者たち）　2016.3　①978-4-87354-630-8

◇佐久間象山　上　松本健一著　中央公論新社　（中公文庫）　2015.1
①978-4-12-206068-5

◇佐久間象山　下　松本健一著　中央公論新社　（中公文庫）　2015.1
①978-4-12-206069-2

◇佐久間象山伝　大平喜間多原著　宮帯出版社　2013.2　①978-4-86366-872-0
＊ペリー来航に先んじて，西洋列強の日本進出をいち早く予見，吉田松陰・勝海舟ら幕末の偉人達を開明思想に導き，隠然たる幕府の顧問役として活躍した佐久間象山の逸話を集録。

◇幕末の明星 佐久間象山　童門冬二著　講談社　（講談社文庫）　2008.8
①978-4-06-276053-9
＊黒船で来航したペリーが唯一頭を下げた相手といわれる幕末最大の知識人，佐久間象山。国際人としての自覚を持ち，日本のナポレオンと自称した彼は，自由奔放に，決して私利私欲を持つことなく，我が国が進むべき針路を説き示した。純粋な精神を持ち続けた彼の，孤高にして波乱万丈の生涯を描く歴史ドキュメント。

◇佐久間象山と科学技術　東徹著　思文閣出版　2002.2　①4-7842-1101-2

◇評伝佐久間象山　上　松本健一著　中央公論新社　（中公叢書）　2000.9
①4-12-003054-7
＊幕末最大の知識人・象山。黒船来航以前に西欧技術文明を見据え「夷の術を以て夷を制す」と嘯く「人事」を尽くし「天命」を悟ったその生涯を追う。

◇評伝佐久間象山　下　松本健一著　中央公論新社　（中公叢書）　2000.9
①4-12-003055-5
＊維新期を堂々の気概で乗り切ろうとした象山だが，その壮図は暗殺剣によって阻まれる。次代を見晴らしたその遺産を“近代日本”はどう活かしたか。

◇疾風来り去る―幕末の豪商中居屋重兵衛　上　南原幹雄著　学陽書房　（人物文庫）　1998.11　①4-313-75060-6
＊上州中居村から青雲の志を抱いて江戸へ旅立った武之助のちの重兵衛は，江戸の書店和泉屋に入り，佐久間象山，斎藤弥九郎，三井又左衛門らとの交流を通して，次第に時勢の動きを学んでいく。激しく変動する幕末の社会情勢の中で，貿易商として巨万の富を築いていった男の大いなる生き方を描く。

◇佐久間象山　復刻版　山路愛山著　日本図書センター　（山路愛山伝記選集）　1998.1　①4-8205-8245-3,4-8205-8237-2

◇アジアにおける近代思想の先駆―佐久間象山と魏源　銭国紅著　信毎書籍出版センター　1993.7

◇佐久間象山先生をしのふ　岩下武岳編　岩下武岳　〔1993〕

◇佐久間象山　源了円著　PHP研究所（歴史人物シリーズ）　1990.3　①4-569-52735-3
＊西欧の卓越性を科学技術文明に見て、その積極的受容による強力な国家建設を目指した男、佐久間象山―。先見性と合理性に徹し、時代の一歩先を駆けぬけた生涯を描き上げる。

◇佐久間象山　〔新装版〕　大平喜間多著　吉川弘文館　（人物叢書）　1987.9　①4-642-05092-2
＊識見高邁なる幕末の開国論者。始め儒学を、ついで西洋砲術を修めて名声高く、海舟や松陰など維新の英才を、その門下に輩出。米艦再度の渡来によって国論沸騰のさい率先開国を唱え、松陰の密航事件に連座して下獄。のち幕府の招命を受けて騒然たる京都に上り、時勢に奔走中、刺客の兇刃に斃れた、偉丈夫の生涯を克明に描く。

◇(小説)佐久間象山　上　井出孫六著　朝日新聞社　（朝日文庫）　1987.8　①4-02-260454-9

◇(小説)佐久間象山　下　井出孫六著　朝日新聞社　（朝日文庫）　1987.8　①4-02-260455-7

桜井錠二　さくらいじょうじ

1858～1939　明治～昭和期の化学者。東京大学長、日本学術振興会理事長。理化学研究所の創立に努めた。ベックマン沸騰点上昇法を改良し、分子量測定装置を考案した。

◇桜井錠二―日本近代化学の父　金沢市立ふるさと偉人館　1997

佐倉惣五郎　さくらそうごろう

生没年不詳　木内宗吾（きうちそうご）とも。江戸時代前期の義民。佐倉藩領公津村の名主。

◇新釈民権操志―佐倉宗吾伝　加藤久太郎編述, 加藤全彦翻案　文芸社　2009.4　①978-4-286-06444-4
＊殺身成仁。「人民の権義を主張し正理を唱えて政府に迫りその命を棄てて終りをよくし、世界中に対して恥ずることなかるべき者は、古来ただ一名の佐倉宗五郎あるのみ」と、福沢諭吉が『学問のすゝめ』で称賛した佐倉宗吾の行動と人間性に迫る不朽の評伝。

◇夜明け―ジョン万次郎と佐倉惣五郎　河村望著　人間の科学新社　2005.12　①4-8226-0259-1
＊日米和親条約でジョン・マンは"将軍"だった!!　"尊皇攘夷から文明開花"という安易な近代化路線は日本に何をもたらしたか。現代日本社会が引きずる頽廃の素―明治維新の"ウラの顔"を暴く。

佐々木惣一　ささきそういち

1878～1965　明治～昭和期の法学者。京都帝国大学教授, 立命館大学長。立憲主義者。内大臣府御用掛として憲法改正作業に携わった。

◇佐々木惣一博士生誕百三十年記念誌　佐々木惣一先生顕彰会, 鳥取県立鳥取西高等学校編　佐々木惣一先生顕彰会　2008.3

佐々木高行　ささきたかゆき

1830～1910　佐佐木高行（ささきたかゆき）とも。江戸時代末期、明治期の高知藩士, 政治家。侯爵。藩の大目付など藩政に参画。のち長崎府判事、参議、工部卿、枢密顧問官を歴任。

◇佐佐木高行日記―かざしの桜　佐佐木高行著, 安在邦夫, 望月雅士編　北泉社　2003.4　①4-89483-015-9

◇天皇親政―佐々木高行日記にみる明治政府と宮廷　笠原英彦著　中央公論社　（中公新書）　1995.2　①4-12-101231-3

＊維新の一大理念であるはずの天皇親政は、明治政府誕生後間もなくして形骸化した。事態を憂慮した天皇側近の元田永孚、佐々木高行ら侍補グループは、名実ともに実効ある親政とすべく、薩長藩閥政府に対峙する。本書は、明治天皇から「左右ニ陪シテ誠ニ進規ニ尽ス」の御沙汰を下賜された数少ない維新官僚・佐々木が残した膨大な日記を読み解き、その親政論の政治的意義を明らかにするとともに、当時の政府と宮廷の状況を描出する。

▌ 佐々木道誉　ささきどうよ
1296？〜1373　鎌倉時代後期, 南北朝時代の守護大名。法名導誉。

◇「近江源氏」物語　横山高治著　かんよう出版　2013.1　①978-4-906902-08-8

▌ サトウ　Satow, Ernest M.
1843〜1929　明治期のイギリスの外交官。通算22年滞日。著書に「一外交官の見た明治維新」がある。

◇国際理解の四重奏　宮沢真一著　高城書房　2010.4　①978-4-88777-134-5

◇アーネスト・サトウ公使日記　1　明治28年7月28日―明治30年12月31日　コンパクト版　アーネスト・サトウ著, 長岡祥三訳　新人物往来社　2008.8
①978-4-404-03526-4
＊幕末・イギリスからやって来たインテリジェンス。明治28年7月28日-明治30年12月31日。

◇アーネスト・サトウ公使日記　2　明治31年1月1日―明治33年5月4日　コンパクト版　アーネスト・サトウ著, 長岡祥三, 福永郁雄訳　新人物往来社　2008.8
①978-4-404-03527-1
＊親日家・英国大使の激動の日々を綴った記録。明治31年1月1日〜明治33年5月4日。

◇西南戦争　萩原延寿著　朝日新聞出版（朝日文庫　遠い崖）　2008.4
①978-4-02-261555-8
＊西郷はなぜ起ったのか？　西南戦争勃発

の「現場」にいあわせ、西郷出陣までの経過を詳細に目撃した外国人は、サトウの他にいない。サトウにとって西南戦争、というより西郷の叛乱とは何であったのか。また鹿児島で西洋医学の普及につとめていたウイリスにとって、西南戦争とは。

◇離日　萩原延寿著　朝日新聞出版（朝日文庫　遠い崖）　2008.4
①978-4-02-261556-5
＊明治15年12月末日、サトウは3回目の賜暇で帰国の途についた。文久2年に19歳で初めて日本の土を踏んでから20年、その日本在勤の時期もおわろうとしていた。サトウが駐日公使として再び日本に戻るのは、12年後、明治28年のことである。大河ヒストリー、堂々の完結。

◇賜暇　萩原延寿著　朝日新聞社（朝日文庫　遠い崖）　2008.3
①978-4-02-261554-1
＊賜暇を得て帰国したサトウは、法律の勉強に着手し、さらに合間をぬってヨーロッパ大陸への旅行や音楽会の楽しみを満喫する。二年の後、サトウは東京へ帰任する前に、政情視察と旧友ウイリス訪問を目的に鹿児島へ赴き、西南戦争勃発の現場にいあわせることになった。

◇北京交渉　萩原延寿著　朝日新聞社（朝日文庫　遠い崖）　2008.3
①978-4-02-261553-4
＊台湾出兵により清国との関係が悪化、大久保利通は自ら北京に赴き交渉にあたる決意を固める。イギリスの駐清公使ウェードの調停とつづく「北京交渉」の経緯を追い、大久保の活躍を描く。一方サトウは、論文「古神道の復興」を発表、日本学者としての道を着実に歩みつづける。

◇岩倉使節団　萩原延寿著　朝日新聞社（朝日文庫　遠い崖）　2008.2
①978-4-02-261551-0
＊絶頂期にあった大英帝国の「富強」の所以は何なのか。条約改正交渉が進展しないまま、岩倉ら一行は旺盛な好寄の眼を光らせ、イギリス各地を見学していた。一方サトウは、明治四年暮れの富士を眺める甲州路の旅以来、日光へ

の旅、西国巡遊と、旅続きの私生活を送る。大仏次郎賞受賞の大河ヒストリー。

◇大分裂　萩原延寿著　朝日新聞社　（朝日文庫　遠い崖）　2008.2
①978-4-02-261552-7
＊帰国した岩倉具視・大久保利通を待っていたのは、留守政府を預かる西郷隆盛・副島種臣らとの「征韓論」をめぐる対決だった。西郷が遣韓使節を熱望したのはなぜか。その「真意」はどこにあったのか。盟友大久保の胸中は？「明治六年の政変」を追う。一方ウイリスは鹿児島で医学指導に情熱を注ぐ。大仏次郎賞受賞の大河ヒストリー。

◇帰国　萩原延寿著　朝日新聞社　（朝日文庫　遠い崖）　2008.1
①978-4-02-261550-3
＊幕末の動乱の日々がおわり、「新しい日本」が発足した直後、サトウは賜暇を得て、イギリスへ帰った。中央集権国家をめざす急速な変革は、一年八ヶ月ぶりで日本に戻ったサトウの想像を超えていた。廃藩置県後、まだ日の浅い明治四年（1871）十一月、岩倉使節団が横浜をあとにする。

◇江戸開城　萩原延寿著　朝日新聞社　（朝日文庫　遠い崖）　2008.1
①978-4-02-261549-7
＊慶応四年（1868）三月十五日に予定された江戸総攻撃は、西郷隆盛と勝海舟の二度の会議によって回避された。この会談をめぐって「パークスの圧力」は、はたしてあったのか？　越後、会津へと展開する戊辰戦争の前途は？　おりからサトウは北海の旅に出て、宗谷沖で坐礁・難破する。

◇外国交際　萩原延寿著　朝日新聞社　（朝日文庫　遠い崖）　2007.12
①978-4-02-261547-3

◇大政奉還　萩原延寿著　朝日新聞社　（朝日文庫　遠い崖）　2007.12
①978-4-02-261548-0
＊慶喜が大政奉還を上奏し、同時に討幕の密勅が薩長両藩に交付された慶応三年（1867）十月から、「ええじゃないか」の乱舞、鳥羽・伏見の戦い、慶喜の大坂

脱出、外国公使の入京と天皇との謁見、尊攘派によるパークス襲撃にいたるまで、変動する革命の時代をサトウとともに追う。

◇英国策論　萩原延寿著　朝日新聞社　（朝日文庫　遠い崖）　2007.11
①978-4-02-261545-9

◇慶喜登場　萩原延寿著　朝日新聞社　（朝日文庫　遠い崖）　2007.11
①978-4-02-261546-6
＊第二次長州戦争の敗北と家茂の死。危機のなか第十五代将軍となった慶喜との謁見をめぐり、中立を掲げる英国公使パークスと幕府寄りの仏国公使ロッシュに駆け引きが生じる。慶喜はその識見と人間的魅力でパークスを強くとらえる。雄藩連合政権か、徳川幕府の独裁か。「情報将校」サトウが縦横に活躍する。

◇薩英戦争　萩原延寿著　朝日新聞社　（朝日文庫　遠い崖）　2007.10
①978-4-02-261544-2
＊薩英戦争、四ケ国連合艦隊による下関遠征—幕府、薩摩、長州との緊迫した駆け引きと闘いが繰り広げられる。通訳生サトウによる、息づまる従軍の記録。倒幕派の伊藤俊輔（博文）や井上聞多（馨）らとの出会いと交友。英国公使オールコックは帰国し、新たにパークスが上海から着任する。

◇旅立ち　萩原延寿著　朝日新聞社　（朝日文庫　遠い崖）　2007.10
①978-4-02-261543-5
＊1862年、イギリス公使館の通訳生として、攘夷の風が吹き荒れる日本へ一歩をしるしたアーネスト・サトウ。第1巻は生麦事件をへて、イギリス艦隊7隻とともに薩摩にむけて横浜を出港するまでを描く。19歳の青年が見つめた、幕末の日本の姿が鮮やかによみがえる。大仏次郎賞受賞作。

◇図説アーネスト・サトウ—幕末維新のイギリス外交官　横浜開港資料館編　有隣堂　2001.12　①4-89660-170-X
＊本書は、通算65年にわたって書き残した膨大な量の日記のほか、新発見の「サトウ旧蔵写真アルバム」や日本の家族

への手紙などを駆使して、サトウが見た明治維新を再現し、波瀾に富んだその生涯を明らかにする。

◇離日　萩原延寿著　朝日新聞社　（遠い崖—アーネスト・サトウ日記抄）　2001.10
①4-02-257326-0

◇西南戦争　萩原延寿著　朝日新聞社　（遠い崖—アーネスト・サトウ日記抄）2001.7　①4-02-257325-2

◇賜暇　萩原延寿著　朝日新聞社　（遠い崖—アーネスト・サトウ日記抄）　2001.3
①4-02-257324-4
＊賜暇を得て帰国したサトウは、法律の勉強に着手し、さらに合間をぬってヨーロッパ大陸への旅行や音楽会の楽しみを満喫する。2年の後、東京へ帰任する前に、サトウは鹿児島へ赴き、西南戦争勃発の現場にいあわせることになった。

◇北京交渉　萩原延寿著　朝日新聞社　（遠い崖—アーネスト・サトウ日記抄）2001.1　①4-02-257323-6
＊台湾征討、清国との関係悪化、大久保利通の北京派遣、イギリスの駐清公使ウェートの調停とつづく「北京交渉」の経緯を追い、大久保の活躍を描く。一方サトウは論文「古神道の復興」を発表、日本学者としての道を着実に歩みつづける。

◇岩倉使節団　萩原延寿著　朝日新聞社　（遠い崖—アーネスト・サトウ日記抄）2000.7　①4-02-257321-X
＊絶頂期にあった大英帝国の「富強」の所以は何なのか。条約改正交渉が進展しないまま、岩倉ら一行は旺盛な好奇の眼を光らせ、イギリス各地を見学していた。一方サトウは、少くともその私生活は、明治5年初めの富士を眺める甲州路の旅以来、日光への旅、西国巡遊と、旅一色の感がある。

◇帰国　萩原延寿著　朝日新聞社　（遠い崖—アーネスト・サトウ日記抄）　2000.3
①4-02-257320-1
＊幕末の動乱の日々がおわり、「新しい日本」が発足した直後、サトウは賜暇を得て、イギリスへ帰った。中央集権国家をめざす急速な変革は、1年8ケ月ぶりで

日本に戻ったサトウの想像を超えていた。廃藩置県後、まだ日の浅い明治4年11月、岩倉使節団が横浜をあとにする。

◇大政奉還　萩原延寿著　朝日新聞社　（遠い崖—アーネスト・サトウ日記抄）1999.10　①4-02-257318-X
＊慶喜が大政奉還を上奏し、同時に討幕の密勅が薩長両藩に交付された慶応3年10月から、「ええじゃないか」の乱舞、鳥羽・伏見の戦い、外国公史の入京と天皇との謁見、尊攘派のパークス襲撃と、めまぐるしく変動する革命の時代をサトウとともに追う。

◇外国交際　萩原延寿著　朝日新聞社　（遠い崖—アーネスト・サトウ日記抄）1999.10　①4-02-257317-1
＊幕末の政局が大政奉還か武力倒幕かの決着をめざして急速に動きだしていた時期、サトウは情報収集をかねて、大坂から江戸まで、東海道の旅に出た。サトウの眼に映った庶民の姿は？　一方、パリでは万国博覧会への参加をめぐって、幕府と薩摩が熾烈な外交戦を展開する。

◇英国策論　萩原延寿著　朝日新聞社　（遠い崖—アーネスト・サトウ日記抄）1999.3　①4-02-257315-5
＊日本の真の支配者はだれか。慶応2年、サトウは中央政府としての幕府の否認という大胆な主張を、『ジャパン・タイムズ』に発表した。『英国策論』として知られるこの著述は、サトウを幕末政治の渦中の人としてゆく。

◇慶喜登場　萩原延寿著　朝日新聞社　（遠い崖—アーネスト・サトウ日記抄）1999.3　①4-02-257316-3
＊第二次長州戦争の敗北と家茂の死。危機のなか第十五代将軍となった慶喜は、その識見と人間的な魅力で英国公使パークスらを強くとらえた。雄藩連合政権か、徳川幕府の独裁か。「情報将校」サトウが縦横に活躍する。

◇アーネスト・サトウ伝　B.M.アレン著, 庄田元男訳　平凡社　（東洋文庫）　1999.2
①4-582-80648-1

◇薩英戦争　萩原延寿著　朝日新聞社　（遠い崖—アーネスト・サトウ日記抄）

1998.10 ①4-02-257314-7
＊薩英戦争、下関遠征とそれにつづく時期―息づまる従軍の記録。倒幕派の伊藤俊輔（博文）、井上聞多（馨）らとの出会いと交友。英国公使オールコックは帰国し、パークスが着任する。

◇旅立ち　萩原延寿著　朝日新聞社　（遠い崖―アーネスト・サトウ日記抄）
1998.10　①4-02-257313-9
＊イギリスの外交官として、攘夷の風が吹きあれる日本へ一歩をしるしたアーネスト・サトウ。第1巻は生麦事件をへて、英国艦隊7隻とともに鹿児島へ向かう若き日のサトウを追う。

▌佐藤栄作　さとうえいさく
1901～1975　昭和期の官僚，政治家。内閣総理大臣。自民党入党、郵政相、電通相、建設相などを歴任。総裁に就任し7年8カ月の政権担当は最長。

◇佐藤栄作　衛藤瀋吉著　東方書店　（衛藤瀋吉著作集）　2003.12　①4-497-20311-5
◇佐藤栄作日記　第6巻　佐藤栄作著, 伊藤隆監修　朝日新聞社　1999.4
①4-02-257146-2
◇佐藤栄作日記　第1巻　佐藤栄作著　朝日新聞社　1998.11　①4-02-257141-1
◇佐藤栄作日記　第3巻　佐藤栄作著　朝日新聞社　1998.7　①4-02-257143-8
◇佐藤栄作日記　第2巻　佐藤栄作著, 伊藤隆監修　朝日新聞社　1998.2
①4-02-257142-X
◇佐藤栄作日記　第5巻　佐藤栄作著　朝日新聞社　1997.10　①4-02-257145-4
◇佐藤栄作日記　第4巻　朝日新聞社　1997.6　①4-02-257144-6
◇自由を守り平和に徹した佐藤栄作　佐藤栄作写真集制作委員会編　佐藤栄作写真集制作委員会　1992.5

▌佐藤信淵　さとうのぶひろ
1769？～1850　江戸時代後期の国学者，兵学家，経世家。著作に「農政本論」「経済要録」など。

◇佐藤信淵の虚像と実像―佐藤信淵研究序説　稲雄次著　岩田書院　2001.3
①4-87294-193-4
＊本書に収めた佐藤信淵に関する論考は三編とも独立した論文である。最初のものが、「佐藤信淵の政治経済思想」として全体像を著作を通して考察したものである。二番目の「佐藤信淵の実学とは何か」は政治経済思想を発展させた応用編である。三番目が問題の核心に入る「佐藤信淵の虚像と実像」である。これは単刀直入に信淵の著作観と人間像を追求している。また、本学の井上隆明学長のヒントにより佐藤信淵の足跡を検証してみた。

◇考証佐藤信淵　3　津山藩江戸屋敷　殺気燃える猛士三十八人の決起　川越重昌著　弥高神社平田篤胤佐藤信淵研究所　（弥高叢書）　1995.5

◇考証佐藤信淵飢饉の旅路―父信季に従って故郷を後にした信淵に日光、足尾で何があったのか　川越重昌著　弥高神社平田篤胤佐藤信淵研究所　（弥高叢書）　1992.5

◇佐藤信淵の「天火の小球」説―その説と西洋化学史への投影　川越重昌著　弥高神社平田篤胤佐藤信淵研究所　（弥高叢書）　1991.5

▌佐野政言　さのまさこと
1757～1784　江戸時代中期の旗本。政豊の子。

◇大江戸曲者列伝―太平の巻　野口武彦著　新潮社　（新潮新書）　2006.1
①4-10-610152-1
＊出世になりふり構わなかった学者、イヌを食えといった町奉行、文化のパトロンになった汚職官僚、江戸城内のイジメ、ぶらぶら遊び暮らす幕末のパラサイト、災害速報で売り出した男…など四十五人。太平の世にもリスクはある。当人たちが大まじめに生きる姿は、傍目にはコミカルで、かつ物悲しい。歴史の素顔はゴシップに宿る。江戸時代二百五十年を“陰の声”で綴った無類に面白い人物誌。

佐野学 さのまなぶ

1892〜1953 明治〜昭和期の社会運動家。共産党中央委員長、早稲田大学教授。共産党入党、第一次共産党事件の直前にソ連に逃れ、上海会議にも参加。

◇転向 上 一国社会主義者 佐野学・鍋山貞親 高畠通敏著 平凡社 1959

ザビエル, フランシスコ
Xavier, Francisco

1506〜1552 フランシスコ・ザビエルとも。戦国時代, 安土桃山時代のスペインの宣教師。イエズス会士。アンジローの案内で1549年に鹿児島に来日。日本にキリスト教を最初に伝えた。

◇島めぐり人めぐり―歴史のかたわらを懸命に生きた人たち 広島編 厳島・江田島・似島など 三島孝次著 渓水社 2013.12 ①978-4-86327-237-8
＊瀬戸内海を船で進むと、島かげから島また島が現れるなどと描かれる多島海の景色が広がる。本書は広島近辺の島々を取り上げて、歴史や地誌に登場する人物の足跡を書きとめたものである。

◇ルネサンス人物列伝 ロバート・デイヴィス, ベス・リンドスミス著, 和泉香訳 悠書館 2012.7 ①978-4-903487-54-0

◇福岡とキリスト教―ザビエルから現代までの変遷を追って 坂井信生著 海鳥社 2012.4 ①978-4-87415-846-3
＊福岡におけるキリスト教の黎明と躍進。その歴史のすべて。

◇フランシスコ＝ザビエル―東方布教に身をささげた宣教師 浅見雅一著 山川出版社 （日本史リブレット） 2011.9 ①978-4-634-54844-2
＊フランシスコ＝サビエルが日本にはじめてキリスト教を伝えたことは、当時のカトリック教会にとって革新的業績であった。日本布教という困難な事業をなしとげるためには想像を絶するほどの労力を必要としたが、彼はそれにふさわしい自己犠牲の精神だけでなく、布教事業を牽引するためのカリスマ性をも備えていた。彼は宗教改革の波が

押しよせている現実社会において、カトリックの世界布教という壮大かつ壮絶な戦いに挑んだのである。

◇ザビエルの拓いた道―日本発見、司祭育成、そして魂の救い ザビエル生誕五〇〇年記念シンポジウム委員会, 鹿児島純心女子大学編 南方新社 2008.8 ①978-4-86124-135-2

◇ザビエルの海―ポルトガル「海の帝国」と日本 宮崎正勝著 原書房 2007.3 ①978-4-562-04057-5
＊武装艦船がインド洋周辺に点在する城塞や商館を結ぶポルトガルの「海の帝国」再建へのジョアン三世の政略と、バスク、パリ、ローマ、リスボン、ゴア、漁夫海岸、マラッカ、モルッカ諸島、日本、広州湾と経巡るザビエルの志が交差する苦難と栄光の歴史絵巻。

◇ザビエルとともに―聖フランシスコ・ザビエル生誕500年記念誌 神田教会「ザビエルとともに」編集委員会編 カトリック神田教会聖フランシスコ・ザビエル生誕500年祭特別実行委員会 2006.4

◇三人の巡礼者の物語―イグナチオ、ザビエル、ファーヴル ホアン・カトレット編, 高橋敦子訳 新世社 2005.12 ①4-88382-074-2

◇天文十八年―鹿児島でのザビエルとヤジロー 新村洋著 高城書房 2005.12 ①4-88777-076-6

◇地の果てまで―聖フランシスコ・ザビエルの生涯 やなぎやけいこ著 ドン・ボスコ社 2004.8 ①4-88626-374-7
＊一五四九年四月十五日、フランシスコはついに日本への航海に出た。出発前夜、彼は祈った。「イエス様、明日、日本へ向けて旅立ちます。どうぞ、あなたの良い道具として働くことができますように、お導きください。あなたの栄光以外、何も求めませんように」フランシスコの心の中で、ザビエル城のあのキリストは、彼を励ますようにほほえんだ。(恐れることはない。わたしは地の果てまでも、おまえと一緒にいる)。

◇ザビエルとその弟子 加賀乙彦著 講談

社　2004.7　①4-06-212463-7
＊インド、ゴアに過ごすフランシスコ・ザ
ビエル。彼の最後の願いは、中国への
布教を行うことだった。しかし、その
前には幾多の試練が立ちはだかる一。
中国大陸を目前に、サンチェン島で没
したザビエルを、アントニオ、フェレイ
ラ、そして日本に残してきた弟子・アン
ジロウとともに描いていく。聖ザビエ
ル、その人の姿がもっともよくあらわ
れているといわれる晩年に焦点をあて、
死者が生者と対話をする「夢幻能」の手
法で書かれた新しい小説。

◇ザビエルの同伴者アンジロー—戦国時代
の国際人　岸野久著　吉川弘文館　（歴史
文化ライブラリー）　2001.9
①4-642-05526-6
＊ザビエルを日本に導き、キリスト教布
教を助けた日本人アンジローとは何者
か。南欧諸国での調査に基づく最新の
ザビエル研究から、アンジローの果し
た歴史的役割を探る。国際化の進む現
代日本が学ぶべきその実像を描く。

◇ザビエルのサンダル—来日四五〇周年記念
長崎純心大学博物館編　長崎純心大学博物
館　（長崎純心大学博物館研究）　2000.10

◇ザビエルとヤジロウの旅　大住広人著
葦書房　1999.8　①4-7512-0746-6
＊ザビエルを日本に誘ったヤジロウとは
何者か？　鹿児島〜平戸〜山口〜京〜大
分と聖フランシスコ・ザビエルの足跡
を丹念にたどり直し、大航海時代の二
人の壮大な旅を考証する。

◇ザビエル巡礼ガイド—日本のキリスト教
のルーツを訪ねて　鹿児島編　村上光信
著,門田明監修　ドン・ボスコ社　1999.4
①4-88626-256-2
＊鹿児島を起点として、九州キリシタン史
の主要地点が東シナ海沿岸にロザリオ
の珠のように連なっている。鹿児島の
ザビエルの道を巡礼された人は、さら
に平戸、山口を経て京都に上り、大分に
下る全行程を、ロザリオ一環になぞら
え、歩いてみたいと願うのではあるま
いか。本書はプロテスタントの牧師で
あり、宗教観光学の専門家である著者
のユニークな視点でまとめられている。

◇宣教師ザビエルの夢—ユダヤ・キリスト
教の伝統と日本　白石喜宣著　光言社
1999.4　①4-87656-423-X
＊西暦1549年8月15日、鹿児島に一人の男
が上陸した。家族や故郷を捨て、海を
渡った男が、日本で夢見たものは何か。
現代日本に対する彼のメッセージを、
著者が代弁する。全国のザビエルファ
ンに贈る、来日450年記念企画。

◇ザビエル　尾原悟著　清水書院
（Century books　人と思想）　1998.11
①4-389-41156-X
＊1540年早春、派遣されるはずの宣教師
が病に倒れた。ザビエルはただ一言
「私を遣わしてください」と、再び帰る
ことなくアジアへ旅立った。九年後、
「最も誠実で英知に富む民」と報告する
日本へ、鹿児島から戦乱の都、山口、大
分とわずか二年の滞在中、人々と出会
い、キリストの福音を宣べ伝えたが成
果は少なく、その努力は挫折したかに
見えた。屈することのないザビエルの
目は中国を通じて再び日本へと向けら
れたが、大陸を目前に上川島で友にも
看取られず神のみもとに召された。46
歳。しかし、死によってザビエルの信
頼と希望と愛の火は消えることはな
かった。若い人々を育てるセミナリヨ、
コレジヨやキリシタン版の印刷は西欧
と日本の文化の懸け橋となり、苦しむ
人の重荷をともに担う十字架の愛は、
厳しい迫害や殉教のなかに潜状キリシ
タンを250年支えつづけた。人間ザビエ
ルの生き方は現代の私たちに何を語り
かけているのであろうか。

◇ザビエルと日本—キリシタン開教期の研
究　岸野久著　吉川弘文館　1998.11
①4-642-02766-1
＊キリシタン開教期におけるザビエルの
日本布教を新視点から追究。日本開教
の準備・構想、鹿児島での活動などを解
明し、あわせて日本人布教協力者アン
ジロー他三名の役割をインド布教との
比較により明らかにする注目の書。

◇ザビエルの見た日本（にっぽん）　ピー
ター・ミルワード著,松本たま訳　講談社
（講談社学術文庫）　1998.11

ⓘ4-06-159354-4
＊日本人の西欧文化受容に重要な役割を
演じたフランシスコ・ザビエル。一五
四九年に来日すると、旺盛な行動力で
布教に邁進する。その間、スペインの
イエズス会や友人宛に手紙を書き送る。
いわく、日本人は知識に飢えている。
神の存在に興味を示し説教に真剣に聞
き入っている。いわく、日本はキリス
ト教伝道にふさわしい国だ…。書簡か
ら、ザビエルの心情とその目に映った
日本人像を読みとる好著。

◇鹿児島に来たザビエル　小平卓保著　春
苑堂出版　（かごしま文庫）　1998.11
ⓘ4-915093-56-5

◇フランシスコ・ザビエル希望の軌跡
フーベルト・チースリク編　女子パウロ
会　1998.10　ⓘ4-7896-0501-9

◇生きた、愛した―フランシスコ・ザビエル
の冒険　矢代静一著　角川春樹事務所
1996.7　ⓘ4-89456-027-5

◇聖フランシスコ・ザビエル全書簡　4　フ
ランシスコ・ザビエル，河野純徳訳　平
凡社　（東洋文庫）　1994.10
ⓘ4-582-80582-5

◇聖フランシスコ・ザビエル全書簡　3　河
野純徳訳　平凡社　（東洋文庫）　1994.9
ⓘ4-582-80581-7
＊イエズス会創立の士で、日本を訪れた初
のヨーロッパ知識人であるザビエルの
遺した書簡は、16世紀半ばのアジアの
生々しい姿を映し出す。ザビエルは幾多
の苦難を乗り越えて念願の日本に到着
した。果たしてそこは神の理想郷たり
えたのか。2年3か月に及ぶ滞日全記録。

◇聖フランシスコ・ザビエル全書簡　2　河
野純徳訳　平凡社　（東洋文庫）　1994.8
ⓘ4-582-80580-9
＊イエズス会創立の士で、日本を訪れた初
のヨーロッパ知識人でもあるザビエルの
遺した書簡は、16世紀半ばのアジアの
生々しい姿を映し出す。食人の風習など
東南アジアで衝撃的な現実に直面しな
がらも旅を続けるザビエルは、アンジ
ロウと名乗るひとりの日本人と出会う。

◇聖フランシスコ・ザビエル全書簡　1　G.

シュールハンマー，J.ヴィッキー編，河野
純徳訳　平凡社　（東洋文庫）　1994.7
ⓘ4-582-80579-5
＊イエズス会創立の士で、日本を訪れた初
のヨーロッパ知識人であるザビエルの
遺した書簡は、16世紀半ばのアジアの
生々しい姿を映し出す。本巻は、イエズ
ス会創立前夜から、ポルトガル国王の
求めで急遽インドへと使徒の旅に立ち、
さらにその先マラッカへと向かうまで。

◇NHK歴史発見　12　〔カラー版〕
NHK歴史発見取材班編　角川書店
1994.3　ⓘ4-04-522212-X
＊吉田兼好の『徒然草』に秘められた政治
的意図とは何か？　ザビエルゆかりとい
われる日傘がつくられた目的は何か？
江戸時代にブームとなった伊勢参りの
人気の秘密とは？　日本の通貨「円」の
誕生に込められた明治政府の戦略と
は？　マリア・ルス号事件の国際裁判を
めぐる外交戦略とは？　日本史の空白に
挑戦し、歴史上の人物の実像に迫る。

◇ザビエルの謎　古川薫著　文芸春秋
1994.2　ⓘ4-16-348800-6
＊16世紀大航海時代、東洋植民地化の拡
大をねらう、ポルトガル王の野望を託
された、冒険的宣教師の行動と挫折を
追う。聖人ザビエルの意外な素顔。"日
本占領計画"の衝撃的背景。

◇ザビエルを連れてきた男　梅北道夫著
新潮社　（新潮選書）　1993.12
ⓘ4-10-600452-6
＊殺人を犯して追いつめられ、ポルトガ
ルのジャンク船に乗り込んで、薩摩か
ら日本を脱出。マラッカで聖ザビエル
師に出会い、日本人の優秀さを知らし
め、サビエルを日本へ導いた―。その
男の名はヤジロウ。豊富な史料と徹底
したフィールドワークで描く、大航海
時代・キリスト教伝来秘話。

◇キリシタンの世紀―ザビエル渡日から「鎖
国」まで　高瀬弘一郎著　岩波書店
1993.6　ⓘ4-00-002738-7
＊世界史的視野から日本キリシタン時代
を通史的に描く初めての試み。

沢田正二郎　さわだしょうじろう

1892〜1929　明治，大正期の俳優。芸術座を退団、新国劇を創立。「国定忠治」「月形半平太」「大菩薩峠」など。

◇風雲児沢田正二郎　樋口十一著　青英舎　1984.10　Ⓘ4-88233-001-6

沢柳政太郎　さわやなぎまさたろう

1865〜1927　明治，大正期の教育家。東北帝国大学・京都帝国大学総長。沢柳事件を起こし辞職、成城小学校を創設。子供の自発活動を尊重する教育を実践した。

◇沢柳政太郎その生涯と思想　新田義之著　本の泉社　2014.4　Ⓘ978-4-7807-1152-3
＊近代日本の教育の確立に一生を捧げた人物「沢柳政太郎」その業績の偉大さは福沢諭吉に匹敵する。保護者・教職をめざす若者向けに彼の評伝（人と出会い）をわかり易く解説した「沢柳教育」の入門書。

◇ダルトンの衂─近代教育の先覚・沢柳政太郎の生涯　今田述著　文芸社　2012.11　Ⓘ978-4-286-12906-8

◇大正大学　自校史ブックス編纂グループ編著，大正大学監修　日経BPコンサルティング　（自校史ブックス）　2012.1　Ⓘ978-4-901823-96-8

◇戦中の「マタイ受難曲」─成城学園・ヒューマニズムの光彩　柴田巌著　みやび出版　2009.8　Ⓘ978-4-903507-06-4
＊クラシック音楽史を駆け抜けた一瞬の旋風、成城合唱団。太平洋戦争の危機迫る中、バッハ「マタイ受難曲」は粛々と演奏された。その背景には、明治より連綿と続く「新教育への志」があった。昭和十一年から十八年までのわずか八年間ではあるが、太平洋戦争によって文化活動が制限されしかも生活も困難な時代に、本格的な合唱を始めた成城合唱団の歴史を綴ると同時に、それを可能にした一人の文部行政官の伝記に触れつつ、戦災による資料の紛失と戦後の混乱のため明らかにならなかった戦前の新教育と音楽教育を、文化史的に語る。

◇沢柳政太郎─随時随所楽シマザルナシ　新

田義之著　ミネルヴァ書房　（ミネルヴァ日本評伝選）　2006.6　Ⓘ4-623-04659-1
＊沢柳政太郎（一八六五〜一九二七）。教育学者、教育行政家、成城教育の創始者。明治中期から大正末にかけて、日本の教育界の育成に自らの一生を捧げたこの人物を、教育の荒廃が叫ばれる今こそ我々は改めて想い起こす必要があるのではなかろうか。この書はその際のささやかな手がかりとなることを願って執筆されたものである。

早良親王　さわらしんのう

？〜785　奈良時代の皇太子。光仁天皇の子。桓武天皇の同母弟。

◇平安の新京　石上英一，鎌田元一，栄原永遠男監修，吉川真司編　清文堂出版　（古代の人物）　2015.10　Ⓘ978-4-7924-0571-7

三条実美　さんじょうさねとみ

1837〜1891　江戸時代末期，明治期の公卿，政治家。尊攘派公卿の中心人物になる。新政府の中枢を担い、右大臣、太政大臣、左大臣を歴任。一時首相。

◇会津士魂　2　京都騒乱　早乙女貢著　集英社　（集英社文庫）　1998.8　Ⓘ4-08-748817-9
＊上洛した会津藩主従は、新選組と協力し、京の街を荒らしまわる過激派不逞浪士の取締りを強化する。八・一八の政変で、三条実美ら尊攘派公卿や長州勢は京を追われるが、残存の勢力が王都襲撃の陰謀を着々と進めていた。それを察知した新選組が池田屋を急襲、多数の浪士を検束した。吉川英治文学賞受賞作品。

三条西実隆
さんじょうにしさねたか

1455〜1537　戦国時代の歌人・公卿。(内大臣)。内大臣三条西公保の次男。

◇中世後期の香文化─香道の黎明　本間洋子著　思文閣出版　2014.2　Ⓘ978-4-7842-1733-5

山東京伝

＊本書では、香を焚き鑑賞する催しである香会と香木・薫物の贈答を香文化として捉え、香道の発生期の一次史料を基に、「香道の祖」とされる三条西実隆や「香道志野流の祖」志野宗信と香との関係の再検討、「香会」の具体的内容についての考察、天皇への香木献上や天皇からの薫物・匂い袋の下賜を数量的かつ具体的に考察する三視点から、中世後期の香文化を解明する。香道について初めての実証的な歴史的研究。

◇東山時代に於ける一縉紳の生活　原勝郎著　中央公論新社　（中公クラシックス）2011.9　①978-4-12-160127-8
＊一公卿の生活を通して知る日本文化史の諸相。該博な学殖と明快な論旨の名著。

◇三条西実隆と古典学　改訂新版　宮川葉子著　風間書房　1999.4　①4-7599-1151-0

◇三条西実隆と古典学　宮川葉子著　風間書房　1995.12　①4-7599-0955-9

‖ 山東京伝　さんとうきょうでん
1761〜1816　江戸時代中期, 後期の黄表紙・洒落本・読本・合巻作者。

◇山東京伝の黄表紙を読む─江戸の経済と社会風俗　棚橋正博著　ぺりかん社　2012.5　①978-4-8315-1322-9
＊黄表紙をはじめ洒落本、読本、滑稽本、合巻など江戸の戯作界のあらゆるジャンルを開拓し、確立した山東京伝を中心に、経済事情や政治体制、風俗など江戸の社会を読み解く。

◇山東京伝─滑稽洒落第一の作者　佐藤至子著　ミネルヴァ書房　（ミネルヴァ日本評伝選）　2009.4　①978-4-623-05459-6
＊山東京伝（一七六一〜一八一六）江戸の戯作者。江戸後期を代表する戯作者・山東京伝。黄表紙・洒落本・読本・合巻などを数多く書いた。町人でありながら武士たちと交流し、売れっ子作者となったその生涯を追う。

◇山東京伝研究文献集成　中山幹雄著　高文堂出版社　2000.5　①4-7707-0635-9

◇反骨者大田南畝と山東京伝　小池正胤著　教育出版　（江戸東京ライブラリー）

1998.10　①4-316-35710-7
＊牛込に生まれた幕臣の南畝。深川木場生まれの商人京伝。江戸の戯作を代表する二人の作品を読み、絵解きをして探る、垣根を越えて賑わいをみせた江戸戯作界を貫く生き方の美学。

◇京伝考証学と読本の研究　井上啓治著　新典社　（新典社研究叢書）　1997.2　①4-7879-4104-6

◇岩波講座 日本文学史　第10巻　19世紀の文学　岩波書店　1996.4　①4-00-010680-5

◇寛政の出版界と山東京伝─200年前が面白い！　特別展　たばこと塩の博物館編　たばこと塩の博物館　1995.3　①4-924989-02-9

【し】

‖ 思円　しえん
⇒叡尊（えいそん）

‖ 慈円　じえん
1155〜1225　慈鎮（じちん）とも。平安時代後期, 鎌倉時代前期の天台宗の僧。天台座主。「愚管抄」をあらわした。

◇慈円の研究　オンデマンド版　多賀宗隼著　吉川弘文館　2017.10　①978-4-642-72551-4

◇愚管抄を読む─中世日本の歴史観　大隅和雄著　講談社　（講談社学術文庫）1999.6　①4-06-159381-1
＊大僧正天台座主、歌人、摂関家の生まれという多元的な眼をもつ慈円が、保元の乱以後の「歴史の道理」を見きわめようとした書、『愚管抄』。彼は、世の中の何に関心を持ち、何を歴史と思っていたのか。どのように記述しようとしたのか。鎌倉時代初頭の思想家を通して、歴史を書くことの意味を自らの問題として捉えた著者渾身の書。

◇慈円の和歌と思想　山本一著　和泉書院

（研究叢書）　1999.1　①4-87088-954-4
＊慈円の生涯の各時期の和歌活動につ
　いて、具体相を明らかにし、その思想的性
　格を論じる。

◇慈円和歌論考　石川一著　笠間書院　（笠
　間叢書）　1998.2　①4-305-10308-7

ジェーンズ　Janes, Leroy Lansing
1838〜1909　明治期のアメリカの教育者。
熊本洋学校教師。徳富蘇峰らに聖書を
講義。

◇熊本洋学校教師Capt.L.L.Janes研究―足
　跡と功績　石井容子著　佑啓堂　2013.4
　①978-4-9907134-0-9

◇ジェーンズが遺したもの　熊本県立大学
　編　熊本日日新聞社　（熊日新書）
　2012.3　①978-4-87755-416-3

◇ジェーンズとハーン記念祭―報告書
　ジェーンズとハーン記念祭実行委員会
　1992.7

◇アメリカのサムライ―L.L.ジェーンズ大尉
　と日本　フレッド・G.ノートヘルファー
　著，飛鳥井雅道訳　法政大学出版局　（叢
　書・ウニベルシタス）　1991.3
　①4-588-00317-8
　＊明治4年熊本藩は、洋学校を設立、
　　ジェーンズ大尉を教師に招く。この士
　　官学校の問題児は、徳富蘇峰・海老名弾
　　正・小崎弘道・浮田和民・宮川経輝ら数
　　多くの英才を育て、日米文化交渉史に
　　瞠目すべき足跡を残した。不遇の晩年
　　も含め、克明に跡付けられた真のサム
　　ライの物語。

志賀潔　しがきよし
1870〜1957　明治〜昭和期の細菌学者。
慶応義塾大学教授，京城帝国大学総長。北
里柴三郎に師事、赤痢菌を発見。渡独し、
化学療法を研究した。

◇志賀潔―或る細菌学者の回想　志賀潔著
　日本図書センター　（人間の記録）
　1997.2　①4-8205-4244-3,4-8205-4239-7

慈覚大師　じかくだいし
⇒円仁（えんにん）

志賀重昂　しがしげたか
1863〜1927　明治〜昭和期の地理学者。
衆議院議員。「南洋時事」を著した。政教
社を興し、雑誌「日本人」を刊行。南島島
を日本領とするため尽力。

◇日本における保守主義はいかにして可能
　か―志賀重昂を例に　荻原隆著　晃洋書
　房　（名古屋学院大学総合研究所研究叢
　書）　2016.3　①978-4-7710-2686-5

◇志賀重昂『日本風景論』精読　大室幹雄著
　岩波書店　（岩波現代文庫　学術）　2003.1
　①4-00-600097-9
　＊日本の風景は世界でも最優秀であると
　　説いた『日本風景論』は、日清戦争のさ
　　なかに刊行され、ベストセラーとなる。
　　漢詩文を基盤とする独特の文学性が地
　　理学と融合したこの作品は、当時どの
　　ように読まれたのか。「国粋保存旨義」
　　を主張した志賀重昂のナショナリズム
　　とは。近代日本の精神史を風景享受か
　　ら考察する書下ろし。

◇明治ナショナリズムの研究―政教社の成
　立とその周辺　佐藤能丸著　芙蓉書房
　1998.11　①4-8295-0219-3
　＊明治中期に展開された政教社系の国粋主
　　義ナショナリズムを、志賀重昂・三宅雪
　　嶺らを軸に解明した論考　本書で取り上
　　げる国粋主義ナショナリズムとは、昭
　　和前半期に展開された独善的、排他的、
　　偏狭な国粋主義とは異なる。歴史的使
　　命を帯びた発展途上期のナショナリズ
　　ムであり、具体的には1888年4月結社・
　　創刊の政教社機関誌『日本人』と翌年2
　　月設立・創刊の日本新聞社の『日本』で
　　主張された国粋主義の思想である。

◇朝天虹ヲ吐ク―志賀重昂『在札幌農学校第
　弐年期中日記』　亀井秀雄，松本博編著
　北海道大学図書刊行会　1998.6
　①4-8329-5961-1
　＊志賀重昂の思想形成の原点を、札幌農
　　学校時代の若き日の日記に探る。

◇風景の成立―志賀重昂と『日本風景論』

山本教彦共著, 上田誉志美共著　海風社　1997.6　ⓘ4-87616-260-3

◇志賀重昂―回想と資料 生誕百三十年記念誌　戸田博子編　戸田博子　1994.7

◇志賀重昂と田中啓爾―日本地理学の先達　大槻徳治編著　西田書店　1992.2　ⓘ4-88866-157-X

◇志賀重昂 人と足跡　宇井邦夫著　現代フォルム　1991.2　ⓘ4-88008-148-5
　＊大正末期、第三次世界旅行に赴き、ペルシャ湾こそ世界の川中島、世界の関ケ原であると喝破し、日本は、石油資源の永久確保が緊急の要務である、油断は国断に繋がると力説した一人の男こそ、志賀重昂その人である。彼は、若くして論壇にデビューし、陸羯南らとともに「政教社」を結成、機関誌『日本人』で大いにきを吐いた。そんな中で明治期の大ベストセラーが生まれた。『日本風景論』である。この出版によって彼の名声は、日本中に知れ渡ったのである。本書では、志賀重昂の生い立ちから最期、そしてその間の活躍を資料と取材記事、そして、貴重な写真を収録しながら、彼の人物像を浮き彫りにする。

志賀直哉　しがなおや
1883～1971　明治～昭和期の小説家。「白樺」を創刊、「網走まで」を発表。「城の崎にて」「和解」「小僧の神様」など、私小説家の代表。

◇志賀直哉 新装版　栗林秀雄著, 福田清人編　清水書院　（Century Books 人と作品）　2016.8　ⓘ978-4-389-40110-8

◇志賀直哉をめぐる作家たち―文学史の一断面　深堀郁夫著　〔深堀郁夫〕　2015.4

◇志賀直哉の尾道時代　寺杣雅人著　尾道市立大学芸術文化学部日本文学科　2015.3

◇国木田独歩・志賀直哉論考―明治・大正時代を視座として　栗林秀雄著　双文社出版　2012.6　ⓘ978-4-88164-609-0

◇「私」を語る小説の誕生―近松秋江・志賀直哉の出発期　山口直孝著　翰林書房　2011.3　ⓘ978-4-87737-313-9

◇志賀直哉の〈家庭〉―女中・不良・主婦　古川裕佳著　森話社　2011.2　ⓘ978-4-86405-019-7
　＊志賀直哉の小説には、なぜ女中や不良が描かれるのか。女中や不良は、家庭という平凡な小説の舞台を、その境界領域から撹乱し、サスペンスに満ちたものに変えてしまう。同時代評や初出誌の広告なども参照しながら、志賀直哉の中期作品を丹念に読み直す。

◇志賀直哉と信州　深堀郁夫著　深堀郁夫　2008.7　ⓘ978-4-88411-072-7

◇阿川弘之全集　第14巻　評伝4　阿川弘之著　新潮社　2006.9　ⓘ4-10-643424-5
　＊著者が少年時代から耽読し、師と仰ぐ稀世の作家の全体像を明らかにした傑作評伝。

◇白樺派の作家たち―志賀直哉・有島武郎・武者小路実篤　生井知子著　和泉書院　（和泉選書）　2005.12　ⓘ4-7576-0338-X
　＊志賀の幻の長編小説『時任謙作』の実態を新資料によって実証的に明らかにした他、全集を隅々まで丹念に読み込み、志賀の深層心理にまで踏み込むことで、「父との戦い」「自我貫徹」「調和的心境」といったキーワードで捉えられることの多い志賀文学のイメージを突き崩し、その本質を明らかにする。また、有島武郎、武者小路実篤についても新しい観点から作家の本質を突く、画期的な論考である。

◇認知への想像力―志賀直哉論　小林幸夫著　双文社出版　2004.3　ⓘ4-88164-559-5

◇志賀直哉、上高畑の『サロン』をめぐる考察―生きられた日本の近代　呉谷充利著　創元社　2003.3　ⓘ4-422-90025-0
　＊奈良の旧居『サロン』を手がかりに、純粋な自我意識を主題にしつづけた志賀直哉の創作活動の背景、作品のもつ意味、また人間像について、独自の視点から迫った意欲作。

◇志賀直哉展―没後三十年　世田谷文学館編　世田谷文学館　2001.10

◇七十の手習ひ　阿川弘之著　講談社　（講談社文庫）　1999.12　ⓘ4-06-264763-X

＊吉行淳之介ら友人との思い出、上海、イスタンブールへの旅。地下鉄を乗り間違えた顛末。志賀直哉が塔乗した飛行機の謎など、文化勲章受章の著者がユーモアたっぷりに綴る、元気をくれる名随筆集。

◇近代作家追悼文集成　第43巻　高橋和巳・志賀直哉・川端康成　ゆまに書房　1999.2　①4-89714-646-1,4-89714-639-9

◇志賀直哉交友録　志賀直哉著, 阿川弘之編　講談社　（講談社文芸文庫）　1998.8　①4-06-197626-5
＊志賀直哉は文豪にふさわしい豊かな文学世界をつくりあげたが、私生活では人なつこく、遊びごとのトランプや麻雀を楽しんだという。本書で志賀門下の阿川弘之が、直哉と縁のあった四十人を選んで交友録を編んだ。夏目漱石、内村鑑三、清水澄から始まり、「白樺」の同人の武者小路実篤、長与善郎など、画家の梅原龍三郎や、門下の滝井孝作、尾崎一雄以下そのひろがりは一つの時代史ともなっている。

◇書信往来―志賀直哉との六十年　調布市武者小路実篤記念館　1997.10

◇志賀直哉　上　阿川弘之著　新潮社　（新潮文庫）　1997.8　①4-10-111015-8
＊なぜ、その小説を書く気になったのか。そのとき何を食べていたか。どこで書き、どのくらいの時間がかかったか…。評論は一切せず、作品と資料と踏査見聞とから、88年におよぶ生涯の詳細を調べ尽し、「事実」のみを積み重ねる。直哉を師と仰ぎ親炙した末弟子が、文字で描きあげた亡き先生の肖像画。上巻27章は、出生地・石巻の不思議から、青丹よし奈良の田舎住まいの賑わいまで。野間文芸賞、毎日出版文化賞受章。

◇志賀直哉　下巻　阿川弘之著　新潮社　（新潮文庫）　1997.8　①4-10-111016-6
＊唯一の長篇「暗夜行路」にまつわる、些事ながら気にかかるあれこれ。芸術院会員になって器量を下げた話。フランス語を日本の国語に、との提言の真意は…。志賀家の人々や白樺派の仲間達、門下の誰彼など、直哉をめぐる人物群の活

躍も多彩に、「小説の神様」とも称された稀世の文学者とその時代を、末弟子の深い思いで叙した「私の志賀直哉物語」。野間文芸賞、毎日出版文化賞受賞。

◇『暗夜行路』を読む―世界文学としての志賀直哉　平川祐弘, 鶴田欣也共編　新曜社　1996.8　①4-7885-0568-1
＊『暗夜行路』ほど評価の分れる作品もめずらしい。測る基準をどこに置くかで価値が全く変わってしまう。東西の研究者が近代小説という狭い基準にとらわれず、世界文学の視点から大胆に読み直すことで、全く新しい読みの次元を導入する。

◇「白樺」精神の系譜　米山禎一著　武蔵野書房　1996.4

◇志賀直哉―大津順吉/和解　志賀直哉著, 紅野敏郎編　日本図書センター　（シリーズ・人間図書館）　1995.11　①4-8205-9398-6

◇証言里見弴―志賀直哉を語る　里見弴述, 石原亨著　武蔵野書院　1995.7　①4-8386-0382-7

◇志賀直哉―見ることの神話学　高橋英夫著　小沢書店　1995.5
＊文学史の枠を超えて志賀文学の面白さを語る、新しい読解。

◇志賀直哉ルネッサンス　篠沢秀夫著　集英社　1994.9　①4-08-774089-7

◇志賀直哉　上　阿川弘之著　岩波書店　1994.7　①4-00-002940-1

◇志賀直哉　下　阿川弘之著　岩波書店　1994.7　①4-00-002941-X

◇志賀さんの生活など　滝井孝作著　日本図書センター　（近代作家研究叢書）　1993.6　①4-8205-9243-2

◇志賀直哉　町田栄編　国書刊行会　（日本文学研究大成）　1992.10　①4-336-03080-4

◇志賀直哉対談日誌　滝井孝作著　日本図書センター　（近代作家研究叢書）　1992.10　①4-8205-9211-4

◇志賀直哉　佐佐木幸綱ほか著　小学館　（群像 日本の作家）　1991.12

①4-09-567009-6
＊強烈な自己肯定のゆえに、愛しあいながらも他者との争いを起す青年、流浪と動乱の青春期をこえて、人間と自然と「和解」し、わが国独自の私小説・心境小説を完成した「小説の神様」志賀文学の内なるドラマを照らし出す。

▎式亭三馬　しきていさんば
1776〜1822　江戸時代後期の黄表紙・合巻・滑稽本作者。作品に「浮世風呂」など。

◇式亭三馬とその周辺　吉丸雄哉著　新典社　（新典社研究叢書）　2011.4
①978-4-7879-4218-0

◇式亭三馬—江戸の戯作者　新装版　棚橋正博著　ぺりかん社　2007.5
①978-4-8315-1176-8
＊『式亭三馬集』の解題を、およそ三倍半ほどに膨らませ図版一六〇余点を加えたもの。『浮世風呂』以下の三馬の代表作についても特に項目を設けず、他の作品と併せて論じている。

◇江戸の笑う家庭学　高橋幹夫著　芙蓉書房出版　1998.12　①4-8295-0220-7
＊江戸時代の家庭百科「節用集」に見る洒落と笑いの世界。式亭三馬『小野の馬鹿村虚字尽』（文化三年刊）を底本に失いかけている笑いを取り戻す。

◇式亭三馬—江戸の戯作者　ぺりかん社　1994.11　①4-8315-0657-5

▎重野安繹　しげのやすつぐ
1827〜1910　江戸時代末期, 明治期の漢学者, 歴史学者。帝国大学文科大学教授, 貴族院議員。島津久光の命により「皇朝世鑑」の編纂に従事。維新後は修史局、修史館で修史事業に携わる。

◇重野安繹における外交・漢文と国史—大阪大学懐徳堂文庫西村天囚旧蔵写本三種　陶able民編著　関西大学東西学術研究所（関西大学東西学術研究所資料集刊）2015.3　①978-4-87354-608-7

◇重野安繹と久米邦武—「正史」を夢みた歴史家　松沢裕作著　山川出版社　（日本史リブレット）　2012.3

①978-4-634-54882-4
＊歴史研究は社会にとってどのような意味をもつのか。重野安繹と久米邦武は、日本の近代歴史学の草創期を担った歴史家である。しかし、彼らが歴史家となった経緯は、後の時代の歴史学者とはまったく異なっている。そして彼らに求められたのは、明治政府の官吏として、国家の「正史」を執筆することであった。彼らの栄光と挫折の軌跡を追うことは、社会にとっての歴史研究の意味という問いを改めて考えることでもある。

◇重野成斎宛諸家書状　坂口筑母編著〔坂口筑母〕　2000

◇稿本重野成斎伝　坂口筑母著　坂口筑母（製作）　1997

▎重光葵　しげみつまもる
1887〜1957　昭和期の外交官, 政治家。改進党総裁、衆議院議員。外務省に入り、東条内閣外相、鳩山内閣副総理・外相などを歴任。日本民主党結成に参加。

◇重光葵と戦後政治　オンデマンド版　武田知己著　吉川弘文館　2013.10
①978-4-642-04260-4

◇重光葵 連合軍に最も恐れられた男　福冨健一著　講談社　2011.8
①978-4-06-217115-1
＊苦難の時代の日本人に指針を示す昭和最高の頭脳と胆力。

◇外交回想録　重光葵著　中央公論新社（中公文庫）　2011.7
①978-4-12-205515-5
＊ドイツを皮切りに、アメリカ、中国、ソ連、イギリスで公使・大使等として活躍。第二次世界大戦への日本の参戦を阻止するべく心血を注ぐが果たせず、チャーチルとの会談を最後に一九四一年七月帰国。日米開戦直前まで約三〇年の貴重な日本外交の記録。

◇重光葵と昭和の時代—旧制五高で学んだ外交官の足跡　小泉憲和著　原書房（明治百年史叢書）　2010.2
①978-4-562-04559-4

◇重光葵と近代日本—旧制高校（五高）で学

んだ外交官の足跡　小泉憲和著　〔小泉憲和〕　2008.10

◇重光葵と戦後政治　武田知己著　吉川弘文館　2002.3　①4-642-03743-8
＊昭和期の政治外交史を再検討する上の重要人物である重光葵。一九二〇年代から戦後に至る重光の対外政策と政治的足跡を、政策過程の時代変化に着目しつつ、外交理念であった「自主独立」をキーワードに分析する。

◇勇断の外相重光葵　阿部牧郎著　新潮社　1997.10　①4-10-368805-X
＊愛国の信念、頑強な交渉。これぞ"サムライ外交官"！片脚切断、ミズーリ号、巣鴨プリズン…希代の外相の生涯を余すところなく描く雄渾の伝記小説。

◇重光葵―外交回想録　重光葵著　日本図書センター　（人間の記録）　1997.2　①4-8205-4246-X,4-8205-4239-7

◇重光葵―上海事変から国連加盟まで　渡辺行男著　中央公論社　（中公新書）　1996.8　①4-12-101318-2
＊アメリカ戦艦ミズーリ号上で日本の降伏文書に調印した首席全権として有名な重光葵は、戦前・戦後を通じて、和平の調整役として東西を奔走しつづけた人であった。たとえば上海事変時の駐華公使、張鼓峰事件時の駐ソ大使、第二次世界大戦初期の駐英大使、太平洋戦争後期と戦後の日ソ交渉時、また国連加盟時の外相として外交の最前線にいて、国内外の懸案の常に真摯に対処した。その足跡を、残された膨大な手記、回想録を基に辿る。

◇孤高の外相　重光葵　豊田穣著　講談社　1990.1　①4-06-204611-3
＊たとえ敗戦国であろうとも、外交は対等である―。戦艦ミズーリ号上の降伏文書調印、「日本は東西の懸け橋となる」の名演説を残した国連加盟にいたる外交の表舞台で活躍した「隻脚外相」の生涯。書下ろし長編人物評伝。

▌**慈鎮**　じちん
⇒慈円（じえん）

▌**志筑忠雄**　しづきただお
1760〜1806　江戸時代中期，後期の蘭学者。

◇長崎蘭学の巨人―志筑忠雄とその時代　松尾龍之介著　弦書房　2007.12　①978-4-902116-95-3
＊「鎖国」という言葉を作った男。長崎・出島の洋書群から宇宙を構想し、「真空」「重力」「求心力」などの訳語を創出、独学で世界を読み解いた孤高の鬼才。

◇蘭学のフロンティア―志筑忠雄の世界　志筑忠雄没後200年記念国際シンポジウム報告書　志筑忠雄没後200年記念国際シンポジウム実行委員会，長崎大学「オランダの言語と文化」科目設立記念ライデン大学日本語学科設立150年記念国際シンポジウム実行委員会編　長崎文献社　2007.11　①978-4-88851-079-0
＊「鎖国」という言葉を初めて訳出したオランダ通詞の偉大な業績。新「長崎蘭学」への期待がかかる最新研究の成果を一挙掲載。長崎が生んだ蘭学の俊才を初紹介。志筑忠雄没後200年記念国際シンポジウム報告書。

▌**十返舎一九**　じっぺんしゃいっく
1765〜1831　江戸時代中期，後期の黄表紙・洒落本・合巻作者。作品に「東海道中膝栗毛」など。

◇松田修著作集　第2巻　松田修著　右文書院　2002.9　①4-8421-0019-2

◇十返舎一九研究　中山尚夫著　おうふう　2002.2　①4-273-03235-X
＊『東海道中膝栗毛』は何度か読むうちに、単なる滑稽文学として捉えるのみではなく、この作品そのものが実は江戸文化といえるのではないか、と思うようになった。やはり、一九をもっと知らなければ、という思いはさらに強い。そのような、一九あるいはその作品に対する著者なりの興味や関心を本書に収めた。

◇十返舎一九―笑いの戯作者　棚橋正博著　新典社　（日本の作家）　1999.10　①4-7879-7035-6

＊古代から現代までの作家と作品の新シリーズ！ 一九は、弥次・喜多道中で知られる「東海道中膝栗毛」の作者。正月に着物がなくて困っているところに来た客を無理やり風呂へ入るよう勧め、その間に客の着物を借りて年始回りをしたなど、多くの逸話で読者に徹底して笑いを提供した。その伝説の虚像と実像を徹底的に検証した快心作。

幣原喜重郎　しではらきじゅうろう

1872〜1951　大正、昭和期の外交官、政治家。首相、衆議院議長。駐米大使を経てワシントン会議全権委員、親英米路線で平和外交。「天皇人間宣言」を起草し憲法改正に着手。

◇幣原喜重郎—外交と民主主義　増補版　服部龍二著　吉田書店　2017.4　①978-4-905497-52-3

◇日本国憲法をつくった男—宰相幣原喜重郎　塩田潮著　朝日新聞出版　（朝日文庫）　2017.1　①978-4-02-261893-1

◇外交五十年　改版　幣原喜重郎著　中央公論新社　（中公文庫）　2015.4　①978-4-12-206109-5

◇外交五十年　改版　幣原喜重郎著　中央公論新社　（中公文庫）　2007.1　①978-4-12-204801-0

◇幣原喜重郎と二十世紀の日本—外交と民主主義　服部竜二著　有斐閣　2006.12　①4-641-17327-3
＊二十世紀の日本は、明治・大正期、昭和戦前期、そして戦後という三つの時代を経験した。明治・大正期の日本は、日清・日露戦争に勝利し、パリ講和会議やワシントン会議を通じて大国の地位を築き上げた。国内では政党政治が定着し、幣原も護憲三派内閣で外相に就任した。だが昭和戦前期には、満州事変や五・一五事件を経て政党政治が崩壊し、日本は破局への道を転がり落ちていく。浜口内閣と第二次若槻内閣で外相を務めた幣原も、その後は忘れられた存在となる。しかし戦後、日本は占領改革や高度成長により、経済大国として蘇る。幣原も首相そして衆議院議

長として、天皇制の存続や憲法制定などの改革に尽力した。東京裁判に出廷したほか、外務省の保全や超党派外交にも努めている。日本を代表する外政家として、陸奥宗光や小村寿太郎と並び称される幣原喜重郎の生涯をたどり、合わせて二十世紀日本の通史を試みる。

◇幣原喜重郎とその時代　岡崎久彦著　PHP研究所　（PHP文庫）　2003.7　①4-569-57993-0
＊幣原は、大正13年、外交官試験に合格した者として初めて加藤内閣の外相に就任する。その外交姿勢は、英米協調・対中国内政不干渉を基調とした。いわゆる「幣原外交」である。しかしそれは陸軍・財界・政友会等から「軟弱外交」と非難をあび、昭和2年、幣原は退場を余儀なくされる。そもそも非自主的、非協調的な外交など存在しない。デモクラシーの理想を信じた男の信念と悲哀を描く著者渾身の評伝。

◇幣原喜重郎とその時代　岡崎久彦著　PHP研究所　2000.4　①4-569-61083-8
＊明治維新以来の夢であった近代化を達成した後、大正日本は新たな試練に直面していく。デモクラシーの理想を信じた大正日本の栄光と挫折。親米英主義を貫いた外交官の信念と悲哀とは何か。

◇日本国憲法をつくった男—宰相幣原喜重郎　塩田潮著　文芸春秋　（文春文庫）　1998.8　①4-16-751603-9
＊昭和20年10月6日、天皇は幣原喜重郎に告げた。「内閣を引き受けてほしい」。国際協調主義ゆえに戦時中第一線を退いていた73歳の老外交官は、こうして戦後二人目の総理大臣になった。そしてそれは、新憲法制定という戦後最大の難問を背負うことでもあった。昭和の激動と、幣原の一生を克明に描く長篇評伝。

◇幣原喜重郎—外交五十年　幣原喜重郎著　日本図書センター　（人間の記録）　1998.8　①4-8205-4309-1,4-8205-4305-9

◇最後の御奉公—宰相 幣原喜重郎　塩田潮著　文芸春秋　1992.4　①4-16-346380-1

持統天皇　じとうてんのう

645〜702　飛鳥時代の第41代の天皇。(女帝、在位686〜697)。天智天皇の第2皇女。

◇持統天皇と藤原不比等　土橋寛著　中央公論新社　(中公文庫)　2017.3
①978-4-12-206386-0

◇柿本人麻呂の栄光と悲劇―『万葉集』の謎を解く　池野誠美　山陰文芸協会
2016.9　①978-4-92108-018-1

◇持統天皇血塗られた皇祖神　関裕二著　ベストセラーズ　(ワニ文庫　異端の古代史)　2016.1　①978-4-584-39383-3

◇天武天皇・持統天皇―古代を創った人びと　歴史展示企画会議監修　奈良県地域振興部文化振興課　2015.3

◇天武天皇と持統天皇―律令国家を確立した二人の君主　義江明子著　山川出版社（日本史リブレット人）　2014.6
①978-4-634-54806-0
＊律令国家体制の確立を担った二人の君主、天武と持統は、中国で唐王朝が成立し、朝鮮三国の抗争が新羅による統一で決着する東アジアの激動期に、卓越した指導力を発揮して、機構による支配への道を切り開いた。白村江での敗戦、壬申の乱勝利という大きな戦いの影を引きずりながら、律令編纂、官人制の樹立、都城の形成、さらに「天皇」号の確立、「日本」国号の制定へと、新しい国家の形をつくりあげた夫妻の足跡を、時代のなかに位置づけ、たどっていく。

◇日本を千年王国にした女性・持統天皇
小林弘潤著　月聖出版　2013.10
①978-4-434-18387-4
＊日本史における飛鳥時代とは「天皇」「律令」「日本書紀」「式年遷宮」等、その後千年以上続く"千年物"を多数輩出したという意味で、日本史上最も重要な時代と位置づけることができます。天武・持統期は「明治維新以上の日本屈指の大改革を成功させた時代」とも言えますが、周囲の人間が圧倒されるような強烈な意志で「弱冠15歳の文武天皇の即位」を実現させた持統天皇は、その後1300年以上続く「天皇を頂点とす

る国家のしくみ」の基礎を造ったという意味で、日本の歴史に決定的な影響を与えた女性と言えます。本書で問題提起している「天皇家が千年以上続いているのはなぜか？」「古代日本最大の内乱・壬申の乱はなぜ起こったのか？」「なぜ持統天皇は式年遷宮という世界史上類を見ない伝承システムが作ったのか？」というテーマは、歴史ミステリーとしても興味深く、持統天皇を中心とする飛鳥時代の魅力が伝わる本になればと思います。

◇古代女帝の光と影　矢田彰著　講談社ビジネスパートナーズ　2013.4
①978-4-87601-996-0

◇天智と持統　遠山美都男著　講談社　(講談社現代新書)　2010.11
①978-4-06-288077-0
＊『日本書紀』は大化の改新、壬申の乱をどう描いたか。持統天皇が夫・天武よりも亡父を称揚した理由とは。天皇と古代日本の見方が変わる。

◇天武・持統天皇と律令国家　森田悌著　同成社　(同成社古代史選書)　2010.6
①978-4-88621-526-0
＊天武天皇とその後継者・持統天皇を軸に、律令国家形成の観点より両朝の動向を追究する。前著『天智天皇と大化改新』を承けて、律令国家以前の諸体制が律令国家へと収斂していく過程を精緻に考察してゆく。

◇執念の女帝・持統　関裕二著　ポプラ社
(関裕二〈古代史の謎〉コレクション)
2009.3　①978-4-591-10880-2
＊歴史にひそむ情念に迫る作家・関裕二が日本最初の女性天皇の謎に挑む！壮絶な権力争いへと彼女をつき動かしたのは何だったのか。

◇謎の女帝・持統―日本初の女性天皇　関裕二著　ベストセラーズ　(ベスト新書)
2002.2　①4-584-12035-8
＊古代史上最大の争記―壬申の乱。しかし、この乱とて天智vs天武両王朝の長きにわたる壮絶な戦いの一ページにしかすぎない。乱の勝利後、いったんは政権を掌中にした天武側であったが、

裏切り者の手により罠に嵌められ、その座を追われた。天武朝を売ったのは…誰あろう、天智天皇の妻、持統である。夫を捨て去ってまで手に入れなければならなかった王権の座。彼女の飽くなき執念が古代史を変えてゆく。

◇女帝と詩人　北山茂夫著　岩波書店　（岩波現代文庫 学術）　2000.7
①4-00-600020-0
＊血族相食む凄惨な壬申の乱に勝利した天武、持統天皇の時代。日本の律令国家の本質と万葉の世紀の頂点をなす白鳳文化とは何か。階級闘争の先鋭な発現としての古代内乱史の研究と万葉集の独自な解釈を基底にして、持統天皇と宮廷詩人柿本人麻呂の個性までが再現された孤高の歴史家の魅力あふれる歴史叙述の雄編。

◇翡翠の翳光―菟野皇女の生涯史劇　岩崎允胤著　本の泉社　1999.11
①4-88023-308-0
＊持統帝の生涯を脚本形式で描く。ドラマである以上、多くのフィクションを用いて構成したが、できるだけ、歴史的事実に依拠し、歴史的真実を語ろうとした。

◇炎の女帝持統天皇　三田誠広著　広済堂出版　1999.7　①4-331-05814-X
＊父・天智天皇との愛憎を炎のように燃え立たせ、皇位継承をめぐる壬申の乱を経て、夫・天武天皇亡きあと独裁的に権勢を掌握した女帝・持統天皇を描いた書下ろし長篇歴史ロマン。

◇天照らす、持統　小石房子著　作品社　1999.1　①4-87893-316-X

◇日本書紀　5　坂本太郎，家永三郎，井上光貞，大野晋校注　岩波書店　（岩波文庫）　1995.3　①4-00-300045-5

◇持統天皇と藤原不比等―日本古代史を規定した盟約　土橋寛著　中央公論社　（中公新書）　1994.6　①4-12-101192-9
＊686年9月、天武天皇が崩御する。鸕野讃良皇后（後の持統天皇）は草壁皇太子の即位を保留し臨朝称制する。そして翌十月、大津皇子が謀叛の廉で処刑される。その裏には持統天皇の、天武嫡系の皇子による皇位継承をという強い意

思があり、藤原不比等との間に盟約を結び協力体制を組む。不比等は何を意図して協力体制を組んだか。本書は盟約の内容と協力体制の歴史上の展開を追い、河内安宿に繋がる人脈を説き、古代史の謎を解く。

◇飛鳥の風　吉田知子著　福武書店　（福武文庫）　1994.6　①4-8288-3289-0

◇天武と持統―歌が明かす壬申の乱　李寧熙著　文芸春秋　（文春文庫）　1993.3
①4-16-753903-9
＊天武天皇の正体は？　持統天皇の吉野通いの意味するものは？「万葉集」を韓国語で読み解くことによって、そこに秘められた驚くべき真実が明らかになる。「万葉集」は、血ぬられた古代の政争を記録した、もう一つの「記紀」だったのだ。歴史・国文学界に衝撃を与えた「もう一つの万葉集」「枕詞の秘密」に続く解読シリーズ第三弾。

◇万葉の心―持統天皇と藤原不比等　土橋寛述，亀岡市，亀岡市教育委員会編　亀岡市　（亀岡生涯学習市民大学）　1992.10

◇謀略の女帝 持統天皇―古代正史への挑戦状　関裕二著　フットワーク出版　1992.8　①4-87689-104-4
＊新進気鋭の歴史作家が「日本書紀」のトリックを暴く。

◇持統女帝と北条政子　北島富雄著　〔北島富雄〕　1991.6

シドッチ

Sidotti, Giovanni Battista
1668〜1714　江戸時代中期のイタリアの宣教師。1708年鹿児島に上陸。新井白石の取り調べを受け、ヨーロッパ事情を伝えた。

◇江戸の骨は語る―甦った宣教師シドッチのDNA　篠田謙一著　岩波書店　2018.4
①978-4-00-022302-7

品川弥二郎　しながわやじろう

1843〜1900　江戸時代末期，明治期の長州藩士，政治家。子爵。内務少輔，農商務大輔などを経てドイツ駐在特命公使として

赴任。国民協会を組織、副会頭。信用組合の設立奨励に尽力。

◇品川弥二郎伝　復刻版　奥谷松治著　マツノ書店　2014.1

◇志士の風雪―品川弥二郎の生涯　古川薫著　文芸春秋　2012.10　①978-4-16-381750-7
＊蛤門の変、戊辰戦争、西南戦争…。歴史の重大局面に立ち会った志士の魂が後半生を賭けて追い求めた協同組合日本移植の悲願。

◇品川子爵伝　村田峯次郎著　マツノ書店　1989.1

▌司馬江漢　しばこうかん
1747～1818　江戸時代中期, 後期の洋風画家。

◇サムライ・ダ・ヴィンチ司馬江漢―江戸の昔に実在した、自主独立のマルチキャリア！　対中如雲著　ゴマブックス　2006.2　①4-7771-0327-7
＊世界はもう知っている、日本人はまだ知らない。江戸時代の日本に、レオナルド・ダ・ヴィンチに匹敵する天才がいた！　歴史の教科書には載っていない司馬江漢の実像。「日本最初の銅版画家」であり、「洋風画の先駆者」とも呼ばれ、「奇人・変人・ハッタリ屋」と評されるが「徳川幕府を挑発し続けた男」であった。本書は、可能な限り史料にあたって、歴史上に実在した人物・司馬江漢のエピソードを集めたものである。ただし、史料が現存しない部分や、史料と史料をつなぐ部分などでは、従来常識に囚われない大胆な推論・推理を試みている。

◇江戸の銅版画　新訂版　菅野陽著　臨川書店　2003.3　①4-653-03914-3
＊キリシタン時代の宗教銅版画以降、とかく実用的な考えに左右されがちだった日本の銅版画に洋風画的構成を求め苦闘したのは司馬江漢、亜欧堂田善、安田雷洲ら江戸系の画家たちが主だった。銅版画実作者ならではの視点で彼等の業績を解き明かす好著。論文2篇、索引を増補し、新訂版として再刊する。

◇司馬江漢　生涯と画業―本文篇　成瀬不二雄著　八坂書房　1995.6　①4-89694-662-6

◇司馬江漢の研究　朝倉治彦ほか編集　八坂書房　1994.8　①4-89694-648-0

▌柴田勝家　しばたかついえ
1522？～1583　戦国時代, 安土桃山時代の武将。信長の家臣。

◇柴田勝家―北庄に掛けた夢とプライド　平成18年春季特別展　福井市立郷土歴史博物館企画・制作・編集　福井市立郷土歴史博物館　2006.3

◇柴田勝家―「鬼」と呼ばれた猛将　長尾誠夫著　PHP研究所　（PHP文庫）　1997.10　①4-569-57062-3
＊「秀吉を倒して、この日本を守らねばならぬ。この大義を遂行せんがために、わしとともに戦ってはくれぬか」鬼とまで呼ばれた男、柴田勝家は家臣の前で深々と平伏した。…信長亡き後、織田家の実権は秀吉が握った。しかし本能寺の変の裏に隠された恐るべき事実を知った勝家は、大義のために秀吉と戦うことを決意する。新しい解釈で戦国の謎に大胆に迫った書き下ろし歴史小説。

▌柴野栗山　しばのりつざん
1736～1807　江戸時代中期, 後期の儒学者。「寛政三博士」の一人。

◇柴野栗山二百年祭記念誌　二百年祭実行委員会編, 小川太一郎編集責任　二百年祭実行委員会　2007.6

◇柴野栗山　福家惣衛著　栗山顕彰会　〔2006〕

◇柴野栗山の手紙　柴野栗山［著］, 井下香泉解訳編　讃岐先賢顕彰会　2004.10

◇栗山文集（抄）を読む―柴野栗山と野口家の今昔　井下香泉著　高松大学出版会　2002.12

▌斯波義敏　しばよしとし
1435？～1508　室町時代, 戦国時代の武

将。持種の子。

◇管領斯波氏　木下聡編著　戎光祥出版
（シリーズ・室町幕府の研究）　2015.2
①978-4-86403-146-2

▌司馬遼太郎　しばりょうたろう

1923〜1996　昭和, 平成期の小説家。産経
新聞出版局次長を経て歴史小説を著す。
「梟の城」で直木賞を受賞。他に「花神」
「殉死」など。

◇没後20年司馬遼太郎展「21世紀 "未来の街
角"で」　産経新聞社, 司馬遼太郎記念館
編　産経新聞社　c2016

◇司馬遼太郎　改訂　司馬遼太郎著, 司馬遼
太郎記念財団企画編集　司馬遼太郎記念
財団　2015.10（第3刷）

◇和顔愛語を生きる　半田孝淳著, 北沢房子
聞き書き　信濃毎日新聞社　2014.3
①978-4-7840-7232-3
＊比叡山を開かれた伝教大師の法灯を受
け継いだ天台座主からのメッセージ。
Keep smiling！ いつも笑顔でいなさ
い！ 笑顔で拓く人生, 笑顔が結ぶ世界。

◇新聞記者 司馬遼太郎　産経新聞社著　文
芸春秋　（文春文庫）　2013.6
①978-4-16-783865-2
＊「生まれ変わっても新聞記者になりた
い」。そう語っていた司馬遼太郎は, ど
んな取材をし, 記事を書いていたのか。
戦後闇市の電柱ビラを見て記者を志し,
取材に明け暮れ, 紙面に才筆をふるっ
た国民作家の青春時代とは。当時を知
る人々の証言をもとに, 司馬文学の遙
かな "原郷" をさぐる一冊。文化部記者
時代のコラム15本収録。

◇会いたかった人, 司馬遼太郎　中村義著
文芸社　2012.2　①978-4-286-11462-0

◇司馬さんは夢の中　3　福田みどり著　中
央公論新社　（中公文庫）　2012.1
①978-4-12-205590-2
＊結婚前と後の「悶着」。1LDKで受けた
直木賞受賞の報せ。誕生日が嫌いで露草
が好きだったこと。少年の日にポケッ
トにつめられた石ころと桔梗の花…み
どり夫人が, 次々と想い起こされる司

馬さんと自身の心の模様を描いてゆく。

◇街道をついてゆく—司馬遼太郎番の六年
間　村井重俊著　朝日新聞出版　（朝日文
庫）　2011.2　①978-4-02-264593-7
＊若手記者が突然, 国民作家の担当に
バッテキされた！ 恐る恐る同行した取
材旅行で鶏肉や蟹が食べられない偏食
に戸惑い, 流氷のアザラシに喜ぶ無邪
気な素顔を知る—。今なお不動の人気
を誇る司馬遼太郎の在りし日の姿が,
担当記者の手によってよみがえる。

◇司馬遼太郎が書いたこと, 書けなかったこ
と　小林竜雄著　小学館　（小学館文庫）
2010.9　①978-4-09-408541-9
＊『竜馬がゆく』, 『坂の上の雲』, 『草原の
記』, 『この国のかたち』…二十一世紀の
今も読み継がれ, 日本人に多くの示唆
を与えてくれる司馬文学。彼の遺した
作品群と膨大な資料をもとに, 脚本家
であり文芸評論家の著者が, この "知の
巨人" の内面世界に挑む。司馬遼太郎は
何を書き, 何を書かなかったか, あるい
は書けなかったのか。それは, 何ゆえ
に書けなかったのか。その狭間にとこ
とんこだわることで, この歴史小説家
の思考の軌跡を追い, 魂の深部に迫っ
た, 渾身の画期的評伝。

◇司馬遼太郎を読む　松本健一著　新潮社
（新潮文庫）　2009.10
①978-4-10-128731-7
＊「国民作家」司馬遼太郎—数多の作品で
魅力的な群像と, 情感溢れる風景を描
き, 「竜馬がゆく」「坂の上の雲」「燃え
よ剣」「菜の花の沖」「街道をゆく」な
ど, その類まれな歴史観に裏打ちされ
た物語は, 今なお多くの読者を魅了し
てやまない。司馬遼太郎賞受賞者でも
ある著者が, 司馬氏と親しく交わった
日々を紹介しながら, 登場人物や舞台に
込められた司馬文学の秘密を読み解く。

◇戦後思想家としての司馬遼太郎　成田竜
一著　筑摩書房　2009.7
①978-4-480-82364-9
＊没後十年以上たって, 戦後が終焉した
いま, 司馬を読む行為は, 戦後の日本,
なかんずくナショナリズムとは何かを
探ることである。『竜馬がゆく』『坂の

司馬遼太郎

『上の雲』などを、戦後の時空間のなかで読み解く。全編書き下ろし。

◇司馬さんは夢の中　2　福田みどり著　中央公論新社　（中公文庫）　2008.10
①978-4-12-205061-7
＊夫婦とはなんだろう。去ってはや十年、浮かびくる「司馬さん」の顔、声から、夫婦と人の世の縁の不思議を思う。司馬遼太郎夫人みどりさんが懐かしく回想する、『司馬さんは夢の中』待望の続篇。

◇街道をついてゆく―司馬遼太郎番の6年間　村井重俊著　朝日新聞出版　2008.6
①978-4-02-250443-2
＊最後の担当者が綴る思い出。「本所深川散歩・神田界隈」から「濃尾参州記」まで。

◇司馬さんは夢の中　1　福田みどり著　中央公論新社　（中公文庫）　2008.5
①978-4-12-205023-5
＊司馬さんの、振り返ったときのあの微妙な表情を思い出すたびに、甘い気分になるのです。そうなの。そんな甘い気分を呼び戻したくて、この原稿を書き続けているのかもしれませんね。―人々の心あたたまる記憶とともに、司馬遼太郎夫人みどりさんのみが知っている「司馬さん」の素顔がここに甦る。

◇司馬遼太郎と網野善彦―「この国のかたち」を求めて　川原崎剛雄著　明石書店　2008.1　①978-4-7503-2688-7
＊悲惨な戦争体験から出発して、司馬は生涯をかけて日本人とは何かを問い続けた。それは同時に日本人と日本国家との関係を問うことでもあった。国家を相対化してとらえる戦後歴史学の親和性が色濃く反映される司馬の作品群のなかで唯一の例外が『坂の上の雲』ではないのか。

◇司馬さんは夢の中　3　福田みどり著　中央公論新社　2007.10
①978-4-12-003880-8

◇あの夏の日の司馬遼太郎―昭和の巨星の若き日の姿を追う　早乙女務著　講談社出版サービスセンター　2006.12
①4-87601-763-8
＊「佐野の町は懐かしいんだけど、まだあ

そこだけは行かないようにしている」と言って、再び訪れることのなかった町。佐野に育った著者が、司馬遼太郎が死と向かい合って生きた佐野での日々を掘り下げ、考察する。

◇司馬さんは夢の中　2　福田みどり著　中央公論新社　2006.1　①4-12-003695-2
＊去って十年、浮かびくる「司馬さん」の顔、声から夫婦と、人の世の縁の不思議を思う。

◇司馬遼太郎について―裸眼の思索者　NHK出版編　日本放送出版協会　（NHKライブラリー）　2006.1　①4-14-084202-4
＊司馬遼太郎という歴史の旅人が刻んだ知の里程標とはどのようなものだったのか。文学者として、ジャーナリストとして、文明の「かたち」を見つめつづけた野外研究者として、司馬遼太郎は、どのような想念をいだいていたのか。この多面的な視点を持つ作家が、没して十年がたつ。「知の巨人」司馬遼太郎の足跡をたどり、独創的思想家の淵源に迫るユニークな対話評伝。没後十年、司馬学のおさらい。

◇清張さんと司馬さん　半藤一利著　文芸春秋　（文春文庫）　2005.10
①4-16-748314-9
＊「虫の眼」清張と「鳥の眼」司馬―松本清張と司馬遼太郎という戦後文学の二大巨匠はまた、昭和史そして激動する現代社会にも厳しい批評を提示し続けた。二大巨匠の活動が最も盛旺であった昭和30年代後半から40年代にかけて、著者は担当編集者として二人に出会い、多くのことを学んだ。間近に接した巨匠の等身大の実像がここにある。

◇この国のあした―司馬遼太郎の戦争観　高橋誠一郎著　のべる出版企画　2002.8
①4-87703-909-0
＊ロシア文学との比較や「福沢史観」との対比をとおして、『竜馬がゆく』『坂の上の雲』『沖縄・先島への道』『菜の花の沖』を読み解き、「司馬史観」に迫る。テロと戦争の発生の仕組みを「欧化と国粋」の視点で考察した注目の最新刊。

◇司馬遼太郎の世界　志村有弘編　至文堂

司馬遼太郎

（「国文学解釈と鑑賞」別冊） 2002.7

◇司馬遼太郎と藤沢周平―「歴史と人間」を
どう読むか 佐高信著 光文社 （知恵の
森文庫） 2002.5 ①4-334-78154-3
　＊同じ人物を描きながら、全く違う視点
　を持っていた司馬遼太郎と藤沢周平。
　戦後を代表する2人の作家が描こうとし
　た日本と日本人とは何だったのか―
　「天翔る者」と「地を歩く者」の作品を、
　徹底分析！ ビジネスマンは2人の作品
　から何を学ぶのか？「歴史と人間」をど
　う読むべきか？ 2人の人気作家の真実
　と日本人の生き方に迫った意欲作。

◇司馬遼太郎を歩く 2 荒井魏, 楠戸義
昭, 重里徹也著 毎日新聞社 2002.5
①4-620-31568-0
　＊司馬作品の舞台を訪ね、地元の方たち
　の話を聞き、日本の歴史と風土を考え、
　司馬文学の成り立ちに思いを馳せ、作
　品の読み解きを行う。

◇司馬遼太郎と「坂の上の雲」―イラスト版
オリジナル 中島誠文, 清重伸之イラスト
現代書館 （For beginnersシリーズ）
2002.4 ①4-7684-0093-0

◇司馬遼太郎とその時代 戦中篇 延吉実
著 青弓社 2002.2 ①4-7872-9152-1
　＊福田定一はどのようにして司馬遼太郎
　になったのか―。司馬の原点ともいえ
　る戦争体験を定一としての"それ"と、
　歴史的現実とを詳細に対照し、語らな
　かった事実を検証することをとおして、
　やがて国民作家となる司馬の作家性の
　出自を明らかにする。

◇司馬遼太郎考―モラル的緊張へ 小林竜
雄著 中央公論新社 2002.2
①4-12-003228-0
　＊司馬遼太郎が"書いたこと""書かなかっ
　たこと""書けなかったこと"。TV番組
　「『竜馬がゆく』の世界」を作った新世代
　の評論家による渾身の画期的評伝。

◇司馬遼太郎記念館「竜馬がゆく」展 司馬
遼太郎記念財団企画・編集 司馬遼太郎
記念財団 c2002

◇司馬遼太郎 司馬遼太郎著, 司馬遼太郎記
念財団企画編集 司馬遼太郎記念財団

2001.11

◇司馬遼太郎がゆく―「知の巨人」が示した
「良き日本」への道標愛蔵版 半藤一利ほ
か著 プレジデント社 2001.11
①4-8334-1732-4
　＊司馬遼太郎の足跡を辿れば、混迷する
　現代を生き抜く指針が見えてくる。若
　き司馬遼太郎が書いた『サラリーマン
　の金言』を収録。

◇新聞記者司馬遼太郎 産経新聞社著 産
経新聞ニュースサービス （扶桑社文庫）
2001.11 ①4-594-03326-1
　＊作家としての司馬遼太郎論は汗牛充棟、
　数多くある中、他にはほとんど描かれた
　ことがない新聞記者・福田定一として
　の若きジャーナリスト時代の日々。記
　者時代を知る人々の証言をもとに「記
　者時代の司馬さんはどんな取材をし、
　どんな記事を書き、どんな酒を飲んで
　いたのか…」を生き生きと描いた。文
　化部記者時代の貴重なコラム15本収蔵。

◇司馬遼太郎が愛した「風景」 芸術新潮編
集部編 新潮社 （とんぼの本） 2001.10
①4-10-602086-6
　＊日本のすみずみに、多くの旅をかさね、
　『街道をゆく』はじめ数々の名エッセイ
　をのこした司馬遼太郎。その網膜に刻
　まれた地を訪ねゆけば、誰もがなつか
　しむ日本の「原風景」があり、愛した美
　術品に向かえば、それを生んだ真摯な
　魂が透けてみえる。作家をなぐさめた
　自宅庭や住居のたたずまい、司馬遼太
　郎記念館(安藤忠雄設計)の全貌も収録。

◇司馬遼太郎―幕末・近代の歴史観総特集
河出書房新社 （Kawade夢ムック 文芸
別冊） 2001.9 ①4-309-97615-8

◇司馬遼太郎を歩く 荒井魏, 楠戸義昭, 重
里徹也著 毎日新聞社 2001.5
①4-620-31517-6
　＊司馬文学の舞台へ。各地の風土に触れ、
　歴史を考えながら、旅は続いた。

◇司馬遼太郎の贈り物―人の世に生きる智
恵 5 谷沢永一著 PHP研究所 2001.3
①4-569-61513-9
　＊透徹した人間学。人間通の百花繚乱を
　自然なかたちで描きわけてゆく司馬文

学。そのエッセンスを読み抜く好評シリーズ完結編。

◇司馬遼太郎—司馬文学の「場所」　松本健一著　学習研究社　（学研M文庫）
2001.2　Ⓘ4-05-901039-1
＊日本という国、日本人という民族の過去と現在を問いつづけた国民文学の巨匠・司馬遼太郎。グローバルな視野に立った歴史観から、魅力あふれるヒーローたちの生きざまを描いた数多くの小説、随筆、紀行文等。新世紀を迎えた今なお、司馬作品は我々に生きる指針を与えてくれる。本書は、近代日本の思想・政治・文化について活発な評論活動を展開する松本健一の司馬遼太郎論の決定版である。

◇司馬遼太郎の風音　磯貝勝太郎著　日本放送出版協会　2001.2　Ⓘ4-14-080585-4
＊司馬遼太郎という物語。想念と詩情、そして鬱懐と。司馬文学の原風景。

◇司馬遼太郎の流儀—その人と文学　小山内美江子ほか著　日本放送出版協会
2001.2　Ⓘ4-14-080584-6
＊司馬遼太郎の世界を鳥瞰する。

◇発掘司馬遼太郎　山野博史著　文芸春秋
2001.1　Ⓘ4-16-356960-X

▌渋川春海　しぶかわはるみ
1639～1715　安井算哲（やすいさんてつ）とも。江戸時代前期, 中期の天文暦学者。幕府碁方安井算哲の子。

◇渋川春海と谷重遠—双星煌論　志水義夫著　新典社　（新典社選書）　2015.3
Ⓘ978-4-7879-6820-3

◇江戸のスーパー科学者列伝　中江克己著　宝島社　（宝島SUGOI文庫）　2013.8
Ⓘ978-4-8002-1038-8
＊「江戸」と「科学」には、なんの繋がりもないように思える。しかし、江戸時代には多くの科学者が日々研究に明け暮れていた。「行列式」を発見した和算家の関孝和、世界初の全身麻酔手術に成功した華岡青洲、ソメイヨシノを開発した遺伝学者の伊藤伊兵衛など。そのレベルは当時の世界を見ても決して

ひけをとっていなかった。本書では江戸の科学者31人を取り上げ、彼らの功績と人柄に迫る。

◇天文方と陰陽道　林淳著　山川出版社
（日本史リブレット）　2006.8
Ⓘ4-634-54460-1
＊九世紀なかばに導入された宣明暦は、八二三年の長い期間にわたって用いられてきました。それを終らせたのは、幕府の碁打ちであった渋川春海と、公家で陰陽頭の土御門泰福によって行われた貞享改暦でした。その功により渋川は、幕府の天文方となり、同じころに土御門は、陰陽師支配の権限を掌握しました。これまであまり知られていなかった天文方と陰陽道について、あらたな事実を掘りおこしながら、綱吉や吉宗が、改暦を命じたことの意味を考えてみたいと思います。

▌渋沢栄一　しぶさわえいいち
1840～1931　明治, 大正期の実業家。陸軍奉行支配調役, 子爵。大蔵省、大蔵大丞を経て国立銀行を設立。ほかに王子製紙、東京瓦斯など多数の会社を設立。

◇渋沢栄一日本の経営哲学を確立した男　山本七平著　さくら舎　2018.3
Ⓘ978-4-86581-142-1

◇渋沢栄一商業立国の人づくり—栄一と商業教育　山本安夫著　一粒書房　2017.11
Ⓘ978-4-86431-638-5

◇渋沢栄一人生を創る言葉50　渋沢健著　致知出版社　（活学新書）　2017.10
Ⓘ978-4-8009-1162-9

◇太平洋にかける橋—渋沢栄一の生涯　復刻版　渋沢雅英著　不二出版　2017.8
Ⓘ978-4-8350-8158-8

◇渋沢栄一のヨーロッパ旅行　渋沢栄一記念財団渋沢史料館　2017.7

◇英文版 渋沢栄一社会企業家の先駆者　島田昌和著, ポール・ネルム英訳　出版文化産業振興財団　2017.3
Ⓘ978-4-916055-79-8

◇渋沢栄一、パリ万国博覧会へ行く—渋沢栄

渋沢栄一

一渡仏一五〇年 企画展　渋沢栄一記念財
団渋沢史料館　2017.3

◇渋沢栄一─日本近代の扉を開いた財界
リーダー　宮本又郎編著　PHP研究所
（PHP経営叢書　日本の企業家）
2016.11　①978-4-569-83421-4

◇渋沢栄一と近代中国　周見著, 西川博史訳
現代史料出版　2016.10
①978-4-87785-329-7

◇渋沢栄一100の言葉─日本人に贈る混迷の
時代を生き抜く心得　津本陽監修　宝島
社　2016.6　①978-4-8002-5572-3

◇渋沢栄一とフランクリン─2人の偉人に学
ぶビジネスと人生の成功法則　斎藤孝著
致知出版社　2016.5
①978-4-8009-1108-7

◇渋沢栄一に学ぶ「論語と算盤」の経営　田
中宏司, 水尾順一, 蟻生俊夫編著　同友館
2016.5　①978-4-496-05197-5

◇五代友厚と渋沢栄一─日本を飛躍させた
ふたりの男の生涯　洋泉社　（洋泉社
MOOK）　2016.3　①978-4-8003-0866-5

◇渋沢栄一と清水建設株式会社─企画展
「企業の原点を探る」シリーズ　渋沢栄一
記念財団渋沢史料館　2016.3

◇渋沢栄一100の金言　渋沢健著　日本経済
新聞出版社　（日経ビジネス人文庫）
2016.1　①978-4-532-19785-8

◇私ヲ去リ、公ニ就ク─渋沢栄一と銀行業
企画展「企業の原点を探る」シリーズ
渋沢栄一記念財団渋沢史料館編　渋沢栄
一記念財団渋沢史料館　2015.10

◇近代紡績のススメ─渋沢栄一と東洋紡
「企業の原点を探る」シリーズ　渋沢栄一
記念財団渋沢史料館編　渋沢栄一記念財
団渋沢史料館　2015.3

◇渋沢栄一滞仏日記　オンデマンド版　渋
沢栄一著　東京大学出版会　（日本史籍協
会叢書）　2015.1　①978-4-13-009426-9

◇渋沢栄一 愛と勇気と資本主義　渋沢健著
日本経済新聞出版社　（日経ビジネス人文
庫）　2014.11　①978-4-532-19746-9
＊もし、渋沢栄一が現代に生きていたら、

日本の持続的成長を促すファンドをつ
くっていただろう─。大手ヘッジファン
ドを経てコモンズ投信を創業した渋
沢家5代目が、自身のビジネス経験と渋
沢家家訓を重ね合わせ、目指すべき資
本主義社会像を語る。

◇記憶と記録のなかの渋沢栄一　平井雄一
郎, 高田知和編　法政大学出版局　2014.8
①978-4-588-32705-6

◇原典でよむ渋沢栄一のメッセージ　島田
昌和編　岩波書店　（岩波現代全書）
2014.7　①978-4-00-029139-2

◇渋沢栄一物語─社会人になる前に一度は
触れたい論語と算盤勘定　田中直隆著
三冬社　2014.7　①978-4-904022-85-6

◇若き日の渋沢栄一─事上磨練の人生　新
井慎一著　深谷ててててて編集局　（ててて
叢書）　2014.5　①978-4-990778-70-5

◇渋沢栄一　上　算盤篇　鹿島茂著　文芸
春秋　（文春文庫）　2013.8
①978-4-16-759007-9
＊近代日本の「資本主義」をつくりだした
渋沢栄一。彼がその経済思想を学んだ
のは、ナポレオン3世の統べるフランス
からだった。豪農の家に生まれ、尊王
攘夷に燃えた彼は、一転、武士として徳
川慶喜に仕えることになり、パリ万博
へと派遣される。帰国後、維新政府に
迎えられるが。波乱万丈の人生を描く、
鹿島茂渾身の評伝。

◇渋沢栄一　下　論語篇　鹿島茂著　文芸
春秋　（文春文庫）　2013.8
①978-4-16-759008-6
＊「どうしたら、永く儲けられるのか？」
欲望を肯定しつつ、一定の歯止めをか
ける。─出した答えは、「論語と算盤」
だった。大蔵省を退官し、五百を数え
る事業に関わり、近代日本経済の礎を
つくった渋沢。事業から引退した後半
生では、格差社会、福祉問題、諸外国と
の軋轢など、現代にも通じる社会問題
に真っ向から立ち向かう。

◇陽明学のすすめ　5　人間学講話渋沢栄一
深沢賢治著　明徳出版社　2013.1
①978-4-89619-988-8

◇渋沢栄一を知る事典 渋沢栄一記念財団編 東京堂出版 2012.10
①978-4-490-10824-8
＊近年、『論語と算盤』などが、混迷の今を生きるヒントとして見直されている渋沢栄一。幕臣、維新政府官僚から実業家となり500余の企業設立に関与、早くから福祉・教育事業にも着手して日本の近代化を牽引したその生涯と数々の事績を網羅的に解説した決定版の一冊。

◇徳川慶喜と渋沢栄一――最後の将軍に仕えた最後の幕臣 安藤優一郎著 日本経済新聞出版社 2012.5 ①978-4-532-16834-6
＊重大な危機から国をまもるには、時に権力を譲り渡し、沈黙する、という政治決断もある。日本の資本主義の父はなぜ、"生涯の主君"の伝記編纂に心血を注いだのか。

◇渋沢栄一――近代日本社会の創造者 井上潤著 山川出版社 （日本史リブレット）2012.3 ①978-4-634-54885-5
＊近代日本社会の創造者渋沢栄一。実業界のみならず、福祉・医療、教育・文化、外交など社会事業の面でも民間の立場で尽力し、オルガナイザーとしての位置づけもあたえられる。道徳のともなう正当な利益を追求し、官尊民卑の打破をめざし、私益よりも公益を重視したその人間像は、今の世においても非常に注目されている。渋沢の92年の生涯を今一度振り返りながら、なぜこのようにとりあげられるのかというところを探っていただきたい。

◇渋沢栄一自伝――現代語訳：「論語と算盤」を道標として 渋沢栄一著, 守屋淳編訳 平凡社 （平凡社新書） 2012.2
①978-4-582-85628-6
＊倒幕をもくろんで志士となるも、慶喜に仕えることとなり、幕府に出仕して渡仏するも、維新により帰国。新政府で官僚となるが、実業を志して野に下って―。数々の逆境を乗り越えて、四七〇あまりの会社を創り、社会事業を実践していった渋沢栄一。その波乱に満ちた生涯は、自らの言葉により語られていた。「論語と算盤」を体現した生涯を、現代語訳と新編集で読む。

◇渋沢栄一――社会企業家の先駆者 島田昌和著 岩波書店 （岩波新書） 2011.7
①978-4-00-431319-9
＊長年にわたって近代日本の実業界のリーダーとして活躍した渋沢栄一（一八四〇‐一九三一）。経済政策に関する積極的な提言を行う一方で、関わったおびただしい数の会社経営をどのように切り盛りしたのか。民間ビジネスの自立モデルを作り上げ、さらに社会全体の発展のために自ら行動しつづけた社会企業家の先駆者の足跡を明らかにする。

シーボルト Siebold, Philipp F.von

1796～1866 江戸時代後期のドイツの医師、博物学者、日本研究家。オランダ商館医。鳴滝塾で指導。著書に「日本」「日本植物誌」など。

◇シーボルトの生涯をめぐる人びと 石山禎一編著 長崎文献社 2013.11
①978-4-88851-200-8
＊生涯人脈を網羅してのべ2019人を年代別、関係別に収録。日本紹介の著作物、伝記、外国と日本でのシーボルト研究書。高野長英はじめ門人たちのオランダ語論文の原文を発見！ シーボルトの略歴とシーボルト事件の真相。3大著作の出版、販売に関する覚書。シーボルト自筆の遺言状。娘イネの書とたきからの手紙。本蓮寺の家賃メモ。初公開の新資料5編を掲載。

◇日本を愛したドイツ人―ケンペルからタウトへ 島谷謙著 広島大学出版会 2012.9 ①978-4-903068-25-1

◇ケンペルとシーボルト―「鎖国」日本を語った異国人たち 松井洋子著 山川出版社 （日本史リブレット） 2010.9
①978-4-634-54862-6
＊長崎出島のオランダ商館に来た人びとを通じて、江戸時代の日本はかろうじてヨーロッパ諸国とつながっていた。オランダ商館の医師として来日し、当時の日本の姿を紹介した人物としてよく知られるケンペルとシーボルトは、それぞれどのような動機で日本に来たのか、日本のなにをどのように伝えよ

うとしたのか、そして日本側からどのように受けとめられたのかを、二人を取り囲む周囲の状況の違いにも着目しつつ、跡づけてみたい。

◇シーボルト博物学—石と植物の物語　大場秀章，田賀井篤平著　智書房　2010.6　①978-4-434-14579-7
＊19世紀初頭、シーボルトは日本中から多くの標本を持ち帰った。それらは植物、動物、生活、鉱物と多岐にわたり、当時の日本を生き生きと甦らせる。オランダから帰って来た東大の植物標本、200年ぶりに初めて明らかにされる鉱物標本。この本はシーボルトの標本の魅力を極めた一冊である。

◇シーボルトの日本報告　シーボルト著，栗原福也編訳　平凡社　（東洋文庫）　2009.3　①978-4-582-80784-4
＊オランダ領東インド植民地総督府にあてたシーボルトの報告書と関連文書。若く野心的な博物学者の素顔が浮かび上がる。出島商館長との軋轢や、「事件」への対処など、興味深い史料満載。

◇植物学とオランダ　大場秀章著　八坂書房　2007.7　①978-4-89694-894-3
＊生誕300年を迎えた「植物学の父」リンネのオランダ留学事情や支援者たちとの交流をたどり、クリフォート邸やシーボルトの足跡を訪ねて時の栄華をしのび、散策路で出会う植物に人とのかかわりを想う。植物学者がとらえたオランダの歴史と素顔、その魅力を語り尽くす。

◇シーボルト、波瀾の生涯　ヴェルナー・シーボルト著，酒井幸子訳　どうぶつ社　2006.8　①4-88622-334-6
＊江戸時代末期、鎖国下の日本で西洋医学の実践と教育にたずさわる一方、日本の動植物、民俗、地理などを研究した歴史的な人物シーボルト—。その足跡をたどり、波瀾に満ちた生涯を描く。

◇歳月—シーボルトの生涯　今村明生著　新人物往来社　2006.2　①4-404-03293-5
＊日本と日本人を愛したドイツ人医師の実像に迫る。

◇シーボルト日記—再来日時の幕末見聞記　石山禎一，牧幸一訳　八坂書房　2005.11　①4-89694-855-6
＊シーボルト二度目の来日滞在中の日記である本書には、今も歴史に残る人物の暗殺や死にまつわる出来事などが克明に描かれている。もちろん瓦版のような噂話も中にはあるだろう。しかしそんなゴシップのようなものまでが、外国人であるシーボルトの耳にまで入っていたのだ。もちろん、自然科学者・医者としての植物・動物・人間観察、そして外国人ならではの江戸時代の風俗観察には目を見張る物があり、読みどころ満載の幕末日記である。

◇新・シーボルト研究　2（社会・文化・芸術篇）　石山禎一ほか編　八坂書房　2003.7　①4-89694-730-4
＊これまでの「シーボルト研究」にみられなかった新しい分野の開拓と成果。シーボルトの日本文化への貢献を最近公開された新資料によって再評価。

◇出島生まれのおイネさん—出島物語異聞　中西啓監修，岩田祐作著　長崎文献社　2000.2　①4-88851-021-0

◇黄昏のトクガワ・ジャパン—シーボルト父子の見た日本　ヨーゼフ・クライナー編著　日本放送出版協会　（NHKブックス）　1998.10　①4-14-001842-9
＊幕末日本に西欧諸科学を伝えたオランダ商館付医師シーボルトは、国禁を犯し、追放された。世に謂う“シーボルト事件”である。三十年を経て日本再訪を果たしたシーボルト、そして二人の息子たちは、精力的に日本の産物、工芸品、民族資料を収集している。彼らの“日本”コレクションは、洗練された江戸文化の輝きとともに、活き活きと暮らした人々の表情を鮮やかに捉えていた。十九世紀末の西欧社会を背景に、発信された“日本情報”とは何であったのか。ヨーロッパ社会が日本に求めたものは何であったのか。

◇若き日本と世界—支倉使節から榎本移民団まで　東海大学外国語教育センター編　東海大学出版会　1998.3　①4-486-01437-5
＊本書では「鎖国と開国」、「使節と移民」の二つを共通テーマにして、果敢に荒波を越えて海を渡り、異国の文化を知

ろうとした若き魂を取り上げた。先人たちが外国でどのような体験をし、どのような異文化を日本に紹介したか、また日本から持ち帰ったかを研究しまとめた。新しい資料による論文や本邦で初めての紹介となる貴重な本の翻訳も掲載されている。

◇シーボルトの日本研究　石山禎一編著　吉川弘文館　1997.11　①4-642-03335-1

◇知られざるシーボルト―日本植物標本をめぐって　大森実著　光風社出版　（光風社選書）　1997.11　①4-415-08711-6
＊江戸時代に来日した欧米人の中で最も人気の高いシーボルトの、我が国に与えたものに止まらず、彼が持ち帰った事物に目を向け、西欧から日本、日本から西欧の二つの流れを念頭に置いた、新資料によるシーボルト像を浮彫りにする好著。

◇シーボルトと鎖国・開国日本　宮崎道生著　思文閣出版　1997.3　①4-7842-0926-3

◇シーボルトと日本の開国近代化　箭内健次編, 宮崎道生編　続群書類従完成会　1997.2　①4-7971-0657-3

◇蘭方女医者事始―シーボルト・イネ　片野純恵著　創栄出版　1996.11　①4-7952-0783-6
＊シーボルトの娘・イネの生涯。出生から晩年まで、歩いた道筋を克明に描いた珠玉の好著。

◇評伝シーボルト―日出づる国に魅せられて　ヴォルフガング・ゲンショレク著, 真岩啓子訳　講談社　1993.5　①4-06-206511-8
＊1823年に27歳で来日し、さまざまな影響を与えたシーボルト。医師で自然科学者でもあった彼は、混乱する時代の流れの中でわが国とどのようにかかわっていったのか。江戸時代、長崎出島から日本を見た巨人の実像。

◇文政十一年のスパイ合戦―検証・謎のシーボルト事件　秦新二著　文芸春秋　1992.4　①4-16-346270-8

◇シーボルトの娘たち　羽仁説子著　新日本出版社　（羽仁説子の女性シリーズ）　1992.1　①4-406-02038-1

◇日本の近代化をになった外国人―シーボ

ルト・ヘボン　片桐一男, 望月洋子著, 国立教育会館編　ぎょうせい　（教養講座シリーズ）　1991.12　①4-324-02890-7

◇シーボルト事件と富山　水間直二著　桂書房　1990.10

┃**島井宗室**　しまいそうしつ
1539～1615　安土桃山時代, 江戸時代前期の筑前博多の豪商, 茶人。

◇島井宗室　田中健夫著　吉川弘文館　（人物叢書 新装版）　1986.8　①4-642-05049-3

┃**島木赤彦**　しまぎあかひこ
1876～1926　明治, 大正期の歌人。小学教育に従事したが「アララギ」の編集責任者となり、作家に専念。歌集「馬鈴薯の花」。

◇歌人赤彦　湯沢千秋著　現代短歌社　（現代短歌新書）　2016.3　①978-4-86534-151-5

◇今も生きる「奨善の心」―島木赤彦の教育精神　青柳直良著　龍鳳書房　（龍鳳ブックレット　歴史研究シリーズ）　2015.6　①978-4-947697-51-6

◇島木赤彦論―文芸の成立と歌風の展開　神田重幸著　渓声出版　2011.4　①978-4-904002-30-8

◇島木赤彦―歌人・教育者　徳永文一著　渓声出版　2003.10　①4-905847-54-0

◇島木赤彦研究　新井章著　短歌新聞社　1997.11　①4-8039-0900-8

◇わが心の赤彦童謡　藤田郁子著　新樹社　1996.12　①4-7875-8469-3
＊『アララギ』の歌人島木赤彦の数少ない童謡には、近代の日本が忘れがちだったありのままの自然と民衆の生活が見事に歌い上げられている。赤彦の姪である著者が語る自らの赤彦童謡の思い出と魂の教育者赤彦の現代性。付・童謡114編。

◇父赤彦の俤―幼時の追想　上　久保田夏樹著　信濃毎日新聞社　1996.7　①4-7840-9622-1
＊近代短歌の巨匠が家族に見せた心と顔。

◇父赤彦の俤―幼時の追想　下　久保田夏樹著　信濃毎日新聞社　1996.7　Ⓘ4-7840-9623-X
　＊友人子弟に惜しまれた巨匠の静かな別れ。

◇島木赤彦　神戸利郎著, 赤彦記念誌編集委員会編　下諏訪町教育委員会　1993.6

◇教育者としての島木赤彦　土橋荘司著　同友館　1992.9　Ⓘ4-496-01932-9

◇島木赤彦　守屋喜七編　日本図書センター　（近代作家研究叢書）　1990.1　Ⓘ4-8205-9037-5

▌島木健作　しまきけんさく
1903～1945　昭和期の小説家。「癩」で小説家として出発。農民運動の実態を書いた「再建」は発禁となる。

◇島木健作論　北村巌著　近代文芸社　1994.6　Ⓘ4-7733-2817-7

◇島木健作―義に飢ゑ渇く者　新保祐司著　リブロポート　（シリーズ 民間日本学者）　1990.7　Ⓘ4-8457-0530-3
　＊戦前大ベストセラー『生活の探求』を著しながら、戦後「転向作家」として斬捨てられてきた島木健作。晩年の名作「赤蛙」へ向うひたむきな道程を、神への「転向」として把え直し、転向論に新たな視座を拓く文芸批評の俊英の力作。

▌島崎藤村　しまざきとうそん
1872～1943　明治～昭和期の詩人, 小説家。北村透谷らと「文学界」を創立、詩集「若菜集」長編小説「破戒」大作「夜明け前」。

◇島崎藤村　新装版　佐々木徹著, 福田清人編　清水書院　（Century Books　人と作品）　2017.9　Ⓘ978-4-389-40113-9

◇島崎藤村からの手紙―藤村と残星の師弟愛　土屋克夫著　櫟　2012.11

◇島崎藤村展　神奈川文学振興会編　県立神奈川近代文学館　2012.10

◇島崎藤村―「一筋の街道」を進む　十川信介著　ミネルヴァ書房　（ミネルヴァ日本評伝選）　2012.8　Ⓘ978-4-623-06389-5

＊島崎藤村（一八七二～一九四三）、明治～昭和期の詩人・小説家。『若菜集』で浪漫主義詩人として世に出た後に小説家に転じ、『破戒』や『夜明け前』を発表、近代文学史上揺るぎない地位を築いた藤村。己の人生を全て作品化したと言われるその生涯を、丹念な作品分析と共に描き出す。

◇島崎藤村―苦悩と悲哀の生涯　土屋道雄著　笠原書房　2011.5

◇春回生の世界―島崎藤村の文学　松本鶴雄著　勉誠出版　2010.5　Ⓘ978-4-585-29001-8
　＊『若菜集』『破戒』『春』『新生』『夜明け前』…。数々の名作に隠された藤村の渇望とは…？　評伝、作品論、主要作品解説、略年譜と、作品味読のためのあらゆる視点を明示した藤村論の決定版。

◇島崎藤村の人間観　川端俊英著　新日本出版社　2006.3　Ⓘ4-406-03253-3
　＊古い社会の因習に文学で挑戦しつづけた藤村の人間解放の願いを現代に問う評伝。

◇ある詩人の晩年―その良心の軌跡　評伝　矢田順治著　現代詩研究会　（詩的藤村私論）　2004.10

◇島崎藤村―人と文学　下山嬢子著　勉誠出版　（日本の作家100人）　2004.10　Ⓘ4-585-05176-7

◇島崎藤村とパリ・コミューン　梅本浩志著　社会評論社　2004.8　Ⓘ4-7845-0929-1

◇島崎こま子の「夜明け前」―エロス愛・狂・革命　梅本浩志著　社会評論社　2003.9　Ⓘ4-7845-0928-3
　＊こま子との愛を断った藤村は、『夜明け前』の執筆へと向かう。別れたこま子は京大社研の学生たちに連帯して革命と抵抗世界へと突き進む。野間宏の描いた「京大ケルン」の悲劇的世界が、その先に展開した。知られざる資料や書簡を駆使して描いた近代日本暗黒の裏面史。

◇島崎藤村と英語　八木功著　双文社出版　2003.2　Ⓘ4-88164-548-X
　＊藤村はどのように「英語」を受容し、みずからの文学に取り込んでいったのか。

島崎藤村

藤村文学の深奥に潜む藤村と英語の分かちがたい関係を緻密な検証で解き明かす。

◇島崎藤村と東北学院　渥美孝子編　東北学院特別企画「島崎藤村と東北学院」実施委員会　2002.10

◇父藤村の思い出と書簡　島崎楠雄著, 藤村記念館編　信毎書籍出版センター 2002.8　①4-88411-020-X
 ＊島崎藤村の『夜明け前』執筆前後の姿を、ご子息である著者が克明に描く。

◇島崎藤村展―言葉につながるふるさと　仙台文学館編　仙台文学館　2002.3

◇島崎藤村　平野謙著　岩波書店　（岩波現代文庫）　2001.11　①4-00-602042-2
 ＊抒情詩人にして自然主義文学の立役者島崎藤村は「家」と「血」の陰鬱な宿命をいかに芸術として浄化しえたのか。著者は探偵的手法をもって、藤村の実生活を検証し、告白小説『新生』の偽善性を白日のもとにさらした。他に『破戒』『春』『家』など、自伝的文学の軌跡と精神の諸相を探った本書は、作家論の一つの典型を成した記念碑的著作である。

◇藤村のパリ　河盛好蔵著　新潮社　（新潮文庫）　2000.9　①4-10-102604-1
 ＊姪との「不倫」に苦悩した島崎藤村は、逃げるようにしてフランスへ渡った。折しも勃発した第一次世界大戦に濃く色どられた約三年間のパリ生活で、藤村は何を観、何を聴き、どんな事態を体験したのか？　下宿の女主人との関係は？　河上肇や藤田嗣治ら、パリの日本人たちとの交友は？　人間への好奇心、その飽くなき情熱が生き生きと蘇えらせる、藤村の歩いたパリ。読売文学賞受賞。

◇島崎藤村／文明論的考察　平林一著　双文社出版　2000.5　①4-88164-531-5

◇論集島崎藤村　島崎藤村学会編　おうふう　1999.10　①4-273-03103-5
 ＊島崎藤村の人と文学への多角的なアプローチ！　清新な論集、ここに完成。新しい世紀に向かって、本論集に藤村文学から何を学ぶべきかを問いかける。

◇島崎藤村　下山嬢子編　若草書房　（日本

文学研究論文集成）　1999.4
 ①4-948755-42-7

◇島崎藤村論―明治の青春　永野昌三著　土曜美術社出版販売　（現代詩人論叢書）1998.12　①4-8120-0743-7
 ＊「あゝ、自分のやうなものでも、どうかして生きたい。」（『春』）。この言葉に人生と芸術に対する一切を感得した著者の労作。合本『藤村詩集』を中心に据えて、その詩精神の軌跡をたずね、明治時代にあって、その営みがいかなる意味をもち得たかを検証する詩人藤村論である。

◇若き日の藤村―仙台時代を中心に　藤一也著　本の森　1998.11　①4-938965-11-9
 ＊藤村文学の曙『若菜集』から新生事件まで。仙台在住の藤村研究一人者が十年間書き続けた「藤村ノート」のページを開く。

◇藤村をめぐる女性たち　伊東一夫著　国書刊行会　（島崎藤村コレクション）1998.11　①4-336-04093-1
 ＊藤村の愛と真実。藤村と出会い、運命をきり開いた十四人の女性たちの哀歓と苦悩、微笑と憂愁を綴る物語。長年の研究と、著者自身による彼女たちとの交流の集大成からなる、渾心の評伝。

◇知られざる晩年の島崎藤村　青木正美著　国書刊行会　（島崎藤村コレクション）1998.9　①4-336-04092-3
 ＊すでに晩年というべき時期に、刻苦勉励六年をかけて完成された昭和期最高の文学遺産『夜明け前』。その奇跡の隠された真実に、膨大な文献渉猟と新資料の駆使によって迫る力作評論。

◇写真と書簡による島崎藤村伝　伊東一夫, 青木正美編　国書刊行会　（島崎藤村コレクション）　1998.8　①4-336-04091-5
 ＊明治・大正・昭和にわたり日本の近代化と歩みをともにし、存在の苦悩と日本文化の伝統の本質を問い続けた島崎藤村の生涯を、新たに発掘した写真と書簡で見る、画期的な一冊。

◇島崎藤村　下山嬢子著　宝文館出版　1997.10　①4-8320-1484-6

◇藤村のパリ　河盛好蔵著　新潮社

1997.5 ①4-10-306005-0
＊姪との背徳の恋から逃れるために渡仏した島崎藤村は、パリでどんな日々を送ったのか―。著者は研究家も見逃しているパリに於ける藤村のキタ・セクスアリスにも強い関心を抱き、探っていきます。また、当時のパリの音楽や演劇の状況、滞仏中の日本人と藤村との交流等の細やかにたどります。折から勃発した世界大戦下のパリという特異な時代背景を踏まえ、藤村の疎開先リモージュまで、その足跡を追った待望の畢生の書。多くの文学者や芸術家の心を捉えたパリの真髄を藤村に、自らの留学体験に重ねて描いた豊饒なパリ随想。

◇島崎藤村―嵐/歓楽の時、活動の時　島崎藤村著，瓜生清編　日本図書センター（シリーズ・人間図書館）　1997.4
①4-8205-9484-2

◇島崎藤村―文明批評と詩と小説と　平岡敏夫，剣持武彦共編　双文社　1996.10
①4-88164-510-2

▌ 島地黙雷　しまじもくらい
1838～1911　明治期の僧侶。政府の神仏習合策を批判し、真宗各派の大教院からの分離を唱え廃止に追い込んだ。

◇島地黙雷―「政教分離」をもたらした僧侶　山口輝臣著　山川出版社　（日本史リブレット人）　2013.1　①978-4-634-54888-6
＊「政教分離」をもたらした僧侶・島地黙雷。キリスト教を敵視する一僧侶にそれが可能だったのはどうしてか？　そしてその意図は？　黙雷の主張に耳を傾け、彼の行動を追うことで迫る。一人の僧侶に視点をすえた幕末・明治時代史。黙雷は明治やそれ以降の日本の社会にどんな影響をあたえたのか？　そもそも近代日本にとって宗教とは何なのか？―。

◇島地黙雷伝―剣を帯びた異端の聖　村上護著　ミネルヴァ書房　2011.4
①978-4-623-05845-7
＊本書では当時、廃仏毀釈で虫の息となっていた仏教の再生に尽力し、女子教育、監獄教誨や軍隊布教にも努めた異端の聖、島地黙雷の生涯を追う。

◇大教院の研究―明治初期宗教行政の展開と挫折　小川原正道著　慶応義塾大学出版会　2004.8　①4-7664-1090-4
＊「敬神」、「愛国」、「人道」―。天皇を中心とする国家建設にあたり、新政府はいかに民衆を教化していったのか。明治初期の日本で、宗教行政の中核を担った「大教院」の設立から、制度、活動、そして崩壊までの過程を詳細に論じる。

▌ 島田三郎　しまださぶろう
1852～1923　明治，大正期のジャーナリスト，政治家。衆議院議員，毎日新聞社社長。立憲改進党の結成に参加。雄弁家でシーメンス事件追及、普選法案演説などが有名。

◇島田三郎伝　高橋昌郎著　まほろば書房　1988.3　①4-943974-05-8

▌ 島津家久　しまづいえひさ
1576～1638　安土桃山時代，江戸時代前期の大名。薩摩藩主。

◇鹿児島県史料拾遺　第4　玉里文庫本　家久君上京日記　五味克夫編　鹿児島県史料拾遺刊行会　1965-1966

▌ 島津重豪　しまづしげひで
1745～1833　江戸時代中期，後期の大名。薩摩藩主。

◇島津重豪　〔新装版〕　芳即正著　吉川弘文館　（人物叢書）　1988.11
①4-642-05137-6
＊典型的な開化大名にして蘭学の大の庇護者島津重豪初めての伝記。中世的体質を強く残した薩摩藩の、後進性克服を生涯の課題とした重豪は、積極的に開化政策を展開。そのために五百万両という巨額の藩債を造出した元兇と伝えられる。新史料によってその原因を究明、多彩な重豪の業績とともに、薩摩藩天保財政改革前夜の姿を描く。

▌ 島津貴久　しまづたかひさ
1514～1571　戦国時代の薩摩の大名。忠

良の嫡子。

◇島津貴久―戦国大名島津氏の誕生　新名一仁著　戎光祥出版　（中世武士選書）2017.4　Ⓘ978-4-86403-242-1

▎島津斉彬　しまづなりあきら

1809〜1858　江戸時代末期の大名。薩摩藩主。開明的君主で藩政改革を断行。公武合体を唱え、幕政にも影響を及ぼす。

◇虚像の西郷隆盛虚構の明治150年―明治維新という過ち 完結編　原田伊織著　講談社　（講談社文庫）　2018.6　Ⓘ978-4-06-511829-0

◇島津斉彬　水谷俊樹原作, 加来耕三企画・構成・監修, 中島健志作画　ポプラ社（コミック版日本の歴史　幕末・維新人物伝）　2018.2　Ⓘ978-4-591-15702-2

◇英傑の日本史　西郷隆盛・維新編　井沢元彦著　KADOKAWA　（角川文庫）2017.8　Ⓘ978-4-04-400233-6

◇島津斉彬　松尾千歳著　戎光祥出版　（シリーズ〈実像に迫る〉）　2017.7　Ⓘ978-4-86403-254-4

◇薩摩の歴史と文化　早稲田大学日本地域文化研究所編　行人社　（日本地域文化ライブラリー）　2013.2　Ⓘ978-4-905978-88-6
　＊花は霧島 煙草は国分、燃えて上がるはオハラハー桜島（おはら節）。台風常襲、シラスの地ゆえの困難を利点に転ずる「人」づくり―薩摩郷中教育の精神に学ぶ。

◇島津斉彬―大海原に夢を抱いた殿様　尚古集成館　2009.7

◇島津斉彬のすべて　新装版　村野守治編　新人物往来社　2007.11　Ⓘ978-4-404-03505-9

◇薩摩のキセキ―日本の礎を築いた英傑たちの真実！　西郷吉太郎, 西郷隆文, 大久保利泰, 島津修久著, 薩摩総合研究所「チェスト」編著　総合法令出版2007.10　Ⓘ978-4-86280-014-5
　＊西郷隆盛、大久保利通、島津斉彬―。類まれなるリーダーシップを発揮したこれら薩摩の英傑たちは、いかにして生

まれ、育まれたのか？ 日本はこのままでよいのか？ 日本の未来は危うくないか？ リーダーとはどうあるべきか？ すべての日本人に送る熱きメッセージ。

◇島津斉彬とその時代　安田山彦著　安田山彦　2006.3

◇島津斉彬の集成館事業―図録薩摩のモノづくり　尚古集成館　2003.9

◇島津斉彬の挑戦―集成館事業　尚古集成館編著　春苑堂出版　（かごしま文庫）2002.3　Ⓘ4-915093-80-8

◇島津斉彬―時代の先を歩み続けた幕末の名君　加藤蕙著　PHP研究所　（PHP文庫）　1998.10　Ⓘ4-569-57120-4
　＊「この日本国が英吉利、仏蘭西、米利堅といった国々と伍するには、西洋の文物を採り入れ、実用としなければならない…」斉彬の目は広く世界を見据えていた。しかし、家督相続を狙もうとする父斉興の策謀が、その行く手に立ち塞がった。―西郷隆盛らを見出して幕末維新の礎を築いた島津斉彬の生涯を、曾祖父重豪から斉彬に至る薩摩藩主四代にわたって繰り広げられた父子の相剋を軸に描く。

◇島津斉彬　綱淵謙錠著　文芸春秋　（文春文庫）　1995.7　Ⓘ4-16-715716-0

◇島津斉彬公伝　池田俊彦著　中央公論社（中公文庫）　1994.5　Ⓘ4-12-202098-0
　＊三百諸侯中英明第一とうたわれ、近代洋式工業の導入、西郷をはじめいくたの人材抜擢、外様大名からの国策画定への関与など、時代をはるかに超える見識をもって幕末史に偉大な足跡をしるした開明派大名の事績と人間性を、豊富な史料を駆使して描き出す。

◇島津斉彬　〔新装版〕　芳即正著　吉川弘文館　（人物叢書）　1993.11　Ⓘ4-642-05197-X
　＊幕末の薩摩藩主島津斉彬は、曾祖父重豪の薫陶により吸収した洋学知識と、琉球を通して知り得た外国情報により、世界に目を向けた開明的な視野で施政を行った。国政においては一橋派を支持して幕政改革を企図し、藩政におい

島津久光

ては殖産興業・富国強兵の道を進んだ。人格・識見に優れた斉彬の影響のもと、薩摩から明治維新に活躍した輝かしい人材を輩出する。

◇島津斉彬　綱淵謙錠著　PHP研究所（歴史人物シリーズ）　1990.1
①4-569-52667-5
＊工業生産を基盤とした藩経営の確立を目指し、薩摩藩改造を、軍事的にも経済的にも政功に導いた幕末の名君・島津斉彬―。藩を超え、国家レベルの戦略を立てた先覚者に全貌を描く。

島津久光　しまづひさみつ
1817〜1887　江戸時代末期、明治期の政治家。島津忠義の後見人、国父と呼ばれ鹿児島藩政の実権を握る。尊攘派と妥協提携。

◇島津久光の明治維新―西郷隆盛の"敵"であり続けた男の真実　安藤優一郎著　イースト・プレス　2017.11
①978-4-7816-1613-1

◇幕末文久期の国家政略と薩摩藩―島津久光と皇政回復　町田明広著　岩田書院（近代史研究叢書）　2010.10
①978-4-87294-643-7

◇島津久光＝幕末政治の焦点　町田明広著　講談社　（講談社選書メチエ）　2009.1
①978-4-06-258431-9
＊時は、幕末がいまだ「政治の季節」であった文久期。幕府の権威が根底から揺らぎ、過激志士らの暴発に朝廷がおびえる中、その動向をもっとも注目された男こそ、島津久光であった。久光の指揮の下、小松帯刀、大久保一蔵、中山中左衛門、堀次郎ら、実力ある藩士たちが、京都の中央政局を舞台にして、幕末の行方を決定づける政争をくりひろげてゆく。史料を丹念に読みこみ、幕末政治史にあらたな光をあてる意欲作。

◇島津久光公実紀　1　新装版　日本史籍協会編　東京大学出版会　（続日本史籍協会叢書）　2000.10　①4-13-097888-8
＊島津久光公実紀は久光の履歴を記すると共に幕末に於ける薩藩の動向を見る上に欠くことのできない史料である。文化十四年十月その生立から、歿後の

明治四十一年十二月に至るまでの公私にわたる出来事を丹念に収録している。本書は久光の一代記と言うべき書であるが、維新史の要点を編年的に記述し、久光と公卿及び雄藩主との往復文書を多数収め、維新の裏面を知る上に貴重な史料である。原書は全八巻であるが、本叢書は三巻に収録している。

◇島津久光公実紀　2　新装版　日本史籍協会編　東京大学出版会　（続日本史籍協会叢書）　2000.10　①4-13-097889-6

◇島津久光公実紀　3　新装版　日本史籍協会編　東京大学出版会　（続日本史籍協会叢書）　2000.10　①4-13-097890-X

島津義久　しまづよしひさ
1533〜1611　安土桃山時代、江戸時代前期の薩摩の大名。貴久の嫡子。

◇島津四兄弟の九州統一戦　新名一仁著　星海社　（星海社新書）　2017.11
①978-4-06-510575-7

島津義弘　しまづよしひろ
1535〜1619　安土桃山時代、江戸時代前期の大名。薩摩藩主。

◇島津義弘　加来耕三企画・構成・監修，すぎたとおる原作，藤科遥市作画　ポプラ社（コミック版日本の歴史　戦国人物伝）
2013.9　①978-4-591-13574-7
＊九州最強・戦国島津家の猛将！「鬼」と呼ばれた男の生き様!!

◇島津義弘―慈悲深き鬼　戦国歴史研究会著　PHP研究所　（戦国闘将伝）　2008.6
①978-4-569-69984-4
＊明軍を一蹴！／出陣要請を無視！／敵をも弔う博愛精神…。中央突破で家康を震え上がらせた男！　鬼島津の生涯を漫画と文章でつづる！

◇島津義弘一代記　野田昇平画・作，加治木町教育委員会編　〔加治木町教育委員会〕
2008.1

◇島津奔る　上巻　池宮彰一郎著　新潮社（新潮文庫）　2001.6　①4-10-140816-5

◇島津奔る　下巻　池宮彰一郎著　新潮社

島村抱月

（新潮文庫） 2001.6 Ⓘ4-10-140817-3

◇島津奔る　上巻　池宮彰一郎著　新潮社
1998.12　Ⓘ4-10-387205-5
＊慶長五年、関ヶ原合戦。敗色濃厚な西
軍に与しながら薩摩島津だけがなぜ領
国を守り抜けたのか。薩摩の太守・島
津義弘、ときに六十六歳。九州制覇、七
年に及ぶ文禄・慶長ノ役、戦さの一字に
刻まれた彼の後半生に寧日はなかった。
百二十年余もつづいた戦時景気はしぼ
み、未曾有の戦後不況が猛威をふるう
前夜。日本が東と西にわかれ、戦国期
最後にして最大の、生き残りをかけた
大戦がいままさに火蓋を切らんとして
いた―。著者畢生の大作と呼ぶにふさ
わしい歴史巨編。

◇島津奔る　下巻　池宮彰一郎著　新潮社
1998.12　Ⓘ4-10-387206-3
＊嵐が過ぎ去るのをただ待つは、人の上
に立つ将の器にあらず。われに救国の
知謀、秘策あり。国もとから援兵は届
かぬ。恃むは己の才智と志を一つにす
る家臣のみ。いざ、一大決戦の関ヶ原
へ。太守・島津義弘の窮状を知った薩
摩隼人は国抜けの汚名を覚悟して三百
里の山海を奔った。そして屍山血河の
関ヶ原から国もとへ義弘は生きて帰ら
ねばならぬ。さもなくば、故国は関ヶ
原の勝者にたたき潰され、時代の奔流
にのまれてしまう―。卓抜な着想と深
い洞察が冴える関ヶ原合戦史の決定版。

◇島津義弘―関ヶ原・敵中突破の豪勇　加
野厚志著　PHP研究所　（PHP文庫）
1996.12　Ⓘ4-569-56965-X
＊秋雨けぶる関ヶ原に、すでに西軍の姿は
なかった。ただ一軍、笹尾山麓に島津の
部隊だけが超然と居座っている。「見て
のとおり。関ヶ原にはためくは東軍諸
隊の旗じるしのみ。これより兵を束ね、
東軍総帥の本陣へと突き進んで、家康め
に薩摩武士の底力を見せもす！」義弘
は最後の決意を告げた。―秀吉に服し、
朝鮮出兵で活躍。関ヶ原で敗れるも、勇
将としての生涯を全うした男の生き様。

◇島津義弘　徳永真一郎著　光文社　（光文
社時代小説文庫）　1992.12
Ⓘ4-334-71629-6

＊骨肉相食む戦国の世、島津家は親子兄
弟が堅固な団結力をもって、薩摩・大
隅・日向、やがては九州全土の征服を目
指した。20歳の初陣で大勝した義弘は、
輝かしい武名を残すが、関ヶ原の合戦
に敗れ、家康陣の前を敵中突破、"島津
の早駈け"で名を挙げた。兄義久と協力
して、薩摩藩の繁栄の礎を築く。南国
の猛将の生涯を通して、島津一族の絆
を描いた長編力作。

◇島津義弘　徳永真一郎著　青樹社
1990.8　Ⓘ4-7913-0610-4
＊祖父忠良―父貴久―そして義久・義弘・
歳久・家久の四兄弟。堅固な団結力を
もって強大な薩摩藩の磐石の礎を築いた
島津一族。とりわけ名君の誉れ高い義
弘の生涯を通してこの偉業を人間味溢
れる筆致で描き上げた著者会心の力作。

島村抱月　しまむらほうげつ

1871～1918　明治, 大正期の評論家, 劇作
家。「早稲田文学」を創刊。文芸協会創立
に加わり、「人形の家」の訳・演出など。
芸術座を結成。

◇文豪「島村抱月」　隅田正三著　波佐文化
協会　2010.12

◇評伝島村抱月―鉄山と芸術座　上巻　岩
町功著　石見文化研究所　2009.6

◇評伝島村抱月―鉄山と芸術座　下巻　岩
町功著　石見文化研究所　2009.6

◇松井須磨子―芸術座盛衰記　新装版　川
村花菱著　青蛙房　2006.9
Ⓘ4-7905-0125-6
＊文芸協会「人形の家」から最後の舞台
「カルメン」までわずか八年足らずで
散った名優・松井須磨子。身近で見た
須磨子と島村抱月の愛憎劇の真相を知
る人の生々しい回想記。

◇抱月のベル・エポック―明治文学者と新
世紀ヨーロッパ　岩佐壮四郎著　大修館
書店　1998.5　Ⓘ4-469-22139-2
＊日本自然主義文学運動を興し新劇運動
を創めて女優松井須磨子を育てた島村
抱月が留学したのは文化の華繚乱たる
世紀転換期「ベル・エポック」のイギリ

ス、ドイツだった。抱月の眼を通し、一世紀前の日本人の西欧体験の実相を照らしだす。

下村観山　しもむらかんざん

1873〜1930　明治, 大正期の日本画家。日本美術院創立に参加, 正員となる。第1回文展で審査員を務め, 「木の間の秋」を発表。

◇本朝画人伝—新輯　巻4　村松梢風著　中央公論社　1972

下山定則　しもやまさだのり

1901〜1949　昭和期の官僚。国鉄総裁。鉄道省に入り企画院技師, 名古屋・東京鉄道局長などを経て国鉄総裁。

◇新版・下山事件全研究　佐藤一著　インパクト出版会　2009.8
　①978-4-7554-0199-2
　＊下山事件研究の決定版。1949年, 米軍占領下に起きた下山, 三鷹, 松川事件。戦後混乱期の中での事件は謀略の臭いが立ちこめる。松川事件の死刑囚だった著者は無罪を勝ち取ったあと, 下山事件の全面的研究に取り組む。浅薄な謀略論を排し, 捜査資料を再検討し, 関係者に徹底取材して, 事件の真実を解明する。

◇下山事件—最後の証言　柴田哲孝著　祥伝社　2005.7　①4-396-63252-5
　＊「あの事件をやったのはね, もしかしたら, 兄さんかもしれない…」祖父の二三回忌の席で, 大叔母が呟いた一言がすべての発端だった。昭和二四年 (一九四九) 七月五日, 初代国鉄総裁の下山定則が三越本店で失踪。翌六日未明, 足立区五反野の常磐線上で轢死体となって発見された。戦後史最大のミステリー「下山事件」である。陸軍の特務機関員だった祖父は, 戦中戦後, 「亜細亜産業」に在籍していた。かねてからGHQのキャノン機関との関係が噂されていた謎の組織である。祖父は何者だったのか。そして亜細亜産業とは。親族, さらに組織の総帥へのインタビューを通し, 初めて明らかになる事件の真相。

謝花昇　じゃはなのぼる

1865〜1908　明治期の自由民権運動家。沖縄県技師に任命され高等官。貢糖制度の廃止による砂糖生産の拡大, 杣山払い下げの推進, 土地整理事業などに関与。

◇義人・謝花昇略伝—自由民権運動の父　人物史伝　浦崎栄徳編著　東風平町歴史民俗資料館　2005.3

◇謝花昇集　謝花昇著, 伊佐真一編・解説　みすず書房　1998.6　①4-622-03666-5
　＊本書は, 謝花昇が書いた「東京留学日記」から, 卒業論文, 講演記録, 行政文書, 新聞投書, 唯一の著書『沖縄糖業論』, 病気全快の広告に至るまで28点, いま知られる限りの全てを集めた。それとともに, 彼に関連する人物, なかんずく「沖縄倶楽部」で苦楽をともにした人々の行動を克明に追った年譜も収めた。そしてこれらの収集資料と調査に基づく編者渾身の力作「謝花昇—近代日本を駆け抜けた抵抗」も併載した。

シュタイン　Stein, Lorenz von

1815〜1890　明治期のドイツの社会学者, 法学者。保守的社会主義あるいは国家的社会主義の理論家。主著に「財政学」(1860) がある。

◇ローレンツ・フォン・シュタインと日本人との往復書翰集　ローレンツ・フォン・シュタインほか著, 柴田隆行編集・判読　東洋大学社会学部社会文化システム学科　2011.1

◇ローレンツ・シュタイン研究—憲法—憲政論・国家—社会学説・法哲学　森田勉著　ミネルヴァ書房　(Minerva人文・社会科学叢書)　2001.3　①4-623-03412-7
　＊シュタインは, 全ヨーロッパ的視座に立つ社会科学を創造し, 日本の近代国家と学問の建設にも貢献した。さらに彼は, 歴史学・経済学・財政学・行政学・女性論等々の社会生活のあらゆる分野にわたる膨大な独創的著作を発表して, 平和な民主主義的・自由主義的法治国を土台にしつつ, 勤労大衆の生活の安定と向上をはかる社会改革の方法を探

究した。本書は、彼の全学説の核心の磁石と基柱をなす理論を解明する。

◇ドイツ国家学と明治国制—シュタイン国家学の軌跡　滝井一博著　ミネルヴァ書房　（Minerva人文・社会科学叢書）1999.10　①4-623-03098-9
＊「国制知」とは、国家の成り立ちと諸制度—国制を構想し、その支柱となってそれを運営していく知的営み、ないしそれに携わる学識集団である。本書は、明治日本の「国制知」をドイツ国家学に求め、ローレンツ・フォン・シュタイン、伊藤博文、渡辺洪基の思想と活動を追いながら、ドイツ国家学の成立と展開、わが国への伝播とその帰趨を見届け、その「国制知」としての実態と機能に比較法史の視角からアプローチする。

| **俊寛**　しゅんかん
？〜1179　平安時代後期の僧。後白河院の近習僧、法勝寺執行。

◇俊寛　斎藤憐著　而立書房　1990.1
①4-88059-138-6

| **俊芿**　しゅんじょう
1166〜1227　我禅（がぜん）とも。平安時代後期、鎌倉時代前期の僧。戒律復興を行い、京都泉涌寺を開山。

◇俊芿律師—鎌倉仏教成立の研究　石田充之編　法蔵館　1972

| **順徳天皇**　じゅんとくてんのう
1197〜1242　順徳上皇（じゅんとくてんのう）とも。鎌倉時代前期の第84代の天皇。（在位1210〜1221）。後鳥羽天皇の第3皇子。

◇佐渡の順徳院と日蓮新発見—私家版　杉本保雄著　歴研　2002.6　①4-947769-10-6

◇八雲御抄の研究　正義部・作法部　片桐洋一編　和泉書院　（研究叢書）　2001.10
①4-7576-0122-0

◇母方の支配地佐渡へ遷幸された順徳上皇　中川三代治編　G&Aギャラリー&アトリエ道友よんべと　（佐渡氏族考察）

1997.8

◇順徳天皇を仰ぐ—750年祭記念講演記録　芸林会，佐渡真野町順徳天皇750年祭奉賛会著　新人物往来社　（文化講演叢書）1993.5　①4-404-02016-3

◇順徳天皇とその周辺　芸林会編　（京都）臨川書店　1992.11　①4-653-02516-9

| **淳和天皇**　じゅんなてんのう
786〜840　平安時代前期の第53代の天皇。（在位823〜833）。桓武天皇の子。

◇空海と唐と三人の天皇　小林恵子著　祥伝社　（祥伝社黄金文庫）　2015.3
①978-4-396-31658-7

| **淳仁天皇**　じゅんにんてんのう
733〜765　奈良時代の第47代の天皇。（在位758〜764）。天武天皇の孫。舎人親王の子。

◇淳仁天皇淡路高島陵考と淡路陵旧説批判　原義一著　原義一　1959

| **成尋**　じょうじん
1011〜1081　平安時代中期，後期の入宋僧。藤原貞叙の子。

◇渡航僧成尋、雨を祈る—『僧伝』が語る異文化の交錯　水口幹記著　勉誠出版2013.6　①978-4-585-22054-1
＊平安後期に中国へ渡り、彼の地で生涯を終えた天台僧「成尋」。皇帝より要請された祈雨を成功させ、大師号を賜ったその功績は、中国で華々しく活躍した先達として、日本の数々の高僧伝において取り上げられている。しかし、中国側史料には、この一連の祈雨成功については一切語られていなかった—成尋の書き残した渡航日記『参天台五台山記』、そして中国側史料を精査することで見えてきたものとはいったい何か…語り、語られることで交錯する異文化の諸相を立体的に捉え、文化・歴史とは何かを再考する新たな歴史学。

◇天台入唐入宋僧の事跡研究　斉藤円真著　山喜房仏書林　2006.12　①4-7963-0194-1

◇成尋の入宋とその生涯　伊井春樹著　吉川弘文館　1996.6　①4-642-07491-0
＊「渡宋して、仏教の聖地天台山・五台山の巡礼を果たしたい」宿願実現のため、老母の嘆きをも振り切り、大海へ乗り出す天台僧成尋。異国へ息子を送り出す母の心の葛藤や、当時の日本と宋の社会を背景にその生涯を描く。

尚泰　しょうたい
1843〜1901　江戸時代末期, 明治期の琉球最後の国王。日本政府によって華族となり、外交事務は外務省に移管された。

◇尚泰侯実録　東恩納寛惇著　原書房　（明治百年史叢書）　1971

定朝　じょうちょう
？〜1057　平安時代中期の仏師。康尚の子または弟子。

◇ほとけを造った人びと―止利仏師から運慶・快慶まで　根立研介著　吉川弘文館（歴史文化ライブラリー）　2013.8　①978-4-642-05766-0
＊「ほとけ」、すなわち仏像はいかなる人々によってなぜ造られたのか。止利仏師や定朝、運慶、快慶ら、飛鳥時代より鎌倉前期に活躍した仏師の姿や、彼らが率いた工房の活動を描き出す。仏像をより深く理解できる一冊。

聖徳太子　しょうとくたいし
⇒厩戸王（うまやどのおう）

称徳天皇　しょうとくてんのう
⇒孝謙天皇（こうけんてんのう）

尚巴志　しょうはし
1372〜1439　南北朝時代, 室町時代の琉球国王。琉球初の統一王朝を樹立。

◇沖縄の夜明け―第一尚氏王統の興亡　宮野賢吉著　那覇出版社　1986.7

聖武天皇　しょうむてんのう
701〜756　聖武太上天皇（しょうむだじょうてんのう）とも。奈良時代の第45代の天皇。（在位724〜749）。文武天皇の皇子。仏教に帰依し、国分寺や東大寺の大仏を造営。

◇官人大伴家持―困難な時代を生きた良心　中西進監修, 高志の国文学館編・解説　桂書房　2017.3　①978-4-86627-024-1

◇聖武天皇・光明皇后―古代を創った人びと　歴史展示企画会議監修　奈良県地域振興部文化資源活用課　2017.3

◇柿本人麻呂の栄光と悲劇―『万葉集』の謎を解く　池野誠著　山陰文芸協会　2016.9　①978-4-92108-018-1

◇日本文化の源流を求めて　3　立命館大学文学部編　文理閣　（読売新聞・立命館大学連携リレー講座）　2012.3　①978-4-89259-681-0
＊ユーラシアの東端に稔った多様で豊かな心の文化。東西の精神のしなやかな融合。基層文化、神道とカミ信仰、仏教、伝説、文学、いけばな、建築、料理…その深淵を究める旅。

◇聖武天皇―巨大な夢を生きる　中西進著　中央公論新社　（中公文庫）　2011.5　①978-4-12-205485-1

◇聖武天皇―責めはわれ一人にあり　森本公誠著　講談社　2010.10　①978-4-06-216138-1
＊政変と兵乱、災異と疫病。律令国家草創期の困難な時代。天皇は、そのすべてを背負った。歴史家として真摯に史料と向き合い、東大寺の住職として人間への洞察を深めてきた著者が描く、"格闘する天皇"の実像。

◇中西進著作集　25　天智伝 聖武天皇　中西進著　四季社　2010.1　①978-4-88405-425-0

◇聖武天皇の夢・紫香楽―近江・甲賀の聖武天皇ゆかりの遺跡を歩く　滋賀県教育委員会事務局文化財保護課, 埋蔵文化財センター編集・制作　甲賀市教育委員会歴史文化財課　（近江歴史探訪マップ）　2007.11

◇鬼の帝聖武天皇の謎　関裕二著　PHP研究所　（PHP文庫）　2006.2
Ⓘ4-569-66474-1
＊天平12年10月26日。聖武天皇は、兵わずか400とともに忽然と平城京から姿を消した。その後、聖武天皇は伊賀、伊勢、美濃、不破、近江をめぐり、恭仁京、紫香楽京、難波京と移り、平城京に遷都したのは天平17年の5月。足かけ5年にわたる「迷走」。果たしてその目的とは何であったのか。「藤原の傀儡」といわれた聖武天皇。忘れ去られた英傑の正体に迫る野心作。

◇聖武天皇とその時代─天平文化と近江　財団法人滋賀県文化財保護協会設立35周年記念展　滋賀県立琵琶湖文化館特別陳列滋賀県立安土城考古博物館第30回企画展　滋賀県文化財保護協会，滋賀県立安土城考古博物館，滋賀県立琵琶湖文化館編　滋賀県文化財保護協会　2005.7

◇万葉集と謎の聖武天皇─恭仁京の挽歌　舟茂俊雄著　福寿書房　2001.7

◇双調平家物語　4　栄花の巻　橋本治著　中央公論新社　1999.6　Ⓘ4-12-490124-0
＊広嗣の乱に怯え、大仏建立に取り憑かれ、祈り高き聖武帝の彷徨える生涯。疫病の蔓延による藤原四兄弟をはじめとする太政官の高官達の死、祈り高き天皇を脅やかす朝臣の乱。奈良の都を打ち棄て遷都を繰り返す聖武天皇に振り回される臣下達の悲喜劇。

◇古代日本の国家と仏教─東大寺創建の研究　田村円澄著　吉川弘文館　1999.5
Ⓘ4-642-02337-2
＊天平の治世、対新羅外交緊迫の危機に直面した。『華厳経』に基く蓮華蔵世界を日本に現出させて新羅を付庸国とするため建立されたのが盧舎那仏・東大寺である。創建過程を明かにし、古代国家における仏教の役割を論ずる。

◇彷徨の王権聖武天皇　遠山美都男著　角川書店　（角川選書）　1999.3
Ⓘ4-04-703305-7

◇聖武天皇─巨大な夢を生きる　中西進著　PHP研究所　（PHP新書）　1998.11
Ⓘ4-569-60313-0

＊われは国家なり─巨像・盧舎那仏にわが身を投影し、その存在を宣揚した聖武天皇は、仏教国家の範を聖徳太子に仰ぎ、白鳳の精神を伝統とする理想の君主国・日本の実現をめざした英主であった。本書では、「大仏建立」を中心に捉え、「アウトサイダーの重用」「藤原官僚機構との戦い」「和歌の力の結集」などの視点から、まったく新しい聖武像を解き明かす。精力と財力のかぎりをつくして巨大な夢を生きた、天平の英主の情念に迫る、渾身の書き下ろし。

◇鬼の帝聖武天皇　関裕二著　三一書房　1998.4　Ⓘ4-380-98233-5

昭和天皇　しょうわてんのう

1901〜1989　昭和期の第124代天皇。大正天皇の第1皇子。戦後、天皇の位置づけは「象徴」となる。生物学に造詣が深く「那須の植物」などの著書がある。

◇天皇の歴史　8　昭和天皇と戦争の世紀　大津透，河内祥輔，藤井讓治，藤田覚編集委員　加藤陽子著　講談社　（講談社学術文庫）　2018.7　Ⓘ978-4-06-512290-7

◇天皇陛下の私生活─1945年の昭和天皇　米窪明美著　新潮社　（新潮文庫）　2018.7　Ⓘ978-4-10-121496-2

◇昭和天皇の名言─永遠に記憶したい皇室の御心　山下晋司監修，別冊宝島編集部編　宝島社　2018.5　Ⓘ978-4-8002-8227-9

◇昭和天皇実録　第16　自昭和四十九年至昭和五十三年　宮内庁著　東京書籍　2018.3　Ⓘ978-4-487-74416-9

◇昭和天皇実録　第17　自昭和五十四年至昭和五十八年　宮内庁著　東京書籍　2018.3　Ⓘ978-4-487-74417-6

◇昭和天皇実録　第18　自昭和五十九年至昭和六十四年　宮内庁著　東京書籍　2018.3　Ⓘ978-4-487-74418-3

◇昭和天皇とその時代　伊東貞三著　青山ライフ出版　2017.11　Ⓘ978-4-86450-280-1

◇昭和天皇実録　第13　自昭和三十五年至昭和三十九年　宮内庁著　東京書籍　2017.9　Ⓘ978-4-487-74413-8

昭和天皇

◇昭和天皇実録　第14　自昭和四十年至昭和四十四年　宮内庁著　東京書籍　2017.9　①978-4-487-74414-5

◇昭和天皇実録　第15　自昭和四十五年至昭和四十八年　宮内庁著　東京書籍　2017.9　①978-4-487-74415-2

◇昭和天皇七つの謎　加藤康男著　ワック（WAC BUNKO）　2017.8　①978-4-89831-760-0

◇立憲君主昭和天皇　上巻　川瀬弘至著　産経新聞出版　2017.6　①978-4-8191-1313-7

◇立憲君主昭和天皇　下巻　川瀬弘至著　産経新聞出版　2017.6　①978-4-8191-1314-4

◇昭和天皇100の言葉—日本人に贈る明日のための心得　別冊宝島編集部編　宝島社（宝島SUGOI文庫）　2017.5　①978-4-8002-7045-0

◇昭和天皇実録　第10　自昭和二十一年至昭和二十四年　宮内庁著　東京書籍　2017.3　①978-4-487-74410-7

◇昭和天皇実録　第11　自昭和二十五年至昭和二十九年　宮内庁著　東京書籍　2017.3　①978-4-487-74411-4

◇昭和天皇実録　第12　自昭和三十年至昭和三十四年　宮内庁著　東京書籍　2017.3　①978-4-487-74412-1

◇昭和天皇実録評解　2　大元帥・昭和天皇はいかに戦ったか　小田部雄次著　敬文舎　2017.3　①978-4-906822-71-3

◇側近日誌—侍従次長が見た終戦直後の天皇　木下道雄著, 高橋紘編　中央公論新社（中公文庫）　2017.2　①978-4-12-206368-6

◇昭和天皇御召列車全記録　原武史監修, 日本鉄道旅行地図帳編集部編　新潮社　2016.9　①978-4-10-320523-4

◇昭和天皇実録　第8　自昭和十五年至昭和十七年　宮内庁著　東京書籍　2016.9　①978-4-487-74408-4

◇昭和天皇実録　第9　自昭和十八年至昭和二十年　宮内庁著　東京書籍　2016.9　①978-4-487-74409-1

◇昭和天皇とスポーツ—〈玉体〉の近代史　坂上康博著　吉川弘文館　（歴史文化ライブラリー）　2016.5　①978-4-642-05825-4

◇昭和天皇は何と戦っていたのか—『実録』で読む87年の生涯　井上亮著　小学館　2016.4　①978-4-09-389766-2

◇昭和天皇実録　第6　自昭和七年至昭和十年　宮内庁著　東京書籍　2016.3　①978-4-487-74406-0

◇昭和天皇実録　第7　自昭和十一年至昭和十四年　宮内庁著　東京書籍　2016.3　①978-4-487-74407-7

◇昭和天皇100の言葉—日本人に贈る明日のための心得　別冊宝島編集部編　宝島社　2015.10　①978-4-8002-4549-6

◇昭和天皇の祈りと大東亜戦争—『昭和天皇実録』を読み解く　勝岡寛次著　明成社　2015.9　①978-4-905410-36-2

◇昭和天皇実録　第3　自大正十年至大正十二年　宮内庁著　東京書籍　2015.9　①978-4-487-74403-9

◇昭和天皇実録　第4　自大正十三年至昭和二年　宮内庁著　東京書籍　2015.9　①978-4-487-74404-6

◇「昭和天皇実録」を読む　原武史著　岩波書店（岩波新書 新赤版）　2015.9　①978-4-00-431561-2

◇昭和天皇実録評解—裕仁はいかにして昭和天皇になったか　小田部雄次著　敬文舎　2015.9　①978-4-906822-70-6

◇昭和天皇実録その表と裏　2　太平洋戦争敗戦・満州事変とファシズムの時代　保阪正康著　毎日新聞出版　2015.7　①978-4-620-32315-2

◇昭和天皇晩年の想い出　伊東貞三著　医学出版社　2015.7　①978-4-87055-131-2

◇昭和天皇とその時代　新版　小堀桂一郎著　PHP研究所　2015.6　①978-4-569-82399-7

◇昭和天皇の戦い—昭和二十年一月〜昭和二十六年四月　加瀬英明著　勉誠出版　2015.3　①978-4-585-22116-6

◇昭和天皇実録　第1　自明治三十四年至大正二年　宮内庁著　東京書籍　2015.3
①978-4-487-74401-5

◇昭和天皇実録　第2　自大正三年至大正九年　宮内庁著　東京書籍　2015.3
①978-4-487-74402-2

◇昭和天皇実録その表と裏　1　太平洋戦争の時代　保阪正康著　毎日新聞社　2015.3　①978-4-620-32303-9

◇「昭和天皇実録」の謎を解く　半藤一利, 保阪正康, 御厨貴, 磯田道史著　文芸春秋（文春新書）　2015.3
①978-4-16-661009-9

◇昭和天皇七つの謎　加藤康男著　ワック　2015.1　①978-4-89831-430-2

◇昭和天皇「よもの海」の謎　平山周吉著　新潮社（新潮選書）　2014.4
①978-4-10-603745-0
＊「よもの海みなはらからと…」、祖父・明治天皇の大御心が表現された和歌を、昭和天皇は御前会議の場で読みあげた。東条英機は「陛下の御心は平和にあり」と了解した。それなのに、日米開戦への道は止まらなかった―。昭和16年秋の苦い記憶が、昭和50年秋の昭和天皇に蘇る。戦争責任を問われて、「文学方面はあまり研究していない」と答えた理由とは？　昭和史の書き換えを迫る、天皇の和歌に秘められた、相反する二つの顔。

◇昭和天皇伝　伊藤之雄著　文芸春秋（文春文庫）　2014.3　①978-4-16-790064-9
＊生気に満ちた皇太子時代、即位直後の迷いと苦悩。戦争へと向かう軍部を止めようとする懸命の努力、円熟の境地による戦争終結の決断、強い道義的責任の自覚を持って日本再建に尽力する戦後。母・貞明皇太后、妻・良子皇后、子・今上天皇と美智子妃などとの生々しい家庭生活にまで筆を費やした、司馬遼太郎賞受賞の傑作評伝！

◇昭和天皇、敗戦からの戦い　保阪正康著　中央公論新社（中公文庫　昭和史の大河を往く）　2013.10　①978-4-12-205848-4
＊昭和二十年八月の敗戦。その一ヵ月後、昭和天皇の新たな戦いが始まった。皇居の濠を隔てて対峙するマッカーサーとの心理戦や三人の弟宮との関係を丹念に追い、同時代史から歴史へと移行する昭和天皇像をあらためて考える第三集。

◇吹上の季節―最後の侍従が綴る昭和天皇　続　中村賢二郎著　杉野学園出版部　2012.5　①978-4-904526-09-5

◇よみがえる昭和天皇―御製で読み解く87年　辺見じゅん, 保阪正康著　文芸春秋（文春新書）　2012.2　①978-4-16-660845-4
＊昭和天皇が遺した一万首とされる御製には、戦乱から繁栄へと変化を遂げた時代の色が、そして波瀾に満ちた天皇自身の人生が投影されている。昭和史に精通した作家と歌人が、百七十首余を徹底討論。昭和天皇の新たな実像が浮かび上がる。

▌蜀山人　しょくさんじん
⇒大田南畝（おおたなんぽ）

▌ジョン万次郎　じょんまんじろう
1827～1898　中浜万次郎（なかはままんじろう）とも。江戸時代末期、明治期の漁民、翻訳家。開成学校教授。ペリー来航時に幕府に出仕。のち渡米。著書に「漂巽記略」など。

◇日英対訳によるジョン万次郎の勇気と努力の物語　ジョン万次郎に学ぶ会著, 伊佐佳久絵　開拓社　2015.5
①978-4-7589-8017-3

◇海を渡った少年ジョン万次郎　高村忠範絵・文　汐文社　2014.4
①978-4-8113-2061-8,978-4-8113-1058-9

◇ジョン万次郎―二つのふるさとをあいした少年　エミリー・アーノルド・マッカリー作・絵, 高嶋哲夫, 高嶋桃子, 近藤隆己訳　星湖舎　2012.11　①978-4-86372-046-6
＊これは強い心をもった少年が二つのぶんかにはぐくまれ、のちに日本がせかいとともだちになるやくわりをはたした、本当にあったものがたりです。

◇ジョン万次郎に学ぶ日本人の強さ　中浜武彦著　ロングセラーズ（〔ロング新書〕）　2012.3　①978-4-8454-0903-7

ジョン万次郎

◇ジョン万次郎—幕末日本を通訳した男
永国淳哉編　新人物往来社　2010.8
①978-4-404-03896-8
＊幕末。太平洋を漂流する、土佐の名も
なき一漁民。アメリカの捕鯨船が彼を
救ったとき、冒険がはじまった。アメ
リカで学びつつ、捕鯨船の乗組員とし
て七つの海をめぐり、十年間の異国生
活を過ごした万次郎。彼が帰国したと
き、日本国内は開国と攘夷に揺れる幕
末維新の動乱期であった。アメリカを
知り「ジョン・マン」と呼ばれた男を
待っていたものとは？　ジョン万次郎の
数奇な生涯と、そのすべて。

◇ジョン万次郎の英会話—幕末のバイリン
ガル、はじめての国際人『英米対話捷径』
復刻版・現代版　乾隆著　Jリサーチ出版
2010.2　①978-4-86392-003-3
＊幕末の1859年、本邦初の本格的な英会
話教本が生まれた。幕命を受けた中浜
万次郎によって編まれた『英米対話捷
径』である。日常英会話フレーズ213が
対訳で綴られたこの英学史料が今、語
学書としてよみがえる。第1章では"英
語使い"としての万次郎の生涯と実像に
せまる。続く第2章「現代版」では原典
の和文を現代の活字と語順で翻刻。英
文には現代訳も付け、万次郎が記した
発音表記と語法を丁寧に解説する。巻
末の「復刻版」では原典全ページのカ
ラー写真を収録。時空を超えて歴史ロ
マンと語学教養を堪能できる一冊。

◇ジョン万次郎に学ぶ—「自立と共生」の理
念に生きた男　平野貞夫著　イプシロン
出版企画　2007.10　①978-4-903145-32-7

◇ファースト・ジャパニーズジョン万次郎
中浜武彦著　講談社　2007.9
①978-4-06-214177-2

◇夜明け—ジョン万次郎と佐倉惣五郎　河
村望著　人間の科学新社　2005.12
①4-8226-0259-1
＊日米和親条約でジョン・マンは"将軍"
だった!! "尊皇攘夷から文明開花"とい
う安易な近代化路線は日本に何をもた
らしたか。現代日本社会が引きずる頽
廃の素—明治維新の"ウラの顔"を暴く。

◇中浜万次郎—「アメリカ」を初めて伝えた
日本人　中浜博著　冨山房インターナ
ショナル　2005.1　①4-902385-08-2
＊今、明かされるジョン万次郎の新事
実！四代目の著者しか知りえない手紙
や日記、豊富な資料をもとにその波乱
の生涯を描く!!日本の夜明けに大活躍し
た先覚者の伝記。

◇中浜万次郎集成　増補改訂版　鶴見俊輔
監修,川澄哲夫編著　小学館　2001.12
①4-09-358042-1
＊本書は、中浜万次郎についてこれまで
日本文と英文で書かれた記事の集成で
ある。

◇ジョン万次郎とその時代　小沢一郎監修,
川澄哲夫編著,阿川尚之特別寄稿　広済堂
出版　2001.7　①4-331-50796-3
＊小沢一郎と阿川尚之がジョン万次郎に
思いをはせた。ジョン万次郎から日本
人の心と誇りを取り戻すことを学ぶ。

◇ジョン万次郎—日本を開国に導いた陰の
主役　星亮一著　PHP研究所　（PHP文
庫）　1999.9　①4-569-57319-3
＊幕末土佐藩の漁師の子として生まれた中
浜万次郎は、出漁中に遭難、アメリカの
捕鯨船に救助され渡米。柔軟な思考と持
ち前の負けん気でアメリカ社会にとけ込
み、西洋の知識と国際感覚を身につけ
た。鎖国状態の日本へ決死の覚悟で帰
国した後、坂本龍馬、福沢諭吉、勝海舟
らに多大な影響を与え、日本開国に大
きな役割を果たした。運命の荒波を自
らの信念で乗り越えた男の波乱の生涯。

◇椿と花水木—万次郎の生涯　津本陽著
角川書店　（津本陽歴史長篇全集）
1999.5　①4-04-574518-1
＊天保12(1841)年、鰹船の遭難により無
人島に漂着した中浜万次郎は、アメリ
カの捕鯨船に救助され、太平洋を渡る。
幕末激動期、無二の国際人として活躍
した"ジョン万次郎"の破瀾万丈の生涯。

◇ジョン万次郎—虹かかる海　松永義弘著
成美堂出版　（成美文庫）　1997.12
①4-415-06484-1

◇ジョン万次郎　童門冬二著　学陽書房
（人物文庫）　1997.11　①4-313-75040-1

334　教科書に載った日本史人物1000人

◇中浜万次郎—日本社会は幕末の帰国子女をどのように受け入れたか　古谷多紀子著　日本図書刊行会　1997.3　①4-89039-264-5
＊彼の残した業績が彼の生きた時代から現在までにどのように伝わっているか。帰国子女万次郎が見たアメリカと日本を様々な角度から時代的に焦点を当てながら、現代の帰国子女の実態とも重ね合わせて考察する。

◇椿と花水木—万次郎の生涯　上巻　津本陽著　新潮社　（新潮文庫）　1996.7　①4-10-128007-X

◇椿と花水木—万次郎の生涯　下巻　津本陽著　新潮社　（新潮文庫）　1996.7　①4-10-128008-8

◇私のジョン万次郎—子孫が明かす漂流の真実　中浜博著　小学館　（小学館ライブラリー）　1994.10　①4-09-460063-9

◇絵本　ジョン万次郎の生涯　伊藤三喜庵画・解説　求龍堂　1994.8　①4-7630-9422-X
＊日米交流の掛け橋となったジョン万次郎の波瀾万丈の生涯。津本陽「椿と花水木」（'92.5〜'93.11読売新聞連載）の三喜庵による解説付自選挿絵集。

◇椿と花水木—万次郎の生涯　上　津本陽著　読売新聞社　1994.3　①4-643-94014-X
＊百五十年前、ジョン・マンと呼ばれた日本人がいた。漂流中、アメリカ船に救出されたことで土佐の漁師、万次郎の運命は大きく変わっていく。幕末の国際人、ジョン万次郎の生涯を描く歴史ロマン。

◇椿と花水木—万次郎の生涯　下　津本陽著　読売新聞社　1994.3　①4-643-94015-8
＊幕末の激動に、変転する万次郎の運命。咸臨丸での再度のアメリカ。懐かしき人々の再会。万次郎の胸を万感の思いがよぎる。

◇ジョン・マンと呼ばれた男—漂流民中浜万次郎の生涯　宮永孝著　集英社　1994.1　①4-08-781092-5
＊動乱の幕末、アメリカ漂流の中で新しい運命を見出したジョン万次郎の軌跡を海外取材と新史料で追体験する本格的評伝。

◇虹かかる海—中浜万次郎　松永義弘著　光風社出版　1993.10　①4-87519-198-7
＊怒濤を越えて異国の地を踏んだ少年・万次郎。烈風吹き荒れる幕末に、彼が夢見たものは。波瀾の生涯を書下ろし。

◇誇るべき物語—小説・ジョン万次郎　有明夏夫著　小学館　1993.1　①4-09-387093-4
＊帆船時代のさなかに、進取の気性で堂々たる人生を歩んだ青年・万次郎。漂流から帰国まで波瀾万丈の軌跡を現地踏査。新資料をもとに描いた直木賞作家・有明夏夫の快作。

◇ジョン万次郎のすべて　永国淳哉編　新人物往来社　1992.12　①4-404-01970-X
＊幕末の日米経済摩擦に全力で貢献した男・ジョン万次郎の生涯を全調査。

◇ジョン万次郎物語　長田亮一著　沖縄県ジョン万次郎を語る会　1992.2

◇ジョン万次郎漂流記—運命へ向けて船出する人　エミリー・V.ウォリナー著，宮永孝解説・訳　雄松堂出版　（海外渡航記叢書）　1991.12　①4-8419-0119-1

◇雄飛の海—古書画が語るジョン万次郎の生涯　永国淳哉著　高知新聞社　（Koshin books）　1991.12

▌白井喬二　しらいきょうじ
1889〜1980　大正、昭和期の小説家。「怪建築十二段返し」でデビュー。「新撰組」で大衆文学の草分け的存在となる。「大衆文芸」を創刊。

◇さらば富士に立つ影—白井喬二自伝　白井喬二著　六興出版　1983.4

▌白河天皇　しらかわてんのう
1053〜1129　白河上皇（しらかわじょうこう），白河法皇（しらかわほうおう）とも。平安時代後期の第72代の天皇。（在位1072〜1086）。後三条天皇の第1皇子。父の遺志を継ぎ摂関政治を廃し、初めて院政を開始。

◇白河法皇—中世をひらいた帝王　美川圭著　角川学芸出版　（〔角川ソフィア文

庫〕） 2013.4 ①978-4-04-409204-7
＊賀茂川の水、双六の賽、山法師。この「三不如意」以外すべて意のままに出来る。絶大な権勢を誇り、そう豪語したと伝えられる白河法皇。果たして彼は専制君主だったのか。摂関家、強訴する武装僧侶など政治勢力が競合する中世にあって、天皇の権威を守り、天皇制を存続させるために何が必要だったのか。院近臣や武士勢力の育成、院政という新たな政治制度の創出―。謎多き白河法皇の実像を問い直し、稀代の専制君主を生み出した歴史の真実に迫る。

◇白河法皇―中世をひらいた帝王　美川圭著　日本放送出版協会　（NHKブックス）2003.6　①4-14-001973-5
＊賀茂川の水、双六の賽の目、山法師。この三つ以外、自らの意のままにならないものはないと豪語した、白河法皇。彼は、古代から中世へと転換を遂げようとする時代の流れに逆行した、恣意的な専制君主だったのか。さまざまな政治勢力が激しく競合する中世社会にあって、天皇の権威を守り、天皇制を持続させるため、白河は院政とよばれる新しい形態の政治システムを生み出した。希代の専制君主を生んだ時代の転換点を活写し、白河法皇の知られざる実像に迫る、初の本格的評伝。

◇平安の春　角田文衞著　講談社　（講談社学術文庫）　1999.1　①4-06-159360-9
＊藤原氏栄華の礎を築き、数々の美徳をそなえた好人物とされる師輔の真の姿を浮彫りにし、専制君主白河法皇の激しくも淋しい生涯に迫る…。後宮の栄光に溢れた優麗典雅の生活あり、争いに敗れ鄙に隠栖する悲しき女性も垣間見える。平安の都を舞台に繰り広げられる人間模様を、多くの文献の読み込みと深い洞察で語る学術エッセイ。

▎白瀬矗　しらせのぶ
1861～1946　明治期の探検家。探検隊を率い木造船開南丸で日本人として初めて南極大陸に上陸。

◇白瀬矗大和雪原に立つ―白瀬日本南極探

検隊100周年記念誌　白瀬日本南極探検隊100周年記念プロジェクト実行委員会編　白瀬日本南極探検隊100周年記念プロジェクト実行委員会　2013.1

◇日本南極探検隊長白瀬矗　井上正鉄著　成山堂書店　（極地研ライブラリー）2012.3　①978-4-425-57031-7

◇白瀬中尉の南極探検と楚人冠―杉村楚人冠記念館平成24年夏期企画展解説書　我孫子市杉村楚人冠記念館編　我孫子市教育委員会文化・スポーツ課　（我孫子市文化財報告）　2012

◇南極大陸に立つ―私の南極探検記　白瀬矗著　毎日ワンズ　2011.12　①978-4-901622-57-8
＊「南極大陸に立ってみせる！」世界の偉大な探検家たちに裸一貫で挑んだ男の感動の生きざま。

◇しらせ―南極観測船と白瀬矗　小島敏男著　成山堂書店　2011.6　①978-4-425-94791-1
＊白瀬矗の活躍、新「しらせ」の開発から処女航海、旧「しらせ」が「SHIRASE」に生まれ変わる経緯等を、豊富なカラー写真で紹介。

◇まぼろしの大陸へ―白瀬中尉南極探検物語　池田まき子著　岩崎書店　（ノンフィクション・生きるチカラ）　2010.9　①978-4-265-04291-3
＊今から100年前。白瀬中尉は未開の大陸・南極にあこがれ、まだだれも到達していなかった南極点をめざした。過酷な状況の中、熱い情熱と探検精神で未知の世界へ立ち向かった白瀬中尉の生き方は、わたしたちにさまざまなメッセージを伝えてくれる。

◇雪原に挑む白瀬中尉　増補改訂　渡部誠一郎著　秋田魁新報社　（さきがけ新書）2009.10（第4刷）　①978-4-87020-284-9

◇南極観測船ものがたり―白瀬探検隊から現在まで　小島敏男著　成山堂書店2005.7　①4-425-94711-8
＊白瀬探検隊の「開南丸」から「宗谷」「ふじ」「しらせ」まで歴代南極観測船の誕生から、苦難の航海、救出劇等を綴ったドキュメンタリー。

◇白瀬中尉の南極探検―豊田市郷土資料館特別展　豊田市郷土資料館編　豊田市教育委員会　2003.10

◇白瀬矗―私の南極探検記　白瀬矗著　日本図書センター　（人間の記録）　1998.8　①4-8205-4306-7,4-8205-4305-9

◇白瀬中尉探検記―伝記・白瀬矗　木村義昌著,谷口善也著　大空社　（伝記叢書）　1997.2　①4-7568-0460-8

◇雪原に挑む白瀬中尉　増補改訂　渡部誠一郎著　秋田魁新報社　1991.4　①4-87020-087-2

◇極―白瀬中尉南極探検記　綱淵謙錠著　新潮社　（新潮文庫）　1990.2　①4-10-148803-7
　＊20世紀初頭、人類の目は地球最後のフロンティア・南極大陸に注がれた。極地探検を夢見て40年、白瀬矗中尉はアムンゼン、スコットら世界の一流探検家たちに伍して、木片のような小船で島国日本を後にする―。国家意識の昂揚期・明治時代を背景に、未踏の地を目指す情熱のみに支えられた男たちの壮大なロマンと葛藤、そしてそれらすべてを押しつぶしてしまう自然の猛威を描く長編。

▌ 白鳥庫吉　しらとりくらきち
1865～1942　明治～昭和期の東洋史学者。学習院大学・東京帝国大学教授。「東洋学報」を発刊。古代朝鮮史、満州史の研究から西域史を開拓。

◇自叙伝他　津田左右吉著　岩波書店　（津田左右吉全集）　1988.8　①4-00-091134-1

▌ シロタ　Sirota Gordon, Beate
1923～2012　昭和期のアメリカの女性。GHQ憲法草案制定会議のメンバーとして、日本国憲法作成に際し人権条項の草案執筆に関わった。

◇ベアテ・シロタと日本国憲法―父と娘の物語　ナスリーン・アジミ,ミッシェル・ワッセルマン著,小泉直子訳　岩波書店　（岩波ブックレット）　2014.1　①978-4-00-270889-8
　＊憲法に男女平等を書き込んだベアテ。

その父は日本に西洋音楽を伝えた世界的なピアニストだった。理想主義と人間への信頼に生きた父娘の稀有な生涯。

▌ 新海竹太郎　しんかいたけたろう
1868～1927　明治,大正期の彫刻家。太平洋画会彫刻部を主宰。第1回文展審査員、帝室技芸員、帝国美術院会員を歴任。

◇新海竹太郎伝　新海竹太郎著,新海竹蔵撰　新海堯　1981.12

▌ 神武天皇　じんむてんのう
?～B.C.585　神日本磐余彦尊（かむやまといわれひこのみこと）とも。上代の第1代の天皇。（始馭天下之天皇）。実在は疑わしい。

◇神武天皇の年齢研究　神谷政行著　叢文社　2018.6　①978-4-7947-0780-2

◇大和朝廷の源流新・神武天皇実在論　馬場範明著　歴研　（歴研〈古代史〉選書）　2018.5　①978-4-86548-057-3

◇神武天皇―その実在性と実年代の証明　生野真好著　春吉書房　（記紀解読シリーズ）　2017.8　①978-4-8021-3063-9

◇神武天皇はたしかに存在した―神話と伝承を訪ねて　産経新聞取材班著　産経新聞出版　2016.8　①978-4-8191-1289-5

◇教科書が教えない神武天皇　出雲井晶著　産経新聞ニュースサービス　1999.1　①4-594-02633-8
　＊あなたは知っていますか、この国の祖先のことを。日本人の心に刻みたい初代天皇の話。

◇神武天皇と卑弥呼の割符―900-660＝240　田窪努著　日本図書刊行会,近代文芸社〔発売〕　1997.10　①4-89039-743-4
　＊邪馬台国は日向にあった。古代史の謎を解く、神武天皇と卑弥呼を結び付ける900年が、日本書紀に隠されていた。

◇万世一系王朝の始祖神武天皇の伝説　広畑輔雄著　風間書房　1993.9　①4-7599-0860-9

◇神武天皇―日本の建国　植村清二著　中

央公論社 （中公文庫） 1990.9
①4-12-201744-0

▌親鸞　しんらん
1173〜1262　鎌倉時代前期の僧。浄土真宗の開祖。見真大師。その思想は「教行信証」「悪人正機説」「歎異抄」に詳しい。

◇六十三歳の親鸞─沈黙から活動の再開へ　今井雅晴著　自照社出版　（帰京後の親鸞　明日にともしびを）　2018.4
①978-4-86566-053-1

◇私の親鸞聖人伝　板倉耕整著　自照社出版　2018.2　①978-4-86566-051-7

◇親鸞「四つの謎」を解く　梅原猛著　新潮社　（新潮文庫）　2017.5
①978-4-10-124415-0

◇親鸞聖人の歴史像　直林不退著　浄宗寺　2016.11

◇超訳空海─弘法大師のことば　苫米地英人著　PHP研究所　（PHP文庫）　2016.8
①978-4-569-76631-7

◇親鸞聖人の生涯　梯実円著　法蔵館　2016.5　①978-4-8318-8744-3

◇はじめての親鸞　五木寛之著　新潮社　（新潮新書）　2016.3
①978-4-10-610658-3

◇親鸞─主上臣下、法に背く　末木文美士著　ミネルヴァ書房　（ミネルヴァ日本評伝選）　2016.3　①978-4-623-07581-2

◇親鸞　新装版　古田武彦著　清水書院　（Century Books　人と思想）　2015.9
①978-4-389-42008-6

◇親鸞聖人と本願寺の歩みを訪ねて　平藤武文著　〔平藤武文〕　2015.7

◇もうひとつの親鸞伝─伝絵・絵伝を読み解く　岸田緑渓著　湘南社　2015.3
①978-4-434-20430-2

◇親鸞─浄土真宗　沢田ふじ子著　淡交社　（京都・宗祖の旅）　2014.6
①978-4-473-03952-1

◇親鸞聖人は何を求められたのか　真城義麿著　法蔵館　2014.4
①978-4-8318-8726-9

＊親鸞聖人の生涯をたどりながら、人間に生まれた意義、真に求めるべきものは何か、さらに救われた生き方とは何かを、現代に生きる我々にわかりやすく誠実に語りかける名講話。

◇恵信尼さまの手紙に聞く　寺川幽芳著　法蔵館　2014.3　①978-4-8318-6427-7
＊妻の手紙に託された真実の親鸞。六角堂夢吉から聖人と恵信尼の実像に迫る。

◇はじめて読む親鸞聖人のご生涯　真宗大谷派教学研究所編　真宗大谷派宗務所出版部　2013.11　①978-4-8341-0476-9

◇親鸞と東国　今井雅晴著　吉川弘文館　（人をあるく）　2013.11
①978-4-642-06771-3
＊恵信尼らを伴い、常陸を拠点に布教を行った浄土真宗の開祖親鸞。関東で支持を拡大し、日本最大の宗派を築いた活動の実態を、息子善鸞義絶の真相にも触れ描く。東国各地に残る親鸞の足跡を巡って、新しい人物像に迫る。

◇親鸞と浄土真宗　オンデマンド版　今井雅晴著　吉川弘文館　2013.10
①978-4-642-04266-6

◇善鸞義絶事件─親鸞聖人はわが子善鸞を勘当せず　大網義明著　大本山願入寺　2013.10　①978-4-903948-57-7

◇晩年の親鸞聖人─高齢者の生き方を学ぶ　宇野弘之著　国書刊行会　2013.8
①978-4-336-05738-9

◇親鸞の手紙─付・恵心尼の手紙　親鸞著, 石丸晶子編訳　人文書院　2013.5
①978-4-409-41080-6
＊鎌倉幕府の弾圧と流罪に遭いながら、ひたすら専修念仏の実践と布教に努め、浄土真宗を開いた親鸞─。厳しい求道ひと筋の生涯の最晩年、はるか遠国で布教の熱意に燃える最愛の門弟たちにしたためた、現存する全43通の手紙の易しく懇切な現代語訳。

◇13歳からの仏教──一番わかりやすい浄土真宗入門　龍谷総合学園編　本願寺出版社　2013.4　①978-4-89416-489-5
＊何のために、生きているんだろう…？子どもだからといって、悩みがないわ

けではありません。大人だからといって、悩みの解決方法がわかっているわけでもありません。昔の人は悩みがなく、今の人は悩みが多いわけでもありません。子どもも大人も、昔も今も、みんな悩みを抱えて生きています。だからこそ、今、本当の宗教、仏教・浄土真宗に出あってほしいのです。

◇親鸞―非僧非俗に生きる　ひろさちや著　春秋社　2013.1　①978-4-393-13567-9
＊嘘・偽りに満ち、真実からはほど遠い「世間」を自らの身でもって生ききった親鸞。謎多きその生涯と思想を辿る。

◇親鸞　新装版　梯実円著　大法輪閣　（精読・仏教の言葉）　2012.11　①978-4-8046-1341-3
＊親鸞教学の第一人者が懇切に説き明かす『歎異抄』『教行証文類』の深意！　親鸞の重要語一語一語の解説が法話となって、浄土真宗への信心に誘う。原文・現代語訳付。

◇知られざる親鸞　松尾剛次著　平凡社　（平凡社新書）　2012.9　①978-4-582-85654-5
＊親鸞の生涯は謎につつまれている。「なぜ法然へ帰入したのか」「正妻・玉日姫は実在するのか」「越後配流の真実とは？」「なぜ息子・善鸞を義絶したのか」…。これまでの研究では解ききれなかった謎が、適切な「史料批判」と丹念な読み解き、そして、玉日姫の墓所での「新発見」から明らかになる。従来の研究の限界を超えて、真実の親鸞に肉迫する。

◇親鸞聖人のご生涯―法然聖人との出遇いからご往生まで　梯実円，中西智海，瓜生津隆真著，芦屋仏教会館編　自照社出版　2012.6　①978-4-903858-75-3

◇ほんとうの親鸞　島田裕巳著　講談社　（講談社現代新書）　2012.3　①978-4-06-288150-0
＊悪人正機説、流罪の有無、東国での布教活動、息子善鸞との義絶、親鸞の信仰と人生からわれわれが学ぶこととは―。宗祖としての生涯・思想を解明し、新しい親鸞像を描き出す渾身の力作。

◇吉本隆明が語る親鸞　吉本隆明著　東京糸井重里事務所　2012.1　①978-4-902516-66-1

◇親鸞　津本陽著　角川書店, 角川グループパブリッシング（発売）　（角川oneテーマ21）　2011.4　①978-4-04-710283-5
＊浄土真宗門徒の歴史小説家が解き明かす、親鸞入門。

◇シリーズ親鸞　第6巻　親鸞の伝記　『御伝鈔』の世界　小川一乗監修　草野顕之著　筑摩書房　2010.9　①978-4-480-32026-1
＊親鸞の最期を看取り大谷廟堂の礎を築いた娘覚信尼の孫である覚如が、父覚恵とともに関東に赴いて収集した親鸞の事績と伝承を採り入れて完成させた『親鸞伝絵』。初稿本は戦乱のうちに亡失したが、それに基づいて作制された現存の異本の考証と、各地に残る伝承の分析を通じて、歴史上の親鸞の実像に迫る。

◇親鸞　平凡社　（別冊太陽）　2009.5　①978-4-582-94522-5

【す】

‖ **推古天皇**　すいこてんのう
554〜628　飛鳥時代の第33代の天皇。（女帝、在位592〜628）。

◇推古天皇・聖徳太子―古代を創った人びと　歴史展示企画会議監修　奈良県地域振興部文化資源活用課　2017.3

◇古代女帝の光と影　矢田彰著　講談社ビジネスパートナーズ　2013.4　①978-4-87601-996-0

◇女帝誕生―推古天皇の即位と治世　太子町立竹内街道歴史資料館平成19年度企画展図録　太子町立竹内街道歴史資料館　2007.9

◇女帝推古と聖徳太子　中村修也著　光文社　（光文社新書）　2004.1　①4-334-03233-8

◇推古天皇―斑鳩に桃李咲く　三枝和子著　ケイエスエス　1999.5　①4-87709-344-3
＊彼女の聡明さをもってしては、傀儡の

大王にはなりえなかった。生まれつき美貌と才能に恵まれた炊屋媛（推古）は、時の権力者で叔父でもある蘇我馬子により、大王として即位させられる。しかし傀儡を望んだ馬子の思惑をよそに、彼女は甥の馬屋戸（聖徳太子）を従えて、自ら執政に乗り出してゆくのだが…。

◇暁の女帝推古　小石房子著　作品社
1996.12　①4-87893-267-8

◇歌垣の王女（ひめみこ）—小説推古女帝
豊田有恒著　講談社　1996.3
①4-06-207944-5

◇紅蓮の女王—小説推古女帝　改版　黒岩
重吾著　中央公論社　（中公文庫）
1995.8　①4-12-202388-2

▌末次平蔵　すえつぐへいぞう
？〜1630　江戸時代前期の朱印船貿易家、長崎代官。

◇南と北　台湾に於ける日蘭の衝突—末次
平蔵とピーター・ヌイツ　幸田成友著
慶応出版　1948

▌陶晴賢　すえはるかた
1521〜1555　戦国時代の武将。大内氏の家臣で周防守護代。

◇毛利元就と陶晴賢　山本一成著　新人物
往来社　1996.10　①4-404-02427-4
　＊中国地方の覇者知謀の毛利元就！　陶晴
　賢を破った元就の秘策は…勝者と敗者
　の人間像を公正な視点で描く、地元作
　家の大河小説完結。

◇大内義隆と陶晴賢　山本一成著　新人物
往来社　1990.6　①4-404-01725-1
　＊陶晴賢は「逆臣」ではなかった。16世
　紀、西国六ケ国の大守として勢威一世
　を覆い、山口に大内文化の華を咲かせ
　た大内義隆はなぜ陶晴賢に滅ぼされた
　か。陶晴賢はほんとうに逆臣であった
　か。フランシスコ・サビエルと大内氏
　との交流をも追いながら、歴史の俗説
　に立ち向かって大内氏滅亡のドラマを
　描く大河小説。

▌末広鉄腸　すえひろてっちょう
1849〜1896　明治期のジャーナリスト, 小説家。衆議院議員。「東京曙新聞」「朝野新聞」で政府批判を展開する。自由党に参加、「自由新聞」社説を執筆。

◇三代言論人集　第4巻　中江兆民〔ほか〕
嘉治隆一　時事通信社　1963

▌菅江真澄　すがえますみ
1754〜1829　江戸時代中期, 後期の執筆家。

◇菅江真澄が見た日本　石井正己編　三弥
井書店　2018.8　①978-4-8382-3341-0

◇菅江真澄に見られる科学的記録—内田ハ
チ遺稿集　内田ハチ著, 野呂昭編　〔野呂
昭〕　2017.7

◇探究の人菅江真澄　菊池勇夫著　無明舎
出版　2017.4　①978-4-89544-632-7

◇菅江真澄とみちのく—はしわのわかば・
雪の胆沢辺・かすむこまがた　石黒克彦
著　ブイツーソリューション　2017.2
①978-4-434-22904-6

◇菅江真澄の文芸生活　細川純子著　おう
ふう　2014.3　①978-4-273-03743-7
　＊本書は、真澄の和歌ないし和歌生活を中
　心にまとめ、真澄と同時代の空気を吸っ
　た人々の動脈を明らかにすることで、
　結果的に真澄がどのような社会に生き
　ていたかを知ろうとした。周辺という
　横軸と、真澄の教養と学識の拠って立
　つ古典の縦軸の考察を方法としている。

◇菅江真澄の旅と日記　新装版　内田武志著
未来社　2011.5　①978-4-624-11024-6
　＊世俗に抵抗する反逆。天明三年生地三
　河を発ち、秋田の地に没するまでの46
　年間に厖大な日記・随筆・記録・スケッ
　チを残した謎の大旅行家・菅江真澄の
　足跡をさぐり、菅江真澄の全貌を明か
　した待望の書。

◇柳田国男の見た菅江真澄—日本民俗学誕
生の前夜まで　石井正己著　三弥井書店
（〔三弥井民俗選書〕）　2010.9
①978-4-8382-9079-6

菅江真澄

◇菅江真澄と男鹿　男鹿市教育委員会編
　男鹿市教育委員会　（男鹿の菅江真澄の
　道）　2009.1

◇菅江真澄と男鹿　男鹿市教育委員会編
　男鹿市教育委員会　（男鹿の菅江真澄の
　道）　2008.2

◇菅江真澄　菊池勇夫著　吉川弘文館　（人
　物叢書 新装版）　2007.10
　①978-4-642-05241-2
　＊江戸後期の歌人・国学者。三河に生ま
　　れ、賀茂真淵の門人・植田義方などに学
　　ぶ。30歳頃から生涯を通じて信越・奥
　　羽・蝦夷地の各地を巡歴。幅広い関心
　　のもと、和歌のほか、日記・地誌・随
　　筆・図絵を大量に残し、当時の北日本の
　　庶民生活を知る上で貴重な資料となっ
　　た。民俗学の父・柳田国男に「遊歴文
　　人」と称された、その旅に明け暮れた生
　　涯を描く。

◇夕づつのかゆきかくゆき─菅江真澄直筆
　日記本4冊 江戸文化面白講座　さいかち
　の会　2006.5

◇菅江真澄─旅人たちの歴史　2　宮本常一
　著　未来社　2005.6　①4-624-11160-5

◇おもひつづきたり─菅江真澄説き語り
　安水稔和著　編集工房ノア　（真澄の本）
　2003.10　①4-89271-115-2

◇菅江真澄の岩手東山漂流記　西田耕三著
　西田耕三　（菅江真澄学報）　2002.7

◇菅江真澄のエクリチュール　西田耕三著
　西田耕三　（菅江真澄学報）　2002.6

◇菅江真澄・気仙沼漂遊記　西田耕三著
　西田耕三　（菅江真澄学報）　2002.5

◇「菅江真澄」読本 5　田口昌樹著　無明
　舎出版　2002.3　①4-89544-305-1

◇菅江真澄と近世岡崎の文化　新行和子著,
　新行紀一編　桃山書房　2001.11

◇菅江真澄みちのく漂流　簾内敬司著　岩
　波書店　2001.1　①4-00-001069-7
　＊漂泊者真澄の日記・地誌は、帰還の地を
　　もつ者の旅の記録ではなかった。マタ
　　ギの生態と鉱山労働、山岳信仰と海神
　　八百比丘尼の伝承、十三湊を拠点とす
　　る安東水軍と蝦夷の一族の物語。北の

トポスに折り畳まれた生と死の痕跡を、
真澄の旅をとおし、著者自らの肉体に
沈められた記憶としてたどる、もうひ
とつの道の奥。天明・天保飢饉の余燼
のくすぶる真澄の東北と、現代の風景
は異なっているだろうか。「辺境」から
見た、日本近代の意味とは何か。江戸
末期と二〇世紀末と、二百年を隔てた
転換期の東北北部─菅江真澄の足跡を
追い、その眼差しと重ねつつ、北の飢餓
回廊とその固有の日と夜を描く、現代
の東北風土記。

◇「菅江真澄」読本 4　田口昌樹著　無明
　舎出版　2000.3　①4-89544-234-9
　＊47年間の旅暮らしの中で出会った人々…
　　梅、草二王、不思議、温泉、旅と人…晩
　　年の旅と仕事から読み解く真澄像。

◇山釣りの旅　鈴木竿山著　つり人社
　1999.8　①4-88536-426-4
　＊失われゆく日本の原風景を巡る渓流釣
　　りの旅。

◇菅江真澄深浦読本　桜井冬樹執筆編集
　深浦町真澄を読む会　1999.6

◇「菅江真澄」読本 3　田口昌樹　無明
　舎出版　1999.2　①4-89544-208-X
　＊みちのくの常民の暮らしを刻みつづけ
　　た漂泊の旅人。清水、災害、樹木、おし
　　ら様といたこ、温泉、仙台路の旅…高い
　　風格を持った紀行家の謎に迫る。

◇菅江真澄研究の軌跡　磯沼重治著　岩田
　書院　1998.9　①4-87294-125-X

◇「菅江真澄」読本 2　田口昌樹著　無明
　舎出版　1998.5　①4-89544-186-5

◇菅江真澄みちのくの旅　神山真浦著　日
　本図書刊行会　1998.2　①4-89039-820-1
　＊旅の歌人 "菅江真澄" の東北の旅は、48
　　年にも及ぶが、山形・秋田・青森の日本
　　海側が多い。本書は今まであまり知られ
　　ていない宮城・岩手の太平洋側の旅を取
　　り上げた。それに新発見の真澄真筆雑
　　俳書「百千鳥」の一部も紹介している。

◇柳田国男全集 12　柳田国男著　筑摩書
　房　1998.2　①4-480-75072-X
　＊自然へ愛情を注いだ『野草雑記・野鳥雑
　　記』と風景論『豆の葉と太陽』、伝統的

な遊びの意味を語った『こども風土記』、民俗学の先人の伝記研究『菅江真澄』。

◇菅江真澄とアイヌ　堺比呂志著　三一書房　1997.12　①4-380-97312-3
＊明治以前は、蝦夷地の九割ほどがアイヌシモリであった。本書は、そこに生きてきたアイヌの生活を江戸時代の武士、文人が書き残した記録を通じて、その生活を垣間見て、昔のアイヌの人々の苦労、口惜しさ、悲しさ、腹立たしさ、また反面に自由で、おおらかで、平和な楽しい生活を取捨選択して書いたものである。

◇菅江真澄　宮本常一著　未来社　（旅人たちの歴史）　1996.4　①4-624-11160-5

◇真澄紀行—菅江真澄資料センター図録　秋田県立博物館編　秋田県立博物館　1996.3

菅原道真　すがわらのみちざね

845〜903　平安時代前期の学者、歌人、公卿。(右大臣、従二位)。参議菅原是善の三男。遣唐使の廃止を奏上。讒言により大宰権帥に左遷。後世学問の神として祀られている。

◇敗者の日本史　3　摂関政治と菅原道真　関幸彦、山本博文企画編集委員　今正秀著　吉川弘文館　2013.10　①978-4-642-06449-1
＊藤原氏による摂関政治が確立していく中、道真はそれとどう向き合い、やがて「敗者」として太宰府に流されるのか。道真が残した漢詩を読み解きつつ、「詩臣」としての行跡と、道真を「敗者」とした摂関政治の成立を探る。

◇てんじんさま　新装版　太宰府天満宮,西高辻信宏監修, 西島伊三雄絵, 森弘子文　銀の鈴社　（すずのねえほん）　2013.4　①978-4-87786-798-0

◇菅原道真事典　神社と神道研究会編　勉誠出版　2004.12　①4-585-06044-8
＊本書は、菅原道真をほぼ全円的に知ることができる入門・研究の手引書として構成・編集した。

◇菅原道真論集　和漢比較文学会編　勉誠出版　2003.2　①4-585-03101-4

◇菅原道真—詩人の運命　藤原克己著　ウェッジ　（ウェッジ選書）　2002.9　①4-900594-54-7
＊天神様として祀られ、学問の神として崇敬されてきた菅原道真。漢詩を通し、その「人となり」を生き生きと浮び上がらせる待望の評伝。

◇菅原道真と陶淵明—詩とのかかわりから　井出大著　〔井出大〕　2002.5

◇菅原道真の実像　所功著　臨川書店　（臨川選書）　2002.3　①4-653-03757-4
＊時は平安朝・九世紀後半—生粋の詩人・学者として活躍を続ける菅原道真は、いつしか政治家として、宮廷社会の頂点に昇りつめようとしていた。そのとき突如、道真を襲う悲劇。優美な宮廷社会の狭間で蠢く嫉妬・陰謀—歴史上名高い「左遷」事件は、何故起こったのか？「伝説」と化す前、「人間」道真の生き様を実証的に描き出す。

◇菅原道真—物語と史蹟をたずねて　嶋岡晨著　成美堂出版　（成美文庫）　2002.2　①4-415-06972-X

◇天神菅原道真　三田誠広著　学習研究社　（学研M文庫）　2001.9　①4-05-900080-9

◇菅原道真と平安朝漢文学　藤原克己著　東京大学出版会　2001.5　①4-13-080064-7
＊本書は、平安朝漢文学における儒教の受容や隠逸思想の性格を浮き彫りにしつつ、個々の漢詩文作品の読みを通して、菅原道真をはじめとする王朝の文人たちの内面に迫る。

◇菅原道真公花の歳時記　福田万里子著　太宰府天満宮文化研究所　2001.1　①4-901389-01-7

◇消された政治家菅原道真　平田耿二著　文芸春秋　（文春新書）　2000.7　①4-16-660115-6
＊「学問の神さま」菅原道真。最後は大宰府に流される悲劇の生涯はよく知られている。しかし、道真は偉大な文人であったばかりでなく、政治家、それも右大臣という要職にあったのだ。では政治家道真は何をしたのか、となるとほとんど知られていない。というよりそ

の痕跡が消されている…。実は道真は、財政危機に悩む律令日本を変革しようと企てていた。左遷されたのも、死後、天神になったのも、それに由来する。まったく新しい視点の道真論。

◇菅原道真　清水豊著　〔清水豊〕　2000.3

◇物語・菅家文草—文人官僚菅原道真の栄光と苦悩　張籠二三枝著　近代文芸社　1999.11　①4-7733-6112-3
＊一栄一落是春秋。王朝初期、文人官僚の頂点に立った道真の日々の哀歓と心の苦悩を、その漢詩集に追う。

◇菅原道真　佐藤包晴著　西日本新聞社　（西日本人物誌）　1999.7　①4-8167-0483-3
＊学者にして右大臣。それが藤原時平の讒言にあって筑紫配流。栄達の果ての挫折と悲運な最期。天神伝説を生んで復権し「学問の神様」として国民に広く愛され続ける菅原道真公。終生変わらぬ真摯な生涯が珠玉の詩歌とともに1100年の時空を超えて今よみがえる。

◇大曽根介　日本漢文学論集　第3巻　大曽根章介著　汲古書院　1999.7　①4-7629-3421-6

◇菅原道真　小島憲之，山本登朗著　研文出版　（日本漢詩人選集）　1998.11　①4-87636-163-0
＊本書は、菅原道真の詩作の中から五十六首を選び、訓読、各句の現代語訳、注釈を加えたものである。

◇日本漢文学論集　第2巻　大曽根章介著　汲古書院　1998.8　①4-7629-3420-8

◇日本歴史再考　所功著　講談社　（講談社学術文庫）　1998.3　①4-06-159322-6
＊あなたは、日本の歴史をどれだけ知っていますか。日本史上、中心的リーダーとして歴史を動かした人物を何人知っていますか。本書は、その代表的人物といわれる菅原道真や橋本景岳らの生き方を学ぶとともに、日本の年号制度、年中行事や祝祭日、即位儀礼と神宮への親謁の意義などを考察。日本のさまざまな歴史事象を多面的・総合的な立場から見直すことにより日本民族

文化の原点を探った必読の書。

◇道真　上　花の時　高瀬千図著　日本放送出版協会　1997.5　①4-14-005274-0
＊稀代の能吏ゆえの栄光と苦悩。不器用なまでに誠実で、清廉に生きた男。その姿が千年の時空を超え、鮮烈に甦る。菅原道真の漢詩集『菅家文草』『菅家後集』を通してその実像に迫る、渾身の書き下し歴史小説。

◇道真　下　邯鄲の夢　高瀬千図著　日本放送出版協会　1997.5　①4-14-005275-9
＊雅やかな宮廷の闇に蠢く罠。権力とは無縁でありたいと願い続けた男。その夢は時代に翻弄され、そして消えた。菅原道真の漢詩集『菅家文草』『菅家後集』を通してその実像に迫る、渾身の書き下し歴史小説。

◇菅原道真—天神変身へのプロセス　山嵜泰正著　山嵜泰正　1995.4

◇危殆の士—ある同時代の人の判断と後世から見た菅原道真　Bernd Eversmeyer著，細井宇八訳　細井宇八　1991.2

◇巨門星—小説菅原道真青春譜　赤江瀑著　文芸春秋　（文春文庫）　1990.6　①4-16-728506-1
＊時の最高官僚の位にのぼり、権争策謀のうず華やかな宮廷政界にあって、失脚、流亡の生涯を終え、果ては悪霊神と化す伝説を持つ官人菅原道真の青春を描く異色長篇。

◇菅原道真　［新装版］　坂本太郎著　吉川弘文館　（人物叢書）　1990.1　①4-642-05181-3
＊学問の神「天神様」に対する信仰は、伊勢や八幡信仰などとともに脈々と日本人の心に波打っている。しかしながら、天神様が菅原道真であることや、道真その人については、どれだけ知られているであろうか。本書は、のちのいわゆる天神伝説を取除き、真実の道真像を丹念に叙述した史学界の碩学による道真伝の定本をなす名著である。

杉浦重剛　すぎうらじゅうごう
1855〜1924　明治，大正期の教育者。衆議

院議員。東京英語学校を創立、青年の教育に努めた。国粋主義道徳を鼓吹、東宮御学問所御用掛となる。

◇明治の教育者杉浦重剛の生涯　渡辺一雄著　毎日新聞社　2003.1　①4-620-31611-3
＊「仁愛」を理想に掲げ、清貧に安んじながら昭和天皇の侍講をつとめた高潔の教育者を浮き彫りにする力作評伝。

▌杉浦非水　すぎうらひすい
1876～1965　明治～昭和期の図案家, 日本画家。多摩川美術大学理事長。光風会創立に参加、創作図案研究団体・七人社を創立。機関誌「アフィッシュ」を創刊。

◇杉浦非水の眼と手―〈写生〉のイマジネーション　杉浦非水画　宇都宮美術館　2009

▌杉田玄白　すぎたげんぱく
1733～1817　江戸時代中期, 後期の蘭方医, 外科医。「解体新書」の翻訳者。

◇杉田玄白晩年の世界―『鶉斎日録』を読む　松崎欣一著　慶応義塾大学出版会　2017.11　①978-4-7664-2249-8

◇図録 蘭学事始　杉本つとむ編　日本図書センター　2013.5　①978-4-284-20259-6

◇近代医学・蘭学を拓いた若狭小浜藩医杉田玄白　福井県立若狭高等学校編　福井県立若狭高等学校　2012.3

◇解体新書の謎　大城孟著　ライフ・サイエンス　2010.5　①978-4-89801-341-0

◇杉田玄白探訪　高橋伸明著　梓書院　2006.12　①978-4-87035-286-5
＊杉田玄白は切支丹だった!?玄白由縁の著者が渾身を込めてその実像に迫る。

◇話し言葉で読める「蘭学事始」　長尾剛著　PHP研究所　（PHP文庫）　2006.12　①4-569-66735-X
＊江戸の文化の爛熟期、ヨーロッパの文化・科学・芸術を求めて、"知のチャレンジャー"たちが興した「蘭学」。その先駆となったのが、辞書もなければ西洋医学の知識もないままオランダ医学書を翻訳した『解体新書』だった。本書

は、晩年の杉田玄白が、ともに西洋の学問に挑んだ男たちのその後のドラマも交えながら、蘭学発展のいきさつを熱く語った回想録の現代語訳。

◇若狭の海に学ぶ―杉田玄白物語　和順高雄原作, 和田たつみ作画　福井県　1997.2

◇知の冒険者たち―『蘭学事始』を読む　杉田玄白原著, 杉本つとむ訳・著　八坂書房　1994.9　①4-89694-649-9
＊『蘭学事始』は、洋学史上重要な位置をしめる蘭方医、杉田玄白が晩年、文化十二年(一八一五)につづった回想録である。自ら語るように子孫のために、そして蘭学のために書きのこした学究の遺書でもある。玄白が同志、前野良沢(蘭化)とともに『解体新書』の翻訳に苦心した苦闘と歓喜とを一つの頂点として、いかに蘭学が起こり、発展して盛時を迎えたかについて、彼の史観をまじえ、記憶をたどり、上・下二巻にまとめた自分史である。その間、玄白とともに協力し活躍し努力した彼の同志、知友、関係者などを紹介しつつ、蘭学の勃興、興隆の人的資源について熱っぽく語りかけている。本書は一面では、日本の近代化がどのように推進されたか、その要因がどこにあるかを玄白一個人の体験をとおして、書きつづった近代日本、青春の書でもある。

◇杉田玄白 平賀源内―科学のはじまり　ほるぷ出版　（漫画 人物科学の歴史 日本編）　1991.11　①4-593-53144-6
＊近代医学の先駆者・蘭学研究の組織者、杉田玄白。江戸を駆け抜けた異色・異端の自由人、平賀源内。時代を代表する対照的な二大知識人登場。

◇蘭学の巨星杉田玄白・緒方供庵展　蘭学資料研究会　〔1990〕

▌杉原千畝　すぎはらちうね
1900～1986　大正, 昭和期の外交官。リトアニア共和国カウナス領事館副領事。領事代理として、外務省の命令に反し、約6000名のユダヤ人難民に日本通過のビザを発給。戦後、外務省を免職。のち1991

年に名誉回復。

◇約束の国への長い旅―杉原千畝が世界に残した記憶　篠輝久著　清水書院　2018.9　①978-4-389-50077-1

◇杉原千畝―命のビザ　石崎洋司文, 山下和美絵　講談社　（講談社火の鳥伝記文庫）　2018.7　①978-4-06-512446-8

◇素描・杉原千畝　小谷野裕子著　春風社　2017.3　①978-4-86110-528-9

◇日本人なら知っておくべき「日本人」の名前　デュラン・れい子著　講談社　（講談社＋α新書）　2016.5　①978-4-06-272941-3

◇杉原千畝とその時代―6千人の命を救った男　ダイアプレス　（DIA Collection）　2016.2　①978-4-8023-0119-0

◇千畝――万人の命を救った外交官杉原千畝の謎　新装版　ヒレル・レビン著, 諏訪澄, 篠輝久監修・訳　清水書院　2015.12　①978-4-389-50046-7

◇杉原千畝―情報に賭けた外交官　白石仁章著　新潮社　（新潮文庫）　2015.10　①978-4-10-120066-8

◇杉原千畝―戦場の外交官　桜田啓著　PHP研究所　（PHP文庫）　2015.8　①978-4-569-76404-7

◇杉原千畝　山田せいこ漫画, 古江孝治監修　ポプラ社　（コミック版世界の伝記）　2015.7　①978-4-591-14588-3

◇杉原千畝と命のビザ―自由への道　ケン・モチヅキ作, ドム・リー絵, 中家多恵子訳　汐文社　2015.7　①978-4-8113-2180-6

◇水沢心吾の杉原千畝物語――人芝居「決断・命のビザ」ノート　水沢心吾著, 寿福滋写真　三五館　2012.11　①978-4-88320-570-7
＊ユダヤ人の命を救った "日本のシンドラー" 杉原千畝の、評判の舞台はいかにして生まれたのか。「役者の使命」「演劇の力」をここに濃縮して刊行。

◇命のビザ、遥かなる旅路―杉原千畝を陰で支えた日本人たち　北出明著　交通新聞社　（交通新聞社新書）　2012.6　①978-4-330-29112-3

＊第二次世界大戦中、ナチス・ドイツの迫害から逃れるため、多くのユダヤ人がポーランドに隣接するリトアニアに逃げ込んだ。それは逃げ道を失った彼らが日本経由の脱出ルートに最後の望みを託し、日本の通過査証を求めてのことだった。このとき首都カウナスの日本領事館にはこの歴史ドラマの主人公杉原千畝がいた。本書では、このとき発給された「杉原ビザ」を手にした多くのユダヤ人に救いの手を差しのべた、福井県敦賀や神戸の人々、JTBや日本郵船の職員など、知られざる日本人たちの存在をクローズアップする。

◇諜報の天才杉原千畝　白石仁章著　新潮社　（新潮選書）　2011.2　①978-4-10-603673-6
＊国難をいち早く察知する驚異の諜報能力。この男にソ連は震えあがり、ユダヤ系情報ネットワークは危険を顧みず献身した―。日本の「耳」として戦火のヨーロッパを駆けずり回った情報士官の、失われたジグソーパズル。ミステリアスな外交電報の山にメスを入れ、厖大なピースを70年ぶりに完成させた本邦初の快挙。日本が忘れ去った英知の凡てがここにある。

◇旅でみつめた戦争と平和　改訂新版　重田敞弘写真・文　草の根出版会　（母と子でみる）　2008.1　①978-4-87648-247-4

◇杉原千畝の真実―ユダヤ人を救った外交官の光と影　宮崎満教著　スポーツサポートシステム, 文苑堂〔発売〕　2007.11　①978-4-938343-65-1
＊杉原千畝が助けたのはユダヤ人だけではなく恐怖に脅えて助けを求めた人間だった。謎に包まれたビザ発給の真実。千畝こそもっとも高貴な魂を持った日本人だった。

◇杉原千畝と命のビザ―シベリアを越えて　寿福滋撮影　サンライズ出版　2007.7　①978-4-88325-333-3

◇杉原千畝の悲劇―クレムリン文書は語る　渡辺勝正著　大正出版　2006.7　①4-8117-0311-1
＊外務省キャリアは杉原千畝をいかにし

杉原千畝

て追い落としたか。

◇真相・杉原ビザ　渡辺勝正著　大正出版
2000.7　⑪4-8117-0309-X
＊本書は、戦後の一時期、ユダヤ避難民に
大量のビザを独断発給したことで海外
でも注目され、教育の場においても広
く取り上げられ始めた日本で誇る外交
官である、歴史上の人物、杉原千畝の真
相に迫り、史実を正しく伝えようとし
たものである。

◇杉原千畝と日本の外務省―杉原千畝はな
ぜ外務省を追われたか　杉原誠四郎著
大正出版　1999.11　⑪4-8117-0310-3

◇旅でみつめた戦争と平和　重田敞弘写真・
文　草の根出版会　（母と子でみる）
1999.8　⑪4-87648-148-2

◇千畝――一万人の命を救った外交官杉原千
畝の謎　諏訪澄，篠輝久監修・訳，ヒレ
ル・レビン著　清水書院　1998.8
⑪4-389-50035-X
＊正義・決断・勇気・行動・そして謎の外
交官、杉原千畝。戦火の中ナチスに追わ
れたユダヤ人たちが杉原のヴィザを求め
てやってきた。杉原はなぜ危険をかえり
みず行動できたのか？　ボストン大学教
授ヒレル・レビンが冷静な眼で追う。杉
原ヴィザの謎！　ヴィザ大量発給の謎！
正義の外交官の謎！　日本外交史の謎。

◇生命（いのち）をみつめる―杉原領事と
レーロチカのパン　早乙女勝元編　草の
根出版会　（母と子でみる）　1998.5
⑪4-87648-128-8

◇日本人に救われたユダヤ人の手記　ソ
リー・ガノール著，大谷堅志郎訳　講談社
1997.11　⑪4-06-208924-6
＊「命のビザ」の杉原千畝とアメリカ日系
人部隊の勇気!!ホロコーストを生き抜い
たユダヤ人少年の感動の手記。

◇奇蹟の査証―杉原千畝と6000人のユダヤ
人　谷内豊著　フリープレス，星雲社
〔発売〕　1997.1　⑪4-7952-3031-5
＊震える手を懸命に励まし、査証に署名
し続けるリトアニア駐在杉原領事。日
本経由でナチの暴虐を逃れ生き延びた
ユダヤの民は固く誓い合った、「このい
のちの恩人に、いつの日か再会を果た

そう」と。〔シンドラーのリスト〕を凌
ぐ感動のノンフィクション。

◇決断・命のビザ　渡辺勝正編著　大正出
版　1996.11　⑪4-8117-0308-1
＊杉原ビザとその時代。なぜ杉原は、ユダ
ヤ人に、大量のビザを発給したのか。な
ぜ杉原は、その時点で、免官されなかっ
たのか。なぜ杉原は、戦後になって、免
官されたのか。杉原千畝の手記を収録。

◇自由への逃走―杉原ビザとユダヤ人　中
日新聞社会部編　東京新聞出版局
1995.9　⑪4-8083-0526-7
＊ナチの虐殺からユダヤ人を救った『杉
原ビザ』とは何だったのか。戦後50年。
いま、世界に生きるユダヤ難民たちが
初めて証言する。あの苦難の逃避行を。
人間・杉原千畝を。杉原千畝―第二次世
界大戦中、ナチスドイツの迫害から逃
れようとするユダヤ難民のために、外務省
の訓令に背いて大量の日本通過ビザを発
給し、自由への道を開いた駐リトアニ
ア領事代理。救われた難民は8,000人に
も上った。杉原は本当に何をしたのか、
なぜしたのか、なぜできたのか。彼の
行動と、決断の背景を追い、その全体像
に迫った。杉原ストーリーの正史への
試みである。記者たちは世界に散った。

◇ホロコースト前夜の脱出―杉原千畝のビ
ザ　下山二郎著　国書刊行会　1995.8
⑪4-336-03754-X
＊ユダヤ人を救った日本人。第二次大戦
下、在リトアニア日本領事代理杉原千
畝は、日本政府の命令に逆らい、ユダヤ
人にビザを発給し続けた―彼にゆかり
の人々の証言をもとに描く感動のノン
フィクション・ノベル。

◇新版　六千人の命のビザ　杉原幸子著　大
正出版　1993.10　⑪4-8117-0307-3
＊本書は、世界のユダヤ人社会で高く評
価されている杉原千畝領事の博愛主義
による歴史的記録です。

◇日本に来たユダヤ難民―ヒトラーの魔手
を逃れて　約束の地への長い旅　ゾラフ・
バルハフティク著，滝川義人訳　原書房
1992.4　⑪4-562-02310-4
＊第2次大戦下のリトアニアで杉原領事は

本省の指令に反して人道的見地からビザを発行、何千人ものユダヤ人が日本にやってきた…。感動のヒューマン・ドキュメント。

◇六千人の命のビザ—ひとりの日本人外交官がユダヤ人を救った　杉原幸子著　朝日ソノラマ　1990.6　Ⓘ4-257-03291-X
＊日本政府の命令に背くことはできない。しかし、自分がビザを出さなかったら、このユダヤ人たちはまちがいなくナチスに殺される…。ぎりぎりの決断を迫られた夫と行動を共にした元外交官夫人が綴る人間愛の記録。

▌杉山元治郎　すぎやまもとじろう
1885〜1964　大正, 昭和期の農民運動家。日本農民組合組合長、衆議院議員。キリスト教の伝道と農作業の中で運動の必要性を痛感。日本農民組合を創設。

◇農民運動指導者の戦中・戦後—杉山元治郎・平野力三と労農派　横関至著　御茶の水書房　（法政大学大原社会問題研究所叢書）　2011.8　Ⓘ978-4-275-00935-7

◇大正デモクラシーと東北学院—杉山元治郎と鈴木義男　東北学院資料室運営委員会「大正デモクラシーと東北学院」調査委員会編　東北学院　2006.10

▌朱雀天皇　すざくてんのう
923〜952　平安時代中期の第61代の天皇。（在位930〜946）。

◇本朝世紀　新装版　黒板勝美編　吉川弘文館　（新訂増補国史大系）　1999.2　Ⓘ4-642-00310-X
＊体系的に網羅した日本史研究の根本史料。三十年ぶりの完全復刊。本巻は少納言入道信西（藤原通憲）が国史を修撰する際、六国史の後に成立した新国史をはじめ、外記日記その他の記録を採録編次した草本を収録。

▌素戔嗚尊　すさのおのみこと
日本神話の神。

◇消された覇王—伝承が語るスサノオとニ

ギハヤヒ　小椋一葉著　河出書房新社　1988.10　Ⓘ4-309-22154-8
＊出雲より出で、九州を席捲し、内海・外洋航路を掌握して半島に進出し、大和を治めて日本の基礎を確立したスサノオ一族—2世紀に実在したこの巨大な王権が、蘇我氏—藤原氏の陰謀により"神話"にすりかえられた経緯を、豊富な伝承の分析を通して描く。柔らかな感性と強固な探究心が始めて解明した古代の謎。

▌崇峻天皇　すしゅんてんのう
？〜592　飛鳥時代の第32代の天皇。欽明天皇の第5子。蘇我馬子により暗殺された。

◇大和の鎮魂歌—悲劇の主人公たち　桐村英一郎文、塚原絋写真　青娥書房　2007.8　Ⓘ978-4-7906-0254-5
＊悲劇の主人公たちと、現代に生きる末裔や里人たちとの細い糸を、鮮やかによみがえらせ見事につなぎとめる。

▌調所広郷　ずしょひろさと
1776〜1848　江戸時代後期の薩摩藩の財政家。

◇維新の系譜—家に、国に、命を尽くした薩摩藩・三人の功臣たち　原口泉著　グラフ社　2008.12　Ⓘ978-4-7662-1199-3
＊幕末の大転換は、なぜ薩摩から始まったのか？　時を超え、幕末維新期に結実した薩摩藩家老・不屈不朽の哲学。

◇調所笑左衛門—薩摩藩経済官僚　佐藤雅美著　学陽書房　（人物文庫）　2001.7　Ⓘ4-313-75146-7

▌崇神天皇　すじんてんのう
上代の第10代の天皇。

◇崇神天皇と三王朝交替の謎　神一行著　学習研究社　（歴史群像新書）　1994.7　Ⓘ4-05-400375-3
＊崇神、ヤマトタケルの正体を解明。王権交替と「謎の四世紀」の核心に迫る。

▌鈴木梅太郎　すずきうめたろう
1874〜1943　明治〜昭和期の農芸化学者,

栄養化学者。東京帝国大学教授。米糠からオリザニン抽出に成功。米を使わない合成酒を発明。

◇ビタミン発見―鈴木梅太郎博士の生涯
鈴木臻著　鈴木臻　2017.10

◇激動期の理化学研究所 人間風景―鈴木梅太郎と藪田貞治郎　加藤八千代著　共立出版　1987.5　①4-320-00854-5

▌鈴木貫太郎　すずきかんたろう
1867〜1948　大正, 昭和期の海軍軍人, 政治家。軍令部長, 宮内官, 戦時下最後の首相。主戦派を抑えてポツダム宣言受諾、無条件降伏と共に総辞職した。

◇鈴木貫太郎―用うるに玄黙より大なるはなし　小堀桂一郎著　ミネルヴァ書房（ミネルヴァ日本評伝選）　2016.11
①978-4-623-07842-4

◇終戦時宰相鈴木貫太郎―昭和天皇に信頼された海の武人の生涯　小松茂朗著　潮書房光人社　（光人社NF文庫）　2015.10
①978-4-7698-2912-6

◇宰相鈴木貫太郎の決断―「聖断」と戦後日本　波多野澄雄著　岩波書店（岩波現代全書）　2015.7　①978-4-00-029169-9

◇鈴木貫太郎自伝　鈴木貫太郎著, 小堀桂一郎校訂　中央公論新社　（中公クラシックス）　2013.7　①978-4-12-160140-7
＊未曽有の敗戦を小さな混乱で収めた宰相の手腕。不遇や窮地に動じることなく、静かに努力する男。

◇昭和天皇の親代わり―鈴木貫太郎とたか夫人　若林滋著　中西出版　2010.6
①978-4-89115-212-3

◇歴代総理大臣伝記叢書　第32巻　鈴木貫太郎　御厨貴監修　ゆまに書房　2006.12
①4-8433-2043-9

◇聖断―昭和天皇と鈴木貫太郎　半藤一利著　PHP研究所　（PHP文庫）　2006.8
①4-569-66668-X

◇鈴木貫太郎内閣の133日―平成15年度特別展図録　野田市・関宿町合併記念特別展　野田市郷土博物館　2003.10

◇正直に肚を立てずに撓まず励め―鈴木貫太郎翁の遺訓と関宿の酪農 その発展経過を振り返る　石川秀勇編著　山崎農業研究所　2003.4

◇鈴木貫太郎―昭和天皇から最も信頼された海軍大将　立石優著　PHP研究所（PHP文庫）　2000.3　①4-569-57376-2
＊もはや勝利の望みついえた太平洋戦争の幕をいかに引くか。それが、昭和天皇から首相・鈴木貫太郎に託された、最大の任務であった。日清戦争の当時、"鬼の水雷艇長" として名を馳せた、男気の強い老海軍大将は、日本の明日のために、敢然とこの難局に立ち向かって行く。自らを、「運のいい男」と信じ、いかなる危機にも揺るがなかった信念の人の生涯を鮮烈に描く、長編歴史小説。文庫書き下ろし。

◇終戦宰相 鈴木貫太郎　花井等著　広池学園出版部　1997.12　①4-89205-410-0
＊昭和天皇は特別の思いをこめて「鈴木」と、親しくその名を呼んだ。日本の歴代総理大臣の中で、最も困難な課題を託され、苦難の末にみごとその役割を果たした鈴木貫太郎。その波乱の生涯を描く。

◇鈴木貫太郎―鈴木貫太郎自伝　鈴木貫太郎著　日本図書センター　（人間の記録）　1997.6　①4-8205-4265-6

▌鈴木正三　すずきしょうさん
1579〜1655　安土桃山時代, 江戸時代前期の仮名草紙作者。

◇一休・正三・白隠―高僧私記　水上勉著　筑摩書房　（ちくま学芸文庫）　2011.4
①978-4-480-09380-6
＊一休宗純。女犯、淫酒、風狂三昧の生を赤裸々に詩にのこした伝説の禅僧。乱世に五山の権力仏教に反旗を翻し、東北から九州まで一所不在、苦難困窮の庶民と同じ地平を歩んだ。鈴木正三。武人の経験を出家生活に生かした異色の生涯。大坂夏の陣ののち感ずるところあり出家したが、武士を捨てても世は捨てず、庶民教化につくした。白隠。自在奔放な禅画で知られる臨済禅中興の祖。堕地獄から逃れるために出家、

貧困と飢饉の巷でひたすらな坐禅と説法行脚に明け暮れた。一矛盾と罪苦に悩み、庶民のなかで禅を極めた異端の高僧三人。その思想と生涯を共感をこめて描いた本格評伝。

◇甦る自由の思想家 鈴木正三　森和朗著　鳥影社　2010.9　①978-4-86265-260-7

◇驢鞍橋講話—鈴木正三・仁王禅の真髄　改訂新版　大森曹玄著　大法輪閣　2009.12　①978-4-8046-1294-2
＊関ヶ原の戦い、大坂冬の陣、夏の陣に従軍。戦国時代の荒々しい世に生きた鈴木正三は、終生死と戦い続けて、ついに死を克服した人であった…現代の我々も、明日をも知れぬ命を生きているということに気づかせてくれる書。

◇鈴木正三—武将から禅僧へ　童門冬二著　河出書房新社　2009.6　①978-4-309-22513-5
＊島原の乱で荒廃した地に、領民のこころの復興を期して、ひとりの禅僧が現れた。将軍秀忠の家臣の地位を捨てた、鈴木正三という。力強い「仁王禅」と念仏を奨め、後世の仏教思想にも影響を与えた、憂国の禅僧の教えと波瀾の生涯を描く。

◇鈴木正三〜その人と心—豊田市郷土資料館特別展　豊田市郷土資料館編　豊田市教育委員会　2005.6

◇鈴木正三の生涯と思想　神谷満雄著　鈴木正三没後350年記念事業実行委員会　2005.6

◇鈴木正三—現代に生きる勤勉の精神　神谷満雄著　PHP研究所　（PHP文庫）　2001.5　①4-569-57556-0
＊西欧諸国が二百年を費やした近代資本主義社会の構築を、わずか百年たらずでなしとげた日本。その原動力となった職業倫理は、源流をたどれば徳川時代初期の一人の禅僧に行き着く—「何の事業も、みな仏行なり」と説き、一貫して民衆とともに歩んだ思想家・鈴木正三。本書は、その生涯と思想の全体像にせまりつつ、正三の貴重な精神的遺産である〝勤勉の精神〟の継承を志した力作評論である。

◇不易の人生法則—鈴木正三・石田梅岩・渋沢栄一に学ぶ　赤根祥道著　PHP研究所　（PHP文庫）　2000.7　①4-569-57432-7
＊人に勝つことを第一とし、儲けることをすべてと考える生き方では、もはや幸福はつかめない！　いま、心豊かに充実した人生を過ごすために必要な、いつの時代にも変わることのない、生き方の知恵が求められ始めた。本書は、江戸期から戦前の日本における仕事や生活の精神的な支えとなった正三、梅岩、渋沢ら先賢たちの思想をたずね、現代を生きる指針を示唆した一冊である。文庫書き下ろし。

◇鈴木正三—日本型勤勉思想の源流　堀出一郎著　麗沢大学出版会　（Reitaku booklet　麗沢「人間学」シリーズ）　1999.5　①4-89205-421-6

◇中村元選集—決定版　別巻7　近世日本の批判的精神　日本の思想3　中村元著　春秋社　1998.9　①4-393-31239-2
＊常識をくつがえす知。いかなる権威も認めない孤高の禅者・鈴木正三、近代的な学問を先取りした古典学者・富永仲基。時代のはるか先へ駆け抜けた奇蹟の思想家たち。

◇鈴木正三—現代に生きる勤勉と禁欲の精神　神谷満雄著　東洋経済新報社　1995.12　①4-492-06086-3
＊三河武士、仮名草子作家、禅僧、評論家—多面的な顔をもつ江戸時代の思想家鈴木正三。現代に残した知的遺産、とくにその職業倫理思想を再評価する。

◇鈴木正三という人—その生き方と思想、宗教、文芸　神谷満雄著　鈴木正三顕彰実行委員会　1995.12

◇鈴木正三の思想とその生涯　神谷満雄著　鈴木正三顕彰実行委員会　1995.12

◇鈴木正三—「職業即仏行」を説く禅者　鳥居祖道著　八重岳書房　1995.3　①4-8412-2168-9

鈴木善幸　すずきぜんこう

1911〜2004　昭和, 平成期の政治家。自民党最高顧問, 総理大臣, 衆議院議員。社会

革新党を経て民主自由党に移り、池田派で活躍。郵政、厚生、農林各相を歴任。

◇等しからざるを憂える。―元首相鈴木善幸回顧録　鈴木善幸［述］、東根千万億聞き書き　岩手日報社　2004.8
①4-87201-346-8

◇青年鈴木善幸と漁協運動―元総理の軌跡　影山昇著　成山堂書店　1992.10
①4-425-82361-3
＊政界に入る以前、漁業協同組合運動に全力投球で参加し、わが国の水産業の振興に力を尽した青年鈴木善幸の気力みなぎる生き方を明らかにする。

◇元総理鈴木善幸激動の日本政治を語る―戦後40年の検証　鈴木善幸述、七宮涬三聞き手，岩手放送株式会社編　岩手放送　1992.1

鈴木春信　すずきはるのぶ
1725〜1770　江戸時代中期の浮世絵師。

◇浮世絵ミステリーゾーン　高橋克彦著　講談社　（講談社プラスアルファ文庫）　2010.4　①978-4-06-281357-0
＊浮世絵は江戸人たちの旺盛な好奇心に応える情報メディアだった！　絵をじっくり眺めると、遊び心と知恵にあふれた豊かで楽しい暮らしが見えてくる。地震、火事、殺人事件を知らせ、人気役者の死を伝え、さりげなく商品の宣伝も紛れ込ませる。人々の日常生活の実態、情報伝達の面白さが詰まった浮世絵の不思議な魅力を語り、江戸の社会の深層を探る含蓄に富むエッセイ集。

◇春信の春、江戸の春　早川聞多著　文芸春秋　（文春新書）　2002.10
①4-16-660274-8
＊これまで浮世絵春画は、ともすれば誇張された性器の表現ばかりが注目され、たとえその芸術的価値を認める者であっても、春画＝男性用のポルノグラフィであることには疑いを持たなかった。しかし、図中に書き込まれた「詞書」「書入れ」などと呼ばれる文章を読み解けば、まったく異なる世界が拓けてくる。それは、江戸人の多様な「愛のかたち」を、和歌や漢詩といった古典の

世界に「見立て」て楽しむ、高度な表現形式をもつ芸術であった。

◇春信　鈴木春信筆, 浅野秀剛, 吉田伸之編　朝日新聞社　（浮世絵を読む）　1998.9
①4-02-257200-0
＊鈴木春信（？〜1770）は、明和2、3年（1765、66）の絵暦交換会に深く関与し、錦絵誕生を主導した浮世絵師である。本書の目的は、美術史のみならず江戸時代史の水脈の中で浮世絵を見、読んだらどうなるかということにある。この春信の巻では、春信の創り出したイメージはどういう広がりをもっていたのか、また、錦絵の誕生が浮世絵界にどのような変革をもたらしたのかを中心に考察する。

鈴木文治　すずきぶんじ
1885〜1946　大正、昭和期の労働運動家、政治家。日本労働総同盟会長、衆議院議員。友愛会の創始者。戦後社会党結成に参加。

◇鈴木文治のいる風景―日本労働運動の源流をつくった男　芳賀清明著　無明舎出版　2010.11　①978-4-89544-528-3
＊日本労働運動の先駆者として「友愛会」を創立。弱き者の友として生きた男の「ゆかりの場所」を克明に辿り、いま「貧困と格差」の時代によみがえる、その足跡を検証する。

鈴木牧之　すずきぼくし
1770〜1842　江戸時代後期の随筆家、文人。

◇江戸のスーパー科学者列伝　中江克己著　宝島社　（宝島SUGOI文庫）　2013.8
①978-4-8002-1038-8
＊「江戸」と「科学」には、なんの繋がりもないように思える。しかし、江戸時代には多くの科学者が日々研究に明け暮れていた。「行列式」を発見した和算家の関孝和、世界初の全身麻酔手術に成功した華岡青洲、ソメイヨシノを開発した遺伝学者の伊藤伊兵衛など。そのレベルは当時の世界を見ても決してひけをとっていなかった。本書では江戸の科学者31人を取り上げ、彼らの功

績と人柄に迫る。

◇鈴木牧之―そっと置くものに音あり夜の雪　鈴木牧之記念館編　南魚沼市文化スポーツ振興公社　2009.3

◇座右の鈴木牧之　高橋実著　野島出版　2003.4　①4-8221-0194-0
　＊卒論で北越雪譜にとりくみ、その体験を小説に著した。その小説が思いがけず芥川賞候補となる。以来四十余年、鈴木牧之の研究をつづけた著者が、ここにその思いの集大成として本書を世に送る。

◇鈴木牧之の生涯　磯部定治著　野島出版　1997.12　①4-8221-0160-6

◇牧之と歩く秋山郷―越後・信州境の大自然　島津光夫著　高志書院　1997.4　①4-906641-03-2

◇越後国雪物語（えちごのくにのゆきものがたり）―鈴木牧之と「北越雪譜」　山岡敬著　恒文社　1996.9　①4-7704-0891-9
　＊江戸時代末期にベストセラーになった名作『北越雪譜』はどんな背景でどのように発刊されたか。愛する妻との離婚、長男の若すぎる死などの困難を乗り越えた鈴木牧之の実像が多くのシナリオを手がけた著者により描かれる。

◇牧之さま追慕―北越雪譜の著者　林明男著　〔林明男〕　1993.11

▌**鈴木三重吉**　すずきみえきち
1882～1936　明治、大正期の小説家、童話作家。「赤い鳥」を創刊。童話、童謡、童画、綴方運動を展開した。

◇赤い鳥翔んだ―鈴木すずと父三重吉　脇坂るみ著　小峰書店　（Y.A.Books）　2007.8　①978-4-338-14422-3
　＊日本の児童文学の土台をつくった鈴木三重吉と日本のファッション界に戦後の新しい流れをつくった鈴木すず。二人は親子であり、家族であり、そして、一個の人間としてそれぞれの理想をめざした。

◇漱石先生からの手紙―寅彦・豊隆・三重吉　小山文雄著　岩波書店　2006.11　①4-00-023714-4
　＊「文豪」夏目漱石が、個性あふれる弟子たちの「先生」としてどのような関わり

を築いていったか。若き寺田寅彦、小宮豊隆、鈴木三重吉あての手紙を軸にその類い稀な交情交歓のさまを描き、いたわり励まし叱る「漱石先生」の真の優しさを浮き彫りにする。人間関係が希薄化に向かうとも見える現代に、本書は限りない示唆を与えよう。

◇永遠の童話作家鈴木三重吉　半田淳子著　高文堂出版社　1998.10　①4-7707-0599-9
　＊本書は、鈴木三重吉の作家としての足跡を、「千鳥」から雑誌「赤い鳥」まで、主要な作品を読み解く形でまとめたものである。著者が東京大学大学院人文科学研究科に在籍していた頃の修士論文を起点として、学術雑誌等に発表した論文を大幅に改稿したものである。

◇「児童文学」をつくった人たち　6　「赤い鳥」をつくった鈴木三重吉　創作と自己　鈴木三重吉　鈴木三重吉，小島政二郎著　ゆまに書房　（ヒューマンブックス）　1998.6　①4-89714-271-7
　＊漱石を師と仰ぎ、子どものための童話童謡雑誌「赤い鳥」を創刊。後世の児童文学界に多大な影響を与えた鈴木三重吉自身の記録と、共に苦労した文学者・小島政二郎の語る赤裸々な文士の生涯。

◇近代作家追悼文集成　第17巻　鈴木三重吉・河東碧梧桐　ゆまに書房　1987.4

◇『赤い鳥』と鈴木三重吉　赤い鳥の会編　小峰書店　1983.7　①4-338-01004-5

▌**鈴木茂三郎**　すずきもさぶろう
1893～1970　明治～昭和期の政治家、社会運動家。日本社会党委員長、衆議院議員。社会党左派の領袖として平和四原則を掲げ委員長となる。

◇鈴木茂三郎1893-1970―統一日本社会党初代委員長の生涯　佐藤信著　藤原書店　2011.2　①978-4-89434-775-5

◇片山内閣と鈴木茂三郎　鈴木徹三著　柏書房　1990.5　①4-7601-0584-0

▌**鈴木安蔵**　すずきやすぞう
1904～1983　大正、昭和期の憲法学者、政治学者。静岡大学・立正大学教授。日本

憲法史研究に業績を残す。革新的立場で
憲法草案作成にも関与。

◇鈴木安蔵先生から受け継ぐもの―鈴木安蔵先生生誕百年記念シンポジウムの記録
金子勝　2005.12

崇徳上皇　すとくじょうこう

1119〜1164　崇徳天皇（すとくてんのう）
とも。平安時代後期の第75代の天皇。（在位1123〜1141）。鳥羽天皇の第1皇子。保元の乱で敗れ讃岐に流された。

◇西行と崇徳上皇・その後の静御前　横井寛著　美巧社　2012.7
　①978-4-86387-025-3

◇怨霊になった天皇　竹田恒泰著　小学館
　2009.2　①978-4-09-387827-2
　＊「史上最恐の大魔王」と恐れられた天皇がいた。ゆえに歴代天皇は民を守るため、祈りをささげてきた。怨霊になった天皇4人、皇族7人…旧皇族が語る「天皇の怨霊史」。

◇崇徳院怨霊の研究　山田雄司著　思文閣出版　2001.2　①4-7842-1060-1
　＊本書は、崇徳院怨霊を時代の中に位置づけ、そのとき生きた人々の心に潜む社会に対する意識を解明することを試みた。そして、その前史として貞観御霊会などを考察することにより、日本人の怨霊観を概観し、崇徳院怨霊の登場に至る過程を検討した。

角倉了以　すみのくらりょうい

1554〜1614　安土桃山時代，江戸時代前期の京都の豪商。河川開墾土木工事の大家、朱印船貿易家。

◇角倉了以の世界　宮田章著　大成出版社
　2013.4　①978-4-8028-3081-2

◇京都 高瀬川―角倉了以・素庵の遺産　石田孝喜著　思文閣出版　2005.8
　①4-7842-1253-1

【せ】

世阿弥　ぜあみ

1363〜1443　南北朝時代, 室町時代の能役者。能芸の基礎を確立。著作に「風姿花伝（花伝書）」がある。

◇世阿弥　今泉淑夫著　吉川弘文館　（人物叢書 新装版）　2009.3
　①978-4-642-05250-4
　＊室町時代の能作者。少年時より才に秀で、観世大夫家を継いだ世阿弥は、現代に続く能楽を大成した。その生涯は足利義満・義持・義教の三代に及ぶ波瀾に富むもので、晩年の佐渡配流の理由や禅宗信仰の内実などには未だ定説がない。「夢幻能」と芸論に「不二思想」の影響を見、「秘すれば花」と言い切った独創的世界に迫り、新たな世阿弥像を描く。

◇花のかたみ―世阿弥元清　倉田美恵子著
文芸社　2008.9　①978-4-286-05120-8
　＊足利義満の庇護のもと、大きく花開いた観世座。しかし、義満の死や後継となった将軍義教の登場などにより、分裂を余儀なくされる―。揺れ動く政情を背景に、激しい情熱と執念で能を大成していった世阿弥の生涯を描く歴史小説。芸術家としての苦悩、親・夫としての葛藤など人間性の内面に立ち入り、『松風』『清経』『砧』などの作品が誕生する過程に世阿弥の精神世界や創造の源泉を探る。

◇日本文学者評伝集　5　世阿弥・宗祇　塩田良平, 森本治吉編　阪口玄章, 伊地知鉄男著　クレス出版　2008.6
　①978-4-87733-425-3,978-4-87733-429-1

◇世阿弥―ヒューマニズムの開眼から断絶まで　太田光一著　郁朋社　2005.8
　①4-87302-319-X
　＊観世座の大夫・作家・演者として、波乱万丈の生涯の果てに、猿楽を現代にも生き続ける能にまで磨き上げた男・世阿弥。『風姿花伝』『花鏡』『拾玉得花』

などの能楽論と『砧』『班女』『関寺小町』などの作品の推移から、幽玄美の奥に潜んだ「人間性の解放」を解き明かした書。第五回歴史浪漫文学賞研究部門特別賞受賞作品。

◇秘すれば花　渡辺淳一［著］　講談社（講談社文庫）　2004.7　①4-06-274821-5

◇世阿弥を語れば　松岡心平編　岩波書店　2003.12　①4-00-023639-3

◇西行・世阿弥・芭蕉私見　石田時次著　角川学芸出版　2003.9

◇夢幻能の方法と系譜　飯塚恵理人著　雄山閣　2002.3　①4-639-01750-2

◇秘すれば花　渡辺淳一著　サンマーク出版　2001.7　①4-7631-9393-7

◇世阿弥　東山緑著　東方出版　1999.10　①4-88591-623-2
　＊義満亡きあと、将軍義教に佐渡遠流された能の完成者世阿弥─。15年の沈黙ののち著者渾身の迸る筆致。

◇世阿弥芸術と作品　北村勇蔵著　近代文芸社　1999.4　①4-7733-6452-1
　＊能芸術の大成者世阿弥。世阿弥の能楽論は古典芸能の指針書として脈々として生きつづけており、それは永久不変である。

◇観阿弥・世阿弥時代の能楽　竹本幹夫著　明治書院　1999.2　①4-625-41116-5

◇世阿弥の能　堂本正樹著　新潮社（新潮選書）　1997.7　①4-10-600520-4
　＊天才芸能民の戯曲をその生涯と重ねつつ斬新に読み解く。

◇西行の花　中野孝次著　小沢書店（小沢コレクション）　1996.12　①4-7551-2045-4
　＊中世ゆかりの土地を訪ね、中世人の夢の行方を探る歴史紀行。

◇世阿弥─花と幽玄の世界　白洲正子著　講談社（講談社文芸文庫）　1996.11　①4-06-196394-5

◇馬場あき子全集　第8巻　能芸論　馬場あき子著　三一書房　1996.9　①4-380-96543-0
　＊能の魅力が深く、いま甦える。情念と美

意識の結合を文学として語る『修羅と艶』、観能体験をかさね鑑賞する『花と余情』、古典に蛍沼をおろした『風姿花伝』のほか世阿弥に関する文章を収録。

◇世阿弥は天才である─能と出会うための一種の手引書　三宅晶子著　草思社　1995.9　①4-7942-0647-X
　＊日本演劇を芸術の域に高めた世阿弥の創造の秘密は。その精神世界に踏み込み自在に対話を試みながら能楽の真の魅力へと誘う。

◇世阿弥残影　倉田美恵子著　海越出版社　1994.12　①4-87697-193-5

◇観阿弥と世阿弥　戸井田道三著　岩波書店（同時代ライブラリー）　1994.11　①4-00-260206-0

◇アイスキュロスと世阿弥のドラマトゥルギー─ギリシア悲劇と能の比較研究　M.J.スメサースト著，木曽明子訳　大阪大学出版会　1994.4　①4-87259-003-1

◇岩波講座　能・狂言　3　能の作者と作品　横道万里雄，西野春雄，羽田昶著　岩波書店　1992.12　①4-00-010293-1
　＊観阿弥以前の古作から、世阿弥をへて現代にいたる能作の流れを時代・作者別に解明する。

◇世阿弥配流　磯部欣三著　恒文社　1992.9　①4-7704-0747-5
　＊温の美学の構築と能の幽玄化に情熱を燃やした世阿弥は、なぜ流罪となったか。配所の佐渡における最晩年の足どりを考証し実地に調査した新研究。

◇世阿弥の宇宙　相良亨著　ぺりかん社　1990.5
　＊謡曲に託された世阿弥の真意は何だったのか？　本書は、能舞台からだけでは汲みつくせない作者の孤高の人間観─、宇宙観を、述作の中に鋭く問い、中世に生きた見者の内面を開いた。

◇演劇人世阿弥─伝書から読む　堂本正樹著　日本放送出版協会（NHKブックス）　1990.2　①4-14-001590-X
　＊役者にして劇作家、演出家にして理論家たり得た偉大なトータル・ドラマチスト、世阿弥。本書は、かつて「悲劇の

清少納言

能聖」と脚色された世阿弥像を正し、き
ら星のような名コピーに満ちた彼の伝
書を読むことで、質の高い芸術論を平
易に説くものである。そこには、知性
と官能の軋轢、観客の多様化など、現代
演劇に直結する中世芸能市場の激しい
生存競争の中で苦闘した「現代の演劇
人」の実践論があった。

清少納言　せいしょうなごん

生没年不詳　平安時代中期の女性。歌人,
随筆家。「枕草子」の著者で、一条天皇の
皇后定子に仕えた。

◇誰も書かなかった清少納言と平安貴族の謎
川村裕子監修　KADOKAWA　（中経の
文庫）　2013.11　①978-4-04-600085-9
　＊清少納言はどんな女性？ 平安貴族の日
　常とは？「春はあけぼの…」で知られる
　『枕草子』の著者・清少納言は、実は和
　歌が苦手だった!?平安女性の美人の条件
　とは？ 意外に貴族は働き者だった？…
　などなど、清少納言の素顔、平安貴族の
　恋と結婚の作法、蹴鞠のルールから、女
　性の身だしなみとファッション、果て
　は人の呪い方まで、知っていそうで知
　らない60の謎を厳選。雅で華やかな貴
　族社会の裏側までよくわかる1冊です。

◇日本文学史―古代・中世篇　3　ドナル
ド・キーン著,土屋政雄訳　中央公論新社
（中公文庫）　2013.5
①978-4-12-205797-5

◇日本女性文学研究叢書―古典篇　第4巻
中古　2　日本女子大学文学部日本文学科
編・解説　クレス出版　2012.12
①978-4-87733-711-7,
978-4-87733-715-5(set)

◇王朝文学の楽しみ　尾崎左永子著　岩波
書店　（岩波新書）　2011.2
①978-4-00-431294-9
　＊『源氏物語』『枕草子』『伊勢物語』など
　「王朝古典」には誰もが学校の「古文」
　などで触れるが、その本当の面白さは
　教科書に採用されぬ部分にある、と著
　者は断言する。誰もがかかえる愚かし
　さ、燃えるような嫉妬心、権力者との危
　うい関わり…。今も変わらぬ人間の本

性を映す世界へ、現代的な感覚、小気味
よい筆運びで案内する。

◇枕草子―日々の "をかし" を描く清少納言
の世界　田辺聖子著　世界文化社　（日本
の古典に親しむ ビジュアル版）　2006.3
①4-418-06202-5

◇千年の恋文―小説清少納言　長谷川美智
子著　新風舎　2001.11　①4-7974-1690-4

◇源氏物語捷径　別冊　交響・清少納言と
紫式部　上坂信男著　江ノ電沿線新聞社
2000.6　①4-8421-0002-8

◇清少納言―感性のきらめき　藤本宗利著
新典社　（日本の作家）　2000.5
①4-7879-7011-9
　＊ "をかし"の文学精神で知られる「枕草
　子」の作者。その簡潔な文章の中には、
　清新な感性と才気があふれる。華やか
　で謎多き生涯を叙情的かつ着実に追求
　した自信の一書。

◇秘艶 枕草子　八剣浩太郎著　青樹社
（青樹社文庫）　1999.1　①4-7913-1131-0
　＊容姿端麗にして才気煥発、さらに床上手
　ときては、まさに非の打ちどころのな
　い世界最初の女流エッセイスト・清少
　納言。そんな彼女の華麗なる男性遍歴
　を軽妙な筆で描いた表題作他、封建社
　会の枠の中でもがき苦しむ人々を、独
　自の歴史観で浮き彫りにする傑作三編。

◇「枕草子」を旅しよう―古典を歩く　3
田中澄江著　講談社　（講談社文庫）
1998.8　①4-06-263646-8
　＊「春はあけぼの」と機智縦横の才能の、
　凛々として澄んだ響きを醸す名文が導く
　世界―。美しい土地の美しい風物、自然
　の優美さ、人々の生活の楽しさを情緒豊
　かに綴った王朝女性の夢と憧れと心の
　軌跡を四季おりおりに訪ねる。名エッ
　セイを道づれに、古典の舞台を歩こう。

◇清少納言と紫式部―王朝女流文学の世界
鈴木日出男著　放送大学教育振興会　（放
送大学教材）　1998.3　①4-595-55395-1

◇清少納言と紫式部　紫式部―その生活と
心理　梅沢和軒著　神田秀夫, 石川春江
著　クレス出版　（源氏物語研究叢書）
1997.5　①4-87733-032-1

関孝和

◇枕草子外伝—色ごのみなる女諾子　立川
楽平著　近代文芸社　1996.2
①4-7733-5327-9

◇小説清少納言—諾子の恋　三枝和子著
（多摩）福武書店　1994.10
①4-8288-3297-1
＊ふと、その一節を口ずさみたくなる、永
遠に瑞々しい随筆『枕草子』を書いた清
少納言とはどんな女性だったのか。華
やかな王朝時代に、一条天皇の中宮・定
子に仕え、藤原公任、藤原行成をはじめ
とする貴族との恋を、きらきらした才
覚で彩った清少納言を生き生きと描く
歴史小説。

◇清少納言と紫式部—その対比論序説　宮
崎荘平著　朝文社　1993.4
①4-88695-090-6

◇みちのく伝承—実方中将と清少納言の恋
相原精次著　彩流社　1991.12
①4-88202-212-5

◇枕草子・紫式部日記　鈴木日出男, 中村真
一郎著　新潮社　（新潮古典文学アルバ
ム）　1990.6　①4-10-620707-9
＊ハートで読み、古典に遊ぶ。恋のかけ
ひき、オシャレな会話、季節の移りかわ
り。互いに認めながらも対抗意識をも
やす2人の才女が生き生きと描きだす平
安貴族の華やかな後宮の生活。

▌清和天皇　せいわてんのう
850～880　平安時代前期の第56代の天皇。
（在位858～876）。文徳天皇の子。清和源
氏の祖。

◇新訂増補 国史大系　第4巻　日本三代実
録　黒板勝美, 国史大系編修会編　吉川
弘文館　1966

▌関孝和　せきたかかず
？～1708　江戸時代前期, 中期の和算家,
暦算家。

◇三上義夫著作集　第2巻　関孝和研究　三
上義夫著, 佐々木力総編集, 柏崎昭文編集
補佐　日本評論社　2017.1
①978-4-535-60216-8

◇円周率の謎を追う—江戸の天才数学者・
関孝和の挑戦　鳴海風作, 伊野孝行画　く
もん出版　2016.11　①978-4-7743-2552-1

◇江戸のスーパー科学者列伝　中江克己著
宝島社　（宝島SUGOI文庫）　2013.8
①978-4-8002-1038-8
＊「江戸」と「科学」には、なんの繋がり
もないように思える。しかし、江戸時
代には多くの科学者が日々研究に明け
暮れていた。「行列式」を発見した和算
家の関孝和、世界初の全身麻酔手術に
成功した華岡青洲、ソメイヨシノを開
発した遺伝学者の伊藤伊兵衛など。そ
のレベルは当時の世界を見ても決して
ひけをとっていなかった。本書では江
戸の科学者31人を取り上げ、彼らの功
績と人柄に迫る。

◇関孝和の人と業績　関孝和三百年祭記念事
業実行委員会監修, 佐藤健一, 真島秀行編
研成社　2008.1　①978-4-87639-151-6
＊世界が認めた江戸時代の偉大な数学者
関孝和の足跡・数学の業績について、近
年判明したことも加えて、第一線の和
算研究者らが精魂を傾けて執筆した。
関孝和や江戸期の和算家の数学レベル
や文化をみる貴重な資料。

◇数学のたのしみ　2006夏　関孝和と建部
賢弘　上野健爾, 砂田利一, 新井仁之編
日本評論社　2006.8　①4-535-60319-7

◇関孝和—江戸の世界的数学者の足跡と偉
業　下平和夫著　研成社　2006.2
①4-87639-142-4
＊いまは誰でもが使っている筆算による
計算の考案・実用、行列式の発見など、
世界初となる業績を残した江戸の偉大
な数学者、すなわち関孝和である。大
数学者であるが生活史は不明な点が多
い。その関孝和の家系や家族、弟子の
ことから、世界的な業績・著作物につい
て渾身の調査・研究をもとに、時に数式
もまじえて解説。

◇算聖伝—関孝和の生涯　鳴海風著　新人
物往来社　2000.10　①4-404-02882-2
＊近代数学の巨人・関孝和。キリシタン
の子に生まれ、宣教師キアラに師事。
数学と天文暦学に賭けた男の軌跡！

教科書に載った日本史人物1000人　**355**

『円周率を計算した男』につづき俊英が放つ和算小説の傑作。

◇「算木」を超えた男─もう一つの近代数学の誕生と関孝和　王青翔著　東洋書店　1999.2　①4-88595-226-3
＊漢字系数学は質的にも体系的にも西欧数学に及ばないとはいえ、思想史的には、西欧数学とほぼ同じ時代に近代的な数学へすすみはじめた。関孝和をはじめとする江戸時代の日本の数学者こそ、中国で発達してきた初・中等数学を近代的な解析数学に発展させ、この近代的数学への一歩を踏み出した人たちなのである。本書で、従来の視点を変えて、関孝和の数学を漢字系数学の枠組みにいれて総合的比較の手法で、関孝和の数学と中国の宋・元数学の点と線を主にして、朝鮮数学史とベトナム数学史にも触れながら、漢字系数学の本質と江戸時代の日本人の数学上の独創力をさぐってみた。

絶海中津　ぜっかいちゅうしん

1336～1405　南北朝時代, 室町時代の臨済宗の僧, 五山文学僧。義堂周信とならぶ五山文学の双璧。

◇義堂周信・絶海中津　寺田透著　筑摩書房　（日本詩人選）　1977.7

雪舟　せっしゅう

1420～1506　室町時代, 戦国時代の僧, 画家。明に渡り山水画を学び、日本の水墨画を完成させた。

◇ヘんな日本美術史　山口晃著　祥伝社　2012.11　①978-4-396-61437-9
＊自分が描いたということにこだわらなかった「鳥獣戯画」の作者たち。人も文字もデザイン化された白描画の快楽。「伝源頼朝像」を見た時のがっかり感の理由。終生「こけつまろびつ」の破綻ぶりで疾走した雪舟のすごさ。グーグルマップに負けない「洛中洛外図」の空間性。「彦根屏風」など、デッサンなんかクソくらえと云わんばかりのヘンな絵の数々。そして月岡芳年や川村清雄ら、西洋的写実を知ってしまった時代の日

本人絵師たちの苦悩と試行錯誤…。絵描きの視点だからこそ見えてきた、まったく新しい日本美術史。

◇もっと知りたい雪舟─生涯と作品　島尾新著　東京美術　（アート・ビギナーズ・コレクション）　2012.4　①978-4-8087-0861-0

◇「雪舟」異論　矢野一成著　秀作社出版　2009.4　①978-4-88265-454-4

◇雪舟等楊─「雪舟への旅」展研究図録　山口県立美術館雪舟研究会編　「雪舟への旅」展実行委員会　2006.11

◇雪舟と禅僧たち　大内文化探訪会・雪舟研究会編　大内文化探訪会・雪舟研究会　2005.3

◇雪舟と山口　山本一成著　大内文化探訪会　2004.3

◇画聖雪舟　沼田頼輔著　論創社　（論創叢書）　2002.3　①4-8460-0241-1
＊雪舟伝の原典。教科書の雪舟はここからはじまった。21世紀にふさわしい雪舟像を求めて。

◇雪舟の芸術・水墨画論集　金沢弘著　秀作社出版　2002.3　①4-88265-308-7
＊室町水墨画研究の第一人者が雪舟の作品について多面的に論じ、併せて中世水墨画の歴史的背景を考察した学術的価値の高い労作。

◇雪舟の旅路　岡田喜秋著　秀作社出版　2002.3　①4-88265-307-9
＊「旅」について30冊余の著作をしてきた著者が雪舟の足跡を全て歩き、旅人という視点から雪舟の人と作品を浮き彫りにした独創の書。

◇雪舟応援団　赤瀬川原平, 山下裕二著　中央公論新社　2002.3　①4-12-003249-3

◇雪舟はどう語られてきたか　山下裕二編・監修　平凡社　（平凡社ライブラリー）　2002.2　①4-582-76424-X
＊フェノロサ、岡倉天心の賛美によって、「画聖」と奉られてきた雪舟。一方で、岡本太郎は、「雪舟は芸術ではない」と言い放った。大きく分かれる雪舟への評価…。さまざまに語り継がれてきた

雪舟論のエッセンスを凝縮。オリジナル編集による待望の一冊。

◇雪舟の「山水長巻」―風景絵巻の世界で遊ぼう　雪舟画、島尾新著　小学館　（アートセレクション）　2001.10
①4-09-607008-4
＊縦約40センチ、全長約16メートルの水墨山水画巻の全貌を、新規撮影のフィルムでリアルに再現。実物大の図版や拡大した図版を随所に掲載し、墨の濃淡や彩色、紙の質感まで手にとるように見える。画巻の流れに沿ったわかりやすい解説に加え、水墨画や中国絵画に対する理解を深めるコラムを満載。雪舟研究の第一人者が、謎につつまれた「山水長巻」制作の動機やプロセスを探り、大胆に解明。雪舟の代表作と人物伝もあわせて収録。「水墨画の神様」とたたえられてきた画家の実像に迫る。

◇国宝と歴史の旅　11　「天橋立図」を旅する　雪舟の記憶　朝日新聞社　（朝日百科　日本の国宝別冊）　2001.4
①4-02-330911-7

◇雪舟の庭　白石直典著　西日本新聞社　2000.11　①4-8167-0505-8

◇雪舟―旅逸の画家　宮島新一著　青史出版　2000.4　①4-921145-05-9

◇雪舟　日本アート・センター編　新潮社　（新潮日本美術文庫）　1996.12
①4-10-601521-8

◇雪舟漂泊　吉野光著　河出書房新社　1993.8　①4-309-00850-X
＊真景を求めて諸国を旅する雪舟が奥伊那の里で出会ったものは―。応仁の乱に荒れた時代を背景に画僧雪舟の美と精神を描き切る、異色の長篇歴史絵巻。

◇雪舟さんが歩いた道　岡田憲佳写真，矢富厳夫文　益田市観光協会　1992.7

▌雪村　せっそん
生没年不詳　雪村周継（せっそんしゅうけい）とも。戦国時代、安土桃山時代の禅僧、画家。

◇雪村周継―多年雪舟に学ぶといへども

赤沢英二著　ミネルヴァ書房　（ミネルヴァ日本評伝選）　2008.12
①978-4-623-05317-9
＊戦国の世に生きた幻の巨匠。飄逸、奇天烈、エキセントリック。

◇もっと知りたい雪村―生涯と作品　小川知二著　東京美術　（アート・ビギナーズ・コレクション）　2007.8
①978-4-8087-0825-2

◇常陸時代の雪村　小川知二著　中央公論美術出版　2004.9　①4-8055-0478-1

◇雪村研究　雪村画，赤沢英二著　中央公論美術出版　2003.1　①4-8055-0426-9

◇水墨画の巨匠　第2巻　雪村　雪村周継画、瀬戸内寂聴，林進著　講談社　1995.5
①4-06-253922-5

◇日本美術絵画全集　第8巻　雪村　亀田孜著　集英社　1982.1

▌雪村友梅　せっそんゆうばい
1290～1346　鎌倉時代後期、南北朝時代の臨済宗の僧。一山一寧の法嗣。

◇元朝・中国渡航記―留学僧・雪村友梅の数奇な運命　今谷明著　宝島社　（歴史の想像力）　1994.8　①4-7966-0821-4
＊スパイ容疑、死刑判決、助命に奔走した中国人僧の"非業の死"、下獄、10年に及ぶ幽閉生活。広大な中国大陸を舞台に劇的な運命に翻弄される日本人禅僧の足跡を、貴重な史料の解読と現地取材で辿った"歴史ノンフィクション"。

▌仙覚　せんがく
1203～？　鎌倉時代前期の天台宗の僧，万葉学者，歌人。

◇万葉僧仙覚と猿尾氏―試稿　木呂子敏彦著〔木呂子敏彦〕　（木呂子家史話）　1977.3

▌千利休　せんのりきゅう
1522～1591　千宗易（せんそうえき）とも。戦国時代、安土桃山時代の茶人。号は宗易。堺の商人の出で、侘び茶を完成。織田信長・豊臣秀吉に仕えたが、秀吉によ

千利休

り自刃させられた。

◇千利休　熊倉功夫著　創元社　（日本人の
こころの言葉）　2015.9
①978-4-422-80069-1

◇図解 千利休99の謎　日本歴史楽会著　宝
島社　2013.11　①978-4-8002-1757-8
＊利休は平安時代の清和天皇の後裔だっ
た！ 茶人・利休は「死の商人」の顔も
あわせもっていた！ 利休が命乞いをし
なかったのは菅原道真になりたかった
から!?侘び茶の完成者にして稀代の数寄
者、千利休の驚くべき「真実」！

◇利休の逸話　筒井紘一著　淡交社
2013.2　①978-4-473-03853-1
＊現代文でつづる決定版・利休茶話集。
324の逸話から利休の姿がよみがえる。

◇利休の風景　山本兼一著　淡交社
2012.12　①978-4-473-03847-0
＊『利休にたずねよ』の作者が浮き彫りに
した、情熱の人千利休とその時代。

◇利休と三人の弟子　平湯晃著　瓊林会東
京支部　2012.5

◇秘史 千利休はなぜ秀吉に殺されたのか—
謎の国尾道三部作　浜岡康正著　文芸社
2011.9　①978-4-286-10807-0

◇千利休　桑田忠親著, 小和田哲男監修　宮
帯出版社　2011.6　①978-4-86366-095-3
＊秀吉と利休、確執の真相。

◇茶—利休と今をつなぐ　千宗屋著　新潮
社　（新潮新書）　2010.11
①978-4-10-610392-6
＊茶を「礼儀作法を学ぶもの」「花嫁修業
のため」で片付けるのはもったいない。
本来の茶の湯は、視覚、聴覚、触覚、味
覚、嗅覚の全領域を駆使する生活文化の
総合芸術なのだ。なぜ戦国武将たちが
茶に熱狂したのか。なぜ千利休は豊臣
秀吉に睨まれたのか。なぜ茶碗を回さ
なくてはいけないのか。死屍累々の歴
史、作法のロジック、道具の愉しみ—利
休の末裔、武者小路千家の若き異才の
茶人が語る。新しい茶の湯論がここに。

◇利休の師 武野紹鷗　武野宗延著　武野紹
鷗研究所　2010.4　①978-4-86366-057-1
＊天下のわび茶人・武野紹鷗の末裔がそ

の生涯と利休の死の真相に迫る。

◇利休入門　木村宗慎著　新潮社　（とんぼ
の本）　2010.1　①978-4-10-602199-2
＊いったい、この人の何が「凄い」ので
しょう？ 利休の逸話は数多いですが、
そのほとんどが作り話です。信長、秀吉
とのほんとうの関係、楽茶碗にこめられ
た意味、暗い茶室でこころみた工夫—
いま注目の若手茶人が、茶碗、茶室、侘
び、禅、死ほか一〇章で語る、茶の湯を
よく知らない人のための新・利休入門。

◇利休宗易　千宗室監修　淡交社　（裏千家
今日庵歴代）　2008.2
①978-4-473-03451-9

◇千利休より古田織部へ　久野治著　鳥影
社　2006.7　①4-86265-001-5

◇利休伝　秋山巳之流著　文学の森
2005.6　①4-86173-244-1
＊千利休は、織田信長と豊臣秀吉との間
に生き延び、謎の深い茶人となった。
腰に寸鉄も帯びず、お茶のみで、秀吉公
をおびやかした理由は一体どこにあっ
たのか。この書は、切腹させられた千
利休の歴史の永遠の謎に、実に意外な
面から、はじめて迫ることに成功した
快著である。

◇利休道歌に学ぶ　阿部宗正著　淡交社
（裏千家学園公開講座）　2000.11
①4-473-01776-1

◇利休茶室の謎　瀬地山澪子著　創元社
2000.8　①4-422-20139-5
＊京都郊外に建つ利休の国宝茶室「待庵」
—。NHKのディレクターである著者
は、韓国で「待庵」とそっくりの民家を
発見する。利休の美に朝鮮文化の影響
を探る。衝撃の歴史読み物。

◇「必携」千利休事典　小田栄一監修　世界
文化社　（お茶人の友）　2000.7
①4-418-00302-9
＊お茶人なら誰でも必ず知っておきたい、
千利休の茶の湯をやさしく解説。利休
愛蔵の品々や自作の茶杓、竹花入、また
利休デザインの数々の茶道具、茶室や
利休時代の懐石料理など、利休にまつ
わる事柄をオールカラー図版で収録。
利休を歩く旅ガイドや利休百首、茶の

湯年表、茶人系譜も付いた、コンパクトで実用的な事典。

◇千利休の謀略　谷恒生著　小学館　（小学館文庫　時代・歴史傑作シリーズ）1999.12　①4-09-403771-3
＊本能寺の変が起こった天正十年を振り出しに、清州会議、賤ヶ岳の合戦、小牧・長久手の合戦から九州平定を経て、第三の覇者である徳川家康がその真価を発揮するまでのあいだ、信長が利休の頭の中に残したであろう国家構想を喉から手が出るほど知りたい秀吉と、その秀吉の天下統一に手を貸しているかに見え、その実、彼を破壊の渕に追いやろうとする利休との水面下の頭脳戦が、虚々実々の駆けひきをもって進められてゆく。

◇利休茶話　新版　筒井紘一著　学習研究社　1999.3　①4-473-01654-4
＊茶の湯を修める人たちのために残された千利休に関する逸話は相当数にのぼる。本書は出典の明らかな利休逸話百話を厳選。茶のこころを「道」の章、茶道具・茶室の心得を「学」の章、茶会・点前の約束を「実」の章に分けて、わかりやすく編集する。

◇小説千利休—秀吉との命を賭けた闘い　童門冬二著　PHP研究所　（PHP文庫）1999.2　①4-569-57242-1
＊「この"にじり口"から茶室に入れば、あなたは一人の人間になります」—利休の言葉に、秀吉は激しく反発する。「俺は、茶室に入っても、おまえとは同等ではない」と。一触即発の関係の中で日を重ね、心の溝を深めてゆく二人。そしてついに決定的な出来事が起った—。なぜ利休は、天下人・秀吉と、それほどまでに対立したのか。その精神のありかを探り、自らの理想を貫いた男の姿を描く。

◇利休最後の半年　土田隆宏著　彩流社　1998.9　①4-88202-469-1
＊千利休斬首の真相！ プライド、洞察力、気配り、侘茶の本質…生きざまに見る「覚悟」「守るべきもの」とは何か。茶人の著者による新たな利休の"復活"。

◇千利休—ヒト・モノ・カネ　戸上一著　刀水書房　（刀水歴史全書　歴史・民族・文明）1998.6　①4-88708-210-X
＊利休好みの茶道具は、日本美の極致、日本人の美意識を支える日本文化の最高の部分である。しかしあまりにも高価な美にまつわる人間の醜を忘れてはいないか？ 本書は美と醜の複眼の利休論である。

◇千利休とやきもの革命—桃山文化の大爆発　竹内順一、渡辺節夫著　河出書房新社　1998.3　①4-309-26325-9
＊利休、長次郎、織部の魂を探る—陶芸史研究の第一人者と気鋭の現代陶芸家が初めて解明する造形の秘密！「俊寛」「無一物」「峯紅葉」「不二山」など貴重な写真と渡辺節夫の作品が満載。わかりやすい用語解説と豊富な図解。世界に誇る桃山のやきものの魅力に迫る画期的一冊。

◇千利休の謀略　谷恒生著　河出書房新社　（河出文庫）1997.12　①4-309-40518-5

◇利休九つの謎　関口多景士著　近代文芸社　1996.11　①4-7733-5955-2

◇黄金と禅—秀吉と利休の悲劇　上巻　中田善明著　三一書房　1996.8　①4-380-96270-9
＊黄金の茶室を作意する秀吉と、侘数寄に禅の境地を求める利休との相剋が、やがて悲劇へと発展していく…。史資料を駆使した"利休本"の決定版。

◇黄金と禅—秀吉と利休の悲劇　下巻　中田善明著　三一書房　1996.8　①4-380-96271-7
＊利休の助命を願う北政所や前田利家らと断罪を訴えるちゃちゃと石田三成の間で…秀吉は迷うが、遂に決断する…。利休は賜死を求め、一畳台目の茶室で自刃する…。

◇利休と秀吉　邦光史郎著　集英社　（集英社文庫）1996.7　①4-08-748505-6
＊十代末に茶の湯の道に入り、五十代で信長の、六十代で秀吉の茶堂となった利休。天下人・秀吉と利休は、にこやかな微笑みのなかに、美意識の壮絶な戦いを繰り広げる。やがて、後継者争いの渦中に投げ出されたとき、利休はど

う身を処するか…。織田家に生まれ、
秀吉のお伽衆を経て、江戸期まで生き
延びた織田有楽斎の目が、二人の強烈
な個性を見据える。人の生き方を現代
に問いかける歴史巨編。

◇（小説）千利休　童門冬二著　PHP研究所
1996.6　①4-569-55203-X
＊秀吉との命を賭けた闘い。侘茶を創造
し、新しい人間社会の在り方を追究し
続けた利休の堂々たる人生を描く。

◇千利休―己れの美学に殉じた男　土岐信
吉著　PHP研究所　（PHP文庫）　1996.5
①4-569-56893-9
＊「あれほど待ち望んだ平和が招来した
とたん、朝鮮、明に出兵しようとは…と
うとう心まで老いて魔道に入ったか」。
面前で平然と言い放つ利休に、秀吉は
思わず懐刀に手をかけた―。信長、秀
吉に仕え、茶の湯の頂点を極めた男、千
利休。しかし一方で利休は、恐るべき
秀吉の秘密を知ってしまったのだった。
秀吉と利休の関係を新しい解釈で描き、
自刃の謎に迫る傑作歴史小説。

◇千利休　竹内勇太郎著　成美堂出版　（成
美文庫）　1996.2　①4-415-06436-1

◇秀吉と利休　改版　野上弥生子著　中央
公論社　（中公文庫）　1996.1
①4-12-202511-7

◇千利休のすべて　米原正義編　新人物往
来社　1995.12　①4-404-02312-X

◇利休と芭蕉―人生を自在に生きる知恵
境野勝悟著　致知出版社　1995.9
①4-88474-370-9

◇利休の茶　堀口捨己著　岩波書店
1995.9　①4-00-002446-9

◇利休とその一族　村井康彦著　平凡社
（平凡社ライブラリー）　1995.5
①4-582-76098-8
＊利休の茶はどのように形成され、どの
ようにうけつがれていったのか。利休
の死、また千家家譜の謎を解き、少庵・
宗旦ら子・孫の相貌を描きつつ、茶の湯
という、さまざまな芸能が寄り合う文
化の本体をとらえる。

【そ】

▍宗鑑　そうかん
？～1553　戦国時代の俳諧連歌師。連歌
から俳諧への移行期の俳人・歌人。俳諧
連歌集に「犬筑波集」がある。宗鑑流と称
される能書家としても著名。

◇一夜庵―俳聖山崎宗鑑　再々版　松尾明
徳著　香川県文化財保護協会観音寺支部
2010.11

▍宗祇　そうぎ
1421～1502　室町時代，戦国時代の連歌
師。正風連歌を大成。諸国を遍歴し歌を
詠む。歌集に「新撰菟玖波集」がある。

◇連歌師宗祇の伝記的研究―旅の足跡と詳
細年譜　両角倉一著　勉誠出版　2017.6
①978-4-585-29145-9

◇連歌師という旅人―宗祇越後府中への旅
広木一人著　三弥井書店　（シリーズ日本
の旅人）　2012.11　①978-4-8382-3240-6
＊室町戦国期、現在の直江津から関東に
向け旅立ち、箱根の地で没した宗祇の
旅の目的とは。厳しい道すがら詠まれ
た連歌の句と句を紡ぎあわせ、旅の全
容・あり方・目的を立体的に蘇らせる。

◇連歌師宗祇と近江　奥田淳一著　サンラ
イズ出版（印刷）　2008.7

◇日本文学者評伝集　5　世阿弥・宗祇　塩
田良平，森本治吉編　阪口玄章，伊地知鉄
男著　クレス出版　2008.6
①978-4-87733-425-3,978-4-87733-429-1

◇島津忠夫著作集　第4巻　心敬と宗祇　島
津忠夫著　和泉書院　2004.5
①4-7576-0258-8

◇吉備町宗祇法師五百年祭記念誌―今に生
きる宗祇　宗祇法師五百年祭実行委員会
編　吉備町宗祇法師五百年祭実行委員会
2002.3

◇旅の詩人―連歌師宗祇―没後五百年遠忌

箱根町立郷土資料館　2001.8

◇連歌師宗祇の実像　金子金治郎著　角川書店　（角川叢書）　1999.3
①4-04-702107-5
＊室町文化の花形、連歌を大成した宗祇。その謎多き生涯を究明した意欲作！　父母の問題、青年期の衝撃、乱世に生き平和を希求した詩人の人間像に迫る。

◇宗祇　奥田勲著　吉川弘文館　（人物叢書新装版）　1998.12　①4-642-05211-9
＊和歌より低く評価されていた連歌を、「中世詩」の最高域まで磨き上げた室町時代の連歌師。40余歳で登場し、後に9代将軍足利義尚の連歌の師となり連歌界に君臨した。応仁の乱直前に都から関東へ下り、82歳で世を去るまでに頻繁に各地を旅して和歌や連歌の会を催し、『新撰莵玖波集』など数々の著作を遺す。連歌文学と生涯の軌跡を併せ描く。

◇伊地知鉄男著作集　1　宗祇　汲古書院　1996.5　①4-7629-3400-3

◇旅の詩人宗祇と箱根—宗祇終焉記注釈　金子金治郎著　神奈川新聞社　（箱根叢書）　1993.1　①4-87645-152-4

◇連歌師宗祇—その生涯と終焉の地箱根湯本　箱根町立郷土資料館編　箱根町立郷土資料館　1990.11

▌副島種臣　そえじまたねおみ
1828～1905　江戸時代末期, 明治期の佐賀藩士, 政治家。松方内閣内相, 伯爵。外務卿, 特命全権大使, 宮中顧問官, 枢密顧問官などを歴任。

◇副島種臣—1828-1905　森田朋子, 斎藤洋子著　佐賀県立佐賀城本丸歴史館　（佐賀偉人伝）　2014.2　①978-4-905172-11-6

◇副島種臣　安岡昭男著　吉川弘文館　（人物叢書 新装版）　2012.3
①978-4-642-05261-0
＊明治初期の外務卿。幕末、西南雄藩佐賀の急進派として活躍し、新政府では樺太国境問題・琉球帰属問題・マリア＝ルス号事件を担当。その辣腕により日本の威信を世界に知らしめる。明治六年の政変で下野し、民撰議院設立建白

に参加するが、明治天皇の信任篤く、侍講や内務大臣・枢密顧問官を歴任。明治国家建設に賭した威厳満々たる生涯を追跡する。

◇副島種臣と明治国家　斎藤洋子著　慧文社　2010.10　①978-4-86330-044-6

◇副島種臣全集　2　著述篇　島善高編　慧文社　2004.12　①4-905849-08-X
＊本書は、『副島蒼海先生講話精神教育』（国光社・明治三十四年増訂第六版）、『副島先生蒼海閑話』（研学会・明治三十一年）、『副島伯経歴偶談』（東邦協会会報第四十一号、四十三号、四十四号、明治三十年～三十一年）の新訂版である。

◇文字　第4号　石川九楊責任編集　京都精華大学文字文明研究所　2004.7
①4-623-04116-6

◇副島種臣　大橋昭夫著　新人物往来社　1990.7　①4-404-01739-1
＊西郷隆盛はその遺言に「副島種臣に最も期待する」と書いた。健康で若々しい自由があった明治という国家を設計した副島種臣はどんな人であったのか。

▌蘇我稲目　そがのいなめ
？～570？　　上代の豪族。（大臣）。蘇我高麗の子。仏教受容を進めた。

◇図説 古代史を塗りかえた謎の一族 蘇我氏の全貌　平林章仁監修　青春出版社　2009.5　①978-4-413-10911-6
＊飛鳥時代、天皇の地位を脅かすほどの権力を手に入れた蘇我氏は、なぜ一夜にして滅んでしまったのか—最新研究から『日本書記』とは異なる蘇我氏の実像に迫る。

▌蘇我入鹿　そがのいるか
？～645　飛鳥時代の豪族。蘇我蝦夷の子。蝦夷とともに政治を支配。中大兄皇子・中臣鎌足らに暗殺された。

◇聖徳太子は蘇我入鹿である　関裕二著　ベストセラーズ　（ワニ文庫）　1999.11
①4-584-39111-4
＊古代史上に燦然と輝く聖者—聖徳太子。その素顔は数多の謎に包まれている。

教科書に載った日本史人物1000人　**361**

蘇我馬子

実際、我々は彼の正式の名さえ知らされていない。その実像に迫るべく、正史『日本書紀』をひもといた。膨大な検証を重ねる中、ついに驚愕の真相へと行きあたる。なんと、古代史の主役と敵役は同一人物だった…。

▍**蘇我馬子**　そがのうまこ
?～626　飛鳥時代の官人。(大臣)。蘇我稲目の子。排仏派の物部守屋を討ち、また崇峻天皇を暗殺して権力を掌握。聖徳太子と協力して推古朝の政治を行った。

◇蘇我氏四代―臣、罪を知らず　遠山美都男著　ミネルヴァ書房　(ミネルヴァ日本評伝選)　2006.1　①4-623-04560-9
＊稲目(?～五七〇)、馬子(五五一～六二六)、蝦夷(?～六四五)、入鹿(?～六四五)。彼らは蘇我氏の族長として大臣位を世襲、大王家とも姻戚関係を結び栄えたが、長く「逆臣」のレッテルを貼られてきた。本書は残された数少ない史料から彼らの実像と人間性を解明、蘇我氏四代の歴史的意義を問い直す。

◇日本の礎を築いた男たち―蘇我馬子と厩戸皇子　旺文社編　旺文社　(まんが解説 変革の日本史)　1999.9　①4-01-050023-9
＊あらゆる分野で変革が叫ばれる現代。改革のヒントは先人の知恵にある。日本はどんな歴史を刻んできたのか、日本人は歴史からなにを学ぶべきか、それに答える本格まんが歴史シリーズ登場! 本書では6世紀から7世紀前半、一般には飛鳥時代と呼ばれる時代を取り上げた。

◇磐舟の光芒　上　黒岩重吾著　講談社　1993.5　①4-06-206354-9
＊武勇の大連(神祇派)物部守屋VS.智謀の大臣(崇仏派)蘇我馬子。益々熾烈化する二人の対立。黒岩古代史小説の新境地。

◇磐舟の光芒　下　黒岩重吾著　講談社　1993.5　①4-06-206355-7
＊武勇の大連(神祇派)物部守屋VS.智謀の大臣(崇仏派)蘇我馬子。遂に物部・蘇我合戦に突入。黒岩古代史小説の醍醐味。

▍**蘇我蝦夷**　そがのえみし
?～645　飛鳥時代の豪族。(大臣)。蘇我馬子の子。入鹿とともに権勢をふるう。中大兄皇子・中臣鎌足らに入鹿が暗殺された翌日に自殺。

◇蘇我蝦夷・入鹿　門脇禎二著　吉川弘文館　(人物叢書 新装版)　1985.7　①4-642-05006-X

▍**ゾルゲ**　Sorge, Richard
1895～1944　昭和期のドイツの新聞記者。ソ連のスパイとして活動。1941年に逮捕され処刑された。

◇尾崎秀実とゾルゲ事件―近衛文麿の影で暗躍した男　太田尚樹著　吉川弘文館　2016.3　①978-4-642-08291-4

◇歴史を翻弄した黒偉人　黒偉人研究委員会編　彩図社　2014.4　①978-4-88392-984-9

◇ゾルゲ遺聞―読書余滴　来栖宗孝著　〔来栖宗孝〕　2011.3

◇歴史を翻弄した黒偉人―33人の怪物　黒偉人研究委員会編　彩図社　2010.12　①978-4-88392-768-5

◇ゾルゲ、上海ニ潜入ス―日本の大陸侵略と国際情報戦　楊国光著　社会評論社　2009.11　①978-4-7845-0589-0
＊1930年1月30日ベルリンからゾルゲ、「魔都・上海」に潜入。1930年代危機の中で、中国共産党の防諜機関、国民党の特務、ゾルゲ機関の上海を舞台とする国際情報戦は展開される―。

◇ゾルゲ事件の謎を解く―国際諜報団の内幕　白井久也著　社会評論社　2008.12　①978-4-7845-0582-1
＊世界制覇の野望に燃えるナチス・ドイツ。日本の大陸侵略の戦場になった中国。東西両方面の安全を日独伊三国同盟によって脅かされるソ連。日本のアジアにおける軍事的覇権の転覆を図る米英両国。30年代世界危機のなかで、国際情報戦を展開するゾルゲ諜報団。戦争と革命の時代における国際情報戦。ゾルゲ諜報団の全容は、いかに解明さ

ゾルゲ

れたか。ジャーナリストによるその追
真のドキュメント。

◇赤い諜報員―ゾルゲ、尾崎秀実、そしてス
　メドレー　太田尚樹著　講談社　2007.11
　①978-4-06-214362-2
　＊世界に名を轟かせたスパイリヒャルト・
　ゾルゲと、日本のエリート知識人だっ
　た尾崎秀実、二人を結びつけたアグネ
　ス・スメドレー。主義と理想のために
　謀略の世界で闘ったこの三人の出会い
　と別離、そして死までの真相に迫った
　渾身のドキュメント・ノベル。

◇ゾルゲ・東京を狙え　上　新装版　ゴー
　ドン・W.プランゲ著, ドナルド・M.ゴー
　ルドスタイン, キャサリン・V.ディロン
　編, 千早正隆訳　原書房　2005.5
　①4-562-03887-X
　＊満州事変から日本開戦に至るわが国最大
　の動乱期に、日本の最高機密をことごと
　く盗み、モスクワに送りつづけた男、ゾ
　ルゲ。当時世界で最もスパイに対する
　監視のきびしい日本で、ゾルゲはいか
　にスパイ団を組織し、極秘情報を入手
　できたのか？　ジャーナリストにして学
　者、優れた洞察力の最高の知識人である
　と同時に、途方もない女狂いの大酒飲
　み、酩酊してオートバイを飛ばす素顔
　のゾルゲ―悪魔的な魅力で周囲の男女
　を虜にし、現代史の舞台に果たした役
　割の総てを跡づけた歴史ドキュメント。

◇ゾルゲ・東京を狙え　下　新装版　ゴー
　ドン・W.プランゲ著, ドナルド・M.ゴー
　ルドスタイン, キャサリン・V.ディロン
　編, 千早正隆訳　原書房　2005.5
　①4-562-03888-8
　＊三国同盟の舞台裏、ドイツ軍のソ連侵
　攻、日本軍の南進決定、日米開戦をめぐ
　る御前会議―世界を震撼させたトップ・
　シークレットをゾルゲとそのグループ
　は次々に盗み出す。他方、国際緊張の
　高まりとともに警察の監視が強化され、
　ゾルゲ・スパイ団に内部分裂の危機が
　せまる…。米国の著名な歴史学者が、
　日英独仏露語のぼう大な資料と関係者
　の証言を用いながら、昭和史最大のナ
　ゾを解明した「ゾルゲ事件」の決定版。
　◇ゾルゲ事件関係外国語文献翻訳集　no.6

日露歴史研究センター事務局編　日露歴
史研究センター事務局　2005.2

◇ゾルゲ引裂かれたスパイ　上巻　ロバー
　ト・ワイマント著, 西木正明訳　新潮社
　（新潮文庫）　2003.5　①4-10-200311-8

◇ゾルゲ引裂かれたスパイ　下巻　ロバー
　ト・ワイマント著, 西木正明訳　新潮社
　（新潮文庫）　2003.5　①4-10-200312-6

◇ゾルゲ事件獄中手記　リヒアルト・ゾル
　ゲ著　岩波書店　（岩波現代文庫 社会）
　2003.5　①4-00-603077-0

◇人間ゾルゲ　石井花子著　角川書店　（角
　川文庫）　2003.4　①4-04-369701-5

◇ゾルゲ追跡　上　F.W.ディーキン, G.R.
　ストーリィ著, 河合秀和訳　岩波書店
　（岩波現代文庫 社会）　2003.1
　①4-00-603073-8
　＊時局を見抜く目と完璧な偽装。その男
　の諜報活動は精緻にして大胆だった。
　時は大戦前夜。風雲急を告げる極東情
　勢。日本はソ連を攻めるのか、アメリ
　カと戦うのか。スパイ・ゾルゲ。暗号
　名「ラムゼイ」。その行動と悲劇的終末
　を描破する傑作。

◇ゾルゲ追跡　下　F.W.ディーキン, G.R.
　ストーリィ著, 河合秀和訳　岩波書店
　（岩波現代文庫 社会）　2003.1
　①4-00-603074-6
　＊1941年8月、東京発モスクワ宛緊急暗号
　電。「軍部首脳は、ソ連に対し本年中は
　宣戦しないと決定した。」8年におよぶ日
　本での諜報活動。ゾルゲは、いまや任務
　を完全に達成しようとしていた。とこ
　ろが、まさにそのとき…。ふたりの歴
　史家の「ゾルゲ追跡」は佳境を迎える。

◇ゾルゲ 引裂かれたスパイ　ロバート・ワ
　イマント著, 西木正明訳　新潮社　1996.6
　①4-10-532901-4
　＊女たらし、酒好き、独大使館ブレーン、
　敏腕特派員、そしてソ連東京諜報網の
　トップ…20世紀最大の国際スパイ、ゾ
　ルゲ。未公開だったKGB極秘文書をは
　じめ、半世紀の沈黙を破った愛人達へ
　の徹底取材をもとに、ゾルゲの絶望と
　苦悩の生涯を、気鋭のジャーナリスト

教科書に載った日本史人物1000人　363

ダイアー

が描く。モスクワで諜報訓練を受けた
ゾルゲは、上海から東京に舞い降りる。
時は太平洋戦争前夜。日本軍はソ連を
攻めるべきか、南方へ展開すべきか、ぎ
りぎりの決断を迫られていた…。「日本
軍、南進ス」東京から一本の密電がス
ターリンに向け、発せられた。日独露
に翻弄され、祖国にも見棄てられたス
パイの知られざる素顔を、未公開文書
と愛人達の新証言から浮き彫りにする。

◇国際スパイ ゾルゲの真実　NHK取材班,
下斗米伸夫編　角川書店　（角川文庫）
1995.5　①4-04-195401-0
＊太平洋戦争も終末を迎える頃、一人の
スパイが処刑された。その名はゾルゲ。
戦後、明らかにされたその諜報活動と
正確無比な報告は、世界中を震憾させ
た。二十世紀最大のスパイとして、歴
史に名を刻むゾルゲの生涯を覆ってい
たものは、その複雑な生い立ちと、共産
主義という理想、そしてソビエトの現
実であった――。常に国家の狭間で翻弄
され、苦悩し続け、一生涯、愛しむべき
ものを手にすることを許されなかった
孤独な一人の男。その内面を通して描
いた、もう一つの太平洋戦争の真実。

◇国際スパイ ゾルゲの真実　NHK取材班,
下斗米伸夫著　角川書店　1992.8
①4-04-821043-2
＊20世紀最大のスパイ・ゾルゲ、その独ソ
開戦、日本の対応などの報告は、比類な
く正確であった。なぜ、スターリンは、
ゾルゲの報告を無視したのか。ドイツ、
ソ連の2つの祖国をもつゾルゲ、彼の悲
劇はまた、愛するソ連の悲劇であった。

◇ザ・スーパースパイ―歴史を変えた男た
ち　アレン・W.ダレス編, 落合信彦訳
光文社　（光文社文庫）　1992.1
①4-334-76063-5
＊ひとりの有能な情報員は十万の兵力に
も匹敵し、時には歴史さえも変えてし
まうのである。―キム・フィルビー、ペ
ンコフスキー大佐、ゾルゲ…。国際政
治の裏側で暗躍した大物スパイたちの
実像は？ 元CIA長官アレン・ダレスが
編纂した不朽のベストセラー。

◇ゾルゲの獄中手記　リヒアルト・ゾルゲ

著, 外務省編　山手書房新社　1990.9
①4-8413-0016-3

【 た 】

┃ ダイアー　Dyer, Henry

1848～1918　明治期のイギリスの工学者
。1873～82年に工部省工学寮、工部大学
校で土木工学、機械工学を講じた。

◇御雇い外国人ヘンリー・ダイアー――近代
（工業）技術教育の父・初代東大都検（教
頭）の生涯　北政巳著　文生書院
（Bunsei Shoin digital library）　2007.10
①978-4-89253-369-3

┃ 大黒屋光太夫
だいこくやこうだゆう

1751～1828　大黒屋幸太夫（だいこくやこ
うだゆう）とも。江戸時代中期、後期の商
人。1783年神昌丸が漂流しロシアに渡る。

◇ロシアの空の下　中村喜和著　風行社
2014.3　①978-4-86258-080-1
＊日ロ文化交流史の碩学にして手練れの
エッセイストである著者が、人間愛溢
れる視点で綴る、日ロの狭間の様々な
人生。

◇日本近世の歴史　5　開国前夜の世界　横
山伊徳著　吉川弘文館　2013.3
①978-4-642-06433-0
＊一八世紀末、小倉に現れた一艘の英国
船。これを機に形づくられた日本の対
外政策は、その後の寛政改革や天保改
革でどのように展開したのか。世界の
動向と国内の反応、内外双方の観点か
ら「開国」目前の日本の姿に迫る。

◇大黒屋光太夫―帝政ロシア漂流の物語
山下恒夫著　岩波書店　（岩波新書）
2004.2　①4-00-430879-8

◇大黒屋光太夫史料集　第4巻　郷土と江戸
の史跡と史実・絵画資料　神昌丸漂流事
件関連年譜/人名索引　山下恒夫編纂　日
本評論社　（江戸漂流記総集）　2003.6

364　教科書に載った日本史人物1000人

①4-535-06620-5

◇大黒屋光太夫史料集　第3巻　伊勢二標民の懐旧談・ロシア資料　山下恒夫編纂　日本評論社　（江戸漂流記総集）　2003.5　①4-535-06619-1

◇大黒屋光太夫史料集　第2巻　漂流と漂泊の十年　アレウト列島からシベリアへ、そしてペテルブルグ　山下恒夫編纂　日本評論社　（江戸漂流記総集）　2003.3　①4-535-06618-3

◇大黒屋光太夫史料集　第1巻　開国のあけぼの　ロシアの黒船蝦夷地に出現する　山下恒夫編纂　日本評論社　（江戸漂流記総集）　2003.1　①4-535-06617-5

◇光太夫が幕府に伝えたロシア　大黒屋光太夫顕彰会　（光太夫シリーズ）　1997.3

◇大黒屋光太夫の接吻―異文化コミュニケーションと身体　生田美智子著　平凡社　（平凡社選書）　1997.2　①4-582-84166-X

◇帰国後の光太夫について　大黒屋光太夫顕彰会　（光太夫シリーズ）　1996.5

◇ロシアにおける大黒屋光太夫　大黒屋光太夫顕彰会　（光太夫シリーズ）　1996.4

◇光太夫 帰国―遠きロシアより　岸宏子著　中日新聞本社　1996.4　①4-8062-0314-9
＊何がなんでも帰りたい。極寒の大地シベリアを十年帰国嘆願の旅をつづけた漂流民、大黒屋光太夫がロシアの帆船エカテリーナ号で北海道、根室に帰ってきた。が、光太夫を待ちうけていたのは江戸・番町薬草園での幽閉。望郷の念、おんなへの想い、おろしや国のぬくもり、故国で自由を奪われた光太夫の熱い心が揺れる―。挫折を乗り越えてゆく男の意地と情念。わが魂のふるさとは伊勢若松か氷雪のロシアか。東海ラジオ・連続ラジオ小説（井川比佐志朗読）で放送。話題のドラマ。

◇光太夫らの帰郷　大黒屋光太夫顕彰会　（光太夫シリーズ）　1996.3

◇白子回船よもやま話―光太夫の時代　大黒屋光太夫顕彰会　（光太夫シリーズ）　1995.12

◇伊勢若松漂民大黒屋光太夫　大黒屋光太夫顕彰会　（光太夫シリーズ）　1995.10

◇北槎聞略―影印・解題・索引　杉本つとむ編著　早稲田大学出版部　1993.1　①4-657-93107-5
＊『北槎聞略』は寛政4年、ロシアから送還された大黒屋光太夫の公的漂流談の記録である。聞書きは将軍侍医で、蘭学の雄、桂川国瑞（甫周）によっておこなわれた。

◇光太夫オロシャばなし　来栖良夫著　新日本出版社　1992.4　①4-406-02067-5
＊生死の境を生き抜いた日本人船乗りの大漂流冒険記。

◇光太夫とラクスマン―幕末日露交渉史の一側面　木崎良平著　刀水書房　（刀水歴史全書）　1992.3　①4-88708-134-0
＊「漂民大黒屋光太夫の数奇なる生涯」。世に伝わるフィクションを厳しく取り去った後に、事実の重みが読者に迫る。ソ連崩壊以前からロシア史を冷静に眺め続けた歴史学者が、旧来の「鎖国三百年史観」をうち破り、近代の夜明けの対外交渉の実情を知らせる。

◇大黒屋光太夫追憶―古都ペテルブルグ・イルクーツクを訪ねて　衣斐賢譲著，田口栄志，衣斐信行編　竜光禅寺出版部　1992.2

◇おろしや国酔夢譚　井上靖著　文芸春秋　1992.1　①4-16-312960-X
＊天明二年、紀伊家の廻米を積んだ神昌丸は伊勢・白子の浦を出港し、江戸へと向かった。まもなく激しい嵐に遭遇、船頭・大黒屋光太夫以下17名の乗員は舵を失った船で漂うこと8カ月、ようやくアムチトカ島に漂着する。孤島での4年間の生活の中で一行は次々と斃れ、残るは9名。光太夫は流木を集めて船を組み、カムチャッカ半島へ向う決意を固めた。オホーツクからヤクーツク、イルクーツク、さらに女帝エカチェリーナ2世に帰国願いの直訴をすべく、西の果ての都ペテルブルグへと、厳寒のシベリアを越えてソリの旅が続く。女帝の前で卑屈になることなく堂々と謁見を了えた光太夫は、許されて遂に故国の土を踏む。あの嵐の日から実に10年。しかし、鎖国の世に〈世界〉を見てしまった男を

大正天皇

待ち受けていた運命は…。かつて日本人はかくも輝いていた。大歴史小説。

◇シベリア追跡　椎名誠著　集英社　（集英社文庫）　1991.3　①4-08-749687-2

◇北槎聞略—大黒屋光太夫ロシア漂流記　桂川甫周著，亀井高孝校訂　岩波書店（岩波文庫）　1990.10　①4-00-334561-4
＊天明2年12月、駿河沖で遭難した回米船の船頭・大黒屋光太夫と乗組の一行は7か月余漂流の後アムチトカ島にたどり着く。本書は桂川甫周が幕命によって光太夫から聴取した聞書で、約10年に及ぶ漂民体験やロシア帝国の風俗・制度・言語等を驚くべき克明さで記録した第一級の漂流記である。

▌大正天皇　たいしょうてんのう

1879～1926　大正期の第123代天皇。明治天皇の第3皇子。皇太子時代韓国訪問。病弱のため皇太子裕仁を摂政に任ず。

◇大正天皇実録　第3　自明治四十一年至明治四十四年　補訂版/岩壁義光/補訂　宮内省図書寮編修　ゆまに書房　2018.8　①978-4-8433-5041-6

◇大正天皇実録　第2　自明治三十四年至明治四十年　補訂版/岩壁義光/補訂　宮内省図書寮編修　ゆまに書房　2017.11　①978-4-8433-5040-9

◇大正天皇と楽の音—百三十七年の時空を超えて　澂渕としておられた皇太子時代　改訂版　宮内孝子著　文芸春秋企画出版部　2017.1　①978-4-16-008890-0

◇大正天皇実録　第1　自明治十二年至明治三十三年　補訂版/岩壁義光/補訂　宮内省図書寮編修　ゆまに書房　2016.12　①978-4-8433-5039-3

◇大正天皇　原武史著　朝日新聞出版　（朝日文庫）　2015.4　①978-4-02-261827-6

◇ビジュアル大正クロニクル—懐かしくて、どこか新しい100年前の日本へ　近現代史編纂会編著　世界文化社　2012.8　①978-4-418-12214-1
＊ドラマティックなエピソードで時代を読む。充実したビジュアルで時代がわ

かる。時代のキーパーソンを業種別に紹介。大正を知れば「今」がわかる。

◇天皇陛下の一世紀—明治・大正・昭和のご足跡　皇室資料保存会編　ピーヌサービス　2011.1

◇母宮貞明皇后とその時代—三笠宮両殿下が語る思い出　工藤美代子著　中央公論新社　（中公文庫）　2010.7　①978-4-12-205343-4
＊「兄宮昭和天皇は孤独で寂しかった」—大正天皇を支えつつ四人の親王（昭和天皇、秩父宮、高松宮、三笠宮）を育て上げ、皇室の意義を身をもって伝えた貞明皇后。皇后が過ごされた激動の戦中・戦後を、三笠宮崇仁親王、同妃百合子両殿下が回想する、昭和史における貴重な証言。

◇大正天皇——躍五大洲を雄飛す　フレドリック・R.ディキンソン著　ミネルヴァ書房　（ミネルヴァ日本評伝選）　2009.9　①978-4-623-05561-6
＊アイビー・リーグで語られる嘉仁の時代、二十世紀日本の「原点」。治世の期間が比較的短く、健康状態が芳しくなかったことから悲運の生涯と語られることの多い大正天皇。20世紀初頭という「近代の起点」に生きた歴史的意義、さらに日本の近代化へ及ぼした影響はいかなるものか、世界史的文脈から光を当てる。

◇大正天皇　古川隆久著　吉川弘文館　（人物叢書　新装版）　2007.8　①978-4-642-05240-5
＊激動の明治・昭和の狭間で大正時代を治めた「守成」の君主。明治天皇唯一の皇子として手厚く育てられ、国民と身近な人間像を演出した。しかし、生まれながらの虚弱体質により、天皇としては政治的重圧に耐えることができず、在位は短期間に終わった。宮中関係者の日記など、近年公開された史料も活用し、悲運の生涯を浮き彫りにする本格的伝記。

◇明治・大正・昭和天皇の生涯　愛蔵版　新人物往来社　2005.12　①4-404-03285-4
＊激動の世紀を歩んだ天皇三代の足跡。生誕から崩御まで古写真と年譜で綴る。

366　教科書に載った日本史人物1000人

◇明治・大正・昭和天皇の生涯　新人物往来社　（別冊歴史読本）　2001.6
①4-404-02775-3

◇大正天皇　原武史著　朝日新聞社　（朝日選書）　2000.11　①4-02-259763-1
＊「遠眼鏡事件」は真実か？　明治と昭和のはざまに埋もれた悲劇の天皇像がいま明かされる。

平清盛　たいらのきよもり
1118〜1181　平安時代後期の武将，太政大臣。忠盛の子。保元・平治の乱により実権を握り，娘を高倉天皇に嫁がせ，その子安徳天皇の外祖父となり権勢をふるった。

◇権勢の政治家平清盛　安田元久著　清水書院　（新・人と歴史拡大版）　2017.3
①978-4-389-44101-2

◇平清盛―院政と京の変革　京都市埋蔵文化財研究所監修　ユニプラン　2012.5
①978-4-89704-304-3

◇図解 中世の革命児 平清盛の真実　元木泰雄監修　朝日新聞出版　（朝日オリジナル）　2012.1　①978-4-02-272418-2

◇平清盛―2012年NHK大河ドラマ50年：特別展　NHK,NHKプロモーション編　NHK　2012.1

◇教えてあげる 平清盛　南城司，冒険企画局著　角川学芸出版　（角川文庫　〔角川ソフィア文庫〕）　2011.12
①978-4-04-407703-7
＊歴女が豊富な図版とビジュアルを使ってわかりやすく歴史をナビゲート。南都焼き討ち，皇族権力剥奪など，あらゆる実力行使に出た武将・平清盛は，悪逆非道のイメージが強い。だが，その人物像をひもといていくと，そこには日本史上，屈指の改革者の姿があった。平清盛の実像を中心に，戦国や明治維新をも超えた壮大なスケールの源平時代を完全攻略。この1冊で，平清盛の全てが「超」わかる歴史ガイド。

◇平安のゴッドファーザー 平清盛　加来耕三著　経済界　（経済界新書）　2011.12
①978-4-7667-2026-6
＊リーダーに必要な「威」「血」と「深一

い情け」。

◇平清盛　新井恵美子著　ブレーン，北辰堂出版〔発売〕　2011.12
①978-4-86427-071-7
＊富と権力を掌中にし，武家政治の礎を築きあげ，日本の覇王となった平清盛。そして栄華を極めた平家もやがて西海の藻屑と消える。驕れる者久しからず―盛者必衰のドラマを見事に再現した著者渾身の作。

◇平清盛111の謎　河合敦著　成美堂出版　（成美文庫）　2011.12
①978-4-415-40168-3
＊後世における清盛評は「平家物語」などの影響からか，さほど良い印象を持たれていない。しかし，貴族が権勢を振るった平安末期に，実力一つで貴族社会の頂点である太政大臣にまで昇りつめ，朝廷の政権を掌握した。これは前代未聞の快挙である。そんな清盛を単なる悪人と切り捨てることは間違っている。本書では，平清盛という武士の魅力，生き様，成功の秘訣など，多くの謎とギモンに迫ってみる。

◇平清盛をめぐる101の謎　川口素生著　PHP研究所　（PHP文庫）　2011.12
①978-4-569-67746-0
＊武士で最初に位人臣を極めた平清盛。上皇の幽閉，福原遷都の強行などから横暴な専制君主の印象が強いが，実像はどうだったのか？　実は，家臣の寝坊を見逃したり，安徳天皇の悪戯に感涙するなど，意外にも情に篤い人物だった。本書では「義朝を敗北に追い込んだ清盛の奇策」「清盛のクーデターの原因」など清盛の素顔を明らかにする一冊。新時代を切り拓いた男の謎を解明する。

◇図説 平清盛　樋口州男，鈴木彰，錦昭江，野口華世著　河出書房新社　（ふくろうの本）　2011.11　①978-4-309-76178-7
＊平家の栄華を築いた日本の覇者。武士として初めて太政大臣に昇りつめ，新都建設を計画し，日宋貿易を行った清盛の壮大なドラマ。

◇西行と清盛―時代を拓いた二人　五味文彦著　新潮社　（新潮選書）　2011.11

平清盛

①978-4-10-603692-7

＊1118年生まれの二人の男。片や二十三歳で出家し、中世を代表する歌僧となって往生し、片や十代から出世街道をひた走り、武者の世の栄華を極めたすえに滅亡した。文と武、聖と俗─いかにも対照的な彼らは十二世紀の日本をいかに生き、新たな時代の文化と政治をどう拓こうとしたのか？ 中世史研究の泰斗、渾身の書き下ろし七〇〇枚。

◇謎とき平清盛　本郷和人著　文芸春秋（文春新書）　2011.11
①978-4-16-660835-5

＊「平家にあらずんば人に非ず」と栄華を誇り、武士の時代の先駆者となった平清盛。ずば抜けた武力を持ちながら、朝廷貴族たちの顔を立てつつ、武家・公家両面での栄達を遂げたのはなぜか。大河ドラマの時代考証を担当する第一人者が、その実像に迫る。

◇平清盛─天皇に翻弄された平氏一族　武光誠著　平凡社　（平凡社新書）　2011.11
①978-4-582-85613-2

＊平氏一族は京の都で、人びとを驚かすほどの贅沢におぼれたとされる。『平家物語』は、「平氏にあらずんば、人にあらず」と伝え、平氏の栄華を、「驕れるものは久しからず」と批評した。しかし、その頂点にあった清盛は、我侭な権力者などではなく、優れた見識をもった人物で、皇室や貴族に細かい気遣いをした。だがその甲斐もなく、晩年、我侭放題な後白河法皇と衝突してしまう。時代のはざまのなかで、かれはいかに生きたのか。

◇平清盛　安田元久著　宮帯出版社　2011.11　①978-4-86366-817-1

＊平家にあらざれば人にあらず…、頂点を極めた独裁者─平清盛の生涯は、諸行無常盛者必衰の理にたとえられる。その波瀾の人生と時代を、忠実に描き出した名著。

◇平清盛のすべてがわかる本　中丸満著　NHK出版　2011.11
①978-4-14-081512-0

＊中世＝武士の時代は、この男が扉を開けた！ 時代の変革者が放つ魅力が満載

の入門書。この1冊で、大河ドラマの主人公・平清盛のすべてがわかる。

◇平清盛の闘い─幻の中世国家　元木泰雄著　角川学芸出版　（角川文庫　〔角川ソフィア文庫〕）　2011.11　①978-4-04-409202-3

＊巨大な権勢をもって驕り、「仏敵」「悪逆非道」の汚名を着せられた平清盛。彼が真に追いもとめたものとは、何だったのか？ 後白河院政の否定、政敵たちへの仮借なき攻撃と断罪、強引な福原遷都計画、そして南都焼き討ち…。貴族と武士が一体化した中世国家という、新たな政治秩序の確立に邁進した足跡をつぶさに検証。波瀾に富んだ生涯と、先進的政治家としての鮮烈な実像を描きだす。従来の悪人像を覆した画期的な清盛論。

◇武士の王・平清盛─改革者の夢と挫折　伊東潤著　洋泉社　（歴史新書y）　2011.10　①978-4-86248-824-4

◇〈平清盛〉のことがマンガで3時間でわかる本─へぇ〜そうなのか！　津田太愚著　明日香出版社　（Asuka business & language books）　2011.10
①978-4-7569-1495-8

＊平安時代、大出世と大改革で武士の世をつくりあげた平清盛。清盛が理想とし、求めたのはどんな世の中だっただろうか。そして栄華を極めていたはずの平家は、なぜ滅亡の一途をたどることになったのか。

◇平清盛 小事典─平家物語の真実　歴史と文学の会編　勉誠出版　2011.10
①978-4-585-22017-6

＊『平家物語』には大悪人として描かれている清盛。しかしそれは真実の姿なのか？ 当時の社会情勢、政治、商業、合戦、貴族と天皇家、清盛を取り巻く人々、怪奇伝説など、あらゆる角度から清盛とその時代の実相を考究する。

◇歴史に裏切られた武士 平清盛　上杉和彦著　アスキー・メディアワークス，角川グループパブリッシング（発売）　（アスキー新書）　2011.9　①978-4-04-870582-0

＊信長の400年前、龍馬から700年前に、海の向こうに夢を馳せた平清盛。武士

368　教科書に載った日本史人物1000人

棟梁家の嫡流として生まれ、貴族社会が揺らぐ混迷の平安末期を駆け抜け、初めて武家政治の時代を築いた変革者でもあった。そんな清盛がなぜ長い間日本史上で「驕る独裁者」「悪逆非道な人物」とされてきたのか？ 歴史に裏切られた武士の実像に迫る。

◇平清盛—「武家の世」を切り開いた政治家　上杉和彦著　山川出版社　（日本史リブレット）　2011.5　①978-4-634-54825-1
＊長く日本史上の悪役として評価され続けた平清盛。『平家物語』をはじめとする軍記物語や源氏の武家政権の発展を描く歴史書では、清盛に否定的な評価がくだされるのが常でした。本書は、多様な史料を用いて清盛の生涯を追いながら、虚像と実像を可能な限り見極めることで、日本の政治を武士が主導する新たな時代の幕を開けた清盛の姿を描こうと思います。

◇平清盛福原の夢　高橋昌明著　講談社（講談社選書メチエ）　2007.11　①978-4-06-258400-5
＊平氏系新王朝を夢見てあらゆる手段を尽くした男、清盛。なぜ福原でなければならなかったのか？『源氏物語』須磨・明石巻との相似性、六波羅幕府と鎌倉幕府成立との連続・不連続、福原の地形的意味、遷都の政治的意味と抵抗勢力との角逐など、第一人者ならではの多角的アプローチで、誰も書かなかった大いなる野望に迫る。

◇平家納経—平清盛とその成立　小松茂美著　中央公論美術出版　2005.12　①4-8055-0516-8

◇平家の棟梁 平清盛—夢と栄華の世界をひらいた男　高野澄著　淡交社　2005.7　①4-473-03254-X

◇清盛と福原と経ヶ島　中島豊著　交友印刷（印刷）　2003.3　①4-87787-158-6

◇平清盛の闘い—幻の中世国家　元木泰雄著　角川書店　（角川叢書）　2001.2　①4-04-702114-8
＊時代は、まさに貴族政権と武士政権に分裂しようとする前夜、十二世紀後半。この混迷する変革期に、政治家・平清盛

は、従来の院政を否定し、天皇を擁立して遷都を行ない、新たな政治秩序の確立に向かって渾身の力を振りしぼる。貴族社会の真っ只中にあって、王権の本質に果敢に挑戦したその生涯は、彼の突然の死によって誹謗だけが喧伝される結果となった。中世前期政治史を研究する著者が、清盛を、変革期を迎えた貴族社会の一員として捉え直し、その行動と政権の特質を通して政治家清盛の実像を描き出す意欲作。

◇清盛　三田誠広著　集英社　2000.12　①4-08-781198-0

◇平清盛—時代を切り拓いた武家の棟梁　中村晃著　PHP研究所　（PHP文庫）　2000.11　①4-569-57465-3

◇西行と清盛　嵐山光三郎著　学陽書房（人物文庫）　1999.11　①4-313-75092-4
＊「西行の歌はめちゃくちゃうまい。絶品である。（略）ここまで日本人を感動させ、だましてしまう作家とはナニモノであるか。かなりのワルを通りこした超選玉ワルではあるまいか。これこそ文芸の王道である」北面の武士の同僚だった平清盛との交流を通して漂泊の天才歌人の活躍を描く時代小説の快作。

◇平清盛　五味文彦著　吉川弘文館　（人物叢書 新装版）　1999.1　①4-642-05212-7
＊はじめて武家政権を開いた平安末期の武将。数々の戦乱を制して、ついには最高権力者となった。実力で政権を奪う時代としての中世を切り開いたその生き方は、後世の武人政治家の範となっていく。同時代の貴族の日記や古文書などを丹念に繙きながら新史料の発掘を試み、政治動向の分析と併せて清盛の実像に迫る。従来の通説を覆した清盛伝の決定版。

◇平清盛　村上元三著　徳間書店　（徳間文庫）　1993.6　①4-19-587614-1
＊衰亡する貴族を圧して天皇の外戚に上りつめた平清盛。栄華に驕り、高位顕官を一族が独占し、はては法皇の幽閉、遷都の強行…。だが、清盛こそが新時代の担い手であった。荘園を実質統治し、農工商を殖産しえるのはすでに武家であり、

その先駆者が清盛であった。源氏との覇権争奪に勝利した稀代の戦略家、法皇・貴族社会と相克した風雲児・清盛。その偉大な生涯を活写する歴史大作。

平重盛　たいらのしげもり

1138～1179　平安時代後期の武将，平清盛の長男。平治の乱で活躍。のち仏教に帰依し父清盛を諫めることも多かった。

◇「平家物語」を旅しよう―古典を歩く　7　永井路子著　講談社　（講談社文庫）1998.1　①4-06-263695-6
＊祇園精舎の鐘の声、諸行無常の響あり。沙羅双樹の花の色、盛者必衰の理をあらわす―。熊野、住吉を訪ねて、重盛の栄華の中の空しさを、宇治、富士に維盛の運命を、宮島、屋島、そして大原に、流転の王妃建礼門院の悲しみを知る。琵琶法師に導かれて、日本人の心を訪ねよう。

平忠盛　たいらのただもり

1096～1153　平安時代後期の武士。父正盛は白川院の近習。鳥羽上皇に登用され、昇殿を許された。

◇清盛以前―伊勢平氏の興隆　増補・改訂版　高橋昌明著　文理閣　2004.10　①4-89259-465-2
＊本書は、一〇世紀の末、藤原道長執政のころから、一二世紀半ばに「ムサノ世」の到来をつげる史上著名な保元の乱の開始まで、約一五〇年間の、伊勢平氏の成立・展開・興隆を叙述した一種の年代記であり、同時に清盛の「祖父」「父」たる正盛・忠盛にかんする評伝でもある。

平時忠　たいらのときただ

1127～1189　平安時代後期の公卿。(権大納言)。正五位下・兵部権大輔平時信の長男。平清盛の義弟として平氏政権下で権力をふるった。平氏滅亡後、源義経を婿としたが能登に配流された。

◇沙羅双樹―平家姫君達の鎮魂歌　大平智也著　新風舎　1998.10　①4-7974-0667-4
＊いまだ世に知られざる平家秘史。夫知盛

は安徳天皇を、妻雅子は守貞親王を最後まで守護し奉って人生の筋を通した。平知盛の妻雅子の波乱万丈の生涯をたどりつつ、落日の平家と運命を共にした誇り高き平家姫君達の禍福、哀歓を描く。

平徳子　たいらのとくこ

1155～1213　建礼門院（けんれいもんいん）とも。平安時代後期，鎌倉時代前期の女性。平清盛の第2女。高倉天皇の中宮、安徳天皇の生母。

◇建礼門院という悲劇　佐伯真一著　角川学芸出版, 角川グループパブリッシング（発売）　（角川選書）　2009.6　①978-4-04-703445-7
＊壇ノ浦の合戦で源氏の荒武者に捕らわれ、出家して京の大原の里に篭った建礼門院―。彼女を後白河法皇が訪ねる「大原御幸」では、自分の数奇な人生を地獄・畜生などの六道になぞらえて語る。それは、仏に仕える聖女の祈りなのか、愛欲に生きた美女の懺悔なのか、あるいは愛児の天皇を海に沈めてしまった母の苦悩なのか。好奇の眼にさらされ、さまざまな憶測を呼んでいた彼女に、『平家物語』が語らせたものは何か。建礼門院のつくられたイメージと秘められた謎を明かす。

◇大原御幸　白竜社編, 川西十人物語　白竜社　（能の友シリーズ）　2002.6　①4-939134-14-8
＊晩春のある日、後白河法皇（ツレ）は大原寂光院を訪れます。そこには、安徳帝の御母という高貴な身の上であったにもかかわらず、運命に翻弄され、今は尼僧となった建礼門院（シテ）が侘しく暮していました。平家の栄枯盛衰を目の当たりにし、生きながら地獄・餓鬼・畜生・修羅・人間・天上の六道を体験したという女院に対して、法皇はその様子を語るよう仰せになります。問われるままに、女院はまだ生々しく記憶に残る六道の有様、平家一門の人々の最期、そして我が子である先帝入水の一部始終を語ります。やがて法皇一行が立ち去った後、放心したようにたたずむ女院を、たそがれの寂漠とした気配が包むのでした。

◇女院徳子の恋　榛葉英治著　日本経済新聞社　1992.7　①4-532-17023-0
＊平家の栄華、滅亡を身をもって体験し、そのはざまに生きた清盛の娘・建礼門院徳子の哀しき生涯。しかし、ただ一人の男・九郎判官義経との恋がその生を艶やかに彩る…。

平将門　たいらのまさかど

?～940　平安時代中期の武将。桓武平氏高望王の孫で、父は鎮守府将軍良将。叔父国香を殺し、叛乱を起こして自らを新皇と称するが、平貞盛・藤原秀郷に討たれた。

◇将門伝説の歴史　樋口州男著　吉川弘文館　（歴史文化ライブラリー）　2015.8　①978-4-642-05807-0

◇動乱の東国史　1　平将門と東国武士団　池享, 鈴木哲雄企画編集委員　鈴木哲雄著　吉川弘文館　2012.9　①978-4-642-06440-8
＊東国国家樹立を目指した平将門の乱は何をもたらしたのか。将門追討で功をなした人々の系譜を辿り、保元・平治の乱にいたる東国武士団の動勢に迫る。坂東の水上交通や自然環境にも注目し、中世成立期の東国を描く。

◇平将門―調査と研究　村上春樹著　汲古書院　2007.5　①978-4-7629-4200-6

◇平将門の乱　川尻秋生著　吉川弘文館　（戦争の日本史）　2007.4　①978-4-642-06314-2
＊平安貴族社会を揺るがした辺境の反乱＝平将門の乱。全国各地に伝説が残り、今なお人々の絶大な信仰を集める将門の知られざる実像とその時代を、『将門記』や新史料などから描き出し、将門の乱の歴史的影響を検証する。

◇平将門　北山茂夫著　講談社　（講談社学術文庫）　2005.11　①4-06-159733-7
＊十世紀中葉、土豪・百姓を組織して坂東の地に兵を起こし、国府を陥れ「新皇」を称した平将門。時の中央政府に衝撃を与えた古代史上最大の叛乱、承平・天慶の乱である。大乱はなぜ起こり、何をもたらしたのか。乱を招来した律令制の問題点と当時の社会の諸矛盾、「武

夫」の誕生を精緻に解明し、乱の歴史的意味を通して将門の実像とその時代を活写する。

◇平将門伝説―歴史探訪　落日の掛軸―詩集　上条彰著　上条彰　2003.9

◇平将門　北山茂夫著　朝日新聞社　（朝日選書）　2003.6　①4-925219-51-0

◇英雄・怨霊平将門―史実と伝説の系譜　千葉県立大利根博物館・千葉県立関宿城博物館共同企画展　千葉県立大利根博物館, 千葉県立関宿城博物館編　千葉県立大利根博物館　2003.5

◇錦絵の中の将門　岩井市市制30周年記念事業実行委員会編　岩井市　2002.10

◇平将門　下巻　海音寺潮五郎著　弥生書房　1996.11　①4-8415-0721-3
＊京都朝廷では貞盛を将門追討使に任命し、その叔父藤原惟幾を常陸介に任じて東下させた。再び田原藤太の注進により奥州白河の関まで貞盛を追った将門は、またしてもこれを取り逃す。興世王、藤原玄明、三宅清忠等は期するところあって、時の動きを観望している。玄明はことさらに坂東一二郡の不動倉を襲った後、将門の許へ逃げこむ。義理を重んずる将門は玄明を庇護し、藤原惟幾、その子為憲と戦ってこれをくだす。将門の勢威は関八州にあまねくおよび、民草皆これになびく。八幡大菩薩の神託下るや、ついに帝位に上り「新皇」となる。一方、田原藤太の向背は明かでない。ついに藤太は貞盛・為憲に与し、将門に抗して兵を挙げる。天慶三年二月十四日、北山を戦場として激烈な戦闘が展開される。天運将門に利せず、藤太の放った鏑矢が将門の額を射抜いた。

◇平将門魔方陣　加門七海著　河出書房新社　（河出文庫）　1996.11　①4-309-47307-5

◇平将門　中巻　新装版　海音寺潮五郎著　弥生書房　1996.10　①4-8415-0718-3
＊最初の合戦で将門は大勝を得た。すなわち源家の三兄弟を討ち取り、伯父国香をたおした。京にいて、この消息に接した貞盛は暗い心で坂東へ帰国する。将門と貞盛は怨みを越えていったんは

和解する。承平六年七月、下野境での合戦は三たび将門勢の大勝に終わり、平氏一門の連合軍は潰走する。その後、朝廷の裁きを受けるために将門は上洛する。京で、悲境に落ちた貴子姫にも逢う。朝廷の裁きは赦免となり将門は坂東へ帰る。火雷天神の分霊を捧げ、貴子姫を伴って…。四たび、五たび、関東の曠野に戦いが始まる。病を得た将門は二度の戦いに敗れ、妻妾は敵の虜となるが、承平七年九月の復讐戦に完勝し、雪辱をとげる。貞盛は京へ上ろうとする。田原藤太の注進でこのことを知った将門は、信州千曲川まで貞盛を追う。九死に一生を得た貞盛は千曲の急流をわたって敗走する。

◇平将門　上巻　新装復刻版　海音寺潮五郎著　弥生書房　1996.9　①4-8415-0716-7
＊筑波の山から程近い豊田の里—平小次郎将門の生地である。筑波明神の祭礼の夜契った女(小督)に対する愛情が将門の胸を離れない。将門の父平良将急死の後、一門の同族は所領の横領を企てている。小督の父源護に申し込んだ縁談も、しかるべき官位なきゆえと断られ、伯父等の甘言に乗せられた将門は、官途につくべく従兄貞盛と共に京に向かう。京で、将門が辿る運命は苛酷、無慈悲なものであった。貴子姫との恋も貞盛に奪われ、官位への道も開けない。寂寞と望郷の思いが将門の胸にみちる。空しく坂東へ帰った将門を待つものは伯父達の陥穽である。伯父良兼の妻詮子に図られて、源家へ赴く途上、将門は敵の大軍に挟撃される。将門は、奮然、寡兵をもって敵陣に殺到する。戦機とみに熟し、豪快壮烈な血戦は関東の野に拡がってゆく。

◇平将門—湖水の疾風　上　童門冬二著　学陽書房　(人物文庫)　1996.7　①4-313-75011-8
＊猟官運動に明け暮れる都での生活に見切りをつけ、東国に帰った将門は、父の残してくれた土地を奪おうと謀る親族たちを相手に激烈な戦いへと突入してゆく。無垢な心を傷つける遇発事件の連続から次第に地域の独立と"常世の

国"の実現をめざした戦いへと突き進む風雲児将門の悲劇の生涯。

◇平将門—湖水の疾風　下　童門冬二著　学陽書房　(人物文庫)　1996.7　①4-313-75012-6
＊美しい湖水に囲まれた東国の地に、理想の王国を築こうと努力しつつ、さまざまな苦難に立ち向かった一人の武骨な武人の生き方を通して、中央と地方の対立、民衆愛、地域愛、信ずることの哀しみ、都への妥協と反逆への道すじを描き切った童門冬二の新境地を開く傑作小説。

◇平将門—草原の野火　青木重数著　新人物往来社　1996.5　①4-404-02372-3

◇湖水の疾風—平将門　上　童門冬二著　学陽書房　1993.7　①4-313-85071-6
＊美しい湖水に囲まれた東国の地に、理想の王国を築こうとした男の、夢と戦いの日々。「上杉鷹山」の著者が甦らせた新しい将門像。

◇湖水の疾風—平将門　下　童門冬二著　学陽書房　1993.7　①4-313-85072-4
＊やがて来る武士の時代の幕開けを予感しつつ、広大な大地を疾り抜けた将門の生涯。

◇平将門　北山茂夫著　朝日新聞社　(朝日選書)　1993.1　①4-02-259567-1
＊土豪、百姓の謀叛を組織して、坂東の大地を揺るがし、律令体制の崩壊を促すにいたった古代史上最大の英雄の情熱的な生涯を描く。

◇平将門伝説一覧　村上春樹編　〔村上春樹〕　〔1993〕

◇「平将門の夢」を夢みて—東国の独立　蜂矢敬啓著　高文堂出版社　(知的ドリーム双書)　1992.5　①4-7707-0385-6

平正盛　たいらのまさもり
生没年不詳　平安時代後期の武将、院近臣、正衡の子。伊勢に勢力を広げ、源義親の乱を平定した。

◇清盛以前—伊勢平氏の興隆　増補・改訂版　高橋昌明著　文理閣　2004.10　①4-89259-465-2

＊本書は、一〇世紀の末、藤原道長執政の
ころから、一二世紀半ば「ムサノ世」の
到来をつげる史上著名な保元の乱の開
始まで、約一五〇年間の、伊勢平氏の成
立・展開・興隆を叙述した一種の年代記
であり、同時に清盛の「祖父」「父」た
る正盛・忠盛にかんする評伝でもある。

平宗盛　たいらのむねもり

1147〜1185　平安時代後期の武将。平清
盛の3男。清盛の死後、平氏の統領に。壇
ノ浦で捕らえられ鎌倉に送られた後、京
都に送り返される途中処刑された。

◇寿永・元暦の合戦と英雄像　渡辺達郎著
冬至書房　2011.1　①978-4-88582-175-2
＊源義仲、平宗盛、源義経の三人に焦点。
義仲追討戦、一ノ谷合戦、屋島の合戦に
関する考察。人物論では、英雄像の是
非やそれとの関連性を主な焦点とし、
そこから見た源平決戦終盤の諸合戦の
真相に迫る。人物論を縦糸とし、合戦
経過を横糸として、平安末期、動乱の時
代の最終局面、転換点の模様を繰り出
そうとする試み。

高木貞治　たかぎていじ

1875〜1960　明治〜昭和期の数学者。東
京帝国大学教授。類体論を建設し始め、
ドイツの数学者たちに認められる。著書
に「解析概論」。

◇高木貞治―近代日本数学の父　高瀬正仁
著　岩波書店　（岩波新書）　2010.12
①978-4-00-431285-7
＊高木貞治（一八七五‐一九六〇）は、日
本が生んだ最初の世界的大数学者。類体
論という、近代整数論の代表的理論を
建設した。岡潔との数学史的な繋がり、
晩年のヒルベルトへの思い、戦前戦後を
通じた数学普及への努力など、さりげ
ないエピソードに人柄がにじむ。師の
系譜からは、明治初年の和算と近代数
学の関係が解きほぐされる。初の評伝。

◇追想高木貞治先生　補遺　高木貞治先生
生誕百年記念会編　高木貞治先生生誕百
年記念会　1987.4

◇追想高木貞治先生　高木貞治先生生誕百
年記念会編　高木貞治先生生誕百年記念
会　1986.8

高島秋帆　たかしましゅうはん

1798〜1866　江戸時代末期の砲術家, 洋式
兵学者。高島流砲術の創始者。

◇高島秋帆　宮川雅一著　長崎文献社　（長
崎偉人伝）　2017.12
①978-4-88851-282-4

◇長崎を識らずして江戸を語るなかれ　松
尾龍之介著　平凡社　（平凡社新書）
2011.1　①978-4-582-85565-4
＊江戸幕府が、オランダ人を長崎の出島
に強制移住させてから、日米和親条約
が締結されるまで約二〇〇年間続いた
鎖国時代。唯一、西欧との取引が許さ
れた長崎には、各藩から、数多くの志の
ある者たちが最新の知識や情報を求め
てやって来た。平和な時代が長く続い
た江戸期に花開いた数々の文化は、彼
らが長崎遊学を果たし、各藩に持ち
帰ったものだったのだ。江戸が、いか
に長崎の影響を受けたのか。地方別
「長崎遊学者名簿一覧」付き。

◇高島秋帆と沢太郎左衛門―板橋の工業事始
〔東京都〕板橋区立郷土資料館　1990.2

高杉晋作　たかすぎしんさく

1839〜1867　江戸時代末期の長州（萩）藩
士。吉田松陰に学び尊王攘夷運動に投じ、
英国公使館焼打ち事件を起こす。のち奇
兵隊を組織。俗論に傾いた第一次長州征
伐後の藩論を実力で倒幕に向けさせた。
第二次長州征伐では奇兵隊を率い小倉城
を攻略した。

◇高杉晋作―維新の先駆けとなった長州の
異端児　相沢邦衛著　文芸社　2018.1
①978-4-286-18864-5

◇木戸孝允と高杉晋作―維新を切り開いた
長州のヒーロー　梅屋敷ミタまんが, 三上
修平シナリオ, 河合敦監修・解説　集英社
（集英社版・学習まんが　世界の伝記
NEXT）　2017.12　①978-4-08-240076-7

◇高杉晋作の決意―明治維新への助走　高杉

高杉晋作

晋作没後150年記念 特別展　萩博物館
2017.4

◇わが夫、高杉晋作　一坂太郎著　萩もの
がたり　（萩ものがたり）　2016.10
①978-4-908242-02-1

◇高杉晋作と幕末の群像―高杉東行先生百
五十回忌記念　東行庵記念誌刊行プロ
ジェクト編　創林舎　（幕末ブックレッ
ト）　2016.4　①978-4-9908912-0-6

◇高杉晋作の恋文（ラブレター）―高杉晋作
一五〇年祭記念　特別展　萩博物館
2016.4

◇高杉晋作の恋文（ラブレター）―高杉晋作
一五〇年祭記念　特別展　萩博物館
2016.4

◇高杉晋作―桜山神社創建一五〇年記念
細田利正，幕末を熱く語ろう実行委員会
編　細田利正　（幕熱文庫）　2015.9

◇高杉晋作と長州　一坂太郎著　吉川弘文
館　（人をあるく）　2014.7
①978-4-642-06783-6
＊急進的な攘夷運動の急先鋒として、幕
末の動乱期を駆け抜けた高杉晋作。暴
走、迷走を繰り返した長州藩で何を考
え、何を目指して戦ったのか。萩や京
都、江戸などを訪ね、奇兵隊の軌跡を辿
り、晋作の波乱の生涯を描く。

◇高杉晋作・久坂玄瑞　林田慎之助，亀田一
邦著　明徳出版社　（叢書・日本の思想家
儒学編）　2012.10　①978-4-89619-650-4
＊その短い生涯に尊攘倒幕の志士として、
全力を出し切って生きた高杉晋作と久
坂玄瑞。彼らがいかに学問し、苦悩し、
藩のため、国のために行動したか。両
者の感懐を吐露した詩を多く紹介し、
また、激動の時代背景にも十分に配慮
して感銘深く描いた評伝。

◇高杉晋作の手紙　一坂太郎著　講談社
（講談社学術文庫）　2011.8
①978-4-06-292067-4
＊幕末の長州藩を縦横に走り回った高杉晋
作は、時代を大きく旋回させて惜し気も
なく舞台から去って行った。享年二十九
―。一方で晋作は、厖大な手紙や日記、
詩歌草稿を残している。手紙の相手は父

母をはじめ、吉田松陰、久坂玄瑞、桂小
五郎（木戸孝允）、山県狂介（有朋）ら、
多岐にわたる。その行間からは幕末を
生きた人間の生の息吹が伝わってくる。

◇梅の花咲く―決断の人・高杉晋作　田中
秀征著　近代文芸社　2011.7
①978-4-7733-7787-3
＊死を賭して時務を遂行する。幕末維新
の群像の中で、ひときわ激しく光芒を
放った天才の軌跡。田中秀征だから書
けた、時代に選ばれる「真の指導者」の
資質・条件とは。

◇高杉晋作の「革命日記」　一坂太郎著　朝
日新聞出版　（朝日新書）　2010.9
①978-4-02-273356-6
＊幕末の長州藩で百姓・町人なども動員
して奇兵隊を作り、幕府軍をみごと打
ち破る。高杉晋作は、六篇の日記を残
している。そこには―江戸への航海記、
東国での武者修行の旅、小姓役として
若殿様に仕える日々、そして幕府貿易
視察団に加わり上海に滞在して目にし
た欧米列強の力、のちに藩命に反した
として牢に繋がれた波乱と革新の生涯
が描かれている。それを現代語でよみ
がえらせた。

◇高杉晋作―その魅力と生き方　古川薫編
新人物往来社　2010.7
①978-4-404-03885-2
＊動けば雷電の如く、発すれば風雨の如
し。吉田松陰に学んで奇兵隊を結成し、
長州藩の危機に起死回生の挙兵をした
男、高杉晋作。時代を動かした男の魅
力に迫る。

◇クロニクル高杉晋作の29年　一坂太郎著
新人物往来社　2008.8
①978-4-404-03560-8
＊完全図解高杉晋作の全生涯。維新狂挙
のためアジアを疾駆し、恋に生き、詩を
愛し、病魔にだけ負けた「永遠の志士」。

◇維新回天 高杉晋作　村上元三著　学陽書
房　（人物文庫）　2008.6
①978-4-313-75237-5
＊吉田松陰の開いた松下村塾で頭角を現
し、激動の幕末期に大局を見極める眼
力と圧倒的な行動力に恵まれ、日本の

維新回天を目指した男。長州藩の藩策統一に奔走、上海への渡航、奇兵隊結成…など。新しい時代に向けて駆け抜けた晋作の生き様を滋味溢れる筆致で名手が描く長編小説。

◇高杉晋作・上海行—攘夷から開国への覚醒 相沢邦衛著 叢文社 2007.10 Ⓘ978-4-7947-0588-4
 ＊幕末、上海に渡った長州・高杉晋作、薩摩・五代才助、佐賀、中務田倉之助は列強の植民地主義の脅威と清国の惨状に驚愕。命がけの東奔西走を重ね、日本の進路を探求。活路はただ一つと悟る。だが、同行の幕臣たちは何ら危機感を抱くことなく、なにものも学び取ることはなかった。人材とは何か？ 頭脳の優劣、知識の多少ではない。正しい志を抱いているか否かが核心。晋作は吉田松陰に、才助は島津斉彬に志を注入された。さて現在日本の教育は？ 新しい視点から見た高杉晋作論。

◇高杉晋作—動けば雷電のごとく 海原徹著 ミネルヴァ書房 （ミネルヴァ日本評伝選） 2007.2 Ⓘ978-4-623-04793-2

◇高杉晋作と奇兵隊 青山忠正著 吉川弘文館 （幕末維新の個性） 2007.1 Ⓘ978-4-642-06287-9

◇高杉晋作と奇兵隊 田中彰著 岩波書店 （岩波新書） 2006.11 Ⓘ4-00-420317-1
 ＊開国か攘夷かをめぐって国中が沸きかえっていた文久三年、長州藩士高杉晋作の手で一つの奇妙な集団が組織された。その名は奇兵隊。農民や町人の志願兵をふくむこの軍隊は、その後続々と藩内に生まれた諸隊の中核として、幕末から明治にかけての激動のなかで、大きな歴史的役割を果していく。長州諸隊の活動を通して描かれた明治維新像。

◇星はまた輝く—晋作の炎馬関に燃ゆ 入野清著, 歴史研究会出版局編 歴研 （歴研選書） 2006.10 Ⓘ4-947769-60-2

◇高杉晋作 冨成博著 弓立社 （甦る伝記の名著 幕末維新編） 2005.10 Ⓘ4-89667-503-7
 ＊高杉は、長州の得意の時も危機の時も、何時もその渦中にいなかった。放浪し

たり、脱藩したり、上海にいたり…。そして、真の真の危機に忽然と現れ、数十人の部下を手兵として瞬く間に最強の戦艦を奪い、武士から特殊部落民まで一種にした奇兵隊を日本で初めて創設、長州を倒幕に反転させ、維新革命の起爆剤とした。思想も行動力もありながら夭折した天才。義経、正成、幸村型の名将だった。

◇松陰と晋作の志—捨て身の変革者 一坂太郎著 ベストセラーズ （ベスト新書） 2005.1 Ⓘ4-584-12076-5
 ＊明治維新の狼煙のひと筋は、本州最西端の長州藩から揚がりました。三方が海に囲まれた長州藩の萩で松下村塾を主宰した吉田松陰と、その志を継いだ門下生高杉晋作。この二人の若い武士を突き動かしたものは、一体何だったのでしょうか。幕末という激動の中に立たされた二人の若者は、どんな志を持っていたのでしょうか。どんな訓練をして、みずからの心を鍛えていたのでしょうか。十数年来、二人の魅力を語り続け、著者の声はいまだ嗄れません。

◇晋作・竜馬像「青春交響の塔」完成記念誌 志士の杜推進実行委員会事務局編 志士の杜推進実行委員会 2003.12

◇高杉晋作を歩く 一坂太郎著, 吉岡一生写真 山と渓谷社 （歩く旅シリーズ 歴史・文学） 2002.11 Ⓘ4-635-60061-0

◇高杉晋作 復刻版 村田峰次郎著 マツノ書店 2002.7

◇高杉晋作 梅渓昇著 吉川弘文館 （人物叢書 新装版） 2002.7 Ⓘ4-642-05225-9
 ＊幕末の長州藩士。吉田松陰に師事。松陰の死後、上海に渡り、欧米列強の植民地と化した清国に、兵備の充実を痛感して帰国。四国艦隊下関砲撃事件に際し、身分にとらわれない士庶混成の奇兵隊を創設、尊攘・討幕運動を推進するが、維新の夜明け前に病没する。短い波乱の生涯を、数々の英雄的エピソードを検証しつつ克明に再現し、その実像に迫る。

◇疾走の志士高杉晋作 童門冬二著 ベストセラーズ 2002.6 Ⓘ4-584-18681-2

◇高杉晋作　一坂太郎著　文芸春秋　（文春新書）　2002.3　①4-16-660236-5
　＊「面白きこともなき世に面白く」まさにこの和歌の通り、幕末の世を駆け抜けた高杉晋作。今もなお「維新の風雲児」としてその名が語られるが、胸のすくような英雄譚だけでなく、歴史のもやに覆い隠された部分にこそ、人間晋作の真実があるにちがいない。往復書簡、日記、詩歌、そして古老の話…。晋作（東行）の資料館学芸員である著者が豊富な史料を検証、激しい時代の流れの中で葛藤しつつ変革に向けて突き進んでいった青年晋作の内面に迫る。

◇教科書が教えない歴史人物―高杉晋作・坂本竜馬　藤岡信勝,　小宮宏著　扶桑社（扶桑社文庫）　2002.2　①4-594-03351-2
　＊大ヒットシリーズ「教科書が教えない歴史」から2001年の「歴史教科書」まで、自由主義史観研究会が注目を浴びてきました。本書では、リーダーである藤岡氏自身と、会の気鋭の書き手である小宮宏氏が、明治維新のスーパースターともいえる高杉晋作、坂本竜馬を取り上げ、今までにない観点で、わかりやすく彼等の業績を読み解いていきます。高杉晋作は長州の藩論を倒幕に導き維新の成功を決定づけたという点。坂本竜馬ははやくも現在の日本と国際情勢に通じる世界的な視野をもっていたこと。…等々を、彼等の誇りと気概に満ちた生き方とともにみずみずしく伝えていきます。

▌ 高田屋嘉兵衛　たかだやかへえ
1769～1827　江戸時代中期, 後期の海運業者。1812年カムチャッカで抑留される。

◇高田屋嘉兵衛とあなた―その血脈を問う　高田成樹著　高田成樹　2012.11　①978-4-343-00678-3
　＊高田屋嘉兵衛の先祖が淡路に住みついてから600年。その間に拡げた枝葉のつながりのなかに、あなたがいるかも知れません。また、日露の北方領土問題は重大事です。嘉兵衛を知らず、語らずして、問題のよりよき解決はありません。

◇高田屋嘉兵衛―只天下のためを存おり候　生田美智子著　ミネルヴァ書房　（ミネルヴァ日本評伝選）　2012.3　①978-4-623-06311-6
　＊淡路島に生まれ、二二歳で故郷を出奔し、たちまち立身出世を成し遂げた高田屋嘉兵衛。商人として、また日露交渉の立役者として活躍したその生涯とはいかなるものだったのか。日露それぞれの史料を駆使し、その先見性、巧みな交渉手腕が培われた過程を解き明かす。

◇高田屋嘉兵衛と近代経営―合同公開講座函館学2009　高田嘉七著　キャンパス・コンソーシアム函館・事務局　（函館学ブックレット）　2010.3

◇高田屋嘉兵衛翁伝―嘉兵衛翁生誕二四〇周年記念版　五色ふるさと振興公社「高田屋顕彰館・歴史文化資料館」編　五色ふるさと振興公社「高田屋顕彰館・歴史文化資料館」　2009.2

◇高田屋嘉兵衛のすべて　須藤隆仙,　好川之範編　新人物往来社　2008.11　①978-4-404-03552-3
　＊司馬遼太郎『菜の花の沖』に描かれた高田屋嘉兵衛の波瀾の生涯。

◇北海の豪商高田屋嘉兵衛―日露危機を救った幕末傑物伝　柴村羊五著　亜紀書房　2000.12　①4-7505-0014-3
　＊樽廻船の船乗りから身を起こし、幕府御用船頭として北方交易で瞬く間に巨万の財を築いた嘉兵衛。鎖国日本を震撼させた「ゴロウニン事件」を解決に導いたのは、この一介の商人だった。半世紀をかけ、嘉兵衛の軌跡を追った唯一無二の本格評伝。

◇北海を翔けた男―まんが・高田屋嘉兵衛ものがたり　クニ・トシロウ著　有楽出版社　2000.11　①4-408-59142-4
　＊28歳で最大級の北前船を建造、廻船問屋として、流通経済に革命をもたらし、北の大地、漁場の開拓、日露和平交渉の立役者として活躍した波乱の生涯。

◇豪商高田屋嘉兵衛　高田屋嘉兵衛展実行委員会編　高田屋嘉兵衛展実行委員会　2000.9

◇高田屋嘉兵衛　黒部亨著　神戸新聞総合

出版センター 2000.4 ①4-343-00093-1
＊江戸後期の流通経済を担う廻船商としての成功、難関エトロフ航路の開拓、危機に直面する日露紛争解決に奔走、ロシア艦副長リコルドとの友情―「時」と「人」が嘉兵衛の運命を翻弄した。

◇高田屋嘉兵衛―物語と史蹟をたずねて 童門冬二著 成美堂出版 （成美文庫） 1995.10 ①4-415-06428-0
＊「山高印の旗が海を行く」とうたわれ、北地の交易に大きな名を残す「海の豪商」高田屋嘉兵衛は、単なる「海の商人」としての範囲をはるかに越え北辺問題かまびすしい文化年間、ロシアを相手に見事な民間外交を成し遂げる。淡路島の辺隅に育った少年時代、既に海への憧れとともに「遠くにいる人々に、必要とするものを届けたい」という思いを秘めていた。

◇（史伝）高田屋嘉兵衛 中川清治著 審美社 1995.6 ①4-7883-3079-2
＊明和六年(1769)元旦、淡路島の赤貧の家に生まれ、十一歳で口減らしのため働きに出た嘉兵衛の夢は、大船の船主になり大海を自在に往来する海運業者になることだった。才覚と好運から大船「辰悦丸」千五百石積を建造するに及び、蝦夷地箱館を根拠地に北方エトロフ、箱館、兵庫と天性を発揮、北の王者となる海の男の歴史小説。

高野岩三郎 たかのいわさぶろう
1871〜1949 大正、昭和期の統計学者, 社会運動家。東京帝国大学教授, 大原社会問題研究所所長。日本共和国憲法私案要綱を発表。著書に「統計学研究」。

◇大内兵衛著作集 第11巻 高い山白い雲 岩波書店 1975

◇高野岩三郎伝 大島清著 岩波書店 1968

高野長英 たかのちょうえい
1804〜1850 江戸時代末期の蘭学者。シーボルトに学び、「戊戌夢物語」などで幕政を批判。蛮社の獄で捕らえられたが火

災に乗じて脱獄。のち追われて自殺した。

◇長英の夢と人生―高野長英顕彰 「長英の夢と人生」編集委員会編著 高野長英顕彰会 2017.7

◇長英逃亡潜伏記―高野長英と伊達宗城異聞 青山淳平著 光人社 2008.10 ①978-4-7698-1401-6
＊長英の思想と情熱は宗城に受け継がれ、新時代の扉をあけた！―近代国家樹立の思想的源流となった洋学の先駆者・長英。日本の開国と近代化に大きな役割を果たした四賢侯の一人、宇和島藩主・宗城。未公開の伊達家史料・書簡の研究成果をふまえ、二人の交流を主軸に、開国から西南戦争にいたる動乱の時代を鮮やかに再現する。

◇評伝高野長英―1804-50 鶴見俊輔著 藤原書店 2007.11 ①978-4-89434-600-0

◇高野長英 鶴見俊輔著 朝日新聞社 （朝日選書） 2003.6 ①4-925219-43-X

◇鶴見俊輔集 続3 高野長英・夢野久作 鶴見俊輔著 筑摩書房 2001.2 ①4-480-74723-0
＊第三巻には、開かれた視野を持って一人の日本人として生き、今も伝説や物語を通して生き続ける人びとの伝記を収録。その思想とひびき合う本についての随筆をまとめて一巻とした。

◇長英の隠れ家―幕末の逃亡者 播田邦生著 人の森出版 1998.6 ①4-88299-027-X
＊蘭学の天才高野長英。ペリー来航を目前にして、波瀾に満ちた生涯を終えた稀代の先覚者は、宇和島で、卯之町で何を想ったか。

◇長英逃亡 愛蔵版 吉村昭著 毎日新聞社 1997.7 ①4-620-10570-8
＊緊迫感溢れる筆致で描く著者の代表作。時代を先駆する男、高野長英の前途を扼する峻烈な運命。獄中五年、放火・破牢の後に繰り広げられる、六年四ヵ月に及ぶ凄まじき逃走の日々。その果てに待つ悲劇の結末。一惨殺。綿密な調査を基にした斬新な解釈で孤高の洋学者・高野長英の逃亡行を活写した歴史小説の金字塔。

◇高野長英　佐藤昌介著　岩波書店　（岩波新書）　1997.6　①4-00-430512-8
　＊幕末の蘭学者、高野長英は、「蛮社の獄」で渡辺崋山とともに罪に問われ、脱獄そして自刃という数奇な運命をたどった先覚者として知られる。しかし、長英は何より学問の人であった。著者は、長英の軌跡をたんねんに検証し、強烈な自我を貫きつつ、新たな学問を切り開いた長英の人間像をみごとに浮かび上がらせる。最新最良の評伝。

◇玄朴と長英 他三篇　真山青果作　岩波書店　（岩波文庫）　1993.9　①4-00-311013-7
　＊史実に基づきながら理想主義、現実主義のふたつの個性が激しく対峙するさまを、清新な台詞で描いた表題作の他、三篇を収録。

◇高野長英の手紙　高野長英著，水沢市立高野長英記念館編　水沢市立高野長英記念館　1991.10

◇脱囚高野長英　〔新装版〕　浅田晃彦著　春陽堂書店　（春陽文庫）　1990.9　①4-394-14901-0
　＊渡辺崋山らとともに蛮社の獄（言論弾圧事件）に連座して入牢の身となった高野長英—長崎のシーボルト鳴滝塾で医術を学んだ蘭学者—は思惑違いの永牢を申し付けられたが、入牢5年目の天保15年、獄中の手先を使って獄舎に放火させ、解き放ちに乗じ脱走した。脱獄した長英は弟子の多い上州吾妻郡に潜むこととなったが、早くも人相書きが回され、しかも折り悪しく博徒国定忠治狩りとも重なって、その逃避行には厳しいものがあった。そうした中で、長英は国家有益の使命をなし遂げんと励み、また真実の愛に邂逅していく。一騒然たる幕末の世相を背景に、類まれな学才と行動力で活躍した長英の波乱の生涯を通じ、その思想と人間性、さらには黎明期の近代医術事情をも併せ描いた歴史小説の雄編。

◇科学者高野長英　須川力著　岩手出版　1990.7

▌**高野房太郎**　たかのふさたろう
1868〜1904　明治期の労働運動家。労働組合期成会を組織。消費組合運動の先駆者。

◇労働は神聖なり、結合は勢力なり—高野房太郎とその時代　二村一夫著　岩波書店　2008.9　①978-4-00-002593-5

▌**高橋景保**　たかはしかげやす
1785〜1829　江戸時代後期の天文・地理学者。

◇高橋景保一件—幕府天文方書物奉行　二宮陸雄著　愛育社　2005.11　①4-7500-0233-X
　＊カラフト海峡と北方領土の真実の姿を、命をかけて追求し、クック船長ら世界の探検家が未だなしえなかった人類未到の世界全図を作った幕府天文方書物奉行の壮絶な生涯。

▌**高橋和巳**　たかはしかずみ
1931〜1971　昭和期の小説家、評論家。京都大学助教授。「悲の器」で第1回文芸賞。学生運動を描いた「憂鬱なる党派」や「邪宗門」など多くの問題作を発表。

◇高橋和巳 棄子の風景　橋本安央著　試論社　2007.3　①978-4-903122-07-6
　＊孤独、憎悪、相剋、破滅…高橋和巳の文学、現在へ。

◇孤立の憂愁を甘受す—高橋和巳論　脇坂充著　社会評論社　1999.9　①4-7845-0924-0
　＊70年代、若者たちに圧倒的に支持され、若くして世を去った「志」の作家高橋和巳。その全小説、エッセイ評論、中国文学研究に及ぶ全体像を作品世界と高橋の実存と関わり合わせて論評する。

◇近代作家追悼文集成　第43巻　高橋和巳・志賀直哉・川端康成　ゆまに書房　1999.2　①4-89714-646-1,4-89714-639-9

◇高橋和巳序説—わが遙かなる日々の宴　太田代志朗著　林道舎　1998.4　①4-947632-55-0

◇精神のリレー—講演集　新装版　埴谷雄

高他著　河出書房新社　1997.5
Ⓘ4-309-01142-X
＊埴谷雄高『死霊』全五章の刊行を記念した全国四都市での縦断講演と、高橋和巳の追悼講演を一冊に集成。文学・思想・政治の未来への発言。

◇高橋和巳という人―二十五年の後に　高橋たか子著　河出書房新社　1997.2
Ⓘ4-309-01123-3
＊夢と夢の結婚、小説家夫婦の普通の生活と普通ではない生活、二人をめぐる時代の嵐…歳月に磨かれ、澄明に結実した感動の証言！ 没後25年、たち顕われる高橋和巳の真実。

◇闇を抱きて―高橋和巳の晩年　村井英雄著　和泉書院　1996.6　Ⓘ4-87088-803-3

◇書誌的・高橋和巳　村井英雄著　和泉書院　1996.6　Ⓘ4-87088-802-5

◇(評伝)高橋和巳　川西政明著　講談社（講談社文芸文庫）　1995.10
Ⓘ4-06-196341-4

◇高橋和巳の文学とその世界　梅原猛，小松左京編　阿部出版　1991.6
Ⓘ4-87242-019-5
＊高橋和巳没後20年、比類なき〈志〉のなかで、真摯に生き、逝った"内部の友"へ、いま悲憤と哀しみに醒めゆきて捧ぐレクイエム。

◇書誌的・高橋和巳　村井英雄著　阿部出版　1991.4　Ⓘ4-87242-017-9
＊〈戦後〉を照射する評伝―そこには人間の理想への美しい探求があり、それゆえの苦悩があった。高橋和巳の作品と生涯には〈戦後〉の光と闇のすべてがある。書き下し長篇。

◇闇を抱きて―高橋和巳の晩年　村井英雄著　阿部出版　1990.6　Ⓘ4-87242-001-2
＊人として、文学者として、真摯に生き憂憤のなかで夭逝した高橋和巳。その"無念の死"に悲憤の想いを込めてつづる鎮魂歌。

▌高橋是清　たかはしこれきよ
1854〜1936　明治〜昭和期の財政家, 政治家。横浜正金銀行頭取, 日銀総裁, 大蔵大臣, 子爵。首相、政友会総裁。モラトリアム断行で金融恐慌鎮静。

◇高橋是清自伝　上　改版　高橋是清著, 上塚司編　中央公論新社　（中公文庫）　2018.3　Ⓘ978-4-12-206565-9

◇高橋是清自伝　下　改版　高橋是清著, 上塚司編　中央公論新社　（中公文庫）　2018.3　Ⓘ978-4-12-206566-6

◇人生を逆転させた男・高橋是清　津本陽著　PHP研究所　（PHP文芸文庫）　2017.11　Ⓘ978-4-569-76804-5
＊留学先の米国で奴隷同様の扱いを受けながら、首相にまで上り詰めた男がいた。教師、官吏、相場師、銀行員と様々な職を経験し、失敗を繰り返しながらも、性来の楽天主義と自学自得の精神で、日銀総裁、大蔵大臣、首相となった高橋是清。世界恐慌、日露戦争の戦費調達など、大国を相手に国家の誇りを捨てず堂々と渡り合い、幾度も日本の危機を救った男の生涯に迫った力作評伝。

◇圧巻！ 高橋是清と田中角栄　小林吉弥著　ロングセラーズ　（〔ロング新書〕）　2013.9　Ⓘ978-4-8454-0924-2
＊逆境何ものぞ！ 経済危機を果敢に回避、信念を貫いて生きた凄い男の凄い知恵と波乱の全人生。元気の出る本。

◇高橋是清と井上準之助―インフレか、デフレか　鈴木隆著　文芸春秋　（文春新書）　2012.3　Ⓘ978-4-16-660858-4
＊いまの日本に必要なのは、国債バラマキか、それとも財政緊縮か。昭和のはじめ、同じ問題に直面していた。インフレ政策の高橋是清と、デフレ政策の井上準之助。だが、ともに劇薬の扱いを誤り、この国を悲劇へと導いた―渾身の歴史経済ノンフィクション。

◇恐慌に立ち向かった男 高橋是清　松元崇著　中央公論新社　（中公文庫）　2012.2　Ⓘ978-4-12-205604-6
＊日露戦争の戦費調達に始まり、明治、大正、昭和の日本財政に関わり続け、軍部台頭のさなか、大蔵大臣として昭和恐慌で破綻した財政立て直しに従事するが、二・二六事件の凶弾に斃れる。天性の楽観主義と強い意志で国を護ろうと

高橋是清

した男・高橋是清を軸に戦前日本の財政・金融史を描く。

◇日露戦争、資金調達の戦い─高橋是清と欧米バンカーたち　板谷敏彦著　新潮社（新潮選書）　2012.2
①978-4-10-603699-6
＊「戦費調達」の絶対使命を帯び欧米に向かった高橋是清と深井英五。彼らを待ち受けていたのは、金本位制を元に為替レースを安定させ急速に進化した20世紀初頭の国際金融市場であった。未だ二流の日本国債発行を二人はいかに可能にしたのか？当時の証券価格の動きをたどることで外債募集譚を詳細に再現し、全く新たな日露戦争像を示す─金融版「坂の上の雲」。

◇高橋是清─日本のケインズ─その生涯と思想　リチャード・J・スメサースト著，鎮目雅人，早川大介，大貫摩里訳　東洋経済新報社　2010.10　①978-4-492-39538-7
＊幼くして渡航、後に海外の財界人たちと厚い友情を築き上げた「日本のケインズ」の開かれた思想の形成に迫る。

◇大恐慌を駆け抜けた男高橋是清　松元崇著　中央公論新社　2009.1
①978-4-12-004000-9
＊今こそ是清に学ぶべき時。命がけで軍部と闘い財政規律と国を護ろうとした男。

◇高橋是清　御厨貴監修　ゆまに書房（歴代総理大臣伝記叢書）　2006.2
①4-8433-1790-X

◇生を踏んで恐れず─高橋是清の生涯　津本陽著　幻冬舎（幻冬舎文庫）　2002.4
①4-344-40224-3
＊転職二十回。十四歳で留学したアメリカでは奴隷に売られ、日本では相場師から首相までを経験した高橋是清。昭和初期の金融恐慌を鎮めるなど蔵相七回をつとめた不世出の政治家は後に、二・二六事件に倒れる。労苦と挫折を糧に卓越した人間観と金融政策で日本の危機を何度も乗りきった男は何を優先し、どう決断したか。渾身の力作評伝。

◇高橋是清と田中角栄─日本を救った巨人の知恵　小林吉弥著　光文社（知恵の森文庫）　2002.3　①4-334-78145-4

＊男が生きにくくなった時代に、こんな「凄い奴」がいた。「だるま宰相」高橋是清と、「今太閤」田中角栄。波乱万丈、戦い続けた「巨人」二人には驚くべき酷似点があった。放蕩三昧もあったが、常に「公的利益」を優先、また勤勉だった。この二人の男の生き方に、今の閉塞社会を打ち破る多くのヒントと、生きる知恵が発見できる。この本を読めば、元気が出る。

◇高橋是清─財政家の数奇な生涯　復刻版　大島清著　中央公論新社（中公新書）　1999.10　①4-12-170181-X
＊軍事予算の膨脹に抗し、二・二六事件で非業の死をとげた高橋是清は、それまでも昭和二年の金融恐慌や金解禁後の混乱の処理など難局のたびに引き出されて、財政家としての腕をふるった。原敬歿後に政友会総裁となり、子爵を投げうって護憲運動のため立候補し、功成って引退した後にである。名利を離れて、果断で現実的な「高橋財政」を行ない、凶弾に斃れた高橋は、政党政治から軍部独裁へ傾斜してゆく両大戦間期日本の証人である。

◇高橋是清随想録　高橋是清口述,上塚司聞き書き　本の森　1999.6
①4-938965-15-1
＊金融恐慌から日本を救った男。その思想と生きざまは。

◇棺を蓋いて事定まる─高橋是清とその時代　北脇洋子著　東洋経済新報社　1999.4　①4-492-06109-6
＊80の若さと輝く瞳。青年の理想と意気込みをもった財政家・高橋是清の生涯。

◇高橋是清─立身の経路　高橋是清著　日本図書センター（人間の記録）　1999.2
①4-8205-4327-X

◇国際財政金融家高橋是清　せんだみのる著　教育総合出版局（せんだみのる著作集）　1998.6

◇高橋是清伝　高橋是清口述,上塚司筆録,矢島裕紀彦現代語訳　小学館（地球人ライブラリー）　1997.2　①4-09-251032-2

◇世界の伝記　23　高橋是清　中沢圣夫著

ぎょうせい　1995.2　①4-324-04400-7

◇高橋是清と国際金融　藤村欣市朗著　福武書店　1992.6　①4-8288-1720-4

▌高橋由一　たかはしゆいち
1828〜1894　江戸時代末期，明治期の洋画家。パリ，ウィーン万博などに出品。作品に「花魁」「読本と草紙」「鮭」など。

◇近代を写実せよ。─三島通庸と高橋由一の挑戦　開館10周年記念　高橋由一画，那須塩原市那須野が原博物館編　那須塩原市那須野が原博物館　2014.10

◇高橋由一─日本洋画の父　古田亮著　中央公論新社　(中公新書)　2012.4　①978-4-12-102161-8
　＊代表作『鮭』『花魁』が歴史や美術の教科書に掲載されている高橋由一。彼は幕末から明治にかけて日本洋画界の礎を築いた，日本で最初の"本格的な洋画家"である。晩年，黒田清輝によって洋画界の勢力図は塗り替えられ，一時は忘れられた存在となった。だが，清輝登場の転換点を含め，由一の人生は洋画揺籃期の重要な局面とことごとくリンクしている。由一の事績を今日的視点で見直し，近代絵画史のうねりを活写する。

◇狩野芳崖・高橋由一─日本画も西洋画も帰する処は同一の処　古田亮著　ミネルヴァ書房　(ミネルヴァ日本評伝選)　2006.2　①4-623-04561-7
　＊狩野芳崖(一八二八〜一八八八)・高橋由一(一八二八〜一八九四)同じ文政十一年生まれの狩野芳崖と高橋由一は，幕末明治の動乱を生き抜き，かたや近代日本画，かたや近代洋画の基礎をつくった画家である。本書は，この対照的な二人の人生と画業を通じて，日本画と洋画，伝統と革新とに揺れ動きながら「近代美術」が形成されていく様を描く。

◇高橋由一　高橋由一画，日本アート・センター編　新潮社　(新潮日本美術文庫)　1998.4　①4-10-601543-9

▌高橋至時　たかはしよしとき
1764〜1804　江戸時代中期，後期の暦

算家。

◇江戸の天文学─渋川春海と江戸時代の科学者たち　中村士監修　角川学芸出版，角川グループパブリッシング〔発売〕2012.8　①978-4-04-653265-7
　＊『天地明察』の主役・渋川春海(安井算哲)，ライバル・関孝和，天体観測が趣味の徳川吉宗…。日本の科学の底力がわかる！　天文と暦に命を賭けた江戸の男たちの偉業。

▌高浜虚子　たかはまきょし
1874〜1959　明治〜昭和期の俳人，小説家。「ホトトギス」を主宰。小説に「俳諧師」など。

◇虚子探訪　須藤常央著　神奈川新聞社　2017.9　①978-4-87645-570-6

◇正岡子規人生のことば　復本一郎著　岩波書店　(岩波新書 新赤版)　2017.4　①978-4-00-431660-2

◇倉橋羊村選集　第2巻　評伝1　倉橋羊村著　本阿弥書店　2013.12　①978-4-7768-1051-3
　＊人間虚子 / 水原秋桜子 / 魅力ある文人たち

◇虚子と現代　岩岡中正著　角川書店　2010.12　①978-4-04-652355-6

◇高浜虚子俳句の力　岸本尚毅著　三省堂　2010.11　①978-4-385-36505-3
　＊「単純なる事棒の如き句…ボーッとした句，ヌーッとした句，ふぬけた句，まぬけた句」を理想とした虚子の俳句の魅力はどこにあるのか。虚子俳句鑑賞の新しい手引書。

◇高浜虚子俳句の日々─特別展　鎌倉市芸術文化振興財団編　鎌倉市芸術文化振興財団　2010.4

◇高浜虚子の世界　『俳句』編集部編　角川学芸出版　2009.4　①978-4-04-621400-3

◇知られざる虚子　栗林圭魚著　角川学芸出版　2008.4　①978-4-04-621060-9

◇高浜虚子─人と文学　中田雅敏著　勉誠出版　(日本の作家100人)　2007.8　①978-4-585-05188-6

高浜虚子

＊俳句を文学にまで高め、大衆文芸として広めた巨人、高浜虚子の決定的評伝。反近代の精神をもって俳句文芸を死守した高浜虚子の生涯をどこまでも丹念に描く。巻末に「俳句作品案内」「年譜」「主要参考文献」を付し、虚子を理解するために最もわかりやすい構成とした。これ一冊で虚子のすべてがわかる。

◇虚子と「ホトトギス」―近代俳句のメディア　秋尾敏著　本阿弥書店　2006.11　①4-7768-0300-3
　＊近代の黎明期、時代のあらゆるものを取り入れながら変化してゆく「ホトトギス」そこにはメディア発信者としての若き虚子の苦悩があった。初期「ホトトギス」の実態をとおして近代俳句メディア発展の軌跡を追う。

◇俳句について―高浜虚子をめぐって　鳴瀬善之助著　まほろば書房　2005.5　①4-943974-16-3

◇虚子の京都　西村和子著　角川学芸出版　2004.10　①4-04-651921-5

◇子規、虚子、松山　中村草田男著　みすず書房　2002.9　①4-622-07004-9
　＊正岡子規没後100年。近代俳句を創始し、完成させた同郷の先達、「俳句の都」と冠される故郷について、折々につづられた評論・エッセイを1冊に。

◇曽祖父虚子の一句　稲畑広太郎著　ふらんす堂　（俳句入門シリーズ）　2002.9　①4-89402-511-6

◇桃子流虚子の読み方　辻桃子著　天満書房　2002.7　①4-924948-53-5

◇俳人の生死　小林高寿著　新樹社　1998.8　①4-7875-8483-9
　＊子規の宗教観を手がかりにその周辺にいた俳人、宗教人たちの限りなき生死の姿を追う。

◇高浜虚子―人と作品　高浜虚子著　愛媛新聞社　（郷土俳人シリーズ　えひめ発百年の俳句）　1997.7　①4-900248-40-1

◇虚子と越後路―虚子先生・曽遊地めぐりの栞　補訂復刻　蒲原ひろし補訂　再版　長谷川耕畩原著　新潟俳句会　1997.6

◇人間虚子　倉橋羊村著　新潮社　1997.4　①4-10-417301-0
　＊近代俳句の揺籃期からその確立まで。子規の後を継承し「ホトトギス」を中心とする俳人仲間に君臨した虚子を描く待望の評伝。

◇高浜虚子　本井英編著　蝸牛社　（蝸牛俳句文庫）　1996.12　①4-87661-290-0

◇俳人虚子　玉城徹著　角川書店　1996.10　①4-04-871621-2
　＊「ホトトギス」発刊から100年、いま実力派短歌作者が衰弱した詩歌に活力を取り戻すべく、近代俳句の巨人、虚子の現場を、最晩年から明治期へと遡って、作品を具体的にあげながら検証する。

◇虚子の天地―体験的虚子論　深見けん二著　蝸牛社　1996.5　①4-87661-267-6
　＊花鳥諷詠・客観写生の幅の広さ・自由な天地と一貫性を実証的に証左した本書は、俳句愛好者にとって、必読必見の一冊である。虚子晩年の直弟子が、虚子の俳句・俳話ならびに交遊・指導を体験的に詳述した評論集。

◇俳句原始感覚　宮坂静生著　本阿弥書店　1995.9　①4-89373-080-0
　＊現代生活の中で失なわれつつある五感＝原始感覚をはたらかせ、長い年月に築かれた各々の土地の貌を詠いたい。一表題作を含む待望の俳論集。

◇子規・漱石・虚子―その文芸的交流の研究　柴田奈美著　本阿弥書店　1995.6　①4-89373-079-7
　＊偉大な三俳人正岡子規・夏目漱石・高浜虚子には、深い文学的交流があった。相互に与え合った影響、その結果それぞれが形成した文芸観について考察する。一人だけを見つめていたのでは気づかない、新たな俳論・作品解釈の出現。

◇虚子先生の思い出　伊藤柏翠著　天満書房　1995.4　①4-924948-05-5

◇高浜虚子　新潮社　（新潮日本文学アルバム）　1994.10　①4-10-620642-0
　＊子規亡きあと、「進むべき俳句の道」を示し現代に至る全ての俳人に影響を与えた巨人。

382　教科書に載った日本史人物1000人

高峰譲吉　たかみねじょうきち

1854〜1922　明治, 大正期の応用化学者。アルコール醸造法を考案。タカジアスターゼの創製。アドレナリン結晶化を研究。

◇高峰譲吉博士物語―科学実業家　科学伝記マンガ　濱田麻衣子マンガ作画, 京都精華大学 (京都国際マンガミュージアム) 事業推進室編　高峰譲吉博士研究会　2015.9

◇サムライ化学者, 高峰博士　北国新聞社編集局編　時鐘舎 (時鐘舎新書)　2011.2　①978-4-8330-1788-6

◇映画 さくら, さくら―サムライ化学者高峰譲吉の生涯 公式ガイドブック　北国新聞社出版局編　北国新聞社　2010.3　①978-4-8330-1736-7
　＊タカジアスターゼ発見、アドレナリン抽出、日米友好の懸け橋…。世界が認めた偉大な化学者。

◇高峰譲吉の生涯―アドレナリン発見の真実　飯沼和正, 菅野富夫著　朝日新聞社 (朝日選書)　2000.12　①4-02-259766-6
　＊世紀の大発見は盗作だったのか？ 国際結婚、ベンチャービジネス、タカジアスターゼ開発―日米をまたにかけて活躍した明治人の華麗な生涯。

◇堂々たる夢―世界に日本人を認めさせた化学者・高峰譲吉の生涯　真鍋繁樹著　講談社　1999.2　①4-06-208131-8
　＊不撓不屈の志で、日本の近代化学工業の基礎を確立した高峰譲吉。「明治」という時代を造りあげた偉人史に、新たな一頁が加わった。

◇高峰博士―伝記・高峰譲吉　塩原又策編　大空社 (伝記叢書)　1998.12　①4-7568-0871-9

◇津田家と高峰譲吉―為捧亡父・御先祖塩屋弥右衛門　津田俊治編　津田俊治　1995.3

◇高峰譲吉とその妻　飯沼信子著　新人物往来社　1993.11　①4-404-02055-4
　＊ノーベル賞級の発見によりアメリカで飛翔した三共製薬初代社長・高峰譲吉の生涯。

高向玄理　たかむこのげんり

？〜654　高向漢人玄理 (たかむこのあやひとげんり) とも。飛鳥時代の学者, 国博士。もと遣隋留学生。大化改新の後遣唐使として再び中国に渡り長安で死去。

◇聖徳太子の真相　小林恵子著　祥伝社 (祥伝社新書)　2018.1　①978-4-396-11525-8

高村光雲　たかむらこううん

1852〜1934　明治〜昭和期の彫刻家。東京美術学校教授。作品に「白衣観音」「楠公像」「西郷隆盛像」「老猿」など。

◇高村光雲―木彫七十年　高村光雲著　日本図書センター (人間の記録)　2000.10　①4-8205-5953-2
　＊仏教彫刻の伝統にヨーロッパ的写実性を加え木彫の芸術性を高める。シカゴ万国博覧会で授賞した「老猿」、パリ万博の金賞作「山霊訶護」などの作品で世界的名声を博す。長男光太郎は詩人。三男豊周は彫刻家。愛と感動の人間ドラマ！ 感動の自伝。

◇『光雲懐古談』の世界―近代日本彫刻の形成に関する考察　池上香苗執筆　建帛社　1997.2　①4-7679-7040-7

◇幕末維新懐古談　高村光雲著　岩波書店 (岩波文庫)　1995.1　①4-00-334671-8

◇近代日本最初の彫刻家　田中修二著　吉川弘文館　1994.3　①4-642-03654-7
　＊明治維新という大変革を背景に明治初・中期に旺盛な活動を繰り広げた彫刻家たち。伝統彫刻から近代芸術に高めた高村光雲をはじめ、楠木正成像の「馬」や西郷隆盛像の「犬」を制作した後藤貞行、木村益次郎や瓜生岩子の銅像を制作した大熊氏広。本書は新進美術史家が、光雲から「新しい時代」を継ぐ流れの中で、その群像を浮き彫りにした注目の書。

高村光太郎　たかむらこうたろう

1883〜1956　大正, 昭和期の詩人, 彫刻家。日本文学報国会詩部会会長。詩集に

「道程」「暗愚小伝」「智恵子抄」など。

◇高村光太郎　新装版　堀江信男著, 福田清人編　清水書院　（Century Books　人と作品）　2018.4　①978-4-389-40121-4

◇高村光太郎論　中村稔著　青土社　2018.4　①978-4-7917-7055-7

◇高村光太郎山居七年　改訂新版　佐藤隆房著　花巻高村光太郎記念会　2015.5　①978-4-908412-00-4

◇光太郎・智恵子 うつくしきもの―「三陸廻り」から「みちのく便り」まで　高村光太郎, 北川太一著　二玄社　2012.6　①978-4-544-03046-4
　＊石巻・金華山・女川・気仙沼・釜石・宮古―その三陸を巡る旅は、智恵子との終の棲家を求める旅でもあった。そして二人の「東北」への憧憬は、今を生きる私たちへのメッセージへと昇華する。

◇高村光太郎考―ほろほろな駝鳥　高木馨著　文治堂書店　2011.10　①978-4-938364-15-1

◇智恵子抄の光景　大島裕子著　新典社（新典社新書）　2009.11　①978-4-7879-6144-0
　＊芸術家として彫刻や油絵を創作しながら、光太郎は智恵子へ思いを詩に託した。哀しくも美しく、ときに烈火のようですらあった二人の愛。そして、それを詩に結晶させた光太郎の芸術観。『智恵子抄』が誕生した背景へ、あたたかな光をそそぐ珠玉の一冊。

◇智恵子抄―深愛　高村光太郎原作, 伊藤豊漫画　日本文芸社　（マンガで完ész読）　2009.10　①978-4-537-12499-6
　＊明治末期、旧態依然とした日本美術界への不満から、荒んだ生活を送っていた光太郎だが、グロキシニアの鉢植えをもって現れた智恵子との出会いによって生まれ変わる。激しい恋愛時代を経て、幸福な結婚生活を送る二人だったが…。史実に基づいた二人の生涯と共に、永遠なる愛の詩集『智恵子抄』を漫画化。

◇雨男高村光太郎　西浦基著　東京図書出版会, リフレ出版（発売）　2009.8　①978-4-86223-346-2

　＊高村光太郎、人生の春夏秋冬。ロダンを敬愛した光太郎とセザンヌに心酔した智恵子の出会いと別れ、そしてその後の光太郎。

◇愛のかたち―魅力の詩人論 高村光太郎・宮沢賢治・菊岡久利　畠山義郎著　土曜美術社出版販売　2009.6　①978-4-8120-1730-2

◇長沼智恵子と高村光太郎「純愛」の検証―『智恵子抄』の物語　鈴木豊次著　東京文芸館　2009.4　①978-4-924942-85-1

◇観潮楼の一夜―鴎外と光太郎　北川太一著　北斗会出版部（製作）　2009.1

◇光太郎智恵子―言霊　政宗一成著　文芸社　2008.11　①978-4-286-05681-4
　＊官僚的日本閉鎖社会との闘い。「規制・常識・派閥・肩書き・他人の眼・見栄・業界の内輪の決まり事」等の一切の否定。力強い文体・圧倒の迫力・確かなリズム。繊細かつ大胆なその筆致は、日本人を熱狂させ、狂気せしめた。人間なぜ「人間」として生きねばならぬか―高村光太郎と妻・智恵子の壮絶人間ドキュメント。

◇「高村光太郎」という生き方　平居高志著　三一書房　2007.5　①978-4-380-07205-5
　＊いまだ若い読者をも惹きつける『智恵子抄』作者の魅力と真実の「個性」高村流「スローライフ」を貫いた詩人の内面世界を凝視する。

◇高村光太郎―いのちと愛の軌跡　高村光太郎作, 山梨県立文学館編　山梨県立文学館　2007.4

◇智恵子と生きた―高村光太郎の生涯　茨木のり子作　童話屋　（詩人の評伝シリーズ）　2007.4　①978-4-88747-070-5
　＊一九六七年発行のさ・え・ら書房刊「うたの心に生きた人々」を四分割した一冊。

◇連翹忌五十年　北川太一編輯　高村光太郎記念会　2007.4

◇高村光太郎新出書簡―大正期田村松魚宛　田村松魚研究会編　笠間書院　2006.12　①4-305-70334-3
　＊新出書簡55通の完全複製。詳細な註解

を添え、一挙公開。

◇光太郎と赤城―その若き日の哀歓　佐藤浩美著　三惠社　2006.4　①4-88361-351-8

◇高村光太郎・智恵子展―その芸術と愛の道程　仙台文学館編　仙台文学館　2006.3

◇光太郎智恵子　政宗一成著　新風舎　2004.9　①4-7974-4333-2

◇『智恵子抄』の世界　大島竜彦，大島裕子編著　新典社　2004.4　①4-7879-7836-5

◇高村光太郎展カタログ　福島県立美術館［ほか］編　アートプランニングレイ　2004

◇高村光太郎―智恵子と遊ぶ夢幻の生　湯原かの子著　ミネルヴァ書房　（ミネルヴァ日本評伝選）　2003.10　①4-623-03870-X

◇高村光太郎・智恵子展図録　いわき市立草野心平記念文学館編　いわき市立草野心平記念文学館　2003.7

◇高村光太郎を語る―光太郎祭講演 高村光太郎文学碑除幕十周年記念　北川太一著　女川・光太郎の会　2002.4

◇光太郎回想　高村豊周著　日本図書センター　（人間叢書）　2000.9　①4-8205-5782-3
　＊光太郎の生涯をいきいきと描く。

◇小説智恵子抄　佐藤春夫著　日本図書センター　（人間叢書）　2000.9　①4-8205-5781-5
　＊生涯至純の愛を貫いた光太郎、智恵子の物語。

◇智恵子飛ぶ　津村節子著　講談社　（講談社文庫）　2000.9　①4-06-264965-9
　＊天才芸術家である高村光太郎の陰で、その秘められた才能を花咲かすことの出来なかった妻・智恵子。天真爛漫な少女時代、平塚らいてうらと親交を深める青春時代、光太郎との運命の出逢い、そして結婚、発病―。一心に生きた知恵子の愛と悲しみを余すことなく描いた、芸術選奨文部大臣賞受賞の傑作長編。

◇智恵子抄の光と影　上杉省和著　大修館書店　1999.3　①4-469-22147-3
　＊「いやな面はかくしたんです。…だから智恵子抄は不完全なものですよ。」と

光太郎は後に語っている。大正から昭和への時代、さまざまな困難を乗り越えて結ばれた一組の男女の理想的な結婚。その後に続く悲劇の予兆が、詩集の「影」に見え隠れする。この悲劇は、果たして光太郎ひとりの罪だろうか？永遠の愛をうたいあげた『智恵子抄』の深層に迫る。

◇智恵子飛ぶ　津村節子著　講談社　1997.9　①4-06-208780-4

┃高山右近　たかやまうこん

1552〜1615　安土桃山時代、江戸時代前期のキリシタン、大名。高山飛騨守図書の嫡男。高槻・明石の城主だったが、信仰を理由に秀吉に領地を没収された。のち江戸幕府の禁教令によりマニラに追放された。

◇高山右近―その霊性をたどる旅 歴史・人物ガイド 祝列福　ドン・ボスコ社　2017.2　①978-4-88626-614-9

◇高山右近の生涯―日本初期キリスト教史　ヨハネス・ラウレス著，溝部脩監修，やなぎやけいこ現代語訳　聖母の騎士社　（聖母文庫）　2016.8　①978-4-88216-371-8

◇高山右近　加来耕三企画・構成・監修，静霞薫原作，瀧玲子作画　ポプラ社　（コミック版日本の歴史　戦国人物伝）　2016.1　①978-4-591-14785-6

◇ユスト高山右近―いま、降りていく人へ　日本カトリック司教協議会列聖列福特別委員会監修，古巣馨著　ドン・ボスコ社　2014.1　①978-4-88626-568-5

◇高山右近の生涯―発掘戦国武将伝　高槻市立しろあと歴史館編　高槻市立しろあと歴史館　2013.10

◇高山右近を追え！―キリシタン大名の信仰、希望、愛 改訂新版　髙橋敏夫著　いのちのことば社フォレストブックス　2012.6　①978-4-264-03019-5
　＊世界各地で大きな災害や異変が次々と起きている中にあって、今こそ高山右近の生き方は、「真に生きるとは何か」「死ぬとは何か」を語りかけ、問いかけ続けているように私には思える。今を生きる私たちがそこから何を学べばい

いか、何を考えればいいか、信仰の遺産
として彼から受け止めるものがあるか、
改めて考えてみたい。

◇高山右近の出自　西川隆夫著　〔西川隆
夫〕〔2012〕

◇北摂の戦国時代高山右近―高槻市立しろ
あと歴史館平成21年秋季特別展　高槻市
立しろあと歴史館編　高槻市立しろあと
歴史館　2009.10

◇武将高山右近の信仰と茶の湯　高橋敏夫
著　いのちのことば社フォレストブック
ス　2007.11　①978-4-264-02594-8
＊戦国時代、地位も名誉もなげうって信
仰を貫いたキリシタン大名高山右近。
千利休の高弟でもあった茶人・右近の
生い立ちから国外追放までをユニーク
な視点で追う。

◇キリシタンの記憶　木越邦子著　桂書房
2006.10　①4-903351-21-1

◇曼陀羅華―私の朝鮮人キリシタン 私の続
高山右近　関根和美著　高山泰四郎
2005.12　①4-9902947-0-X

◇右近再考―高山右近を知っていますか
能勢初枝［著］　スタジオ・クレイ
2004.4　①4-907713-03-7

◇私の高山右近―Justus Ucondonus　関根
和美著　高山活版社　2003.11

◇高山右近―加賀百万石異聞　北国新聞社
2003.1　①4-8330-1280-4

◇高山右近　加賀乙彦著　講談社　1999.9
①4-06-209831-8
＊「世の栄達に何の値あろうぞ」激動の戦
国時代を揺るぎない信の道で貫いた高
潔のキリシタン大名の生涯。

◇ルソン放浪　桑野淳一著　連合出版
1999.5　①4-89772-148-2
＊フィリピン人の家庭に滞在しアジア各
国の大学生と交流した日々。それから
25年後に再び訪れ北部山岳地帯まで思
いのままに旅をして、身にしみて感じ
たこの国の変化と変わらざる心情。

◇高山右近　アントニオ・セルメニオ著
サンパウロ　1997.1　①4-8056-5625-5

◇高山右近史話　H.チースリク著　聖母の

騎士社　（聖母文庫）　1995.5
①4-88216-129-X

◇高山右近―あるキリシタン大名の生涯
上　鷲山千恵著　（京都）同朋舎出版
1992.4　①4-8104-1048-X
＊戦国の世、こんな壮絶な武将の生き方
があった。信長、秀吉、家康に支配され
ずに生き抜いたキリシタン大名の一生。

◇高山右近―あるキリシタン大名の生涯
下　鷲山千恵著　（京都）同朋舎出版
1992.4　①4-8104-1049-8
＊武士を捨てたかった武将・高山右近。
キリスト者としての自由を貫き、ルソ
ン追放にも屈しなかった戦国大名。

◇まだ見ぬ故郷　上　長部日出雄著　毎日
新聞社　1991.8　①4-620-10442-6

◇まだ見ぬ故郷　下　長部日出雄著　毎日
新聞社　1991.8　①4-620-10443-4
＊信長・秀吉・家康…、三人の天下人の世
にあって、こころの領土をひろげるこ
とに情熱をかたむけた右近。追放さき
のマニラにて死す。彼の夢みた真の故
郷とは…。

◇茶将 高山右近―利休茶道の使徒　浅田晃
彦著　春陽堂書店　（春陽文庫）　1990.12
①4-394-14902-9
＊戦国の世に大和南部宇陀の沢城を守る武
将高山飛騨守友照の子として生を受けた
右近は、殺伐な世渡りを余儀なくされる
中にキリスト教の霊魂と救済を信仰し、
ついには徳川家康によって国外追放の身
となり、異郷マニラの地に63年の生涯
を果てた。日本国における宣教の使徒
として、まさに献身の生涯を送った人
物として広く知られている。だがまた
右近は、利休茶道の教理書ともいうべ
き「南方録」の護持伝世に尽力したと見
られ、利休の死後世相が華美になると
共にその警告のごとく遊芸化していく
茶の湯の世界に、その修行性・芸術性と
いった正統性を堅持したいわば利休茶
道の忠実な使徒でもあった。一優しさ
の中に一筋の強靭な意志によってその
生涯を貫いた偉人南坊高山右近を描く。

田河水泡

高山樗牛　たかやまちょぎゅう
1871～1902　明治期の評論家。「太陽」誌上で評論活動。小説に「滝口入道」評論に「小説革新の時期」。

◇〈憧憬〉の明治精神史―高山樗牛・姉崎嘲風の時代　長尾宗典著　ぺりかん社　2016.10　①978-4-8315-1451-6

◇哲人高山樗牛　西宮藤朝著　人間文化研究機構国文学研究資料館　（リプリント日本近代文学）　2016.1　①978-4-256-90281-3

◇高山樗牛―歴史をめぐる芸術と論争　花沢哲文著　翰林書房　2013.2　①978-4-87737-343-6

◇高山樗牛―美とナショナリズム　先崎彰容著　論創社　2010.8　①978-4-8460-0802-4
＊小説『滝口入道』で知られる樗牛は、日清戦争後の文壇に彗星のごとく現れ、雑誌『太陽』で論陣を張る。今日、忘れられた思想家の生涯とともに、"自己"、"美"、"国家"を照射する。

◇青年の国のオリオン―明治日本と高山樗牛　理崎啓著　哲山堂　2010.4　①978-4-9905122-0-0

◇高山樗牛資料目録―高山家寄託　鶴岡市教育委員会編　鶴岡市　2001.8

高山彦九郎　たかやまひこくろう
1747～1793　江戸時代中期の勤王家。郷士高山良左衛門正教の次男。

◇孝子を訪ねる旅―江戸期社会を支えた人々　勝又基著　三弥井書店　（シリーズ日本の旅人）　2015.3　①978-4-8382-3262-8

◇高山彦九郎―明治維新の先導者　正田喜久著　みやま文庫　（みやま文庫）　2007.11

◇卓上の虹―宮崎知ったかぶり　平嶋周次郎著　鉱脈社　1998.9　①4-906008-05-4

◇彦九郎山河　吉村昭著　文芸春秋　（文春文庫）　1998.9　①4-16-716933-9
＊林子平、蒲生君平と並んで寛政の三奇士と称せられた高山彦九郎。狂信的なまでの彼の尊王攘夷論は後の明治維新の礎ともなった。文治政治実現のため、

故郷を捨て妻子と離別し、江戸から奥州、京都、九州へと行脚し、各地の同志と交歓した日々。その旅行家としての側面に光をあて、孤高の人の心情に迫る歴史長篇。

◇高山彦九郎読本―王政復古の先駆者　萩原進著　群馬出版センター　1993.9　①4-906366-19-8

◇高山彦九郎の実像―維新を呼んだ旅の思想家　没後200年混迷の世によみがえる　木部克己編　あさを社　1993.6

◇高山彦九郎二百年祭　小牟田棋山著　小牟田やす子　1993.6

田河水泡　たがわすいほう
1899～1989　昭和期の漫画家。滑稽味あふれる作風に特色。作品に「のらくろ」「蛸の八ちゃん」など。

◇滑稽とペーソス―田河水泡 "のらくろ" 一代記展　町田市民文学館ことばらんど編　町田市民文学館ことばらんど　2013.1

◇のらくろみーつけた！―田河水泡の杉並時代　平成22年度杉並区立郷土博物館分館企画展展示図録　杉並区立郷土博物館分館編　杉並区立郷土博物館　2010.10

◇田河水泡―のらくろ一代記　田河水泡,高見沢潤子著　日本図書センター　（人間の記録）　2010.1　①978-4-284-70043-6

◇のらくろひとりぼっち―夫・田河水泡と共に歩んで　高見沢潤子著　光人社　（光人社NF文庫）　1996.7　①4-7698-2131-X

◇のらくろ一代記―田河水泡自叙伝　田河水泡, 高見沢潤子著　講談社　1991.12　①4-06-205759-X
＊漫画ブーム元祖のユーモア人生。一世を風靡した「のらくろ」誕生の秘話、「蛸の八ちゃん」など続々と新キャラクターを生み出し、サザエさんの長谷川町子女史が弟子志願…。明治・大正・昭和を生きた漫画界の「大御所」の自叙伝。

◇永遠のふたり―夫・田河水泡と兄・小林秀雄　高見沢潤子著　講談社　1991.12　①4-06-205758-1
＊「のらくろ」の作者と歩んだ60年の愛

しい日々、中原中也の恋人と出奔まで
した兄・小林秀雄の型破り人生、そして
伴侶に先立たれた者に平安はいつ訪れ
る…。生きる意味を優しく問いかける
自伝的エッセイ。

滝川幸辰　たきがわゆきとき

1891〜1962　大正, 昭和期の刑法学者。京
都帝国大学総長。「刑法読本」が危険思想
として問題化、滝川事件となる。日本刑
法学会初代会長。

◇滝川事件　松尾尊兊著　岩波書店　（岩波
現代文庫 学術）　2005.1
①4-00-600136-3
＊一九三三年五月、文相鳩山一郎は京大
法学部教授滝川幸辰の刑法学説をマル
クス主義的であるとして休職処分を発
令、著書『刑法読本』は発禁にされた。
これに抗議して法学部教官が辞職、学
生やジャーナリズムも反対に立つ。こ
の滝川事件を、一九一三年の沢柳事件
から現在に至る射程で捉え、大学の自
治、学問の自由とは何かを問う。現代
文庫オリジナル版。

◇滝川幸辰―汝の道を歩め　伊藤孝夫著
ミネルヴァ書房　（ミネルヴァ日本評伝
選）　2003.10　①4-623-03907-2

滝沢馬琴　たきざわばきん
⇒曲亭馬琴（きょくていばきん）

滝田樗陰　たきたちょいん

1882〜1925　明治, 大正期の雑誌編集者。
「中央公論」主幹。論壇・文壇の新人発掘
と育成に力をそそぐ。

◇滝田樗陰 ある編集者の生涯　杉森久英著
中央公論社　（中公新書）　1966

滝廉太郎　たきれんたろう

1879〜1903　明治期の作曲家。「春の海」
「散歩」などのほか歌曲集「四季」、中学唱
歌「荒城の月」など。

◇嗚呼！瀧廉太郎―知られざるその家族と
ふる里　財津定行著　日本文学館

2011.12　①978-4-7765-3058-9

◇天才音楽家・滝廉太郎、二十一世紀に蘇る
渡辺かをい著　近代文芸社　（近代文芸社
新書）　2006.7　①4-7733-7396-2
＊日本の洋楽受容期に、数々の名曲を残
して、僅か23歳で駆け抜けて逝ってし
まった滝廉太郎―。その業績が、今世
紀になって見直されて、彼のかつての
留学地のライプツィヒ市や故郷の竹田
市に、彼を顕彰する記念碑が建設され
た。本書にその経緯をまとめた。

◇滝廉太郎―夭折の響き　海老沢敏著　岩
波書店　（岩波新書）　2004.11
①4-00-430921-2

◇九州　音楽之友社　（先生のための音楽修
学旅行シリーズ）　1999.7
①4-276-32201-4
＊キリシタン文化から炭坑の歌まで、国
際文化交流の歴史を九州に見る。新教
育課程対応。

◇滝廉太郎伝―伝記・滝廉太郎　宮瀬睦夫
著　大空社　（伝記叢書）　1996.4
①4-87236-505-4

◇滝廉太郎―新しい日本の音楽を開いた人
松本正文, 早川和絵, 大分県立先哲史料館
編　大分県教育委員会　（大分県先哲叢
書）　1996.3

◇滝廉太郎　松本正808, 大分県立先哲史料館
編　大分県教育委員会　（大分県先哲叢
書）　1995.3

◇滝廉太郎―資料集　大分県教育庁文化課
編　大分県教育委員会　（大分県先哲叢
書）　1994.3

◇清貧の譜―忘れられたニッポン人 楽聖滝
廉太郎と父の時代　加来耕三著　広済堂
出版　1993.8　①4-331-50413-1
＊「荒城の月」の天才作曲家と最後の “サ
ムライ” だった父の、「明治」の生死。

◇わが愛の譜―滝廉太郎物語　郷原宏著
新潮社　（新潮文庫）　1993.7
①4-10-136211-4
＊「花」「箱根八里」「荒城の月」―。忘れ
えぬ秀逸な楽曲群で知られる不世出の
音楽家・滝廉太郎。その生涯は未完成
交響曲にも似て、悲しくも美しい。16

歳で東京音楽学校の門を潜り、憑かれたようにピアノを弾き続けた学生時代。国費留学生としてドイツに渡り、僅か3カ月後病に倒れ呆気なく命を落とした23歳の夏。五線譜には記されなかった天才音楽家の生涯を詩情豊かに綴る、初の伝記小説。

▌沢庵宗彭　たくあんそうほう

1573〜1645　安土桃山時代, 江戸時代前期の臨済宗の僧。但馬国出石生まれ。

◇沢庵—犀の角のごとく一人歩め　泉田宗健著　淡交社　2010.12
Ⓘ978-4-473-03677-3
＊謎の出生、幕府との対決、将軍の接近—ただ、全ては「夢」。「紫衣事件」の法難を乗り越え、朝幕はじめ多くの人々から敬慕を集めた沢庵禅師。茶・歌・剣の道を説き、自ら信じる法の道を歩んだ孤高の生涯をたどる。

◇沢庵禅師逸話選　禅文化研究所編　禅文化研究所　1998.5　Ⓘ4-88182-126-1

◇沢庵　水上勉著　中央公論社　（中公文庫）　1997.2　Ⓘ4-12-202793-4

◇沢庵この一言—沢庵さんとつきあえば今日から人生の達人！　船地慧著　成星出版　1996.10　Ⓘ4-916008-23-5

◇沢庵—とらわれない心　松原泰道著　広済堂出版　（Refresh life series）　1995.12
Ⓘ4-331-00716-2
＊真の自由とは。豊かさとは。名利を拒絶し、ひたすら禅の境地に生きた名僧の真実。

◇たくあん—修羅を翔ける禅僧・沢庵　船地慧著　こびあん書房　1994.8
Ⓘ4-87558-088-6

◇沢庵　2版　矢野宗深著　仏教プロジェクトセンター　1990.7

▌田口卯吉　たぐちうきち

1855〜1905　明治期の歴史家, 経済学者, 実業家。衆議院議員。「日本開化小史」「自由交易日本経済論」を著す。

◇田口卯吉の夢　河野有理著　慶応義塾大学出版会　2013.4　Ⓘ978-4-7664-2040-1
＊自己利益のみを追う人々が共存する、世界大に広がる秩序。これこそ、田口卯吉の夢見たネオ・リベラルな商業共和国である。人々の情熱が惹き起こした明治革命をかろうじてくぐり抜けた彼が、この世界像を手放さなかったのは、いったいなぜなのか。はたして、そのような秩序は可能なのだろうか—。妥協なき彼の思想を、『日本開化小史』をはじめとする彼自身のテクストと、同時代のコンテクストとを綿密にたどり、繰り合わせ、解き明かしてゆく。寄る辺なく、すべてがあわただしい時代の真摯な思考が、“今”を刺戟する。

◇田口卯吉　田口親著　吉川弘文館　（人物叢書 新装版）　2000.11　Ⓘ4-642-05219-4
＊明治のエコノミスト・政治家・起業家・歴史家。幕臣の家に生まれ維新後の逆境の中で新しい学問と出会い、近代日本建設のため自由貿易主義を掲げ独自の文明史論を展開する。『東京経済雑誌』の創刊、鉄道会社の経営、南洋開発、東京市府会議員・衆議院議員、税制・幣制改革、『国史大系』の編纂刊行等、前人未到の足跡を残した快男児50年の生涯。

◇田口卯吉と経済学協会—啓蒙時代の経済学　松野尾裕著　日本経済評論社　1996.5　Ⓘ4-8188-0833-4
＊経済学協会は、明治の自由主義思想家・田口卯吉によって設立された日本最初の経済学啓蒙・研究団体である。1879（明治12）年に始まるこの団体の活動は、常に在野の立場から、実業界・政界・官界・学界・言論界等の人々が自由に意見を交換し得る場を提供し続けた。官学の圧倒的優位のなかで田口が経済学協会にかけた情熱は、真にリベラルな学問の創造にあった。

◇田口卯吉と東京経済雑誌　杉原四郎, 岡田和喜編　日本経済評論社　1995.2
Ⓘ4-8188-0774-5
＊田口卯吉は、福沢諭吉や徳富蘇峰や森鴎外らと並ぶ明治の思想家の一人である。そして田口の本領は、彼がかかわっていたいろいろの科学の中で一番熱心に研究したのが経済学であり、多

種多様の出版事業に従事した中でもっとも力を入れた出版物が『東京経済雑誌』であったことである。

◇鼎軒田口先生伝—伝記・田口卯吉　塩島仁吉編　大空社　（伝記叢書）　1993.6　①4-87236-413-9

▌竹内栖鳳　たけうちせいほう

1864〜1942　明治〜昭和期の日本画家。京都市立絵画専門学校教授。内外の展覧会で受賞。作品に「雨霽」「斑猫」など。

◇もっと知りたい竹内栖鳳—生涯と作品　平野重光監修, 吉中充代, 中村麗子著　東京美術　（アート・ビギナーズ・コレクション）　2013.9　①978-4-8087-0958-7

◇竹内栖鳳　平野重光編　光村推古書院　2013.8　①978-4-8381-0490-1
＊第一回文化勲章を横山大観とともに受章した日本画の巨匠、竹内栖鳳。京都画壇の重鎮として活躍するとともに、上村松園、小野竹喬、土田麦僊、橋本関雪など多くの門人を指導、世に送り出し、多大な足跡を遺した。代表作を中心に約120点のカラー図版と栖鳳論、作品解説に加え、詳細な印譜、年表も掲載、栖鳳研究における座右の書。

◇竹内栖鳳・近代日本画の源流　広田孝著　思文閣出版　2000.3　①4-7842-1032-6
＊本書は明治から大正にかけての京都における日本画の展開を考察しようとしたもので、主に竹内栖鳳の生涯の前半期の作品の考察を行い、その展開の内容と時期を具体的に把握してゆこうとした。

◇栖鳳芸談—「日出新聞」切抜帳　平野重光編　京都新聞社　1994.11　①4-7638-0364-6
＊円山・四条派の写生の精神を極め巧みな筆技で四季の余情を謳いあげ数々の名作を残した竹内栖鳳—日本画の近代化を確立し多くの俊英を育てた巨匠・栖鳳の軌跡に資料を重ねその生涯と芸術をたどる。

◇竹内栖鳳—生きものたちの四季　竹内栖鳳画, 平野重光編　学習研究社　（巨匠の日本画）　1994.5　①4-05-500049-9

◇竹内栖鳳の資料と解題—資料研究　京都市美術館編　京都市美術館　（叢書・京都の美術）　1990.3

▌竹越与三郎　たけごしよさぶろう

1865〜1950　竹越三叉（たけごしさんさ）とも。明治〜昭和期の歴史家, 政治家。衆議院議員, 宮内省臨時帝室編修官長。貴族院勅選議員, 枢密顧問官などを歴任。著書に「台湾統治史」。

◇竹越与三郎—世界的見地より経綸を案出す　西田毅著　ミネルヴァ書房　（ミネルヴァ日本評伝選）　2015.9　①978-4-623-07424-2

◇ある明治リベラリストの記録—孤高の戦闘者竹越与三郎伝　高坂盛彦著　中央公論新社　（中公叢書）　2002.8　①4-12-003305-8
＊順境の人の理想は、なぜ崩壊するのか。蘇峰・愛山と並ぶ歴史家であり、原敬・大隈・桂と対立し、伊藤・陸奥・西園寺に愛されたリベラリストの生涯。

▌竹崎季長　たけざきすえなが

1246〜？　鎌倉時代後期の武士。（肥後の御家人）。文永・弘安の役の戦功を伝えるため「蒙古襲来絵詞」を作った。

◇蒙古襲来絵詞と竹崎季長の研究　佐藤鉄太郎著　錦正社　（錦正社史学叢書）　2005.3　①4-7646-0317-9
＊蒙古襲来絵詞は肥後国の御家人竹崎季長が製作した貴重な絵巻物である。蒙古襲来絵詞は蒙古が襲来した一二七四年の文永の役、一二八一年の弘安の役の両度の蒙古合戦に参加し、この両度の蒙古合戦で活躍した肥後国の御家人竹崎季長が、文永の役に於ける自らの出陣の様子やその文永の役で戦功を挙げた様子と、その文永の役で活躍したにもかかわらず恩賞をもらえなかったために鎌倉に参り鎌倉幕府の御恩奉行安達泰盛に庭中したところ、安達泰盛は竹崎季長の要望を聞き入れてくれ、竹崎季長を勇者と認めて海東郷の地頭職を賜わったこと、更にその後竹崎季長が弘安の役で挙げた戦功の様子を絵

武田勝頼

巻物に仕立てたものである。

◇鎌倉武士の実像─合戦と暮しのおきて
石井進著　平凡社　（平凡社ライブラ
リー）　2002.11　①4-582-76449-5
＊武家社会を生みだし、鎌倉幕府を支えた
東国武士団。その死闘の形成史と、軍
制、村落開発、農業経営などの実態を解
明して、「中世武士とはなにか」という
問いに応えた中世史研究の先駆的著作。

▌竹田出雲（二世）　たけだいずも
1691～1756　江戸時代中期の人形浄瑠璃
興行主, 作者。初代出雲の子。

◇日本文学講座 4　出雲・半二　高野正巳著
河出書房　1950

▌武田勝頼　たけだかつより
1546～1582　安土桃山時代の武将。信玄
の4男。家督を相続したが長篠の合戦で敗
れ、のち織田軍に攻められ自殺。

◇武田勝頼─試される戦国大名の「器量」
丸島和洋著　平凡社　（中世から近世へ）
2017.9　①978-4-582-47732-0

◇武田氏滅亡　平山優著　KADOKAWA
（角川選書）　2017.2
①978-4-04-703588-1

◇戦国大名武田氏の家臣団─信玄・勝頼を
支えた家臣たち　丸島和洋著　教育評論
社　2016.6　①978-4-86624-001-5

◇「戦国大名」失敗の研究─政治力の差が明
暗を分けた　瀧沢中著　PHP研究所
（PHP文庫）　2014.6
①978-4-569-76192-3
＊名将と謳われた者、圧倒的な権威者、有
能な二世、将来を嘱望された重臣…。
戦国乱世の時代、本来「敗れるはずのな
かった者」がなぜ敗れたのか？ 本書は、
強大な大名の"政治力"が失われていく
過程を考察し、現代にも通じるリー
ダーが犯しがちな失敗の教訓を学ぶ。
「武田勝頼の致命傷」「織田家臣団の有
能ゆえの危険な未来」など、彼らが天下
を取れなかった理由がここにある！ 文
庫書き下ろし。

◇敗者の日本史　9　長篠合戦と武田勝頼
関幸彦, 山本博文企画編集委員　平山優
著　吉川弘文館　2014.2
①978-4-642-06455-2
＊武田家を滅亡させ、暗愚の将とされて
きた勝頼。だが、父信玄より領土を拡
大し、織田信長ら同時代人の評価は高
かった。新戦術（鉄砲）と旧戦法（騎馬）
の対立軸で語られてきた合戦を捉え直
し、「敗者」勝頼の実像に迫る。

◇武田勝頼─日本にかくれなき弓取　笹本
正治著　ミネルヴァ書房　（ミネルヴァ日
本評伝選）　2011.2　①978-4-623-05978-2
＊武田勝頼（一五四六～八二）甲斐の戦国
大名。信玄という偉大な父から家督を継
ぎ、強大な軍団を擁しながらも、長篠合
戦に敗れ、ついには武田家を滅亡させ
た勝頼。猪突猛進型武将という従来の
固定観念から脱し、統治者や文化人と
しても優れていた素顔を明らかにする。

◇悲運の武将武田勝頼─史料から見る勝頼の
生涯　高木由貴著　〔高木由貴〕　2010.9

◇武田勝頼のすべて　柴辻俊六, 平山優編
新人物往来社　2007.1
①978-4-404-03424-3
＊武田勝頼は敗軍の将か？ はじめて描か
れた全生涯。

◇勝頼と信長─後継者のリーダーシップ
童門冬二著　学陽書房　2003.1
①4-313-15050-1
＊古い体質を抱えたままの組織を変革し
ようとする勝頼と新しい時代の息吹を
担う信長！ 成功と失敗の分岐点。

◇新府城と武田勝頼　網野善彦監修, 山梨県
韮崎市教育委員会編　新人物往来社
2001.3　①4-404-02912-8
＊武田三代の築城技術を結集した新府城。
武田勝頼は韮崎になぜ城を築いたのか。
その必然性を戦国期甲斐の人びとの生
活や軍事を通して考える。

◇涙、らんかんたり　阿井景子著　講談社
1999.3　①4-06-209568-8
＊なぜ滅びゆく婚家に殉じたのか？ 悲運
の夫を愛し、信じ、天目山に散った北条
の女・咲姫がたどる波乱の生涯。新し
い武田勝頼像に迫る書下ろし歴史小説。

◇ふるさと百話　2巻　浅倉清，増田実，漆
畑弥一著　静岡新聞社　1998.11
①4-7838-0427-3
＊『ふるさと百話』は、昭和40年6月から
50年12月まで静岡新聞に連載されたも
の。郷土の史話や伝説、文化や自然等
を平易な読み物として熱心な郷土研究
者たちが執筆。

◇二人の武将―歴史エッセイ　新田次郎著
小学館　（新田次郎エッセイ）　1997.7
①4-09-840046-4

武田耕雲斎　たけだこううんさい
1803～1865　江戸時代末期の水戸藩尊攘
派の首領。

◇武田耕雲斎詳伝――名水戸藩幕末史　上巻
復刻版　大内地山著　マツノ書店　2008.3
◇武田耕雲斎詳伝――名水戸藩幕末史　下巻
復刻版　大内地山著　マツノ書店　2008.3

武田信玄　たけだしんげん
1521～1573　武田晴信（たけだはるのぶ）
とも。戦国時代の武将。もともと甲斐の
守護だったが信濃に進出して、数度越後
の上杉謙信と川中島で対陣。のち上洛を
目指したが道半ばで死去。

◇武田信玄―戦国最大の巨星　漫画でよめ
る！　講談社編、なかにしえいじ漫画
講談社　2017.8　①978-4-06-220745-4

◇信玄と謙信―決戦！甲斐の虎越後の竜
田代脩監修、田中顕まんが　学研プラス
（学研まんがNEW日本の伝記SERIES）
2017.7　①978-4-05-204614-8

◇武田信玄　すぎたとおる原作，加来耕三企
画・構成・監修，中島健志作画　ポプラ社
（コミック版日本の歴史　戦国人物伝）
2017.6　①978-4-591-15480-9

◇武田信玄大全　二木謙一著　ロングセ
ラーズ　2016.8　①978-4-8454-0984-6

◇戦国大名武田氏の家臣団―信玄・勝頼を
支えた家臣たち　丸島和洋著　教育評論
社　2016.6　①978-4-86624-001-5

◇完全図解！歴史人物データファイル　4

武田信玄　小和田哲男監修　ポプラ社
2016.4　①978-4-591-14867-9,
978-4-591-91582-0

◇武田信玄謎解き散歩　萩原三雄編著
KADOKAWA　（新人物文庫）　2015.3
①978-4-04-600426-0

◇信長×信玄―戦国のうねりの中で：開館
20周年記念・平成24年度秋季特別展　滋
賀県立安土城考古博物館編　滋賀県立安
土城考古博物館　2012.10

◇謙信と信玄　井上鋭夫著　吉川弘文館
（読みなおす日本史）　2012.9
①978-4-642-06385-2
＊越後の上杉謙信と甲斐の武田信玄。戦
国時代の英雄として、後世の軍記物に
描かれた以外、その実態は知られてい
ない。川中島合戦の真実や、伝説の参
謀の実在性、天下人になれなかった理
由などを、実証的に追究した名著。

◇武田信玄と快川和尚　横山住雄著　戎光
祥出版　（中世武士選書）　2011.6
①978-4-86403-036-6
＊「心頭ヲ滅却スレバ、火モマタ自ラ涼
シ」。甲斐の武田信玄、武田家滅亡で火
定した快川紹喜。この僧俗二人の交流
と、美濃遠山氏、永禄別伝の乱など臨済
宗史料を発掘し、戦国乱世の謎に挑む。

◇武田信玄と毛利元就―思いがけない巨大
な勢力圏　鴨川達夫著　山川出版社　（日
本史リブレット）　2011.4
①978-4-634-54843-5
＊信玄・元就のイメージは、大きく変わる
かもしれない。武田信玄と毛利元就は、
いうまでもなく、東日本・西日本を代表
する戦国武将である。すでに数多くの
研究が行われてきた。しかし、彼らの
イメージは、まだ固まっていないとい
うべきである。発見されるべき事実や、
訂正されるべき通説は、意外にたくさ
ん残っている。最新の研究が正しいと
も限らない。冷静な目で信玄・元就の
実像を見直したい。

◇細面だった武田信玄―甲斐武田軍団秘史
斎藤芳弘著　叢文社　2010.1
①978-4-7947-0631-7
＊信玄の肖像画は偽物だった。能登の武

将の肖像画が信玄と間違われていた。
これが本物の信玄肖像画…。

◇信玄と謙信―宿命のライバル　柴辻俊六
著　高志書院　（高志書院選書）　2009.11
①978-4-86215-065-3

◇武田信玄と山本勘助―雌伏雄飛の道　戦国
歴史研究会著　PHP研究所　（名将・名軍
師立志伝）　2009.1　①978-4-569-70506-4
＊勘助実在の証・市川文書/啄木鳥戦法の
危機/後世に残る築城術…。甲斐最強の
虎と隻眼の鬼が天下を獲らんと手を携
えた！ 武田最強軍団の激動の軍略と智
謀を漫画と文章でつづる。

◇武田信玄と松本平　笹本正治著　一草舎
2008.9　①978-4-902842-48-7
＊信玄の信州攻略の実態に迫る。諏訪・
松本・安曇野・伊那・木曽へそして佐
久・上田。

◇新編武田信玄のすべて　柴辻俊六編　新人
物往来社　2008.6　①978-4-404-03514-1
＊日本人の原点となった戦国第一級の
武将。

◇武田信玄―風林火山の帝王学　新版　新
田次郎、堺屋太一，上野晴朗ほか著　プレ
ジデント社　（プレジデント・クラシック
ス）　2007.10　①978-4-8334-1859-1

◇風林火山―信玄・謙信、そして伝説の軍師
大河ドラマ特別展　NHK,NHKプロモー
ション編　NHK　2007.4

◇武田信玄からの手紙　山梨県立博物館監
修　山梨日日新聞社　（かいじあむブック
レット）　2007.3　①978-4-89710-111-8

◇武田信玄と勝頼―文書にみる戦国大名の
実像　鴨川達夫著　岩波書店　（岩波新
書）　2007.3　①978-4-00-431065-5
＊文書はかつて何があったかを示唆する
ナマの証拠である。これを主たる材料
として、私たちは過去の出来事の再現
に挑む。「風林火山」の軍旗で知られる
戦国大名、武田信玄・勝頼父子の文書を
読み解き、その人となり、滅亡に至る経
緯を明らかにした一冊。文書の作られ
方から丁寧に説き起こし、通説を根本
から洗い直す。

◇武田信玄―天才軍師・山本勘助と戦国最

強軍団のすべて　改訂新版　世界文化社
（Bigmanスペシャル）　2007.2
①978-4-418-07100-5

◇戦国の猛虎武田信玄　UTYテレビ山梨監
修，萩原三雄，秋山敬編　新人物往来社
2007.1　①978-4-404-03445-8

◇甲陽軍鑑　佐藤正英校訂・訳　筑摩書房
（ちくま学芸文庫）　2006.12
①4-480-09040-1
＊戦国大名武田信玄、勝頼二代にわたる
甲州武士の事績、心構え、軍法、合戦な
どが記された壮大な歴史パノラマ。戦
国時代に形成された武士道の集大成と
もいわれ、元和以来、武士の間で広く読
まれた。また、講談や歌舞伎狂言など
にも翻案され、庶民にも遍く普及し今
に伝わっている。本書は、全二十巻五
十九品の中から、その白眉と目される
山本勘助の物語、信玄一代記、甲州法度
など話題に富む十四品を収録。歴史に
関心をもつ読者はもとより、広く現代
において、組織の上に立つ者の必読の
名著。原文に現代語訳を付す。

◇山本七平の武田信玄論―乱世の帝王学
山本七平著　角川書店　（角川oneテーマ
21）　2006.12　①4-04-710072-2
＊禅や中国の諸子百家を通じて磨かれた
行動哲学。「現代も生き続ける信玄」に
学ぶ人心掌握術と情報活用論。名将・
武田信玄と現代の接点を読み解く山本
学の決定版。

◇武田信玄　平山優著　吉川弘文館　（歴史
文化ライブラリー）　2006.12
①4-642-05621-1
＊戦国乱世を駆け抜けた甲斐の虎＝武田
信玄。信濃侵攻から川中島の戦い、西
上作戦に至る軍事、その基盤である領
国経営としての棟別役、甲州法度など
の内政、さらに家臣団編成に及び、信玄
のすべてを詳細かつ巧みに描く。

◇図解武田信玄と山本勘助のことが面白い
ほどわかる本―2時間でわかる　中見利男
著　中経出版　2006.11　①4-8061-2563-6
＊「川中島の戦い」をはじめ、戦国最強の
信玄軍団はどのように戦ったのか。信
玄のブレーンとして活躍した軍師・山

武田信虎

本勘助とは何者か。どんな軍略を展開
したか。

◇闘神武田信玄―戦国最強・甲州軍団の激
闘　学習研究社　（歴史群像シリーズ
新・歴史群像シリーズ）　2006.11
①4-05-604397-3

◇武田信玄合戦録　柴辻俊六著　角川学芸
出版，角川書店〔発売〕　（角川選書）
2006.10　①4-04-703403-7
＊父信虎を追放したクーデタから、徳川
家康を震えあがらせた三方ヶ原合戦へ。
戦国きっての軍略家・武田信玄は無双
の騎馬軍団を率いて領土を拡大してい
く。その合戦のすべてにわたり、信玄
研究の第一人者が、伝承と史実のはざ
まで揺れる実像をわかりやすく解き明
かす。信玄合戦の入門書。

◇よみがえる武田信玄の世界―山梨県立博
物館開館記念特別展　山梨県立博物館編
山梨県立博物館　2006.3

◇武田信玄―芳声天下に伝わり仁道寰中に
鳴る　笹本正治著　ミネルヴァ書房　（ミ
ネルヴァ日本評伝選）　2005.11
①4-623-04500-5
＊武田信玄は代表的な戦国大名として名
高く、武将・政治家として取り上げられ
ることが多い。本書では、時代を生き
ぬいた一人の人間として、彼の教養や
思想など、多面的に考察し、現代も思慕
され続ける豊かな人間像に迫る。

▌武田信虎　たけだのぶとら
1494～1574　戦国時代, 安土桃山時代の武
将。甲斐国守護信縄の長男。

◇武田信虎のすべて　柴辻俊六編　新人物
往来社　2007.1　①978-4-404-03423-6
＊信玄に追放された父・信虎。はじめて
描かれた波乱の生涯。

◇武田修羅伝―帰って来た信虎　大久保智
弘著　小学館　（小学館文庫）　2001.11
①4-09-410006-7

▌武田信広　たけだのぶひろ
1431～1494　室町時代, 戦国時代の武将。

蝦夷松前藩主松前氏の始祖。

◇北の先覚　高倉新一郎著　北日本社
1947

▌竹内式部　たけのうちしきぶ
1712～1767　江戸時代中期の尊王思想家,
垂加神道家。宝暦事件、明和事件に連座
して流罪となった。

◇平安人物志―若冲・応挙・蕭白らを生んだ
時代とその精神　舩橋晴雄著　中央公論
新社　2016.7　①978-4-12-004873-9

▌武野紹鷗　たけのじょうおう
1502～1555　戦国時代の茶湯者、堺の豪
商。父は信久。侘び茶における千利休
の師。

◇利休の師武野紹鷗　武野宗延著　武野紹
鷗研究所　2010.4　①978-4-86366-057-1
＊天下のわび茶人・武野紹鷗の末裔がそ
の生涯と利休の死の真相に迫る。

◇武野紹鷗 わびの創造　戸田勝久先生喜寿
記念論集刊行会編　思文閣出版　2009.5
①978-4-7842-1471-6

◇武野紹鷗―茶と文芸　戸田勝久著　中央
公論美術出版　2006.11　①4-8055-0533-8
＊本書は、侘び茶の性格とその人物像を
軸とした歴史、そして和歌・連歌と茶の
湯との深い関わりに解明の光を当てる。

▌竹久夢二　たけひさゆめじ
1884～1934　明治, 大正期の画家, 詩人。
独特の美人画と叙情詩文で一世風靡。作
品に「春の巻」「どんたく」など。

◇竹久夢二恋の言葉　新装版　竹久夢二著,
石川桂子編　河出書房新社　2017.7
①978-4-309-27854-4

◇竹久夢二―大正ロマンの画家、知られざる
素顔 生誕130年永久保存版　竹久夢二美
術館監修　河出書房新社　2014.1
①978-4-309-27461-4

◇夢二異国への旅　袖井林二郎著　ミネル
ヴァ書房　2012.9　①978-4-623-06312-3
＊「大正の歌麿」との呼び声高く、美人画

の名手として数々の作品を残した竹久
夢二。夢二は、アメリカ・ヨーロッパに
滞在する中で、いかなる出会いを経て、
どのような苦悩や葛藤を抱き、その画
業を成し遂げてきたのか。数々の資料
と独自の調査をもとに描き出す、筆者
集大成の書。

◇もっと知りたい竹久夢二―生涯と作品
　小川晶子著　東京美術　（アート・ビギ
　ナーズ・コレクション）　2009.8
　①978-4-8087-0839-9

◇おお、白銀のチロル―竹久夢二の米欧無銭
　旅行　栗田藤平著　武蔵野書房　2008.10
　①978-4-943898-82-5

◇竹久夢二と妻他万喜―愛せしこの身なれ
　ど　林えり子著　ウェッジ　（ウェッジ文
　庫）　2008.4　①978-4-86310-019-0
　＊竹久夢二の華やかな女性遍歴。そのな
　　かで、ただ一人、妻となったのが他万喜
　　だった。結婚生活はわずか二年で破れ
　　たが、離婚したのちも二人の子をもう
　　け、夢二と他万喜の夫婦同然の暮しは
　　つづく。彦乃、お葉、順子―、夢二は愛
　　を求めて女性を追いかける。そんな夢
　　二を「別れても姉のように」ずっと見守
　　る他万喜。一七年をうつつとみればば
　　かなしや夢とおもへばあまりかなしき。

◇竹久夢二のすべて　野村桔梗著　駒草出
　版　2008.3　①978-4-903186-58-0
　＊孤高の芸術家が、時代を超えて愛され
　　続ける理由。「夢二式美人絵」で知られ
　　る画家、竹久夢二。芸術、思想、恋愛、
　　彼の生涯をすべて描き出す、大正ロマ
　　ンの香り漂う物語。

◇夢二の旅―九州から巴里へ　安達敏昭著
　ADアート　2006.11

◇夢二逍遥　荒木瑞子著　西田書店
　2006.7　①4-88866-428-5
　＊竹久夢二がぶらりとやって来る。詩人
　　画家の実像を、考証をかさねて鮮やか
　　に描いた、断章10篇。

◇秋山清著作集　第6巻　竹久夢二　秋山清
　著, 秋山清著作集編集委員会編　ぱる出版
　2006.3　①4-8272-0206-0
　＊本巻には、著者の竹久夢二に関する文

章のみを収録した。著者の竹久夢二に
ついての著作は、『竹久夢二』『郷愁論・
竹久夢二の世界』『わが夢二』『夢二とそ
の時代』『夢二は旅人・未来に生きる詩
人画家』の五冊が数えられる。この五
冊に収録されなかった文章も多く見受
けられるが、本巻には以上の単行本に
収録された主要論考から選択した。

◇詩人画家・竹久夢二展―生誕120年　世田
　谷文学館編　世田谷文学館　2004.10

◇竹久夢二恋の言葉　竹久夢二［著］,石川
　桂子編　河出書房新社　2004.7
　①4-309-26760-2

◇波乱万丈・恋人生―夢二ドキュメント
　中右瑛著　里文出版　2003.5
　①4-89806-190-7
　＊名作「こたつ」や「舞妓舞扇」など、抒
　　情的な美人画で知られる竹久夢二。大
　　正・昭和初期、時代の寵児として生きた
　　夢二の人生は、多くの女性に彩られた
　　人生でもあった。日記や書簡、短歌な
　　ど、豊富な資料から描き出される、恋の
　　遍歴者・竹久夢二のドキュメントス
　　トーリー。

◇夢二―ギヤマンの舟　小笠原洋子著　大
　村書店　2002.3　①4-7563-2058-9
　＊たまき・彦乃・お葉を愛しメディアの先
　　端を駆け抜けた放浪のマルチ・アー
　　ティスト。

◇夢二が好き―懐かしく新しいデザイン
　木暮享著　文化出版局　2000.12
　①4-579-20743-2

◇竹久夢二―精神の遍歴　関谷定夫著　東
　洋書林　2000.10　①4-88721-428-6
　＊1930年代初頭ドイツに渡った夢二は、
　　ユダヤ人の国外亡命を援ける反ナチ・
　　レジスタンス運動にかかわっていた―
　　この事実に衝撃をうけた著者が、厖大
　　な資料の渉猟にもとづいて、夢二が一
　　貫して保ちつづけた反権力主義的・反
　　戦的キリスト教思想を、近代日本の精
　　神風土とのかかわりのなかに丹念に位
　　置づけた、異色の夢二論。

◇<評伝>竹久夢二―時代に逆らった詩人画
　家　三田英彬著　芸術新聞社　2000.5

竹久夢二

①4-87586-245-8
＊大正ロマンの香り高い画家・竹久夢二の描いたもの、それは、甘く詩的な女性美の世界であるとともに、時代の流れに翻弄され犠牲となった弱者の姿であった。"漂泊の旅絵師""愛に生きる詩人画家"の心の底にありつづけた反権力の冷めた視点は、一体どこから来るものなのか—。夢二研究の決定版『定本竹久夢二』編集者の一人である著者が、精細な資料分析をもとにまとめた評伝。

◇私の竹久夢二　上田周二著　沖積舎
1999.10　①4-8060-4067-3
＊明治・大正・昭和の近代日本の形成期に自由を求めて生きぬいた竹久夢二の波瀾に満ちた生涯。詩人であり小説も出版した「深夜交遊録」「深夜のビルディング」の著者が七年の歳月をかけて正面から挑戦した、本書はエポックメーキングの評伝風長編エッセイの労作である。

◇竹久夢二—美と愛への憧憬に生きた漂泊の画人　竹久夢二画、石川桂子、谷口朋子編著　六耀社　（Rikuyosha art view）
1999.9　①4-89737-363-8
＊寂しさに耐えながらさまよう旅人、夢二。その美と愛の世界に迫る待望の画集。

◇夢二の見たアメリカ　鶴谷寿著　新人物往来社　1997.7　①4-404-02496-7
＊まほろしの挿絵入りエッセイ・最後の恋人「ナズモ」の写真ほか、未公開資料を満載。

◇竹久夢二　木村毅著　恒文社　1996.11
①4-7704-0898-6
＊大正中期から昭和初期にかけて「夢二式美人」といわれる独特の画風を確立した竹久夢二の若い頃のことは、ほとんど語られたことがない。専門の教育を受けず、独自の道を開き、明治中期以降に発達してきた雑誌の投稿画家、毎月の寄稿画家として出発した。時代の流れにしたがいながらも、常に新しい画風を求め続けてきた夢二の実像が同郷の著者によって明らかにされる。

◇竹久夢二　日本アート・センター編　新潮社　（新潮日本美術文庫）　1996.10

①4-10-601553-6

◇夢二の妻　木庭久美子著　武蔵野書房
1996.9

◇夢二 ヨーロッパ素描帖　青木正美編　東京堂出版　1996.7　①4-490-20296-2
＊竹久夢二が死の前年まで描いた、ヨーロッパ旅行中のデッサンをここに初めて紹介。編書所蔵の夢二の手帖、9冊700画の中から、約150点を選んで掲載。雑誌挿画の下絵も含み、ヨーロッパにおける夢二晩年の創作活動をうかがい知る貴重な資料。原稿の下書きやメモなどから最晩年の思いも伝わってくる。

◇夢二再考　工藤英太郎著　西田書店
1996.4　①4-88866-244-4
＊従来の竹久夢二研究を踏まえながら、新たな資料を掘りおこして夢二の内面へと鋭く迫る。本書は、「夢二解釈」に根源的な光を当てる。

◇竹久夢二の俳句　松岡ひでたか著　天満書房　1996.3　①4-924948-20-9

◇竹久夢二—愛と哀しみの詩人画家　日下四郎著、岡部昌幸著　学習研究社
（Gakken graphic books deluxe）
1995.11　①4-05-400605-1
＊美人画に秘められた女たちの数奇な運命。他万喜、彦乃、お葉との愛憎を核に略奪した最後の恋人秀子との関係まで、いま人間・夢二の赤裸々な愛の遍歴を描く。大正ロマンの香りあふれる作品130点を収録した最新版。

◇竹久夢二と日本の文人—美術と文芸のアンドロギュヌス　品川洋子著　東信堂
1995.3　①4-88713-219-0
＊夢二の多面的で浪漫ゆたかな作品の裡に、自由な個性表現としての主観性、ジャンルを超えて羽ばたく総合性、脱日常と自然への親和感など、やまと絵以来の日本の伝統・「文人」の面影を見出し、正統な美術史的位置づけを試みると共に、今求められる新たな芸術的個性として、現代における「文人」の復活を期す。

◇竹久夢二の異国趣味　荒木瑞子著　荒木瑞子　1995.1

◇夢二のアメリカ　袖井林二郎著　集英社
（集英社文庫）　1994.10
①4-08-748235-9

竹本義太夫　たけもとぎだゆう
1651〜1714　江戸時代前期,中期の浄瑠璃
一流の始祖。竹本座を創立し「曽根崎心
中」「出世景清」など近松門左衛門の作品
を上演、名声を得る。

◇国際交流フォーラム 近世の大坂　脇田修,
ジェームズ・L.マクレイン編　大阪大学
出版会　2000.5　①4-87259-062-7
＊海外からの目は、歴史の町に生きる個性
ある人々に注がれている。国際フォーラ
ムの場で交わされた数々の議論が、国
内研究者を刺激して生まれた大阪の書。

太宰治　だざいおさむ
1909〜1948　昭和期の小説家。作品に
「逆行」「富岳百景」「人間失格」など。玉
川上水に入水自殺。

◇太宰治　井伏鱒二著　中央公論新社　（中
公文庫）　2018.7　①978-4-12-206607-6

◇太宰よ！ 45人の追悼文集―さよならの言
葉にかえて　河出書房新社編集部編　河
出書房新社　（河出文庫）　2018.6
①978-4-309-41614-4

◇太宰治の手紙―返事は必ず必ず要りません
太宰治著, 小山清編　河出書房新社　（河
出文庫）　2018.6　①978-4-309-41616-8

◇太宰治　新装版　板垣信重,福田清人編
清水書院　（Century Books　人と作品）
2016.8　①978-4-389-40101-6

◇太宰治100の言葉―人生を見つめ直すため
のヒント　安藤宏監修　宝島社　2016.3
①978-4-8002-5066-7

◇ふたりの修ちゃ―太宰治と寺山修司　鎌
田紳爾著　未知谷　2014.2
①978-4-89642-435-5
＊太宰治（本名・津島修治）と寺山修司、
ともに弘前生まれで、津軽訛りの生涯
抜けなかった二大作家を自身も弘前出
身の著者が追いかける同郷人ならでは
の一冊。

◇作家太宰治の誕生―「天皇」「帝大」から
の解放　斉藤利彦著　岩波書店　2014.2
①978-4-00-023055-1
＊幼少時から抜き難いものとして意識の
深い部分に刻印され、生家から期待さ
れた「天皇への接近」のためにエリート
であろうとした太宰は、なぜ左翼活動
に踏み込んだのか。伝説の左翼文芸誌
『戦旗』を購読していた事実を示す資料
の発見により、高校時代から社会の深
刻な矛盾に向き合おうと苦悩した青年
の姿が浮かび上がる。膨大な資料を調
査し、従来にない視点から読み解く、作
家として生きる道を見出すまでの太宰
治の半生。

◇太宰治母源への回帰　原子修著　柏艪舎
（〔文芸シリーズ〕）　2013.6
①978-4-434-18001-9
＊太宰治を母源喪失の観点から分析する、
かつてない太宰治論。北海道を代表す
る詩人であり、太宰治とルーツをとも
にする著者が、太宰治の心の深奥に迫
る。太宰治ファン必読の書。

◇太宰治vs津島修治―特別展　鎌倉市芸術
文化振興財団・国際ビルサービス共同事
業体編　鎌倉市芸術文化振興財団・国際
ビルサービス共同事業体　2013.4

◇太宰とかの子　三谷憲正, 外村彰, 野田直
恵, 渡辺浩史, 金泯芝編　おうふう
2013.2　①978-4-273-03707-9

◇太宰治論　権藤三鉉著　文芸書房出版
2013.1　①978-4-89477-385-1
＊対人関係における精神的同一性。金の
取れる人間が一人前という到達点。民
衆を被教育者とみなし、恋と革命に生
きた太宰。

◇太宰治の年譜　山内祥史著　大修館書店
2012.12　①978-4-469-22226-5
＊生家との義絶、左翼運動からの離脱、心
中未遂、芥川賞をめぐる相剋、麻薬中毒
からの再出発…生誕百年を経て発見さ
れた最新資料をすべて反映した、待望
の年譜・決定版。

◇「道化」は罪なりや？―太宰治、最初の
「心中」　小山栄雅著　近代文芸社
2012.9　①978-4-7733-7841-2

太宰治

＊昭和5年（1930）11月下旬、21歳の太宰
治は銀座の女給と心中をし、女性は絶
命、太宰治は生き残った。この奇っ怪
な事件は、何であったのか…。

◇斜陽日記　太田静子著　朝日新聞出版
（朝日文庫）　2012.6
①978-4-02-264670-5
＊太宰治が、出世作『斜陽』の下敷きとし
た、回想録的な日記。"愛人"として娘を
生んだ著者が、1945年の春から12月ま
での日々を、太宰に勧められるままに
綴って渡した、文学史的にも貴重な作
品を復刊。娘・治子のエッセイや太宰
からの手紙を特別収録。

◇明るい方へ―父・太宰治と母・太田静子
太田治子著　朝日新聞出版　（朝日文庫）
2012.6　①978-4-02-264671-2
＊父・太宰治と、その出世作『斜陽』の下
敷きとなった日記を綴った"愛人"の
母・太田静子。時を経てやっと向かい
合えるようになった二人の愛の真実と、
尊敬できる作家として、人間としての
太宰に、娘にしか触れられない貴重な
資料をもとに迫るノンフィクション。

◇太宰治の愛と文学をたずねて　松本侑子著
潮出版社　2011.6　①978-4-267-01873-2
＊自伝的小説の舞台へ、生涯の土地へ。
「思い出」「富岳百景」「津軽」「人間失
格」初恋・自殺・結婚・戦争・流行作
家…人生と名作をたどるエッセイ集。

◇太宰治の作り方　田沢拓也著　角川学芸
出版, 角川グループパブリッシング（発
売）　（角川選書）　2011.3
①978-4-04-703486-0
＊意表をつく決め台詞、軽妙な情景描写、
愛らしい女性告白体…。太宰文学は、
磨きあげられた技法をもって含羞と傷
を描き、私小説とも評される。しかし
生きにくさに悩みぬいた作家が繰り返
し描きだしたのは、人間ゆえの懊悩の
深さを探りだす、巧みな、そして命をか
けた小説的造型の、"生きるのが下手な
私"だった―。生誕百年を超えてなお愛
されつづけるその人と作品の核心に、
数々の評伝を生みだした津軽生まれの
著者が迫る。

◇誰も知らない太宰治　飛島蓉子著　〔ロ
サンゼルス〕飛島蓉子, 朝日新聞出版（発
売）　2011.2　①978-4-02-100187-1
＊芝白金三光町、杉並区天沼…同郷出身
の縁で、太宰治・初代夫妻と住まいを共
にした飛島家。父母から繰り返し聞か
された素顔の太宰治を描くエッセイ集。

◇太宰治ADHD説―医師の読み解く「100年
の謎」注意欠陥・多動性障害　富永国比
古著　三五館　2010.9
①978-4-88320-510-3

◇太宰治再読　続　小野才八郎著　審美社
2010.3　①978-4-7883-4129-6
＊師太宰治の作品を再読玩味、新しい
メッセージを発見し、かつての折々の
言動と重ねて師を偲ぶ直弟子ならでは
の追想・回想が貴重。

◇太宰治・坂口安吾の世界―反逆のエチカ
新装版　斎藤慎爾責任編集　柏書房
2010.2　①978-4-7601-3761-9
＊生誕100年を期に太宰の世界に深く浸り
たい人に贈る。秘蔵のフォト満載のビ
ジュアル・アンソロジー。

◇青森『津軽』太宰治　JTBパブリッシン
グ　（名作旅訳文庫）　2010.1
①978-4-533-07725-8
＊青森から蟹田、三厩へ。龍飛から金木、
深浦、そして小泊へ。昭和19年5月、太
宰治が旅して書いた『津軽』の舞台を
今、徹底取材。小説のあの名場面と「旅
訳」を合わせて読めば、太宰の意外な半
生まで浮かび上がる。

◇太宰治・生涯と作品の深層心理　中野久
夫著　審美社　2009.9
①978-4-7883-4126-5
＊太宰は「道化の華」で書く理由を"復
讐"とする。著者はフロイトの精神発達
段階の三期に分類、幼児期の母親から
の愛情飢餓に発する分裂病質が招く滅
びへの願望心理からの所行と断ずる。

◇明るい方へ―父・太宰治と母・太田静子
太田治子著　朝日新聞出版　2009.9
①978-4-02-250634-4
＊生誕一〇〇年、父として、男としての太
宰治の実像がいま明らかに。

◇太宰治と美術―故郷と自画像 生誕一〇〇

年記念　青森県立美術館編　青森県立美術館　2009.7

◇太宰治の手紙　東郷克美著　大修館書店　2009.7　①978-4-469-22205-0
＊生涯の師井伏鱒二へ、疾風怒涛の青春をともにした山岸外史へ、芥川賞をめぐり佐藤春夫・川端康成へ、『斜陽』のモデル太田静子へ、一相手によって文体まで自在に操られる、太宰治の手紙30通。

◇太宰治生誕100年特別展　青森県近代文学館編　青森県近代文学館　2009.7

◇肉声太宰治　太宰治述, 山口智司編纂　彩図社　2009.7　①978-4-88392-695-4
＊確かに太宰は実生活において自殺未遂を繰り返した。だが、その一方で、実にユーモアに溢れた性格で、いつも冗談を言っては周囲を笑わせるようなムードメーカーだったことはあまり知られていない。そして、多くのコンプレックスを抱え、自意識に苦しみながらも、太宰は人生に絶望してはいなかった。まっとうな家庭人としての生活に憧れ、自分の小説の才能を信じて、作家になるための努力を惜しむことはなかった。一親しい友人や家族、恋人に語った言葉の数々。そこから、太宰治の人間性が見えてくる。

◇太宰治の原点　相馬正一著　審美社　2009.6　①978-4-7883-4125-8
＊『評伝太宰治』の著者が、実証主義に徹した精査検証により、太宰文学の暗部へ迫る労作。ほかに素材の日記、新発見の習作、津島家成立略年譜を収載。

◇太宰治展―生誕100年　山梨県立文学館編　山梨県立文学館　2009.5

▌太宰春台　だざいしゅんだい
1680～1747　江戸時代中期の儒学者。「経済録」「産語」を著述。

◇産語―人間の生き方　新版　太宰春台原著, 神谷正男著　明徳出版社　1997.10　①4-89619-137-4

◇太宰春台　武部善人著　吉川弘文館　（人物叢書 新装版）　1997.2　①4-642-05204-6

＊博学・明晰をもって聞えた江戸時代を代表する儒学者。激動する社会経済の実態を見すえ、経済学を「経世済民」の学問と位置づけたその経済理論は、世界にも通用する先進性をもち、師の荻生徂徠を超えるものがあった。諱憚ることのない直言と、多くの門人を育てた謹厳実直な生涯を、「春台学」の系譜と学問的評価、逸話を交えて描く本格的伝記。

◇叢書・日本の思想家　17　太宰春台・服部南郭　田尻祐一郎, 疋田啓佑著　明徳出版社　1995.12　①4-89619-617-1

◇近世文芸研究叢書　第1期文学篇 21（作家 7）　太宰春台　近世文芸研究叢書刊行会編　前沢淵月著　クレス出版　1995.11

◇太宰春台　前沢淵月著　クレス出版　（近世文芸研究叢書）　1995.11　①4-87733-002-X

◇太宰春台のあしあと　西沢信滋著　西沢信滋　1991.4

◇太宰春台 転換期の経済思想　武部善人著　御茶の水書房　1991.3　①4-275-01416-2

▌田代栄助　たしろえいすけ
1834～1885　明治期の自由民権家。秩父困民党の最高指導者、蜂起時、総理になる。死刑。

◇律義なれど、仁俠者―秩父困民党総理田代栄助　高橋哲郎著　現代企画室　1998.2　①4-7738-9718-X
＊民衆はなぜ、田代栄助を困民党の総理におしたてたのか。秩父事件研究の現在を踏まえつつ、周到な資料の読みこみと丹念な現地調査にもとづいた、日曜歴史家ならではの田代栄助評伝。

▌橘曙覧　たちばなあけみ
1812～1868　江戸時代末期の歌人。

◇「清貧」という生き方　岬竜一郎著　PHP研究所　2011.10　①978-4-569-79973-5
＊地位や財産がなくても人生はまだまだ楽しめる！「たのしみの名人」橘曙覧に学ぶ。

◇人生の師を見つけよう―歴史のなかにキ

ラリと光る人々　岬竜一郎著　PHP研究所　2008.12　Ⓘ978-4-569-70419-7
＊成功とは、カネとか地位とかの問題ではない。本当に大事なことを教えてくれる先哲たちの、実生活に活かせる言葉やエピソードが満載。

◇「橘曙覧の世界」に生きる　鈴木善勝著　日本文学館　2004.1　Ⓘ4-7765-0201-1

◇橘曙覧入門　第2版　福井市橘曙覧記念文学館編　福井市橘曙覧記念文学館　2003.9

◇「たのしみ」な生き方─歌人・橘曙覧の生活法　神一行著　角川書店　（角川文庫）　2001.7　Ⓘ4-04-353304-7
＊たのしみは/朝おきいでて/昨日まで/無かりし花の/咲ける見る時。平成六年六月、アメリカを訪問された天皇・皇后両陛下を歓迎する席で、クリントン大統領は一篇の歌を紹介した。その歌の作者・橘曙覧は、一切の仕官や利欲を断ち、市井において歌と自然と家族を愛し続けた幕末・福井の歌人である。貧しい中でも日常のすべてを「たのしみ」に変えてしまう彼の生き方は、藩主・松平春岳の共感を呼び、アメリカ大統領をも魅了した。人生の達人・曙覧が教える本当の幸せとは何なのか、心の豊かさを忘れた現代人に与える書。

◇橘曙覧「たのしみ」の思想─幕末の歌人　POD版　神一行著　主婦と生活社　2000.3　Ⓘ4-391-50003-5

◇折口信夫全集　35　万葉集短歌輪講・手帖　折口信夫著, 折口信夫全集刊行会編　中央公論社　1998.12　Ⓘ4-12-403382-6
＊日本人の心の深奥に分け入る折口学、その輝きを一望する新編集決定版。

◇橘曙覧「たのしみ」の思想─幕末の歌人　神一行著　主婦と生活社　1996.2　Ⓘ4-391-11847-5
＊良寛や西行と同様、清廉に徹した橘曙覧。質素に生きることを信念とし、ひたすら心の自由・心の豊かさを求めた。その生き方からは、日常生活の中の何でもないことに「たのしみ」「喜び」があることや、現代人が忘れてしまった「本当の幸せ」の意味が聞こえてくる─。

◇橘曙覧伝幷短歌集　山田秋甫著　クレス出版　（近世文芸研究叢書）　1995.11　Ⓘ4-87733-002-X

◇独楽吟の橘曙覧　久米田裕著　近代文芸社　1995.4　Ⓘ4-7733-3944-6
＊福井の生んだ歌人橘曙覧。その素朴な魅力を余すところなく語る。

橘大郎女　たちばなのおおいらつめ
生没年不詳　上代の女性。聖徳太子の妃。允恭天皇の皇女。

◇女人の京　岡部伊都子著　藤原書店　（岡部伊都子作品選・美と巡礼）　2005.5　Ⓘ4-89434-449-1
＊日本初の留学尼僧・善信尼、恋に生きた独身の帝王・称徳天皇、美貌と気品と才華の名妓・吉野大夫、池大雅の陰に秘かに画才を咲かせた池玉瀾…歴史にしっかりと足跡をつけてきた古代〜近世の女たちの足跡をたどる。

橘奈良麻呂　たちばなのならまろ
721〜757　奈良時代の官人。（参議）。左大臣橘諸兄の子。藤原仲麻呂の勢力拡大に危機感を抱き、旧豪族と結びクーデターを計画したが事前に露見。捕らえられ刑死した。

◇続 古代史幻想─政争と陰謀の系譜　堀本正巳著　講談社　1987.1　Ⓘ4-06-203122-1
＊法王の地位につき位人臣をきわめた弓削道鏡をはじめ、万葉集を編纂した大伴家持、橘諸兄の子に生まれた藤原仲麻呂に反旗をひるがえした橘奈良麻呂に焦点をあて、古代史の宮廷を舞台にくりひろげられた政争・陰謀の足跡をたどり、その真相にせまる。

橘逸勢　たちばなのはやなり
？〜842　平安時代前期の官人。入居の子。奈良麻呂の孫。能書家で三筆と称されたが、承和の変により配流となった。

◇空海の文字とことば　岸田知子著　吉川弘文館　（歴史文化ライブラリー）　2015.11　Ⓘ978-4-642-05812-4

◇伊都内親王願文 橘逸勢 石井清和編著
天来書院 （奈良平安の書） 2002.3
①4-88715-126-8

◇橘逸勢と夏目甕麿の研究 夏目隆文著
新葉社 1995.9 ①4-88242-148-8

▌橘諸兄 たちばなのもろえ
684〜757 飛鳥時代, 奈良時代の公卿。
（左大臣）。母は県犬養橘三千代。藤原家
の4兄弟が病死し一躍政権の座につく。吉
備真備ら知識人を登用し奈良時代中期の政
治を主導。恭仁京や東大寺大仏の造営を
指導した。のち藤原仲麻呂が台頭し失脚。

◇消えた古代豪族と「その後」―敗者の日本
史 歴史REAL編集部編 洋泉社 （歴史
新書） 2016.4 ①978-4-8003-0899-3

▌辰野金吾 たつのきんご
1854〜1919 明治, 大正期の建築家。東京
帝国大学工科大学長, 建築学会会長。作品
に, 日本銀行, 東京駅, 日銀主要支店など。

◇辰野金吾―美術は建築に応用されざるべ
からず 河上真理, 清水重敦著 ミネル
ヴァ書房 （ミネルヴァ日本評伝選）
2015.3 ①978-4-623-07360-3

◇東京駅をつくった男―日本の近代建築を
切り開いた辰野金吾 大塚菜生著 くも
ん出版 2014.12 ①978-4-7743-2367-1
＊開業から100年をむかえた東京駅。駅舎
の外まわりは, "赤い"れんがと"白い"
石の帯。ドームの内部には, 車輪や動
植物など, さまざまかざり。たくさ
んのアイデアをもりこんで, デザイン
した男とは…。

◇辰野金吾―1854-1919 清水重敦, 河上真
理著 佐賀県立佐賀城本丸歴史館 （佐賀
偉人伝） 2014.3 ①978-4-905172-07-9
＊佐賀唐津の下級武士の家に生まれた辰
野金吾は, ロンドン留学, 欧州各国の調
査大旅行をふまえて, 揺籃期日本近代
建築の大きな礎を築いた。日本銀行,
奈良ホテル, 東京駅など多くの作品は,
今もなお人々に愛されつづけている。

◇東京駅の建築家 辰野金吾伝 東秀紀著
講談社 2002.9 ①4-06-211362-7

＊唐津藩の下級武士辰野金吾は上京し,
英国に留学。日本銀行や東京駅を手が
けて, 近代日本の魂をも作った。

▌伊達政宗 だてまさむね
1567〜1636 安土桃山時代, 江戸時代前期
の大名。陸奥仙台藩主。家督を相続し奥
州をほぼ平定したが, 豊臣秀吉の天下統
一の時期と重なったため自ら小田原に参
陣して降伏・恭順の意を示した。関ヶ原
の戦いでは東軍につき仙台藩の本領安堵
を得, 近世大名へ移行。幼くして右目を
失明したことから「独眼竜」といわれた。

◇陸奥伊達一族 高橋富雄著 吉川弘文館
（読みなおす日本史） 2018.7
①978-4-642-06764-5

◇伊達政宗―独眼竜と呼ばれた, 最後の戦国
大名 高枝景水まんが, 本郷和人監修 小
学館 （小学館版学習まんが人物館）
2018.4 ①978-4-09-270126-7

◇伊達政宗―独眼竜の挑戦 新装版 浜野
卓也文, 平沢下戸絵 講談社 （講談社火
の鳥伝記文庫） 2018.3
①978-4-06-149926-3

◇伊達政宗 山本博文監修, 富亥スズまんが
作画 KADOKAWA （角川まんが学習
シリーズ まんが人物伝） 2017.11
①978-4-04-103977-9

◇伊達政宗―生誕450年記念 特別展図録
仙台市博物館編 仙台市博物館 2017.10

◇超ビジュアル！ 歴史人物伝伊達政宗 矢
部健太郎監修 西東社 2017.8
①978-4-7916-2588-8

◇伊達政宗―天下をにらみつづけた最後の
戦国武将 田代脩監修, 梅屋敷ミタまんが
学研プラス （学研まんがNEW日本の伝
記SERIES） 2017.7
①978-4-05-204615-5

◇伊達政宗の研究 新装版 小林清治著 吉
川弘文館 2017.6 ①978-4-642-02937-7

◇伊達政宗文書 仙台市博物館編, 明石治
郎, 菅野正道, 佐々木徹, 佐藤健治, 菅原
美咲, 村岡淳子執筆 仙台市博物館 （仙
台市博物館収蔵資料図録） 2017.3

教科書に載った日本史人物1000人　**401**

伊達政宗

◇伊達政宗—天に昇る独眼竜 漫画でよめる！ なかにしえいじ漫画, 講談社編 講談社 2016.7 ①978-4-06-220161-2

◇完全図解！ 歴史人物データファイル 7 伊達政宗 小和田哲男監修 ポプラ社 2016.4 ①978-4-591-14870-9, 978-4-591-91582-0

◇幸村公と政宗公ゆかりめぐり旅 プロジェ・ド・ランディ著 双葉社 2016.2 ①978-4-575-30998-0

◇キリシタン将軍 伊達政宗 大泉光一著 柏書房 2013.10 ①978-4-7601-4294-1
＊支倉常長がヨーロッパへ渡った真の目的は？ 政宗が使節団に託した最高機密事項とは？ 日本のキリスト教徒たちの悲願は、政宗が将軍になることだった！ メキシコ、スペイン、イタリア…17世紀の海外文書が暴く驚愕の真実!!

◇伊達政宗の夢—慶長遣欧使節と南蛮文化 仙台市博物館編 慶長遣欧使節出帆400年・ユネスコ世界記憶遺産登録記念特別展「伊達政宗の夢—慶長遣欧使節と南蛮文化」実行委員会 2013.10

◇素顔の伊達政宗—「筆まめ」戦国大名の生き様 佐藤憲一著 洋泉社 （歴史新書y） 2012.2 ①978-4-86248-889-3
＊天下を目指し、みちのく東北の覇権争いに勝利した政宗。戦いに勝利するためには手段を選ばず、敵を皆殺しにすることもあった。武勇と知略に富み、二〇年早く生まれてくれば、天下取りも可能な逸材だった。武勇の人・政宗は、茶の湯、文芸、書なども嗜む文化人の顔も兼ね備えていた。当時、戦国大名の手紙は家臣が代筆することが多かったが、家族、家臣、友人との信頼関係を重視した政宗は、直筆で厖大な手紙を書き、たびたびの危機にも常に前向きに生きた武将だった。

◇「東北の独眼竜」伊達政宗—秀吉、家康を手玉に取った男 榎本秋著 マガジンハウス 2012.2 ①978-4-8387-2398-0
＊戦国武将人気ナンバーワン。伊達政宗の魅力とは？

◇伊達政宗の密使—慶長遣欧使節団の隠された使命 大泉光一著 洋泉社 （歴史新書y） 2010.12 ①978-4-86248-671-4
＊政宗は一六一三年、「慶長遣欧使節団」をメキシコ経由で送り出した。この使節団派遣の本当の目的には、想像を絶する政宗の野望が隠されていた！ 当時まだ政治・軍事的にも不安定だった江戸幕府の転覆を狙っていた政宗は、ソテロと支倉の二人にある密命を託していた。

◇伊達政宗—戦国人物伝 加来耕三企画・構成・監修, すぎたとおる原作, 瀧玲子作画 ポプラ社 （コミック版日本の歴史） 2010.7 ①978-4-591-11966-2
＊奥州に覇を唱えた、天下の伊達者！ 独眼龍と称された男の苛烈な生涯。

◇伊達政宗、最期の日々 小林千草著 講談社 （講談社現代新書） 2010.7 ①978-4-06-288060-2
＊太平の世にあって歴戦の老将は過去をかえりみ、わが亡き後の家の安泰に思いをめぐらす。息子や正室への戒め、家臣へのあたたかい気遣い、将軍・幕閣に対する深い慮り…。側近・木村宇右衛門が書き残した伊達政宗の肉声は、一代の英雄がいかに老い、死を受け容れたかを鮮やかに伝え、愛する者への「別れの作法」とは何かを現代人に教えてくれる。

◇もっと知りたい戦国武将。ペン編集部編 阪急コミュニケーションズ （pen BOOKS） 2010.2 ①978-4-484-10202-3
＊天下を目指す戦国大名が、日本各地に群雄割拠した戦国時代。それは日本史において、最も躍動的な時代だったといえる。乱世を駆け抜けた男たちの生きざまは、エネルギッシュで刹那的、そして風流だった。数多くの武勇伝の裏には、戦国武将たちの美学があったのだ。香道を究めた伊達政宗、茶の湯を追求した古田織部、名庭を残した上田宗箇…名だたる武人たちには、そんな知られざる才能があった。さらには、自由闊達な甲冑のデザインや、美麗なる武器の意匠、多彩な家紋のモチーフに、クリエイター一族・狩野派の輝き。時を超えて伝わる彼らの美意識は、いまなお現代人の心を揺さぶる。

◇伊達政宗の手紙 佐藤憲一著 洋泉社

（MC新書）　2010.1
①978-4-86248-516-8
＊真実の政宗の人となりを知る史料として、厖大な手紙があったことはあまり知られていない。小田原参陣に遅れ秀吉から仕打ちを受けたとされる政宗が、秀吉に宛てた手紙。また、母を想う気持ちに溢れた手紙などなど。手紙は人を映し出す鏡である。中でも自筆の手紙は、本人が自ら筆を執ってしたためたものであり、その人柄がおのずと滲み出てくる。戦国武将のなかでも、独眼龍の異形で知られる伊達政宗、一般歴史書や時代小説、そしてテレビや映画では容易にうかがいしれない猛将の素顔に肉薄した戦国ファン待望の名著。

◇伊達政宗─秀吉が舌を巻き、家康が恐れた独眼竜　歴史街道編集部編　PHP研究所（「歴史街道」select）　2009.10
①978-4-569-77328-5
＊「秀吉に一泡吹かせずにはおかぬ！」絶体絶命の窮地を、知恵と度胸で乗り越え、天下まであと一歩まで迫った男のすべて。

◇伊達政宗─奥州より天下を睨む独眼竜　学習研究社　〔歴史群像シリーズ〕　新・歴史群像シリーズ）　2009.7
①978-4-05-605557-3

◇江戸雄藩　殿様たちの履歴書─上杉・島津・山内など25大藩から見えるもう一つの日本史　八幡和郎著　日本文芸社（日文新書）　2009.2　①978-4-537-25658-1
＊新しい時代を見据えた改革を断行し、「地方から日本を変える」ことに成功した雄藩のパワー。その知られざる歴史を明かす。

◇伊達政宗と片倉小十郎─友誼の主従　戦国歴史研究会著　PHP研究所　（名将・名軍師立志伝）　2009.1　①978-4-569-70503-3
＊隻眼コンプレックス/直江兼続との確執/非情の諫言…。独眼竜と、その剣術指南を務めた参謀とは!?二人の逸話を漫画と文章でつづる。

◇伊達政宗の研究　小林清治著　吉川弘文館　2008.5　①978-4-642-02875-2
＊奥羽を制覇し屈指の大藩を築いた伊達

政宗。その研究を牽引してきた第一人者による決定版。家督相続、領国の構造、奥羽仕置との関わり、仙台築城の歴史的意義、支倉遣欧使節、政宗文書など、政宗の全体像に鋭く迫る。

◇独眼竜政宗─"北の覇者"伊達政宗の野望　新人物往来社　（別冊歴史読本）　2008.4
①978-4-404-03603-2

◇伊達政宗─野望に彩られた独眼竜の生涯　相川司著　新紀元社　（Truth in history）　2007.11　①978-4-7753-0591-1
＊豪放磊落、その強さと才知を謳われた「遅れてきた英雄」。激動の戦国乱世を生き抜いた北の覇王。

◇週刊ビジュアル日本の歴史　no.133　戦国武将編　13　デアゴスティーニ・ジャパン　2002.9

◇図説伊達政宗　新装版　仙台市博物館編、渡辺信夫監修　河出書房新社　（ふくろうの本）　2002.7　①4-309-76021-X
＊弱冠23歳にして東北の覇者。天下人・秀吉に対峙し、家康に最も畏れられた男。文武に絢爛たる生涯を送った政宗歴史グラフィックス。

伊達宗城　だてむねなり

1818～1892　江戸時代末期、明治期の宇和島藩主、外国事務総督。殖産興業、富国強兵の策を進める。参与になり、朝幕間の調停に腐心。

◇伊達宗城公御日記─明治元年辰四月末より六月迄在京阪　伊達宗城著、宇和島伊達文化保存会監修、近藤俊文，水野浩一編纂　創泉堂出版　（宇和島伊達家叢書　宇和島・仙台伊達家戊辰戦争関連史料）　2017.8　①978-4-902416-39-8

◇伊達宗城公御日記─明治元辰二月末より四月迄在京阪　伊達宗城著、宇和島伊達文化保存会監修、近藤俊文，水野浩一編纂　創泉堂出版　（宇和島伊達家叢書　慶応四年三大攘夷事件関連史料）　2016.3
①978-4-902416-37-4

◇伊達宗城公御日記─慶応三四月より明治元二月初旬　伊達宗城著、宇和島伊達文化保存会監修、近藤俊文，水野浩一編纂　創

泉堂出版　（宇和島伊達家叢書　慶応四年三大攘夷事件関連史料）　2015.6
①978-4-902416-35-0

◇伊達宗城在京日記　オンデマンド版　伊達宗城著　東京大学出版会　（日本史籍協会叢書）　2015.1　①978-4-13-009439-9

◇伊達宗城公伝　兵頭賢一著, 宇和島伊達文化保存会監修, 近藤俊文校注　創泉堂出版　2005.1　①4-902416-05-0

◇幕末期宇和島藩の動向―伊達宗城を中心に　三好昌文著　三好昌文　2001.10

◇徳川斉昭・伊達宗城往復書翰集　河内八郎編　校倉書房　1993.2　①4-7517-2260-3

▍田中角栄　たなかかくえい

1918～1993　昭和期の政治家。内閣総理大臣。

◇田中角栄―同心円でいこう　新川敏光著　ミネルヴァ書房　（ミネルヴァ日本評伝選）　2018.9　①978-4-623-08425-8

◇素顔の田中角栄―カラー版　密着！ 最後の1000日間　山本皓一著　宝島社　（宝島社新書）　2018.7　①978-4-8002-8593-5

◇人間・田中角栄　別冊宝島編集部編　宝島社　2018.5　①978-4-8002-8353-5

◇角栄と進次郎―人たらしの遺伝子　向谷匡史著　徳間書店　2018.4　①978-4-19-864604-2

◇角栄一代　愛蔵版　小林吉弥著　セブン＆アイ出版　2018.3　①978-4-86008-760-9

◇神楽坂純愛―田中角栄と辻和子　深井美野子著　さくら舎　2018.2　①978-4-86581-136-0

◇田中角栄攻めのダンディズム　向谷匡史著　双葉社　2018.2　①978-4-575-31339-0

◇田中角栄の流儀　向谷匡史著　青志社　2017.12　①978-4-86590-056-9

◇田中角栄の知恵を盗め　復刻　小林吉弥著　主婦の友社　（主婦の友生活シリーズ）　2017.5　①978-4-07-424409-6

◇田中角栄最後のインタビュー　佐藤修著

文芸春秋　（文春新書）　2017.5
①978-4-16-661124-9

◇田中角栄政治家の条件―戦後日本の輝きとその体現者　小室直樹著　ビジネス社　2017.4　①978-4-8284-1946-6

◇角栄―凄みと弱さの実像　平野貞夫著　ベストセラーズ　2017.3
①978-4-584-13780-2

◇父と私　田中真紀子著　日刊工業新聞社　（B&Tブックス）　2017.3
①978-4-526-07676-3

◇図解田中角栄に学ぶ最強の実戦心理術　昭和史研究会編　彩図社　2017.2
①978-4-8013-0205-1

◇田中角栄と中曽根康弘―戦後保守が裁く安倍政治　早野透, 松田喬和著　毎日新聞出版　2016.12　①978-4-620-32397-8

◇田中角栄と河井継之助、山本五十六―怨念の系譜　早坂茂三著　東洋経済新報社　2016.11　①978-4-492-06203-6

◇田中角栄絶対に結果を出す「超」時間管理術　向谷匡史著　三栄書房　2016.11
①978-4-7796-3100-9

◇田中角栄という生き方　別冊宝島編集部編　宝島社　（宝島SUGOI文庫）　2016.10　①978-4-8002-6344-5

◇田中角栄と早坂茂三　山形三吉編　いちい書房　2016.10　①978-4-900424-79-1

◇田中角栄の生き方と言葉―戦後最高峰のリーダー「角さん」の名言に学ぶ究極の人間力　西村貴好監修　メディアソフト　（MS MOOK　生き方と言葉シリーズ）　2016.10　①978-4-86632-109-7

◇田中角栄の大予言　大下英治監修　宝島社　2016.10　①978-4-8002-6017-8

◇田中角栄「情」の会話術―相手を熱くし、人を動かす言葉の極意　向谷匡史著　双葉社　2016.10　①978-4-575-31179-2

◇アドラー心理学で読み解く田中角栄天才の流儀―サラリーマンの身になる田中角栄格言48!!　アドラー東京解釈委員会編　ダイアプレス　（DIA Collection）　2016.9　①978-4-8023-0195-4

◇田中角栄—昭和の光と闇　服部龍二著　講談社　（講談社現代新書）　2016.9　①978-4-06-288382-5

◇田中角栄と越山会の女王　大下英治著　イースト・プレス　2016.9　①978-4-7816-1475-5

◇実録田中角栄　上　大下英治著　朝日新聞出版　（朝日文庫）　2016.8　①978-4-02-261869-6

◇実録田中角栄　下　大下英治著　朝日新聞出版　（朝日文庫）　2016.8　①978-4-02-261870-2

◇田中角栄回想録　早坂茂三著　集英社　（集英社文庫）　2016.8　①978-4-08-745479-6

◇田中角栄名語録—決定版　小林吉弥著　セブン＆アイ出版　（カリスマの言葉シリーズ）　2016.8　①978-4-86008-697-8

◇我が父、田中角栄—男の中の男　政治家、人間、そして父親として、最高の男だった！　田中京著　青林堂　2016.7　①978-4-7926-0557-5

◇人を動かす天才田中角栄の人間力　後藤謙次監修　小学館　（小学館文庫プレジデントセレクト）　2016.7　①978-4-09-470005-3

◇田中角栄の時代　山本七平著　祥伝社　2016.7　①978-4-396-61565-9

◇田中角栄魂の言葉88　昭和人物研究会著　三笠書房　（知的生きかた文庫〔BUSINESS〕）　2016.7　①978-4-8379-8418-4

◇田中角栄頂点をきわめた男の物語—オヤジとわたし　早坂茂三著　PHP研究所　（PHP文庫）　2016.6　①978-4-569-76605-8

◇田中角栄巨魁伝　大下英治著　朝日新聞出版　（朝日文庫）　2016.5　①978-4-02-261860-3

◇田中角栄の酒—「喜びの酒」「悲しみの酒」「怒りの酒」　大下英治著　たる出版　2016.4　①978-4-905277-15-6

◇田中角栄相手の心をつかむ「人たらし」金

銭哲学　向谷匡史著　双葉社　2016.3　①978-4-575-31114-3

◇田中角栄の青春　栗原直樹著　青志社　2016.1　①978-4-86590-021-7

◇田中角栄明日を生き抜く365日の言葉　津田太愚編著　泰文堂　（リンダパブリッシャーズの本）　2015.12　①978-4-8030-0823-4

◇人は理では動かず情で動く—田中角栄　人心収攬の極意　向谷匡史著　ベストブック　（ベストセレクト）　2015.6　①978-4-8314-0197-7

◇田中角栄—最後の秘書が語る情と智恵の政治家　朝賀昭著, 福永文夫, 服部龍二, 雨宮昭一, 若月秀和編　第一法規　2015.3　①978-4-474-02917-0

◇田中角栄100の言葉—日本人に贈る人生と仕事の心得　別冊宝島編集部編　宝島社　2015.2　①978-4-8002-3732-3

▎田中義一　たなかぎいち

1863〜1929　明治〜昭和期の陸軍軍人, 政治家。貴族院議員, 首相。社会主義運動弾圧。山東出兵など中国への侵略政策を行う。

◇寺内正毅宛田中義一書翰　田中義一著, 尚友倶楽部史料調査室, 伊藤隆編集　芙蓉書房出版　（尚友ブックレット）　2018.7　①978-4-8295-0741-4

◇田中義一　総力戦国家の先導者　纐纈厚著　芙蓉書房出版　2009.6　①978-4-8295-0453-6
＊張作霖爆殺事件での天皇への虚偽報告、真贋論争を巻き起こした「田中上奏文」などにより田中義一は"軍国主義者のシンボル""中国侵略の案内人"と評価されてきたが、豊富な史料を駆使して、田中の占めた位置、果たした役割を客観的に描き出す。

◇歴代総理大臣伝記叢書　第17巻　田中義一　上　御厨貴監修　ゆまに書房　2006.6　④4-8433-1795-0

◇歴代総理大臣伝記叢書　第18巻　田中義一　下　御厨貴監修　ゆまに書房

2006.6 Ⓘ4-8433-1796-9

◇田中義一/近代日本政軍関係の分水嶺 高橋正則著 草の根国防研究会 2002.11 Ⓘ4-89630-073-4

‖ **田中丘隅** たなかきゅうぐ
1662～1729 江戸時代中期の農政家。

◇人物篇 永原慶二, 山口啓二, 加藤幸三郎, 深谷克己編 日本評論社 （講座・日本技術の社会史） 1986.11 Ⓘ4-535-04809-6
＊技術進歩の契機を、人間に求めて近世社会の構造を浮彫にした。

‖ **田中熊吉** たなかくまきち
1873～1972 明治～昭和期の八幡製鉄所初代宿老。

◇高炉の神様―宿老・田中熊吉伝 佐木隆三著 文芸春秋 （文春文庫） 2007.12 Ⓘ978-4-16-721516-3
＊昭和47年に98歳で亡くなるまで八幡製鉄所の現役製鉄マンだった田中熊吉。ドイツで製鉄技術を学び、帰国後はひたすら溶鉱炉と格闘した熊吉の人生は日本の近代化と軌を一にした…。八幡製鉄所で初めて終身勤務の熟練工「宿老」に任命された男の一生と、ものをつくることの本質を、自らも八幡製鉄所勤務経験を持つ著者が探る。

◇宿老・田中熊吉伝―鉄に挑んだ男の生涯 佐木隆三著 文芸春秋 2004.10 Ⓘ4-16-366370-3

‖ **田中正造** たなかしょうぞう
1841～1913 明治期の政治家、社会運動家。衆議院議員。足尾鉱毒事件の指導者。谷中村に居住、廃村に反対、農民と戦う。

◇世界で初めて公害に挑んだ男―政治家の中の政治家 義人・田中正造 新装版 早乙女伸著 東京図書出版 2018.5 Ⓘ978-4-86641-150-7

◇小松裕の忘れ物―田中正造に生きる 小松裕著, 田中正造研究会編 〔田中正造研究会〕 2017.8

◇義人田中正造翁 復刻版 柴田三郎著, 越

川栄子編 越川栄子 2017.4

◇田中正造と足尾鉱毒問題―土から生まれたリベラル・デモクラシー 三浦顕一郎著 有志舎 2017.3 Ⓘ978-4-908672-10-1

◇田中正造―日本初の公害問題に立ち向かう 堀切リエ文 あかね書房 （伝記を読もう） 2016.3 Ⓘ978-4-251-04605-5

◇田中正造 新装版 布川清司著 清水書院 （Century Books 人と思想） 2015.9 Ⓘ978-4-389-42050-5

◇田中正造とその周辺 赤上剛著 随想舎 2014.4 Ⓘ978-4-88748-291-3

◇伝える正造魂―現代に甦る田中正造 読売新聞社宇都宮支局編 随想舎 2014.2 Ⓘ978-4-88748-288-3

◇田中正造翁余録 上 新装版 島田宗三著 三一書房 2013.9 Ⓘ978-4-380-13000-7
＊晩年の田中正造像を刻む貴重な記録、待望の復刊！

◇田中正造翁余録 下 新装版 島田宗三著 三一書房 2013.9 Ⓘ978-4-380-13001-4
＊晩年の田中正造像を刻む貴重な記録、待望の復刊！

◇渡良瀬川―足尾鉱毒事件の記録・田中正造伝 新版 大鹿卓著, 宇井純解題 新泉社 2013.9 Ⓘ978-4-7877-1313-1
＊金子光晴の実弟・大鹿卓が、田中正造の生涯をよみがえらせた不朽の名作・復刊！

◇田中正造―未来を紡ぐ思想人 小松裕著 岩波書店 （岩波現代文庫 学術） 2013.7 Ⓘ978-4-00-600297-8
＊田中正造の没後百年にあたる今、正造の思想の先駆性と生命力に新たな関心が集まっている。とりわけ「真の文明ハ山を荒さず、川を荒さず、村を破らず、人を殺さゞるべし」という言葉に象徴されるその文明観の射程に、三・一一を経て関心が寄せられている。近代日本に根底的な問いをぶつけ格闘し続けた生涯から、私たちは何を学ぶべきか。本書は、正造研究の第一人者が稀有な思想家の全体像を描き、とりわけ正造の思想史的な意義を丁寧に読み解く。

◇渡良瀬川―田中正造と直訴事件　大鹿卓
著　河出書房新社　（河出文庫）　2013.3
①978-4-309-41204-7
＊民を殺すは国家を殺すなり―足尾事件
で闘いの先頭に立った男は命がけで政
府を糾弾した！　鉱毒に気づいてから敢
然と立ち向かい、ついに天皇直訴に至
るまでの、被害住民と正造の迫真に迫
る苦闘の闘いを描いた名作。戦後、日
本の公害運動の原点として、正造を全
国区の人物として再認識させるきっか
けともなった。

◇辛酸佳境―田中正造と明治国家　理崎啓著
哲山堂　2013.1　①978-4-9905122-5-5

◇評伝 田中正造　大沢明男著　幹書房
2012.7　①978-4-906799-08-4
＊真の文明は、山を荒らさず、川を荒らさ
ず、村を破らず、人を殺さざるべし。足
尾鉱毒事件の闘いの軌跡を詳述した
労作。

◇真の文明は人を殺さず―田中正造の言葉
に学ぶ明日の日本　小松裕著　小学館
2011.9　①978-4-09-388208-8

◇田中正造たたかいの臨終　増補　布川了
著　随想舎　（ずいそうしゃ新書）
2011.5　①978-4-88748-240-1

◇田中正造物語　下野新聞社編　随想舎
2010.8　①978-4-88748-219-7

◇谷中村事件―ある野人の記録・田中正造
伝　新版　大鹿卓著, 石牟礼道子解題　新
泉社　2009.12　①978-4-7877-0914-1
＊「田中正造が谷中村に身を投じたのは、
明治三十七年七月三十日のことで、老
齢六十四歳であった。この日から、農
民と起臥をともにし、農民の困苦を困
苦とする新しい境涯がはじまった。」―
足尾銅山鉱毒問題の天皇への直訴後、
田中正造は鉱毒・水害対策の名目で遊
水地にされる谷中村に移り住んだ。行
政による強制破壊への策謀とたび重な
る洪水の中で、村の復活を信じる正造
と残留農民のぎりぎりの抵抗と生活を
描き切った名作。

◇予は下野の百姓なり―新聞でみる、民衆政
治家田中正造 栃木県立博物館夏季企画展

栃木県立博物館　2008.7
①978-4-88758-047-3

◇予は下野の百姓なり―田中正造と足尾鉱
毒事件新聞でみる公害の原点　下野新聞
社　2008.5

◇愛の人田中正造の生涯　花村冨士男著
随想舎　2007.7　①978-4-88748-156-5

◇田中正造翁の生涯―評伝　花村冨士男著
花村冨士男　2005.11

◇田中正造と谷中村―谷中村廃村一〇〇年
第45回企画展　佐野市郷土博物館　2005.5

◇田中正造翁伝―正造翁と同時代史　花村
冨士男著　花村冨士男　2003.11

◇理想国日本の追求者・田中正造の思想
南敏雄著　近代文芸社　2001.1
①4-7733-6767-9

◇語りつぐ田中正造―先駆のエコロジスト
増補改訂版　田村紀雄, 志村章子共編
社会評論社　1998.9　①4-7845-0499-0
＊田中正造に代表される近代日本最大の
社会問題である足尾鉱毒問題。運動の
過程では、農民は言論と表現を武器に
闘った。その情報化プロセスと、思想
によって運動に影響を与え、支え、結び
ついた知識人たちの役割を検証する。

◇田中正造　布川清司著　清水書院
（Century books）　1997.5
①4-389-41050-4
＊渡良瀬川沿岸、数十万の人々の生活を破
壊して平気な古河財閥の足尾銅山経営
と、それを一方的に庇護して省みない明
治政府の不正を、あるいは国会の壇上か
ら、あるいは水没した谷中村の廃屋から
批判してやまなかった田中正造の生涯

◇田中正造　由井正臣著　岩波書店　（岩波
新書）　1994.9　①4-00-003859-1

田中館愛橘　たなかだてあいきつ
1856〜1952　明治〜昭和期の物理学者。
東京帝国大学教授, 貴族院議員。重力、地
震、航空など多方面に研究。日本式ロー
マ字論者。

◇航空事始―不忍池滑空記　村岡正明著
光人社　（光人社NF文庫）　2003.11

教科書に載った日本史人物1000人　**407**

①4-7698-2401-7
＊日本に『飛行機』という概念のなかった明治末期、上野不忍池を飛んだ滑空機は"空飛ぶ行灯"の如き形態で一般庶民の度肝を抜いた―学者田中館愛橘、軍人相原四郎、仏人発明家ル・プリウールの三人の出会いによって花開いた日本初の滑空飛行のドラマを描く感動の航空史。平成五年度、第六回日仏文化賞受賞作。

◇辞令書等で見る田中館愛橘博士の足跡　二戸市歴史民俗資料館編　二戸市歴史民俗資料館　（田中館資料）　1993.1

▌田中久重　たなかひさしげ
1799～1881　江戸時代末期, 明治期の技術者。細工や発明の才に優れ、巧妙な「からくり」人形を製作。田中製作所を開業。

◇東芝の祖からくり儀右衛門―日本の発明王田中久重伝　林洋海著　現代書館　2014.10　①978-4-7684-5748-1

◇からくり儀右衛門展―久留米発、ニッポンのものづくり　からくり儀右衛門展実行委員会編　からくり儀右衛門展実行委員会　2013.11

◇江戸のスーパー科学者列伝　中江克己著　宝島社　（宝島SUGOI文庫）　2013.8　①978-4-8002-1038-8
＊「江戸」と「科学」には、なんの繋がりもないように思える。しかし、江戸時代には多くの科学者が日々研究に明け暮れていた。「行列式」を発見した和算家の関孝和、世界初の全身麻酔手術に成功した華岡青洲、ソメイヨシノを開発した遺伝学者の伊藤伊兵衛など。そのレベルは当時の世界を見ても決してひけをとっていなかった。本書では江戸の科学者31人を取り上げ、彼らの功績と人柄に迫る。

◇田中近江大掾　今津健治編　田中浩　1993.8

◇からくり儀右衛門―東芝創立者田中久重とその時代　今津健治著　ダイヤモンド社　1992.11　①4-478-89010-2
＊からくり人形、万年時計、無尽灯、蒸気船の模型など、〈からくり儀右衛門〉と謳

われた田中久重の生涯をたどりつつ、同時代の技術的背景を探る。

▌田辺元　たなべはじめ
1885～1962　明治～昭和期の哲学者。京都帝国大学教授。「数理哲学研究」などで日本の科学哲学を開拓。著書に「種の論理の弁証法」等。

◇学生を戦地へ送るには―田辺元「悪魔の京大講義」を読む　佐藤優著　新潮社　2017.7　①978-4-10-475213-3

◇田辺元と広松渉―混濁した視差と揮発する痛覚のなかで　米村健司著　御茶の水書房　2015.11　①978-4-275-02024-6

◇物語「京都学派」―知識人たちの友情と葛藤　竹田篤司著　中央公論新社　（中公文庫）　2012.7　①978-4-12-205673-2
＊東京帝国大学とはちがう大学を目ざしてつくられた京都帝国大学。本書は、戦前の京都帝大を舞台に、西田幾多郎と田辺元という異質な個性の持ち主を中心に展開した近代知性たちの一大絵巻である。彼らの豊かな学問的達成から、師弟の友情や葛藤までを、日記や書簡などの貴重な新資料をも駆使して鮮やかに描き出した大労作。

◇フィロソフィア・ヤポニカ　中沢新一著　講談社　（講談社学術文庫）　2011.10　①978-4-06-292074-2
＊一九二〇年代以降、田辺元と西田幾多郎は日本的・独創的哲学＝「京都学派」を創造する。田辺哲学＝愛の哲学と西田哲学＝欲望の哲学との対決から誕生した「種の論理」。その最重要の達成は、二十世紀後半から展開する現代思想、構造主義、ポスト構造主義、「野生の思考」、認知科学を先取りしていた。豊饒なる田辺哲学の全貌に迫る。

◇西田哲学　高山岩男著　玉川大学出版部　（高山岩男著作集）　2007.7　①978-4-472-01485-7

◇田辺元・唐木順三往復書簡　田辺元, 唐木順三著　筑摩書房　2004.7　①4-480-81633-X

◇田辺元―ある自己救済の軌跡　村上嘉隆

著　ダブリュネット　2000.11
①4-434-00701-7
＊神を認めると個人の自由の場がなくなる。では個人は神なしで自分を救済することができるのか？　人間にはそれだけの力量はない。田辺元は、この深淵のなかで苦悩する。

◇家永三郎集　第7巻　思想家論3　家永三郎著　岩波書店　1998.4
①4-00-092127-4

◇田辺元 思想と回想　武内義範，武藤一雄，辻村公一編　筑摩書房　1991.6
①4-480-84217-9
＊考えに考え抜いて破れ去り、絶望の淵に沈む者だけが、死者をも含む他者の愛と慈悲により、新たな自己として復活させられる。強靭な論理によって実践的で実存的な独自の体系を築いた、世界的哲学者の思想の今日性を明らかにし、その類まれな人格をしのぶ。詳細な年譜と文献目録を付す。

谷崎潤一郎
たにざきじゅんいちろう
1886〜1965　明治〜昭和期の小説家。作品に「刺青」「細雪」「蘆刈」「鍵」、現代語訳「源氏物語」など。

◇谷崎潤一郎　新装版　平山城児著，福田清人編　清水書院　（Century Books　人と作品）　2016.8　①978-4-389-40107-8

◇谷崎潤一郎の思想—「少将滋幹の母」をめぐって　風呂本薫著　〔風呂本薫〕
2012.7

◇大谷晃一著作集　第3巻　大谷晃一著　沖積舎　2008.10　①978-4-8060-6654-5

◇谷崎先生の書簡—ある出版社社長への手紙を読む　増補改訂版　谷崎潤一郎著，水上勉，千葉俊二編著　中央公論新社
2008.5　①978-4-12-003939-3
＊文豪谷崎の私生活から借金まで。新資料が明らかにする名作誕生秘話。嶋中雄作宛谷崎潤一郎書簡百余通。

◇谷崎潤一郎論　青年期　尾高修也著　作品社　2007.9　①978-4-86182-158-5
＊初期作品から「痴人の愛」「蓼喰ふ虫」

まで。男性性と女性性、江戸文化とモダニズムなど、長い内的葛藤の「青年期」を通じて自己形成を遂げた谷崎文学創造の秘鑰を、その生活と作品に即して解明する画期的考察。

◇谷崎潤一郎論　壮年期　尾高修也著　作品社　2007.9　①978-4-86182-159-2
＊「卍」から「鍵」「瘋癲老人日記」まで。関西との関係を意識的に深めた豊穣な壮年期、"老いのモダニズム"により老年の性を見据えた独創の晩年。終生不断に変成しつつ壮大な成果を究めた巨匠の全貌を描く畢生の労作。

◇落花流水—谷崎潤一郎と祖父関雪の思い出　渡辺千万子著　岩波書店　2007.4
①978-4-00-002424-2
＊大正・昭和にかけ関西画壇の重鎮であった日本画家橋本関雪の孫として京都に生まれ育ち、戦後、下鴨の潺湲亭で義父谷崎潤一郎やその家族と四年間暮らしを共にした著者が、四十年余りの封印を解いて語る晩年の文豪とその家族の物語。『源氏物語』の六条院の生活だといわれた谷崎家の日常生活、松子夫人のかげでひっそりと生きた妹重子の人となり、『瘋癲老人日記』の颯子のモデル問題、十年間で三百通を超える谷崎との往復書簡のことなどが率直に綴られる貴重な回想記。谷崎潤一郎宛未発表書簡21通を付す。

◇小田原事件—谷崎潤一郎と佐藤春夫　ゆりはじめ著　夢工房　（小田原ライブラリー）　2006.12　①4-86158-011-0
＊大正から昭和にかけて小田原で起きた2人の文学者の恋愛模様「妻君譲渡事件」の実相、日本の近代史の中の恋愛観・人間観を探る。佐藤春夫の「秋刀魚の歌」を書かしめた「小田原事件」の真実に迫り、その後の戦時下の作家活動に表われた2人の文学者の思想をたどる。

◇谷崎潤一郎伝—堂々たる人生　小谷野敦著　中央公論新社　2006.6　①4-12-003741-X
＊三度の結婚、妻譲渡事件、人妻との密通、あいつぐ発禁—スキャンダルに彩られた文豪「大谷崎」の生涯を、従来の「神話」に惑わされることなく描き出す。

谷崎潤一郎

◇月と狂言師 改版 谷崎潤一郎著 中央公論新社 （中公文庫） 2005.11 Ⓘ4-12-204615-7
＊昭和二十年代に発表された随筆に、「疎開日記」を加えた全七編。第二次世界大戦中、激しい空爆をさけて疎開していた日々のなかできれぎれに思いかえされる、平和な日々の風雅なよろこび。

◇谷崎潤一郎先生覚え書き 末永泉著 中央公論新社 2004.5 Ⓘ4-12-003527-1

◇谷崎潤一郎深層のレトリック 細江光著 和泉書院 （近代文学研究叢刊） 2004.3 Ⓘ4-7576-0251-0

◇谷崎潤一郎―人と文学 山口政幸著 勉誠出版 （日本の作家100人） 2004.1 Ⓘ4-585-05169-4

◇谷崎潤一郎と古典 明治・大正篇 長野甞一著 勉誠出版 （学術選書） 2004.1 Ⓘ4-585-07083-4

◇谷崎潤一郎と古典 大正続・昭和篇 長野甞一著 勉誠出版 （学術選書） 2004.1 Ⓘ4-585-07084-2

◇谷崎潤一郎と異国の言語 野崎歓著 人文書院 2003.6 Ⓘ4-409-16085-0
＊西洋へ、中国へ、あるいはインドへ。ひたすらに、執拗に「別の生」を求める欲望、「エキゾティシズム」を越える異邦への夢。「謎のやうな塀の向う」の誘惑。

◇祖父谷崎潤一郎 渡辺たをり著 中央公論新社 （中公文庫） 2003.3 Ⓘ4-12-204181-3
＊谷崎潤一郎の晩年を「孫・たをり」の視点から捉えた貴重な証言。老いた文豪の複雑な私生活を内側からあますことなく描き、『瘋癲老人日記』へと至る作家の旺盛な創作熱、想像力の原点に迫る。

◇谷崎潤一郎と世紀末 松村昌家編 思文閣出版 （大手前大学比較文化研究叢書） 2002.4 Ⓘ4-7842-1104-7

◇谷崎潤一郎必携 千葉俊二編 学燈社 2002.4 Ⓘ4-312-00545-1

◇谷崎潤一郎資料目録―芦屋市谷崎潤一郎記念館蔵 図書・逐次刊行物編 2001年版 芦屋市谷崎潤一郎記念館 2002.3

◇われよりほかに―谷崎潤一郎最後の十二年 下 伊吹和子著 講談社 （講談社文芸文庫） 2001.11 Ⓘ4-06-198279-6
＊晩年の谷崎潤一郎に12年間、口述筆記者として身近に接した伊吹和子は、著者ならでは知りえなかった谷崎の実像を整った日本語で冷静に記述する。谷崎の奇怪異様な心の奥の奥まで究め尽くし、世の通説に自信をもって異議を申し立てた労作。日本エッセイストクラブ賞受賞作。

◇われよりほかに―谷崎潤一郎最後の十二年 上 伊吹和子著 講談社 （講談社文芸文庫） 2001.10 Ⓘ4-06-198278-8
＊京都で生まれ育った伊吹和子は二十四歳の時、下鴨の潺湲亭で当時六十六歳の谷崎潤一郎と会い、『潤一郎新訳源氏物語』の原稿の口述筆記者となる。「谷崎源氏」の仕事が終わったあとは、中央公論社の谷崎担当の編集者として引き続き口述筆記に従事し、『瘋癲老人日記』や『夢の浮橋』など、晩年の傑作の誕生の現場に親しく立ち会う。日本エッセイスト・クラブ賞受賞。

◇谷崎潤一郎―自己劇化の文学 明里千章著 和泉書院 （和泉選書） 2001.6 Ⓘ4-7576-0114-X
＊貧困、大震災、離婚、戦争、老い…アイデンティティの危機を迎える度、すべてを肥料にしていった谷崎。谷崎文学の豊饒で眩い魅力はすべてを芸術のための犠牲にした谷崎潤一郎という生き方に発している。作品を丹念に読み解き、谷崎文学の本質に迫る一冊。

◇花は桜、魚（さかな）は鯛―祖父谷崎潤一郎の思い出 渡辺たをり著 中央公論新社 （中公文庫） 2000.9 Ⓘ4-12-203717-4
＊「この子は味がわかるんだよ」「たをりは食べる名人だね」―祖父谷崎にもらった遺産“おいしいもの”を見分ける感覚。幼時からの和漢洋の味わい豊かな食の体験を、文豪の日常、谷崎家の食卓風景をまじえて楽しく描き出す美食エッセイ。

◇谷崎潤一郎物語の生成 前田久徳著 洋々社 2000.3 Ⓘ4-89674-914-6
＊「永遠女性」を追って紡ぎ出される数々の『物語』。「刺青」「痴人の愛」「蓼喰ふ

410 教科書に載った日本史人物1000人

虫」「鍵」「瘋癲老人日記」などの各作品論に固執しつつ、その構造と方法を解き明かし、谷崎文学の全体像に迫る。

◇つれなかりせばなかなかに―文豪谷崎の「妻譲渡事件」の真相　瀬戸内寂聴著　中央公論新社　（中公文庫）　1999.12　①4-12-203556-2
＊純愛か不倫か。―谷崎潤一郎、佐藤春夫、二人の文豪の「妻譲渡事件」。千代夫人をめぐる奇妙な三角関係の真相、恋する妻をめぐる夫と恋人の葛藤を、精緻に描き出す。

◇青年期―谷崎潤一郎論　尾高修也著　小沢書店　1999.7　①4-7551-0387-8
＊初期作品から「痴人の愛」「蓼喰ふ虫」の達成へ―。江戸情緒とモダニズム、東洋趣味と西洋趣味、下町と山の手、関東と関西、マゾヒズムと「悪」の芸術性…。身体と精神を蝕んだ、対立する要因の葛藤。永い青年期が、のちの「大谷崎」を生んだ。

◇潤一郎ごのみ　宮本徳蔵著　文芸春秋　1999.5　①4-16-355090-9
＊たとへ神に見放されても私は私自身を信じる。そうしるして、ゆるがなかった谷崎潤一郎。その不世出の天才の秘密を、かつてない手法で読みとく傑作評伝。

◇いかにして谷崎潤一郎を読むか　河野多恵子編　中央公論新社　1999.4　①4-12-002888-7
＊多彩な論者が織りなす谷崎文学の新たな魅力。本書は、県立神奈川近代文学館における谷崎潤一郎展のために行われた三回の講演の記録に、それぞれ大幅な加筆訂正をしたものです。

◇谷崎潤一郎―青春物語（抄）/雪後庵夜話（抄）　谷崎潤一郎著，千葉俊二編　日本図書センター　（シリーズ・人間図書館作家の自伝）　1999.4　①4-8205-9530-X

▌谷時中　たにじちゅう
1598～1649　江戸時代前期の儒学者。

◇谷時中・谷秦山　山根三芳著　明徳出版社　（叢書・日本の思想家）　2015.9　①978-4-89619-603-0

▌谷秦山　たにしんざん
1663～1718　江戸時代中期の儒学者，神道家。

◇谷時中・谷秦山　山根三芳著　明徳出版社　（叢書・日本の思想家）　2015.9　①978-4-89619-603-0

▌谷干城　たにたてき
1837～1911　明治期の陸軍軍人，政治家。子爵，貴族院議員。東部監軍部長、陸士校長、農商務相等歴任。

◇子爵谷干城伝　復刻版　平尾道雄編　マツノ書店　2018.4

◇熊本城を救った男　谷干城　嶋岡晨著　河出書房新社　（河出文庫）　2016.10　①978-4-309-41486-7

◇谷干城（かんじょう）―憂国の明治人　小林和幸著　中央公論新社　（中公新書）　2011.3　①978-4-12-102103-8
＊坂本龍馬の二歳下に土佐で生まれた谷は、幕末期、藩主山内容堂に見込まれるが、尊皇攘夷、討幕の志を持ち各地を奔走。明治維新後は、軍人として台湾出兵、西南戦争を勝利に導き名望を集める。日本初の内閣で入閣するも、西欧見聞後、議会の重要性、言論の自由を主張し藩閥政府を批判して下野。以後、貴族院を舞台に日清・日露戦争で非戦論を貫くなど、国家存立のため国民重視を訴え続けた。天皇と国民を深く愛した一明治人の生涯。

▌谷文晁　たにぶんちょう
1763～1840　江戸時代中期、後期の南画家。父は詩人の谷麓谷。狩野派・円山派・中国画・洋画など幅広く学び独自の画風を確立した。当時の江戸画壇の中心的存在。

◇写山楼谷文晁のすべて―今晩期乱筆の文晁が面白い　渥美国泰著　里文出版　2002.5　①4-89806-172-9
＊江戸後期の民間の画家、写山楼谷文晁の作品を収めた。

田沼意次

▌田沼意次　たぬまおきつぐ

1719〜1788　江戸時代中期の大名，老中。
遠江相良藩主。9代将軍家重の小姓から出
世し，10代家治のときに側用人，老中に昇
進して幕政を主導。主に産業振興を商業
資本により実現し，蝦夷地開発や干拓事
業を推進した。しかし賄賂政治が批判を
浴び，子の意知の刺殺事件，将軍家治の死
により失脚した。

◇通史田沼意次─田沼家・田沼意次研究の
　集大成　増補版　関根徳男著　思門出版
　会　2013.7　①978-4-921168-28-5

◇田沼意次─「商業革命」と江戸城政治家
　深谷克己著　山川出版社　（日本史リブ
　レット）　2010.11　①978-4-634-54852-7
　＊一周早いほどの差をつけて駆け続けた
　　が，最終コーナーでいきなりトラック
　　の外に押しやられた長距離走者のよう
　　な目にあって，田沼意次は七〇年の無
　　念の生涯を閉じた。しかし，一代で田
　　沼家を大名家に引き上げ，転落はした
　　が子孫が大名家として持続し，明治の
　　貴族に列したのは，意次のおかげであ
　　る。みずからを語ったわずかな史料の
　　ていねいな読み込みと，社会情況の遠
　　望を組み合わせて，田沼意次とその時
　　代をどう見ればよいかを論じてみたい。

◇田沼意次─御不審を蒙ること，身に覚えな
　し　藤田覚著　ミネルヴァ書房　（ミネル
　ヴァ日本評伝選）　2007.7
　①978-4-623-04941-7
　＊田沼意次，江戸中期の幕臣。将軍小姓か
　　ら幕府老中へ，六〇〇石の旗本から五万
　　七〇〇〇石の大名へ異例の出世を遂げ，
　　十八世紀後半に大胆な経済政策を展開し
　　た田沼意次。賄賂汚職の悪徳政治家か，
　　清廉潔白な開明的政治家か。毀誉褒貶の
　　激しい意次の実像は，いかなるものか。

◇通史田沼意次　関根徳男著　思門出版会
　2007.5　①978-4-921168-20-9

◇名君・暗君 江戸のお殿様　中嶋繁雄著
　平凡社　（平凡社新書）　2006.12
　①4-582-85355-2
　＊三世紀にわたる江戸時代，徳川幕府の
　　支配下，数多くの大名家が浮き沈みを
　　くり返した。藩政立て直しや文化的な

業績で名高い名君から，乱行でお家取
り潰しになったバカ殿，財政破綻やお
家騒動をひきおこした藩主まで，百二
十余侯の悲喜こもごもの生涯と事績を
紹介し，トップに立った人々の明暗を
描く，江戸の名物藩主列伝。

◇田沼意次の時代　大石慎三郎著　岩波書
　店　（岩波現代文庫 学術）　2001.6
　①4-00-600054-5

◇週刊ビジュアル日本の歴史　no.35　江戸
　の行革，田沼政治の光と影　5　デアゴス
　ティーニ・ジャパン　2000.10

◇田沼意次と松平定信　童門冬二著　時事
　通信社　2000.6　①4-7887-0059-X

◇悪名の論理─田沼意次の生涯　復刻版
　江上照彦著　中央公論新社　（中公新書）
　1999.10　①4-12-170187-9
　＊ナポレオンはメッテルニヒを「世紀最
　　大の嘘つき」と呼び，一度はその愛人
　　だったこともあるリーフェン公爵夫人
　　さえもが，「世にも稀れな偽善者」との
　　のしった。田沼意次の場合も嫌われか
　　たがよく似ている。徳川の為政者中，
　　彼ほど世間から口汚く罵倒され，あげ
　　くは汚辱の淵に蹴落されて深く沈淪し
　　ているものはない。東西をとわず悪名
　　高い為政者には共通の政治的性格の特
　　徴があるが，不評の条件とは何か。意
　　次の生涯をたどって追究する。

◇田沼の改革─江戸時代最大の経済改革
　関根徳男著　郁朋社　1999.2
　①4-87302-019-0
　＊閉塞した時代，因習を破った積極的な
　　大改革が行われた。しかし，時代はそ
　　れを許さず，賄賂政治家の悪名のもと
　　に改革を葬り去った。田沼意次の進歩
　　的経済政策。

◇田沼意次　愛蔵版　村上元三著　毎日新
　聞社　1997.9　①4-620-10573-2
　＊家重・家治の時代─幕府の財政建直しに
　　印旛沼開墾，蝦夷地開拓，商業振興に才
　　腕をふるったが，政敵松平定信に敗れ
　　去った悲運の政治家・田沼意次の生涯。

◇濁れる田沼─意次の生涯　斎藤吉見著
　実業之日本社　1997.1　①4-408-53304-1

412　教科書に載った日本史人物1000人

田安宗武

◇星月夜万八実録─田沼意次その実像　林
　泰教著, 棚橋宗馬翻刻　近代文芸社
　1995.7　Ⓝ4-7733-4040-1

◇田沼意次　広瀬仁紀著　富士見書房　（時
　代小説文庫）　1994.7　Ⓝ4-8291-1255-7

◇田沼意次の時代　大石慎三郎著　岩波書
　店　1991.12　Ⓝ4-00-001274-6
　＊硬直した幕藩制社会変革への期待が庶
　　民の胸に膨らむとき, 意次は登場した。
　　新知識を貪欲に吸収し, 鋭敏な財政感
　　覚をもって新しい経済秩序の樹立を目
　　指す彼は, ロシアとの交易を含む革新
　　的な政策を次々に打ち出してゆく。だ
　　が, その行手には松平定信率いる保守
　　派のクーデターが待ちうけていた。金
　　権政治家のイメージを払拭し, 真の意
　　次像を提示する。著者会心の作。

◇主殿の税─田沼意次の経済改革　佐藤雅
　美著　講談社　（講談社文庫）　1991.7
　Ⓝ4-06-184941-7
　＊10代将軍・家治の日光東照宮参詣費用
　　20万両を, いかに捻出するか。この難事
　　を克服した田沼意次は, 次第に逼迫す
　　る幕府財政を立て直すため, 新しい"事
　　業"に着手する。だが意次の前には, 反
　　対勢力の厚い壁が…。賄賂の卿間屋とい
　　われた田沼意次像を打ち破り, 財政再
　　建に懸けた老中の"志"を描く経済小説。

◇田沼意次　下　村上元三著　講談社　（講
　談社文庫）　1990.12　Ⓝ4-06-184795-3
　＊老中として力を振う意次と, 御三家, 御
　　三卿との対立が激化する。折しも天災
　　が重なり, 意次の政策は次々と挫折し
　　た。失政の責めで幕閣を追われた意次
　　はしかし, 政敵の非情な仕打にも, 端然
　　と身を処すのであった。─文人老中の
　　豊かな人間性を描いて, 史上の, 収賄の
　　人物像を雪冤する, 歴史大作。

◇水清くして─天明の幕府総理・田沼意次
　の怪　広瀬仁紀著　双葉社　1990.2
　Ⓝ4-575-23053-7
　＊濁った天才田沼意次。失脚後, 江戸町
　　民から「元のにごりの田沼恋しき」と唄
　　われた老中の裏, 貶ともに喧しい振舞
　　いを大田蜀山人, 柳生一門, 平賀源内登
　　場の中で描く, 歴史・経済小説。

∥ 田沼意知　たぬまおきとも
　1749～1784　江戸時代中期の若年寄。父
　は意次。若年寄となったが, 江戸城内で
　佐野政言により刺殺された。

◇江戸幕府その実力者たち　下　北島正元著
　人物往来社　1964

∥ 田能村竹田　たのむらちくでん
　1777～1835　江戸時代後期の南画家。

◇田能村竹田基本画譜　解説篇　田能村竹
　田画, 宗像健一編著　思文閣出版　2011.7
　Ⓘ978-4-7842-1566-9

◇生と死の図像学─アジアにおける生と死
　のコスモロジー　林雅彦編　至文堂　（明
　治大学人文科学研究所叢書）　2003.3
　Ⓝ4-7843-0256-5

◇田能村竹田　宗像健一著, 日本アート・セ
　ンター編　新潮社　（新潮日本美術文庫）
　1997.11　Ⓝ4-10-601539-0

◇水墨画の巨匠　第14巻　竹田　田能村竹
　田画, 中村真一郎, 河野元昭著　講談社
　1995.2　Ⓝ4-06-253934-9

◇田能村竹田─日本南画の最高峰　佐々木
　均太郎文, 広瀬通秀絵, 大分県教育庁文化
　課編　大分県教育委員会　（大分県先哲叢
　書）　1994.3

◇田能村竹田　宗像健一著, 大分県教育庁
　文化課編　大分県教育委員会　（大分県先
　哲叢書）　1993.3

∥ 為永春水　ためながしゅんすい
　1790～1843　江戸時代後期の戯作者。

◇春水人情本と近代小説　丸山茂著　新典
　社　（新典社研究叢書）　1994.9
　Ⓝ4-7879-4073-2

∥ 田安宗武　たやすむねたけ
　1715～1771　江戸時代中期の田安家の初
　代当主。（権中納言）。田安家の祖。8代将
　軍徳川吉宗の次男。御三卿の一つ田安家
　を創設。文武に秀で, 賀茂真淵の影響を

受け国学・和歌に通じていた。

◇国学の曼陀羅―宣長前後の神典解釈　東より子著　ぺりかん社　2016.4
①978-4-8315-1435-6
＊近世後期、日本最古の文献である『古事記』は単なる過去ではなくなり、書かれた時代と「同時的」となって、"神話"であることに対峙する書物となった―本居宣長の前後に登場した田安宗武・上田秋成・橘守部・富士谷御杖らの記紀解釈を集積体として読み解き、人間と神々のコスモロジーを穿つ。

田山花袋　たやまかたい
1871〜1930　明治，大正期の小説家，詩人。自然主義文学運動のリーダー。作品に「田舎教師」「時は過ぎゆく」など。

◇田山花袋　新装版　石橋とくゑ著，福田清人編　清水書院　（Century Books　人と作品）　2017.9　①978-4-389-40119-1

◇田山花袋の「伝記」　沢豊彦著　菁柿堂　（Edition trombone）　2009.10
①978-4-434-13804-1

◇田山花袋―人と文学　五井信著　勉誠出版　（日本の作家100人）　2008.11
①978-4-585-05195-4
＊花袋＝『蒲団』＝自然主義という従来の定式では捉えきれない、「面白い」作家、田山花袋のすべて。「日露戦争」「大逆事件」「大正教養主義」「植民地」「関東大震災」といった史上事件と関連させ、また、明治期の日本文学史の流れから作家像を描く。

◇田山花袋と館林　館林市教育委員会，館林市立図書館編　館林市教育委員会　（館林双書）　2000.3

◇田山花袋というカオス　尾形明子著　沖積舎　1999.2　①4-8060-4635-3
＊近代文学を独自に啓いたが故に生まれる大いなるカオス、茫漠と拡がる情趣の表現者田山花袋解読。西欧文学を超え、宗教を超え、花袋が超克した表現世界を今、改めて問う。

◇田山花袋―東京の三十年（抄）/私の経験　田山花袋著，相馬庸郎編　日本図書セン

ター　（シリーズ・人間図書館）　1995.11
①4-8205-9395-1

◇田山花袋周辺の系譜　程原健編　〔程原健〕　1995.10

◇花袋・フローベール・モーパッサン　山川篤著　駿河台出版社　1993.5
①4-411-02061-0

◇「蒲団」をめぐる書簡集　館林市教育委員会文化振興課編　館林市　（田山花袋記念館研究叢書）　1993.3

◇もう一つの明治の青春―西萩花遺稿集　小林一郎編著　教育出版センター　（研究選書）　1992.3　①4-7632-1525-6

◇田山花袋の詩と評論　沢豊彦著　沖積舎　1992.2　①4-8060-4564-0

ダレス　Dulles, John
1888〜1959　昭和期のアメリカの政治家。サンフランシスコ講和条約交渉の特使として来日。

◇ダレスと吉田茂―プリンストン大学所蔵ダレス文書を中心として　ダレス著，村川一郎編著　国書刊行会　1991.3
①4-336-03200-9

俵屋宗達　たわらやそうたつ
生没年不詳　江戸時代前期の画家。京都の町衆の出身で、主な作品に「風神雷神図屏風」など。

◇もっと知りたい俵屋宗達―生涯と作品　村重寧著　東京美術　（アート・ビギナーズ・コレクション）　2008.9
①978-4-8087-0853-5
＊機知に富む清新な画風で伝統を甦らせ琳派を創始した天才宗達。

◇山根有三著作集　2　宗達研究　2　山根有三著　中央公論美術出版　1996.2
①4-8055-1448-5

◇山根有三著作集　1　宗達研究　1　中央公論美術出版　1994.6　①4-8055-1447-7

団琢磨　だんたくま
1858〜1932　明治〜昭和期の実業家。三

井合名理事長。日本工業倶楽部理事長、日本経済連盟会会長などを歴任。

◇男爵団琢磨伝　上巻　故団男爵伝記編纂委員会編纂　ゆまに書房　（人物で読む日本経済史）　1998.9　Ⓘ4-89714-585-6

◇男爵団琢磨伝　下巻　故団男爵伝記編纂委員会編纂　ゆまに書房　（人物で読む日本経済史）　1998.9　Ⓘ4-89714-586-4

【ち】

▌近松半二　ちかまつはんじ
1725〜1783　江戸時代中期の浄瑠璃作者。宝暦1年〜天明3年頃に活躍。

◇浄瑠璃史の十八世紀　内山美樹子著　勉誠出版　1999.11　Ⓘ4-585-03064-6
＊これまで古典としての浄瑠璃研究が、虚構の作意としてきた匿された時局の政治性、社会性が、生々しい新鮮な切り口を開けたことは、著者の独擅場となった。こうした時局性については、浄瑠璃史の本拠となった大坂という、政治の中心の江戸から離れた地理的条件、また江戸に対する気概、あるいは風土的人気なども無視できぬとおもうが、資料を踏えた竹本、豊竹座の盛衰、竹田出雲流の人生観と並木宗輔の人生観の作意に現われた視点など、目の覚めるような論考が相次ぐ。

▌近松門左衛門
ちかまつもんざえもん
1653〜1724　江戸時代前期の浄瑠璃・歌舞伎作者。竹本義太夫と組み世話浄瑠璃を確立。作品に「曾根崎心中」「国性爺合戦」「心中天網島」など。

◇週刊誌記者近松門左衛門―最新現代語訳で読む「曽根崎心中」「女殺油地獄」　小野幸恵著，鳥越文蔵監修　文芸春秋　（文春新書）　2016.7　Ⓘ978-4-16-661085-3

◇近松物語―埋もれた時代物を読む　渡辺保著　新潮社　2004.11　Ⓘ4-10-394105-7

◇近松は世界に翔く―「近松国際フォーラムin Yamaguchi」の報告　山口県立大学　2002.3

◇近松に親しむ―その時代と人・作品　松平進著　和泉書院　（Izumi books）　2001.12　Ⓘ4-7576-0132-8
＊誕生地探しから、最後の手紙・辞世まで、代表的な作品の内容にもふれながら、作者近松の歩みを平易な文章で語り進め、その実像・魅力に迫る。

◇若き日の近松門左衛門　宮原英一著　叢文社　1998.8　Ⓘ4-7947-0295-7
＊頼朝に京の秘密情報を流し鎌倉幕府の草創を助け問注所執事として活躍した三善康信の後裔…長州の名門稙杜家に「不倫の子」として九死に一生を得て生まれ出た門左衛門は、生母を殺され、いわれなき世間の冷眼を浴びながら育つ。九州の寺に預けられ修業の日を送るうち「かくれキリシタン」が発覚して百たたきで追放され、京都御所の下級職員に潜り込んだのも束の間、一転、浪速女郎のもとに身をやつしながらも、誇り高き眼光は「世の真実」と「人間の真実」を探り続ける―。強靱なる炎の文豪…知られざる近松の謎を初めて解明した著者畢生の問題作。

◇少年近松京へ上る　山田春男著　創栄出版　1998.5　Ⓘ4-7952-7476-2

◇岡田利兵衛著作集　3　西鶴・近松・伊丹　岡田利兵衛著，柿衛文庫編　八木書店　1997.11　Ⓘ4-8406-9606-3

◇近松　南北　黙阿弥―歌舞伎ノート　中山幹雄著　高文堂出版社　1997.8　Ⓘ4-7707-0554-9

◇近松門左衛門―庶民の心を描ききった日本のシェークスピア　春樹椋尾漫画　草土文化　（マンガ大江戸パワフル人物伝）　1994.8　Ⓘ4-7945-0640-6

◇近松門左衛門の謎―長州生誕説を追って　宮原英一著　関西書院　1994.5　Ⓘ4-7613-0168-6

◇近松門左衛門　原道生編，橋本治エッセイ　新潮社　（新潮古典文学アルバム）　1991.11　Ⓘ4-10-620719-2

＊『曽根崎心中』『心中天の網島』などで、元禄の歌舞伎・人形浄瑠璃に新風を吹き込んだ近松門左衛門の、武士を捨て浄瑠璃作者として生きた自負と自嘲の生涯。

◇近松門左衛門　武井協三編　ぺりかん社（江戸人物読本）　1991.10
①4-8315-0531-5
＊従来の作品論にかたよった近松像から一歩踏み出し、書誌・伝記・人形論・音楽論などから多角的に「演劇」作者＝近松の実像に迫る最適な入門書。

◇近松の世界　信多純一著　平凡社　1991.7　①4-582-26021-4

◇近松と浄瑠璃　森修著　塙書房　1990.2

▎智証大師　ちしょうだいし
　⇒円珍（えんちん）

▎千々石ミゲル　ちぢわミゲル
生没年不詳　千々石清左衛門（ちぢわせいざえもん）とも。安土桃山時代、江戸時代前期の天正遣欧少年使節の一人。

◇天正遣欧使節千々石ミゲル―鬼の子と呼ばれた男　大石一久著　長崎文献社　2015.5　①978-4-88851-236-7

◇夾竹桃　鶴良夫著　リーベル出版　2000.7　①4-89798-600-1

▎智真　ちしん
　⇒一遍（いっぺん）

▎千葉常胤　ちばつねたね
1118～1201　平安時代後期、鎌倉時代前期の御家人。常重の嫡子。

◇千葉常胤　〔新装版〕　福田豊彦著　吉川弘文館　（人物叢書）　1987.1
①4-642-05063-9
＊千葉常胤は、下総千葉の庄を名字の地とする関東の豪族の領主であり、晩年、頼朝の挙兵に参加して、鎌倉幕府建設の功労者の一人に数えられる。本書は、彼を巨大武士団の首長、御家人中の代表的人物としてとりあげ、その豪族としての成長・発展と、頼朝政権との結びつき

を追究しつつ、鎌倉幕府の基盤を解明しようと試みたユニークな伝記である。

▎茶屋四郎次郎　ちゃやしろうじろう
1542～1596　安土桃山時代の京都の豪商。初代四郎次郎清延。

◇家康と茶屋四郎次郎　小和田泰経著　静岡新聞社　（静新新書）　2007.11
①978-4-7838-0341-6
＊家康の経済ブレーン茶屋四郎次郎。大御所時代の駿府は朱印船貿易の中核、世界に開かれた情報発信基地だった。

▎中巌円月　ちゅうがんえんげつ
1300～1375　鎌倉時代後期、南北朝時代の臨済宗の僧。五山文学僧。

◇五山文学の世界―虎関師錬と中巌円月を中心に　千坂嵂峰著　白帝社　2002.10
①4-89174-610-6

▎長慶天皇　ちょうけいてんのう
1343～1394　南北朝時代の第98代（南朝第3代）の天皇。（在位1368～1383）。後村上天皇の第1皇子。

◇長慶天皇御陵伝承地の研究　第16輯　和田直大著　南朝史料調査会　2016.2

▎重源　ちょうげん
1121～1206　平安時代後期、鎌倉時代前期の僧。東大寺再建の勧進上人。

◇俊乗房重源史料集成　小林剛、国立文化財機構奈良文化財研究所編　国立文化財機構奈良文化財研究所　（奈良国立文化財研究所史料）　2015.12　①978-4-642-01577-6

◇アジアと日本をつないだ僧―重源・栄西―狭山池シンポジウム2014記録集　大阪狭山市教育委員会編　大阪狭山市教育委員会　2015.10

◇重源と栄西―優れた実践的社会事業家・宗教者　久野修義著　山川出版社　（日本史リブレット）　2011.11
①978-4-634-54827-5
＊東大寺再建に活躍した重源と、臨済禅と茶の祖とされる栄西。通常、あまり

注目されないが、この二人にはたいへん共通点が多い。たがいに面識があっただけでなく、ともに「源平内乱」という未曾有の社会的大変動を目の当たりにし、乱後のあるべき社会と仏法を求めて、東アジア規模で活躍した実践的な宗教者たちであった。両者をあわせみるとき、またあらたな歴史の視野が広がってこよう。

◇大勧進 重源─東大寺の鎌倉復興と新たな美の創出 御遠忌八百年記念特別展　奈良国立博物館編　奈良国立博物館　2006.4

◇重源─旅の勧進聖　中尾堯編　吉川弘文館（日本の名僧）　2004.8　①4-642-07850-9

◇大廈成る─重源-東大寺再建物語　広瀬鎌二著　彰国社　1999.12　①4-395-00522-5
＊天平創建の東大寺仏殿は、治承三年、平清盛によって焼亡させられる。これは、その再建（現大仏殿の前身建物）の物語である。「大仏様」という、わが国の建築の歴史において特異な様式をもつ大廈（大建築）であるそれは、源平争乱のさなかにあって僧「重源」の驚異的なはたらきによって再建されるが、本書はその過程を、当時の時代背景との絡みのなかでいきいきと描出している。また、現代にも通じるプレカット工法の考案、耐震・耐風構造への配慮、かつプロダクト・アーキテクトの祖ともいうべきはたらきをなした重源の営為とその建築を、建築家である著者ならではの鋭い洞察によって克明に再現してみせる。

◇重源　伊藤ていじ著　新潮社　1994.9　①4-10-397901-1

長宗我部元親
ちょうそかべもとちか
1538〜1599　長曽我部元親（ちょうそかべもとちか）とも。安土桃山時代の大名。土佐国長岡郡岡豊城主国親の長子。家督相続後、土佐一条家を倒して土佐一国を統一。のち阿波・伊予・讃岐にも進出して四国全土をほぼ制圧したが、豊臣秀吉に攻められ降伏。土佐一国を安堵された。

◇龍馬・元親に土佐人の原点をみる　中城

正堯著　高知新聞総合印刷（発売）2017.2　①978-4-906910-59-5

◇長宗我部元親・盛親─四国一篇に切随へ、恋に威勢を振ふ　平井上総著　ミネルヴァ書房　（ミネルヴァ日本評伝選）2016.8　①978-4-623-07762-5

◇長宗我部元親50年のフィールドノート宅間一之著　リーブル出版　2015.5　①978-4-86338-116-2

◇長宗我部元親と四国　津野倫明著　吉川弘文館　（人をあるく）　2014.6　①978-4-642-06782-9
＊四国を制覇した戦国武将長宗我部元親。その強さの秘訣とは何だったのか。武力と調略を使い分けて、敵対勢力を巧みな外交で取り込んだ冷静なセンスに着目し、覇業を追体験。土佐の史跡を巡り、新たな元親像に迫る。

◇長宗我部　長宗我部友親著　文芸春秋（文春文庫）　2012.10　①978-4-16-783820-1
＊四国統一を成し遂げ、天下を夢見るも、関ヶ原で敗北。山内政権下で「下士」へ転落、雌伏の後、明治維新を期に家名復活へ。秦の始皇帝を遠祖とする一族の興亡を末裔が描く。七十代、二千年に及ぶ血脈の「大河の一滴」までさかのぼった歴史のロマン。「歴女」に大人気、長宗我部元親の原点がここにある。

◇長宗我部元親─戦国人物伝　加来耕三企画・構成・監修, 水谷俊樹原作, やまざきまこと作画　ポプラ社　（コミック版日本の歴史）　2011.10　①978-4-591-12609-7
＊ひよわな少年が、勇躍、四国の覇者に！南海から天下を夢見た、気高き勇将の物語。

◇もっと知りたい！　長宗我部元親─「四国の雄」のすべてが楽しくわかる　加賀康之著　PHP研究所　（PHP文庫）　2010.9　①978-4-569-67498-8
＊戦国屈指の人気を誇る武将・長宗我部元親。半農半兵の一領具足を巧みに戦さへと動員し、四国全域にわたる領土拡大を果たし、天下取りの野望を抱いた知勇兼備の名将である。本書は、その魅力のすべてを、独自の愉快なキャラ

長宗我部元親

たちがユーモアたっぷりに紹介する新感覚歴史読本。通説とは異なる新説を紹介するコラムや、関連人物事典&関連史跡など、元親ファン垂涎の情報満載。

◇長宗我部　長宗我部友親著　バジリコ　2010.6　①978-4-86238-168-2
＊四国統一の覇者土佐山内政権下での「下士」への転落。秦の始皇帝を遠祖とする渡来人一族の二千年にわたる大いなる血脈の栄光と挫折を描いた第一級の書下ろしノンフィクション。

◇長宗我部元親─その謎と生涯　山本大編　新人物往来社　（新人物文庫）　2010.5　①978-4-404-03849-4
＊応仁の乱後、"土佐七雄"の一豪族として国内で勢力を伸ばした父・国親の業績を土台として四国の覇者となった長宗我部元親。豪傑が割拠する中でなぜ四国を統一できたのか。四国統一戦における元親の戦略・戦術をはじめ、室町幕府とのつながりを求めた婚姻政策、織田信長・明智光秀との外交関係、一領具足の強化・「長宗我部氏掟書」の制定等の領土経営や、仏教・儒学・和歌・茶道等の文化面の業績など、多角度から元親の人物像とその人間的魅力を解き明かす。他書には例を見ない、充実した長宗我部氏の家臣団人名事典・史跡事典・合戦事典や長宗我部氏系図、元親年譜も収録。

◇長宗我部元親─四国の雄、三代の栄光と苦悩　学研パブリッシング,学研マーケティング（発売）　（歴史群像シリーズ）　2009.11　①978-4-05-605705-8

◇長宗我部元親─土佐の風雲児四国制覇への道　吉田竜司著　新紀元社　（Truth in history）　2009.9　①978-4-7753-0747-2
＊天下を敵に回した男の栄光と挫折。土佐、阿波、讃岐、伊予…そして九州、関ヶ原、大坂の陣！　国親、元親、信親、盛親の激闘を全網羅。

◇長宗我部元親　宮地佐一郎著　学陽書房　（人物文庫）　2009.2　①978-4-313-75243-6
＊群雄割拠の戦国土佐。持ち前の軍略と知謀を研ぎ澄まし、「一領具足」とよばれる新しい兵制を導入して、阿波、讃岐、伊予を含む四国全土を平定。さらには全国統一の野望を抱いた「土佐の出来人」長宗我部元親の生涯を綴った史伝に、『闘鶏絵図』など中短篇小説三篇を併録。元親、信親、盛親を知ることができる格好の書。

◇長宗我部元親・盛親の栄光と挫折─企画展　高知県立歴史民俗資料館編　高知県立歴史民俗資料館　2001.10

◇長宗我部（ちょうそがべ）元親　宮地佐一郎著　学陽書房　（人物文庫）　1997.10　①4-313-75035-5

◇長宗我部元親─信長・秀吉に挑んだ南海の雄　荒川法勝著　PHP研究所　（PHP文庫）　1995.12　①4-569-56833-5
＊信長・秀吉らと互角に戦い、四国という不利な条件の下で天下とりレースへの夢を燃やし続けた長宗我部元親。武力と知的教養を兼ね備え、領国経営にも画期的な手腕を発揮した武将の全貌。

◇元親記　泉淳著　勉誠社　（日本合戦騒動叢書）　1994.6　①4-585-05106-6
＊土佐のうつけは、やがて「土佐の出来人」となった。獅子は目覚めた。「わしは、四国を覆う蓋になってみせる」─四国の猛将・長宗我部元親の一代記。

◇長宗我部元親　徳永真一郎著　光文社　（光文社時代小説文庫）　1992.1　①4-334-71462-5
＊色白で目が大きく、「姫若子」と渾名されていた長宗我部家の若殿、元親は、初陣の日に意外にも勇敢な荒武者ぶりを発揮。やがて縦横の機略をめぐらし、周到な駆け引きによって、四国全土を掌握した。しかし、豊臣秀吉の台頭により、せっかく手に入れた三国を奪われ、もとの土佐一国にもどされる…。全国統一を夢みた男の野望に満ちた生涯を描く力作。

◇長宗我部元親　改訂版　徳永真一郎著　青樹社　1991.12　①4-7913-0679-1
＊姫若子、うつけ者とかげ口をきかれていた元親が、家督を継ぐと同時に武将としての智才に目覚めた。土佐一国では満足できぬ、行きつく所まで行かねば。四国制覇から天下盗りの機会を窺

いはじめた。

兆殿司　ちょうでんす
⇒明兆（みんちょう）

奝然　ちょうねん
938〜1016　平安時代中期の東大寺の僧。日宋し大蔵経五千余巻や釈迦像をもたらした。

◇日宋交流期の東大寺―奝然上人一千年大遠忌にちなんで　論集　GBS実行委員会編集　東大寺　（ザ・グレイトブッダ・シンポジウム論集）　2017.11
①978-4-8318-0715-1

陳和卿　ちんわけい（ちんなけい）
生没年不詳　鎌倉時代前期の来日した南宋の工人。

◇決断のとき―歴史にみる男の岐路　杉本苑子著　文芸春秋　1990.10
①4-16-344700-8
＊つい衝動的にそしてまた熟慮の果てに、その時、男たちはどの生き方を選んだか。混沌とした現代を生きるための示唆に富んだ歴史人物論集。

【つ】

筑紫国造磐井
つくしのくにのみやつこいわい
？〜528　磐井（いわい）とも。上代の北九州地域の首長。叛乱を起こし鎮圧されたと伝えられる。

◇筑紫君磐井の戦争―東アジアのなかの古代国家　山尾幸久著　新日本出版社　1999.11　①4-406-02693-2
＊日本列島の六世紀、九州を舞台に何が起きたのか！　豪族・磐井がヤマト王権と交戦したと伝えられる「磐井の乱」。その謎を克明な文献考証で解明、東アジアの激動をからめた新しい視点から

古代国家形成への道をたどる。

津田梅子　つだうめこ
1864〜1929　明治、大正期の女子教育者。女子高等師範学校教授。八歳で渡米。津田塾大学創始。

◇つだうめこ―日本人女性で初めて留学をした人　山本和子文, 羽尻利門絵　チャイルド本社　（新こども伝記ものがたり 絵本版）　2018.3　①978-4-8054-4627-0

◇津田梅子　新装版　古木宜志子著　清水書院　（Century Books　人と思想）　2016.8　①978-4-389-42116-8

◇少女たちの明治維新―ふたつの文化を生きた30年　ジャニス・P・ニムラ著, 志村昌子, 藪本多恵子訳　原書房　2016.4　①978-4-562-05303-2

◇時代を切り開いた世界の10人―レジェンドストーリー　第2期10　津田梅子　日本の女子教育の発展に命をささげた　髙木まさき監修　学研教育出版　2015.2　①978-4-05-501160-0,978-4-05-811342-4

◇津田梅子　奥田富子著　日本文学館　2013.3　①978-4-7765-3525-6

◇大庭みな子全集　第13巻　大庭みな子著　日本経済新聞出版社　2010.5　①978-4-532-17513-9
＊大庭が学んだ津田塾の創立者、津田梅子への共感と敬愛―読売文学賞受賞の本格評伝。伊勢物語を意識しつつ、女の生を切り取った詩的独白の集、ほか。

◇明治の女子留学生―最初に海を渡った五人の少女　寺沢竜著　平凡社　（平凡社新書）　2009.1　①978-4-582-85449-7
＊明治四年、日本最初の女子留学生として渡米した五人の少女たちがいた。六歳の津田梅子をはじめ、山川捨松、永井繁子らが体験した十年余のアメリカ生活とはどのようなものだったのか。そして日本語も忘れて帰国した後、近代化の荒波の中で、彼女たちはどう生き抜いたのか。初の帰国子女としての波瀾万丈の生涯と、女性として果たした偉業を明らかにする。

津田三蔵

◇日本人に生まるることを喜ぶべし　井上
琢郎著　財界研究所　2007.1
　①978-4-87932-051-3

◇津田梅子―ひとりの名教師の軌跡　亀田
帛子著　双文社出版　2005.3
　①4-88164-563-3
　＊日本女子教育の先駆者、梅子の素顔を
　　多数の貴重な写真・書簡をもとに浮き
　　彫りにする。

◇津田梅子　大庭みな子著　朝日新聞社
（朝日文芸文庫）　1993.7
　①4-02-264013-8
　＊明日、私の人生の新しいページがめく
　　られます…。どうか素晴らしいもので
　　ありますよう…。日本最初の女子留学生
　　としてアメリカに11年滞在し、帰国直
　　前にこう記した津田梅子。生涯独身を
　　通しつつ教育に身をささげ、津田塾大
　　学を創設した彼女の、人と時代を描い
　　た読売文学賞受賞の伝記文学の白眉。

◇津田梅子　古木宜志子著　清水書院
（Century Books）　1992.11
　①4-389-41116-0

◇津田梅子と塾の90年　津田塾大学創立90
周年記念事業出版委員会編　津田塾大学
1990.10

◇津田梅子　吉川利一著　中央公論社　（中
公文庫）　1990.8　①4-12-201735-1
　＊明治4年、政府がアメリカに派遣した日
　　本最初の女子留学生の一人津田梅子は
　　当時数えでわずか8歳だった―。異質文
　　化のはざまを生き、帰国後母国語に苦
　　しみながらも女子英学塾、のちの津田
　　塾大学を創設した明治女子教育の先覚
　　者の生涯を、女史に親炙し塾の幹事と
　　して長年経営に参画した著者が英文書
　　翰等を紹介しつつ克明に記す。

◇津田梅子　大庭みな子著　朝日新聞社
1990.6　①4-02-256153-X
　＊幼い魂に刻みつけられ、培われ、熟成
　　し、ついに発酵し始めた想念。新発見書
　　簡資料をもとに鹿鳴館前夜の日本へ帰っ
　　て来た女性梅子の100年の夢をたどる。

▍ 津田三蔵　つださんぞう
　1854～1891　明治期の巡査。大津事件犯
　人。来日中のロシア皇太子に斬りつけ逮
　捕される。

◇大津事件の真相　〔復刻版〕　早崎慶三著
（京都）サンブライト出版　（近江文化叢
書）　1987.11　①4-7832-0103-X
　＊明治24年5月、大津で起きた「ロシア皇
　　太子傷害事件」は、驚天動地の出来事で
　　あった。凶報に混乱し、ろうばいする
　　当時の明治政府の対応。犯人津田三蔵
　　の裁判に対して、政府圧力に抗する司
　　法側の虚々実々のからみあい。96年前
　　の事件の真相を、当時の資料を披瀝し
　　て生々しく伝える。

▍ 津田左右吉　つだそうきち
　1873～1961　明治～昭和期の歴史学者。
　早稲田大学教授。記紀本文の批判に基づ
　く古代史研究を行う。著書で右翼の攻撃
　を受ける。文化勲章受章。

◇津田左右吉、大日本帝国との対決―天皇の
軍服を脱がせた男　大井健輔著　勉誠出
版　2015.3　①978-4-585-22111-1

◇没後50年津田左右吉展―2011年度美濃加
茂市・早稲田大学文化交流事業共催展：展
示図録　早稲田大学，美濃加茂市民
ミュージアム編　早稲田大学　2011.10

◇20世紀の歴史家たち　2　日本編　下　今
谷明，大浜徹也，尾形勇，樺山紘一編　刀
水書房　（刀水歴史全書）　1999.11
　①4-88708-212-6
　＊歴史家は20世紀をどう生きたか？　歴史
　　学は如何に展開したか？　科学としての
　　歴史学と人間としての歴史家、その生
　　と知とを生々しく描く。

◇寝言も本のはなし　高島俊男著　大和書
房　1999.6　①4-479-39066-9
　＊三度の飯より本が好き。生まれたとき
　　から本が好き。ねころんで本を読む話
　　から、正しい本の並べかたまで、精選ハ
　　ズレなしのおすすめ本三十冊から、と
　　びきりおもしろい日本人の伝記十冊ま
　　で、本づくしの一冊。

津田宗及　つだそうきゅう

?～1591　安土桃山時代の堺の豪商，茶人。津田宗達の子。

◇天王寺屋会記　永島福太郎編　(京都)淡交社　1989.1　①4-473-01059-7
＊天王寺屋津田宗達・宗及・宗凡三代の茶湯日記(それぞれ他会記・自会記に分たれている)を合わせ『天王寺屋会記』と称する。この影印本は松浦家に所蔵される他会記・自会記の全15巻(付録、解説編参看)を便宜、他会記二冊と自会記二冊の計四冊に編集した。なお、「宗及自会記」(自天正11年至天正13年大坂邸自会記)に見える紙背文書は、写真図版に解読文を加えて一冊とした。影印本は合計5冊となる。付録として、翻刻文(読み本)に解題を加えた解説編二冊(上・下巻)を添える。都合7冊を一帙に収め公刊した。

津田真道　つだまみち

1829～1903　津田真一郎(つだしんいちろう)とも。明治期の官僚，啓蒙思想家。貴族院議員。法制関係の官職歴任。明六社同人として啓蒙の論説多数。

◇津田真道―研究と伝説　大久保利謙編　みすず書房　1997.3　①4-622-03500-6
＊幕藩体制から立憲国家へ、近代日本の変革期最大の知識人の一人、津田真道。編者の半世紀に及ぶ探求の成果から、同時代人による未刊の伝記草稿まで、その人と業績に光を当てる初の本格的論集。

蔦屋重三郎　つたやじゅうざぶろう

1750～1797　江戸時代中期の書物・地本問屋。

◇蔦屋重三郎　新版　鈴木俊幸著　平凡社(平凡社ライブラリー)　2012.2　①978-4-582-76756-8
＊蔦屋重三郎とはなにものか？本書はこの問いに、この人物が何のためにどんな出版物をつくって売ったか、をもって答える。するとすぐさま消し去られるのは、体制に批判的な先進的文化人といったイメージであり、見えてくるのは、吉原出自の宣伝巧者、堅い商売に専心し、出版を組み込んで遊ぶ戯作文芸の仕掛けを利用して、失敗知らずの本づくりをたくらむ商人の姿である。蔦重を知り、この時代の文化・文学の基底を知るに必読の名著を、コンパクトな新版で。

◇江戸の本屋さん―近世文化史の側面　今田洋三著　平凡社(平凡社ライブラリー)　2009.11　①978-4-582-76685-1
＊江戸時代のはじめ京都で、出版業は始まった。次いで大坂で、やがて江戸でも、本の商売が興隆する。読者層が拡がる。書目が変わる。統制の制度がつくられ、須原屋とか蔦屋とか、本屋たちの新しい経営戦略が展開される―出版を軸にして近世という時代とその文化を見直すとき、既存の歴史観の殻がやぶける。新しい近世研究を促した名著、待望の再刊。

◇蔦屋重三郎　鈴木俊幸著　若草書房(近世文学研究叢書)　1998.11　①4-948755-35-4

◇探訪・蔦屋重三郎―天明文化をリードした出版人　倉本初夫著　れんが書房新社　1997.6　①4-8462-0186-4
＊天明期、江戸文化を代表する多彩な出版事業を展開した蔦屋重三郎。山東京伝、滝沢馬琴、大田南畝らを擁し歌麿、写楽を世に出した出版人の軌跡を探訪・検証し、その人と生の真実に迫る。

津太夫　つだゆう

1744～1814　江戸時代中期の漂流民。1793年漂流した後世界一周する。

◇十八・十九世紀 日魯交流人物史話　杉本つとむ著　東洋書店　2013.11　①978-4-86459-138-6

土田麦僊　つちだばくせん

1887～1936　大正，昭和期の日本画家。作品に「罰」「大原女」「湯女」。

◇かきつばた―土田麦僊の愛と芸術　柏木加代子編　大阪大学出版会　2003.1　①4-87259-091-0
＊パリ近郊の風景のなかでうまれた日本

画。「舞妓の麦僊」として知られた才能
の開花を追う。天賦の画才と師の下で
の修行、さらに西洋絵画から学ぶため
に渡欧そして創作意欲をかき立てる美
しい娘との出会いへ。仏文学者が往復
書簡から書き下ろした麦僊画論の真髄。

土御門天皇　つちみかどてんのう

1195〜1231　土御門上皇（つちみかどて
んのう）とも。鎌倉時代前期の第83代の天
皇。（在位1198〜1210）。後鳥羽天皇の第1
皇子。

◇土御門上皇と阿波　藤井喬著　土成町観
光協会　1975

角田柳作　つのだりゅうさく

1878〜1964　明治〜昭和期の日本文化研
究家。コロンビア大学に日本文化研究所
を創設。著書に「井原西鶴」。

◇角田柳作とドナルド・キーン—群馬から
世界へ　開館20周年記念 第94回企画展　群
馬県立土屋文明記念文学館編　群馬県立
土屋文明記念文学館　2016.10

◇太平洋の架橋者 角田柳作—「日本学」の
SENSEI　荻野富士夫著　芙蓉書房出版
2011.4　①978-4-8295-0508-3
＊40歳で米国に渡り、87歳で死去するま
での人生の大半を主にニューヨークで
過ごした角田は、コロンビア大学に日
本図書館を創設し、The Japan Culture
Centerを開設した。その大きな功績に
もかかわらず、日本ではあまり知られ
ていない角田のニューヨーク時代に焦
点をあてた決定版評伝。貴重な写真・
図版77点収録。

◇角田柳作　赤城村教育委員会　（文化財関
係資料集）　2005.3

円谷英二　つぶらやえいじ

1901〜1970　昭和期の特撮監督，映画監
督。円谷特技プロ社長。特撮映画を制作。
代表作にテレビ「ウルトラマン」映画「ゴ
ジラ」「モスラ」など。

◇円谷英二—怪獣やヒーローを生んだ映画

監督　田口成光文，黒須高嶺画　あかね書
房　（伝記を読もう）　2018.4
①978-4-251-04614-7,978-4-251-90561-1

◇ゴジラは円谷英二である—航空教育資料
製作所秘史　指田文夫著　えにし書房
2016.12　①978-4-908073-32-8

◇定本円谷英二随筆評論集成　円谷英二著,
竹内博編　ワイズ出版　2010.12
①978-4-89830-249-1
＊円谷英二が執筆した文章、参加した対
談、座談などすべてを完全収録。VFX
時代の原点、アナログ時代の特撮テク
ニックの "聖書" ついに誕生。

◇夢は大空を駆けめぐる—恩師・円谷英二
伝　うしおそうじ著　角川書店　2001.11
①4-04-883695-1

◇円谷英二—生誕100年記念総特集　河出書
房新社　（Kawade夢ムック　文芸別冊）
2001.8　①4-309-97613-1

◇円谷英二特撮世界　勁文社　2001.8
①4-7669-3848-8
＊ゴジラ、ウルトラマンを生んだ「特撮の
神様」円谷英二の軌跡。宝田明氏が語
る「思い出の円谷英二」。佐原健二氏、
水野久美氏特別対談掲載。

◇円谷英二の映像世界　完全・増補版　竹
内博，山本真吾編　実業之日本社　2001.7
①4-408-39474-2
＊甦る "特撮の神様"。新世紀に真の姿を
現した偉大なる映像作家の全貌。

◇円谷英二日本映画界に残した遺産　復刻
版　円谷一編・著　小学館　2001.7
①4-09-681421-0
＊ゴジラから真珠湾まで、空想の世界を
フィルムに描きつづけた、鬼才円谷英
二の生涯を、初公開の秘蔵写真でつづ
るカラー伝記。完全フィルモグラフィ
（作品リスト）つき。

◇素晴らしき円谷英二の世界—君はウルトラ
マン、ゴジラにどこで会ったか　「素晴ら
しき円谷英二の世界」編集委員会編, 2001
円谷英二生誕100年記念プロジェクト監修
中経出版　2001.7　①4-8061-1499-5
＊円谷英二の生誕100周年を記念して発行
される書籍。大きく三章に分けて、20

名の各著名人に話を伺っている。第一章は、生前の円谷英二を知る関係者、第二章は、円谷の遺志を継ぎ、現在の特撮業界を支える気鋭の才人たち、そして第三章は、円谷作品に影響を受けた文化人の方々—という構成。

◇特撮の神様と呼ばれた男　鈴木和幸著　アートン　2001.6　①4-901006-21-5
＊映画が誕生してまだ間もない頃、東北の田舎で一人の男子が生を受けた。円谷英二少年は空を飛びたかった。遙か遠く、まだ見ぬ世界の果てまでも。やがて彼は、空想の翼を手に入れた。特撮という名のその翼は、多くの夢をのせて今も大空を駆け巡る。

◇翔びつづける紙飛行機—特技監督　円谷英二伝　鈴木和幸著　（会津若松）歴史春秋出版　1994.8　①4-89757-297-5
＊日本にはじめて飛行機がとんだ時代、大空に夢を追ったひとりの少年がいた。「ウルトラマン」の産みの親、故・円谷英二監督の苦難の歩みを追う。

▍**坪内逍遙**　つぼうちしょうよう
1859〜1935　明治, 大正期の小説家, 劇作家。早稲田大学講師。文学の地位を高めた。文芸協会を設立。

◇坪内逍遙　新装版　小林芳仁著, 福田清人編　清水書院　（Century Books　人と作品）　2018.4　①978-4-389-40130-6

◇坪内逍遙書簡集　第1巻　坪内逍遙著, 早稲田大学坪内博士記念演劇博物館逍遙協会編　早稲田大学出版部　（逍遙新集）　2013.3　①978-4-657-13801-9

◇坪内逍遙書簡集　第2巻　坪内逍遙著, 早稲田大学坪内博士記念演劇博物館逍遙協会編　早稲田大学出版部　（逍遙新集）　2013.3　①978-4-657-13802-6

◇坪内逍遙書簡集　第3巻　坪内逍遙著, 早稲田大学坪内博士記念演劇博物館逍遥協会編　早稲田大学出版部　（逍遥新集）　2013.3　①978-4-657-13803-3

◇坪内逍遙書簡集　第4巻　坪内逍遙著, 早稲田大学坪内博士記念演劇博物館逍遙協会編　早稲田大学出版部　（逍遙新集）

2013.3　①978-4-657-13804-0

◇坪内逍遙書簡集　第5巻　坪内逍遙著, 早稲田大学坪内博士記念演劇博物館逍遙協会編　早稲田大学出版部　（逍遙新集）　2013.3　①978-4-657-13805-7

◇坪内逍遙書簡集　第6巻　坪内逍遙著, 早稲田大学坪内博士記念演劇博物館逍遙協会編　早稲田大学出版部　（逍遙新集）　2013.3　①978-4-657-13806-4

◇演劇人坪内逍遥—早稲田大学創立125周年記念企画展示　中野正昭編集・解説　早稲田大学坪内博士記念演劇博物館　2007.10

◇「情熱の人坪内逍遙」展示図録　美濃加茂市民ミュージアム編　美濃加茂市民ミュージアム　2005.2

◇坪内逍遙の妻—大八幡楼の恋　矢田山聖子著　作品社　2004.11　①4-86182-006-5

◇柿紅葉—坪内逍遙の和歌と俳句　逍遙協会編　第一書房　1998.10　①4-8042-0686-8
＊本書は、表記の上でも、内容からいっても普遍妥当な作品を選び、註、挿絵も添えて、読みやすく親しみのもてるように心掛けた。

◇坪内逍遙—文人の世界　植田重雄著　恒文社　1998.6　①4-7704-0975-3
＊近代日本の文化界を演出した巨人・坪内逍遙の生涯と作品。芸術が救いとなり希望となる時代を、今あらためて求める。

◇父逍遙の背中　飯塚クニ著, 小西聖一編　中央公論社　（中公文庫）　1997.11　①4-12-202987-2

◇坪内逍遙　新潮社　（新潮日本文学アルバム）　1996.4　①4-10-620661-7
＊近代小説確立への熱情、劇の革新と創造、早稲田大学の育成、超人的な活動を続けた大啓蒙家の闇。写真で実証する作家の劇的な生涯。

◇父逍遙の背中　飯塚くに著, 小西聖一編　中央公論社　1994.7　①4-12-002336-2

◇坪内逍遙—人とその芸術　本間久雄著　日本図書センター　（近代作家研究叢書）　1993.1　①4-8205-9227-0

鶴田吾郎 つるたごろう

1890〜1969 明治〜昭和期の洋画家。帝展に「盲目のエロシェンコ像」で入選。作品に「素描の旅」など。

◇半世紀の素描 鶴田吾郎著 中央公論美術出版 1982.1

鶴屋南北（四世） つるやなんぼく

1755〜1829 大南北（おおなんぼく）とも。江戸時代中期、後期の歌舞伎作者。安永4年〜文政12年頃に活躍。「東海道四谷怪談」で有名。

◇評伝鶴屋南北 第1巻 古井戸秀夫著 白水社 2018.8 Ⓘ978-4-560-09621-5, 978-4-560-09623-9

◇評伝鶴屋南北 第2巻 古井戸秀夫著 白水社 2018.8 Ⓘ978-4-560-09622-2, 978-4-560-09623-9

◇鶴屋南北―かぶきが生んだ無教養の表現主義 郡司正勝著 講談社 （講談社学術文庫） 2016.8 Ⓘ978-4-06-292378-1

◇四世鶴屋南北研究 片龍雨著 若草書房 （近世文学研究叢書） 2016.3 Ⓘ978-4-904271-15-5

◇鶴屋南北―滑稽を好みて，人を笑わすことを業とす 諏訪春雄著 ミネルヴァ書房 （ミネルヴァ日本評伝選） 2005.7 Ⓘ4-623-04405-X

◇複眼の奇才鶴屋南北 中山幹雄著 新典社 （日本の作家） 2001.3 Ⓘ4-7879-7053-4

◇百鬼夜行の楽園―鶴屋南北の世界 落合清彦著 東京創元社 （創元ライブラリ） 1997.10 Ⓘ4-488-07017-5

◇近松 南北 黙阿弥―歌舞伎ノート 中山幹雄著 高文堂出版社 1997.8 Ⓘ4-7707-0554-9

◇鶴屋南北序説 増補 中山幹雄著 高文堂出版社 1995.11 Ⓘ4-7707-0502-6

◇鶴屋南北 郡司正勝著 中央公論社 （中公新書） 1994.12
＊本書は、南北の出自、師弟関係を含む人脈、寛政期から化政期への政治経済的な変動、当時の庶民の嗜好、遊里や見世物との関わりなどを手懸りに、一つの南北像を描く試みである。

◇鶴屋南北―かぶきが生んだ無教養の表現主義 郡司正勝著 中央公論社 （中公新書） 1994.12 Ⓘ4-12-101221-6

◇鶴屋南北の研究 井草利夫著 おうふう 1994.8 Ⓘ4-273-02564-7

◇大芝居地獄草紙―小説・鶴屋南北 三宅孝太郎著 三一書房 1994.4 Ⓘ4-380-94229-5

◇鶴屋南北冥府巡 皆川博子著 新潮社 （新潮書下ろし時代小説） 1991.2 Ⓘ4-10-362004-8

【て】

手島堵庵 てしまとあん

1718〜1786 江戸時代中期の石門心学者。通称は近江屋嘉左衛門。

◇手島堵庵全集 増補 清文堂出版 1973

手塚治虫 てづかおさむ

1926〜1989 昭和期の漫画家。「鉄腕アトム」「リボンの騎士」などでストーリー漫画の世界を確立。手塚動画プロ（のち虫プロ）を設立、アニメーションの分野も開拓した。

◇てづかおさむ―「マンガの神様」といわれた漫画家 山本省三文，水野ぷりん絵 チャイルド本社 （絵本版/新こども伝記ものがたり） 2017.11 Ⓘ978-4-8054-4623-2

◇回想私の手塚治虫―『週刊漫画サンデー』初代編集長が明かす、大人向け手塚マンガの裏舞台 峯島正行著 山川出版社 2016.12 Ⓘ978-4-634-15110-9

◇ぼくはマンガ家 手塚治虫著 立東舎 （立東舎文庫） 2016.7 Ⓘ978-4-8456-2821-6

◇あなたがいい。超訳手塚治虫―勇気をく

れる51の言葉　おかのきんや著　泰文堂
（リンダパブリッシャーズの本）　2016.3
①978-4-8030-0854-8

◇ゲゲゲの娘、レレレの娘、ららららの娘　水
木悦子，赤塚りえ子，手塚るみ子著　文芸
春秋　（文春文庫）　2012.5
①978-4-16-780194-6
＊水木しげる、赤塚不二夫、手塚治虫。漫
画界を代表する三人の娘たちが語る、父
の素顔、創作秘話、意外な趣味、作品の
中のワタシ。大先生の抱腹絶倒の面白話
からホロリとさせる父娘のエピソードま
で、赤裸々なガールズトークが炸裂。漫
画ファンならずとも必読の一冊なのだ。
「娘が選ぶ父の傑作漫画」三編も収録。

◇「地上最大の手塚治虫」展　手塚治画，世
田谷文学館編　世田谷文学館　2012.4

◇父・手塚治虫の素顔　手塚真著　新潮社
（新潮文庫）　2012.4
①978-4-10-136521-3
＊すべてを犠牲にして、漫画を描き続けて
いた。でも父は、どんな状況でも、なん
とか家族旅行に参加しようとしてくれた
一。息子として、長じては同じ表現者
として、手塚治虫と共に生きてきた手
塚真が、天才の実像を描く。国民的な
人気を誇りながら、自邸を手放さなけ
ればならなかったわけ。限界を超えて
しまうほど、原稿が遅れてしまった理
由。秘話の数々が、ここに明かされる。

◇僕らが愛した手塚治虫　激動編　二階堂
黎人著　原書房　2012.1
①978-4-562-04755-0
＊『ブッダ』『ブラックジャック』『三ッ目
がとおる』…傑作目白押しの70年代、
多くの稀少図版とともに「神様」の足跡
を辿る。

◇トキワ荘最後の住人の記録―若きマンガ
家たちの青春物語　山内ジョージ著　東
京書籍　2011.6　①978-4-487-80563-1
＊手塚治虫先生、石ノ森章太郎、赤塚不二
夫、『墨汁一滴』、新漫画党など今まで書
かれなかったエピソードでおくるトキ
ワ荘青春物語。

◇神様の伴走者―手塚番13＋2　佐藤敏章イ
ンタビュー，ビッグコミック1編集部編

小学館　2010.10　①978-4-09-388149-4
＊ストーリー漫画の地平を、ほとんどひと
りで切り開いた天才・手塚治虫。この漫
画の神様にも、編集者という、あまたの
陰の伴走者たちがいた。今も語り継が
れる数々の"手塚伝説"の真相が知りた
くて、"手塚番"めぐりを始めてみた一。

◇ボクの手塚治虫せんせい　古谷三敏著
双葉社　2010.7　①978-4-575-30224-0
＊大人気連載コミック『BARレモン・
ハート』や、70年代に一世を風靡した
ギャグまんが『ダメおやじ』の作者、漫
画家・古谷三敏。その古谷が間近に仕
えた「神」の漫画への情熱や技法、更に
は、好き嫌いや人への心遣いなどを9編
の漫画と8本のエッセイで活写。「神」
手塚治虫は「人間」になった。

◇ゲゲゲの娘、レレレの娘、ららららの娘　水
木悦子，赤塚りえ子，手塚るみ子著　文芸
春秋　2010.2　①978-4-16-372050-0
＊おやじの秘密、しゃべっちゃおうか。
水木しげる、赤塚不二夫、手塚治虫の娘
たちが語る、父の素顔。

◇手塚治虫―知られざる天才の苦悩　手塚
真著　アスキー・メディアワークス，角川
グループパブリッシング（発売）　（アス
キー新書）　2009.6　①978-4-04-867799-8
＊独学である自分の絵に対するコンプ
レックス、子供マンガに向けられた"悪
書追放運動"、「虫プロ」の倒産…さまざ
まな批判や苦難を乗り越えながら、常
に新しいエンターテインメントに挑戦
し続けてきた手塚治虫。父として、天
才マンガ家として、また同じ表現者と
して著者が見た真実の手塚治虫を語る。

◇誰も知らない手塚治虫―虫プロてんやわ
んや　手塚治虫生誕80周年　柴山達雄，小
林準治著　創樹社美術出版　2009.6
①978-4-7876-0064-6

◇「父」手塚治虫の素顔　手塚真著　あいう
えお館、誠文堂新光社（発売）　2009.5
①978-4-416-90923-2
＊天才が息子に伝えたかったもの書きと
しての人生哲学は、命のある限り描き
続けることだった。

◇手塚先生、締め切り過ぎてます！　福元

手塚治虫

一義著　集英社　（集英社新書）　2009.4
①978-4-08-720490-2
＊多くの名作漫画を生み出した巨匠・手
塚治虫。著者は三〇年以上にわたり漫
画編集者、同業者（漫画家）、そして
チーフアシスタントとして手塚の創作
活動を見つめ、作品に関わってきた希
有な経歴の持ち主。『火の鳥』『ブラッ
ク・ジャック』『アドルフに告ぐ』…、
名作誕生の裏にある巨匠の日常とはい
かなるものであったのか？　著者しか知
りえないエピソードとイラストで浮か
び上がる人間・手塚治虫の姿。関連年
表とともに天才の軌跡をたどる。

◇手塚治虫物語—漫画の夢1945～1959　伴
俊男，手塚プロダクション著　金の星社
2009.3　①978-4-323-07149-7
＊本書（第2巻）では、医学の道を志しなが
らも、好きな漫画の道に進み、人気漫画
家として活躍、30歳で結婚するまでを
描く。『新宝島』『ジャングル大帝』『鉄
腕アトム』『リボンの騎士』などが大
ヒット。

◇手塚治虫物語—アニメの夢1960～1989
伴俊男，手塚プロダクション著　金の星
社　2009.3　①978-4-323-07150-3
＊本書（第3巻）では、日本初のテレビアニ
メシリーズ「鉄腕アトム」が大ヒット、
テレビや劇場で世界中の子どもたちの
夢を育んだ手塚アニメ、さらに国際交
流へと活動の場をひろげていく後半生
を描く。

◇ぼくはマンガ家　手塚治虫著　毎日ワン
ズ　2009.2　①978-4-901622-37-0
＊栄光と挫折の日々。不世出のマンガ家
が遺した自伝&マンガ戦国史。

◇手塚治虫物語　1　オサムシ登場1928～
1945　伴俊男，手塚プロダクション著
金の星社　2009.2　①978-4-323-07148-0
＊本書では、手塚治虫の誕生、宝塚での幼
少期から、漫画とアニメに親しみ、想像
力豊かで、昆虫をこよなく愛した少年
期、大阪大学医学専門部に入学して、終
戦を迎える青少年期までを描く。

◇僕らが愛した手塚治虫　2　二階堂黎人著
小学館　2008.12　①978-4-09-387825-8

＊大天才が遺してくれたマンガとともに
生きる幸福。小学館のPR誌「本の窓」
に連載中の『僕らが愛した手塚治虫』の
第二十八回から五十三回までをまとめ
たもの。

◇手塚治虫—アーチストになるな　竹内オ
サム著　ミネルヴァ書房　（ミネルヴァ日
本評伝選）　2008.9　①978-4-623-05251-6
＊日本のマンガ界をリードし、浮き沈みの
激しいマンガの世界で常にトップラン
ナーとして、生涯走り続けた手塚治虫。
その超人的な活躍の裏には、芸術と大衆
文化の狭間に揺れる姿があった。マン
ガの神様の苦悩と格闘に焦点をあてる。

◇手塚治虫大全　1　手塚治虫著　光文社
（光文社知恵の森文庫）　2008.9
①978-4-334-78516-1
＊「ぼくをマンガ家に育てた恩人は、なに
よりも母だった」—医者よりもマンガ家
への道を後押ししてくれた「母の肖像」、
阪大医学部を卒業後、2度の就職体験を
した「サラリーマン落第の記」、アニメ
に懸けた夢がついえかけた「どん底の季
節」…など、人生の曲折を吐露した自伝
的エッセイ集。異色マンガ、幻の傑作小
説、貴重な未収録エッセイも発掘掲載。

◇手塚治虫ぼくのマンガ道　手塚治虫著
新日本出版社　2008.2
①978-4-406-05115-6
＊みずから語るマンガと人生。単行本初
収録となるエッセイ・最晩期の講演記
録をふくむマンガの巨人のプライベー
トエピソードと、主人公たちの秘密が
あかす素顔の手塚治虫。

◇平和の探求・手塚治虫の原点　石子順著
新日本出版社　2007.9
①978-4-406-05064-7
＊「アトム」や「ブラック・ジャック」を
始め、「紙の砦」「アドルフに告ぐ」など
作品を貫く反戦・平和を、手塚漫画評論
40年、研究者が読み解く。

◇横山隆一・手塚治虫二人展—フクちゃん
からアトムへ　展示図録　横山隆一記念まん
が館開館5周年記念企画展　高知市文化振
興事業団横山隆一記念まんが館編　高知
市文化振興事業団横山隆一記念まんが館

2007.7

◇手塚治虫マンガ論　米沢嘉博著　河出書房新社　2007.7　①978-4-309-26959-7
＊最強のマンガ評論家が最大のマンガ家に挑んだ手塚論決定版。

◇アニメ作家としての手塚治虫―その軌跡と本質　津堅信之著　NTT出版　2007.4　①978-4-7571-4152-0
＊「アニメが作りたいからマンガを書いている」とまで言った手塚治虫。彼が日本のアニメーションに与えた影響を豊富なインタビューを交え、総合的な視点からとらえなおす。

◇愛よ命よ、永遠に―手塚治虫少年ものがたり　藤本明男著　文芸社　2007.4　①978-4-286-02692-3
＊戦後、マンガの世界に新風をもたらし、死の直前までペンを手放さなかった日本漫画界の巨星・手塚治虫。その生い立ちから晩年までをかつての学友が親しみをこめて描ききった評伝の決定版。

◇手塚治虫の漫画の原点―戦争体験と描かれた戦争 昭和館特別企画展　昭和館, 手塚プロダクション編　昭和館　2007.3

|| 寺内正毅　てらうちまさたけ
1852～1919　明治～昭和期の陸軍軍人。初代朝鮮総督, 伯爵。武断政治を行い非立憲内閣と呼ばれ, 米騒動の中で辞任。

◇防長尚武館の寺内正毅・寿一関係資料　伊藤幸司編著, 安渓遊地監修　東洋図書出版　（山口県立大学ブックレット「新やまぐち学」）　2016.3　①978-4-88598-044-2

◇寺内正毅と帝国日本―桜圃寺内文庫が語る新たな歴史像　伊藤幸司, 永島広紀, 日比野利信編　勉誠出版　2015.8　①978-4-585-22121-0

◇寺内正毅宛明石元二郎書翰―付『落花流水』原稿〈『大秘書』〉　明石元二郎著, 尚友倶楽部史料調査室, 広瀬順晧, 日向玲理, 長谷川貴志編集　芙蓉書房出版　（尚友ブックレット）　2014.4　①978-4-8295-0621-9

◇大学的やまぐちガイド―「歴史と文化」の新視点　山口県立大学国際文化学部編, 伊

藤幸司責任編集　昭和堂　2011.3　①978-4-8122-1069-7
＊山口県立大学の講師陣が語る新しい「やまぐちの歴史と文化」。ダイナミックで豊かな「やまぐち」の姿を文化遺産から再発見する。

◇歴代総理大臣伝記叢書　第9巻　寺内正毅　御厨貴監修　ゆまに書房　2005.7　①4-8433-1787-X

◇元帥寺内伯爵伝―伝記・寺内正毅　黒田甲子郎編　大空社　（伝記叢書）　1988.6

|| 寺崎英成　てらさきひでなり
1900～1951　大正, 昭和期の外交官, 宮内庁御用掛。昭和天皇とマッカーサー元帥との会見時の通訳。

◇昭和天皇独白録　寺崎英成, マリコ・テラサキ・ミラー著　文芸春秋　（文春文庫）　1995.7　①4-16-719803-7

◇太陽にかける橋―戦時下日本に生きたアメリカ人妻の愛の記録　グエン・テラサキ著, 新田満里子訳　中央公論社　（中公文庫）　1991.5　①4-12-201805-6
＊1931年、アメリカ人女性グエン・ハロルドはワシントン駐在の日本大使館員寺崎英成と恋に落ち、やがて結ばれる。二人は日本とアメリカをつなぐ〈太平洋のかけ橋〉となることを願い、一人娘マリコの名は日米開戦直前の暗号電報にも使われた。開戦後も、あえて家族とともに日本に渡る道を選んだグエン。困難な時代を生き抜いた日米人夫妻と娘の家族愛を描き、平和の尊さを教示する。

◇昭和天皇独白録・寺崎英成御用掛日記　寺崎英成, マリコ・テラサキ・ミラー編著　文芸春秋　1991.3　①4-16-345050-5
＊昭和天皇が自ら語った「昭和の戦争」。そしてマッカーサへとの会見など、昭和天皇の「戦後」につかえた御用掛、寺崎英成の未公開日記―。昭和史の瞬間を生き生きと伝える寺崎資料の衝撃。

|| 寺島宗則　てらしまむねのり
1832～1893　江戸時代末期, 明治期の政治家, 鹿児島藩士。枢密顧問官, 伯爵。樺

太・千島交換条約締結。

◇寺島宗則 〔新装版〕 犬塚孝明著 吉川
弘文館 （人物叢書） 1990.10
①4-642-05193-7
＊新国家建設と近代外交の確立に全生涯
を賭けた外務卿寺島宗則の本格的評伝。
蘭学者から一転して、新政府の外交指
導者となった寺島の思想と行動を新史
料を駆使して丹念に跡付ける。欧米に
対する自主外交、東アジアに対する条
理外交という新たな視点から寺島外交
を再評価。さらに伊藤博文との政治的
競合・対立にも新解釈を加え、新しい寺
島像を描く。

▍寺西封元　てらにしたかもと
1749～1827　江戸時代中期、後期の代官。
浅野家臣寺西弘篤の子。

◇福島人物の歴史　第5巻　寺西封元　誉田
宏著　歴史春秋社　1977.9

▍伝教大師　でんぎょうだいし
⇒最澄（さいちょう）

▍天智天皇　てんじてんのう
626～671　飛鳥時代の第38代の天皇。（在
位661～671）。舒明天皇の皇子。もと中大
兄皇子。中臣鎌足らと蘇我氏打倒を果た
し大化改新を断行。のちには白村江の戦
いで唐・新羅連合軍に敗れ、国内政治の引
き締めを図り、近江令の編纂や庚午年籍
の作成を行った。

◇中大兄皇子・中臣鎌足—古代を創った人
びと　歴史展示企画会議監修　奈良県地
域振興部文化資源活用課　2018.3

◇天智天皇　森公章著　吉川弘文館　（人物
叢書 新装版）　2016.9
①978-4-642-05280-1

◇万葉集があばく捏造された天皇・天智
上　渡辺康則著　大空出版　2013.10
①978-4-903175-46-1
＊元毎日新聞記者がたどり着いた天智天
皇の信じがたい実像とは。「万葉史
観」＝日本版ダ・ヴィンチ・コードが誘

う皇統譜の捏造。

◇万葉集があばく捏造された天皇・天智
下　渡辺康則著　大空出版　2013.10
①978-4-903175-47-8
＊元・毎日新聞記者がたどり着いた天智
天皇の信じがたい実像とは。「万葉史
観」＝日本版ダ・ヴィンチ・コードが誘
う皇統譜の捏造。

◇天智（てんち）伝　改版　中西進著　中央
公論新社　（中公文庫）　2011.3
①978-4-12-205461-5
＊大化改新、白村江の戦など、内政・外交
ともに多難であった律令国家樹立期日
本の指導者天智。その生涯は血なまぐ
さい殺戮にいろどられ、天智を誹謗す
る民衆の言も残されている。はたして、
天智は非情な人物だったのか。『日本書
紀』『三国史記』『新唐書』を手がかりに
描いた、日本古代史最大の政治家波瀾
の生涯。

◇万葉集に歴史を読む　森浩一著　筑摩書
房　（ちくま学芸文庫）　2011.2
①978-4-480-09353-0
＊古の人びとの愛や憎しみ、執念や悲哀
—『万葉集』には、数々の人間ドラマと
歴史の激動が刻まれている。考古学的
な知見を駆使して、はじめて美しい歌
の背後に潜むこうした生の歴史が浮か
び上がる。持統天皇が病をおして、死
の直前に行った三河行幸の真の目的と
は？　壬申の乱の知られざる背景から、
遣新羅使の謎、東歌から読み解く関東
の文化と経済まで。「古代学」を提唱す
る考古学の第一人者が、古墳をはじめ
とする考古学的資料と文字史料とを織
り合わせ、従来の文学的理解では決し
て明かされなかった謎の数々と古の日
本人の心に迫る。

◇天智と持統　遠山美都男著　講談社　（講
談社現代新書）　2010.11
①978-4-06-288077-0
＊『日本書紀』は大化の改新、壬申の乱を
どう描いたか。持統天皇が夫・天武よ
りも亡父を称揚した理由とは。天皇と
古代日本の見方が変わる。

◇中西進著作集　25　天智伝 聖武天皇　中

西進著　四季社　2010.1
①978-4-88405-425-0

◇天智（てんち）天皇と大化改新　森田悌著
同成社　（同成社古代史選書）　2009.2
①978-4-88621-468-3
＊乙巳の変（蘇我入鹿殺事件）を断行し
た中大兄皇子を基軸に、大化から天智
天皇朝にかけての政治改革および死後
の天智天皇の評価について原典史料を
読み返し、より納得性の高い歴史叙述
を展開する。

◇中大兄皇子伝　上　黒岩重吾著　講談社
2001.5　①4-06-210657-4

◇中大兄皇子伝　下　黒岩重吾著　講談社
2001.5　①4-06-210658-2

◇新説日本古代史　西野凡夫著　文芸社
1999.8　①4-88737-339-2
＊古事記・日本書紀の神々や闕史八代の
天皇は、実際に存在した古代の王だっ
た！　著者が考案した年代付き新型系図
によって、古代天皇たちの生存期間・即
位年・在位年数を大胆に推定。

◇天智天皇─律令国家建設者の虚実　遠山
美都男著　PHP研究所　（PHP新書）
1999.2　①4-569-60460-9
＊641年、初めて歴史に登場したのは父舒
明天皇の葬礼。時に十六歳の青年は四
年後、蘇我入鹿暗殺の機会を狙う刺客
として飛鳥板蓋宮にいた。歴史の表舞
台に颯爽と登場した中大兄皇子こと天
智天皇。しかし、律令国家建設のパイ
オニアたる理想の天皇としての「中大
兄」像とは、『日本書紀』において創り
上げられたものだった。本書は、丹念
な『日本書紀』の再検証から「中大兄」
像創造の過程を明らかにし、大化改新、
白村江の英雄─「軍事王」としての天智
の実像を描く問題作である。

◇日本書紀　5　坂本太郎，家永三郎，井上
光貞，大野晋校注　岩波書店　（岩波文
庫）　1995.3　①4-00-300045-5

◇白虎と青龍─中大兄と大海人 攻防の世紀
小林恵子著　文芸春秋　1993.9
①4-16-347930-9
＊百済・高句麗滅亡、白村江の戦い、そし
て壬申の乱。強国・唐を睨みつつくり

ひろげられる、天智と天武、二人の英雄
の死闘。

◇天智伝　中西進著　中央公論社　（中公文
庫）　1992.3　①4-12-201884-6
＊大化改新、白村江の戦など、内政・外交
ともに多難であった律令国家樹立期の
日本の指導者天智。その生涯は血なま
ぐさい殺戮にいろどられ、強引で非情
な策謀家と見られることが多い。はた
して、天智は非常な策謀家だったのか。
『日本書紀』『三国史記』『新唐書』を手
がかりに描いた、日本古代史最大の政
治家波瀾の生涯。

天武天皇　てんむてんのう

? ～686　飛鳥時代の第40代の天皇。（在位
673～686）。父は舒明天皇、母は宝皇女。
兄天智の死後、皇位継承を巡って大友皇
子（弘文天皇）と争い壬申の乱と呼ばれる
内乱を起こす。即位後は律令政治の整備
をはかり、八色の姓、飛鳥浄御原令を制定
し、また国史の編纂事業を指導した。

◇天武天皇・持統天皇─古代を創った人び
と　歴史展示企画会議監修　奈良県地域
振興部文化振興課　2015.3

◇天武天皇と持統天皇─律令国家を確立し
た二人の君主　義江明子著　山川出版社
（日本史リブレット人）　2014.6
①978-4-634-54806-0
＊律令国家体制の確立を担った二人の君
主、天武と持統は、中国で唐王朝が成立
し、朝鮮三国の抗争が新羅による統一で
決着する東アジアの激動期に、卓越し
た指導力を発揮して、機構による支配
への道を切り開いた。白村江での敗戦、
壬申の乱勝利という大きな戦いの影を
引きずりながら、律令編纂、官人制の樹
立、都城の形成、さらに「天皇」号の確
立、「日本」国号の制定へと、新しい国
家の形をつくりあげた夫妻の足跡を、
時代のなかに位置づけ、たどっていく。

◇天武・持統天皇と律令国家　森田悌著
同成社　（同成社古代史選書）　2010.6
①978-4-88621-526-0
＊天武天皇とその後継者・持統天皇を軸
に、律令国家形成の観点より両朝の動

向を追究する。前著『天智天皇と大化改新』を承けて、律令国家以前の諸体制が律令国家へと収斂していく過程を精緻に考察してゆく。

◇大人のための修学旅行—奈良の歴史　武光誠著　河出書房新社　2002.11　①4-309-22394-X
＊奈良へ、もう一度出かけてみよう。日本史の最初の舞台となった古の都、奈良へ。歴史のうねりを体感できる素敵な歩き方がここにある。

◇新説日本古代史　西野凡夫著　文芸社　1999.8　①4-88737-339-2
＊古事記・日本書紀の神々や闕史八代の天皇は、実際に存在した古代の王だった！著者が考案した年代付き新型系図によって、古代天皇たちの生存期間・即位年・在位年数を大胆に推定。

◇天武の時代—壬申の乱をめぐる歴史と神話　山本幸司著　朝日新聞社　（朝日選書）　1995.5　①4-02-259626-0
＊古代最大の内乱、壬申の乱に勝利した天武は、記紀の編纂に着手し、律令国家「日本」を創出する。七世紀後半、神話と歴史のあいだを生きた最後の英雄、天武を描く。

◇日本書紀　5　坂本太郎, 家永三郎, 井上光貞, 大野晋校注　岩波書店　（岩波文庫）　1995.3　①4-00-300045-5

◇白虎と青龍—中大兄と大海人 攻防の世紀　小林恵子著　文芸春秋　1993.9　①4-16-347930-9
＊百済・高句麗滅亡、白村江の戦い、そして壬申の乱。強国・唐を睨みつつつくりひろげられる、天智と天武、二人の英雄の死闘。

◇天武と持統—歌が明かす壬申の乱　李寧熙著　文芸春秋　（文春文庫）　1993.3　①4-16-753903-9
＊天武天皇の正体は？持統天皇の吉野通いの意味するものは？「万葉集」を韓国語で読み解くことによって、そこに秘められた驚くべき真実が明らかになる。「万葉集」は、血ぬられた古代の政争を記録した、もう一つの「記紀」だったのだ。歴史・国文学界に衝撃を与えた「も

う一つの万葉集」「枕詞の秘密」に続く解読シリーズ第三弾。

◇天武天皇 隠された正体—暴かれた日本書紀のトリック　関裕二著　ベストセラーズ　1991.12　①4-584-18124-1

◇天武天皇出生の謎　増補版　大和岩雄著　六興出版　（ロッコウブックス）　1991.5　①4-8453-5069-6
＊天武天皇は天智天皇の「実弟」とする学界の定説に挑み、学史をふまえて、『日本書紀』の記事を子細に検討。弟が兄より年長になる"年齢矛循"をついに解明。

◇英雄・天武天皇—その前半生は忍者だった　豊田有恒著　祥伝社　（ノン・ブック）　1990.9　①4-396-10308-5

【と】

▌**土井晩翠**　どい（つちい）ばんすい
1871～1952　明治～昭和期の詩人, 英文学者。詩集「天地有情」により新体詩人となる。他に詩集「暁鐘」など。

◇近代文学研究叢書　72　昭和女子大学近代文学研究室著　昭和女子大学近代文化研究所　1997.4　①4-7862-0072-7
＊本書は、文学者の遺族を訪ね墓所や遺跡を踏査することによって、業績を含めたその全体像を闡明しようとする。また、著作と資料に関する年表調査も平行的になされ、網羅的な資料蒐集に意を注いでいる。本巻には、小説家小杉天外（慶応元年九月一九～昭和二十七年九月一日）, 詩人・英文学者土井晩翠（明治四年十月二十三日～昭和二十七年十月十九日）, 英語、英文学者・翻訳家・教育者宮森麻太郎（明治二年一月十五日～昭和二十七年十月二日）の三名の研究調査を収めた。

◇近代作家追悼文集成　第34巻　久米正雄・斎藤茂吉・土井晩翠　ゆまに書房　1997.1　①4-89714-107-9

◇荒城の月—土井晩翠と滝廉太郎　山田野理

夫著　恒文社　1987.5　①4-7704-0661-4

◇みちのく土井晩翠の詩碑を訪ねて　丸谷
慶二郎著　宝文堂出版販売　1986.1
①4-8323-0173-X

▌東海散士　とうかいさんし

1852〜1922　明治，大正期の政治家，小
説家。

◇明治の兄弟―柴太一郎、東海散士柴四朗、
柴五郎　中井けやき著　文芸社　2008.9
①978-4-286-05114-7
＊「素敵な日本人に出会えてよかった」勝
者の側から書かれた歴史ではなく、明
治・大正の国運に大きな役割を演じた
元会津藩士の兄弟を中心に、当時の人
物群像と時代背景を400余の史料を基に
描いた「人肌の歴史」。

▌道鏡　どうきょう

？〜772　奈良時代の政治家，僧，法王。孝
謙上皇の寵臣となり、その権勢は藤原仲
麻呂をもしのぐ。太政大臣禅師、法王と
なったのち、宇佐八幡神託を理由に皇位
簒奪を企てたが失敗。称徳天皇（孝謙重
祚）の死とともに失脚した。

◇あなたの内なる道鏡へ　2　道鏡誤解の根
源をたねる　本田義幾著　本田義幾
2017.4

◇あなたの内なる道鏡へ　本田義幾著　本
田義幾　2015.4

◇敗者の日本史　2　奈良朝の政変と道鏡
関幸彦，山本博文企画編集委員　瀧浪貞
子著　吉川弘文館　2013.3
①978-4-642-06448-4
＊政変の続く奈良朝において、称徳女帝
と共治体制を目指し、宇佐神託事件で
失脚した道鏡。今日まで長く悪人イ
メージが払拭されず、敗者として見捨
てられてきた“悪僧”を、古代史の中に
位置付け再評価。その実像に迫る。

◇海人と天皇―日本とは何か　下　梅原猛
著　朝日新聞出版　（朝日文庫）　2011.8
①978-4-02-264622-4
＊僧・道鏡を恋人とした孝嫌女帝は、天皇
の位をも彼に譲ろうと画策する。それ

は、自らが海人の血を引くことに起因
する、貴族制破壊への屈折した欲望か。
それとも、“国家”と“宗教”の一体化を
目指す壮大な政略か。天皇家の血筋を
巡る争いの結末は一。

◇女帝と道鏡―天平末葉の政治と文化　北
山茂夫著　講談社　（講談社学術文庫）
2008.5　①978-4-06-159876-8
＊政変の相次ぐ八世紀後半、孤独で病身
の称徳天皇は看病禅師の道鏡と出会う。
二人は、称徳が仏教へ傾倒するとともに
親密さを増し、孤立し、やがて宇佐八幡
神託事件を引き起こした。正統の嫡糸
が皇位を継ぐことにこだわっていた称
徳が、皇統外の道鏡に皇位を譲ろうと
したのは何故なのか。悪名高き僧・道
鏡の真の姿と、悩み深き女帝称徳の心
中に迫り、空前絶後の関係を暴き出す。

◇天平期の僧侶と天皇―僧道鏡試論　根本
誠二著　岩田書院　2003.10
①4-87294-293-0

◇吉備真備―天平の光と影　高見茂著　山
陽新聞社　1997.9　①4-88197-632-X
＊吉備地方の豪族出身ながら、二度も唐
へ派遣され、日中交流に大きく貢献し
た上、右大臣にまで昇りつめ、奈良朝の
文化・政治史に燦然と輝く吉備真備の
生涯を描く。

◇弓削道鏡　上　黒岩重吾著　文芸春秋
（文春文庫）　1995.6　①4-16-718230-0

◇弓削道鏡　下　黒岩重吾著　文芸春秋
（文春文庫）　1995.6　①4-16-718231-9

◇あなたの内なる道鏡へ―復権を願いつつ
本田義幾著　〔本田義幾〕　1993.8

◇孝謙天皇と弓削道鏡の場合　本田義幾編
著　本田義幾　1993.8

◇栃木県を歩いた弓削道鏡　田村豊幸著
田村豊幸　1993.8

◇弓削道鏡　上　黒岩重吾著　文芸春秋
1992.7　①4-16-313300-3
＊政争うずまく天平の世、火の如く燃え
る道鏡と孝謙女帝の運命の出会い。

◇弓削道鏡　下　黒岩重吾著　文芸春秋
1992.7　①4-16-313310-0

＊結ばれた道鏡と女帝。昇華する2人の愛。

◇道鏡の生涯　古田清幹著，道鏡を守る会
　編　田村豊幸　1992.4

峠三吉　とうげさんきち

1917〜1953　昭和期の詩人。広島青年文
化連盟委員長。

◇峠三吉バラエティー帖―原爆詩人の時空
　における多次元的展開　天瀬裕康著　渓
　水社　2012.11　①978-4-86327-198-2

◇雲雀と少年／峠三吉論　寺島洋一著　文芸
　社　2001.6　①4-8355-1846-2

◇峠三吉―風のように炎のように　岩崎健
　二作・構成・画　峠三吉記念事業委員会
　1993.6　①4-8113-0153-6

道元　どうげん

1200〜1253　鎌倉時代前期の僧。日本曹
洞宗の宗祖。号は希玄。越前の永平寺に
禅を中心とした修行の道場をつくる。著
作に「正法眼蔵」がある。

◇道元禅師の伝記と思想研究の軌跡　吉田
　道興編著　あるむ　2018.7
　①978-4-86333-130-3

◇道元―仏道を生きる　ひろさちや著　春
　秋社　2014.6　①978-4-393-13579-2
　＊「身心脱落」とは何か。参禅を通して覚
　りの世界に目覚めた道元。政治家とし
　ての血脈を捨てて歩んだ道のりとその
　思想を辿る。

◇道元―道は無窮なり　船岡誠著　ミネル
　ヴァ書房　（ミネルヴァ日本評伝選）
　2014.6　①978-4-623-07104-3
　＊道元（一二〇〇―一二五三）鎌倉時代の
　僧侶。村上源氏の家に生まれるも、若く
　して出家し、比叡山などで修行を積む。
　渡宋し曹洞宗を学び、帰国後日本にこれ
　を広め、波多野義重の誘いにより越前に
　永平寺を開いた。多くの哲学者が興味を
　抱いた仏法者が、時代と格闘しながら
　試行錯誤の末に辿り着いた思想に迫る。

◇図解 早わかり！ 道元と曹洞宗　中野東禅
　監修　三笠書房　（知的生きかた文庫）
　2014.5　①978-4-8379-8262-3

＊そもそも「禅」とは、どういう教えか？
　一行三昧―ムダに考えない。ただ坐る。

◇道元禅師伝記史料集成　吉田道興編著
　あるむ　2014.1　①978-4-86333-072-6

◇倉橋羊村選集　第3巻　評伝2　倉橋羊村
　著　本阿弥書店　2013.12
　①978-4-7768-1051-3
　＊道元／禅僧・山頭火／私説 現代俳人像

◇道元読み解き事典　大谷哲夫編著，佐久間
　賢祐，菅原研州，竹村宗倫執筆　柏書房
　2013.12　①978-4-7601-4318-4
　＊坐禅は、悟りの手段ではなく、悟りその
　ものである。「只管打坐」の精神に触
　れ、「正法眼蔵」の真髄に迫る。道元の
　生涯、教え、著作、名言のほか、ゆかり
　の史跡、永平寺の禅修行、世界に広まる
　禅文化など、あらゆる事柄を掲載。写
　真・図を多数収録、用語集付き。

◇あなたの知らない道元と曹洞宗　山折哲
　雄監修　洋泉社　（歴史新書）　2013.7
　①978-4-8003-0187-1

◇道元と曹洞宗がわかる本　大法輪閣編集
　部編　大法輪閣　2013.1
　①978-4-8046-1344-4
　＊見返りを求めず、今・ここに全力を尽く
　すこと、愛語や立ち居振る舞いの大事さ
　を説いた道元。その信仰と教えから、思
　想・名言、『正法眼蔵』、曹洞宗の歴史、
　他宗との違い、禅寺案内、お経、葬儀の
　中身、坐禅の仕方等々を平易に解説。

◇道元入門　角田泰隆著　角川学芸出版
　（〔角川ソフィア文庫〕）　2012.11
　①978-4-04-408906-1
　＊貴族に生まれた道元は、朝廷と幕府の
　権力抗争のさなか13歳で仏門に入る。
　のち仏教界の乱れた風潮を憂い、真の
　仏祖を求めて中国へ。人生の師との出
　会い、厳しい修行を経て「只管打坐（た
　だひたすら坐禅すること）」に悟りを得
　る―。中国での僧たちとのやり取りを
　会話形式でわかりやすく紹介。激動の
　鎌倉期に武士をはじめ多くの信者を集
　め、坐禅を実践。『正法眼蔵』ほか多く
　の著作を遺した巨人の生涯や思想・現
　代的意義に迫る。

道元

◇日本の仏教を築いた名僧たち　山折哲雄，
大角修編著　角川学芸出版，角川グルー
プパブリッシング〔発売〕　（角川選書）
2012.7　①978-4-04-703510-2
＊日本に密教を伝えた弘法大師・空海、弥
陀の信仰に生きた親鸞、生活そのもの
が仏道だと説いた道元―。釈迦の教え
を実践し、真理を求めつづけた名僧た
ちは、何を伝えたのか。日本人の思想
や倫理観にまで、大きな影響を及ぼし
た日本仏教の宗祖8人をはじめ、時代を
代表する58人の名僧たちをコンパクト
に紹介。その生涯と教え、代表的な著
作から、日本の仏教を一望する。

◇道元―絵でみる伝記 日本仏教の開祖たち
梅田紀代志作　PHP研究所　2011.9
①978-4-569-78168-6
＊真の仏法においては、修行と悟りは一
つであり、等しいものである。座禅こ
そ仏法の正門であり、その極意は「只管
打坐」である。悟りを求める心すら消
し去って、ただ座禅を組み、わが身と心
を放りだし、仏のもとに投げ入れてし
まえば、仏の側から導きがある。―真
実を求め、曹洞禅を日本に伝えた求道
者・道元の生涯をたどります。

◇道元禅師の話　里見弴著　岩波書店　（岩
波文庫）　2011.8　①4-00-310607-5
＊道元についても、禅宗についても、「幼
児に等しい無智」であった著者が、ふと
した機縁でこの巨人の生涯と格闘するこ
とになる。文献を渉猟し、自分の頭で読
み解いてゆく―。禅師七百回忌の「饅頭
本」で終らせないためにも「見て来たよ
うな嘘」だけはつかない、と語る作家里
見弴（1888‐1983）の描く道元禅師像。

◇道元　和辻哲郎著　河出書房新社　（河出
文庫）　2011.5　①978-4-309-41080-7
＊この文章によって、道元は自ら開いた
曹洞宗の宗門を超え、日本思想の根幹
をなす哲学者となった、記念碑的な文
献である。坐禅の最重要性を説く『正
法眼蔵』を正面から掘り下げ、日本人の
精神生活の基底をなす仏教の普遍性を
考察する。和辻倫理学の集大成『日本
精神史研究』の核心部を大きな活字で
独立させる入門書。

◇詳解 道元と曹洞宗　佐々木俊道監修　学
研パブリッシング　（宗教書ライブラ
リー）　2010.9　①978-4-05-404703-7
＊ことばにも文字にもよらない教え「禅」。
道元禅師が教えるこの「禅」の本質とは
いったい何なのか。禅師の思想と雲水
たちの修行の姿を通し、曹洞宗がわれ
われに示す禅の智慧を解き明かす。

◇Zen 道元の生き方―「正法眼蔵随聞記」か
ら　角田泰隆著　日本放送出版協会
2009.6　①978-4-14-081378-2
＊「自己へのとらわれこそ苦悩の本質」と
見極め、自己への執着から脱すべく厳
しい修行を行う道元。坐禅に打ち込む
「只管打坐」、修行と証りは同じ「修証一
等」を掲げ、自己を忘れる「身心脱落」
の境地から真実の仏法を説く。弟子の
懐奘の手控え『正法眼蔵随聞記』をもと
に、道元の禅の世界をやさしく解説。

◇目からウロコの道元と禅宗　佐々木俊道
監修　学習研究社　（わたしの家の宗教シ
リーズ）　2006.3　①4-05-402987-6
＊釈迦が、手にした蓮華を拈ったことから
始まったという「禅」。ことばにも文
字にもよらないこの教えは、われわれ
に、いったい何を示そうとしているの
か？　曹洞宗と臨済宗の教えや実践を通
し、日本人の文化と精神に深く根を下
ろす禅宗の心を探る。

◇旅でみんな大きくなった　下　立松和平
著　日本放送出版協会　（NHKシリーズ
NHKカルチャーアワー）　2004.7
①4-14-910527-8

◇道元の跫音　倉橋羊村著　北溟社
2004.2　①4-89448-447-1

◇道元禅師と修証義―その生涯と教えに学
ぶ　大法輪閣編集部編　大法輪閣
2003.6　①4-8046-1196-7
＊江戸時代の名僧・黄泉無著作の「永平道
元禅師行状図」を基にしたイラストに
解説を付した『道元禅師伝』と、禅師の
主著『正法眼蔵』中から珠玉の語句を選
んで在家向けに編んだ『修証義』をやさ
しく説く。

◇道元を語る　伊藤玄二郎編　かまくら春
秋社　2003.4　①4-7740-0228-3

教科書に載った日本史人物1000人　**433**

◇日本人 魂のデザイナー—親鸞・道元・日蓮 本間俊太郎著 心泉社 2002.12 ①4-916109-43-0
＊親鸞・道元・日蓮は、祈りと禅定実践と利他行、日本人の生活哲学を作った。

◇鎌倉仏教—親鸞・道元・日蓮 戸頃重基著 中央公論新社 （中公文庫BIBLIO）2002.11 ①4-12-204126-0
＊乱世の厳しさが「信心」を決定させた中世の社会的背景を捉えつつ、体験的に仏教を追求し、新しく法灯を掲げた、親鸞の叙情的人間性と愛欲の葛藤、道元の深い論理の思索、日蓮の苛酷な受難の生涯にみる自己形成への奮闘と彼らの信仰の諸相を比較検討する。

◇道元と曹洞宗—北陸「禅の道」 北国新聞社 2002.9 ①4-8330-1258-8
＊ひたすら坐禅に打ち込み、「只管打坐」を唱えた道元。その正伝の仏法は、北陸の地を舞台にいかに受け継がれ、全国に広まっていったか。

◇西嶋和夫正法眼蔵を語る 弁道話 藤田昌三編 金沢文庫 2002.7 ①4-87339-116-4
＊難解な正法眼蔵をわかりやすい言葉と表現で明確に解説。弁道話の巻。

◇道元禅師旧蹟紀行 増補改訂版 小倉玄照著 誠信書房 2002.6 ①4-414-10117-4

◇新道元禅師伝研究 中世古祥道著 国書刊行会 2002.5 ①4-336-04426-0
＊先に刊行した『道元禅師伝研究』正・続に収載しきれなかった論考、およびその刊行後に認めたものなど、既発表のもの十二篇、未発表のもの二十一篇をまとめた書。

◇永平の風—道元の生涯 大谷哲夫著 文芸社 2001.10 ①4-8355-3017-9
＊道元は迷った。そして…。気高く、純真で孤高な禅師・道元の求道の旅を、巧緻に、そして大胆に描く一大絵物語。激動の鎌倉時代、ひとりの生き様が750年の時を超え、混迷の現代を斬る。

◇〈マンガ〉道元入門—真の仏法を求めた魂の軌跡 大竹叶晃画、中野東禅監修、白取春彦原作 サンマーク出版 （サンマーク文庫） 2001.1 ①4-7631-8121-1
＊「悟り」とは？「仏法」とは？真の仏法を求めた魂の軌跡。道元の思想と生涯を的確に描いた書。宗教コミックシリーズ。

◇道元禅師物語—人生は道場なり 新装版 赤根祥道著 東方出版 2000.10 ①4-88591-687-9
＊「是処即是道場」の人生を生きる、ビジネスマンのための道元禅入門。

▎**東郷平八郎** とうごうへいはちろう
1847〜1934 明治, 大正期の海軍軍人。元帥, 東宮御学文所総裁, 侯爵。日清戦争で英の輸送船を撃沈。日露戦争で露のバルチック艦隊を撃滅。

◇明治期外交官・若松兎三郎の生涯—日韓をつなぐ「白い華」綿と塩 永野慎一郎著 明石書店 2017.10 ①978-4-7503-4578-9

◇日本の偉人物語 1 二宮尊徳 坂本龍馬 東郷平八郎 岡田幹彦著 光明思想社 2017.4 ①978-4-904414-58-3

◇東郷平八郎 田中宏巳著 吉川弘文館 （読みなおす日本史） 2013.12 ①978-4-642-06400-2
＊日本海海戦でロシアのバルチック艦隊を撃破し、世界的名声を得た東郷平八郎。その後二十九年間も、海軍だけでなく陸軍も含めた軍部の重鎮として活躍し、近代日本に影響を与え続けた東郷の実像と史実に鋭く迫った名著。

◇連合艦隊司令長官 東郷平八郎 嶋田耕一著 毎日ワンズ 2012.2 ①978-4-901622-58-5
＊国運を背負った男が土壇場で決行した奇跡の戦術とは。

◇元帥の品格—東郷平八郎の実像 嶋田耕一編著 毎日ワンズ 2007.6 ①978-4-901622-23-3
＊アジアに曙をもたらした男の沈黙に込められた真実。

◇海涛譜—東郷平八郎小伝 小野敬太著 東京図書出版会 2006.4 ①4-86223-019-9
＊世界の大海人・東郷平八郎の八十八年の生涯。

◇東郷平八郎 空白の四年間—対米作戦に向けた日本海軍の足跡　遠藤昭著　芙蓉書房出版　2005.12　①4-8295-0367-X
　＊東郷平八郎の功績は日本海海戦勝利だけではない。4年間の海軍軍令部長時代に将来の対米戦争を見据え、計画した「八八艦隊」構想は国家予算の43%を投じた巨大プロジェクトだった。

◇東郷平八郎—失われた五分間の真実　菊田慎典著　光人社　2005.7　①4-7698-1254-X
　＊東郷平八郎、日本海海戦必勝の秘策！衝撃の真相を初公開！黄海海戦の教訓から編み出された逆列単縦陣・戦略的T字戦法発動の決定的瞬間！戦史の裏側に秘められた真実に迫る話題作。

◇天気晴朗なれども波高し—海の英雄・東郷平八郎　武蔵野二郎著　新風舎　2005.5　①4-7974-6103-9
　＊不出世の海の英雄・東郷平八郎元帥の、知られざる実像に鮮やかに迫った人物評伝の秀作。

◇沈黙の提督—海将東郷平八郎伝　星亮一著　光人社　2001.1　①4-7698-0989-1
　＊その時、日本の命運はこの男の双肩にかかっていた！無名のままに連合艦隊司令長官となり日本海海戦を完勝でかざった寡黙な男—小さく、目立たず、若き日にはむしろ多弁と評されていた名将の素顔とその時代を生き生きと描く。

◇連合艦隊の栄光と悲劇—東郷平八郎と山本五十六　吉田俊雄著　PHP研究所（PHP文庫）　2000.8　①4-569-57445-9
　＊連合艦隊司令長官となった者は、常に「絶対不敗」の十字架を背負っていた。その厳しい使命を遂行するために、男たちはいかに思考を尽くし、戦いに挑んだのか。本書では、この孤高の男たちの代表である、日露戦争の東郷平八郎、太平洋戦争の山本五十六がしるした足跡を辿りながら、日本海軍の栄光と悲劇の歴史ドラマを、臨場感あふれる筆致で鮮やかに蘇らせる。

◇東郷平八郎—明治日本を救った強運の提督　羽生道英著　PHP研究所（PHP文庫）　2000.5　①4-569-57403-3

　＊日露関係の緊張が極限まで高まり、まさに風雲急をつげていた時、海軍大臣・山本権兵衛は、意外な男を、連合艦隊司令長官に抜擢した。それが、本書の主人公・東郷平八郎である。山本は明治天皇に奏上する際、「東郷は、運の良い男ですから」と、起用を理由づけたが、その言葉どうり、明治日本は、命運を彼の強運に賭けたのであった。日本海軍随一の名提督の活躍を描く、長編小説。

◇東郷平八郎　田中宏巳著　筑摩書房（ちくま新書）　1999.7　①4-480-05808-7
　＊日露戦争時の連合艦隊司令長官だった東郷平八郎は、日本海海戦に奇跡的な勝利を収めたあと、東宮御学問所総裁、陸海軍を代表する指導者として近代史に大きな足跡を残した。その生涯は、近代国家としての道を歩み始めた日本の運命を一身に体現したものとなった。一次資料をもとに英雄神話の背景を探り、東郷の実像とその時代を描いた本格的評伝。

◇東郷平八郎—近代日本をおこした明治の気概　岡田幹彦著　展転社　1997.5　①4-88656-138-1
　＊日露戦争の勇者、東郷平八郎。列強は偉大な海軍提督と仰ぎ植民地の国々は独立の夢を育んだ。日本の誇るべき英雄の一代記。

◇東郷平八郎　中村晃著　勉誠社　1996.11　①4-585-05024-8
　＊幕末の島津藩は、揺れ動いていた。島津斉淋の毒殺、英国との戦い、薩長同盟を経て明治維新後に西南の役。東郷平八郎は、激動の薩摩に生まれ、海軍兵士として生きる意志を堅めて行く。東郷は、函館戦争を経験し、天城艦長、呉鎮守府参謀長、常備艦隊司令長官と栄進し、やがてバルチック艦隊との死闘をくりひろげる。作中、乃木将軍と児玉源太郎の203高地の激戦も描かれ、幕末から明治期を舞台に、西郷隆盛・大久保利通・勝海舟・伊藤博文など、明治の群像が活躍する。

◇乃木神社・東郷神社　新人物往来社（神社シリーズ）　1993.10　①4-404-02054-6

◇図説東郷平八郎—目でみる明治の海軍
東郷神社・東郷会　1993.3

◇資料集 いま、なぜ東郷元帥か　高嶋伸欣
編　同時代社　1991.8　①4-88683-256-3
＊1992年度小学校教科書に異変。東郷元
帥登場に至る経過のすべて。子どもた
ちに、何を、どう教えたらいい？

◇東郷平八郎 元帥の晩年　佐藤国雄著　朝
日新聞社　1990.3　①4-02-256121-1
＊日本海海戦の劇的な勝利で、今世紀初
め、日本は大国への切符を手にした。そ
れは同時に、第二次大戦の破局への道
でもあった。生涯現役、"生ける軍神"と
して歴史に君臨した元帥の実像を追う。

◇聖将東郷全伝　国書刊行会　1987.8

◇東郷平八郎のすべて　新人物往来社編
新人物往来社　1986.7　①4-404-01371-X
＊ビジネスマンは東郷平八郎に学べ。—
日本海海戦の名将・東郷平八郎は人間
管理学の天才だった。

東洲斎写楽
とうしゅうさいしゃらく
生没年不詳　江戸時代後期の浮世絵師。

◇写楽—江戸人としての実像　中野三敏著
中央公論新社　（中公文庫）　2016.9
①978-4-12-206294-8

◇写楽の謎—阿波徳島藩の古画と古文書で
暴く〜藩は不祥事として隠蔽〜　田村善
昭著　美術の杜出版　2015.12
①978-4-434-21540-7

◇写楽の深層　秋田巌著　NHK出版
（NHKブックス）　2014.2
①978-4-14-091213-3
＊江戸時代中期の寛政年間、遽然として
姿を現し、数々の名作を描き上げ、忽然
と姿を消した、稀代の浮世絵師・写楽。
その正体は阿波の能役者・斎藤十郎兵
衛に同定されつつあるが、十カ月とい
うあまりにも短い活動期間、代表作「三
代目大谷鬼次の奴江戸兵衛」に顕著な、
あまりにも異様な造形など、創作にま
つわる謎は、まだ多く残されたままに
なっている。ユング派の分析家が写楽
の絵画制作を自己絵画療法の試みとし

て読み直し、写楽の深層に大胆に迫る。

◇「写楽」問題は終わっていない　田中英道
著　祥伝社　（祥伝社新書）　2011.12
①978-4-396-11260-8

◇東洲斎写楽はもういない　明石散人著
講談社　2010.12　①978-4-06-216651-5
＊二十年前、写楽の正体は完全証明され
ていた。超絶の歴史ミステリ、図版を
大幅増補。

◇写楽を追え—天才絵師はなぜ消えたのか
内田千鶴子著　イースト・プレス
2007.1　①978-4-87257-755-6
＊彗星のごとく現われ、わずか一〇カ月で
一四〇枚以上の役者絵などを残した写楽
だが、「なぜ忽然と姿を消したのか？」
の謎はいまだ解かれていない。版元・蔦
屋重三郎との関係、時代背景などから
浮上してきた浮世絵師・豊国との壮絶
な闘いとは…。写楽研究の第一人者が、
新たな「写楽の謎」に挑み徹底検証。

◇梅原猛著作集　11　人間の美術　梅原猛
著　小学館　2002.12　①4-09-677111-2
＊本巻には、上原和氏と著者との企画に
よる学習研究社から発行された『人間
の美術』全十巻のうち、「縄文の神秘」
「平城の爛熟」「バサラと幽玄」「浮世と
情念」の四巻の著者の執筆分（一九八九
‐九一年）と、『芸術新潮』に連載され
た「写楽 仮名の悲劇」（一九八四‐八五
年）の二種の著作を収めた。

◇天海・光秀の謎—会計と文化　改訂版
岩辺晃三著　税務経理協会　2002.10
①4-419-04110-2
＊日本において、複式簿記は、明治時代に
なってから西洋からもたらされたもの
であり、江戸時代の商家にみられる複
式簿記と同じ機構をもった帳簿につい
ては、わが国「固有のもの」と位置付け
られてきた。これがこれまで会計学会
の定説であった。筆者は、その定説と
は異なって、16世紀後半の織田信長の
時代にイタリア式簿記が、日本に伝え
られていたということを「文化論的ア
プローチ」にもとづいて明らかにした。
本書は、「イタリア式簿記の日本伝播説」
についての10年間にわたる著者の一連

東洲斎写楽

の研究成果をとりまとめたものである。

◇東洲しゃらくさし　松井今朝子著　PHP研究所　（PHP文庫）　2001.8　①4-569-57600-1

◇実証写楽は北斎である―西洋美術史の手法が解き明かした真実　田中英道著　祥伝社　2000.8　①4-396-61110-2
　＊写楽と北斎は画風が異なるという固定観念があった。たしかに写楽のそれは役者絵だけであるから、その表情の写実性からは、北斎の美人画のほっそりとした類型性や、北斎漫画的な諧謔的な表情と共通するところがないように見える。が、それは以後、北斎が役者絵というジャンルを扱わなかったからに過ぎない。表現ジャンルが違うのである。だが、写楽が、わずかながら武者絵や相撲絵を描いたことによって、北斎と通底するものが発見できるのである。また写楽の役者絵は、北斎の青年期、春朗を名乗った時代の役者絵の発展形態である、という結論に至らざるをえない。それは形象の類似性と同時に、線の質が共通するからである。写楽の『大谷鬼次』の顔と手と、北斎の『神奈川沖浪裏』の波は、その迫りくる激しい造形感覚では同じなのだ。そのことを読者に説得しようとするのが、この書の目的である。

◇写楽とは誰か？　長瀬修己著　〔長瀬修己〕　2000.5

◇我が祖・写楽　安芸育子著　さぁかす出版部　2000.3　①4-434-00034-9
　＊いつしか写楽の虜になった著者は、おおくの写楽研究書と板屋の歴史をからませながら、写楽の謎を逐った。そしてそれなりの答を得た。板屋の歴史を逐いながら、そこで写楽ごときが「まぼろし」となるのはむべなるかなと思われた。あえて「ごとき」といった。当時浮世絵などは現今ほど高く評価されていなかったからである。ともかくもここでようやく「写楽の謎は解けた」と言挙げすることになった。これは祖先追慕の微志が生んだ大きな副産物であった。本書はその「写楽の実体解明」の為の傍証のかずかずを綴ったものである。

◇真説・写楽は四人いた！　村中陽一著　宝島社　（宝島社新書）　2000.3　①4-7966-1756-6
　＊「写楽」は彼らの〝プロジェクト〟だった！　アニメ世代の新鋭評論家が大胆に推理する「写楽の謎」の謎。

◇能役者・写楽　内田千鶴子著　三一書房　1999.10　①4-380-99209-8
　＊第一人者が挑む、決定的な「写楽考」！写楽は斎藤十郎兵衛である。「能」アイテムをいかに浮世絵に取り入れていたかを実証的かつミステリアスに描く。

◇写楽で阿波徳島藩は震撼した―一藩の浮沈を賭けた危機は封印されていた　田村善昭著　文芸社　1999.7　①4-88737-349-X
　＊写楽の版画制作に阿波徳島藩の御用絵師たちが携わっていた?!矢野栄典博の角力終止之図と相撲絵の相似から東洲斎写楽の正体暴く。寛政五年の讃岐藍の売り出し。それは阿波徳島藩にとって死活問題であった。藩を揺るがす危機に際して、元藩主・蜂須賀重喜はまさに奇想天外な妙策を打ち出した。それは写楽版画によるPR作戦だった。

◇写楽　内田千鶴子著　保育社　（カラーブックス）　1999.5　①4-586-50908-2

◇もうひとりの写楽―海を渡ってきた李朝絵師　李寧熙著　河出書房新社　1998.6　①4-309-90277-4
　＊金弘道は、何故日本にやって来たのか。どこから入り込み、どこを廻ってどこから出国したのか。江戸では何をしていたのか。浮世絵の他に金弘道の名で描いた絵は無かったか。描いたとするとどういう絵か。随行者はいなかったか。いたとするとそれは誰か。そして十返舎一九自身の出自と、金弘道との関係は？　これら疑問への回答が、奇想天外な形式でこの三巻十五丁の絵本「初登山手習方帖」に凝縮されている。

◇東洲斎写楽　大久保純一執筆, 日本アート・センター編　新潮社　（新潮日本美術文庫）　1997.10　①4-10-601541-2

◇東洲しゃらくさし　松井今朝子著　PHP研究所　1997.1　①4-569-55437-7

教科書に載った日本史人物1000人　**437**

◇写楽百面相　泡坂妻夫著　新潮社　（新潮文庫）　1996.10　①4-10-144507-9

◇東洲斎写楽—Sharaku,who？　石森史郎著　五月書房　1996.6　①4-7727-0254-7

◇写楽は歌麿である　増補改訂版　土淵正一郎著　新人物往来社　1995.7　①4-404-02240-9
＊謎の天才画家・写楽が消えて200年ついに解明される写楽の正体。諸資料の精査によって従来の諸説を論破し、新たな視点から写楽が美人画の巨匠・歌麿であることを立証する知的興奮に満ちた衝撃の書。

◇写楽—幻の絵師の正体　決定版　学習研究社　（歴史群像ライブラリー）　1995.3

◇写楽—その隠れた真相　田中穣著　芸術新聞社　1995.2　①4-87586-209-1
＊写楽の毒に魅入られた著者が、かずかずの別人説を打破してついに確信にいたった新説「写楽＝歌麿説」。美術評論家の名において、いまここに明かす新事実。

◇写楽を探せ—謎の天才絵師の正体　翔泳社　1995.2　①4-88135-168-0
＊明治になり、クルトが再び写楽の存在に目をつけた。それまで誰もが思いもよらなかった「肖像画」という視点からである。以後、写楽はあらゆる角度から見つめられ、肉づけられ、「実存」の存在を与えられるようになった。それは、江戸期の蔦屋周辺の人々の不気味な沈黙の静けさと反対に、現代の知識人はあらゆる考証を行い、「写楽」を囂しく論考する。「静」と「動」とが写楽の位置を高め、暗闇の中から光の溢れる高みへと連れだした。しかし、写楽自身の肖像はいまだに描かれていない。

◇写楽よみがえる素顔　定村忠士著　読売新聞社　1995.1　①4-643-94103-0
＊長年の「写楽探し」にピリオド。写楽の絵の「目」は重大な真実を語っていた…。正体探しに結論を下す写楽論の決定版。

◇写楽失踪事件—謎の浮世絵師が十カ月で消えた理由　内田千鶴子著　ベストセラーズ　1995.1　①4-584-18197-7

◇写楽　皆川博子著　角川書店　1994.12

＊江戸の町に忽然と現れた謎の浮世絵師・写楽。天才絵師・歌麿の最大のライバルといわれ、名作を次々世に送り出すと、たった十カ月で消えてしまった"写楽"とは、いったい何者だったのか。ひたむきに夢を追う若き芸術家たちの生き様を描き切った、著者渾身の書下ろし。

◇東洲斎写楽はもういない　明石散人，佐々木幹雄著　講談社　（講談社文庫）　1993.9　①4-06-185481-X

◇写楽百面相　泡坂妻夫著　新潮社　（新潮書下ろし時代小説）　1993.7　①4-10-347204-9

▌東条英機　とうじょうひでき

1884〜1948　昭和期の陸軍軍人，政治家。太平洋戦争開戦時の首相，陸相，内相。軍部独裁体制で戦争遂行。A級戦犯として刑死。

◇東条英機は悪人なのか　鈴木晟著　展転社　2018.6　①978-4-88656-461-0

◇石原莞爾満州合衆国—国家百年の夢を描いた将軍の真実　早瀬利之著　潮書房光人新社　（光人社NF文庫）　2018.3　①978-4-7698-3059-7

◇人間東条英機真新解釈　真砂千広著　〔真砂千広〕　2013.8　①978-4-905296-35-5

◇東条英機と阿片の闇　太田尚樹著　角川学芸出版　（〔角川ソフィア文庫〕）　2012.5　①978-4-04-405805-0
＊日米開戦の是非が問われたとき、東条の思考は、事態の安定化に向け、さらなる既成事実を積み上げていくのみに限られていた。「断じて負けぬ。負けてたまるもんか！」。生真面目で規律至上主義、一度決めたことは迷うことなく実現に全力を傾ける。その根底にあるのは軍組織の保持と共産主義への恐怖、ただその二つ。そして背後には阿片の黒い金が蠢いていた—。戦時宰相「東条英機」と昭和史の闇に迫る、渾身のドキュメント。

◇東条英機　処刑の日—アメリカが天皇明仁に刻んだ「死の暗号」　猪瀬直樹著　文芸春秋　（文春文庫）　2011.12

①978-4-16-743117-4

＊「ジミーの誕生日の件、心配です」焼け跡の記憶もまだ醒めやらぬ昭和23年12月初頭、美貌と奔放さで社交界に知られた子爵夫人の日記は、この謎めいた記述を最後に途絶えた。彼女はいったい何を心配していたのか。占領期の日本にアメリカが刻印した日付という暗号。過去と現在を往還しながら、昭和史の謎を追う。

◇東条英機内閣の1000日―権力が集中した時代の悲劇　森山康平著　PHP研究所　2010.10　①978-4-569-79128-9

＊総理大臣、陸軍大臣、さらには参謀総長。強力な権力を持って政治が行われた日々を、さまざまなエピソードでたどる、力作ドキュメント。

◇東条英機の中の仏教と神道―人はいかにして死を受け入れるのか　東条由布子，福冨健一著　講談社　（講談社＋α新書）2010.7　①978-4-06-272667-2

＊ドイツ人「戦犯」は生に執着し日本人はなぜ凛々しく死んだのか!?死を待つ独房の中で初めて悟った人生の意義。巣鴨拘置所で激しく懊悩し到達した境地とは。

◇東条英機歴史の証言―東京裁判宣誓供述書を読みとく　渡部昇一著　祥伝社　（祥伝社黄金文庫）　2010.7　①978-4-396-31519-1

＊「彼らが戦争に突入した主たる動機は、自衛のためだった」マッカーサーのアメリカ上院での証言は、東条英機が、東京裁判で供述した論旨とまったく同じだった！　埋もれていた、第一級史料に眠る「歴史の真実」に迫る。

◇東条英機―太平洋戦争を始めた軍人宰相　古川隆久著　山川出版社　（日本史リブレット）　2009.12　①978-4-634-54900-5

＊東条英機は、一個の人間としては美点もありましょうが、少なくとも首相としてはいいところがありません。なにしろ気が遠くなるような犠牲と被害を出した大戦争を始めた張本人なのですから。しかも彼を生み出し、彼を活躍させた戦前・戦中の日本の政治も問題だらけ。それだけに執筆も気が重かった。だが、だからこそ、同じ失敗をしな

いようにという意味で、こうした本が書かれる必要もあるのでしょう。

◇東条英機―阿片の闇満州の夢　太田尚樹著　角川学芸出版，角川グループパブリッシング（発売）　2009.11　①978-4-04-621185-9

＊内閣誕生のわずか5年前、2.26事件勃発時には、満州の憲兵隊司令官にすぎなかった男が、なぜ戦時の絶大な権力を手に入れるに至ったのか。共産主義の脅威、内乱勃発の危機、皇室の思惑、そして莫大な阿片の黒い金―。戦時宰相「東条英機」を生み出した背景と要因、その人間像を通して、日本敗戦へ至る道と昭和史の闇を暴く。

◇家族愛―東条英機とかつ子の育児日記・手紙より　東条由布子著　春風出版　2009.1　①978-4-86321-128-5

＊軍人ではなく、父として夫としての東条英機の素顔。若かりし頃の英機、かつ子が二人で綴った育児日記の全文を初公開！　愛しいわが子を想う親の心、互いにいたわりあい、慈しみあう夫婦の姿が刻まれている。現代、忘れられた家族のきずながここにある。

◇東条英機　別冊宝島編集部編　宝島社　（宝島sugoi文庫）　2008.12　①978-4-7966-6810-1

＊太平洋戦争開戦の責任をとるかたちで、A級戦犯として処刑された東条英機。戦後60年を経ても、その刻印は変わらない。しかし、日本人は、彼の本当の素顔をどれだけ知っているのだろうか。本書は、さまざまな角度から真実の東条を求めて、分析したものである。彼の生いたちから東京裁判まで、そしてその歴史的背景までをも追った一冊。彼の真実を知ることで、真の太平洋戦争が見えてくる。

◇平和の発見―巣鴨の生と死の記録　新装復刊　花山信勝著　方丈堂出版，オクターブ〔発売〕　2008.8　①978-4-89480-055-7

＊刑執行まで数時間…。土肥原賢二、板垣征四郎、東条英機が残した言葉は。A級戦犯七名、BC級戦犯二十七名、最期を見届けた著者が語る真実の平和とは。

東条英機

◇東条英機 天皇を守り通した男 福冨健一
著 講談社 2008.7
①978-4-06-214829-0
＊マッカーサーは日本の無実を知ってい
た！―戦争犯罪人の汚名を着せられなが
ら命と引き替えに守った日本人の誇り。

◇歴代総理大臣伝記叢書 第28巻 東条英
機 上 御厨貴監修 ゆまに書房
2006.12 ①4-8433-1806-X,4-8433-2298-9

◇歴代総理大臣伝記叢書 第29巻 東条英
機 下 御厨貴監修 ゆまに書房
2006.12 ①4-8433-1807-8,4-8433-2298-9

◇東条英機と天皇の時代 保阪正康著 筑
摩書房 （ちくま文庫） 2005.11
①4-480-42163-7
＊東条英機とは何者だったのか。感情的
な断罪や讃美を排し、綿密な資料調査
と徹底的な取材を通して、なぜ軍人が
総理大臣となり、戦争へと突き進んで
いったのかを明らかにする。幼少期か
ら軍人の道を歩み始め、やがて戦争指
導者となり、敗戦、東京裁判へといたる
過程と、その人物像をさぐることで、近
代日本の実像へとせまる。あの戦争を
歴史として、冷静かつ正確に認識する
ためにも必読の名著。

◇祖父東条英機「一切語るなかれ」 増補改
訂版 東条由布子著 文芸春秋 （文春文
庫） 2000.3 ①4-16-736902-8
＊「沈黙、弁解せず。一切語るなかれ」を
家族に遺し、東条英機元首相はすべて
の責任を負い処刑台に登った…。戦後
50年、その掟を解き、孫娘がここに記
す東条家の戦中戦後。数々の新事実を
通し、人間東条英機の姿が浮び上る。
映画化（「プライド 運命の瞬間」）の反
響、出版後に寄せられた手紙等を新た
に収録した増補改訂版。

◇東条英機 上巻 亀井宏著 光人社 （光
人社NF文庫） 1998.5 ①4-7698-2194-8

◇東条英機 下巻 亀井宏著 光人社 （光
人社NF文庫） 1998.5 ①4-7698-2195-6

◇東条英機「わが無念」 佐藤早苗著 河出
書房新社 （河出文庫） 1997.11
①4-309-40517-7

＊ついに公表された戦後最大級の資料―
太平洋戦争の勃発時、開戦の最高指導
者であった首相東条英機が、“戦争犯罪
人”として処刑される前に綿密に書き遺
した獄中手記に明快な解説を付す。日
米開戦の真実に新たな光りをあてると
共に、戦争責任、戦犯の意味を問い直す
衝撃の書。

◇祖父東条英機「一切語るなかれ」 岩浪由
布子著 文芸春秋 （文春文庫） 1995.8
①4-16-744902-1

◇東条英機封印された真実 佐藤早苗著
講談社 1995.8 ①4-06-207113-4
＊未公開の「東条手記」が証明する。開戦
決定前夜、天皇親臨「会議」での争点。

◇戦争責任我に在り―東条英機夫人メモの
真実 平野素邦著 光文社 1995.6
①4-334-97106-7
＊勝者による復讐―それが昭和二十一年
から東京・市ヶ谷で始まった極東国際
軍事裁判の実像である。その法廷で、
いっさいの戦争責任は自分にあると主
張したのが東条英機元首相。その結末
は「絞首刑」であった。もちろん、東条
本人も覚悟していたことである。昭和
二十三年十二月二十三日未明、刑場の
露と消えるまで、元首相は何を考えて
いたのか。それを見守った妻、七人の
子供は何を心に刻んだのか。当時、一
新聞記者として、そして敗戦国・日本の
一国民として、裁判と東条家を見つづ
けた筆者が、長年、秘蔵しておいた東条
夫人のメモを初めて明らかにして、戦
後日本の原点に迫る。

◇東条英機「わが無念」―獄中手記・日米開
戦の真実 佐藤早苗著 光文社 1991.11
①4-334-97066-4
＊ついに公表された戦後最大級の資料。
東条英機「大東亜戦争は侵略戦争では
なかった」

◇東条内閣総理大臣機密記録―東条英機大
将言行録 伊藤隆, 広橋真光, 片島紀男編
東京大学出版会 1990.8
①4-13-030071-7
＊本書は、太平洋戦争開戦時から昭和19年
まで首相を務めた東条英機の、16年12

月19日から19年9月21日までの日々の行動（日時と総理のその間の所在・会議など）を、秘書官・鹿岡円平が克明に記録したものを第一部に、また同・広橋真光が時々の首相の言行を記録した"広橋メモ"が収められており、昭和史の貴重な新資料発掘として注目を集めている、各種図書館、昭和史研究家必備の書です。

▎東常縁　とうつねより

1401～1494？　室町時代, 戦国時代の武将, 歌人。下野守益之の子。

◇中世歌壇史の研究―室町前期　井上宗雄著　風間書房　1961

▎東宮鉄男　とうみやかねお

1892～1937　大正, 昭和期の陸軍軍人。大佐。満州（中国東北部）移民の発案・推進者。大和村北進寮を創設。満州の父。

◇植民地帝国人物叢書　58（満洲編 19）　満洲開拓の父東宮大佐と加藤完治　東宮鉄男・加藤完治　加藤聖文編　石原文雄著　ゆまに書房　2012.10　①978-4-8433-3674-8,　978-4-8433-4139-1（set）

◇東宮鉄男伝―伝記・東宮鉄男　東宮大佐記念事業委員会編　大空社　（伝記叢書）　1997.2　①4-7568-0456-X

▎遠山景元　とおやまかげもと

1793～1855　江戸時代末期の幕臣。遠山景晋の子。通称金四郎。

◇遠山金四郎の時代　藤田覚著　講談社　（講談社学術文庫）　2015.8　①978-4-06-292317-0

◇捏造されたヒーロー、遠山金四郎　棚橋正博著　小学館　（小学館101新書）　2010.2　①978-4-09-825069-1
＊時は幕末、天保の世。ご存じ「遠山の金さん」こと北町奉行・遠山金四郎景元は、桜吹雪の諸肌脱いで悪人をこらしめた名奉行のはずが、その実像は大違い。老中・水野忠邦のもと、悪評高い天保の改革をおし進め、庶民を泣かせた

その人だった。それがなぜヒーロー「金さん」となったのか。江戸文化を広く研究する著者は、江戸から明治にいたる時代の波にゆれ動く新たな景元像をあばきだし、「金さん」が桜吹雪を背負うまでを克明に追う。鳥居耀蔵の暗躍、矢部定謙との官僚バトル、次々に打ち出される金融・経済政策の失敗など、今すぐ使える話題も満載。

◇遠山景元―老中にたてついた名奉行　藤田覚著　山川出版社　（日本史リブレット）　2009.10　①978-4-634-54853-4
＊「桜吹雪の彫物をして悪を懲らしめる名奉行」としてよく知られる遠山景元（金四郎）の本当の姿はいかなるものであったのか。この問いに対して、景元がなぜ旗本の就任する最高ポストである江戸町奉行になれたのか、庶民の暮しを直撃し、娯楽を厳しく取り締まった老中水野忠邦の天保改革とよばれる政治改革のなかで、どのような行動をとったのか、また、景元が町奉行とはどのようにあるべきだと考えていたのかを中心に考えてみた。江戸時代後期、十九世紀前半の政治・社会のなかに生きた遠山景元の実像を、史実にそくして明らかにしようとした。

◇遠山金四郎　岡崎寛徳著　講談社　（講談社現代新書）　2008.12　①978-4-06-287974-3
＊新史料が明かす幕臣一家の日常生活とは？ 複雑な親子関係、桜吹雪の入れ墨、遠山裁き、持病、水野忠邦・鳥居耀蔵との対立、晩年の暮らし…。名奉行「遠山の金さん」の実像に迫る。

◇肥前の竜と遠山桜　早瀬晴夫著　新風舎　2003.10　①4-7974-2868-6
＊系譜が語る「真説鍋島騒動」と遠山桜、そのルーツ。

◇（小説）遠山金四郎　童門冬二著　PHP研究所　（PHP文庫）　1997.6　①4-569-57018-6

◇（実説・）遠山の金さん―名町奉行遠山左衛門尉景元の生涯　大川内洋士著　近代文芸社　1996.8　①4-7733-5731-2
＊時代劇の人気者、遠山の金さん。果し

富樫政親

て彫り物をしていたかなどを考証、その生涯を描く。

◇遠山金四郎―物語と史蹟をたずねて　童門冬二著　成美堂出版　（成美文庫）1995.8　①4-415-06425-6
＊奉行所の白洲でパッともろ肌ぬぎになり「桜のイレズミは伊達じゃねぇぞ」と、おなじみ金さんこと遠山金四郎の名調子がさえる。テレビや映画の金さんは裁判官とはこうあってほしいという、庶民の願いが創り出した理想像であろう。酷薄卑劣な取り締まりの天保時代に、庶民が描く理想像に、本当の金さんはどう応えようとしたのか。

◇(小説)遠山金四郎　童門冬二著　日本経済新聞社　1994.5　①4-532-17036-2

◇実説遠山金四郎　清水豊著　遠山金四郎家顕彰会　1992.10

◇遠山金四郎の時代　藤田覚著　校倉書房1992.9　①4-7517-2200-X

▎**富樫政親**　とがしまさちか
1455～1488　室町時代，戦国時代の武将。成春の子、教家の孫。

◇北辰の旗　戸部新十郎著　徳間書店　（徳間文庫）　1996.8　①4-19-890549-5

▎**徳川昭武**　とくがわあきたけ
1848～1910　江戸時代末期，明治期の大名。水戸藩主。1867年パリ万国博覧会の将軍名代。

◇徳川昭武滞欧記録　1　オンデマンド版東京大学出版会　（日本史籍協会叢書）2015.1　①978-4-13-009446-7

◇徳川昭武滞欧記録　2　オンデマンド版東京大学出版会　（日本史籍協会叢書）2015.1　①978-4-13-009447-4

◇徳川昭武滞欧記録　3　オンデマンド版東京大学出版会　（日本史籍協会叢書）2015.1　①978-4-13-009448-1

◇殿様は「明治」をどう生きたのか　河合敦著　洋泉社　（歴史新書）　2014.4①978-4-8003-0379-0

◇プリンス昭武の欧州紀行―慶応3年パリ万博使節　宮永孝著　山川出版社　2000.3①4-634-60840-5
＊激動の幕末期に海外へ旅立った少年がいた！　将軍慶喜の名代としてパリ万国博覧会へ派遣された徳川昭武。異国の文化と生活に驚嘆した少年の新鮮な体験を綴る。

◇徳川昭武幕末滞欧日記　宮地正人監修, 松戸市教育委員会編　山川出版社　1999.5①4-634-52010-9
＊徳川慶喜の実弟で、最後の水戸藩主・徳川昭武が、慶応3年ヨーロッパへ派遣されたときの日本文、仏文の自筆日記とその関係文書。

◇慶応二年幕府イギリス留学生　宮永孝著新人物往来社　1994.3　①4-404-02087-2
＊幕末の海を渡った14人の若きサムライ。彼らは維新後どう生きたか。

◇プリンス・トクガワの生涯―徳川昭武とその時代　戸定歴史館編　松戸市戸定歴史館　1991.11

▎**徳川家定**　とくがわいえさだ
1824～1858　江戸時代末期の江戸幕府第13代の将軍。(在職1853～1858)。12代家慶の子。生まれつき病弱で子のできる可能性がなかったため、将軍継嗣問題が起きることになった。

◇幕末の将軍　久住真也著　講談社　（講談社選書メチエ）　2009.2①978-4-06-258433-3
＊江戸城を不在にし「国事」に自ら奔走した慶喜は、歴代の中できわめて特殊な存在であった。では、将軍がそのように変質した契機はどこにあったのだろうか。そもそも、徳川将軍とはいったい何なのか。儀礼や伝統、先例や慣習といった事柄に着目したときに見えるものとは。伝統社会から近代へと転換する時代の中での家慶・家定・家茂らの実像とその苦闘とは。「権威の将軍」から「国事の将軍」への転換というあらたな視角を打ち立てる、画期的な幕末史研究。

◇続徳川実紀　第3篇　新装版　黒板勝美編吉川弘文館　（新訂増補国史大系）

1999.9　①4-642-00353-3

＊本書は、家康より家治まで徳川氏歴代
将軍の実紀の後を承け、第十一代家斉
より第十五代慶喜に至るまで更に稿を
起したものである。本巻には、今温恭
院殿御実紀より昭徳院殿御実紀万延元
年までを収めた。

徳川家重　とくがわいえしげ

1711～1761　江戸時代中期の江戸幕府第9
代の将軍。(在職1745～1760)。8代吉宗の
長男。生まれつき言語が不明瞭なため、
側用人大岡忠光しか意を受けることがで
きなかったといわれる。

◇徳川将軍の意外なウラ事情　愛蔵版　中
江克己著　PHP研究所　2007.12
①978-4-569-69694-2
＊お世継ぎ問題、変な趣味、庶民を困らせ
た希代の悪法…将軍様の知られざるエ
ピソードがわかる。

◇徳川実紀　第9篇　黒板勝美編　吉川弘文
館　(新訂増補国史大系)　1999.5
①4-642-00349-5
＊本巻は旧輯続国史大系第十四巻の後半
有徳院殿御実紀巻五十三寛保元年より
惇信院殿御実紀附録に至る六十二巻を
収めて、徳川実紀第九巻となし、今ここ
に新訂増補国史大系第四十六巻として
之を公刊す。

◇徳川実紀　第9篇　新訂増補版　黒板勝美
編　吉川弘文館　(国史大系)　1991.6
①4-642-00049-6
＊本書は、徳川家康から10代家治までの
将軍の実紀で、一代ごとに将軍の言行、
逸事などを叙述した付録を付してある。
本巻はその第9編として、有徳院殿御実
紀の後半から惇信院殿御実紀までが収
められている。

徳川家継　とくがわいえつぐ

1709～1716　江戸時代中期の江戸幕府第7
代の将軍。(在職1713～1716)。6代家宣の
子。幼将軍で、実権は前代に続き間部詮
房にあった。

◇徳川将軍の意外なウラ事情　愛蔵版　中
江克己著　PHP研究所　2007.12

①978-4-569-69694-2
＊お世継ぎ問題、変な趣味、庶民を困らせ
た希代の悪法…将軍様の知られざるエ
ピソードがわかる。

徳川家綱　とくがわいえつな

1641～1680　江戸時代前期の江戸幕府第4
代の将軍。(在職1651～1680)。武断政治
から文治政治への転換を図り、諸制度の
整備に努めた。

◇徳川実紀　第4篇　新訂増補版　黒板勝美
編　吉川弘文館　(国史大系)　1991.1
①4-642-00044-5
＊本書は、徳川家康から10代家治までの
将軍の実紀で、一代ごとに将軍の言行、
逸事などを叙述した付録を付してある。
本巻は第4編にあたるもので、厳有院殿
御実紀が収められている。

徳川家斉　とくがわいえなり

1773～1841　江戸時代後期の江戸幕府第
11代の将軍。(在職1787～1837)。一橋家
から将軍になる。在職の初期には、松平
定信主導による寛政の改革が行われ緊縮
財政策をとったが、定信辞職後は自ら政
務を見た。のち側近が政治に介入するな
ど綱紀が乱れ、また家斉自身も豪奢な生
活を送るなど、化政期に文化が爛熟する
素因を作った。12代家慶に将軍職を譲っ
ても、大御所として実権を離さなかった。

◇徳川家に伝わる徳川四百年の裏養生訓
徳川宗英著　小学館　2018.1
①978-4-09-388594-2

◇徳川十一代家斉の真実―史上最強の征夷
大将軍　小泉俊一郎著　グラフ社
2009.10　①978-4-7662-1280-8
＊鬼平、桃太郎侍、必殺仕置き人、遠山の
金さんが活躍…。みんなが知っている
江戸時代はほとんど家斉の時代だっ
た！武家政権700年。源・足利・徳川
33人の将軍中最強の将軍徳川家斉！鎌
倉・室町・江戸時代、政治力・経済力・
文化の絶頂期だった文化文政時代。

◇続徳川実紀　第1篇　改訂増補版　黒板勝
美編　吉川弘文館　(国史大系)　1999.7
①4-642-00351-7

徳川家宣

◇夢幻（ゆめまぼろし）の如く　南条範夫著
徳間書店　（徳間文庫）　1993.4
①4-19-577533-7

徳川家宣　とくがわいえのぶ
1662〜1712　江戸時代中期の江戸幕府第6
代の将軍。（在職1709〜1712）。徳川綱重
の子。元禄時代を現出した5代綱吉の後を
受け、柳沢吉保を退け、代わりに新井白
石、間部詮房らを登用した。生類憐れみ
の令廃止・良貨発行・儀礼整備など、その
治世は「正徳の治」と称された。

◇正徳の治―徳川家宣の生涯　森谷尅暉著
高文堂出版社　2006.6　①4-7707-0756-8

徳川家治　とくがわいえはる
1737〜1786　江戸時代中期の江戸幕府第
10代の将軍。（在職1760〜1786）。9代家重
の長男。田沼意次を登用し、自らは政務
を顧みることが少なく趣味の世界に没頭
した。世嗣家基に急逝され晩年は不幸
だったといわれる。

◇徳川家治の政治に学べ―超近代的手法を駆
使し成功させた景気浮揚・地方分権・財政
健全化・税制改革：緊急提言　後藤晃一著
テーミス　2011.5　①978-4-901331-21-0

◇徳川将軍の意外なウラ事情　愛蔵版　中
江克己著　PHP研究所　2007.12
①978-4-569-69694-2
＊お世継ぎ問題、変な趣味、庶民を困らせ
た希代の悪法…将軍様の知られざるエ
ピソードがわかる。

◇徳川実紀　第10篇　新訂増補版　黒板勝
美編　吉川弘文館　（国史大系）　1991.7
①4-642-00050-X
＊本書は、徳川家康から10代家治までの
将軍の実紀で、一代ごとに将軍の言行、
逸事などを叙述した付録を付してある。
本巻はその第10篇として、浚明院殿御
実紀が収められている。

徳川家光　とくがわいえみつ
1604〜1651　江戸時代前期の江戸幕府第3
代の将軍。（在職1623〜1651）。2代秀忠の
子。弟忠長をおさえ将軍職に。武家諸法

度の改訂・参勤交代の整備など江戸幕府
の基本的な制度を完成させた。幕府の管
理権限を強化したうえで鎖国を実施、ま
たキリシタンの禁圧を進めて島原の乱も
武力で弾圧するなど専制的な面もみせ、
諸大名に幕府への忠誠をもとめた。

◇徳川家光―我等は固よりの将軍に候　野
村玄著　ミネルヴァ書房　（ミネルヴァ日
本評伝選）　2013.9　①978-4-623-06749-7
＊徳川家光。江戸幕府第三代将軍。生い
立ちをめぐる長い悲しみと苦しみを経
て将軍となり、幕府機構を整備する一
方、島原の乱の鎮圧や間断ないキリシ
タン対策などを実施し、幕藩体制の確
立に尽力した家光。本書では、その思
想と行動から、徳川将軍と江戸幕府そ
のものの歴史的性格を解明する。

◇徳川家光―江戸人物伝　加来耕三企画・
構成・監修, すぎたとおる原作, 中島健志
作画　ポプラ社　（コミック版日本の歴
史）　2011.12　①978-4-591-12685-1
＊両親に嫌われ、努力でつかんだ将軍の
座。"生まれながらの将軍"の意外な
素顔。

◇品川を愛した将軍徳川家光―品川御殿と
東海寺 平成21年度特別展　品川区立品川
歴史館編　品川区立品川歴史館　2009.10

◇葵―徳川三代　下　ジェームス三木著
日本放送出版協会　2000.7
①4-14-005335-6

◇徳川家光―三代将軍、葵の御代の治と断
学習研究社　（歴史群像シリーズ）
2000.7　①4-05-602263-1

◇徳川三代のトラウマ　瀬戸環, 中野元著
宝島社　（宝島社新書）　2000.5
①4-7966-1819-8
＊女を愛せなかった家康、権威に盲従し
た秀忠。劣等感に苛まれた家光。これ
まで徳川三代の将軍といえば、タヌキ
の家康、父親の僕の秀忠、名君の家光と
いうイメージであった。本書は、幼少
時代の出来事を中心に、まったく新し
いアプローチで三人の真実の姿に迫っ
ている。いま解き明かされる、将軍た
ちの深層心理。

◇葵―徳川三代　中　ジェームス三木著
日本放送出版協会　2000.3
①4-14-005334-8
＊関ケ原の合戦に勝利をおさめ征夷大将
軍となった家康は、念願の江戸幕府を
開くと厳しい政策と大名支配により盤
石の体制を築き上げる。圧倒的に不利
な状況のなか、豊臣秀頼を戴いた大坂
方は最後の大勝負に出るが…。偉大な
父・家康の背中に息子・秀忠は何を見
たのか。徳川政権の継承という壮大な
ドラマは佳境へ―。

◇徳川三代―家康・秀忠・家光　面白すぎる
博学日本史　鈴木亨著　河出書房新社
（Kawade夢文庫）　2000.2
①4-309-49326-2
＊なぜ江戸は260年もの泰平を謳歌しえた
か？　その秘密は、この三人の将軍に
あった！　日本史上に咲いた「葵」とい
う花。かの将軍たちはいかにして大輪
に育てたのか。初代家康、二代目秀忠、
三代目家光…彼らの野望の軌跡と実像
が見える。

◇小説・徳川三代―家康・秀忠・家光をめぐ
る人々　伊藤三男著　文芸春秋　（文春文
庫）　1999.12　①4-16-738904-5

◇徳川家光―英明・武勇の三代将軍　羽生
道英著　PHP研究所　（PHP文庫）
1999.11　①4-569-57338-X
＊家康、秀忠が苦労して創って来た徳川
幕府の礎は、後を継いだ三代将軍・家光
によって、盤石なものとなった。彼は、
柔軟な思考力を持ち、物事の善悪をよ
く見極め、それを自分の中で十分に咀
嚼し、善しとしたことだけを用いた。
それでこそ、心もとなかった幕政を上
手に熟させることができたものである。
戦乱の世の残り火を消し、泰平の世へ
の道を拓いた男の生涯を描き上げる長
編歴史小説。

◇徳川家光　藤井譲治著　吉川弘文館　（人
物叢書 新装版）　1997.7
①4-642-05206-2
＊家康を祖父、秀忠を父にもつ「生れなが
らの将軍」家光。鬱的症状に悩まされ
ながらも、父秀忠、弟忠長、年寄衆との
軋轢の中で、幕府の組織・機構を確立す

る。武家諸法度・参勤交代制によって大
名を統制。大きく変動する東アジア世界
のなかで鎖国を選択した。その精神を
支えたのは家康への敬神である。新た
な知見を加えつつ、48年の生涯を描く。

◇徳川家光の人間学　童門冬二著　講談社
（講談社文庫）　1988.11
①4-06-184342-7
＊“生まれながらの将軍”であった三代将
軍家光は、家康の事業を発展させ、徳川
300年の礎を築いた名将であった。乱世
から平和に移行する時代に、家光は組
織と人を最大限に生かし、幕藩体制を
整備した。彼を育てた乳母春日局と組
織のリーダー家光をめぐる多彩な群像
の事蹟を鮮かに語る“童門流”人間学。

‖　徳川家茂　とくがわいえもち
　　⇒徳川慶福（とくがわよしとみ）

‖　徳川家康　とくがわいえやす
1542〜1616　安土桃山時代、江戸時代前期
の江戸幕府初代の将軍。（在職1603〜
1605）。幼少時は織田・今川で人質生活を
送る。今川義元が討たれると三河の大名
として独立、織田信長と同盟を結ぶ。信
長の没後は豊臣秀吉に臣従、関東の経営
を任され江戸を本拠とした。秀吉の死後、
関ヶ原に石田三成らを破り、江戸幕府を
創設。晩年大坂城に豊臣氏を滅ぼし幕府
の土台を盤石にした。

◇徳川家康という男　平尾栄滋著　郁朋社
2018.7　①978-4-87302-670-1

◇鎖国前夜ラプソディ―惺窩と家康の「日本
の大航海時代」　上垣外憲一著　講談社
（講談社選書メチエ）　2018.2
①978-4-06-258672-6

◇烈祖成績―四・五・六・七　安積覚著, 岡
崎市立中央図書館古文書翻刻ボランティ
ア会編　岡崎市立中央図書館　2018.2

◇参河記　岡崎市立中央図書館古文書翻刻
ボランティア会編　岡崎市立中央図書館
2018.1

◇徳川家に伝わる徳川四百年の裏養生訓
徳川宗英著　小学館　2018.1

徳川家慶

Ⓘ978-4-09-388594-2

◇超ビジュアル！ 歴史人物伝徳川家康　矢部健太郎監修　西東社　2017.12
Ⓘ978-4-7916-2589-5

◇徳川家康―江戸の幕開け　新装版　松本清張文, 八多友哉さし絵　講談社　（講談社火の鳥伝記文庫）　2017.10
Ⓘ978-4-06-149914-0,978-4-06-941328-5

◇徳川家康と天海大僧正―家康の神格化と天海 家康没後四百年記念特別展　川越市立博物館編　川越市立博物館　2017.10

◇英傑の日本史　西郷隆盛・維新編　井沢元彦著　KADOKAWA　（角川文庫）　2017.8　Ⓘ978-4-04-400233-6

◇徳川家康―境界の領主から天下人へ　柴裕之著　平凡社　（中世から近世へ）　2017.7　Ⓘ978-4-582-47731-3

◇徳川家康　山本博文監修, 備前やすのりまんが作画　KADOKAWA　（角川まんが学習シリーズ　まんが人物伝）　2017.6
Ⓘ978-4-04-103976-2

◇三河時代の家康を考える―美術博物館家康公四百年祭講演録　岡崎市美術博物館編　岡崎市美術博物館　2017.3

◇天下人100の覇道―天下統一を果たした男たちの知恵と覚悟　別冊宝島編集部編　宝島社　2016.12　Ⓘ978-4-8002-6325-4

◇徳川家康―われ一人腹を切て、万民を助くべし　笠谷和比古著　ミネルヴァ書房　（ミネルヴァ日本評伝選）　2016.12
Ⓘ978-4-623-07869-1

◇家康のめざした平和社会―没後四百年を迎えて　川﨑記孝著　川﨑記孝　2016.11

◇家康研究の最前線―ここまでわかった「東照神君」の実像　日本史史料研究会監修, 平野明夫編　洋泉社　（歴史新書y）　2016.11　Ⓘ978-4-8003-1084-2

◇徳川家康―語り継がれる天下人 徳川家康没後400年記念 特別展　埼玉県立歴史と民俗の博物館編　埼玉県立歴史と民俗の博物館　2016.10

◇烈祖成績―序・一・二・三　安積覚著, 岡崎市立中央図書館古文書翻刻ボランティア会編　岡崎市立中央図書館　2016.10

◇徳川家康の名言―最後に必ず勝つ理由　小野小一郎著　アイバス出版　2016.9
Ⓘ978-4-86113-665-8

◇徳川家臣団の謎　菊地浩之著　KADOKAWA　（角川選書）　2016.9
Ⓘ978-4-04-703598-0

◇徳川家康大全　小和田哲男著　ロングセラーズ　2016.7　Ⓘ978-4-8454-0982-2

◇徳川家康―その政治と文化・芸能 徳川家康没後四百年記念論文集　笠谷和比古編　宮帯出版社　2016.6
Ⓘ978-4-8016-0047-8

◇徳川家康と日光東照社　田邉博彬著　随想舎　2016.5　Ⓘ978-4-88748-324-8

◇完全図解！ 歴史人物データファイル　3　徳川家康　小和田哲男監修　ポプラ社　2016.4　Ⓘ978-4-591-14866-2,
978-4-591-91582-0

◇ひらつかの家康伝説―由緒と地域 春期特別展　平塚市博物館　2016.3

◇神君家康―「東照宮縁起絵巻」でたどる生涯 テーマ展　大阪城天守閣　大阪城天守閣　2016.3

◇徳川家康公顕彰四百年記念事業事業報告書―四百年の時を超えて　徳川家康公顕彰四百年記念事業推進委員会　2016.3

◇家康伝説の嘘　渡辺大門編　柏書房　2015.11　Ⓘ978-4-7601-4645-1

◇徳川家康天下取りへの道―家康と遠江の国衆 浜松市博物館特別展 徳川家康公顕彰四百年記念事業　浜松市博物館編　浜松市博物館　2015.11

◇家康その一言―精神科医がその心の軌跡を辿る　静岡県文化財団　（しずおかの文化新書　地域をめぐる知の冒険）　2015.5
Ⓘ978-4-905300-18-2

▎徳川家慶　とくがわいえよし

1793～1853　江戸時代末期の江戸幕府第12代の将軍。(在職1837～1853)。11代家斉の次男。大御所家斉の死後、水野忠邦に天保の改革を実施させた。ペリー来航

後に死去。

◇幕末の将軍　久住真也著　講談社　（講談
社選書メチエ）　2009.2
①978-4-06-258433-3
＊江戸城を不在にし「国事」に自ら奔走し
た慶喜は、歴代の中できわめて特殊な存
在であった。では、将軍がそのように変
質した契機はどこにあったのだろうか。
そもそも、徳川将軍とはいったい何な
のか。儀礼や伝統、先例や慣習といっ
た事柄に着目したときに見えるものと
は。伝統社会から近代へと転換する時
代の中での家慶・家定・家茂らの実像と
その苦闘とは。「権威の将軍」から「国
事の将軍」への転換というあらたな視
角を打ち立てる、画期的な幕末史研究。

▍徳川綱吉　とくがわつなよし

1646～1709　江戸時代前期, 中期の江戸幕
府第5代の将軍。(在職1680～1709)。3代
家光の末子。4代家綱の死後将軍となる。
初期は信賞必罰を旨とする「天和の治」と
呼ばれる政治を行ったが、後期は柳沢吉保
を登用した側用人政治となり、生類憐れ
みの令や貨幣の改鋳など悪政も多かった。

◇犬将軍―綱吉は名君か暴君か　ベアトリ
ス・M.ボダルト＝ベイリー著, 早川朝子
訳　柏書房　2015.2
①978-4-7601-4492-1

◇江戸時代の古文書を読む―元禄時代　徳
川林政史研究所監修, 竹内誠, 深井雅海,
須田肇, 太田尚宏著　東京堂出版　2002.6
①4-490-20465-5
＊元禄時代とは、どういう時代であった
のか当時の史料を読みながら、その実
相に迫る。

◇御当代記―将軍綱吉の時代　塚本学校注,
戸田茂睡著　平凡社　（東洋文庫）
1998.11　①4-582-80643-0
＊犬公方徳川綱吉が天下を支配した元禄
時代は、果たして太平謳歌の世であっ
たのか。生類憐れみの諸令の実態から、
『忠臣蔵』で知られる浅野長矩の刃傷事
件まで。第一級の同時代史料。

◇黄門さまと犬公方　山室恭子著　文芸春秋
（文春新書）　1998.10　①4-16-660010-9

＊かたや修史事業に力を尽し理想の名君
と讃えられてきた水戸光圀。こなた生
類憐れみの令により稀代の暗君と罵倒
される徳川綱吉。ほぼ同じ時代を生き、
ともに三男坊でありながら主座に就く
ことになった両者なのに、後世の評価
に天と地ほどの落差が生じるとは―。
ふたりの運命を分けたものは何だった
のか。史料の森に踏み入り手さぐりで
見つけた真の姿が、三百年の時空を超
えて今、立ち上がる。

◇徳川綱吉　塚本学著　吉川弘文館　（人物
叢書 新装版）　1998.2　①4-642-05210-0
＊犬公方・綱吉は名君か暗君か、それとも
単なる偏執狂だったのか。在世中以来、
綱吉は政策と個人の嗜好とが同一視
されてきた。取締と処罰の厳しさで怖れ
られた生類憐みの令、側用人柳沢吉保
の寵用、儒学尊重などは、徳川政権のど
んな矛盾を打開しようとした結果だっ
たのか。毀誉褒貶の雑説にまみれた、
日本史上、最も評価の分れる将軍の生
涯を描く。

◇ケンペルと徳川綱吉―ドイツ人医師と将
軍との交流　ベアトリス・M.ボダルト・
ベイリー著, 中直一訳　中央公論社　（中
公新書）　1994.1　①4-12-101168-6
＊ケンペルの名は、元禄時代の日本の貴
重な記録者として有名であるが、彼の
日本あるいは徳川綱吉への共感と好意
は、彼が日本到着以前に、ドイツからス
ウェーデン、ロシア、中東、東南アジア
を経巡ることによって生まれたともい
える。本書は、ケンペルの人生を、来日
以前の研究旅行の時期、将軍との出会
いを頂点とする日本での諸見聞の時期、
帰国後不遇の生活の中で著述を纏める
時期と分けて、人間ケンペルの全貌を
描くものである。

◇徳川実紀　第6篇　新訂増補版　黒板勝美
編　吉川弘文館　（国史大系）　1991.3
①4-642-00046-1
＊本書は、徳川家康から10代家治までの
将軍の実紀で、一代ごとに将軍の言行、
逸事などを叙述した付録が付されてい
る。本巻には、徳川綱吉の実紀が収め
られている。

教科書に載った日本史人物1000人　**447**

徳川斉昭

徳川斉昭　とくがわなりあき

1800〜1860　江戸時代末期の大名。水戸藩第9代藩主。藩政改革を実行、ペリー来航に際しては尊王攘夷を主張した。井伊直弼と対立し、安政の大獄では蟄居を命じられた。

◇幕末の魁、維新の殿─徳川斉昭の攘夷　小野寺龍太著　弦書房　2012.8　Ⓘ978-4-86329-078-5
＊維新の実現に最も貢献したのは誰か。"攘夷"という主義に殉じた水戸藩からみた異色の幕末維新史。

◇幕末日本と徳川斉昭─平成20年度特別展　茨城県立歴史館編　茨城県立歴史館　2008.10

◇尊王攘夷の旗─徳川斉昭と藤田東湖　童門冬二著　光人社　2004.7　Ⓘ4-7698-1198-5

◇水戸烈公と藤田東湖『弘道館記』の碑文　但野正弘著　水戸史学会　（水戸の碑文シリーズ）　2002.8　Ⓘ4-7646-0261-X
＊『弘道館記』の原文と書き下し文・平易な現代語訳と語釈。「弘道館」創設と『弘道館記』の成立事情を説き明かす。日本を愛した英国貴族出身の本尊美利茶道博士の英訳文を付載。

◇水戸の斉昭　新装　瀬谷義彦著　茨城新聞社　2000.6　Ⓘ4-87273-137-9
＊尊王攘夷思想の発信基地となった水戸藩の藩主として、大老井伊直弼の幕政に異を唱え、真っ向勝負を挑んだ徳川斉昭。その波乱に満ちた生涯を克明にたどり、人間斉昭の光と影を描きだした本格評伝。待望の復刊。

◇父より慶喜殿へ─水戸斉昭一橋慶喜宛書簡集　大庭邦彦著　集英社　1997.11　Ⓘ4-08-781156-5
＊新発見！　徳川慶喜家に伝わるFather's Letter125通の手紙。

◇烈公水戸斉昭　高野澄著　毎日新聞社　1997.5　Ⓘ4-620-31176-6
＊「何かをやってくれる人物」として尊皇攘夷派志士の熱い期待を受けて登場した"水使の烈公"。明治維新は斉昭から始まった。

◇徳川斉昭・伊達宗城往復書翰集　河内八郎編　校倉書房　1993.2　Ⓘ4-7517-2260-3

徳川秀忠　とくがわひでただ

1579〜1632　安土桃山時代, 江戸時代前期の江戸幕府第2代の将軍。(在職1605〜1623)。家康の3男。将軍職を譲られたが、しばらくは実権は大御所家康にあった。家康の死後、武家諸法度や禁中並公家諸法度など法制を整備し幕府制度の充実に力を注いだ。

◇徳川秀忠─江が支えた二代目将軍　福田千鶴著　新人物往来社　2011.2　Ⓘ978-4-404-03980-4
＊徳川秀忠とは？　偉大なる徳川家康を父にもつ徳川幕府2代目将軍。関ヶ原合戦での遅参という大失態や、多産な妻・江の尻にしかれていたという逸話から、その業績は正しく評価されず、歴代将軍のなかでもめだたない存在であった。ながく「凡庸な将軍」というレッテルがはられてきたが、3代家光に将軍職をゆずってからも天下人・大御所として活躍した。その実像に迫る。

◇徳川秀忠とお江　星亮一著　学研パブリッシング　（学研M文庫）　2010.10　Ⓘ978-4-05-900657-2
＊関ケ原合戦への遅参や、初代・家康と三代・家光に挟まれて、凡庸と思われがちな二代将軍・徳川秀忠。しかし江戸幕府の体制を確立したのは、間違いなく秀忠の功績だ。偉大なる父の陰で万事に消極的な秀忠を変えたのは、年上の妻・お江だった。父・浅井長政と母・お市の方の非業の死を経験したお江は、なにより平和を渇望していた。次第に次期将軍の自覚を高めていく夫と、天下泰平を夫に託した妻。側室を持たず恐妻家として知られた秀忠夫婦の軌跡を描く。

◇葵─徳川三代　下　ジェームス三木著　日本放送出版協会　2000.7　Ⓘ4-14-005335-6

◇徳川三代のトラウマ　瀬戸環, 中野元著　宝島社　（宝島社新書）　2000.5　Ⓘ4-7966-1819-8
＊女を愛せなかった家康、権威に盲従し

徳川秀忠

た秀忠。劣等感に苛まれた家光。これまで徳川三代の将軍といえば、タヌキの家康、父親の僕の秀忠、名君の家光というイメージであった。本書は、幼少時代の出来事を中心に、まったく新しいアプローチで三人の真実の姿に迫っている。いま解き明かされる、将軍たちの深層心理。

◇葵―徳川三代　中　ジェームス三木著
日本放送出版協会　2000.3
①4-14-005334-8
＊関ケ原の合戦に勝利をおさめ征夷大将軍となった家康は、念願の江戸幕府を開くと厳しい政策と大名支配により盤石の体制を築き上げる。圧倒的に不利な状況のなか、豊臣秀頼を戴いた大坂方は最後の大勝負に出るが…。偉大なる父・家康の背中に息子・秀忠は何を見たのか。徳川政権の継承という壮大なドラマは佳境へ―。

◇徳川三代―家康・秀忠・家光　面白すぎる博学日本史　鈴木亨著　河出書房新社
（Kawade夢文庫）　2000.2
①4-309-49326-2
＊なぜ江戸は260年もの泰平を謳歌しえたか？　その秘密は、この三人の将軍にあった！　日本史上に咲いた「葵」という花。かの将軍たちはいかにして大輪に育てたのか。初代家康、二代目秀忠、三代目家光…彼らの野望の軌跡と実像が見える。

◇小説・徳川三代―家康・秀忠・家光をめぐる人々　伊藤三男著　文芸春秋　（文春文庫）　1999.12　①4-16-738904-5

◇徳川秀忠―「凡庸な二代目」の功績　小和田哲男著　PHP研究所　（PHP新書）
1999.12　①4-569-60859-0
＊天下分け目の関ヶ原合戦に遅れ、将軍就任直後も実権を握れなかった秀忠。偉大な父・家康と子・家光との狭間でとかく存在感が薄いといわれてきた秀忠は本当に「凡庸な将軍」なのか？　当時まだ健在だった畿内の豊臣方を押さえ、江戸支配を確固たるものにした二元政治。円滑な政権交代を視野に入れた有力大名への容赦のない改易と取りつぶし。本書は、幕藩体制二百六十年の礎を築い

た秀忠のこのような施策を丹念な史料検証を通して究明し、律儀で実直なだけではない「二代目」秀忠の実像を描く。

◇小説徳川秀忠　童門冬二著　成美堂出版（成美文庫）　1999.11　①4-415-06832-4
＊二代将軍秀忠は初代家康と三代家光のあいだをつなぐブリッジ（橋）の役目を見事に果たした。独自の政策と人材活用で、初代家康の創業した徳川幕藩体制の基礎を確固たるものとして、三代家光へと政権をバトンタッチした。関ケ原遅参などで、後世評価の低かった二代将軍の守成と革新に新たな角度からスポットライトをあてる。

◇徳川秀忠―徳川政権の礎を築いた男　百瀬明治著　PHP研究所　（PHP文庫）
1999.10　①4-569-57328-2
＊創業の家康に対して守成の家光。二人のあいだに挟まれ、なぜか凡庸なイメージがついてまわる徳川二代将軍秀忠。しかし、秀忠は律儀で実直だけがとりえの、凡庸な男であったのだろうか。果敢な改易と粛清、迷いのない禁教令など、じつは秀忠は、家康の遺志を受け継ぎ、看過できない業績を残した将軍だったのである。徳川二百六十年、不動の体制を打ち立てた二代将軍秀忠の生涯を描く力作評伝。

◇小説徳川秀忠　童門冬二著　成美堂出版
1999.8　①4-415-00827-5
＊江戸と駿府の二元政治解消に腐心し、独自の政策と人材活用で、初代家康の覇業を確固たるものにした二代将軍秀忠を再評価する歴史長編。

◇徳川秀忠　上　戸部新十郎著　毎日新聞社　1997.3　①4-620-10565-1
＊大愚か、大賢か？　秀忠の謎。関ケ原合戦に遅参した秀忠軍の本当の狙いは何か。側役花垣半六が見た "愚物" 秀忠の不思議な政治力。

◇徳川秀忠　下　戸部新十郎著　毎日新聞社　1997.3　①4-620-10566-X
＊大愚か、大賢か？　秀忠の謎。"大名は鉢植え" "豊家は抹殺" と漂然と言い放つ秀忠。徳川政権の基礎を築いた二代将軍の正体。

教科書に載った日本史人物1000人　**449**

徳川光圀

◇徳川秀忠─三百年の礎を築いた男　百瀬
明治著　経営書院　1995.10
Ⓘ4-87913-557-7
＊不動の体制を打ち建てた二代将軍の
生涯。

◇徳川秀忠　下　戸部新十郎著　徳間書店
（徳間文庫）　1995.3　Ⓘ4-19-890282-8
＊将軍職を世襲し、磐石政権を天下に見
せつけた秀忠にも、まだ懸念はあった。
一つは、父・家康が貿易の利を求めてキ
リシタン融和策をとったことであり、
もう一つは、大坂の豊臣秀頼の存在で
あった。キリシタンと豊臣家を一挙に
抹殺する、これが秀忠の決断であった。
異教弾圧には京都所司代が乗りだし、
一方、豊臣家取り潰しには、方広寺の鐘
銘問題が浮上した。時代大作完結篇。

◇徳川秀忠　中　戸部新十郎著　徳間書店
（徳間文庫）　1995.2　Ⓘ4-19-890272-0
＊凡将との風評にもかかわらず、秀忠は
着々と徳川家の世嗣としての地位を固
めていた。父・家康は上方を中心とす
る外交面を、秀忠は江戸を主とした内
政面を分担したものの、大坂方の監視
に、二条城の天下普請を強行したのは
秀忠であった。さらに、豊臣秀頼が再
興した方広寺に放火させながら、一方
では、秀頼と千姫との婚儀をすすめる
など、硬軟両面の策謀を巡らせたのも、
秀忠その人であった。

◇徳川秀忠　上　戸部新十郎著　徳間書店
（徳間文庫）　1995.1　Ⓘ4-19-890251-8
＊慶長五年九月、天下を二分した関ヶ原
の決戦に、徳川家康の三男・秀忠は真田
氏攻略に時日を費やし遅参、激怒した
家康との謁見もかなわず、凡将との風
評が立った。だが真相はちがう。万一、
家康が敗れた際、温存した秀忠軍で再
決戦を挑むという家康の遠謀を察知し
たうえでの遅参だったのだ。関ヶ原の
役後、天下に君臨する家康の背後に隠
れながら、秀忠はその本領を発揮しは
じめるのだった…。時代大作第一弾。

◇徳川秀忠　3巻　戸部新十郎著　徳間書店
1992.12　Ⓘ4-19-125038-8
＊公家たちの牙を抜き、キリシタン弾圧、
大坂城＝豊臣家滅亡に向けて秀忠が本

領を発揮。二代将軍秀忠の政治力を描
く大長篇小説。

◇徳川秀忠　2巻　戸部新十郎著　徳間書店
1991.11　Ⓘ4-19-124700-X
＊中納言から大納言へ位を昇った秀忠は、
実力を認められだした。諸国の安定を
計り、豊臣家の後始末へ乗り出す。二
代将軍の人像に迫る大長篇小説。

◇徳川秀忠　1巻　戸部新十郎著　徳間書店
1991.10　Ⓘ4-19-124668-2
＊三万八千の大軍勢を率いて真田攻めに
手こずり、関ヶ原に遅参した秀忠。寡
黙で優柔不断なこの男、愚物なのか大
政治家なのか。

徳川光圀　とくがわみつくに

1628〜1700　江戸時代前期，中期の大名。
水戸藩第2代藩主。学問を奨励、自ら「大
日本史」の編纂にあたり、水戸学を興し
た。「水戸黄門漫遊記」は後世の創作。

◇水戸光圀の余香を訪ねて　続々　住谷光
一著　錦正社　（水戸史学選書）　2017.7
Ⓘ978-4-7646-0131-4

◇徳川光圀─悩み苦しみ、意志を貫いた人
吉田俊純著　明石書店　2015.1
Ⓘ978-4-7503-4127-9

◇水戸光圀　童門冬二著　致知出版社
2013.1　Ⓘ978-4-88474-985-9
＊大日本史を編纂、名君と呼ばれた男の
生涯。

◇徳川光圀─「黄門さま」で名高い水戸藩主
鈴木暎一著　山川出版社　（日本史リブ
レット）　2010.11　Ⓘ978-4-634-54848-0
＊「水戸黄門」こと徳川光圀は、端的にい
えば戦国武将にも比すべき厳しい性格
の人だったと思う。漢詩を作り和歌を
詠み、思想家としても当代第一級の学
識を備える一方、終生武人の矜特と覚
悟を忘れることはなかった。『大日本
史』編纂をはじめとする諸種の文化事
業も、実は、戦場で武勲を輝かす機会の
なくなった太平の時代にあって、自己
の名を後世に残したいと願う強い意志
からでた行為だったのである。

◇水戸光圀は暴れん坊副将軍だった─真説

450　教科書に載った日本史人物1000人

水戸黄門　武山憲明著　ぶんか社　（ぶんか社文庫）　2007.7　①978-4-8211-5109-7
＊江戸幕府に副将軍という役職はなかった。水戸黄門は7人存在した。暴君としての水戸光圀の素顔。「大日本史」編纂の影に隠された人民の苦衷。巷間で伝えられる姿とあまりにかけ離れた水戸光圀の真実の姿を現代に暴き出す衝撃のノンフィクション。

◇徳川光圀　鈴木暎一著　吉川弘文館　（人物叢書　新装版）　2006.11
①4-642-05237-2
＊「水戸黄門」で知られる2代水戸藩主。少年期には非行で家臣にまで不安を与えたが、18歳のとき『史記』伯夷伝を読み発奮、学問を志す。『大日本史』編纂をはじめ多くの文化事業を主宰する一方、徹底した寺社改革や蝦夷地探検も断行。文武兼備の武将たらんとの強固な意志を貫き通した起伏に富む生涯を活写。従来の光圀像を捉え直した本格的伝記。

◇水戸光圀公の考古学―日本の考古学那須に始まる　第12回企画展　栃木県教育委員会，栃木県立なす風土記の丘資料館編　栃木県教育委員会　（栃木県立なす風土記の丘資料館展示図録）　2004.9

◇水戸光圀の『梅里先生碑』　宮田正彦著　水戸史学会　（水戸の碑文シリーズ）　2004.3　①4-7646-0265-2

◇水戸光圀語録―生きつづける合理的精神　鈴木一夫著　中央公論新社　（中公新書）　2002.5　①4-12-101642-4
＊水戸黄門として親しまれている徳川光圀は、たくさんの文章を残した知識人大名である。彼の言行録には名言、至言が数多くあり、混迷の中にある現代にこそ読まれるべき内容を含んでいる。江戸初期に生きた光圀の合理的精神は、人間社会に普遍的なテーマを捉えていたわけだ。「正義感あふれる好々爺」「尊皇思想の権化」といったイメージに惑わされることなく、光圀の言葉に秘められた魅力と説得力を味わっていただきたい。

◇水戸黄門は"悪人"だった　木村哲人著　第三書館　2002.2　①4-8074-0204-8

◇水戸の日本学―義公に学ぶ　続　名越時正著　水戸史学会　2001.3

◇水戸黄門―江戸のマルチ人間・徳川光圀　鈴木一夫著　中央公論新社　（中公文庫）　2000.10　①4-12-203728-X
＊テレビでお馴染みの天下の副将軍・水戸黄門とは実際どのような人物だったのか…。徳川光圀は、御三家水戸家二代を継いだ卓越した政治家であると共に、歴史・思想・教育・出版・料理・旅行等にも力を尽した、江戸のマルチ人間だった。本書は「水戸義公全集」や光圀の書簡・紀行・随筆及び側近者の記録から、歴史の中の光圀像を明かす。

◇水戸光圀　上　村上元三著　学陽書房　（人物文庫）　2000.9　①4-313-75112-2
＊一度は水子として流される運命にありながら、密かに家臣の手で育てられた長丸こと後の光圀。その利発さ、ものに動じないおおらかな気質と、それとはうらはらの周囲の者たちへの細やかな心づかい。市中を歩き、庶民のくらしに接し、けんかや吉原通いに興じつつ、おのれの信ずるものを見つめつづけた若き日の行状の中に名君の片鱗が光る。

◇水戸光圀　中　村上元三著　学陽書房　（人物文庫）　2000.9　①4-313-75113-0
＊兄を差し置いて水戸家を継いだ苦しさから、兄の子を水戸家の世子に定める。自分の子をもうけようとしない光国（光圀）だったが、愛憐を抱いた娘が光国の子を宿す。流せと命じた子を兄の高松藩主頼重が内密のうちに自分の養子として育てる。やがて成人した後、この子が兄の後を継ぐ。名君の下に名臣が生まれるのたとえのごとく、周囲の者たちとの心の交流がつづく。

◇水戸光圀　下　村上元三著　学陽書房　（人物文庫）　2000.9　①4-313-75114-9
＊身をおさめ、家をととのえてこそ人もこれに従う。人間としての迷い、苦悩を超えて将軍をいさめ、家臣を正し、歴史が人の心を打ち、身を修める役に立つと信じて国史編纂に心を傾ける光圀。乱世から治世へと移る中で、領内巡遊、瑕夷地への探検を命じるなど、天下のため、藩政のために衆知を集めた、知と情愛にあふれた人間像を史実をもとに

徳川光圀

描いた感動の名編。

◇水戸光圀の時代—水戸学の源流　吉田俊純著　校倉書房　2000.4　①4-7517-3070-3
＊兄を超えて水戸藩主になった光圀は、これを憂えて兄の子に家督を譲った。そのためには自分の血統の絶えることも辞さなかった。代わりに、光圀は名を伝えることを望んだ。聖人として敬われることを欲したのである。光圀は最高の存在と評価されるべく、つねに努力したに違いない。伝えられるように、道徳的に厳格であり、権威に屈せず、民百姓に仁政を施そうとしたのである。しかし、光圀を神格化したり、人格的に完成した理想的な人物ととらえるのは間違いである。事実としての光圀は、学者としても藩主としても、矛盾に陥り解決できず、悩み苦しんだのである。そして、南朝正統論にしても、農民に検見を委せたことにしても、最終的には独断を押しつけたのであった。光圀は悩み苦しんだ人としてとらえられるべきである。そのほうが真に人間的でもあろう。そうした光圀の学問的業績としては、儒教的な中国文化と武士的な日本文化とは矛盾することを、最初に自覚した人といえるのではないか。以後、水戸学において和漢の折衷は最大の難問となる。

◇水戸黄門異聞　童門冬二著　講談社　（講談社文庫）　2000.2　①4-06-264751-6

◇水戸光圀と京都　安見隆雄著　水戸史学会　（水戸史学選書）　2000.2　①4-7646-0253-9

◇徳川光圀と西山荘　水府明徳会　〔2000〕

◇黄門様の知恵袋　但野正弘著　国書刊行会　1999.11　①4-336-04199-7
＊天災に対する平素からの心構え、組織における人材活用法、長生きする食事法、夫婦円満の秘訣から子供の教育法まで。長年にわたり徳川光圀を研究する著者が、黄門様の含蓄に富んだ「名言」を原文・現代語併記で多数紹介。ほかに、花をこよなく愛した光圀のさまを語る「梅と桜の章」、晩年の活躍ぶりを描く「いきいき晩年の章」を収録。

◇新版 江戸から東京へ　8　小石川　矢田挿雲著　中央公論新社　（中公文庫）　1999.4　①4-12-203404-3
＊後楽園を中心に、徳川頼房、水戸黄門にまつわるかずかずのエピソード、茗荷谷、白山、音羽にのこる史跡・史話、切支丹屋敷をめぐって幕府の異教徒弾圧の歴史を展開するなど、小石川にのこる江戸生活を描き出す。

◇水戸黄門「漫遊」考　金海南著　新人物往来社　1999.1　①4-404-02700-1
＊高貴な人が諸国をめぐって悪代官をこらしめる。おとなり中国・韓国でも『水戸黄門』と同様の話が国民的人気を博していた。しかもその主人公たちは身分のあかしとして"印籠"ならぬ"メダル"を持っていた。テレビドラマの原型となった「水戸黄門漫遊記」成立の謎をアジア史にさぐり、歌舞伎・講談から映画・テレビにいたる発展の足取りをたどる。

◇つくられた明君—光圀、義公そして水戸黄門　鈴木一夫著　ニュートンプレス（Newton Press選書）　1998.10　①4-315-51500-0
＊葵のご紋の印籠をかざして悪代官をこらしめるご存じ"天下の副将軍"に対して、副将軍は存在しなかったなどと目くじら立てるのも野暮なはなし。それより水戸の二代藩主光圀が皇国日本のアイドルに祭り上げられる迄の三百年のドラマは、少々怖いお話。

◇黄門さまと犬公方　山室恭子著　文芸春秋（文春新書）　1998.10　①4-16-660010-9
＊かたや修史事業に力を尽し理想の名君と讃えられてきた水戸光圀。こなた生類憐れみの令により稀代の暗君と罵倒される徳川綱吉。ほぼ同じ時代を生き、ともに三男坊でありながら主座に就くことになった両者なのに、後世の評価に天と地ほどの落差が生じるとは一。ふたりの運命を分けたものは何だったのか。史料の森に踏み入り手さぐりで見つけた真の姿が、三百年の時空を超えて今、立ち上がる。

◇水戸光圀の遺猷　宮田正彦著　水戸史学会　（水戸史学選書）　1998.2　①4-7646-0245-8

◇随想水戸黄門　瀬谷義彦著　ふじ工房
（月刊みとブックレット）　1996.2

◇水戸黄門の世界―ある専制君主の鮮麗な
パフォーマンス　鈴木一夫著　河出書房
新社　1995.10　①4-309-22279-X
＊江戸の偉大なマルチ人間光圀に新しい
光を照射した渾身の歴史ドキュメント。
講談の黄門様、あるいは尊皇と仁政と
いう文脈のみで語られてきた二人の人物
の知られざる全生涯。それを貫く不思
議な発想と行動を、同時代および後代
の膨大な記録から再構築する。

◇（新・）水戸黄門異聞　童門冬二著　講談
社　1995.7　①4-06-207713-2

◇実説水戸黄門　高野澄著　毎日新聞社
1995.6　①4-620-31052-2
＊大名が"名君"であるのは当然のこと、
質実剛健、天下の副将軍として綱吉の
悪政を批判し、大名旗本から庶民にま
で絶大な人気があった黄門光圀。その
知られざる実像に迫る。

◇副将軍天下を糾す―小説・水戸光圀　大
栗丹後著　春陽堂書店　（春陽文庫）
1995.4　①4-394-16118-5
＊"水戸黄門"として親しまれる光圀の波
乱の生涯を、激動の時代を共に生きた
柳生十兵衛・由比正雪・佐倉宗五郎・松
尾芭蕉等々の多彩な人物をからめて描
く長編傑作。

▌徳川慶福　とくがわよしとみ
1846〜1866　徳川家茂（とくがわいえも
ち）とも。江戸時代末期の江戸幕府第14代
の将軍。（在職1858〜1866）。紀伊和歌山
藩主から一橋慶喜を抑えて将軍になる。
公武合体のため皇妹和宮と結婚。英邁な
君主と期待されたが第2次長州征伐の最中
に大坂城で死去。

◇徳川家茂とその時代―若き将軍の生涯
徳川恒孝監修, 徳川記念財団編　徳川記念
財団　2007.1

◇続 徳川実紀　第四編　新装版　黒板勝美
編　吉川弘文館　（新訂増補国史大系）
1999.10　①4-642-00354-1
＊家康より家治まで徳川氏歴代将軍の実紀

の後を承け、第十一代家斉より第十五代
慶喜に至るまで更に稿を起した未定稿。
本巻には、今昭徳院殿御実紀文久元年
正月より慶応二年九月までを収めた。

◇続徳川実紀　第3篇　新装版　黒板勝美編
吉川弘文館　（新訂増補国史大系）
1999.9　①4-642-00353-3
＊本書は、家康より家治まで徳川氏歴代
将軍の実紀の後を承け、第十一代家斉
より第十五代慶喜に至るまで更に稿を
起したものである。本巻には、今温恭
院殿御実紀より昭徳院殿御実紀万延元
年までを収めた。

◇続徳川実紀　第4篇　新訂増補版　黒板勝
美編　吉川弘文館　（国史大系）　1991.11
①4-642-00054-2
＊本書は、徳川家康から10代家治までの
将軍の実紀の続編にあたるもので、家
斉以後のものがまとめられているが、
13代家定以後は史料のみまとめられた。
本巻は昭徳院実紀が収められている。

▌徳川慶喜　とくがわよしのぶ
1837〜1913　一橋慶喜（ひとつばしよし
のぶ）とも。江戸時代末期, 明治期の江戸
幕府15代将軍, 公爵。大政奉還後、水戸に
移り、ついで静岡で長く謹慎生活。

◇その後の慶喜―大正まで生きた将軍　家
近良樹著　筑摩書房　（ちくま文庫）
2017.1　①978-4-480-43422-7

◇徳川慶喜公伝　史料篇1　新装版, オンデ
マンド版　渋沢栄一編　東京大学出版会
（続日本史籍協会叢書）　2016.3
①978-4-13-009570-9

◇徳川慶喜公伝　史料篇2　新装版, オンデ
マンド版　渋沢栄一編　東京大学出版会
（続日本史籍協会叢書）　2016.3
①978-4-13-009571-6

◇徳川慶喜公伝　史料篇3　新装版, オンデ
マンド版　渋沢栄一編　東京大学出版会
（続日本史籍協会叢書）　2016.3
①978-4-13-009572-3

◇秀吉と慶喜―二人の最高権力者 真実か空
想か神のみぞ知る二人の謎に迫る　九王
寺将理著　九王寺将理〔2016〕

徳川慶喜

◇あの世からの徳川慶喜の反論—鳥羽伏見
の戦いの真相を語る　佐藤泰史著　東洋
出版　2014.3　①978-4-8096-7729-8
＊徳川慶喜が語る「鳥羽伏見の戦い」の真
相とは。徳川慶喜の心理を深いところ
まで掘り下げ、現在まで正しいと考え
られていた事の裏側の実相に迫る！ あ
の世の徳川慶喜とのインタビュー形式
で構成されている新しい感覚の歴史書。

◇徳川慶喜　家近良樹著　吉川弘文館　（人
物叢書 新装版）　2014.1
①978-4-642-05270-2
＊徳川慶喜—江戸幕府最後の将軍。討幕
の動きに対抗するが、それが不可能だ
と判断した時点で大政奉還に突如打っ
て出る。鳥羽伏見戦争後、江戸に逃げ
帰り謹慎生活に入ることで歴史の表舞
台から消え、明治・大正時代は趣味の世
界に没頭して過ごした。その複雑な性
格と行動から評価の一定しなかった77
年間の生涯を、新たな研究動向のうえ
に立って描き出す。

◇微笑む慶喜—写真で読みとく晩年の慶喜
戸張裕子著, 河合重子監修　草思社
2013.12　①978-4-7942-2024-0
＊明治35年、66歳の徳川慶喜は、公爵に叙
せられ、ようやくにして名誉回復となっ
た。それから亡くなるまでの十余年、
晩年の慶喜はどう生きたか。多くの写
真を史料から読みとき、慶喜の心境を
推理した「写真帖 晩年の慶喜」。天皇、
元勲、幕末維新の徒、旧幕臣たちとの関
係は。明治華族界を彩り豊かに描く。

◇慶喜のカリスマ　野口武彦著　講談社
2013.4　①978-4-06-218174-7
＊英邁豪胆？ 卑怯臆病？ いったいどっち
だったのか。歴史は時としてひとりの
人物に過剰な役割を負わせる。そのと
き、たしかに彼はカリスマであり、ある
者は熱い希望を託し、ある者は深く警
戒した。しかし、いつしかその行動は
期待を大きく裏切り、あわれでなかば
滑稽な結末を迎える…。それはなぜ
だったのか。幕末の悲喜劇と明治の沈
黙の向こうに日本最大の転形期の姿を
見据えた傑作評伝。

◇徳川慶喜とその時代　相沢邦衛著　文芸

社　2012.10　①978-4-286-12569-5

◇徳川慶喜と渋沢栄一—最後の将軍に仕えた
最後の幕臣　安藤優一郎著　日本経済新
聞出版社　2012.5　①978-4-532-16834-6
＊重大な危機から国をまもるには、時に
権力を譲り渡し、沈黙する、という政治
決断もある。日本の資本主義の父はな
ぜ、"生涯の主君"の伝記編纂に心血を注
いだのか。

◇徳川慶喜との対話—鳥羽伏見戦争の真相
を探る　佐藤泰史著　創成維新史研究会
2012.3

◇徳川慶喜と水戸藩の幕末—『徳川慶喜公
伝』と『昔夢会筆記』を読む　秋山猶正著
茨城新聞社　2011.12
①978-4-87273-267-2
＊徳川慶喜は大政奉還への困難な道程を
いかに歩んだか。晩年の慶喜自身の証
言をもとに、その苦渋に満ちた日々を
克明に綴った渋沢栄一編著『徳川慶喜
公伝』『昔夢会筆記』を一級史料として
精読しつつ、日本史の転換点を創出し
た希有な人物の生きざまを再構築する。

◇徳川慶喜—最後の将軍と明治維新　松尾
正人著　山川出版社　（日本史リブレッ
ト）　2011.9　①978-4-634-54869-5
＊幕末維新の動乱と最後の将軍徳川慶喜。
徳川慶喜は幕府の将来を担うエースと
して期待された。慶喜もそれを自負し、
困難な政局に立ち向かっている。それ
でも内外の危機は、将軍一人の力では
どうにもならない。慶喜は手のひらを
返し、江戸開城を選んだ。静岡に移っ
てからの慶喜の後半生、新しもの好き
の慶喜は趣味の世界を極めようとした。
どこかでつながっていたとしても、二
つの生き方を徹底したのである。

◇慶喜の捨て身—幕末バトル・ロワイヤル
野口武彦著　新潮社　（新潮新書）
2011.2　①978-4-10-610408-4
＊大政奉還は、窮余の一策ではなく、徳川
政権の立て直しを目指す慶喜による捨
て身の大博打だった—。武力倒幕を目
指す薩長を見事に出し抜いた慶喜は、
雄藩諸侯会議のリーダーとして君臨し、
徳川中心の新政権を新たに作り出そう

徳川慶喜

としていた。しかし、慶喜のある判断
ミスにより権力は討幕派の手に落ちる。
果たして慶喜の千慮の一失とは。大政
奉還から王政復古までの五十五日間、
幕末バトル・ロワイヤル最終局面。

◇最後の将軍徳川慶喜の無念―大統領になろ
うとした男の誤算　星亮一，遠藤由紀子著
光人社　2007.2　Ⓘ978-4-7698-1338-5
＊近代的陸海軍を創設、大胆な幕政改革
を実行しつつあった十五代将軍慶喜は、
なぜ近代国家成立の過程で脆くも敗れ、
忘れ去られねばならなかったのか。時
代の奔流に呑み込まれた徳川最後の将
軍の悲劇と、彼を巡る幕末期の男たち
の真実を描く。

◇大政奉還―徳川慶喜　童門冬二著　学陽
書房　（人物文庫）　2006.1
Ⓘ4-313-75212-9
＊世界はどう変わってゆくのか、日本は
どう変わらねばならないか。「最後の将
軍」の先見力と葛藤、大政奉還へ至る経
緯を検証し、ダイナミックに歴史の真相
に迫る。練達の著者による幕末史入門。

◇その後の慶喜―大正まで生きた将軍　家
近良樹著　講談社　（講談社選書メチエ）
2005.1　Ⓘ4-06-258320-8
＊大政奉還後、表舞台から姿を消した徳
川慶喜。最高権力者の座を追われたあ
との四五年とは？　水戸での謹慎から静
岡、東京と居を移したその日常は失意
のなかで営まれたのか、平穏な日々
だったのか？「歴史上の人物」として静
かに生きた男・慶喜の後半生。

◇徳川慶喜　家近良樹著　吉川弘文館　（幕
末維新の個性）　2004.10
Ⓘ4-642-06281-5

◇徳川慶喜家にようこそ―わが家に伝わる
愛すべき「最後の将軍」の横顔　徳川慶朝
著　文芸春秋　（文春文庫）　2003.9
Ⓘ4-16-765680-9
＊「最後の将軍」徳川慶喜の直系の曽孫。
もしかしたら徳川幕府第十八代将軍に
なっていたかもしれない著者だからこ
そ書けた、徳川慶喜家に伝わる秘宝や
逸品の数々のこと、ひいおじいさんの
こと、徳川慶喜家一族のその後、そして

自分のこと。一般庶民にはうかがい知
れない徳川ワールドを軽妙な文章でつ
づった好エッセイ。

◇続徳川実紀　第5篇　新装版　黒板勝美編
吉川弘文館　（新訂増補国史大系）
1999.11　Ⓘ4-642-00355-X
＊本書は家康より家治まで徳川氏歴代将軍
の実紀の後を承け、第十一代家斎より第
十五代慶喜に至るまで更に稿を起した
ものである。家定以後に於いては未定稿
だが、本書には、慶喜公御実紀慶応二年
八月より明治元年閏四月までを収めた。

◇最後の将軍徳川慶喜に想う　鈴木茂乃夫
著　暁印書館　1998.10　Ⓘ4-87015-129-4

◇徳川慶喜評伝　大江志乃夫著　立風書房
1998.7　Ⓘ4-651-75115-6
＊特別書き下ろし作品慶喜評伝の決定版！
読める。見える。慶喜と幕末の激動が。

◇徳川慶喜を紀行する―幕末二十四景　津
川安男著　新人物往来社　1998.3
Ⓘ4-404-02598-X
＊テレビプロデューサーが綴る徳川慶喜
とその時代

◇孤高の将軍徳川慶喜―水戸の子・有栖川
宮の孫に生まれて　桐野作人著　集英社
1998.2　Ⓘ4-08-781157-3
＊水戸家の庶子に生まれた慶喜は、11歳
のとき“将軍の家族”一橋家を嗣ぐ。御
三卿の一橋家とは…？　二人の父―実
父・水戸斉昭と12代将軍・家慶、二人の
母―実母・登美宮吉子（有栖川宮家）と
一橋の義母・東明宮直子（伏見宮家）の
慈愛をうけて成長した9代当主の生活、
父母との交流は…？「攘夷」と「開国」
に揺れる幕末期、将軍後見職に就いて
動乱の京都に赴いた慶喜の政治手腕
は…？　天皇家の血をうけた一人の武家
公子が、討幕の流れの中で“公武一和”
に邁進した孤高の姿を活写する歴史ノ
ンフィクション。

◇図説徳川慶喜　毎日新聞社　（毎日ムッ
ク）　1998.2　Ⓘ4-620-79091-5

◇徳川慶喜　堀和久著　文芸春秋　（文春文
庫）　1998.2　Ⓘ4-16-749505-8
＊幕政二百六十年の幕をみずから下ろさ
ねばならなかった徳川慶喜。しかし、

徳川吉宗

彼は静かに表舞台を去るつもりはなかった。新しい政権を模索し、明日の日本の政体を考えていたのである。そして、その中心にいるのは、慶喜…。時代に挑み翻弄された最後の将軍の幼少から、維新後四十五年の余生を送った晩年まで活写した歴史小説。

◇徳川慶喜の見た明治維新─歴史の激流の中で、その運命の選択　早乙女貢著　青春出版社　（プレイブックス）　1998.2　Ⓘ4-413-01706-4
　＊いまに活かす！　悩める指導者・徳川慶喜の決断─坂本竜馬、勝海舟、西郷隆盛、松平容保…その時、彼らは難題にどう応え、どう動いたのか。

◇徳川慶喜の幕末・明治　童門冬二他著　中央公論社　（中公文庫）　1998.2　Ⓘ4-12-203064-1
　＊家康の再来と期待された英明な将軍・慶喜は、その実力を発揮しないまま徳川幕府三百年の幕を引いた。明治の慶喜は政治の表舞台に出ることなく、多彩な趣味に生きた理想的ともいえる隠居生活を送り、大正二年まで生きた。松戸徳川家の新史料「徳川慶喜家扶日記」等を基に、最後の将軍のその後を追う。

◇最後の公方徳川慶喜─魔人と恐れられた十五代将軍の生涯　佐野正時著　光人社　1998.1　Ⓘ4-7698-0842-9
　＊歴史主義の総本山・水戸家の貴種に生まれ、貴種として育てられ、つねに朝敵の汚名をきせられることを恐れつづけた当代きっての教養人にして雄弁家の苦悩を浮き彫りにする。徳川300年の治世を、時流に抗せずみずから葬り去らなければならなかった男の生涯。

◇徳川慶喜─知れば知るほど　永岡慶之助著　実業之日本社　1998.1　Ⓘ4-408-10259-8

◇徳川慶喜─「最後の将軍」と幕末維新の男たち　堺屋太一ほか著　プレジデント社　1998.1　Ⓘ4-8334-1647-6

◇最後の将軍　徳川慶喜　田中惣五郎著　中央公論社　（中公文庫）　1997.12　Ⓘ4-12-203015-3
　＊源平時代から六百年余続いた武家政権を大政奉還で終わらせ、列強の東アジア進出

という緊迫する情勢のなかで植民地化されることなく新時代を迎え得たのは、慶喜の資質によるところが大きい。生い立ちから幕府滅亡まで、最後の将軍の軌跡と時代を詳細に描く。戦争直前の昭和十四年に執筆された注目の慶喜伝。

◇徳川慶喜─菊と葵に揺れた最後の将軍　学習研究社　（歴史群像シリーズ）　1997.12　Ⓘ4-05-601743-3

◇徳川慶喜─将軍としての幕末、人間としての明治　加来耕三監修・著　光文社　（光文社文庫　グラフィティにんげん謎事典）　1997.12　Ⓘ4-334-72528-7
　＊剛毅、優柔、明晰、怯懦…etc。いま、なお毀誉褒貶相半ばする評価をされる徳川十五代将軍・慶喜。幕府立て直しを命じられながら、一転、大政奉還を決断、自ら幕府を横転させ、その後、世捨て人同然の半生を送った徳川慶喜とはいったいどんな人物だったのか？　豊富な写真、表、マップ等を駆使し、まったく新しい観点からその生涯を見つめ直した画期的一冊。

◇徳川慶喜─物語と史蹟をたずねて　水野泰治著　成美堂出版　（成美文庫）　1997.12　Ⓘ4-415-06483-3

◇徳川慶喜ものしり事典　主婦と生活社　（主婦と生活・生活シリーズ）　1997.12　Ⓘ4-391-60745-X

◇徳川慶喜評判記─同時代人が語る毀誉褒貶　高野澄著　徳間書店　（徳間文庫）　1997.12　Ⓘ4-19-890800-1
　＊水戸藩主徳川斉昭の七男として生まれ、一橋家を継いだ徳川慶喜。十四代将軍を、井伊直弼らの推す紀州・徳川慶福と争い敗れ、安政の大獄によって隠居謹慎を命じられるが、直弼暗殺後、天下の衆望を集めて、一八六六年、ついに十五代将軍となった。が、一年にも満たず大政奉還。勝海舟、渋沢栄一、西郷隆盛、パークス、ロッシュ、山岡鉄舟ら、同時代人との関わりを描き、慶喜の人物像を浮かび上らせた書下し。

▌徳川吉宗　とくがわよしむね
　1684～1751　江戸時代中期の江戸幕府第8

代の将軍。(在職1716〜1745)。徳川宗家の血筋が絶えたため、紀伊和歌山藩主から将軍になった。破綻した幕府財政を立て直すため「享保の改革」を断行。倹約・新田開発・殖産興業につとめ、とりわけ米価の安定に腐心したため「米将軍」と呼ばれた。

◇紀州藩主徳川吉宗―明君伝説・宝永地震・隠密御用　藤本清二郎著　吉川弘文館（歴史文化ライブラリー）　2016.12
①978-4-642-05839-1

◇徳川吉宗と江戸城　岡崎寛徳著　吉川弘文館　（人をあるく）　2014.5
①978-4-642-06781-2
＊紀伊徳川家から八代将軍に選ばれた吉宗。「享保の改革」などの政策や家族関係から、その生涯を辿る。今に残る吉宗ゆかりの史跡を中心に将軍の居城である江戸城を巡り、成立から拡張まで四〇〇年に及ぶ歴史と魅力に迫る。

◇徳川吉宗―日本社会の文明化を進めた将軍　大石学著　山川出版社　（日本史リブレット人）　2012.11　①978-4-634-54851-0
＊江戸幕府八代将軍徳川吉宗が、徳川宗家以外からはじめて将軍になったとき、社会は低成長期にあり、政治の停滞、財政悪化、災害・疫病の発生など厳しい局面を迎えていた。その状況を打開するため、吉宗は、二九年にわたり強力なリーダーシップを発揮し、国家と社会の大規模な改造＝享保改革を断行した。この結果、日本型社会・日本型システムが確立し、社会は大きく合理化・文明化した。吉宗の発した言葉を直接・間接に集め、彼の実像と改革の歴史的意義に迫る。

◇徳川吉宗の人間学―時代の変革期におけるリーダーの条件　新装版　津本陽, 童門冬二著　PHP研究所　2009.9
①978-4-569-77345-2

◇改革を断行した長耳の人・徳川吉宗―平成大改革のリーダーに求められる条件　八尋舜右著　ごま書房新社VM　2009.2
①978-4-341-08400-4
＊吉宗が将軍職を継いだ享保の時代は、現代と同様、危機の時代であった。歴代将軍の放漫財政がたたって、元禄時代以降、幕府経済は窮迫し、旗本に給料を支払えないようなありさまだった。そのような状況にあって、吉宗は"長耳の発想法"とも言うべき独自の情報収集術をもとに、みずから先頭に立ってつぎつぎと改革を行ない、この危機を乗り切る。本書は、享保の改革を支えた吉宗の政治手法とその人となりをわかりやすく述べたものだが、半歩先が読めない時代である現代にも充分に生かされるはずである。

◇家康・吉宗・家達―転換期の徳川家　徳川恒孝監修, 徳川記念財団編　徳川記念財団　2008.2

◇吉宗と享保の改革　改訂新版　大石学著　東京堂出版　（教養の日本史）　2001.9
①4-490-20427-2
＊江戸中期、混迷する幕政の再建をめざした八代将軍徳川吉宗。その人となり、政治的手腕から市井巷間の出来事まで、多彩なエピソード一つ一つを懇篤に解説しながら、「享保の改革」の時代像を鮮明に描き出した、入門書のスタンダード。

◇徳川吉宗・国家再建に挑んだ将軍　大石学著　教育出版　（江戸東京ライブラリー）　2001.3　①4-316-35840-5
＊経済低成長時代の行政改革とは？　近代化への先見性/固い意志/強力なリーダーシップ。吉宗による国家回生化の姿。新しい享保改革像。

◇週刊ビジュアル日本の歴史　no.33　江戸の行革, 暴れん坊将軍・吉宗　3　デアゴスティーニ・ジャパン　2000.10

◇徳川実紀　第9篇　黒板勝美編　吉川弘文館　（新訂増補国史大系）　1999.5
①4-642-00349-5
＊本巻は旧輯続国史大系第十四巻の後半有徳院殿御実紀巻五十三寛保元年より惇信院殿御実紀附録に至る六十二巻を収めて、徳川実紀第九篇となし、今ここに新訂増補国史大系第四十六巻として之を公刊する。

◇大わらんじの男―八代将軍徳川吉宗　3　津本陽著　文芸春秋　（文春文庫）　1998.7　①4-16-731440-1
＊「この都を諸国の掃き溜めにしてなる

徳川吉宗

ものか」。世界最大、人口百万に膨れあがった江戸の都市改造に吉宗は着手した。同時に元禄以降の大量生産、大量消費、大量廃棄の社会構造にもメスを入れていく。「春は花見、秋は月見。遊山の場をつくろうぞ」。殺伐とした民情を和らげ、バランスのとれた国づくりを。吉宗の腐心は続く―。

◇大わらんじの男―八代将軍徳川吉宗　4　津本陽著　文芸春秋　（文春文庫）　1998.7　①4-16-731441-X
＊「まずはよく働いた。望むところには及ばなんだが、六分、いや七分はやり遂げたか」。瓦解寸前の幕府を立て直し、次代に繁栄をつなぐ財政基盤を整えた吉宗は大きく安堵の息をついた。真摯に女性を愛し、政敵難敵を巧みに御し、常に〈公〉に粉骨してきた希代の指導者。その見果てぬ夢と懊悩を雄渾に描破する有終の第四巻。

◇大わらんじの男―八代将軍徳川吉宗　1　津本陽著　文芸春秋　（文春文庫）　1998.6　①4-16-731438-X
＊「なんという星のもとに…」。相次ぐ兄の病死によって、冷飯食いの庶流として生涯をおくるかに見えた吉宗に紀州藩主の座が巡ってきた。「やってやろうではないか」。ゆるみきった綱紀の粛正、腐敗した財政の再建に着手した吉宗は、赫々たる成果をあげていく。大わらんじの巨体と情熱で改革の歩をすすめる男の青春をたどる第一巻。

◇大わらんじの男―八代将軍徳川吉宗　2　津本陽著　文芸春秋　（文春文庫）　1998.6　①4-16-731439-8
＊色黒、あばた面の村夫子は信長以来の傑物ではないか―。紀州藩政を再建した英君の声望はさらに高まりをみせていく。熾烈な跡目争いを勝ち抜き、将軍の座に就いた吉宗は篤実質素な社会を目ざし享保改革を断行。「幕府のみならず日本一国を豊かにしていくのだ」。史上最良の指導者の胸に、新しい国づくりの炎が燃えあがる。

◇徳川吉宗の人間学―変革期のリーダーシップを語る　津本陽、童門冬二著　講談社（講談社文庫）　1998.5　①4-06-263705-7

◇八代将軍吉宗　上　ジェームス三木著　日本放送出版協会　（NHKライブラリー）　1997.9　①4-14-085004-3
＊「徳川御三家」の一つ、紀州徳川家藩主の四男として生まれた源六。兄たちの相次ぐ死により、部屋住みの身で一生を終わるはずの彼は紀州藩主・徳川吉宗となるが、元禄バブルの崩壊で財政の危機に瀕する幕府は、さらなる政治の頂点へと彼を押し上げていく。徳川中興の英主といわれた吉宗の生涯を描いた歴史小説。

◇八代将軍吉宗　下　ジェームス三木著　日本放送出版協会　（NHKライブラリー）　1997.9　①4-14-085005-1
＊「享保の改革」によって財政再建を果たした徳川幕府だが、その政策をめぐって尾張藩主・徳川宗春が反発する。吉宗との対立で尾張藩は窮地に追い込まれ宗春は失脚、さらに吉宗は将軍家の安泰をはかるべく御三卿を設立する。政治家として、また父親として時代を駆け抜けた男の波乱に富んだ生涯を描いた歴史小説。

◇(小説)徳川吉宗　童門冬二著　学陽書房（人物文庫）　1997.2　①4-313-75021-5

◇徳川吉宗と朝鮮通信使　片野次雄著　誠文堂新光社　1996.7　①4-416-99601-2
＊朝鮮の王都・漢城から釜山、対馬、北九州、瀬戸内海、大坂、京都を経て江戸まで、4000余キロメートルの長旅。案内役の対馬藩儒学者・雨森芳洲と八代将軍・吉宗の襲位を賀して来日した第九次朝鮮通信使の製述官・申維翰とのふれあいを軸に、秀吉の朝鮮出兵の戦後処理から、知られざる両国の文化交流を再現する。鎖国の時代に前後12回も来日した「朝鮮通信使」享保年間の善隣外交を描く。著作活動を通して日韓友好に寄与した功績で、大韓民国政府から表彰された著者の話題作。

◇大わらんじの男　4　津本陽著　日本経済新聞社　1995.10　①4-532-17043-5

◇八代将軍吉宗　下　ジェームス三木著　日本放送出版協会　1995.10　①4-14-005202-3

＊思い切った人材登用と徹底した倹約を柱とした「享保の改革」によって幕府の財政は好転した。しかし徳川宗春はこの政策に真っ向から反発、吉宗との決定的な対立は尾張藩を窮地に追い込む。そのころ江戸城内部では次の将軍をめぐって、さまざまな駆け引きが早くも始まっていた。己の道を信じ、真っ直ぐに歩いた男が最後に下した決断とは…。

◇吉宗と享保の改革　大石学著　東京堂出版　（教養の日本史）　1995.9
Ⓘ4-490-20278-4

◇徳川吉宗　笠谷和比古著　筑摩書房　（ちくま新書）　1995.9　Ⓘ4-480-05644-0
＊幕府中興の粗、八代将軍吉宗。百分の一以下の確率のチャンスしかなかった彼がどのようにして将軍になりえたのか。将軍として押し進めた改革とはどのようなものだったのか。吉宗の改革政治のリーダーとしての資質に迫るとともに、今日のいわゆる日本型組織システムの形成に道をひらいた享保改革の全体像を豊富な文献史料に基づいて明らかにする。日本型組織におけるスーパー・リーダーの条件。

◇徳川吉宗と江戸の改革　大石慎三郎著　講談社　（講談社学術文庫）　1995.9
Ⓘ4-06-159194-0

◇一冊まるごと八代将軍吉宗の本　竹内睦泰著　ロングセラーズ　（〈ムック〉の本）　1995.6　Ⓘ4-8454-0471-0

◇大わらんじの男　3　津本陽著　日本経済新聞社　1995.6　Ⓘ4-532-17039-7

◇徳川吉宗とその時代—江戸転換期の群像　9版　大石慎三郎著　中央公論社　（中公文庫）　1995.4　Ⓘ4-12-201598-7
＊将軍吉宗と尾張宗春、三井高利と奈良屋茂左衛門、吉良義周と赤穂浪士一など対立する二者の関係を詳述し、江戸開府後の幕政危機に対峙した彼らの処世の虚実を軸に、現代に通じる低成長期、元禄・享保期の諸問題を考える。

◇八代将軍吉宗　中　ジェームス三木著　日本放送出版協会　1995.4
Ⓘ4-14-005201-5

◇徳川吉宗の一生　鳥居謙一著　新人物往来社　1995.3

◇徳川吉宗ものしり百科—決定版　新人物往来社　（別冊歴史読本特別増刊）　1995.3

徳田秋声　とくだしゅうせい

1871～1943　明治～昭和期の小説家。自然主義文学の代表的存在。作品に「新地帯」、「縮図」など。

◇徳田秋声の時代　松本徹著　鼎書房　（松本徹著作集）　2018.6
Ⓘ978-4-907282-42-4

◇徳田秋声の昭和—更新される「自然主義」　大木志門著　立教大学出版会　2016.3
Ⓘ978-4-901988-30-8

◇徳田秋声、仮装と成熟　沢村修治著　開港堂　2010.3

◇秋声と東京回顧—森川町界隈　徳田一穂著　日本古書通信社　2008.11
Ⓘ978-4-88914-032-3

◇秋声—徳田秋声記念館　金沢市　2005.4

◇金沢の三文豪—鏡花・秋声・犀星　北国新聞社　2003.8　Ⓘ4-8330-1159-X

◇小説家の起源—徳田秋声論　大杉重男著　講談社　2000.4　Ⓘ4-06-210104-1
＊徳田秋声、日本自然主義文学への硬直したままの通念を破壊し、秋声のテクストから小説家自身も聞かなかっただろう音を響かせた、意欲的な評論集。「近代小説」批判そのものを根本的に問い直した、群像新人賞当選作『あらくれ』論を収録。

◇徳田秋声—光を追うて/わが文壇生活の三十年　徳田秋声著, 松本徹編　日本図書センター　（シリーズ・人間図書館　作家の自伝）　1999.4　Ⓘ4-8205-9528-8

◇近代作家追悼文集成　第29巻　萩原朔太郎・与謝野晶子・徳田秋声　ゆまに書房　1992.12　Ⓘ4-89668-653-5

◇秋声から芙美子へ　森英一著　能登印刷・出版部　1990.10　Ⓘ4-89010-122-5

◇徳田秋声　福田清人, 佐々木冬流編著　清水書院　（Century books）　1981.3

徳富蘇峰　とくとみそほう

1863～1957　明治～昭和期の評論家、ジャーナリスト。貴族院議員。大江義塾創立。「国民の友」「国民新聞」創刊。「近世日本国民史」全百巻。

◇徳富蘇峰と大日本言論報国会　赤沢史朗著　山川出版社　（日本史リブレット）　2017.4　①978-4-634-54710-0

◇植手通有集　2　徳富蘇峰論　植手通有著　あっぷる出版社　2015.6　①978-4-87177-331-7

◇戦中と戦後の責任―徳富蘇峰と加藤完治の場合　藤沢俊昭著　七つ森書館　2014.8　①978-4-8228-1411-3

◇蘇峰の時代　熊本県立大学編著　熊本日日新聞社　（熊日新書）　2013.11　①978-4-87755-472-9

◇徳富蘇峰の師友たち―「神戸バンド」と「熊本バンド」　本井康博著　教文館　2013.3　①978-4-7642-9953-5

◇明治思想史の一断面―新島襄・徳富蘆花そして蘇峰　伊藤弥彦著　晃洋書房　2010.3　①978-4-7710-2132-7

◇明治精神史　下　色川大吉著　岩波書店　（岩波現代文庫）　2008.10　①978-4-00-600200-8
　＊民衆思想史の草分けとなった著者の記念碑的代表作。大学紛争が全国的に展開され、近代の価値が厳しく問われていた時代にあって、大きな共感をよんだ、戦後歴史学、戦後思想史の名著である。テクストは全集に収録されている「新編」ではなく一九六八年刊行の「増補版明治精神史」（全二巻）。

◇徳富蘇峰―日本ナショナリズムの軌跡　米原謙著　中央公論新社　（中公新書）　2003.8　①4-12-101711-0
　＊明治十九年、徳富蘇峰は二十三歳で、評論『将来の日本』を著して華々しく論壇にデビューした。その後、藩閥政府への参画を「変節」と誹謗され、戦後は第二次大戦中の言動によって無視されつづけた。しかし蘇峰は、青年時代から一貫して、日本が国際社会から敬意ある待遇を受けることを主張してきたの

である。本書は「大言論人」蘇峰の生涯をたどり、日本ナショナリズムの転変に光を当てるものである。

◇蘇峰とその時代　続　高野静子著　徳富蘇峰記念館　1998.10

◇謀叛論―他六篇・日記　徳富健次郎著，中野好夫編　岩波書店　（岩波文庫）　1998.10　①4-00-310157-X
　＊明治44年1月、大逆事件被告幸徳秋水ら12名が処刑された。その1週間後、蘆花は招かれて一高の演壇にたち、死刑に処した政府当局を弾劾、精神の「自立自信、自化自発」を高らかに鼓吹する。その講演のほかに、これと密接に関連する「死刑廃すべし」等6篇、また兄蘇峰との確執が窺われる日記を併収。

◇徳富蘇峰―蘇峰自伝　徳富蘇峰著　日本図書センター　（人間の記録）　1997.6　①4-8205-4263-X

◇徳富蘇峰宛書簡目録―財団法人徳富蘇峰記念塩崎財団所蔵　徳富蘇峰記念塩崎財団編　徳富蘇峰記念館　1995.3

◇評伝　徳富蘇峰―近代日本の光と影　シン・ビン著，杉原志啓訳　岩波書店　1994.7　①4-00-001516-8
　＊『近世日本国民史』全百巻を含む約三百冊もの著書を残し、『国民新聞』主筆として活躍した「近代日本の怪物」・徳富蘇峰。帝国日本の「嚮導者」とよばれたその生涯は、近代日本が直面した命運とぴったりと「癒合」していた。人種の対決を契機とした世界戦争を予見し、西洋列強との全面戦争へと世論を導き、アジア諸国に日本への黙従を鼓吹した「実際政治の脚本家」の実像に肉薄した快著。

◇徳富蘇峰と国民新聞　有山輝雄著　吉川弘文館　1992.5　①4-642-03631-8
　＊徳富蘇峰が創刊した国民新聞は、「独立」の理念を掲げ、新鮮な紙面と華々しい言論活動により、瞬くうちに大きく発展した。しかし政治の磁力と営業競争の磁力に抗し「独立」を保持するのは容易でなかった。実にその歴史は、言論の独立と政治、言論の独立と経営という難問との葛藤の歴史であった。その軌跡を辿ることにより、日本ジャーナ

リズムの一断面を明らかにする。

◇徳富蘇峰　早川喜代次著　大空社　（伝記叢書）　1991.11　①4-87236-384-1

◇昔男ありけり―徳富蘇峰・筆戦一代記　藤井賢三著　〔藤井賢三〕　1991.3

◇近代日本と徳富蘇峰　和田守著　御茶の水書房　1990.2　①4-275-01374-3

徳冨蘆花　とくとみろか
1868～1927　明治, 大正期の小説家。著書に「不如帰」「思出の記」など。

◇徳冨蘆花　新装版　岡本正臣著, 福田清人編　清水書院　（Century Books　人と作品）　2018.4　①978-4-389-40128-3

◇明治思想史の一断面―新島襄・徳冨蘆花そして蘇峰　伊藤弥彦著　晃洋書房　2010.3　①978-4-7710-2132-7

◇徳冨蘆花とトルストイ―日露文学交流の足跡　改訂増補　阿部軍治著　彩流社　2008.4　①978-4-7791-1350-5
　＊明治の文豪蘆花の形成にはたしたトルストイの影響と実際の交流を、ロシア文学研究者の立場から論じ、蘆花研究に一石を投ずる比較文学論。

◇弟・徳冨蘆花　徳富蘇峰著　中央公論新社（中公文庫）　2001.5　①4-12-203828-6
　＊蘇峰・蘆花研究の進むなか、蘇峰に対する誤解と反感には未だ根強いものがある。本書は弟蘆花について偽らざる気持を伝えた蘇峰最晩年の口述原稿。「我弟は天才なり」「然も其の天才が小説を書く作者であつた為に」と、幼時の思い出からその死までを愛情こめて語り、兄弟の確執の真実をも明かす新資料。

◇謀叛論―他六篇・日記　徳冨健次郎著, 中野好夫編　岩波書店　（岩波文庫）　1998.10　①4-00-310157-X
　＊明治44年1月、大逆事件被告幸徳秋水ら12名が処刑された。その1週間後、蘆花は招かれて一高の演壇にたち、死刑に処した政府当局を弾劾、精神の「自立自信、自化自発」を高らかに鼓吹する。その講演のほかに、これと密接に関連する「死刑廃すべし」等6篇、また兄蘇峰

との確執が窺われる日記を併収。

◇弟徳富蘆花　徳富蘇峰著　中央公論社　1997.10　①4-12-002735-X
　＊蘇峰・蘆花研究の新資料発見。蘇峰最晩年、「我弟は天才」と愛情こめて弟蘆花への想いを語る。兄弟の確執の真実をも明かす興味深い口述。

◇大正文人と田園主義　中尾正己著　近代文芸社　1996.9　①4-7733-5887-4
　＊本書は、大正期を中心とした時期の文人間に広く見られる田園への志向に関し、その全体像の把握を目指したものである。叙述方法としては全体を六つの章に分け、その中で各個の文人の田園志向とその特質を検討し「後記」で総括するという形をとった。

徳永直　とくながすなお
1899～1958　昭和期の小説家。プロレタリア文学作家。作品に「太陽のない街」。

◇孟宗竹に吹く風―熊本が生んだ世界的作家徳永直没後50年記念シンポジウム報告書　徳永直没後50年記念事業期成会編著　徳永直没後50年記念事業期成会　2008.10

◇徳永直―文学的自叙伝/一つの時期　徳永直著, 浦西和彦編　日本図書センター（シリーズ・人間図書館　作家の自伝）　1998.4　①4-8205-9512-1

土光敏夫　どこうとしお
1896～1988　昭和期の実業家。日本原子力事業会会長, 経団連会長。臨時行政改革推進審議会会長として国鉄や電電公社の民営化などの行政改革を推進。

◇難題が飛び込む男土光敏夫　伊丹敬之著　日本経済新聞出版社　2017.9　①978-4-532-32164-2

◇土光敏夫―ビジョンとバイタリティをあわせ持つ改革者　橘川武郎著　PHP研究所　（PHP経営叢書　日本の企業家）　2017.1　①978-4-569-83423-8

◇気骨―経営者土光敏夫の闘い　山岡淳一郎著　平凡社　2013.6　①978-4-582-82466-7

＊剛腕にして清貧―日本の再建に挑んだ男の波乱に満ちた生涯。一介のタービン技術者から財界総理、行政改革のカリスマへと人生の階段を駆け上った「メザシの土光さん」の実像に迫る。

◇土光敏夫―私の履歴書　土光敏夫著　日本図書センター　（人間の記録）　2012.2
①978-4-284-70065-8

◇清貧の人土光敏夫―その信念と家族の絆　浜島典彦著　大法輪閣　2011.12
①978-4-8046-1327-7
＊高名な実業家・財界人でありながら、つねに質素な生活を送り、贅沢を嫌ったことで知られる土光敏夫。その清らかな生き方を支えた「法華経信仰」や家族とのあり方などを紹介し、新しい時代へのヒントを探る。

◇土光敏夫―無私の人　上竹瑞夫著　学陽書房　（人物文庫）　2011.11
①978-4-313-75273-3
＊政治・経済が混迷する現在、国民が求めているリーダーシップと行動力を示した人物が昭和の日本にいた。「社会は豊かに、個人は質素に」自身の生活は質素を貫き、IHIや東芝の再建、行政改革を達成して国家の復興を成し遂げ、常に日本の未来を見つめ、信念をもって極限に挑戦し続けた男。戦後日本の歴史の中で燦然と輝く土光敏夫の生涯を活写した傑作人物ノンフィクション。

◇土光敏夫の世界―"メザシの土光さん"再び　猪木正実著,石井編集事務所書肆亥工房編　日本文教出版　（岡山文庫）　2009.2　①978-4-8212-5258-9

◇財界人の企業家活動―石坂泰三と土光敏夫　太田雅彦著　法政大学イノベーション・マネジメント研究センター　（Working paper series　日本の企業家活動シリーズ）　2007.3

◇土光敏夫の哲学―己を律し、信念を貫け　PHP研究所編著　PHP研究所　2002.6
①4-569-62284-4
＊改革とは信念である！　生涯にわたり"無私"を貫き通したその思想と言葉。

◇信念の人土光敏夫―発想の原点　堀江義人著　三心堂出版社　1999.6
①4-88342-237-2
＊「個人は質素に、社会は豊かに」―。生涯、"無私"の精神で時代を切り拓くために、「毎日を正しく、全力を挙げて」生きた人が、我々に語りかけたこととは何か。

◇土光敏夫語録―憂国の行革リーダー　ソニー・マガジンズビジネスブック編集部編　ソニー・マガジンズ　1997.6
①4-7897-1190-0

◇土光敏夫質素の哲学　宮野澄著　PHP研究所　（PHP文庫）　1997.3
①4-569-56990-0
＊今日なお、土光敏夫（明治29～昭和63）を惜しむ声がある。「役員は社員の十倍働け」と叱咤激励、業績低迷の東芝を建直したことは、今でも語り草である。晩年、日本の行方を案じ、補助金にどっぷりつかった体質改善を図るべく、行政改革に執念を燃やす。自らの生活は質素に、そして国のあり方には「怒号」をもって正しき道を示した男の信念と生きざまを描く。

◇厚重の人・土光敏夫―信なくば立たず感動四季報　感性文化研究所編　エモーチオ21　（Moku books）　1997.2
①4-900682-18-7

◇無私の人・土光敏夫　上竹瑞夫著　講談社　1995.3　①4-06-207490-7
＊日本で一番愛された経済人の執念と信念。「国家のため」に生命を賭けた"財界の荒法師"は日本人に何を遺したのか。かつての盟友への取材をもとに再現した人物ノンフィクション。

◇財界総理側近録―土光敏夫、稲山嘉寛との七年間　居林次雄著　新潮社　1993.9
①4-10-394001-8
＊二人の経団連会長の秘書をつとめた著者が、エピソードで綴った回想の記。

◇土光敏夫 次世代へ申し送りたく候　宮野澄著　PHP研究所　1993.8
①4-569-54103-8

◇土光敏夫の生い立ちと素顔　松沢光雄著　山手書房新社　1992.9　①4-8413-0051-1

◇土光敏夫 21世紀への遺産　志村嘉一郎著
　文芸春秋　（文春文庫）　1991.4
　Ⓘ4-16-753301-4
　＊「個人は質素に社会は豊かに」をモットーに、「メザシと行革」で国民に親しまれた土光さんは日本的経営哲学を自ら体現した清廉なる経済人であった。本書は土光さんが石川島播磨重工業、東芝社長、経団連会長、臨時行政改革推進審議会会長などを務めた折の言行を収録、全ビジネスマンに贈る言葉となっている。

◇商魂―石田退三・土光敏夫・松下幸之助に学ぶ　池田政次郎著　東洋経済新報社
　1990.9　Ⓘ4-492-55177-8
　＊企業経営は、人に始まり、人に終わる。「最後の大番頭」、「財界の荒法師」、「経営の神様」。昭和を代表する人誑（たら）しの三名人の生き方に、商売の極意を探る。

◇フレッシュなあなたに贈る成功への指針―松下幸之助・土光敏夫の名言録　産業労働出版協会，産業労働調査所〔発売〕
　1990.3　Ⓘ4-87913-282-9

▍**床次竹二郎**　とこなみたけじろう
　1866～1935　大正, 昭和期の政治家。鉄道院総裁、衆議院議員。犬養内閣鉄道相、岡田内閣通信相を歴任。のち政友会を除名される。

◇幻の総理大臣―床次竹二郎の足跡　安藤英男著　学芸書林　1983.6

▍**土佐光信**　とさみつのぶ
　生没年不詳　室町時代, 戦国時代の土佐派の絵師。

◇土佐光信　日本アートセンター編　新潮社　（新潮日本美術文庫）　1998.5
　Ⓘ4-10-601522-6

▍**戸田茂睡**　とだもすい
　1629～1706　江戸時代前期, 中期の歌人。

◇戸田茂睡論・茂睡考解説　佐佐木信綱著　クレス出版　（近世文芸研究叢書）
　1995.11　Ⓘ4-87733-002-X

◇戸田茂睡歌碑再建の栞　万年山東陽寺
　1991.5

▍**鳥羽僧正覚猷**
　とばそうじょうかくゆう
　1053～1140　覚猷（かくゆう）とも。平安時代後期の天台宗の僧。（天台座主）。

◇鳥羽僧正の秘画『勝画』の発見　高島経雄著　文芸社　2000.5　Ⓘ4-8355-0073-3
　＊これが100年間所在不明の真本・『勝画』である。『鳥獣戯画』の作者、鳥羽僧正のもう一つの作品『勝画』。百年間遺失し、全く忘れ去られていたこの傑作「天下の重宝」が、著者の手によって日の目を見ることになった。

▍**鳥羽天皇**　とばてんのう
　1103～1156　鳥羽上皇（とばじょうこう）, 鳥羽法皇（とばほうおう）とも。平安時代後期の第74代の天皇。（在位1107～1123）。堀河天皇と贈太政大臣藤原実李の娘苡子の子。白河上皇の死後院政を開始。伊勢平氏を登用して政権に実力をつけた。崇徳天皇を退位させたことから不和となり、後の保元の乱の要因を作った。

◇上皇の日本史　本郷和人著　中央公論新社　（中公新書ラクレ）　2018.8
　Ⓘ978-4-12-150630-6

▍**富岡鉄斎**　とみおかてっさい
　1836～1924　明治, 大正期の日本画家。作品に「旧蝦夷風俗図」「安部仲磨明州望月図」。日本南画協会を設立。

◇鉄斎の書　野中吟雪著　日本習字普及協会　2007.3　Ⓘ978-4-8195-0253-5
　＊本書では鉄斎の書に焦点を当て、鉄斎の人と芸術について考えてみたい。

◇鉄斎「富士山図」の謎　笠嶋忠幸著　学生社　2004.11　Ⓘ4-311-20277-6

◇鉄斎の陽明学―わしの画を見るなら、先ず賛を読んでくれ　戦暁梅著　勉誠出版
　2004.2　Ⓘ4-585-10094-6

◇富岡鉄斎仙境の書　野中吟雪著　二玄社
　2002.3　Ⓘ4-544-02035-2

富永仲基

＊80代にして、ついに自らの芸術を完成させた鉄斎。本書は鉄斎の書をテーマに、条幅、扁額、書簡、短冊、巻子、帖、箱書、碑、扇面、印などから百余点を厳選収録。

◇富岡鉄斎　日本アート・センター編　新潮社　（新潮日本美術文庫）　1997.1
①4-10-601545-5

▌**富永仲基**　とみながなかもと
1715〜1746　江戸時代中期の儒学者。

◇懐徳堂知識人の学問と生―生きることと知ること　懐徳堂記念会編　和泉書院（懐徳堂ライブラリー）　2004.9
①4-7576-0263-4
＊近世大坂は単なる商業都市ではない。人と物とが行き交う街は知識と情報が交差する街でもあった。本書は、近世大坂に花ひらいた鮮烈な批判精神、懐徳堂の知識人たちの群像を、五人の気鋭の研究者によって浮き彫りにするものである。読者は本書を通して、近世大坂がゆたかな文化創造の舞台であったことに、改めて気づくであろう。未来の大阪のあるべき姿がここにある。懐徳堂春秋記念講座での同テーマの講演にもとづく論集。

◇富永仲基と懐徳堂―思想史の前哨　宮川康子著　ぺりかん社　1998.11
①4-8315-0862-4
＊徂徠学の「解体」と「新しい学」の形成。「近代」からの眼差しによって線的に語られてきた「日本思想史」のもとで、常に、「時代を越えた天才」として切り離され、宙づりになっていた富永仲基の存在を、十八世紀、懐徳堂周辺に生まれた市井知識人たちの思想的実践のなかに取り戻す試み。

◇中村元選集―決定版　別巻7　近世日本の批判的精神　日本の思想3　中村元著　春秋社　1998.9　①4-393-31239-2
＊常識をくつがえす知。いかなる権威も認めない孤高の禅者・鈴木正三、近代的な学問を先取りした古典学者・富永仲基。時代のはるか先へ駆け抜けた奇蹟の思想家たち。

◇富永仲基異聞―消えた版木　加藤周一著　かもがわ出版　1998.3　①4-87699-375-0
＊徳川幕藩体制の安定していた18世紀の前半、町人の町大坂に富永仲基は彗星のようにあらわれて。前代未聞の思想史を著し、彗星のように消えた。天才的な青年仲基がその最後の日々をどう生きたかを描いた戯曲草稿に、小説『三題噺』から仲基に係わる一章と、同じく仲基をめぐっての湯川秀樹氏との対談「言に人あり」を加え一冊にした。

▌**朝永振一郎**　ともながしんいちろう
1906〜1979　昭和期の理論物理学者。東京文理科大学教授、東京教育大学学長, 日本学術会議会長。超多時間理論、くりこみ理論発表。学士院賞、ノーベル物理学賞、文化勲章。

◇ニュートリノの夢　小柴昌俊著　岩波書店　（岩波ジュニア新書）　2010.1
①978-4-00-500646-5
＊2002年にノーベル物理学賞を受賞した著者が、研究のみちのりとニュートリノ物理学を語る。神岡と出会い、カミオカンデを構想、性能のすぐれた観測装置につくりあげていき、そして世界初のニュートリノ観測へ。朝永振一郎先生や弟子の戸塚氏らへの思い、若い世代への期待もあわせて、楽しく心打たれる物語になっている。

◇新編素粒子の世界を拓く―湯川・朝永から南部・小林・益川へ　湯川・朝永生誕百年企画展委員会編, 佐藤文隆監修　京都大学学術出版会　（学術選書）　2008.11
①978-4-87698-839-6
＊南部陽一郎・小林誠・益川敏英―3氏の業績を理解するには、素粒子物理学の世界を創造した湯川秀樹・朝永振一郎の業績と彼らが育んだ伝統を知る必要がある。いずれもノーベル賞に輝いた5人の業績を"湯川の中間子論から標準理論へ"という歩みの中に位置づけ、素粒子論の解説はもとより、人の営みとしての科学、すなわち人文学を含めた豊かな学びの風土こそ独創性を育み時代を拓くことを教える、珠玉の評伝と科学解説。

464　教科書に載った日本史人物1000人

◇素粒子の世界を拓く―湯川秀樹・朝永振一郎の人と時代　湯川・朝永生誕百年企画展委員会編, 佐藤文隆監修　京都大学学術出版会　（学術選書）　2006.10
①4-87698-817-X
＊巨大な科学界に成長した物理学も人の歴史に他ならない。素粒子物理学の世界を創造してノーベル賞に輝き、戦争による荒廃から復興する勇気を人々に与えた湯川秀樹・朝永振一郎の生誕から百年―豊かな営みとしての科学を再生するために、物理学の巨人を育んだ時代を知り、彼らが時代の負託にどう応えたかを学ぶ。日本の誇る科学の業績が、21世紀に生きる我々にとって持つ意味は何か？　日本の誇る科学史を珠玉の評伝として読む。

◇回想の朝永振一郎　新装版　松井巻之助編　みすず書房　2006.4　①4-622-07222-X
＊朝永振一郎の全体像を描く、36人の執筆者、16篇の自身の文章と2篇の対話、写真を収録。日本の物理学の歴史をたどる貴重なドキュメント。

◇朝永振一郎著作集　別巻 2　日記・書簡　新装　朝永振一郎著　みすず書房　2002.1　①4-622-05124-9,4-622-05128-1

◇朝永振一郎著作集　別巻 3　朝永振一郎・人と業績　新装　みすず書房　2002.1　①4-622-05125-7,4-622-05128-1

◇湯川秀樹＆朝永振一郎―二つのノーベル物理学賞　鴇巣直樹作, 麻生はじめ画　丸善　（丸善コミックス）　1994.8
①4-621-03961-X
＊日本人で初めてノーベル物理学賞を受賞した湯川秀樹。続いて受賞した朝永振一郎。西洋で発表した科学に挑んだ二人の日本人研究者の人間ドラマに迫ります。

◇湯川秀樹と朝永振一郎　中村誠太郎著　読売新聞社　1992.9　①4-643-92081-5
＊直接、教えを受けた唯一の弟子が明かす対照的な2人のノーベル賞学者の実像。素粒子物理学の人間ドラマ。

▍伴善男　とものよしお
811～868　平安時代前期の公卿。(大納言)。大伴古麻呂の曽孫、伴国道の子。左

大臣源信の失脚をもくろみ応天門炎上事件を起こしたが、露見して流罪となる。

◇応天門炎上伴大納言　長野甞一著　勉誠出版　（智慧の海叢書）　2004.7
①4-585-07110-5

▍豊田佐吉　とよださきち
1867～1930　明治, 大正期の織機発明家。豊田商会、豊田紡織設立。初代社長。豊田式自動織機発明改良に努めた。

◇研究と創造の生涯―佐吉の志と、それを支えた人々　トヨタ産業技術記念館編　トヨタ産業技術記念館　2017

◇トヨタの自助論―豊田佐吉と豊田喜一郎　日下部山, 古屋敷仁著　アイバス出版　2015.9　①978-4-86113-599-6

◇時代を切り開いた世界の10人―レジェンドストーリー　9　豊田佐吉と喜一郎　親子2代でグローバル企業「トヨタ」の礎を築く　髙木まさき監修　学研教育出版　2014.2　①978-4-05-501066-5

◇国産自立の自動車産業　四宮正親著　芙蓉書房出版　（シリーズ情熱の日本経営史）　2010.4　①978-4-8295-0482-6
＊戦後、奇跡の高成長を成し遂げた自動車産業の旗手、トヨタの創業者「豊田喜一郎」。自動車産業と一体で成長したタイヤ産業の盟主、ブリヂストンの創業者「石橋正二郎」。今もなお生き続ける二人の産業開拓に賭けた精神、志を考察、検証する。

◇創成期の豊田と上海―その知られざる歴史　東和男著　時事通信出版局　2009.7
①978-4-7887-0676-7
＊佐吉翁と翁を慕う西川氏たちの異国における壮大な人生ドラマ。戦後64年、そのつつまれたベールをはぐ。

◇ザ・ハウス・オブ・トヨタ―自動車王　豊田一族の百五十年　上　佐藤正明著　文芸春秋　（文春文庫）　2009.4
①978-4-16-763907-5
＊地球が生んだ史上最大の産業、自動車。ゼネラルモーターズを抜き去り、その頂点に立ったのがトヨタ自動車である。世界を席巻した生産方式、ハイブリッ

教科書に載った日本史人物1000人　**465**

ドカーに代表される技術力など、その強さの源泉は豊田佐吉・喜一郎親子の遺した"発明家"の遺伝子にある！自動車ジャーナリズムの第一人者が放つ渾身のノンフィクション。

◇ザ・ハウス・オブ・トヨタ―自動車王 豊田一族の百五十年　下　佐藤正明著　文芸春秋　（文春文庫）　2009.4
①978-4-16-763908-2
＊自動車に猛進する豊田喜一郎と慎重論を崩さない利三郎。この義兄弟が創業前夜に演じた"積極性と慎重さ"の激突こそ、トヨタの強さを理解するカギである。人物と歴史を知ることで、企業が見えてくる―。著者独自の方法論で世界最大の自動車メーカーの秘密を解き明かした大河ノンフィクション、堂々完結。

◇トヨタの遺伝子―佐吉と喜一郎のイノベーション　石井正著　三五館　2008.3
①978-4-88320-424-3
＊本書では、特許の視点から、創業時から脈々と受け継がれているトヨタの発明精神に迫り、資源に乏しい日本ならではの製造業のあり方・未来像を明らかにした。

◇豊田佐吉とトヨタ源流の男たち　小栗照夫著　新葉館出版　2006.8
①4-86044-292-X

◇豊田市トヨタ町一番地　読売新聞特別取材班著　新潮社　2003.4　①4-10-339006-9
＊「発明王」創祖・佐吉、大衆車の父・喜一郎、伝説の大番頭・石田退三、「神様」と呼ばれた養成工、「最強」を創る技術者たち―。その飛躍と変革の陰には、いつも魅力的な人物がいた！有名無名「トヨタ人」三百人の肉声が紡ぎ出すトヨタ式「モノづくり」百年の物語。

◇小説トヨタ王国―天馬無限　上　邦光史郎著　集英社　（集英社文庫）　1990.2
①4-08-749554-X
＊浜名湖畔の寒村に生まれた豊田佐吉は、学歴も財力もなかった。しかし、彼がとりつかれたのは"発明"の二文字。その対象となったのが、いつも身近にあった織機である。試行錯誤をくり返しながら、彼はやがて、世界にも負けな

い豊田式動力織機を産み出す。会社経営を、家庭を犠牲にして、己の夢を実現するため、ひたすら邁進した佐吉。〈世界のトヨタ〉の原点に迫る。

◇小説トヨタ王国―天馬無限　下　邦光史郎著　集英社　（集英社文庫）　1990.2
①4-08-749555-8
＊大なり小なり功を遂げた豊田佐吉が、長男の喜一郎に託した夢は、輸入車全盛の時代にあって、純国産車の生産だった。同時に喜一郎も外遊で見聞を広め、モータリゼーションの到来を予感する。そして、父と同様、悪戦苦闘の末、国産車を世に送り出す。親子二代にわたる"発明"へのあくなき追求を、綿密な取材で描き出す長編企業小説。

◇豊田佐吉　〔新装版〕　楫西光速著　吉川弘文館　（人物叢書）　1987.8
①4-642-05090-6
＊機大工の子として生まれた豊田佐吉は、早くからすでに国家社会に貢献しようという大望をいだき、機械の理論も知らず、外国品の模倣でもなく、専ら自らの頭脳を生かして、ついに世界的な自動織機を発明大成した。本書は彼の発明の過程を克明に描き、日本織物業における豊田織機の果した役割と、豊田コンツェルンの由来を詳述。

▌豊臣秀次　とよとみひでつぐ

1568～1595　安土桃山時代の武将, 関白左大臣。豊臣秀吉の姉とも（瑞竜院・日秀）と三好吉房（三位法印）の子で、実子のいなかった秀吉の後継者に指名された。のち淀殿が秀頼を生んでから秀吉と不和になり、高野山に追放・自刃させられ、妻子も三条河原で処刑された。

◇関白秀次の切腹　矢部健太郎著　KADOKAWA　2016.4
①978-4-04-601545-7

◇豊臣秀次の研究　藤田恒春著　文献出版　2003.7　①4-8305-1233-4

◇豊臣秀次―「殺生関白」の悲劇　小和田哲男著　PHP研究所　（PHP新書）　2002.3
①4-569-62104-X
＊千人斬りなどの暴君論は果たして真実な

のか？ 秀次の切腹以後、秀吉を正当化する史料だけが残った。だが厳正な検証から、城下繁栄や学問・芸術振興における秀次の功績が認められ、思慮・分別と文化的素養を備えた人物像が浮かび上がる。そして秀吉の後継者・関白の地位に就くも、汚名とともに処罰された謀反事件。それは豊臣政権の主導権争いの結末だった。秀吉の政治的戦略に翻弄された犠牲者であり、引き立て役として歴史上も否定され続けた「殺生関白」の悲劇。本書はその復権に挑む。

◇封印された名君―豊臣秀次書下ろし長篇時代小説　渡辺一雄著　広済堂出版　（広済堂文庫　特選時代小説）　1999.6
①4-331-60753-4
＊豊臣秀吉の養子となった甥の秀次は、近江の領主から、やがては秀吉の後継者として関白の位にまで登りつめる。学問を能くし、近江八幡の領眠から愛された秀次だが、秀吉の実子・秀頼の誕生によって、その運命は転落の一途をたどることになる。自らは切腹、一族三十九人は斬首という、あまりにもむごたらしい最期。名君と謳われながら、秀吉の老醜と石田三成の奸計により、無念の一生を閉じた豊臣秀次を描く。

◇有明の月―豊臣秀次の生涯　沢田ふじ子著　広済堂出版　1993.1　①4-331-05546-9
＊秀吉の甥として生まれながらも、茶々や石田三成の陰謀によって哀しい最期を遂げた秀次の壮絶な生涯。

▍豊臣秀吉　とよとみひでよし

1536〜1598　安土桃山時代の武将, 関白太政大臣。もと尾張の百姓の子で、織田信長に仕えて頭角を現し、長浜城を本拠として信長の統一事業のため転戦。信長の死後はいち早く明智光秀を討ち、信長の後継者として名乗りを挙げた。その後次々と対抗勢力を平定し、徳川家康をも臣従させ、最後に小田原城を攻略して天下統一を果たした。しかし朝鮮侵略では失敗。また甥の秀次一族を処刑するなど、晩年は往事の明朗さに欠けた治世だった。

◇豊臣秀吉　仲野ワタリ著, すまき俊悟絵

駒草出版　（新・歴史人物伝）　2018.9
①978-4-909646-06-4
＊尾張中村で貧しい農家の子として生まれた藤吉郎は、十八歳のとき "大うつけ" と評判の織田信長に仕えることに。お調子者で愛きょうたっぷりの藤吉郎を、信長は「サル、サル」とかわいがり、次々に仕事を任せるようになるが、やがて時代を大きく変える出来事が起こり…。日ノ本一の出世男・豊臣秀吉の天下とりへの道を描く。

◇経済で読み解く豊臣秀吉―東アジアの貿易メカニズムを「貨幣制度」から検証する　上念司著　ベストセラーズ　2018.3
①978-4-584-13857-1

◇秀吉の武威、信長の武威―天下人はいかに服属を迫るのか　黒嶋敏著　平凡社　（中世から近世へ）　2018.2
①978-4-582-47737-5

◇豊臣秀吉　山本博文監修, 高橋功一郎まんが作画　KADOKAWA　（角川まんが学習シリーズ　まんが人物伝）　2017.10
①978-4-04-103971-7

◇超ビジュアル！ 歴史人物伝豊臣秀吉　矢部健太郎監修　西東社　2017.4
①978-4-7916-2541-3

◇天下人100の覇道―天下統一を果たした男たちの知恵と覚悟　別冊宝島編集部編　宝島社　2016.12　①978-4-8002-6325-4

◇日本の成功法則―豊臣秀吉の言葉　守茂三郎著　アイバス出版　2016.8
①978-4-86113-664-1

◇秀吉の虚像と実像　堀新, 井上泰至編　笠間書院　2016.7　①978-4-305-70814-4

◇完全図解！ 歴史人物データファイル　2　豊臣秀吉　小和田哲男監修　ポプラ社　2016.4　①978-4-591-14865-5, 978-4-591-91582-0

◇秀吉と慶喜―二人の最高権力者 真実か空想か神のみぞ知る二人の謎に迫る　九王寺将理著　九王寺将理　2016

◇ここまでわかった！ 大坂の陣と豊臣秀頼　『歴史読本』編集部編　KADOKAWA　（新人物文庫）　2015.8

豊臣秀吉

①978-4-04-601202-9

◇秀吉研究の最前線―ここまでわかった「天
下人」の実像　日本史史料研究会編　洋
泉社　（歴史新書y）　2015.8
①978-4-8003-0710-1

◇豊臣秀吉　図書館版　加来耕三監修　ポ
プラ社　（そのときどうした!?クイズ歴史
英雄伝）　2015.4　①978-4-591-14389-6,
978-4-591-91517-2

◇天下人の時代―信長・秀吉・家康と美濃
平成27年度春季特別展　岐阜県博物館編
岐阜県博物館　2015.3

◇豊臣秀次　藤田恒春著　吉川弘文館　（人
物叢書 新装版）　2015.3
①978-4-642-05273-3

◇真説 秀吉英雄伝　井沢元彦著　小学館
（ビジュアル版逆説の日本史）　2014.4
①978-4-09-379861-7

◇敗者の日本史　12　関ヶ原合戦と石田三
成　矢部健太郎著　吉川弘文館　2014.1
①978-4-642-06458-3
＊秀吉の直臣、石田三成はなぜ「敗者」と
なったのか。徳川幕府によって「書き
換えられた」豊臣政権の大名支配を「武
家家格」から再考。通説の「五大老・五
奉行制」を問い直し、三成が臨んだ“天
下分け目の戦”の真実に迫る。

◇秀吉の手紙を読む　染谷光広著　吉川弘
文館　（読みなおす日本史）　2013.7
①978-4-642-06395-1
＊天下人秀吉の手紙二四通を、写真入り
で平易に紹介。自身の筆跡や家族への
手紙などから秀吉の人柄を知り、本能
寺の変・清洲会議・小田原陣中などの書
状から時代を読み解く。史料を読み歴
史を知る楽しみへと誘う好著。

◇秀吉の出自と出世伝説　渡辺大門著　洋
泉社　（歴史新書y）　2013.5
①978-4-8003-0117-8
＊卑賤の出身、異様な容姿、残虐行為、謎
の出世譚―史実と伝説の間で揺れ動く、
天下人の「闇」のベールを剥ぎ取り、
「人間秀吉」の生涯に迫る。

◇河原ノ者・非人・秀吉　服部英雄著　山
川出版社　2012.4　①978-4-634-15021-8

＊非人の世界に身を置きながら関白にま
で昇りつめた秀吉。あらゆる史料を熟
読し、秀頼は秀吉の実の子ではないこ
とも立証。被差別民の新たな活動と役
割を中世の視座から明らかにする。

◇秀吉伝説序説と『天正軍記』（影印・翻字）
追手門学院大学アジア学科編　和泉書院
（上方文庫）　2012.4
①978-4-7576-0615-9
＊「太閤びいきの大阪」といわれる、大阪
を復権させるカギは「秀吉力」にある。
今一度、「秀吉力」を学ぶための基本を
考える。またさらに、秀吉に「お伽衆」
として仕えた大村由己の手による伝記
『天正軍記』の影印と翻字を収め、より
深く「秀吉」を知るための基盤を提供
する。

◇徹底図解 豊臣秀吉―日本で一番出世した
男の常識を破壊したその生き様 カラー版
榎本秋著　新星出版社　2011.2
①978-4-405-10696-3
＊秀吉という男の生涯と、戦国時代に与
えた影響を追う。

◇詳細図説 秀吉記　小和田哲男著　新人物
往来社　2010.2　①978-4-404-03818-0
＊豊臣秀吉伝記の決定版！ 空前絶後の出
世を遂げた天下人・豊臣秀吉。その謎多
き全生涯を、戦国時代研究の第一人者が
豊富な史料を駆使して描き出す。あなた
の知らない秀吉の実像が今、明らかに。

◇羽柴秀吉と竹中半兵衛―同腹一心　戦国
歴史研究会著　PHP研究所　（名将・名軍
師立志伝）　2009.1　①978-4-569-70504-0
＊十三歳の名軍師/「干殺し」作戦/諸葛孔
明との関係…。戦国一の出世頭と、そ
れを支えた男とは!?二人の魅力を漫画と
文章でつづる。

◇天下人を祀る―神になった信長・秀吉・家
康 平成20年度秋季特別展　滋賀県立安土
城考古博物館　2008.10

◇太閤秀吉と豊臣一族―天下人と謎に包ま
れた一族の真相　新人物往来社　（別冊歴
史読本）　2008.7　①978-4-404-03613-1

◇秀吉神話をくつがえす　藤田達生著　講
談社　（講談社現代新書）　2007.9

ⓘ978-4-06-287907-1
＊出自の秘密、大出世、本能寺の変、中国大返し、豊臣平和令―天下人の虚像を剥ぐ。

◇秀吉戦国城盗り物語　外川淳著　大和書房　（だいわ文庫）　2007.6
ⓘ978-4-479-30107-3
＊主君信長が果たせなかった「天下一統」を実現できたのはなぜか。驚異的なスピードで成り上がっていけたのはなぜか。信長の引き立てがあったのはなぜか。晩年が不運だったのはなぜか。「城盗り術」と「信長との主従関係」を軸に、「作られた秀吉像」とはまったく異なる「孤独な独裁者」の光と影を詳細に分析。

◇豊臣秀吉―その傑出した奇略と研究　改訂新版　世界文化社　（Bigmanスペシャル）　2006.11　ⓘ4-418-06146-0

◇秀吉の天下統一戦争　小和田哲男著　吉川弘文館　（戦争の日本史）　2006.10
ⓘ4-642-06325-0
＊織田信長の後継者として天下統一をめざした豊臣秀吉。調略や講和、抜群の経済力・機動力、さらに専業武士からなる金銀錦に彩られた大軍勢で相手を圧倒。秀吉不敗の戦術に迫り、天下統一戦争が残した功罪を問う。

▌**豊臣秀頼**　とよとみひでより
1593～1615　江戸時代前期の大名。豊臣秀吉の子。大坂夏の陣で敗れ自刃。

◇ここまでわかった！　大坂の陣と豊臣秀頼
『歴史読本』編集部編　KADOKAWA（新人物文庫）　2015.8
ⓘ978-4-04-601202-9

◇「戦国大名」失敗の研究―政治力の差が明暗を分けた　瀧沢中著　PHP研究所（PHP文庫）　2014.6
ⓘ978-4-569-76192-3
＊名将と謳われた者、圧倒的な権威者、有能な二世、将来を嘱望された重臣…。戦国乱世の時代、本来「敗れるはずのなかった者」がなぜ敗れたのか？　本書は、強大な大名の"政治力"が失われていく過程を考察し、現代にも通じるリーダーが犯しがちな失敗の教訓を学ぶ。

「武田勝頼の致命傷」「織田家臣団の有能ゆえの危険な未来」など、彼らが天下を取れなかった理由がここにある！　文庫書き下ろし。

◇豊臣秀頼公　玉造稲荷神社編　玉造稲荷神社　2011.10

◇豊臣秀頼―悲劇のヒーロー　森田恭二著　和泉書院　（Izumi books）　2005.1
ⓘ4-7576-0285-5
＊大坂城で生まれた太閤秀吉の後継者秀頼は二十三歳を一期として、慶長二十年（1615）五月、炎に包まれた大坂城で母淀殿と共に消え去った。なぜ秀頼は大坂城において無惨な死を遂げねばならなかったのか、歴史の必然性を解き明かす。古文書の研究が歴史を明らかにする鍵であることを、秀頼の生涯によって例証する。

◇豊臣秀頼　井上安代編著　井上安代　1992.4

▌**鳥居清長**　とりいきよなが
1752～1815　江戸時代中期, 後期の浮世絵師。

◇浮世絵八華　2　清長　山口桂三郎解説　平凡社　1985.5　ⓘ4-582-66202-1

▌**止利仏師**　とりぶっし
⇒鞍作鳥（くらつくりのとり）

【な】

▌**内藤虎次郎**　ないとうとらじろう
1866～1934　内藤湖南（ないとうこなん）とも。明治～昭和期の東洋史学者。京都大学教授。敦煌文書など調査。狩野直喜と京都支那学を創始。

◇内藤湖南―近代人文学の原点　高木智見著　筑摩書房　2016.11　ⓘ978-4-480-84744-7

◇内藤湖南・十湾書簡集―内藤湖南生誕一五〇年記念　鹿角市先人顕彰館調査資料

内藤湖南・十湾著　鹿角市教育委員会　2016.8

◇内藤湖南とアジア認識―日本近代思想史からみる　山田智，黒川みどり共編，田沢晴子，小嶋茂稔，与那覇潤，姜海守，松本三之介著　勉誠出版　2013.5　①978-4-585-22056-5
＊内藤湖南をいかに受容・継承していくか―日本近代史と中国古代史の視点を交差させることで、内藤の思想形成過程を思想史的・史学史的に検討。アジア世界が混迷するいま、「東洋史の大家」の中国観・文明観の可能性と限界を再定位する。

◇内藤湖南への旅　粕谷一希著　藤原書店　2011.10　①978-4-89434-825-7

◇内藤湖南の世界―アジア再生の思想　内藤湖南研究会編著　河合文化教育研究所　2001.3　①4-87999-999-7
＊東洋史の的確な時代区分で知られ、日本の近代史学の礎を築いたといわれる不世出の巨人・内藤湖南。過去と現代への絶えざる視線の往還の中から近代史学を未到の領域へと拓いていった湖南の思想を根底的に読み抜くことを通して、中国と日本ひいてはアジアの近代とは何であるかを問い直す。東アジアの新しい共存関係が模索される中、思考と史論の光源としての湖南を媒介にわれわれの「いま」を考える。

◇内藤湖南先生の真蹟―高麗太祖顕陵詩について　金知見述，国際日本文化研究センター編　国際日本文化研究センター　（日文研フォーラム）　2000.7

◇内藤湖南全集　第4巻　内藤虎次郎著　筑摩書房　1997.2　①4-480-75504-7
＊東洋史から日本史まで広く深い造詣をもつ碩学・内藤湖南の全貌を集大成。第3巻に収録した第二次大阪朝日在社時代に書いた署名論説の残りとその他の所載論文、明治31年から晩年に至る雑誌・新聞・講演などで発表した時事論を収録。

▌ナウマン　Naumann, H.Edmund
1854～1927　明治期のドイツの地質学者。

ナウマンゾウの名の由来。

◇ひらめきと執念で拓いた地球の科学―竹内均・知と感銘の世界　竹内均著　ニュートンプレス　2002.9　①4-315-51644-9
＊本書は、一九八一年六月の「ニュートン」の創刊以来、現在に至るまでに、毎号、自然科学に寄与した科学者を紹介してきた。科学者の業績と生い立ち、社会や時代の背景など、人物像をできるかぎりわかりやすく叙述してきたものからとくに著者が感銘を受けた地球物理・地質学者一六人を収めたものである。

▌直木三十五　なおきさんじゅうご
1891～1934　昭和期の小説家。作品に「南国太平記」「由比根元大殺記」など。

◇直木三十五伝　植村鞆音著　文芸春秋（文春文庫）　2008.6　①978-4-16-771786-5
＊小心にして傲岸、寡黙にして雄弁、稀代の浪費家にして借金王、女好きのプランメイカー、直木三十五。「芸術は短く、貧乏は長し」とばかりに、莫大な借金に追われながら、七百篇におよぶ小説・雑文を書き、昭和初期の文壇に異彩を放ち、悠然と人生を駆け抜けた人気作家の全貌をあますところなく描いた評伝決定版。

◇直木三十五伝　植村鞆音著　文芸春秋　2005.6　①4-16-367150-1
＊「芸術は短く、貧乏は長し」―莫大な借金に追われながら、七百篇におよぶ小説・雑文を書き、悠然と人生を駆け抜けた作家・直木三十五。小心にして傲岸、寡黙にして雄弁、稀代の浪費家で借金王、女好きのプランメイカー。昭和初期の文壇に異彩を放った人気作家の全貌をあますところなく描く書下し評伝決定版。

◇直木三十五入門―こんなおもろい人だった　福山琢磨編，植村鞆音監修　新風書房　2005.2　①4-88269-574-X
＊直木賞は有名だが大阪出身であることなど、その実像はあまり知られていない。読むほどに面白さが浮かびあがってくる。

◇近代作家追悼文集成　第23巻　小林多喜二・直木三十五・土田杏村　ゆまに書房　1992.12　①4-89668-647-0

◇直木三十五全集　別巻　資料篇・評伝・年譜　示人社　1991.7

◇この人 直木三十五―"芸術は短く貧乏は長し"　植村鞆音編　鱒書房　1991.3　①4-89598-010-3
　＊本書は、直木三十五の生誕百年を記念して編纂されたものだ。甥にあたる植村鞆音氏が、数多くの遺稿、回想、追悼文のなかから新たにまとめたもので、人間直木三十五の素顔を伝える。

▌直良信夫　なおらのぶお
1902〜1985　大正, 昭和期の古生物学者, 人類学者。早稲田大学教授。明石原人の腰骨発見。著書に「日本古代農業発達史」。

◇直良信夫の世界―20世紀最後の博物学者　杉山博久著　刀水書房　（刀水歴史全書）　2016.11　①978-4-88708-430-8

◇見果てぬ夢「明石原人」―考古学者直良信夫の生涯　直良三樹子著　時事通信出版局, 時事通信社（発売）　2007.4　①978-4-7887-0674-3

◇図説・「語りつぐ直良信夫」―明石原人の発見者　佐藤光俊編著　播磨学研究所　2006.8

◇直良信夫と明石―発掘された明石の歴史展 '05企画展　明石市立文化博物館編　明石市立文化博物館　2005.11

◇「明石人」と直良信夫　白崎昭一郎著　雄山閣　2004.1　①4-639-01831-2

◇直良信夫生誕100年展―「明石原人」の発見者　明石市立文化博物館編　明石市立文化博物館　〔2002〕

◇直良さんの明石時代―手紙で綴る　春成秀爾編　六一書房　2000.10　①4-947743-08-5

◇見果てぬ夢「明石原人」―考古学者直良信夫の生涯　直良三樹子著　角川書店　（角川文庫）　1999.3　①4-04-346901-2
　＊貧困と不遇に苦しみながらも、片時も学問への情熱を失わなかった直良信夫。

数奇な運命によって再会した女性教師が、彼の妻となり、考古学への道を支える。彼が発見した明石人骨は、当時の学界には認められないまま空襲で焼失。戦後、写真と石膏模型によって「明石原人」として脚光を浴びるが、のちに人類学者から否定され、発掘調査を待つことになる。父・信夫の「夢」を母とともに支えつづけた娘の視点から彼の生涯をたどり、たび重なる苦難を乗り越えて戦前、戦後を生き抜いた家族の姿を描く。

◇学問への情熱―明石原人発見者の歩んだ道　直良信夫著　岩波書店　（同時代ライブラリー）　1995.12　①4-00-260247-8

◇見果てぬ夢「明石原人」―考古学者直良信夫の生涯　直良三樹子著　時事通信社　1995.12　①4-7887-9534-5

▌永井荷風　ながいかふう
1879〜1959　明治〜昭和期の小説家, 随筆家。慶応義塾大学教授。作品に「野心」「あめりか物語」「腕くらべ」「断腸亭日乗」など。

◇荷風を追って―1945夏・岡山の80日　三ツ木茂著　山陽新聞社　2017.10　①978-4-88197-752-1

◇永井荷風　新装版　網野義紘著, 福田清人編　清水書院　（Century Books　人と作品）　2017.9　①978-4-389-40120-7

◇永井荷風　多田蔵人著　東京大学出版会　2017.3　①978-4-13-086051-2

◇荷風散人―芸術としての孤独　若菜薫著　鳥影社　2014.12　①978-4-86265-489-2

◇おひとりさま荷風　高山修一著　嵩書房出版　（ふるさと文庫）　2014.11　①978-4-8455-0211-0

◇永井荷風―「断腸亭日乗」と「遺品」でたどる365日 市川市文学ミュージアム開館記念特別展　市川市文学ミュージアム編　市川市文学ミュージアム　（市川市文学ミュージアム図録）　2013.7

◇文人荷風抄　高橋英夫著　岩波書店　2013.4　①978-4-00-024684-2
　＊「濹東綺譚」から抜け出してきたかのよ

永井荷風

うな不思議な女性、雪子。フランス語を教えながら、灯火管制の暗い部屋で、荷風は何を語っていたのか。

◇荷風さんの昭和　半藤一利著　筑摩書房（ちくま文庫）　2012.5
①978-4-480-42941-4
＊戦争へ、破滅へと向かう昭和前期の20年間。世間を見つめる永井荷風の視線はあくまでも低く、驚くべき適確さで世界の不穏の風を読み取る。『断腸亭日乗』を中心に、昭和という時代風景の中に文豪の日常を描き出した傑作。

◇荷風と市川　秋山征夫著　慶応義塾大学出版会　2012.5　①978-4-7664-1942-9
＊荷風は、昭和二〇年三月一〇日の東京大空襲で東京麻布の偏奇館を焼失した後、転々と居を変え、岡山で終戦を迎えた。昭和二一年一月に千葉県市川市菅野に住み始め、昭和三四年四月に永眠するまで、同じ市川市で暮らし続けた。戦後市川時代の荷風の生活を、一時期荷風の大家であった仏文学翻訳者・小西茂也の「荷風先生言行録メモ帖」とともに多角的に検証して荷風の内奥に迫る評伝。

◇荷風晩年と市川　橋本敏男著　崙書房出版　（ふるさと文庫）　2012.5
①978-4-8455-0202-8

◇わが荷風　野口冨士男著　岩波書店（岩波現代文庫）　2012.3
①978-4-00-602198-6
＊少年時代から永井荷風の愛読者を自認していた著者による若い読者のための荷風案内。小石川、深川、麻布、銀座、玉の井、浅草、市川―作品の背景となった土地を実際に自分の脚で歩き目で確かめ、また作品世界の中へ戻っていくという往復運動によって、荷風の八十年の生涯と作品の特色、作風の推移の全貌を自身の青春への追憶と重ねて分かりやすく語る。年譜・参考文献を付す。

◇永井荷風再考　菅野昭正著　日本放送出版協会　（NHKシリーズ）　2011.1
①978-4-14-910748-6

◇荷風余話　相磯凌霜著、小出昌洋編　岩波書店　2010.5　①978-4-00-022498-7
＊荷風に私淑した著者による初の文集。

胸襟を開いた二人の密なる交遊は、追随するもののない独自の荷風をめぐる随想として残された。散人の活々とした真面目が、全編に再現される。

◇考証　永井荷風　上　秋庭太郎著　岩波書店　（岩波現代文庫）　2010.5
①978-4-00-602164-1
＊永井荷風歿後最初に書かれた精緻な評伝。上巻は両親の家系に始まり、明治十二年の出生から大正末年まで。荷風の行状が数日ずつの単位で記録されている。文学との出会い、米欧への遊学、慶大教授就任、父の死と短期の結婚生活、麻布偏奇館移居、師・鷗外の死。『すみだ川』『腕くらべ』『おかめ笹』などの作品により作家としての名声を確立していく様子が描かれる。

◇考証　永井荷風　下　秋庭太郎著　岩波書店　（岩波現代文庫）　2010.5
①978-4-00-602165-8
＊下巻は昭和時代。関根歌との出会いと別れ、銀座での交遊、玉の井通いと名作『濹東綺譚』の発表、母の死、浅草オペラとの関わり、戦時下の窮乏生活、東京大空襲と偏奇館焼失、西国への疎開と岡山での終戦。戦後市川への転居、文化勲章受章、浅草通いと三十四年四月の死まで。荷風の親族、師、友人、女性関係を網羅。以後の荷風評伝の原型となった基本書。

◇荷風と東京―『断腸亭日乗』私註　上　川本三郎著　岩波書店　（岩波現代文庫）2009.10　①978-4-00-602153-5
＊永井荷風（一八七九‐一九五九）の『断腸亭日乗』を読み込み、荷風の生きた時代と彼が愛した東京の細部を浮かび上がらせる。荷風はどんなものを食べ、どんな映画を見、どんな女性と付き合っていたのか。上巻では築地や麻布偏奇館での生活、鷗外への景仰、二世左団次との親交、深川・砂町の探訪、荒川放水路と元八まんの発見などが取り上げられ、併せて経済生活にもふれられる。

◇荷風と東京―『断腸亭日乗』私註　下　川本三郎著　岩波書店　（岩波現代文庫）2009.10　①978-4-00-602154-2
＊『断腸亭日乗』によりながら、著者自ら

荷風が歩いた東京を時間旅行し、失われた風景を幻影を見るように見る。下巻では銀座での交遊、写真や映画との関わり、玉の井の探索と傑作『濹東綺譚』の執筆の経緯、戦時下の浅草の哀愁が描かれ、東京大空襲による偏奇館焼亡、市川・八幡での終焉に至る。田園のなかに古き東京を見た荷風の幸福とはどのようなものであったか。

◇永井荷風―仮面と実像　柘植光彦編著　ぎょうせい　2009.9
①978-4-324-08854-8
＊没後50年・生誕130年、変幻する風貌。荷風には、さまざまな時代があり、さまざまな風貌がある。どれが本当の姿なのか、その謎を解きほぐしながら、仮面の下の実像に迫る。興味尽きない作家論集。

◇女たちの荷風　松本哉著　筑摩書房　（ちくま文庫）　2009.6　①978-4-480-42608-6
＊夜の疲れを引きずったままの朝の女郎衆を見て、「あれが美しく見えなくちゃあ、小説は書けませんぜえ」と荷風は言ってのけた。奔放なことで有名な荷風の女性関係だが、著者は当時の資料に丁寧にあたりその虚実に迫る。また、引用とともに男女の様が生き生きと蘇る。荷風自身が記した「愛人一覧表」の16人はもとより、それ以外の女性も多数登場。十人十色、百人百色。

◇『断腸亭日乗』を読む　新藤兼人著　岩波書店　（岩波現代文庫）　2009.5
①978-4-00-602151-1
＊永井荷風（一八七九・一九五九）は三十八歳から七十九歳の死の前日まで四十二年間にわたって日記『断腸亭日乗』を書き続けた。本書は『日乗』に「老人の性と生」という視点から自らの老いの心境を読み込みつつ迫る出色の荷風論である。荷風晩年に焦点を合わせ、戦災日記、荷風の女たち、社会を見る目、『濹東綺譚』について、著者独特の読みが展開される。

◇荷風さんの戦後　半藤一利著　筑摩書房（ちくま文庫）　2009.4
①978-4-480-42594-2
＊高度成長直前の1959（昭和34）年まで戦後を生き抜き、時代には背を向けながらも自身の生活を徹底して記録し続けた文豪永井荷風。「孤立」をものともせず反逆的な生き方を貫いた荷風の晩年を愛情あふれる筆致で描いた傑作評伝。

◇荷風と私の銀座百年　永井永光著　白水社　2008.7　①978-4-560-03186-5
＊銀座の名門バーの主人が、明治から現在にわたる街の移り変わりを父・永井荷風の作品とともに振り返る。

◇永井荷風のシングル・シンプルライフ―世田谷文学館　世田谷文学館編　世田谷文学館　2008.2

◇荷風好日　川本三郎著　岩波書店　（岩波現代文庫）　2007.1　①978-4-00-602111-5
＊名著『荷風と東京』以後に発表したエッセイを収録。第一部では東京の町を歩いて『断腸亭日乗』の世界を追体験する。第二部では『つゆのあとさき』に東京の都市化の進行を見、オペラ『葛飾情話』のCD復刻や林芙美子、坂口安吾らの荷風評価にふれる。第三部では戦後の荷風の創作意欲の減退にたび重なる空襲体験が影響したことを指摘し、リヨンとパリに青年荷風の足跡をたどる。

◇永井荷風という生き方　松本哉著　集英社　（集英社新書）　2006.10
①4-08-720364-6
＊人生、老いてますます楽し。永井荷風といえば、天下一品の名文で『歓楽』などを発表して、一世を風靡した文学者であったが、その生き方はかなりユニークで、親類縁者に頼らず、作家仲間と群れることもなく、ケチ、女好きなどと呼ばれながら満七十九年の生涯をたった一人で生き抜いた。死の前日まで、四十二年間にわたって書き続けられた日記『断腸亭日乗』には、永井荷風という作家として、一人の男としての本音が満ちあふれているだけでなく、明治、大正、昭和にわたる社会風俗、性風俗の貴重な記録ともなっている。

◇永井荷風ひとり暮らしの贅沢　永井永光，水野恵美子，坂本真典著　新潮社　（とんぼの本）　2006.5　①4-10-602142-0
＊誰にも気兼ねなく、ある日は終日読書

三昧、またある日は浅草で過ごし夜半に帰宅。自宅の手軽な自炊には、七輪を部屋に持ち込んで…。そして孤独も老いも死も、さらりと語る独居の達人。吝嗇だ奇行だと陰口きかれても気侭に生きた後半生。

◇父荷風　永井永光著　白水社　2005.6
①4-560-02780-3
＊文豪の血縁者がはじめて明かす、貴重な証言。

◇図説永井荷風　川本三郎，湯川説子著　河出書房新社　（ふくろうの本）　2005.5
①4-309-76064-3
＊町を、人を、時代を描き、東京を歩き続けた都市の作家、荷風。その孤高の人生と珠玉の作品世界をたどる。

◇永井荷風の昭和　半藤一利著　文芸春秋（文春文庫）　2000.6　①4-16-748309-2
＊戦争へと急傾斜してゆく昭和前期、20年間の日本─荷風の視線はひくく市井を這い、時に上空を見上げ、驚くべき適確さで世界の不穏な風を読む。『断腸亭日乗』を主要テキストに、時代風景のなかに文豪の日常をくっきりと描写し、世俗の事件と歴史の命運とをあわせ読む「歴史探偵の手法」を確立した会心の著作。

◇永井荷風ひとり暮し　松本哉著　朝日新聞社　（朝日文庫）　1999.8
①4-02-264203-3
＊無類の名文家にして、色好み、極めつきのけち─、世間に何と言われてもひとりで好きなように生きた“文豪”の衣食住、孤独の死、下町陋巷への偏愛、金銭感覚などを、「作品以上に本人が面白い」と言う著者が綴る。“変わり者”の面目躍如、時に呆れ、時にほくそ笑んでしまう内輪話の数々。挿画も満載。

◇永井荷風ひとり暮し　松本哉著　三省堂　1994.3　①4-385-35559-2
＊ひとり暮しの衣食住、身内と女性に対する関係、下町陋巷への偏愛、金の使い方…。人間荷風の魅力が“目を細めて”楽しめる本。

◇永井荷風の生涯　〔新装版〕　小門勝二著　冬樹社　（冬樹社ライブラリー）　1990.10
①4-8092-1504-0

＊晩年の荷風をつぶさに眺め続けた著者が、その貴重な肉声を甦らせつつ生涯の思想と行状を跡づける〈反骨の文豪〉評伝。

▍**永井繁子**　ながいしげこ
1862～1928　瓜生繁子（うりゅうしげこ）とも。明治期の教育者、東京音楽学校教授。最初の女子留学生。アメリカへ渡航。

◇少女たちの明治維新─ふたつの文化を生きた30年　ジャニス・P・ニムラ著，志村昌子，藪本多恵子訳　原書房　2016.4
①978-4-562-05303-2

◇瓜生繁子─もう一人の女子留学生　生田澄江著　文芸春秋企画出版部, 文芸春秋（発売）　2009.3　①978-4-16-008069-0

◇明治の女子留学生─最初に海を渡った五人の少女　寺沢竜著　平凡社　（平凡社新書）　2009.1　①978-4-582-85449-7
＊明治四年、日本最初の女子留学生として渡米した五人の少女たちがいた。六歳の津田梅子をはじめ、山川捨松、永井繁子らが体験した十年余のアメリカ生活とはどのようなものだったのか。そして日本語も忘れて帰国した後、近代化の荒波の中で、彼女たちはどう生き抜いたのか。初の帰国子女としての波瀾万丈の生涯と、女性として果たした偉業を明らかにする。

◇舞踏への勧誘─日本最初の女子留学生永井繁子の生涯　生田澄江著　文芸社　2003.3　①4-8355-4778-0
＊明治4年に渡米してピアノを学び、異国で若き海軍士官・瓜生外吉と恋に落ち、明治日本の洋楽教育に尽した繁子は、夫とともに日米関係の改善にも奮闘する。

▍**中井竹山**　なかいちくざん
1730～1804　江戸時代中期, 後期の儒学者。

◇叢書・日本の思想家　24　中井竹山・中井履軒　加地伸行ほか著　明徳出版社　1980.7

永井尚志
ながいなおゆき（なおむね）

1816～1891　江戸時代末期，明治期の幕臣，官吏。大政奉還を推進，函館政府の奉行となる。のち開拓使御用掛など。

◇永井尚志―皇国のため徳川家のため　高村直助著　ミネルヴァ書房　（ミネルヴァ日本評伝選）　2015.9　①978-4-623-07423-5

中浦ジュリアン
なかうらジュリアン

1569？～1633　安土桃山時代，江戸時代前期の天正遣欧少年使節の副使。

◇ドキュメント天正少年使節　志岐隆重著　長崎文献社　2010.12　①978-4-88851-158-2
＊信長の時代に長崎からローマへ船出し，秀吉の時代に帰国した少年たちの物語。出発時13歳の4少年には夢と勇気があった。ローマ教皇に謁見し，各地で大歓迎されてスーパースターとなった。しかし，帰国した日本で4人の運命はわかれた。棄教，追放，殉教…。

◇西海の聖者―小説・中浦ジュリアン　浜口賢治著　葦書房　1998.7　①4-7512-0716-4
＊戦国乱世，五島灘に面した半島に強力な水軍を擁し，海外貿易で栄えた領主がいた。次代の領主として育てられた甚吾少年こそが後に遣欧少年使節に選ばれ，帰国後，殉教した中浦ジュリアンその人であった。苛烈なキリシタン弾圧による正史から抹殺された小佐々水軍とジュリアンの出自が四百年ぶりに甦る。

中江兆民　なかえちょうみん

1847～1901　明治期の自由民権思想家，評論家。東京外国語学校校長，衆議院議員。自由主義思想の啓蒙。差別問題へ取り組む。国民党を組織する。

◇中江兆民と財政民主主義　渡瀬義男著　日本経済評論社　2017.4　①978-4-8188-2465-2

◇兆民と秋水―自由と平等を求めて　崎村裕著　かりばね書房　2015.11　①978-4-904390-12-2

◇中江兆民評伝　上　松永昌三著　岩波書店　（岩波現代文庫　学術）　2015.10　①978-4-00-600332-6

◇中江兆民評伝　下　松永昌三著　岩波書店　（岩波現代文庫　学術）　2015.10　①978-4-00-600333-3

◇中江兆民―百年の誤解　西部邁著　時事通信出版局　2013.12　①978-4-7887-1310-9
＊"東洋のルソー"の正体は日本の伝統に棹差そうとする保守思想家であった！近代日本思想史における俗論を糺す著者渾身の一冊！

◇波涛の果て―中江兆民のフランス　鮎川俊介著　郁朋社　2008.7　①978-4-87302-415-8
＊岩倉使節団の官費留学生としてフランスで学ぶことになった中江兆民。その兆民とジャン・ジャック・ルソーの思想との運命的出会いを，パリやリヨンの歴史と四季折々の風景を織り交ぜながら生き生きと描き出す待望のフランス編。

◇火の虚舟　松本清張著　筑摩書房　（ちくま文庫）　2008.4　①978-4-480-42437-2
＊江戸末期に生まれてフランスに留学し，明治34年に亡くなった中江兆民は，近代日本の古典となった「三酔人経綸問答」や「一年有半」などを著しただけでなく，新聞事業を興したり衆議院議員にも当選し，実務家としても活躍した。日本が近代国家として確立していく時代を，自由民権運動の指導者として生き抜いたその複雑で苦渋に満ちた生涯を，多くの史料を駆使して描く。

◇中江兆民　新装版　土方和雄著　東京大学出版会　（近代日本の思想家）　2007.9　①978-4-13-014152-9

◇二〇〇一年の中江兆民―憲法から義太夫節まで　井田進也著　光芒社　2001.12　①4-89542-190-2
＊1901年12月13日の兆民没後，100年が経過した同じ年の2月3日には福沢諭吉も没している。日本近代100年を閲した現在にあって型破りな思想家・兆民から何を学ぶことができるか？ ルソーの紹介，

中江兆民

明治憲法への関わりから義太夫節をはじめとする江戸末期・明治初期の文化への視点まで、政治と文化両面にわたって自由闊達に生きた男の軌跡を追う。

◇東洋のルソー中江兆民の生涯　高知市立自由民権記念館編　高知市立自由民権記念館　2001.11

◇福沢諭吉と中江兆民　松永昌三著　中央公論新社　（中公新書）　2001.1
①4-12-101569-X
＊明治日本の主要な課題は、近代国家の建設にあった。ただ、その方向に異論はなくとも、内容については議論が分かれ、西洋文明の受容に重大な役割を演じた福沢と中江も、対照的な反応を示す。ともに私塾を興すが、実学尊重の慶応義塾、古典教養に執着する仏学塾と、教育理念は両者の世界観を反映し相違を見せた。同年に没した思想家二人の文明論・国家論を、現代の問題関心から読み起こし、新世紀の展望を拓く。

◇中江兆民　飛鳥井雅道著　吉川弘文館（人物叢書 新装版）　1999.8
①4-642-05216-X
＊高知生まれの自由民権思想家。明治国家建設にあたり、『民約訳解』などルソーの厳密な翻訳を著し、フランス革命の文明論的原理を追求、フランス学派の代表と目された。民権理論の中核にありながら運動ではほとんど常に孤立。野党統一を求めつつ果たせなかった、奇人として知られる彼の理想とは何だったのか。挫折と苦悩の生涯を大胆かつ精密に描く。

◇食客風雲録—日本篇　草森紳一著　青土社　1997.11　①4-7917-5589-8
＊大隈重信の屋敷に集って明治政府を陰で操った居候たち。芸者の金で南洋の島に渡り「占領」してしまった？　後藤象二郎のドラ息子…。他人の家で食わせてもらいながら「主人を食う」気概に満ちた食客の面々。「維新」直後の激動期、主人と客の虚々実々、波瀾万丈を通して歴史と人間の真髄にふれる。

◇近代日本精神史論　坂本多加雄著　講談社　（講談社学術文庫）　1996.9

①4-06-159246-7
＊未開ならぬ半開の日本を文明段階に早急に導くことを使命とした福沢諭吉。国際社会は文明の進歩ではなく力の闘争が展開される場で、日本の地位をいかに向上させるかを課題とした徳富蘇峰。これら代表的思想家の言説を中心に、明治、大正、昭和の思潮を解説。英雄崇拝的心情を培った明治、快楽主義の「耽溺青年」を生んだ大正、「近代の超克」が強調された昭和の「近代日本精神史」を辿る文庫オリジナル。

◇開国経験の思想史—兆民と時代精神　宮村治雄著　東京大学出版会　1996.5
①4-13-030103-9

◇自由は人の天性なり—「東洋自由新聞」と明治民権の士たち　吉野孝雄著　日本経済新聞社　1993.6　①4-532-16104-5
＊社長は若き日の華族・西園寺公望。主筆は「東洋のルソー」中江兆民。明治民権運動の黎明期、"自由"の二字を初めてその名に冠した「東洋自由新聞」が起った。しかし名門西園寺が反政府的言論界の急先鋒となるのを恐れた当局は、天皇勅命を盾に同紙を廃刊へと追い込んでゆく。激動の波に呑み込まれた小新聞の運命を活写した迫真のノンフィクション。

◇中江兆民評伝　松永昌三著　岩波書店　1993.5　①4-00-001542-7
＊時代を先取りした思想家、中江兆民。歴史の全体を捉える雄大な構想力を持った彼の主張は、没後90年の今もなおその輝きを失ってはいない。兆民の事蹟には不分明な所が少なくないが、史料上の困難な条件を克服して積年の研究成果をまとめ上げた本書は、"操守ある理想家"の苦闘の生涯を活写した、まさに決定版の伝記である。

◇目覚めし人ありて—小説中江兆民　夏堀正元著　新人物往来社　1992.8
①4-404-01935-1
＊中江兆民は、土佐に生まれ、フランスに学び、東京で活躍し、北海道に渡った。明治を代表するジャーナリストであり、思想家であり、政治家であり、評論家だ。東洋のルソーといわれ、『民約訳解』を著して人民主権説を唱え、我が国で

初めて本格的部落解放運動を行なった。また奇行・奇癖の人としても知られ、その反骨に貫かれた波瀾の生涯は、時を超えて現代人の胸を揺さぶる。中江兆民の波瀾数奇の生涯を描く文芸大作。

◇中江兆民　岡林清水，猪野睦著　高知市立自由民権記念館友の会　（高知市立自由民権記念館友の会ブックレット）　1992.7

◇記者　兆民　後藤孝夫著　みすず書房　1990.7　Ⓘ4-622-03344-5
　＊東洋自由新聞主筆、民権論者の雄・兆民は変貌する。国家と民権と資本のせめぎあうなかで、曲折に満ちた戦いをつづける記者の生涯。それを貫くものは何か？

▌**中江藤樹**　なかえとうじゅ
　1608～1648　江戸時代前期の儒学者。日本の陽明学の祖。

◇中江藤樹の心学と会津・喜多方　吉田公平，小山国三著　研文出版　2018.8　Ⓘ978-4-87636-437-4

◇〈評伝〉中江藤樹─日本精神の源流・日本陽明学の祖　林田明大著　三五館　2017.10　Ⓘ978-4-88320-713-8

◇中江藤樹　新装版　渡部武著　清水書院（Century Books　人と思想）　2015.9　Ⓘ978-4-389-42045-1

◇中江藤樹の生き方　中江彰著　明徳出版社　2009.12　Ⓘ978-4-89619-719-8
　＊無一物となって慈母の孝養に生き、厭世観に覆われた日本人の心を解き放つために明徳宝珠説を唱えた思想家が今ここによみがえる。

◇中江藤樹─道に志し孝を尽くし徳を養う生き方　久保田暁一著　致知出版社　2006.8　Ⓘ4-88474-750-X
　＊日本陽明学の始祖・中江藤樹。内村鑑三が『代表的日本人』の中で、"理想的な学校教師"と称えた人物の思想と生き方にせまる。内村鑑三、小林秀雄、森信三の藤樹観を収録。

◇藤樹先生が今日生きていられたら─家庭教育の提言　森信三講述、寺田一清編　不尽叢書刊行会　2004.12

◇小説中江藤樹　上巻　童門冬二著　学陽書房　1999.4　Ⓘ4-313-85131-3
　＊上杉鷹山の「民の父母」、西郷隆盛の「敬天愛人」と一つにつながる藤樹の「孝とは人間すべてへの愛敬」。構想十年、「上杉鷹山」を凌ぐ書き下ろし傑作長編。

◇小説中江藤樹　下巻　童門冬二著　学陽書房　1999.4　Ⓘ4-313-85132-1
　＊日本陽明学の始祖。日本人のこころのありようを形造った近江聖人中江藤樹の思想とその生涯を描く著者渾身の名篇。

◇中江藤樹の総合的研究　古川治著　ぺりかん社　1996.2　Ⓘ4-8315-0720-2

◇中江藤樹─天寿学原理　太田竜著　泰流社　1994.12　Ⓘ4-8121-0099-2

◇中江藤樹の人間学的研究　下程勇吉著（千葉）広池学園出版部　1994.6　Ⓘ4-89205-369-4
　＊本書は、四十一年の生涯をあげて「一貫の道は心の本体にして」「心の本体は説楽（已むに已まれぬよろこび）なり」という、「万劫不壊の古郷」に帰家隠坐、どっしりと肚をすえた、赤肉団上一無位の真人中江藤樹の畏るべき学風を研究するものである。

◇中江藤樹に学ぶ時代のこころ人のこころ　栢木寛照著　二期出版　（熱血和尚のにんげん説法）　1994.4　Ⓘ4-89050-238-6

◇藤樹書院文献調査報告書　安曇川町　1993.2

◇人間二宮尊徳と中江藤樹の心　大塚道広著　大洲陶器　1991.10

◇中江藤樹　古川治著　明徳出版社　（シリーズ陽明学）　1990.2

▌**長尾景虎**　ながおかげとら
　⇒上杉謙信（うえすぎけんしん）

▌**中岡慎太郎**　なかおかしんたろう
　1838～1867　江戸時代末期の尊攘・討幕派志士、土佐藩郷士。倒幕運動に邁進したが、坂本竜馬とともに暗殺された。

◇中岡慎太郎「倒幕」の決意─志国高知幕末維新博関連企画中岡慎太郎館春期企画展

中岡慎太郎

中岡慎太郎館編　中岡慎太郎館　2018.3

◇よくわかる！ 乙女の龍馬・新選組　歴女
育成委員会著　エンターブレイン，角川
グループパブリッシング〔発売〕
2010.10　①978-4-04-726762-6
＊かわいいキャラクターで黒船来航から
新選組、明治維新までをわかりやすく
解説。

◇中岡慎太郎—龍馬と散った男の生涯　松
岡司著　新人物往来社　2010.7
①978-4-404-03883-8
＊土佐国は山深き北川郷の大庄屋に、中
岡慎太郎は生まれた。武市半平太を師
と仰ぎ、土佐勤王党に加盟。その志は
山里にも土佐一国にも留まることなく、
やがて脱藩。国事に奔走し、薩長連合
にも尽力する。陸援隊を組織し、討幕
へとひた走ろうとした矢先、盟友坂本
龍馬とともに凶刃に斃れた男の、維新
前夜の激しく熱い生涯を克明に追う。

◇中岡慎太郎先生　復刻版　尾崎卓爾著
マツノ書店　2010.1

◇陸援隊始末記—中岡慎太郎　改版　平尾
道雄著　中央公論新社　（中公文庫）
2010.1　①978-4-12-205274-1
＊長州寄りの尊攘激派浪士として、徹底
した武力討幕派であった中岡慎太郎。
薩摩の庇護に入っていた坂本龍馬と中
岡ふたりの尽力により、薩長同盟は結
ばれた。維新のもうひとつの方向を目
指し、幕末維新回天の核心となった中
岡と土佐勤王党の行動を明らかにし、
志士の情熱をさぐる好著。『坂本龍馬海
援隊始末記』の姉妹篇。

◇坂本竜馬・中岡慎太郎展—暗殺一四〇年！
—時代が求めた"命"か？　特別展三館合同
企画　高知県立歴史民俗資料館，高知県
立坂本竜馬記念館，北川村立中岡慎太郎
館編　高知県立歴史民俗資料館　2007.7

◇中岡慎太郎と陸援隊—平成十七年度中岡
慎太郎館夏期特別展　中岡慎太郎館編
中岡慎太郎館　2005.8

◇「中岡慎太郎と薩長連合」展—中岡慎太郎
館開館10周年記念特別展　中岡慎太郎
編　中岡慎太郎館　2004.8

◇中岡慎太郎と野根山二十三士展—平成十
四年度中岡慎太郎館夏期企画展　中岡慎
太郎館編　中岡慎太郎館　2002.8

◇中岡慎太郎伝—大輪の回天　松岡司著
新人物往来社　1999.1　①4-404-02694-3
＊薩長連合を実現させ、討幕運動に尽力し
た陸援隊隊長。土佐国北川郷の大庄屋
に生まれ、土佐勤王党に加盟、その後脱
藩、国事に奔走し、薩長連合に尽力する
が、同志坂本龍馬と共に京都近江屋で
非業の死を遂げるまでの三十歳の生涯。

◇中岡慎太郎　堀和久著　講談社　（講談社
文庫）　1997.12　①4-06-263674-3
＊「龍馬、今の世は間違っちょるぜよ」中
岡慎太郎は堅く世直しを誓った。脱藩
して尊皇攘夷運動に身を投じ、維新回
天の熱き思いを抱いて薩長同盟実現に
東奔西走する。激動する幕末を坂本龍
馬と共に駆け抜け、新しい日本の運命
を定めながら、遂にその輝かしい黎明
を見ることなく散った男の光と陰を描
く長編歴史小説。

◇中岡慎太郎　嶋岡晨著　成美堂出版　（成
美文庫）　1996.11　①4-415-06452-3
＊維新回天の一大要因となった薩長同盟
の成立は中岡慎太郎の身命を擲っての
奔走なくしては語れない。陸援隊を組
織し、「土佐一国の慎太郎にあらず」の
気概を持って僚友坂本龍馬とともに激
動の幕末期を疾風のごとく駆け抜けた
俊英・中岡慎太郎の炎の生涯を、志を同
じくする若き群像との交遊の中に、同
郷の著者が鮮やかに描き切る。

◇中岡慎太郎—維新の周旋家　宮地佐一郎
著　中央公論社　（中公新書）　1993.8
①4-12-101146-5
＊幕末怒濤の時期、日本の大道に開眼し
た中岡慎太郎は土佐、下関、九州、京都
を往来して公卿を訪ね、雄藩を結び、陸
援隊を組織して討幕と新国家樹立に奔
走した。一方『時勢論』を執筆して維新
を啓蒙指導し、"世界の中の日本"を視野
に入れた国家像を描いている。郷里の
復興と自立に尽力する庄屋見習の若者
を、維新回天の事業に駆り立てた原動
力は何か。慎太郎の思想形成を土佐南
学、万葉学の系譜に辿り、維新の周旋家

の実像を照射する。

◇中岡慎太郎　上　堀和久著　講談社
　1992.10　Ⓝ4-06-206087-6
　＊維新回天に賭けた幕末の快男児中岡慎
　　太郎。脱藩、高杉晋作・桂小五郎との出
　　会い、池田屋の変…。激変する時代の
　　中を駆ける慎太郎の熱き想い。

◇中岡慎太郎　下　堀和久著　講談社
　1992.10　Ⓝ4-06-206088-4
　＊龍馬とともに散った中岡慎太郎30年の
　　生涯。薩長同盟から討幕へ。国事に奔
　　走する慎太郎の胸に宿る女人の面影。
　　志なかばでたおれた男の無念に迫る歴
　　史長編。

◇中岡慎太郎　宮地佐一郎著　PHP研究所
　1992.7　Ⓝ4-569-53681-6
　＊奇蹟の周旋能力と行動力で日本の新時
　　代を拓いた、維新回天もう一人の牽引
　　車。大久保利通、岩倉具視などから最
　　も信頼されながら、坂本龍馬とともに
　　非業の死を遂げた中岡慎太郎。彼の生
　　涯を、新資料を駆使して描く渾身の書
　　き下ろし評伝。

◇土佐と明治維新—中岡慎太郎をめぐって
　近藤勝著　新人物往来社　1992.1
　Ⓝ4-404-01883-5
　＊討幕・維新の大業は薩長連合の成立を
　　起爆力としたが、その功業は中岡慎太
　　郎・坂本龍馬の二人に帰せられるべき
　　で、その一人を欠いても史実とはいえ
　　ない。両者の人物・性格をも対比しつ
　　つ展開するもう一つの維新論！

◇明治維新と中岡慎太郎—中岡慎太郎生誕
　百五十周年記念講演集　井上清ほか述,
　前田年雄編　中岡慎太郎先生生誕百五十
　周年記念行事実行委員会　1990.11

◇中岡慎太郎と坂本竜馬—薩長連合の演出
　者　寺尾五郎著　徳間書店　（徳間文庫）
　1990.1　Ⓝ4-19-598979-5
　＊慶応2年の薩長連合という、幕末の政治
　　闘争の決定的な転換の大事業は、中岡
　　慎太郎と坂本竜馬の二人をさしおいて
　　は語れない。蛤御門の変の後、仇敵と
　　して激しく対立していた薩摩と長州を
　　同盟させ、回天の大業を成功に導いた
　　のがこの二人の志士であり、その立役

者が坂本竜馬だとするのが通説である。
本書は、この大仕事を着想し、工作し、
実現させた真の演出者は誰なのかを明
らかにする。長篇歴史ドキュメント。

▌**長岡半太郎**　ながおかはんたろう
　1865〜1950　明治〜昭和期の物理学者。
　東京大学教授, 大阪大学初代総長, 貴族院
　議員, 学士院長。土星型原子模型理論は世
　界的に有名。

◇長岡半太郎—原子力時代の曙　長岡半太
　郎著　日本図書センター　（人間の記録）
　1999.2　Ⓝ4-8205-4329-6,4-8205-4326-1

▌**長久保赤水**　ながくぼせきすい
　1717〜1801　江戸時代中期, 後期の地図作
　者。農民出身の儒者。

◇新聞記事に見る長久保赤水—30.8.23-25.8.
　2　長久保赤水顕彰会　2018.9

◇長久保赤水物語—マンガ 学ぼう赤水を教
　科書に載せて広げよう世界へ　黒沢貴子,
　原康隆作画, 長久保赤水顕彰会編　長久保
　赤水顕彰会　2018.7
　Ⓝ978-4-9907959-4-8

◇長久保赤水書簡集　続続　長久保赤水著,
　横山功編著　川田プリント（印刷）
　2017.11

◇長久保赤水の生涯—マンガ 現代語訳　長
　久保赤水顕彰会　2017.10
　Ⓝ978-4-9907959-3-1

◇長久保赤水の一生—マンガ　原康隆マン
　ガ制作, 高萩郷土史研究会編　長久保赤水
　顕彰会　2017.1　Ⓝ978-4-9907959-2-4

◇長久保赤水書簡集—現代語訳　長久保赤
　水著, 高萩郷土史研究会編　長久保赤水顕
　彰会　2016.1　Ⓝ978-4-9907959-1-7

◇長久保赤水書簡集　続　長久保赤水著,横
　山功編著　川田プリント（印刷）　2012.7

◇清学の士 長久保赤水　横山洸涼著　ブイ
　ツーソリューション, 星雲社〔発売〕
　2010.3　Ⓝ978-4-434-14268-0
　＊農業に従事するかたわら、学問に励み水
　　戸藩主の侍講にとりたてられた江戸時代

中期の地理学者「長久保赤水」の一生涯を物語風に分かりやすく書き下ろした。

中里介山　なかざとかいざん

1885～1944　明治～昭和期の小説家。都新聞社会部長。作品に「大菩薩峠」など。トルストイに基づく農本主義的傾向を深める。

◇大乗小説がゆく―私の「大菩薩峠」論　高梨義明著　創英社, 三省堂書店（発売）2009.6　①978-4-88142-385-1
　＊机竜之助という通り魔剣士にこめられた中里介山のメッセージとは何か? 新手の「大菩薩峠」論がそのなぞに迫る。

◇中里介山と大菩薩峠　桜沢一昭著　同成社　1997.6　①4-88621-149-6
　＊孤高の巨匠中里介山の足跡をたどり、大河小説・大菩薩峠の世界にせまる。

◇中里介山―百姓弥之助の話（抄）/今人古人　中里介山著, 松本健一編　日本図書センター　（シリーズ・人間図書館）　1997.4　①4-8205-9487-7

◇果てもない道中記　上　安岡章太郎著　講談社　1995.11　①4-06-205960-6

◇果てもない道中記　下　安岡章太郎著　講談社　1995.11　①4-06-207894-5

◇中里介山―人と作品　羽村市郷土博物館（羽村市郷土博物館資料集）　1995.3

◇中里介山　竹盛天雄編著　新潮社　（新潮日本文学アルバム）　1994.5　①4-10-620641-2
　＊殺しと献身、正と邪、美と醜、自然と反自然に生きる人間群像を描く巨篇「大菩薩峠」の作者の謎。

◇中里介山―辺境を旅するひと　松本健一著　風人社　1993.6　①4-938643-08-1

◇大菩薩峠 中里介山　〔復刻版〕　笹本寅著　日本図書センター　（近代作家研究叢書）　1990.3　①4-8205-9052-9
　＊茫漠、洋とした作家中里介山と犬・独身会・碁・新国劇・日記紛失事件など、いわばありふれた手法ともいえる挿話の積み重ねによって著者の冴えた筆致は、見事に1人の作家像を構築してみせてくれる。

中沢道二　なかざわどうに

1725～1803　江戸時代中期, 後期の石門心学者。

◇道二翁の道話―石門心学への序曲 道二翁の心学道話とその倫理 要約・再話　長谷川鉱平撰, 長谷川鉱平　1989.8

中島俊子　なかじまとしこ

⇒岸田俊子（きしだとしこ）

中曽根康弘　なかそねやすひろ

1918～　昭和, 平成期の政治家。衆議院議員, 世界平和研究所会長, 首相, 自民党総裁。昭和57年11月の総裁予備選に圧勝して首相に就任。"戦後政治の総決算"を掲げ、強いリーダーシップを発揮、5年にわたり首相を務める。

◇戦争を知っている最後の政治家―中曽根康弘の言葉　鈴木哲夫著　ブックマン社　2017.8　①978-4-89308-884-0

◇田中角栄と中曽根康弘―戦後保守が裁く安倍政治　早野透, 松田喬和著　毎日新聞出版　2016.12　①978-4-620-32397-8

◇中曽根康弘―「大統領的首相」の軌跡　服部龍二著　中央公論新社　（中公新書）　2015.12　①978-4-12-102351-3

◇首相秘書官が語る中曽根外交の舞台裏―米・中・韓との相互信頼はいかに構築されたか　長谷川和年著, 瀬川高央, 服部龍二, 若月秀和, 加藤博章編　朝日新聞出版　2014.2　①978-4-02-251149-2
　＊戦後外交史の頂点ともいわれる中曽根内閣期の官邸主導外交を、事務方として担当した秘書官の回想録。近隣諸国との友好はどのように築かれたのか。

◇中曽根康弘が語る戦後日本外交　中曽根康弘著, 中島琢磨, 服部龍二, 昇亜美子, 若月秀和, 道下徳成, 楠綾子, 瀬川高央聞き手　新潮社　2012.10　①978-4-10-468702-2
　＊戦後外交の流れを全て知る大政治家が、気鋭の研究者七名とのインタビューを

通し、首脳間で交わされた激論の真相
や外交交渉の裏側を語り尽くす。

◇わたしがリーダーシップについて語るな
ら　中曽根康弘著　ポプラ社　2010.12
①978-4-591-12219-8
＊歴史上、今ほどリーダー不在の時はな
い。日本はこのまま沈没するのか。

◇わたしがリーダーシップについて語るなら
中曽根康弘著　ポプラ社　（未来のおとな
へ語る）　2010.10　①978-4-591-12099-6
＊青春時代に「自分はどう生きるべきか」
と問うことは大切です。リーダーシッ
プの土壌はそこからつくられていくの
です。元総理が初めて書き下ろした子
どもへのメッセージ。

◇日本の地下人脈―戦後をつくった陰の男
たち　岩川隆著　祥伝社　（祥伝社文庫）
2007.7　①978-4-396-33368-3
＊満洲を支配した革新官僚岸信介は人心
掌握術を学ぶ。上海で軍需物資を確保
し、巨万の富を得た特務機関長児玉誉
士夫は金をばらまく術を知る。A級戦犯
をからくも免れた彼らは、いかにして
黒幕として君臨し得たのか？　戦後の政
財界を牛耳るに至った「地下人脈」の全
貌を明らかにするとともに、今につな
がる日本の暗部を衝く、戦慄のルポル
タージュ復刊。

◇永遠なれ、日本　中曽根康弘，石原慎太郎
著　PHP研究所　（PHP文庫）　2003.3
①4-569-57924-8

◇伝記関係資料集　補遺編1　大田勝巧・千
恵子編　〔大田勝巧〕　（中曽根康弘代議
士資料集）　2002.5

◇伝記関係資料集　補遺編2　大田勝巧・千
恵子編　〔大田勝巧〕　（中曽根康弘代議
士資料集）　2002.5

◇伝記関係資料集　補遺編3　大田勝巧・千
恵子編　〔大田勝巧〕　（中曽根康弘代議
士資料集）　2002.5

◇永遠なれ、日本―元総理と都知事の語り合
い　中曽根康弘，石原慎太郎著　PHP研
究所　2001.8　①4-569-61701-8
＊指導者の気概と、国民の情熱が、この国
の未来を変える！　心から日本を愛する

両雄が問いかける、新しき時代への「戦
略と哲学」。

◇風に向かって走れ―中曽根康弘首相への
道のり　中沢麦原作，中川佳昭作画　扶桑
社　1997.5　①4-594-02249-9

◇通商産業大臣就任前後と実績の軌跡―新
聞切抜資料5　第2巻　大田勝巧，大田千
恵子編　〔大田勝巧〕　（中曽根康弘代議
士資料集）　1994.5

◇通商産業大臣就任前後と実績の軌跡―新
聞切抜資料5　第3巻　大田勝巧，大田千
恵子編　〔大田勝巧〕　（中曽根康弘代議
士資料集）　1993.5

◇通商産業大臣就任前後と実績の軌跡―新
聞切抜資料5　第4巻　大田勝巧，大田千
恵子編　〔大田勝巧〕　（中曽根康弘代議
士資料集）　1993.5

◇防衛庁長官就任前後と実績の軌跡―新聞
切抜資料3　第1巻　大田勝巧，大田千恵
子編　〔大田勝巧〕　（中曽根康弘代議士
資料集）　1993.5

◇防衛庁長官就任前後と実績の軌跡―新聞
切抜資料3　第2巻　大田勝巧，大田千恵
子編　〔大田勝巧〕　（中曽根康弘代議士
資料集）　1993.5

◇政治と人生―中曽根康弘回顧録　中曽根康
弘著　講談社　1992.7　①4-06-205981-9
＊仕事師内閣を率い、行革を断行した、信
念の政治家の渾身の生涯とその知られ
ざる素顔―。わが政治、わが人生、わ
が妻。

◇中曽根康弘―トップダウン型政治家―敗
戦苦の克服から世界の日本へ　中曽根康
弘事務所　1991.6

永田鉄山　ながたてつざん

1884～1935　大正、昭和期の陸軍軍人。陸
軍省軍務局長，中将。統制派と目され相沢
三郎中佐に軍務局長室で惨殺される。

◇永田鉄山昭和陸軍「運命の男」　早坂隆著
文芸春秋　（文春新書）　2015.6
①978-4-16-661031-0

◇実録　相沢事件―二.二六への導火線　鬼頭
春樹著　河出書房新社　2013.5

教科書に載った日本史人物1000人　**481**

長塚節

①978-4-309-22593-7
＊陸軍エリート・永田鉄山軍務局長暗殺
——いま初めて、その全貌が、怪文書と霊
告から切り解かれる。「狂うた日本の
姿」を前に国家改造へと突き進んだ昭
和維新、その〝動乱の口火〟を追うノン
フィクション大作。初めて明かされる、
特異なテロルの全貌。

◇永田鉄山——平和維持は軍人の最大責務な
り　森靖夫著　ミネルヴァ書房　（ミネル
ヴァ日本評伝選）　2011.6
①978-4-623-06074-0
＊永田鉄山（一八八四〜一九三五）昭和期
の陸軍軍人。帝国陸軍きっての逸材と
して総動員体制を推進し、政・官・財界
から期待されながらも、陸軍派閥対立
の犠牲となって刺殺された永田鉄山。
激変する国際環境と、熾烈な権力闘争
の中で、一貫した信念と大きな理想を
持った素顔を解明する。

◇浜口雄幸と永田鉄山　川田稔著　講談社
（講談社選書メチエ）　2009.4
①978-4-06-258436-4
＊第一次世界大戦の未曽有の惨禍は日本
指導層に甚大な衝撃をもたらした。も
はや進むべき道は国際協調以外にない
と対中融和を含む協調路線に賭けた浜
口。最終戦争は必至と満蒙・華北領有
を含む軍中心の総力戦体制の構築を
計った永田。ともにテロに斃れた二人
の国家存亡を巡る究極の対立を描く。

長塚節　ながつかたかし

1879〜1915　明治期の歌人。「馬酔木」を
創刊。自然の写生、客観を強調した歌作
を発表。

◇長塚節『土』——鈴木大拙から読む　安田速
正著　春風社　2011.3
①978-4-86110-252-3
＊土にまみれて生きた『土』に作者が、な
ぜ清冽高潔な歌集『鍼の如く』をものし
たのか。ゆかりの地を訪ね、作家の内
面に宗教の観点から迫る。

◇横瀬夜雨と長塚節——常総の近代文学雑考
横瀬隆雄著　筑波書林　2006.5
①4-86004-063-5

◇長塚節『鍼の如く』　安田速正著　ながら
み書房　2004.11　①4-86023-274-7

◇大地の歌——長塚節・芦田高子　安田暁男
著　能登印刷出版部　2001.7
①4-89010-381-3

◇長塚節——土（抄）/炭焼きのむすめ　長塚節
著, 佐々木靖章編　日本図書センター
（シリーズ・人間図書館　作家の自伝）
1999.4　①4-8205-9529-6

◇長塚節の文学——"気品と冴え"長塚文学の
精髄を解き明かす　長塚節研究会編　筑
波書林　1995.9　①4-900725-23-4

◇長塚節・横瀬夜雨——その生涯と文学碑
新修版　石塚弥左衛門編著　明治書院
1995.5　①4-625-43070-4
＊鬼怒川歌人・『土』の長塚節と筑波根詩
人の横瀬夜雨豊富な写真と拓本でその
生涯と文学を解説する。正岡子規の正
統な後継者といわれ、短歌・写生文で活
躍した長塚節、伊良子清白とともに「文
庫」派の代表詩人であり民謡調に先鞭
をつけた横瀬夜雨、その二文人の多大
な業績と生涯を豊富な写真で紹介する。
また全国に点在する文学碑をすべて収
め、見事な拓本により再現する。

◇長塚節の世界　森田孟編著　筑波大学文
芸・言語学系　1994.3

◇長塚節・生活と作品　平輪光三著　日本
図書センター　（近代作家研究叢書）
1992.10　①4-8205-9214-9

◇長塚節・横瀬夜雨——その生涯と文学碑
増補版　石塚弥左衛門編著　明治書院
1992.8　①4-625-43064-X
＊正岡子規の正統な後継者といわれ、短
歌・写生文で活躍した長塚節、伊良子清
白とともに「文庫」派の代表詩人であり
民謡調に先鞭をつけた横瀬夜雨、その
二文人の多大な業績と生涯を豊富な写
真で紹介する。また全国に点在する文
学碑をすべて収め、見事な拓本により
再現する。

◇長塚節の研究　大戸三千枝著　桜楓社
1990.12　①4-273-02394-6

中臣鎌足　なかとみのかまたり

614〜669　藤原鎌足（ふじわらのかまたり）とも。飛鳥時代の廷臣。（内大臣）。藤原家の始祖。天児屋尊の裔。中大兄皇子と協力して大化改新を断行。改新後は内臣として政治にあたり、死の直前に藤原姓を賜る。

◇中大兄皇子・中臣鎌足―古代を創った人びと　歴史展示企画会議監修　奈良県地域振興部文化資源活用課　2018.3

◇藤原氏―権力中枢の一族　倉本一宏著　中央公論新社　（中公新書）　2017.12　①978-4-12-102464-0

◇藤原鎌足と阿武山古墳　高槻市教育委員会編　吉川弘文館　2015.3　①978-4-642-08269-3

◇日本史の影の主役藤原氏の正体―鎌足から続く1400年の歴史　武光誠著　PHP研究所　（PHP文庫）　2013.12　①978-4-569-76104-6
　＊『御堂関白記』が2013年6月に世界記憶遺産に登録された。約1000年前の藤原道長の直筆の日記が、驚くことに彼の子孫によって大切に保管されてきたのだ。本書は1400年の歴史を持ち、現代まで続く藤原氏の系譜を辿りながら、日本史の流れを学ぶもの。メディチ家、ロスチャイルド家など有名な家系は多々あるが、彼らよりもはるかに古い歴史をもつ藤原氏は、いかにして生き残ってきたのか？　文庫書き下ろし。

◇藤原鎌足―日本の帝王学を拓いた男　いまい国三著　叢文社　2012.1　①978-4-7947-0680-5

◇藤原鎌足、時空をかける―変身と再生の日本史　黒田智著　吉川弘文館　（歴史文化ライブラリー）　2011.2　①978-4-642-05714-1
　＊藤原鎌足とは何か。藤原氏の始祖、聖徳太子と並ぶ王権の輔佐役。仏教者の理想にして入鹿を誅殺した武威の象徴。肖像画・彫刻から紙幣、現代アートまで。無限に増幅する鎌足の歴史的イメージに迫るあたらしい人物史。

◇藤原鎌足―大織冠内大臣　改訂　藤原春雄著　ジャパンインターナショナル総合研究所　2003.6　①4-434-03096-5
　＊中臣氏は遠祖天児屋根命より出で、神代のむかしから神事宗源の家柄として知られる。藤原鎌足は、天児屋根命二十二世孫として大和国高市郡に生まれ、第三十五代皇極より孝徳・斉明（皇極重祚）・天智の歴朝に仕えた。この間に政治は氏姓制度から律令制度へと変貌した。本稿では、大化改新の推進者藤原鎌足の人となりと、彼が生きた時代相を、伝説・歴史・史料の三方面から著述編纂した。

◇鎌足　吉田麻由生著　東洋出版　1999.12　①4-8096-7293-X
　＊「倭」から「日本」へ。大化の改新を実現し、日本の「国家」としての礎を築いた中臣鎌足の生涯を、新たな視点で描く歴史大河小説。中央集権国家「日本」の誕生を描く、壮大な物語。

◇武術武道家列伝　加来耕三著　島津書房　1999.2　①4-88218-075-8
　＊本書は、現代における武道の意義とは何か―との問いかけを根底に、幸か不幸か、「幕藩」や「国家」といった重圧を、一身に背負わざるを得なかった武術家・武道家の挿話を集めて、その"心"を探究してみた。とはいえ、エピソードを集めるだけでは新鮮味に乏しいので、「徒手武術・武道」に拘り、併せて、素手の武術家が補助的に身をつけた手裏剣・鉄扇術などにも触れることにした。また、武道の極意についてヒントとなり得るものも、可能な範囲で収録している。

◇世界の伝記 40　藤原鎌足　新装版　中沢圣夫著　ぎょうせい　1995.12　①4-324-04483-X

中野重治　なかのしげはる

1902〜1979　昭和期の詩人, 小説家, 評論家。プロレタリア文学運動に参加。作品に「五勺の酒」「むらぎも」など。

◇回想の中野重治―『甲乙丙丁』の周辺　津田道夫著　社会評論社　2013.9　①978-4-7845-1908-8
　＊日本共産党を除名された中野重治は、

中野重治

1964年12月から69年9月まで57回にわた
り、『群像』に「甲乙丙丁」を連載した。
本書はこの2000枚をこえる長編『甲乙
丙丁』を読み解く。歴史的岐路に立つ
今日、1960年代の政治の季節に上梓さ
れた、この全体小説の歴史的な普遍的
意義を問う。

◇辻井喬論—修羅を生きる　黒古一夫著
論創社　2011.12　①978-4-8460-1115-4
＊家族/政治/闘争/転向/経営者/詩・小説
という文学。作品から浮かび上がる最
後の戦後派、辻井喬という人間が生き
てきた軌跡—「修羅」と共に歩む姿。

◇評伝 中野重治　増訂　松下裕著　平凡社
（平凡社ライブラリー）　2011.5
①978-4-582-76736-0
＊みずみずしい感性と厳しい論理をもっ
て、詩・評論・小説を創作し、七十七年
の生涯を文学者として生きた中野重治。
著者は中野の厚い信頼を得て、二度の
全集の編集・校訂に携わった。中野重
治の生涯を、生い立ちから晩年まで、一
つ一つの事実を調べ、積み重ねて生ま
れたのが本書である。単行本刊行後の
博捜・研究の成果を大きく取り入れて、
ここに新たな増訂版が出来上がった。

◇夏の栞—中野重治をおくる　佐多稲子著
講談社　（講談社文芸文庫）　2010.7
①978-4-06-290091-1
＊一九七九年八月、作家中野重治が逝去
した。中野重治に小説家として見出さ
れた佐多稲子は、この入院と臨終に至
るまでの事実を、心をこめて描いた。
そして五十年に亘る、中野重治との緊
密な交友、戦前、戦中、戦後と、強いき
ずなで結ばれた文学者同士の時間を、
熱く、見事に表現した、死者に対する鎮
魂の書。毎日芸術賞・朝日賞を受賞し
た、感動の文学作品。

◇批評の人間性中野重治　林淑美著　平凡
社　2010.4　①978-4-582-83465-9
＊「批評の人間性」をはじめとする評論文
のうちに、「五勺の酒」など小説の内奥
に、また魯迅との対比をとおして、「全
人間的営みに立つ」中野の批評精神の
根本形姿をつかみだす。

◇戦後日本、中野重治という良心　竹内栄
美子著　平凡社　（平凡社新書）　2009.10
①978-4-582-85490-9
＊中野重治が亡くなって三十年が過ぎた。
「中野が生きていたら、何と言っただろ
う」さまざまな出来事が起きるたびに、
多くの人がそう思う。戦後も六十年以
上を経過し、戦後民主主義も反戦平和
も大きな変質を余儀なくされている現
在、改めて中野の声に耳をかたむけた
い。中野重治は戦後の日本をどのよう
に生きたか。その作品をたどることに
より、戦後日本を問い直す。

◇蟹シャボテンの花—中野重治と室生犀星
笠森勇著　竜書房　2006.7
①4-903418-09-X

◇中野重治—人と文学　竹内栄美子著　勉
誠出版　（日本の作家100人）　2004.10
①4-585-05174-0

◇中野重治と朝鮮　鄭勝云著　新幹社
2002.11　①4-88400-029-3
＊中野重治文学の新しい読み方。「雨の降
る品川駅」を徹底的に分析し、国際連
帯、ヒューマニズム（温もり）などの真
意を解く。

◇重治・百合子覚書—あこがれと苦さ　近
藤宏子著　社会評論社　2002.9
①4-7845-0520-2

◇わが友中野重治　石堂清倫著　平凡社
2002.4　①4-582-82997-X

◇中野重治の肖像　林尚男著　創樹社
2001.5　①4-7943-0566-4
＊戦前のプロレタリア文学運動・戦後の
民主主義文学運動を代表した作家の全
体像を、没後二十年以上をへだてた今
日、その出生から晩年にわたって浮き
彫りにした鎮魂の労作。不抜の詩人・
作家としての中野重治の声望は、日を
ますごとに高まるばかりだが、筆者は、
ときに鳥瞰的に、あるいは虫瞰的にそ
の業蹟と達成の全貌に迫る。

◇中野重治との日々　POD版　石堂清倫著
勁草書房　2000.10　①4-326-98010-9

◇中野重治と北海道の人びと　市立小樽文
学館編　市立小樽文学館　2000.7

◇あとや先き　佐多稲子著　中央公論新社
（中公文庫）　1999.3　①4-12-203376-4
＊静かに自らを見つめる「老いの新年」、
風雪の時代を共に生きた中野重治・原
泉、草野心平など、先に逝った友への追
憶を綴る名随筆十四篇と、心の通い合
いを伝える書簡七十九通。逝った友へ
の深い想いを伝える、作家の白鳥の歌。

◇中野重治―文学の根源から　小田切秀雄
著　講談社　1999.3　①4-06-209614-5
＊同時代を生きた著者による中野論の決
定版。

◇中野重治訪問記　松尾尊兊著　岩波書店
1999.2　①4-00-001548-6

◇中野重治とモダン・マルクス主義　林淑
美ほか訳，ミリアム・シルババーグ著　平
凡社　1998.11　①4-582-48644-4
＊1920 - 30年代、中野が敢行した「詩の
変革」のうちに書きこまれたのは、ル
カーチ、ベンヤミン、グラムシ、バフチ
ンら「現代の起源」の時代の根底的な批
判者たちと同じ思考、同じ経験、同じ反
撃の合図だった。彼らとの同時代性を
てこに、既成の解釈の檻のなかから中
野重治を救済する。

◇中野重治<書く>ことの倫理　竹内栄美子
著　エディトリアルデザイン研究所
（EDI学術選書）　1998.11
①4-901134-08-6

◇評伝中野重治　松下裕著　筑摩書房
1998.10　①4-480-82337-9
＊詩人・小説家・評論家―昭和文学を代表
する文学者の待望の評伝。長年にわた
る入念な読込みと精査に基づき、中野
重治の生涯と文学の全体像を綿密に描
き上げる。重治に深い信頼を受け、共
に歩んできた著者ならではの労作。

◇中野重治―国旗/わが文学的自伝　中野重
治著，杉野要吉編　日本図書センター
（シリーズ・人間図書館　作家の自伝）
1998.4　①4-8205-9511-3

◇中野重治拾遺　小川重明著　武蔵野書房
1998.4

◇中野重治研究　第1輯（1997年）　中野重
治の会編集　中野重治の会　1997.9

①4-87714-246-0

◇昭和精神史　桶谷秀昭著　文芸春秋　（文
春文庫）　1996.4　①4-16-724204-4
＊敗戦の虚脱から、深い吟味もなく過去
を否定しようとつとめてきた日本の戦
後。しかし大東亜戦争は、本当に一部
指導者の狂気の産物と片づけられるの
だろうか。既成の史観から断罪するの
ではなく、変革と戦争を必死で生き抜
く日本人の喜び、悲しみ、苦悶に丹念に
寄り添いながら、再検証する昭和前史。
毎日出版文化賞受賞の力作。

◇中井正一・「図書館」の論理学　増補　佐
藤晋一著　近代文芸社　1996.1
①4-7733-1696-9

◇中野重治　新潮社　（新潮日本文学アルバ
ム）　1996.1　①4-10-620668-4

◇中野重治自由散策　岡田孝一著　武蔵野
書房　1995.10

◇中野重治論―思想と文学の行方　木村幸雄
著　おうふう　1995.10　①4-273-02878-6

◇中野重治の画帖　中野重治著，中野重治の
会編　新潮社　1995.1　①4-10-315403-9

◇中野重治「甲乙丙丁」の世界　津田道夫著
社会評論社　1994.10　①4-7845-0527-X
＊中野重治、没後15周年記念。1960年代
―変貌する東京の街。政治の季節へ。
党と思想の亀裂、そのはざまにいきづ
く人間模様。

中野友礼　なかのとものり
1887～1965　明治～昭和期の実業家。日
本曹達社長。食塩電解法特許を基に日本曹
達設立。日曹コンツエルンで経営多角化。

◇中野友礼伝　中野友礼伝記刊行会
1967.12

中浜万次郎　なかはままんじろう
⇒ジョン万次郎（じょんまんじろう）

中村研一　なかむらけんいち
1895～1967　大正, 昭和期の洋画家。「弟
妹集う」で帝国美術院賞受賞。のち官展

の審査員を務める。

◇宗像市史　史料編　別巻　中村研一/琢二
　画家日記　宗像市史編纂委員会編　宗像
　市　1995.1

中村正直　なかむらまさなお

1832～1891　中村敬宇（なかむらけいう）
とも。明治期の啓蒙学者，教育者。東京大
学教授，貴族院議員。同人舎を開き，明六
社に参加。女子・盲人教育にも尽力。著
書に「西国立志編」など。

◇英学の時代―その点景　高橋俊昭著　学術
　出版会，日本図書センター〔発売〕　（学
　術叢書）　2008.2　①978-4-284-10118-9

◇天ハ自ラ助クルモノヲ助クー中村正直と
　『西国立志編』　平川祐弘著　名古屋大学
　出版会　2006.10　①4-8158-0547-4
　＊明治最大のベストセラーとして日本産
　　業化の国民的教科書となった『西国立
　　志編』の巨大な影響を，翻訳者中村正直
　　を軸に跡づけ，イタリア・中国などとの
　　比較を通して，思想が文化の境を越え
　　て運動する姿を立体的に描きだす。

◇中村正直の教育思想　小川澄江著　小川
　澄江　2004.3

◇中村敬宇とキリスト教　小泉仰著　北樹
　出版，学文社〔発売〕　（フマニタス選
　書）　1991.5　①4-89384-201-3
　＊第一級の儒者であった中村敬宇が幕末
　　から明治初期においてキリスト教を受
　　洗しながら，晩年は仏教書に親しみ儒
　　教に立ち戻っていったという心の軌跡
　　を明らかにし，日本人がキリスト者と
　　して生きていく困難な道を探る。

長屋王　ながやおう

676？～729　飛鳥時代，奈良時代の皇族。
（左大臣）。天武天皇の孫，高市皇子の子。
謀反の疑いをかけられ自害。

◇行基と長屋王の時代―行基集団の水資源開
　発と地域総合整備事業　尾田栄章著　現
　代企画室　2017.1　①978-4-7738-1701-0

◇長屋王家・二条大路木簡を読む　奈良国
　立文化財研究所編　奈良国立文化財研究

所　2001.3　①4-642-02366-6
　＊1988年からの発掘調査で採取した「長
　　屋王家木簡」「二条大路木簡」と名付け
　　た二群の膨大な木簡は，20世紀に日本
　　の古代史研究者が共有した一大史料群
　　といえよう。前者は長屋王家の家政を
　　中心とする活気ある貴族生活を伝える
　　もの，後者は長屋王邸以後における皇
　　后宮と藤原麻呂邸に関連するものとし
　　て多方面から注目され，すでに優れた
　　研究成果が市中に流布している。本書
　　は，奈良国立文化財研究所による釈読
　　と内容の検討成果である。

◇日本古代の対外交渉と仏教―アジアの中
　の政治文化　新川登亀男著　吉川弘文館
　1999.9　①4-642-02341-0
　＊異域との間でかわされる "もの"の「贈
　　与」と「将来」―そこに生まれる多彩な
　　緊張関係が歴史を創造する。物産の及
　　ぼす心的効果に着目し，位階・秩序が形
　　成分化される過程を解明。環東シナ海
　　文化の中の日本を問い直す。

◇長屋王　寺崎保広著　吉川弘文館　（人物
　叢書 新装版）　1999.2　①4-642-05214-3
　＊奈良時代の皇族政治家。政府の首班と
　　して権勢を振るうが，藤原氏の陰謀によっ
　　て自尽に追込まれる。文化・知識人とし
　　ても勝れ，和銅経・神亀経を残す。なぜ
　　「長屋王の変」は起きたのか。邸宅跡の
　　発掘に立会った著者が，出土した大量
　　の木簡や資料を基に政変の真相を探り，
　　王家の生活を復元。これまでの研究史と
　　最新の研究成果を活かして生涯を描く。

◇長屋王家木簡の研究　東野治之著　塙書
　房　1996.11　①4-8273-1143-9

◇歴史発掘　12　木簡は語る　金子裕之著
　講談社　1996.5　①4-06-265112-2
　＊「言霊からワープロへ」今に伝わる死生
　　観。文字を探ると時代がしゃべりだす。
　　3万点を超える木簡が明らかにした長屋
　　王の驚くべき私生活。東北の漆紙文書
　　をはじめ各地の瓦などに記された習字，
　　落書，九九算，呪いなどを総点検した異
　　色の文化史。

◇平城京長屋王邸跡 本文編・図版編―左京
　二条二坊・三条二坊発掘調査報告　奈良

国立文化財研究所，吉川弘文館〔発売〕
1996.3 Ⓘ4-642-07726-X

◇悲劇の宰相長屋王—古代の文学サロンと
政治 辰巳正明著 講談社 （講談社選書
メチエ） 1994.6 Ⓘ4-06-258019-5

◇長屋王の謎—北宮木簡は語る 森田悌著
河出書房新社 1994.4 Ⓘ4-309-22259-5
＊長屋王邸説に異議あり。出土木簡群を
綿密に検証しつつ通説を否定。八世紀
宮廷貴族社会の政治力学と詩宴文化。
養老期政治を領導する宰相長屋王の前
に立ちふさがる藤原氏の陰謀。実力者
長屋王の誅滅に至る謎に迫る。

◇悲劇の宰相・長屋王邸を掘る 大塚初重，
辰巳正明，豊田有恒，永山久夫，平野邦
雄，町田章著 山川出版社 1992.5
Ⓘ4-634-60290-3
＊平安京の発掘から20余年、10万点にお
よぶ木簡の大量出土により長屋王・吉
備内親王の貴族文化がよみがえる。木
簡が語る、歴史と文学の世界。

◇平城京 長屋王邸宅と木簡 奈良国立文化
財研究所編 吉川弘文館 1991.1
Ⓘ4-642-07670-0
＊天武天皇の孫として皇親政治を目指し、
政敵藤原氏の陰謀によって倒れた悲劇
の宰相＝長屋王。この長屋王邸宅跡が、
平城京の隣接地から前例のない10万点
近い木簡とともに発見された。本書は、
奈良国立文化財研究所が総力を上げて、
最上級貴族の生活と邸宅を立体的に復
元。収録の内容豊かな木簡と発掘デー
ターは、奈良時代史を書替える画期的
資料である。

◇長屋王の謎—悲劇の宰相 堀本正巳著
奈良新聞出版センター 1990.11
Ⓘ4-88856-012-9

◇長屋王とその時代 辰巳正明著 新典社
（叢刊・日本の文学） 1990.2
Ⓘ4-7879-7509-9
＊悲劇の宰相長屋王の文学サロンでは、詩
の理念としての集団的文学運動が展開。
その文学史的意味を問いながら描く。

▌ **中山忠親** なかやまただちか
1131〜1195 平安時代後期、鎌倉時代前期
の公卿。(内大臣)。中山家の祖。権中納言
藤原忠宗の次男。

◇藤原忠親「山槐記」—現代語訳 1 藤原
忠親著，下原健一訳 〔下原健一〕
2012.9

◇藤原忠親「山槐記」—現代語訳 2 藤原
忠親著，下原健一訳 〔下原健一〕
2012.9

◇藤原忠親「山槐記」—現代語訳 3 藤原
忠親著，下原健一訳 〔下原健一〕
2012.9

▌ **中山忠光** なかやまただみつ
1845〜1864 江戸時代末期の公家。中山
忠能の7男。

◇中山忠光暗殺始末 西嶋量三郎著 新人
物往来社 1983.9

▌ **中山みき** なかやまみき
1798〜1887 江戸時代末期、明治期の宗教
家。天理教の開祖。人間の平等と豊かで
楽天的な陽気ぐらしを説いた。

◇中山みき—「心直し」から「世直し」を説
いた生き神教祖 小沢浩著 山川出版社
（日本史リブレット人） 2012.11
Ⓘ978-4-634-54865-7
＊時は幕末維新の動乱期、勤王と佐幕を
めぐる「もののふ」たちの血なまぐさい
闘争を見据えつつ、悪しき心を入れ替
える「心直し」によってこそ真の「世直
し」が実現し、世界一れっつ（＝全人類）
が憂いなく平和に暮らせるようになる
であろうと説く一人の女性がいた。天
理教教祖の中山みきである。彼女の生
涯とその思想は、宗教という枠組みを
超えて、これまでの我々の女性観、人間
観、さらには歴史観そのものの見直し
を迫らずにはおかないであろう。

◇中山みきの足跡と群像—被差別民衆と天
理教 池田士郎著 明石書店 2007.1
Ⓘ978-4-7503-2485-2
＊本書は三部構成になっている。1部では、

教祖とその家族に焦点をあてて、教祖の同時代に「ひながた」を慕うことがいかに困難なことであったのかを見た。2部では、教祖の教えの中心的な部分に焦点を合わせて、教祖の実践の一端にふれている。3部では、「ひながた」を慕った教祖以後の信者たちの信仰の姿を描いた。

◇おやさま—天理教教祖中山みき伝　小滝透著　奈良新聞社　2000.4　①4-88856-027-7
＊激動の時代を生き抜いた教祖中山みきの波乱の生涯。

◇中山みき・その生涯と思想—救いと解放の歩み1798-1998　池田士郎ほか著　明石書店　1998.4　①4-7503-1022-0

◇たすけ一条の道—「稿本天理教教祖伝」を繙く　中山もと著　天理教道友社　1998.2　①4-8073-0415-1

◇芹沢光治良文学館　5　教祖様　芹沢光治良著　新潮社　1996.6　①4-10-641425-2
＊天理教の教祖・中山みきの評伝「教祖様」。神と信仰について終生問い続けた芹沢文学の記念碑的作品。

◇中山みきと被差別民衆—天理教教祖の歩んだ道　池田士郎著　明石書店　1996.2　①4-7503-0779-3

◇天理教祖中山みき　藪景三著　鷹書房弓プレス　1995.7　①4-8034-0401-1
＊鋭い天性の感受性と厚い慈愛の心をもって、ただ一途に人々を助けることに精魂をかたむけた、天理教教祖・中山みきの物語。幕末から明治へと移りかわる激動の時代に、切なく苦しい日々からの脱皮をねがう民衆のひたむきな気持にこたえ、天理教を立教した真実こもる中山みきの生涯を、味わい深く描いて、さわやかな感動を呼ぶ。

◇いのち永遠に—教祖中山みき　小滝透著　講談社　1995.4　①4-06-207546-6
＊幕末の混乱期、大和の小寒村に出現したたぐいまれな宗教家中山みきとは。民衆の心をひきつけたものは何か。「陽気ぐらし」「世界だすけ」への道とは…。教祖中山みきの大いなる存在とおしえに迫る。

◇ひながた紀行—天理教教祖伝細見　天理教道友社編　（天理）天理教道友社　1993.5　①4-8073-0333-3
＊今、新たによみがえる「教祖伝」の世界。天理教学研究者の討議と、豊富な資料で細かく解説。教祖百十年祭に向けて、「ひながた」のより深い理解をうながす絶好の書。

▎長与専斎　ながよせんさい
1838〜1902　明治期の医学者、医政家。東京医学校校長、衛生局長、貴族院議員。医事、保健衛生に関する諸制度の確立に貢献。著書に自伝「松香私志」など。

◇明治期医療・衛生行政の研究—長与専斎から後藤新平へ　笠原英彦、小島和貴著　ミネルヴァ書房　（MINERVA人文・社会科学叢書）　2011.6　①978-4-623-05724-5
＊本書は、明治期の日本における医療・衛生行政の誕生の過程を追いかけたものである。衛生行政の父・長与専斎から第三代衛生局長・後藤新平へと改革が引き継がれるなかで、衛生についての考え方はどう変わっていったのか。徹底した資料分析に基づく研究の成果が、今明らかになる。

▎夏目漱石　なつめそうせき
1867〜1916　明治、大正期の小説家、英文学者、評論家。第一高等学校教授。「吾輩は猫である」を始め「坊っちゃん」「草枕」「三四郎」「門」などの作品がある。

◇私の漱石—『漱石全集』月報精選　岩波書店編集部編　岩波書店　2018.8　①978-4-00-061237-1

◇偉大なる美しい誤解—漱石に学ぶ生き方のヒント　冨田鋼一郎著　郁朋社　2018.7　①978-4-87302-668-8

◇漱石の地図帳—歩く・見る・読む　中島国彦著　大修館書店　2018.7　①978-4-469-22263-0

◇編集者漱石　長谷川郁夫著　新潮社　2018.6　①978-4-10-336392-7

◇漱石の家計簿—お金で読み解く生活と作品　山本芳明著　教育評論社　2018.4

①978-4-86624-013-8

◇漱石と明治　水川隆夫著　文理閣
2018.1　①978-4-89259-817-3

◇漱石の恋―銀杏返し・百合　平野五郎著
創英社/三省堂書店　2018.1
①978-4-88142-352-3

◇漱石を知っていますか　阿刀田高著　新
潮社　2017.12　①978-4-10-334330-1

◇知っているようで知らない夏目漱石　出
口汪著　講談社　（講談社＋α新書）
2017.10　①978-4-06-291507-6

◇漱石ゴシップ　完全版　長尾剛著　朝日
新聞出版　（朝日文庫）　2017.9
①978-4-02-261914-3

◇漱石先生の手紙が教えてくれたこと　小
山慶太著　岩波書店　（岩波ジュニア新
書）　2017.8　①978-4-00-500858-2
＊漱石の書き残した若い人への手紙は、
　小説とは違った感慨を読む者に与える。
　「あせってはいけません」「牛のように
　図々しく進んでいくのが大事」等々、綴
　られる励まし、ユーモア、人としての深
　さは、今を生きる人にとっても、温かな
　エールとなるであろう。示唆に富む手
　紙から、文豪・漱石の新たな横顔が見え
　てくる。

◇漱石と日本の近代　上　石原千秋著　新
潮社　（新潮選書）　2017.5
①978-4-10-603805-1

◇漱石と日本の近代　下　石原千秋著　新
潮社　（新潮選書）　2017.5
①978-4-10-603806-8

◇漱石辞典　小森陽一，飯田祐子，五味渕典
嗣，佐藤泉，佐藤裕子，野網摩利子編集
翰林書房　2017.5　①978-4-87737-410-5

◇夏目漱石―『猫』から『明暗』まで　平岡
敏夫著　鳥影社　2017.4
①978-4-86265-611-7

◇漱石からの手紙漱石への手紙―夏目漱石
生誕150年特別展 図録　鎌倉市芸術文化
振興財団・国際ビルサービス共同事業体
編　鎌倉市芸術文化振興財団・国際ビル
サービス共同事業体　2017.4

◇生れて来た以上は、生きねばならぬ―漱石

珠玉の言葉　夏目漱石著, 石原千秋編　新
潮社　（新潮文庫）　2017.2
①978-4-10-101030-4

◇夏目漱石―人間は電車ぢやありませんか
ら　佐々木英昭著　ミネルヴァ書房　（ミ
ネルヴァ日本評伝選）　2016.12
①978-4-623-07893-6

◇夏目漱石　十川信介著　岩波書店　（岩波
新書 新赤版）　2016.11
①978-4-00-431631-2

◇牛のようにずんずん進め―夏目漱石の人
生論　斎藤孝著　草思社　2016.11
①978-4-7942-2238-1

◇漱石先生、探偵ぞなもし　半藤一利著
PHP研究所　（PHP文庫）　2016.11
①978-4-569-76659-1

◇漱石の思ひ出　夏目鏡子述, 松岡譲筆録
岩波書店　2016.9　①978-4-00-023733-8

◇漱石入門　石原千秋著　河出書房新社
（河出文庫）　2016.9
①978-4-309-41477-5

◇夏目漱石　新装版　網野義紘著, 福田清人
編　清水書院　（Century books　人と作
品）　2016.8　①978-4-389-40102-3

◇夏目漱石100の言葉―こころがふと軽くな
る大文豪の人生訓　矢島裕紀彦監修　宝
島社　2016.7　①978-4-8002-5608-9

◇エンサイクロペディア夏目漱石　漱石文
学研究会編著　洋泉社　2016.5
①978-4-8003-0948-8

◇父・夏目漱石　夏目伸六著　文芸春秋
（文春文庫）　2016.4
①978-4-16-790601-6

鍋島直正　なべしまなおまさ

1814〜1871　鍋島斉正（なべしまなりま
さ），鍋島閑叟（なべしまかんそう）とも。
江戸時代末期、明治期の大名、華族。蘭学、
英学を奨励、自作農を保護。新政府の議
定、上局議長などを歴任。

◇鍋島直正公―生誕200年記念展　鍋島報効
会編　鍋島報効会　2014.9

◇鍋島直正―1814-1871　杉谷昭著　佐賀県

立佐賀城本丸歴史館 （佐賀偉人伝）
2010.11 ①978-4-905172-00-0

◇幕末の鍋島佐賀藩―10代藩主直正（閑叟）
とその時代 田中耕作著 佐賀新聞社
2004.8 ①4-88298-145-9

◇鍋島閑叟―蘭癖・佐賀藩主の幕末 杉谷
昭著 中央公論社 （中公新書） 1992.3
①4-12-101067-1
＊危機に瀕していた財政の立て直しを図
り、洋学の積極的導入によって佐賀藩
を先進雄藩に飛躍させた鍋島直正（閑
叟）の世評は、「日和見主義の大陰謀家」
という、決して芳しいものではなかっ
た。しかし、幕末混迷の渦中で誰もが
閑叟・佐賀藩の力を評価し、その動向に
注目した。苛酷な勉学を藩士に強い、
徹底した功利主義を貫き、明治の主流
にはなれなかったが、近代国家創設に
活躍する多くの人材を輩出させた閑叟
の軌跡を捉え直す。

▌鍋山貞親 なべやままさだちか
1901～1979 大正、昭和期の労働運動家。
共産党創立に関わる。のち共同転向声明
発表。世界民主研究所設立。

◇鍋山貞親著作集 上巻 わが人生 鍋山
歌子責任編集 星企画出版 1989.5
①4-89236-271-9

▌並木路子 なみきみちこ
1921～2001 昭和期の歌手。松竹映画
「そよかぜ」の挿入歌「リンゴの唄」が大
ヒット。

◇流行歌手たちの戦争 菊池清麿著 光人
社 2007.7 ①978-4-7698-1347-7
＊動乱の昭和の時代、名もなき庶民に勇
気と希望と励ましをあたえつづけた歌
い手たち―昭和12年にヒットしたヤク
ザ小唄、股旅歌謡「流転」「裏町人生」
の上原敏、昭和21年、闇市から見上げ
る青い空に響いた「リンゴの唄」の並木
路子、昭和27年、フィリピンの戦犯収
容刑務所の地で故郷を想う「モンテン
ルパの夜は更けて」の渡辺はま子、それ
ぞれの生涯。最前線で戦地慰問で銃後

で辛酸をなめた流行歌手たちの戦争。

▌納屋助左衛門 なやすけざえもん
生没年不詳 安土桃山時代，江戸時代前期
の堺の豪商，貿易家。別名は呂宋助左衛門。

◇海の稲妻―根来・種子島衆がゆく 上
神坂次郎著 講談社 （講談社文庫）
2001.6 ①4-06-273174-6

◇海の稲妻―根来・種子島衆がゆく 下
神坂次郎著 講談社 （講談社文庫）
2001.6 ①4-06-273175-4

◇海の稲妻 上（十郎太の巻） 神坂次郎著
日本経済新聞社 1998.2
①4-532-17052-4

◇海の稲妻 下（助左衛門の巻） 神坂次郎
著 日本経済新聞社 1998.2
①4-532-17053-2

◇ばさらい奴 早乙女貢著 PHP研究所
（PHP文庫） 1991.7 ①4-569-56410-0
＊狭い日本に愛想をつかし、南蛮貿易に夢
を賭けた男・呂宋助左衛門と千利休との
確執―。あばれ旗本グループ棕櫚柄組の
頭領・水野十郎左衛門の純情可憐な恋
―。豪胆豪快なホラ吹き男・大鳥逸平の
武勇伝の数々―。旧来の因習と不合理
性を排し、権力におもねることなく、己
れの力だけを頼りに思いのままに生き
切った痛快な男たちの姿を、躍動的に、
鮮やかに描いた傑作短編7編を収録。

▌奈良屋茂左衛門 ならやもざえもん
？～1714 江戸時代中期の江戸の豪商。
通称は奈良茂。

◇元禄吉原大尽舞―奈良茂と紀文 南原幹
雄著 学陽書房 （人物文庫） 1999.3
①4-313-75074-6
＊「時代がかわったのだよ。だから奈良
屋もかわらなければならない。今一年
おくれをとれば、この先十年では取り
かえせない」。絢爛たる元禄期に、巨額
の富を築いた奈良屋茂左衛門と紀伊国
屋文左衛門の華麗を極めた大尽遊び。
そして、その後に襲いかかったバブル
経済崩壊後の潔い生きざまと先見性を
二代目奈良茂の眼を通して描く。

成瀬仁蔵　なるせじんぞう
1858〜1919　明治, 大正期の教育家。日本女子大学校を創立。女子高等教育の発展に貢献。

◇成瀬仁蔵研究―教育の革新と平和を求めて　中嶌邦著　ドメス出版　2015.9
①978-4-8107-0818-9

◇あなたは天職を見つけたか―日本女子高等教育の父成瀬仁蔵　生誕150年　日本女子大学成瀬記念館編　日本女子大学
2008.6　①978-4-9904211-0-6

◇明治教育家成瀬仁蔵のアジアへの影響―家族改革をめぐって　陳暉述　国際日本文化研究センター　（日文研フォーラム）
2004.9

◇知られざる社会学者成瀬仁蔵　河村望著
人間の科学新社　2003.2
①4-8226-0215-X
＊プラグマティズムを生きた日本で最初の社会学者。

◇成瀬仁蔵　中匌邦著　吉川弘文館　（人物叢書 新装版）　2002.3　①4-642-05224-0
＊近代女子教育の発展に尽力した日本女子大学の創立者。長州藩士の家に生まれ、幕末の動乱期から明治・大正にかけて生き抜いた生涯を追う。キリスト教と出会って女性観を変え伝道に力を尽くし、米国留学を経て女子高等教育に向かった。なぜ、男子の教育でなかったのか。あるべき社会を問い続けた教育実践と、世界平和を願った実像を浮き彫りにする。

◇学校週五日制時代の女性教師―成瀬仁蔵の教育理念に学ぶ　唐沢富太郎著　東京法令出版　1997.4　①4-8090-6138-8

◇成瀬仁蔵の教育思想―成瀬的プラグマティズムと日本女子大学校における教育
影山礼子著　風間書房　1994.2
①4-7599-0879-X

◇成瀬先生伝―伝記・成瀬仁蔵　仁科節編
大空社　（伝記叢書）　1989.1

名和長年　なわながとし
？〜1336　鎌倉時代後期, 南北朝時代の武将, 伯耆守, 行高の子。後醍醐天皇の忠臣。

◇獅子の弓 名和長年　富長源十郎著　叢文社　（現代を拓く歴史名作シリーズ）
1991.1　①4-7947-0182-9
＊隠岐に流された後醍醐帝は大塔宮の暗躍で村上水軍と山伏の助けを得て80キロの荒海を越えて伯耆の名和長年に迎えられ難攻不落の船上山に。押し寄せる幕府の大軍。5人張りの豪弓で対決した長年は一矢二人を貫く弓勢を見せて撃退。鎮西八郎為朝の再来と恐れられる。愚かにも公正を欠いて自滅する建武政権。茶坊公卿の浅慮によって死地に追い込まれる正成・義貞・顕家。京の大宮で九州の大友・少弐・長門の厚東の大軍に囲まれた長年は目にも止まらぬ早射ちで数百騎を射ち落とすが―。恩師、大徳寺長老立花大亀老師の導きで研究20年の執念の力作。

難波大助　なんばだいすけ
1899〜1924　明治, 大正期の無政府主義者。社会主義者虐殺への報復を企て, 摂政の宮裕仁を狙撃したが未遂。刑死。

◇難波大助・虎ノ門事件―愛を求めたテロリスト　中原静子著　影書房　2002.2
①4-87714-285-1
＊1923（大正12）年12月27日、虎ノ門で当時摂政宮だった昭和天皇を仕込杖銃で狙撃したが未遂―翌年11月15日死刑台の露と消えた難波大助。衆議院議員だった父との確執と人間的苦闘、その社会主義的思想遍歴を、裁判記録・書簡・遺書、及び当時の社会的反響など豊富な資料であとづけるとともに“国賊”の汚名に崩壊する家族の運命、山口県の故郷の村びとの衝撃・混迷を描ききった渾身の書下ろし評伝・秘史。

◇大正の晩景―虎の門事件をめぐる人間模様　有田卓也著　近代文芸社　1996.1
①4-7733-5001-6
＊反逆児難波大助。とりまく人々と時代を検証し、事件の真相に迫る。

南原繁　なんばらしげる
1889〜1974　昭和期の政治学者, 評論家。

東京大学総長，日本学士院院長。政治学史の研究に多くの実績。著書に「国家と宗教」「人間と政治」など。

◇南原繁と平和—現代へのメッセージ　南原繁研究会編　Editex（〔To beシリーズ〕）　2015.8　①978-4-903320-37-3

◇南原繁と新渡戸稲造—私たちが受け継ぐべきもの　南原繁研究会編　EDITEX（To beシリーズ）　2013.8　①978-4-903320-29-8

◇南原繁の生涯—信仰・思想・業績　山口周三著　教文館　2012.9　①978-4-7642-7348-1

◇東大は主張する—東京大学新聞年鑑2009・10　東京大学新聞社編　シーズ・プランニング，星雲社〔発売〕　2010.9　①978-4-434-14900-9
　＊現役東大生編集。大学生、社会人のための時代を映すハンドブック。

◇南原繁ナショナリズムとデモクラシー　南原繁研究会編　EDITEX　（To beシリーズ）　2010.9　①978-4-903320-17-5

◇真理の力—南原繁と戦後教育改革　南原繁研究会編　to be出版　2009.7　①978-4-9904640-2-8

◇南原繁の言葉—8月15日・憲法・学問の自由　南原繁述，立花隆編　東京大学出版会　2007.2　①978-4-13-001004-7
　＊戦後初の東大総長・南原繁。平和と民主主義、学問の自由を守るために終生、闘い続けた。南原の言葉を継いで、日本の歴史と現在、そして未来について、いま言うべきことを言っておきたい—。日本国民のエネルギーが再び、偏狭な民族主義に向かわないために。「8月15日と南原繁を語る会」（2006年、東大安田講堂で開催）の全メッセージ。

◇南原繁と現代—今問われているもの　南原繁研究会編　to be出版，キリスト新聞社（発売）　2005.3　①4-87395-430-4
　＊「南原繁没後30周年記念シンポジウム」（04年11月開催）の記録を中心に、福田歓一氏（東京大学名誉教授）のラジオ放送「わが師わが道 南原繁」など、南原氏の精神を受け継ぐ各界の人々の声を

収録。南原繁の精神から、今の時代が問われているものを考える。

◇真善美・信仰—南原繁著作集感想　山口周三編著　岩波出版サービスセンター（製作）　2002.6

◇南原繁—ふるさと　南原繁著　日本図書センター　（人間の記録）　1998.8　①4-8205-4315-6,4-8205-4305-9

◇近代日本の戦争と政治　三谷太一郎著　岩波書店　1997.12　①4-00-002763-8

◇南原繁—近代日本と知識人　加藤節著　岩波書店　（岩波新書）　1997.7　①4-00-430514-4
　＊幼くして家長教育を受けた郷里香川での日。キリスト教に出会った一高時代。内務官僚の実務経験。ナチス批判と終戦工作。戦後初の東大総長として高くかかげた戦後改革の理想。「理想主義的現実主義者」南原が生涯追究したのは、共同体と個人との調和であった。近代日本の激動の歴史と切り結んだ政治哲学者の思想を綿密にたどる評伝。

◇わが歩みし道南原繁—ふるさとに語る　南原繁述，「わが歩みし道南原繁」編集刊行委員会編　香川県立三本松高等学校同窓会　1996.3

◇南原繁と長谷川如是閑—国家と知識人・丸山真男の二人の師　A.E.バーシェイ著，宮本盛太郎監訳　ミネルヴァ書房（Minerva日本史ライブラリー）　1995.12　①4-623-02585-3

【に】

新島襄　にいじまじょう
1843〜1890　明治期のキリスト教主義教育家，宗教家。同志社英学校を創立。また関西に組合派の教会を設立。

◇新島襄と五人の門弟—師弟の絆とその系譜 徳富蘇峰・湯浅治郎・深井英五・柏木義円・湯浅八郎　志村和次郎著　みやま文庫　（みやま文庫）　2017.1

新島襄

◇二人の近代―諭吉と襄　坂井誠著　大学教育出版　2016.12　①978-4-86429-418-8

◇新島襄の師友たち―キリスト教界における交流　本井康博著　思文閣出版　2016.10　①978-4-7842-1867-7

◇新島襄　和田洋一著　岩波書店（岩波現代文庫　社会）　2015.10　①978-4-00-603294-4

◇新島襄物語―良心へ向かう志　富田正樹,山本真司著　新教出版社　2015.4　①978-4-400-51758-0

◇わが若き日―決死の日本脱出記　新島襄著　毎日ワンズ　2013.6　①978-4-901622-69-1
　＊「東の福沢諭吉」に対し「西の新島襄」と謳われる男のあまりにも破天荒な青春！　函館～上海～アフリカ沖～ボストン…命をかけた脱出行！「奴隷になってでも俺はアメリカに行ってみせる！」

◇八重の桜・襄の梅　本井康博著　思文閣出版（新島襄を語る）　2013.6　①978-4-7842-1699-4

◇新島襄―教育と伝道に捧げた生涯　行天博志著　千葉出版　2013.3

◇新島襄自伝―手記・紀行文・日記　新島襄著,同志社編　岩波書店（岩波文庫）　2013.3　①978-4-00-331063-2
　＊幕末に国禁を犯して函館から密出国し、19世紀後半のアメリカ社会を中心に異文化の清新な空気にふれて文明開化期の日本に帰国した新島襄（1843 - 90）は、日本初の私立大学設立を目指した教育者であり、キリスト教伝道を通じて日本の近代化に挺身した宗教者である。その波瀾に富んだ生涯を、残された自筆の記録を再編成し、時系列に追う。

◇京に咲く同志の桜―新島八重・新島襄・山本覚馬の物語　桜井裕子著　海竜社　2012.12　①978-4-7593-1287-4
　＊話題を先取り！　NHK大河ドラマ「八重の桜」の登場人物がよくわかる。神の手が巡り合わせた3人が織りなす奇跡の歴史ドラマ。

◇八重さん、お乗りになりますか　本井康博著　思文閣出版（新島襄を語る）2012.12　①978-4-7842-1669-7

◇新島八重と新島襄―「幕末のジャンヌ・ダルク」と「平和の使徒」と呼ばれた夫婦　楠木誠一郎著　PHPエディターズ・グループ　2012.11　①978-4-569-80824-6
　＊生い立ちから二人の出会い、篤志看護婦時代まで。感動エピソードも満載。

◇八重と新島襄　保阪正康著　毎日新聞社　2012.11　①978-4-620-32160-8
　＊"ハンサム・ウーマン""会津のジャンヌ・ダルク""日本のナイチンゲール"と評された新島八重とその夫で同志社の創立者・新島襄の人生の軌跡。

◇なるほど新島襄　伊藤弥彦著　萌書房　2012.10　①978-4-86065-068-1
　＊ジョーは泳げたのか？　心臓に持病のあったジョーは妻・八重の老後を案じていた？「新島襄は音楽が苦手？」などなどのトリビアから思想史的テーマまで、窒息しそうな徳川社会から密出国して新世界アメリカの市民社会を体験し、維新革命後の祖国の青年に、文明と自由のエッセンスを吹き込んだ人物の足跡を、新資料も使ってやさしく語ったコンパクトなエッセイ80篇を収録。

◇新島襄と八重―同志の絆　福本武久著　原書房　2012.10　①978-4-562-04857-1
　＊自由と良心の教育に命を捧げた新島襄と、男まさりの「ハンサムウーマン」八重。逆境にめげず、新時代を切り開いた二人の生き様をあざやかに描き出す。詳細年譜付き。

◇新島襄の青春　福本武久著　筑摩書房（ちくま文庫）　2012.10　①978-4-480-42997-1
　＊黒船来航より10年前、新島襄は江戸幕府譜代の安中藩に生れた。代々君主書記官である祐筆の家に唯一の男として生まれ、その職を継ぐことを決められていた。しかし世は幕末、周囲に反対されながらも彼は洋学への志を捨てず、ついには脱出し、密航者としてアメリカへ渡る。帰国後、山本八重との結婚で新しい時代の男女像を示し、同志社を設立して明治の教育者の典型となった新島襄が駆け抜けた若き日々。

◇新島八重と夫、襄—会津・京都・同志社
増補改訂　早川広中, 本井康博共著　思
文閣出版　2012.5　①978-4-7842-1628-4
＊「会津烈女」から「古都のモダン・レ
ディ」へ。自らの人生を自ら切り拓い
た女性の生涯。

◇ハンサムに生きる　本井康博著　思文閣
出版　（新島襄を語る）　2010.7
①978-4-7842-1527-0

◇明治思想史の一断面—新島襄・徳富蘆花
そして蘇峰　伊藤弥彦著　晃洋書房
2010.3　①978-4-7710-2132-7

◇日本的基督教の探究—新島襄・内村鑑三・
手島郁郎らの軌跡　池永孝著　竹林館
（春秋新書）　2008.10
①978-4-86000-151-3

◇元祖リベラリスト　本井康博著　思文閣
出版　（新島襄を語る）　2008.7
①978-4-7842-1429-7

◇敢えて風雪を侵して　本井康博著　思文
閣出版　（新島襄を語る）　2007.10
①978-4-7842-1375-7

◇異教国の新島襄—五つの回心　明楽誠著
大学教育出版　2007.5
①978-4-88730-766-7

◇新島襄とその周辺　太田雅夫著　青山社
2007.3　①978-4-921061-07-4

◇錨をあげて　本井康博著　思文閣出版
（新島襄を語る）　2007.2
①978-4-7842-1342-9

◇ひとりは大切　本井康博著　思文閣出版
（新島襄を語る）　2006.1
①4-7842-1279-5

◇新島襄の手紙　新島襄著, 同志社編　岩波
書店　（岩波文庫）　2005.10
①4-00-331061-6

◇新島襄—良心之全身ニ充満シタル丈夫　太
田雄三著　ミネルヴァ書房　（ミネルヴァ
日本評伝選）　2005.4　①4-623-04296-0
＊脱国、海外を駆け、同志社創立。明治の
一大教育家、その人と声望。

▌西周　にしあまね

1829〜1897　西周助（にししゅうすけ）と
も。江戸時代末期, 明治期の啓蒙思想家,
哲学者。東京師範校長, 男爵。私塾育英社
を開く。「哲学」ほかの学術用語を創出。
軍人勅諭の原案を起草。

◇近代日本哲学の祖・西周—生涯と思想
松島弘著　文芸春秋企画出版部　2014.11
①978-4-16-008817-7

◇西周—兵馬の権はいずこにありや　清水
多吉著　ミネルヴァ書房　（ミネルヴァ日
本評伝選）　2010.5　①978-4-623-05774-0
＊西周（にしあまね、一八二九〜一八九
七）啓蒙思想家・教育者。津和野に生ま
れ、徳川慶喜に軍事顧問として仕える。
明治維新後は明六社の啓蒙思想家とし
て、「哲学」という言葉を創るとともに、
軍制の整備にも奔走。日本の近代化の
ために尽力した西周の、新たな人物像
を描き出す。

◇西周と日本の近代　島根県立大学西周研
究会編　ぺりかん社　2005.5
①4-8315-1105-6
＊東洋と西洋の学問を架橋し、「統一科学」
という壮大な学問の構築に邁進した西
周—その知的営為の全貌を解明し、日
本の近代化の多様性と可能性を探る。

▌西川如見　にしかわじょけん

1648〜1724　江戸時代前期, 中期の天文学
者, 地理学者。

◇長崎を識らずして江戸を語るなかれ　松
尾龍之介著　平凡社　（平凡社新書）
2011.1　①978-4-582-85565-4
＊江戸幕府が、オランダ人を長崎の出島
に強制移住させてから、日米和親条約
が締結されるまで約二〇〇年間続いた
鎖国時代。唯一、西欧との取引が許さ
れた長崎には、各藩から、数多くの志の
ある者たちが最新の知識や情報を求め
てやって来た。平和な時代が長く続い
た江戸期に花開いた数々の文化は、彼
らが長崎遊学を果たし、各藩に持ち
帰ったものだったのだ。江戸が、いか
に長崎の影響を受けたのか。地方別

「長崎遊学者名簿一覧」付き。

西川光二郎　にしかわみつじろう

1876〜1940　明治, 大正期の社会主義者, 精神修養家。「心懐語」を著す。「自働道話」創刊。共著に「日本の労働運動」。

◇西川光次郎没後五拾年　西川栄一著　西川栄一　1993.9

◇西川光二郎小伝―社会主義からの離脱　田中英夫著　みすず書房　1990.7　①4-622-03346-1
　＊20世紀の始め、1901（明治34）年の春、わが国初の社会主義政党たる社会民主党が産声をあげた。この創設に加わった者6名―片山潜、安部磯雄、幸徳伝次郎（秋水）、木下尚江、河上清、そして西川光二郎、先の5人については各々詳しい伝記・回想があるが、しかし、ひとり西川のみ、略伝あるにすぎない。本書は、この明治社会主義者中6番目の男・西川光二郎に関する初めての伝記である。本書は、西川の歩いた軌跡を裁断することなく、事実によってのみつなぎ、そのユニークな生涯を詳細に辿っている。

西晋一郎　にししんいちろう

1873〜1943　明治〜昭和期の倫理学者。広島文理科大学教授。西洋と東洋の道徳の折衷を試みる。著書に「東洋倫理」など。

◇西晋一郎の思想―広島から「平和・和解」を問う　衛藤吉則著　広島大学出版会　2018.1　①978-4-903068-42-8

◇昭和天皇をポツダム宣言受諾に導いた哲学者―西晋一郎、昭和十八年の御進講とその周辺　山内広隆著　ナカニシヤ出版　2017.7　①978-4-7795-1162-2

◇西晋一郎の生涯と思想　縄田二郎著　五曜書房　（心と教養シリーズ）　2003.4　①4-434-02371-3
　＊戦前、西に「西」あり―とうたわれた哲学者で教育者の西晋一郎。哲学を己の全人格にまで同化させた我が国の生んだ偉大な哲人の生涯と思想を余すところなく描き出した本書は、真の心を求める人々にとってかけがえのない書と

なるであろう。

◇西晋一郎の哲学　隈元忠敬著　渓水社　1995.2　①4-87440-346-8

西田幾多郎　にしだきたろう

1870〜1945　明治〜昭和期の哲学者。京都帝国大学教授。西田哲学と呼ばれる独創的な体系を樹立。著書に「善の研究」「思索と体験」など。

◇和辻哲郎―人格から間柄へ　宮川敬之著　講談社　（講談社学術文庫　再発見日本の哲学）　2015.9　①978-4-06-292311-8

◇思索と体験　西田幾多郎著　岩波書店　（岩波文庫）　2014.6　①4-00-331242-2
　＊『善の研究』をもって学問的出発をなした西田（1870-1945）は、以後孜々として思索を深め多くの体系的著作を残した。本書には、それら大著のあい間に書かれた論文・小品・エッセイのうち、京都時代初期のものがまとめられている。『続思索と体験』とともにいわば著者の自叙伝であり、西田哲学へのこの上ない入門書。

◇西田幾多郎―本当の日本はこれからと存じます　大橋良介著　ミネルヴァ書房　（ミネルヴァ日本評伝選）　2013.3　①978-4-623-06614-8
　＊西田幾多郎（一八七〇〜一九四五）哲学者。京都学派の祖。明治期の青年の意気に燃えつつも、落伍者の悲哀をなめ続けた人生の前段。京都帝国大学の哲学講座で思索に沈潜した大正期の、人生の中段。学問的名声に包まれ、しかし家庭では悲惨に見舞われ続けた昭和期の、人生の後段。再婚で癒されつつも、太平洋戦争の空襲下に絶命した晩年。本書はこの西田の人生と時代の全貌を描き切る。

◇物語「京都学派」―知識人たちの友情と葛藤　竹田篤司著　中央公論新社　（中公文庫）　2012.7　①978-4-12-205673-2
　＊東京帝国大学とはちがう大学を目ざしてつくられた京都帝国大学。本書は、戦前の京都帝大を舞台に、西田幾多郎と田辺元という異質な個性の持ち主を中心に展開した近代知性たちの一大絵

西田幾多郎

巻である。彼らの豊かな学問的達成から、師弟の友情や葛藤までを、日記や書簡などの貴重な新資料をも駆使して鮮やかに描き出した大労作。

◇高坂正顕著作集　第8巻　西田哲学　高坂正顕著　学術出版会　（学術著作集ライブラリー）　2011.11　①978-4-284-10361-9, 978-4-284-10353-4（set）

◇西田幾多郎の憂鬱　小林敏明著　岩波書店　（岩波現代文庫）　2011.4　①978-4-00-600250-3
＊西田幾多郎（一八七〇・一九四五）の人生。それは一人の人間の個別的な営みを超え、明治から昭和に至る奔流のただなかに姿を見せ始めた「日本」を集約し、体現するものだった。同時代の多彩な資料に基づく実証的手法によって克明に描き出される哲学者の苦悩と格闘の人生に、近代日本の成立過程に現出した幾多の問題系を照射する斬新な評伝的批評。

◇西田幾多郎の声―手紙と日記が語るその人生　前篇　西田幾多郎著　書肆心水　2011.1　①978-4-902854-81-7
＊西田自身の言葉による西田伝。精選した手紙と日記を合わせて日付順に配列。新版全集（2009年完結）で1.5倍に増補された手紙の中には新しい横顔が見えるものも。読みやすい現代表記。

◇大拙と幾多郎　森清著　岩波書店　（岩波現代文庫）　2011.1　①978-4-00-603208-1
＊石川県金沢とその近くで同年に生まれ、第四高等中学校で同級生だった鈴木大拙（一八七〇・一九六六）と西田幾多郎（一八七〇・一九四五）。本書はその二人の友情と交流を軸に、禅でつながり、近代日本を創建した明治の青春群像を、日記・書簡や証言等を引きながら丹念に描いた心温まる評伝である。これから西田と大拙を読む人の入門書としても格好の書。

◇鈴木大拙　復刻版　鈴木大拙著　学術出版会，日本図書センター〔発売〕　（日本人の知性）　2010.3　①978-4-284-10231-5

◇西田幾多郎　新装版　竹内良知著　東京大学出版会　（近代日本の思想家）

2007.9　①978-4-13-014157-4

◇西田幾多郎―生きることと哲学　藤田正勝著　岩波書店　（岩波新書）　2007.3　①978-4-00-431066-2
＊「私はいつまでも一介の坑夫である」。思考の鉱脈を探して、ひたすら「自ら思索する」ことを、そして「真に生きる」とは何かを追い求めた西田幾多郎。既存の枠組みを徹底して問い直すその哲学は、今なお国内外で新たな思考を啓発し続けている。―西田自身の言葉に「生の脈動」を読みとりつつ、その思索の軌跡へと読者を導く案内の書。

◇西田幾多郎―永遠に読み返される哲学　没後六十年　河出書房新社　（Kawade道の手帖）　2005.6　①4-309-74002-2

◇我心深き底あり―西田幾多郎のライフヒストリー　池田善昭，加国尚志編著　晃洋書房　（ライフヒストリー研究叢書）　2005.5　①4-7710-1606-2
＊九人の研究者による西田幾多郎・個人史事例研究。

◇西田幾多郎苦悩と悲哀の半生　上田高昭著　中央大学出版部　2005.3　①4-8057-5219-X
＊近代日本の思想界を代表する西田の実生活は、実に惨憺たる境遇であった。自らが「血と涙の生涯」と記した苦悩と悲哀の実像を掘り起こし、苦闘する思想形成の深部に迫る。

◇西田幾多郎と鈴木大拙―その魂の交流に聴く　竹村牧男著　大東出版社　2004.11　①4-500-00699-0

◇西田幾多郎の憂鬱　小林敏明著　岩波書店　2003.5　①4-00-024220-2
＊家、学校、国家、戦争、天皇…明治から昭和に至る時代の奔流のただなか、いつ果てるとも知らず襲い続ける苦難との格闘には、一個人をはるかに超越する闇が映し出されていた―膨大な資料の精緻な読解に基づいて西田像の全面的塗り替えを迫るとともに、精神分析など多彩な手法によって近代日本に胚胎した問題群を抉り出す。―画期的な"評伝的批評"の挑戦が、ここに始まる。

◇二人称の死―西田・大拙・西谷の思想をめ

ぐって　浅見洋著　春風社　2003.5
①4-921146-75-6
＊肉親の死をいかに自己の生の根本に据え
ていったのか、偉大な先達の思想形成
"悲しみの仕事"が本書で説かれている。

◇西田幾多郎の姿勢―戦争と知識人　上田
高昭著　中央大学出版部　2003.4
①4-8057-5218-1
＊戦争に直面した西田が、どのような心
情や意志のもとに生きたか―遺された
日記・書簡を克明に辿り、その実像に
迫る。

◇西田幾多郎とは誰か　上田閑照著　岩波
書店　（岩波現代文庫）　2002.11
①4-00-600090-1
＊人は人吾は吾なりとにかくに吾行く道
を吾は行くなり―「人生の悲哀」を哲学
の動機とし、近代日本の時代の課題を
引き受け、東洋の禅と西洋哲学の間に
身を投じて「純粋経験の哲学」を生み出
した西田幾多郎。その生涯を「人生」
「歴史的社会的生」「境涯」の三様相から
考察し、生きることの意味を問う。評
伝を超えた人生の書。

◇西田幾多郎と仏教―禅と真宗の根底を究
める　竹村牧男著　大東出版社　2002.11
①4-500-00684-2

◇西田幾多郎の思想　小坂国継著　講談社
（講談社学術文庫）　2002.5
①4-06-159544-X
＊日本最初の哲学書といわれる『善の研
究』の執筆者で近代日本を代表する哲
学者、西田幾多郎。強靱な思索力で意
識を深く掘りさげ、心の最深部にある
真実の心は何かを探究し、独自の哲学
大系を構築した。西田哲学とは実際ど
のようなものなのか。本書は、求道者
西田の思索における悪戦苦闘の跡を辿
り、その思想の特色と現代的意義を分
かりやすく紹介する。

◇西田幾多郎関係資料―付全集未収録書簡
学習院大学史料館　（学習院大学史料館収
蔵資料目録）　2002.3

◇西田哲学の「行為的直観」　竹内良知著
農山漁村文化協会　（人間選書）　2002.3
①4-540-01261-4

＊著者は、西田哲学の今日的意義を「行為
的直観」という概念をキイにして解明
するという壮大な仕事に立ち向かった。
著者は志なかばにして倒れたが、その
思索の推移を編集部あての多くの手紙
で率直に開陳した。本書は著者の遺稿
とともに、その書簡を収録することで、
西田哲学における「行為的直観」の位相
と竹内良知氏の構想を明らかにする。

◇西田哲学と現代―歴史・宗教・自然を読み
解く　小坂国継著　ミネルヴァ書房
（Minerva 21世紀ライブラリー）　2001.12
①4-623-03581-6
＊現代日本哲学の課題とは何か。近代の超
克、歴史観、仏教思想、日本的自然観、
地球環境問題などの現代日本哲学のテー
マに、西田幾多郎ならばどう応えたか。
気鋭の研究者が西田の根本思想をふま
え、西田哲学の応用と発展を試みる。

◇西田哲学論　務台理作著　こぶし書房
（務台理作著作集）　2001.10
①4-87559-155-1
＊「革命的ヒューマニズム」に転じた戦後
の務台が、唯物論的立場から西田哲学と
対決。抜きんでた「西田哲学論」論集。
『場所の論理学』と併せて必読の書。

◇上田閑照集　第1巻　西田幾多郎　上田閑
照著　岩波書店　2001.9
①4-00-092461-3
＊三十数年にわたる仕事を主題別に再編
し、新稿を加えて成った決定版集成。
第1巻は、西田哲学の考察。

◇西田幾多郎―イラスト版オリジナル　大
沢正人文，田島董美イラスト　現代書館
（For beginnersシリーズ）　2001.9
①4-7684-0091-4
＊「絶対矛盾的自己同一」この奇怪な九字
熟語。哲学者・西田は正当に評価され
てきたか？　西田哲学とは何か？　新しい
テキスト解読で蘇る。

◇西田幾多郎　1　中村雄二郎著　岩波書店
（岩波現代文庫　学術）　2001.1
①4-00-600037-5
＊西田哲学の鍵となる五つの概念―"純粋
経験""無の論理""弁証法的一般者""行
為的直観""絶対矛盾的自己同一"―を

「問題群」として捉え直して一つ一つ解きほぐし、その意図した構想の真の姿と意味を明らかにする。西田哲学のもつ深層の知として深さを探究しつつ、日本の哲学の座標軸を明らかにした本格的な西田論。

◇西田幾多郎 2 中村雄二郎著 岩波書店（岩波現代文庫 学術） 2001.1
①4-00-600038-3
＊西田哲学のはらむ「問題群」を文化・芸術・宗教等の文脈において多面的に変奏する。ヨーロッパでの講演や雑誌発表のために徹底的に明晰に語られた論文を収録。また、ハイデガーと比較しながら西田と戦争の問題について検証を試みる。著者の哲学探究の結節点となった西田研究のいきさつを綴る「西田幾多郎と私」を結びに付す。

◇西田幾多郎とキリスト教の対話 浅見洋著 朝文社 2000.10 ①4-88695-153-8
＊著者長年の西田哲学とキリスト教の比較思想的研究を集大成。西田の思想形成にキリスト教が与えた影響を解明し、現代日本のキリスト教思想に対しての西田哲学が果たした役割と将来の可能性に言及した書。

▌西田税 にしだみつぐ
1901〜1937 大正,昭和期の国家主義運動家,陸軍軍人。急進派軍人の結社天剣党の結成を画す。二・二六事件に連座し、刑死。

◇西田税と日本ファシズム運動 堀真清著 岩波書店 2007.8 ①978-4-00-024251-6

◇二・二六事件裁判の研究―軍法会議記録の総合的検討 松本一郎著 緑蔭書房 1999.7 ①4-89774-244-7
＊本書は、法学者の立場から、「東京陸軍軍法会議」裁判の記録を通して、二・二六事件裁判の問題点を明らかにしたものである。本研究の結果、確信をもっていえること、「法律ニ定メタル裁判官」によることなく、非公開、かつ、弁護人抜きで行われた本裁判は、少なくとも北一輝などの民間人に関する限り、明治憲法の保障する「臣民ノ権利」を蹂

躙した違憲のものであったということ、本裁判には、通常の裁判では考えられないような、訴訟手続規定を無視した違法が数多く存在したということ、北一輝・西田税を反乱の首魁として極刑に処した判決は、証拠によらないフレームアップ（でっち上げ）であったということ、の三点である。

▌仁科芳雄 にしなよしお
1890〜1951 大正,昭和期の物理学者。理化学研究所所長、科学研究所所長。理研に仁科研究室を新設。サイクロトロン建設、宇宙線観測を行う。

◇仁科芳雄 往復書簡集―現代物理学の開拓 補巻（1925-1993） 仁科芳雄著、中根良平,仁科雄一郎,仁科浩二郎,矢崎裕二,江沢洋編 みすず書房 2011.11
①978-4-622-07645-2
＊シュレディンガー、パウリの講義ノートから「大サイクロトロン日誌」「核分裂によるエネルギーの利用」、広島・長崎をめぐる「仁科ノート」まで。全3巻後に発見された書簡・文書・論考490点。「原子エネルギーの利用」に関する報告書（1943）、「敵性情報」「仁科芳雄のノート」など広島・長崎前後の関係資料も多数収録。

◇大サイクロトロン・ニ号研究・戦後の再出発―1940-1951 仁科芳雄著、中根良平,仁科雄一郎,仁科浩二郎,矢崎裕二,江沢洋編 みすず書房 （仁科芳雄往復書簡集 現代物理学の開拓） 2007.2
①978-4-622-07263-8
＊戦時中の研究と科学界の戦後復興の様相を示す貴重な文献を集成。空襲下の研究日誌、理研の「ニ号」（原爆）研究、占領軍によるサイクロトロン破壊、復興期の国際交流など。全3巻堂々の完結。

◇コペンハーゲン時代と理化学研究所・初期―1919-1935 仁科芳雄著、中根良平,仁科雄一郎,仁科浩二郎,矢崎裕二,江沢洋編 みすず書房 （仁科芳雄往復書簡集 現代物理学の開拓） 2006.12
①4-622-07261-0
＊20世紀前半に活躍した300名以上の科学

者の手になる書簡・文書を集成し、無比のスケールで当時の科学と時代を描き出す第一級の資料集。彼らの研究や交流、人物像が一次文献を通して蘇る。

◇宇宙線・小サイクロトロン・中間子―1936-1939　仁科芳雄著, 中根良平, 仁科雄一郎, 仁科浩二郎, 矢崎裕二, 江沢洋編　みすず書房　（仁科芳雄往復書簡集 現代物理学の開拓）　2006.12　①4-622-07262-9
＊日本の現代物理学の成長・発展期を描き出す書簡群。湯川秀樹・朝永振一郎・坂田昌一ら精鋭による理論研究、小サイクロトロン建造、ボーア来日、戦争勃発など歴史的事象が重なり興味は尽きない。

◇仁科芳雄―日本の原子科学の曙　新装版　玉木英彦, 江沢洋編　みすず書房　2005.10　①4-622-07168-1
＊1920年代のヨーロッパ。量子力学の新理論が澎湃として湧き起こる現場に飛び込み、科学史の転換点をつぶさに見とどけたひとりの日本人がいた。仁科芳雄、彼は、日本における原子核物理学のパイオニアとして広くその名を知られる。本書は、この学問の黎明を仁科とともに体験し、今日にいたる多彩な展開をみずから担ったひとびとによる、貴重な証言集である。

◇原子物理学の父仁科芳雄　井上泉, イシイ省三編著　日本文教出版　（岡山文庫）　2004.2　①4-8212-5227-9

◇全力疾走の人生仁科芳雄―仁科芳雄博士を偲ぶ座談会　井上泉編　科学振興仁科財団　2001.4

◇仁科芳雄博士書簡集　少年時代編　科学振興仁科財団　1993.3

◇仁科芳雄―日本の原子科学の曙　玉木英彦, 江沢洋編　みすず書房　1991.12　①4-622-03945-1
＊20世紀物理学の革新に立ち会い、日本の科学に新時代をもたらした人、仁科芳雄。その全力疾走の生涯にとり組んだ仕事を、貴重な証言と写真で綴る「原子科学事始」。

西原亀三　にしはらかめぞう
1873～1954　明治～昭和期の実業家, 政治家。朝鮮で綿糸布取引に従事。寺内内閣時、中国政策に奔走。

◇西原亀三日記　山本四郎編　京都女子大学　（京都女子大学研究叢刊）　1983.2

西村伊作　にしむらいさく
1884～1963　明治～昭和期の教育家。文化学院校長。文化学院を創立、自由主義的教育を目指す。

◇きれいな風貌―西村伊作伝　黒川創著　新潮社　2011.2　①978-4-10-444404-5
＊大逆事件で叔父を喪い、戦争中は不敬罪で拘留―。戦争が終わるとこう言った。「これからは、マッカーサーに叱られるようなことをする」桁外れのセンスと資産を教育と芸術に注いで生きた、文化学院創設者の第一級の評伝。

◇光のなかの少女たち―西村伊作の娘が語る昭和史　新装版　西村クワ著　中央公論事業出版（制作・発売）　2009.7　①978-4-89514-341-7
＊戦時下にも光あふれる学院があり、自由に生きる人びとがいた。父・伊作の型破りな教育方針や、与謝野晶子・石井柏亭らの刺激的な授業に彩られた文化学院の思い出。明るく豊かな少女時代から戦後のアメリカ留学まで、自由な意志で切り拓いた青春の道のりをつづる。

◇心の花束―西村伊作にささげる　西村クワ編　ルヴァン美術館　2002.4　①4-311-60229-4

◇西村伊作の世界―「生活」を「芸術」として　西村伊作作, 水沢勉, 植野比佐見編　NHKきんきメディアプラン　2002

西村茂樹　にしむらしげき
1828～1902　江戸時代末期, 明治期の道徳思想家, 官論。修身学社を創設、国民道徳新興運動を展開。著書に「日本道徳論」など。

◇西村茂樹研究―明治啓蒙思想と国民道徳論　真辺将之著　思文閣出版　2009.12

①978-4-7842-1491-4

◇現代に生きる西村茂樹　石渡敬編著, 堀田正久監修　佐倉市　2000.10

西山宗因　にしやまそういん
1605〜1682　江戸時代前期の連歌師, 俳人。（談林派）。井原西鶴の師。

◇西山宗因全集　第4巻　紀行・評点・書簡篇　西山宗因全集編集委員会編　八木書店　2006.8　①4-8406-9664-0

◇宗因から芭蕉へ—西山宗因生誕四百年記念　柿衛文庫, 八代市立博物館未来の森ミュージアム, 日本書道美術館編　八木書店　2005.10　①4-8406-9667-5

二条良基　にじょうよしもと
1320〜1388　南北朝時代の歌人・公卿。（摂政・関白・太政大臣・准三宮）。関白・左大臣二条道平の長男。著作に「菟玖波集」「応安新式」など。

◇日本文学者評伝集　2　在原業平・小野小町・二条良基　塩田良平, 森本治吉編　井上豊, 福井久蔵著　クレス出版　2008.6　①978-4-87733-422-2,978-4-87733-429-1

◇二条良基研究　小川剛生著　笠間書院（笠間叢書）　2005.11　①4-305-10362-1
＊二条良基の生涯は、後醍醐天皇と足利義満の間にあって、武家の権力と王朝の文化が一体となった政権の確立に捧げられた。王朝の精神を継承しつつ、あらゆる学芸の指導者として、活気ある新時代を創り出していった執政の、初めての総合的な研究。

◇南北朝の宮廷誌—二条良基の仮名日記　小川剛生著　臨川書店（原典講読セミナー）　2003.2　①4-653-03726-4

◇中世和歌連歌の研究　伊藤伸江著　笠間書院　2002.1　①4-305-70236-3
＊中世詩歌の総体。和歌・連歌の史的関連を択える。

日蓮　にちれん
1222〜1282　鎌倉時代後期の僧。日蓮宗の開祖。清澄山の道善房の弟子。その著

「立正安国論」は当時としては過激な宗旨のため流刑にもなったが、その後も布教に努めた。

◇日蓮大聖人正伝　改訂版/日蓮正宗宗務院/改訂　阿部日顕監修, 宗祖日蓮大聖人第七百御遠忌出版事業実行委員会編集　大日蓮出版　2018.7　①978-4-905522-73-7

◇日蓮聖人における「法華経の行者」の研究　鈴木隆英著　山喜房仏書林　2017.9　①978-4-7963-0284-5

◇日蓮紀行—滅罪、求道、救国の旅　福島泰樹著　大法輪閣　2017.6　①978-4-8046-1396-3

◇日蓮の思想と生涯　新版　須田晴夫著　鳥影社　2016.8　①978-4-86265-575-2

◇日蓮聖人の歩みと教え　佐渡期　髙橋俊隆著　山喜房仏書林　2016.5　①978-4-7963-0787-1

◇日蓮聖人の歩みと教え　鎌倉期　髙橋俊隆著　山喜房仏書林　2016.3　①978-4-7963-0786-4

◇日蓮—殉教の如来使　田村芳朗著　吉川弘文館（読みなおす日本史）　2015.11　①978-4-642-06594-8

◇日蓮—日蓮宗　藤井寛清著　淡交社（京都・宗祖の旅）　2015.2　①978-4-473-03989-7

◇法華経と日蓮　小松邦彰, 花野充道責任編集　春秋社（シリーズ日蓮）　2014.5　①978-4-393-17351-0
＊法華経の思想と信仰とは何か。本巻は、海外の研究者を含めた最新の研究成果により、法華経の成立とその根本思想の展開をたどりながら、日蓮思想の源流とその特質を解明する。

◇日蓮と鎌倉　市川浩史著　吉川弘文館（人をあるく）　2014.2　①978-4-642-06778-2
＊仏教の"坩堝"鎌倉に果敢に飛び込み、卓抜した行動で法華経信仰を流布させた日蓮宗の開祖。蒙古襲来の予言、念仏者との抗争、たび重なる流罪など波瀾の生涯を活写。鎌倉の日蓮宗寺院を巡り、その思想と行動に迫る。

◇あなたの知らない日蓮と日蓮宗　山折哲雄監修　洋泉社　（歴史新書）　2013.12　①978-4-8003-0298-4
＊あなたの知らない仏教宗派別シリーズ第5弾！日蓮宗の発展には、開祖日蓮の思想と行動から、三つの特質をあげることができる。第一は、日蓮の強烈な自己主張だ。第二は、国家のあり方にたいする並々ならぬ関心である。第三は、その批判精神。さらに近現代の思想への影響、「新宗教」と日蓮宗の関係にも注目したい。日蓮宗の魅力的な教え・特徴・歴史をコンパクトにまとめてみました。

◇日蓮辞典　新装版　宮崎英修編　東京堂出版　2013.3　①978-4-490-10834-7
＊危機的な社会状況のなか法難や迫害に敢然と法戦を展開した、法華経の行者、日蓮の全貌。

◇日蓮上人　復刻版　昇塚清研著　はちす文庫　2012.11

◇日蓮の思想と生涯　須田晴夫著　論創社　2012.9　①978-4-8460-1167-3
＊近年の歴史学の成果を踏まえ、日蓮が生きた時代状況を正確に把握しつつ、「十大部」をはじめとする主要著作をその成立事情と関連させながら読み解く"日蓮仏法"の入門書。

◇日蓮大聖人正伝　改訂版（日蓮正宗宗務院‖改訂）　阿部日顕監修, 宗祖日蓮大聖人第七百御遠忌出版事業実行委員会編　大日蓮出版　2012.9　①978-4-905522-04-1

◇日蓮大聖人御伝記―延宝九年三月、京都「中村五兵衛開板」　小林正博解読・解説　USS出版　2012.2

◇知識ゼロからの日蓮入門　渡辺宝陽監修　幻冬舎　2011.6　①978-4-344-90223-7
＊平成の大震災を乗り越える支えとなる、言葉が満載。天災が続く時代に生まれた、法華経の教え。

◇日蓮聖人略伝　田中智学著, 柳沢宏道新編　はちす文庫　2011.6

◇日蓮聖人研究　宮崎英修著　山喜房仏書林　2011.2　①978-4-7963-0674-4

◇詳解 日蓮と日蓮宗　小松邦彰監修　学研パブリッシング　（宗教書ライブラリー）　2010.7　①978-4-05-404656-6
＊釈迦究極の教えとして『法華経』を選んだ日蓮聖人。そうした宗祖の信仰、思想から生まれた日蓮宗とは、いったいどんな宗派なのか？日蓮と日蓮宗の教えを生きた信仰の智慧として解き明かす。

◇日蓮入門―現世を撃つ思想　増補　末木文美士著　筑摩書房　（ちくま学芸文庫）　2010.4　①978-4-480-09276-2
＊日蓮の思想は、近代日本において超国家主義者に信奉されるなど、時に危険なイデオロギーとも目されてきた。だが、実際の著作を読んでゆくと、真の日蓮は一筋縄ではゆかない、実に多面的な思想家であることに気付くだろう。政治権力に挑戦する闘う思想家、孤独で内省的な理論家、ユートピアを思い描く夢想家、おおらかな現実主義者など。魅力的なその人柄に触れつつ、『立正安国論』『三大秘法抄』などの遺文をひとつひとつ読み解き、多彩で奥深い思想世界を探る。ちくま新書版に増補をくわえて刊行する。

◇日蓮―日本人のこころの言葉　中尾堯著　創元社　2009.6　①978-4-422-80052-3
＊浄土を現実の世界に実現することを願った日蓮の壮烈な受難の生涯―人々の深い苦しみに究極の救いを。その発した言葉は危機の時代にこそ輝く。

◇日蓮聖人略伝　相沢宏明著　展転社　2008.12　①978-4-88656-329-3
＊われわれ現代に生きる者として、現在のわが国およびわが国がおかれている世界情勢を視野にいれつつ、聖人の人格および宗教規模についてもう一度評価をし直さなければならない。しかも、その評価は、時代社会に通用する科学的な方法論で実行しなければ意味がない。そこで、本書ではそうした観点から、今の時代社会の常識に訴え、心ある日本人にふたたび、日蓮聖人の人格・思想についての資料を提供した。

◇歴史に生きる日蓮　川添昭二著　山喜房仏書林　2008.3　①978-4-7963-0668-3

◇日蓮自伝考―人、そしてこころざし　山中講一郎著　水声社　2006.4

ⓘ4-89176-576-3
＊法を問い、生き方を問い、激動の世を生き抜いた或る者の生涯が今、現代の知の光炎に照射され、深淵より鮮やかに浮かび上がる。「種種御振舞御書」偽書説を覆す精緻な分析の中に、躍動する日蓮の、真の鼓動が響きわたる。

◇日蓮の軌跡―未来への確信　蓮澄陽著　文芸社　2001.10　ⓘ4-8355-2541-8
＊来年(2002年)立教開宗750年を迎える日蓮宗。その宗祖である日蓮聖人の生涯と弘教の歴史を辿る。

◇日蓮聖人の生涯―歴史と伝説堀内天嶺画集　尾谷卓一解説, 堀内天嶺原画　水曜社　2001.3　ⓘ4-88065-019-6

◇日蓮・心の旅―不安の時代、彼はどんな未来を見たのか いまの時代に生きる「生の哲学」を求めて　熊谷一乗著　祥伝社　(ノン・ブック)　2001.2　ⓘ4-396-10417-0
＊法華経を、ひたすら分かりやすく広めようとした人が日蓮です。どうしてそういうことが可能になったのでしょうか…。日蓮の内面に迫る心の旅、それは日蓮を、昏迷の時代によみがえらせる旅でもありました。

◇日蓮聖人の生涯　第3巻　久遠のひかり　石川教張著　水書坊　1999.11　ⓘ4-943843-86-7
＊弘安五年秋、日蓮聖人は病む身をくりかげの馬にたくし、ようやくたどり着いた池上の地で静かに眼を閉じた。その六十一年の生涯はこよなく人々を愛し、生きる勇気と希望を与えつづけた一生であった。そして今もなお、日月の光明のごとく、久遠のともしびとなって私たちの心にひかりをそそぎつづけている。

◇日蓮聖人の生涯　第2巻　佐渡の風光　石川教張著　水書坊　1999.9　ⓘ4-943843-85-9
＊配流の地、佐渡塚原の三昧堂にしんしんと雪が降りつもる。身を切るような寒気の中で、日蓮聖人は久遠のいのちに生かされているおのれの姿を静かに見つめていた。やがて、かの時の誓願があらたな決意として身体の奥底から湧きあがってきた。

◇日蓮聖人の生涯　第壱巻　誓願に生きる　石川教張著　水書坊　1999.7　ⓘ4-943843-84-0

◇日蓮大聖人の生涯を歩く　佐藤弘夫, 小林正博, 小島信泰著　第三文明社　1999.4　ⓘ4-476-06144-3
＊現地取材から生まれた臨場感溢れる日蓮大聖人の一生。写真175枚使用。

◇日蓮大聖人の思想と生涯　佐藤弘夫ほか著　第三文明社　1997.12　ⓘ4-476-06126-5

◇日蓮大聖人ゆかりの地を歩く―鎌倉・伊豆・竜の口・依智・佐渡　鎌倉遺跡研究会著　第三文明社　1994.10　ⓘ4-476-06092-7

◇訂訛 日蓮聖人伝　倉沢啓樹著　近代文芸社　1994.7　ⓘ4-7733-2780-4

◇日蓮聖人正伝　本多日生著　統一団　1993.8

◇日蓮大聖人自伝　玉井日礼著　(大和)たまいらぼ　1993.4　ⓘ4-88636-064-5

◇新版 日蓮聖人の生涯―一代記と遺文と教義　成川文雅著　共栄書房　1991.11　ⓘ4-7634-1011-3

日親　にっしん

1407～1488　室町時代, 戦国時代の日蓮宗の僧。本法寺を建立。

◇知識ゼロからの日蓮入門　渡辺宝陽監修　幻冬舎　2011.6　ⓘ978-4-344-90223-7
＊平成の大震災を乗り越える支えとなる、言葉が満載。天災が続く時代に生まれた、法華経の教え。

◇戦国仏教―中世社会と日蓮宗　湯浅治久著　中央公論新社　(中公新書)　2009.1　ⓘ978-4-12-101983-7
＊地域社会に根付いた寺院は歴史的にさまざまな役割を担ってきた。もともと鎮護国家を任としていた仏教だが、鎌倉時代に興った新しい宗派は個人の救済を目指し、室町～戦国時代にかけて地域に浸透していく。戦乱や災害、飢饉がおびただしい奴隷を生む過酷な時代において、寺院は地域でどのような役割を担い、民衆や領主らはいかに仏

教を受け入れたのか。日本史における宗教と社会の関わり合いをあぶり出す。

▌ 新田義興　にったよしおき

1331～1358　南北朝時代の武将。義貞の次男。

◇武蔵新田縁起―新田義興をめぐる時代背景　松原武志著　今日の話題社　2003.5　①4-87565-531-2
＊大田区に残る『太平記』の薫り―。新田義貞の次男・新田義興は、足利方の策謀により矢口の渡しにて非業の死を遂げてしまう。後に新田大明神として祀られることとなるが、その時代背景とはどのようなものだったのか。悲劇のヒーローを中心軸に、地元在住の著者ならではの視点で、周辺の地理・歴史を俯瞰する。大田区を見る眼が変わっていくのがわかる一冊。

▌ 新田義貞　にったよしさだ

1301～1338　鎌倉時代後期，南北朝時代の武将。新田朝氏の長子、新田一族の惣領。鎌倉幕府を直接討滅し、後醍醐天皇の忠臣になる。足利尊氏が反旗を翻すと南朝方の総大将として各地を転戦。越前藤島で戦死。

◇新田義貞―関東を落すことは子細なし　山本隆志著　ミネルヴァ書房　（ミネルヴァ日本評伝選）　2005.10　①4-623-04491-2
＊新田義貞（一三〇〇頃～三八）、鎌倉後期から南北朝期の武将。これまで新田義貞は勤王の面を強調されることが多かったが、本書では源氏嫡流家を背負った人物として、その切り開いた政治的世界を捉えなおす。南北朝内乱により一躍中央に出た義貞とその一族の行動と規範にも迫る。

◇新田義貞　峰岸純夫著　吉川弘文館　（人物叢書 新装版）　2005.5　①4-642-05232-1
＊新田義貞は鎌倉幕府を滅ぼした武将。後醍醐天皇の計画に呼応して倒幕を果たし、建武政府の一翼を担う。足利尊氏との対立を深め、南北朝動乱の中で、転戦の末、越前国藤島で不慮の戦死を遂げる。信頼し得る古文書を博捜し、義貞を支えた人的基盤を探るとともに、『太平記』によって創り出された凡将・愚将観を見直す。その実像を活写する義貞伝の決定版。

◇新田義貞　永峯清成著　新人物往来社　1991.7　①4-404-01832-0
＊鎌倉政略から北陸路憤死まで尊氏・正成の狭間で戦いぬいた悲運の武将の生涯と心奥を描く。

◇新田義貞―武将太平記　野村敏雄著　双葉社　1991.6　①4-575-23081-2
＊一族のため、天下和平のため、そして足利尊氏への友情と信頼のため、武家の筋目を貫き貫き通して、あえて尊氏と闘いつづけ壮烈に散った義貞の生涯を描く。

◇義貞太平記―新田史研究会、積年の成果　金谷豊編　あさを社　1991.2

▌ 新渡戸稲造　にとべいなぞう

1862～1933　明治～昭和期の農学者，教育者。第一高等学校校長，東京女子大学初代総長。一般教養という教育精神の先覚者。

◇新渡戸稲造 日本初の国際連盟職員　玉城英彦著　彩流社　2018.1　①978-4-7791-2307-8
＊国際連盟の星・新渡戸稲造は、"日本人らしさ"を強烈な個性として打ち出した。国際社会で活躍した新渡戸の人生から読み取れる、現代へのメッセージとは。日本が戦争へと突き進む時代、どのような苦悩があったのかもていねいに読み解く。

◇新渡戸稲造と歩んだ道　佐藤全弘著　教文館　2016.1　①978-4-7642-6999-6

◇新渡戸稲造に学ぶ―武士道・国際人・グローバル化　ユハズ和順, 佐々木啓編著　北海道大学出版会　（北大文学研究科ライブラリ）　2015.5　①978-4-8329-3391-0

◇新渡戸稲造―人と思想　森上優子著　桜美林大学北東アジア総合研究所　（北東アジア研究選書）　2015.3　①978-4-904794-48-7

◇太平洋の航海者―新渡戸稲造の信仰と実

新渡戸稲造

践 谷口真紀著 関西学院大学出版会
2015.1 Ⓘ978-4-86283-177-4

◇マイグランパ新渡戸稲造―ただ一人の生
き証人の孫が語る 加藤武子，寺田正義
著 朝日出版社 2014.10
Ⓘ978-4-255-00801-1

◇新渡戸稲造ストーリー――札幌農学校から
の行路 北海道大学大学文書館編 北海
道大学新渡戸カレッジ 2014.3

◇新渡戸稲造事典 佐藤全弘，藤井茂著
教文館 2013.10 Ⓘ978-4-7642-4038-4
＊『武士道』の著者であり、明治から昭和
初期にかけて、教育者、国際人、ジャー
ナリスト、社会改良家として、多面にわ
たり活躍した、新渡戸稲造。本書は、こ
れまでの研究の集大成として、その生
涯、交友関係、家系、著作、思想、揮毫、
教育、学校など多角的観点から光をあて
た画期的な『事典』。約850の多彩な項目
に加え、貴重な写真等約280点を収録。

◇南原繁と新渡戸稲造―私たちが受け継ぐ
べきもの 南原繁研究会編 EDITEX
（To beシリーズ） 2013.8
Ⓘ978-4-903320-29-8

◇新渡戸稲造武士道の売国者 滝沢哲哉著
成甲書房 2013.3 Ⓘ978-4-88086-299-6
＊「われフリーメイソンとの架け橋とな
らん！」アメリカ盲従の先駆者は、カネ
に目の眩んだクエーカー教徒だった。
偉人神話をくつがえす、官製名著『武士
道』への哲学的批判。

◇新渡戸稲造1862-1933―我、太平洋の橋と
ならん 草原克豪著 藤原書店 2012.7
Ⓘ978-4-89434-867-7
＊37歳の時、『武士道』で国際的に名を馳
せ、その後も一高校長として南原繁、矢
内原忠雄、河合栄治郎ら多くの俊英を
輩出するなど教育の分野でも偉大な事
績を残す。国際連盟事務次長としては
ユネスコにつながる仕事、帰国後は世
界平和の実現に心血を注いだ。戦前を
代表する第一級の教養人であり、"真の
国際人"新渡戸稲造の全体像を初めて描
いた画期的評伝。

◇太平洋のかけ橋に新渡戸稲造の生涯 自然

保護に尽くした"阿寒の母"前田光子 合
田一道著，佐々木信恵著 北海道科学文化
協会 （北海道青少年叢書 北国に光を掲
げた人々） 2011.8

◇平和の絆―新渡戸稲造と賀川豊彦、そして
中国 布川弘著 丸善 （叢書インテグ
ラーレ） 2011.1 Ⓘ978-4-621-08344-4
＊15年戦争（満州事変からポツダム宣言受
諾までの一連の戦争）以来、本当の意味
で日本は中国との善隣友好関係を築く
ことができていないが、その根底にあ
るものとは何なのか？一本書では、
1920年代末、満州事変前後という極め
て限られた期間に絞り、平和運動全般
ではなく、新渡戸稲造と賀川豊彦とい
う二人の人物を平和運動の主体に据え、
彼らと他の諸主体との関係性にスポッ
トを当てながら当該期の平和運動の歴
史的意義について考察することによっ
て、これからの日中の友好関係のあり
方に対するヒントを提供する。

◇新渡戸稲造 オンデマンド版 松隈俊子
著 みすず書房 2010.12
Ⓘ978-4-622-06226-4

◇明治のサムライ―「武士道」新渡戸稲造、
軍部とたたかう 太田尚樹著 文芸春秋
（文春新書） 2008.6
Ⓘ978-4-16-660641-2
＊『武士道』を著して、世界中に日本を発
信しつづけた偉大なる教育者・新渡戸
稲造。その武士道的平和主義と国際協
調の精神を今こそ学ぼう。「美しい日本
人の肖像」ここにあり。

◇幼き日の思い出―維新の激動の中で稲造
少年が確信したもの 新渡戸稲造著，メ
リー・P.E.ニトベ補訂，加藤武子訳 新渡
戸基金 2007.1 Ⓘ4-931531-23-7

◇Nitobe Inazo―From Bushido to the
League of Nations NagaoTeruhiko編
Hokkaido University Press
（Humanities Series） 2006.5
Ⓘ4-8329-6651-0

◇開いた心をもとめて―新渡戸稲造とキリ
スト教世界 稲造研究の新境地を拓く ニト
ベ・フレンズセミナー二〇〇五 佐藤全
弘著 新渡戸基金 2006.5

①4-931531-21-0

◇近代日本の世界体験―新渡戸稲造の志と拓殖の精神　草原克豪著　小学館スクウェア　2004.7　①4-7979-8664-6

◇いま新渡戸稲造「武士道」を読む　志村史夫著　三笠書房　（知的生きかた文庫）2003.7　①4-8379-7340-X
＊失われた「日本人の心」を読み解く一冊。21世紀の日本人がよりよく生きるために、何が必要で何が不必要なのか？ その答えが、新渡戸稲造『武士道』の中にある。なぜ「武士に二言はない」のか？「武士道とは死ぬことと見つけたり」の真意とは？ 武士道のエッセンスを明快に解説。

◇永遠の青年 新渡戸稲造　内川永一朗著　新渡戸稲造基金　2002.3　①4-931531-14-8
＊不寛容な西洋社会に寛容の心を導いた国際人。北欧バルト海オーランド諸島の領土紛争を非武装地帯として収めた新渡戸稲造の「新渡戸裁定」が、第二次大戦中もゆるがず、その地の平和を維持している。不寛容な西洋社会に賢明な寛容の心を導いた新渡戸精神に学ぼう。

◇新渡戸稲造　杉森久英著　学陽書房　（人物文庫）　2000.8　①4-313-75097-5
＊新資料を駆使して描破する新渡戸稲造の全生涯。

◇〈太平洋の橋〉としての新渡戸稲造　POD版　太田雄三著　みすず書房　2000.8　①4-622-06001-9
＊本書は二つの部分からなる。「その一、日本文化紹介者としての新渡戸稲造」では英文『武士道』などの外国語の著作を通じて広く日本文化の外国への紹介者として活動した新渡戸の仕事を論じた。「その二、満州事変後の新渡戸稲造」では、その評価が大きく分かれる、満州事変後の新渡戸のアメリカでの講演活動や英文の著作を扱った。その一が日本の紹介者ないし説明者としての新渡戸を全体として見渡した概論だとすれば、その二は一時期を取り上げ、新渡戸が果して転向したのかといった視点から検討した各論である。

◇英学者・新渡戸稲造―21世紀国際人への指標　松下菊人著　松下菊人　2000.7

◇新渡戸稲造　新装版　松隈俊子著　みすず書房　2000.4　①4-622-04972-4
＊「願わくはわれ太平洋の橋とならん」―新渡戸稲造の有名なことばである。そしてこれは、彼の終生をつらぬいた念願であり、彼の生涯はこれの実行に捧げられた。外にあっては、国際連盟事務次長、国際知的協力委員会の中心として東西の融和に努め、内にあっては、キリスト教の精神による日本国民の教育に尽すなど、その世界的活動と精神の高みのゆえに、彼こそはまこと偉大な国際人、自由人、真のキリスト教者と呼ばれるにふさわしい。本書には、新渡戸稲造の真摯な一生が、生き生きとよみがえる。かつて教えを受けた著者による、師への敬慕と深い感銘、長年の研鑽から、これは成った。

◇新渡戸稲造―物語と史蹟をたずねて　井口朝生著　成美堂出版　（成美文庫）1996.6　①4-415-06443-4

◇新渡戸稲造伝―伝記・新渡戸稲造　石井満著　大空社　（伝記叢書）　1992.12　①4-87236-403-1

◇新渡戸稲造　杉森久英著　読売新聞社1991.12　①4-643-91119-0
＊新資料を駆使して描破する新渡戸稲造の全生涯。

二宮尊徳　にのみやそんとく

1787～1856　二宮金次郎（にのみやきんじろう）とも。江戸時代後期の農政家。報徳主義の創唱者。

◇にのみやきんじろう―貧しい村々をすくった人　よこたきよし文, 夏目尚吾絵, 小和田哲男監修　チャイルド本社　（絵本版/新こども伝記ものがたり）　2018.9　①978-4-8054-4788-8

◇二宮翁夜話　福住正兄原著, 佐々井典比古訳注　致知出版社　2018.8　①978-4-8009-1185-8

◇二宮金次郎とは何だったのか―臣民の手本から民主主義者へ　小沢祥司著　西日

本出版社　2018.6　Ⓘ978-4-908443-26-8

◇KAIZEN—二宮金次郎のすごい働き方
松﨑俊道著　栄光出版社　2018.5
Ⓘ978-4-7541-0164-0

◇一瞬で道徳力を引き出す「いい話」二宮尊
徳奇跡のことば—大人でも子供でも心に
響く　新装版　石川佐智子著　コスモ21
2017.9　Ⓘ978-4-87795-356-0

◇二宮尊徳の政道論提議—政道・政策論者・
施政者二宮金次郎の探求　【付録】報徳論
—口語訳　岡田博著　富田高慶著，橋本左
内訳注　〔岡田博〕　2017.9

◇二宮尊徳と桜町仕法—報徳仕法の源流を
探る　阿部昭著　随想舎　2017.7
Ⓘ978-4-88748-342-2

◇日本の偉人物語　1　二宮尊徳 坂本龍馬
東郷平八郎　岡田幹彦著　光明思想社
2017.4　Ⓘ978-4-904414-58-3

◇二宮尊徳に学ぶ成功哲学—富を生む勤勉の
精神　幸田露伴著，加賀義現代語訳　幸福
の科学出版　（新・教養の大陸BOOKS）
2016.12　Ⓘ978-4-86395-862-3

◇教養として知っておきたい二宮尊徳—日
本的成功哲学の本質は何か　松沢成文著
PHP研究所　（PHP新書）　2016.3
Ⓘ978-4-569-83020-9

◇二宮金次郎の対話と手紙—中学生からお
年寄りまでよくわかる 袋井市浅羽北公民
館「先人のより良い生き方に学ぶ」講演会
記録　第1　小田原編（少年・青年期）　二
宮尊徳の会　2015.5（2刷）

◇二宮尊徳　大藤修著　吉川弘文館　（人物
叢書 新装版）　2015.5
Ⓘ978-4-642-05274-0

◇二宮尊徳と創造経営—現代のビジネスに
生かせる50の教え　田村新吾著　カナリ
アコミュニケーションズ　2015.5
Ⓘ978-4-7782-0304-7

◇二宮尊徳の仕法と藩政改革　松尾公就著
勉誠出版　2015.5　Ⓘ978-4-585-22077-0

◇二宮金次郎の対話と手紙—中学生からお
年寄りまでよくわかる 袋井市浅羽北公民
館「先人のより良い生き方に学ぶ」講演会
記録　第1　小田原編（少年・青年期）　二

宮尊徳の会　2015.2

◇これを語りて日本人を戦慄せしめよ—柳
田国男が言いたかったこと　山折哲雄著
新潮社　（新潮選書）　2014.3
Ⓘ978-4-10-603743-6
＊山に埋もれた人生を描いた代表作『遠
野物語』が出されたのは明治末期。さ
らに『山の人生』では、山間部の壮絶な
人間苦が描かれていた。小説という娯
楽も広がり近代国家を謳歌する時代、
柳田は文明から遠く離れた過酷な人生
に目を向けていた。その半生を俯瞰し、
民俗学という新しい学問を通して訴え
たかったメッセージを探る今までにな
い柳田論。

◇二宮金次郎　二宮康裕著　創元社　（日本
人のこころの言葉）　2013.12
Ⓘ978-4-422-80064-6
＊"大人の金次郎"がどのように生きたか
知っていますか。

◇二宮金次郎に学ぶ生き方　中桐万里子著
致知出版社　2013.10
Ⓘ978-4-8009-1012-7
＊あの江戸幕末の時代に1発の銃弾も撃た
ず、1滴の血も流さず、600以上の村を
甦らせた人がいた。面白くて一気に読
める、七代目子孫が語った知られざる
二宮金次郎一代記。

◇二宮金次郎の言葉と仕事—実はこんなに
すごい再建の神様　長沢源夫著　実業之
日本社　（じっぴコンパクト新書）
2012.7　Ⓘ978-4-408-10945-9
＊「道徳のお手本」だけでなく、600余の
農村を復興させた教えとは？ 小田原、
真岡、下館、相馬、日光…十代から歩み
を止めることなく農村改革に邁進した
実践家の軌跡。

◇二宮尊徳の遺訓—混迷のいまを生き抜く
智勇　松沢成文、鴻谷正博共著　ぎょう
せい　2012.7　Ⓘ978-4-324-09533-1

◇二宮翁夜話　二宮尊徳述、福住正兄著、児
玉幸多訳　中央公論新社　（中公クラシ
ックス）　2012.3　Ⓘ978-4-12-160132-2
＊篤農家にして求道者、そして何より再
建のプロ、農政家かく語りき。

◇尊徳の風景—"貧国強兵"の近代と農業

阿部実著　東銀座出版社　2011.6
①978-4-89469-143-8
＊戦中、大日本帝国に利用された二宮尊徳。虚構の報徳思想は尊徳の意思にあらず。疲弊した農村を蘇生させた農政家の真髄を掘り起こす。長塚節の『土』の解説とともに、自然秩序・心的秩序と資本主義下の農業問題に切り込む。

◇日本には尊徳がいた―二宮尊徳の教え
木村壮次著　近代文芸社　2011.4
①978-4-7733-7769-9
＊今こそ二宮尊徳。あなたは尊徳を知っていますか。わかりやすく整理・解説した75のことば。

◇二宮尊徳の生き方―報徳・金治郎・金次郎
桐原光明著　桐原光明　〔2011〕

◇尊徳全伝―〈伝記〉二宮尊徳　奥平祥一著
大空社　（伝記叢書）　2010.11
①978-4-283-00830-4,978-4-283-00832-8

◇二宮金次郎正伝　二宮康裕著　モラロジー研究所　2010.9　①978-4-89639-189-3
＊金次郎自身が記した書簡・日記から、二宮総本家の現当主が金次郎の人生の軌跡を再現。人間・金次郎の真の姿を描き出す画期的伝記。

◇二宮尊徳の破天荒力―混迷日本再生　松沢成文著　ぎょうせい　2010.9
①978-4-324-09188-3

◇二宮金次郎から学んだ情熱の経営　三戸岡道夫編　栄光出版社　2010.7
①978-4-7541-0120-6
＊藩の再建に成功した金次郎の研究が、世界中で進んでいる。本書は、金次郎の報徳精神を積極的に経営に取り入れ、発展している10社を紹介し、企業のあるべき姿を探る。

◇二宮尊徳　武者小路実篤著　オフィスワイワイ蜜書房　2010.1
①978-4-903600-14-7
＊二宮尊徳の精神こそ、時代を超えて脈々と受け継がれてきたものとして、今日の混迷に国家や人間が正しく生きる道を示すものだ。そのためには、今一度、二宮尊徳の生涯とその事業を見直し、その根源となる精神を知ること

が大事ではないだろうか。本書は、簡明にその生涯と事跡を辿り、大胆に尊徳の精神の真髄を掴み取って、読者に示す名著である。

◇二宮尊徳―財の生命は徳を生かすにあり
小林惟司著　ミネルヴァ書房　（ミネルヴァ日本評伝選）　2009.12
①978-4-623-05611-8
＊近世を代表する経世家、農政家として知られる二宮尊徳。倹約努力して没落した家を再興し、小田原藩主の信任のもと六百余村の復興を成し遂げた背景には何があったのか。本書では、その仕事と人間像を明らかにする。

忍性　にんしょう

1217～1303　良観（りょうかん）とも。鎌倉時代後期の僧。鎌倉極楽寺の開山長老。

◇忍性菩薩―関東興律七五〇年　生誕八〇〇年記念特別展　神奈川県立金沢文庫編
神奈川県立金沢文庫　2016.10

◇忍性―救済に捧げた生涯　生誕800年記念特別展　奈良国立博物館編　奈良国立博物館　2016.7

◇極楽寺忍性　秋月水虎著　叢文社
1999.1　①4-7947-0302-3
＊鎌倉に流れ込んだ何万とも知れない飢えた病者の大群。傍観するだけの幕府と朝廷。人間救済は口にするが手をこまねいているだけの宗教各派。なぜ忍性とその弟子たちだけが炎となって、「どん底びとの救済」に立ち上がったか―その原動力は？　らい患者を背負い、病者を抱き、いかに治療し、いかに希望を持たせたか？　天変地異、蒙古襲来の国家存亡の危機の中、幕府をいかにして動かし困窮の民を救済したか。鎌倉中期、極楽寺・悲田院・療病院、馬病舎を開き何十万の困民から父と慕われた中世日本のマザーテレサの愛（慈悲）と英知と行動力。

◇救済の人―小説・忍性　寺林峻著　東洋経済新報社　1998.10　①4-492-06105-3
＊橋を架けること189、開いた道71、掘った井戸33…。難病救済など社会慈善事業に一生を捧げ、「生き菩薩」と呼ばれ

仁徳天皇

た鎌倉時代の名僧に初めて光を当てた感動の大作。

仁徳天皇　にんとくてんのう
上代の第16代の天皇。父は応神天皇。

◇仁徳天皇―煙立つ民のかまどは賑ひにけり　若井敏明著　ミネルヴァ書房　（ミネルヴァ日本評伝選）　2015.7　①978-4-623-07419-8

◇物語仁徳天皇　下　田中繁男著　展転社　2000.7　④4-88656-183-7
＊広開土王碑に刻まれた「倭の渡海」が西暦391年。『日本書紀』による仁徳天皇崩御は西暦399年。この前後八年を主な舞台にした仁徳天皇のご晩年。

◇王の歌―古代歌謡論　鈴木日出男著　筑摩書房　1999.10　④4-480-82341-7
＊記紀歌謡の多くは集団の感情表出に終始しているにもかかわらず、物語のなかに置かれると作中人物固有の感情としてみずみずしい抒情を発揮するのはなぜか？　入念な読みに基づき、歌の多様な発想を明らかにし、歌謡と和歌とのダイナミックな相互関係を浮き彫りにする画期的力篇。

◇物語仁徳天皇　上　田中繁男著　展転社　1999.9　④4-88656-174-8
＊仁徳天皇1600年式年祭記念出版。民安かれ国安かれとご祈念された仁徳天皇のご生涯を顧み、古代天皇に思いを馳せる。

◇一九九九年の式年祭　田中繁男著　近代文芸社　1996.1　④4-7733-5016-4
＊西暦399年・仁徳天皇崩。皇后磐之媛の悲しくも美しい数奇な生涯の中に秘められた歴史の真実に迫る。

【ぬ】

額田王　ぬかたのおおきみ
生没年不詳　飛鳥時代の女性。万葉歌人。大海人皇子と天智天皇に愛された。万葉

集に12首を収録。

◇額田王研究　2015　分冊　梗概・解読・未解読歌解説二題　日比龍美著　八月美術館　2015.9　①978-4-9908002-2-2

◇額田王研究　2015　日比龍美著　八月美術館　2015.4　①978-4-9908002-1-5

◇おとなの教養　古典の女たち　瀬戸内寂聴著　光文社　（光文社知恵の森文庫）　2014.6　①978-4-334-78650-2
＊著者が少女の頃に心動かされた愛の万葉歌人「額田王」、天皇とのショッキングな関係を綴った「後深草院二条」、不如意な夫婦の愛の歴史を真っ向から描く「道綱の母」。そのほか「虫めづる姫君」「六条御息所」など、史実、物語上を問わず著者が選んだ10人の女性を紹介。古典に描かれた女と愛を優しく解説する、寂聴流・古典文学入門。

◇額田王―万葉集随一の女流歌人の涯　山田和英著　近代文芸社　2013.11　①978-4-7733-7896-2
＊天智・天武の両天皇に愛された美貌の天才歌人。抗いがたい運命を受け入れ、激動の時代を生き抜いた末に去来した思いとは…。

◇生への情念を探る―もうひとつの額田王論　宮地たか著　文芸社　2012.10　①978-4-286-12562-6

◇初期万葉の女王たち　オンデマンド版　神田秀夫著　塙書房　（塙新書 On demand books）　2012.9　①978-4-8273-4524-7

◇額田王―熟田津に船乗りせむと　梶川信行著　ミネルヴァ書房　（ミネルヴァ日本評伝選）　2009.11　①978-4-623-05598-2
＊日本書紀に遺された十六文字の記述。そして万葉集の十三首の歌。そのわずかな痕跡から等身大の「額田姫王」の姿を探し求める旅。

◇額田王　新装版　直木孝次郎著　吉川弘文館　（人物叢書）　2007.12　①978-4-642-05242-9
＊『万葉集』の女流歌人。大海人皇子との間に十市皇女を生むが、後に中大兄皇子に娶られたとされる。中大兄の大和三山歌をはじめ、熟田津船出の歌、三輪

508　教科書に載った日本史人物1000人

山別れの歌、大海人との蒲生野贈答歌など、『万葉集』に残る名歌の解釈をめぐる諸説を検証。王の呼称に対する新説を提起するなど、従来の評価を見直しつつ、額田の個性と内外の緊張が高まる時代を描く。

◇女流歌人（額田王・笠郎女・茅上娘子）人と作品　中西進編　おうふう　2005.9
①4-273-03383-6

◇額田王の謎歌―古歌燦燦　大沢滋著　丹精社　2004.8　①4-8391-1008-5

◇額田王の謎―「あかねさす」に秘められた衝撃のメッセージ　梅沢恵美子著　PHP研究所　（PHP文庫）　2003.8
①4-569-66013-4
＊万葉の代表的歌人であり、才色兼備の女性として飛鳥時代を生き抜いたとされる額田王。ところが実際は、彼女の実像はいまだ多くの謎に包まれている。その謎を解く鍵は『万葉集』を歴史書として捉え直すことだと著者は言う。本書は「あかねさす紫野行き…」など彼女の代表歌に秘められた真意を独自の視点で探りつつ、『日本書紀』で黙殺された額田王の素顔に迫る。

◇額田王論―万葉論集　多田一臣著　若草書房　（古代文学研究叢書）　2001.5
①4-948755-69-9

◇創られた万葉の歌人―額田王―　梶川信行著　塙書房　（はなわ新書　美夫君志リブレ）　2000.6　①4-8273-4077-3
＊我々が見ることの出来る“美女”としての「額田王」の姿は、後世の人々によって創り出されてきたものである。では、本当の「額田王」とはどんな女性であったのか、事実に基づきながら一人の歌人「額田王」を考える。

◇解読額田王―この悲壮なる女性　福沢武一著　彩流社　1999.1　①4-88202-462-4
＊額田王がいま、よみがえる！難解な万葉集「第九歌」は、天智天皇に召され人生の危機を迎えた額田の悲鳴である。それから八年後、“第二の生”を歩む決意を固めた悲壮な肉声が「三輪山悲歌」を生んだ。よみがえる“額田王像”は通説に鋭い批判の矢を放つ。

◇額田王―万葉歌人の誕生　身崎寿著　塙書房　1998.9　①4-8273-0084-4
＊著者は、本書においてもっぱら額田王の作品のみを考察の対象として、そのおそらく最晩年の作からはじめて額田王の表現史を溯行してきた。したがって、現存する額田王の作品のつきたところで、本書のささやかな追求のこころみはおわりをつげる。

◇額田王の実像―紫のにほへる妹　向井毬夫著　集英社　1997.3　①4-08-781149-2
＊額田王は近江朝という『万葉集』第一の開花期に最大の歌人として登場する。作家の井上靖は、『額田女王』で華麗な才媛のロマンに満ちた生涯を復元している。しかしその出自については、『日本書紀』に「天皇、初め鏡王の女、額田姫王を娶して、十市皇女を生しませり」とあるだけであり、現在定説とされているもののほか異説も多い。歌人としての長年の関心にもとずき、その歌にうたわれた背景・行動を検証し、加えて文献的検討、歴史学、考古学的研究から、独自に、額田王の実像に迫り、アプローチする。

◇茜に燃ゆ―小説額田王　上巻　黒岩重吾著　中央公論社　（中公文庫）　1994.8
①4-12-202121-9

◇茜に燃ゆ―小説額田王　下巻　黒岩重吾著　中央公論社　（中公文庫）　1994.8
①4-12-202122-7

◇額田王の暗号　藤村由加著　新潮社　（新潮文庫）　1994.3　①4-10-125822-8

◇紫の歌　額田王　高城修三著　有学書林　1994.3　①4-946477-12-8
＊時に移ろう男女の愛と無常と華やぎを抒情豊かに描いた珠玉の万葉ロマネスク。

◇額田姫王　谷馨著　紀伊国屋書店　（精選復刻紀伊国屋新書）　1994.1
①4-314-00633-1

◇古事記は額田女王が作った　二瓶寛著　近代文芸社　1992.3　①4-7733-1614-4

◇茜に燃ゆ―小説額田王　上　黒岩重吾著　中央公論社　1992.2　①4-12-002093-2

◇茜に燃ゆ―小説額田王　下　黒岩重吾著

中央公論社　1992.2　①4-12-002094-0

◇額田王の暗号　藤村由加著　新潮社
1990.8　①4-10-371902-8

【 の 】

▌乃木希典　のぎまれすけ

1849〜1912　明治期の陸軍軍人。大将, 伯
爵。精神主義と求道的人柄で明治天皇から
信任。天皇大喪当日, 夫人とともに自決。

◇乃木希典と日露戦争の真実―司馬遼太郎
の誤りを正す　桑原岳著　PHP研究所
（PHP新書）　2016.6
①978-4-569-83014-8

◇体裁・乃木大将―人に三品あり 単行本版
吉岡健二郎著　戦略参謀研究所トータルE
メディア出版事業部　（TeMエッセンシャ
ルズ・シリーズ）　2015.7
①978-4-907455-25-5

◇愛石家乃木希典―和を願う坐の心　中市
石山著　文芸社　2014.2
①978-4-286-14611-9

◇乃木希典　大浜徹也著　講談社　（講談社
学術文庫）　2010.12
①978-4-06-292028-5
＊度を越した遊興、四度の休職と隠遁、東
郷平八郎との明暗。「殉死」に沸騰する
世論と、公表時に改竄された遺書。乃
木希典とは、「明治国家」と根本的に相
容れない人間性にもかかわらず、常に
「国家意思」によって生かされ続けた人
物だった。漱石、鷗外、西田幾多郎らの
乃木評から小学生の作文まで網羅して
描く「軍神」の実像と、近代日本の精神
のドラマ。

◇乃木希典の品格と忠誠―武士道の美風を
体現した　折本章著　クォリティ出版
2010.8　①978-4-906240-55-5

◇乃木希典―日本人への警醒　中西輝政著
乃木神社社務所　2010.4
①978-4-336-05178-3

◇乃木希典　福田和也著　文芸春秋　（文春
文庫）　2007.8　①978-4-16-759306-3
＊旅順で数万の兵を死なせた「愚将」か、
自らの存在すべてをもって帝国陸軍の
名誉を支えた「聖人」か？ 幼年期から
殉死までをつぶさに追い、乃木希典の
知られざる実像に迫る傑作評伝。日露
戦争開戦100年後に書かれた本書は、従
来の乃木像をくつがえすとともに、
「徳」を見失った現代日本への警告とも
なっている。

◇軍神―近代日本が生んだ「英雄」たちの軌
跡　山室建徳著　中央公論新社　（中公新
書）　2007.7　①978-4-12-101904-2
＊かつて「軍神」と呼ばれる存在があっ
た。彼らは軍国主義的思潮の権化とし
て意図的に生み出されたわけではない。
日露戦争における広瀬武夫少佐の例を
みればわかる通り、戦争によって強
まった日本人の一体感の中から、期せ
ずして生み出されたのである。だが、
昭和に入ると、日本人が共感できる軍
神像は変化し、それは特攻作戦を精神
的に支えるものとなる。本書は、軍神
を鏡として戦前の日本社会の意識を照
射する試みである。

◇評伝乃木希典―乃木伝説とその実像　金
本正孝著　〔金本正孝〕　2005.9

◇乃木希典―予は諸君の子弟を殺したり
佐々木英昭著　ミネルヴァ書房　（ミネル
ヴァ日本評伝選）　2005.8
①4-623-04406-8
＊乃木希典（一八四九〜一九一二）軍人。
西南戦争また日露戦争における不面目
を自責し切腹を望むも、天皇は「強ひて
死せんと欲するならば宜しく朕が世を
去りたる後に於てせよ」とこれを許さ
ず。同帝崩御直後、妻とともに自害を
果たした。長く日本人を捉えてきた "乃
木物語" の祖型。その内部の生に迫る。

◇乃木希典―「廉潔・有情」に生きた最後の
武人　松田十刻著　PHP研究所　（PHP
文庫）　2005.1　①4-569-66322-2
＊西南戦争では官軍に属して最前線で戦
うも、「軍旗喪失」という大失態を演じ
てしまった乃木希典。それを心に背負
いながら、戦いのなかに身を投じ続け

野口英世

た彼は、まるで「死処」を求めるごとく、日清・日露両戦役でも危険に身を晒す―明治天皇への殉死という最期とともに、その生き様が多くの人びとの心を動かすのは何故か？「聖将」「凡将」と評価の分かれた乃木希典の、真実の姿に迫る評伝小説。

◇乃木希典　増補 復刻版　宿利重一著　マツノ書店　2004.11

◇乃木希典　福田和也著　文芸春秋　2004.8　①4-16-366210-3

◇乃木将軍の御生涯とその精神―東京乃木神社御祭神九十年祭記念講演録　小堀桂一郎著　乃木神社社務所　2003.4　①4-336-04536-4

◇人間乃木希典　戸川幸夫著　学陽書房（人物文庫）　2000.10　①4-313-75108-4
＊「聖将」と呼ばれ神格化された陸軍大将―。明治天皇大葬の1912年9月13日夜、妻静子とともに自刃した人間乃木希典の"愛と真実"の物語。

◇軍神　古川薫著　角川書店　1996.4　①4-04-872953-5
＊最後の武士道に生きた男、乃木希典。文人を志した泣き虫少年は長じて軍人となった。軍旗喪失の汚名挽回のため常に陣頭に立つ指揮官と、勇敢な将兵たち。だが自らの面白と多くの部下の犠牲の狭間で乃木の苦悩は深まる…。

◇愛石家乃木希典―和を願う坐の心　中市石山著　樹石新社　1993.7

◇乃木希典の世界　桑原岳, 菅原一彪編　新人物往来社　1992.11　①4-404-01971-8
＊日本精神を象徴する乃木希典の真実。乃及希典殉死80周年出版。

◇静寂の声　上　渡辺淳一著　文芸春秋（文春文庫）　1991.5　①4-16-714515-4
＊一見身勝手で不器用な明治の武人とそれに殉じた妻。「軍神」「烈婦」とたたえられた一組の夫婦の間に交錯した夫婦の愛憎を描き、秘められた真実の声を探る。巷間伝えられるように、妻静子は従容として死に就いたのか。膨大な資料をもとに、鋭い観察眼で新たな乃木夫妻像を作り上げた渡辺伝記文学の

傑作。文芸春秋読者賞受賞作。

◇静寂の声　下　渡辺淳一著　文芸春秋（文春文庫）　1991.5　①4-16-714516-2
＊傲慢だが照れ屋で、冷淡そうだがその実優しい、沢山の秀れたところと困ったところをもった、それ故に雅愛愛すべき一人の人間を感じていたのである。改めて希典に関する資料を読むうちに、その思いはいっそう深まったが、同時に希典のうしろで見え隠れする夫人の存在が気がかりになってきた。妻も夫とともに死を願ったのか？　現在へ続く日本人の夫婦の姿を描く伝記文学。文芸春秋読者賞受賞。

◇欽仰する乃木大将の生涯　根本勝著　根本勝　1991.3

◇名将乃木希典―司馬遼太郎の誤りを正す　桑原岳著　中央乃木会　1990.9

▌野口遵　のぐちしたがう
1873～1944　明治～昭和期の実業家。日本窒素肥料を設立。のち日窒コンツェルンを形成。

◇起業の人野口遵伝―電力・化学工業のパイオニア　柴村羊五著　有斐閣　1981.11　①4-641-06374-5

▌野口英世　のぐちひでよ
1876～1928　明治～昭和期の細菌学者。進行麻痺、脊髄癆が梅毒性疾患であることを解明。黄熱研究中、感染し死亡。

◇野口英世―細菌をさがせ　新装版　滑川道夫文　講談社　（講談社火の鳥伝記文庫）　2017.10　①978-4-06-149918-8,　978-4-06-941328-5

◇若き日の野口英世―誕生から渡米まで　野口英世記念会編　野口英世記念会　2015.4

◇野口英世―波乱の生涯　星亮一著　三修社　2008.5　①978-4-384-04159-0

◇野口英世最後のたたかい　中山達郎著　文芸社　2005.8　①4-8355-9392-8
＊野口英世のナイジェリア人助手チャンバンから聞き得た新事実を織り交ぜながら、アフリカで客死した野口英世の

教科書に載った日本史人物1000人　**511**

野口英世

真の姿を、ドキュメンタリータッチで描く、感動の書登場。

◇野口英世　中山茂著　朝日新聞社　（朝日選書）　2005.6　①4-86143-056-9

◇素顔の野口英世—医に生きたふくしま人　小檜山六郎著, 福島民友新聞社編　歴史春秋出版　2005.5　①4-89757-535-4

◇医聖野口英世—崇高なる殉職　小村剛史著　杉並けやき出版　2004.11　①4-434-05162-8

◇野口英世の生きかた　星亮一著　筑摩書房　（ちくま新書）　2004.11　①4-480-06205-X
＊子供向け偉人伝で圧倒的な人気を誇る野口英世。一方でその放蕩ぶりや借金癖が極端な形でクローズアップされたこともあったが、どちらも英世の持つ一面であり、その人物像は、なかなか語りつくすことができない。本書では、英世の波乱に満ちた生涯を振り返ると同時に、かかわりあったまわりの人々をとりこにしてやまなかった英世の人間的魅力に迫る。英世の生きかたは、現代に生きるわれわれが忘れかけている何かを思い出させてくれるだろう。

◇野口英世は眠らない　山本厚子　綜合社　2004.10　①4-7777-1002-5

◇野口英世—21世紀に生きる　小暮葉満子, 田崎公司編　日本経済評論社　2004.7　①4-8188-1701-5

◇正伝野口英世　北篤著　毎日新聞社　2003.2　①4-620-31615-6
＊会津の風土から生まれた世界的医学者。その生涯の真実の記録を、同郷の著者が等身大に描く。

◇今ふたたび野口英世　別冊　「今ふたたび野口英世」編集委員会　2002.2

◇医聖野口英世　小村剛史著　健友館　2000.11　①4-7737-0514-0
＊黄熱病の病原菌研究で感染し世を去った不世出の医学者野口英世の生涯をこれ以上ない情熱的な筆致で綴ったドキュメント。野口英世伝の決定版。

◇今ふたたび野口英世　『今ふたたび野口英世』編集委員会編　愛文書林　2000.5

◇遠い過去　近い過去　渡辺淳一著　角川書店　（角川文庫）　1998.10　①4-04-130735-X
＊故郷・札幌での少年の頃の思い出や、外科医時代のエピソード、そして現在の生活から、創作秘話まで—。作家・渡辺淳一のデビューから今日までの軌跡をたどり、それぞれの時代の雰囲気を鮮やかに伝える、ベスト・エッセイ。

◇派遣ドクターの知られざる国々体験ルポ—中近東・南米を旅する　美濃部欣平著　日本図書刊行会　1998.10　①4-8231-0224-X
＊世界股旅医者の発展途上の国々で出会った事件、医療体験の数々。

◇野口英世—人類のために　フォトドキュメンタリー　野口英世博士生誕120年記念写真集　野口英世記念会著　野口英世記念会　1996.3

◇野口英世　中山茂著　岩波書店　（同時代ライブラリー）　1995.10　①4-00-260239-7

◇野口英世　知られざる軌跡—メリー・ロレッタ・ダージスとの出会い　山本厚子著　山手書房新社　1992.5　①4-8413-0043-0
＊立志伝でゆがめられた不可思議な人物の実像を追って10年。初めて、スケールの大きい国際人としての軌跡と"まぼろし"の妻の姿をとらえた力作。

◇遠き落日　上　渡辺淳一著　集英社　（集英社文庫）　1990.5　①4-08-749576-0
＊1876年猪苗代湖の貧農の家に生まれた野口英世は、母シカから受けついだ天性の忍耐力で肉体的なハンデを乗り越え、医学への道をめざす。周囲の援助で21歳で上京。北里研究所を経て、横浜海港検疫所、ペスト防疫のための清国行き、同郷の山内ヨネ子への恋の破綻。やがてアメリカに渡っての研究生活。若き無名時代の苦闘の日々—。人間野口英世の生命力あふれる半生を赤裸に描く伝記小説。吉川英治賞受賞作。

◇遠き落日　下　渡辺淳一著　集英社　（集英社文庫）　1990.5　①4-08-749577-9

＊1905年ロックフェラー医学研究所の首席助手に任命された野口英世は、蛇毒、スピロヘータの研究に没頭。そして白人女性メリーとの結婚。世界的な名声をえた英世は、1915年日本に凱旋帰国。だが研究にゆきづまった晩年、アフリカの黄熱病研究のため現場におもむき、自らの研究の犠牲となり、53歳の生涯をアクラの地に果てるまでの後半生。偉人野口英世の真実の姿を描き、吉川英治賞受賞の感動の長編伝説小説。

▍**野中兼山**　のなかけんざん
1615〜1663　江戸時代前期の土佐藩士, 政治家, 儒者。

◇野中兼山　小川俊夫著　高知新聞社
2001.1　①4-87503-309-5

◇野中兼山　〔新装版〕　横川末吉著　吉川弘文館　（人物叢書）　1990.3
①4-642-05188-0
＊土佐藩政確立期における名宰相野中兼山は、単にすぐれた政治家というだけでなく、儒学者であり、経世家でもあった。徹底した藩体制確立のために、反兼山派の抬頭をみ失脚の悲運に遭遇するが、近世末の土佐藩の活躍は彼に発端するといっても過言ではない。本書は経済史的な観点を踏まえ、未公開の史料を駆使して、土佐藩政史の中に兼山を浮彫りにした好著。

▍**野々村仁清**　ののむらにんせい
生没年不詳　江戸時代前期の京焼の陶工。

◇国宝仁清の謎　岡佳子著　角川書店　（角川叢書）　2001.7　①4-04-702118-0
＊現行の文化財保護法で国宝二点、重文十九点、旧国宝としては11点もの指定を受けた仁清の色絵陶器。江戸初期の寛永文化期には王朝風の「雅」なやきものとして武家社会に支持され、その後、忘れ去られていた仁清陶が、近代に国宝となって復活したのはなぜか？「京焼の祖」をはじめ、さまざまな顔をもつ「謎」の陶工仁清の実像に迫り、その色絵陶器が各時代に受容されてきたプロセスを、御室焼と茶匠金森宗和、旧国宝の大半を所持した丸亀京極家、大正期の数寄道具などの諸点から探るとともに、そこに投影された時代と社会文化を描く。

▍**野間宏**　のまひろし
1915〜1991　昭和, 平成期の小説家, 評論家。同人誌「三人」を創刊。詩人としても活躍。作品に「真空地帯」「青年の環」など。

◇高安国世の手紙　松村正直著　六花書林　（塔21世紀叢書）　2013.8
①978-4-903480-89-3
＊ドイツ文学者であり歌人である高安国世。残された数多の手紙を手掛かりに、友人たちとの交流、家族とのふれあいの一端を描き取る。人間高安国世の素顔を浮き上がらせ、言葉と時代の関わりを見据えた更なる地平に到達する評伝。

◇野間宏―人と文学　黒古一夫著　勉誠出版　（日本の作家100人）　2004.6
①4-585-05172-4

◇野間宏文学と親鸞―悪と救済の論理　張偉著　法蔵館　2002.1　①4-8318-7267-9
＊中国の文化大革命に遭遇し、人の心の闇を体験した、著者が野間宏文学のなかに、一筋の救いを見出し得たのはなぜか。晩年の野間宏との書簡のやりとりを通して、人間野間宏、その文学世界と親鸞との関わりを深く追究し、東洋人の視点から、野間宏文学を再解読した傑作論考。

◇野間宏と戦後派の作家たち展　神奈川文学振興会編　県立神奈川近代文学館　2001.10

◇野間宏―大阪の思い出/私の小説観　野間宏著, 小笠原克編　日本図書センター　（シリーズ・人間図書館　作家の自伝）　1998.4　①4-8205-9517-2

◇野間宏論―欠如のスティグマ　山下実著　彩流社　1994.7　①4-88202-308-3

◇追悼 野間宏　文芸編集部編　河出書房新社　1991.5　①4-309-71754-3

◇野間宏は生きている―野間宏さんを偲ぶ会記念誌　部落解放同盟中央本部　〔1991〕

野村吉三郎

野村吉三郎 のむらきちさぶろう

1877～1964　明治～昭和期の海軍軍人，外交官。大将，参議院議員（自民党）。阿部内閣の外相，戦後日本ビクター社長などを歴任。著書に「米国に使して」。

◇日本外交史人物叢書　第21巻　吉村道男監修　ゆまに書房　2002.12
Ⓘ4-8433-0687-8,4-8433-0694-0

◇悲運の大使野村吉三郎　豊田穣著　講談社　1995.6　Ⓘ4-06-185986-2
＊和平か戦争か，国家の命運を託された男の生涯をたどる。外交舞台での活躍と海軍きってのアメリカ通を買われ，特命全権大使として対米折衝に奔走したが，その結果は…。最後通牒一時間前に真珠湾攻撃が始まったのはなぜか。だまし討ちと批判したルーズベルトは，本当に真珠湾攻撃を知らなかったのか。

◇駐米大使野村吉三郎の無念―日米開戦を回避できなかった男たち　尾塩尚著　日本経済新聞社　1994.11
＊着せられた汚名。戦後，「騙し討ち」の責任を一身に負わされた駐米大使野村。だが果たして真実は―。新資料に基づき，日米交渉の意外な舞台裏，野村を支えたアメリカ人外交顧問との友情をいきいきと描く。

◇野村吉三郎―悲運の大使　豊田穣著　講談社　1992.10　Ⓘ4-06-206044-2
＊外交舞台での活躍と海軍きってのアメリカ通を買われ，特命全権大使として対米折衝に奔走するが…。最後通牒1時間前の真珠湾攻撃。歴史の大きな波は，提督外交官をも呑みこんだ。書下ろし長編人物評伝。

野呂栄太郎 のろえいたろう

1900～1934　昭和期の経済学者，社会運動家。宮本顕治らと共産党中央書記局を構成。特高に逮捕。

◇不屈の知性―宮本百合子・市川正一・野呂栄太郎・河上肇の生涯　小林栄三著　新日本出版社　2001.6　Ⓘ4-406-02822-6
＊天皇制暗黒政治に抗して平和と社会進歩のたたかいに生命を賭した日本共産党員たち。「真に人間らしく生きる」ことの意味を深く刻んだその生涯と活動を跡づけ，何者も阻みえなかった知性と良心の輝きを描く。

【は】

裴世清 はいせいせい

生没年不詳　飛鳥時代の隋からの使者。

◇氷解する古代―もう一人の卑弥呼　よみがえった大倭王　下　寺坂国之著　フィールド出版　2011.1　Ⓘ978-4-938853-14-3
＊日出ずる処の天子は聖徳太子？　推古天皇？　そんなバカな。では隋の使者・裴清はいったい誰と対面したのか。万葉集に出現する大和の大王が慕う遠の朝廷、謎の朝廷の正体は？　旧唐書で競う別国だった倭国と日本国、東アジアの覇権をかけた白村江の海戦はいったいどちらの国が戦ったのか、その全貌を解明。ウソで固められたこれまでの古代史を、いまここに氷解させる。

萩原朔太郎 はぎわらさくたろう

1886～1942　大正，昭和期の詩人。「月に吠える」で口語自由詩を完成させた。のちの詩集に「青猫」「氷島」など。

◇北一輝と萩原朔太郎―「近代日本」に対する異議申し立て者　芝正身著　御茶の水書房　2016.8　Ⓘ978-4-275-02050-5

◇萩原朔太郎―周辺と本質を求めて　木村和夫著　沖積舎　2016.4
Ⓘ978-4-8060-4126-9

◇北原白秋　石川啄木　萩原朔太郎―対比評伝　宮本一宏著　花書院　2014.3
Ⓘ978-4-905324-92-8

◇萩原朔太郎、愛憐詩篇の時代―彷徨、浪漫、哀傷　詩壇登場100年　開館20周年記念・前橋文学館特別企画展　萩原朔太郎記念水と緑と詩のまち前橋文学館編　萩原朔太郎記念水と緑と詩のまち前橋文学館　2013.10

◇萩原朔太郎　野村喜和夫著　中央公論新社　（中公選書）　2011.11
①978-4-12-110002-3
＊錯綜する幻覚的ヴィジョンの構造、分裂した自己像への視座、象徴主義の秩序を超えていく言葉のエネルギー、巧妙な自己笑劇化の装置、そして、詩界の第一人者としての地位を得るとともに、「詩を書かなくなった詩人」となった晩年。

◇萩原朔太郎展—生誕125年　世田谷文学館　2011.10

◇私の萩原朔太郎　岸本嘉名男著　日本文学館　2011.8　①978-4-7765-2950-7

◇朔太郎と前橋　波宜亭倶楽部編著　萩原朔太郎記念水と緑と詩のまち前橋文学館　2009.3

◇萩原朔太郎　三好達治著　講談社　（講談社文芸文庫）　2006.11　①4-06-198460-8
＊昭和二年、萩原朔太郎の知遇を得て以来、昭和十七年の死まで、常にその周辺にあり、さらには歿後、三度におよぶ全集の編集に携わるなど、三好達治にとって、朔太郎は生涯にわたる師であった。格調高い名文によって、朔太郎との交遊を振り返り、その面影をしのびつつ、同時に、作品の形成過程を緻密に辿る。朔太郎の詩の核心が、批評の美によって浮き上がるまさにライフワークとしての、師へのオマージュ。

◇萩原朔太郎と与謝蕪村展—萩原朔太郎生誕120年記念　萩原朔太郎記念・水と緑と詩のまち前橋文学館編　萩原朔太郎記念・水と緑と詩のまち前橋文学館　2006.10

◇萩原朔太郎晩年の光芒—大谷正雄詩的自伝　大谷正雄著, 佐々木靖章編　てんとうふ社　2006.10　①4-9903356-1-9

◇朔太郎とおだまきの花　萩原葉子著　新潮社　2005.8　①4-10-316807-2
＊父上、ごめんなさい。聞いてもらいたかった母のことは、これで終わりです—これまで決して触れようとはしなかった父・朔太郎の詩を娘の立場から解き明かすために、突然の死の直前まで加筆を続けた遺作、緊急出版。

◇萩原朔太郎　1　飯島耕一［著］　みすず書房　2004.1　①4-622-07079-0

◇萩原朔太郎　2　飯島耕一［著］　みすず書房　2004.1　①4-622-07080-4

◇朔太郎の背中　萩原隆著　深夜叢書社　2002.10　①4-88032-252-0

◇萩原朔太郎と郷土詩人たち—郷土が結んだ詩人の絆　前橋文学館特別企画展　萩原朔太郎記念水と緑と詩のまち前橋文学館編　萩原朔太郎記念水と緑と詩のまち前橋文学館　2002.10

◇萩原朔太郎論攷—詩学の回路/回路の思索　米倉巖著　おうふう　2002.9
①4-273-03247-3

◇長野隆著作集　第壱巻　萩原朔太郎論集成　長野隆著　和泉書院　2002.8
①4-7576-0170-0

◇流動する概念—漱石と朔太郎と　勝田和学著　勝田和学論文集刊行委員会　2001.1　①4-947734-43-4

◇萩原朔太郎の俳句と俳句観　倉林ひで著　あさを社　2000.8　①4-87024-319-9

◇萩原朔太郎—詩人の思想史　渡辺和靖著　ぺりかん社　1998.4　①4-8315-0838-1
＊日本の近代社会の根底的な変化を感受性でとらえた詩人の精神史。

◇萩原朔太郎—詩の光芒　坂根俊英著　渓水社　1997.12　①4-87440-472-3

◇萩原朔太郎—移住日記/永遠の退屈　萩原朔太郎著, 国生雅子編　日本図書センター　（シリーズ・人間図書館）　1997.4
①4-8205-9489-3

◇朔太郎と私—現代人に息づく詩人像　水と緑と詩のまち前橋文学館編　水と緑と詩のまち前橋文学館　1995.7

◇萩原朔太郎<言語革命>論　北川透著　筑摩書房　1995.3　①4-480-82315-8
＊「人魚詩社」同人として萩原朔太郎、山村暮鳥、室生犀星の間に共有された言語実験の試みとは。—詩集からも詩史からも抹消されたその可能性の意味を明らかにする。

◇萩原朔太郎　田村圭司編　国書刊行会　（日本文学研究大成）　1994.5

①4-336-03089-8

◇萩原朔太郎　大岡信著　筑摩書房　（ちくま学芸文庫）　1994.4　①4-480-08126-7

◇萩原朔太郎—入門・テキスト　嶋岡晨編　飯塚書店　1994.4　①4-7522-0157-7

◇エレナ！—萩原朔太郎「郷土望景詩」幻想　司修著　小沢書店　1993.12
＊エレナとは一、萩原朔太郎の理想の恋人。望郷の思いの底に抱く永遠の美。群馬県前橋市。詩人と同じ町に生まれ育った画家、司修が詩人のエロス的ヴィジョンに幻想的なイメージを重ね、故郷の風景に魂の夢を紡ぐ。

◇北原白秋　萩原朔太郎—比較研究対応詩集　詩誌等の検証　宮本一宏著　櫂歌書房　1993.3　①4-924527-16-5

▌パークス　Parkes, Harry Smith
1828〜1885　江戸時代末期のイギリスの外交官。第2代駐日イギリス公使。薩長両藩を支援し、新政府を承認。

◇パークス伝—日本駐在の日々　F.V.ディキンズ著，高梨健吉訳　平凡社　（東洋文庫）　1984.1

▌橋本雅邦　はしもとがほう
1835〜1908　明治期の日本画家。日本美術院主幹。内国勧業博で「白雲紅樹」「釈迦十六羅漢」で妙技一等賞受賞。

◇本朝画人伝—新輯　巻4　村松梢風著　中央公論社　1972

▌橋本欣五郎　はしもときんごろう
1890〜1957　昭和期の陸軍軍人。衆議院議員。国家改造運動を目指す桜会結成。三月事件、十月事件首謀者。

◇橋本大佐の手記　POD版　中野雅夫著　みすず書房　2000.8　①4-622-06002-7

◇昭和歴史の源泉—橋本欣五郎大佐の手記　橋本欣五郎著，今沢栄三郎編　〔今沢栄三郎〕　1990.9

▌橋本左内　はしもとさない
1834〜1859　江戸時代末期の越前福井藩士，改革論者。緒方洪庵に入門。藩主松平慶永を助けて将軍継嗣問題で活躍したが、安政の大獄で刑死。

◇橋本左内その漢詩と生涯—附橋本左内漢詩訳注 1　増補版　前川正名著　三重大学出版会　2018.3　①978-4-903866-43-7

◇橋本左内　東山成江原作，加来耕三企画・構成・監修，中島健志作画　ポプラ社　（コミック版日本の歴史　幕末・維新人物伝）　2016.11　①978-4-591-15230-0

◇啓発録　橋本左内著，夏川賀央訳　致知出版社　（いつか読んでみたかった日本の名著シリーズ）　2016.6
①978-4-8009-1114-8

◇橋本左内と小塚原の仕置場—平成21年度荒川ふるさと文化館企画展　荒川区教育委員会，荒川区立荒川ふるさと文化館編　荒川区教育委員会　2009.10

◇橋本左内と安政の大獄—平成二十一年企画展　福井市立郷土歴史博物館編　福井市立郷土歴史博物館　2009.8

◇橋本左内と弟綱常—平成20年夏季特別陳列　福井市立郷土歴史博物館編　福井市立郷土歴史博物館　2008.7

◇麒麟橋本左内　岳真也著　学習研究社　（学研M文庫）　2000.12
①4-05-901021-9

◇麒麟—橋本左内伝　岳真也著　角川書店　1997.11　①4-04-873074-6
＊幕末の混乱期、医師の家に生まれながら世の改革を志し、主君松平春岳にその才を見いだされて国事に奔走した英傑、橋本左内。おのれのめざすものに生命を懸け、二十六年の短い生涯を安政の大獄で終えた麒麟児の青春を描く時代長編。

◇橋本左内　木宮高彦著　講談社　1995.1
①4-06-207345-5
＊世界列強の侵寇、逼迫した国内経済、亡国寸前ともいうべき幕末日本。国を憂い、開国貿易と民主的国家建設に邁進したヒューマニストの26年の生涯を綿密な考証にもとづいて描く力作。

長谷川等伯　はせがわとうはく

1539〜1610　安土桃山時代，江戸時代前期の画家。長谷川派の祖。

◇もっと知りたい長谷川等伯―生涯と作品　黒田泰三著　東京美術　（アート・ビギナーズ・コレクション）　2010.2　①978-4-8087-0823-8

◇長谷川等伯―真にそれぞれの様を写すべし　宮島新一著　ミネルヴァ書房　（ミネルヴァ日本評伝選）　2003.11　①4-623-03927-7
　＊等伯と戦国大名との意外な関係、豊臣・徳川政権下の有力な武士たちとの交流に注目した、新たな等伯論。『等伯画説』を読み込むことで絵画史上の位置を明らかにするとともに、「楓図」と「松林図」という対照的世界を読み解く。

◇長谷川等伯　日本アート・センター編　新潮社　（新潮日本美術文庫）　1997.9　①4-10-601524-2

◇長谷川等伯の生涯―郷土が生んだ偉大な画聖　七尾商業高等学校図書委員会編　等伯会　1991.11

長谷川如是閑　はせがわにょぜかん

1875〜1969　明治〜昭和期のジャーナリスト，評論家。「我等」創刊。自由主義の立場に立つ。著書に「日本的性格」など。

◇田中浩集　第4巻　長谷川如是閑　田中浩著　未来社　2014.2　①978-4-624-90044-1

◇大正デモクラシー論―吉野作造の時代　第3版　三谷太一郎著　東京大学出版会　2013.8　①978-4-13-030157-2

◇大衆社会化と知識人―長谷川如是閑とその時代　古川江里子著　芙蓉書房出版　2004.5　①4-8295-0342-4

◇長谷川如是閑の思想　板垣哲夫著　吉川弘文館　2000.2　①4-642-03691-1
　＊長谷川如是閑は、大正デモクラシー運動を先導した、近代を代表するジャーナリスト・思想家のひとりである。本書は、その思想の深層における構造に着目し、広範な分野にわたる言説の分析から思想全体の体系化を試みる。

◇南原繁と長谷川如是閑―国家と知識人・丸山真男の二人の師　A.E.バーシェイ著，宮本盛太郎監訳　ミネルヴァ書房　（Minerva日本史ライブラリー）　1995.12　①4-623-02585-3

◇ある心の自叙伝―伝記・長谷川如是閑　長谷川如是閑著　大空社　（伝記叢書）　1991.11　①4-87236-386-8

◇長谷川如是閑集　第8巻　長谷川如是閑著　岩波書店　1990.9　①4-00-091528-2
　＊本巻には長谷川如是閑筆の書簡と、著者幼年期を扱った自伝的著作3篇を収めた。

長谷川平蔵　はせがわへいぞう

1745〜1795　江戸時代中期の旗本。火付盗賊改役。

◇長谷川平蔵―その生涯と人足寄場　滝川政次郎著　朝日新聞社, デジタルパブリッシングサービス（発売）　（朝日選書）　2005.6　①4-86143-026-7

◇江戸の中間管理職長谷川平蔵―働きざかりに贈る『鬼平犯科帳』の教訓　西尾忠久著　文春ネスコ　2000.4　①4-89036-104-9
　＊リーダーの条件は『鬼平犯科帳』にあり。「夕刊フジ」連載の大好評コラム、ついに単行本化。

◇鬼平がよみがえる―時代の魁・長谷川平蔵　久田俊夫著　東洋経済新報社　1999.12　①4-492-06114-2
　＊実在の平蔵は、火盗改として、凶悪犯を一網打尽、失業対策として、人足寄場を創設した歴史的英雄である。鬼平は身銭を切って情報を買った。21世紀は、自営型人間を求めている。鬼平は、努力して気配りした。鬼平は、オトリを使って犯人を逮捕し、銭相場を操って、寄場の運営費に充てた。鬼平は、世俗を超えて、使命感で働いた。かくして、鬼平は、リストラの嵐の中で復活する。

◇「鬼平」の江戸　今川徳三　中央公論新社　（中公文庫）　1999.6　①4-12-203443-4
　＊盗賊らは平蔵を捕り物の神様のように思い恐れた反面、裁きは公平で温情の

あついお方だ、と信頼を寄せていた…。小説やテレビでお馴染の鬼平こと、火盗改め長谷川平蔵に関する唯一の記録、松平定信のブレーン水野為長の遺した日誌「よしの冊子」をもとに、平蔵の実像と江戸の町を活写する。

◇鬼平・長谷川平蔵の生涯　重松一義著　新人物往来社　1999.3　Ⓘ4-404-02671-4
＊池波正太郎「鬼平犯科帳」の主人公長谷川平蔵の真実を描く。

◇「鬼平」を歩く―実録・長谷川平蔵の生涯　佐々木明，重松一義著　下町タイムス社　1997.12

◇平蔵組、走る―鬼平とその時代　今川徳三著　河出書房新社　1997.11　Ⓘ4-309-01181-0

◇「鬼平」の江戸　今川徳三著　教育書籍　1995.3　Ⓘ4-317-60083-8
＊同時代資料（水野為長の日誌）で描いた素顔の長谷川平蔵と江戸の町。

◇〈火付盗賊改〉長谷川平蔵99の謎　楠木誠一郎著　二見書房　（二見文庫）　1994.12　Ⓘ4-576-94185-2

◇経営は「鬼平」に学べ―長谷川平蔵にみるリーダーシップの条件　Super Strings　サーフライダー21著　ジャパンタイムズ　1994.11　Ⓘ4-7890-0752-9

◇長谷川平蔵―その生涯と人足寄場　滝川政次郎著　中央公論社　（中公文庫）　1994.7　Ⓘ4-12-202117-0
＊長谷川平蔵が創設した人足寄場は、世界ではじめて収容者の社会復帰をはかった、画期的な行刑施設として名高い。本書は、寄場の設立と経営に若心奔走する壮年時代を中心に、酸いも甘いも噛みわけた江戸っ子旗本の風貌と生涯を描き出した、すぐれた平蔵伝である。

▍長谷川町子　はせがわまちこ
1920〜1992　昭和期の漫画家。作品に「サザエさん」「意地悪ばあさん」など。

◇サザエさんの東京物語　長谷川洋子著　文芸春秋　（文春文庫）　2015.3　Ⓘ978-4-16-790331-2

◇サザエさんの東京物語　長谷川洋子著　朝日出版社　2008.4　Ⓘ978-4-255-00420-4
＊長谷川町子の実の妹が明かす姉の素顔と、長谷川家の波乱万丈の暮らしを綴った初エッセイ。

◇サザエさんの"昭和"　鶴見俊輔，斎藤慎爾編　柏書房　2006.8　Ⓘ4-7601-2963-4
＊誰もがみんな、磯野家とともに生きてきた。選りすぐりエッセイで味わう、昭和のカンヅメ。長谷川町子略年譜付。

◇長谷川町子思い出記念館　長谷川町子著　朝日新聞社　2001.8　Ⓘ4-02-261344-0

◇長谷川町子思い出記念館　長谷川町子著　朝日新聞社　（長谷川町子全集）　1998.9　Ⓘ4-02-257104-7

▍支倉常長　はせくらつねなが
1571〜1622　六右衛門長経（ろくえもんながつね）とも。安土桃山時代、江戸時代前期の武士。伊達政宗の家臣、慶長遣欧使節の一人。

◇政宗の陰謀―支倉常長使節、ヨーロッパ渡航の真相　大泉光一著　大空出版　2016.2　Ⓘ978-4-903175-62-1

◇キリシタン将軍伊達政宗　大泉光一著　柏書房　2013.10　Ⓘ978-4-7601-4294-1
＊支倉常長がヨーロッパへ渡った真の目的は？　政宗が使節団に託した最高機密事項とは？　日本のキリスト教徒たちの悲願は、政宗が将軍になることだった！　メキシコ、スペイン、イタリア…17世紀の海外文書が暴く驚愕の真実!!

◇世界史の中の常長　跡部直一著　大崎八幡宮仙台・江戸学実行委員会　（国宝大崎八幡宮仙台・江戸学叢書）　2011.4

◇伊達政宗の密使―慶長遣欧使節団の隠された使命　大泉光一著　洋泉社　（歴史新書y）　2010.12　Ⓘ978-4-86248-671-4
＊政宗は一六一三年、「慶長遣欧使節団」をメキシコ経由で送り出した。この使節団派遣の本当の目的には、想像を絶する政宗の野望が隠されていた！　当時まだ政治・軍事的にも不安定だった江戸幕府の転覆を狙っていた政宗は、ソテロと支倉の二人にある密命を託していた。

◇支倉常長—武士、ローマを行進す　田中英道著　ミネルヴァ書房　（ミネルヴァ日本評伝選）　2007.5　①978-4-623-04877-9
＊支倉常長（一五七一〜一六二一）、織豊期〜江戸初期の仙台藩士。伊達政宗や徳川家康の意を受けて太平洋と大西洋を渡り、遥かスペイン、ローマまで派遣された支倉六右衛門常長。日本人初の西洋使節として成功を収めたにも関わらず、従来不当に評価されてきた歴史的意義を検証する。

◇ヨーロッパに消えたサムライたち　太田尚樹著　筑摩書房　（ちくま文庫）　2007.1　①978-4-480-42295-8
＊スペインの小さな町に、日本を意味する"ハポン"という苗字をもつ人々が住む。自分たちを支倉常長遣欧使節の子孫だと信じて疑わない。はたして彼らはその末裔なのだろうか？　1613年伊達政宗の特命を受け、ヨーロッパに向けて旅立った一行。政宗・幕府・宣教師、それぞれの思惑を背負ったサムライたちが大航海の果てに見たものは？　謎に満ちた使節団の全貌に迫る歴史ノンフィクション。

◇支倉常長　五野井隆史著　吉川弘文館（人物叢書 新装版）　2003.3　①4-642-05227-5
＊江戸時代初期。慶長遣欧使節の大使を務めた仙台藩士。伊達政宗に若くして見出だされ、メキシコとの通商を求めて欧州へ渡った。スペインで洗礼を受けてキリスト教に改宗し、ローマで教皇パウロ五世に謁見したが、使命を果せず禁教令施行の中帰国した。約250年封印され、明治の欧化政策の中で蘇った常長の足跡を再評価し、実像とその時代に迫る。

◇支倉遣欧使節のキューバにおける足跡調査—調査報告書　慶長遣欧使節船協会　2002.3

◇ハポンさんになった侍　永峯清成著　栄光出版社　2000.4　①4-7541-0034-4

◇ヨーロッパに消えたサムライたち　太田尚樹著　角川書店　1999.7　①4-04-883579-3
＊伊達政宗・幕府・宣教師、それぞれの思

惑を背負ってヨーロッパへ旅立った支倉常長。400年の時を超えて、謎に満ちた使節団の全貌に迫る。

◇長篇小説　3　遠藤周作著　新潮社　（遠藤周作文学全集）　1999.7　①4-10-640723-X
＊イエスの足跡をたどる「死海のほとり」、支倉常長に材を取った「侍」。

◇遠い帆—オペラ支倉常長　高橋睦郎著　小沢書店　1999.3　①4-7551-0312-6
＊1613年、伊達藩の遣欧使節として、支倉六右衛門常長は、スペイン、ローマ、「神の国」をめざして出帆。20年、切支丹禁制下の故国に帰還する。「美しきものの見し人」は、自らの使命に忠実たらんと苦悩する悲運の人物となった。時を超えて歴史の闇から浮上する、最初の世界人の肖像。現代詩人による、わが国初のオリジナル・オペラ台本。

◇支長常長—慶長遣欧使節の悲劇　大泉光一著　中央公論新社　（中公新書）　1999.3　①4-12-101468-5
＊メキシコとの直接通商交渉を名目に伊達政宗により派遣された慶長遣欧使節には、スペインとの同盟締結という裏の使命が秘められていた。だが、訪問先の対応は、キリスト教弾圧国からの厄介者の扱いだった。使命を果すべく七年余に及ぶ異郷での辛苦に耐えた、支倉らの努力も実ることはなかった。帰国後もキリシタン禁令の下で、報いられることなく悲惨な逼塞を強いられた遣欧使節とは何だったのか。支倉常長の生涯に真相を探る。

◇支倉六右衛門常長—慶長遣欧使節を巡る学際的研究　大泉光一著　文真堂　1998.10　①4-8309-4306-8
＊数々の慶長遣欧使節に関する新資料を発見して紹介し、従来の謬説を指摘してそれらを修正。国際的な人間群像や組織群像の意向と動向とを総合した、大きな歴史のうねりの実証研究。

◇東北見聞録—歩く・会う・語る・住む　黒田四郎著　八朔社　1997.4　①4-938571-62-5

◇遠い帆—オペラ支倉常長　高橋睦郎著

小沢書店　1995.2
＊1613年、伊達藩の遣欧使節として、支倉六右衛門常長は、スペイン、ローマ、「神の国」をめざして出帆。20年、切支丹禁制下の故国に帰還する。「美しきもの見し人」は、自らの使命に忠実たらんと苦悩する悲運の人物とった。時を超えて歴史の闇から浮上する、最初の世界人の肖像。現代詩人による、わが国初のオリジナル・オペラ台本。

◇慶長遣欧使節の研究―支倉六右衛門使節一行を巡る若干の問題について　大泉光一著　文真堂　1994.6　Ⓘ4-8309-4153-7
＊日本の対外交渉史並びにカトリック史上の画期的事績として扱われている慶長遣欧使節に関するこれまでの概説を、多くの新しい史料の発見と紹介を通して精細に修正すると共に再評価を図る。

◇支倉常長異聞―海外に消えた侍たち　中丸明著　宝島社　1994.5　Ⓘ4-7966-0802-8
＊メキシコ、スペイン、イタリアに取材し、膨大な史料を渉猟して、支倉常長をめぐる謎の数々とその数奇な運命に迫る力作歴史ノンフィクション。

◇支倉六右衛門と西欧使節　田中英道著　丸善　（丸善ライブラリー）　1994.1　Ⓘ4-621-05110-5
＊一七世紀初め、なぜ太平洋、大西洋を越えてローマ法王のもとに、支倉六右衛門を大使とする使節が送られたか。徳川家康のキリシタン弾圧の嵐の中で、どのような判断が伊達政宗にあったのか。ソテロの役割とは何であったか。これまで「悲運の使節」と呼ばれたこの使節の歴史文書を洗い直し、党派的なイエズス会の非難文書を批判して、その輝かしい成果をもう一度復元させた待望の決定版。ローマに残る肖像画と壁画から説き、ここに初めて使節の意義が明確にされた。

◇支倉常長の総て　樫山巌著　金港堂出版　1993.10　Ⓘ4-87398-049-6

◇遙かなるロマン―支倉常長の闘い　河北新報社編集局編　河北新報社　1993.7　Ⓘ4-87341-060-6

◇「私考」支倉常長の謎―報いても未だに

樫山巌著　創栄出版（製作）　1993.4
Ⓘ4-88250-325-5

◇支倉常長とスペイン―歴史シンポジウム記録　西田耕三編　宮城スペイン協会　1992.6

◇欧南遣使考　平井希昌編纂，原普口語訳編纂　江馬印刷　1991.3

▌畠山重忠　はたけやましげただ
1164〜1205　平安時代後期，鎌倉時代前期の武将。御家人。北条氏により謀殺された。

◇畠山重忠―横浜・二俣川に散った武蔵武士　特別展　横浜市歴史博物館編成　横浜市ふるさと歴史財団　2012.10

◇畠山重忠　清水亮編著　戎光祥出版　（シリーズ・中世関東武士の研究）　2012.6　Ⓘ978-4-86403-066-3

◇秩父平氏の盛衰―畠山重忠と葛西清重　埼玉県立嵐山史跡の博物館，葛飾区郷土と天文の博物館編　勉誠出版　2012.5　Ⓘ978-4-585-22038-1
＊知勇兼備の武将として「坂東武士の鑑」とされながら、謀略により一族もろとも滅ぼされた畠山重忠。のちに幾多の伝承を形成する重忠ほどの華々しさには欠けるが、軍功を重ね、いくたびかの政変を乗り切って、東北の所領を維持した葛西清重。二つの相異なる鎌倉武士のあり方を、最新の中世史研究の成果、中世考古学資料、各地域にのこる伝承など多角的な視点から論じ、秩父平氏の実像を明らかにする。

◇菅谷古城主畠山重忠君史輯正編　山岸章佑著，島田昌彦現代語訳・注釈　山岸宗朋　1995.4

◇秩父ゆかりの畠山重忠公　彦久保一光著　彦久保一光　1993.10

▌畠山義成　はたけやまよしなり
1843〜1876　江戸時代末期，明治期の文部省官吏，教育家。東京開成学校校長。教育行政の近代化に尽力。

◇明治維新対外関係史研究　犬塚孝明著

吉川弘文館　1987.7　①4-642-03599-0
＊本書は、幕末維新期に海外へ渡った使
節団や留学生たちが、西欧文明の新た
な衝撃的体験の中で、いかにして国家
意識を持ち、体制変革の思想を抱き、維
新変革の政治的主体として成長して
行ったかを、主にその対外観の変遷と
の関わり合いに重点を置いて考察して
行こうとするものである。

秦佐八郎　はたさはちろう
1873～1938　明治～昭和期の細菌学者。
慶応義塾大学教授。ドイツに留学、駆梅
剤サルバルサンの創成に成功。

◇秦佐八郎小伝　秦八千代著　大空社　（伝
記叢書）　1994.11　①4-87236-461-9

八田与一　はったよいち
1886～1942　明治～昭和期の土木技術者。

◇八田与一と鳥居信平―台湾にダムをつ
くった日本人技師「紳士の工学」と「報
徳の精神」　二宮尊徳の会　2017.12

◇回想の八田与一―家族やゆかりの人の証
言でつづる　生誕130年記念出版　北国新
聞社出版局編　北国新聞社　2016.12
①978-4-8330-2085-5

◇世界が愛した日本　2　四条たか子著，井
沢元彦監修　竹書房　2011.6
①978-4-8124-4621-8
＊世界が忘れない日本人との交流。日本
が世界に愛されるきっかけとなった7つ
の感動ストーリー。

◇小児外科医のまわり道　窪田昭男著　鳥
影社・ロゴス企画　2010.6
①978-4-86265-246-1
＊困難な病気にひたむきに向き合う子ど
もたち。その子どもたちに寄り添う小
児外科医の熱い想いがつづられる。そ
してあるべき彼を作り上げ、支えてく
れた人たちへの思い出。

◇台湾を愛した日本人―土木技師八田与一
の生涯　改訂版　古川勝三著　創風社出
版　2009.4　①978-4-86037-123-4

◇日台の架け橋・百年ダムを造った男　斎

藤充功著　時事通信出版局，時事通信社
（発売）　2009.4　①978-4-7887-0950-8
＊台湾の不毛の大地に命を吹き込んだ男
がいた…その名は八田与一。東洋一の
潅漑ダム工事を完成させ、60万人に恩
恵をもたらした彼は、今なお人々に慕
われている。

◇植民地台湾を語るということ―八田与一
の「物語」を読み解く　胎中千鶴著　風
響社　（ブックレット《アジアを学ぼう》）
2007.11　①978-4-89489-727-4
＊戦後も「台湾農業の大恩人」「日本精神
の体現者」として敬愛される技師の数奇
な生涯を追い、顕彰の経緯と背景から
日台双方の語りの理由を考える。歴史
教科書、歴史問題へのもう一つの視点。

◇百年ダムを造った男―土木技師八田与一
の生涯　斎藤充功著　時事通信社
1997.10　①4-7887-9728-3
＊土木技師八田与一は台湾に百年ダムを
遺し、1942年東シナ海上で遭難、56年
の生涯を閉じる。世界有数のダムを造
り上げ、さらに雄大なダム建設の構想
を描いていた八田とはどんな男だった
のか。日本と台湾の懸け橋となった男
の実像に迫る。

服部之総　はっとりしそう
1901～1956　大正，昭和期の歴史学者。法
政大学教授。唯物論研究会の創立に参加。
戦後は近代史研究、親鸞研究などにあ
たる。

◇歴史家服部之総―日記・書翰・回想で辿る
軌跡　松尾章一編著　日本経済評論社
2016.9　①978-4-8188-2443-0

服部南郭　はっとりなんかく
1683～1759　江戸時代中期の古文辞学派
の儒者，文人。荻生徂徠に入門。

◇江戸人とユートピア　日野竜夫著　岩波
書店　（岩波現代文庫）　2004.5
①4-00-600121-5
＊近世中期以降、社会の閉塞状況からの脱
出を模索する人々は、各人の環境に応
じて様々なユートピアのイメージを構

築した。著者は庶民の世間咄の世界を
はじめ、五世団十郎、荻生徂徠、服部南
郭らの構想したユートピアの実相とそ
の背景を十分に魅力的に論じる。学問
と文学の接触こそが江戸中期文学史の
最大の特徴という持論を実証した好著。

◇服部南郭伝攷　日野竜夫著　ぺりかん社
　1999.1　①4-8315-0867-5
　＊荻生徂徠の高弟として、江戸後期の文
　芸界を主導した服部南郭の初の伝記研
　究。江戸時代最高の詩人であった南郭
　と文人・画家たちの交遊をあますとこ
　ろなく伝える、著者のライフワーク。

◇叢書・日本の思想家　17　太宰春台・服
　部南郭　田尻祐一郎，疋田啓佑著　明徳
　出版社　1995.12　①4-89619-617-1

▋鳩山一郎　はとやまいちろう
　1883〜1959　大正、昭和期の政治家，弁護
　士。総理大臣。鳩山和夫の長男。立憲政
　友会から衆議院議員。戦後自民党結成。

◇戦後復興への道のりー吉田茂・鳩山一郎
　ー特別展　衆議院憲政記念館編　衆議院
　憲政記念館　2015.11

◇鳩山一族その金脈と血統　佐野真一著
　文芸春秋　（文春新書）　2009.11
　①978-4-16-660730-3
　＊鳩山由紀夫という「宇宙人」宰相の誕生
　は、この国に光明をもたらすのか、それ
　とも厄災をもたらすのか。その答えの
　ヒントはすべて、鳩山家百五十年の血
　脈と金脈の歴史の中に埋まっている。

◇吉田茂vs鳩山一郎　大下英治著　静山社
　（静山社文庫　昭和政権暗闘史）　2009.10
　①978-4-86389-000-8
　＊敗戦後、首相就任を目前に公職追放と
　なった鳩山一郎は、党首の座を密約の
　下に吉田茂に禅譲した。GHQをバック
　に「日本独立」の悲願を果たした吉田
　は、長期政権を敷く。自衛隊設置、安保
　条約調印、抜き打ち解散…独断専横が
　続く吉田のワンマン政治。追放解除後、
　病に倒れた“悲劇の宰相候補”鳩山は、
　政権奪取を誓って謀略と偽計の渦巻く
　権力闘争を繰り広げる。宿命のライバ
　ルの政権闘争を光と闇の両面から描く

シリーズ第一弾。

◇鳩山一郎・薫日記　下巻　鳩山薫篇　鳩
　山一郎・薫著，伊藤隆，季武嘉也編　中央
　公論新社　2005.3　①4-12-003605-7

◇鳩山一郎・薫日記　上巻　鳩山一郎篇
　伊藤隆，季武嘉也編　鳩山一郎著　中央
　公論新社　1999.4　①4-12-002895-X

◇若き血の清く燃えて―鳩山一郎から薫への
　ラブレター　鳩山一郎著，川手正一郎編・
　監修　講談社　1996.11　①4-06-208480-5

◇英才の家系―鳩山一郎と鳩山家の人々
　豊田穣著　講談社　（講談社文庫）
　1996.10　①4-06-263447-3
　＊家系とは何か。鳩山家は、和夫・一郎・
　威一郎・由紀夫、邦夫と四代にわたり、
　東大出身でかつ各時代の政治のリーダー
　を育てあげた。特に一郎は、日ソ国交
　回復を成し遂げた。今また由紀夫が首
　相に擬せられる。教育者でもある春子・
　薫子らの妻たちも通して、名家のルー
　ツと叡智とリーダー陶冶の条件を探る。

▋塙保己一　はなわほきいち
　1746〜1821　江戸時代中期，後期の国学
　者。幼くして盲目となったが学問に精進。
　和学講談所を創設し「群書類従」の編纂に
　あたる。

◇塙保己一巡礼―検校をめぐる人々　市川
　謙作著　〔市川謙作〕　2015.5

◇本庄市の人物誌　1　盲目の国学者塙保己
　一の生涯　埼玉県本庄市教育委員会　（本
　庄市郷土叢書）　2015.3

◇世界に誇る江戸期の盲目の偉人　杉山和一
　と塙保己一　桜雲会編　桜雲会点字出版
　部　2012.10　①978-4-904611-21-0

◇塙保己一とともに　続　いまに“生きる”
　盲偉人のあゆみ　堺正一著　はる書房
　2010.10　①978-4-89984-117-3
　＊平家琵琶にはじまり、その後は音曲だ
　けでなく鍼按にもすぐれた才能を発揮
　した盲偉人と呼ばれる人たち。その中
　でも塙保己一は立志伝中の人物として
　とくに知られている。現代で言うとこ
　ろの“落ちこぼれ”であった盲少年（後

の保己一）が、ついには最高位の総検校にまで出世を遂げることができたのはなぜか。盲偉人ら先人たちが歩み、何百年もの歴史の中で培った盲人社会の伝統と自助の精神が、保己一とそれに続く人びとを生んだ。塙保己一とともに日本の盲人史をたどる。

◇素顔の塙保己一――盲目の学者を支えた女性たち　堺正一著　埼玉新聞社　2009.4　①978-4-87889-308-7
＊全盲の保己一が血のにじむような努力のすえ、人間として、また学者として大成したことは事実ですが、はたして個人の才能や努力だけで、あのような国家的規模の文化事業をやり遂げることができたでしょうか？　幕府の盲人保護政策や互いに助け合う地域社会といった当時の背景も考慮しなければなりません。多くの人たちの協力もありました。しかし、芝居の黒子のように陰ながら保己一の学問を支えたのは女性たちでした。これまでほとんど光が当てられることがなかった"家族の支え"、とりわけ妻や娘などの"女性"の存在だったのです。

◇塙保己一事歴研究――保己一に捧げた半世紀　斎藤政雄編著　温故学会　2008.5

◇埼玉の三偉人に学ぶ　堺正一著　埼玉新聞社　2006.9　①4-87889-280-3
＊盲目の大学者・塙保己一、大実業家・渋沢栄一、日本初の女性医師・荻野吟子、親子で「生き方」を考える本。

◇塙保己一とともに――ヘレン・ケラーと塙保己一　堺正一著　はる書房　2005.9　①4-89984-070-5

◇中江義照記念論文集――塙保己一研究　中江義照[著]，温故学会編　温故学会　2004.12

◇今に生きる塙保己一――盲目の大学者に学ぶ　堺正一著　埼玉新聞　2003.11　①4-87889-248-X

◇奇跡の人・塙保己一――ヘレン・ケラーが心の支えとした日本人　堺正一著　埼玉新聞社　2001.6　①4-87889-220-X

◇眼聴耳視 塙保己一の生涯　花井泰子著　柏プラーノ，紀伊国屋書店〔発売〕
1996.6　①4-906510-59-0

羽仁五郎　はにごろう

1901〜1983　大正，昭和期の歴史家学者，評論家，社会運動家。参議院議員。人民中心史観を貫く。著書に「明治維新」「都市の倫理」など。

◇天皇と戦争と歴史家　今谷明著　洋泉社　2012.7　①978-4-86248-946-3
＊天皇制への評価、戦争協力、マルクス主義―決して触れることのなかった歴史家のタブーに踏み込む「20世紀史学史」！　明治20年代から始まる日本近代史学の120年を超える歩みの中で、歴史家は天皇制と戦争に如何に対したのか。

◇自伝的戦後史　羽仁五郎著　スペース伽耶，星雲社〔発売〕　2006.5　①4-434-07749-X

◇羽仁五郎―私の大学　羽仁五郎著　日本図書センター　（人間の記録）　2001.2　①4-8205-5967-2

羽仁もと子　はにもとこ

1873〜1957　明治〜昭和期の女子教育者。自由学園園長。「婦人之友」創刊。のち自由学園を創立。自労自治教育を実践。

◇親しき友に―羽仁もと子著作集全巻の巻頭のことばと、その思想を生きる人々　婦人之友社編集・製作　婦人之友社　2010.4　①978-4-8292-0580-8

◇田中穣が見た羽仁吉一・もと子と婦人之友社100年　田中穣著　婦人之友社　2003.4　①4-8292-0446-X
＊貴重な資料やエピソードを掘り起こし、著者ならではの視点で見つめます。『婦人之友』の顔としての表紙絵、文化史としての側面、読者がつくる全国友の会、教育の場・自由学園の活動を含めて100年の姿を浮き彫りに。

◇見に行く会いに行く　下　心の故郷を訪ねる旅　婦人之友社明日の友編集部編　婦人之友社　（婦人之友社・明日の友シリーズ）　2001.6　①4-8292-0282-3
＊本書は、紹介する土地の風土や、文化などに縁の深い人たちの執筆。その職業

も歌人、小説家、画家、染織家、医者など、多岐にわたります。どの頁を開いても、その土地の文化を愛し、慈しんでいることが伝わるようなあたたかい視点で、各地を紹介しています。

◇羽仁もと子―生涯と思想　斉藤道子著　ドメス出版　1988.5

┃ 馬場辰猪　ばばたつい

1850〜1888　明治期の政治家, 民権論者。自由民権思想の啓蒙に努めた。「天賦人権論」を著す。

◇馬場辰猪 日記と遺稿　馬場辰猪著, 杉山伸也, 川崎勝編　慶応義塾大学出版会　2015.10　①978-4-7664-2258-0

◇馬場辰猪　萩原延寿著　朝日新聞社　（萩原延寿集）　2007.11　①978-4-02-250349-7　＊馬場辰猪とは何者か。福沢諭吉とイギリス留学、この二つの巨大な経験をへて、自由民権運動の最前線に進み出た馬場が、「近代日本の夜明け」明治にみたものは？ 知識人の孤独、転向と亡命を描ききった著者会心の第一作。

◇馬場辰猪　萩原延寿著　中央公論社　（中公文庫）　1995.6　①4-12-202338-6　＊明治二十一年、遺作となった自著の表紙に、馬場辰猪はローマ字で「頼むところは天下の与論目指す仇は暴虐政府」と刷りこんだ。藩閥政府の告発と自由民権運動の擁護につらぬかれ、アメリカで客死するに至る、その精神的苦闘の軌跡を克明に辿り、明治前期における急進的知識人の肖像を浮彫りにする画期的労作。吉野作造賞受賞作。

┃ 浜口雄幸　はまぐちおさち

1870〜1931　大正, 昭和期の財政家, 政治家。総理大臣, 大蔵大臣。金解禁を断行。ロンドン海軍軍縮条約に調印。

◇浜口雄幸伝　上巻　今井清一著　朔北社　2013.12　①978-4-86085-103-3　＊こんな真摯堅実なリーダーが日本にもいた。まっすぐに信じる道を進み、国民の信頼を集めた稀有な政治家。

◇浜口雄幸伝　下巻　今井清一著　朔北社　2013.12　①978-4-86085-104-0　＊信念を貫き政策を実行した勇気ある政治家の最期。

◇随感録　浜口雄幸著　講談社　（講談社学術文庫）　2011.3　①978-4-06-292040-7　＊大正から昭和初頭にかけての激動の時代、ロンドン海軍軍縮条約締結、金本位制への転換や緊縮政策など、山積する難題に立ち向かった「ライオン宰相」。己の政治哲学にしたがい、謹厳実直さと正義感をもって難局を正面突破すべく、断固たる姿勢で政治に臨んだ浜口が感じるところを虚飾なく率直に書き綴る。新鮮な驚きと変革へのヒントに満ちた遺稿集。

◇浜口雄幸と永田鉄山　川田稔著　講談社　（講談社選書メチエ）　2009.4　①978-4-06-258436-4　＊第一次世界大戦の未曽有の惨禍は日本指導層に甚大な衝撃をもたらした。もはや進むべき道は国際協調以外にないと対中融和を含む協調路線に賭けた浜口。最終戦争は必至と満蒙・華北領有を含む軍中心の総力戦体制の構築を計った永田。ともにテロに斃れた二人の国家存亡を巡る究極の対立を描く。

◇浜口雄幸―たとえ身命を失うとも　川田稔著　ミネルヴァ書房　（ミネルヴァ日本評伝選）　2007.6　①978-4-623-04915-8　＊昭和初期、首相として戦前政党政治を最も押し進め、ロンドン海軍軍縮条約を締結した浜口雄幸。道半ばにして右翼青年の凶弾に倒れたその劇的な生涯を、浜口が見据えた激動の日本と国際環境へのまなざしを軸に読み解いていく。

◇歴代総理大臣伝記叢書　第19巻　浜口雄幸　御厨貴監修　ゆまに書房　2006.6　①4-8433-1797-7,4-8433-1777-2

◇激動昭和と浜口雄幸　川田稔著　吉川弘文館　（歴史文化ライブラリー）　2004.9　①4-642-05580-0

◇浜口雄幸伝―伝記・浜口雄幸　小柳津五郎編　大空社　（伝記叢書）　1995.6　①4-87236-477-5

◇ライオン宰相　吉良川文張著　かたりべ舎　1993.5

◇浜口雄幸―政党政治の試験時代　波多野勝著　中央公論社（中公新書）　1993.1　①4-12-101115-5

◇浜口雄幸　日記・随感録　浜口雄幸著，池井優，波多野勝，黒沢文貴編　みすず書房　1991.3　①4-622-03349-6
　＊浜口雄幸は大正デモクラシーと昭和ファシズムの分水嶺に屹立する大樹であった。文字通り身命を賭して財政再建と軍縮の難局にあたった宰相の胸底が、ここに初めて明らかになる。

林鵞峰　はやしがほう
1618〜1680　林春斎（はやししゅんさい）とも。江戸時代前期の儒学者。林羅山の3男。

◇江戸幕府と儒学者―林羅山・鵞峰・鳳岡三代の闘い　揖斐高著　中央公論新社（中公新書）　2014.6　①978-4-12-102273-8
　＊林家は、朱子学者・林羅山を始祖とする江戸幕府に仕えた儒官の家柄である。大坂冬の陣の発端となった方広寺鐘銘事件から、史書『本朝通鑑』の編纂、湯島聖堂の創建、大学頭叙任、赤穂浪士討ち入り事件への対応、そして新井白石との対立まで―。初代羅山・二代鵞峰・三代鳳岡は、歴代将軍の寵用と冷遇に翻弄されながらも、江戸期朱子学の確立に奔走した。その林家三代一五〇年の闘いと事績を描く。

◇林羅山・（附）林鵞峰　宇野茂彦著　明徳出版社（叢書・日本の思想家）　1992.5

林子平　はやししへい
1738〜1793　江戸時代中期の経世家。「三国通覧図説」「海国兵談」の著者。

◇海の長城―林子平の生涯　中村整史朗著　評伝社　1981.7

林銑十郎　はやしせんじゅうろう
1876〜1943　大正，昭和期の陸軍軍人，政治家。総理大臣。満州事変の際、独断出兵し越境将軍と呼ばれる。

◇歴代総理大臣伝記叢書　第24巻　林銑十郎　御厨貴監修　ゆまに書房　2006.12　①4-8433-1802-7,4-8433-2298-9

林鳳岡　はやしほうこう
1644〜1732　林信篤（はやしのぶあつ）とも。江戸時代前期，中期の儒学者。

◇江戸幕府と儒学者―林羅山・鵞峰・鳳岡三代の闘い　揖斐高著　中央公論新社（中公新書）　2014.6　①978-4-12-102273-8
　＊林家は、朱子学者・林羅山を始祖とする江戸幕府に仕えた儒官の家柄である。大坂冬の陣の発端となった方広寺鐘銘事件から、史書『本朝通鑑』の編纂、湯島聖堂の創建、大学頭叙任、赤穂浪士討ち入り事件への対応、そして新井白石との対立まで―。初代羅山・二代鵞峰・三代鳳岡は、歴代将軍の寵用と冷遇に翻弄されながらも、江戸期朱子学の確立に奔走した。その林家三代一五〇年の闘いと事績を描く。

林羅山　はやしらざん
1583〜1657　林道春（はやしどうしゅん）とも。江戸時代前期の儒学者。藤原惺窩に師事。推挙されて将軍家の侍講となる。

◇江戸幕府と儒学者―林羅山・鵞峰・鳳岡三代の闘い　揖斐高著　中央公論新社（中公新書）　2014.6　①978-4-12-102273-8
　＊林家は、朱子学者・林羅山を始祖とする江戸幕府に仕えた儒官の家柄である。大坂冬の陣の発端となった方広寺鐘銘事件から、史書『本朝通鑑』の編纂、湯島聖堂の創建、大学頭叙任、赤穂浪士討ち入り事件への対応、そして新井白石との対立まで―。初代羅山・二代鵞峰・三代鳳岡は、歴代将軍の寵用と冷遇に翻弄されながらも、江戸期朱子学の確立に奔走した。その林家三代一五〇年の闘いと事績を描く。

◇林羅山年譜稿　鈴木健一著　ぺりかん社　1999.7　①4-8315-0888-8
　＊林羅山は徳川家康・秀忠・家光三代に講師として仕え、徳川家の文書の整備や

教科書に載った日本史人物1000人　**525**

葉山嘉樹

儀式・典礼の調査などにつとめた。五十年もの歳月を幕府中枢で活動した羅山の交友は、儒者文人、大名・旗本から宗教家・商人まで類のないほど広かった。本年譜には、日本近世史・思想史・政治史・文学史の上で、興味深い事実が多く記されている。

◇日本の近世と老荘思想—林羅山の思想をめぐって　大野出著　ぺりかん社　1997.2　①4-8315-0768-7

◇林羅山　宇野茂彦著　明徳出版社　（叢書・日本の思想家）　1992.5
＊師と仰いだ惺窩と共に近世朱子学の基礎を確立した羅山は、読書万巻、博学能文を以て家康に仕え幕府の最高顧問として活躍した。その子鵞峰も家学を継承したが、殊に修史編纂に才能を発揮した。羅山の理想実現への努力の生涯と林家の学風を描く。

◇林羅山　〔新装版〕　堀勇雄著　吉川弘文館　（人物叢書）　1990.2　①4-642-05185-6
＊林羅山は本名信勝、薙髪して道春と称した。江戸幕府文教の中枢ともいうべき林家の始祖として著名であり、日本史上稀有の博学者ながら、典型的な御用学者ともいわれる。「立身出世のために学者的良心を捨てて曲学阿世の道を選んだ」とされるその哀歓の生涯を、著者は豊富な史料によって詳説した。儒学の本質にも迫る好著。

▍**葉山嘉樹**　はやまよしき
1894～1945　大正、昭和期の小説家。「淫売婦」でプロレタリア文学として注目。作品に「今日様」など。

◇葉山嘉樹・真実を語る文学　栩沢健他著，三人の会編　花乱社　（花乱社選書）　2012.5　①978-4-905327-18-9

◇葉山嘉樹への旅　原健一著　かもがわ出版　2009.3　①978-4-7803-0271-4
＊多喜二をして「自分の親父だと思っている」と書かしめたプロレタリア作家・葉山嘉樹。その栄光と「偽満州国」に至る苦悩が、今日の社会状況の中で蘇る、史伝的小説。

◇浦西和彦 著述と書誌　第3巻　年譜葉山嘉樹伝　浦西和彦著　和泉書院　2008.10　①978-4-7576-0478-0
＊葉山嘉樹伝の決定版としての読む「年譜」。日本プロレタリア文学の代表的な作家である葉山嘉樹の波瀾多い個性的な生涯を、その精査かつ豊富な資料を追及し、日を追い年を追う年譜形式で明らかにする。警察の訊問調査等の新資料を駆使し、在来の葉山嘉樹伝の数々のあやまりを正した。葉山嘉樹についての伝記的研究の驚くべく厳密かつ詳細で、年譜による葉山嘉樹伝の決定版である。

◇葉山嘉樹論—戦時下の作品と抵抗　鈴木章吾著　菁柿堂、星雲社（発売）　（Edition trombone）　2005.8　①4-434-06568-8

◇葉山嘉樹—文学的抵抗の軌跡　浅田隆著　翰林書房　1995.10　①4-906424-76-7

◇葉山嘉樹—考証と資料　浦西和彦著　明治書院　（国文学研究叢書）　1994.1　①4-625-58059-5

◇作家煉獄—小説 葉山嘉樹　はらてつし著　オリジン出版センター　1992.4　①4-7564-0159-7
＊本書は、「淫売婦」「海に生くる人々」などを獄中で書き、小林多喜二とならび称せられるプロレタリア作家葉山嘉樹の文学と生活、労働運動と時代との関係を根本的に描き出している。

▍**速水御舟**　はやみぎょしゅう
1894～1935　大正、昭和期の日本画家。院展に「洛外六題」出品、日本美術院同人に推挙。作品に「炎舞」「樹木」など。

◇速水御舟の全貌—日本画の破壊と創造 開館50周年記念特別展　速水御舟画、山下裕二監修、山種美術館学芸部編　山種美術館　2016.10　①978-4-907492-12-0

◇もっと知りたい速水御舟—生涯と作品　鶴見香織、古田亮、吉田春彦執筆、尾崎正明監修　東京美術　（アート・ビギナーズ・コレクション）　2009.10　①978-4-8087-0838-2

◇私の速水御舟—中学生からの日本画鑑賞法　吉田武編著　東海大学出版会

2005.10　Ⓘ4-486-01704-8
＊夭折の天才日本画家速水御舟。その画業に親しむ "私的で詩的な" 案内書。附録として、日本画の意味と意義を探る「日本画の絶対的定義について」を収録。

◇速水御舟の真贋考　月山照基著　河出書房新社　1998.4　Ⓘ4-309-26337-2

◇絵画の真生命―速水御舟画論　速水御舟著, 山種美術館編　中央公論美術出版　1996.8　Ⓘ4-8055-0313-0

◇巨匠の日本画　10　速水御舟　幻想の自然観照　吉田春彦編　学習研究社　1994.8　Ⓘ4-05-500058-8
＊多様な変遷の中に強い生命感を追求した異才。平山郁夫画伯が語る画家論と鑑賞ガイド。

◇速水御舟の芸術　倉事妙子著　日本経済新聞社　1992.5　Ⓘ4-532-12213-9

▌**原敬**　はらたかし
1856〜1921　明治, 大正期の政治家。平民宰相として我が国最初の本格的政党内閣を実現。東京駅頭で刺殺。

◇原敬　政党政治のあけぼの　新訂版　山本四郎著　清水書院　（新・人と歴史拡大版）　2017.8　Ⓘ978-4-389-44118-0

◇原敬と新渡戸稲造―戊辰戦争敗北をバネにした男たち　佐藤竜一著　現代書館　2016.11　Ⓘ978-4-7684-5796-2

◇原敬の俳句とその周辺　松岡ひでたか著〔松岡ひでたか〕　2016.11

◇原敬の180日間世界一周　松田十刻著　盛岡出版コミュニティー　（もりおか文庫）　2014.8　Ⓘ978-4-904870-27-3

◇大宰相・原敬　福田和也著　PHP研究所　2013.12　Ⓘ978-4-569-81647-0
＊昭和まで原が生きていたら、日本の歴史は違っていただろう。伊藤博文ら元勲の後継者として、「力の政治」を体現したリーダー。外交官出身で英・仏語が堪能。国際感覚豊かな現実主義者。「平民宰相」の歴史に埋もれた実像を明らかにした、渾身の1500枚！

◇原敬の大正　松本健一著　毎日新聞社

2013.9　Ⓘ978-4-620-32217-9
＊平成の現在も成しえない二大政党制を大正時代に現出させた賊軍出身の「超現実主義的」政治家・原敬の生涯と近代政治家群像を描く評伝大作。

◇ふだん着の原敬　原奎一郎著　中央公論新社　（中公文庫）　2011.11　Ⓘ978-4-12-205557-5
＊幼い頃に大叔父、原敬の養子となった奎一郎による、原敬の人物回顧。実子のいなかった原敬により、手許で育てられた著者が、正確な記憶と豊富なエピソードをもとに、家庭における父母の日常を通して、等身大の「平民宰相」を描き出す。

◇原敬―日本政党政治の原点　季武嘉也著　山川出版社　（日本史リブレット）　2010.5　Ⓘ978-4-634-54894-7
＊本書は、"時代" に翻弄され浮沈をくり返しながらも、自分の手で "時代" を創っていった原敬の生涯を、わかりやすく解説した。

◇本懐・宰相原敬―原敬日記をひもとく　木村幸治著, 岩谷千寿子監修　熊谷印刷出版部　2008.9　Ⓘ978-4-87720-313-9

◇原敬　上　御厨貴監修　ゆまに書房　（歴代総理大臣伝記叢書）　2006.2　Ⓘ4-8433-1788-8

◇原敬　下　御厨貴監修　ゆまに書房　（歴代総理大臣伝記叢書）　2006.2　Ⓘ4-8433-1789-6

◇歴代総理大臣伝記叢書　第10巻　原敬　上　御厨貴監修　ゆまに書房　2006.2　Ⓘ4-8433-1788-8

◇歴代総理大臣伝記叢書　第11巻　原敬　下　御厨貴監修　ゆまに書房　2006.2　Ⓘ4-8433-1789-6

◇政治家原敬　原奎一郎著, 大慈会, 大慈会原敬遺徳顕彰会編　大慈会　2002

◇原敬日記　第1巻　官界・言論人　原敬著, 原奎一郎編　福村出版　2000.6　Ⓘ4-571-31531-7

◇原敬日記　第2巻　政界進出　原敬著, 原奎一郎編　福村出版　2000.6　Ⓘ4-571-31532-5

教科書に載った日本史人物1000人　**527**

◇原敬日記　第3巻　内務大臣　原敬著，原
奎一郎編　福村出版　2000.6
①4-571-31533-3

◇原敬日記　第4巻　総裁就任　原敬著，原
奎一郎編　福村出版　2000.6
①4-571-31534-1

◇原敬日記　第5巻　首相時代　原敬著，原
奎一郎編　福村出版　2000.6
①4-571-31535-X

◇原敬日記　第6巻　総索引・関係資料　原
敬著，林茂，原奎一郎編　福村出版
2000.6　①4-571-31536-8

◇(評伝)　原敬　上　山本四郎著　東京創元
社　1997.11　①4-488-00606-X
＊近代日本に最初の本格的政党内閣を実
現させた政界の巨人。そこに到達する
まで政治を舞台にどんな重要な役割を
演じたか、またいかなる顔をもつ人物
か、新観点から解明する。

◇(評伝)　原敬　下　山本四郎著　東京創元
社　1997.11　①4-488-00607-8
＊『原敬全集』『原敬日記』『原敬関係文
書』などの厖大な第一級資料を再吟味・
駆使し、原敬研究の第一人者が最新の
研究をもとに、原敬を軸にして近代政
治史を明らかにする。

◇鬼謀の宰相 原敬　中村晃著　勉誠社
1996.11　①4-585-05025-6
＊いかにして日本を救うか！ いかにして
この難局を切り抜けるか！ 原敬の心中
には、この一点しかなかった。歴史小
説家中村晃の描く渾身の政治小説。

◇最強宰相 原敬―自民党政治の先駆者　上
田泰輔著　徳間書店　1992.11
①4-19-145025-5

◇颯爽と清廉に・原敬　上　高橋文彦著
原書房　1992.11　①4-562-02393-7
＊波瀾の青年時代から、新聞記者、外交官
をへて、陸奥宗光の懐刀となるまで颯
爽と駆けぬけた前半生を描く。

◇颯爽と清廉に・原敬　下　高橋文彦著
原書房　1992.11　①4-562-02394-5
＊すぐれた国際感覚、知性と実行力をそ
なえ、きわめて清廉に生きぬいた日本
最大の政治家の激動の後半生。

◇一山―政党人・原敬　菊池武利著，岩手日
報社出版部編　岩手日報社　1992.4
①4-87201-137-6

| 原マルチノ　はらマルチノ
1568？～1629　安土桃山時代、江戸時代前
期の天正遣欧少年使節の副使。

◇ドキュメント天正少年使節　志岐隆重著
長崎文献社　2010.12
①978-4-88851-158-2
＊信長の時代に長崎からローマへ船出し、
秀吉の時代に帰国した少年たちの物語。
出発時13歳の4少年には夢と勇気があっ
た。ローマ教皇に謁見し、各地で大歓
迎されてスーパースターとなった。し
かし、帰国した日本で4人の運命はわか
れた。棄教、追放、殉教…。

| ハリス　Harris, Townsend
1804～1878　江戸時代末期のアメリカの
外交官。初代駐日総領事・公使。幕府に
通商条約を強要。

◇特別展ペリー＆ハリス―泰平の眠りを覚ま
した男たち　東京都江戸東京博物館編
東京都江戸東京博物館　2008.4
①4-924965-61-8

◇開国の使者―ハリスとヒュースケン　宮
永孝著　雄松堂出版　（東西交流叢書）
2007.6　①978-4-8419-3128-0

◇タウンゼント・ハリスと堀田正睦―日米
友好関係史の一局面　河村望著　人間の
科学新社　2005.10　①4-8226-0262-1
＊佐倉宗吾郎の物語は、攘夷派の抵抗を
押し切ってペリーやハリスと共に我が
国の開国を成し遂げた佐倉藩主・堀田
正睦の名をとどめるためのもの。

◇病いとかかわる思想―看護学・生活学から
「もうひとつの臨床教育学」へ　森本芳生
著　明石書店　2003.9　①4-7503-1790-X

◇タウンゼント・ハリス―教育と外交にか
けた生涯　中西道子著　有隣堂　（有隣新
書）　1993.1　①4-89660-105-X
＊タウンゼント・ハリスは、初の駐日総領
事として来日する以前に、一陶器商で
ありながらニューヨーク市教育委員会

委員長となり、貧困層の子弟のための無月謝高等学校の設立に心血を注いだ。広く門戸を開いたこの学校は、発展してニューヨーク市立大学となり、多くの人材を輩出してきた。本書は、アメリカの資料をもとに、教育にかけたハリスの活動の軌跡を初めて詳細に跡づけ、併せて日米修好通商条約の締結という第二の門戸開放に全力を傾けたハリスの孤独な闘いの経緯をたどり、一ニューヨーク市民としてのハリスの人間像を描き出そうとしたものである。

礫茂左衛門　はりつけもざえもん
？～1682？　江戸時代前期の義民。沼田藩領主の苛政を将軍徳川綱吉に直訴。

◇礫茂左衛門―沼田藩騒動　後閑祐次著
　人物往来社　1966

バリニャーノ
　⇒ヴァリニャーニ

ハル　Hull, Cordell
1871～1955　昭和期のアメリカの政治家。国務長官。対日交渉で「ハル・ノート」を提示し強硬姿勢をとった。

◇ノーベル平和賞で世の中がわかる　池上彰著　マガジンハウス　2012.10
　①978-4-8387-2364-5
　＊毎年、秋になると、「今年のノーベル平和賞は誰だろう」と話題になります。誰もが「受賞して当然」と考える人物が選ばれることもあれば、多くの人が首を傾げる選考結果もあります。ただ、この111年の歴史を見ると、地上から戦争や紛争、貧困、疾病をなくそうと闘ってきた人々の努力が見えてきます。ノーベル平和賞の歴史は、20世紀から21世紀にかけての現代史そのものでもあるのです。

反正天皇　はんぜいてんのう
上代の第18代の天皇。仁徳天皇と葛城襲津彦の娘磐之媛の子。

◇反正天皇―五世紀の大和政権と河内・淡路・百舌鳥へのいざない　西田孝司著
　末吉舎　1984.10

阪東妻三郎　ばんどうつまさぶろう
1901～1953　大正、昭和期の映画俳優。愛称阪妻。「影法師」などで爆発的人気。「無法松の一生」は一代の名演技と賞賛。

◇純情無頼―小説阪東妻三郎　高橋治著
　文芸春秋　（文春文庫）　2005.2
　①4-16-738307-1
　＊不世出のスター、阪東妻三郎は映画勃興期から銀幕に登場、無声映画の傑作『雄呂血』での大立ち回りは、映画史上に輝く名シーンである。市川右太衛門、片岡千恵蔵等とともに時代劇黄金期を築き、その後も『無法松の一生』『王将』『破れ太鼓』と名作に出演し続けた阪妻の壮烈な役者人生を活写した傑作評伝小説。

◇阪妻―スターが魅せる日本映画黄金時代　山根貞男編、「阪妻映画祭」実行委員会企画・監修　太田出版　2002.5
　①4-87233-674-7
　＊圧倒的グラビアと文献で読み解く阪東妻三郎の世界。生誕100周年を記念して刊行。

◇剣戟王阪妻の素顔―家ではこんなお父さんでした　阪東妻三郎生誕一〇〇年記念　田村高広著　ワイズ出版　2001.12
　①4-89830-128-2
　＊田村高広、素顔の父を語る。

◇剣戟王 阪東妻三郎　丸山敏平著　ワイズ出版　1998.1　①4-948735-78-7

伴信友　ばんのぶとも
1773～1846　江戸時代後期の国学者。若狭小浜藩士。天保四大家のひとり。著書に「長等の山風」「比古婆衣」など。

◇稿本伴信友著撰書目　大鹿久義編　温故学会　2003.8

◇稿本伴信友書翰集　第1輯　伴信友著, 大鹿久義編　温故学会　1996.8

◇伴信友来翰集　大鹿久義編著　錦正社（国学研究叢書）　1989.9

万里集九　ばんりしゅうく

1428〜？　　室町時代の臨済宗の僧, 漢詩人, 相国寺雲頂院, 大圭宗价の弟子。

◇かまくら切通しストーリー　堤治郎著
かまくら春秋社　2008.1
①978-4-7740-0383-2

【ひ】

東久邇宮稔彦

ひがしくにのみやなるひこ

1887〜1990　東久邇稔彦（ひがしくになるひこ）とも。昭和期の皇族, 陸軍軍人。総理大臣。敗戦直後に初の皇族内閣を組閣, 戦後処理に当たるが, 2カ月後総辞職。のち皇族籍を離脱。

◇不思議な宮さま―東久邇宮稔彦王の昭和史　浅見雅男著　文芸春秋　（文春文庫）2014.6　①978-4-16-790129-5
＊「一億総懺悔論」で知られる東久邇宮稔彦王は, 大東亜戦争終結直後, 皇族としては史上唯一, 総理大臣に就任した人物である。その生涯は破天荒で自由奔放, 周囲を困らせる一方で, 日本が戦争へ向かう中, 皇族軍人として様々な思惑のもとに利用された。公私にわたる資料を読み解き, 昭和史の一側面を浮かび上がらせた傑作評伝。

◇皇族軍人伝記集成　第11巻　東久邇宮稔彦王　佐藤元英監修・解説　ゆまに書房2012.2　①978-4-8433-3563-5,
978-4-8433-3552-9 (set)

◇宮家の時代―セピア色の皇族アルバム
鹿島茂編著　朝日新聞社　2006.10
①4-02-250226-6
＊三代の天皇とともに激動の時代を駆け抜けた皇族たち。皇位継承問題が話題のいま, かつて存在した13の宮家とは何だったのか, その実像を追う。

東三条院　ひがしさんじょういん

⇒藤原詮子（ふじわらのせんし）

比企能員　ひきよしかず

？〜1203　平安時代後期, 鎌倉時代前期の武将。源頼朝の乳母比企尼の養子。娘が2代頼家の妻で一時権勢を得たが, 北条氏と争い殺された。

◇武蔵武士　渡辺世祐, 八代国治著　有峰書店新社　1987.10　①4-87045-172-7
＊関東は武士発生の地である。武蔵七党を初め, 畠山重忠・熊谷直実ら平安朝から鎌倉時代に活躍した有名武将を詳述。系図/史跡/武蔵武士分布図/地名対照表完備。

樋口一葉　ひぐちいちよう

1872〜1896　明治期の小説家, 歌人。流麗な文体で明治の女を描き文壇で絶賛される。作品に「大つごもり」「たけくらべ」など。

◇樋口一葉　新装版　小野芙紗子著, 福田清人編　清水書院　（Century books　人と作品）　2016.8　①978-4-389-40105-4

◇炎凍る―樋口一葉の恋　瀬戸内寂聴著
岩波書店　（岩波現代文庫）　2013.11
①978-4-00-602229-7
＊一葉は二十四年の生涯のうちに才能を存分に開花させ, 『たけくらべ』や『にごりえ』をはじめとする傑作を世に送り, 日本近代の女流文学者の道を切り開いた。著者は一葉自身と小説中の女主人公の「生」と「性」に着目し, 運命に抗う彼女らの苦闘の跡を追う。姦通を扱った未完の作品『裏紫』に新しいタイプの女を見て執筆した続編「うらむらさき」を併載。

◇江戸最後の女―樋口一葉と渋谷三郎　蘭藍子著　文芸社　2011.3
①978-4-286-09978-1

◇私語り 樋口一葉　西川祐子著　岩波書店（岩波現代文庫）　2011.1
①978-4-00-602182-5
＊樋口一葉の日記をもとに一人称で書かれた評伝。各章冒頭では死に臨んだ一葉の心境が記され過去が追憶される。幼年時代と父母兄弟のこと, 萩の舎入塾と半井桃水との出会い, 本郷・竜泉で

樋口一葉

の暮らし、名作の執筆と鷗外・露伴らによる絶賛、そして早すぎる死。一葉は今もなお書かれなかった小説の登場人物となって生きている。

◇樋口一葉—その詩と真実　川口昌男著　沖積舎　2010.7　Ⓘ978-4-8060-7023-8
＊亡兄との架空対話の積み重ねを軸にして一葉の短くも鮮烈な生涯とともに作品の詩と真実に迫る異色作。

◇樋口一葉—人と文学　戸松泉著　勉誠出版　（日本の作家100人）　2008.3
Ⓘ978-4-585-05194-7

◇一葉樋口夏子の肖像　杉山武子著　績文堂出版　2006.10　Ⓘ4-88116-099-0
＊"書くこと"の意味を問いつづけ明治の文学を先駆けた素顔の一葉物語。

◇つっぱってしたたかに生きた樋口一葉　槐一男著　教育史料出版会　2005.7
Ⓘ4-87652-459-9
＊一葉のキーワードはつっぱりとしたたか。女性差別、社会の不条理、権威に対する反発と抗議—社会の底辺を描いた一葉の文学と人生を読み解く。「夭折した清純な天才女流作家」像を超える歴史学からのアプローチ。

◇一葉の日記　新装版　和田芳恵著　講談社　（講談社文芸文庫）　2005.4
Ⓘ4-06-198403-9

◇一葉　鳥越碧著　講談社　（講談社文庫）　2005.2　Ⓘ4-06-275010-4
＊15歳で戸主になり、貧しさゆえ作家になる決意をした樋口一葉。小説の師・半井桃水への恋情、歌塾・萩の舎での屈託を抱え、極度の借金に追われながらも、わずか十数ヵ月で鷗外、露伴らから絶賛され近代文学の頂点に立つ。24年の生涯を全力で生ききった、稀有な天才作家の儚くも美しい足跡を綴る、感動の長編小説。

◇一葉伝—樋口夏子の生涯　沢田章子著　新日本出版社　2005.1　Ⓘ4-406-03131-6
＊文学で時代を先駆けた樋口一葉の素顔。二十四歳の若さで人生を閉じた謎多き明治の女流作家の実像に彼女の生きた時代と社会を見つめ直すことで追った画期的評伝。

◇なっちゃん—樋口一葉ものがたり　たかおかおり著　彩図社　2004.11
Ⓘ4-88392-465-3

◇樋口一葉と十三人の男たち　木谷喜美枝監修　青春出版社　（プレイブックスインテリジェンス）　2004.11　Ⓘ4-413-04105-4

◇生き続ける女性作家——一葉をめぐる人々　山梨県立文学館編　山梨県立文学館　（樋口一葉展）　2004.10

◇樋口一葉その人と作品—美登利の苦悩遊郭吉原の黒い淵　和泉怜子著　郁朋社　2004.10　Ⓘ4-87302-279-7

◇われは女なりけるものを—作品の軌跡　山梨県立文学館編　山梨県立文学館　（樋口一葉展）　2004.7

◇一葉語録　佐伯順子編　岩波書店　（岩波現代文庫 文芸）　2004.7
Ⓘ4-00-602086-4

◇樋口一葉「いやだ！」と云ふ　田中優子著　集英社　（集英社新書）　2004.7
Ⓘ4-08-720249-6

◇樋口一葉の手紙教室—『通俗書簡文』を読む　森まゆみ著　筑摩書房　（ちくま文庫）　2004.5　Ⓘ4-480-03938-4

◇樋口一葉日記を読む　鈴木淳著　岩波書店　（岩波セミナーブックス）　2003.11
Ⓘ4-00-026609-8

◇樋口一葉の手紙　川口昌男著　大修館書店　1998.11　Ⓘ4-469-22144-9
＊我身の女にうまれたるがくやしく後坐候—。小説にも、日記にも、おさまりきれなかった一葉の心の声。代表的な18通の手紙をやさしく読みとく。手紙にみる一葉の詩と真実。

◇樋口一葉　増田みず子著　新典社　（女性作家評伝シリーズ）　1998.7
Ⓘ4-7879-7301-0

◇全集樋口一葉　別巻　一葉伝説　野口碩校注　小学館　1996.12　Ⓘ4-09-352104-2
＊妹、萩の舎の師匠、同門の女たち、「文学界」の若き人々、文壇の実力者たち…さまざまな眼がじかに捉えた天才女流の見たままの姿。

◇樋口一葉—作家の軌跡　松坂俊夫著　東

教科書に載った日本史人物1000人　**531**

ビゴー

北出版企画　1996.11　①4-924611-86-7

◇樋口一葉の世界　前田愛著　平凡社　（平凡社ライブラリー）　1993.6　①4-582-76004-X
＊作品の言葉を同時代の習俗や言葉の世界に解き放ち、そこから作品のなかに隠されているコンテクストを掘りおこしていく―。鮮やかに読みかえられる一葉とその作品世界。

◇私語り樋口一葉　西川祐子著　リブロポート　（シリーズ 民間日本学者）　1992.6　①4-8457-0735-7

▌ビゴー　Bigot, Georges
1860～1927　明治期のフランスの画家。風刺漫画雑誌「トバエ」や風刺画集を刊行。

◇ビゴーの150年―異色フランス人画家と日本　清水勲編著　臨川書店　2011.9　①978-4-653-04028-6

◇ビゴーが見た日本人―風刺画に描かれた明治　清水勲著　講談社　（講談社学術文庫）　2001.9　①4-06-159499-0

◇フランスの浮世絵師ビゴー――ビゴーとエピナール版画　及川茂著　木魂社　1998.10　①4-87746-077-2
＊1882年（明治15年）日本文化と浮世絵への憧れを胸に、22歳で来日したジョルジュ・ビゴー。辛辣な筆致で日本風俗を描いた画集を次々と刊行して活躍したが、官憲からの干渉や日本人妻ますとの確執などの果て、失意のうちに1899年フランスに帰った。しばらく新聞、雑誌の挿絵画家として仕事をしていたが、1906年頃パリ近郊に隠棲、それ以降の活動は知られていなかった。ところが著者の調査によって、エピナール版画美術館準備室で、ビゴーの手になる厖大な数のエピナール版画の下絵と作品が発見されたのである。ビゴーはパリを去った後、十年あまりの歳月をエピナール版画という、フランスの浮世絵ともいうべき大衆版画の制作に打ち込んでいたのであった。

▌土方歳三　ひじかたとしぞう
1835～1869　江戸時代後期～明治期の新撰組副長・幹部。

◇土方歳三と新選組―幕末の京都を守った若者たち　菱山瑠子まんが, 和田奈津子シナリオ, 河合敦監修・解説　集英社　（集英社版・学習まんが　世界の伝記NEXT）　2017.12　①978-4-08-240075-0

◇明治維新血の最前戦―土方歳三長州と最後まで戦った男　星亮一著　さくら舎　2017.11　①978-4-86581-127-8

◇官賊に恭順せず―新撰組土方歳三という生き方　原田伊織著　KADOKAWA　2017.6　①978-4-04-400209-1

◇土方歳三―幕末群像伝　小島政孝著　小島資料館　2017.6　①978-4-906062-11-9

◇土方歳三―新選組を組織した男　相川司著　中央公論新社　（中公文庫）　2013.2　①978-4-12-205760-9
＊新選組「鬼の副長」土方歳三。多摩に生まれ箱館に散った三十五年の生涯を、彼が組織した新選組の変遷と対応させながら詳細に語る。新選組の平時と戦時の体制の違いなどに踏み込み、通説となっている幼少期の奉公説を覆し、世に知られる山南敬助の切腹、伊東甲子太郎暗殺事件の真実を暴き出す。新視点の史伝「土方歳三」決定版。

◇土方歳三―われ天空にありて　七浜凪著　明窓出版　2010.7　①978-4-89634-265-9
＊完全に澄んだもの―強く輝く穢れなき白銀の光―を作り上げるために我、生まれいずる。美貌の剣士、土方歳三を、流麗、耽美な言霊で描く。これまでになかった土方観に魅了される。

◇土方歳三―新選組を組織した男　相川司著　扶桑社　2008.9　①978-4-594-05766-4
＊最新史料を踏まえ、新視点で解き明かす「新選組の成立と瓦解」。「不屈の戦士・土方歳三」の真実の姿が浮かび上がる瞠目の一冊。

◇土方歳三―洋装の "武士" として散った漢の一徹　学習研究社　（新・歴史群像シリーズ）　2008.4　①978-4-05-605101-8

土方歳三

◇子孫が語る土方歳三　土方愛著　新人物
　往来社　2005.5　①4-404-03246-3
　＊子孫がはじめて明かす土方歳三の秘話
　の数々―。土方家の古いアルバムに残
　された未公開写真満載。

◇異聞土方歳三の最期　中村忠司著　文芸
　社　2004.10　①4-8355-8051-6

◇土方歳三―闇を斬り裂く非情の剣　学習
　研究社　（歴史群像シリーズ　歴史群像
　フィギュアシリーズ）　2004.3
　①4-05-603325-0

◇土方歳三―知れば知るほど面白い・人物
　歴史丸ごとガイド　藤堂利寿著　学習研
　究社　2004.2　①4-05-402084-4

◇図解雑学土方歳三　山村竜也著　ナツメ
　社　2004.1　①4-8163-3629-X

◇俳遊の人・土方歳三―句と詩歌が語る新
　選組　管宗次著　PHP研究所　（PHP新
　書）　2004.1　①4-569-63346-3

◇ふるさとが語る土方歳三　児玉幸多監修,
　谷春雄,　大空智明著　日野郷土史研究会
　2003.12

◇「新選組」土方歳三を歩く　蔵田敏明著
　山と渓谷社　（歩く旅シリーズ　歴史・文
　学）　2003.12　①4-635-60063-7

◇土方歳三―物語と史蹟をたずねて　改訂
　童門冬二著　成美堂出版　（成美文庫）
　2003.11　①4-415-07046-9

◇土方歳三・孤立無援の戦士　新装版　新
　人物往来社編　新人物往来社　2003.5
　①4-404-03127-0

◇土方歳三の生涯　新装版　菊地明著　新
　人物往来社　2003.4　①4-404-03118-1

◇土方歳三遺聞　菊地明著　新人物往来社
　2002.11　①4-404-02996-9

◇土方歳三―幕末新選組の旅　河合敦著
　光人社　2002.10　①4-7698-1072-5
　＊たとひ身は蝦夷の島根に朽ちるとも魂
　は東の君やまもらん―青雲の志をいだ
　いて幕末動乱期を剣に生きた男、新選
　組副長・土方歳三を主人公に、近藤勇、
　沖田総司らが、信念一途に逆境の中の青
　春を駆けぬけた男たちの気骨、美学、気
　概！映画化、TVドラマ化あいつぎ、若

者たちの心を捉えてやまぬ新選組の魅
力再発見の旅。

◇土方歳三―新選組の組織者総特集　河出
　書房新社　（Kawade夢ムック　文芸別
　冊）　2002.2　①4-309-97625-5

◇史伝土方歳三　木村幸比古著　学習研究
　社　（学研M文庫）　2001.12
　①4-05-901103-7
　＊新選組を鉄の組織たらしめた副長・土
　方歳三。武州多摩の少年期、江戸市ヶ
　谷界隈「試衛館」での青年期、新選組
　「鬼副長」として京洛にその名を轟かせ
　た京都での壮年期、さらには幕府瓦解
　後、薩長へ徹底抗戦を続けた若き晩年
　期。その全生涯を、詳細な史料を提示
　しつつ、新史料をも加味して、著者なら
　ではの筆致で新たな土方歳三像を描く。
　「誠」の旗の下、士道に生き、士道に殉
　じた「戦鬼」土方歳三の全軌跡。

◇土方歳三散華　萩尾農著　アース出版局
　2001.8　①4-87270-136-4

◇歳三奔る―新選組最後の戦い長編時代小
　説　江宮隆之著　祥伝社　（祥伝社文庫）
　2001.6　①4-396-32866-4

◇土方歳三散華　広瀬仁紀著　小学館　（小
　学館文庫　「時代・歴史」傑作シリーズ）
　2001.4　①4-09-404112-5
　＊「死ぬなら戦場で死にたい」と、函館五
　稜郭で討幕軍に討たれた土方歳三。幕府
　の崩壊と共に消えた新選組の鬼副長と
　して活躍した彼は、局長・近藤勇が官軍
　に投降した後も、新選組の指揮をとり、
　最後の最後まで戦い続けた―。頼みと
　する会津も敗れ、仙台で榎本武揚軍に
　加わる。そして、函館での凄絶な闘死。
　冷徹無比と言われた男の美しい生きざ
　まとその魅力を浮き彫りにする力篇。

◇土方歳三　3　新撰組　峰隆一郎著　徳間
　書店　（徳間文庫）　2000.10
　①4-19-891396-X

◇土方歳三　2　壬生狼　峰隆一郎著　徳間
　書店　（徳間文庫）　2000.9
　①4-19-891380-3

◇土方歳三　1　試斬　峰隆一郎著　徳間書
　店　（徳間文庫）　2000.8

①4-19-891363-3

◇土方歳三―熱情の士道、冷徹の剣　学習
研究社　（歴史群像シリーズ）　1999.4
①4-05-602040-X

◇土方歳三の生涯　菊地明著　新人物往来
社　1995.1　①4-404-02168-2
＊義に生き、義に殉じた土方歳三。新選
組副長、悲運の生涯。

◇土方歳三―「剣」に生き、「誠」に殉じた
生涯　松永義弘著　PHP研究所　（PHP
文庫）　1993.6　①4-569-56558-1
＊幕末、京の都に名を馳せた「新選組」副
長・土方歳三、多摩に生まれ、薬行商を
しながら剣を磨き、天然理心流の奥義を
極めた剣の達人。さらに近藤勇と幕府
の浪士組に参加、池田屋襲撃で一躍そ
の名をとどろかせる。士道の美学に殉
ずるべく、一人我が道をゆく若き剣士
は、北辺の地に炎のごとき最期の咆哮
をあげた…。断髪に洋装、進取の気風
あふれる土方歳三の、波瀾万丈の生涯。

◇戦士の賦―土方歳三の生と死　上　三好
徹著　集英社　（集英社文庫）　1993.2
①4-08-748001-1
＊幕末激動の時代に己れの意地と誠を貫い
た新選組副長・土方歳三の壮烈な生涯。

◇戦士の賦―土方歳三の生と死　下　三好
徹著　集英社　（集英社文庫）　1993.2
①4-08-748002-X
＊幕府瓦解後も、鳥羽伏見から箱館・五稜
郭へと転戦する歳三―。義に殉じた志
士を描く大長編。

▌土方与志　ひじかたよし
1898～1959　昭和期の演出家，社会運動
家。伯爵，日ソ文化連絡協会会長。新築地
劇団を作り、内外戯曲の紹介に尽す。の
ちソ連に入り爵位剥奪処分を受ける。

◇評伝　演出家土方与志　津上忠著　新日本
出版社　2014.5　①978-4-406-05793-6
＊築地小劇場を創った演出家、その波瀾
の生涯と仕事。

▌菱川師宣　ひしかわもろのぶ
？～1694　江戸時代前期の浮世絵派の

絵師。

◇視覚革命　浮世絵　諏訪春雄著　勉誠出版
（智慧の海叢書）　2003.6
①4-585-07101-6
＊大衆映像文化のルーツ浮世絵、その秘
めたパワーの謎をあかす。江戸文化の
第一人者がその誕生から説き起こす、
現代人のための浮世絵学。

▌菱田春草　ひしだしゅんそう
1874～1911　明治期の日本画家。日本美
術院創立に参加。文展で「賢者菩薩」「落
葉」二等賞受賞。のち「黒き猫」出品。

◇もっと知りたい菱田春草―生涯と作品
尾崎正明監修,鶴見香織著　東京美術
（アート・ビギナーズ・コレクション）
2013.6　①978-4-8087-0957-0

◇春草会五十年の歩み　春草会　1997.9

◇菱田春草　尾崎正明執筆,日本アート・セ
ンター編　新潮社　（新潮日本美術文庫）
1997.5　①4-10-601549-8
＊岡倉天心によって、才能を認められ、天
心の理想とする新日本画の実現に尽くし
た明治期の人。横山大観の影になりがち
だった、その旗手としての姿を再評価。

▌敏達天皇　びたつてんのう
？～585　飛鳥時代の第30代の天皇。欽明
天皇の子。

◇ふるさとなる大和―日本の歴史物語　保
田与重郎著　展転社　2013.10
①978-4-88656-391-0
＊日本浪曼派の精神がここに蘇る。大和
朝廷発祥の地で生まれ育った保田与重
郎が、武勇と詩歌に優れた国のはじめ
の偉大な先人たちを活き活きと描き出
す上古日本の歴史物語。

▌尾藤二洲　びとうじしゅう
1747～1813　江戸時代中期,後期の儒学
者。朱子学の復興に尽力。

◇尾藤二洲伝　白木豊著　川之江市
1979.11

人見絹枝　ひとみきぬえ

1907～1931　昭和期の陸上競技選手。アムステルダム五輪で八百メートルで二位。著書に「女子スポーツを語る」。

◇伝説の人 人見絹枝の世界―日本女子陸上初の五輪メダリスト　猪木正実著　日本文教出版　（岡山文庫）　2018.5
①978-4-8212-5309-8

◇人見絹枝――一輪のなでしこ　イデア絵本委員会，福沢桃子，下茂希，福原菜摘，Lillian S.Androphy編集・本文制作，谷新絵，日本女子体育大学監修　イデア・インスティテュート　2018.1

◇時代を切り開いた世界の10人―レジェンドストーリー　第2期7 人見絹枝　日本人女性ではじめてのオリンピックメダリスト　髙木まさき監修　学研教育出版　2015.2
①978-4-05-501157-0,978-4-05-811342-4

◇人見絹枝―生誕100年記念誌　永島惇正編　日本女子体育大学　2008.2

◇KINUEは走る―忘れられた孤独のメダリスト　小原敏彦著　健康ジャーナル社　2007.8　①978-4-907838-38-6
＊有森裕子、高橋尚子、池田久美子―そのもっと以前にたったひとりで世界に挑み、日本女子陸上の歴史を築いた女性がいた。日本女子初のオリンピックメダリスト人見絹枝の苦難の物語。

◇はやての女性ランナー―人見絹枝讃歌　三沢光男著　不昧堂出版　2005.7
①4-8293-0440-5

◇絹枝恋い―僕の人見絹枝伝　復刻版　戸田純著　〔戸田純〕　2001.8

◇日本体育基本文献集―大正・昭和戦前期　第33巻 ゴールに入る　世界の運動会　成田十次郎監修，大熊広明，野村良和編　人見絹枝著　岡部平太著　日本図書センター　1998.12　①4-8205-5826-9,4-8205-5824-2

◇人見絹枝―炎のスプリンター　人見絹枝著，織田幹雄編，戸田純編　日本図書センター　（人間の記録）　1997.6
①4-8205-4273-7

◇スパイクの跡　人見絹枝著　大空社　（伝記叢書）　1994.11　①4-87236-453-8

◇絹枝恋い―僕の人見絹枝伝　戸田純著　〔戸田純〕　1990.8

◇人見絹枝物語―女子陸上の暁の星　小原敏彦著　朝日新聞社　（朝日文庫）　1990.6　①4-02-260584-7
＊日本女子スポーツ黎明期の1920年代、陸上競技界に彗星のごとく現れ、いくつもの世界記録を書きかえた人見絹枝。単身参加した万国女子競技会スウェーデン大会での個人優勝、アムステルダムオリンピックでドイツ人選手と演じた800メートルレースでの死闘は、世界中の人々に感銘を与えた。24年と8カ月の短い人生を全力で走り抜いたアスリートの、波乱に満ちた青春を追いながら、大正から昭和初期にかけての女性と運動競技の状況を探る。

火野葦平　ひのあしへい

1906～1960　昭和期の小説家。

◇戦場で書く―火野葦平と従軍作家たち　渡辺考著　NHK出版　2015.10
①978-4-14-081683-7

◇ペンと兵隊―火野葦平の戦争認識　今村修著　石風社　2012.11
①978-4-88344-220-1

◇青狐の賦―火野葦平の天国と地獄　暮安翠著　九州文学社　2009.7
①978-4-905597-38-4

◇火野葦平 3 僕のアルバム　葦平と河伯洞の会編　葦平と河伯洞の会, 花書院（発売）　2009.4　①978-4-903554-47-1

◇火野葦平 2（九州文学の仲間たち）　葦平と河伯洞の会編　葦平と河伯洞の会, 花書院（発売）　2005.6　①4-938910-78-0

◇河童群像を求めて―火野葦平とその時代　暮安翠著　葦平と河伯洞の会　2005.3

◇河伯洞往来　玉井史太郎著　創言社　2004.8　①4-88146-551-1

◇火野葦平―激動の時代を駆け抜けた作家 1　葦平と河伯洞の会編　葦平と河伯洞の会　2003.7　①4-938910-60-8

日野富子

◇河伯洞余滴─我が父、火野葦平その語られ
ざる波瀾万丈の人生　玉井史太郎著　学
習研究社　2000.5　①4-05-401240-X
　＊「糞尿譚」で芥川賞を受賞し、「麦と兵
　隊」など兵隊三部作で花形作家となった
　火野葦平は、戦後公職追放が解除さ
　れてから文壇に復帰、「花と竜」など傑
　作を次々と発表する。だが、1960年1月
　24日、急逝。その死は謎に包まれ、13
　回忌の後、遺族から "自殺" であった旨、
　公表された。三男である著者は波瀾万
　丈に生きたそんな父親に反発し、自ら
　も屈折と葛藤を繰り返す。そして今、
　息子の立場から父葦平の人生を真摯に
　見つめ直していく─。親不孝を自認す
　る著者が償いとして父親の生き方と自
　身との相克をダイナミックに描いた感
　動作品。第10回北九州市自分史文学賞
　大賞受賞作。

◇葦平と母マン　寿山五朗著　寿山五朗
1997.12

◇火野葦平─思春記/遺書（ヘルス・メモ）
火野葦平著, 川津誠編　日本図書センター
（シリーズ・人間図書館）　1997.4
①4-8205-9499-0

◇河童憂愁─葦平と昭和史の時空鶴島正男
聞書　城戸洋著　西日本新聞社　1994.10
①4-8167-0375-6

◇母の郷里なり─火野葦平と庄原　寿山五
朗著　寿山五朗　1993.3

日野富子　ひのとみこ
1440〜1496　室町時代, 戦国時代の女性。
足利義政の正室。実子義尚を将軍にしよ
うとしたことが応仁の乱の一因となる。

◇足利義政と日野富子─夫婦で担った室町
将軍家　田端泰子著　山川出版社　（日本
史リブレット）　2011.7
①978-4-634-54840-4
　＊足利義教時代の清算として期待された青
　年将軍足利義政、その政治は、今参局ら
　からの口入を体質としたため、波乱の幕
　開けとなる。日野重子の死後、日野富
　子は義政の正室として政治や文化の舞
　台に登場し、応仁の乱中・乱後の混乱期
　に義政と役割を分担しつつ政権を担う。

将軍家から民衆まで、猿楽能に熱中す
るという、混沌としつつ活気あふれる
義政と富子の時代を、天皇家から民衆
に至るさまざまな視点から描き出す。

◇日野富子─歴史小説　青木重数著　文芸
館　2006.1　①4-7800-2003-4

◇室町万華鏡─ひざかりの女と残照の男た
ち　千草子著　集英社　1997.5
①4-08-781138-7
　＊NHK大河ドラマ「毛利元就」の時代が見
　える!!室町ごころ、室町ことば、そして
　室町の女と男を、彩りあざやかに描く。

◇謎解き中世史　今谷明著　洋泉社
1997.4　①4-89691-255-1
　＊クジ引きで選ばれた室町将軍、天皇を
　手玉にとる異端宗教家、東国に派遣さ
　れた室町幕府のスパイ、そして内乱・暗
　殺・下剋上・一揆！中世史の常識を
　次々と塗り替えてきた著者が、日本の
　大転換期に生起した知られざる事実を
　読み解く歴史エッセイ集。

◇女人政治の中世─北条政子と日野富子
田端泰子著　講談社　（講談社現代新書）
1996.3　①4-06-149294-2
　＊将軍の正室、後家、あるいは生母とし
　て、武士階級の女性がどう政治と関
　わったか。北政所なども含めて描く。

◇日野富子とその時代　青木重数著　新人
物往来社　1994.11　①4-404-02142-9

◇日野富子のすべて　吉見周子編　新人物
往来社　（人物シリーズ）　1994.9
①4-404-02136-4

◇日野富子─物語と史蹟をたずねて　松本
幸子著　成美堂出版　（成美文庫）
1994.6　①4-415-06405-1

◇評伝 日野富子　三谷茉沙夫著　毎日新聞
社　1994.4　①4-620-30985-0
　＊わが子かわいさに応仁の乱を招いた女。
　蓄財に励んで金で政治を動かした女。
　悪評高い第八代将軍足利義政夫人の素
　顔に迫る。

◇「花の乱」をたっぷり楽しむ法　高野冬彦
著　五月書房　1994.3　①4-7727-0134-6

◇華頂の花─日野富子　阿井景子著　プレ

536　教科書に載った日本史人物1000人

ジデント社 1994.3 Ⓝ4-8334-1515-1
＊八代将軍足利義政の正室として、九代
　将軍足利義尚の母として力強く華麗に
　生きた富子。彼女は何ゆえ金をため、
　政治に介入したのか…。史料を駆使し
　た待望の書き下ろし。

◇日野富子 光と影—室町幕府 陰の実力者
　中江克己著 広済堂出版 （広済堂ブック
　ス） 1994.3 Ⓝ4-331-00640-9
　＊本書は、全体を五章にわけ、日野富子の
　生涯とその時代を、興味深いエピソー
　ド中心にまとめてみた。

◇日本中世女性史論 田端泰子著 塙書房
　1994.2 Ⓝ4-8273-1104-8

◇日野富子の生涯—乱世を翔ぶ 左方郁子
　著 徳間オリオン，徳間書店〔発売〕
　1994.2 Ⓝ4-19-860066-X
　＊気鋭の歴史家が描く日野富子評伝の最
　高峰。

◇妖華日野富子—乱世を生きぬいた炎の女
　寺林峻著 広済堂出版 （Kosaido
　books） 1994.2 Ⓝ4-331-00634-4

◇乱に咲く・日野富子 島津隆子著 新人
　物往来社 1994.2 Ⓝ4-404-02084-8
　＊500年前、天候の異変、土一揆、守護大
　名の内紛と抗争のなかで、実力で生き権
　力の座に昇った日野富子の壮絶な生涯。

◇炎の女日野富子 高野澄著 徳間書店
　（徳間文庫） 1994.1 Ⓝ4-19-890058-2

◇日野富子—物語と史蹟をたずねて 松本
　幸子著 成美堂出版 1994.1
　Ⓝ4-415-06576-7
　＊室町幕府8代将軍足利義政の正妻。美と
　遊びの世界に没頭する気弱な夫にか
　わって、応仁の乱を経て、政権の権力者
　となった"したたかな"女性の波乱の生
　涯を描く。

◇日野富子 山田正三著 勁文社 1994.1
　Ⓝ4-7669-1937-8
　＊京都室町、花の御所を舞台に、将軍義政
　の正室・日野富子の生きざまを描く長
　編小説。

◇応仁の乱と日野富子—将軍の妻として、母
　として 小林千草著 中央公論社 （中公
　新書） 1993.10 Ⓝ4-12-101157-0

＊畠山家の家督をめぐる内紛は、足利義
　政の無力な裁定のために次期将軍職継
　承に波及、争いはやがて京の都を焼く
　大乱へと拡大する。政治に興味を失っ
　た夫に代わり、若い新将軍義尚を支え
　て富子は活発に働く。しかし、これを
　見る人々の目には悪女の姿に映った。
　権力の座近くにあるために誤解されや
　すかった富子の実像とは。一条兼良ら
　との交流、周辺の証言を得て、乱世混迷
　に身を晒された人々の「今を生きる知
　恵と哀しみ」を描く。

◇炎の女 日野富子の生涯 風巻紘一著 三
　笠書房 （知的生きかた文庫） 1993.9
　Ⓝ4-8379-0598-6
　＊退廃し、弱体化する室町幕府の中に
　あって、唯一、毅然として自らの目標に
　立ち向かい、戦いつづけた女、日野富
　子。八代将軍足利義政の正室として、
　わが子を将軍にすべく死力を尽くす。
　11年戦争、応仁の乱のもとをつくるこ
　とになった富子、その波瀾の生涯を描
　いて、いま実像に迫る。

┃卑弥呼 ひみこ
　？〜247？　　上代の女性。邪馬台国の女
　王。魏志倭人伝にその名がみえる。

◇飯野布志夫著作集 4 眠る邪馬台国 飯
　野布志夫著 鳥影社 2014.3
　Ⓝ978-4-86265-444-1
　＊「魏志倭人伝」に記された道程・方位を
　記述の通りに追うと北九州、近畿のいず
　れにもたどり着かない。だが読み解けな
　い地名や役名などを南九州方言で読むと
　邪馬台国が南薩摩に存在したことが立
　証できる。さらに「倭人伝」の風俗・産
　物などの記述と、「古事記」に通底する
　神代南薩摩の伝承を重ねると、驚くべき
　邪馬台国の姿が浮かび上がってくる。

◇歴史を変えた卑弥呼—縄文時代から飛鳥
　時代まで駆けぬけた渡来人 吉岡節夫著
　BRLM高速学習アカデミー，（昭島）エ
　コー出版〔発売〕 （歴史故郷シリーズ）
　2014.1 Ⓝ978-4-904446-26-3

◇邪馬台国の終焉—卑弥呼の野望と壱与の
　挫折 後藤幸彦著 明窓出版 2013.5

卑弥呼

①978-4-89634-326-7
＊卑弥呼は黄幢を待ちわびていた―。その黄幢に託された野望とは？　邪馬台国終末期、西日本の動勢を文献・考古、そして新年代論から読み解く。

◇邪馬台国と女王卑弥呼　永江泰久著　東京図書出版, リフレ出版〔発売〕　2013.1
①978-4-86223-610-4
＊邪馬台国の首都は現代の太宰府付近にあった。邪馬台国と女王卑弥呼の謎に迫る。

◇卑弥呼と古代の天皇　前田晴人著　同成社　2012.6　①978-4-88621-608-3
＊倭国大乱、卑弥呼の邪馬台国登場を契機に成立する女王制が、倭と百済の軍事同盟を経て世襲男王制代へと展開していく古代王制の転換期に注目し、詳細な分析から真実の始祖帝王とは倭王讃、すなわちホムツワケと推断。古代史の謎に迫る。

◇よみがえる卑弥呼―日本国はいつ始まったか　古田武彦著　ミネルヴァ書房　（古田武彦・古代史コレクション）　2011.9
①978-4-623-06055-9
＊『魏志倭人伝』に出てくる卑弥呼とは誰なのか。「倭国」はどこにあったのか。「日本国」はいつ成立したのか。『筑後国風土記』などの史料を素直に読み込むことで、卑弥呼の活躍の姿と場所を明らかにするとともに、近畿天皇家よりも以前に九州王朝、さらには出雲王朝が存在したことを多元的に実証してゆく。長文の書き下ろし「日本の生きた歴史」を新たに加えて、待望の復刊。

◇俾弥呼―鬼道に事え、見る有る者少なし　古田武彦著　ミネルヴァ書房　（ミネルヴァ日本評伝選）　2011.9
①978-4-623-06148-8
＊俾弥呼（三世紀）邪馬壱国の女王。「魏志倭人伝」などの中国の史書に記され、「親魏倭王」と呼ばれた邪馬壱国の女王・俾弥呼は、いかなる人物だったのか。本書では、関係史料を徹底的に読み込むことで、その実像を描き尽す。

◇魏志倭人伝が伝えた卑弥呼と邪馬壱国　近藤健夫著　ブイツーソリューション, 星雲社〔発売〕　2011.8　①978-4-434-15865-0

◇卑弥呼誕生―彼女は本当に女王だったのか？　改訂新版　遠山美都男著　洋泉社（歴史新書y）　2011.6
①978-4-86248-763-6
＊卑弥呼が女王だったことに全く疑いを持たなかった日本人。『魏志倭人伝』の冷静な史料批判からは、彼女が「女王」だった証拠は出てこない！　果してその正体は。

◇弥生興亡 女王・卑弥呼の登場　石野博信, 吉田敦彦, 片山一道著　文英堂　（新・古代史検証 日本国の誕生）　2010.4
①978-4-578-29801-4
＊日本国誕生のスタートとなった弥生社会・邪馬台国への道を新発見の遺跡・遺物から検証する。

◇卑弥呼と台与―倭国の女王たち　仁藤敦史著　山川出版社　（日本史リブレット人）　2009.10　①978-4-634-54801-5
＊女王卑弥呼の都とされる邪馬台国はどこにあったのか。「魏志倭人伝」の記述や最新の考古学的成果を基礎として、近年有力となった畿内説の立場に立ちながら、東アジア史の観点から卑弥呼の王権と公孫氏や魏王朝との外交関係を検討する。鬼道を駆使する卑弥呼は、普遍性を有する鏡の祭祀により、倭国乱により疲弊した大人層の支持を得て「共立」される。そこでは、鉄資源や先進文物の流通をコントロールすることにより倭国王としての求心性が維持されていた。

◇直木孝次郎 古代を語る　2　邪馬台国と卑弥呼　直木孝次郎著　吉川弘文館　2008.11　①978-4-642-07883-2
＊邪馬台国はどこにあったのか、卑弥呼は女王としてどんな政治を行ない、生涯を送ったのか。百家争鳴の諸説を整理し、倭国の誕生を再考。『魏志倭人伝』の詳細な分析と、考古学の成果を駆使して、改めて畿内説を提唱する。

◇三輪山と卑弥呼・神武天皇　笠井敏光, 金関恕, 千田稔, 塚口義信, 前田晴人, 和田萃著　学生社　2008.8
①978-4-311-20320-6

卑弥呼

＊邪馬台国の宗教連合と鬼道、卑弥呼、神武天皇の実態などヤマト王権発祥の地から、文献と考古学の成果で古代日本の謎を解く。

◇卑弥呼女王国と日本国の始まり―九州起源の日本国　田島代支宣著　海鳥社　2008.8　①978-4-87415-689-6
＊日本国は九州から始まった。「記紀」と「倭人伝」に記録された“倭‐日本”の実像とは―。アマテラス神話と高天原、卑弥呼女王国、天孫降臨と東征、九州王国、そして日本国の成立について、諸説を比較・検討し、多角的・多元的な方法論に基づき日本古代史の真実に迫る。

◇卑弥呼と台与の邪馬台王権　淵田三善著　清風堂書店出版部　2007.8　①978-4-88313-471-7
＊ヤマト王権誕生への全貌をダイナミックに描く！　倭人伝の行程記述の矛盾もついに解明。

◇大卑弥呼女王　丸山重夫著　郁朋社　2006.4　①4-87302-332-7
＊東遷は倭国の大乱なしで成り立ち得なかった。前方後円墳の形は銅鏡と銅鐸からできている。三角縁神獣鏡は製作も意匠も純倭国製である―弥生時代と古墳時代を結ぶ大国の謎。

◇女王卑弥呼の「都する所」―史料批判で解けた倭人伝の謎　上野武著　日本放送出版協会　2004.10　①4-14-081001-7
＊卑弥呼は邪馬台国女王ではなかった。卑弥呼の都を明らかにする鍵は倭人伝そのものに秘められていた。史料読みのプロを自認する編集者が、『魏志』と『魏略』を徹底分析して、古代史最大の謎を解き明かした。

◇卑弥呼と大和王朝　木村熙著　新生出版,ディーディーエヌ〔発売〕　2004.10　①4-86128-035-4
＊卑弥呼から天武天皇までの古代日本の予想外の姿を明らかにする。卑弥呼、倭の五王、遣隋使、大化改新そして河内王朝の実態を解明する。

◇卑弥呼の台は都城―邪馬台国南九州論　斎藤正憲著　新風舎　2004.9　①4-7974-5068-1

◇「三国志」を陰で操った倭王 卑弥呼　斎藤忠著　学習研究社　（「知の冒険」シリーズ）　2004.2　①4-05-402141-7
＊卑弥呼が女王として君臨していた時代は、中国では『三国志』の時代だった。当時の日本といえば、まだ国の呈もなしていない、小さな東海の弧状列島―。それが現在の史学の常識である。しかし、そうではなかった。卑弥呼は邪馬台国を“首都”に倭国をまとめ、自ら大陸の動乱に深く関わっていたのだ。魏の遼東討伐、魏帝の暗殺など、『三国志』に残された大事件に、卑弥呼の陰がつきまとっていたのである。卑弥呼とは何者だったのか、当時の倭人は何をしたのか。これまで明かされることのなかった、3世紀の古代日本の真実を解き明かす。

◇卑弥呼 一問一答　石原藤夫著　栄光出版社　2004.2　①4-7541-0058-1
＊魅惑の皇女・倭迹迹日百襲姫命こそが卑弥呼である。そして日本で最初の女性天皇であった…。元大学教授で、作家の著者が、卑弥呼に関する数々の謎を、一問一答形式で解き明かしていく、古代史の扉を開く最適の書。

◇邪馬台国佐賀平野説　平本厳著　東洋出版　2003.11　①4-8096-7456-8
＊佐賀平野から奈良盆地箸墓へ！　卑弥呼御魂の東遷ルートを探る。

◇新物語世界史への旅　1　大江一道著　山川出版社　2003.7　①4-634-64870-9
＊歴史を生きた人びとが紡いだ物語。第1巻は、古代エジプトのピラミッドから宗教改革者ルターまで。

◇卑弥呼＝天照大神 日本建国―世界最古の独立統一国家・日本　富田徹郎著, おちあいエミ漫画　郵研社, 扶桑社〔発売〕　2002.12　①4-594-03816-6
＊司馬遼太郎氏からエールを受けた著者が新たな卑弥呼像と日本建国の実像に迫る。

◇封印された女帝卑弥呼　岡本茂延著　健友館　2002.11　①4-7737-0725-9
＊「万世一系の天皇が統治する」仮構をつくり出すため「謎の人物」にされた卑弥

教科書に載った日本史人物1000人　**539**

呼の封印を解く！ 多角的な視点から卑
弥呼にアプローチし、その実像に迫る
労作。

◇隠された卑弥呼—日本書紀編纂過程の検
　証　盛田憲幸著　MBC21，東京経済〔発
　売〕　2002.10　①4-8064-0703-8
　＊卑弥呼と神功皇后の活躍した時代の倭
　国統一過程及びその後の時代を、日本
　書紀の編纂方針の解明を中心に完全復
　元し、歴史の舞台に光を当て直す。

◇女王卑弥呼の国　鳥越憲三郎著　中央公
　論新社　（中公叢書）　2002.10
　①4-12-003335-X
　＊邪馬台国の比定地論争は江戸時代から
　続き、今日に至っても定説とされるも
　のは成り立っていない。おびただしい
　比定地論争もさることながら、著者は
　長年この「国」を検証してみたいと思っ
　ていた。誰がこの「国」を起こしたの
　か。国号はどう読まれたのか。この
　「国」はどういう「王朝」が統治したの
　か。そして、どういう性格を持った
　「国」だったのか…。『万葉集』をみる
　と、「やまと」にかかる枕詞に「虚空見
　つ」という言葉がある。この意味する
　ことは何か。遙か古代、遠い空からこ
　の国を眺めおろした人物がいたという。
　では、この人物とは誰か。彼はどのよ
　うにして空中高くから大和を見下ろし
　たのか。—邪馬台国の疑問を解く糸口
　は、こうして目前に現れたのである。

◇卑弥呼の時代を復元する—復元するシ
　リーズ　1　坪井清足監修　学習研究社
　（GAKKEN GRAPHIC BOOKS
　DELUXE）　2002.10　①4-05-401651-0
　＊本書は、邪馬台国の成立を理解するた
　め、旧石器時代から縄文・弥生の各時代
　と、邪馬台国成立以後の古墳時代の終
　末まで、すなわち先史・原始時代から律
　令体制成立以前のわが国の歴史を各種
　模型や復元図などを数多く用いたもの
　である。

◇魏志倭人伝二〇〇〇字に謎はない　相見英
　咲著　講談社　2002.10　①4-06-211453-4
　＊三世紀版「倭国旅行案内」はこう読め！
　こうして邪馬台国は隠された。

◇卑弥呼の登場　後藤幸彦著　明窓出版
　2002.7　①4-89634-102-3
　＊金印奴国による倭国統一以来幾多の動
　乱の時と多くの英雄の活躍を経て、卑
　弥呼の登場までを通史風に描く。

▌ヒュースケン　Heusken, Henry C.J.
1832～1860　江戸時代末期のオランダの
外交官。駐日米国公使館通訳官。尊攘派
の鹿児島藩士に襲われ死亡。著作に「日
本日記」。

◇開国の使者—ハリスとヒュースケン　宮
　永孝著　雄松堂出版　（東西交流叢書）
　2007.6　①978-4-8419-3128-0

◇『ヒュースケン日本日記』に出会ってか
　ら、　西岡たかし著　そしえて　（Roots
　music叢書）　2002.10　①4-88169-953-9

▌平賀源内　ひらがげんない
1728～1779　江戸時代中期の物産学者，戯
作者，浄瑠璃作者。

◇平賀源内—江戸の天才アイデアマン　榎
　本秋文，野村愛奈美画　あかね書房　（伝
　記を読もう）　2018.4
　①978-4-251-04615-4,978-4-251-90561-1

◇MANGA源内—イノベーター平賀源内の
　肖像　出川通作・文，RENマンガ　言視
　舎　2015.2　①978-4-86565-008-2

◇江戸の理系力　洋泉社編集部編　洋泉社
　（江戸学入門）　2014.4
　①978-4-8003-0373-8
　＊日本初のオリジナルの暦、世界最高水準
　の地図、世界初の全身麻酔手術、エレキ
　テル、からくり…世界をアッと言わせた
　江戸のチカラの数々！ 江戸時代の科学
　技術の実力は世界水準を超えていた！

◇江戸のスーパー科学者列伝　中江克己著
　宝島社　（宝島SUGOI文庫）　2013.8
　①978-4-8002-1038-8
　＊「江戸」と「科学」には、なんの繋がり
　もないように思える。しかし、江戸時
　代には多くの科学者が日々研究に明け
　暮れていた。「行列式」を発見した和算
　家の関孝和、世界初の全身麻酔手術に
　成功した華岡青洲、ソメイヨシノを開

発した遺伝学者の伊藤伊兵衛など。そのレベルは当時の世界を見ても決してひけをとっていなかった。本書では江戸の科学者31人を取り上げ、彼らの功績と人柄に迫る。

◇平賀源内の研究　大坂篇　源内と上方学界　福田安典著　ぺりかん社　2013.1
　①978-4-8315-1344-1
　＊奇矯な生涯ばかりが注目される平賀源内。あらためて源内という人物を高く評価するために、青年期の大坂を中心とした上方の学界、とくに源内が師匠と呼ぶ戸田旭山を中心に、源内の学問風土を検証し、新たな源内像を描く。

◇日本洋画の曙光　平福百穂著　岩波書店（岩波文庫）　2011.12
　①978-4-00-335761-3
　＊司馬江漢に先立つ日本初の本格的な洋画風である秋田蘭画を初めて評価した、日本画家・百穂による貴重な文献。元本は1930年に美術書として300部刊行された。平賀源内に手ほどきを受けた秋田藩士・小田野直武や藩主・佐竹曙山らの試みはわずかの期間で終わるが、その輝きは近代を告げる閃光だった。

◇本草学者平賀源内　土井康弘著　講談社（講談社選書メチエ）　2008.2
　①978-4-06-258407-4
　＊「我よりおとなしく人物臭き面な奴に、却て山師ハいくらも有」―。江戸中期の大人気学者平賀源内はその華やかな活躍とは裏腹に、自らを「貧家銭内」と嘆きながら、罪人となり生涯を終えた。エレキテルや火浣布の製作、『物類品隲』執筆など本草学への熱い思いを体現しながら、「山師」と誹られた源内。誰もが知っていそうで実は知られることの少なかった、学者としての実像に迫り、再評価を試みる。

◇平賀源内　上　村上元三著　学陽書房（人物文庫）　2000.12　①4-313-75117-3

◇平賀源内　下　村上元三著　学陽書房（人物文庫）　2000.12　①4-313-75118-1

◇平賀源内おんな秘図―長編時代小説　大下英治著　光文社　（光文社文庫）
　2000.10　①4-334-73061-2

◇平賀源内―物語と史蹟をたずねて　船戸安之著　成美堂出版　（成美文庫）
　1999.10　①4-415-06865-0
　＊江戸中期、火浣布（燃えない布）や寒暖計、エレキテル（摩擦起電機）の製作などレオナルド・ダ・ビンチに比せられるほど、多彩な才能を発揮した平賀源内にとって封建制度の壁は厚かった。彼は18世紀から20世紀にまたがる大きな虹を描いてみせた。それは壮大で華麗ではあったが、早すぎたはかない虹であった。そこに彼の悲劇があった。

◇源内先生舟出祝　山本昌代著　河出書房新社　（河出文庫）　1995.11
　①4-309-40463-4

◇超発想の人・平賀源内―"日本のレオナルド・ダ・ヴィンチ"の光と陰　河野亮著
　広済堂出版　（Kosaido books）　1995.2
　①4-331-00671-9
　＊江戸時代に凄い男がいた。科学者、発明家、作家、画家、事業家　多才なマルチ人間の実像と発想力の秘密に迫る。

◇杉田玄白 平賀源内―科学のはじまり　ほるぷ出版　（漫画 人物科学の歴史 日本編）　1991.11　①4-593-53144-6
　＊近代医学の先駆者・蘭学研究の組織者、杉田玄白。江戸を駆け抜けた異色・異端の自由人、平賀源内。時代を代表する対照的な二大知識人登場。

‖ 平櫛田中　ひらぐしでんちゅう
1872～1979　明治～昭和期の彫刻家。東京美術学校教授。日本彫刻会結成。「維摩一黙」で文展三等賞受賞、ほか「鏡獅子」など。

◇巧匠平櫛田中　原田純彦著　日本文教出版（岡山文庫）　1999.7　①4-8212-5200-7

‖ 平田篤胤　ひらたあつたね
1776～1843　江戸時代後期の出羽久保田藩士、備中松山藩士、国学者。国粋主義的な復古神道を大成した。

◇平田篤胤―霊魂のゆくえ　吉田真樹著　講談社　（講談社学術文庫 再発見日本の哲学）　2017.1　①978-4-06-292398-9

平塚らいてう

◇平田篤胤―交響する死者・生者・神々　吉田麻子著　平凡社　（平凡社新書）　2016.7　Ⓘ978-4-582-85819-8

◇平田国学の史的研究　中川和明著　名著刊行会　2012.5　Ⓘ978-4-8390-0370-8

◇平田篤胤　後妻織瀬の秋田からの手紙―史料集　平田織瀬著, 横山鈴子翻刻・編年・著　横山鈴子　2012.3

◇明治維新と平田国学―特別企画　人間文化研究機構国立歴史民俗博物館編　人間文化研究機構国立歴史民俗博物館　2004.9

◇篤胤学と霊魂の往くへ　森田康之助著　平田篤胤翁顕彰会　2003.11

◇平田篤胤の学問と思想　芳賀登著　雄山閣　（芳賀登著作選集）　2002.12　Ⓘ4-639-01782-0,4-639-01638-7
　＊真淵・宣長の国学建学の志を継承した江戸後期の国学者篤胤の学問の特質と全体像を、民衆宗教運動的側面や江戸歌文派との対立など、多面的・複合的に考察。

◇平田篤胤の神界フィールドワーク　鎌田東二著　作品社　2002.6　Ⓘ4-87893-478-6
　＊天狗のもとで5年間修行してきた「神童」寅吉、前世の記憶を鮮明に覚えている「生まれ変わり少年」の勝五郎…19世紀初頭の江戸に突如出現したオカルト現象の解明に乗り出した、奇才の国学者平田篤胤。苦難に満ちた生涯の中で魂のアルケオロジーを希求し続けた、その学問の深奥に迫る。

◇よみがえるカリスマ平田篤胤　荒俣宏,米田勝安著　論創社　2000.12　Ⓘ4-8460-0181-4
　＊未公開資料に基づき、平田篤胤の人間と思想に迫る。神道・国学・民俗学・キリスト教・仏教・天文学・蘭学等、博覧強記ゆえに誤解され、理解されなかった実像を語る入門書。

◇柳田国男と平田篤胤　芳賀登著　皓星社　1997.10　Ⓘ4-7744-0078-5
　＊柳田は平田より本居に近づこうとしながらも平田古神道の影響を受け民俗的世界に入っていった。国学者平田篤胤と民俗学者柳田国男の接点とは。

◇歴史の流れの中で　2　現代を翔ける篤胤

片岡洋二著　大雅堂　（日本人の自覚を促す本）　1993.5　Ⓘ4-88459-035-X

◇平田篤胤の研究　三木正太郎著　神道史学会, 臨川書店〔発売〕　（神道史研究叢書）　1990.2　Ⓘ4-653-01931-2

▍平塚らいてう　ひらつからいちょう
1886～1971　平塚雷鳥（ひらつからいちょう）, 平塚明（ひらつかはる）とも。明治～昭和期の婦人運動家, 評論家。日本婦人団体連合会名誉会長, 新日本婦人の会顧問。「青鞜」を発刊, 女性解放宣言として反響をよぶ。母性保護論争を行い, 新婦人協会設立。

◇近代日本における私生活と政治与謝野晶子と平塚らいてう―自己探求の思想　小嶋翔著　東北大学出版会　2018.5　Ⓘ978-4-86163-287-7

◇らいてうを学ぶなかで　4　中嶌邦監修, 日本女子大学平塚らいてう研究会編　日本女子大学平塚らいてう研究会　2016.11

◇平塚らいてう　新装版　小林登美枝著　清水書院　（Century Books　人と思想）　2015.9　Ⓘ978-4-389-42071-0

◇良妻賢母主義から外れた人々―湘煙・らいてう・漱石　関口すみ子著　みすず書房　2014.6　Ⓘ978-4-622-07839-5
　＊明治・大正・昭和に至るまで女子教育の基本理念となった「良妻賢母主義」はどのように確立されたのか。規範を外れた人々の活躍を追い、国家と女性の関係を解き明かす。

◇『青鞜』の冒険―女が集まって雑誌をつくるということ　森まゆみ著　平凡社　2013.6　Ⓘ978-4-582-83627-1
　＊雑誌の立ち上げに高揚したのも束の間、集まらない原稿、五色の酒や吉原登楼の波紋、マスコミのバッシング…明治・大正を駆け抜けた平塚らいてう等同人たちの群像を、おなじ千駄木で地域雑誌『谷根千』を運営した著者が描く。

◇滴々集―女性・教育・文学・老い　青木生子著　おうふう　（青木生子著作集）　2013.6　Ⓘ978-4-273-03728-4

542　教科書に載った日本史人物1000人

◇満月の夜の森で―まだ知らないらいてう
に出会う旅　米田佐代子著　戸倉書院
2012.7　①978-4-905309-00-0

◇らいてうを学ぶなかで　3　中嶌邦監修，
日本女子大学平塚らいてう研究会編　日
本女子大学平塚らいてう研究会　2011.9

◇わたくしは永遠に失望しない―写真集平
塚らいてう一人と生涯　奥村敦史監修，ら
いてう研究会編　ドメス出版　2011.9
①978-4-8107-0754-0

◇平塚らいてう―孫が語る素顔　奥村直史
著　平凡社　（平凡社新書）　2011.8
①978-4-582-85602-6
＊かつて「女性解放」「反戦平和」の闘士
として活躍し、現代までその名が語り
継がれる偉人・平塚らいてう。誰もが
知る、一貫した雄々しい肖像とは裏腹
に、彼女には家族にしか見せないもう
一つの顔があった。自身の抱える脆さ
に苦悩し、生き、闘った一人間味溢れる
実物大のらいてうが浮かび上がる。

◇金いろの自画像―平塚らいてう　ことばの
花束　米田佐代子編　大月書店　2005.5
①4-272-35019-6
＊「元始、女性は太陽であった」から一世
紀、今もなお光彩を放つらいてうのこ
とばから、珠玉の60編をあなたに贈る。

◇平塚らいてう―近代日本のデモクラシー
とジェンダー　米田佐代子著　吉川弘文
館　2002.2　①4-642-03741-1
＊女性解放の先達とされながら、優生思
想の影響や性役割容認という批判もあ
る平塚らいてう。「ジェンダー・アイデ
ンティティ」の確立を求め揺れうごい
た、らいてうの思想と行動を、彼女の生
きた時代と個性の葛藤のなかから描き
出す。きわめて日常的な家事・育児に
かかわりつつ、壮大な宇宙構想へ至っ
た精神のあゆみを明らかにする。

◇平塚らいてうの光と蔭　大森かほる著
第一書林　1997.1　①4-88646-126-3
＊伝説の向こうの平塚らいてう像。抜け
落ちた年譜の空白の謎。「元始女性は太
陽であった―」（『青鞜』発刊の辞）の令
名に比して、あまりにも知られること
の少ないその素顔。そこに衝撃の新資

料が発見された。女性解放運動の伝説
的シンボルとしての粉飾を拭い去って、
その等身大の姿を透徹した眼で描き出
した、渾身のらいてう評伝。

◇理想の女性像を求めて―平塚らいてうの
生き方を通して　藤井照子編　藤井照子
1995.11

◇「新しい女」の到来―平塚らいてうと漱石
佐々木英昭著　名古屋大学出版会
1994.10　①4-8158-0243-2

◇平塚らいてう―わたくしの歩いた道　平
塚らいてう著，岩見照代編解説　日本図
書センター　（シリーズ・人間図書館）
1994.10　①4-8205-8009-4

◇陽のかがやき―平塚らいてう・その戦後
小林登美枝著　新日本出版社　1994.8
①4-406-02269-4

◇元始、女性は太陽であった―平塚らいてう
自伝　1　平塚らいてう著　大月書店
（国民文庫）　1992.3　①4-272-88811-0
＊明治の風俗を背景とした女の生いたち、
反抗心の芽ばえや禅の修行と人生観の探
求。森田草平との塩原事件をへて「青
鞜」創刊にいたる青春のドラマは、炎の
ような自我追求から出発し、生涯にわ
たり融通無碍の自己変革をおこなって
きたらいてうの思想形成がうかがえる。

◇元始、女性は太陽であった―平塚らいてう
自伝　2　平塚らいてう著　大月書店
（国民文庫）　1992.3　①4-272-88812-9
＊最初の女権宣言を発したらいてうは、
青鞜社運動の高揚と受難のなかで婦人
問題へと目ざめていく。また、恋愛や
共同生活という実生活をつうじて、家
族制度と対決し道徳革命への旗手の立
場を鮮明にしていく。青鞜とともにす
ぎた若きらいてうの青春の魂の記録。

◇元始、女性は太陽であった―平塚らいてう
自伝　3　平塚らいてう著　大月書店
（国民文庫）　1992.3　①4-272-88813-7
＊青鞜社運動ののち二児の母となった
らいてうの目は、新婦人協会創立、婦人参
政権運動など婦人の政治的、社会的地
位の向上へとみひらかれてゆく。仕事
と母の役割との相克に苦悩しつつ展開
される母性の権利確立をめざす活動は、

教科書に載った日本史人物1000人　543

今日の婦人問題の核心に迫る。

◇元始、女性は太陽であった―平塚らいてう
自伝 4 平塚らいてう著 大月書店
（国民文庫） 1992.3 Ⓘ4-272-88814-5
＊第2次大戦の終結とともに嵐のように高
揚する民主主義と平和への希求。新し
い婦人運動の力強い成長。らいてうは、
つねに運動の統一を願い、未来を求め
てひたすら歩みつづけ、戦後の平和・婦
人運動の先導者として活躍する。戦後
婦人・平和運動の生きた証言。

◇虹を架けた女たち―平塚らいてうと市川
房枝 山本藤枝著 集英社 1991.8
Ⓘ4-08-775149-X
＊女性の自立、恋愛と結婚、仕事と育児、
そして政治への参加。今なお新しいテー
マを軸に、ともに闘い、ともに苦悩を分
け合った、二人の出会いと別れを描く。

◇陽の女らいてう―平塚らいてうの生涯
矢田山聖子著 甲陽書房 1991.5
Ⓘ4-87531-125-7

平沼騏一郎　ひらぬまきいちろう

1867～1952 明治～昭和期の司法官僚、政
治家。総理大臣、男爵。検事総長、大審院
長を経て山本内閣法相。国本社を主宰。
天皇機関説では攻撃の先鋒。

◇平沼騏一郎と近代日本―官僚の国家主義
と太平洋戦争への道 萩原淳著 京都大
学学術出版会 （プリミエ・コレクショ
ン） 2016.12 Ⓘ978-4-8140-0060-9

◇歴代総理大臣伝記叢書 第26巻 平沼騏
一郎 御厨貴監修 ゆまに書房 2006.12
Ⓘ4-8433-1804-3,4-8433-2298-9

◇平沼騏一郎伝―伝記・平沼騏一郎 岩崎
栄著 大空社 （伝記叢書） 1997.9
Ⓘ4-7568-0479-9

平野国臣　ひらのくにおみ

1828～1864 江戸時代末期の筑前福岡藩
士, 尊攘派志士。

◇平野国臣 小河扶希子著 西日本新聞社
（西日本人物誌） 2004.4
Ⓘ4-8167-0594-5

広沢真臣　ひろさわさねおみ

1833～1871 江戸時代末期, 明治期の長州
藩士。軍政改革に参画、尊譲派として活
躍。征長戦では軍艦奉行勝海舟と停戦協
定を締結。

◇広沢真臣日記 オンデマンド版 広沢真
臣著 東京大学出版会 （日本史籍協会叢
書） 2015.1 Ⓘ978-4-13-009477-1

◇広沢真臣日記 復刻版 広沢真臣著 マ
ツノ書店 2001.11

◇落花の人―日本史の人物たち 多岐川恭著
光風社出版 1991.11 Ⓘ4-87519-751-9
＊歴史の激流に抗し懸命に生きながらも
その渦に飲み込まれていった人物を、
冷徹な眼と愛惜の情を以って描く。

広瀬淡窓　ひろせたんそう

1782～1856 江戸時代後期の儒者, 教育
家。漢学私塾咸宜園の創設、経営者。

◇広瀬淡窓資料集―書簡集成 広瀬淡窓著
大分県教育委員会 （大分県先哲叢書）
2012.3

◇広瀬淡窓と咸宜園―ことごとく皆宜し
海原徹著 ミネルヴァ書房 2008.3
Ⓘ978-4-623-05055-0
＊幕末期に日本最大の私塾として知られ、
数千人にもおよぶ塾生を受け入れた、
九州・豊後日田の咸宜園（かんぎえん）。
その創立者広瀬淡窓の人と思想、月旦
評方式の教育とはいかなるものだった
のか。また、塾が大規模化したゆえに
起こった、いさかいやいじめなどの問
題に、淡窓がどのように対処したのか。
すべての子供を一人残らず大切にする
ことを目指す、本当の教育の姿がここ
にある。

◇広瀬淡窓日記 2 広瀬淡窓著, 井上源吾
訳注 弦書房（製作） 2005.9
Ⓘ4-902116-36-7

◇広瀬淡窓日記 3 広瀬淡窓著, 井上源吾
訳注 弦書房（製作） 2005.9
Ⓘ4-902116-37-5

◇広瀬淡窓日記 4 広瀬淡窓著, 井上源吾
訳注 弦書房（製作） 2005.9

①4-902116-38-3

◇広瀬淡窓　林田慎之助著　研文出版　（日本漢詩人選集）　2005.1　①4-87636-241-6

◇広瀬淡窓　深町浩一郎著　西日本新聞社（西日本人物誌）　2002.1
①4-8167-0543-0
＊近世最大規模の私塾「咸宜園」を主宰した教育者としてだけでなく、頼山陽・菅茶山と並ぶ江戸後期の代表的詩人であり、学者としても独自の思索で異彩を放つ広瀬淡窓。豊後日田の生んだ偉人の生涯と思想を情熱を込めて描く。

◇広瀬淡窓日記　1　広瀬淡窓著, 井上源吾訳注　葦書房　1998.12　①4-7512-0728-8

◇若き日の広瀬淡窓　井上源吾著　葦書房　1998.1　①4-7512-0700-8

◇広瀬淡窓評伝　井上源吾著　葦書房　1993.11　①4-7512-0538-2

広田弘毅　ひろたこうき
1878〜1948　大正, 昭和期の外交官, 政治家。総理大臣。外相などを経て内閣を作るが総辞職。戦時中は重臣の一人で、A級戦犯となり死刑。

◇広田弘毅の笑顔とともに―私が生きた昭和　ゆたかはじめ著　弦書房　2010.12
①978-4-86329-051-8
＊少年時代にその笑顔にふれた判事が、昭和という時代と広田弘毅を語ることで、今に生きる私たちに改めて戦争と平和の意味を問いかける。昭和の少年が見た広田弘毅の素顔。

◇広田弘毅―「悲劇の宰相」の実像　服部竜二著　中央公論新社　（中公新書）
2008.6　①978-4-12-101951-6
＊日露戦争後、職業外交官の道を歩み始め、欧米局長・駐ソ大使など要職を歴任した広田弘毅。満州事変以降、混迷を深める一九三〇年代の日本で、外相・首相として、欧米との協調、中国との「提携」を模索する。しかし、二・二六事件以降、高圧的な陸軍と妥協を重ね、また国民に広がる対中国強硬論に流され、泥沼の戦争への道を開いた。東京裁判で唯一文官として死刑に処せられ、同

情論が多い政治家・広田の実像に迫る。

◇歴代総理大臣伝記叢書　第23巻　広田弘毅　御厨貴監修　ゆまに書房　2006.12
①4-8433-1801-9,4-8433-2298-9

◇昭和精神史 戦後篇　桶谷秀昭著　文芸春秋　（文春文庫）　2003.10
①4-16-724205-2
＊昭和という時代はいつ終ったのか。異国軍隊の進駐と占領で始まった敗戦国日本の歴史を東京裁判、安保闘争、三島由紀夫事件、天皇崩御を通して克明に描く中で、昭和初頭から持続してきた精神の系譜が断絶した瞬間を解き明かす。前作『昭和精神史』を昭和21年8月で閉じた著者が、戦後を生きた日本人の心の歴史に迫った渾身の書。

◇あ、鶴よ―私のテレビドキュメンタリー　尾山達己著　海鳥社　2001.4
①4-87415-347-X
＊戦争を問い、昭和という時代と向き合い、ドキュメンタリーを作り続けてきた著者が、制作にかけた熱情を語る。テレビが熱い時代が、確かにあった。地方から、テレビの可能性を示したドキュメンタリー制作者の軌跡。

◇広田弘毅―秋霜の人　渡辺行男著　葦書房　1998.12　①4-7512-0730-X
＊「なに、雷にあったようなものだ」。文官唯一の絞首刑を甘受して広田が逝き50年。軍部との孤軍奮闘を続けた広田の生涯を新史料を駆使して描きだし、東京裁判に見直しを迫る。

◇日中外交史研究 昭和前期　臼井勝美著　吉川弘文館　1998.12　①4-642-03684-9
＊本書は昭和初期から敗戦にいたる時期の日中関係について、その周辺を含めて論文を集めたものである。日中関係に関連する史料集の編纂に従事した著者による日中関係についての論稿。

◇広田弘毅　〔復刻版〕　広田弘毅伝記刊行会編　（福岡）葦書房　1992.5
①4-7512-0427-0
＊見えない日本へ―。時代に殉じたある政治家の誠実。極東軍事裁判において文官で唯ひとり極刑の判決を受けた外交政治家・広田弘毅の誠実な生涯の軌

跡を通して、「勝者の裁判」がもたらした歴史の暗部に光をあてた第一級資料、待望の再刊。

広津和郎　ひろつかずお

1891～1968　大正、昭和期の小説家, 評論家。日本文芸家協会会長。「神経病時代」で小説家として地歩を固める。ほかに「風雨強かるべし」など。

◇広津和郎、娘桃子との交流記―輝いていた日々　亀山恒子著　図書新聞　2012.6　①978-4-88611-448-8
　＊明治期の文学界を牽引した柳郎。「松川事件」の真相究明に晩年をかけ、大正・昭和の知性を代表した和郎。病と闘いながら逝った桃子。献身的に三代の文学を支えたはま夫人を含めた亀山恒子の交流記は貴重な日本文学の遺産である。

◇広津和郎研究　坂本育雄著　翰林書房　2006.9　①4-87737-232-6

◇評伝広津和郎―真正リベラリストの生涯　坂本育雄著　翰林書房　2001.9　①4-87737-133-8
　＊広津和郎は自己の眼と心を信ずる個性万能の大正文壇に育ちながら、知識人の心にひそむ弱さと性格破碇をも深く省察した。一方彼は自己の周囲に無関心では生きられない作家で、その旺盛な現実探求心と鋭い時代感覚は新興のプロレタリア文学にも暖かい理解と同情を示した。昭和の戦時期の軍国主義の悪気流には強靱な散文精神を武器に耐え抜き、戦後歴史への責任を加えた新たな散文精神で冤罪を作る不法な権力に挑み、松川裁判を勝利に導いた。本書は大正リベラリストの良心を現代に生かし社会的行動に進み出た稀有な作家の好個の評伝である。

◇広津和郎―年月のあしおと（抄）/続年月のあしおと（抄）　広津和郎著, 紅野謙介編　日本図書センター　（シリーズ・人間図書館　作家の自伝）　1998.4　①4-8205-9509-1

◇怠惰の逆説―広津和郎の人生と文学　松原新一著　講談社　1998.2　①4-06-209048-1

＊柳浪・和郎・桃子、広津家三代にわたる文学的血脈をたどり、稀有なる「散文精神」の軌跡を追う力作評伝。戦後最大の冤罪事件・松川事件裁判を「みだりに悲観もせず、楽観もせず、生き通して行く」という「散文精神」によってたたかい抜いた広津和郎。無精作家を自称し、生来のニヒリズムを抱えながらも、粘り強く人間の現実と対峙しつづけた文学者の生の軌跡を、明治・大正・昭和にわたる広津家三代の作品と新資料の精緻な読解を通してたどる。

◇昭和・遠い日 近いひと　沢地久枝著　文芸春秋　1997.5　①4-16-352840-7
　＊淪落の句を詠みながら閃光のように消えた女。川柳に時代への抗議をこめた男。松川裁判に奔走した作家、広津和郎の修羅の私生活。乳飲み子の教育を託して戦死した夫と、託された妻の長い人生。戦死、憤死、自死。九人の男と女が織りなした必死な生と、その果ての様々な死。

◇広津和郎再考　橋本迪夫著　西田書店　1991.9　①4-88866-145-6
　＊『年月のあしおと』にこめられた自伝の世界をさらに分けいり、「先祖の血」として漂泊者魂と無用者意識に光を当て、その「弱さ」と「強さ」を探る伝記的人物論。

【ふ】

フェノロサ

Fenollosa, Ernest Francisco

1853～1908　明治期のアメリカの東洋美術研究家。東京美術学校の設立に参画。

◇コスモポリタンの蓋棺録―フェノロサと二人の妻　平岡ひさよ著　宮帯出版社　2015.11　①978-4-8016-0015-7

◇アーネスト・F・フェノロサ文書集成―翻刻・翻訳と研究　上　アーネスト・F.フェノロサ原著, 村形明子編著　京都大学学術出版会　2000.6　①4-87698-096-9

◇フェノロサと魔女の町　久我なつみ著
　河出書房新社　1999.4　Ⓘ4-309-01277-9
　＊霧につつまれたニューイングランドの
　　港町セーラム。日本近代美術に大きな
　　影響を与えたE・フェノロサの出生地
　　は、アメリカで唯一、魔女裁判が行われ
　　た土地だった―。蓮如上人滅後五百年
　　記念・ノンフィクション文学賞第五回
　　蓮如賞受賞作。

◇フェノロサ―「日本美術の恩人」の影の部
　分　保original清著　河出書房新社　1989.1
　Ⓘ4-309-00539-X

◇フェノロサ―日本文化の宣揚に捧げた一
　生　山口静一著　三省堂　1982.4

‖ フォンタネージ
　Fontanesi, Antonio
　1818～1882　明治期のイタリアの風景画
　家。工部美術学校の教師として来日。

◇画家フォンタネージ　〔新装普及版〕　井
　関正昭著　中央公論美術出版　1994.3
　Ⓘ4-8055-0099-9

‖ 福岡孝弟　ふくおかたかちか
　1835～1919　江戸時代末期, 明治期の高知
　藩士, 政治家。子爵。幕府の大政奉還に尽
　力, 公儀政体論を主張。「五箇条の御誓
　文」起草の功労者。

◇幕末土佐の12人　武光誠著　PHP研究所
　（PHP文庫）　2009.12
　Ⓘ978-4-569-67359-2
　＊土佐を抜きにして、維新回天を語るこ
　　とはできない！ 大政奉還を建白した山
　　内容堂と後藤象二郎をはじめとする重
　　臣たち。討幕運動の中核となる薩長同
　　盟を仲介した坂本竜馬。さらには、土
　　佐の尊王攘夷運動で先駆けとなった武
　　市半平太や、開明的な思想で藩政を指
　　揮した吉田東洋など、動乱の時代に身
　　を置き、自らの志に向かって疾駆した
　　12人を取り上げ、土佐の視点で幕末を
　　描いた一冊。文庫書き下ろし。

‖ 福沢諭吉　ふくざわゆきち
　1834～1901　江戸時代末期, 明治期の啓蒙

思想家, 教育家, ジャーナリスト。東京学
士会院初代会長。慶応義塾を創立、多彩
な啓蒙活動を展開。著書に「学問ノスゝ
メ」「文字之教」など。

◇福沢諭吉しなやかな日本精神　小浜逸郎
　著　PHP研究所　（PHP新書）　2018.5
　Ⓘ978-4-569-84050-5

◇福沢諭吉フリーメイソン論―大英帝国か
　ら日本を守った独立自尊の思想　石井利
　明著, 副島隆彦監修　電波社　2018.4
　Ⓘ978-4-86490-145-1

◇独立自尊を生きて　福沢武著　慶応義塾大
　学出版会　2017.10　Ⓘ978-4-7664-2477-5

◇福沢諭吉と福住正兄―世界と地域の視座
　オンデマンド版　金原左門著　吉川弘文
　館　（歴史文化ライブラリー）　2017.10
　Ⓘ978-4-642-75426-2

◇福沢諭吉　高橋昌郎著　清水書院　（新・
　人と歴史拡大版）　2017.6
　Ⓘ978-4-389-44111-1

◇さようなら！ 福沢諭吉　Part2　なぜ、
　いま福沢が問題なのか？　安川寿之輔,
　雁屋哲, 杉田聡著　花伝社　2017.3
　Ⓘ978-4-7634-0803-7

◇福沢諭吉と丸山真男―「丸山諭吉」神話を
　解体する　増補改訂版　安川寿之輔著
　高文研　2016.10　Ⓘ978-4-87498-605-9

◇超訳福沢諭吉語録―新しい時代を創れ
　斎藤孝著　キノブックス　2016.8
　Ⓘ978-4-908059-46-9

◇福沢諭吉　新装版　鹿野政直著　清水書
　院　（Century Books　人と思想）
　2016.6　Ⓘ978-4-389-42021-5

◇超訳福沢諭吉 生き抜く哲学　盛田則夫著
　ぴあ　2015.9　Ⓘ978-4-8356-2842-4

◇福沢諭吉　ひろたまさき著　岩波書店
　（岩波現代文庫　学術）　2015.9
　Ⓘ978-4-00-600331-9

◇福沢諭吉　新版　高橋昌郎著　東信堂
　2015.2　Ⓘ978-4-7989-1269-1

◇一万円札の福沢諭吉　中谷成夫著　文芸
　社　2014.9　Ⓘ978-4-286-15398-8

◇諭吉の愉快と漱石の憂鬱　竹内真澄著

福沢諭吉

花伝社　2013.11　①978-4-7634-0681-1
＊富国強兵路線の諭吉と自己本位路線の漱石。日本近代化開拓者の諭吉と日本近代化批判開拓者の漱石。明治の偉人、好敵手・好対照の二人の比較を通じて、現代日本人の心の奥底にあるふたつの魂に触れる。「日本は滅びるね」という漱石の警告を、いまどう受け止めるか？

◇近代日本と福沢諭吉　小室正紀編著　慶応義塾大学出版会　2013.6　①978-4-7664-2048-7

◇福沢諭吉―その報国心と武士道　西部邁著　中央公論新社　（中公文庫）　2013.6　①978-4-12-205799-9
＊幕末・明治という歴史の転換期に立ち、日本と西洋双方の臨界を見極めつつ、それでも精神の平衡をとり続けた巨大思想家の真像を描く。本書は丸山真男ら戦後知識人が描いた福沢像の歪みを徹底的に解体し、福沢理解に新たな地平をひらいた名著である。

◇回想 慶応義塾　鳥居泰彦著　慶応義塾大学出版会　2013.1　①978-4-7664-1993-1

◇福沢先生と北里先生　長木大三著　メンタルケア協会　（メンタルケア選書）　2012.12

◇福沢諭吉 歴史散歩　加藤三明，山内慶太，大沢輝嘉著　慶応義塾大学出版会　2012.11　①978-4-7664-1984-9
＊中津、大阪、東京、ロンドン、パリなどの福沢諭吉のゆかりの地を辿りながら、福沢の生涯とその時代背景を知ることができる一冊。散歩のためのマップも随所に付し、楽しく史跡めぐりができるようになっています。

◇福翁自伝―現代語訳　福沢諭吉著，斎藤孝編訳　筑摩書房　（ちくま新書）　2011.7　①978-4-480-06620-6
＊『学問のすすめ』『文明論之概略』などを著し、慶応義塾の創設にも力を尽くした近代日本最大の啓蒙思想家・福沢諭吉。その自伝のエッセンスが詰まった箇所を選出し現代語訳。激動の時代を痛快に、さわやかに生きた著者の破天荒なエピソードが収められた本書は、近代日本が生み出した最良の読み物の

ひとつであり、現代日本人が生きる上で最高のヒントを与えてくれるだろう。

◇福沢諭吉の原風景―父と母・儒学と中津　谷口典子著　時潮社　2010.11　①978-4-7888-0655-9
＊『学問のすゝめ』は諭吉が「唾して」去った故郷、中津の人々へのメッセージでもあった。中津には諭吉のアンビバレンツな発想の原点があった。そこには父百助の儒学と、母於順との孤高生活があった。亡き父を慕い、19歳まで学び続けた儒学。啓蒙思想家福沢諭吉の原風景とは。

◇福翁自伝　福沢諭吉著, 土橋俊一校訂・校注　講談社　（講談社学術文庫）　2010.2　①978-4-06-291982-1
＊「本当の開国…コリャ面白い」幕末・維新の激動期を「自由自在に運動」した痛快無類の人生を存分に語り尽くす。

◇明治人の観た福沢諭吉　伊藤正雄編　慶応義塾大学出版会　2009.7　①978-4-7664-1654-1
＊福沢諭吉の旺盛な言論活動は同時代の人々を強く刺激し、多くの福沢論が生まれた。膨大な数に及ぶ論考を編者独自の観点から精選。福沢への毀誉褒貶を鳥瞰する名著、待望の復刊。

◇福沢諭吉 新装版　遠山茂樹著　東京大学出版会　（近代日本の思想家）　2007.9　①978-4-13-014151-2

◇福沢諭吉 国を支えて国を頼らず　北康利著　講談社　2007.3　①978-4-06-213884-0
＊教育をどうする？ この国をどうする？ 迷える日本人よ、福沢翁に聴け！ ベスト＆ロングセラー『白洲次郎 占領を背負った男』に続く傑作人物伝、ここに誕生。

◇福沢諭吉の真実　平山洋著　文芸春秋　（文春新書）　2004.8　①4-16-660394-9

◇福沢諭吉の手紙　慶応義塾編　岩波書店　（岩波文庫）　2004.4　①4-00-331026-8

◇起業家福沢諭吉の生涯―学で富み富て学び　玉置紀夫著　有斐閣　2002.4　①4-641-07652-9

＊本書の意図は、これまで無視されてき
たに等しい、福沢の起業と経営の活動
を照射することによって、福沢諭吉の
生涯を書きあらためることにある。

◇福沢諭吉―快男子の生涯　川村真二著
日本経済新聞社　（日経ビジネス人文庫）
2000.11　①4-532-19017-7
＊門閥制度と闘った近代日本の代表的啓蒙
家、福沢諭吉。彼は合理的思考の持ち
主でありながら、きわめて情誼に厚く、
独立自尊、富国強兵を説く一方で、危機
に陥った人や弱者への助力を惜しまな
かった。義侠心に富むその人間的魅力
に迫り、真のリーダー像を描いた力作。

◇福沢諭吉　小泉信三著　岩波書店　（岩波
新書）　1994.7　①4-00-003855-9

◇福沢諭吉伝　第1巻　石河幹明著　岩波書
店　1994.2　①4-00-008648-0
＊20余年にわたって福沢に親炙した著者
が、慶応義塾の委嘱のもとに7年余を費
して編纂・執筆し、昭和7年に刊行。豊
富な原史料により、福沢の経歴・言行が
客観的に叙述され、諭吉研究の最も信
頼すべき資料として高い評価を受けて
いる。

◇福沢諭吉伝　第2巻　石河幹明著　岩波書
店　1994.2　①4-00-008649-9
＊20余年にわたって福沢に親炙した著者
が、慶応義塾の委嘱のもとに7年余を費
して編纂・執筆し、昭和7年に刊行。豊
富な原史料により、福沢の経歴・言行が
客観的に叙述され、諭吉研究の最も信
頼すべき資料として高い評価を受けて
いる。

◇福沢諭吉伝　第3巻　石河幹明著　岩波書
店　1994.2　①4-00-008650-2
＊20余年にわたって福沢に親炙した著者
が、慶応義塾の委嘱のもとに7年余を費
して編纂・執筆し、昭和7年に刊行。豊
富な原史料により、福沢の経歴・言行が
客観的に叙述され、諭吉研究の最も信
頼すべき資料として高い評価を受けて
いる。

◇福沢諭吉伝　第4巻　石河幹明著　岩波書
店　1994.2　①4-00-008651-0
＊20余年にわたって福沢に親炙した著者

が、慶応義塾の委嘱のもとに7年余を費
して編纂・執筆し、昭和7年に刊行。豊
富な原史料により、福沢の経歴・言行が
客観的に叙述され、諭吉研究の最も信
頼すべき資料として高い評価を受けて
いる。

福島正則　ふくしままさのり
1561〜1624　安土桃山時代、江戸時代前期
の武将。関ヶ原の戦いで東軍につき安芸
広島藩主に。しかし後に改易された。

◇福島正則の20年―広島城企画展　広島市
未来都市創造財団広島城編　広島市未来
都市創造財団広島城　2012.3

◇福島正則公と岩松院　再版　渡辺小洋著
渡辺章宏　2006.6

◇福島正則―秀吉天下取りの一番槍　高橋
和島著　PHP研究所　（PHP文庫）
2000.5　①4-569-57398-3
＊侍になることを夢見る桶屋の倅・市松
は、織田家の奉公人・福島市兵衛の養子
となり、秀吉に仕えることになった。
やがて本能寺で信長が斃れ、秀吉の大
躍進が始まる。手柄を目指す市松は、
賤ヶ岳の合戦で真っ先に兜首を取り、
「七本槍」の筆頭として名を挙げ、その
後、50万石の大名へと出世していくの
である。乱世を、武将として誇り高く
勇猛に生きた男を描く力作長編。

◇受城異聞記　池宮彰一郎著　文芸春秋
（文春文庫）　1999.9　①4-16-763201-2
＊加賀前田の支藩、大聖寺七万石に下され
た非情の幕命。厳冬の北アルプスを越え
て高山陣屋と故城の接収に向かった生駒
弥八郎以下二十四名の運命は…。表題
作ほか、勇将福島正則の一代記「絶塵の
将」、お役目も家も捨て狡猾きわまる悪
党を追う同心の執念を描く「けだもの」
など全五篇を収録した珠玉の短篇集。

◇福島正則―最後の戦国武将　福尾猛市郎,
藤本篤著　中央公論新社　（中公新書）
1999.8　①4-12-101491-X
＊賤ヶ岳の殊勲で「七本鎗」筆頭と称えら
れ、華々しい戦功を重ねた福島正則は、
武勇一点張りの粗暴な武将とも評され
る。だがその実像は、義理人情に厚く

不器用なまでに一途に生きた人物である。幼少より秀吉に仕え、豊臣家の存続を願いながら、のち家康に与した「変節」も、泰平の世の到来を希求すればこその苦悩に満ちた決断であった。時の権力者から重用されながら戦国時代の終焉とともに凋落の途をたどった猛将の悲劇的宿命を描く。

◇水の砦─福島正則最後の闘い　大久保智弘著　講談社　（講談社文庫）　1998.9
①4-06-263865-7
＊改易配流された福島正則は捨身の闘いに立ちあがった。相手は徳川幕府の重臣・本多正純。執拗な攻撃に、正則は陣屋の周辺な流水要塞をめぐらし、水の砦を築いて防戦する。大久保党と闇の宰領から二重三重に仕掛けられた恐しい罠。幕府に挑んだ最後の武将の悲哀と不条理を描ききる第五回時代小説大賞受賞作。

◇闘将福島正則─太閤記外伝　高橋和島著　PHP研究所　1996.2　①4-569-55047-9

◇水の砦─福島正則最後の闘い　大久保智弘著　講談社　1995.3　①4-06-207498-2
＊第五回時代小説大賞受賞作。改易配流の身の福島正則が、最後の闘いを挑んだ相手は本多正純。大久保党、闇の宰領・鬼堂玄蕃などが入り乱れて展開する波乱万丈の伝奇小説。

◇福島正則公書状─松江城天守閣所蔵　小林百枝解読　小布施町古文書の会　1994.2

▌福田赳夫　ふくだたけお
1905〜1995　昭和, 平成期の政治家。衆議院議員。福田派を結成。蔵相、外相、首相などを歴任。

◇実録田中角栄　上　大下英治著　朝日新聞出版　（朝日文庫）　2016.8
①978-4-02-261869-6

◇故福田赳夫内閣・自由民主党合同葬儀記録　内閣総理大臣官房　1996.3

◇回顧九十年　福田赳夫著　岩波書店　1995.3　①4-00-002816-2

▌福田恒存　ふくだつねあり
1912〜1994　昭和, 平成期の評論家, 劇作家, 演出家。評論に「人間・この劇的なるもの」、戯曲に「総統いまだ死せず」など。

◇滅びゆく日本へ─福田恒存の言葉　佐藤松男編　河出書房新社　2016.6
①978-4-309-02477-6

◇福田恒存─総特集 人間・この劇的なるもの　河出書房新社　2015.5
①978-4-309-24709-0

◇絶対の探求─福田恒存の軌跡　中村保男著　麗沢大学出版会　2003.8
①4-89205-467-4
＊孤高を保ち、混迷する現実に真摯に立ち向かった「理念の人」福田恒存を再評価する。

◇文学の救ひ─福田恒存の言説と行為と　前田嘉則著　郁朋社　1999.4
①4-87302-020-4
＊『思想と実生活』このふたつの間に横たはる難問を、現代文学は解決しただろうか？　生涯を賭けて、この問題に挑んだ人、それが福田恒存である。彼こそ最後の文士。

◇劇的なる精神福田恒存　井尻千男著　徳間書店　（徳間文庫）　1998.7
①4-19-890934-2

◇福田恒存論　金子光彦著　近代文芸社　1996.5　①4-7733-5405-4
＊忘れてはならない人がいる。坂口安吾に「あの野郎一人だ。批評が生き方だという人は」と言わせ、小林秀雄を「邪魔になる人だ」と言った清冽なる精神に迫る。

◇日本への遺言─福田恒存語録　福田恒存著, 中村保男, 谷田貝常夫編　文芸春秋　1995.4　①4-16-350080-4
＊日本はこれでいいのか。戦後文化への根本批判、人間への深い洞察─孤高の思想家が日本人に託した、言葉と知恵の宝箱。

◇劇的なる精神福田恒存　井尻千男著　日本教文社　（教文選書）　1994.6
①4-531-01517-7

福田徳三　ふくだとくぞう

1874〜1930　明治, 大正期の経済学者。慶応義塾大学教授, 東京商科大学教授。黎明会を結成、デモクラシー運動に参加。著書に「社会政策と階級闘争」など。

◇福田徳三先生の追憶　福田徳三先生記念会編　1960

福田英子　ふくだひでこ
⇒景山英子（かげやまひでこ）

福地源一郎　ふくちげんいちろう

1841〜1906　福地桜痴（ふくちおうち）とも。明治期の新聞人, 劇作家。東京日日新聞社長, 衆議院議員。自由民権運動を批判し、立憲帝政党を結成。著書に、「春日局」「幕府衰亡論」など。

◇唯今戦争始め候。明治十年のスクープ合戦　黄民基著　洋泉社　（新書y）　2006.9　①4-86248-068-3
＊草創期の新聞は御用新聞と民権派新聞に分かれ、激烈な言論戦を戦わせていた。そのさなかに西南戦争が勃発した。新聞はうろたえた。戦争を報道するという意味と方法がつかめなかったからである。読者の声に突き動かされるままに新聞は戦争の波にのみこまれていく。この報道合戦のなかで二人のヒーロー——ひとりは『東京日々』の福地桜痴、もうひとりは『郵便報知』の犬養毅——を生んだ。二人の抜きつ抜かれつの取材合戦を縦軸に、明治新聞人のもう一方の雄・『朝野新聞』の成島柳北の沈潜ぶりを横軸に三つ巴の新聞人の格闘ぶりを描き出す。戦争報道はどうあるべきか？　客観報道とは何か？　権力との緊張関係はどうあるべきか？　そのとき日本の新聞はジャーナリズムに生まれ変わった。

福羽美静　ふくばびせい

1831〜1907　江戸時代末期, 明治期の国学者。子爵。尊攘派として国事に奔走。維新後、神道政策推進に尽力。

◇御歌所と国学者　宮本誉士著　弘文堂（久伊豆神社小教院叢書）　2010.12

①978-4-335-16063-9
＊御歌所歌人のイメージを一新。歌道御用掛・皇学御用掛・文学御用掛・御歌所で活躍した国学者たちの諸相をとらえ、明治期の御歌所と国学者の関係を考察、国学史・和歌史における御歌所の位置づけに転換を迫る。

藤沢利喜太郎　ふじさわりきたろう

1861〜1933　明治, 大正期の数理学者。東京帝国大学教授, 貴族院議員。イギリス、ドイツ留学後、ドイツ式の研究中心の教育を行い優秀な数学者を育成。

◇日本統計史群像　島村史郎著　日本統計協会　2009.12　①978-4-8223-3609-7
＊統計を愛しその発展に献身した、近現代の政治指導者と学者、行政官達の人物像を明らかにする。

藤島武二　ふじしまたけじ

1867〜1943　明治〜昭和期の洋画家。東京美術学校教授。「天平の面影」など浪漫的内容の作品を発表。のち「東海旭光」などを制作。

◇青木繁—世紀末美術との邂逅　高橋沙希著　求龍堂　（KYURYUDO LIBRARY 求龍堂美術選書）　2015.3　①978-4-7630-1513-6

藤田小四郎　ふじたこしろう

1842〜1865　江戸時代末期の尊攘派水戸藩士。

◇幕末—非命の維新者　村上一郎著　中央公論新社　（中公文庫）　2017.9　①978-4-12-206456-0

藤田嗣治　ふじたつぐはる

1886〜1968　大正, 昭和期の洋画家。渡仏し、独自の様式により高く評価される。晩年は宗教壁画を制作。作品に「自画像」など。

◇猫と女とモンパルナス—藤田嗣治　オクターブ　2018.9　①978-4-89231-198-7

◇藤田嗣治手紙の森へ　林洋子著　集英社

藤田嗣治

（集英社新書　ヴィジュアル版）　2018.1
①978-4-08-721018-7

◇評伝藤田嗣治　改訂新版　田中穣著　芸
術新聞社　2015.8　①978-4-87586-470-7

◇藤田嗣治とは誰か─作品と手紙から読み
解く、美の闘争史　矢内みどり著　求龍
堂　2015.2　①978-4-7630-1501-3

◇もっと知りたい藤田嗣治─生涯と作品
林洋子監修・著，内呂博之著　東京美術
（アート・ビギナーズ・コレクション）
2013.8　①978-4-8087-0968-6

◇藤田嗣治作品をひらく─旅・手仕事・日本
林洋子著　名古屋大学出版会　2008.5
①978-4-8158-0588-3
＊パリ、ニューヨーク、サンパウロ、北
京…異文化を放浪して藤田が追い求め
たものは何か。絵画にとどまらず、写
真、映像、装丁、衣裳にいたるまで、そ
の豊穣な創作活動を徹底検証。多数の
図版掲載を実現し、作品から画家に
迫った意欲作。

◇僕の二人のおじさん、藤田嗣治と小山内薫
蘆原英了著　新宿書房　2007.9
①978-4-88008-373-5
＊一人は、世界的な画家フジタ・ツグハ
ル。一人は、新劇運動の旗手で、築地小
劇場の創始者オサナイ・カオル。この
二人のおじさんに仕込まれ、誕生した
のが、マルチ文化人アシハラ・エイリョ
ウ。稀代のエンサイクロペディストの
半自叙伝を通して読む、大正昭和の芸
能文化私史。

◇藤田嗣治─パリからの恋文　湯原かの子
著　新潮社　2006.3　①4-10-448802-X
＊生誕120年、いまヴェールをぬぐ若き嗣
治の愛と野心と芸術。1913年、渡仏し
たフジタが妻に宛てた幻の手紙を紹介
しながら辿る、奔放な画家の生涯。

◇藤田嗣治「異邦人」の生涯　近藤史人著
講談社　（講談社文庫）　2006.1
①4-06-275292-1
＊ピカソ、モディリアニ、マチス…世界中
の画家が集まる一九二〇年代のパリ。そ
の中心には日本人・藤田嗣治の姿があっ
た。作品は喝采を浴び、時代の寵児と
なるフジタ。だが、日本での評価は異

なっていた。世界と日本の間で、歴史の
荒波の中で苦悩する巨匠の真実。第34
回大宅壮一ノンフィクション賞受賞作。

◇腕一本・巴里の横顔─藤田嗣治エッセイ選
藤田嗣治著，近藤史人編　講談社　（講談
社文芸文庫）　2005.2　①4-06-198395-4

◇藤田嗣治芸術試論─藤田嗣治直話　藤田
嗣治［述］，夏堀全弘著　夏堀邦子
2004.10　①4-938740-51-6

◇藤田嗣治書簡─妻とみ宛　4　翻刻を終え
て　藤田嗣治［著］，「パリ留学初期の藤
田嗣治」研究会編　「パリ留学初期の藤田
嗣治」研究会　2004.10

◇藤田嗣治書簡─妻とみ宛　3　藤田嗣治
［著］，「パリ留学初期の藤田嗣治」研究会
編　「パリ留学初期の藤田嗣治」研究会
2004.4

◇藤田嗣治書簡─妻とみ宛　2　藤田嗣治
［著］，「パリ留学初期の藤田嗣治」研究会
編　「パリ留学初期の藤田嗣治」研究会
2004.2

◇藤田嗣治書簡─妻とみ宛　1　藤田嗣治
［著］，「パリ留学初期の藤田嗣治」研究会
編　「パリ留学初期の藤田嗣治」研究会
2003.12

◇平野政吉─世界のフジタに世界一巨大な
絵を描かせた男　渡部琴子著　渡部琴子
2002.10

◇勇者のモデル　古川薫著　文芸春秋
1992.8　①4-16-313390-9
＊世界的に名を馳せた画家藤田嗣治と、
そのモデルになった兵士を描いた表題
作、篠山の航空通信兵だった著者の青
春を綴った連作など、新機軸の作品集。

◇戦争と美術　司修著　岩波書店　（岩波新
書）　1992.7　①4-00-430237-4
＊第二次大戦中、戦争画を描いた多くの有
名画家たちがいた。また時局にささや
かな抵抗を試み、描くことを拒否した
画家たちもいた。著者は、彼らの根底
に潜む人間の弱さを凝視しつつ、自ら
が画家であることを深く意識しながら、
当時の画家の戦争責任を考える。藤田嗣
治と松本竣介の2人を焦点にすえ、時代
と向き合う芸術家の生き方を鋭く問う。

藤田東湖　ふじたとうこ

1806〜1855　江戸時代末期の水戸藩士, 天保改革派の中心人物, 後期水戸学の大成者。

◇尊王攘夷の旗—徳川斉昭と藤田東湖　童門冬二著　光人社　2004.7
①4-7698-1198-5

◇水戸烈公と藤田東湖『弘道館記』の碑文　但野正弘著　水戸史学会　（水戸の碑文シリーズ）　2002.8　①4-7646-0261-X
＊『弘道館記』の原文と書き下し文・平易な現代語訳と語釈。「弘道館」創設と『弘道館記』の成立事情を説き明かす。日本を愛した英国貴族出身の本尊美利茶道博士の英訳文を付載。

◇藤田東湖—人間東湖とその周辺　佐野仁著　佐野仁　1998.6

◇東湖先生之半面　復刻版　水戸市教育会編纂　国書刊行会　1998.5
①4-336-04077-X

◇藤田東湖　鈴木暎一著, 日本歴史学会編　吉川弘文館　（人物叢書 新装版）　1998.1
①4-642-05209-7
＊水戸藩主徳川斉昭の腹心にして代表的水戸学者。藩政改革と国家の独立維持に尽瘁する東湖の言動は, 生前から全国の有識者視聴の的であり,『弘道館記述義』『回天詩史』「正気歌」などの著作は, 幕末期のみならず, 近代の人心にまで多大な影響を及ぼす。幽囚8年, しかも安政の大地震で劇的な死をとげる熱血漢波瀾の生涯を生き生きと描く本格的伝記。

◇藤田東湖の生涯　但野正弘著　水戸史学会　（水戸の人物シリーズ）　1997.10
①4-7646-0351-9

藤田幽谷　ふじたゆうこく

1774〜1826　江戸時代後期の儒学者, 水戸藩士, 彰考館総裁立原翠軒門下。

◇藤田幽谷のものがたり　3　梶山孝夫著　錦正社　（錦正社叢書）　2017.11
①978-4-7646-0133-8

◇藤田幽谷のものがたり　2　梶山孝夫著　錦正社　（錦正社叢書）　2015.10
①978-4-7646-0124-6

◇藤田幽谷のものがたり　梶山孝夫著　錦正社　（錦正社叢書）　2014.2
①978-4-7646-0300-4
＊「先考次郎左衛門藤田君行状」, 子息東湖が父幽谷のことを記した文章をメイン史料に, 子が父を語るという小説の形式をとった。天保六年の時点における回想。

藤原惺窩　ふじわらせいか

1561〜1619　安土桃山時代, 江戸時代前期の儒学者。父は冷泉為純。朱子学を学び, 近世日本での朱子学の祖といわれる。その学派は京学と呼ばれた。

◇鎖国前夜ラプソディ—惺窩と家康の「日本の大航海時代」　上垣外憲一著　講談社　（講談社選書メチエ）　2018.2
①978-4-06-258672-6

藤原家隆　ふじわらのいえたか

1158〜1237　平安時代後期, 鎌倉時代前期の歌人・公卿。（非参議）。権中納言藤原光隆の次男。藤原俊成の門人で「新古今和歌集」の撰者のひとり。

◇藤原家隆の研究　松井律子著　和泉書院　（研究叢書）　1997.3　①4-87088-847-5

藤原宇合　ふじわらのうまかい

694〜737　飛鳥時代, 奈良時代の官人。（参議）。藤原式家の祖。右大臣藤原不比等の三男。

◇藤原四子—国家を鎮安す　木本好信著　ミネルヴァ書房　（ミネルヴァ日本評伝選）　2013.5　①978-4-623-06652-0
＊藤原四子, 奈良時代の公卿。藤原不比等の長子・武智麻呂（六八〇〜七三七）, 次子・房前（六八一〜七三七）, 三子・宇合（六九四〜七三七）, 四子・麻呂（六九五〜七三七）。律令体制下で藤原氏政権の確立に努めた四人の政策と相互関係, そして人物像を描き出す。

藤原兼家　ふじわらのかねいえ

929〜990　平安時代中期の公卿。（摂政・

関白・太政大臣)。右大臣藤原師輔の三男。

◇蜻蛉日記の表現論　内野信子著　おうふう　2010.10　①978-4-273-03618-8

藤原兼実　ふじわらのかねざね
⇒九条兼実（くじょうかねざね）

藤原鎌足　ふじわらのかまたり
⇒中臣鎌足（なかとみのかまたり）

藤原清河　ふじわらのきよかわ
生没年不詳　奈良時代の官人。(参議)。参議藤原房前の四男。

◇遷都1300年 人物で読む平城京の歴史—奈良の都を彩った主役・脇役・悪役　河合敦著　講談社　2010.2　①978-4-06-216016-2
＊超格差社会。国際交流の陰で感染症が流行。突然の政権交代。巨大公共事業のおかげで財政危機…。現代と共通点の多い激動の時代を、天皇から庶民まで、平城京に生きた人びとの姿を通じて描く歴史読み物。平城京の豆知識や最新のトピックをまとめた、おもしろコラムも満載。

藤原清衡　ふじわらのきよひら
1056～1128　平安時代後期の武将, 奥州藤原氏の初代, 陸奥国押領使。後三年の役の結果、奥州の覇権を手にする。平泉に中尊寺を建立。

◇平泉の世紀藤原清衡　高橋富雄著　清水書院　（新・人と歴史拡大版）　2017.5　①978-4-389-44107-4

◇奥州藤原氏と平泉　岡本公樹著　吉川弘文館　（人をあるく）　2014.4　①978-4-642-06780-5
＊みちのく平泉に黄金と浄土の都を築いた奥州藤原氏。東北最強の武士は、なぜ浄土を求め、そして滅んだのか。繰り返された戦争、都市平泉の実像、義経の亡命など、東北の風土とともに生きた四代一〇〇年の物語を再現。

◇奥州藤原三代の栄華と没落—黄金の都・平泉の歴史を巡る旅　武光誠著　河出書房新社　（KAWADE夢新書）　2011.9　①978-4-309-50384-4
＊平氏と源氏が勢力を争っていた時代、奥州藤原氏は、いかにして勃興し、東北の覇者として君臨できたのか。また、平泉はなぜ "黄金の都" として繁栄できたのか。かの地に脈々と息づく精神風土から掘り起こし、その実相に迫る。

◇奥州藤原氏—平泉の栄華百年　高橋崇著　中央公論新社　（中公新書）　2002.1　①4-12-101622-X
＊奥州藤原氏は平泉を拠点として平安末期の東北地方に君臨した。産金をもとに財をなし、京風の絢爛たる仏教文化を花開かせた。初代清衡から三代秀衡へ、支配権はどのように伸長したのか。秀衡の死後わずか二年で源頼朝に攻め滅ぼされたのはなぜか。京都との関わりを軸に、百年の歴史を多角的に検証。併せて、中尊寺金色堂に眠る歴代のミイラの学術調査結果も紹介する。『蝦夷』『蝦夷の末裔』に続く東北古代史三部作完結編。

◇経清記　江宮隆之著　新人物往来社　1993.11　①4-404-02070-8
＊奥州藤原氏の祖・藤原経清を描く歴史文学賞受賞の表題作と初代・清衡の生き様を浮き彫りにする「清衡伝」を収録。NHK大河ドラマ「炎立つ」の主人公経清・清衡親子を活写する新鋭の力作。

◇蒼き蝦夷の血　1　今東光著　徳間書店　（徳間文庫）　1993.2　①4-19-567469-7
＊初代清衡は波瀾の人であった。藤原秀郷（俵太）の血を引く父・経清は、蝦夷の娘を娶り、清衡を生した。だが前九年ノ役に義兄・安倍貞任と結んだ父は敗死、母は敵方の清原氏に再嫁した。清衡は父の仇を養父としたことになる。続く後三年ノ役。清原氏に仇を報いた清衡は、藤原氏に復帰し、父、養父双方の遺領をその支配下に置いた。奥州藤原王朝の草創であった。巨匠独創の史観で描く歴史巨篇。

◇平安の嵐—柳之御所物語　三好京三著　実業之日本社　1991.3　①4-408-53145-6
＊平安時代後期、みちのくでは支配権を

めぐって戦乱が続いていた。一族の愛と憎しみが渦巻くなか、母との誓いを果たすべく時代の嵐に立ち向かう清衡―。感動の歴史ロマン。平泉の王者藤原清衡の若き日々。

藤原公任　ふじわらのきんとう

966〜1041　平安時代中期の歌人・公卿。（権大納言）。関白・太政大臣藤原頼忠の長男。

◇王朝の歌人　7　藤原公任　余情美をうたう　小町谷照彦著　集英社　1985.6
Ⓘ4-08-164007-6

藤原薬子　ふじわらのくすこ

?〜810　平安時代前期の女官。藤原種継の娘。平城上皇の信を得て、上皇の復位を謀ったが失敗。自殺した（薬子の変）。

◇薬子の京　上　三枝和子著　講談社　1999.1　Ⓘ4-06-209502-5
＊桓武天皇、圧倒的な人間の迫力。「薬子の変」の藤原薬子。東宮を恋慕する母と娘との宿命、宮中の権謀。

◇薬子の京　下　三枝和子著　講談社　1999.1　Ⓘ4-06-209503-3
＊平安遷都の光と闇。稀代の悪女か、薬子をめぐる愛と王権の行方を描く傑作。

◇男をむさぼる悪女の日本史―妖しく咲き誇る女たちの毒と華　片岡鬼堂著　日本文芸社　（にちぶん文庫）　1993.11
Ⓘ4-537-06237-1
＊美しいバラにはトゲがある―。藤原薬子、美福門院・得子、日野富子、淀君、八百屋お七、高橋お伝…など、恐ろしさと愛らしさをあわせ持ち、妖しく輝き、毒の華を咲かせた悪女たちの赤裸々な姿を綴る。

藤原伊周　ふじわらのこれちか

974〜1010　平安時代中期の公卿。（准大臣）。摂政・内大臣藤原道隆の次男。叔父道長との政争に敗れ、一時太宰権帥に。後に帰京したが政権の中枢には戻れなかった。

◇殴り合う貴族たち　繁田信一著　文芸春

秋　（文春学芸ライブラリー　歴史）
2018.8　Ⓘ978-4-16-813075-5

藤原定家

ふじわらのさだいえ（ていか）

1162〜1241　平安時代後期, 鎌倉時代前期の歌人・公卿。（権中納言）。非参議・皇太后宮大夫藤原俊成の次男。歌道の第一人者で「新古今和歌集」選者。日記に「明月記」がある。

◇日記で読む日本史　14　国宝『明月記』と藤原定家の世界　倉本一宏監修　藤本孝一著　臨川書店　2016.7
Ⓘ978-4-653-04354-6

◇藤原定家―芸術家の誕生　五味文彦著　山川出版社　（日本史リブレット人）
2014.2　Ⓘ978-4-634-54830-5
＊「歌聖」と後世の人びとに仰がれた藤原定家。『百人一首』のカルタで、今も人びとに広く愛されている『百人一首』の和歌を選んだ歌人。その成長と発展の実像を、日々の喜怒哀楽を記した日記『明月記』や、パトロンとなった後鳥羽上皇との関わりのなかからえぐりだす。これはまさに日本で初の芸術家の誕生といえよう、と考えるのだが、一体、芸術家とは何なの、という疑問にもお答えしよう。

◇藤原定家（ふじわらていか）論　五月女肇志著　笠間書院　2011.2
Ⓘ978-4-305-70542-6
＊表現摂取の分析を踏まえた中世和歌の展開を、藤原定家を中心に考察する。改作に伴う本文の変化、文献学的研究の進展や新資料の紹介を踏まえ、摂取源である本歌や本説の本文を再検討。摂取歌の新たな解釈を導き、その表現意図を明らかにする書。定家老年期の作とされてきた『藤河百首』についても享受史を踏まえ、検討を加える。

◇新古今集　後鳥羽院と定家の時代　田渕句美子著　角川学芸出版, 角川グループパブリッシング〔発売〕　（角川選書）
2010.12　Ⓘ978-4-04-703481-5
＊八番目の勅撰集『新古今和歌集』が編まれた時代は、和歌の黄金期である。新

藤原定家

たな歌風が一気に生み出され、優れた宮廷歌人が輩出した。未曾有の規模の千五百番歌合、上皇自ら行う勅撰集の撰歌、と前例のない熱気をみせながら、宮廷の政治と文化は後鳥羽院の磁力のもと、再編成されていく。後鳥羽院と藤原定家という二つの強烈な個性がぶつかりあい、日本文化の金字塔が打ち立てられていく時代の熱い息吹に迫る。

◇夢のなかぞら―父 藤原定家と後鳥羽院 大垣さなゑ著 東洋出版 2007.12
①978-4-8096-7556-0
＊藤原定家と後鳥羽院という、たぐい稀なる天稟と強烈な個性の出会いと別れ、そして恩讐と愛惜。巨大な価値変動の坩堝へと現実を圧し流す時間の氾濫のなかで、憂き身を投じる「虚構の器」としての三十一文字に、「不滅」を賭して挑んだ天与の詩人たちの軌跡を追う。

◇京都冷泉家「国宝明月記」―藤原定家の日記から八〇〇年を越えて甦る王朝貴族の生活 特別展京都冷泉家「国宝明月記」図録 五島美術館学芸部編 五島美術館 （五島美術館展覧会図録） 2004.10

◇久保田淳著作選集 第2巻 定家 久保田淳著 岩波書店 2004.5
①4-00-026049-9

◇写生論ノート 2 定家・実朝 角谷道仁著 原生社 2002.10

◇藤原定家をめぐる歌人たち―奥行きと拡がりの展開 碓氷浩子著 講談社出版サービスセンター 2002.4 ①4-87601-607-0

◇藤原定家「文集百首」の比較文学的研究 鴬雪艶著 汲古書院 2002.2
①4-7629-3442-9
＊本書は「白居易と日本文学」を研究課題としたものである。

◇藤原定家研究 佐藤恒雄編 風間書房 2001.5 ①4-7599-1266-5
＊本書は、文学そのものよりも史学や古筆学とのあわいにある定家の生活や人となりを、多く追究している。

◇明月記の史料学 五味文彦著 青史出版 2000.7 ①4-921145-08-3

◇塚本邦雄全集 第14巻 評論 塚本邦雄著 ゆまに書房 1999.8
①4-89714-547-3
＊新古今の遊星群の織りなす数々のドラマ。その中心、藤原定家に敢然と挑んだ“現代の定家”塚本邦雄の面目躍如たる評論三篇。

◇藤平春男著作集 第1巻 新古今歌風の形成 藤平春男著 笠間書院 1997.5
①4-305-60100-1
＊「自己の内なる“文学”を理論化し、普遍化した“思想”が必要だ」と言い続け、思想の深化を常に自己に問うた著者自身の朱による改訂版。

◇「明月記」をよむ―藤原定家の日常 山中智恵子著 三一書房 1997.2
①4-380-97218-6

◇藤原定家明月記の研究 辻彦三郎著 吉川弘文館 1996.10 ①4-642-02540-5
＊歌聖藤原定家の分身といってもよい「明月記」は鎌倉時代史研究に不可欠の史料である。本書は明月記自筆本が辿ったあとを歴史的に考察し、彼の感情の起伏をその行間に求めた。さらに江戸時代の貴紳が描く定家像をも論述。

◇定家明月記私抄 堀田善衞著 筑摩書房 （ちくま学芸文庫） 1996.6
①4-480-08285-9
＊紅旗征戎吾ガ事ニ非ズ―源平争闘し、群盗放火横行し、天変地異また頻発した、平安末期から鎌倉初期の大動乱の世に、妖艶な「夢の浮橋」を架けた藤原定家。彼の五十六年にわたる、難解にして厖大な漢文日記『明月記』をしなやかに読み解き、美の使徒定家を、乱世に生きる二流貴族としての苦渋に満ちた実生活者像と重ねてとらえつつ、この転換期の時代の異様な風貌を浮彫りにする名著。本篇は定家四十八歳まで。

◇定家明月記私抄 続篇 堀田善衞著 筑摩書房 （ちくま学芸文庫） 1996.6
①4-480-08286-7
＊涼秋九月月方ニ幽ナリ―平安文化の最後に大輪の花を咲かせ、その終焉をも見とどけた藤原定家。源平争闘の中に青春期を持った彼は、後半生でもまた未曾有の乱世に身をおかねばならない。

和歌を通して交渉のあった源実朝の暗殺、パトロンであり同時に最大のライヴァルでもあった後鳥羽院の、承久の乱による隠岐配流。定家の実像を生き生きと描きつつ、中世動乱の全容を甦らせる名著。続篇は定家壮年期から八十歳の死まで。

◇後鳥羽院と定家研究　田中裕著　和泉書院　1995.1　①4-87088-698-7

◇藤原定家　久保田淳著　筑摩書房　（ちくま学芸文庫）　1994.12　①4-480-08170-4

◇堀田善衛全集　10　美しきもの見し人は・方丈記私記・定家明月記私抄　堀田善衛著　筑摩書房　1994.2　①4-480-70060-9
　＊独自な美術論『美しきもの見し人は』と、長明、定家という乱世を生き抜いた人物像を捉え直し、転換期の時代を浮彫りにした二作。

◇定家と白氏文集　浅野春江著　教育出版センター　1993.12　①4-7632-1931-6

◇明月記　1　冷泉家時雨亭文庫編　朝日新聞社　（冷泉家時雨亭叢書）　1993.12　①4-02-240356-X

◇定家明月記私抄　堀田善衛著　新潮社　1993.10　①4-10-319512-6
　＊藤原定家の日記「明月記」の一文が、戦時下の不安な日々を過ごす若き堀田善衛の心を揺さぶった。以来四十余年この書に親しんできた著者が、乱世を生きた定家の実像と時代の相貌を生き生きと甦らせる名著。正篇と続篇を併せて一冊とした決定版。

◇藤原定家―拾遺愚草抄出義解　安東次男著　講談社　（講談社学術文庫）　1992.2　①4-06-159011-1

◇定家十体の研究　武田元治著　明治書院　1990.5　①4-625-41096-7

藤原信西　ふじわらのしんぜい
⇒藤原通憲（ふじわらのみちのり）

藤原佐理
ふじわらのすけまさ（さり）
944〜998　平安時代中期の書家, 公卿。

（参議）。摂政・太政大臣藤原実頼の孫。能書家として知られる。三蹟の一人。

◇藤原佐理研究　中島壌治著　桜楓社　1991.7　①4-273-02349-0

藤原純友　ふじわらのすみとも
？〜941　平安時代中期の官人。伊予に赴任したが、日振島を本拠に海賊の棟梁となって朝廷に反乱。小野好古・源経基に鎮圧された。

◇純友追討記　下向井龍彦著　山川出版社　（物語の舞台を歩く）　2011.11　①978-4-634-22420-9
　＊純友は海賊の首領？　悪逆非道の乱暴者・反体制の英雄？　東シナ海へ雄飛する風雲児？　本書は、このような軽薄な純友像を提供するものではありません。著者が描こうとする純友は、十世紀前半の政治的世界のなかで、自己の功績の正当な評価を要求して立ち上がり、志し半ばで倒れた、登場したばかりの一人の「武士」の痛ましい姿です。わずか八〇〇字に満たない『純友追討記』を縦糸に、豊富な政府側記録を横糸に、「史料を逆なでに読む」ことを通して、一〇〇〇年以上にわたって着せられてきた海賊の首領の濡れ衣を晴らし、純友の実像、その情念と思考と行動に迫ります。純友の思いに寄り添って、鎮魂の旅に出かけましょう。

◇日振島藤原純友財宝伝説の行方―知られざる宇和海　霜村一郎著　創風社出版　2011.8　①978-4-86037-165-4

◇藤原純友　松原弘宣著　吉川弘文館　（人物叢書 新装版）　1999.2　①4-642-05213-5
　＊平安中期の官僚。海賊鎮圧のために伊予に派遣されたが、関東の平将門の反乱と時を経ずして、瀬戸内で反乱を起こす。純友が傍流ながら摂関家につながる中央官人であったという説に立ち、承平・天慶の乱を読み直す。彼がなぜ海賊集団を組織し、反逆者となったのか。10世紀の東アジアと瀬戸内交易との関係、古代の海賊の分析を交えて、生涯を描く。

藤原詮子　ふじわらのせんし
961〜1001　東三条院（ひがしさんじょういん）とも。平安時代中期の女性。円融天皇の女御で一条天皇の生母。

◇天皇たちの孤独―玉座から見た王朝時代　繁田信一著　角川学芸出版，角川書店〔発売〕　（角川選書）　2006.12
①4-04-703404-5
＊『枕草子』に描き出された華麗な王朝世界。その中心にあるべき天皇が，実際にはないがしろにされていた。摂政・関白の専横，それに追従する廷臣たち。孤立する天皇たちの深い嘆きを聞く者はいたのか。当時の廷臣たちの日記によって，華麗なイメージとは裏腹な王朝時代の真実を明らかにする。

藤原隆家　ふじわらのたかいえ
979〜1044　平安時代中期の公卿。（中納言）。摂政・内大臣藤原道隆の四男。刀伊の入寇を撃退。

◇藤原伊周・隆家―禍福は糾へる纏のごとし　倉本一宏著　ミネルヴァ書房　（ミネルヴァ日本評伝選）　2017.2
①978-4-623-07848-6

藤原隆信　ふじわらのたかのぶ
1142〜1205　平安時代後期，鎌倉時代前期の歌人，似絵絵師。「源頼朝像」「平重盛像」で有名。

◇追憶に生きる建礼門院右京大夫　松本寧至著　新典社　（日本の作家）　1988.9
①4-7879-7018-6
＊王朝から中世へ，歴史の一大転換期に清盛の女徳子に仕え，平資盛・藤原隆信と恋愛し，平家の滅亡を目のあたりにした建礼門院右京大夫は，その後の五十有余年を資盛との愛にすがり，『建礼門院右京大夫集』を書き遺した。本書は，自身も僧籍にある著者が，人生無常を基調に，学殖を傾けて綴った感動の書。

藤原忠平　ふじわらのただひら
880〜949　平安時代中期の公卿。（摂政・関白・太政大臣）。関白・太政大臣藤原基

経の四男。兄時平の死後，氏長者になる。

◇貞信公記　藤原忠平著，東京大学史料編纂所編　岩波書店　（大日本古記録）　1956

藤原種継　ふじわらのたねつぐ
737〜785　奈良時代の官人。（中納言）。参議藤原宇合の孫。

◇藤原種継―都を長岡に遷さむとす　木本好信著　ミネルヴァ書房　（ミネルヴァ日本評伝選）　2015.1　①978-4-623-07226-2

藤原仲麻呂　ふじわらのなかまろ
706〜764　恵美押勝（えみのおしかつ）とも。奈良時代の官人。（太師）。贈太政大臣・左大臣藤原武智麻呂の次男。光明皇后に引き立てられ政界に。橘諸兄・奈良麻呂等の勢力を抑え専権をふるう。淳仁天皇を即位させ自らは太師恵美押勝として頂点に。のち孝謙上皇に登用された道鏡を除こうとして乱をおこし敗死。

◇大伴家持―氏族の「伝統」を背負う貴公子の苦悩　鐘江宏之著　山川出版社　（日本史リブレット人）　2015.1
①978-4-634-54810-7

◇藤原仲麻呂政権とその時代　木本好信編　史聚会　2013.3　①978-4-87294-088-6

◇藤原仲麻呂政権の基礎的考察　木本好信著　高科書店　1993.6

藤原信実　ふじわらののぶざね
1176？〜1265？　鎌倉時代前期の歌人，似絵絵師。歌集に「信実朝臣集」があり，「三十六歌仙絵巻」などでも知られる。

◇鎌倉時代歌人伝の研究　井上宗雄著　風間書房　1997.3　①4-7599-1036-0

藤原秀郷　ふじわらのひでさと
生没年不詳　平安時代中期の東国の武将，下野国の押領使。平貞盛と協力して平将門の乱を平定。

◇藤原秀郷将軍　安木三郎著　牧歌舎，星雲社（発売）　2006.2　①4-434-07436-9
＊朝敵平将門を朝廷の命により誅殺した

藤原秀郷。歴史はこの将軍を正しく評価してこなかった。大化の改新の立役者、中臣鎌足から始まる藤原氏の系譜を大別。平泉藤原氏に代表される秀郷流藤原氏の全貌を描く。

◇伝説の将軍藤原秀郷　野口実著　吉川弘文館　2001.12　①4-642-07779-0
　＊「俵藤太のむかで退治」で有名な藤原秀郷。後世の英雄伝説はなぜ生まれたのか。将門の乱を中心に秀郷の足跡を辿り、秀郷流藤原氏や武芸故実から、説話の背景を探る。今もなお人々の心を捉える秀郷の実像に迫る伝記。

◇伝説の将軍藤原秀郷―武者と物怪の物語　群馬県立歴史博物館　2000.4

▌藤原秀衡　ふじわらのひでひら
　？～1187　平安時代後期の武将。奥州藤原氏の3代。鎮守府将軍・陸奥守になり奥州藤原氏の最盛期を築く。源義経の庇護者として頼朝に対抗した。

◇藤原秀衡―義経を大将軍として国務せしむべし　入間田宣夫著　ミネルヴァ書房（ミネルヴァ日本評伝選）　2016.1
　①978-4-623-07576-8

◇奥州藤原氏と平泉　岡本公樹著　吉川弘文館　（人をあるく）　2014.4
　①978-4-642-06780-5
　＊みちのく平泉に黄金と浄土の都を築いた奥州藤原氏。東北最強の武士は、なぜ浄土を求め、そして滅んだのか。繰り返された戦争、都市平泉の実像、義経の亡命など、東北の風土とともに生きた四代一〇〇年の物語を再現。

◇奥州藤原三代の栄華と没落―黄金の都・平泉の歴史を巡る旅　武光誠著　河出書房新社　（KAWADE夢新書）　2011.9
　①978-4-309-50384-4
　＊平氏と源氏が勢力を争っていた時代、奥州藤原氏は、いかにして勃興し、東北の覇者として君臨できたのか。また、平泉はなぜ“黄金の都”として繁栄できたのか。かの地に脈々と息づく精神風土から掘り起こし、その実相に迫る。

◇奥州藤原氏―平泉の栄華百年　高橋崇著

中央公論新社　（中公新書）　2002.1
①4-12-101622-X
＊奥州藤原氏は平泉を拠点として平安末期の東北地方に君臨した。産金をもとに財をなし、京風の絢爛たる仏教文化を花開かせた。初代清衡から三代秀衡へ、支配権はどのように伸長したのか。秀衡の死後わずか二年で源頼朝に攻め滅ぼされたのはなぜか。京都との関わりを軸に、百年の歴史を多角的に検証。併せて、中尊寺金色堂に眠る歴代のミイラの学術調査結果も紹介する。『蝦夷』『蝦夷の末裔』に続く東北古代史三部作完結編。

◇蒼き蝦夷の血　3　今東光著　徳間書店（徳間文庫）　1993.3　①4-19-567499-9
＊三十有余年に亘る基衡の治世を継いだ三代秀衡は、朝廷より鎮守府将軍を拝命し、名実ともに北方の王者として奥州に君臨した。“一丸の蝦夷”こそが清衡以来の陸奥経営の根幹であり、仏国土の建設にその理想郷を追う秀衡であった。都は公家、武家が相争う権謀術数の坩堝と化し、平氏政権の黄金期を迎えていた。だが秀衡は商人吉次を使い、鞍馬に在った源義朝の遺児牛若丸に触手を伸ばした。歴史巨篇。

◇蒼き蝦夷の血　4　今東光著　徳間書店（徳間文庫）　1993.3　①4-19-567500-6
＊磐石の平泉政権にも、時代の激浪は及んだ。栄華を謳う平氏に反旗を翻す策動が各地に胚胎、頼朝決起の報を受けるや、秀衡の諫を振り切って義経は鎌倉へ馳せ上った。源平いずれか、蝦夷政権の存亡を賭けた選択は目睫に迫っていた。一ノ谷、屋島と、義経の迅雷の機略の前に、平氏は西海へ遁走した。だがこの時すでに、義経は平泉に在った義経ではなく、また兄頼朝の疑念も深まりつつあった。巨匠の未完の絶筆。

◇蒼き蝦夷の血　3　〔新装版〕　今東光著　新人物往来社　1992.6　①4-404-01924-6
＊元中尊寺貫主の著者が晩年、渾身の筆を揮い、絶筆となった歴史大作。百年余にわたって古代の奥州に君臨し、中尊寺・金色堂に代表される黄金文化を築いた奥州藤原氏の興亡のドラマ。

◇蒼き蝦夷の血 4 〔新装版〕 今東光著
新人物往来社 1992.6 ①4-404-01925-4
＊元中尊寺貫主の著者が晩年、渾身の筆
を揮い、絶筆となった歴史大作。百年
余にわたって古代の奥州に君臨し、中
尊寺・金色堂に代表される黄金文化を
築いた奥州藤原氏の興亡のドラマ。

◇蒼き蝦夷の血 5 〔新装版〕 今東光著
新人物往来社 1992.6 ①4-404-01926-2
＊元中尊寺貫主の著者が晩年、渾身の筆
を揮い、絶筆となった歴史大作。百年
余にわたって古代の奥州に君臨し、中
尊寺・金色堂に代表される黄金文化を
築いた奥州藤原氏の興亡のドラマ。

▌藤原広嗣 ふじわらのひろつぐ
？～740 奈良時代の官人，藤原広嗣の乱
の指導者。

◇聖武天皇と紫香楽宮の時代 小笠原好彦
著 新日本出版社 （新日本新書）
2002.1 ①4-406-02849-8
＊大仏造営の野望たぎらせ、都を転々と
移した聖武天皇の謎の彷徨は何を意味
するか。聖武天皇が、古代東アジア世
界のなかで八世紀前半の日本の律令国
家をどう支配しようとしたのか、その
実像に迫る。

◇天皇号と須弥山 森田悌著 高科書店
1999.7
＊本書の表題論文では、推古朝に始まる
天皇号、スメラミコトが仏教の須弥山
に由来することを述べている。日本古
代史の最重要事項の一つに宗教・仏教
が密接していたことになるが、この事
実は歴史の原動力として宗教が大きな
関与・働きをなしていたことを示唆し
ている。前半の論文は、政治・社会と宗
教との関連という観点から研究を行っ
たもので、後半は政治・制度に関わる研
究となっている。

▌藤原房前 ふじわらのふささき
681～737 飛鳥時代，奈良時代の官人。
（参議）。藤原北家の祖。右大臣藤原不比
等の次男。

◇藤原氏の研究 倉本一宏著 雄山閣 （日

本古代氏族研究叢書） 2017.11
①978-4-639-02537-5

▌藤原不比等 ふじわらのふひと
659～720 飛鳥時代，奈良時代の官人。
（右大臣）。藤原鎌足の子。「大宝律令」
「養老律令」を制定。初めて藤原氏が天皇
家の外戚になる端緒をつくった。

◇藤原氏―権力中枢の一族 倉本一宏著
中央公論新社 （中公新書） 2017.12
①978-4-12-102464-0

◇持統天皇と藤原不比等 土橋寛著 中央
公論新社 （中公文庫） 2017.3
①978-4-12-206386-0

◇藤原不比等―古代を創った人びと 歴史
展示企画会議監修 奈良県地域振興部文
化資源活用課 2016.3

◇日本史の影の主役藤原氏の正体―鎌足か
ら続く1400年の歴史 武光誠著 PHP研
究所 （PHP文庫） 2013.12
①978-4-569-76104-6
＊『御堂関白記』が2013年6月に世界記憶
遺産に登録された。約1000年前の藤原
道長の直筆の日記が、驚くことに彼の
子孫によって大切に保管されてきたの
だ。本書は1400年の歴史を持ち、現代
まで続く藤原氏の系譜を辿りながら、
日本史の流れを学ぶもの。メディチ家、
ロスチャイルド家など有名な家系は
多々あるが、彼らよりもはるかに古い
歴史をもつ藤原氏は、いかにして生き
残ってきたのか？ 文庫書き下ろし。

◇天風の彩王―藤原不比等 上 黒岩重吾
著 講談社 （講談社文庫） 2000.10
①4-06-264990-X

◇天風の彩王―藤原不比等 下 黒岩重吾
著 講談社 （講談社文庫） 2000.10
①4-06-264991-8

◇奈良時代の藤原氏と朝政 高島正人著
吉川弘文館 1999.7 ①4-642-02342-9
＊藤原氏の成立をはじめ、知太政官事の
性格や参議朝政・中納言制等に焦点を
あて、新たな視点より再検討する。あ
わせて政界における藤原氏の政治的地
位を解明するなど、定説化しつつある

古代史の諸課題に一石を投じる。

◇藤原氏物語—栄華の謎を解く　高橋崇著　新人物往来社　1998.2　①4-404-02574-2
＊鎌足に始まる藤原氏は、なぜ比類なき権勢を保持し続けることが出来たのか？　古代史上、絶えず政権の中枢を占め続けた藤原氏の秘密を解き明かす。

◇天風の彩王—藤原不比等　上　黒岩重吾著　講談社　1997.10　①4-06-208848-7
＊なぜ、この男が権力の頂点に立ったのか？　古代史小説の第一人者の新境地！　知謀の政治家・藤原不比等の謎に迫る。持統女帝の寵愛を受けて順調に出世を遂げ、娘の宮子と安宿媛を入内させて天皇家の外戚としての位置を築き上げたその華麗なる生涯の光と影。

◇天風の彩王—藤原不比等　下　黒岩重吾著　講談社　1997.10　①4-06-208849-5
＊知謀をつくして、昇進をとげた男の実像。野望に燃える藤原不比等の生涯を描く長篇古代史ロマン。

◇藤原不比等　高島正人著　吉川弘文館（人物叢書 新装版）　1997.6　①4-642-05205-4
＊国の将来をになう政治家となるため、父鎌足によって幼少のころより英才教育を受けた稀代の大政治家。大宝・養老律令の編纂をはじめ、銭貨の鋳造、年号の使用、文字・学問の普及など、その高邁な識見と卓越した指導力によって律令政治の実施に尽力する。また皇室との姻戚関係を深め、藤原氏繁栄の礎を築く。不比等の政治と生涯を描く本格的伝記。

◇藤原不比等　いき一郎著　三一書房　1997.2　①4-380-97224-0
＊藤原不比等（659～720）、鎌足の子。『記紀』編纂を牛耳り、律令国家＝天皇制国家をつくった男。いまなぜ"不比等"か。日本古代史の謎を解く。

◇覇王不比等　第3部　日本誕生　黒須紀一郎著　作品社　1995.12　①4-87893-244-9

◇覇王不比等　第2部　あすかの嵐　黒須紀一郎著　作品社　1995.9　①4-87893-235-X

◇覇王不比等　第1部　鎌足の謎　黒須紀一

郎著　作品社　1995.5　①4-87893-222-8

◇持統天皇と藤原不比等—日本古代史を規定した盟約　土橋寛著　中央公論社（中公新書）　1994.6　①4-12-101192-9
＊686年9月、天武天皇が崩御する。鸕野讃良皇后（後の持統天皇）は草壁皇太子の即位を保留し臨朝称制する。そして翌十月、大津皇子が謀叛の廉で処刑される。その裏には持統天皇の、天武嫡系の皇子による皇位継承をという強い意思があり、藤原不比等との間に盟約を結び協力体制を組む。不比等は何を意図して協力体制を組んだか。本書は盟約の内容と協力体制の歴史上の展開を追い、河内安宿に繋がる人脈を説き、古代史の謎を解く。

▌藤原冬嗣　ふじわらのふゆつぐ
775～826　平安時代前期の公卿。（左大臣）。右大臣藤原内麻呂の次男。初の蔵人頭で北家隆盛の基礎を築く。

◇嵯峨天皇と文人官僚　井上辰雄著　塙書房　2011.2　①978-4-8273-1240-9

▌藤原麻呂　ふじわらのまろ
695～737　飛鳥時代、奈良時代の官人。（参議）。藤原京家の祖。右大臣藤原不比等の四男。

◇藤原北家・京家官人の考察　木本好信著　岩田書院（古代史研究叢書）　2015.8　①978-4-87294-923-0

▌藤原道家　ふじわらのみちいえ
⇒九条道家（くじょうみちいえ）

▌藤原道長　ふじわらのみちなが
966～1027　平安時代中期の公卿。（摂政・太政大臣）。摂政・関白・太政大臣藤原兼家の五男。兄の後継を甥伊周と争い勝って内覧となる。4人の娘を后にし、3人の天皇の外祖父として摂関政治の最盛期を築き、世に御堂関白と呼ばれた（実際には関白にはなっていない）。晩年には法成寺

◇藤原道長事典―御堂関白記からみる貴族社会　大津透，池田尚隆編　思文閣出版　2017.9　Ⓘ978-4-7842-1873-8

◇紫式部　新装版　沢田正子著　清水書院（Century Books　人と思想）　2016.7　Ⓘ978-4-389-42174-8

◇藤原道長　加来耕三企画・構成・監修, 静霞薫原作, 中島健志作画　ポプラ社（コミック版日本の歴史　平安人物伝）　2015.1　Ⓘ978-4-591-14264-6

◇日本史の影の主役藤原氏の正体―鎌足から続く1400年の歴史　武光誠著　PHP研究所（PHP文庫）　2013.12　Ⓘ978-4-569-76104-6
　＊『御堂関白記』が2013年6月に世界記憶遺産に登録された。約1000年前の藤原道長の直筆の日記が、驚くことに彼の子孫によって大切に保管されてきたのだ。本書は1400年の歴史を持ち、現代まで続く藤原氏の系譜を辿りながら、日本史の流れを学ぶもの。メディチ家、ロスチャイルド家など有名な家系は多々あるが、彼らよりもはるかに古い歴史をもつ藤原氏は、いかにして生き残ってきたのか？　文庫書き下ろし。

◇藤原道長の権力と欲望―「御堂関白記」を読む　倉本一宏著　文芸春秋（文春新書）　2013.5　Ⓘ978-4-16-660915-4
　＊平安時代の摂関政治を代表する藤原道長は詳細な日記『御堂関白記』を書いていた。その全現代語訳を成し遂げた歴史学者が日記を精緻に読み解いた。小心だが大胆、よく怒り、よく泣く。宮中の権力闘争を生き抜いた最高権力者の実像。

◇藤原道長の日常生活　倉本一宏著　講談社（講談社現代新書）　2013.3　Ⓘ978-4-06-288196-8
　＊平安貴族の過酷な政務とは？　下級官人、女官たちの人心を掌握する術とは？　物忌、穢、怪異、怨霊といかに向き合ったか？　世界最古の自筆日記が語る権力者の知られざる実像。

◇御堂関白記全註釈　寛弘2年　山中裕編　思文閣出版　2012.9

◇御堂関白記全註釈　長和2年　山中裕編　思文閣出版　2012.9　Ⓘ978-4-7842-1649-9

◇御堂関白記全註釈　寛弘6年　改訂版　山中裕編　思文閣出版　2012.9　Ⓘ978-4-7842-1647-5

◇御堂関白記全註釈　寛仁2年　上　山中裕編　思文閣出版　2012.9　Ⓘ978-4-7842-1651-2

◇御堂関白記全註釈　寛仁2年　下―治安元年　山中裕編　思文閣出版　2012.9　Ⓘ978-4-7842-1652-9

◇御堂関白記全註釈　寛弘元年　山中裕編　思文閣出版　2012.9　Ⓘ978-4-7842-1645-1

◇御堂関白記全註釈　寛仁元年　山中裕編　思文閣出版　2012.9　Ⓘ978-4-7842-1650-5

◇御堂関白記全註釈　長和元年　山中裕編　思文閣出版　2012.9　Ⓘ978-4-7842-1648-2

◇御堂関白記全註釈　御堂御記抄（長徳元年）/長徳4年/長保元・2年　山中裕編　思文閣出版　2010.3　Ⓘ978-4-7842-1513-3

◇藤原道長「御堂関白記」　下　倉本一宏全現代語訳　講談社（講談社学術文庫）　2009.7　Ⓘ978-4-06-291949-4
　＊この世をばわが世とぞ思う望月の欠けたることもなしと思えば―。三女威子を後一条天皇の中宮に立て、ついに「一家三后」を実現した道長。宮廷での栄華が極まる一方で、その明るさに胸病・眼病が暗い影を落とし始める。政治から身を引き、極楽往生を願う晩年の日々。いまに残る日記の最終条は念仏「十七万遍」であった。政治権力者の日記、完結。

◇御堂関白記―藤原道長の日記　ビギナーズ・クラシックス日本の古典　藤原道長著, 繁田信一編　角川学芸出版, 角川グループパブリッシング（発売）（角川文庫〔角川ソフィア文庫〕）　2009.6　Ⓘ978-4-04-407207-0
　＊王朝時代の事実上の最高権力者であり、光源氏のモデルとされる藤原道長は、

どんな毎日を過ごしていたのだろうか。抵抗勢力のために機能不全となる朝廷、ごますり上手な武家の棟梁、道長政権の庇護者、漢詩文の隆盛、2人の妻、親王誕生、金峰山参詣、息子の出家―。本書は、道長の日記『御堂関白記』をわかりやすい現代語訳で読みこなす。道長のすがおを通して、千年前の日々が時空を超えて甦る。平安時代を知る基本図書。

◇藤原道長「御堂関白記」　上　倉本一宏訳　講談社　（講談社学術文庫）　2009.5
Ⓘ978-4-06-291947-0
＊『御堂関白記』は、平安時代中期いわゆる摂関政治の最盛期を築いた藤原道長の日記である。長徳元（九九五）年、三十歳で関白に准じる職・内覧に任じられたときから始まり、豪放磊落な筆致と独自の文体で描かれる宮廷政治と日常生活の様子。平安貴族が活動した世界とはどのようなものだったのか。自筆本・現写本・新写本などからの初めての現代語訳。

◇御堂関白記全註釈　長和5年　山中裕編　思文閣出版　2009.3
Ⓘ978-4-7842-1434-1

◇藤原道長　山中裕著　吉川弘文館　（人物叢書 新装版）　2008.1
Ⓘ978-4-642-05243-6
＊平安中期、摂関政治の全盛を築いた公卿。藤原氏内部の熾烈な争いの後、執政者となる。外戚の地位を確固とし、穏やかな政治手法は華やかな宮廷文化を育み、また幸運な環境にも恵まれ、人と争うことなく順調な生涯を送った。『御堂関白記』をはじめとする日記や『栄花物語』『大鏡』を比較し、道長ら公卿たちの内面に迫りながら、その傑出した実像を描く。

◇御堂関白記全註釈　寛弘5年　山中裕編　思文閣出版　2007.11
Ⓘ978-4-7842-1374-0

◇御堂関白記全註釈　寛弘8年　山中裕編　思文閣出版　2007.6
Ⓘ978-4-7842-1350-4

◇藤原道長―男は妻がらなり　朧谷寿著　ミネルヴァ書房　（ミネルヴァ日本評伝選）　2007.5　Ⓘ978-4-623-04884-7
＊天皇家との外戚関係を築き、貴族社会の頂点に立ち、機をみるに敏に活動し、運をつかんだ道長。その栄華とは裏腹に病に悩む姿もあった。本書は膨大な史料と格闘し、等身大の道長像を描き出す。

◇御堂関白記全註釈　寛弘4年　山中裕編　思文閣出版　2006.6　Ⓘ4-7842-1302-3

◇御堂関白記全註釈　寛弘7年　山中裕編　思文閣出版　2005.10　Ⓘ4-7842-1260-4

◇御堂関白記全註釈　寛弘3年　山中裕編　思文閣出版　2005.2　Ⓘ4-7842-1214-0

◇御堂関白記全註釈　長和4年　山中裕編　思文閣出版　2003.8　Ⓘ4-7842-1158-6

◇萌がさね―藤原道長室明子相聞　鳥越碧著　講談社　（講談社文庫）　2000.9
Ⓘ4-06-264977-2

◇御堂関白記全註釈　寛弘6年　山中裕編　高科書店　2000.6

◇萌がさね―藤原道長室明子相聞　鳥越碧著　講談社　1996.8　Ⓘ4-06-208124-5

▌ 藤原通憲　ふじわらのみちのり
1106～1159　藤原信西（ふじわらのしんぜい）とも。平安時代後期の政治家。保元の乱の後、平清盛と協力して政務にあたるが、藤原信頼に憎まれ平治の乱で殺された。

◇日本先覚者列伝　村山修一著　塙書房　（塙選書）　2005.4　Ⓘ4-8273-3102-2
＊中大兄皇子（天智天皇）、桓武天皇、最澄（伝教大師）、信西（藤原通憲）、一遍（智真）、古田織部正。天皇、貴族から僧侶、茶人まで、国の行く末を案じ、自ら改革を推し進めてきた六人の先覚者たち。何が彼らをそうさせたのか、そして彼らは何を目指したのか。六十年以上にわたり、著作活動をつづける著者ならではの、実証力のある、各調高い文章によって、六人の逸材の姿があざやかによみがえる。

▌ 藤原武智麻呂　ふじわらのむちまろ
680～737　飛鳥時代, 奈良時代の官人。

（左大臣）。藤原南家の祖。中臣御食子の曽孫。

◇藤原四子—国家を鎮安す　木本好信著　ミネルヴァ書房　（ミネルヴァ日本評伝選）　2013.5　①978-4-623-06652-0
＊藤原四子、奈良時代の公卿。藤原不比等の長子・武智麻呂（六八〇〜七三七）、次子・房前（六八一〜七三七）、三子・宇合（六九四〜七三七）、四子・麻呂（六九五〜七三七）。律令体制下で藤原氏政権の確立に努めた四人の政策と相互関係、そして人物像を描き出す。

▌ **藤原宗忠**　ふじわらのむねただ

1062〜1141　平安時代後期の公卿。（右大臣）。権大納言藤原宗俊の長男。

◇中右記　1　東京大学史料編纂所編　岩波書店　（大日本古記録）　1993.3　①4-00-009730-X
＊本書は、藤原宗忠の日記である。中右記の題名は、便宜、現在一般に通用しているところに従った。本書は、その記事により、起筆寛治元年、擱筆保延4年であることが知られる。ただし中間に逸失した年月がある。本冊には、第1冊として、寛治元年より寛治7年までを収めた。

▌ **藤原基経**　ふじわらのもとつね

836〜891　平安時代前期の公卿。（摂政・関白・太政大臣・准三宮）。権中納言藤原長良の三男で良房の養子。光孝天皇を即位させ、初の関白となった。

◇歴史と人物　藤原良房と基経　坂本太郎著　吉川弘文館　1964

▌ **藤原基衡**　ふじわらのもとひら

？〜1157　平安時代後期の武将。奥州藤原氏の2代。毛越寺を建立。

◇奥州藤原氏と平泉　岡本公樹著　吉川弘文館　（人をあるく）　2014.4　①978-4-642-06780-5
＊みちのく平泉に黄金と浄土の都を築いた奥州藤原氏。東北最強の武士は、なぜ浄土を求め、そして滅んだのか。繰り返された戦争、都市平泉の実像、義経

の亡命など、東北の風土とともに生きた四代一〇〇年の物語を再現。

◇奥州藤原三代—北方の覇者から平泉幕府構想へ　斉藤利男著　山川出版社　（日本史リブレット）　2011.5　①978-4-634-54823-7
＊平泉の夢と北の歴史の可能性。平泉の文化と奥州藤原氏の歴史は、古代末期の日本社会がもっていた多様で豊かな可能性を示すものでした。平泉文化は、京都文化の単純な模倣でなく、日本国の枠を超えた「東アジアのグローバルスタンダード」というべき国際性を有していましたし、奥州藤原氏もまた、日本国から自立して北方世界を支配した、「北方王国」ともいえる権力でした。本書は、近年の研究で認識が一新した奥州藤原氏と平泉の世界を訪ねます。

◇平泉への道—国府多賀城・胆沢鎮守府・平泉藤原氏　工藤雅樹著　雄山閣　2005.12　①4-639-01911-4
＊歴史的に陸奥国の成立から「平泉への道」を探る。東北史の枠組の中で、平泉の時代までの流れを整理。最新の考古学的な発掘調査の成果を内容に盛り込む。源頼朝と覇権を争った平泉藤原氏とは何であったかを考える。勝利者の側に立つ史料と価値観を共有しない記述。

◇奥州藤原氏五代—みちのくが一つになった時代　大矢邦宣著　河出書房新社　2001.7　①4-309-90448-3
＊清衡はみちのくが一つにならないかぎり都の干渉を招くことを知っていた。藤原氏の時代こそ、みちのくが歴史上唯一、「一つになった時代」であった。平泉文化を「平和文化戦略」の観点からとらえ直す。

◇藤原四代のすべて　七宮涬三編　新人物往来社　1993.6　①4-404-02025-2

◇蒼き蝦夷の血　2　今東光著　徳間書店　（徳間文庫）　1993.2　①4-19-567470-0
＊藤原王朝の礎を据えた波瀾の人・清衡に対して、2代基衡は重厚の人であった。父の遺業継ぐ30余年の治政は、王朝隆盛と重なる磐石を誇った。荒む京を逃れ、陸奥に下向した貴顕を迎えて、

政体は整い、軍備は拡充された。蝦夷に胚胎する内乱の兆しも間髪をおかず潰された。一丸の奥州王朝に、もはや朝廷からの容喙の余地はなかった。仏国土建設の父の遺志を体現すべく、基衡は仏閣建立に邁進した。歴史巨篇。

◇蒼き蝦夷の血 2 〔新装版〕 今東光著 新人物往来社 1992.6 ④4-404-01923-8
＊元中尊寺貫主の著者が晩年、渾身の筆を揮い、絶筆となった歴史大作。百年余にわたって古代の奥州に君臨し、中尊寺・金色堂に代表される黄金文化を築いた奥州藤原氏の興亡のドラマ。

‖ 藤原百川 ふじわらのももかわ
732〜779 奈良時代の官人。(参議)。参議藤原宇合の八男。

◇平安京遷都期 政治史のなかの天皇と貴族 中川久仁子著 雄山閣 （日本古代史叢書） 2014.2 ①978-4-639-02298-5
＊「正史」を中心に関連史料と虚心に向き合うことで、これまでのわかりやすすぎた「陰謀史観」とは異なる新たな歴史叙述を試みる。

‖ 藤原師輔 ふじわらのもろすけ
908〜960 平安時代中期の公卿。(右大臣)。摂政・関白・左大臣藤原忠平の次男。

◇平安の春 角田文衞著 講談社 （講談社学術文庫） 1999.1 ①4-06-159360-9
＊藤原氏栄華の礎を築き、数々の美徳をそなえた好人物とされる師輔の真の姿を浮彫りにし、専制君主白河法皇の激しくも淋しい生涯に迫る…。後宮の栄光に溢れた優麗典雅の生活あり、争いに敗れ鄙に隠栖する悲しき女性も垣間見える。平安の都を舞台に繰り広げられる人間模様を、多くの文献の読み込みと深い洞察で語る学術エッセイ。

‖ 藤原泰衡 ふじわらのやすひら
1155〜1189 平安時代後期の武将。藤原秀衡の次男。

◇奥州藤原氏と平泉 岡本公樹著 吉川弘文館 （人をあるく） 2014.4

①978-4-642-06780-5
＊みちのく平泉に黄金と浄土の都を築いた奥州藤原氏。東北最強の武士は、なぜ浄土を求め、そして滅んだのか。繰り返された戦争、都市平泉の実像、義経の亡命など、東北の風土とともに生きた四代一〇〇年の物語を再現。

◇新ジンギスカンの謎 丘英夫著 叢文社 2002.7 ①4-7947-0411-9
＊モンゴル文字は、征服したウイグル人のタタトンガに命じて、ジンギスカンが一二〇四年に創らせた。モンゴル帝国創建の二年前。鎌倉幕府の実質的成立一一九二年の一二年後である。不思議なことにモンゴル文字に日本のカナ文字が四字はいっている。そして、日本語と同じ五〇音順で構成されている。タタトンガは日本語を知っているはずはない。ジンギスカンがどうして日本語を知っているのか？「ジンギスカン、源義経説」を立証する新発掘の真実。

‖ 藤原行成
ふじわらのゆきなり（こうぜい）
972〜1027 平安時代中期の書家, 公卿。(権大納言)。太政大臣藤原伊尹の孫。能書家として知られる。三蹟の一人。

◇藤原行成「権記」 上 倉本一宏全現代語訳 講談社 （講談社学術文庫） 2011.12 ①978-4-06-292084-1
＊『権記』は、平安中期、九条流藤原氏の嫡流で三蹟の一人と称される藤原行成の日記である。青年期は不遇であったが、長徳元年(九九五)、蔵人頭に抜擢されて以降は、一条天皇や東三条院、藤原道長の信任を得、側近の能吏として順調に累進してゆく。日々の宮廷の政治・儀式・秘事が細かく記され、貴族の多忙な日常が見える第一級史料、初の現代語訳。

◇行成と夢 槇野広造著 槇野広造 2000.12

◇藤原行成 〔新装版〕 黒板伸夫著 吉川弘文館 （人物叢書） 1994.3 ①4-642-05199-6
＊行成は生前「世のてかき」と讃えられ、

現代も三蹟の一人として知らぬ人はない。しかし彼の本領は、藤原道長の摂関政治体制の中に生き、それを支えた典型的貴族官僚としての活動にある。本書は彼の日記『権記』を手がかりに、その実像に迫り、信仰や人生観など内面生活にも目を注ぎながら、当時の政治や宮廷社会のあり方を浮彫りにしている。

▌藤原良房　ふじわらのよしふさ

804〜872　平安時代前期の公卿。(摂政・太政大臣)。左大臣藤原冬嗣の次男。承和の変、応天門の変で他氏を次々に排斥して専権を手にし、人臣最初の摂政となる。

◇藤原良房—天皇制を安定に導いた摂関政治　今正秀著　山川出版社　(日本史リブレット人)　2012.7　Ⓘ978-4-634-54815-2
＊平安時代王朝貴族政治の代名詞ともいえる摂関政治。藤原良房は最初の摂政となって摂関政治を始めた。それは藤原氏の専権確立のためであり、良房は権謀術数を弄した策略家だったのだろうか。摂関政治成立過程の諸事件、摂政制の成立、天皇と摂政の関係などを史料に基づいて再考し、幼帝即位という天皇制の危機を克服し、安定した皇位継承に道を開き、天皇制を安定に導いた良房の歩みを、日本における古代から中世への転換の胎動、東アジアの変動を視野に跡づけ、摂関政治成立の意義を問い直す。

▌藤原頼長　ふじわらのよりなが

1120〜1156　平安時代後期の公卿。(左大臣)。摂政・関白・太政大臣藤原忠実の次男。父忠実の偏愛を受け、兄忠通をこえて氏長者になったが、のち失脚。復権をかけて崇徳上皇と結び保元の乱を起こしたが、戦傷がもとで死去。

◇藤原頼長　橋本義彦著　吉川弘文館　(人物叢書 新装版)　1988.3
Ⓘ4-642-05109-0

▌藤原頼通　ふじわらのよりみち

990〜1074　平安時代中期の公卿。(摂政・太政大臣・准三后)。摂政・太政大臣藤原道長の長男。摂関政治の最盛期を父道長より受け継ぐ。ただ頼通の娘は皇子を生まなかったので外戚としての地位は揺らぐことになった。また宇治に平等院鳳凰堂を建立したことでも知られる。

◇藤原頼通の時代—摂関政治から院政へ　坂本賞三著　平凡社　(平凡社選書)　1991.5　Ⓘ4-582-84138-4
＊国家を治めるには何事もないのが第一だ、これが王朝貴族に共通した政治的意識であった。このままいつまでも安泰であるはずが、思わぬ外からの圧力によって破砕されていく。来るべき中世を担う人々の動きは支配体制の転換を余儀なくさせるのだが、寺院間の相論は関白頼通の時代にすでに強烈な打撃を天皇や関白に与えていた。

▌蕪村　ぶそん

⇒与謝蕪村(よさぶそん)

▌二葉亭四迷　ふたばていしめい

1864〜1909　明治期の小説家, 翻訳家。近世戯作的な表現から近代小説の独自な表現様式を作る。作品に「浮雲」「平凡」など。

◇二葉亭四迷　新装版　小倉脩三著, 福田清人編　清水書院　(Century Books　人と作品)　2018.4　Ⓘ978-4-389-40126-9

◇星はらはらと—二葉亭四迷の明治　太田治子著　中日新聞社　2016.5　Ⓘ978-4-8062-0711-5

◇二葉亭四迷—くたばってしまえ　ヨコタ村上孝之著　ミネルヴァ書房　(ミネルヴァ日本評伝選)　2014.5　Ⓘ978-4-623-07093-0
＊本名長谷川辰之助。一般には『浮雲』の作者として知られているが、大学教授、新聞記者、実業家、間諜などさまざまな顔を持つ。なぜ彼はいくつもの道を渡り歩いたのか。自己否定を繰り返し、なすべきことを求めてさまよった異形の文学者の生涯を描き出す。

◇明治大正露文化受容史—二葉亭四迷・相馬黒光を中心に　小林実著　春風社　2010.4　Ⓘ978-4-86110-219-6

＊嫌悪と憧れ、違和感と葛藤、そして内面化。反発しながらも憧れたロシア文化を、いかに受け入れ、血肉化していったか。日本人の来歴を知るための画期的論集。

◇二葉亭四迷士魂の炎　幕内満雄著　叢文社　2004.5　①4-7947-0486-0

◇二葉亭四迷の明治四十一年　関川夏央著　文芸春秋　（文春文庫）　2003.7　①4-16-751908-9

◇歴史のつづれおり　井出孫六著　みすず書房　1999.4　①4-622-03669-X
＊歴史の裏通りを生きた人々に注ぐ眼差し、片隅に忘れられた土地への旅。122の挿話が織りなすタピスリーに、過去とこの10年の日本の姿が、鮮かに映し出される。

◇二葉亭四迷とその時代　亥能春人著　宝文館出版　1998.2　①4-8320-1486-2

◇間諜 二葉亭四迷　西木正明著　講談社　（講談社文庫）　1997.5　①4-06-263557-7
＊明治の文豪・二葉亭四迷は、日本陸軍の指令を受けたスパイだったのか!?ウラジオストック、ハルビン、北京…を舞台に彼の足跡をたどり、隠された真実を明かしてゆく。日露戦争前後に繰り広げられた諜報戦や遠くポーランドの独立運動との関わりまでをも描いた、史実に基づく壮大な歴史ミステリーの傑作長編。

◇二葉亭四迷と明治日本　桶谷秀昭著　小沢書店　（小沢コレクション）　1997.3　①4-7551-2047-0
＊明治人の壮大な夢、大いなる未完の生涯。ロシアからの帰途、ベンガル湾上で四十六歳の生を閉じた、四迷・長谷川辰之助―わが国の近代が、この最初の知識人の精神と肉体に強いた、はげしい思想のドラマを明治という時代を舞台に鮮烈に描く。

◇二葉亭四迷の明治四十一年　関川夏央著　文芸春秋　1996.11　①4-16-352290-5
＊憂国の人、完全主義で自己嫌悪、放蕩で親孝行の人、そして愛情に拘泥する人…二葉亭四迷は、自分が存在して然るべき場所を探し続けた現代日本人の

さきがけだった…。

◇二葉亭四迷研究　佐藤清郎著　有精堂出版　1995.5　①4-640-31058-7
＊日本近代文学の先駆者である二葉亭四迷の孫弟子世代に連なり、同じくロシア文学を専攻する著者が、作家二葉亭四迷、人間長谷川辰之助への生涯の親愛と関心をこめてまとめた労著。

◇二葉亭四迷―予が半生の懺悔/平凡　二葉亭四迷著，畑有三編　日本図書センター（シリーズ・人間図書館）　1994.10　①4-8205-8002-7

◇二葉亭四迷全集　別巻　二葉亭四迷著，十川信介編　筑摩書房　1993.9　①4-480-71508-8
＊補遺、存疑文、二葉亭資料、長谷川家資料、二葉亭宛書簡、関連書簡、回想、同時代評・新刊紹介、年譜・著作目録、参考文献。入手が困難な文献を中心に二葉亭研究に欠かせない資料を収録。

◇二葉亭四迷伝―ある先駆者の生涯　中村光夫著　講談社　（講談社文芸文庫）　1993.8　①4-06-196236-1
＊明治の黎明期に近代小説の先駆的な作品『浮雲』を書き、〈言文一致体〉を創出した文豪二葉亭四迷の四十六年の悲劇的な生涯を全十七章から成る緻密な文体で追う。最終章はロシアからの帰途の船上で客死する記述に終り、著者「あとがき」に、「これは彼の生活と時代を再現することを必ずしも目的としたのでなく、伝記の形をとった文学批評だ」とある。評伝文学の古典的名著。読売文学賞受賞。

▌**プチャーチン**　Putyatin, Evfimii V.
1803～1883　プゥチャーチンとも。江戸時代末期のロシアの海軍軍人。遣日使節。日露和親条約・日露修好通商条約を締結。

◇プチャーチン―日本人が一番好きなロシア人　白石仁章著　新人物往来社　（新人物ブックス）　2010.12　①978-4-404-03948-4
＊明治天皇が勲一等を与えた最初で最後のロシア軍人。プチャーチン父娘と日本の意外な交流史。

◇近代日本の万能人・榎本武揚─1836-1908 榎本隆充, 高成田享編 藤原書店 2008.4 ①978-4-89434-623-9
＊最先端の科学知識と広大な世界観を兼ね備え、世界に通用する稀有な官僚として外交・内政の最前線で日本近代化に貢献しながら、幕末維新史において軽視されてきた男。近代日本随一の国際人。

◇プチャーチン使節団の日本来航─ロシアからみた安政の日露通好条約への道 改訂版 玉木功一著 岐阜マルチメディア研究所 2007.7 ①4-86239-017-X

◇プチャーチン提督─150年の航跡 上野芳江著 東洋書店 （ユーラシア・ブックレット） 2005.6 ①4-88595-570-X

▌フランシスコ・ザビエル
⇒ザビエル, フランシスコ

▌古河市兵衛 ふるかわいちべえ
1832〜1903 明治期の実業家。古河鉱業（足尾銅山）社長。足尾銅山を取得、古河財閥の基礎を築く。電気分銅など積極的に新技術を導入。

◇足尾銅山物語 小野崎敏著 新樹社 2007.7 ①978-4-7875-8565-3
＊芥川龍之介が見た、漱石が書いた。日本の「鉱都」をめぐる29の物語。

◇運鈍根の男─古河市兵衛の生涯 砂川幸雄著 晶文社 2001.3 ①4-7949-6475-7

◇古河市兵衛翁伝─伝記・古河市兵衛 五日会編 大空社 （近代日本企業家伝叢書） 1998.11 ①4-7568-0932-4

◇古河市兵衛翁伝 五日会著 ゆまに書房 （人物で読む日本経済史） 1998.9 ①4-89714-589-9

▌古川緑波 ふるかわろっぱ
1903〜1961 大正、昭和期の喜劇俳優。声帯模写を認められ、「笑いの王国」結成。のち古川緑波一座を結成、喜劇復興に尽力。

◇古川ロッパ─食べた、書いた、笑わせた！ 昭和を日記にした喜劇王 河出書房新社 2015.2 ①978-4-309-02363-2

◇古川ロッパとレヴュー時代─モダン都市の歌・ダンス・笑い 早稲田大学演劇博物館企画展示 中野正昭編集 早稲田大学坪内博士記念演劇博物館 2007.5

◇古川ロッパ昭和日記 晩年篇（昭和28年─昭和35年） 新装版 古川ロッパ著, 滝大作監修 晶文社 2007.5 ①978-4-7949-3019-4

◇古川ロッパ昭和日記 戦後篇（昭和20年─昭和27年） 新装版 古川ロッパ著, 滝大作監修 晶文社 2007.4 ①978-4-7949-3018-7

◇古川ロッパ昭和日記 戦中篇（昭和16年─昭和20年） 新装版 古川ロッパ著, 滝大作監修 晶文社 2007.3 ①978-4-7949-3017-0
＊『戦中篇』は悪しき時代と直面したロッパの闘争の記録。正面の敵は大日本帝国の強大な国家権力。ロッパは憤る。なぜ喜劇がこれほど目の仇にされるのか？ それは喜劇が笑いを通して人間性を解放するからである。エッセイ集として名高い『悲食記』は昭和十九年の日記を中心に構成されたが、この戦中編はいわば一冊まるごとの悲食記。連日の空襲、自宅の焼失、疎開する家族との別れ…芝居だけを心の支えに苦境をしのぐロッパの姿が胸に迫る。また、本書では、ロッパと菊田一夫の確執も浮彫りにされる。二人の演劇観の差は現代の大衆演劇においても重要な問題を投げかける。

◇古川ロッパ昭和日記 戦前篇（昭和9年─昭和15年） 新装版 古川ロッパ著, 滝大作監修 晶文社 2007.2 ①978-4-7949-3016-3

◇エノケン・ロッパの時代 矢野誠一著 岩波書店 （岩波新書） 2001.9 ①4-00-430751-1
＊「喜劇王」エノケンこと榎本健一は庶民の生まれ、軽妙な動きで観客を魅了した。「笑の王国」を率いた古川ロッパは華族の家柄、声帯模写で人気を博す。華やかなレビュー、しゃれた寸劇、パロディにナンセンス・ギャグ…浅草で花開き丸の内を席巻した東京喜劇の昭和

を、対照的な二人の喜劇人の、光と影に彩られた足跡をたどりながら綴る。

◇喜劇三十年—あちゃらか人生　苦笑風呂—伝記・古川緑波　古川緑波著　古川緑波著　大空社　（伝記叢書）　1998.2　①4-7568-0496-9

▌古田織部　ふるたおりべ
1544〜1615　安土桃山時代, 江戸時代前期の武将, 茶人。豊臣秀吉に仕える。

◇古田織部の世界　新訂　久野治著　鳥影社　2012.2　①978-4-86265-342-0
＊古田織部の生涯をたどる。

◇へうげもの古田織部伝—数寄の天下を獲った武将　桑田忠親著, 矢部誠一郎監修　ダイヤモンド社　2010.3　①978-4-478-00906-2
＊信長のバサラを受け継ぎ, 秀吉が茶匠として, また武将として信頼し, 家康がその影響力を最も恐れた戦国大名の実像。

◇もっと知りたい戦国武将。ペン編集部編　阪急コミュニケーションズ　（pen BOOKS）　2010.2　①978-4-484-10202-3
＊天下を目指す戦国大名が, 日本各地に群雄割拠した戦国時代。それは日本史において, 最も躍動的な時代だったといえる。乱世を駆け抜けた男たちの生きざまは, エネルギッシュで利那的, そして風流だった。数多くの武勇伝の裏には, 戦国武将たちの美学があったのだ。香道を究めた伊達政宗, 茶の湯を追求した古田織部, 名庭を残した上田宗箇…名だたる武人たちには, そんな知られざる才能があった。さらには, 自由闊達な甲冑のデザインや, 美麗なる武器の意匠, 多彩な家紋のモチーフに, クリエイター一族・狩野派の輝き。時を超えて伝わる彼らの美意識は, いまなお現代人の心を揺さぶる。

◇利休・織部・遠州の茶碗—楽茶碗は茶碗ではない？　実方浩信著　朱鳥社, 星雲社〔発売〕　2010.2　①978-4-434-14064-8
＊長次郎の楽茶碗は茶碗なのか？　織部のやきものは何故あれほど歪んでいるのか？　自らの洞察力や想像力を駆使し, 茶碗に込められた三人の真髄に迫る。

◇千利休より古田織部へ　久野治著　鳥影社　2006.7　①4-86265-001-5

◇織部の夢　石津良樹著　文芸社　2000.9　①4-8355-0530-1
＊大坂夏の陣で, 家康父子を震撼させた回天の秘策とは—。日本のピカソといわれた天才的大茶人・古田織部の波乱万丈な生涯を描く長編大作。

◇古田織部の世界　改訂　久野治著　鳥影社　2000.7　①4-88629-493-6
＊古田織部の新しさに学ぶ。千利休の高弟で織部焼きの祖, また優れた武将でもあった故に家康に抹殺され, 歴史に埋もれていた織部の斬新さに着目, 広く世に紹介した話題の書の改訂版。

◇古田織部—桃山文化を演出する　矢部良明著　角川書店　（角川叢書）　1999.7　①4-04-702108-3
＊桃山文化の立役者, 千利休の跡を襲って, 茶の湯の天下一宗匠となった古田織部は, 今日, もっぱら「織部焼」を創始した茶匠として世に知られる。しかし, 織部焼＝古田織部という図式は, 後世に組み込まれた虚像にすぎない。では, なぜこのような通説が生まれたのか？　織部とはなにをなした人物であったのか？　桃山文化を演出するコーディネーターとして類まれな才能を示し, 慶長年間の茶の湯に新奇の流行を巻き起こした武将, 古田織部の実像に迫り, その創意の根源を解き明かす。

◇骨董巷談　其の4　織部の足跡を追う　池田瓢阿著　里文出版　1999.3　①4-89806-092-7
＊信長・秀吉・家康。三人の天下人に重用された織部がなぜ悲劇の最期を迎えなければならなかったのか。織部研究二十年の著者がその真実の姿に迫る。他, 二編収録。

◇古田織部—乱世を駆け抜けた生涯　里中満智子構成, 村野守美作画　岐阜県　（マンガで見る日本まん真ん中おもしろ人物史シリーズ）　1998.6

◇Oribe—古田織部のすべて　久野治著　鳥影社　1997.11　①4-7952-3586-4

フルベッキ

◇古田織部とその周辺　久野治著　（諏訪）
鳥影社，星雲社〔発売〕　1994.11
＊ダイナミックなオリベイズム。それは21
世紀へ羽ばたく逞しい原動力である。千
利休をつぐ茶人古田織部を見直す一冊。

◇古田織部—桃山の茶碗に前衛を見た　勅
使河原宏著　日本放送出版協会　1992.4
①4-14-080035-6

◇古田織部　土岐信吉著　河出書房新社
1992.3　①4-309-00748-1
＊「自由・華麗・豪放」の造形美・織部焼
を残して忽然と消えた戦国大名・古田
織部—。千利休の高弟にして、桃山文
化の華を創った武人芸術家の謎の生涯
に迫る長編ロマン。

◇幻にて候—古田織部　黒部亨著　講談社
1990.8　①4-06-204871-X
＊千利休八人の高弟の茶湯と人生を描く短
篇集。初めて描かれる茶人織部の世界。

◇風炉のままに—数奇大名・古田織部　高
橋和島著　木耳社　1990.8
①4-8393-9528-4
＊本書は、織部焼誕生に大きな影響を与
えた戦国武将で大茶人でもある古田織
部の波乱に満ちた生涯を、土岐の陶工、
領主たちとの交流や、織部焼出現のい
きさつなどを織り混ぜて、生き生きと
描いています。

◇古田織部の茶道　桑田忠親著　講談社
（講談社学術文庫）　1990.7
①4-06-158932-6
＊「茶の湯の名人」の称をもち、千利休の
高弟中の随一と謳われる古田織部は、
自ら千軍万馬の戦場を往来した戦国大
名。その故にか豊臣家滅亡後、家康よ
り切腹を命ぜられる悲劇をもって波瀾
の生涯を閉じる。織部こそ利休に次ぐ
茶の湯名人と確信する著者は、あらゆ
る史料を博捜してその人と芸術を描き
出す。桃山文化の神髄として不朽の光
を放ち続ける織部の茶道の全体像を、
初めて明らかにした記念碑的労作。

▌フルベッキ　Verbeck, Guido
1830〜1898　明治期のアメリカの宣教師。
大学南校教頭。政府顧問として外交など

を指南。

◇フルベッキ、志の生涯—教師そして宣教師
として　伊藤典子著　あゆむ出版（制作）
2010.3

◇日本の夜明け—フルベッキ博士と幕末維
新の志士たち　山口貴生著　文芸社
2009.3　①978-4-286-06330-0
＊国際貿易都市長崎、近代日本の革命明
治維新はここで話し合われた。謎の多
い「フルベッキ写真」について、さまざ
まな角度からその真相に迫り、日本の
将来を憂い、立場を超えて集まった有
為の青年たちとフルベッキ博士の業績
を解き明かす。近代日本誕生の真相に
迫る待望久しい一書。

◇フルベッキ書簡集　フルベッキ著，高谷道
男編訳　新教出版社　2007.12
①978-4-400-26001-1

◇日本のフルベッキ—新訳考証　無国籍の宣
教師フルベッキの生涯　W.E.グリフィス
著，松浦玲監修，村瀬寿代訳編　洋学堂書
店　2003.1

▌フロイス, ルイス　Frois, Luis
1532〜1597　戦国時代, 安土桃山時代のポ
ルトガルの宣教師。イエズス会士分。織田
信長の知遇を得る。日本事情を記した書
簡や報告書が「日本史」にまとめられた。

◇フロイスの見た戦国日本　川崎桃太著
中央公論新社　（中公文庫）　2006.2
①4-12-204655-6
＊宣教師ルイス・フロイスの著書『日本
史』は、ヨーロッパの知性が捉えた十六
世紀日本の姿を伝える貴重な史料とし
て名高い。浩瀚な記録の中から、布教
とは直接関わりのない人物、風俗、文
化、芸術、政治等をテーマとする記述を
抜き出して、簡潔な解説を加えた『日本
史』のダイジェスト版。

◇フロイスの見た戦国日本　川崎桃太著
中央公論新社　2003.2　①4-12-003356-2
＊信長・秀吉はじめ大名・武将・文化人が
織りなし、政治・文化・風俗・芸術・宗
教の諸相が彩なす織豊期日本の等身大
の姿を克明に記す。

◇わが友フロイス　井上ひさし著　ネスコ
1999.12　①4-89036-095-6
＊1563年宣教師フロイス日本上陸。その
悩みと生涯。『東京セブンローズ』連載
開始と同時期に発表された傑作小説、
ついに単行本化。

◇宣教師が見た織田信長　高野澄著　徳間
書店　（徳間文庫）　1992.1
①4-19-599446-2
＊1568年、織田信長は足利義昭を奉じて
入洛、天下に王手をかけた。しかし翌
年、義昭の宿舎・本圀寺が襲撃され、前
途に不安を覚えた信長は二条城の建造
にかかる。信長はそこで宣教師ルイス・
フロイスと出会い、キリスト教の布教
に力を貸した。揺らぎ始めた寺院勢力
と対立させ、宗教全般を支配下におく
政策だったのか―？　キリスト教世界の
視点から、新しい信長像と日本像が浮
かび上がる。書下し力作評論。

◇フロイス 日本史 3 五畿内篇 1 〔普
及版〕　ルイス・フロイス著，松田毅一,
川崎桃太訳　中央公論社　1991.12
①4-12-402363-4
＊1551年にフランシスコ・ザビエルが都
に至りながら空しく平戸に帰った後、
都での布教のため比叡山に派遣された
司祭ガスパル・ヴィレラ、日本人修道士
ロレンソらは公方様＝将軍足利義輝か
ら允許状を得ることに成功するが、法
華宗など仏教勢力の抵抗にあい逆に都
を追われてしまう。65年、フロイスは
都に上り義輝を年初の挨拶に訪れる。
その筆は三十三間堂、東福寺、金閣寺、
東寺など巨大で豪華な建築で飾られた
都の魅力、堺の修道士アルメイダが実
見した奈良の興福寺、東大寺の偉容に
及び、また堺の日比屋了珪の娘、高山右
近の父ダリオの信仰が感動的に語られ
る。さらに6月、松永久秀、三好義継ら
の陰謀により義輝が弑逆された次第が
詳述される。信長の肉声を生き生きと
伝える迫真の戦国時代史手写本から完
訳。毎日出版文化賞、菊池寛賞受賞。

◇フロイス 日本史 4 五畿内篇 2 〔普
及版〕　ルイス・フロイス著，松田毅一,
川崎桃太訳　中央公論社　1991.12
①4-12-402364-2
＊1568年、足利義昭を将軍に奉じて信長
が上洛を果たす。都を追われ堺で布教
を続けていたフロイスは5年ぶりに都に
戻り、信長から居住の自由と諸義務の
免除を認める允許状を手に入れる。伴
天連の追放を主張する僧日乗を信長の
面前で論破したフロイスは、バビロン
の繁栄を思わせる岐阜の居城にまで信
長を訪ねてその寵愛を得ることに成功、
好戦的で傲慢不遜と記す一方で、神と
仏への礼拝ならびにあらゆる異教的占
卜や迷信的習慣を軽蔑し、善き理性と
明晰な判断力を有すると信長を評価し、
デウスの「鞭」と見なした。そして75
年、将軍義昭を都から追放して「絶対的
君主」の地位を獲得した信長の保護の
もとで、都に「被昇天の聖母教会」が落
成する。信長の肉声を生き生きと伝え
る迫真の戦国時代史手写本から完訳。
毎日出版文化賞、菊池寛賞受賞。

◇フロイス 日本史 5 五畿内篇 3 〔普
及版〕　ルイス・フロイス著，松田毅一,
川崎桃太訳　中央公論社　1991.12
①4-12-402365-0
＊天下の主となった信長は安土に7層の天
守閣をもつ豪壮華麗な城を築き、日本
第一の新市街を拓いた。司祭オルガン
ティーノは神学校を付属した3階建の修
道院を建設する。1581年、都で信長に
謁見、安土を訪ねた巡察使ヴァリニャー
ノを、信長は2度にわたって招き自ら城
内を案内するなどの厚遇を与える。し
かし狂気と盲目に陥り自らを神格化す
るに至った信長は、82年、逆臣明智光
秀によって本能寺で殺害されてしまう。
光秀は旬日にして惨めな最後を遂げ秀
吉が天下をとるが、87年の伴天連追放
令によってキリシタンたちは再び苦難
の時を迎える。フロイスはこの断圧下
に夫の目を盗んで改宗した光秀の娘細
川ガラシアのことを感動をもって記録
する。信長の肉声を生き生きと伝える
迫真の戦国時代史手写本から完訳。毎
日出版文化賞、菊池寛賞受賞。

◇南蛮遍路―フロイス研究回顧録　松田毅
一著　朝文社　1991.7　①4-88695-041-8
＊織田信長や秀吉の時代、フロイスは、日

本と日本人をつぶさに実見し、厖大な
『日本史』を著した。その完訳者が自ら
つづる波瀾の研究の生涯。

文室宮田麻呂　ふんやのみやたまろ
生没年不詳　平安時代前期の官人。筑
前守。

◇日本の怨霊　大森亮尚著　平凡社
2007.9　①978-4-582-46602-7
＊この人たちは、なぜ怨霊となったのか？
天皇家をめぐる暗闘に斃れ、正史から隠
された死者たちの怨念の実相。鎮魂の古
代史があきらかにする怨霊研究の白眉。

文室綿麻呂　ふんやのわたまろ
765～823　奈良時代，平安時代前期の公
卿。(中納言)。大納言文室浄三(智努王)
の孫。蝦夷地遠征で功績を残す。

◇古代東北史の人々　復刊　新野直吉著
吉川弘文館　（歴史文化セレクション）
2009.9　①978-4-642-06354-8
＊古代日本の北辺の天地には、蝦夷と呼
ばれた人々も含め、平泉に至るまで多
彩な人間の営みが展開されていた。そ
の地に活躍し、歴史を創り出した人間
の姿を、史実のなかで明らかにし、新た
な古代東北史像を描き出す。

【へ】

平城天皇　へいぜいてんのう
774～824　平城太上天皇(へいぜいだじょ
うてんのう)とも。平安時代前期の第51代
の天皇。(在位806～809)。桓武天皇と皇
后藤原乙牟漏の第1子。

◇平城天皇　春名宏昭著　吉川弘文館　（人
物叢書 新装版）　2009.1
①978-4-642-05249-8
＊父桓武天皇の政治を引き継ぐ一方、大規
模官制改革、側近官体制の整備、地方行
政の掌握など、矢継ぎ早に新政策を展開
した。譲位後も太上天皇として尽力した

が、薬子の変によって晩年は隠棲を強
いられた。在位わずか3年だったが、そ
の業績は後の王朝貴族社会を基礎付け
るもので、生まれながらの天皇として
一身に国家を担った悲劇の生涯を追う。

ヘボン　Hepburn, James Curtis
1815～1911　明治期のアメリカの宣教師,
医師, 語学者。日本初の和英辞典「和英語
林集成」を編纂・刊行。ヘボン式ローマ字
の基となった。

◇宣教医ヘボン―ローマ字・和英辞書・翻訳
聖書のパイオニア　横浜開港資料館，明
治学院大学図書館，明治学院歴史資料館
編　横浜市ふるさと歴史財団　2013.10

◇ヘボン博士の愛した日本　杉田幸子著
いのちのことば社フォレストブックス
2006.3　①4-264-02423-4
＊150年前、幕末の日本にやってきた一人
の宣教師が文明開化の先駆者となった。
歴史ロマンをかき立てる人物再発見！
豊富なイラスト・写真つき。

◇ヘボンさんの幕末維新―日本プロテスタ
ントの誕生　志村純著　キリスト新聞社
2006.1　①4-87395-458-4

◇ヘボン物語―明治文化の中のヘボン像
村上文昭著　教文館　2003.10
①4-7642-9926-7

◇日本の近代化をになった外国人―シーボ
ルト・ヘボン　片桐一男，望月洋子著，国
立教育会館編　ぎょうせい　（教養講座シ
リーズ）　1991.12　①4-324-02890-7

◇ヘボン―同時代人の見た　ウイリアム・
エリオット・グリフィス著，佐々木晃訳
教文館　1991.10　①4-7642-6276-2
＊開国間もない日本での33年間におよぶ
ヘボンの足跡を、同時代人W.E.グリ
フィスが、日記、手紙などの原資料を縦
横に使って、生き生きと描写し、その人
柄に迫る。ヘボン式ローマ字、医学、和
英辞典、聖書翻訳の父、ヘボンの生涯。

ペリー　Perry, Matthew Calbraith
1794～1858　江戸時代末期のアメリカの
海軍軍人。日本に開国を求め日米和親条

約を締結。来航記録が「ペルリ提督日本
遠征記」にまとめられた。

◇ダイジェストでわかる外国人が見た幕末
ニッポン　川合章子著　講談社　2011.10
①978-4-06-217271-4
＊ユーモア大好き。語学堪能。災害に不
屈。ペリー、ハリス、サトウetc.―幕末
動乱期に来日した外国人23人の記録。

◇ペリー艦隊日本遠征記　上　M.C.Perry
著, オフィス宮崎編訳　万来舎　2009.4
①978-4-901221-34-4
＊開国の雷鳴、黒船来航す！　大西洋を横
断し、喜望峰をまわる大航海の末、ペ
リーが到着した日本は、激動する国際
情勢の情報を着々と収集しつつあっ
た…。日本は武力で対抗してくるのか、
それとも交渉のテーブルに着くのか。
水深が不明の江戸湾内に入ることはで
きず、艦砲射撃は封じられたまま。十
分な食料もなく、長期の交渉は不利で
あることを熟知していたペリーがとっ
た方策は、そして日本の交渉戦術は…。
新しい国際政治のうねりが高まる幕末、
現代日本の姿を決定した大事件のド
キュメンタリーが新しい翻訳で登場。

◇ペリー艦隊日本遠征記　下　M.C.Perry
著, オフィス宮崎編訳　万来舎　2009.4
①978-4-901221-35-1
＊外交交渉、沸騰す！　日本は、やがて一
大工業国として強力なライバルになる
可能性がある…。知的好奇心もあらわ
に、蒸気機関の仕組みをたずね、それを
即座に理解する日本人。ペリーはこの
民族の潜在能力をひしひしと感じた。
彼らを納得させる条文を練り上げるこ
とができるのか。はたして将軍は署名
をするのか。外交ゲームは緊張の頂点
へ！　幕末日本の自然や風俗を活写し、
アメリカで日本関連書籍の出版ブーム
を起こした大著が新しい翻訳で蘇る。

◇特別展ペリー＆ハリス―泰平の眠りを覚ま
した男たち　東京都江戸東京博物館編
東京都江戸東京博物館　2008.4
①4-924965-61-8

◇ペリーを訪ねて　中野昌彦著　東京図書
出版会, リフレ出版〔発売〕　2006.4

①4-86223-017-2
＊この本は、ペリー提督の日本遠征と条
約締結に至った過程に強い興味を抱い
た筆者が、次々と湧き上がる自身の疑
問を解きたいと調べまとめたものであ
る。従って、史実と典拠をはっきりさ
せる努力をしたが、いわゆる学術書で
はなく読み物である。

◇ペリー提督海洋人の肖像　小島敦夫著
講談社　（講談社現代新書）　2005.12
①4-06-149822-3
＊「黒船来航」前の誤算の数々。「海の時
代」の申し子は、なぜ政治に翻弄された
か、なにゆえ功績を過小評価されたの
か、ペリー観を塗り変える。

◇彼理日本紀行―ペリーと浦賀　横須賀開
国史研究会編　横須賀市　（横須賀開国史
シリーズ）　2001.3

◇ペリー艦隊大航海記　大江志乃夫著　朝
日新聞社　（朝日文庫）　2000.7
①4-02-261306-8
＊米国海軍司令長官ペリーは、なぜ自ら
を「360年後のコロンブス」と位置づ
け、日本への遠征航海に乗り出したの
か。ペリーの報告書『ペルリ提督日本
遠征記』をひもときながら、日本を一大
転機へと導いた大航海を新たな世界史
的視点から検証し、激動の時代の日本
と世界の姿を浮きぼりにする。

◇伝記ペリー提督の日本開国　サミュエル・
エリオット・モリソン著, 座本勝之訳　双
葉社　2000.4　①4-575-29062-9
＊ペリー来航150周年。ピューリッツアー
賞作家が世界を取材して握んだペリー提
督の全生涯。武人にして外交官、学究に
して『米国海軍近代化の父』。ペリーは
150年前に日本の今日を予言していた。

◇ペリー艦隊大航海記　大江志乃夫著　立
風書房　1994.4　①4-651-70061-6
＊ペリーは日本で何を見たか。対等には
処遇するが、けっして上にはおかない
アメリカの対日政策。140年前の黒船来
航時の『日本遠征記』を社会的にひも
とき、東アジア圏の現状と折からの日
米貿易摩擦をみすえて、その展望をも
示唆照射する。

◇ペリーの対日交渉記　藤田忠著　日本能率協会マネジメントセンター　1994.3　Ⓘ4-8207-0937-2
＊幕末、浦賀沖に現れたペリー提督は、アナポリスを出港し、神奈川条約の締結、下田、函館の開港にいたる、約二年にわたる航海を遠征記として書きあらわしている。四隻の黒船の出現に日本国中が沸騰した。その後日本は、開国、明治維新と大きく変わっていく。日本史のターニングポイントとなったペリー提督の目には、日本はどのように映ったのか？　本書はこの遠征記をもとに、幕末の日本をアメリカ側から眺め、世界の中の日本をその原点から浮き彫りにするものである。

┃ ベルツ　Bälz, Erwin
1849〜1913　明治期のドイツの内科医学者。東京医学校教師。妻はベルツ花。「ベルツの日記」を著した。

◇日本を愛したドイツ人─ケンペルからタウトへ　島谷謙著　広島大学出版会　2012.9　Ⓘ978-4-903068-25-1

◇ベルツの日記　上　トク・ベルツ編, 菅沼竜太郎訳　岩波書店　（岩波文庫）　2008.4　Ⓘ4-00-334261-5
＊明治9年エルウィン・ベルツ（1849 - 1913）は東大医学部の「お雇い教師」として招かれ、以来いく度かの帰国をはさんで滞日29年におよんだ。この日記は原題を「黎明期日本における─ドイツ人医師の生活」といい、かれが日本人妻ハナとの間にもうけた長男トクの編になるもの。上巻には来日直前から日露開戦前夜までの記事をおさめる。

◇ベルツの日記　下　トク・ベルツ編, 菅沼竜太郎訳　岩波書店　（岩波文庫）　2008.4　Ⓘ4-00-334262-3
＊ベルツの交際は皇室や伊藤博文・井上馨ら多くの高官をはじめとしてあらゆる階層の人々に及んだ。それがこの日記を明治裏面史の興味深い記録としているが、ここにはまた内外情勢に対するかれらの並々ならぬ洞察力がうかがわれる。だが何よりも我々をうつのは日本を愛してやまなかったベルツその人の姿である。

◇エルヴィン・ベルツ─日本医学の開拓者　ゲルハルト・ヴェスコヴィ著, 熊坂高弘訳　文芸社　2001.5　Ⓘ4-8355-1377-0

◇ベルツ日本再訪─草津・ビーティハイム遺稿/日記篇　若林操子監修, エルヴィン・ベルツ著, 池上弘子訳　東海大学出版会　2000.9　Ⓘ4-486-01506-1

◇エルウィン・フォン・ベルツ─日本に於ける─ドイツ人医師の生涯と業績伝記・E・V・ベルツ　ショットレンダー著, 石橋長英訳　大空社　（伝記叢書）　1995.10　Ⓘ4-87236-490-2

◇ベルツの生涯─近代医学導入の父　安井広著　思文閣出版　1995.6　Ⓘ4-7842-0876-3

◇ベルツ博士と群馬の温泉　木暮金太夫, 中沢晁三編著　上毛新聞社　（上毛文庫）　1990.6

【ほ】

┃ ボアソナード
Boissonade, Gustave E.
1825〜1910　明治期のフランスの法学者。明治の法典編纂事業に貢献。

◇フランスのアストラント─第二次世界大戦後の展開　大浜しのぶ著　信山社出版　2004.8　Ⓘ4-7972-2290-5
＊ボアソナードを介して日本の間接強制のモデルとされたフランスのアストラントについて、戦後、フランスにおいて、損害賠償とは別個独立の制度として確立されていく過程を明らかにし、近時改正作業が行われた日本の間接強制に示唆を与えようと試みたものである。日本の間接強制についても損害賠償とは本来別の制度とすべきことを提言し、その際に検討すべき課題を明らかにする。力作である。

北条氏綱　ほうじょううじつな

1486〜1541　戦国時代の武将。相模小田原城主、後北条氏の第2代。関東各地の武将と戦い、関東南部を平定した。

◇北条氏綱と戦国関東争奪戦　湯山学著　戎光祥出版　2016.5　①978-4-86403-201-8

◇北条早雲とその一族　黒田基樹著　新人物往来社　2007.7　①978-4-404-03458-8
＊戦国は北条早雲からはじまった。最新の研究成果をもとに一門・家臣の動向まとめたもの。

◇後北条氏と領国経営　佐脇栄智著　吉川弘文館　1997.3　①4-642-02754-8
＊戦国の関東に雄飛した後北条氏はいかに軍事力と経済力を強化したか。文書史料や『小田原衆所領役帳』等により家臣と領国民への課役、郷村支配の実態を究明し、早雲の思想と領国統治に触れ、北条改姓問題に断案を下す。

北条氏政　ほうじょううじまさ

1538〜1590　安土桃山時代の武将, 相模小田原城主。

◇戦国時代の終焉─「北条の夢」と秀吉の天下統一　斎藤慎一著　中央公論新社　（中公新書）　2005.8　①4-12-101809-5
＊織田信長と友好関係を保ち、領地を拡大させてきた北条氏。しかし、本能寺の変によって、この状況は一変する。北条氏と佐竹・宇都宮氏など関東諸勢力との戦いは熾烈をきわめ、両陣営の背後では、羽柴秀吉、徳川家康が蠢き、激しい外交合戦が繰り広げられる。戦国時代末期、「関東統一」を夢見る北条氏とそれにあらがう戦国武将たちの戦いを追いながら、次第に秀吉の圧力に抗しきれなくなっていく北条氏の挫折を描く。

北条氏康　ほうじょううじやす

1515〜1571　戦国時代の武将。相模小田原城主、後北条氏の第3代。先代からさらに領域を広げ、北条氏の全盛期を築いた。

◇北条氏康　黒田基樹編著　戎光祥出版　（シリーズ・中世関東武士の研究）

2018.4　①978-4-86403-285-8

◇北条氏康の妻 瑞渓院─政略結婚からみる戦国大名　黒田基樹著　平凡社　（中世から近世へ）　2017.12　①978-4-582-47736-8

◇北条氏康─関東に王道楽土を築いた男　伊東潤, 板嶋恒明著　PHP研究所　（PHP新書）　2017.9　①978-4-569-83676-8

◇北条早雲とその一族　黒田基樹著　新人物往来社　2007.7　①978-4-404-03458-8
＊戦国は北条早雲からはじまった。最新の研究成果をもとに一門・家臣の動向まとめたもの。

◇定本・北条氏康　藤木久志, 黒田基樹編　高志書院　2004.11　①4-906641-91-1

◇北条氏康と東国の戦国世界　山口博著　夢工房　（小田原ライブラリー）　2004.11　①4-946513-97-3

北条貞時　ほうじょうさだとき

1271〜1311　鎌倉時代後期の鎌倉幕府第9代の執権。（在職1284〜1301）。時宗の子。得宗専制を確立。

◇鎌倉政権得宗専制論　細川重男著　吉川弘文館　2000.1　①4-642-02786-6
＊得宗は北条氏嫡宗の呼称である。幕府要職就任者の家系を調査・分析する独自の方法により得宗専制の実態を解明し、家格秩序の存在を明らかにする。あわせて新式目や寄合などを取り上げ、後期幕府政治体制の変化を究明。

北条実時　ほうじょうさねとき
⇒金沢実時（かねざわさねとき）

北条早雲　ほうじょうそううん

1432〜1519　室町時代, 戦国時代の武将。後北条氏の初代。堀越公方を滅ぼし小田原城を本拠地とする。戦国大名北条氏の基礎を築いた。

◇北条早雲─新しい時代の扉を押し開けた人　池上裕子著　山川出版社　（日本史リブレット人）　2017.7　①978-4-634-54842-8

北条早雲

◇伊勢宗瑞と戦国関東の幕開け　湯山学著　戎光祥出版　2016.2　①978-4-86403-188-2

◇北条早雲　加来耕三企画・構成・監修, 静霞薫原作, 中島健志作画　ポプラ社　（コミック版日本の歴史　戦国人物伝）2015.6　①978-4-591-14554-8

◇伊勢新九郎―新説による戦国大名の先駆け北条早雲　小林保一著　歴研　（歴研〈日本の武将〉ブックレット）　2013.12　①978-4-903991-88-7

◇伊勢宗瑞　黒田基樹編著　戎光祥出版　（シリーズ・中世関東武士の研究）2013.2　①978-4-86403-071-7

◇動乱の東国史　6　古河公方と伊勢宗瑞　池享, 鈴木哲雄企画編集委員　則竹雄一著　吉川弘文館　2013.1　①978-4-642-06445-3
＊室町幕府の東国統治体制は、鎌倉公方の分裂で弱体化し、やがて伊勢宗瑞（北条早雲）の登場にいたる。享徳の乱以降、関東全域を巻き込んだ争乱の時代を、連歌師ら文化人の関東下向や東国村落にも触れつつ新視点で描く。

◇北条早雲とその一族　黒田基樹著　新人物往来社　2007.7　①978-4-404-03458-8
＊戦国は北条早雲からはじまった。最新の研究成果をもとに一門・家臣の動向まとめたもの。

◇戦国時代の魁―北条早雲　前田徳男著　郁朋社　2006.9　①4-87302-356-4
＊一介の浪人から身を起こし、五六歳にして一国一城の主となった男。卓越した人心掌握術と孫子の兵法を熟知した類い希なる軍事差配で、怒涛の如く関東を配下に納めた風雲児のその波乱の生涯を描く。

◇週刊ビジュアル日本の歴史　no.121　戦国武将編, 北条早雲, 東国に起つ！　1　デアゴスティーニ・ジャパン　2002.6

◇奔る雲のごとく―今よみがえる北条早雲　北条早雲史跡活用研究会編, 小和田哲男監修　北条早雲フォーラム実行委員会　2000.1

◇北条早雲―物語と史蹟をたずねて　土橋治重著　成美堂出版　（成美文庫）1999.7　①4-415-06843-X
＊45歳にして早雲は6人の同志とともに郷国を出た。そして、55歳で一子を設け、57歳で駿河国興国寺城主となり、「還暦」の年、61歳で伊豆を掌握、64歳のとき小田原に進入した。相模一国を制圧し終えたときには実に87歳にもなっていた。彼には「老い」はなかった。彼は「北条王国」の創造に邁進する「年をひろった若者」であった。

◇北条早雲と家臣団　下山治久著　有隣堂　（有隣新書）　1999.3　①4-89660-156-4
＊北条早雲は、関東一円を支配する戦国大名に成長する北条氏の基礎をきずいた人物であり、近年、謎につつまれた若き日の早雲が、備中（岡山県）出身の伊勢盛時であることが明確になった。その子氏綱ははじめて北条姓を名乗り、小田原を本拠に領国の支配を浸透させた。本書は、長年、後北条氏関係文書を精力的に収集してきた著者が、備中、京都、駿河、伊豆、相模などでの早雲の行動を跡づけながら、伊豆進攻に隠された室町幕府との関係や家臣団の実態を明らかにし、早雲と初期北条氏の実像に迫る。

◇司馬遼太郎全集　51　箱根の坂　司馬遼太郎著　文芸春秋　1998.10　①4-16-510510-4
＊民を愛さぬ守護・地頭など滅びるがいい！　徒手空拳、伊豆・相模を手中に収め戦国時代の先駆となった快男児、北条早雲の鮮烈な生涯。

◇戦国の名将北条早雲発掘―小田原・箱根・伊豆・三島・沼津をゆく　島武史著　東洋経済新報社　1998.4　①4-492-06104-5
＊八十七歳まで生涯現役の秘密？　長生き健康食！　蒲鉾、梅ぼし、塩辛、和菓子、そば、豆腐。名産を生んだ地域おこしの歴史的先駆者。

◇後北条氏と領国経営　佐脇栄智著　吉川弘文館　1997.3　①4-642-02754-8
＊戦国の関東に雄飛した後北条氏はいかに軍事力と経済力を強化したか。文書史料や『小田原衆所領役帳』等により家臣と領国民への課役、郷村支配の実態を究明し、早雲の思想と領国統治に触

れ、北条改姓問題に断案を下す。

◇北条早雲―理想郷を夢見た風雲児　中村
晃著　PHP研究所　（PHP文庫）
1996.10　Ⓝ4-569-56944-7
　＊「新九郎（早雲）どの、京でも立派に頭
　角を現わせるものを、なぜ駿河に恋々
　となさるのか？」「京には夢がない。あ
　るのは過去の形骸だけ。関東は未開の
　地。わしの入り込める余地は十分にあ
　る。血がうずくのだ」。―将軍の申次衆
　という要職にありながら、突如野に下
　り、東国に新天地を目指した北条早雲。
　訪れた転機に人生のすべてを賭し、己
　れの夢を実現させた戦国武将の生涯。

◇大盗乱世を奔る―小説・北条早雲　大栗
丹後著　春陽堂書店　（春陽文庫）
1995.7　Ⓝ4-394-16120-7

北条高時　ほうじょうたかとき
1303～1333　鎌倉時代後期の鎌倉幕府第
14代の執権。（在職1316～1326）。時宗の
孫、貞時の子。得宗家の嫡流として期待
されたが、政務を顧みず遊興にふける。
新田義貞に攻められ自刃。

◇北条高時と金沢（かねさわ）貞顕―やさし
さがもたらした鎌倉幕府滅亡　永井晋著
山川出版社　（日本史リブレット）
2009.10　Ⓝ978-4-634-54835-0
　＊北条氏一門最後の得宗北条高時。『太平
　記』が伝える彼の人物像は果たして本
　当なのであろうか。また、北条高時政
　権とは本当に無能で無策な乱政であっ
　たのであろうか。明治時代以来長く語
　り継がれてきた『太平記』依存の北条高
　時像に対し、執権北条高時とともに鎌
　倉幕府を主導した連署金沢貞顕の書状
　を数多く含む『金沢文庫古文書』をはじ
　めとした鎌倉幕府側の資料と突きあわ
　せることで、北条高時の人物像と北条
　高時の時代を再検証する。

◇鎌倉政権得宗専制論　細川重男著　吉川
弘文館　2000.1　Ⓝ4-642-02786-6
　＊得宗は北条氏嫡宗の呼称である。幕府
　要職就任者の家系を調査・分析する独
　自の方法により得宗専制の実態を解明
　し、家格秩序の存在を明らかにする。

あわせて新式目や寄合などを取り上げ、
後期幕府政治体制の変化を究明。

◇北条高時のすべて　佐藤和彦編　新人物
往来社　1997.7　Ⓝ4-404-02494-0

北条時政　ほうじょうときまさ
1138～1215　平安時代後期、鎌倉時代前期
の武将、鎌倉幕府初代の執権。（在職1203
～1205）。源頼朝の妻政子の父。頼朝の旗
上げから協力して幕府の基盤を築く。2代
将軍頼家を謀殺し、3代将軍実朝も除こう
としたが失敗。2代執権義時により引退さ
せられた。

◇北条時政と北条政子―「鎌倉」の時代を
担った父と娘　関幸彦著　山川出版社
（日本史リブレット）　2009.12
Ⓝ978-4-634-54829-9
　＊東国を背負った二人のリーダー、時政
　と政子。「鎌倉」の時代を創るために父
　と娘は中世という時代にどのように向
　き合ったのか？　伊豆・京都・鎌倉、そ
　れぞれの地域で彼らは新しい時代とど
　のようにかかわったのか？　東国の自己
　主張を時政と政子の生き様から汲み上
　げる。頼朝が、義経が、そして後白河
　院・後鳥羽院が、それぞれの場で顔をの
　ぞかせる。緊張の公武関係を新しい視
　点からひもとく。

◇裏方将軍北条時政　小野真一著　叢文社
2000.1　Ⓝ4-7947-0326-0
　＊一族滅亡を覚悟し頼朝をかついで旗挙
　げした時政は、石橋山に敗れた直後、坂
　東・甲州の諸族に「歴史の流れ」を説い
　て合流させ、魔術のように巨大勢力を構
　築。天下を驚愕させる。富士川合戦で
　平家の大軍を破り一気に京を攻略しよ
　うとする頼朝を引き留め、鎌倉の基盤
　づくりに突進する時政と、怪物後白河
　法皇の虚々実々。義経・頼朝・比企・三
　浦・畠山・梶原・和田…鎌倉草創の功労
　者たちの滅亡の裏面におどる黒い影は？
　頼朝・頼家・実朝急死の闇の奥は？　民
　衆を奴隷として扱った足利・徳川・明治
　と異なる「北条の民衆尊重政治」の背景
　は？　義時・時房・泰時・時頼・時宗・
　実時・実政と第一級の英才輩出の謎は。

教科書に載った日本史人物1000人　**577**

◇梟雄・北条時政―何故、日本が唯一、非欧米諸国の中で主要先進国になれたのか？ 飯沢喜志朗著　日本図書刊行会，近代文芸社〔発売〕　1999.12　①4-8231-0482-X
＊鎌倉武家政権の樹立者の一人であり、独創的な革命家である北条時政を描く伝記小説。

▎北条時宗　ほうじょうときむね
1251～1284　鎌倉時代後期の鎌倉幕府第8代の執権。(在職1268～1284)。時頼の子。得宗家の嫡流として期待されて執権に就任。元寇を撃退したが、同時に得宗家の専制体制も確立。

◇北条時宗と安達泰盛―新しい幕府への胎動と抵抗　福島金治著　山川出版社　（日本史リブレット）　2010.9　①978-4-634-54834-3

◇時宗　巻の4　戦星　高橋克彦著　日本放送出版協会　2001.7　①4-14-005352-6

◇蒙古襲来から国を護った北条時宗と鎌倉時代　高野澄著　勁文社　（勁文社「大文字」文庫）　2001.5　①4-7669-3761-9
＊北条氏は桓武平氏の分流で、北条時政の娘政子が伊豆に配流中の源頼朝に嫁し、頼朝の鎌倉幕府創建に寄与する。執権として幕政を握ると頼朝創業以来の有力御家人を倒し、後鳥羽上皇による承久の乱の難局をのりこえて執権体制を確立する。なかでも八代執権北条時宗は、禅を信奉しつつ、二度の蒙古軍の来襲に際してよく幕府を指導してこれらを退けた英明であった。

◇時宗　巻の3　震星　高橋克彦著　日本放送出版協会　2001.3　①4-14-005351-8

◇北条時宗小百科　かまくら春秋社　2001.2　①4-7740-0160-0
＊NHK大河ドラマ副読本に。時宗ゆかりの舞台、鎌倉、伊豆、博多を訪ねて。

◇北条時宗―蒙古襲来と若き執権の果断　学習研究社　（歴史群像シリーズ）　2001.1　①4-05-602410-3

◇北条時宗と蒙古襲来―時代・世界・個人を読む　村井章介著　日本放送出版協会　（NHKブックス）　2001.1

①4-14-001902-6
＊北条時宗は、救国の英雄だったのか。蒙古襲来は、国家の危機だったのか。紋切り型の時宗像を排し、限られた史料から、モンゴルの脅威に向き合ったその孤独な実像に迫る。時宗の岳父・安達泰盛に焦点をあて、さらに得宗家の主導する鎌倉幕府の限界をラディカルに変革しようとした、政策の実態に迫る。時宗と泰盛。二人の生涯をたどり、中世という時代を読み解く、第一人者による野心作。

◇北条時宗とその時代展　NHK,NHKプロモーション編　NHK　2001

◇時宗　巻の2　連星　高橋克彦著　日本放送出版協会　2000.12　①4-14-005350-X
＊北条一門との激しい攻防の果てに幕府を纏めた時頼は、さらに九条道家の陰謀も封じて盤石の体制を築くが、病いのために執権職を辞すことを余儀なくされた。蒙古の脅威が日増しに伝えられるなか、出家した時頼は自らの後継者として時宗を指名する。日本の将来を託された時宗は、鎌倉幕府の楯となって蒙古軍の襲来を防ぎ、この国を守る決意をした。2001年NHK大河ドラマ原作。

◇北条時宗とその時代Q&A―なぜ？　なに？　どうして？　後藤寿一著　双葉社　2000.12　①4-575-15293-5
＊北条時宗はなぜ北条という姓？「いざ鎌倉！」という言葉の出所は？　時宗は円覚寺のスポンサー。北条氏はなぜ将軍にならなかった？　元寇の寇って何？　等々、テレビではわからないあれこれ。

◇北条時宗と蒙古襲来　安西篤子著　学習研究社　（学研M文庫）　2000.12　①4-05-901019-7
＊日本初の武家政権・鎌倉幕府は三代にして源氏将軍が断絶。以後、実権を握った執権北条氏は次々とライバルを葬り、その地位を不動のものとする。だが、時同じくして内憂外患の荒波が押し寄せようとしていた。日蓮は世の乱れを声高に叫び、蒙古からは国書が到来。若き執権・北条時宗は、二度にわたる元寇という未曽有の国難をいかに乗り切ったのか？　壮大な歴史ロマンが展開する。

◇北条時宗のすべて　佐藤和彦，樋口州男編　新人物往来社　2000.12　①4-404-02884-9
＊北条時宗とその時代を解明するためには、さまざまな切り口があるだろうが、本書は、女性史、東アジア史、戦争論の視点から課題に迫る。

◇北条時宗の決断―「蒙古襲来」を歩く　森本繁著　東京書籍　2000.12　①4-487-79646-6
＊未曽有の国難「蒙古襲来」に立ち向かい、若き時宗は、どう考え、どう決断したか！　NHK大河ドラマのヒーローの実体に迫る。ゆかりの地をすべて歩き、写真112枚に収録。

◇北条時宗の時代―歴史・文化ガイド　奥富敬之監修　日本放送出版協会　（NHKシリーズ）　2000.12　①4-14-910406-9

◇北条時宗の謎　北条氏研究会編　新人物往来社　2000.12　①4-404-02893-8
＊時宗の生涯と周辺の人々、蒙古襲来の虚実他を、20余年にわたり北条氏を精査してきた北条氏研究会のメンバーが詳細にわかりやすく解説する。

◇時宗　巻の1　乱星　高橋克彦著　日本放送出版協会　2000.11　①4-14-005349-6
＊奥州藤原氏を滅ぼした源頼朝が鎌倉に幕府を開いてから五〇年、源氏に代わってその実権は北条一族の手に移っていた。第五代執権となった北条時頼は国のあるべき姿を求め、己れの信ずる道を突き進んでいく。だが、その頃、海を隔てた大陸の彼方からはかつてこの国が遭遇したことのない未曽有の危機が迫りつつあった…。

◇図説北条時宗の時代　佐藤和彦，錦昭江編　河出書房新社　（ふくろうの本）　2000.11　①4-309-72648-8
＊国難来たる！　18歳の若年にして鎌倉幕府の最高権力者・執権となった北条時宗。時すでに大陸を席捲し中国・高麗を圧倒した世界帝国モンゴルの最強軍団が、日本への侵攻を開始した。

◇青年執権・北条時宗と蒙古襲来　緒形隆司著　光風社出版　2000.11　①4-415-08801-5
＊二度までも迫る未曽有の国難 “蒙古軍の

襲来” に立ち向かう、若き執権・時宗34年の生涯をドラマチックに描き切る。歴史ドラマの周辺を解説。

◇北条時宗―史上最強の帝国に挑んだ男　奥富敬之著　角川書店　（角川選書）　2000.11　①4-04-703320-0
＊元寇＝日本史上最大の困難を乗り切った、危機管理能力に長けた若き英雄とされる北条時宗。時宗は、なぜ当時最強の帝国とされた蒙古との戦いに正面から挑んだのか。日本・蒙古・南宋・高麗と、国際的環境の下で元寇を見直すとともに、鎌倉中・末期の社会変動に揺れるこの時代への幕府の対応の検証を通して、知られざる時宗の実像を明らかにする。

◇北条時宗―蒙古襲来に挑んだ若き宰相平成13年NHK大河ドラマ総特集　新人物往来社　（別冊歴史読本）　2000.11　①4-404-02758-3

◇北条時宗―物語と史蹟をたずねて　八尋舞右著　成美堂出版　2000.11　①4-415-00910-7
＊文永・弘安の両度にわたる蒙古襲来という最大の国難に対し、弱冠18歳の執権時宗は元の国書受けとりを拒否し「異国征伐令」を発して強硬姿勢を貫く。鎮西御家人に警固番役を命じ九州本土沿岸防備に万全の体制を敷いたが、一方で壱岐、対馬、鷹島などの離島地域には行きわたらず住民は元軍の直接攻撃を受け地獄の苦しみを味わうこととなった。そこに国政の最高責任者として、時宗の政策には限界があったといわざるを得ない。日本国史上未曽有の国難に立ち向かい、また一方では、宋の無学祖元を招いて円覚寺の開山とし、禅の精神修養に努め鎌倉五山文化の礎を築いた8代執権北条時宗の褒貶半ばする生涯にスポットをあてる。

◇北条時宗―物語と史蹟をたずねて　八尋舞右著　成美堂出版　（成美文庫）　2000.11　①4-415-06913-4
＊元の国書を携えた使者が大宰府を訪れ、国内騒然とする文永5年、弱冠18歳の北条時宗は鎌倉幕府八代執権に就任し国政の梶を取る。文永・弘安の両度にわたる蒙古襲来にあたっては「異国征代

教科書に載った日本史人物1000人　**579**

北条時行

令」を発して、対蒙古強硬路線を貫き、日本史上初めての外敵からの侵攻に立ち向かった鎌倉幕府の政策と執権時宗34年の生涯にスポットを当てる。

◇一冊で読む執権北条時宗と蒙古襲来　谷口研語著　成美堂出版　（成美文庫）　2000.10　①4-415-06894-4
　＊モンゴル皇帝フビライの服属要求を拒否してついに戦争は不可避のものとなった。日本史上未曾有の困難、文永・弘安の両役に立ち向かった青年執権北条時宗の戦略と、それを支える鎌倉執権政治の職制と危機管理はどのようなものであったのか。大軍に果敢に挑んだ鎌倉武士の実相と蒙古襲来に関する数々の歴史の謎に迫る。執権政治の頂点を極めた時宗の野望と挫折。

◇時頼と時宗　奥富敬之著　日本放送出版協会　2000.10　①4-14-080549-8
　＊第五代執権として、将軍家や北条一門との争いを巧みに制しながら政治の実権を握った北条時頼。さまざまな改革とともに得宗専制の強化をはかった時頼は、盤石の体制で実子・時宗への政権委譲を推し進める。その時宗が第八代執権のとき、幕府はじめ日本中を恐怖に陥れる大事件が起こった。激動の時代の「鎌倉」「北条一族」「蒙古襲来」を平易に解説した一冊。

◇北条時宗とその時代　工藤敬一著　平凡社　2000.10　①4-582-47507-8
　＊史跡・絵画作品が語る執権政治と蒙古襲来。要職を北条一門で独占し幕府を全国政権たらしめた時宗の手腕とは。成熟期の武家社会を概観する。

◇北条時宗と蒙古襲来がわかるQ&A 100—蒙古襲来と鎌倉時代のことが図解ですべてわかります　川口素生著　竹内書店新社　2000.10　①4-8035-0313-3
　＊2001年NHK大河ドラマ「北条時宗」が2倍楽しめる！ 誰もが知りたい素朴な疑問からもっと知りたい謎まで、わかりやすい解説と図解で答えます。

◇北条時宗と蒙古襲来99の謎　森本繁著　PHP研究所　（PHP文庫）　2000.9　①4-569-57452-1

　＊蒙古は文永11年（1274）と弘安4年（1281）の二度にわたって日本に来襲した。万全の防備体制を敷いた日本軍であったが、いざ戦闘となると、蒙古軍の攻撃の前に為すすべを知らず、たちまち苦戦に陥った。しかし…。本書は、蒙古はなぜ日本に襲来したのか、それに対し日本軍はいかに戦ったのか、当時の政治体制にも触れつつ、時の執権・北条時宗と蒙古襲来の謎に迫る決定版。文庫書き下ろし。

◇北条時宗の生涯　童門冬二著　三笠書房　2000.6　①4-8379-1834-4
　＊来年度NHK大河ドラマの主人公！「内外の危機」と真っ向から勝負を挑んだ孤高の青年執権・時宗—その苦悩と知られざる決断、激動の時代を鮮やかに描く。

◇北条時宗—元寇に挑んだ若き宰相　浜野卓也著　PHP研究所　（PHP文庫）　1995.11　①4-569-56819-X

▍北条時行　ほうじょうときゆき
　？〜1353　南北朝時代の武将。北条高時の次男。挙兵し鎌倉を支配するが、中先代の乱で足利尊氏に敗れる。

◇鎌倉 北条一族　新版　奥富敬之著　新人物往来社　2000.12　①4-404-02895-4
　＊鎌倉幕府の御家人、比企・和田・三浦・安達氏らを次々と滅ぼし、全国支配をなし遂げた北条一族の全貌を解き明かす。

▍北条時頼　ほうじょうときより
　1227〜1263　鎌倉時代前期の鎌倉幕府第5代の執権。（在職1246〜1256）。時氏の子で経時の弟。執権政治の強化充実に努め、皇族将軍を擁立し、宝治合戦で三浦氏を倒し、また引付衆を新設した。

◇北条時頼とその時代—没後七五〇年記念特別展　鎌倉国宝館編　鎌倉国宝館　2013.9

◇時頼と時宗　奥富敬之著　日本放送出版協会　2000.10　①4-14-080549-8
　＊第五代執権として、将軍家や北条一門との争いを巧みに制しながら政治の実権を握った北条時頼。さまざまな改革とともに得宗専制の強化をはかった時

580　教科書に載った日本史人物1000人

頼は、盤石の体制で実子・時宗への政権委譲を推し進める。その時宗が第八代執権のとき、幕府はじめ日本中を恐怖に陥れる大事件が起こった。激動の時代の「鎌倉」「北条一族」「蒙古襲来」を平易に解説した一冊。

◇執権時頼と廻国伝説　佐々木馨著　吉川弘文館　（歴史文化ライブラリー）
1997.12　①4-642-05429-4
＊鎌倉幕府の北条時頼は、諸国を行脚し困窮した御家人や農民を救済した名執権として伝承されている。この廻国伝説は史実だろうか。政治家としての足跡を追いながら、宿命的な日蓮との対決を通して仏教者の顔を発見する。

北条政子　ほうじょうまさこ

1157〜1225　鎌倉時代前期の女性。源頼朝の妻。頼朝の死後、幕政に関わり、尼将軍と呼ばれた。

◇北条時政と北条政子―「鎌倉」の時代を担った父と娘　関幸彦著　山川出版社（日本史リブレット）　2009.12
①978-4-634-54829-9
＊東国を背負った二人のリーダー、時政と政子。「鎌倉」の時代を創るために父と娘は中世という時代にどのように向き合ったのか？　伊豆・京都・鎌倉、それぞれの地域で彼らは新しい時代とどのようにかかわったのか？　東国の自己主張を時政と政子の生き様から汲み上げる。頼朝が、義経が、そして後白河院・後鳥羽院が、それぞれの場で顔をのぞかせる。緊張の公武関係を新しい視点からひもとく。

◇尼将軍北条政子―日本史初の女性リーダー　童門冬二著　PHP研究所　（PHP文庫）　2008.11　①978-4-569-67144-4
＊武家政権の礎である鎌倉幕府を設立した源頼朝の正室・北条政子。「尼将軍」と称された彼女は日本の歴史上で上めて、権力の中枢にあって自ら組織を統率した。男性優位の武家社会にありながら、政子が「女性トップ」として活躍できた理由とは―。源平の乱、後鳥羽上皇ら公家との対立など、激動の時代

を駆け抜けた政子の波瀾の人生を、現代的な視座から追いかけた歴史読み物。

◇北条政子―尼将軍の時代　野村育世著　吉川弘文館　（歴史文化ライブラリー）
2000.8　①4-642-05499-5
＊草創期の鎌倉幕府を率い激動の時代を生きた尼将軍・北条政子。その政治手腕はもちろん、心性やライフサイクルも追い、新しい政子像を描く。同時に、彼女と共に躍動する中世女性たちをも照射する社会史としての人物伝。

◇女人政治の中世―北条政子と日野富子　田端泰子著　講談社　（講談社現代新書）
1996.3　①4-06-149294-2
＊将軍の正室、後家、あるいは生母として、武士階級の女性がどう政治と関わったか。北政所なども含めて描く。

◇北条政子―物語と史蹟をたずねて　土橋治重著　成美堂出版　（成美文庫）
1995.6　①4-415-06423-X

◇尼将軍 北条政子　1 頼朝篇　桜田晋也著　角川書店　（角川文庫）　1993.11
①4-04-172906-8
＊将軍専制体制確立のために粛清に次ぐ粛清を断行し、肉親に手をかけることすらも辞さない非情な天下人、源頼朝。だが、その頼朝を最も悩ませたのは、流人時代に結ばれた妻北条政子の異常なまでの嫉妬心と対抗心に他ならなかった。政子の実家。北条家の長、そして頼朝の義父でもある時政は、功の報われぬ一族の境遇に、恨みを深くしていた。遂には、烏帽子の曾我兄弟を利用し、富士大巻狩の混乱に乗じて頼朝暗殺を試みるが…。史実に即した大胆な新解釈で、従来の北条政子像にまったく新しい光を投げかけた歴史巨編。

◇尼将軍 北条政子　2 頼家篇　桜田晋也著　角川書店　（角川文庫）　1993.11
①4-04-172907-6
＊頼朝の不審な落馬事件による頓死以後、北条一族の動きはめざましかった。二代将軍に就任した頼朝の遺児頼家を、将軍位から引きずり下ろすための恐ろしい謀略が着実に実行に移されていく。梶原景時、畠山重忠、比企能員ら頼家の

教科書に載った日本史人物1000人　**581**

腹心は次々に葬られ、ついには頼家まで
が伊豆に幽閉され、母の無情な裏切り
による死を待つばかりになる。我が子
の苦悩などどこ吹く風の政子は、自分
の手もとで育ててきた実朝を三代将軍
に就任させ、執権となった北条一族の
傀儡にしようとする。しかし、その実
朝は、思いもかけぬ魂の持ち主だった。

◇尼将軍 北条政子 3 実朝篇 桜田晋也著
角川書店 （角川文庫） 1993.11
④4-04-172908-4
＊将軍就任後、源実朝は、母政子の意に反
して優れた為政者としての器量を発揮
した。そして実朝が、北条一族や守護
地頭の横暴に抵抗を始めるに及び、政
子はたちまち本性を表し、実朝を強力
に抑圧し始める。できる限りの徳政を
行おうと欲しながら、実権を奪われ、母
を含めた北条一族のすべてを敵に回し
てしまった実朝の救いは、和歌の世界
に没頭することだった。実朝は『金槐
和歌集』を編み、崇敬する後鳥羽院に奏
上するという念願を果たす。しかしそ
の間にも確実に、実朝を追いつめる奸
計は実を結びつつあった…。

◇尼将軍 北条政子 4 承久大乱篇 桜田晋
也著 角川書店 （角川文庫） 1993.11
④4-04-172909-2
＊政子の弟、二代執権の北条義時のたび
重なる威嚇と脅迫も虚しく、実朝は決
して北条家の意のままになろうとはし
なかった。義時は遂に政子の暗黙の了
解のもと、実朝の暗殺を実行に移す。
鶴岡八幡宮における右大臣拝賀という
晴れの舞台での悲劇であった。そして
手を下した頼朝最後の遺児、公暁もた
ちまち抹殺され、源氏一族は完全に滅
亡してしまう。天下支配のあくなき野
望のおもむくまま、北条一族は遂には
京に攻め上り、朝廷までも屈服させよ
うとする。"尼将軍"と呼ばれた北条家の
化身、北条政子の愛憎と妄執の軌跡を
描いた歴史大作、完結篇。

◇尼将軍政子 青木重数著 新人物往来社
1993.2 ④4-404-01989-0

◇尼将軍政子 4 承久大乱篇 桜田晋也著
角川書店 1991.12 ④4-04-872650-1

＊実朝暗殺の黒幕を北条と見て追討令を
発した後鳥羽院に対し、尼の政子は鎌
倉武士団に反逆せよと演説するのだっ
た。歴史大河小説。

◇尼将軍政子 3 実朝篇 桜田晋也著 角
川書店 1991.11 ④4-04-872649-8
＊鎌倉開府以来最大の反乱事件となった
和田合戦に心を痛め、兄頼家と同様、母
と北条氏の圧迫に苦悩する実朝。やが
て彼の純潔な魂の遍歴は、格調高い透
明な悲しみの和歌に結晶していく。

◇尼将軍政子 1 頼朝篇 桜田晋也著 角
川書店 1991.8 ④4-04-872647-1
＊非情な粛清と謀略で権力の絶対化を企て
る鎌倉初代将軍頼朝は、一方で政子の嫉
妬に悩む恐妻家であった…。源氏を興し
源氏を滅ぼした女、北条政子。その波
乱の生涯と鎌倉三代の悲劇を、史実に
即した新解釈で克明に描いた歴史大作。

◇持統女帝と北条政子 北島富雄著 〔北
島富雄〕 1991.6

◇北条政子 松永義弘著 富士見書房 （時
代小説文庫） 1990.10 ④4-8291-1212-3
＊建久10年1月13日、源頼朝は53歳の生涯
を閉じた。御家人達は指導者を失って
大いに動揺した。政子の悲しみは大き
かった。大姫を失い、頼朝を失い、さら
に次女の乙姫も今、この世を去った。
平家一門の怨霊の予言通りであった…。
仏間にこもりきりの政子は、天下の事
を頼むぞ、という頼朝の声を聞いた。
尼将軍と称せられ、日本歴史上、傑出し
た女性といわれる北条政子の激しい愛
と政治を描いた歴史小説。

◇北条政子 永井路子著 文芸春秋 （文春
文庫） 1990.3 ④4-16-720021-X
＊伊豆の豪族北条時政の娘に生まれ、流
人源頼朝に遅い恋をした政子。やがて
夫は平家への反旗をあげる。源平の合
戦、鎌倉幕府開設―御台所と呼ばれる
ようになっても、政子は己の愛憎の深
さに思い悩むひとりの女だった。歴史
の激流にもまれつつ乱世を生きぬいた
女の人生の哀歓を描いた、永井文学の
代表的歴史長篇。

北条泰時　ほうじょうやすとき

1183〜1242　鎌倉時代前期の鎌倉幕府第3
代の執権。(在職1224〜1242)。義時の長
男。和田義盛の乱、承久の乱に活躍。六
波羅探題の後執権に就任。連署・評定衆
を創設し、また後成敗式目を制定するな
ど幕府制度の確立に尽力した。

◇北条泰時　〔新装版〕　上横手雅敬著　吉
川弘文館　(人物叢書)　1988.11
①4-642-05135-X
＊日本最初の武家法、御成敗武目の制定
者として、また鎌倉時代における稀代
の名執権として古来その誉れが高い。
北条氏歴代の中で、なぜに泰時ひとり
がかくも異数な称讃をかち得たのか。
広く関係史料を渉猟し、承久の乱の動
揺と武家政権の確立をはかるその時代
を背景に、人間泰時の誠実と苦悩の生
涯を描き、事績を浮彫りにした好著。

北条義時　ほうじょうよしとき

1163〜1224　平安時代後期, 鎌倉時代前期
の鎌倉幕府第2代の執権。(在職1205〜
1224)。時政の2男。父時政を引退させた
後、源氏勢力・有力御家人を次第に排斥し
専権を握る。承久の乱の平定の立役者。
また摂家将軍を実現させた。

◇北条義時　〔新装版〕　安田元久著　吉川
弘文館　(人物叢書)　1986.4
①4-642-05033-7
＊鎌倉政権確立期の執権北条義時に対し
ては, 従来史家の批判は厳しかった。
しかし義時は果して悪逆者か？ 源氏の
正統を根絶し, 承久の乱には三上皇を
遠島に流したことは事実だが, 当時の
人心に映じた義時の姿はどうか。新し
い時代の, 透徹した史眼によってのみ
なし得る義時評とその生涯, 繰りひろ
げる絵巻の如き妙味を綴る。

法然　ほうねん

1133〜1212　源空(げんくう)とも。平安
時代後期、鎌倉時代前期の浄土宗の開祖。
初め天台に学ぶが、のち専修念仏を唱え
浄土宗を開く。旧仏教からの反発により
流罪となったが、多くの信者により教義

は広まった。著作に「選択本願念仏集」が
ある。

◇法然―貧しく劣った人びとと共に生きた
僧　平雅行著　山川出版社　(日本史リブ
レット人)　2018.6　①978-4-634-54828-2

◇日本仏教を変えた法然の先鋭性―親鸞に
とっての「真宗」　根津茂雄　法蔵館
2017.2　①978-4-8318-7712-3

◇浄土念仏物語―「法然上人御手紙」を読む
岩瀬一道著　崙書房　2016.12
①978-4-8455-1212-6

◇法然との新たな出会い　岡村貴句男著
太陽出版　2016.11　①978-4-88469-887-4

◇あなたの知らない法然と浄土宗　山折哲
雄監修　洋泉社　(歴史新書)　2013.10
①978-4-8003-0251-9
＊法然が撰述した『選択本願念仏集』と
は？ 法然と親鸞はどのようにして出
会ったのか？ 浄土宗の戒名にある「誉
号」とは何か？ 落語の発祥は浄土宗の
説教だった!?Q&Aで宗祖の教えと宗派
の特徴・歴史がスッキリわかる！

◇法然―念仏に生きる　ひろさちや著　春
秋社　2013.6　①978-4-393-13570-9
＊いまある自分の生き方、そのままで救
われる「仏教」とは。革新的な教えとそ
の生涯をたどる。

◇法然上人行状絵図―現代語訳　浄土宗総
合研究所編　浄土宗　2013.3
①978-4-88363-061-5

◇法然上人伝　上　梶村昇著　大東出版社
2013.3　①978-4-500-00751-6
＊日本仏教史上、初めて称名念仏という誰
もが行え誰もが救われる道を示した法
然上人。歴史の教科書に見られる「新・
旧仏教の過渡的な存在」という誤った
認識を正し、「悪人正機」をも説いた真
実の法然像を、その生涯を辿って明ら
かにしていく「法然上人伝」の決定版。
誕生から、浄土宗開宗、えの宣布。

◇法然上人伝　下　梶村昇著　大東出版社
2013.3　①978-4-500-00752-3
＊日本仏教史上、初めて称名念仏という誰
もが行え誰もが救われる道を示した法然
上人。歴史の教科書に見られる「新・旧

仏教の過渡的な存在」という誤った認識を正し、「悪人正機」をも説いた真実の法然像を、その生涯を辿って明らかにしてく「法然上人伝」の決定版。『選択本願念仏集』執筆から、法難、臨終へ。

◇梅原猛の仏教の授業 法然・親鸞・一遍 梅原猛著 PHPエディターズ・グループ 2012.9 ①978-4-569-80576-4
＊民衆に極楽往生の門を開いた法然、悪人・女人救済の仏道を説いた親鸞、踊り念仏・遊行を勧めた一遍、それぞれの人物と思想を読み解く。

◇法然上人絵伝 新訂 中井真孝校注 思文閣出版 2012.9 ①978-4-7842-1654-3

◇妙好人の真実—法然、親鸞 "信" の系譜 佐々木正著 春秋社 2012.5 ①978-4-393-16612-3
＊一文不知の庶民のなかに美しく咲いた蓮の花のような篤信の念仏者たち。法然・親鸞につらなる絶対他力の念仏が活きた姿となってあらわれた "妙好人" の言葉とふるまいに学ぶ。

◇法然と親鸞—仏教二大改革者の生涯と思想 武田鏡村著 PHP研究所 2011.10 ①978-4-569-79927-8
＊浄土宗の開祖、法然と浄土真宗の宗祖、親鸞。八〇〇年にわたる法然と親鸞の「祈り」は、苦難に遭遇する日本を導く。

◇絵伝にみる法然上人の生涯 中井真孝著 法蔵館 2011.4 ①978-4-8318-6056-9
＊国宝『法然上人行状絵図』(知恩院蔵)から法然上人の波乱の生涯をたどる、入門に最適な一冊。

◇法然上人のご生涯と真実他力の思想—平成新修十六章伝 山西俊享著 浄土宗西山深草派元祖法然上人八百回大遠忌実行委員会, 白馬社 (発売) 2011.4 ①978-4-938651-81-7
＊800年前の乱世の中、民衆に寄り添い、「専修念仏」を掲げて立ち上がった法然上人。晩年まで思想を深め続け、「真実の他力」に至るまでの道のりを描く話題作の登場。

◇出遇い、法然と親鸞 花井性寛著 白馬社 2011.3 ①978-4-938651-80-0
＊法然上人800回、親鸞聖人750回。大遠忌の原点を学び直す好著。

◇浄土教の世界 小沢憲珠監修, 勝崎裕彦, 林田康順編 大正大学出版会 (TU選書) 2011.3 ①978-4-924297-69-2

◇法然と親鸞 山折哲雄著 中央公論新社 2011.3 ①978-4-12-004206-5
＊師弟の関係は相承か、相克か。求法のために比叡山にのぼり、やがて市中に降りた法然と親鸞。邂逅後、四十歳の年齢差を超えてともに茨の道を歩みはじめるが、宗教家の道は大きく分かれる。

◇法然行伝 中里介山著 筑摩書房 (ちくま文庫) 2011.2 ①978-4-480-42804-2
＊時代小説の古典『大菩薩峠』。著者・中里介山はこの作品を大衆小説ではなく「大乗小説」であると呼んだように、仏教思想にその立脚点を置く作品であった。介山がキリスト教、社会主義を経てたどり着いた仏教、とりわけ法然の浄土仏教が安心の場所となった。介山が最も魅かれた法然の生涯を、誕生、幼時、修行、入信、立宗・布教、迫害、死およびその後の法脈までたどった評伝。法然と熊谷直実の交流を描いた名作『黒谷夜話』を併録。

◇還愚の聖者 法然上人 福冨覚成著 白馬社 2010.1 ①978-4-938651-72-5
＊熱血の念仏者が描く、法然上人の聖なる軌跡。亡き成田有恒法主が待ち望んだ、気迫の一冊が完成した。

◇法然と秦氏—隠された渡来民の刻印 山田繁夫著 学研パブリッシング, 学研マーケティング (発売) 2009.12 ①978-4-05-404152-3
＊国宝の行状絵図に秘められた謎。法然の出生譚に平等往生のルーツを探る。

◇法然上人とその弟子西山上人 ひろさちや著 春秋社 2009.5 ①978-4-393-13379-8
＊法然には、その思想を托した一人の弟子がいた。法然上人と西山上人証空を通し「他力」とは何かを語る、珠玉の仏教入門。

◇聖光と良忠—浄土宗三代の物語 梶村昇著, 浄土宗出版編 浄土宗 (浄土選書)

2008.6　①978-4-88363-031-8

◇法然上人ものがたり　水野善朝著, 道心会編　道心会出版部　（道心叢書）　2008.5

◇善導大師と法然上人—念仏に生きる　水谷幸正著　仏教大学通信教育部　（仏教大学鷹陵文化叢書）　2008.3
①978-4-7842-1401-3

◇法然上人物語—平成ふるさと発　有木太一著　〔有木太一〕　2006.12

◇法然—十五歳の闇　上　梅原猛著　角川学芸出版, 角川書店〔発売〕　（角川文庫　角川ソフィア文庫）　2006.9
①4-04-181506-1
＊鎌倉初期、新たな宗教を打ち立てた法然。その出家の契機となったという父の殺害事件。その真相に梅原猛が迫る。法然の生誕地を訪ねて見えてきた養父母と、本当の父母の足跡。そして、当麻寺奥院で出会った、法然の実母殺害の悲しい事実、実父への思い。いままで隠されていた生身の法然が顕然と浮かび上がってきた—。綿密なフィールドワークによって新たな真実を導き出す、梅原猛による初めての法然論。

◇法然—十五歳の闇　下　梅原猛著　角川学芸出版, 角川書店〔発売〕　（角川文庫　角川ソフィア文庫）　2006.9
①4-04-181507-X
＊混迷する鎌倉初期、法然は布教によって人々に安心を与えた。従来の宗教の常識を覆した宗教革命者、法然とは何者なのか。思索を深める梅原猛の視線は、叡山を下りた法然の足跡を追う。そして、その視線は布教を支えた権力者、弟子たちへ—。ゆかりの地を辿るフィールドワーク。そこに浮かび上がる生身の法然。法然が打ち出した浄土思想の新しい解釈の真意が見えてきた。梅原猛による初めての法然論。

◇法然の衝撃—日本仏教のラディカル　阿満利麿著　筑摩書房　（ちくま学芸文庫）　2005.11　①4-480-08949-7
＊著者は、世界の宗教史でただ一人あげよ、といわれたら法然をあげるという。なぜか。一言でいえば、「凡夫」のための宗教は、法然を持ってはじめて世に出

現したからである。「凡夫」とは、「自己中心性」から逃れられない人間のことである。自己のためにはすべての欲望が総動員される。神仏を祈願するといっても、内容は、是が非でも自己の欲望を遂げようという脅迫であることも少なくない。「凡夫」に救いはあるのか。あるとすればいかなる教えなのか。この世の一切の営みを超えた宗教的価値の絶対性をはじめて明確に主張した法然の革命的意義を新たな視角から解き明かす。

◇図解雑学法然　伊藤唯真監修, 山本博子著　ナツメ社　2005.5　①4-8163-3900-0
＊鎌倉時代は日本の仏教思想の変革の時代でした。それは鎌倉新仏教と呼ばれ、法然・栄西・道元・親鸞・日蓮など、現在まで多くの信者をもつ仏教教団の祖師を輩出しました。鎌倉新仏教のさきがけは法然の専修念仏の主張でした。いろいろな修行方法を捨てて、ただひたすら「南無阿弥陀仏」と、声に出して念仏を称えるだけで、極楽浄土に救われるという教えです。地位・名誉・財産・知識などの有無に関わりなく、仏念を称える人はすべて漏れなく救われるという専修念仏の教えは、既存の仏教から見捨てられていた人びとだけでなく、あらゆる階層の人びとに受け入れられたのです。本書は、法然の伝記をできる限り歴史的に実証されていることを中心に記述し、その過程の中で、法然に帰依した人びとや門弟について、また、専修念仏の教えの内容についても解説しました。さらに、現在も行われている法然の遺跡を巡拝する二十五霊場も紹介します。

朴泳孝

ぼくえいこう（パクヨンヒョ）
1861～1939　明治～昭和期の政治家。貴族院議員、侯爵。甲申政変をおこすが失敗、日本に亡命。日韓併合後、中枢院顧問。

◇須永文庫資料展—金玉均と朴泳孝をめぐる人々　佐野市郷土博物館第63回企画展　佐野市郷土博物館　2016.3

◇開化派リーダーたちの日本亡命—金玉均・

朴泳孝・徐載弼の足跡を辿る　姜健栄著
朱鳥社, 星雲社（発売）　2006.1
Ⓘ4-434-07369-9
＊李朝末期、近代化を目指して立ち上
がった愛国の志士たち。甲申政変失敗
後、再起を期した亡命先日本での波乱
の半生を追う。―「KOREA TODAY」
誌連載論文。

星亨　ほしとおる

1850～1901　明治期の政治家, 自由民権運
動家。通信大臣。衆議院議長などを経て
立憲政友会を創立。のち東京市議会議長
となるが刺殺される。

◇時代思想の権化―星亨と社会　正岡芸陽
著　大空社　（伝記叢書）　1997.11
Ⓘ4-7568-0484-5

保科正之　ほしなまさゆき

1611～1672　江戸時代前期の大名。陸奥
会津藩主, 出羽山形藩主。藩政改革を行
い、また4代将軍家綱を補佐。

◇保科正之　小池進著　吉川弘文館　（人物
叢書 新装版）　2017.11
Ⓘ978-4-642-05283-2

◇保科正之―博愛と果断の大名政治家　中
村彰彦著　自由社　（中村彰彦史伝シリー
ズ 歴史の裏に真あり）　2017.10
Ⓘ978-4-908979-05-7

◇東の艮斎 西の拙堂対談　安藤智重, 斎藤
正和著　歴史春秋出版　2012.12
Ⓘ978-4-89757-795-1

◇保科正之―民を救った天下の副将軍　中
村彰彦著　洋泉社　（歴史新書y）
2012.11　Ⓘ978-4-8003-0034-8
＊会津藩領民に仁政を施し、江戸復興を
成し遂げた正之の善政の根幹には、常
に無私と慈愛の精神があった。東日本
大震災後、危機管理が問われる今、卓越
した判断力とリーダーシップで新時代
を切り開いた彼の実像を直木賞作家・
中村彰彦が読み解く。

◇保科正之の時代―生誕四〇〇年記念 福島
県立博物館秋の企画展　福島県立博物館
編　福島県立博物館　2011.10

◇慈悲の名君 保科正之　中村彰彦著　角川
学芸出版　（角川選書）　2010.2
Ⓘ978-4-04-703458-7
＊徳川幕政を文治主義へと導き、為政者
の鑑として語り継がれた会津藩祖・保
科正之。四代将軍家綱の輔弼役として、
ひたむきに万民の便利安息を求めた名
君ながら、その姿はいまだ歴史の陰に
埋もれている。明暦の大火や玉川上水
の開削問題に見せた抜群の指導力、会
津藩内に実現させた社倉、老養扶持、救
急医療の先見的な福祉制度、そして加
賀や米沢ほか諸藩にも及んだ救済措置
―。名君の足跡を辿り、清冽な生涯を
現代に蘇らせる。

◇名将と名臣の条件　中村彰彦著　中央公
論新社　2009.9　Ⓘ978-4-12-004055-9
＊人物の器量は、運命の分岐点で明らか
になる。最新歴史エッセイ集。

◇保科正之言行録　中村彰彦著　中央公論
新社　（中公文庫）　2008.5
Ⓘ978-4-12-205028-0
＊兄・家光の遺命を受け、四代将軍家綱の
輔弼役を忠実に果たし、徳川幕政を文
治主義体制に導いていった保科正之。
その仁心無私の精神は、会津士魂とし
て後世まで多大な影響をおよぼした。
その遺されたことばの数々に、理想の
政治家像をみる。

◇保科正之―徳川将軍家を支えた会津藩主
中村彰彦著　中央公論新社　（中公文庫）
2006.5　Ⓘ4-12-204685-8
＊徳川秀忠の庶子という境遇から、異腹
の兄家光に見出され、将軍輔弼役とし
て幕政に精励、武断政治から文治主義
政治への切換えの立役者となった、会
津松平家祖・保科正之。明治以降、闇に
隠された "名君" の事績を掘り起こす。

◇保科正之の一生　三戸岡道夫著　栄光出
版社　2006.2　Ⓘ4-7541-0076-X
＊21世紀のリーダーは、織田信長ではな
い、保科正之である―。幼少の徳川四
代将軍家綱の後見人として、徳川幕府
260年の礎となった "仁徳" の人、保科正
之の全生涯。

◇名君保科正之と会津松平一族―歴史の闇

に埋もれた幕政改革のリーダー　新人物往来社　（別冊歴史読本）　2005.10　①4-404-03321-4

◇保科正之　3　真壁俊信校注　神道大系編纂会　（続神道大系　論説編）　2002.7

◇保科正之　1　真壁俊信, 佐藤洋一校注　神道大系編纂会　（続神道大系　論説編）　2002.2

◇保科正之　2　真壁俊信校注　神道大系編纂会　（続神道大系　論説編）　2002.2

◇名君の碑—保科正之の生涯　中村彰彦著　文芸春秋　（文春文庫）　2001.10　①4-16-756705-9
＊江戸時代初期、二代将軍秀忠のご落胤として生まれた幸松は、信州高遠の保科家を継ぐ。やがて異母兄である三代将軍家光に引き立てられ、幕閣に於いて重きをなすに至る。会津へ転封となった後も、名利を求めず、傲ることなく、「足るを知る」こそ君主の道とした清しい生涯を、時に熱く、時に冷静に描く著者渾身の書。

◇名宰相保科正之—時代が求めるリーダーを育んだもの　森谷宜暉著　高文堂出版社　2001.3　①4-7707-0665-0
＊本書は、混迷する時代に求められるリーダーの姿について、名宰相といわれた保科正之を通して明らかにしたものである。著者の考える望ましいリーダーがどのようにして生まれていったのかを小説風に記述した。

◇保科正之の生涯と土津神社—葵徳川将軍・秀忠の四男 かみやしろのもり　小檜山六郎著　歴史春秋出版　（歴春ブックレット）　2001.1　①4-89757-419-6

◇保科肥後守お袖帖　中村彰彦著　角川書店（角川文庫）　1999.3　①4-04-190607-5
＊事実上の副将軍として徳川幕府を支え、初代会津藩主としても藩の経営にめざましい手腕を発揮した不世出の名君、保科正之。信賞必罰の誠実な裁き、難事への的確な対処、温情ある窮民救済—。下情に通じ、その大器と清らかにして奢らない人柄によって人望を集めた正之の肖像を描く連作小説集。正之誕生の逸話

と、異母兄家光に見出されるまでの辛苦を語る「浄光院さま逸事」、振袖火事の収束と復興計画のユニークな発想をとおして、その優れた政治手腕を描いた「名君と振袖火事」など五話を収録。

◇名君の碑—保科正之の生涯　中村彰彦著　文芸春秋　1998.10　①4-16-318030-3
＊将軍家光の異母弟として非運の生をうけながら、忠勤と民への慈愛に身をつくした、この稀有なる会津藩主。名利をもとめず、傲ることなく、「足るを知る」こそ君主の道としたその清しい生涯。指導者不在といわれて久しいこの混迷の世におくる、またとない書である。

◇保科正之—徳川将軍家を支えた名君　三戸岡道夫著　PHP研究所　（PHP文庫）　1998.7　①4-569-57171-9
＊「徳川幕府を四代目で崩壊させるわけにはいかない」家光亡きあと、四代将軍家綱は弱冠11歳。保科正之は幕府の命運が、自らの双肩にかかっていることを感じていた。—秀忠の実子でありながら、保科家の養子となった正之。その出生に葛藤を抱きつつも、兄・家光のために、幕政の改革に乗り出すことを決意する。会津藩主として名君と慕われるとともに、幕府の長期安定の礎を築いた男の生涯。

◇保科肥後守お耳帖　中村彰彦著　角川書店（角川文庫）　1997.2　①4-04-190604-0

◇保科正之言行録—仁心無私の政治家　中村彰彦著　中央公論社　（中公新書）　1997.1　①4-12-101344-1
＊徳川政権の確立と領民の安寧に尽くした不世出の名君の軌跡。

◇保科肥後守お袖帖　中村彰彦著　実業之日本社　1995.5　①4-408-53254-1

◇保科正之—徳川将軍家を支えた会津藩主　中村彰彦著　中央公論社　（中公新書）　1995.1　①4-12-101227-5
＊徳川秀忠の子でありながら、庶子ゆえに嫉妬深い正室於江与の方を怖れて不遇を託っていた正之は、異腹の兄家光に見出されるや、その全幅の信頼を得て、徳川将軍輔弼役として幕府経営を真摯に精励、武断政治から文治主義政

教科書に載った日本史人物1000人　**587**

治への切換えの立役をつとめた。一方、自藩の支配は優れた人材を登用して領民の生活安定に意を尽くし、藩士にはのちに会津士魂と称される精神教育に力を注ぐ。明治以降、闇に隠された名君の事績を掘り起こす。

◇会津宰相蒲生氏郷・会津中将保科正之　蒲生氏郷まちづくり四〇〇年・保科正之入部三五〇年祭記念特別企画展実行委員会編　特別展実行委員会　1993.9

◇保科肥後守お耳帖　中村彰彦著　双葉社　1993.7　①4-575-23157-6

◇保科正之のすべて　宮崎十三八編　新人物往来社　1992.12　①4-404-01974-2
　＊“ならぬものはならぬ”強くてやさしい会津人を育てた、藩祖・保科正之の劇的な生涯。

細川勝元　ほそかわかつもと

1430～1473　室町時代の武将, 室町幕府管領。応仁の乱では東軍の総大将として足利義視を奉じた。

◇山名宗全と細川勝元　小川信著　吉川弘文館　（読みなおす日本史）　2013.11　①978-4-642-06399-9
　＊中盤戦の打込みで一挙に勢力を張る山名宗全と確実な布石で大模様をねらう細川勝元。対照的な両雄が対決した日本史上最大の内戦＝応仁の乱を、将軍足利義政とその近臣、東西両軍の武将たちの人物像を交えて描いた名著。

◇山名宗全と細川勝元　小川信著　新人物往来社　1994.3　①4-404-02106-2

細川重賢　ほそかわしげかた

1720～1785　細川銀台（ほそかわぎんだい）とも。江戸時代中期の大名。肥後熊本藩主。

◇名君の条件―熊本藩六代藩主細川重賢の藩政改革　加来耕三著　グラフ社　2008.7　①978-4-7662-1162-7
　＊ときは宝暦、五十四万石の熊本藩は窮地に立たされていた。つづく財政難により大藩たる信頼は地に落ち、残るは名家・細川家の名のみ―。向かう先は

破綻。この苦境を乗り切り、藩を起死回生に導いたのは、勇気ある六代藩主・重賢と非常時に本領を発揮する「非常の才」の武士たちだった。

◇重賢公逸話　川口恭子著　熊本日日新聞社　（熊日新書）　2008.6　①978-4-87755-313-5

◇江戸時代の法とその周縁―吉宗と重賢と定信と　高塩博著　汲古書院　2004.8　①4-7629-4168-9

◇日本再建者列伝―こうすれば組織は甦る　加来耕三著　学陽書房　（人物文庫）　2003.4　①4-313-75162-9
　＊貴方の組織は激動の時代を生き残れるだろうか？　破綻寸前の藩財政を救った細川重賢の人材登用術。危機にあった三菱を財閥に育て上げた二代目・岩崎弥之助。“ミスター合理化”土光敏夫にみる再建の奥義…。疲弊した組織の再建に取り組んだ先人達の苦闘の軌跡とその成否の分岐点を探る渾身の力作。文庫オリジナル版。

◇細川重賢―熊本藩財政改革の名君　童門冬二著　学陽書房　（人物文庫）　2002.5　①4-313-75154-8
　＊革命的な改革を断行するには、重賢自身が藩主としての「既得権益」を放棄するとともに、非常時に才覚を発揮する能力をもった人材を発掘し、抜擢し、全権を委ね荒療治をやらせなければ世の中はぴくりとも動かない。それこそが、非常時を乗りきる決め手だと重賢は考えた。熊本藩をドン底からよみがえらせた名君と異風者藩士たちの改革断行の足跡。

◇非常の才―肥後熊本藩六代藩主細川重賢藩政再建の知略　加来耕三著　講談社　1999.11　①4-06-209907-1
　＊「危機」には「平時」の人材は通用しない。崩壊寸前に追いつめられた肥後熊本藩はいかに組織改革を成しとげたのか。上杉鷹山・松平定信が“わが手本”と仰いだ「再建」の手法とは。

◇細川重賢―名君肥後の銀台　童門冬二著　実業之日本社　1999.4　①4-408-53357-2
　＊部屋住みの身から、急死した兄に替わり、財政難にあえぐ肥後熊本藩藩主と

なった細川重賢。斬新な改革案を次々と発し、「宝暦の改革」を推し進め、後に上杉鷹山にも影響を与えた名君の、冴えわたる藩政改革の手腕を描いた著者渾身の力作。

細川忠興　ほそかわただおき
1563〜1645　安土桃山時代、江戸時代前期の武将、歌人。幽斎の長男。豊前小倉藩主。

◇江戸城の宮廷政治―熊本藩細川忠興・忠利父子の往復書状　山本博文［著］　講談社　（講談社学術文庫）　2004.11
①4-06-159681-0

細川晴元　ほそかわはるもと
1514〜1563　戦国時代の武将, 室町幕府管領。

◇歴史と文化―小此木輝之先生古稀記念論文集　小此木輝之先生古稀記念論文集刊行会編　青史出版　2016.5
①978-4-921145-55-2

細川政元　ほそかわまさもと
1466〜1507　戦国時代の武将, 室町幕府管領。摂津, 丹波, 讃岐, 土佐の守護。

◇人物を読む日本中世史―頼朝から信長へ　本郷和人著　講談社　（講談社選書メチエ）　2006.5　①4-06-258361-5
＊武士が興隆し「統治」が生まれた中世に、大きな足跡を残した八人の真実とは。明快な視座のもと、続々と明かされる仰天の新事実、そして立ちのぼる "王権" のダイナミックな姿―。人物史から読み替える、分かり易く新しい中世史。

細川頼之　ほそかわよりゆき
1329〜1392　南北朝時代の武将, 室町幕府管領。

◇細川頼之　〔新装版〕　小川信著　吉川弘文館　（人物叢書）　1989.11
①4-642-05175-9
＊若年より四国・中国の戦陣に活躍し、壮年義詮の遺託により幼将義満を輔佐し室町幕府の基礎を固む。一旦政争に敗

れ四国に退去したが、分国経営に専念して一族繁栄の基盤を築き、のち再び幕府に迎えられて管領に復帰。幕政を主導し南北朝内乱の終熄に尽した誠実な大政治家・第一級武将を克明に描き、その豊かな教養等をも併せ説いた好著。

堀田正俊　ほったまさとし
1634〜1684　江戸時代前期の大名, 大老。上野安中藩主, 下総安中藩主。5代綱吉初期の幕政を主導したが、若年寄稲葉正休に江戸城内で殺された。

◇犬将軍―綱吉は名君か暴君か　ベアトリス・M・ボダルト＝ベイリー著, 早川朝子訳　柏書房　2015.2
①978-4-7601-4492-1

堀田正睦　ほったまさよし
1810〜1864　江戸時代末期の大名, 老中。下総佐倉藩主。日米修好通商条約の勅許を得られず、井伊直弼が大老になると老中を罷免された。

◇国難を背負って―幕末宰相―阿部正弘・堀田正睦・井伊直弼の軌跡　脇坂昌宏著　論創社　2011.7　①978-4-8460-0846-8
＊未曽有の国難に立ち向かった宰相たちの苦悩と決断。幕末前夜から桜田門外の変まで、開国をめぐる三宰相の軌跡とその肖像を個性ゆたかに描き出す。

◇タウンゼント・ハリスと堀田正睦―日米友好関係史の一局面　河村望著　人間の科学新社　2005.10　①4-8226-0262-1
＊佐倉宗吾郎の物語は、攘夷派の抵抗を押し切ってペリーやハリスと共に我が国の開国を成し遂げた佐倉藩主・堀田正睦の名をとどめるためのもの。

◇評伝堀田正睦　土居良三著　国書刊行会　2003.4　①4-336-04524-0
＊わが国の対米外交を切啓いた幕末老中首座・佐倉藩主、堀田正睦の実像に迫る。

◇開国―愚直の宰相・堀田正睦　佐藤雅美著　講談社　（講談社文庫）　1997.11
①4-06-263656-5
＊鎖国体制の堅持か、開国か？　幕末の日本を揺るがす大問題があった。運命のい

たずらによって時の総理にあたる老中首座となった堀田正睦は、早く日本を国際社会に仲間入りさせようと、強烈な使命感に燃え、開国を主張した。孤軍奮闘を続けて条約調印にこぎつけた堀田に京都の天皇側から猛反撃が始まった。

◇開国―愚直の宰相・堀田正睦　佐藤雅美著　講談社　1995.7　①4-06-207607-1
＊日本の国際化に邁進した老中・堀田正睦の実像に迫る。開国に応じるべきか否か。幕末の日本を悩ませていた大問題に性格も外見も地味なひとりの政治家が強烈な使命感をもって決断を下した。

穂積陳重　ほづみのぶしげ

1856～1926　明治、大正期の法学者。東京帝国大学教授、枢密院議長、男爵。日本で最初の法学博士。法典調査会主査委員として民法起草に参画。

◇民法起草者穂積陳重論　白羽祐三著　中央大学出版部　（日本比較法研究所研究叢書）　1995.10　①4-8057-0531-0

◇宇和島藩士、大銃司令入江左吉と周辺の人々　中島敬一著　中島敬一　1993.7

穂積八束　ほづみやつか

1860～1912　明治期の法学者。東京帝国大学法科大学学長、貴族院議員。上杉・美濃部論争では天皇主権説を擁護。著書に「憲法大意」など。

◇近代日本の思想構造―諭吉・八束・一輝　井田輝敏著　木鐸社　1976

ホフマン

Hoffmann, Theodor Eduard

1837～1894　明治期のドイツの海軍軍医。1871年招かれて来日、大学東校で内科学を教授。

◇明治期におけるドイツ医学の受容と普及―東京大学医学部外史　吉良枝郎著　築地書館　2010.4　①978-4-8067-1398-2
＊大学東校から東京医学校へ―現・東京大学医学部へと繋がる医学史をひも解き、日本の近代医学黎明期を支えた医

学士たちの知られざる奮闘を伝える。

堀河天皇　ほりかわてんのう

1079～1107　平安時代後期の第73代の天皇。（在位1086～1107）。白河天皇の子。在位期間22年。

◇讃岐典侍日記全注釈　岩佐美代子著　笠間書院　2012.3　①978-4-305-70586-0
＊『更級日記』の40年後、『たまきはる』の100年前に成立。院政期最初の宮廷を描いた、「天皇と相愛関係の典侍」という特殊な立場にあった女性の日記。従来の説と、かなりことなる見解を示した、渾身の全注釈。

◇讃岐典侍日記への視界　小谷野純一著　新典社　（新典社選書）　2011.8　①978-4-7879-6793-0

◇堀河朝の文学―堀河天皇の動静を中心として　古池由美著　新典社　（新典社研究叢書）　2002.7　①4-7879-4142-9
＊本書は、博士論文を大きく改訂して成ったものである。中古文学研究の王道は何といっても平安中期である。本書が扱った時代は、一般にいう院政期から新古今時代である。

堀辰雄　ほりたつお

1904～1953　昭和期の小説家。ラディゲ、リルケら20世紀西欧文学の紹介に功績。作品に「聖家族」「美しい村」「風立ちぬ」など。

◇堀辰雄　新装版　飯島文、横田玲子共著、福田清人編　清水書院　（Century Books 人と作品）　2017.9　①978-4-389-40112-2

◇虚構の生―堀辰雄の作品世界　飯島洋著　世界思想社　（金沢大学人間社会研究叢書）　2016.3　①978-4-7907-1676-1

◇出発期の堀辰雄と海外文学―「ロマン」を書く作家の誕生　宮坂康一著　翰林書房　2014.3　①978-4-87737-366-5

◇堀辰雄―生と死と愛と　特別展　鎌倉市芸術文化振興財団・国際ビルサービス共同事業体編　鎌倉市芸術文化振興財団・国際ビルサービス共同事業体　2013.10

堀辰雄

◇軽井沢という聖地　桐山秀樹, 吉村祐美著
NTT出版　2012.5　①978-4-7571-5081-2
＊人はなぜ、「この地」に集まるのか。数
多くの上流階級が集い、時代を拓いた
作家達が創作の場とした高原に秘めら
れた人間の物語。

◇堀辰雄の生涯と文学を追って―私の堀辰
雄　内藤セツコ著　鳥影社　2010.12
①978-4-86265-277-5
＊堀辰雄の生涯と作品を自分の人生と重
ねて数十年にわたって追い求めた女性
詩人の成果。

◇堀辰雄―人と文学　竹内清己著　勉誠出
版　（日本の作家100人）　2004.12
①4-585-05175-9

◇堀辰雄生誕百年特別企画展図録―生の中
心から遠ざかれば遠ざかるほどその動き
が無駄に大きくなる　堀辰雄文学記念館
編　軽井沢町教育委員会　2004.8

◇堀辰雄とモダニズム　池内輝雄編　至文
堂　（「国文学解釈と鑑賞」別冊）　2004.2

◇堀辰雄文学記念館常設展示図録　改訂版
堀辰雄文学記念館編　軽井沢町教育委員
会　2003.7

◇堀辰雄没後50年特別企画展―図録　僕は歩
いてゐた風のなかを…　堀辰雄文学記念
館編　軽井沢町教育委員会　2003.7

◇野ばらの匂う散歩みち―堀多恵子談話集
堀多恵子［述］, 堀辰雄文学記念館編　軽
井沢町教育委員会　2003.7

◇堀辰雄事典　竹内清己編　勉誠出版
2001.11　①4-585-06037-5

◇堀辰雄と開かれた窓『四季』　水口洋治著
竹林館　（ソフィア叢書）　2001.4
①4-924691-86-0

◇堀辰雄試解　西原千博著　蒼丘書林
2000.10　①4-915442-63-2

◇立原道造と堀辰雄―往復書簡を中心として
立原道造, 堀辰雄著, 立原道造記念館研究
資料室編　立原道造記念館　（Hyacinth
edition）　2000.3　①4-925086-07-3

◇山ぼうしの咲く庭で　堀多恵子著, 堀井正
子編　オフィスエム　1998.4
①4-900918-14-8

◇近代文学研究叢書　73　昭和女子大学近
代文化研究所著　昭和女子大学近代文化
研究所　1997.10　①4-7862-0073-5

◇濹東の堀辰雄―その生い立ちを探る　谷
田昌平著　弥生書房　1997.7
①4-8415-0733-7
＊軽井沢の孤高の人堀辰雄の心にあかり
を灯す下町の幼年時代の思い出と実の
父と信じて疑わなかった彫金師上条松
吉の沈黙の愛。

◇堀辰雄全集　別巻2　堀辰雄著, 中村真一
郎, 福永武彦, 郡司勝義編　筑摩書房
1997.5　①4-480-70110-9
＊堀辰雄研究。近年の卓抜な作家論・作
品論、知友の回想と証言を豊富に収録。
年譜・著作年譜・書誌・参考文献目録・
蔵書目録等の諸資料とともに、今後の
作家研究への資とする。

◇堀辰雄―風立ちぬ/花を持てる女　堀辰雄
著, 竹内清己編　日本図書センター　（シ
リーズ・人間図書館）　1997.4
①4-8205-9494-X

◇堀辰雄全集　第8巻　中村真一郎, 福永武
彦編　筑摩書房　1997.3
①4-480-70108-7

◇近代作家追悼文集成　第35巻　伊東静雄・
折口信夫・堀辰雄　ゆまに書房　1997.1
①4-89714-108-7

◇堀辰雄全集　第3巻　中村真一郎, 福永武
彦編　筑摩書房　1996.9

◇堀辰雄の周辺　堀多恵子著　角川書店
1996.2　①4-04-883439-8
＊軽井沢、追分を主な舞台に文学という
縁で夫と結ばれた文学者たち―。妻の
立場から過ぎし日を回想し彼等の素顔
を活々と描き出した人物エッセイ。

◇堀辰雄論―雪の上の足跡をたどって　倉
持丘著　光陽社出版　1995.10

◇堀辰雄―昭和十年代の文学　中島昭著
リーベル出版　1992.12　①4-89798-205-7

◇堀辰雄の実像　増補　三島佑一著　林道
舎　1992.4　①4-947632-41-0

教科書に載った日本史人物1000人　**591**

本阿弥光悦　ほんあみこうえつ

1558～1637　安土桃山時代, 江戸時代前期の能書家, 工芸家。書道・工芸・絵画・古典など諸芸諸学に通じた京都の文化人。

◇光悦―琳派の創始者　光悦村開村400年記念論集　河野元昭編　宮帯出版社　2015.10　①978-4-8016-0040-9

◇もっと知りたい本阿弥光悦―生涯と作品　玉虫敏子, 内田篤呉, 赤沼多佳著　東京美術　（アート・ビギナーズ・コレクション）　2015.9　①978-4-8087-1045-3

◇本阿弥行状記　日暮聖, 加藤良輔, 山口恭子訳注　平凡社　（東洋文庫）　2011.7　①978-4-582-80810-0
　＊日本有数の芸術家本阿弥光悦を中心に, その一族の言行をまとめた唯一の記録。光悦は家業の刀剣鑑定の他, 書, 出版, 作陶, 漆芸など多方面に才能を発揮。丹念な現代語訳と語釈を付す。

◇本阿弥光悦―人と芸術　増田孝著　東京堂出版　2010.9　①978-4-490-20705-7
　＊書跡史学者が読み解く, 光悦の人と芸術。新出の二〇通を含む三五〇通の手紙を通して光悦の生涯を辿る。自筆の手紙写真と解読を多数収載した渾身の一冊。

◇本阿弥行状記と光悦　正木篤三編著　中央公論美術出版　2004.5　①4-8055-1225-3

◇本阿弥行状記と光悦　〔新装普及版〕　正木篤三編著　中央公論美術出版　1993.4　①4-8055-0046-8
　＊戦国の混乱期を生きた本阿弥光悦は, 日本が生んだ最も偉大な芸術家の一人である。本書は, その高潔な生涯を知るための, 唯一の基本的な史料『行状記』(富岡鉄斎旧蔵本)を翻刻・研究し, 光悦の全体像を表した最良の書。

◇また世にあるべき人間とは覚え侍らず―本阿弥光悦・その信仰と生活　小島五十人著　三誓　1986.10

本多光太郎　ほんだこうたろう

1870～1954　明治～昭和期の金属物理学者。東北帝国大学総長, 東京理科大学初代学長。物理冶金学を研究。KS磁石鋼を発明した。

◇本多光太郎―マテリアルサイエンスの先駆者　平林真編, 本多記念会監修　アグネ技術センター　2004.12　①4-901496-21-2
　＊本書は, 日本のマテリアルサイエンスの先駆者, 本多光太郎の没後五十年を記念して編まれたものである。「鉄の神様」、「磁石の神様」と呼ばれる本多の著作の一部を紹介し, その業績に対する科学史, 技術史の観点から見た研究を収録, さらに本多が残した有形無形の遺産について孫弟子にあたる世代の人々がつづった文章もおさめている。日本の材料学の源流を確かめるうえで貴重な一冊である。

本田宗一郎　ほんだそういちろう

1906～1991　昭和期の技術者, 実業家。本田技研工業社長。本田技研工業創者。オートバイ, 自動車の開発に尽力。世界の "ホンダ" に築き上げる。

◇ほんだそういちろう―世界一の車をつくれ！　入沢宣幸文, 福田岩緒絵　チャイルド本社　（絵本版/新こども伝記ものがたり）　2018.5　①978-4-8054-4784-0

◇定本本田宗一郎伝―飽くなき挑戦大いなる勇気　3訂版　中部博著　三樹書房　2017.7　①978-4-89522-669-1

◇本田宗一郎―夢を追い続けた知的バーバリアン　野中郁次郎著　PHP研究所　（PHP経営叢書　日本の企業家）　2017.6　①978-4-569-83427-6

◇本田宗一郎100の言葉―伝説の経営者が残した人生の羅針盤　別冊宝島編集部編　宝島社　（宝島SUGOI文庫）　2017.4　①978-4-8002-7056-6

◇本田宗一郎という生き方　別冊宝島編集部編　宝島社　（宝島SUGOI文庫）　2017.1　①978-4-8002-6571-5

◇本田宗一郎　遠越段著　総合法令出版　（通勤大学経営コース）　2016.10　①978-4-86280-525-6

◇会社のために働くな　本田宗一郎著　PHP研究所　2016.3

①978-4-569-82960-9

◇本田宗一郎100の言葉―伝説の経営者が残した人生の羅針盤　別冊宝島編集部編　宝島社　2015.12　①978-4-8002-4878-7

◇本田宗一郎夢語録　元永知宏編　ぴあ　2015.12　①978-4-8356-2868-4

◇わが友本田宗一郎　井深大著　ゴマブックス　（GOMA BOOKS）　2015.5　①978-4-7771-1613-3

◇定本 本田宗一郎伝―飽くなき挑戦大いなる勇気　新装版　中部博著　三樹書房　2012.10　①978-4-89522-599-1
＊世界のホンダを築き上げた男。

◇人間の達人 本田宗一郎　伊丹敬之著　PHP研究所　2012.6　①978-4-569-80410-1
＊いまこそ手本にしたい男。つねに「目配り」「気配り」「思いやり」が彼にはあった。豪放磊落にして繊細、自分を通しながらも周りから愛された男の魅力に迫る。

◇本田宗一郎「一流の仕事」ができる人　岩倉信弥著　三笠書房　（知的生きかた文庫〔BUSINESS〕）　2012.6　①978-4-8379-8125-1
＊「夢をかたちにする力」「生き抜く力」「必ず結果を出すノウハウ」「問題解決」「スピード」「クオリティ」「発想」…しなやかに強く。自分を磨き上げる最高の指南書。

◇本田宗一郎と藤沢武夫　小堺昭三著　学陽書房　（人物文庫）　2012.4　①978-4-313-75276-4
＊ホンダの成功は「夢を語ることができるリーダー」と「現実を正確に認識し、リーダーの手綱をしめることができる参謀」の最適な関係があったからであった。よいときも経営危機のピンチのときも本田・藤沢路線で歩み続けた2人はトップから身を引くときも鮮やかであった…。現在の経営において大いに示唆に富むトップとナンバー2の最高の関係を学べる傑作人物ノンフィクション。

◇本田宗一郎さん生涯の夢―人間・本田宗一郎の素顔　ごま書房新社編集部編著, 原田一男原文　ごま書房新社　2012.1　①978-4-341-08500-1
＊40年近くにわたり秘書として執事として仕えた男が語る、20世紀の日本を代表する名経営者の情熱と涙の人生。

◇松下幸之助に学ぶ経営学　加護野忠男著　日本経済新聞出版社　（日経プレミアシリーズ）　2011.9　①978-4-532-26112-2
＊ものをつくる前に人をつくる―。松下電器（現パナソニック）の創業者、松下幸之助の経営の神髄とは何か？ 戦略論、組織論に精通した経営学の第一人者が、様々なエピソードを交えて、松下経営の本質を解明する。

◇本田宗一郎―やってみもせんで、何がわかる　伊丹敬之著　ミネルヴァ書房　（ミネルヴァ日本評伝選）　2010.9　①978-4-623-05855-6
＊本田宗一郎（一九〇六～一九九一）本田技研工業株式会社の創立者にして技術者。夢へ向かうエネルギーと人間的魅力に溢れ、周囲の人々を奮い立たせそして、一つにまとめあげた。徒手空拳からスタートし、ホンダという世界屈指の組織を作り上げた宗一郎は、今もなお求められる経営者像を体現している。大きな夢を天衣無縫に追い続けた男の人生を描き出す。

◇わが友 本田宗一郎　井深大著　ごま書房新社　2010.8　①978-4-341-01908-2
＊小さな町工場から、世界的な大企業ホンダとソニーを育て上げ、ともに戦後日本を代表する「天才技術者」と並び賞される両氏。40年にも及ぶ親交を結んだ著者だからこそ理解できた「人間・本田宗一郎」の本質とは。

◇本田宗一郎との100時間　新装版　城山三郎著　PHPパブリッシング　2010.1　①978-4-569-77592-0
＊魅力と核心を最高の筆致で描く！ 本田宗一郎の活動的な日常を、100時間に及んで密着取材。「たいへんな目標だ。だからこそ、チャレンジするんだ」と語る、創造的経営者のバイタリティの根源。

◇一冊でわかる！ 本田宗一郎―「世界のホンダ」を創り上げた男の「挑戦の軌跡」　梶

原一明編著　PHP研究所　（PHPビジネス新書）　2009.10　①978-4-569-77223-3
＊「世界のホンダ」の創業者でありながら、気取らない人柄と人一倍の挑戦心でカリスマ的な人気を誇る本田宗一郎。その生涯と仕事術をエピソード満載で紹介するのが本書。「スーパーカブ発売」「四輪車参入」「F1挑戦」などの大プロジェクト達成の秘話から、盟友藤沢武夫との深い信頼関係、人間味溢れる数々の逸話まで、その魅力とすごさを余すところなく伝える。

◇松明は自分の手で　藤沢武夫著　PHP研究所　2009.4　①978-4-569-70415-9
＊町工場から「世界のホンダ」へ本田宗一郎とともにホンダを育てた男の経営道。

◇本田宗一郎危機の決断 夢・マン島レースへの挑戦　倉本久著　ゴマブックス　2009.4　①978-4-7771-1311-8
＊「こういうわけで、お金は払えなくなりました。」1954年5月26日、藤沢は、頭を下げた。これは、本田宗一郎ではなく、藤沢の仕事だった。主力商品の原因不明トラブルによる出荷止めや大量返品、新製品の販売不振など、経営を圧迫する難事の続出により動揺を隠せない従業員たち向けて、本田宗一郎は驚愕の「宣言書」を従業員に発表する。「マン島TTレース出場宣言」。圧倒的な世界との差を、この苦難の時に縮め、追い越し、世界一になる、というこの「檄文」に込められた意味とはなんだったのか？ 本田宗一郎が下した「危機の決断」を解明していく。

◇知識ゼロからの本田宗一郎入門　片山修著　幻冬舎　2009.3　①978-4-344-90146-9
＊世界を制した天才技術者に学ぶ、独創力＋実現力。

◇起業家の本質―ピンチをチャンスに変える5つの能力！　堀紘一，松下幸之助，盛田昭夫，村田昭治，稲盛和夫ほか著　プレジデント社　（プレジデント・クラシックス）　2009.2　①978-4-8334-1902-4
＊松下幸之助の「先見力」、本田宗一郎の「技術開発力」、盛田昭夫の「ブランド構築力」、小林一三の「顧客創造力」、稲盛和夫の「ビジョン実現力」―事業を成功

させる必須の能力を解説。

◇本田宗一郎と松下幸之助 改訂版 日経ベンチャー編 日経BP社 （日経ベンチャー別冊）　2008.12　①978-4-8222-6539-7

◇評伝本田宗一郎―創業者の倫理と昭和ものづくりの精神　野村篤著　青月社, キャリイ社（発売）　2008.11　①978-4-8109-1192-3

◇ホンダ神話　1　本田宗一郎と藤沢武夫　佐藤正明著　文芸春秋　（文春文庫）　2008.1　①978-4-16-763906-8
＊昭和24年夏、ホンダの創業者、本田宗一郎と藤沢武夫は出会った。ふたりは"二人羽織"の経営で度重なる危機を乗り越え、ホンダを世界企業へと導く。やがて"ホンダの子供たち"に経営のバトンが渡り、自動車業界も変革のときを迎える―。大宅賞受賞の名作『ホンダ神話―教祖のなき後で』が増補のうえ二分冊で新たに登場。

◇人間・本田宗一郎の素顔―モノづくり日本の原点　ごま書房編集部編, 原田一男文　ごま書房　2008.1　①978-4-341-08371-7
＊戦後日本を代表する不世出の企業人、天才技術者。その情熱と涙の人生。

◇本田宗一郎―夢を力にするプロの教え 永久保存版　本田宗一郎研究室編　アスペクト　（ビジネスの巨人シリーズ）　2007.6　①978-4-7572-1356-2

◇本田宗一郎の見方・考え方―ビジネスには「やらまいか」精神で当たれ！ 永久保存版　梶原一明監修　PHP研究所　2007.6　①978-4-569-69169-5
＊ストーリーで読む！ エピソードで読む！ 挑戦の歴史で読む！ 常に挑戦を続け夢をかなえた男の「得手に帆あげて」突き進んだ人生哲学。

本多利明　ほんだとしあき
1743～1820 江戸時代中期、後期の経世家。「経世秘策」「西域物語」などの著者。

◇比較文学論攷―鷗外・漢詩・西洋化　神田孝夫著, 神田孝夫遺稿集刊行会編　明治書院　2001.12　①4-625-45304-6

＊神田孝雄遺稿集。神田孝夫の著作の中から、学術的論文の精華と信じるもの十六篇を選りすぐり、その主題に従って、「若き鷗外」「日本人の漢詩」「西洋化と日本の伝統」の三部に分けて配置、先生の「年譜」と「著作年表」を付して、この偉大な先達の学問をしのぶよすがとすることにした。

▌ 本多正純　ほんだまさずみ

1565～1637　安土桃山時代, 江戸時代前期の大名。下野宇都宮藩主, 下野小山藩主。

◇汚名―本多正純の悲劇　杉本苑子著　中央公論社　（中公文庫）　1998.5
①4-12-203132-X

◇汚名　杉本苑子著　講談社　（講談社文庫）　1995.9　①4-06-263055-9

◇本多正純異聞―歴史小説　斎藤吉見著　実業之日本社　1994.8　①4-408-53230-4

◇汚名　杉本苑子著　毎日新聞社　1992.4
①4-620-10452-3
＊徳川幕府草創期に能力を発揮、"宇都宮釣天井事件"で改易となった大名、本多正純の生涯を、藩内に入りこんだ隠密の目を通して生き生きと描く長篇歴史小説。

▌ ポンペ　Pompe van Meerdervoort

1829～1908　江戸時代末期のオランダの海軍軍医。日本最初の西洋医学教育を行った。

◇ポンペ―日本近代医学の父　宮永孝著　筑摩書房　1985.4

【ま】

▌ 前島密　まえじまひそか

1835～1919　明治期の官吏, 実業家。東京専門学校校長、男爵。近代郵便制度の確立に尽力。駅逓局長、通信次官などを歴任。

のち貴族院議員。

◇鴻爪痕―前島密伝　復刻版　前島密著, 通信文化協会博物館部監修　鳴美　2017.8
①978-4-86355-066-7

◇知られざる前島密―日本文明の一大恩人　小林正義著　郵研社　2009.4
①978-4-946429-20-0
＊郵便事業の創業だけではない偉大なる遺産の数々。

◇＜郵政の父＞前島密と坂本竜馬　加来耕三著　二見書房　2004.12　①4-576-04220-3
＊まったく同じ年に、よく似た人物が二人、日本の北と南にわかれて生まれ、青春を駆け抜けた、という点綴の物語が本書である。実は、密と竜馬―このニ人、多少の曲折はあったものの、ほぼ同じ志を抱いて、同様の学問＝蘭学→兵学→陸上砲術→海上砲術→海軍・海運と進み、ともに同時代にとっては稀有な、異才を発揮した。変わり者と評価された点でも、二人は似ていた。が、何よりこの二人の同窓生は、明治維新という未曽有の変革に遭遇し、まったくいっていいほど先行きの不透明な、読みきれない未来に対して、日本の進むべき方向を具体的に示した点が際立っていた。―「構想力」といってよい。のちに"日本郵政の父"と呼ばれるようになる前島密の生涯を客観的に見れば、なぜ、彼が竜馬と比べられたのか、どこが酷似していたのか、「構想力」とは何か、が明らかになるにちがいない。

◇前島密―前島密自叙伝　前島密著　日本図書センター　（人間の記録）　1997.6
①4-8205-4262-1

◇前島密　〔新装版〕　山口修著　吉川弘文館　（人物叢書）　1990.5
①4-642-05191-0
＊前島は「郵便の父」として、ひろく知られているように、郵政事業の基礎を確立し、その発展に尽瘁した。しかし前島の業績は郵政にとどまらない。海運・鉄道・新聞などの近代事業、また教育や国字改良などに果した役割は、きわめて大きい。いかにして、このような人物が生まれたのか。本書は雪深い越後

から江戸に出て、刻苦勉励、新政府に出仕して活躍した、その生涯をたどる。

前田青邨 まえだせいそん

1885〜1977 大正、昭和期の日本画家。東京芸術大学教授。作品に「洞窟の頼朝」「罌粟」など。

◇前田青邨の想い出 中村まり子著 蒼穹会 2008.10

◇前田青邨 前田青邨画, 日本アート・センター編 新潮社 （新潮日本美術文庫） 1998.3 ①4-10-601556-0

◇巨匠の日本画 8 前田青邨 歴史のなかの人々 福田徳樹編 学習研究社 1994.3 ①4-05-500056-1
＊昭和の巨匠・前田青邨が描いた歴史のロマン。大胆な構図と軽妙な色感の世界。平山郁夫画伯が語る師・青邨の画家論と鑑賞ガイド。

前田綱紀 まえだつなのり

1643〜1724 江戸時代前期、中期の大名。加賀藩主。

◇前田綱紀 〔新装版〕 若林喜三郎著 吉川弘文館 （人物叢書） 1986.11 ①4-642-05058-2
＊加賀百万石の領主であり、加賀藩の制度・文物万般にわたる完成者であった松雲公前田綱紀は、世に名君と呼ばれている。しかしその治績が模範的であればあるほど、封建政治の矛盾をはらんでいる。本書は藩政史料を厳密に調査し、社会経済史的立場から、彼の幾多の業績に検討を加え、そこに彫りの深い封建領主像を描き出した。

前田利家 まえだとしいえ

1538〜1599 安土桃山時代の大名。加賀藩主前田家の祖。五大老の一人で徳川家康と同格だったが、秀吉に続いて病死。

◇前田利家・利長 大西泰正編著 戎光祥出版 （シリーズ・織豊大名の研究） 2016.8 ①978-4-86403-207-0

◇前田利家 加来耕三企画・構成・監修, す

ぎたとおる原作, 若松卓宏作画 ポプラ社 （コミック版日本の歴史 戦国人物伝） 2013.6 ①978-4-591-13480-1
＊戦場で"槍の又左"の異名で恐れられ、前田家を加賀百万石に育てた猛将!!

◇前田利家 童門冬二著 小学館 （小学館文庫） 2006.11 ①4-09-408127-5
＊"組織と人間"を主要テーマに歴史上の武将、参謀などを描き、次々とベストセラーを生んだ著者が、加賀百万石藩祖・前田利家とまつの夫婦愛を描く。豊臣秀吉亡き後、その子・秀頼の守役となった利家だったが…。迫り来る死の影、そして徳川家康が覇権を狙う中、いかに利家と妻・まつは北国に絢爛たる武家文化を華咲かせたのか？"不倒翁"といわれた利家は、短気だった若き頃とうって変わり、最期まで、加賀の国を文化国として栄え続けさせたいという夢に身命を捧げたのである。利家最後の二〇〇日を詳細に追った力作。

◇図説 前田利家─前田育徳会の史料にみる 菊池紳一著 新人物往来社 2002.12 ①4-404-02974-8
＊戦国の世に槍先をもって功名を争い、天下人が代わる中で最大の大名になった前田利家。激動の時代を勝ち抜いた利家の戦法・外交・家臣団形成・領国経営・文化などを、貴重な史料を基に紹介し、戦国時代を解き明かす。

◇前田利家と能登・七尾─七尾市・前田利家入府420年記念シンポジウム 七尾市教育委員会文化課編 七尾市, （金沢）北国新聞社〔発売〕 2002.8 ①4-8330-1218-9
＊本書は、平成十三年（二〇〇一）十一月二十四日に開催された、前田利家公入府四百二十年記念シンポジウム「前田利家と能登・七尾」を、一冊の書籍としてまとめたものである。

◇利家・利長・利常─前田三代の人と政治 見瀬和雄著 北国新聞社 2002.3 ①4-8330-1204-9
＊戦争のかたわら農民の支配に苦心し、「大坂城の北陸版」として金沢城を創建した初代利家。豊臣と徳川の間で苦悩しながら、北陸で関ヶ原の戦いを迎えた二代利長。徳川家との結びつきを深

め、改作法、キリシタン禁制、家臣団掌握で百万石の繁栄を築いた三代利常。加賀百万石への決断と苦悩。

◇前田利家—北陸の覇者　西ヶ谷恭弘，三木範治著　JTB　2002.2　①4-533-04116-7
＊本書ではあえて金沢城とその城下町には触れず、そのかわり、本書では利家が実際に生活と政務に当たった京の前田邸、伏見の前田邸、それに尾張・越前時代の諸城郭についてできるだけ詳細に綴った。

◇戦国二人三脚—まつと又左と子どもたち　杉本苑子著　日本放送出版協会　2002.1　①4-14-080655-9
＊数多の名家・名族が乱世の露と消えた時代、前田利家の妻となり、また夫亡き後は加賀藩主の母となった女性・まつ。前田家の繁栄と存続のために尽くしたその生涯を読みときながら、家族の深い愛情、そして二人三脚で歩んだ利家との固い絆を鮮やかに描きだす。

◇前田利家十五ヵ条の訓え—不測の時代に加賀百万石を守り抜いた知恵の結集　戸部新十郎著　青春出版社　2002.1　①4-413-03314-0
＊本書は、徳川政権下で、御三家にも勝る百万石を築き守り通した外様の雄、加賀前田家に脈々と伝わる訓えを、著者ならではの解釈で読み解いた。不測の時代に生き残りをかけて戦う生きざまから、いつの世にも通じる智恵を垣間見ることができる。

◇奮闘前田利家—百万石の槍働き　学習研究社　（歴史群像シリーズ　〈戦国〉セレクション）　2002.1　①4-05-602639-4

◇「利家とまつ加賀百万石物語」展—前田家と加賀文化　嶋崎丞監修，NHK,NHKプロモーション，NHK中部ブレーンズ編　NHK　2002

◇戦乱北陸の覇者前田利家の武勇と戦略—槍の又左から加賀宰相へ　成美堂出版　（Seibido mook）　2001.12　①4-415-09685-9

◇前田利家のすべて　花ケ前盛明編　新人物往来社　1999.10　①4-404-02826-1
＊信長・秀吉・家康の時代を生きぬいた

男・前田利家。前田利家没後400年記念。

◇「槍の又左」、前田利家—加賀百万石の胎動　池田公一著　新人物往来社　1999.7　①4-404-02814-8
＊前田利家没後400年記念。加賀百万石の礎を築いた前田利家は、どんな男だったのか。

◇前田利家・利長軍記　青山克弥著　勉誠出版　（日本合戦騒動叢書）　1999.5　①4-585-05114-7
＊『荒山合戦記』『末森記』において利家は数え歳四十五歳から四十八歳、「勇将」としての面目躍如たる、最も華やかな時期が活写されて興趣に富み、そのあたりをお楽しみいただければ幸いである。また、『小松軍記』を含め、前田氏物歴史小説の素材となった形跡もあり、双方を併読するのも一興であろう。

◇前田利家　上　津本陽著　講談社　（講談社文庫）　1997.9　①4-06-263592-5
＊戦国の世を生き抜くバサラ武者・前田利家の華麗な生涯を描く傑作長編。天文七年、尾張荒子城主の四男として生まれた利家は、織田信長の小姓として初陣で二つの首級をあげ、近習に加わる。信長の勘気を蒙るが桶狭間合戦の手柄により許され、その後ライバルの秀吉とともに着々と出世の道を登るのだった。

◇前田利家　中　津本陽著　講談社　（講談社文庫）　1997.9　①4-06-263593-3
＊信長以来の普代那古屋衆の家柄に生まれた利家と宿命のライバル猿・秀吉。だが利家は中国経略に猛進撃を見せる頃から秀吉を認めていた。本能寺の変の後実権を握った秀吉の昵懇衆筆頭となった利家は破格の待遇をもってゆるぎない地位を得た。加賀八十二万石の身代を得、大大名への地歩を固める利家の夢とは。

◇前田利家　下　津本陽著　講談社　（講談社文庫）　1997.9　①4-06-263594-1
＊文禄二年九月、前田屋敷を訪れた秀吉のため利家は能を興行。秀吉、家康の三人で能を披露、見物は大いに湧いた。秀吉の没後、隠然たる勢力を誇示する家康に対抗できるのは利家のみ。死の床に家康一行を迎えた利家は密かに暗殺を覚

前野良沢

悟するのだが…。眼前に迫る死の闇に
敢然と立ち向う武士魂を描く歴史小説。

◇前田利家—秀吉が最も頼りにした男　花
村奨著　PHP研究所　（PHP文庫）
1996.3　①4-569-56871-8

◇前田利家—物語と史蹟をたずねて　井口
朝生著　成美堂出版　（成美文庫）
1995.10　①4-415-06429-9
＊「槍の又佐」はその"かぶき"ぶりゆえ
に、主君信長の怒りを買いながらも、常
に戦陣の先頭に立ち、数々の武勲をう
ちたてた。信長が本能寺に倒れ、やが
て天下は秀吉から家康へと移っていく。
盟友秀吉の幕下に下りながらも、豊臣
政権の重鎮として秀吉死後は、家康に
対座して政治の舞台で影響力を発揮す
る前田利家の足跡を追ってみた。

◇前田利家　下　津本陽著　講談社
1994.12
＊眼前に迫る死の闇に立向う侍の魂。戦
国の世を生抜いた前田利家の最期。

◇前田利家　中　津本陽著　講談社
1994.11
＊大大名の地歩を固める前田利家の夢。
秀吉、家康らと共に戦う武辺者一代。

◇前田利家　上　津本陽著　講談社
1994.10　①4-06-207314-5
＊朱武者バサラ利家の華麗なる運命。北
国新聞大好評連載、傑作長篇（全3巻）。

◇前田利家　戸部新十郎著　毎日新聞社
1993.3　①4-620-10471-X
＊幼名を犬千代。容姿端麗にした智略に
秀れ、槍をとっては天下無双。親友秀
吉と共に信長に従い、戦国乱世を勇猛
果敢に突き進み、加越能三国の大主と
なった前田利家の生涯。

◇秀吉・利家・家康　石川県立歴史博物館編
石川県立歴史博物館　1992.4

▍前野良沢　まえのりょうたく
1723〜1803　江戸時代中期, 後期の蘭学
者, 蘭方医。「解体新書」を翻訳。

◇前野良沢—生涯一日のごとく　鳥井裕美
子著　思文閣出版　2015.4
①978-4-7842-1786-1

◇前野良沢—オランダ人のばけものと呼ば
れた男　普及版　鳥井裕美子文, 広瀬剛絵
大分県教育委員会　（大分県先哲叢書）
2015.3

◇前野良沢　鳥井裕美子著　大分県教育委
員会　（大分県先哲叢書）　2013.3

◇解体新書の謎　大城孟著　ライフ・サイ
エンス　2010.5　①978-4-89801-341-0

◇前野蘭化 3　著訳篇　岩崎克己著　平凡
社　（東洋文庫）　1997.2
①4-582-80612-0

◇前野蘭化 2　解体新書の研究　岩崎克己
著, 片桐一男解説　平凡社　（東洋文庫）
1996.9　①4-582-80604-X
＊『解体新書』にメスを入れ、日本医学史
における意義を追究するとともに、医
学者・前野良沢（蘭化）のオランダ語学
者としての実力を探る。黎明期の蘭学
に鋭く迫る珠玉の名著。

◇前野蘭化 1　解体新書以前　岩崎克己著
平凡社　（東洋文庫）　1996.5
①4-582-80600-7
＊『解体新書』翻訳を主導した前野良沢
（蘭化）を主題に、鋭い筆鋒で切り開く
黎明期の蘭学。幻の名著、待望の復刊。

▍前畑秀子　まえはたひでこ
1914〜1990　昭和期の水泳選手。日本女
性初の金メダリスト。

◇勇気、涙、そして愛—前畑は二度がんばり
ました　兵藤秀子著　ごま書房　（ゴマレ
ディス）　1990.12　①4-341-06010-4

▍前原一誠　まえばらいっせい
1834〜1876　江戸時代末期, 明治期の長州
藩士, 政治家。主戦派として藩権力を握
る。戊辰戦争では参謀を務め、維新後、越
後府判事。

◇前原一誠と松江の修道館そして大社町宇龍
—維新十傑の一人　宍道正年編著　クリ
アプラス　2015.4　①978-4-9908900-4-9

◇前原一誠年譜　田村貞雄校注　マツノ書
店　2003.4

◇評伝 前原一誠—あゝ東方に道なきか　奈

良本辰也著　徳間書店　（徳間文庫）
1989.10　Ⓘ4-19-598904-3
＊吉田松陰門下となった前原一誠は、や
　がて長崎留学の後、急進的尊皇攘夷派
　として久坂玄瑞らと共に長州藩倒幕派
　の旗頭となり、高杉晋作の蜂起で藩権
　力中枢を占めた。だが戊辰戦争の功績
　による新政府の参議という地位も、実
　は一誠を東京に幽閉するものであり、
　彼の説く農民救済策・年貢半減が、新政
　府と相いれないゆえであった。頑なに
　己が道を進み、萩の乱に散った一誠の
　愚直なまでの生涯を描く力作評伝。

◇あゝ東方に道なきか─評伝前原一誠　奈
　良本辰也著　中央公論社　1984.8
　Ⓘ4-12-001316-2

┃ **真木和泉**　まきいずみ
1813〜1864　江戸時代末期の尊攘派志士。

◇真木和泉守保臣先生百四十年祭記念誌
　小川常人著, 真木大樹編　［真木大樹］
　2004.7

◇真木和泉守先生殉道百三十年誌　真木和
　泉守保臣先生歿後百三十年顕彰事業推進
　委員会編　真木和泉守保臣先生歿後百三
　十年顕彰事業推進委員会　1995.9

◇ふくおか人物誌 5　真木保臣　ふくおか
　人物誌編集委員会編　山口宗之著　西日
　本新聞社　1995.8　Ⓘ4-8167-0396-9
　＊近代日本の夜明け明治維新。久留米藩の
　　神官の子に生まれた真木保臣は討幕・王
　　政復古の実現に生涯を捧げ燃え切った。
　　没後130年のいま、先人の意義を問い返
　　し、若い世代の未来創出の糧としたい。

◇真木和泉　〔新装版〕　山口宗之著　吉川
　弘文館　（人物叢書）　1989.3
　Ⓘ4-642-05149-X
　＊真木和泉守保臣は久留米水天宮の祠官
　　に生れ、尊攘論から討幕への道を驀進
　　する武装激派の理論的指導者として重
　　きをなした。脱藩上洛して画策中寺田
　　屋の変に遭い、のち禁門の変に敗れて
　　天王山で自刃して果てた。激動する動
　　乱期に光彩放つ波瀾の生涯を新史料を
　　駆使して巧みに描き、特にその人間像
　　と幕末史上における歴史的意義を解明

した力篇である。

┃ **牧野富太郎**　まきのとみたろう
1862〜1957　明治〜昭和期の植物分類学
者。東京帝国大学講師。各地で植物を採
集し、「牧野日本植物図鑑」「日本植物志図
篇」などを編集。

◇牧野富太郎─植物博士の人生図鑑　コロ
　ナ・ブックス編集部編　平凡社　（コロ
　ナ・ブックス）　2017.11
　Ⓘ978-4-582-63510-2

◇牧野富太郎通信─知られざる実像　松岡
　司著　トンボ出版　（トンボ新書）
　2017.3　Ⓘ978-4-88716-250-1

◇MAKINO─牧野富太郎生誕150年記念出
　版　高知新聞社編　北隆館　2014.1
　Ⓘ978-4-8326-0979-2
　＊高知新聞連載「生誕150年牧野富太郎を
　　歩く」に大幅加筆。「ゆかりの花めぐ
　　り」「全国踏査マップ」「イラスト年譜」
　　を追加。大きな夢を抱いて明治・大正・
　　昭和を生きた植物学者、牧野富太郎の
　　世界にようこそ。

◇私は植物の精─牧野富太郎から受け継ぐ
　植物へのまなざし　牧野富太郎生誕150年
　記念展　平成24年度神代植物公園特別企画
　展　東京都公園協会神代植物公園サービ
　スセンター編　東京都公園協会神代植物
　公園サービスセンター　（東京都立神代植
　物公園特別企画展小冊子）　2013.2

◇牧野富太郎と神戸　白岩卓巳著　神戸新
　聞総合出版センター　（のじぎく文庫）
　2008.11　Ⓘ978-4-343-00494-9

◇牧野富太郎自叙伝　牧野富太郎著　講談
　社　（講談社学術文庫）　2004.4
　Ⓘ4-06-159644-6

◇草を褥に─小説牧野富太郎　大原富枝著
　小学館　2001.4　Ⓘ4-09-343351-8
　＊「植物界の巨人」光と翳の実生涯。書簡
　　で初めて明かされる「奔放」と「純愛」。
　　自らを「植物の精」と呼び、植物分類学
　　に生涯を捧げた牧野富太郎博士。この
　　稀代の学者と妻・寿衛子の波乱に富む
　　生涯の詳細記録─。『婉という女』から
　　40年。大原文学の最終到達点。

正岡子規

◇牧野富太郎―私は草木の精である　渋谷章著　平凡社　（平凡社ライブラリー）2001.3　Ⓘ4-582-76388-X

◇花と恋して―牧野富太郎伝　上村登著　高知新聞社　1999.6　Ⓘ4-87503-276-5

◇牧野富太郎―牧野富太郎自叙伝　牧野富太郎著　日本図書センター　（人間の記録）1997.2　Ⓘ4-8205-4243-5

◇牧野富太郎博士からの手紙　武井近三郎著　高知新聞社　（Koshin books）1992.7

▎正岡子規　まさおかしき

1867～1902　明治期の俳人，歌人。俳句・短歌を革新し近代文学へ位置づける。「ホトトギス」を主宰。

◇松山子規事典　松山子規会企画編集　松山子規会　2017.10　Ⓘ978-4-9909694-1-7

◇子規はずっとここにいる―根岸子規庵春秋　さいとうなおこ著　北冬舎　2017.9　Ⓘ978-4-903792-64-4

◇正岡子規　新装版　前田登美great, 福田清人編　清水書院　（Century Books　人と作品）2017.9　Ⓘ978-4-389-40111-5

◇漱石と子規―松山・東京友情の足跡 新宿区立漱石山房記念館開館記念特別展　新宿未来創造財団新宿区立新宿歴史博物館編　新宿未来創造財団新宿区立新宿歴史博物館　2017.9

◇子規の音　森まゆみ著　新潮社　2017.4　Ⓘ978-4-10-410004-0

◇正岡子規人生のことば　復本一郎著　岩波書店　（岩波新書 新赤版）2017.4　Ⓘ978-4-00-431660-2

◇子規と漱石―友情が育んだ写実の近代　小森陽一著　集英社　（集英社新書）2016.10　Ⓘ978-4-08-720854-2

◇評伝 正岡子規　柴田宵曲著　岩波書店　（岩波文庫）2016.4　Ⓘ4-00-311063-3
　＊宵曲（1897 - 1966）は，子規を仰ぎ見るのでもなく，またわが論理で縛るのでもなく，短歌・俳句・随筆等をもとに，ひたすら年代を追って描いてゆく。こうして，客気溢れた青年がやがて病を

得，病床六尺の空間に呻吟しながら確固たる世界を築き上げて死ぬまでを，われわれの前に現出させる筆者の腕前には感歎のほかはない。

◇正岡子規と明治のベースボール　岡野進著　創文企画　2015.11　Ⓘ978-4-86413-074-5

◇子規、最後の八年　関川夏央著　講談社　（講談社文庫）2015.4　Ⓘ978-4-06-293080-2

◇子規と「小日本」―新聞界の旋風 松山市立子規記念博物館第60回特別企画展　松山市立子規記念博物館編　松山市立子規記念博物館　2014.8

◇歌よみ人 正岡子規―病ひに死なじ歌に死ぬとも　復本一郎著　岩波書店　（岩波現代全書）2014.2　Ⓘ978-4-00-029122-4
　＊「神の我に歌をよめとぞのたまひし病ひに死なじ歌に死ぬとも」。近代俳句の祖として知られる正岡子規は，後にアララギ派へと発展した根岸短歌会を主催し，短歌革新運動にも激しい情熱を注いだ。その短い生涯に，新しい時代の歌および二四〇〇首を残し，近代短歌史に大きな足跡を刻んだ「歌よみ人」としての子規の業績を明らかにする画期的な評伝。

◇倉橋羊村選集　倉橋羊村著　本阿弥書店　2013.12　Ⓘ978-4-7768-1051-3
　＊第一句集『渾身』ほか，既刊五句集に未刊句集を加えた全句業を完全収録し，名著『道元』をはじめ評伝の代表作を厳選した「波」主宰の集大成。

◇恋する正岡子規　堀内統義著　創風社出版　2013.8　Ⓘ978-4-86037-194-4

◇子規と明治の女性たち―八重・律から一葉・晶子まで：松山市立子規記念博物館第58回特別企画展　松山市立子規記念博物館編　松山市立子規記念博物館　2012.9

◇正岡子規　ドナルド・キーン著, 角地幸男訳　新潮社　2012.8　Ⓘ978-4-10-331708-1
　＊西洋文明の衝撃により日本の伝統文化が危機に瀕するさなか，「ホトトギス」を創刊，「写生」という新たな手法で，俳句と短歌を改革し，国民的文芸にまで高めた子規。幼いときの火事体験か

600　教科書に載った日本史人物1000人

正岡子規

ら、最晩年の過酷な闘病生活まで丹念にたどる子規評伝の決定版。

◇伝記 正岡子規 新装改訂版 松山市教育委員会編著 松山市立子規記念博物館 2012.3

◇子規研究資料集成 回顧録編1 俳諧風聞記 越後敬子編・解説 岡野知十，柳原極堂著 クレス出版 2012.2
①978-4-87733-629-5

◇子規研究資料集成 回顧録編2 随攷子規居士 越後敬子編・解説 寒川陽光，岡麓著 クレス出版 2012.2
①978-4-87733-630-1

◇子規研究資料集成 研究編2 正岡子規 越後敬子編・解説 藤川忠治著 クレス出版 2012.2 ①978-4-87733-632-5

◇エッセイストとしての子規 永田圭介著 編集工房ノア 2011.7
①978-4-89271-718-5

◇正岡子規、従軍す 末延芳晴著 平凡社 2011.5 ①978-4-582-83515-1
＊なぜ子規は病身でありながら、命を賭して、日清戦争の従軍記者となったのか？ 戦争体験は子規文学に何をもたらしたか？ 近代詩歌の巨星の、ターニング・ポイントの謎を照射する画期的論考。

◇子規のいる風景 復本一郎著 創風社出版 2011.3 ①978-4-86037-158-6

◇正岡子規―言葉と生きる 坪内稔典著 岩波書店 （岩波新書） 2010.12
①978-4-00-431283-3
＊幕末に生れた子規は明治という時代と共に成長した。彼は俳句・短歌・文章という三つの面で文学上の革新を起こし、後世に大きな影響を与える。子規の言葉は新しくなろうとする近代日本の言葉でもあった。そのみずみずしい俳句・短歌・文章などを紹介しながら、三十四年という短い人生を濃く溌剌と生きぬいた子規の生涯を描きだす。

◇子規とその時代 坪内稔典著 沖積舎 （坪内稔典コレクション） 2010.11
①978-4-8060-6669-9

◇子規の宇宙 長谷川櫂著 角川学芸出版

（角川選書） 2010.10
①978-4-04-703477-8
＊わずか35年の生涯で、近代俳句の礎を築き上げた正岡子規の魅力あふれる「人と作品」を読み解き、写生を超越した表現法「即時」について平明に解説。目前に迫る死にどう対したか。「食」を通して切実なる生への思いを表現し続けた子規の俳句を見つめ直し、没後100年が経過した今だからこそみえはじめる「人間・正岡子規」の世界を、俳人・長谷川櫂が描き出す。正岡子規句集と略年譜も収録。

◇日本及日本人 正岡子規号 日本及日本人社編 島津書房 2010.10
①978-4-88218-141-5

◇正岡子規 運命を明るいものに変えてしまった男 多湖輝著 新講社 （Wide shinsho） 2009.12 ①978-4-86081-304-8
＊われわれは誰もがいずれ「病牀六尺」の人になります。そのとき、子規のように好奇心を失わず、病気を楽しみ、ゆったりと朗らかにすごすことができるか。子規が身をもって教えてくれた病苦や逆境を恐れず、堂々と人生をわたる姿勢と心得。

◇正岡子規の〈楽しむ力〉 坪内稔典著 日本放送出版協会 （生活人新書） 2009.11
①978-4-14-088305-1
＊子規といえば、真っ先に思い浮かぶのは、"柿食へば鐘が鳴るなり法隆寺"だろうか。けれども短い生涯にもかかわらず、じつに豊穣で多産な人生であった。短詩型の革新を試み、小説や漢詩を創作し、野球に熱中し、写生や落語を楽しみ、最後は病気まで楽しんだ。新たな視点で描く、子規流人生の愉しみ方。

◇東京の子規―歩く人・正岡子規 井上明久著 創風社出版 2009.11
①978-4-86037-132-6

◇そこが知りたい子規の生涯―同時代人の証言でたどる俳人・正岡子規 土井中照著 アトラス出版 2006.10 ①4-901108-52-2

◇子規の回想 河東碧梧桐著 沖積舎 1998.10 ①4-8060-4631-0
＊『子規の回想』（昭和十九年六月十日 昭

教科書に載った日本史人物1000人 **601**

南書房刊）は、子規の二十三回忌（大正十三年）に「子規の回想」と題して個人誌「碧」（大正十三年六月号～十四年一月二月合併号）に七回にわたって連載し、三十三回忌に際して汎文社から『子規を語る』（昭和九年二月二十日）の題で出版したものを正編とし、これに昭和九年夏（七月六日～八月二十日）に一気に書き上げた続編を加えて出版したものである。正編は、明治十二年頃に碧梧桐が初めて子規と出会ってから、俳壇に雄飛する明治二十九年までのほぼ十八年間の回想である。続編は明治二十九年以後、子規が没するまでと、余録十編からなる。

◇正岡子規　粟津則雄著　講談社　（講談社文芸文庫）　1995.9　①4-06-196336-8
＊“子規という不可思議な魅力”にとりつかれた著者が、作品と資料を徹底的に読み、調べ、洞察の眼を見開いて明治という激動の時代の中に、改革者としての子規の烈風の如き精神の軌跡を鮮かに浮かびあがらせる。亀井勝一郎賞受賞。

◇子規言行録　河東碧梧桐編　日本図書センター　（近代作家研究叢書）　1993.1　①4-8205-9234-3

◇仰臥漫録　正岡子規著　岩波書店　（ワイド版　岩波文庫）　1991.1　①4-00-007020-7
＊子規が、死の前年の明治34年9月から死の直前まで、折々に書きとめた日録。日々3度の食事の献立から病苦と死の恐怖への煩悶に至るまで、病床生活を、俳句、水彩画などを交えて赤裸々に語った稀有な生活記録。読みすすむにつれ、命旦夕に迫る子規の心境が何の誇張も虚飾もなくうかがわれて、深い感動に誘われる。

▌真崎甚三郎　まさきじんざぶろう
1876～1956　大正、昭和期の陸軍軍人。大将、教育総監。皇道派青年将校として二・二六事件に関与した。

◇側近通訳25年　昭和天皇の思い出　真崎秀樹談、読売新聞社編　中央公論新社　（中公文庫）　1999.12　①4-12-203553-8

＊皇室外交の知られざる事実をはじめて語った本書は、一級の歴史証言である。外国要人を感激させ、ファンにしてしまう昭和天皇の温かみ溢れるお人柄を、著者は25年にわたって見つめ続けた。天皇への敬愛の念とともに、冷静な観察眼をも忘れてはいない著者の目が、いま、躍動する昭和の一側面を明らかにする。

◇評伝真崎甚三郎　新装版　田崎末松著　芙蓉書房出版　1999.2　①4-8295-0223-1
＊中国大陸戦線拡大、南進論を推進する勢力にとって、最大にして最後の障害物、それが真崎甚三郎だった。昭和初期の陸軍最高の実力者だった真崎甚三郎が、戦争拡大勢力によって排斥され、歴史の彼方に消えていったのはなぜか？　2・26事件という局部的検証にとどまらず、昭和史そのものの検証と修正を迫る力作。

▌正木ひろし　まさきひろし
1896～1975　昭和期の弁護士。首なし事件、三鷹事件などの弁護にあたる。著書に「日本人の良心」など。

◇弁護士生活のつれづれ　古賀正義著　信山社　2014.1　①978-4-7972-1954-8
＊半世紀にわたる弁護士活動の中で垣間みた法律家たちの人間像と生きざま。戦時下、孤高の信念を貫いた正木ひろしが、今蘇る。

◇家永三郎集　第5巻　思想家論1　家永三郎著　岩波書店　1998.2　①4-00-092125-8

◇正木ひろし　新増補版　家永三郎著　三省堂　（三省堂選書）　1981.1

▌正宗　まさむね
⇒岡崎正宗（おかざきまさむね）

▌正宗白鳥　まさむねはくちょう
1879～1962　明治～昭和期の小説家, 劇作家, 評論家。短編「塵埃」、戯曲「人生の幸福」、評論「作家論」などを著す。

◇泣童小伝　10　三宅昭三叙述　薄田泣童顕彰会　2012.8

◇正宗白鳥―その底にあるもの　山本健吉著　講談社　(講談社文芸文庫)　2011.1　①978-4-06-290109-3
＊自然主義の代表的作家として、人生虚妄を唱えた冷徹なニヒリスト・正宗白鳥の死を契機に、彼が青年時代に棄教したキリスト教に復帰したのかどうかが、人々の関心を集めた。文芸評論に幅広い活躍をした著者が、「白鳥は終始クリスチャンだった」という観点で、白鳥の小説や深い影響力をもった内村鑑三、トルストイの作品等を読み解き、白鳥文学の深層に潜む、信仰と魂の問題、作家の人生を探った独自の作家論。

◇正宗白鳥―死を超えるもの　おしだとしこ著　沖積舎　2008.7　①978-4-8060-4733-9
＊作家正宗白鳥の名は今日ではすっかり忘れられていますが、激動の時代の不安と苦悩を優れたバランス感覚でもって、自己コントロールしながら生きた精神は、いまを生きるわれわれに多くの示唆を与えてくれます。

◇正宗白鳥―何云つてやがるんだ　大嶋仁著　ミネルヴァ書房　(ミネルヴァ日本評伝選)　2004.10　①4-623-04149-2

◇若き日の正宗白鳥―伝記考証　岡山編　磯佳和著　三弥井書店　(三弥井選書)　1998.9　①4-8382-9044-6
＊書き残した文章や発言だけでなく伝記的な周辺材料をも豊富に用意し考証しつつ、若き正宗白鳥の生きた時代を再現する。現在最も詳しい白鳥伝。白鳥辞典としても使える書。

◇正宗白鳥―明治世紀末の青春　勝呂奏著　右文書院　1996.10　①4-8421-9603-3

◇ふるさと幻想の彼方―白鳥の世界　松本鶴雄著　勉誠社　1996.3　①4-585-05018-3

◇正宗白鳥―文壇的自叙伝/文壇五十年　正宗白鳥著，中島河太郎編　日本図書センター　(シリーズ・人間図書館)　1994.10　①4-8205-8006-X

◇内村鑑三　正宗白鳥著　講談社　(講談社文芸文庫)　1994.2　①4-06-196261-2

◇正宗白鳥―文学と生涯　後藤亮著　日本

図書センター　(近代作家研究叢書)　1993.6　①4-8205-9249-1

◇昭和史の正宗白鳥―自由主義の水脈　上田博著　武蔵野書房　1992.12

◇一つの水脈―独歩・白鳥・鱒二　岩崎文人著　渓水社　1990.9　①4-87440-227-5

増田長盛　ましたながもり

1545〜1615　安土桃山時代、江戸時代前期の武将、大名。秀吉の側近として実務を担当。関ヶ原の戦いでは西軍につき、高野山に追放された。

◇消された秀吉の真実―徳川史観を越えて　山本博文，堀新，曽根勇二編　柏書房　2011.6　①978-4-7601-3994-1
＊秀吉政権下の複雑な人間関係に切り込み、最も新しい秀吉像と豊臣政権の姿を描く。

益田時貞　ますだときさだ

⇒天草四郎時貞（あまくさしろうときさだ）

松井石根　まついいわね

1878〜1948　大正、昭和期の陸軍軍人。大将。日中戦争の南京作戦を指揮。戦後、A級戦犯とされ刑死。

◇松井石根と南京事件の真実　早坂隆著　文芸春秋　(文春新書)　2011.7　①978-4-16-660817-1
＊南京事件の罪を問われ東京裁判で処刑された松井石根を、中国人は今も「日本のヒットラー」と呼ぶ。著者はこの悲運の将軍の生涯を追いながら、いまだ昭和史のタブーとされる事件全貌の解明に挑む。

◇南京戦の真実―松井石根将軍の無念　早瀬利之著　光人社　(光人社NF文庫)　2007.6　①978-4-7698-2535-7
＊"事件"の責めを負い、A級戦犯として処刑された一軍人の実像に迫る話題作。―東京裁判のキーナン首席検事をして『なんというバカげた判決か！広田と松井は死刑には値しない』と嘆かせた、悲運の将軍。孫文に傾倒し、日中和平を探

り、アジア解放運動に命をかけながら
運命に翻弄された武人の軌跡をえがく。

◇将軍の真実—南京事件—松井石根人物伝
早瀬利之著　光人社　1999.7
①4-7698-0930-1
＊東京裁判のキーナン首席検事をして
「なんというバカげた判決か。広田と松
井は死刑に値しない」と嘆かせたフラ
ンス語堪能、漢詩に長じたインテリ武
人の素顔。予備役の身から五十九歳に
して上海派遣軍司令官に任じられ、中
支那方面軍司令官となって戦いの場に
臨んだ六ヵ月。孫文に傾倒し、日中和
平を探り、アジア開放運動に生涯を捧
げながら、運命に翻弄された悲運の将
軍の軌跡。

松井須磨子　まついすまこ

1886～1919　明治、大正期の女優。「ハム
レット」「人形の家」「復活」などで一躍著
名となる。新劇を象徴する女優。「カ
チューシャの唄」のヒットでも知られる。

◇松井須磨子物語　小沢さとし著　ほおず
き書籍　2013.8　①978-4-434-18179-5
＊近代劇の扉をこじ開けた炎の女優。

◇流行歌の誕生—「カチューシャの唄」とそ
の時代　永嶺重敏著　吉川弘文館　（歴史
文化ライブラリー）　2010.9
①978-4-642-05704-2
＊大正初期に空前の大ヒットとなった
「カチューシャの唄」。歌ったのはス
ター女優松井須磨子、恋人・島村抱月の
芸術座の舞台だった。地方巡業やレ
コード・映画によって歌が流行してゆ
く過程と、熱狂する人々の姿を描く。

◇松井須磨子—芸術座盛衰記　新装版　川
村花菱著　青蛙房　2006.9
①4-7905-0125-6
＊文芸協会「人形の家」から最後の舞台
「カルメン」までわずか八年足らずで
散った名優・松井須磨子。身近で見た
須磨子と島村抱月の愛憎劇の真相を知
る人の生々しい回想記。

◇信州舞台物語—団十郎も須磨子もやって
きた　二〇〇五年度秋季企画展　長野県立
歴史館編　長野県立歴史館　〔2005〕

◇須磨子の一生—恋の哀史伝記・松井須磨
子　秋田雨雀, 仲木貞一著　大空社　（伝
記叢書）　1999.3　①4-7568-0883-2

◇牡丹刷毛　松井須磨子著　大空社　（叢書
女性論）　1995.6　①4-7568-0019-X

松岡洋右　まつおかようすけ

1880～1946　大正、昭和期の外交官, 政治
家。衆議院議員、南満州鉄道総裁。日独伊
三国同盟締結、日ソ中立条約調印などの
功績を残す。

◇三国同盟と松岡洋右　田浦雅徳述　皇学
館大学出版部　（皇学館大学講演叢書）
2018.5

◇よみがえる松岡洋右—昭和史に葬られた
男の真実　福井雄三著　PHP研究所
2016.3　①978-4-569-82987-6

◇松岡外交—日米開戦をめぐる国内要因と
国際関係　服部聡著　千倉書房　2012.12
①978-4-8051-1007-2
＊新資料によって再構成される外交像。
大東亜共栄圏の確立を狙って松岡が目
論んだ外交戦略とは一。

◇欺かれた歴史—松岡洋右と三国同盟の裏
面　斎藤良衛著　中央公論新社　（中公文
庫）　2012.7　①978-4-12-205670-1
＊内外から余りにも誤解されている松岡
外交の正しいすがたを、世に明らかに
することが本書公刊の目的である一外
務省外交顧問として松岡洋右を支えた
著者が、三国同盟交渉の内情を中心に、
内外勢力の狭間にあって戦争回避を模
索した外交政策の真意をつづる。

◇日本外交史人物叢書　第22巻　吉村道男
監修　ゆまに書房　2002.12
①4-8433-0688-6,4-8433-0694-0

◇松岡洋右—夕陽と怒濤　三好徹著　学陽
書房　（人物文庫）　1999.7
①4-313-75087-8
＊作者は本書で、昭和前期を過去の歴史と
は扱っていない。松岡洋右を通して外交
とは何か、日本人の外交とはどんなも
のであったかを検証しているのである。
そして、その検証から浮かび上がって
くるさまざまな問題点は、現代日本の

外交の問題とも密接につながっている。

◇モスクワ日本大使館―戦後日本外交の闇
に迫る　関文行著　光人社　1997.5
①4-7698-0806-2
＊異常な緊張下のモスクワ日本大使館―
そこに勤務した一民間人の見た崩壊前
の大国ソ連の実相。高官やマフィアが
支配する汚職に塗れた"汚い資本主義"
が形成されつつあるロシア―その経済
の動向、問題点、ビジネス事情、また北
方領土問題、日ソ中立条約の当事者・松
岡洋右の実像にも迫り、日本の外交を
も考える衝撃の一冊。

◇移民史から見た松岡洋右の少年時代　阿
野政晴著　阿野政晴　1994.3

▋ 松尾多勢子　まつおたせこ
1811～1894　江戸時代末期、明治期の勤王
家。岩倉具視の信頼を受け国事に奔走。

◇松尾多勢子　市村咸人著　豊丘村教育委
員会　（信濃郷土叢書）　2011.11

◇松尾多勢子小伝―明治維新の礎　清水勉
著　南信州新聞社出版局　2010.4
①978-4-943981-99-2

◇たをやめ（手弱女）と明治維新―松尾多勢
子の反伝記的生涯　アン・ウォルソール
著,菅原和子,田崎公司,高橋彩訳　ぺり
かん社　2005.6　①4-8315-1109-9
＊幕末明治の激動期を生き抜いた一人の
農民女性の生涯を残された史料に即し
て丹念に追い、歌人・妻・母・養蚕家・
平田門人・勤王家といったさまざまな
アイデンティティをもったその姿を首
尾一貫した「人生の展開」に押し込める
ことなく、葛藤と矛盾を孕んだ「人生の
迫力」として描き出す。歴史の"常識"
的見方に挑戦し、既存の"明治維新史"
の解体と再構築を迫る待望の翻訳書。

◇赤き心を―おんな勤王志士・松尾多勢子
古川智映子著　潮出版社　1990.2
①4-267-01230-X
＊52歳で志を立て、信州飯田から京への
ぼった歌人・多勢子は、岩倉具視の命を
助け、孝明天皇暗殺の幕府方の密謀を
探り出すなど命がけで国事に奔走する

―知られざる実在の人物に光をあてた
書き下ろし歴史小説。

▋ 松尾芭蕉　まつおばしょう
1644～1694　江戸時代前期の俳諧師。侘
び・さびを基調とした蕉門俳諧を確立。
元禄文化における代表的作家の一人。紀
行文・俳文作家としても成功をおさめる。
句集に「猿蓑」、紀行文に「笈の小文」「奥
の細道」「野ざらし紀行」など。

◇松尾芭蕉―俳句の世界をひらく　坪内稔
典文,立花まこと画　あかね書房　（伝記
を読もう）　2018.4
①978-4-251-04612-3,978-4-251-90561-1

◇松尾芭蕉と近江　山田稔,幻住庵保勝会著
三学出版　2018.4　①978-4-908877-21-6

◇芭蕉忍者説再考　岡本聡著　中部大学
（中部大学ブックシリーズアクタ）
2018.3　①978-4-8331-4135-2

◇芭蕉紀行漂泊の憧憬　川村一彦著　川村
一彦　2018.1

◇芭蕉　下　栗田勇著　祥伝社　2017.10
①978-4-396-61625-0

◇芭蕉　上　栗田勇著　祥伝社　2017.5
①978-4-396-61591-8

◇芭蕉の言葉―『去来抄』〈先師評〉を読む
復本一郎著　講談社　（講談社学術文庫）
2016.3　①978-4-06-292355-2

◇江戸商人のおくのほそ道―芭蕉の生き方
江森正敏文・絵,東尾愛子編　エモリ出版
2015.9　①978-4-99085-320-4

◇愛の詩人松尾芭蕉　田島伸夫著　文芸社
2015.4　①978-4-286-16112-9

◇近江の芭蕉―松尾芭蕉の世界を旅する
いかいゆり子著　サンライズ出版（発売）
2015.4　①978-4-88325-564-1

◇俳諧つれづれの記―芭蕉・蕪村・一茶　大
野順一著　論創社　2014.2
①978-4-8460-1294-6
＊近世に生きた三つの詩的個性の心の軌
跡を、歴史の流れのなかに追究した異
色のエッセイ。近世俳諧史の前・中・
後の三期を代表する芭蕉・蕪村・一茶を

つらねて、それぞれの個性の所在をさぐりながら、合わせて近世という時代の思想史的な変遷を跡づけた。

◇芭蕉　田中善信著　創元社　（日本人のこころの言葉）　2013.6
①978-4-422-80061-5

◇芭蕉と素堂　楠元六男編　竹林舎
2013.3　①978-4-902084-21-4

◇素顔の松尾芭蕉―「はせを」は果たして「俳聖」か？　大地賢三著　ひねもすや出版　2013.1

◇「奥の細道」道中日記　北野直衛著　文芸社　2012.12　①978-4-286-13077-4

◇近世の俳諧師三人衆―芭蕉、凡兆、嵐雪論　再版　奥田喜八郎著　寧楽英語教育研究センター　2012.11　①978-4-907020-01-9

◇西行と芭蕉―詩歌とともに辿る漂泊の軌跡　田口宏雄著　牧歌舎　2012.10
①978-4-434-17285-4
＊西行・芭蕉の漂泊の旅を、深い共感とともに辿り、深奥にひそむ芸術的価値観の源泉をやわらかい表現ですくい取る―淡々としたソフトな文体により、独力で歩みきった紀行の評伝。

◇芭蕉―広がる世界、深まる心　名古屋市博物館開館35周年記念特別展　「芭蕉展」実行委員会編　「芭蕉展」実行委員会　2012.9

◇桃青から芭蕉へ―詩人の誕生　松林尚志著　鳥影社　2012.6　①978-4-86265-358-1
＊芭蕉芸術のターニングポイントと考えられる、宗匠の座を捨て談林を脱客していく過程を、『桃青門弟独吟二十歌仙』から『虚栗』への歩みに辿る。

◇芭蕉はいつから芭蕉になったか　佐藤勝明著　NHK出版　（NHKシリーズ　NHKカルチャーラジオ）　2012.4
①978-4-14-910833-9

◇良寛・芭蕉の謎を解く―鉢叩きの残像　平松真一著　考古堂書店　2012.4
①978-4-87499-785-7

◇松尾芭蕉　佐藤勝明編　ひつじ書房　（21世紀日本文学ガイドブック）　2011.10
①978-4-89476-512-2

◇芭蕉最後の一句―生命の流れに還る　魚

住孝至著　筑摩書房　（筑摩選書）
2011.9　①978-4-480-01527-3
＊旅に病んで夢は枯野をかけめぐる―松尾芭蕉、最後の句として知られる死の四日前深夜の「病中吟」である。日々旅にして旅を栖とした俳聖の、最期のイメージに相応しい。けれども実はその翌朝、弟子二人を枕頭に呼び「清滝や波に散り込む青松葉」を遺している。「改作」というのだが、これこそが辞世の句である。「不易流行」「軽み」そして最後の一句へと、境涯深まる芭蕉最晩年の五年半に焦点を当て、その実像に迫る。

◇「奥の細道」を旅する　一個人編集部編　ベストセラーズ　2011.6
①978-4-584-16622-2
＊俳聖・松尾芭蕉の紀行出立から322年。その謎めいた「芭蕉＝隠密」説から、代表的傑作の足跡を辿る旅へ。「奥の細道」現代語訳全文も収録し、芭蕉名紀行の魅力が全て分かる。

◇夢は枯れ野を―芭蕉とその門人たち　串部万里子著　本の泉社　2010.9
①978-4-7807-0634-5
＊旅がある。子がいる。解き放ちたい心とつながりたい心…。句境の進展を読み、人生をたどる。新しい芭蕉が鮮やかに浮かぶ。

◇芭蕉―「かるみ」の境地へ　田中善信著　中央公論新社　（中公新書）　2010.3
①978-4-12-102048-2
＊古典文学の名作に数えられている『おくのほそ道』だが、芭蕉にとって紀行文を書くことは趣味であり、修練の一つであったにすぎない。芭蕉は、「俗」を対象とする俳諧を、和歌や連歌と同等の文学に高めることに苦心したが、生前それが叶うことはなかった。本書は俳諧師の名乗りをあげた『貝おほひ』以降の作品を丹念に読みながらその足跡を追い、「俳聖」としてではなく、江戸を生きた一人の人間としての実像を描く。

◇芭蕉絵物語　新版　内野三惠著　冨山房インターナショナル　2009.12
①978-4-902385-82-3
＊なぜ、どのように、あの名句が生まれたのか？　旅に生きた芭蕉の生涯をやわら

かな目線で描く絵物語。

◇松尾芭蕉ワンダーランド　復本一郎責任編集　沖積舎　2009.11
①978-4-8060-4743-8

◇芭蕉晩年の孤愁　大谷篤蔵著　角川学芸出版，角川グループパブリッシング（発売）　2009.8　①978-4-04-621459-1
＊ふかい学識と俳諧のこころがおりなす近世の文人、詩人、俳人、儒者たちの人間ドラマ。多年にわたる論考より二十四編を精選収録する碩学の遺稿集。

◇芭蕉と生きる十二の章　大野順一著　論創社　2009.7　①978-4-8460-0898-7
＊歴史のなかに人間の死を見つめてきた著者が、ひるがえって人間の生のなかに歴史を見ようと試みた、新しい芭蕉精神史。

マッカーサー　MacArthur, Douglas
1880〜1964　昭和期のアメリカの軍人。元帥。連合国最高司令官として進駐。日本の非軍事化と民主化を進めた。

◇マッカーサーと日本占領　半藤一利著　PHP研究所　2016.5
①978-4-569-82581-6

◇一杯のコーヒー──昭和天皇とマッカーサー：日本人が忘れてはいけない終戦秘話　綾野まさる著　ハート出版　2013.6
①978-4-89295-926-4
＊ベールにつつまれた現人神から、人間宣言で国民の象徴へ─。未曾有の国難に直面したあの時、日本を復興へと導く端緒になった「世紀の会見」。大震災、内乱、空襲、占領…、どんなつらい時も国民とともに歩み、歩まれた天皇のお姿を物語で綴る。

◇東京裁判を批判したマッカーサー元帥の謎と真実──GHQの検閲下で報じられた「東京裁判は誤り」の真相　吉本貞昭著　ハート出版　2013.5　①978-4-89295-924-0
＊東京裁判を批判し、裁判の誤りを認めたマッカーサー。そのとき日本のメディアは何を報道し、何を報道しなかったのか。朝日新聞を始めとする全国54紙の報道を完全収録！　戦後の日本

で固定した間違いだらけの「定説」を覆して、新たな「マッカーサー像」を描き出す、衝撃のノンフィクション！

◇吉田茂＝マッカーサー往復書簡集──1945-1951　吉田茂，マッカーサー著，袖井林二郎編訳　講談社　（講談社学術文庫）2012.7　①978-4-06-292119-0
＊「戦争で負けても外交で勝つ」ことをモットーにした吉田茂は、マッカーサーとの外交に最大のエネルギーを注いだ。それが占領下日本における政治のすべてだからであった。存在さえも隠されていた幾多の書簡は、息詰まる折衝の全容を明らかにする。何を護持したかったのか？　いったい何が、保守できたのか？孤軍奮闘、臣茂。民主改革、阻むため。

◇偉人たちの黒歴史　偉人の謎研究会編　彩図社　2011.12　①978-4-88392-828-6

◇黒船の再来─米海軍横須賀基地第4代司令官デッカー夫妻回想記　ベントン・ウィーバー・デッカー，エドウィーナ・ネイラー・デッカー著，横須賀学の会訳　Kooインターナショナル出版部，博文館新社〔発売〕　2011.8　①978-4-8611-5164-4
＊日本人は空腹と失業に苦しんでいた。戦勝に酔うアメリカ人は日本の民政に関心など全くなく、日本人との対等な同盟など考えられなかった。しかし、デッカー司令官は、「第二の開国」に目覚める日本のため、横須賀に「民主主義」のモデル都市を見事に作りあげてみせ、真の日米の親善・友好も萌芽させたのだ。敗戦の日本に「民主主義」を導いた米海軍司令官の回想。

◇マッカーサー──フィリピン統治から日本占領へ　増田弘著　中央公論新社　（中公新書）　2009.3　①978-4-12-101992-9
＊連合国軍最高司令官として日本占領の責任者となり、日本人にとって最も印象深いアメリカ人の一人となったダグラス・マッカーサー。彼の考え方や行動を探ろうとしても、厚木飛行場に降り立ったとき以降は見ただけでは判明しないことが多い。本書では、父の代から縁の深いフィリピンとの関係、またコレヒドール島脱出時に同行した側近たちについて、詳しくその足跡を辿

りながら、不屈の英雄の全貌を明らか
にするものである。

◇マッカーサーの目玉焼き進駐軍がやって
来た！―戦後「食料事情」よもやま話　高
森直史著　光人社　2004.9
①4-7698-1201-9

◇マッカーサーの二千日　改版　袖井林二
郎著　中央公論新社　（中公文庫）
2004.7　①4-12-204397-2

◇図説マッカーサー　太平洋戦争研究会編，
袖井林二郎，福嶋鋳郎著　河出書房新社
（ふくろうの本）　2003.10
①4-309-76038-4
＊日本占領の連合国軍最高司令官マッカー
サーの全貌。敗戦日本に絶対的権力者
として五年八カ月にわたり君臨、戦後
日本の民主化と改革を推進し、近代日
本の興亡を演出した男の波瀾の生涯。

◇マッカーサー大戦回顧録　上　ダグラス・
マッカーサー著，津島一夫訳　中央公論新
社　（中公文庫）　2003.7
①4-12-204238-0

◇マッカーサー大戦回顧録　下　ダグラス・
マッカーサー著，津島一夫訳　中央公論新
社　（中公文庫）　2003.7
①4-12-204239-9

◇マッカーサーの時代　マイケル・シャ
ラー著，豊島哲訳　恒文社　1996.1
①4-7704-0855-2
＊アメリカの極東政策はどのように決定
されたか、ホワイトハウス入りを狙っ
た将軍とワシントンの壮絶な角逐。第
一次資料を縦横に駆使し、戦後日本の
命運を握った人物の生涯と虚実を描く
ことによって、極東アジアの現在に至
る歴史を知る。

◇マッカーサーが来た日―8月15日からの20
日間　河原匡喜著　新人物往来社
1995.8　①4-404-02243-3

◇マッカーサーと吉田茂　上　リチャード・
B.フィン著，内田健三監訳　角川書店
（角川文庫）　1995.5　①4-04-267901-3

◇マッカーサーと吉田茂　下　リチャード・
B.フィン著，内田健三監訳　角川書店
（角川文庫）　1995.5　①4-04-267902-1

◇裸のマッカーサー―側近軍医50年後の証
言　ロジャー・O.エグバーグ著，林茂雄，
北村哲男共訳　図書出版社　1995.5
①4-8099-0198-X
＊本書はマッカーサー元帥を中心に書か
れたものだが、同時に米太平洋方面軍
の対日作戦とそれに続く占領の記録で
あり歴史資料としても貴重なものであ
る。元帥が原爆や天皇をどう評価して
いたかも率直に伝えている。

◇ダグラス・マッカーサー―アジアの歴史
を変えた男　福川粛著　メディアファク
トリー　（The LIFE STORY）　1993.2
①4-88991-284-3
＊戦後日本の礎を築き、アジア復興の原
動力となった20世紀最期の創世者。

◇マッカーサーと吉田茂　上　リチャード・
B.フィン著　同文書院インターナショナ
ル，同文書院〔発売〕　1993.2
①4-8103-8008-4
＊真珠湾から半世紀を経て日米関係は新
しい段階を迎えようとしている。だが、
占領時代につくられた大枠はなお生き続
けるだろう。占領史を丹念に読み直して
本書に再現されたあの時代は、現代の日
本人が対米関係と国際化を考える上で、
改めて検証しなければならない筈であ
る。元帥と宰相を軸にした占領通史。

◇マッカーサーと吉田茂　下　リチャード・
B.フィン著　同文書院インターナショナ
ル，同文書院〔発売〕　1993.2
①4-8103-8009-2
＊鮮烈に甦る占領時代から20世紀末を生
きる日本人は何を学ぶべきか―。二人
の際立った個性による外交の現場と、
占領下日本の政治・社会状況を描いた
本書は、貴重な歴史ドキュメントであ
る。戦後日米関係の原点を検証する。

▌**松方幸次郎**　まつかたこうじろう
1865～1950　明治～昭和期の実業家、美術
蒐集家。衆議院議員、川崎造船所社長。神
戸新聞社などの社長を歴任。蒐集した美
術品は松方コレクションとして著名。

◇火輪の海―松方幸次郎とその時代　復刻版
新装　神戸新聞社編　神戸新聞総合出版

センター　2012.4　①978-4-343-00677-6
＊明治・大正・昭和。神戸を拠点に、世界的な実業家として、名画コレクターとして名を馳せた男がいた。その志の高さ、度量の大きさ、夢への情熱は、世紀を超えた今こそ、我々を魅了する。激動の時代を駆け抜けた男の軌跡。

◇火輪の海―松方幸次郎とその時代　復刻版　神戸新聞社編　神戸新聞総合出版センター　2007.12　①978-4-343-00443-7

◇神戸を翔ける―川崎正蔵と松方幸次郎　辻本嘉明著　神戸新聞総合出版センター　2001.1　①4-343-00115-6
＊川崎造船所と三菱造船所が覇を争い、鈴木商店が世界を相手にビジネスを繰り広げる、活気とエキゾティシズムに満ちていた明治～大正時代の神戸。このまちで、正蔵、幸次郎の"川崎二代"が、川崎造船所はじめ神戸の発展の基となった企業群を創り、大きく育て、そして昭和恐怖に直面するまでの、激動の70年を鮮やかに描く。

◇幻の美術館―甦る松方コレクション　石田修大著　丸善　（丸善ライブラリー）　1995.12　①4-621-05179-2

▌ 松方正義　まつかたまさよし
1835～1924　江戸時代末期、明治期の鹿児島藩士、政治家、財政家。民部大丞、首相。渡欧し財政を学び、西南戦争後にデフレ・増税政策の松方財政を推進。

◇歴代総理大臣伝記叢書　第4巻　松方正義　御厨貴監修　ゆまに書房　2005.7　①4-8433-1782-9

◇松方正義―我に奇策あるに非ず、唯正直あるのみ　室山義正著　ミネルヴァ書房　（ミネルヴァ日本評伝選）　2005.6　①4-623-04404-1
＊松方正義九〇年の人生は、欧米諸国のアジア進出に対抗して、日本が鋭意近代化に取組んだ苦難の歴史と重なっている。松方が、日本をどのような国と認識し、近代化という時代の大波の中で日本をどのような国に育て上げ、激動する国際環境に対してどのような国家政策を実行すべきであると考え、行

動したのだろうか。松方とともに、疾風怒涛の近代の海へ船出し、その軌跡を追ってみることにしたい。

◇松方財政研究―不退転の政策行動と経済危機克服の実相　室山義正著　ミネルヴァ書房　（Minerva人文・社会科学叢書）　2004.7　①4-623-04100-X

◇松方正義関係文書　第12巻　伝記資料篇3　松方峰雄ほか編　大東文化大学東洋研究所　1991.2

◇松方正義関係文書　第11巻　伝記資料篇2　松方峰雄ほか編　大東文化大学東洋研究所　1990.3

◇松方正義関係文書　第10巻　伝記資料篇1　松方峰雄ほか編　大東文化大学東洋研究所　1989.3

▌ 松平容保　まつだいらかたもり
1835～1893　江戸時代末期、明治期の会津藩主。日光東照宮宮司。尊攘派一掃の策で新撰組を配下に幕末の京都を警護。禁門の変で長州征討。

◇会津藩は朝敵にあらず―松平容保の明治維新　星亮一著　イースト・プレス　2018.7　①978-4-7816-1691-9

◇幕末の悲劇の会津藩主　松平容保　綱淵謙錠ほか著　中経出版　（新人物文庫）　2013.4　①978-4-8061-4695-7
＊幕末動乱の表舞台に登場し、「至誠」をもって士道を貫いた男のすべて。

◇幕末会津藩主・松平容保　帯金充利著　叢文社　2006.11　①4-7947-0563-8
＊激動の時代の中枢を生き抜いた男、新撰組に活躍の場を与えた男の実像に迫る―。

◇松平容保―悲運の会津藩主　星亮一著　学陽書房　（人物文庫）　2004.6　①4-313-75181-5
＊京都守護職を拝命した会津藩主・松平容保。倒幕派佐幕派が入り乱れる幕末の京都にあって、孝明天皇の信頼を得て「公武一和」を目指しながらも、悲劇的な戊辰戦争へと巻き込まれてゆく…。至誠を貫いた悲運の名君の知られざる

実像を、従来の維新史観を超えた視点で捉え直す快著。

◇松平容保 星亮一著 成美堂出版 （成美文庫） 1997.11 ①4-415-06481-7

◇松平容保—武士の義に生きた幕末の名君 葉治英哉著 PHP研究所 （PHP文庫） 1997.1 ①4-569-56976-5

◇至誠の人 松平容保 星亮一著 新人物往来社 1993.7 ①4-404-02031-7
＊会津に正義あり。悲運の藩主・松平容保は孤独だった。義と誠を貫いた人生。

◇松平容保のすべて 綱淵謙錠編 新人物往来社 1984.12 ①4-404-01245-4

松平定信 まつだいらさだのぶ
1758～1829 江戸時代中期、後期の大名、老中。陸奥白河藩主。11代将軍家斉のもとで寛政の改革を指導。しかし尊号事件・朝鮮通信使問題で家斉と合わず辞職。引退後は学問に精進した。

◇松平楽翁公墓前祭講演記録集 東京都慰霊協会 2017.7

◇大定信展—松平定信の軌跡 桑名市・白河市合同特別企画展 桑名市・白河市合同企画展実行委員会編 桑名市・白河市合同企画展実行委員会 2015.8

◇松平定信 高沢憲治著 吉川弘文館 （人物叢書 新装版） 2012.10 ①978-4-642-05263-4
＊松平定信—。寛政の改革を断行した江戸後期の老中。徳川吉宗の孫という血脈に加え、奥州白河の藩政改革を評価され、幕閣に登壇。将軍補佐としてあらゆる分野に及ぶ改革政治を展開する一方、ロシアの脅威に直面し、幕末までの基軸となる対外方針を策定。山積する難問に挑む。多数の著述を残し、書画・作庭等の才から文化人として高く評価された希代の生涯を追う。

◇松平定信の生涯と芸術 磯崎康彦著 ゆまに書房 （ゆまに学芸選書ULULA） 2010.10 ①978-4-8433-3468-3
＊大改革者にして大趣味人—新たなる松平定信伝の試み。

◇田沼意次と松平定信 童門冬二著 時事通信社 2000.6 ①4-7887-0059-X

◇武と知の新しい地平—体系的武道学研究をめざして 身体運動文化学会編 昭和堂 1998.9 ①4-8122-9824-5
＊日本武道の真の国際化はどのようにあるべきか。本書は若手武道学研究者たちの意欲的な論文を核とした「学としての日本武道」の国際的発展のための示唆に富む学術書である。

◇久松松平展—松平定信を中心に 桑名市博物館 〔1996〕

◇江戸の経済官僚 佐藤雅美著 徳間書店 （徳間文庫） 1994.4 ①4-19-890104-X
＊家康が貯めた莫大な富も、綱吉時代には底をついた。明治政府が旧藩の借財を肩代わりしたが、負債総額は約四千万両。これが三百年の武士経済の総決算だ。薩摩が五百万両を踏み倒せば、熊本細川は踏み倒しの常習藩。米国総領事ハリスも金銀交換比率の悪用で巨利をさらった。しかし金は天下の回りもの、消費一方の武士が富を放出したから、町人文化も花開いたのだ。新直木賞作家が軽妙明解に説く江戸経済事情。

◇松平定信—政治改革に挑んだ老中 藤田覚著 中央公論社 （中公新書） 1993.7 ①4-12-101142-2

◇花月に寄せて—名言で味わう定信の風雅と風刺 橋本登行著 橋本登行 1990.10

◇歴史を動かした人びと—大岡越前守・松平定信 大石慎三郎、竹内誠著，国立教育会館編 ぎょうせい （教養講座シリーズ） 1990.5 ①4-324-01975-4

松平春岳 まつだいらしゅんがく
⇒松平慶永（まつだいらよしなが）

松平忠直 まつだいらただなお
1595～1650 江戸時代前期の大名。越前北庄藩主。

◇岩佐又兵衛と松平忠直—パトロンから迫る又兵衛絵巻の謎 黒田日出男著 岩波書店 （岩波現代全書） 2017.6

①978-4-00-029203-0

◇時代を駆けた風雲児松平忠直―大分市歴史資料館開館20周年記念特別展　大分市歴史資料館編　大分市歴史資料館　2007.10

◇戦国武将列伝 3 縄田一男編　徳間書店（徳間文庫）　1992.5　①4-19-597165-9
　＊滝口康彦「春暗けれど」、山岡荘八「念志ヶ原の妻」、多岐川恭「異端の三河武士」、永井路子「関ヶ原別記」、戸部新十郎「放れ駒」、中山義秀「落日」、山田風太郎「羅妖の秀康」、菊池寛「忠直卿行状記」、新宮正春「介殿異心あり」、戸川昌子「千姫狂い髪」等十人の作家によって、戦国乱世の最後の勝利者であり、徳川三百年の幕藩体制の基礎を確立した武将、徳川家康と彼の周囲を彩った人間群像を描いた傑作アンソロジー。

◇忠直乱行　中嶋繁雄著　立風書房　1988.2　①4-651-66035-5
　＊海音寺潮五郎は『悪人列伝』のなかで、松平忠直を「日本史上類例のない暴悪な君主」ときめつけた。しかし―。異国文献に残された謎の大名を追っていくと、越前北ノ庄城を震撼させた忠直卿の秘事が浮き彫りされてくる。また、米沢資料は、忠直の乱行を指嗾した佞臣小山田多門の意外な実像を証言する。筆者は最後に流刑地大分へ飛び忠直の生前墓に奇妙なヨーロッパ紋様を見る―。歪曲された越前藩主松平忠直卿の真実―。醜鼻な孕み女殺傷譚によって幾層にも塗り固められた覆いを剥ぎ取って歴史の真相に迫る。

┃ 松平信綱　まつだいらのぶつな
1596～1662　江戸時代前期の大名，幕府老中。武蔵忍藩主，武蔵川越藩主。

◇知恵伊豆信綱―松平信綱と川越藩政 開館20周年記念特別展展示図録　川越市立博物館編　川越市立博物館　2010.10

◇松平信綱　大野瑞男著　吉川弘文館（人物叢書 新装版）　2010.9
　①978-4-642-05258-0
　＊江戸前期の老中。将軍家光に仕え、知才溢れる忠勤により小姓から老中に出世する。島原の乱を鎮圧し、家光の死

や由比正雪の乱・明暦の大火などの危機を乗り切り、幼君家綱を助けて幕府の確立に尽力した。川越藩主としても城下町を復興、農政にも意を用い、「小江戸」川越の基盤を築いた。その才知から多くの逸話が残る「知恵伊豆」の実像に迫る。

◇知恵伊豆と呼ばれた男―老中松平信綱の生涯　中村彰彦著　講談社（講談社文庫）　2009.12　①978-4-06-276539-8
　＊徳川三代、秀忠、家光、家綱に仕え、抜群の危機管理能力で徳川長期政権の礎を築いた男、松平伊豆守信綱。天草・島原の乱、明暦の大火、由井正雪の乱など戦国の気風の残る徳川黎明期は平穏にはほど遠く、文治政治への大転換期だった。野火止用水開削にも名を残す"知恵伊豆"と呼ばれた名政治家の謎を解き明かす。

◇松平伊豆守信綱―鎖国を完成させた男　岩田祐作著　文芸社　2004.5
　①4-8355-7224-6

┃ 松平治郷　まつだいらはるさと
1751～1818　江戸時代中期，後期の大名。出雲松江藩主。

◇今に生きる不昧―没後200年記念　山陰中央新報社編　山陰中央新報社　2018.4
　①978-4-87903-212-6

◇松平不昧―名物に懸けた大名茶人　木塚久仁子著　宮帯出版社（茶人叢書）　2018.4　①978-4-8016-0144-4

◇松平不昧―茶の湯と美術 美の遺産 企画展　松江歴史館編　松江歴史館　2016.4
　①978-4-87903-195-2

◇松平不昧と茶の湯　不昧公生誕二百五十周年記念出版実行委員会，不昧流大円会事務局編　不昧公生誕二百五十周年記念出版実行委員会　2002.3

◇真説松平不昧―江戸中期を生きた見事な大名の生涯　長尾遼著　原書房　2001.1
　①4-562-03383-5
　＊その積極性と開明性で鷹山を凌ぐ、雲州松江藩主松平治郷と家臣団の活躍。

松平慶永　まつだいらよしなが

1828～1890　松平春岳（まつだいらしゅんがく）とも。江戸時代末期，明治期の福井藩主。幕末に倒幕派と幕閣・佐幕派の間に介入し政局の収拾に尽力。

◇松平春岳　後藤ひろみ原作，加来耕三企画・構成・監修，中島健志作画　ポプラ社（コミック版日本の歴史　幕末・維新人物伝）　2017.10　①978-4-591-15594-3

◇続再夢紀事　1　オンデマンド版　東京大学出版会　（日本史籍協会叢書）　2015.1　①978-4-13-009406-1

◇続再夢紀事　2　オンデマンド版　東京大学出版会　（日本史籍協会叢書）　2015.1　①978-4-13-009407-8

◇続再夢紀事　3　オンデマンド版　東京大学出版会　（日本史籍協会叢書）　2015.1　①978-4-13-009408-5

◇続再夢紀事　4　オンデマンド版　東京大学出版会　（日本史籍協会叢書）　2015.1　①978-4-13-009409-2

◇続再夢紀事　5　オンデマンド版　東京大学出版会　（日本史籍協会叢書）　2015.1　①978-4-13-009410-8

◇続再夢紀事　6　オンデマンド版　東京大学出版会　（日本史籍協会叢書）　2015.1　①978-4-13-009411-5

◇松平春岳の幕末維新　高橋栄輔著　ブイツーソリューション　2014.1　①978-4-86476-175-8

◇松平春岳をめぐる人々―平成二〇年秋季特別陳列　福井市立郷土歴史博物館編　福井市立郷土歴史博物館　2008.9

◇幕末維新と松平春岳　三上一夫著　吉川弘文館　2004.5　①4-642-07927-0

◇松平春岳のすべて　三上一夫，舟沢茂樹編　新人物往来社　1999.12　①4-404-02827-X
　＊坂本龍馬・横井小楠を世に出した福井藩主・松平春岳の波瀾の生涯。

◇松平春岳　〔新装版〕　川端太平著　吉川弘文館　（人物叢書）　1990.3　①4-642-05189-9

　＊幕末維新の動乱期に，親藩の福井藩主ながら開国論を推進しつつ朝幕関係を調停，紛糾を防止した松平春岳（慶永）の裏面工作は絶大であった。その日記・著作・往復書翰・詩歌など未刊史料をも精査して，維新史上重要な位置をなす春岳の波瀾多き生涯を，回天勤地のめまぐるしい政情とともに見事に描く。

松永貞徳　まつながていとく

1571～1653　安土桃山時代，江戸時代前期の俳人，歌学者。貞門俳諧の祖で，地下歌学の第一人者。

◇松永貞徳―俳諧師への道　島本昌一著　法政大学出版局　（教養学校叢書）　1989.3　①4-588-05304-3
　＊貞門俳諧として一代を築いた貞徳の文学の庶民性を，その出自，師友関係，啓蒙思想，法華経への傾倒等の内に探る。

松永久秀　まつながひさひで

1510～1577　戦国時代，安土桃山時代の武将，三好長慶の被官だったが，主家を乗っ取る形で独立。織田信長にいったんは降伏したが再度背いて攻められ自殺。

◇松永久秀　金松誠著　戎光祥出版　（シリーズ〈実像に迫る〉）　2017.6　①978-4-86403-245-2

◇松永久秀―歪められた戦国の "梟雄" の実像　天野忠幸編　宮帯出版社　2017.5　①978-4-8016-0057-7

◇松永久秀の真実―戦国ドキュメント　藤岡周三著　文芸社　2007.3　①978-4-286-02470-7
　＊織田信長に先立って，近世の歴史の扉を開いた偉人ではなかったか！　戦国の武将，松永弾正久秀に冠せられた "奸雄，梟雄" という，これまでの様々な悪評を見直すべく，ゆかりの地を実地踏査，数多の文献資料を渉猟・検証し，真実の姿に迫る。

◇松永弾正久秀―梟雄と称された知謀の将　黒部亨著　PHP研究所　（PHP文庫）　2001.4　①4-569-57538-2

◇乱世，夢幻の如し　津本陽著　角川書店

（津本陽歴史長篇全集）　1999.11
①4-04-574516-5
＊既存の権威が失墜し、新しい秩序を生み出す胚胎の時代、主殺し、将軍弑逆を敢行し、織田信長の原型をなした「下剋上の雄」松永弾正久秀の苛烈なる生涯を描く。

◇松永弾正　上　戸部新十郎著　読売新聞社　1998.9　①4-643-98077-X
＊戦国の世、その混沌と闇の時代を象徴するように、悪名を一身に負って生きた男の青春。書き下ろし1000枚を超える長編歴史小説。

◇松永弾正　下　戸部新十郎著　読売新聞社　1998.9　①4-643-98078-8
＊茶の湯の天才・千宗易、京の美人後家・井筒、居合の達人・林崎甚助、そして畿内に一時代を築いた三好一党の武将たち―。松永弾正久秀をめぐる多彩な人間模様。

◇松永弾正久秀　黒部亨著　PHP研究所　1996.5　①4-569-55173-4
＊京の東寺を縄張りとする浮浪の少年・耳助は、ひょんな経緯から、三好家と縁が深い隆法寺の寺男となった―。松永久秀として、下剋上の主役を演じる人生の幕が、ここに、切って落とされたのである。主家・三好家を乗っ取り、将軍・足利義輝を弑逆して、実質上、京の支配者までかけ昇った男の生きざまを、鮮やかに描く力作巨篇。

▌**松本竣介**　まつもとしゅんすけ
1912〜1948　昭和期の洋画家。作品に「街」「画家の像」など。

◇青い絵具の匂い―松本竣介と私　改版　中野淳著　中央公論新社　（中公文庫）　2012.7　①978-4-12-205674-9
＊静謐な空間に時代の不安定な様相をも描出した夭折の画家松本竣介。親しく過ごした著者がその出会いから死まで、さらには没後の竣介絵画の評価と画壇事情を歴史的に記す貴重な証言。

◇アヴァンギャルドの戦争体験―松本竣介、滝口修造そして画学生たち　新装版　小沢節子著　青木書店　2004.7

①4-250-20419-7

◇青い絵具の匂い―松本竣介と私　中野淳著　中央公論新社　（中公文庫）　1999.8
①4-12-203481-7
＊人物や建物が重層する構図、さまざまな都会風景をモンタージュした画面、静謐な空間に時代の不安定な様相をも描出した夭折の画家松本竣介。「運河風景」に魅せられた画学生の著者が知的好奇心を通わす竣介との出会いからその死まで、さらには没後の竣介絵画の揺ぎない評価と日本画壇事情を歴史的に記す貴重な証言。

◇松本竣介　日本アート・センター編　新潮社　（新潮日本美術文庫）　1996.12
①4-10-601565-X

◇アヴァンギャルドの戦争体験―松本竣介・滝口修造そして画学生たち　小沢節子著　青木書店　1994.11　①4-250-94034-9

◇求道の画家　松本竣介―ひたむきの三十六年　宇佐美承著　中央公論社　（中公新書）　1992.12　①4-12-101108-2
＊知的でモダンな絵、清らかでひたむきな生き様―。だれもが竣介の早すぎた死を惜しんでいる。中学入学と同時に聴力を失って画家の道を歩みはじめ、同郷の詩人宮沢賢治に心を通わせながら時代をみつめて多くの絵と文章を残した。明治が終わろうとする日から敗戦3年後までの36年。心血を注いだ絵と文章を克明に読み込みながら人間性に迫る。育った風土と、自由だった大正から戦争にまみれた昭和初期までの時代史を背景に据えて。

◇戦争と美術　司修著　岩波書店　（岩波新書）　1992.7　①4-00-430237-4
＊第二次大戦中、戦争画を描いた多くの有名画家たちがいた。また時局にささやかな抵抗を試み、描くことを拒否した画家たちもいた。著者は、彼らの根底に潜む人間の弱さを凝視しつつ、自らが画家であることを深く意識しながら、当時の画家の戦争責任を考える。藤田嗣治と松本竣介の2人を焦点にすえ、時代と向き合う芸術家の生き方を鋭く問う。

◇人間風景　新装増補版　松本竣介著　中央

公論美術出版　1990.1　⑪4-8055-0075-1

▌松本清張　まつもとせいちょう

1909～1992　昭和期の小説家。ベストセラー作品を多数執筆。作品に「点と線」「昭和史発掘」など。

◇私の松本清張論―タブーに挑んだ国民作家　辻井喬著　新日本出版社　2010.11　⑪978-4-406-05399-0
　＊社会的弱者、差別された側にたつ新しい「民衆派作家」像。

◇松本清張 時代の闇を見つめた作家　権田万治著　文芸春秋　2009.11　⑪978-4-16-371910-8
　＊「天城越え」から、「神々の乱心」まで、「点と線」から、「昭和史発掘」まで。ミステリー評論のベテランが読み解いた清張文学のエッセンス。初心者も、愛読者も、必読の一冊。

◇清張とその時代　郷原宏著　双葉社　2009.11　⑪978-4-575-30182-3
　＊清張研究の第一人者による、初の本格評伝。文学に挑み続けた作家の正体が今、明らかになる。

◇回想・松本清張―私だけが知る巨人の素顔　梓林太郎著　祥伝社　（祥伝社文庫）　2009.10　⑪978-4-396-33534-2

◇松本清張を推理する　阿刀田高著　朝日新聞出版　（朝日新書）　2009.4　⑪978-4-02-273269-9
　＊動機重視の革新性、卓抜なタイトル、導入部の巧妙さ―。松本清張文学は、そんなふうに高く評価される。―しかし、それだけではない。世代を超えて読み継がれる数々の名作には、まだまだ多くの「謎」が詰まっている！ 熱烈なファンを自認する筆者が実作者の視点で、文豪の小説作法の秘密を推理する。

◇松本清張への召集令状　森史朗著　文芸春秋　（文春新書）　2008.3　⑪978-4-16-660624-5
　＊一家七人を支える中年版下職人に、意外な赤紙が届いた。その裏事情とは？ 後の作品に託した叫びとは？ 担当編集者時代の私的メモをまじえ、戦争が残

した深い傷に迫る究極の作家論。

◇清張 闘う作家―「文学」を超えて　藤井淑禎著　ミネルヴァ書房　（Minerva歴史・文化ライブラリー）　2007.6　⑪978-4-623-04930-1
　＊清張が面白いのは小説の王道を究めたからだ。漱石、芥川、菊池等の小説技法を継承し、私小説、純文学に敢然と闘いを挑んだ清張文学の豊饒さを示す。

◇松本清張と昭和史　保阪正康著　平凡社　（平凡社新書）　2006.5　⑪4-582-85320-X
　＊社会派推理小説の分野を開拓し、歴史小説、社会評論、古代史研究など、多彩な執筆活動を展開して、「国民作家」の名にふさわしい存在感を示した松本清張。なかでも、現代史の謎に切り込んだノンフィクションは重要な柱である。清張は、軍部をはじめとする国家権力、二・二六事件で蹶起した将校たちにどのような眼差しをむけていたのか？ 占領期の闇をいかに切り裂いたか？「昭和」という時代にどう取り組み、何を見たのか？ 松本清張から、「時代の記録者」としてバトンを受けた著者が、『昭和史発掘』『日本の黒い霧』を通し、その史観の本質に迫る意欲作。

◇清張さんと司馬さん　半藤一利著　文芸春秋　（文春文庫）　2005.10　⑪4-16-748314-9
　＊「虫の眼」清張と「鳥の眼」司馬―松本清張と司馬遼太郎という戦後文学の二大巨匠はまた、昭和史そして激動する現代社会にも厳しい批評を提示し続けた。二大巨匠の活動が最も旺盛であった昭和30年代後半から40年代にかけて、著者は担当編集者として二人に出会い、多くのことを学んだ。間近に接した巨匠の等身大の実像がここにある。

◇当世文人気質　3　清水信著　いとう書店　（清水信文学選）　2005.4

◇荒木十畝と松本清張　中野泰光著　〔中野泰光〕　2005.2

◇松本清張の時代小説　中島誠著　現代書館　2003.6　⑪4-7684-6859-4
　＊平成の世に共振する戦国・江戸の哀愁。時代に乗る人、乗れぬ人、そのまた間隙

を泳ぐ人。芸・技・合戦の、時代は移れど変らぬ人の心を説く清張さん。いま、清張文学の舞台裏が明らかになる。

◇平野謙松本清張探求―1960年代平野謙の松本清張論・推理小説評論　平野謙著，森信勝編　同時代社　2003.6
①4-88683-499-X
＊平野謙による清張作品の解説・評論を、全収録した画期的編集作業、ついに成る！ここには、人間・清張の再発見と、推理小説世界の新発見が満ちている。

◇松本清張の世界　文芸春秋編　文芸春秋（文春文庫）　2003.3　①4-16-721778-3
＊没後十年―国民作家として愛され、今なお映像化される小説の数数、自在な着想の古代史、鮮やかな昭和史。広大な作品世界に迫る総特集、待望の文庫化。

◇松本清張の旅―松本清張没後10年特別企画展図録　北九州市立松本清張記念館編　北九州市立松本清張記念館　2003.1

◇松本清張の残像　藤井康栄著　文芸春秋（文春新書）　2002.12　①4-16-660290-X

◇清張さんと司馬さん　半藤一利著　日本放送出版協会　2002.10　①4-14-080719-9
＊数多の名作で、昭和史そして戦後社会のあり方に立ち向かった二人の巨人、松本清張と司馬遼太郎。編集者として間近に接した著者が語る文豪の等身大の実像。

◇松本清張と木々高太郎　山梨県立文学館編　山梨県立文学館　2002.9

◇清張さんと司馬さん―昭和の巨人を語る　半藤一利著　日本放送出版協会（NHK人間講座）　2001.10　①4-14-189055-3

◇わが心の師清張、魯山人　阿井景子著　中央公論新社（中公文庫）　2001.5
①4-12-203830-8
＊"日々これ仕事"執念の作家・松本清張との三十余年にわたる親交。他の追随を許さない芸術境を創造した美食家にして陶芸家であった北大路魯山人との貴重な日々…。昭和を代表する両巨人との運命的な邂逅を得た著者が若き日の悔恨を胸に、二人の知られざる素顔を綴った恩愛の記。

◇松本清張映像の世界―霧にかけた夢　林悦子著　ワイズ出版　2001.3
①4-89830-064-2
＊本書は、映像に夢をかけていた松本清張先生を綴った一冊である。

◇新たなる飛翔―点と線のころ―図録　北九州市立松本清張記念館編　北九州市立松本清張記念館　2000.12

◇松本清張研究奨励事業研究報告書　第1回　北九州市立松本清張記念館編　北九州市立松本清張記念館　2000.8

◇松本清張―清張と戦後民主主義　佐藤友之著　三一書房（三一「知と発見」シリーズ）　1999.11　①4-380-99215-2
＊たわみにたわんだ戦後空間の裂け目に打ちこまれた「清張」という巨大な楔。時代の濁流を遡行しつづけた「国民的作家」、その眼光が射抜いた日本という水脈。

◇清張ミステリーと昭和三十年代　藤井淑禎著　文芸春秋（文春新書）　1999.3
①4-16-660033-8
＊社会派推理の領袖、松本清張と激動の高度成長期。数多の傑作として結実した、両者の濃密な相互交渉を読み解く。

◇松本清張事典　歴史と文学の会編　勉誠出版　1998.6　①4-585-06007-3
＊松本清張に関連する事項、全業績を解説する事典。代表作を網羅し、初出、収録単行本、内容、評価、参考文献などを記載。巻末に松本清張年譜、全作品一覧、松本清張主要作品文献目録、索引を付す。

◇松本清張あらかると　阿刀田高著　中央公論社　1997.12　①4-12-002734-1
＊実作者の視点で探る巨匠の小説作法。アリバイ崩し、動機の追求、タイトルのつけ方、書き出しの巧みさ…。熱烈なファンを自任する著者が、独自のアプローチで松本清張の世界に迫る文学エッセイ。映像化作品リスト収録。

◇おもかげ―松本清張　北大路魯山人　阿井景子著　文芸春秋　1995.2
①4-16-315400-0
＊昭和を代表する作家と美食家に師事した女流作家が若き日の悔恨を胸に綴る

恩愛の記。

◇松本清張　新潮社　（新潮日本文学アルバム）　1994.11　①4-10-620653-6
＊「点と線」で社会派推理小説を創始、昭和史・古代史の謎を探求、生涯現役の文学的巨人。

◇続 松本清張の世界―その人生と文学　田村栄著　光和堂　1993.6　①4-87538-101-8
＊「美しい文章より真実の文字を」と、最後まで偉大な現役作家であった松本清張の"人生と文学"を、主要著作を克明にたどりながら、分かりやすく解明した第一級の文芸評論。

松浦鎮信　まつらしげのぶ
1549～1614　安土桃山時代, 江戸時代前期の大名。肥前平戸藩主。

◇肥前松浦一族　外山幹夫著　新人物往来社　2008.3　①978-4-404-03516-5

間部詮房　まなべあきふさ
1666～1720　江戸時代中期の大名。上野高崎藩主、越後村上藩主。甲府綱豊の用人から出世し、綱豊が6代将軍家宣になると側用人として幕政を担う。新井白石と協力して「正徳の治」を主導した。

◇江戸幕府その実力者たち 下　北島正元著　人物往来社　1964

間宮林蔵　まみやりんぞう
1775～1844　江戸時代後期の北地探検家。蝦夷地沿岸を測量。樺太西岸の間宮海峡にその名を残す。

◇未踏世界の探検者 間宮林蔵　赤羽栄一著　清水書院　（新・人と歴史拡大版）　2018.7　①978-4-389-44128-9

◇江戸のスーパー科学者列伝　中江克己著　宝島社　（宝島SUGOI文庫）　2013.8　①978-4-8002-1038-8
＊「江戸」と「科学」には、なんの繋がりもないように思える。しかし、江戸時代には多くの科学者が日々研究に明け暮れていた。「行列式」を発見した和算

家の関孝和、世界初の全身麻酔手術に成功した華岡青洲、ソメイヨシノを開発した遺伝学者の伊藤伊兵衛など。そのレベルは当時の世界を見ても決してひけをとっていなかった。本書では江戸の科学者31人を取り上げ、彼らの功績と人柄に迫る。

◇間宮林蔵・探検家一代―海峡発見と北方民族　高橋大輔著　中央公論新社　（中公新書ラクレ）　2008.11　①978-4-12-150297-1
＊世界地図からその名が消えかけている間宮海峡。厳寒の地に乗り込み、多様な民族と過ごした林蔵の真の偉業とは。発見から200年、現役の探検家がその足跡をたどりつつ、探検の意義を問う。

◇北方領土探検史の新研究―その水戸藩との関はり　吉沢義一著　水戸史学会, 錦正社〔発売〕　（水戸史学選書）　2003.7　①4-7646-0263-6
＊間宮林蔵、木村謙次、松浦武四郎、それぞれの水戸藩とのつながりを考証し江戸（幕末）の日露交渉の真相に迫る。

◇間宮林蔵〈隠密説〉の虚実　小谷野敦著　教育出版　（江戸東京ライブラリー）　1998.10　①4-316-35700-X
＊「間宮海峡」を発見した功績者とシーボルト事件の「密告者」と―間宮林蔵「伝」は揺れ動いてきた。過去を再現しようとするときの後世の人間のまなざしのありよう。林蔵「伝」の流転に近代日本の一風景を見る。

◇新サハリン探検記―間宮林蔵の道を行く　相原秀起著　社会評論社　1997.5　①4-7845-0366-8
＊サハリン特派員のみた林蔵の道。幻の北のシルクロード、北部大地震、謎のスターリントンネル、先住民や朝鮮人の暮らし…。国境地帯にたくましく生きる人びとの現在をルポする―。

◇林蔵の貌 上　北方謙三著　集英社　（集英社文庫）　1996.11　①4-08-748535-8
＊激動の予兆をはらむ江戸・文化年間、越前の船頭・伝兵衛は謎の武士・野比秀磨を乗せ蝦夷地へと櫓を漕ぐ。そこに待っていたのは測量家の間宮林蔵。彼らの

行ったロシア艦との秘密交渉は、徳川幕府とそれに対抗する朝廷・水戸・島津の連合勢力との抗争の口火となった─壮大な北の海にひろがる男たちの野望。

◇林蔵の貌（かお）　下　北方謙三著　集英社　（集英社文庫）　1996.11　Ⓘ4-08-748536-6
＊反幕勢力、南下するロシア、莫大な利権を狙う海商たちの錯綜する思惑が極北の蝦夷地に結集する。ある秘命を帯びた間宮林蔵は諸国を奔走し、権力者たちの野望うずまく中へと身を投じてゆく。それぞれの命運を背負った男たちの人生と、黎明期の日本を描く迫真の時代小説。

◇炎の海峡─小説間宮林蔵　続　海老原一雄著　新人物往来社　1994.8　Ⓘ4-404-02132-1

◇林蔵の貌（かお）　上　北方謙三著　集英社　1994.6　Ⓘ4-08-774075-7

◇林蔵の貌（かお）　下　北方謙三著　集英社　1994.6　Ⓘ4-08-774076-5

◇北溟の鷹　関口甫四郎著　青樹社　（傑作時代小説叢書）　1991.3　Ⓘ4-7913-0643-0

◇炎の海峡─小説間宮林蔵　海老原一雄著　新人物往来社　1990.6　Ⓘ4-404-01738-3
＊世界地図に間宮海峡の名を残した間宮林蔵を同郷人が克明に描いた感動の生涯。

▎**円山応挙**　まるやまおうきょ
1733〜1795　江戸時代中期の画家。石田幽汀に入門し、狩野派の画法を学び、円山派の祖となった。

◇もっと知りたい円山応挙─生涯と作品　樋口一貴著　東京美術　（アート・ビギナーズ・コレクション）　2013.3　Ⓘ978-4-8087-0961-7

◇応挙・呉春・蘆雪─円山・四条派の画家たち　山川武著, 古田亮編　東京芸術大学出版会　2010.6　Ⓘ978-4-904049-21-1

◇蕪村と応挙─その近代性と写実をめぐって　内田園生著　角川学芸出版　2009.12　Ⓘ978-4-04-652255-9

◇円山応擧研究　佐々木丞平, 佐々木正子著　中央公論美術出版　1996.12

Ⓘ4-8055-0318-1

◇円山応挙　日本アート・センター編, 星野鈴執筆　新潮社　（新潮日本美術文庫）　1996.11　Ⓘ4-10-601533-1

◇夢写楽─応挙晩景　田辺栄一著　京都新聞社　1996.2　Ⓘ4-7638-0390-5

◇円山応挙　上　田辺栄一著　京都新聞社　1995.1　Ⓘ4-7638-0369-7
＊入門期から壮年期にいたる応挙とその周辺の人々との出会いと交流を爽やかに描く。

◇円山応挙　下　田辺栄一著　京都新聞社　1995.1　Ⓘ4-7638-0370-0
＊新たな画境に到達した写生派の始祖応挙その円熟期の生き様を明和─寛政の京の町を背景に鮮やかに描く。

◇円山応挙の生涯と芸術　佐々木丞平述, 亀岡市, 亀岡市教育委員会編　亀岡市　（亀岡生涯学習市民大学）　1993.10

▎**丸山真男**　まるやままさお
1914〜1996　昭和, 平成期の政治学者。日本政治思想史研究の分野ですぐれた業績をあげる。

◇福沢諭吉と丸山真男─「丸山諭吉」神話を解体する　増補改訂版　安川寿之輔著　高文研　2016.10　Ⓘ978-4-87498-605-9

◇定本丸山真男回顧談　下　丸山真男著, 松沢弘陽, 植手通有, 平石直昭編　岩波書店　（岩波現代文庫　学術）　2016.8　Ⓘ978-4-00-600352-4

◇定本丸山真男回顧談　上　丸山真男著, 松沢弘陽, 植手通有, 平石直昭編　岩波書店　（岩波現代文庫　学術）　2016.7　Ⓘ978-4-00-600351-7

◇植手通有集　3　丸山真男研究　その学問と時代　植手通有著　あっぷる出版社　2015.7　Ⓘ978-4-87177-332-4

◇丸山真男への道案内　都築勉著　吉田書店　2013.8　Ⓘ978-4-905497-14-1
＊激動の20世紀を生き抜いた知識人・思想家の人、思想、学問を考察。

◇丸山真男　人生の対話　中野雄著　文芸春秋　（文春新書）　2010.7

丸山真男

①978-4-16-660763-1
＊死後十余年を経ても、いまだに熱烈な支持層を誇る政治思想史の巨人・丸山真男。半世紀にわたって師事した著者ならではの視点で、一代の碩学の真の姿や意外な側面を浮き彫りに。また折に触れ示された言葉の数々を初めて明らかにする。

◇丸山真男回顧談　下　丸山真男述, 松沢弘陽, 植手通有編　岩波書店　2006.10　①4-00-002169-9
＊迫真の同時代史、丸山真男とその時代。下巻は戦後を中心に、東大辞職まで。

◇丸山真男回顧談　上　丸山真男述, 松沢弘陽, 植手通有編　岩波書店　2006.8　①4-00-002168-0

◇丸山真男―リベラリストの肖像　苅部直著　岩波書店　（岩波新書）　2006.5　①4-00-431012-1
＊近代の理念と現代社会との葛藤をみすえつつ、理性とリベラル・デモクラシーへの信念を貫き通した丸山真男。戦前から戦後への時代の変転の中で、彼はどう生き、何を問題としたのか。丸山につきまとうできあいの像を取り払い、のこされた言葉とじかに対話しながら、その思索と人間にせまる評伝風思想案内。

◇丸山真男―没後10年、民主主義の〈神話〉を超えて　河出書房新社　（Kawade道の手帖）　2006.4　①4-309-74009-X

◇丸山真男の時代―大学・知識人・ジャーナリズム　竹内洋著　中央公論新社　（中公新書）　2005.11　①4-12-101820-6
＊戦後の市民による政治参加に圧倒的な支配力を及ぼした丸山真男。そのカリスマ的な存在感の背景には、意外なことに、戦前、東大法学部の助手時代に体験した、右翼によるヒステリックな恫喝というトラウマがあった。本書は、六〇年安保を思想的に指導したものの、六〇年代後半には学生から一斉に背を向けられる栄光と挫折の遍歴をたどり、丸山がその後のアカデミズムとジャーナリズムに与えた影響を検証する。

◇丸山真男と平泉澄―昭和期日本の政治主義　植村和秀著　柏書房　（パルマケイア

叢書）　2004.10　①4-7601-2584-1

◇丸山真男書簡集　5（1992-1996・補遺）　丸山真男［著］　みすず書房　2004.9　①4-622-08105-9

◇丸山真男―ある時代の肖像　水谷三公著　筑摩書房　（ちくま新書）　2004.8　①4-480-06184-3

◇丸山真男集　別巻　丸山真男著　岩波書店　2004.6　①4-00-091967-9
＊「続補遺」には、第十六巻刊行後に収録漏れが分かったもの三篇を収録した。翻刻に際しては従来の方針に従った。

◇丸山真男書簡集　4（1987-1991）　丸山真男［著］　みすず書房　2004.6　①4-622-08104-0

◇丸山思想史学の位相―「日本近代」と民衆心性　池田元著　論創社　2004.3　①4-8460-0381-7

◇丸山真男書簡集　3（1980-1986）　丸山真男［著］　みすず書房　2004.3　①4-622-08103-2

◇9・11以後丸山真男をどう読むか　菅孝行著　河合文化教育研究所　（河合ブックレット）　2004.2　①4-87999-936-9

◇丸山真男研究序説―「弁証法的な全体主義」から「八・一五革命説」へ　今井弘道著　風行社　2004.2　①4-938662-67-1

◇丸山真男書簡集　2（1974-1979）　丸山真男［著］　みすず書房　2004.1　①4-622-08102-4

◇丸山真男書簡集　1（1940-1973）　丸山真男［著］　みすず書房　2003.11　①4-622-08101-6

◇丸山真男八・一五革命伝説　松本健一著　河出書房新社　（人間ドキュメント）　2003.7　①4-309-01558-1
＊深い知識と鋭い批評精神で戦後の論壇に衝撃を呼んだ政治思想史研究者の軌跡。

◇丸山真男とカール・レーヴィット―近代精神と批判精神をめぐって　佐藤瑠威著　日本経済評論社　2003.6　①4-8188-1531-4

◇丸山真男の思想世界　笹倉秀夫著　みすず書房　2003.3　①4-622-07033-2

*「政治学に於ける国家の概念」から『自己内対話』、『講義録』まで、精細かつ展望的な作品分析を通して一思想史家の複合的な思想構造を呈示する試み。丸山真男の世界への道案内＝現代世界の考察の書。

◇丸山真男論—主体的作為、ファシズム、市民社会　小林正弥編　東京大学出版会　（公共哲学叢書）　2003.2
　①4-13-030129-2

◇思想史家丸山真男論　大隅和雄，平石直昭編　ぺりかん社　2002.7
　①4-8315-1015-7
　*丸山真男が「本店」と称した日本思想史研究について、講義録等の最新資料を使いつつ、時代像と方法を軸に詳細に検討した初の本格的評論集。各分野の第一線の研究者による肉迫と対論から、立体的な丸山思想史の全体像がここに浮上する。

◇一哲学徒の苦難の道　古在由重，丸山真男著　岩波書店　（岩波現代文庫 社会　丸山真男対話篇）　2002.2　①4-00-603054-1

◇丸山真男とその時代　福田歓一著　岩波書店　（岩波ブックレット）　2000.11
　①4-00-009222-7

◇丸山真男の世界　入谷敏男著　近代文芸社　1998.12　①4-7733-6416-5

◇同時代人丸山真男を語る　加藤周一，日高六郎著　世織書房　（転換期の焦点）　1998.8　①4-906388-72-8

▌マレー　Murray, David
1830～1905　明治期のアメリカの教育学者。文部省学監。日本の教育制度整備に貢献。著書に「学監考案・日本教育法」など。

◇日本国学監デイビッド・マレー—その生涯と業績　吉家定夫著　玉川大学出版部　1998.1　①4-472-11121-7

【み】

▌三浦按針　みうらあんじん
⇒アダムズ，ウィリアム

▌三浦環　みうらたまき
1884～1946　柴田環（しばたたまき）とも。明治～昭和期のソプラノ歌手。日本初の国際的オペラ歌手。「蝶々夫人」等で称賛される。

◇マダム・バタフライ　小林裕子著　オフィス・ラドンナ　2001.1　①4-946515-59-3
　*オペラ「マダム・バタフライ」の世界にようこそ…オペラ—それは私たちをゴージャスな世界に誘うカタルシス…新世紀を迎え、日本の心を世界に伝えたいと「三浦環没後55周年」を機に「マダム・バタフライ世界コンクール」が蝶のように飛び立とうとしているいま、「マダム・バタフライ」の新しい世界が広がる…。

◇三浦環—お蝶夫人　三浦環著，吉本明光編　日本図書センター　（人間の記録）　1997.6　①4-8205-4268-0

◇お蝶夫人—伝記・三浦環　吉本明光編　大空社　（伝記叢書）　1996.4
　①4-87236-503-8

◇永遠の蝶々夫人三浦環　高橋巌夫著　春秋社　1995.7　①4-393-93433-4
　*激動の時代、歌で人々を励ましつづけた世界的プリマ・ドンナ。寛く、たおやかな生涯を描く感動のヒューマン・ドキュメント。

◇考証三浦環　田辺久之著　近代文芸社　1995.7　①4-7733-4370-2
　*新しい女性像 "蝶々夫人" のプリマドンナ三浦環画期的な書誌年譜を付して論考した必読の書。

▌三浦梅園　みうらばいえん
1723～1789　江戸時代中期の哲学者,経済

学者。梅園塾での門人の教育に当たる。

◇現代に生きる三浦梅園の思想　浜松昭二
朗著　光陽出版社　1999.6
①4-87662-244-2

◇曙光　9　日中文化研究会編　和泉書院
1998.12　①4-87088-950-1
＊明日という未来に曙の光をと願う現代
版日中遣唐誌。

◇三浦梅園と中国哲学思想　浜松昭二朗著
大分梅園研究会　1997.5

◇安藤昌益と三浦梅園　和田耕作著　甲陽
書房　1992.10　①4-87531-523-6

◇三浦晋梅園の世界　狭間久著　大分合同
新聞社　1991.11

◇三浦梅園　高橋正和著　明徳出版社　（叢
書・日本の思想家）　1991.9

三浦周行　みうらひろゆき

1871～1931　明治～昭和期の歴史学者。
京都帝国大学教授。日本史・日本法制史
に業績を残す。著書に「鎌倉時代史」「法
制史の研究」など。

◇20世紀の歴史家たち〈1〉日本編　1　日本
編 上　今谷明，大浜徹也，尾形勇，樺山
紘一編　刀水書房　（刀水歴史全書）
1997.7　①4-88708-211-8
＊歴史家は20世紀を如何に生きたか！ 20
世紀は歴史家をどう育てたか！ 日本と
世界の歴史家100人の記録。

三浦泰村　みうらやすむら

？～1247　鎌倉時代前期の武将。承久の
乱で功績をあげるが、北条氏により宝治
合戦で滅ぼされた。

◇三浦一族の中世　高橋秀樹著　吉川弘文
館　（歴史文化ライブラリー）　2015.5
①978-4-642-05800-1

三浦義澄　みうらよしずみ

1127～1200　平安時代後期，鎌倉時代前期
の武士。源義朝の家人、平治の乱に参加。

◇三浦一族の中世　高橋秀樹著　吉川弘文
館　（歴史文化ライブラリー）　2015.5

①978-4-642-05800-1

三木武夫　みきたけお

1907～1988　昭和期の政治家。衆議院議
員，首相。運輸相、通産相、外相などの閣
僚を歴任。

◇三木武夫秘書回顧録―三角大福中時代を
語る　岩野美代治著，竹内桂編　吉田書店
2017.11　①978-4-905497-56-1

◇政争家・三木武夫―田中角栄を殺した男
倉山満著　講談社　（講談社＋α文庫）
2016.12　①978-4-06-281699-1

◇三木武夫研究　小西徳応編著，明治大学史
資料センター監修　日本経済評論社
2011.10　①978-4-8188-2178-1

◇三木武夫研究　1　明治大学史資料セン
ター編　明治大学　（大学史紀要）
2010.3

◇操守ある保守政治家三木武夫　国弘正雄著
たちばな出版　2005.11　①4-8133-1914-9
＊元秘書官・通訳だった著者が明らかに
する、今に生きる、三木武夫の政治と
精神。

◇毎日あきれることばかり　三木睦子著
アートン　2001.7　①4-901006-22-3

◇三木と歩いた半世紀　三木睦子著　東京
新聞出版局　1993.3　①4-8083-0452-X
＊「いまの政治はどうなっているの」―戦
前、戦中、戦後と身近に政治を見続け、
時に家庭内野党であった三木睦子さん
の直言の数々。

◇われは傍流にあらず―政治記者の記録
一七会編　人間の科学社　1991.7
＊「争論なきは国滅ぶ」を信念に、反主流
の闘将として、常に権力・金力に挑み、
保守党の再生を夢見つづけた三木武夫。
政治改革が叫ばれているいま、なぜ、三
木政治なのか―ベテラン政治記者が明
かす反骨の50年。

◇三木武夫とその時代―政治記者の記録
一七会「三木武夫とその時代」刊行委員会
編　一七会「三木武夫とその時代」刊行委
員会　1990.11

三島通庸　みしまみちつね

1835〜1888　江戸時代末期、明治期の鹿児島藩士、官僚。警視総監、子爵。各地県令を歴任。山県有朋内相の下、民権家弾圧を強行。

◇近代を写実せよ。―三島通庸と高橋由一の挑戦 開館10周年記念　高橋由一画, 那須塩原市那須野が原博物館編　那須塩原市那須野が原博物館　2014.10

◇山形県初代県令三島通庸とその周辺―来形一四〇年　小形利彦著　大風印刷　2013.4　①978-4-900866-45-4

◇評伝 三島通庸―明治新政府で辣腕をふるった内務官僚　幕内満雄著　暁印書館　2010.3　①978-4-87015-168-0

◇鬼県令・三島通庸と妻　阿井景子著　新人物往来社　2008.10　①978-4-404-03565-3
＊悪名高い初代 “山形県令”の実像に迫る。

◇明治の記憶―三島県令道路改修記念画帖　山形大学附属博物館　2004.3

◇県令三島通庸と山形　山形県生涯学習文化財団編　山形県生涯学習文化財団　（報告「山形学」シンポジウム）　2002.2

◇山を貫く　もりたなるお著　文芸春秋　1992.11　①4-16-313610-X
＊西洋画の先駆者としての、高橋由一の一念が克つか、鬼県令・三島通庸の権勢に屈するか。―明治黎明期の二人の巨人の対決を描く雄渾の書下し長編。

三島由紀夫　みしまゆきお

1925〜1970　昭和期の小説家。著書に「仮面の告白」「金閣寺」など。

◇死の貌―三島由紀夫の真実　西法太郎著　論創社　2017.12　①978-4-8460-1669-2

◇三島由紀夫100の言葉―日本を心の底から愛するための心得　適菜収監修, 別冊宝島編集部編　宝島社　2016.7　①978-4-8002-5519-8

◇三島由紀夫の生と死　松本徹著　鼎書房　2015.7　①978-4-907282-22-6

◇三島由紀夫と全共闘の時代　板坂剛編著　鹿砦社　2013.11　①978-4-8463-0977-0

＊あの日、日大芸術学部で、あの日、安田講堂の前で、あの日、新橋ガード上で、鮮やかに蘇る記憶と記録の中、三島由紀夫の残した「謎」と「矛盾」を解き放つ！ 血と死と狂瀾の時代を “三島由紀夫”で今に読み解く、洗練と鮮烈の新・文化論！

◇呵呵大将―我が友、三島由紀夫　竹邑類著　新潮社　2013.11　①978-4-10-334851-1
＊1960年代初頭の夜の新宿で、後に舞台演出家・振付師となる田舎出の生意気な「感覚」少年は、好奇心肥大で面白いことが大好きの流行作家と出会い、たちまち17歳の年の差を越えて意気投合する。文学を熱く語り合うばかりか冗談の飛ばし競べをし、愉快なイタズラを企んでは二人で大笑い。やがて作家は少年をモデルに、一編の小説を構想する…。純粋で暖かくて権力大嫌いの大常識人、すこぶる人間っぽい「三島さん」の姿を活写する、爽やかな友情で結ばれた二人の行状記。

◇三島由紀夫　ジェニフェール・ルシュール著, 鈴木雅生訳　祥伝社　（祥伝社新書 ガリマール新評伝シリーズ）　2012.11　①978-4-396-11299-8
＊本書の意義とは、生身の三島を知らない若い世代―再生産されつづける多種多様な三島のイメージに混乱し、どのようにこの作家を理解していいかわからずにいる世代―に、外国人の目を通した、余計なバイアスのかかっていない三島像を伝えることができる点である。意識するしないにかかわらず上の世代が捕われていた、同時代人としての三島に対する複雑な感情、そういったものとは無縁の世代によって今後は新たな理解と解釈がもたらされることになるだろうが、この作家の全体像をある程度ニュートラルな形で提示する本書は、三島研究の格好の入門書となりうるに違いない。

◇三島由紀夫作品に隠された自決への道　柴田勝二著　祥伝社　（祥伝社新書）　2012.11　①978-4-396-11300-1
＊1970年11月25日、自衛隊市ヶ谷駐屯地で自決を遂げた三島由紀夫。その理由

を巡っては様々な解釈が試みられてき
たが、どれも十分とはいえない。それ
は表現者としての三島と、実行者とし
ての三島との関連を解き明かしていな
いからである。だが、その答えは、生涯
にわたる三島の作品の中にあった。戦
後日本への期待を裏切られ、次第に批
判を強めていくなかで、三島はさらに、
もはや"神"ではなくなった昭和天皇を
否認し、代わって自身を"神"としよう
とするに至った。『潮騒』から『豊饒の
海』まで、一連の作品を読み解くことを
通して、三島の自決への軌跡をダイナ
ミックに浮かび上がらせる。

◇平凡パンチの三島由紀夫 完全版 椎根
和著 茉莉花社 2012.10
①978-4-309-90963-9
＊総理の座に一番近かった三島が切腹し
た理由は…。三島の切腹をただひとり
活字で予言した番記者、椎根が死後四
十年間も時々現れる三島の精霊たちと
の愛の交際も新原稿百枚として掲載。

◇11.25自決の日—三島由紀夫と若者たち
若松孝二監修 游学社 2012.6
①978-4-904827-10-9
＊三島は何を信じたのか。あるいは何を
信じたかったのか。最後の絶叫の瞬間、
彼の瞳は何を見つめていたのか。鬼才・
若松孝二が、人間・三島と若者たちの魂
の軌跡を追った。

◇ヒタメン—三島由紀夫が女に逢う時…
岩下尚史著 雄山閣 2011.12
①978-4-639-02197-1
＊三島由紀夫、若き日の恋。恋人と親友
—2人の女性の貴重な証言から、もう一
つの三島由紀夫の顔が立ちのぼる。

◇同時代の証言 三島由紀夫 松本徹, 佐藤
秀明, 井上隆史, 山中剛史編 鼎書房
2011.5 ①978-4-907846-77-0

◇三島由紀夫—豊饒の海へ注ぐ 島内景二
著 ミネルヴァ書房 （ミネルヴァ日本評
伝選） 2010.12 ①978-4-623-05912-6
＊日本文化を一身に背負い、「昭和」に殉
じた作家の素顔。

◇今よみがえる三島由紀夫—自決より四十
年 松浦芳子著, 松浦博監修 高木書房

2010.11 ①978-4-88471-086-6

◇三島由紀夫と一九七〇年 板坂剛編, 鈴木
邦男対談 鹿砦社 2010.11
①978-4-8463-0772-1
＊1970年11月25日、東京市ヶ谷…作家・
三島由紀夫と「楯の会」メンバーは決起
した！ あれから40年、あの決起とは何
だったのか？ 貴重な資料3篇と幻の映
像を見ながら、その意味を語り尽くす。

◇三島由紀夫の来た夏 横山郁代著 扶桑
社 2010.11 ①978-4-594-06306-1
＊自決前、伊豆・下田で見せていたお茶目
で家族思いの素顔。未公開写真も収録。
三島由紀夫が訪ねた場所の地図付き。

◇「憂国忌」の四十年—三島由紀夫氏追悼の
記録と証言 三島由紀夫研究会編 並木
書房 2010.11 ①978-4-89063-262-6
＊衝撃の三島事件から40年—「憂国忌」
を主催する三島由紀夫研究会が、事件
への軌跡とそれ以後を多数の証言で初
めて明かす。

◇君たちには分からない—「楯の会」で見た
三島由紀夫 村上豊建夫著 新潮社
2010.10 ①978-4-10-327851-1
＊京大生が直に接した天才作家の孤独。

◇証言 三島由紀夫・福田恒存たった一度の
対決 持丸博, 佐藤松男著 文芸春秋
2010.10 ①978-4-16-373250-3
＊事件の三年前、たった一度の対談で、福
田は三島事件を予見していた—もし、
二人の巨人が生きていたら、今の日本
についてどう発言しただろうか。生前、
三島・福田両氏にもっとも近かった二
人が、その思想と事件の真相に迫る。

◇昭和45年11月25日—三島由紀夫自決、日本
が受けた衝撃 中川右介著 幻冬舎 （幻
冬舎新書） 2010.9 ①978-4-344-98185-0
＊昭和45年11月25日、三島由紀夫、自衛
隊市ヶ谷駐屯地で割腹、介錯される—
一人の作家がクーデターに失敗し自決
したにすぎないあの日、何故あれほど
日本全体が動揺し、以後多くの人が事
件を饒舌に語り記したか。そして今な
お真相と意味が静かに問われている。
文壇、演劇・映画界、政界、マスコミの
百数十人の事件当日の記録を丹念に拾

い、時系列で再構築し、日本人の無意識
なる変化をあぶり出した新しいノン
フィクション。

◇三島あるいは優雅なる復讐　高橋英郎著
飛鳥新社　2010.8　①978-4-86410-028-1
＊三島由紀夫─その秘められた、不可能
な恋。大胆な仮説、緻密な推論で解き
明かす、『豊饒の海』最大の謎。

◇福田恆存と三島由紀夫─1945～1970　上
遠藤浩一著　麗沢大学出版会　2010.4
①978-4-89205-596-6
＊「戦後」は未だ終わってはいない。日本
が日本でなくなった時代に日本を背
負った二人の文士。表現者、行動者と
しての福田と三島の光芒を、戦後精神
史に追う、現在を撃つ大型評論。第10
回正論新風賞受賞。

◇福田恆存と三島由紀夫─1945～1970　下
遠藤浩一著　麗沢大学出版会　2010.4
①978-4-89205-597-3
＊「適応異常の時代」を、二人の文士はい
かに生き、いかに考えたか。政治・社会
史と精神史を融合し、福田と三島の軌
跡と交錯を描き切った、空前絶後の傑
作評論。第10回正論新風賞受賞。

◇「兵士」になれなかった三島由紀夫　杉山
隆男著　小学館　（小学館文庫）　2010.4
①978-4-09-408473-3
＊一九七〇年十一月二十五日。自衛隊の本
拠・市ヶ谷駐屯地で壮絶な最期を遂げる
まで、三島由紀夫は毎年のように自衛隊
に体験入隊を繰り返していた。その中で
三島は、苛酷な訓練にも真摯に臨み、現
場の「兵士」＝自衛隊員たちとも濃密な
交流を重ね、時に「クーデター」への思
いも口にしていたという。三島にとっ
て自衛隊とは何だったのか。そして、
四十年近く封印されてきた「三島自決」
までの知られざる道程とは─。“共に起
つ”ことを期待された元「兵士」たちが
初めて三島の肉声と貴重なエピソード
を明かした、「兵士」シリーズの掉尾。

◇自死という生き方─覚悟して逝った哲学
者　須原一秀著　双葉社　（双葉新書）
2009.12　①978-4-575-15351-4

◇平凡パンチの三島由紀夫　椎根和著　新

潮社　（新潮文庫）　2009.10
①978-4-10-128881-9
＊1968年、超人気週刊誌の編集者として、
ぼくは、スーパースター三島由紀夫と
出会った。番記者で唯一剣道の弟子と
なり、共にハンバーグを食べ、編集部で
音楽を聴き、結婚式でスピーチをもら
う─割腹自決までの三年間、新宿騒乱
に同行し、「楯の会」の秘事を間近で見
つめるなど濃密な関係を築いた著者が、
文豪の知られざる素顔に迫った。従来の
三島像を覆す、傑作ノンフィクション。

◇三島由紀夫とアンドレ・マルロー─「神な
き時代」をいかに生きるか　宮下隆二著
PHP研究所　2008.7
①978-4-569-70159-2
＊死はすべての終わりではなく、別の何か
の始まりであった─『イーハトーブと
満洲国』の著者が再び世に問う問題作。

◇三島由紀夫と大岡昇平─一条の道　平松
達夫著　平松達夫　2008.3
①978-4-02-100140-6
＊大岡昇平は、なぜ三島由紀夫の葬儀に
行かなかったのか？　戦争と戦後。二人
の作家の軌跡は微妙に触れ合い、交錯
し、そして…。数々の「定説」を、新旧
の史料を博捜して緻密に検証し、日本
社会の実像を描ききる力作長編。

◇「三島由紀夫」の誕生　杉山欣也著　翰林
書房　2008.2　①978-4-87737-260-6

◇三島由紀夫追想のうた─女優として育て
られて　村松英子著　阪急コミュニケー
ションズ　2007.10　①978-4-484-07205-0
＊「僕はいままで役者を育てたことはな
いけれど、英子を、僕の戯曲を通して育
てたい」。三島由紀夫と過ごした濃密な
6年間。没後、沈黙を守った女優がはじ
めて明かした、37年目の真実。

◇「兵士」になれなかった三島由紀夫　杉山
隆男著　小学館　2007.8
①978-4-09-379773-3
＊日本中を震撼させた衝撃の自決から37
年─初めて明かされる「兵士」三島由紀
夫の素顔。兵士を目指した男は何を夢
見、何に絶望したのか─圧倒的な取材
から時代の寵児の魂に迫る、渾身のノ

ンフィクション。

水野忠邦　みずのただくに

1794〜1851　江戸時代末期の大名, 老中。遠江浜松藩主, 肥前唐津藩主。11代将軍家斉の死後, 天保の改革を断行したが, 緊縮政策・風紀取締・上知令が不評で失脚。改革は頓挫した。

◇水野忠邦天保改革老中日記　第11巻（自天保12年5月至天保12年9月）　水野忠邦著, 大口勇次郎監修　ゆまに書房　2001.9

◇水野忠邦天保改革老中日記　第12巻（自天保12年10月至天保12年12月）　水野忠邦著, 大口勇次郎監修　ゆまに書房　2001.9

◇水野忠邦天保改革老中日記　第13巻（自天保13年正月至天保13年4月）　水野忠邦著, 大口勇次郎監修　ゆまに書房　2001.9

◇水野忠邦天保改革老中日記　第14巻（自天保13年5月至天保13年8月）　水野忠邦著, 大口勇次郎監修　ゆまに書房　2001.9

◇水野忠邦天保改革老中日記　第15巻（自天保13年9月至天保13年12月）　水野忠邦著, 大口勇次郎監修　ゆまに書房　2001.9

◇水野忠邦天保改革老中日記　第16巻（自天保14年正月至天保14年4月）　水野忠邦著, 大口勇次郎監修　ゆまに書房　2001.9

◇水野忠邦天保改革老中日記　第17巻（自天保14年5月至天保14年閏9月）　水野忠邦著, 大口勇次郎監修　ゆまに書房　2001.9

◇水野忠邦天保改革老中日記　第18巻（自天保15年6月至弘化2年2月　日暦目次・付録・解説）　水野忠邦著, 大口勇次郎監修　ゆまに書房　2001.9

◇水野忠邦天保改革老中日記　第1巻〜第10巻　水野忠邦著, 大口勇次郎監修　ゆまに書房　1999.10　①4-89714-807-3

◇長い道程　堀和久著　講談社　（講談社文庫）　1999.6　①4-06-264633-1
　＊「予は, いずれ老中になる。そちは, 勘定奉行じゃ」十五歳の田口喜行は一つ年上の水野忠邦にそう見込まれるが, やがて二人は別々の道を歩み始めた。弱小旗本から勘定奉行にまで異例の出世を果たした喜行の愚直なまでの生き方を通して, 武士の本懐とは何かを追求した歴史長編。第二回中山義秀文学賞受賞。

◇水野忠邦―政治改革にかけた金権老中　藤田覚著　東洋経済新報社　1994.7　①4-492-06067-7

溝口健二　みぞぐちけんじ

1898〜1956　大正, 昭和期の映画監督。監督作品「西鶴一代女」「雨月物語」などが国際映画祭で入賞。

◇溝口健二論―映画の美学と政治学　木下千花著　法政大学出版局　2016.5　①978-4-588-42017-7

◇映画音響論―溝口健二映画を聴く　長門洋平著　みすず書房　2014.1　①978-4-622-07809-8
　＊溝口健二。彼はトーキー黎明期の先駆的試み, 新派や同時代の前衛芸術との関わりなど, ジャンル, スタイル, テクノロジーの広い範囲で創造性を発揮した。その作品を分析することは, トーキー初期から1950年代黄金期に至る日本映画の音響創作の達成を考えることである。本書は, 溝口映画における音響の効用を, 映像および物語との関連から考察する。また, 作曲家本人による楽譜・手稿により, 音響創造が製作過程から分析される。さらには, 映画の音響に関する質の高い文献を紹介しつつ, 議論の整理・検討がなされている。映画を聴覚面から分析する理論枠組みを提示し, 視聴覚文化, メディア研究ほか多方面の専門家が活用できる方法論として提供する。付録：大谷巌（録音技師, 1950年代大映京都で製作された全ての溝口映画を担当）ロング・インタヴューは, 資料としてたいへん貴重なものである。『東京行進曲』『ふるさと』『浪華悲歌』『残菊物語』『近松物語』『赤線地帯』といった作品を緻密に分析し, 最新の地平を示す先駆的研究。映画家, 音楽学のみならず, テクノロジー, ジェンダー, ポストコロニアル理論の視座をも含めた映画音響論が展開される

◇1秒24コマの美―黒沢明・小津安二郎・溝

口健二　古賀重樹著　日本経済新聞出版社　2010.11　⑭978-4-532-16763-9
＊20世紀の世界の芸術家に多大な影響を与えた3人の巨匠監督の創造力と表現力の源泉へ…フィルムに焼きつけられた1秒24コマの写真。ひたすら作品を見つめる、映画記者による異色のノンフィクション。

◇溝口健二の世界　佐藤忠男著　平凡社（平凡社ライブラリー）　2006.11　⑭4-582-76593-9
＊巨匠・溝口健二の生涯とその作品の魅力を追って、関係者への徹底した取材・インタビューと十年の歳月をかけて書き上げた渾身の評伝。溝口映画の核心とは何か。そこに描かれた女性像の典型の生成、男と女の葛藤のありかたの追究は、何を物語っているのか。溝口映画を愛する人々、必読の基本文献。

◇映画監督溝口健二　四方田犬彦編　新曜社　1999.10　⑭4-7885-0692-0
＊『残菊物語』『元禄忠臣蔵』『山椒大夫』…ゴダールやリヴェットによって神話化され、世界各地で繰り返し上映されている溝口健二の映画。生誕百年を記念する熱い心と冷静なまなざしが、反歴史的な神話的興奮を超えてその全体像を多角的に描き出す。

◇映画監督溝口健二―生誕百年記念　山口猛編　平凡社　（別冊太陽）　1998.5　⑭4-582-94312-8

◇溝口健二―情炎の果ての女たちよ、幻夢へのリアリズム　佐相勉編, 西田宣善編　フィルムアート社　（映画読本）　1997.9　⑭4-8459-9771-1
＊アヴァンギャルドからメロドラマまで、世界に衝撃を与えた、シネアストの全貌。失われた作品57本を含む、全作品90本を初の完全解説。

◇溝口健二の人と芸術　依田義賢著　社会思想社　（現代教養文庫）　1996.3　⑭4-390-11588-X
＊オズ、クロサワに並ぶ国際的な巨匠ミゾグチ監督による名作のほとんどが、脚本家依田義賢との二人三脚で生まれたことはよく知られている。だが、鬼気迫る情熱で映画作りに挑む気魄は、時には狂気に近いものだったという。この脚本家にとって、戦前の名作『浪華悲歌』から、ベニス映画祭受賞作『雨月物語』を経て、晩年の『新・平家物語』にいたるまで、たえず、余人には想像もできぬ孤独な闘いがあった。本書は、監督の才能を信じてダメに耐え抜き期待に応えた著者が、盛時を振返り書き留めた、名作誕生の軌跡であり、人間溝口健二との苦闘の記録である。

◇溝口健二を愛した女―女流映画監督第一号　坂根田鶴子の生涯　大西悦子著　三一書房　1993.9　⑭4-380-93254-0

◇ある映画監督―溝口健二と日本映画　新藤兼人著　岩波書店　（岩波新書）　1992.9　⑭4-00-414080-3
＊日本映画の巨匠、溝口健二。底なしのスランプや次々と襲いかかる家庭の不幸に耐えて、生きた人間をフィルムにうつしとろうと、脚本家にシナリオをたたきつけ、俳優を叱咤し必死の努力を続ける。映画監督である著者が、かつて師事した溝口健二の悲劇的生涯を通して迫る映画監督という仕事の栄光と悲惨。

美空ひばり　みそらひばり

1837～1989　昭和期の女性歌手。1949年デビュー。多くのヒット曲を歌い、歌謡界の女王と称された。

◇美空ひばり最後の真実　西川昭幸著　さくら舎　2018.4　⑭978-4-86581-146-9

◇映画で知る美空ひばりとその時代―銀幕の女王が伝える昭和の音楽文化　斎藤完著　スタイルノート　2013.7　⑭978-4-7998-0117-8
＊子どもらしくない子ども！ 女らしくない女！ 映画の中のひばりは規格外の日本人だった。「演歌の女王」では括れない空前絶後の大スターを解き明かす。

◇ひばりデビュー伝説―もうひとつの真実　飯島哲夫著　ワイズ出版　2013.4　⑭978-4-89830-266-8

◇美空家の歳時記―昭和を生きた家族の記憶　加藤和也著　広済堂出版　2012.6

美空ひばり

①978-4-331-51644-7
＊四季折々に織り込まれる母の記憶、家族の絆。

◇美空ひばり―虹の唄　美空ひばり著　日本図書センター　（人間の記録）　2012.3
①978-4-284-70067-2

◇美空ひばり　公式完全データブック―永久保存版　加藤和也，ひばりプロダクション著　角川書店，角川グループパブリッシング（発売）　2011.6　①978-4-04-874203-0
＊ひばりプロが，初めて明かす美空ひばり全人生記録。

◇美空ひばり　トレジャーズ　加藤和也監修　日本コロムビア　2011.1
①978-4-8045-1589-2

◇「平凡」物語―めざせ！　百万部　岩堀喜之助と雑誌『平凡』と清水達夫　塩沢幸登著　茉莉花社，河出書房新社〔発売〕　2010.5
①978-4-309-90873-1
＊下中弥三郎はなにがあって岩堀喜之助に『平凡』の表題を譲りわたしたのか？　戦後出版史最大の謎に迫り後発雑誌『明星』との対決，美空ひばりとの劇的な邂逅，百万部突破への苦闘を描く。

◇美空ひばり　歌は海を越えて　平岡正明著　毎日新聞社　2010.2
①978-4-620-31976-6
＊敗戦まもない横浜。庶民の街に現れた1人の少女は，国民歌手へと成長する。そして歌は海を越え，アジアの歌姫に―。世界音楽としてのひばり歌謡を，独自の音楽論と歴史観で明らかにする，ひばり論の決定版。

◇ひばり伝―蒼穹流謫　斎藤慎爾著　講談社　2009.6　①978-4-06-215515-1
＊日本歌謡曲史上最大のスタア，美空ひばり。今日なお多くの人々の魂をとらえて離さないその存在の意味を問い直し，新たな「ひばり」を解き放つ。焼跡闇市の影を色濃く曳きながら，「昭和」とともに歌い続けたひばりの生涯に，精神史的深層から迫る壮大な鎮魂の書。書き下ろし800枚。

◇美空ひばりという生き方　想田正著　青弓社　2009.6　①978-4-7872-7270-6
＊敗戦後の混乱期に現れた天才少女は

「悲しき口笛」「東京キッド」「リンゴ追分」で次々と大衆を魅了して全国を席巻した。戦後社会を体現した歌謡界の女王ひばりの生き方と歌謡研究＝年代篇・ジャンル篇・作曲家篇などから現在も根強い人気を誇る人物像を描く。

◇美空ひばり　神がくれた三曲　新井恵美子著　北辰堂出版　2009.3
①978-4-904086-88-9
＊『愛燦々』『みだれ髪』『川の流れのように』「神がくれた三曲」誕生のドラマを再現しながら，幾多の試練をのりこえた美空ひばり最晩年の生きざまを見事に描く。

◇美空ひばりふたたび　新井恵美子著　北辰堂出版　2008.9　①978-4-904086-82-7
＊あの日から19年。あの不世出の歌姫が去ってから19年。戦後，日本の復興とともにスターへの道をかけのぼり，いまも私たちの心の中に生きつづけている「美空ひばり」とは一体何者なのだろう。事実をたんねんに検証しながら著者の「美空ひばりへの旅」は始まる。

◇みんな笑って死んでいった　加藤和也著　文芸春秋　2007.5　①978-4-16-369170-1
＊たったひとりの息子が初めて綴ったファミリーの真実。

◇美空ひばり平和をうたう―名曲「一本の鉛筆」が生まれた日　小笠原和彦著　時潮社　2006.3　①4-7888-0601-0
＊なぜ，ひばりは反戦歌をうたったのか，誰が影響をあたえたのか，古賀政男か，川田晴久か，竹中労か。一名曲誕生までを縦軸に，きらびやかな人たちとの親交を横軸に，もう一人の美空ひばり像を追い求める。

◇美空ひばり―完本　竹中労著　筑摩書房（ちくま文庫）　2005.6　①4-480-42088-6
＊日本歌謡史上最大のスター・美空ひばり。昭和の影を色濃く背負いながらも，今日なお多くの人々の魂をとらえて離さない。日本人の心情を直撃した魅力。ジャズも歌いこなした音楽的才能のすべて。小林旭との離婚など順調ではなかった私生活。三代目山口組との関係で，世間の指弾や反発を受けながらも

626　教科書に載った日本史人物1000人

届せずに生きた強さ…。ひばりの本質
へと迫った竹中労の最高傑作。

◇美空ひばりプライベート　加藤和也監修
辰巳出版　2005.5　①4-7778-0155-1
＊貴重な家族・親族の写真からステージ
や撮影現場での"未公開秘蔵写真"を多
数収録。

◇母・美空ひばりのアルバム　加藤和也編
主婦と生活社　〔2005〕　①4-391-13101-3

◇川田晴久と美空ひばり―アメリカ公演
橋本治，岡村和恵文　中央公論新社
2003.3　①4-12-003375-9
＊昭和25年5月16日～7月24日初公開秘蔵
版（写真・日記・録音）。歌と肉声CD付
き（ロスアンゼルスでのプライベート録
音を含む）。

◇美空ひばり思い出草紙　沢島忠著　ワイ
ズ出版　2002.6　①4-89830-136-3
＊美空ひばり映画を監督し、数多くの美
空ひばりの舞台を演出した沢島忠が語
る、ひばりの面影。

◇本田靖春集　3　本田靖春著　旬報社
2002.4　①4-8451-0718-X
＊『戦後―美空ひばりとその時代』焼け跡
の中、横浜の青空市場で育ち、敗戦後の
解放感を体現していた美空ひばり。国
民的歌手として戦後という時代を丸ご
と背負って表現してきた彼女と、貧し
くはあったが自由で希望に満ちていた
市井の人々の姿。『疵―花形敬とその時
代』喧嘩では力道山より強い男がいた。
焼け跡・闇市の時代、東京の盛り場渋谷
を足場に、己の腕力のみを頼りに暴力
の世界でのし上がった安藤組・花形敬
の姿を通して、飢えてこそいたが、活力
に満ち溢れていた「戦後」を描く。

◇美空ひばり燃えつきるまで　森啓著　草
思社　2001.12　①4-7942-1107-4
＊1986年、日本コロムビアからひばりプ
ロダクションに出向した著者は、それ
から2年間ひばりさんと行をともにす
る。翌年の緊急入院から退院後の「み
だれ髪」の録音、そして初物づくしの大
イベント・東京ドーム公演へ。長年ひ
ばり担当ディレクターを勤め、ひばり
さんの晩年2年間を最も身近で支えた著

者が回想する歌手・美空ひばり。

◇あなたの美空ひばり―十三回忌メモリア
ル完全復刻版　マガジンハウス　2001.6
①4-8387-8327-2

◇美空ひばり「涙の河」を越えて　小西良太
郎著　光文社　2001.6　①4-334-97302-7
＊死後十二年―十三回忌の今年"昭和"を
駆け抜けた不世出の歌姫の栄光、生い
立ち、涙…を今ここに。

◇胸に灯りをともす歌―ひばりちゃん日記
より　上　美空ひばり著，加藤和也監修
近代映画社　2001.5　①4-7648-1945-7

◇胸に灯りをともす歌―ひばりちゃん日記
より　下　美空ひばり著，加藤和也監修
近代映画社　2001.5　①4-7648-1946-5

◇川の流れのように　美空ひばり著　集英社
（集英社文庫）　2001.5　①4-08-747328-7

◇不死鳥美空ひばり　近代映画社　2001.5
①4-7648-1947-3
＊美空ひばり13回忌特別出版。「愛蔵版
ボックス」豪華写真集。特別付録「別冊
近代映画　輝ける再生・美空ひばり記念
号」（昭和39年10月発行）復刻版。

◇別冊近代映画　1964 10月号　美空ひばり
記念号　輝やける再起　近代映画社
2001.5

◇美空ひばり不死鳥伝説―長篇実録ノベル
大下英治著　広済堂出版　（広済堂文庫
ミステリー＆ハードノベルス）　2001.2
①4-331-60853-0
＊昭和21年、南千住の国民学校の校庭の
片隅につくられた舞台に「美空楽団」と
染めぬかれた垂れ幕が下がっていた。
美空ひばり・本名加藤和枝、9歳の初ス
テージであった。その後各地のコンクー
ルで才能を発揮したひばりは、本格的
に歌手デビューを果たし、あっという
間に国民的スターにのぼりつめていく。
時代とともに生き、愛された天才歌手
の華やかな生涯と秘められた苦悩。ひ
ばりの実像に迫る長編評伝決定版。

三井高利　みついたかとし
1622～1694　江戸時代前期の豪商。三井

南方熊楠

家事業の創業者。

◇三井高利　郷土の偉人に学ぶ教育推進委員会編　松阪市教育委員会　（郷土の偉人を知る）　2018.3

◇現銀（げんきん）掛値無しに仕り候―三井高利覚書　藤井博吉著　新潮社　1994.7　Ⓘ4-10-398401-5

◇三井の創業者精神―源流に見る経営哲学　山木育著　ビジネス社　1992.12　Ⓘ4-8284-0497-X
　＊常に社会の動向を見極めながら工夫を重ね、その結果、一代で現在の三井財閥の基盤を築いた男「三井高利」の生涯と人生・経営観。

▌**南方熊楠**　みなかたくまくす
1867～1941　明治～昭和期の生物学者, 人類学者, 民俗学者。生物学の研究の傍ら比較民族学を研究。著書に「南方閑話」「南方随筆」など。

◇熊楠と猫　南方熊楠, 杉山和也, 志村真幸, 岸本昌也, 伊藤慎吾編　共和国　2018.4　Ⓘ978-4-907986-36-0

◇南方熊楠―開かれる巨人　河出書房新社　2017.11　Ⓘ978-4-309-22716-0

◇南方熊楠―近代神仙譚　佐藤春夫著　河出書房新社　（河出文庫）　2017.11　Ⓘ978-4-309-41579-6

◇南方熊楠―複眼の学問構想　松居竜五著　慶応義塾大学出版会　2016.12　Ⓘ978-4-7664-2362-4

◇熊楠の星の時間　中沢新一著　講談社　（講談社選書メチエ）　2016.5　Ⓘ978-4-06-258633-7

◇南方熊楠の謎―鶴見和子との対話　松居竜五編、鶴見和子, 雲藤等, 千田智子, 田村義也著　藤原書店　2015.6　Ⓘ978-4-86578-031-4

◇南方熊楠―日本人の可能性の極限　唐沢太輔　中央公論新社　（中公新書）　2015.4　Ⓘ978-4-12-102315-5

◇南方熊楠の見た夢―パサージュに立つ者　唐沢太輔著　勉誠出版　2014.4

Ⓘ978-4-585-22076-3

◇南方熊楠 記憶の世界―記憶天才の素顔　雲藤等著　慧文社　2013.8　Ⓘ978-4-86330-062-0
　＊博物学者、生物学者、民俗学者として数々の優れた業績を残した南方熊楠（1867 - 1941年）の生涯は、数々の「伝説」に彩られている。小学生の頃に『和漢三才図会』や『太平記』を丸暗記してノートに筆写した。そして、その驚異的な記憶力は晩年においても衰えることがなかった、などと言われている。しかし、これらは事実であろうか？　本書は、南方熊楠の「記憶」の問題に光をあて、様々な「伝説」を排して熊楠の「記憶」の実態を明らかにしようと試みる。さすがの熊楠も40代なかば頃から記憶低下に悩み、それに懸命に対処しようとする姿も描かれている。さらに、彼の「記憶」と「学問」とがどのように関与していたのか、という問題の一端も解明しようとした野心的快著！

◇闘う南方熊楠―「エコロジー」の先駆者　武内善信著　勉誠出版　2012.11　Ⓘ978-4-585-22045-9
　＊“個人を抑圧し、環境破壊を進める近代社会”と闘った熊楠の実像。自由民権・神社合祀・「エコロジー」をキーワードに、その生涯を追う。

◇南方熊楠大事典　松居竜五, 田村義也編　勉誠出版　2012.1　Ⓘ978-4-585-20008-6
　＊古今東西の文献を渉猟し、領域を横断する浩瀚な「知」の世界を築き上げた巨人、南方熊楠。近年の網羅的な資料調査により浮かび上がってきた「知の巨人」の実像を総合的に捉えるエンサイクロペディア。

◇南方熊楠・小畔四郎往復書簡　4　大正十三年　南方熊楠, 小畔四郎著, 南方熊楠顕彰会学術部編　南方熊楠顕彰館　（南方熊楠資料叢書）　2011.11

◇熊楠と漱石―二人を取り巻く人々　岩淵幸喜著　〔岩淵幸喜〕　2011.7

◇南方熊楠・小畔四郎 往復書簡　3　大正十一年～大正十二年　南方熊楠, 小畔四郎著, 南方熊楠顕彰会学術部編　南方熊楠顕

628　教科書に載った日本史人物1000人

彰館　（南方熊楠資料叢書）　2010.10

◇父を語る 柳田国男と南方熊楠　谷川健一
編　冨山房インターナショナル　2010.5
①978-4-902385-90-8
＊日本民俗学の創始者・柳田国男、世界的
な博物誌学者・南方熊楠。稀有な思想
家であるとともに独特な生活者であっ
た二人の素顔と興味深いエピソードな
どを訊ねる。

◇南方熊楠書翰―高山寺蔵 土宜法龍宛1893
～1922　南方熊楠著、奥山直司，雲藤等，
神田英昭編　藤原書店　2010.3
①978-4-89434-735-9

◇南方熊楠の世界―エコロジーの先駆者 特
別展　和歌山市立博物館編　和歌山市教
育委員会　2009.10

◇クマグスの森―南方熊楠の見た宇宙　松
居竜五著、ワタリウム美術館編　新潮社
（とんぼの本）　2007.11
①978-4-10-602165-7
＊冬の山中、腰巻一丁で煙草をふかす。
この怪しげな男こそ、紀州和歌山が生
んだ先駆的エコロジスト、南方熊楠（一
八六七‐一九四一）。和歌山県田辺市近
郊の林の中で撮影された熊楠42歳の姿
である。博物学者として、また生物学
者、民俗学者として広く知られる熊楠
にとって、研究対象は粘菌、キノコ、
藻、昆虫から男色、刺青、性、夢まで、
この世あの世のすべて。世界を放浪、
原生林を駆け巡り、果て無き大宇宙の
謎を追い、森羅万象の本質に迫るため、
生涯その目で見たままを詳細に記述し
まくった。本書は、奇才が遺した膨大
で不思議な資料を大公開。その頭脳と
心の森に踏み込み、最新の研究に基づ
く熊楠像を紹介する。

◇森のバロック　中沢新一著　講談社　（講
談社学術文庫）　2006.11
①4-06-159791-4

◇南方熊楠―梟のごとく黙坐しおる　飯倉
照平著　ミネルヴァ書房　（ミネルヴァ日
本評伝選）　2006.11　①4-623-04761-X

◇南方熊楠の森　松居竜五, 岩崎仁編　方
丈堂出版　2005.12　①4-89480-030-6

◇南方熊楠の宇宙―末吉安恭との交流　神
坂次郎著　四季社　2005.2
①4-88405-304-4
＊著者の三十年間にわたる博物学の巨人
と称された南方熊楠への取材と資料渉
猟のなかで明らかにされた、沖縄の民
俗学の異才、末吉安恭の存在。南方熊
楠が強い興味を示し、また海の彼方か
ら反骨の熊楠に熱い眼差しを向けてい
た末吉安恭その人の、知られざる人生
に光をあてる。

◇南方熊楠アルバム　新装版　中瀬喜陽,
長谷川興蔵編　八坂書房　2004.11
①4-89694-851-3
＊写真資料で再現する巨人の劇的な生涯。

◇南方熊楠を知っていますか？―宇宙すべ
てをとらえた男　阿部博人著　サンマー
ク出版　2000.3　①4-7631-9310-4
＊博物学、民俗学、植物学、粘菌学、宇宙
哲学、深層心理学、心霊学からセクソロ
ジーまでを究め尽くした奇人学者の、
破天荒にして奔放な生き方。

◇猫楠―南方熊楠の生涯　水木しげる著
角川書店　（角川文庫）　1996.10
①4-04-192907-5

◇南方熊楠―奇想天外の巨人　荒俣宏ほか
著　平凡社　1995.10　①4-582-63304-8

◇南方熊楠　新潮社　（新潮日本文学アルバ
ム）　1995.4　①4-10-620662-5
＊作家の劇的な生涯と作品創造の秘密を
写真で実証するロングセラーシリーズ。
偉大な博物学者、自然保護運動の先駆
者、世界を舞台に不抜の学問を確立し
た一代の奇人。

南次郎　みなみじろう
1874～1955　大正、昭和期の陸軍軍。大
将、貴族院議員。東京裁判でA級戦犯に指
名され終身禁固刑の判決を受けた。

◇植民地帝国人物叢書　21（朝鮮編 2）　朝
鮮を語る―宇垣一成 南総督の朝鮮統治―
南次郎　永島広紀編　宇垣一成著、御手
洗辰雄著　ゆまに書房　2010.5
①978-4-8433-3385-3,978-4-8433-3382-2

源実朝

源実朝 みなもとのさねとも

1192〜1219 鎌倉時代前期の鎌倉幕府第3代の将軍。(在職1203〜1219)。頼朝と政子の2男。頼家の後将軍になるが、実権は北条一族の手にあり、自らは歌道に精進。「金塊和歌集」として今に残る。1219年鶴岡八幡宮で甥の公暁により殺害され、源氏の正統が絶えることになった。

◇源実朝—歌と身体からの歴史学　五味文彦著　KADOKAWA　(角川選書)　2015.9　①978-4-04-703562-1

◇日本文学者評伝集　4　鴨長明・源実朝　塩田良平, 森本治吉編　冨倉徳次郎, 上田英夫著　クレス出版　2008.6　①978-4-87733-424-6,978-4-87733-429-1

◇北条政子—幕府を背負った尼御台　田端泰子著　人文書院　2003.10　①4-409-52052-0
＊『御伽草紙』から『御成敗式目』まで、幅広い史料に基づき、現代のそして同じ女性の視点から、人間—北条政子の人生を浮き彫りにする。それは同時に、鎌倉幕府に対する政子の貢献、存在の重要性をあらためて強調することになろう。そして政子をとおして、中世封建社会の女性の生き方、役割について、抑圧されていたというイメージを覆す、いきいきとした有り様を捉える。

◇写生論ノート　2　定家・実朝　角谷道仁著　原生社　2002.10

◇実朝考—ホモ・レリギオーズスの文学　中野孝次著　講談社　(講談社文芸文庫)　2000.12　①4-06-198240-0
＊宮廷文化に傾倒し武芸軟弱を以て侮られた鎌倉三代将軍源実朝は、庶民に共感する単純強靱な歌を詠んだ。それは何故生まれたのか。その実体に迫る過程で著者が見たものは「絶対的孤独者」の魂だった。死と直面し怨念を抱えて戦争の日々を生きぬいた著者が、自己を重ね人間の在り方と時代背景を鋭く考察。時を越えて共有する問題点を現代の視点で深く追究した画期的第一評論。

◇実朝私記抄　岡松和夫著　講談社　2000.5　①4-06-210207-2

＊栄西に仏道を学び、前生は中国の僧であったと信じる実朝は、将軍の身で中国に渡るべく船の建造を命じた。時代の転機に立つ者を描く歴史小説。

◇将軍源実朝の人間像—謎と秀歌　藤谷益雄著　白鳳社　1999.3　①4-8262-0088-9
＊激しく動く歴史のなかで、実朝とその一族はいかに生き、いかに滅んでいったのか。そして実朝にとって和歌とは何であったのか。実朝の生涯は、今でも危機にあって人はどうあるべきかを教えてくれる。

◇源実朝　大仏次郎著　徳間書店　(徳間文庫)　1997.10　①4-19-890765-X
＊源氏の血統が自分で絶えることを予感し、官途の栄達を願った鎌倉三代将軍実朝。異例の早さで右大臣に昇進した翌年(承久1・1219)正月、鶴岡八幡宮での拝賀の式に臨んだ折、兄頼家の遺児・公暁に殺され、予感は的中した。死に臨み、その胸中に去来したものは何だったのか？ 母政子の実家・北条氏の内紛にまき込まれ、政治から逃避、和歌・管弦に親しみ、渡宋をも企てた実朝の生涯を描く歴史小説の名作。

◇朱い雪—歌人将軍実朝の死　森本房子著　三一書房　1996.5　①4-380-96242-3
＊実朝の謎に迫る。何故、子どもができなかったか。実朝暗殺の黒幕は誰か。葛山景倫とは何者なのか。実朝の悲劇はどうして起こったのか—精密な史実解読から新しい実朝像を描く。

◇実朝の風景—源実朝生誕八百年にちなんで　鎌倉市教育委員会　(鎌倉近代史資料)　1994.3

◇源実朝　三浦勝男編　鎌倉市教育委員会　1992.10

◇源実朝の周辺　鎌倉国宝館　1992

◇源実朝—悲境に生きる　志村士郎著　新典社　(日本の作家)　1990.12　①4-7879-7021-6

◇源実朝　吉本隆明著　筑摩書房　(ちくま文庫)　1990.1　①4-480-02376-3
＊中世期最大の詩人のひとりであり、学問と識見とで当代に数すくない実朝の心

を訪れているのは、まるで支えのない奈落のうえに、一枚の布をおいて坐っているような境涯への覚醒であった。本書は、中世初期の特異な武家社会の統領の位置にすえられて、少年のうちからいやおうなくじぶんの〈死〉の瞬間をおもい描かねばならなかった実朝の詩的思想をあきらかにした傑作批評。

▌源高明　みなもとのたかあきら

914～982　平安時代中期の公卿。(左大臣)。醍醐天皇の皇子。藤原氏に疎まれ、多田満仲らの陰謀により左遷された(安和の変)。

◇平安時代の古記録と貴族文化　山中裕著　(京都)思文閣出版　(思文閣史学叢書)　1988.5　①4-7842-0509-8
　＊本書は古記録・儀式書・かなの日記・歴史物語等々を中心として、摂関政治の本質および年中行事を主とする平安貴族文化の実態を説かんとするものである。

▌源為朝　みなもとのためとも

1139～1170？　平安時代後期の武将。保元の乱に参加。敗れて伊豆大島に流されたが、多くの伝説を残す。

◇義経伝説と為朝伝説―日本史の北と南　原田信男著　岩波書店　(岩波新書　新赤版)　2017.12　①978-4-00-431692-3

◇源為朝琉球渡来　与那嶺正秀著　グローバル企画印刷(印刷)　1996.7

◇鎮西八郎為朝　津本陽著　講談社　(講談社文庫)　1992.11　①4-06-185277-9
　＊源家の嫡流に生れた為朝は、2メートルを越す長身に巌の筋骨、八人張りの強弓を楽々と引く超人であった。若くして都を追われ、たちまち九州を征したが、保元の乱の京によび戻される。不本意な合戦に敗れて伊豆大島に流されるがそこには―。南の海に自由を得た清々しい英雄、武者の理想を描く長編小説。

◇鎮西八郎為朝　上　南条範夫著　文芸春秋　(文春文庫)　1990.12　①4-16-728212-7
　＊源氏の御曹司ながら、その自由剛気な性格を父・六条判官為義に嫌われ、都か

ら遠く離れた九州・豊後へ放逐された若き源為朝。許婚の美姫白縫に横恋慕する平氏の豪族“肥後の白虎”平康則との確執から、ついに自らの恋と青春をかけ、一騎当千の家来・郎党をひきいて鎮西九国の平氏と対決することに―波瀾万丈の痛快時代巨篇。

◇鎮西八郎為朝　下　南条範夫著　文芸春秋　(文春文庫)　1990.12　①4-16-728213-5
　＊許婚の美姫白縫を宿敵・平康則に奪われた八郎為朝は、彼女を追って康則の本拠川尻を攻撃するが、白縫の姿はなかった。だが海千山千の家来・紀平次の活躍によって彼女と再会を果した八郎は、伝説の反逆児であった祖父陸奥二郎義親とめぐり合い、その後だてを得て、いよいよ平氏方の豪族討伐に立ちあがった。

◇源為朝外史　藤井健造ほか編　大手前女子学園本部　1990.11

▌源為義　みなもとのためよし

1096～1156　平安時代後期の武将。平氏の台頭に危機感を持ち、保元の乱では嫡男義朝と別れて崇徳上皇方に加わり、敗れて刑死した。

◇武家の棟梁源氏はなぜ滅んだのか　野口実著　新人物往来社　1998.12　①4-404-02658-7
　＊「武家の棟梁」といえば源氏。義家、義朝、頼朝、義経、実朝の栄光と悲劇を社会史・女性史をふまえて描く。

▌源範頼　みなもとののりより

？～1193　平安時代後期の武将。源義朝の6男。平氏追討の総大将として遠征。義経の活躍の陰で目立たなかった。のち頼朝に疑われて暗殺された。

◇源範頼　菱沼一憲編著　戎光祥出版　(シリーズ・中世関東武士の研究)　2015.4　①978-4-86403-151-6

◇頼朝・範頼・義経―武州金沢に伝わる史実と伝説　神奈川県立金沢文庫開館75周年記念企画展　神奈川県立金沢文庫編　神奈川県立金沢文庫　2005.6

◇蒲桜爛漫―頼朝の弟義経の兄源範頼　堀

和久著　秋田書店　1999.5
①4-253-00374-5
＊内には和の表徴外には勇猛果敢であれ。壮大な源平争乱のドラマの中できびしく自分を律しつつ、弟義経の二の舞は演じず兄頼朝の冷酷な処遇を跳ね返して、己の望む境地に開花する蒲冠者範頼の生涯を描く歴史長編。

◇蒲冠者源範頼─悲運の生涯と史話探訪
森岡正雄著　伊予市歴史文化の会　（伊予市歴史文化双書）　1993.8

源満仲　みなもとのみつなか
912〜997　平安時代中期の武将。多田源氏の祖。安和の変により摂関家と源氏が接近する契機を作った。

◇源満仲・頼光─殺生放逸朝家の守護　元木泰雄著　ミネルヴァ書房　（ミネルヴァ日本評伝選）　2004.2　①4-623-03967-6

◇多田満仲公伝─満仲公一千年大祭記念
熱田公, 元木泰雄著　多田神社　1997.10

源義家　みなもとのよしいえ
1039〜1106　平安時代中期, 後期の武将。前九年の役・後三年の役に参戦。恩賞に私財を分け与え、東国武士の信頼を得る。また武士として初めて院の昇殿を許された。

◇源義家─天下第一の武勇の士　野口実著
山川出版社　（日本史リブレット人）
2012.9　①978-4-634-54822-0
＊武士が尚ばれた時代、「八幡太郎」と呼ばれて親しまれ、神のように仰がれた源義家。彼と同時代を生きたある貴族は、その日記に、義家を「天下第一の武勇の士」「武威は天下に満ち、誠にこれ大将軍に足る者なり」と称讃する一方、「多く罪なき人を殺す…積悪の余、ついに子孫に及ぶか」とも記している。「文武兼備の稀代の名将」と「残虐を事とした暴力装置」という対照的な評価のあいだで揺れ動く源義家の実像に迫る。

◇武神─八幡太郎義家　桜田晋也著　学陽書房　（人物文庫）　1997.11
①4-313-75042-8

◇武神　桜田晋也著　学習研究社　1994.8

①4-05-400362-1

◇八幡太郎義家　谷恒生著　河出書房新社
1993.11　①4-309-00872-0
＊「この赤子は八幡神の生まれ変わりじゃ。武門二流、源平両家の血が流れている。すなわち、武門の頭領ということじゃて」はるばる鎌倉を訪ねてきた京都の大学者小野大雪は、八幡太郎の生涯を見事に予見していた。前九年の役の若きヒーローとして、歴史の表舞台におどり出た八幡太郎に対する、王朝貴族体制のさまざまな迫害と圧迫。太郎を支える新興武士勢力と陸奥の傀儡たち。そして太郎をめぐる美女の群れ…。新しい時代の魁として、歴史の過渡期を悠然と闊歩していった神話的巨人の雄渾で痛快無比な生涯が、鬼才谷恒生により初めて蘇る。

◇八幡太郎義家　森鈴著　鳥影社, 星雲社〔発売〕　1990.2　①4-7952-5142-8
＊源氏の祖神として仰がれた源義家（八幡太郎）の生涯を雄渾、華麗な筆で描く、新聞連載中より好評の小説。

源義経　みなもとのよしつね
1159〜1189　平安時代後期の武将。幼名は牛若丸。平治の乱の後鞍馬寺に入れられたが、藤原秀衡を頼って奥州に下向。兄頼朝が挙兵すると駆けつけ、代官として木曽義仲・平家の追討にあたる。一ノ谷、屋島、壇ノ浦で勝利をおさめ平家を滅ぼしたが、却って頼朝に恐れられ追討の対象となった。再び秀衡を頼って奥州に下ったが、秀衡の死後にその子泰衡に襲われ自殺した。

◇義経と源平合戦を旅する　産業編集センター　（大人の学び旅）　2018.3
①978-4-86311-183-7

◇義経─その歴史的真実 筆者のつぶやき 平泉は永遠の故郷 英雄は死なず　北野直衛著　文芸社　2018.1
①978-4-286-19024-2

◇義経伝説と為朝伝説─日本史の北と南
原田信男著　岩波書店　（岩波新書 新赤版）　2017.12　①978-4-00-431692-3

源義経

◇源義経 伝説に生きる英雄 新訂版 関幸彦著 清水書院 （新・人と歴史拡大版） 2017.4 ①978-4-389-44104-3

◇義経はどこまで生きていたのか？─伝説から再構築したワンダーストーリー 大貫茂著 交通新聞社 （散歩の達人ヒストリ） 2016.11 ①978-4-330-73016-5

◇源義経周辺系図解説─『義経北紀行伝説』を読み解く 山崎純醒編 批評社 2016.11 ①978-4-8265-0654-0

◇源義経と壇ノ浦 前川佳代著 吉川弘文館 （人をあるく） 2015.6 ①978-4-642-06788-1

◇寿永・元暦の合戦と英雄像 渡辺達郎著 冬至書房 2011.1 ①978-4-88582-175-2
＊源義仲、平宗盛、源義経の三人に焦点。義仲追討戦、一ノ谷合戦、屋島の合戦に関する考察。人物論では、英雄像の是非やそれとの関連性を主な焦点とし、そこから見た源平決戦終盤の諸合戦の真相に迫る。人物論を縦糸とし、合戦経過を横糸として、平安末期、動乱の時代の最終局面、転換点の模様を繰り出そうとする試み。

◇ヒーロー伝説─描き継がれる義経 時代を超えて…義経見参！ 特別展 斎宮歴史博物館編 斎宮歴史博物館 2007.9

◇源義経 元木泰雄著 吉川弘文館 （歴史文化ライブラリー） 2007.2 ①978-4-642-05623-6
＊平家を滅ぼした英雄、源義経。帝王学なき帝王・後白河院、鎌倉幕府の兄・頼朝、彼らを取巻く京や在地の武士たち。すべては政治という名の巨大な歯車を形成し、希代の英雄を搦めとっていく。その生涯と失脚の真相に迫る。

◇源義経虚実の間 白方勝著 白水書苑 2006.9

◇絵本義経ものがたり 村上豊画、桑原茂夫構成・文 講談社 2006.8 ①4-06-213555-8

◇義経とみちのく─その史実と伝説 関河惇著 講談社出版サービスセンター 2006.8 ①4-87601-762-X
＊一途で悲運な武将源義経に魅せられ、

彼に関わる原風景を訪ね、土地の声に耳を傾け、写真におさめ、現地のホテルで締め切りと戦うも休まず52回。福島民友新聞に連載した歴史紀行文学。

◇悲劇の英雄源義経と奥州平泉 星亮一著 ベストセラーズ （ベスト新書） 2005.10 ①4-584-12098-6
＊義経と奥州平泉はきわめて奥が深い。これにはまったら一生、抜けだせなくなるほどの深さである。生半可な歴史ではない。人生観、世界観がかわるほどの壮大な歴史である。その知られざる素顔と、謎に包まれた藤原独立王国の深層を探る。

◇源義経─後代の佳名を胎す者か 近藤好和著 ミネルヴァ書房 （ミネルヴァ日本評伝選） 2005.9 ①4-623-04475-0
＊源義経（一一五九〜八九）、武将。治承・寿永内乱期、いわゆる源平時代に、時代の寵児のごとく史上に現れ、大きな活躍ののち、儚く消えていた源義経。その短く劇的な生涯を、戦士としての側面に注目しつつ、丹念に追う。

◇争乱期を生きぬいた頼朝と義経 北爪真佐夫著 花伝社、共栄書房（発売） 2005.7 ①4-7634-0445-8
＊頼朝はどのように政権を打ち立てたか？ 義経はなぜ敗れざるをえなかったか？ 頼朝はなぜ朝廷にこだわったのか？ 歴史の真実に迫る。

◇頼朝・範頼・義経─武州金沢に伝わる史実と伝説 神奈川県立金沢文庫開館75周年記念企画展 神奈川県立金沢文庫編 神奈川県立金沢文庫 2005.6

◇義経とその時代 大三輪竜彦，関幸彦，福田豊彦編 山川出版社 2005.5 ①4-634-59041-7
＊さまざまな分野から義経の虚像と実像を考える。

◇義経展─源氏・平氏・奥州藤原氏の至宝 NHKプロモーション編 NHK 2005.4

◇源義経の合戦と戦略─その伝説と実像 菱沼一憲著 角川書店 （角川選書） 2005.4 ①4-04-703374-X
＊義経伝説は「時代に翻弄された悲劇のヒーロー」という日本人好みの物語と

して、種々肉付けされてきたが、伝説の中にも真実に導く鍵が隠されている。『平家物語』諸本や『吾妻鏡』、公家の日記から合戦経過を克明に辿り、義経伝説を徹底的に解明。義経の戦略を浮き彫りにする。

◇源義経―栄光と落魄の英雄伝説　学習研究社　（歴史群像シリーズ）　2005.1
Ⓘ4-05-603641-1

◇源義経　角川源義, 高田実著　講談社（講談社学術文庫）　2005.1
Ⓘ4-06-159690-X

◇義経の正体　佐治芳彦［著］　ベストセラーズ　（ワニ文庫）　2004.12
Ⓘ4-584-39200-5

◇義経の登場―王権論の視座から　保立道久著　日本放送出版協会　（NHKブックス）　2004.12　Ⓘ4-14-091020-8
＊母常磐、父義朝、義父一条長成の生きた貴族社会の血縁・姻族関係を掘り起こし、兄頼朝と再会する以前の義経の人生環境を解き明かすことを目指す。九条院呈子、平泉姫宮、資隆入道の母をはじめとする武家貴族の世界における「女のネットワーク」を解きほぐし、内乱以前の平泉権力の動向と重ね合わせながら、青年貴族義経の政治的立場を問う。「頼朝中心史観」「鎌倉幕府中心史観」「武士発達中心史観」を打破する、まったく新しい義経論。

◇義経明解事典　脇坂昌宏著　第三文明社　2004.12　Ⓘ4-476-03275-3

◇源義経　新版　安田元久著　新人物往来社　2004.12　Ⓘ4-404-03222-6

◇源義経　土橋治重著　成美堂出版　（成美文庫）　2004.12　Ⓘ4-415-07076-0

◇源義経　砂田弘著, 狩野富貴子絵　ポプラ社　2004.12　Ⓘ4-591-08331-4
＊現在から、時をさかのぼること八百余年。源平争乱の世をかけぬけた、ひとりの若き武将がいた―。武将の名は源義経。さまざまな伝説を生み、いまなお愛される英雄・義経の活躍と悲劇をたどり、波乱に満ちた生涯をえがく悲しくも華々しい歴史絵巻。小学中級から。

◇義経伝説―判官びいき集大成　鈴木健一編著　小学館　2004.11　Ⓘ4-09-626133-5

◇図説浮世絵義経物語　藤原千恵子編　河出書房新社　（ふくろうの本）　2004.11
Ⓘ4-309-76056-2

▌源義朝　みなもとのよしとも
1123～1160　平安時代後期の武将。為義の長男。保元の乱で父・兄弟と争い勝利。のち藤原信頼と結び平治の乱を起こしたが平清盛に敗れ東国落ちの途中殺された。

◇サバ神社その謎に迫る―源義朝を祀る　江本好一著　武田出版　2000.11
Ⓘ4-434-00615-0

▌源義仲　みなもとのよしなか
1154～1184　木曽義仲（きそよしなか）とも。平安時代後期の武将。頼朝・義経とは従兄弟。北陸で反平氏の挙兵をし、そのまま上洛して平家を都落ちに追い込むが、後白河法皇と対立。西上した源範頼・義経に敗れ戦死した。

◇木曽義仲―解説　高坪守男著　オフィス・アングル《歴史資料編さん会》　2017.12
Ⓘ978-4-9902289-7-2

◇木曽義仲伝―信濃・北陸と源平合戦の史跡　鳥越幸雄著　パレード　（Parade Books）　2017.12　Ⓘ978-4-434-23925-0

◇旭将軍木曽義仲その実像と虚像　高坪守男著　オフィス・アングル《歴史資料編さん会》　2015.9　Ⓘ978-4-9902289-6-5

◇旭将軍木曽義仲軍団崩壊　高坪守男著　オフィス・アングル《歴史史料編さん会》　2013.7　Ⓘ978-4-9902289-5-8

◇木曾義仲―源平武将伝　加来耕三企画・構成・監修, 水谷俊樹原作, 早川大介作画　ポプラ社　（コミック版日本の歴史）　2012.3　Ⓘ978-4-591-12838-1
＊おごれる平氏を都から追い出した"旭将軍"義仲の真の敵とは。

◇平家物語・木曾義仲の光芒　武久堅著　世界思想社　（Sekaishiso seminar）　2012.2　Ⓘ978-4-7907-1552-8
＊平家物語の中で平清盛とともに屹立す

る人物、1154年から84年に至る義仲の三十余年の生涯が放つ、ひたむきで純朴な一条の光を、信濃・北陸・京洛・琵琶湖畔にわたる足跡をたどりつつ、夢と野望と破綻と挫折の壮絶な時の中、虚実の狭間に追う。

◇寿永・元暦の合戦と英雄像　渡辺達郎著　冬至書房　2011.1　①978-4-88582-175-2
＊源義仲、平宗盛、源義経の三人に焦点。義仲追討戦、一ノ谷合戦、屋島の合戦に関する考察。人物論では、英雄像の是非やそれとの関連性を主な焦点とし、そこから見た源平決戦終盤の諸合戦の真相に迫る。人物論を縦糸とし、合戦経過を横糸として、平安末期、動乱の時代の最終局面、転換点の模様を繰り出そうとする試み。

◇やさしい木曽義仲法廷日記　高坪守男著　オフィス・アングル《歴史史料編さん会》　2010.8　①978-4-9902289-3-4

◇乱世を駆ける―木曾義仲と巴御前　「木曾義仲と巴御前」刊行委員会企画・編集　北日本新聞社　2010.1　①978-4-86175-044-1

◇木曽義仲のすべて　鈴木彰，樋口州男，松井吉昭編　新人物往来社　2008.12　①978-4-404-03569-1

◇義仲と今井四郎兼平　川口素生監修，今井道雄編著　諏訪文化社　（史料叢書）　2007.12

◇朝日将軍木曽義仲　鶴見憲明著　信毎書籍出版センター　1999.6

◇木曽義仲　上　山田智彦著　日本放送出版協会　1999.4　①4-14-005323-2
＊幼くして父を失なった義仲は、木曽谷に逃れ、臥薪嘗胆、打倒平家の刃を磨る。苦難の幼少時代を送った義仲は、武家の血の騒ぎを抑えられず、次第に頭角をあらわしてくる。天才的な直観と行動力、激しい闘争心と情に厚い心をもつ時代の寵児になっていった。木曽義仲、波瀾の生涯を描く、渾身の歴史大河小説。

◇木曽義仲　下　山田智彦著　日本放送出版協会　1999.4　①4-14-005324-0
＊平家の世に翳りが見え始めた時、義仲

はついに起ち、倶利伽羅峠に平家の大軍を打ち破り、義仲はついに上洛を果たす。が、頼朝より早く上洛し、平家を西海に追い、源氏の世をつくった義仲が、戦場を離れ、政治の場にさしかかった時、歯車が狂いはじめる。木曽義仲、波瀾の生涯を描く、渾身の歴史大河小説。

◇旭のぼる―木曽義仲の生涯　塩川治子著　河出書房新社　1997.12　①4-309-01189-6

◇木曽義仲　愛蔵版　松本利昭著　光文社　1997.9　①4-334-92287-2
＊膨大な資料を駆使して冤罪を実証、本邦唯一の征夷大将軍、木曽義仲、復権の書。

◇木曽義仲　松本利昭著　光文社　（光文社時代小説文庫）　1993.9　①4-334-71773-X
＊朝日将軍木曽義仲は、信州が育んだ日本の英雄である。地方から興って五万の大軍を率い、戦火で都人を苦しめずに無血入城した武将は、有史以来木曽義仲が始めてである。義仲の目的は、新天子を立て法皇一人独裁の院政を廃止して新しい国造りを行なうにあった。芭蕉、白石、芥川らに続いて見直す、真の義仲像とは…。新視点で描く傑作歴史小説。

◇義仲と木曽義昌―悲劇の武将義仲と木曽家最後の武将義昌を追って　竹内英春著　竹内英春　1993.1

◇朝日将軍・木曽義仲―その波瀾に満ちた生涯に、真の人間義仲像をみた。日義村義仲館，日義村村誌編纂室編　日義村　1992.5

◇兼遠と義仲　小林清三郎著　銀河書房　1991.12

◇木曽義仲の挙兵　伴野氏館跡保存会　（資料）　1991.3

◇木曽義仲―朝日将軍 史実と小説の間　長島喜平著　国書刊行会　1990.12　①4-336-03190-8

▌源義平　みなもとのよしひら
1141〜1160　平安時代後期の武士。鎌倉を本拠に活動。

◇武家の棟梁源氏はなぜ滅んだのか　野口

実著　新人物往来社　1998.12
①4-404-02658-7
＊「武家の棟梁」といえば源氏。義家、義朝、頼朝、義経、実朝の栄光と悲劇を社会史・女性史をふまえて描く。

源頼家　みなもとのよりいえ

1182〜1204　鎌倉時代前期の鎌倉幕府第2代の将軍。(在職1202〜1203)。頼朝と政子の長男。頼朝の死後将軍となったが、妻の実家の比企氏と母の実家の北条氏の対立の中で幽閉され、北条時政により暗殺された。

◇北条政子—幕府を背負った尼御台　田端泰子著　人文書院　2003.10
①4-409-52052-0
＊『御伽草紙』から『御成敗式目』まで、幅広い史料に基づき、現代のそして同じ女性の視点から、人間—北条政子の人生を浮き彫りにする。それは同時に、鎌倉幕府に対する政子の貢献、存在の重要性をあらためて強調することになろう。そして政子をとおして、中世封建社会の女性の生き方、役割について、抑圧されていたというイメージを覆す、いきいきとした有り様を捉える。

源頼朝　みなもとのよりとも

1147〜1199　平安時代後期, 鎌倉時代前期の鎌倉幕府初代の将軍。(在職1192〜1199)。

◇私が愛した頼朝さん　小池時一著　かまくら春秋社出版事業部　2017.8
①978-4-7740-0726-7

◇源頼朝—鎌倉幕府草創への道　菱沼一憲著　戎光祥出版　(中世武士選書)　2017.7　①978-4-86403-250-6

◇源頼朝と鎌倉　坂井孝一著　吉川弘文館　(人をあるく)　2016.2
①978-4-642-06790-4

◇頼朝の武士団—将軍・御家人たちと本拠地・鎌倉　細川重男著　洋泉社　(歴史新書y)　2012.8　①978-4-86248-950-0
＊草創期の幕府をまとめあげていたのは、頼朝という個性だった。頼朝と御家人

たちとの人間関係の中心には「情」があり、器量ある将軍の下に結集した武士たちは、幕府の未来を素直に信じていた。既存の頼朝像に変更を迫る試み。

◇源頼朝—源平武将伝　加来耕三企画・構成・監修, 水谷俊樹原作, 中島健志作画　ポプラ社　(コミック版日本の歴史)　2012.1　①978-4-591-12713-1

◇源頼朝—東国を選んだ武家の貴公子　高橋典幸著　山川出版社　(日本史リブレット)　2010.5　①978-4-634-54826-8
＊源氏の貴公子源頼朝。彼にとって、東国はそもそも"縁遠い地"でありました。しかし、内乱のなかで東国に生きることを決意し、鎌倉に拠点を定めます。そして東国武士たちを率いて鎌倉幕府を開き、「鎌倉殿」と呼ばれる地位を築き上げました。本書では、その具体的な様相を、頼朝の生涯を追いながら明らかにするとともに、それが東国や東国武士たちにもたらした影響についても考えます。

◇鎌倉殿誕生—源頼朝　関幸彦著　山川出版社　2010.2　①978-4-634-15003-4
＊異端の東国政権が正統の地位を与えられてゆく、挙兵から上洛にいたる内乱の十年。頼朝、そして参じた武士、義経や後白河院、奥州藤原氏…鎌倉があり、京都があり、そして平泉があった。ひとつの時代を創った人物は、同時にその時代によって創られる。平凡なこの真実を、頼朝というひとりの人物からさぐる。

◇頼朝とその弟たち　栗林浩著　新人物往来社　2007.6　①978-4-404-03470-0
＊源頼朝には五人の弟たちがいた。打倒平家を誓い合った弟たちを、頼朝は自らの命令で次々と殺すことに…。兄弟の絆と骨肉の争いを描く渾身作！　表題作のほかに「将軍と参謀」「将軍嫉殺犯考」「一族を遺した女」を収録。

◇源頼朝と関東の御家人—千葉開府880年　千葉市立郷土博物館特別展図録　千葉市立郷土博物館編　千葉市立郷土博物館　2006.10

◇争乱期を生きぬいた頼朝と義経　北爪真佐夫著　花伝社, 共栄書房(発売)

源頼朝

2005.7 Ⓘ4-7634-0445-8
＊頼朝はどのように政権を打ち立てた
か？ 義経はなぜ敗れざるをえなかった
か？ 頼朝はなぜ朝廷にこだわったの
か？ 歴史の真実に迫る。

◇頼朝・範頼・義経─武州金沢に伝わる史実
と伝説 神奈川県立金沢文庫開館75周年記
念企画展 神奈川県立金沢文庫編 神奈
川県立金沢文庫 2005.6

◇源頼朝と天下の草創─東国武士団の発展
史について 山内景樹著 かんぽうサー
ビス, かんぽう（発売） 2005.2
Ⓘ4-900277-59-2
＊一三世紀から一九世紀まで六〇〇年間、
日本の政治を支配し、社会を主導した
武士社会。なかでも、中世武士団の発
生史の本質を考える異色の書。

◇源頼朝─鎌倉殿誕生 関幸彦著 PHP研
究所 （PHP新書） 2001.6
Ⓘ4-569-61641-0
＊東国における反乱勢力として出発し日本
初の武家政権を確立した鎌倉殿・源頼
朝。以仁王の令旨を継ぐ正統性の主張、
坂東武士の主従の論理、そして王朝に
対して時折示す簒奪政権としての武の
脅威…。これらを使い分け、カリスマ
性と「正義の戦い」を巧みに演出するこ
とで、自己の権威に磨きをかけ、武のシ
ステムを日本に築き上げた。本書では、
源平争乱から奥州合戦に至る最も濃密
な十年を読み解きながら、卓越した政
治的手腕を示した頼朝の実像に迫る。

◇海のもののふ三浦一族 石丸熙著 新人
物往来社 1999.11 Ⓘ4-404-02838-5
＊武士とは何だろうか？ の問いに兵の家
三浦氏を通して考える。鎌倉幕府内部
における宿老三浦氏の役割と動向を新
たな視点から捉え直す。

◇頼朝の精神史 山本幸司著 講談社 （講
談社選書メチエ） 1998.11
Ⓘ4-06-258143-4
＊古代から中世への扉を開いた男、源頼
朝。冷徹酷薄な政治家。人情あつき信
仰家。二つの像に引き裂かれた「心の
闇」は深い。本書は、その分身ともいう
べき梶原景時や側近集団の役割に注目

しつつ、一介の流人から、徒手空拳で鎌
倉殿へと駆け登った、稀代の政治的人
間の真実に迫る。

◇源頼朝 復刻版 山路愛山著 日本図書
センター （山路愛山伝記選集） 1998.1
Ⓘ4-8205-8238-0,4-8205-8237-2

◇源頼朝 永原慶二著 岩波書店 （岩波新
書） 1995.4 Ⓘ4-00-003873-7

◇源頼朝のすべて 奥富敬之編 新人物往
来社 1995.4 Ⓘ4-404-02181-X
＊武家政権700年の始祖・源頼朝はどんな
男だったのか。

◇源頼朝像─沈黙の肖像画 米倉迪夫著
平凡社 （絵は語る） 1995.3
Ⓘ4-582-29514-2
＊この人物は、本当に、源頼朝なのだろう
か。絵は、頼朝の生前、十二世紀末につ
くられ、神護寺に納められたものとされ
てきた。しかし、新たな知見のまえに、
数多くの疑問が湧き起こる。画風から
も、描かれた風俗からも…。絵の素材に
ついても、また、画面の異例の大きさに
ついても…。さらに、従来、唯一の裏付
け史料であった『神護寺略記』の再検証
によって、画像の主を源頼朝とする通説
は、根底から揺らぎはじめる。そして、
この像をめぐる歴史的・社会的文脈に、
虚心に眼を向けるとき、ここに、新たに
一つの文書が浮かび上がる。それは、
足利直義が、兄・尊氏と自らの肖像画を
神護寺に納めたことを明かす願文であ
る。世に画像は残り、人の名は忘れら
れる。肖像が歴史の中で果たす真の役
割を問い直し、「源頼朝」像の謎を解く。

◇転形期法然と頼朝 坂爪逸子著 青弓社
1993.7 Ⓘ4-7872-2005-5

◇源頼朝 永原慶二著 岩波書店 （岩波新
書） 1992.8 Ⓘ4-00-413098-0
＊王朝の侍大将から中央権門への道を歩
んだ平清盛に対して、頼朝の指向した
方途は何であったか。関東武士団の棟
梁として後白河法皇の策略といかに渡
り合ったか。鎌倉に武家政権を樹立す
る過程で、弟の範頼と義経を排したの
はなぜか。時代と個人のからみ合いを
ダイナミックにとらえ、激動の時代を

教科書に載った日本史人物1000人　**637**

生きぬいた政治家頼朝の実像に迫る。

◇源頼朝　上　咲村観著　講談社　（講談社文庫）　1991.11　①4-06-185017-2

◇源頼朝　下　咲村観著　講談社　（講談社文庫）　1991.11　①4-06-185018-0

◇源頼朝七つの謎　新人物往来社編　新人物往来社　1990.7　①4-404-01733-2
＊東国武士団を組織し、平氏を倒して幕府を樹立、武家政権の基礎を築いた源頼朝の謎を解く。

◇伊豆の源氏　静岡県東部振興センター編　静岡県東部振興センター　1990.3

◇源頼朝　1　吉川英治著　講談社　（吉川英治歴史時代文庫）　1990.2
①4-06-196541-7
＊「宮本武蔵」の圧倒的な好評を受けて、著者は次作の題材を吟味した。昭和15年新春より朝日新聞紙上を飾ったのが「源頼朝」である。これには "小説日本外史" の副題がついている。歴史を闊歩した代表的日本人を次々に登場させる構想で、その第一に源頼朝が選ばれた。まさに頼朝こそ源平抗争の英雄であり、700年の武家社会を築いた巨擘である。著者は武将頼朝の周辺に鋭く肉薄してゆく。

◇源頼朝　2　吉川英治著　講談社　（吉川英治歴史時代文庫）　1990.2
①4-06-196542-5
＊頼朝を描くことは、平氏一門を描くことでもある。また弟義経の数奇な運命にも触れなければならない。一頼朝、13歳。捕われて死すべき命を池禅尼の恩情に救われ、長じて政子との恋に花を咲かす。監視役・北条一族を味方に引き入れた辣腕一。禅尼の訓戒に背いた石橋山の挙兵。やがて旗下に馳せ参ずる義経一党。運命の皮肉、流転相剋の数々。武将の明暗のうちに、人生を凝視した力作。

▌源頼政　みなもとのよりまさ
1104～1180　平安時代後期の武将, 歌人。平治の乱では中立を守り、平氏政権下で唯一の源氏として三位にまで昇進。しかし以仁王の令旨を奉じて挙兵。王ととも

に宇治で敗死した。

◇吾妻鏡―マンガ日本の古典　14　竹宮恵子著　中央公論新社　（中公文庫）　2000.5　①4-12-203656-9
＊以仁王、源頼政の挙兵から六代将軍宗尊親王の京都送還まで、八十年余りにわたって鎌倉幕府の事蹟を記す『吾妻鏡』。変則的な漢文体で書かれたこの公用記録書を、コミック界きってのストーリーテラーが物語化。躍動感あふれるタッチで中世武家社会を描き、源頼朝の実像に迫る。平成九年度文化庁メディア芸術祭マンガ部門大賞受賞。

◇源頼政　〔新装版〕　多賀宗隼著　吉川弘文館　（人物叢書）　1990.2
①4-642-05184-8
＊早く京都に進出して貴族生活になじんだ摂津源氏の人々。武人ながら歌人の名をほしいままにし、平治の乱後、源氏凋落裡に平氏と協調してその信頼をつないだ頼政。その彼が、老残の身を挺して平氏打倒に蹶起し、頼朝の挙兵―中世開幕の口火を切る立役者となった。本書はその和歌をも巧みに活用して実像をするどく追及したユニークな伝記である。

▌源頼光　みなもとのよりみつ
948～1021　平安時代中期の武将。東宮時代の三条天皇に仕えた。

◇源満仲・頼光―殺生放逸朝家の守護　元木泰雄著　ミネルヴァ書房　（ミネルヴァ日本評伝選）　2004.2　①4-623-03967-6

▌源頼義　みなもとのよりよし
988～1075　平安時代中期の武将。前九年の役を鎮圧。

◇源頼義　元木泰雄著　吉川弘文館　（人物叢書 新装版）　2017.9
①978-4-642-05282-5

▌美濃部達吉　みのべたつきち
1873～1948　明治～昭和期の憲法・行政法学者。東京帝国大学教授, 貴族院議員。天

638　教科書に載った日本史人物1000人

皇機関説、日本の民主主義的改革を主張。

◇美濃部達吉と吉野作造―大正デモクラ
　シーを導いた帝大教授　古川江里子著
　山川出版社　（日本史リブレット）
　2011.7　①978-4-634-54895-4
　＊大正デモクラシーを先導し、議会・政党
　　政治危機の時代には軍部に敢然と異を唱
　　え、議会・政党政治の擁護と対外膨張阻
　　止に全力をそそいだ美濃部と吉野。彼ら
　　の提言に従っていたら、戦争は起こら
　　なかったはずである。なぜ、彼らの主
　　張が危機の時代、その真価を問われる
　　ときに影響力をおよぼせなかったのか。
　　それを問うことは、民主主義時代の私た
　　ちが、よりよき選択を行うために不可
　　欠である。その答えを、当時の政治社
　　会と彼らの言動から模索していきたい。

◇家永三郎集　第6巻　思想家論2　家永三
　郎著　岩波書店　1998.3
　①4-00-092126-6

美濃部亮吉　みのべりょうきち
1904〜1984　昭和期の経済学者, 政治家。
東京教育大学教授, 参議院議員。東京都知
事として三期就任。

◇人間・美濃部亮吉―美濃部さんを偲ぶ
　美濃部亮吉さん追悼文集刊行世話人会編
　リーブル　1987.2　①4-947620-09-9
　＊数多くの市民・都民・婦人層に愛された
　　人間美濃部さんを偲ぶ各界70余人の声
　　を集録。

宮城道雄　みやぎみちお
1894〜1956　明治〜昭和期の生田流箏曲
家, 作曲家。東京音楽学校教授。新日本音
楽の創始者で世界的に活躍。作品に「春
の海」「秋の調」など。

◇箏を友として―評伝宮城道雄〈人・音楽・
　時代〉　千葉優子著　アルテスパブリッシ
　ング　2015.11　①978-4-86559-131-6

◇雨の念仏　宮城道雄著　日本図書セン
　ター　（障害とともに生きる）　2001.2
　①4-8205-5890-0

◇「作曲家」宮城道雄―伝統と革新のはざま
　で　千葉潤之介著　音楽之友社　2000.11

　①4-276-13335-1
　＊レコードを聞くことを生涯の楽しみと
　　し、ラヴェルの音楽をこよなく愛した
　　不世出の箏曲家・宮城道雄。彼は、伝統
　　と革新、芸術性と大衆性との調和を模
　　索し、まったく新しい音楽の創造をめ
　　ざした。その後の日本音楽の進むべき
　　方向を決定したひとりの天才作曲家の
　　全貌に迫る。

◇宮城道雄・死の真実―盲目の天才音楽家
　武原渓著　近代文芸社　1995.12
　①4-7733-5232-9
　＊邦楽界に光を与えた名曲 “春の海” の作
　　曲家宮城道雄の波瀾に富んだ人生を追
　　いながらその死の謎に迫る。

◇音に生きる―宮城道雄伝　千葉潤之介,
　千葉優子著　講談社　1992.4
　①4-06-205143-5
　＊日本が生んだ偉大な芸術家、宮城道雄。
　　その失明から苦しい修業時代、やがて
　　手にする成功。その陰に隠された悲し
　　み、そして衝撃的な急行「銀河」からの
　　謎の転落死。数々の人間味あふれるエ
　　ピソードを交えながら、人間宮城道雄
　　の実像に迫る。世界的名曲『春の海』を
　　作曲した天才箏曲家の波乱の生涯。

◇この人なり宮城道雄伝　再改訂3版　吉川
　英史著　邦楽社　1990.6

◇竹韻一路　島原帆山著　新芸術社
　1990.5　①4-88293-021-8
　＊竹ひと筋に90年。芸歴70余年、卒寿（90
　　歳）を迎える今日なお現役、尺八界唯一
　　の人間国宝島原帆山師が語る、幾山河
　　の人生と奥深い芸談。

◇箏ひとすじに―楽聖・宮城道雄の遺業を
　ついで　宮城喜代子著　文園社　1990.1
　①4-89336-048-5
　＊13歳で宮城道雄のもとに入門して以来
　　70年。師の遺業を継ぎ、宮城道雄生誕
　　100年（1994年）めざして今も修行の
　　日々を送る。人間国宝・箏曲家宮城喜
　　代子がその生街涯を綴る。

三宅雪嶺　みやけせつれい
1860〜1945　明治〜昭和期の評論家, 哲学
者。在野の思想家。文化勲章受章。著書

に「真善美日本人」「宇宙」など。

◇〈評伝〉三宅雪嶺の思想像　森田康夫著
　和泉書院　（和泉選書）　2015.9
　①978-4-7576-0760-6

◇明治ナショナリズムの研究—政教社の成
　立とその周辺　佐藤能丸著　芙蓉書房
　1998.11　①4-8295-0219-3
　＊明治中期に展開された政教社系の国粋主
　　義ナショナリズムを、志賀重昂・三宅雪
　　嶺らを軸に解明した論考　本書で取り上
　　げる国粋主義ナショナリズムとは、昭
　　和前半期に展開された独善的、排他的、
　　偏狭な国粋主義とは異なる。歴史的使
　　命を帯びた発展途上期のナショナリズ
　　ムであり、具体的には1888年4月結社・
　　創刊の政教社機関誌『日本人』と翌年2
　　月設立・創刊の日本新聞社の『日本』で
　　主張された国粋主義の思想である。

◇日本人の自伝　5　徳富猪一郎.三宅雪嶺
　平凡社　1982.10

宮崎安貞　みやざきやすさだ
1623～1697　江戸時代前期の農学者。著
書に「農業全書」がある。

◇稼穡の方—農聖宮崎安貞伝　西島冨善著
　葦書房　2003.5　①4-7512-0859-4

宮沢賢治　みやざわけんじ
1896～1933　大正、昭和期の詩人、童話作
家。「注文の多い料理店」「銀河鉄道の夜」
など多数の著名な童話作品を執筆。

◇啄木賢治の肖像　阿部友衣子，志田澄子
　著　岩手日報社　2018.4
　①978-4-87201-421-1

◇屋根の上が好きな兄と私—宮沢賢治妹・
　岩田シゲ回想録　岩田シゲ ほか著，栗原
　敦監修，宮沢明裕編　蒼丘書林　2017.12
　①978-4-915442-33-9

◇宮沢賢治出会いの宇宙—賢治が出会い、心
　を通わせた16人　佐藤竜一著　コール
　サック社　2017.8　①978-4-86435-308-3

◇宮沢賢治の真実—修羅を生きた詩人　今
　野勉著　新潮社　2017.2
　①978-4-10-350681-2

◇教師宮沢賢治のしごと　畑山博著　小学
　館　（小学館文庫）　2017.2
　①978-4-09-406397-4

◇宮沢賢治　新装版　岡田純也著，福田清人
　編　清水書院　（Century Books　人と作
　品）　2016.8　①978-4-389-40108-5

◇宮沢賢治100の言葉—人生に希望を見出す
　ための羅針盤　鈴木宗男監修，宝島取材班
　編　宝島社　2016.7
　①978-4-8002-5717-8

◇賢治さんのイーハトヴ—宮沢賢治試論
　井上寿彦著　風媒社　2015.9
　①978-4-8331-2089-0

◇石原莞爾の変節と満州事変の錯誤—最終戦
　争論と日蓮主義信仰　伊勢弘志著　芙蓉
　書房出版　2015.8　①978-4-8295-0657-8

◇石川啄木と宮沢賢治の人間学—ビールを
　飲む啄木×サイダーを飲む賢治　佐藤竜
　一著　日本地域社会研究所　（〔コミュニ
　ティ・ブックス〕）　2015.5
　①978-4-89022-161-5

◇泥塑賢治—宮沢賢治の原像　須藤与志著
　悠雲舎　2015.5　①978-4-904192-61-0

◇近代童話作家資料選集　第5巻　宮沢賢治
　宮沢賢治素描・定本宮沢賢治　宮川健郎
　編・解説　クレス出版　2015.4
　①978-4-87733-866-4,978-4-87733-869-5

◇吉見正信著作集　第2巻　宮沢賢治の心と
　いそしみ　吉見正信著　コールサック社
　2013.9　①978-4-86435-115-7
　＊賢治の石灰・花壇設計に影響を与えた
　　本多静六博士の新資料を発見し、その
　　他の新資料を多用して賢治の言葉と実
　　践の魅力を語る。

◇宮沢賢治の世界　吉本隆明著　筑摩書房
　（筑摩選書）　2012.8
　①978-4-480-01548-8
　＊著者が青年期から強い影響を受けてき
　　た宮沢賢治について、機会あるごとに
　　生の声で語り続けてきた三十数年に及
　　ぶ講演のすべてを収録した。賢治に
　　とっての「ほんとう」とは何か。生涯を
　　決定した法華経信仰、独特の自然観や
　　倫理の問題までが、ふかく掘り下げら
　　れている。その時々の関心の深化と拡

大によって、次々と切実なテーマが取り上げられ、重層化していった過程を鮮明に映し出す、貴重な一冊。

◇宮沢賢治―素顔のわが友　最新版　佐藤隆房著　富山房企画　2012.3　①978-4-905194-27-9
＊「没我利他」の理想に向けて実践した宮沢賢治という人間の実像を、花巻の幼少時より親交のあった著者が生き生きと描く。悩み苦しみながら力強く生きた賢治のありのままの姿を親友が描いた原典。

◇図説 宮沢賢治　天沢退二郎, 栗原敦, 杉浦静編　筑摩書房　（ちくま学芸文庫）2011.5　①978-4-480-09377-6
＊いまなお人々を魅了してやまない数々の童話や詩を生んだ宮沢賢治。肖像写真や、人々との交流を物語る手紙、推敲の過程が克明に残る自筆原稿やメモなど、約250点の貴重な写真と資料で、その生い立ちから、早すぎる死までを辿る。多感な少年時代、驚異に満ちた創作に励みながら、豊かな教育活動を展開した教師時代、使命感に突き動かされて、農村に身を捧げた羅須地人協会時代、そして闘病、再起して砕石工場技師としての仕事に取り組むが、再び病床に臥した晩年。写真・図版資料と、第一線で活躍する賢治研究者たちによるキャプションが、賢治の短くも烈しい生涯と、知られざる素顔を照らし出す。

◇「宮沢賢治」の誕生―そのとき銀河鉄道の汽笛が鳴った　大角修著　中央公論新社　2010.5　①978-4-12-004127-3
＊大正10年4月、賢治は父と二人で伊勢、比叡山、奈良の旅に出た。このときに遺した49首の短歌を手がかりに賢治の内面のドラマをさぐり、豊饒な文学的創造の源泉を明らかにする。

◇宮沢賢治 愛のうた　沢口たまみ著　盛岡出版コミュニティー　（もりおか文庫）2010.4　①978-4-904870-13-6
＊賢治は自らの恋を詩に封印した。わずかなキーワードによって『春と修羅』に封じこめられた賢治のラブ・ストーリーを、再びとり出し伝える。文庫書き下ろし。

◇賢治と盛岡　牧野立雄著　賢治と盛岡刊行委員会　2009.8　①978-4-88781-113-3

◇宮沢賢治とサハリン―「銀河鉄道」の彼方へ　藤原浩著　東洋書店　（ユーラシア・ブックレット）　2009.6　①978-4-88595-862-5
＊名作『銀河鉄道の夜』のモチーフとなった賢治の"サハリン紀行"を詳細にたどる。旅の動機や概要、行程などを明らかにすることを目的とし、入門書として、実際にサハリンを訪れる際に役立つ簡便なハンドブックとして、サハリンでの行程を中心に分かりやすい読み物とした。

◇病床の賢治―看護婦の語る宮沢賢治　大八木敦彦著　舷灯社　2009.3　①978-4-87782-091-6

◇詩友国境を越えて―草野心平と光太郎・賢治・黄瀛　北条常久著　風濤社　2009.2　①978-4-89219-314-9

◇宮沢賢治とベートーヴェン―病と恋　多田幸正著　洋々社　2008.10　①978-4-89674-221-3
＊賢治とベートーヴェンにとって"病"と"恋"は切実な問題をはらんでいた。その驚くべき共通項を探ることにより二人の創作の原点を解き明かす。交響する二人の知られざるドラマ。

◇宮沢賢治 あるサラリーマンの生と死　佐藤竜一著　集英社　（集英社新書）2008.9　①978-4-08-720461-2
＊時代は移り変わっても、宮沢賢治の残した詩や散文の数々は日本のロマンの、ひとつの到達点を教えてくれる。農学校教師、農民芸術運動家としての賢治はよく知られるが、肥料の炭酸石灰、建築用壁材料のセールスマンとして、東へ西へと駆け回っていた最晩年近くの姿はあまり知られていない。賢治が生涯にのこした膨大な書簡から、オロオロと歩きながらも、生活者として必死に生きようとしたサラリーマン・賢治が、浮かび上がってくる。

◇宮沢賢治のちから―新書で入門　山下聖美著　新潮社　（新潮新書）　2008.9　①978-4-10-610280-6
＊フリーター、自分探し、パラサイトシン

グル、「シスコン」―。「雨ニモマケズ」や「銀河鉄道の夜」、あるいは絵本や教科書で出会った童話や詩を通じて、日本人にもっとも親しまれてきた作家の一人、宮沢賢治。その人生には、現代のこんなキーワードがあてはまる。この「愛すべきデクノボー」の謎多き人物像と作品世界を、若手女性研究者が、数々の意外なエピソードと特異な感覚のちからに注目しながら読み解いていく。

◇啄木と賢治―詩物語　関厚夫著　産経新聞出版　2008.9　①978-4-594-05750-3
＊激動の時代、挫折や困難に打ちひしがれ、それでも常に前を見続けた無垢ないのちの軌跡を、彼らの詩とともにひもとく。そこにはまだ知られてない愛すべき二人がいた。啄木の「心のこゑ」、賢治の「魂の記録」。二人が詩に込めた思いとは。

◇賢治とモリスの環境芸術―芸術をもてあの灰色の労働を燃せ　大内秀明編著　時潮社　2007.10　①978-4-7888-0621-4
＊『ユートピアだより』から「イーハトヴ」へ。1896年没したW・モリスの芸術思想は、奇しくもこの年に生まれた宮沢賢治の世界へと引き継がれた。多くの実践的取材、菊池正「賢治聞書」の新資料の発掘、100点を越す写真・図版などで2人の天才を環境芸術の先達と解いた本書は、21世紀「新しい賢治像」の提示である。

◇心友宮沢賢治と保阪嘉内―花園農村の理想をかかげて　賢治・嘉内生誕一一〇周年記念会,　大明敦編著,　保阪善三,　保阪庸夫監修　山梨ふるさと文庫　2007.9　①978-4-903680-11-8

◇賢治文学「呪い」の構造　山下聖美著　三修社　2007.8　①978-4-384-04125-5
＊謎に満ちた「伝説」＝旧家にまつわる伝説・一ヶ月に三千枚の原稿を書いたという創作にまつわる伝説、童貞伝説、同性愛伝説、賢治霊能者伝説、さまざまな奇行による奇人変人伝説。これらの説を一つ一つ剝がしながら賢治の実像を抉る。

◇愛と小さないのちのトライアングル―宮沢賢治・中村哲・高木仁三郎　斎藤文一著

国文社　2007.7　①978-4-7720-0947-8
＊小さないのちは生きている！ 彼らは、未来への展望を失った檻のなかの住人ではない。中村哲、高木仁三郎という、宮沢賢治イーハトーブ賞受賞の二人は、いま何を告げようとしているのか。いのちを愛するすべての人に送る。

▌宮本三郎　みやもとさぶろう
1905～1974　昭和期の洋画家。多摩美術大学教授。従軍画家として戦記記録画を制作。作品に「山下・パーシバル両司令官会見図」。

◇東郷青児・宮本三郎　田中穣、桑原住雄編　集英社　（アート・ギャラリー・ジャパン20世紀日本の美術）　1986.11　①4-08-551016-9
＊昭和初期、洋画の前衛《二科会》から若き天才画家としてデビューした二人。東郷と宮本は、動乱と繁栄の時代に、絵画の詩と官能を独特のマチエールと華麗な色彩で表現した。

▌宮本常一　みやもとつねいち
1907～1981　大正,昭和期の民俗学者。武蔵野美術大学教授,日本観光文化研究所所長。全国を歴訪し調査報告を公刊。「宮本常一著作集」がある。

◇宮本常一を旅する　木村哲也著　河出書房新社　2018.6　①978-4-309-22733-7

◇宮本常一と「わたし」―生誕110年記念 記憶・名言・実践文集　宮本常一を語る会,桜下義塾編　三岳出版社　2017.6　①978-4-9908829-1-4

◇宮本常一―逸脱の民俗学者　岩田重則著　河出書房新社　2013.8　①978-4-309-22600-2
＊宮本常一は、ありきたりな観察者の位置を踏み越え、とおりいっぺんの民俗学者からも逸脱し、徹底した資料分析とフィールド調査に基づく慧眼を土台に、独創的かつ横断的な"宮本総合学"の完成へ向かった。その生涯の軌跡を追う。

◇宮本常一―旅する民俗学者　増補新版　佐野眞一責任編集　河出書房新社

（KAWADE道の手帖）　2013.7
①978-4-309-74050-8

◇宮本常一日記　青春篇　宮本常一著, 田村善次郎編　毎日新聞社　2012.6
①978-4-620-60663-7

◇知行合一の旅人―宮本常一その済民思想の伏流水　長岡秀世著　梓書院　2011.2
①978-4-87035-404-3
＊稀代の民俗学者・空前絶後の旅人にして、卓越した教育者・地域振興指導者・宮本常一。彼が生きた時代の精神の今日的意義を問う著書。

◇宮本常一が見た日本（にっぽん）　佐野真一著　筑摩書房　（ちくま文庫）　2010.5
①978-4-480-42701-4
＊日本人が忘れてしまった「日本」をその著作に刻みつづけた民俗学者、宮本常一。戦前から戦中、高度経済成長期からバブル前夜まで日本の津々浦々を歩き、人々の生活を記録、「旅する巨人」と呼ばれた宮本の足跡を求め、日本各地を取材。そのまなざしの行方と思想、行動の全容を綴った。宮本が作りあげ、そして失われた「精神の日本地図」をたどる異色ノンフィクション。

◇和泉の国の青春　宮本常一著, 田村善次郎編　八坂書房　2010.5
①978-4-89694-956-8
＊1939年に「アチック・ミューゼアム」で民俗学研究者としての本格的な歩みをはじめる前の、大阪逓信講習所〜高麗橋郵便局員〜天王寺師範学校〜尋常小学校教員時代の貴重な著述を、ノート、未刊原稿、同人誌、孔版私家版、一般誌などから編纂。若き日の宮本常一の苦悩し模索する姿を窺うことが出来る。

◇旅する巨人―宮本常一と渋沢敬三　佐野真一著　文芸春秋　（文春文庫）　2009.4
①978-4-16-734008-7
＊瀬戸内海の貧しい島で生まれ、日本列島を隅から隅まで旅し、柳田国男以来最大の業績を上げた民俗学者・宮本常一。パトロンとして、宮本を生涯支え続けた財界人・渋沢敬三。対照的な二人の三十年に及ぶ交流を描き、宮本民俗学の輝かしい業績に改めて光を当て

た傑作評伝。第28回大宅壮一ノンフィクション賞受賞作。

◇世間師・宮本常一の仕事　斎藤卓志著　春風社　2008.9　①978-4-86110-156-4

◇風の人―宮本常一　佐田尾信作著　みずのわ出版　2008.1　①978-4-944173-52-5
＊旅する民俗学者をめぐる人と時代の物語。

◇旅する巨人宮本常一―にっぽんの記憶　読売新聞西部本社編, 全国離島振興協議会, 日本離島センター, 周防大島文化交流センター監修　みずのわ出版　2006.7
①4-944173-38-5

◇宮本常一―旅する民俗学者　佐野真一責任編集　河出書房新社　（Kawade道の手帖）　2005.4　①4-309-74001-4

◇写真でつづる宮本常一　須藤功編　未来社　2004.3　①4-624-20078-0

◇宮本常一という世界　佐田尾信作著　みずのわ出版　2004.1　①4-944173-26-1

◇宮本常一―同時代の証言―宮本常一追悼文集　復刻版　宮本常一先生追悼文集編集委員会編　マツノ書店　2004.1

◇宮本常一―同時代の証言―宮本常一追悼文集　続編　復刻版　田村善次郎編　マツノ書店　2004.1

◇宮本常一のまなざし　佐野真一著　みずのわ出版　2003.1　①4-944173-21-0

◇宮本常一の伝説　さなだゆきたか著　阿吽社　2002.8　①4-900590-73-8

◇宮本常一が見た日本　佐野真一著　日本放送出版協会　2001.10　①4-14-080639-7
＊戦前から高度成長期にかけて、日本じゅうの村という村、島という島を歩き、そこに生きる人びとの生活を記録した宮本常一は、人をとろかすような笑顔と該博な知識をもって地域振興策を説き、人びとに誇りと勇気を与えつづけた。宮本が残した厖大な資料をもとに、第一級のノンフィクション作家である著者が日本各地を取材、そのまなざしの行方を追い、いまこそ求められている宮本的「経世済民」思想と行動の全容を綴る。読者に深い感銘を与えた大宅賞

宮本百合子

受賞作『旅する巨人』の続編作品。

◇宮本常一―民俗学の旅　宮本常一著　日本図書センター　（人間の記録）　2000.12　①4-8205-5958-3

◇民主主義と漁村　舟山信一著　こぶし書房　（舟山信一著作集）　1999.9　①4-87559-130-6
＊いま流行の「海から見た日本」や「海洋史観」に先立つこと60年前に刻まれた先駆的労作の集大成！　柳田国男に評価され、宮本常一らと交流した実証的研究書である『漁村記』を巻頭に収録。戦時下の漁村青年と共に考え、漁民-漁撈のあり方・魚種の保存・漁業協同組合を論じ、戦後の漁村の民主化を提案した貴重な論評を集めた稀覯本！『河北新報』の論説100篇を網羅。「人間学的唯物論者」の面目躍如のすこぶるおもしろい読み物。

◇宮本常一を歩く―日本の辺境を旅する　上巻　毛利甚八著　小学館　（Lapita books）　1998.5　①4-09-341021-6

◇宮本常一を歩く―日本の辺境を旅する　下巻　毛利甚八著　小学館　（Lapita books）　1998.5　①4-09-341022-4

◇旅する巨人―宮本常一と渋沢敬三　佐野真一著　文芸春秋　1996.11　①4-16-352310-3
＊柳田国男以後、最大の功績をあげたといわれる民俗学者・宮本常一の人と業績を自筆恋文など発掘資料で追いつつ、壮図を物心両面で支えた器量人・渋沢敬三の"高貴なる精神"の系譜を訪ねる…。

◇日本民衆の文化と実像―宮本常一の世界　長浜功著　明石書店　1995.12　①4-7503-0766-1

◇彷徨のまなざし―宮本常一の旅と学問　長浜功著　明石書店　1995.1　①4-7503-0668-1

宮本百合子　みやもとゆりこ

1899～1951　中条百合子（なかじょうゆりこ）とも。大正,昭和期の小説家。著書に「貧しき人々の群」「乳房」「播州平野」

など。

◇新編宮本百合子と十二年　不破哲三著　新日本出版社　2017.3　①978-4-406-06129-2

◇宮本顕治著作集　第10巻　宮本百合子の世界　宮本顕治著　新日本出版社　2013.12　①978-4-406-05610-6

◇宮本顕治著作集　第4巻　一九五〇年～五四年　宮本顕治著　新日本出版社　2013.1　①978-4-406-05604-5

◇女三人のシベリア鉄道　森まゆみ著　集英社　（集英社文庫）　2012.3　①978-4-08-746810-6
＊与謝野晶子、宮本百合子、林芙美子。明治末から昭和初めの動乱期に、シベリア鉄道で大陸を横断した逞しい女性作家たちの足跡を辿り、著者もウラジオストクから鉄道で旅に出た。愛と理想に生きた三人に思いを馳せながら、パリを目指す。車中での食事、乗客とのふれあい、歴史の爪跡が残る街…世界で最も長い鉄道旅をめぐるエピソードの数々。三人と著者の旅が、時を超えて交錯する評伝紀行。

◇女三人のシベリア鉄道　森まゆみ著　集英社　2009.4　①978-4-08-771288-9
＊与謝野晶子、宮本百合子、林芙美子―近代文学を代表する女性作家たちの足跡を追い、著者はウラジオストクからモスクワ、パリまでの鉄道を完乗。勇敢な女たちのエネルギーに思いを馳せ、現地の人々の声に耳を傾けながら、旧社会主義国の重い歴史を体感する。評伝×鉄道が合体した傑作ノンフィクション。

◇いまに生きる宮本百合子　伊豆利彦［ほか］著,多喜二・百合子研究会編　新日本出版社　2004.9　①4-406-03108-1

◇「わたし」を生きる女たち―伝記で読むその生涯　楠瀬佳子,三木草子編　世界思想社　（SEKAISHISO SEMINAR）　2004.9　①4-7907-1078-5
＊女性の自己実現が今よりもずっと難しかった時代に、「わたし」らしく懸命に生きた女たちがいた。すばらしい出会いを力に、逆風のなかで新しい時代を切

り拓いた女性たちのライフストーリー。

◇林芙美子　宮本百合子　平林たい子著
　講談社　（講談社文芸文庫）　2003.10
　①4-06-198349-0
　＊ともに明治生まれ、大正昭和の激動を
　生き、「その並び立つ姿は文壇空前の壮
　観」（広津和郎）と言われた三女流。平林
　たい子が著した本書は、同時代を生き
　た好敵手二人の「文学」と「人生」を遠
　慮会釈なく、だが底に熱い人間的共感
　をこめて描き、評伝文学として無類の
　面白さをもつ。情熱の人・芙美子、知性
　の人・百合子、評するに稀代のリアリス
　トたい子―三者三様の強烈な個性が躍
　如とする一冊。

◇宮本百合子の時空　岩淵宏子，北田幸恵，
　沼沢和子編　翰林書房　2001.6
　①4-87737-127-3

◇宮本百合子と同時代の文学　佐藤静夫著
　本の泉社　2001.5　①4-88023-356-0
　＊時代を貫流し、21世紀に新しく生きる
　知性と文学。没後50年におくる宮本百
　合子研究第一人者の渾身の長編評論。

◇回想宮本百合子　平田敏子著、斎藤麗子聞
　き書き・構成　斎藤麗子　2000.5

◇百合子輝いて―写真でたどる半世紀　大
　森寿恵子編　新日本出版社　1999.2
　①4-406-02647-9
　＊宮本百合子の激動の生涯と文学の風景。
　愛と自由の精神にあふれ、「伸子」「播州
　平野」などの名作を残した作家―生誕
　100年記念。

◇百合子めぐり　中村智子著　未来社
　1998.12　①4-624-60098-3
　＊宮本百合子生誕百年を迎えて。評伝
　『宮本百合子』を著して以来、初めて語
　る百合子の周辺をめぐっての貴重なエ
　ピソード、著作による思いがけない波
　紋、著者の生きた「時勢」。

◇宮本百合子―私の青春時代/一九三二年の
　春　宮本百合子著、沢田章子編　日本図書
　センター　（シリーズ・人間図書館）
　1997.4　①4-8205-9488-5

◇近代作家追悼文集成　第33巻　宮本百合
　子・林芙美子・前田夕暮　ゆまに書房

1997.1　①4-89714-106-0

◇露草あをし―宮本百合子文学散策　宮本
　顕治ほか著　宮本百合子文学散策編纂委
　員会　1996.11　①4-89757-089-1
　＊安積原野の開拓は日本近代化の原点と
　言ってもよい。百合子文学の誕生の地、
　郡山・開成山と風土を語るガイド
　ブック。

◇宮本百合子―家族、政治、そしてフェミニ
　ズム　岩淵宏子著　翰林書房　1996.10
　①4-906424-96-1

◇百合子、ダスヴィダーニヤ―湯浅芳子の青
　春　沢部ひとみ著　学陽書房　（女性文
　庫）　1996.9　①4-313-72026-X
　＊―「私は何人にも云わぬ。胸ひとつに
　おさめて黙る。しかしこのことは百年
　ののちに明らかにされていいことだ」
　―湯浅芳子がこう書き遺した百合子と
　の友愛の真実とは何か。戦後史の正史
　のなかで抹殺された二人の女の新しい
　愛の試みと挫折の全過程がよみがえる。

◇宮本百合子と今野大力―その時代と文学
　津田孝著　新日本出版社　1996.5
　①4-406-02436-0
　＊豊かな人間性と理性の人として、時代
　をどう生きたか。暗黒時代に深い友情
　と同志愛とで活動した二人の思想と文
　学を、作品論を発展させる新しい事実
　分析を踏まえて探究。

◇若き日の宮本百合子　大森寿恵子著　新
　日本出版社　1994.2　①4-406-02194-9

◇宮本百合子論　沼沢和子著　（国分寺）武
　蔵野書房　1993.10
　＊「伸子」との出会いから30年、宮本百合
　子の文学とひたむきに取り組んできた
　著者の初めての論集。人間、仕事、生
　活、自然などのキー・ワードを手がかり
　とした最新の「伸子」論を中心に、百合
　子と親たち、「白樺」派、そして夫顕治
　との関係性を追究する諸論を配した。

◇若き日の宮本百合子―早春の巣立ち　増
　補版　大森寿恵子著　新日本出版社
　1993.7　①4-406-02194-9

◇私の宮本百合子論―『獄中への手紙』から
　『道標』へ　不破哲三著　新日本出版社

明恵

1991.6 ⓘ4-406-01966-9

◇宮本百合子研究 〔復刻版〕 臼井吉見編
日本図書センター （近代作家研究叢書）
1990.3 ⓘ4-8205-9055-3

◇小林多喜二・宮本百合子論 蔵原惟人著
新日本出版社 （新日本新書） 1990.3
ⓘ4-406-01837-9

◇百合子追想 宮本顕治著 日本図書セン
ター （近代作家研究叢書） 1990.1
ⓘ4-8205-9042-1

▌明恵 みょうえ

1173～1232 高弁（こうべん）とも。鎌倉
時代前期の華厳宗の学僧。法然に反発、
旧仏界の改革者。

◇明恵さん 前寿人著 文芸社 2013.11
ⓘ978-4-286-14147-3

◇わが愛する明恵上人 茂木光春著 文芸
社 2012.11 ⓘ978-4-286-12805-4

◇華厳宗沙門明恵の生涯 磯部隆著 大学
教育出版 2006.11 ⓘ4-88730-722-5

◇明恵上人資料 第5 高山寺典籍文書綜合
調査団編 東京大学出版会 （高山寺資料
叢書） 2000.2 ⓘ4-13-026092-8

◇明恵上人 愛蔵版 白洲正子著 新潮社
1999.11 ⓘ4-10-310713-8
＊明恵という一つの精神は、数は少なく
ともそれを伝えた人々によって、私達
日本人の中に、「今日＝明日ヲツグ」が
如く生きつづけるでしょう。私はそう
信じております―真の心で仏を愛し、
人を愛し、自然に生きた稀有な人物の
一生を、限りない憧憬と温かな共感と
で綴った著者の代表作の一つ。河合隼
雄氏との対談を付す。

◇法然対明恵―鎌倉仏教の宗教対決 町田
宗鳳著 講談社 （講談社選書メチエ）
1998.10 ⓘ4-06-258141-8
＊人はいかにすれば救われるか。法然と
明恵―鎌倉新旧仏教を代表する両者の
思想対決は、私たちを根源的な問いへ
と誘う。現実か理想か。他力か自力か。
そして、生と死の究極の姿とは。最新の
宗教学の成果を踏まえ、二人の対決の彼

方に宗教のアクチュアルな「力」の再生
の可能性を探る、宗教のポストモダン。

◇鎌倉仏教形成論―思想史の立場から 末
木文美士著 法蔵館 1998.5
ⓘ4-8318-7372-1
＊新・旧仏教は果たして異質なのか？ 法
然・明恵、本覚思想、顕密体制論などを
題材に、通説をくつがえし、新視点から
従来の鎌倉新仏教論に挑戦する力作
論集。

◇明恵上人資料 第4 東京大学出版会
（高山寺資料叢書） 1998.1
ⓘ4-13-026090-1

◇明恵上人―静かで透明な生き方 紀野一
義著 PHP研究所 1996.10
ⓘ4-569-55295-1

◇明恵夢を生きる 河合隼雄著 講談社
（講談社＋α文庫） 1995.10
ⓘ4-06-256118-2

◇明恵上人集 久保田淳，山口明穂校注
岩波書店 （ワイド版岩波文庫） 1994.7
ⓘ4-00-007142-4

◇明恵上人集 久保田淳，山口明穂校注
岩波書店 （岩波文庫） 1993.1
ⓘ4-00-333261-X
＊明恵は、生涯釈尊を敬慕しつづけ、数度
にわたってインド渡航を企てたが、病
に倒れるなどして、ついに目的を果せ
なかった。のち栂尾高山寺に拠って、
華厳・密教兼修の新しい教団の樹立に
つとめ、上下貴賤の信望を集めた。本
文庫には、19歳から記録しつづけた
「夢記」のほか、和歌、遺訓に、弟子の
手に成る「伝記」を収める。

◇明恵上人 白洲正子著 講談社 （講談社
文芸文庫） 1992.3 ⓘ4-06-196166-7
＊山中に一人修行することを望んだ高山
寺開祖・高僧明恵。能・書画に造詣深
い著者が、「明恵上人樹上座禅像」に出
逢い、自然の中に没入しきって気魄に
満ちた、強靱な人間の美しい姿に魅せ
られ、その生きざまを追究。平明静謐
な文章で、見事に綴る紀行エッセイ。

三好長慶　みよしながよし

1522〜1564　戦国時代の武将。管領細川氏の家臣だったが主を追放。のちには武将の松永久秀に実権を奪われた。

◇三好長慶河内飯盛城より天下を制す　天野忠幸，高橋恵著　風媒社　2016.7　①978-4-8331-0573-6

◇三好長慶―諸人之を仰ぐこと北斗泰山　天野忠幸著　ミネルヴァ書房　（ミネルヴァ日本評伝選）　2014.4　①978-4-623-07072-5
＊室町幕府に挑み続けた勇将、戦乱の天下を治めた生涯とは。

◇三好長慶―室町幕府に代わる中央政権を目指した織田信長の先駆者：三好長慶四百五十年遠忌記念論文集　今谷明，天野忠幸監修　宮帯出版社　2013.7　①978-4-86366-902-4

◇三好長慶の時代―「織田信長芥川入城」の以前以後　高槻市立しろあと歴史館秋季特別展　高槻市立しろあと歴史館編　高槻市立しろあと歴史館　2007.9

◇戦国三好一族―天下に号令した戦国大名　今谷明著　洋泉社　（MC新書）　2007.4　①978-4-86248-135-1
＊四国・阿波一国の支配者だった三好一族は、いかにして日本列島の中心地（畿内）の支配者へと登り詰めたか―信長以前に京・畿内で活躍した三好長慶を初めとするこの一族は、統一政権の成立を遅らせた「あだ花」だったのか。長慶の父、元長が、堺に事実上の幕府（堺幕府）を成立させたことは意外と知られていない。その後、長慶が13代将軍の義輝と管領の細川晴元を京から追放し、畿内を含む8ヵ国を支配する。京・奈良・堺の三大先進地を中心に高度に発達した商工業圏を形成し、幕府、天皇・公家、宗教勢力との関係を調整するなど、事実上の「天下人」となる。武力では信長に敗れたものの、実は歴史の選択肢として三好一族の歩みはもうひとつの統一政権への可能性を秘めていたのではないか。歴史の通説を覆す名著の復刊。

◇天下を制す三好長慶vs織田信長―戦国阿波おもしろ百話　出水康生著　教育出版センター　2003.6　①4-905702-35-6

◇勝瑞時代―三好長慶天下を制す　平成13年度秋の特別展勝瑞城館跡国史跡指定記念　徳島市立徳島城博物館編　徳島市立徳島城博物館　2001.10

◇茶の湯　歴史と精神　海士光朗著　麻布文庫，星雲社〔発売〕　1999.11　①4-7952-5975-5
＊茶の湯成立の足取りを探り、利休の生涯の真実を求めて茶の湯の本質とは何かを探る、人生の心の糧となる茶の湯稽古の副読本。

◇三好長慶　徳永真一郎著　光文社　（光文社文庫　光文社時代小説文庫）　1996.3　①4-334-72208-3
＊群雄割拠の戦国時代。都では、管領細川氏の臣下であった三好長慶が、守役松永久秀の巧妙な知略に援けられ、ついに将軍を凌ぐ実力者となる。だが、「いずれはその権力も全て我がものに」と、久秀は密かに機会を窺っていた―。織田・豊臣に先立って、一時期、天下を掌握した三好長慶の波乱の生涯と、戦国の世を彩るしたたかな人間たちの生きざまを描く、一大歴史巨編。

◇妖雲―戦国下剋上・三好長慶の生涯　徳永真一郎著　青樹社　1992.10　①4-7913-0729-1
＊精強阿波軍団を率い、旧勢力をつぎつぎと屈服させて、畿内平定を目指した戦国の覇者―三好長慶。しかし、その彼も内に松永弾正という悪霊を抱え込んでいた…。風雅をも解した戦国の名将の野望と矜持を描ききった有為転変の戦国絵巻。

三善為康　みよしのためやす

1049〜1139　平安時代中期，後期の文人官僚，算博士，諸陵頭。

◇朝野群載巻二十二―校訂と註釈　佐藤信監修，朝野群載研究会編　吉川弘文館　2015.6　①978-4-642-01408-3

三善康信 みよしやすのぶ

1140～1221　平安時代後期, 鎌倉時代前期の官僚。鎌倉幕府初代の問注所執事。

◇初代問注所執事三善康信―鎌倉幕府の組織者　三島義教著　新風書房　2000.12　①4-88269-463-8

◇三善康信の世界と使命　三島義教著　〔三島義教〕　1995.11

ミルン　Milne, John

1850～1913　明治期のイギリスの鉱山技師, 地震学者。帝国大学工科大学で指導。日本の地震学の父とされる。

◇ミルンの日本人種論―アイヌとコロボクグル　ジョン・ミルン著, 吉岡郁夫, 長谷部穹共訳　雄山閣出版　1993.8　①4-639-01184-9
＊日本人はどこからきたか。ミルンの人種論には先住民としてのアイヌ, コロポクグルと, 新来者としての日本人が出てくる…。日本地震学・人類学・考古学の先覚者ミルンの全業績を見る。

明兆　みんちょう

1352～1431　兆殿司（ちょうでんす）とも。南北朝時代, 室町時代の画僧。

◇明兆記―兆殿司の世界史　岩橋久義著　文芸社　2012.9　①978-4-286-12321-9

【む】

無学祖元　むがくそげん

1226～1286　鎌倉時代後期の南宋の渡来僧。円覚寺の開山。

◇京・鎌倉の禅寺　荻須純道著　教育新潮社　（日本のお寺シリーズ）　1963

武者小路実篤

むしゃのこうじさねあつ

1885～1976　明治～昭和期の小説家, 劇作家。「友情」「人間万歳」「愛と死」など多数の作品を著す。

◇武者小路実篤　新装版　松本武夫著, 福田清人編　清水書院　（Century Books　人と作品）　2018.4　①978-4-389-40129-0

◇父・実篤の周辺で　武者小路辰子著　調布市武者小路実篤記念館 ＜友の会＞　2012.2

◇武者小路実篤、新しき村の生誕　大津山国夫著　武蔵野書房　2008.10　①978-4-943898-86-3

◇武者小路実篤と魯迅の比較研究　楊英華著　雄松堂出版　2004.9　①4-8419-1173-1

◇武者小路実篤―文学・人・鎌倉　企画展　鎌倉文学館　2002.4

◇ふるさと通信―秋田を味わう　武蔵出版　1999.6　①4-901033-02-6
＊黄金色の稲穂を垂れる秋の田園風景は、日本のふるさとの象徴ともいえます。実り豊かなその風景を県名に冠した秋田。古来より穀倉地帯として知られるばかりでなく、おいしい米と水から造られる銘酒のほか、世界遺産に選ばれた白神山地、各地にある数々の温泉や景勝地、1年を通して開かれる伝統的なお祭りなどなど、魅力がいっぱい詰まった県です。本書では、秋田にターゲットを当て、食・住・遊の魅力をあますことなく伝えていきます。

◇書信往来―志賀直哉との六十年　調布市武者小路実篤記念館　1997.10

◇武者小路実篤研究―実篤と新しき村　大津山国夫著　明治書院　1997.10　①4-625-43075-5

◇沈黙の世界―実篤と画家たちとの交友　調布市武者小路実篤記念館　1997.4

◇ほくろの呼鈴―実篤と家族　調布市武者小路実篤記念館　1996.4

◇「白樺」精神の系譜　米山禎一著　武蔵野書房　1996.4

◇武者小路実篤の自画像―スケッチ帖より　武者小路実篤画, 渡辺貫二編　新しき村　1995.11　①4-87322-032-7

◇武者小路実篤九十年―年譜風略伝　渡辺

貫二編　新しき村　1995.4
①4-87322-025-4

◇武者小路実篤―その人と作品の解説　中川
孝著　皆美社　1995.1　①4-87322-024-6

◇武者小路実篤―自分の歩いた道/思い出の
人々　武者小路実篤，遠藤祐編　日本
図書センター　（シリーズ・人間図書館）
1994.10　①4-8205-8008-6

◇武者小路実篤全集　第18巻　武者小路実
篤著　小学館　1991.4　①4-09-656018-9
＊志賀直哉をはじめ、「白樺」「新しき村」
など、関係深い人々への書簡。武者小
路文学の業績を示す年譜、作品年表、著
書目録ほか。

◇愛情生活　白樺記　荒俣宏作，奥村靫正画
新潮社　1990.10　①4-10-377801-6
＊大正十年冬、宮崎県日向〈新しき村〉の
武者小路実篤の許に美しい女岡田晶が
現れた。白樺派文学者たちが見守るな
か、実篤、妻房子と晶子、三人の不思議
な愛情生活が始まる―。奇才荒俣宏が、
白樺派に託して愛と結婚のかたちを問
う待望の長編幻想小説。

夢窓疎石　むそうそせき

1275～1351　鎌倉時代後期、南北朝時代の
臨済宗の僧。足利尊氏の帰依をうけ天竜
寺を開山。

◇夢窓疎石　熊倉功夫，竹貫元勝編　春秋
社　2012.8　①978-4-393-14117-5
＊中世日本仏教の一大高峰、夢窓疎石を
めぐって、斯界の第一人者がさまざま
な角度から考究する、画期的な論集。
大中寺開創七百年記念。

◇夢窓国師―その漢詩と生涯　佐々木容道著
春秋社　2009.8　①978-4-393-14112-0
＊鎌倉期から南北朝期に至る激動の時代、
仏道を究め、多くの人々を導き、時の権
力者たちの帰依にも応えた天竜寺開山・
夢窓国師。怨親平等を説き、衆生の内
面の救いを通して安国を実現しようと
した国師の境涯を、漢詩を読み解きな
がらたどり、その心情に迫る。

◇夢窓疎石の庭と人生　中村蘇人著　創土
社　2007.7　①978-4-7893-0054-4

＊この本は…、夢窓の庭本来の姿が見失
われている今日、その姿をとりもどす
ため、夢窓の庭の見直しを提唱する著
者の、いわば“見直しキャンペーン”書
である。

◇夢窓疎石 日本庭園を極めた禅僧　枡野俊
明著　日本放送出版協会　（NHKブック
ス）　2005.4　①4-14-091029-1
＊作庭家は石の気勢を読む。禅そのもの
は、目に見えない。その見えないもの
を形に置き換えたのが禅芸術で、禅寺
の庭園もその一つである。西芳寺、天
竜寺、瑞泉寺、永保寺、恵林寺…。これ
らの禅宗様庭園を各地に施したのは、
夢窓疎石である。室町期、臨済宗の黄
金期を築いた夢窓禅師による枯山水様
式の源流となった庭は、臨済禅の高み
の境地の顕現であると同時に、のちの
日本庭園の規範となった。禅僧にして
庭園デザイナーである著者が、禅師と
の共通体験をもとに、綿密な実地踏査
により描き出す日本庭園観照記。

◇拳心　土門拳著　世界文化社　2001.12
①4-418-01522-1
＊色と形を出すだけが、写真を「撮る」こ
とではない。眼で確かめ、心に刻んで
初めて、「撮った」といえる。伝統美を
究め、魂に迫る31篇。

◇夢窓国師の風光　中村文峰著、井上博道写
真　春秋社　1998.2　①4-393-14253-5

◇修羅の王道夢窓国師　秋月水虎著　叢文
社　1996.11　①4-7947-0250-7

◇夢窓疎石　土岐信吉著　河出書房新社
1994.11　①4-309-00939-5

◇夢窓―語録・陞座・西山夜話・偈頌　夢窓
著、柳田聖山著　講談社　（禅入門）
1994.9　①4-06-250205-4

陸奥宗光　むつむねみつ

1844～1897　明治期の外交官。衆議院議
員，伯爵。清国との開戦外交を推進、日清
戦争を導いた。

◇陸奥宗光　新装版　安岡昭男著　清水書
院　（Century Books　人と思想）
2016.3　①978-4-389-42193-9

陸奥宗光

◇陸奥宗光　安岡昭男著　清水書院
（Century Books　人と思想）　2012.8
①978-4-389-41193-0
＊陸奥宗光の政治家としての評価はもち
ろん、その交友や家庭人としての姿も
含め、回想や逸話などを交えて、多角的
に人物像を描き出しながら、その行動
の基となった思想を明らかにする。

◇明治の外交力─陸奥宗光の『蹇蹇録』に学
ぶ　岡崎久彦著　海竜社　2011.2
①978-4-7593-1170-9
＊現代と様相が重なり合う明治期に、日
本の生存を全うした陸奥宗光の外交文
書。平成の危機をどう乗り越えるか。

◇陸奥宗光とその時代　新装版　岡崎久彦
著　PHP研究所　2009.12
①978-4-569-77588-3
＊かつて日本の生存と尊厳を守り抜いた
外交官がいた！　坂本竜馬から一目置か
れた男。日清戦争後の三国干渉を乗り
切ったカミソリ大臣。その波乱の生涯
を描いた不朽の名作。

◇陸奥宗光　下巻　萩原延寿著　朝日新聞
社　（萩原延寿集）　2008.1
①978-4-02-250379-4
＊西南戦争下、政府顛覆の陰謀に加担し
た陸奥の「立憲政体樹立の夢」は破れ
た。「虜囚」経験とヨーロッパ留学。陸
奥の「精神の運動」を通して、近代日本
が生んだ最も透徹したリアリスト、政
治家陸奥の誕生を追う。

◇陸奥宗光　上巻　萩原延寿著　朝日新聞
社　（萩原延寿集）　2007.12
①978-4-02-250378-7
＊政治ハ術ナリ、学ニアラズ。自由民権
への夢を封印し、藩閥政府の外相とし
て辣腕をふるい、日清戦争を勝利に導
いた陸奥宗光。その生涯と精神の劇。
上巻は、坂本竜馬との出会い、海援隊、
維新の動乱をへて西南戦争前夜まで。
付録として、藤田省三、江藤淳、松岡英
夫との対談3篇を収録。

◇『蹇蹇録』の世界　新装版　中塚明著
みすず書房　2006.5　①4-622-07225-4
＊陸奥宗光は、日清戦争の外交指導に、時
の外務大臣として敏腕を振るった。機

略縦横のいわゆる「陸奥外交」である。
彼は現職の外務大臣としては異例なこ
とに、事件の直後に、ことの顛末を記し
た一書を著わした。それが『蹇蹇録（け
んけんろく）』である。著者は、この本
に、二つのアプローチを試みる。一つ
は、なぜ書かれたのか、その執筆動機を
探ること、もう一つは、この本から「陸
奥外交」の実態を明らかにし、その歴史
的意味を考えること、である。一般に
は、これは日清戦後「三国干渉」を招い
たことに対する弁明の書と見られてい
る。果たしてそうか。刊行事情を調べ
るうちに、そこには弁明という以上の
自負が見出される。また、『蹇蹇録』の
刊本と遺された草稿とを対校していく
過程で、活字にされなかった部分に、日
清戦争時の外交の実態が鮮明に浮彫り
にされてくる。たとえば、開戦に向
かっての最初の軍事的行動となった朝
鮮王宮占領もけっして偶発的事件でな
く、外交政略とどのような関係にあっ
たかが、草稿には明瞭に示されている。
それはおよそ日清・日露戦争までは日
本のリーダーの眼は冴えていて、国際
的にも選択を誤らなかったといった通
説に疑問を抱かせるものである。とす
れば、陸奥は、真珠湾そして現在にまで
いたる近代日本の外交史にいかなる位
置を占めるのか。一つの文献解読から、
日本という近代国家の歴史的性格が見
えてくるスリリングな本である。

◇新訂 蹇蹇録─日清戦争外交秘録　陸奥宗
光著, 中塚明校注　岩波書店　（ワイド版
岩波文庫）　2005.5　①4-00-007255-2
＊日清戦争（一八九四 - 九五）の時の日本
外交の全容を述べた、当時の外務大臣＝
陸奥宗光（一八四四 - 九七）の回想録。
新たに草稿をはじめ推敲の過程で刊行
された諸刊本との異同を綿密に校訂、
校注と解説で本書の成立経緯を初めて
明らかにした。表題は、「蹇蹇匪躬」（心
身を労し、全力を尽して君主に仕える
意）という『易経』の言葉による。

◇陸奥宗光とその時代　岡崎久彦著　PHP
研究所　（PHP文庫）　2003.3
①4-569-57920-5

650　教科書に載った日本史人物1000人

＊不平等条約の改正、日清戦争と下関条約、そして三国干渉…。激動の時代にあって日本の命運を担い、日本近代外交の礎を築いた陸奥宗光。本書は、一家流浪、坂本竜馬との出会い等を経て、第二次伊藤内閣の外相となり、英国との条約改正を成功させ、三国干渉を素早く収拾するなど、見事な外交手腕を発揮し、明治日本の生存と尊厳を守り抜いた外交官の波乱の生涯を公正・客観的に綴った力作評伝である。

◇日本外交史人物叢書　第12巻　吉村道男監修　ゆまに書房　2002.12
　Ⓘ4-8433-0678-9

◇陸奥宗光とその時代　岡崎久彦著　PHP研究所　1999.10　Ⓘ4-569-60816-7
　＊維新日本は、弱肉強食の帝国主義時代にあって、誰の助けも受けずに独力で近代化を目指した。気概と戦略。明治日本の生存と尊厳を守り抜いた外交官の波乱の生涯。

◇陸奥宗光　萩原延寿著　朝日新聞社　1997.8　Ⓘ4-02-257174-8
　＊自由民権への夢を胸中ふかく封印し、藩閥政府の外相として辣腕をふるい、日清戦争を勝利に導いた陸奥宗光。その切り開いた政党政治の道を、星亨、西園寺公望、原敬がつづく。近代日本の政治史が生んだもっとも透徹したレアリストの生涯と精神の劇。

◇陸奥宗光伯―小伝・年譜・付録文集　第2版　陸奥宗光伯七十周年記念会編　霞関会　1992.3　Ⓘ4-89668-574-1

◇「蹇蹇録」の世界　中塚明著　みすず書房　1992.3　Ⓘ4-622-03354-2
　＊日清戦争の外交に敏腕を振った陸奥宗光の書『蹇蹇録』。その草稿から刊本の間で消えた文字は何か。一つの文献解読から近代日本という国家の性格が見えてくる。

◇陸奥宗光　上巻　岡崎久彦著　PHP研究所　（PHP文庫）　1990.11
　Ⓘ4-569-56280-9
　＊不平等条約の改正、日清戦争と下関条約、そして三国干渉―激動の時代にあって、日本の命運を担い、近代日本外交の

礎を築いた陸奥宗光。だが、その前半生は、一家流浪、坂本龍馬や伊藤博文との出会い、明治新政府への参画と4年間の投獄など、波瀾に富むものであった。本書は、「蹇々録」をはじめとする膨大な資料と、父祖からの伝承をもとに描かれた"実像・陸奥宗光"として、近代日本史に一石を投じた力作である。

◇陸奥宗光　下巻　岡崎久彦著　PHP研究所　（PHP文庫）　1990.11
　Ⓘ4-569-56281-7
　＊欧米の議会政治の本質を学び帰国した宗光は、第二次伊藤内閣の外務大臣となり、懸案であった英国との条約改正を成功させる。その9日後、日本は日清戦争に突入。宗光は、英・米の干渉を排した開戦外交を展開、さらに、三国干渉をすばやく収拾し、見事な外交手腕を発揮する。国内における国際主義と国権主義の相克の中で、常に世界に視点を置き、日本の行く末を見据え続けた政治家・陸奥宗光。本書はその後半生を描きあげた大作評伝の完結編である。

宗尊親王　むねたかしんのう

1242～1274　鎌倉時代前期の鎌倉幕府第6代の将軍。（在職1252～1266）。後嵯峨天皇の子。初の皇族将軍として東下。

◇鎌倉六代将軍宗尊親王―歌人将軍の栄光と挫折　菊池威雄著　新典社　（新典社選書）　2013.5　Ⓘ978-4-7879-6811-1

宗良親王　むねよししんのう

1311～1385？　南北朝時代の皇族, 歌人。後醍醐天皇の皇子。南朝のため各地を転戦。のち「新葉和歌集」を撰した。

◇宗良親王の研究　安井久善著　笠間書院　1993.12　Ⓘ4-305-40056-1

村上天皇　むらかみてんのう

926～967　平安時代中期の第62代の天皇。（在位946～967）。醍醐天皇の第14皇子。自ら政治を主導し「天暦の治」とよばれる律令政治を行った。

◇子どもの心に光を灯す日本の偉人の物語

—親子で受けたい歴史の授業　白駒妃登
美著　致知出版社　2015.9
①978-4-8009-1082-0

▌紫式部　むらさきしきぶ

973？～1014以降　平安時代中期の女性。
物語作者、歌人。一条天皇の中宮彰子に
仕えた。「源氏物語」の著者として有名
で、「紫式部日記」も残している。

◇紫式部裏伝説—女流作家の隠された秘密
大橋義輝著　共栄書房　2017.2
①978-4-7634-1074-0

◇日記で読む日本史　6　紫式部日記を読み
解く　源氏物語の作者が見た宮廷社会
倉本一宏監修　池田節子著　臨川書店
2017.1　①978-4-653-04346-1

◇紫式部日記と王朝貴族社会　山本淳子著
和泉書院　（研究叢書）　2016.8
①978-4-7576-0805-4

◇紫式部　新装版　沢田正子著　清水書院
（Century Books　人と思想）　2016.7
①978-4-389-42174-8

◇紫式部考—雲隠の深い意味　柴井博四郎
著　柴井博四郎　2016.1
①978-4-7840-8809-6

◇紫式部—はなやかな王朝絵巻『源氏物語』
の作者　谷口孝介監修, 北神諒漫画, こざ
きゆう脚本　学研教育出版, 学研マーケ
ティング〔発売〕　（学研まんがNEW日
本の伝記）　2015.6　①978-4-05-204183-9
＊才能豊かな一人の女性が貴族の世の中
をしなやかに生き抜く!!まんがで読む人
間の生きざま。

◇評伝 紫式部—世俗執着と出家願望　増田
繁夫著　和泉書院　（いずみ昴そうしょ）
2014.5　①978-4-7576-0702-6
＊紫式部の生きた時代・十一世紀末は、貴
族社会の大きな転換期であった。その過
渡期の時代に身を置いた紫式部は、「い
かに生きるべきか」と思い悩みながら
も、社会的地位への世俗的欲望を持ち、
花鳥風月の官能のよろこびに執着した。
その紫式部の姿や思考の特質を追究す
る。「気むずかしい紫式部」「明るい清
少納言」という通説を一新。二千円札

の紫式部の肖像は、紫式部の侍女。

◇『源氏物語』を知っていますか—世界最古
の長編小説　桜沢麻衣監修　ベストセ
ラーズ　（ワニ文庫）　2011.12
①978-4-584-39319-2
＊11世紀初め、女流作家・紫式部によっ
て書かれた長編小説『源氏物語』。才色
兼備のプレイボーイ・光源氏を主人公
にして描かれる恋愛模様や、それに伴
う人間の歓び、哀しみ、苦悩。さらに
は、出世を目論む者達による権力闘争、
そして親子の絆—。その普遍的なテー
マは世界中の人々の共感を呼んでいま
す。本書では、古典に関する知識がな
くても、その世界観を十分に味わえる
ことができるよう、あらすじや登場人
物、紫式部の生き様などをわかりやす
く紹介します。『源氏物語』の素晴らし
さに、改めて気付かされるでしょう。

◇紫式部の恋—「源氏物語」誕生の謎を解く
近藤富枝著　河出書房新社　（河出文庫）
2011.3　①978-4-309-41072-2
＊文学史に燦然と輝く名作「源氏物語」。
その誕生の裏には、作者・紫式部の知
られざる恋人の姿があった…。長年、「源
氏」を研究してきた著者が、推理小説の
ごとくスリリングに作品を読み解いて
いく。作品合作説から、登場人物の自
殺説など、作品に新たな光をあて、さら
なる物語の深みへと読者を誘う。

◇紫式部日記—現代語訳付き　紫式部著, 山
本淳子訳注　角川学芸出版, 角川グルー
プパブリッシング〔発売〕　（角川ソフィ
ア文庫）　2010.8　①978-4-04-400106-3
＊紫式部が、藤原道長の娘、中宮彰子に仕
えた際の回想録。史書からは窺えない
宮廷行事の様子もわかり、道長が全権
を掌握する前夜という緊張に満ちた状
況下での記述が興味深い。華麗な生活
から距離を置く紫式部の心理や、実務
をこなせない同僚女房への冷静な評価、
ライバル清少納言への辛口批評などが
描かれる。精密な校訂による本文、詳
細な注、流麗な現代語訳、歴史的事実を
押さえた解説で、『源氏物語』の背景を
伝える日記のすべてがわかる。

◇時代を生きた女たち—新・日本女性通史

紫式部

総合女性史研究会編　朝日新聞出版　（朝日選書）　2010.4　①978-4-02-259965-0
＊日本の歴史は日本の女性たちの歴史でもある。女性を主役にみてみると、新しい日本史像がみえてくる。清少納言や紫式部…、宮廷の女性はどのように政治に関わっていたのか。妻の家に婿入りする結婚から、夫方への嫁入り婚へ。家族を育むなかで子育て、介護は誰が担ったのか。田植え、機織り、酒売りなど働く女性たちの姿は？ 戦争に女はどう関わり、どう扱われ、平和にむけてどう動いたか。政治、家族、労働、性、表現、戦争・平和の6テーマ85項目12の人物コラムで読み解く、既成の時代の枠にとらわれない日本史。

◇紫式部日記傍註全検証　1　岸元史明著　国文学研究所　2009.7

◇紫式部日記―ビギナーズ・クラシックス　日本の古典　紫式部著, 山本淳子編　角川学芸出版, 角川グループパブリッシング（発売）　（角川文庫　〔角川ソフィア文庫〕）　2009.4　①978-4-04-407204-9
＊平安時代の宮廷生活を活写する回想録。華麗な生活に溶け込めない紫式部の心境描写や、同僚女房やライバル清少納言への冷静な評価などから、当時の後宮が手に取るように読み取れる。道長一門の栄華と彰子のありさまが鑽仰の念をもって描かれ、後宮改良策など、作者が明確に意見を述べる部分もある。話しことばのような流麗な現代語訳、幅広い話題の寸評やコラムによる、『源氏物語』成立の背景を知るためにも最適の入門書。

◇紫式部　清水好子著　岩波書店　（岩波新書）　2008.8　①4-00-414027-7
＊平安時代の漢学者の娘として生まれた一女性が世界でも屈指の物語文学を書き上げるまでには、どのような経過があったのだろうか。多感な少女時代を送り、早くして夫に死別、中宮の女房となり、鋭い観察力と豊かな創造力で「源氏物語」を書きつづる。現実と虚構の交錯する世界に自らを投げ入れた紫式部の女としての生きかたを追求する。

◇日本文学者評伝集　3　紫式部・道綱母

塩田良平, 森本治吉編　島津久基, 岡一男著　クレス出版　2008.6
①978-4-87733-423-9,978-4-87733-429-1

◇京都紫式部のまち―その生涯と『源氏物語』　坂井輝久文, 井上匠写真　淡交社　2008.5　①978-4-473-03519-6
＊藤原道長に言い寄られ、清少納言に悪口を言い、和泉式部と一緒に働きながら名作を書き上げた紫式部。平安王朝文化のオールスターキャストと共に描く天才作家の一生には、『源氏物語』につながるエピソードがいっぱい。

◇紫式部日記　紫式部著, 小谷野純一訳・注　笠間書院　（笠間文庫　原文&現代語訳シリーズ）　2007.4　①978-4-305-70420-7

◇紫式部伝―その生涯と『源氏物語』　角田文衛著　法蔵館　2007.1
①978-4-8318-7664-5
＊ユネスコが日本人で初めて「世界の偉人」に選出した紫式部。あまり定かでなかったその生涯が、本名、若き日の動静、宮廷生活、晩年の様相、歿年、墓所等にわたって、ここに明らかにされる。また、哲学者としての紫式部の思弁の核心にも迫っている。2008年の『源氏物語』千年紀を前に、紫式部の実像を明らかにする大冊。

◇紫式部物語―その恋と生涯　上　ライザ・ダルビー著, 岡田好恵訳　光文社　（光文社文庫）　2005.8　①4-334-76155-0
＊―『源氏物語』の作者、紫式部が晩年を過ごした蜻蛉庵。清水寺にほど近いこの質素な庵から母の遺品を持ち帰った愛娘賢子は、思いもかけなかったものを発見する。大量の反古紙の裏に記されていたのは、実は、亡き母が密かに認めていた「回想記」の下書きであった…。―構想10年。遺された日記と和歌を手がかりに、永遠の女流作家の実像に迫る。日本人の発想を超えた感動の大河ロマン。全世界10カ国語で翻訳・刊行。

◇紫式部物語―その恋と生涯　下　ライザ・ダルビー著, 岡田好恵訳　光文社　（光文社文庫）　2005.8　①4-334-76156-9
＊―夫宣孝に先立たれ、失意の日々を送るなか、思わぬ知らせが父為時からも

教科書に載った日本史人物1000人　**653**

たらされた。なんと、中宮彰子の教師として宮中に出仕せよ、というのだ。左大臣藤原道長の命であった。少女の頃から夢に見てきた宮仕え。『源氏物語』の世界が、いま現実のものに…。―不世出の天才女流作家の愛と苦悩の生涯…千年余の時空を超え、ここに蘇る。ベストセラー大河小説、待望の文庫化。全世界10カ国語で翻訳・刊行。

◇紫式部伝―源氏物語はいつ、いかにして書かれたか　斎藤正昭著　笠間書院　2005.5　①4-305-70288-6
＊従来、顧みられることのなかった勧修寺流・具平親王・帚木三帖をキーワードに、紫式部の生涯を通して浮かびあがった、源氏物語成立の謎に迫る。

◇いろは歌のナゾ―ある王朝びとの悲劇　表正彦著　彩図社　（ぶんりき文庫）　2004.8　①4-88392-454-8

◇今井源衛著作集　第3巻　紫式部の生涯　今井源衛著, 今西祐一郎[ほか]編　工藤重矩編　笠間書院　2003.7　①4-305-60082-X

◇紫式部の方法―源氏物語・紫式部集・紫式部日記　南波浩編　笠間書院　2002.11　①4-305-70245-2
＊第一線の研究者27名が彼女の生きた時空を辿る。“日記”、“和歌”、“物語”と思想、を軸に作品を捉えた紫式部の総合研究。

◇紫式部　沢田正子著　清水書院　（Century Books　人と思想）　2002.8　①4-389-41174-8
＊美麗な衣装、長い黒髪、平安の貴族たちの絵巻は日本文化の雅のルーツとして現代人たちに果てなき夢、憧れを誘ってやまないが、宮廷社会の実態は厳しく、それほど美しくもなく雅でもない。表面が華やかであればあるほど、その内部に沈潜する人間の暗部、不断の苦悩や悲しみ、不条理なども際立ってくる。絶えざる権力闘争も激しい宮廷社会の渦中にあって、様々な人間の実相を常に冷静に、聡明な知性と涼やかな視線をもって見つめている女人があった。紫式部と呼ばれる宮仕え女房である。時の権力者藤原道長の娘、中宮彰

子に仕え、宮廷生活の現実を見据えながら、孤独なわが魂を燃焼させるかのようにあの源氏物語を創出した人。彼女の歩み、心象世界を虚心に辿ることにより、その創造のエネルギーの原点を探り、混迷した現代に生きる我々の精神の糧としたい。

◇紫式部物語―その恋と生涯　上　ライザ・ダルビー著, 岡田好恵訳　光文社　2000.11　①4-334-96102-9

◇紫式部物語―その恋と生涯　下　ライザ・ダルビー著, 岡田好恵訳　光文社　2000.11　①4-334-96103-7

◇源氏物語捷径　別冊　交響・清少納言と紫式部　上坂信男著　江ノ電沿線新聞社　2000.6　①4-8421-0002-8

◇『源氏物語』への誘い―その魅力の源泉を探る　高柳美知子著　三友社出版　（21世紀ブックレット）　1999.5　①4-88322-695-6

◇紫式部の手品―古典をたのしむ　影山美知子著　明治書院　1999.3　①4-625-41117-3

村田珠光　むらたじゅこう
1423～1502　室町時代, 戦国時代の茶湯者。侘び茶の創始者。

◇武野紹鷗―茶と文芸　戸田勝久著　中央公論美術出版　2006.11　①4-8055-0533-8
＊本書は、侘び茶の性格とその人物像を軸とした歴史、そして和歌・連歌と茶の湯との深い関わりに解明の光を当てる。

◇茶の湯の祖、珠光　矢部良明著　角川書店　2004.4　①4-04-883876-8

村田清風　むらたせいふう
1783～1855　江戸時代後期の長州（萩）藩士, 藩政改革の指導者。

◇維新の回天と長州藩―倒幕へ向けての激動の軌跡　相沢邦衛著　新人物往来社　2006.4　①4-404-03404-0
＊強大な徳川幕府を倒し、明治維新という一大事業を成し遂げた長州藩。本州の最西端に位置する長州藩がいかにして

維新改革の原動力となり得たかを検証。

◇義なくば立たず—幕末の行財政改革者・村田清風　真鍋繁樹著　講談社　1996.4　①4-06-208145-8
＊人を生かす、組織を動かす。日本人の忘れもの。明治維新という回天の大事業を支えたものは何か。—「義」であり「金」であった。幕末長州藩をリストラし、維新を成功に導く基を築いた男、感動の長編。村田清風は、長州藩の藩校明倫館の秀才として藩主側近に取立てられたが、彼の直言は老職には受け入れられず、不遇の時を過ごすことが多かった。しかし難題で起用されると必ず解決して実力を蓄え、遂に就任早々の若い藩主に、一代家老として改革の旗頭に任せられ、蛮勇をふるい、艱苦をのり越えて改革に成功する—バブル後の再建に懊悩する日本人必読の本である。

▌室生犀星　むろうさいせい
1889〜1962　大正, 昭和期の詩人, 小説家。作品に「愛の詩集」「あにいもうと」など。

◇犀星書簡—背後の逍遥　星野晃一著　わらしべ舎　2017.4　①978-4-9909491-0-5

◇室生犀星　富岡多恵子著　講談社　（講談社文芸文庫）　2015.9　①978-4-06-290284-7

◇おでいと—晩年の父・犀星　室生朝子著　ポプラ社　2009.7　①978-4-591-11053-9
＊父と娘はまるで恋人のようだった—。父・犀星と出かけた銀座、教えられた女の身のこなし、病床で筆を執る作家の気魄…すべての瞬間が意味を帯びた。文豪の父と娘に残された日々を描く『晩年の父犀星』に加え、若くして逝去した弟の最期を綴った『弟の死』を単行本初収録。

◇犀星と周辺の文学者　笠森勇著　北国新聞社　2008.12　①978-4-8330-1659-9
＊文豪の生涯を浮き彫りに。時代を共にした138人を紹介。

◇結城信一　評論・随筆集成　結城信孝編, 荒川洋治解説　未知谷　2007.12　①978-4-89642-208-5

◇蟹シャボテンの花—中野重治と室生犀星　笠森勇著　竜書房　2006.7　①4-903418-09-X

◇当世文人気質　4　清水信著　いとう書店　（清水信文学選）　2005.12

◇金沢の三文豪—鏡花・秋声・犀星　北国新聞社　2003.8　①4-8330-1159-X

◇室生犀星—戦争の詩人・避戦の作家　伊藤信吉著　集英社　2003.7　①4-08-774644-5

◇犀星—室生犀星記念館　室生犀星記念館　2002.8

◇室生犀星　庄司肇著　沖積舎　（庄司肇コレクション）　2001.8　①4-8060-6588-9
＊従来、犀星の代表作とされてきたものは未熟な習作にすぎず、最晩年の短篇群に初めて犀星の真面目が輝き現われた。融通自在な語り口による、発見の喜びにあふれた画期的な室生犀星論。なかに小粒だがピリリとくる井伏鱒二論・小山清論を併録。

◇犀星襍記　林土岐男著　竜書房　2001.1　①4-947734-44-2

◇室生犀星伝　本多浩著　明治書院　2000.11　①4-625-65301-0
＊『室生犀星文学年譜』の著者による伝記。自叙伝から誤解が生じ、その誤解が独り歩きし事実となっている部分を正すべく配慮した。

◇我が愛する詩人の伝記にみる室生犀星　葉山修平編著　竜書房　2000.9　①4-947734-34-5

◇室生犀星寸描　大森盛和, 葉山修平編著　竜書房　2000.9　①4-947734-36-1

◇論集室生犀星の世界　上　室生犀星学会編　竜書房　2000.9　①4-947734-33-7

◇回想の室生犀星—文学の背景　田辺徹著　博文館新社　2000.3　①4-89177-985-3
＊犀星と同郷であるのみならず、父が犀星の幼な友だちであり、早くから犀星の作品に親しみ、また、室生家に住み込んで、よそゆきでない犀星に接してきた著者の肌身の体験に基づく回想録。

◇室生犀星への/からの地平　大橋毅彦著

教科書に載った日本史人物1000人　**655**

室生犀星

若草書房　2000.2　Ⓘ4-948755-60-5

◇犀星―句中游泳　星野晃一著　紅書房
2000.1　Ⓘ4-89381-142-8
＊生涯 “俳魔” を友として生きた犀星。犀
星俳句の魅力にとりつかれた著者は、い
つしか自らの研究室をとび出し、犀星
俳句の世界に游泳し、さらに広がりの
ある視点から犀星文学の本質を浮彫り
にした。研究者ならではの緻密な考証
とはば広い知識を生かし、研究書をは
るかに超えた魅力を持つ新しい犀星論。

◇富岡多恵子集　9　評論　富岡多恵子著
筑摩書房　1999.5　Ⓘ4-480-71079-5
＊『抒情小曲集』の詩篇の新しさとはなに
か？　詩人はなぜ小説の世界へ重心を移
していったのか？　これらの問いを中心
にすえて、犀星詩の魅力のポイントを
縦横に論じる。『銀の匙』ははたして郷
愁と浄化の書だろうか？　幼女への激し
い求愛と女性へのほとんど理由不明の
忌避で彩られる作家の生涯の謎をスリ
リングに読み解く。

◇晩年の父犀星　室生朝子著　講談社　（講
談社文芸文庫）　1998.3　Ⓘ4-06-197608-7
＊昭和三十六年夏、軽井沢滞在中の犀星
は、軽い胸痛を覚え帰京後入院。翌年
春、詩「老いたるえびのうた」を遺して
肺癌で逝去。本書は、病臥の父の姿を
克明に綴り、最期まで作家の想いを共
に生きた娘の鎮魂の書。犀星が晩年に
身近に隠し置いた女性二人の存在を明
かし、微妙に揺れる娘としての心情を
書く「三人の女ひと」併録。

◇犀星のいる風景　笠森勇著　竜書房
1997.12　Ⓘ4-947734-02-7

◇室生犀星・草野心平―風来の二詩人　大正
の叙情小曲と昭和の詩的アナキズム　第4回
企画展　群馬県立土屋文明記念文学館編
群馬県立土屋文明記念文学館　1997.10

◇室生犀星―創作メモに見るその晩年　星
野晃一著　踏青社　1997.9
Ⓘ4-924440-35-3
＊新たに見出された最晩年の創作メモを通
して人間犀星の内面の真実を探り、詩と
小説の世界に個性的で多彩な境地を切り
開いた犀星文学の本質を明らかにする

◇中野重治全集　第17巻　斎藤茂吉ノート・
室生犀星　定本版　中野重治著　筑摩書
房　1997.8　Ⓘ4-480-72037-5
＊戦時下の困難な条件のもとで、最も日
本的な文学を腑分けしてその本質を明
らかにしようとした茂吉論は、著者の
文学論の最高の成果といえる。また、
文学上・人生観上の直接の師、犀星を
語った文章は、著者の文学との関りの
特質を遺憾なく示している。

◇(評伝)室生犀星　船登芳雄著　三弥井書
店　（三弥井選書）　1997.6
Ⓘ4-8382-9037-3
＊犀星の50年の文学活動の中で確定でき
ないままの生母論争に一石を投じる一
方知られざる無名時代の活動と交流の
軌路を鮮明にする多年の研究成果を書
き下ろした初の本格評伝。

◇室生犀星　富岡多恵子著　筑摩書房　（ち
くま学芸文庫）　1994.8
Ⓘ4-480-08150-X
＊なぜ詩人・室生犀星は小説を書くよう
になっていったのか。そして、なぜ小
説家になったあとも、死ぬまで詩を棄
てずに作り続けたのか。北原白秋や荻
原朔太郎を感動させた『抒情小曲集』か
ら晩年の『昨日いらっしって下さい』に
至るまで、生涯を通じて、詩人がウタ
（詩）の向こうに何を見出だしたか、何
を受け取ったかを、ダイナミックにか
つ繊細に探り出した傑作評伝。

◇室生犀星　豊長みのる編著　蝸牛社　（蝸
牛俳句文庫）　1993.4　Ⓘ4-87661-217-X

◇室生犀星―幽遠・哀惜の世界　星野晃一
著　明治書院　（国文学研究叢書）
1992.10　Ⓘ4-625-58058-7

◇父 室生犀星　室生朝子著　三笠書房
（知的生きかた文庫）　1992.7
Ⓘ4-8379-0522-6
＊室生犀星の代表作の1つ『杏っ子』の主
人公であり、父の愛情を一身に受けた
著者が、鋭い分析力と叙情あふれる筆
致で陰影に富む父の日常生活、心理、性
格、女性関係、それらに揺れる娘心を愛
情こめて鮮やかに描く。

【め】

明治天皇　めいじてんのう

1852〜1912　明治期の第122代天皇。大日本帝国憲法、教育勅語の発布など近代の天皇制国家を完成させた。歌人としても秀れる。

◇天皇の歴史　7　明治天皇の大日本帝国　大津透，河内祥輔，藤井讓治，藤田覚編集委員　西川誠著　講談社　（講談社学術文庫）　2018.6　①978-4-06-511851-1

◇明治大帝　飛鳥井雅道著　文芸春秋　（文春学芸ライブラリー　歴史）　2017.12　①978-4-16-813072-4

◇ドナルド・キーン著作集　第14巻　明治天皇　下　ドナルド・キーン著　角地幸男訳　新潮社　2016.9　①978-4-10-647114-8

◇ドナルド・キーン著作集　第13巻　明治天皇　中　ドナルド・キーン著　角地幸男訳　新潮社　2015.11　①978-4-10-647113-1

◇ドナルド・キーン著作集　第12巻　明治天皇　上　ドナルド・キーン著　角地幸男訳　新潮社　2015.7　①978-4-10-647112-4

◇明治天皇―近代日本の基を定められて　勝岡寛次著　明成社　（まほろばシリーズ）　2014.1　①978-4-905410-27-0
　＊本書は、近代国家日本の基礎をかためられた明治天皇の御事績を、子供たちにも分かりやすく、やさしい文章で綴っています。

◇明治天皇　新版　里見岸雄著　錦正社　2013.4　①978-4-7646-5107-4
　＊時代を超えて指標とすべき明治天皇の思想・人格・統治の全貌。国体学の最高権威による名著、今ここに堂々復刊。

◇絵画と聖蹟でたどる明治天皇のご生涯　打越孝明著，明治神宮監修　新人物往来社　2012.7　①978-4-404-04209-5
　＊明治神宮・聖徳記念絵画館所蔵の名画群、ついに書籍化！　小堀鞆音、前田青邨、鏑木清方、二世五姓田芳柳、藤島武二、和田三造…。日本を代表する画家たちが腕を競った、明治天皇のご生誕から崩御までを描いた名画の数々をこの一冊に収録。

◇明治天皇とその時代―『明治天皇紀附図』を読む：明治天皇百年祭記念　五姓田芳柳画，明治神宮監修，米田雄介編　吉川弘文館　2012.7　①978-4-642-08079-8
　＊明治天皇とその激動の時代を記録した歴史資料『明治天皇紀』。その本文記述の理解を深めるために描かれた『明治天皇紀附図』（宮内庁蔵）を、明治天皇百年祭にあたり公刊。各図の解説をもとに「明治」が鮮やかに甦る。臨時帝室編修局の命を受けて二世五姓田芳柳が手がけた全81葉の水彩画は、近代洋画黎明期の作例を理解するための美術資料としても貴重。

◇天皇の歴史　07巻　明治天皇の大日本（だいにっぽん）帝国　西川誠著　講談社　2011.7　①978-4-06-280737-1
　＊幕末の混乱の中で皇位に就いた一六歳の少年は、いかにして「建国の父祖」の一員へと成長したか。京都を離れて江戸城跡に新宮殿を構え、近代憲法にその存在を規定された天皇の政治への意思とは。神道の主宰者にして「欧化」の象徴であり、巡幸と御真影でその姿を見せ続け、国民国家の形成とともに「万国対峙」を追求した「我らの大帝」の時代を描く。

◇天皇陛下の一世紀―明治・大正・昭和のご足跡　皇室資料保存会編　ピーエヌサービス　2011.1

◇明治天皇と維新の群像―明治維新百四十年記念秋季特別展　木村幸比古監修，明治神宮宝物殿編　明治神宮　2008.10

◇明治天皇―むら雲を吹く秋風にはれそめて　伊藤之雄著　ミネルヴァ書房　（ミネルヴァ日本評伝選）　2006.9　①4-623-04719-9
　＊明治天皇（一八五二〜一九一二、在位一八六七〜一九一二）激動の幕末に一四歳で即位した時には、無力なシンボル的君主であったが、明治憲法ができる頃に政治権力を確立。憲法にふさわしい調停的な政治関与、絶妙のバランス感

教科書に載った日本史人物1000人　**657**

覚、頑固な性格、表と違う奥の生活など、これまで明らかにされてこなかった人物像を、新資料から描き出す。

◇明治天皇─苦悩する「理想的君主」 笠原英彦著 中央公論新社 （中公新書）2006.6 ①4-12-101849-4

◇明治天皇を語る ドナルド・キーン著 新潮社 （新潮新書） 2003.4 ①4-10-610001-0
＊前線兵士の苦労を想い、率先して質素な生活に甘んじる。ストイックなまでに贅沢を戒めるその一方で、実は大のダイヤモンド好き。はたまた大酒飲みで風呂嫌い─。かつて極東の小国に過ぎなかった日本を、欧米列強に並び立つ近代国家へと導いた偉大なる指導者の実像とは？ 日本文化研究の第一人者が、大帝の素顔を縦横無尽に語り尽くす。

◇明治大帝 飛鳥井雅道著 講談社 （講談社学術文庫） 2002.11 ①4-06-159570-9
＊数え十六歳で践祚し、新生日本の進路をめぐる理念や思惑が交錯するなか、明治という多難な時代と一体となって生きた明治天皇。天子としての権威と天皇としての権力とを一身に体現する彼のもと、日本は内乱期を乗り越え、近代的な国家体制を確立し、日清・日露の両戦争に勝利…。史上唯一「大帝」と呼ばれた天皇睦仁の生涯を照射し、その実像に迫る。

◇明治天皇─幕末明治激動の群像 新人物往来社 （別冊歴史読本） 2002.5 ①4-404-03010-X

◇春の皇后─小説・明治天皇と昭憲さま 出雲井晶著 中央公論新社 （中公文庫）1999.2 ①4-12-203348-9
＊ピエル・ロチから「春の皇后」と称し奉られた昭憲さまは、新しい時代の皇后にふさわしく、女子教育や人道事業等に心をそそぐ一方、文藻にも恵まれ多くの御製を遺された。激動の幕末に生を享け、文明開化の新時代を明治天皇と共に担い、ひたむきに生きた、一人の女性・昭憲皇后の濃やかな愛と苦悩を描く。

◇明治天皇 上巻 杉森久英著 学陽書房 （人物文庫） 1997.5 ①4-313-75029-0

◇明治天皇 下巻 杉森久英著 学陽書房 （人物文庫） 1997.5 ①4-313-75030-4

◇明治天皇さま 改訂新版 木村徳太郎著 日本出版放送企画 1995.7 ①4-7952-5340-4

◇明治大帝 飛鳥井雅道著 筑摩書房 （ちくま学芸文庫） 1994.1 ①4-480-08111-9
＊いとけなき京の「天子様」は、明治維新のなかで日本の「天皇」へとドラスティックに変貌をとげる。幼冲の天子は、いかにして大帝となったのか？ 誕生から崩御まで、幕末・明治史のなかにその生涯を跡づけ、近代天皇制の成立と構造を探る、力作評伝。

【も】

▌毛利敬親　もうりたかちか
1819～1871　江戸時代末期, 明治期の長州藩主。下関で外国船を砲撃し攘夷を実行、禁門の変で官位剝奪。

◇名君毛利敬親 小山良昌著 萩ものがたり （萩ものがたり） 2017.4 ①978-4-908242-03-8

◇そうせい公─ぶらり見て歩き 毛利敬親公 石川和朋著 〔石川和朋〕 2013.10

▌毛利輝元　もうりてるもと
1553～1625　安土桃山時代, 江戸時代前期の大名, 五大老。安芸広島の大大名だったが関ヶ原の戦いで西軍の主将に推され、戦後周防・長門のみに減封された。

◇毛利輝元─西国の儀任せ置かるの由候 光成準治著 ミネルヴァ書房 （ミネルヴァ日本評伝選） 2016.5 ①978-4-623-07689-5

◇秀吉の接待─毛利輝元上洛日記を読み解く 二木謙一著 学習研究社 （学研新書） 2008.2 ①978-4-05-403468-6
＊時は天正十六年（一五八八）、舞台は豊臣秀吉の人誑しの凄さと絢爛たる桃山文化が開花し、秀吉の手により改造さ

れた京都。西国の雄・毛利輝元は秀吉に初めて対面するため緊張と不安が入り混じるなか、上洛の旅に出る。そこに待ち受ける関白秀吉のもてなしとは。

毛利元就　もうりもとなり

1497～1571　戦国時代の大名。安芸の国人だったが、陶氏・大内氏を滅ぼし安芸・周防・長門の戦国大名に成長。のち尼子氏も滅ぼし、中国全域を領有する大大名となった。三本の矢の逸話は有名。

◇武田信玄と毛利元就―思いがけない巨大な勢力圏　鴨川達夫著　山川出版社　（日本史リブレット）　2011.4
　①978-4-634-54843-5
　＊信玄・元就のイメージは、大きく変わるかもしれない。武田信玄と毛利元就は、いうまでもなく、東日本・西日本を代表する戦国武将である。すでに数多くの研究が行われてきた。しかし、彼らのイメージは、まだ固まっていないというべきである。発見されるべき事実や、訂正されるべき通説は、意外にたくさん残っている。最新の研究が正しいとも限らない。冷静な目で信玄・元就の実像を見直したい。

◇毛利元就―戦国人物伝　加来耕三企画・構成・監修, すぎたとおる原作, 中島健志作画　ポプラ社　（コミック版日本の歴史）　2010.11　①978-4-591-12120-7
　＊計略で戦国を生き抜いた知将。両国一の武将が魅せる頭脳戦。

◇毛利戦記―大内、尼子を屠った元就の権謀　学研パブリッシング　（歴史群像シリーズ）　2010.3　①978-4-05-605850-5

◇知将・毛利元就―国人領主から戦国大名へ　池享著　新日本出版社　2009.2
　①978-4-406-05224-5
　＊戦国の動乱を駆けぬけた毛利元就。知将の生き様から戦国時代の本質にせまる。

◇週刊ビジュアル日本の歴史　no.122　戦国武将編, 毛利元就の覇業　2　デアゴスティーニ・ジャパン　2002.7

◇元就軍記―歴史小説　桜田晋也著　祥伝社　（祥伝社文庫）　2000.7　①4-396-32785-4

◇元就、そして女たち　永井路子著　中央公論新社　（中公文庫）　2000.3
　①4-12-203615-1
　＊山間の小領主から戦国大名となり、中国路の覇者となった毛利元就―。その波瀾の生涯と彼を支えた女たちを独自の視点でとらえ、梟雄・策謀家と呼ばれた従来の元就像を一新する。また女たちにとって戦国乱世とはどのような時代であったのか、女性史見直しの成果を踏えて描いた、女たちの戦国史でもある。

◇毛利元就―独創的経営法とリーダーシップ　童門冬二著　光人社　1999.11
　①4-7698-0939-5
　＊5歳で母に死なれ、10歳で父も他界。11歳のときに兄が京へ行き完全なみなし子に。あまりにも可哀相なので、なさぬ仲の父の側室の愛に育まれて人となった生い立ち、人間形成、精神構造等、内面心理を多角的に分析しつつ、逆境の時代を生きる現代企業組織の具体的諸問題に即しながら考察する話題作。

◇我、天下を望まず―毛利元就軍記　書き下ろし長編歴史小説　渡辺寿光著　祥伝社　1999.6　①4-396-63144-8
　＊毛利元就は、初陣に、わずか150人余りの兵を率いて、安芸武田の5000人の軍勢に挑んだ。この合戦の勝因は、最前線に登場する妹地党の働きにあった。奇妙な戦法…。以後、彼らは影の毛利軍として、元就の采配を支えることになる。生涯に240回の合戦をし、中国地方を制圧しながら全国制覇の野望を持たなかった元就の生きざまを描く歴史長編。

◇安西軍策―毛利元就合戦記　石黒吉次郎著　勉誠出版　（日本合戦騒動叢書）　1999.5　①4-585-05111-2
　＊『安西軍策』は、全七巻で、毛利家の元就、輝元、秀元、吉川元春、元長、広家、小早川隆景等にまつわる合戦記録で、ことにその中心は智将元就である。本書では、改訂史籍集覧第七冊の本文により、巻一から巻四まで、すなわち元就の死去の部分までを現代語に完訳し、巻五から巻七までは梗概で示した。

◇毛利元就と女たち　下　早乙女貢著　朝日出版社　1997.12　①4-255-97031-9

教科書に載った日本史人物1000人　**659**

毛利元就

＊知力、武力、愛欲を巧みに弄し息詰まる
　戦乱の世を生き抜く元就の半生を描いた
　決定版！ 秘められた元就の謎に迫る問
　題作。身辺を平定した元就、その矛先は
　中国地方制覇へと向けられる。直木賞作
　家会心の長編3部作、堂々ここに完結。

◇毛利元就―戦国異変史　3　秀吉の一日天
　下　吉岡道夫著　コスミックインターナ
　ショナル　（コスモノベルス）　1997.11
　Ⓘ4-88532-549-8

◇毛利元就　下　内館牧子著　日本放送出
　版協会　1997.10　Ⓘ4-14-005261-9
　＊大内、尼子、二大勢力の制圧にのり出し
　　た元就は、ついに中国地方の覇者へと
　　歩み出す。

◇元就と毛利両川　利重忠著　海鳥社
　1997.8　Ⓘ4-87415-196-5
　＊安芸の国人衆から中国10カ国の覇者に
　　駆け上った元就。次男・元春を山岳戦
　　に強く鬼吉川といわれた芸北の雄吉川
　　家に入れ、三男・隆景を強力な水軍をも
　　つ小早川家の養子として、堅固な毛利
　　両川体制を築いた。生き残りをかけた
　　元就の組織づくり。

◇史説・毛利元就―ふるさとの事績　福間
　健著　中国新聞社　1997.8
　Ⓘ4-88517-251-9

◇本当の元就―毛利家第十六代当主が語る
　毛利就挙著　同朋舎　1997.8
　Ⓘ4-8104-2427-8

◇毛利元就―その野望と群雄たち　世界文
　化社　（ビッグマンスペシャル）　1997.7
　Ⓘ4-418-97116-5

◇毛利元就―戦国異変史　2　天下大乱　吉
　岡道夫著　コスミックインターナショナ
　ル　（コスモノベルス）　1997.7
　Ⓘ4-88532-521-8

◇智謀の人 毛利元就　古川薫ほか著　中央
　公論社　（中公文庫）　1997.6
　Ⓘ4-12-202872-8
　＊大内・尼子の二大強国をほふり、戦国大
　　名となった毛利元就は力で押す猛将で
　　はなく、頭脳で戦う文字通りの智将で
　　あった。戦場以外の政治的策略に絶妙
　　の手腕を発揮した謀略戦、一族結束の

シンボル・三矢の訓、毛利家の女たち、
言行録など、人間・元就の魅力と虚実の
生涯を多角的にさぐる。

◇毛利元就と女たち　中　早乙女貢著　朝
　日出版社　1997.6　Ⓘ4-255-97015-7

◇毛利元就　中　内館牧子著　日本放送出
　版協会　1997.5　Ⓘ4-14-005260-0
　＊中国地方は二大勢力、大内と尼子の激
　　突へと日々、緊迫の度を増していった。
　　元就は、迫り来る巨大な暗雲を予感し
　　始めていた。

◇毛利元就と墓標ハリイブキ　篠原起昌著
　ヒラモト印刷（印刷）　1997.5

◇毛利元就卿伝　限定特装版　三卿伝編纂
　所編, 渡辺世祐監修　マツノ書店　1997.5

◇毛利元就の人間学―家康が学んだ遅咲き
　の人生　中江克己著　ぴいぷる社
　1997.4　Ⓘ4-89374-116-0
　＊五十歳をすぎてから歴史の表舞台に登
　　場し、のちの家康の手本となった遅咲
　　きの知将・元就。その生涯を貫く深い
　　人間洞察が、五百年の歳月を越えて現
　　代人に訴えかける。

◇毛利元就天下取りの船―戦国異変史　吉
　岡道夫著　コスミックインターナショナ
　ル　（コスモノベルス）　1997.3
　Ⓘ4-88532-509-9

◇元就軍記　下巻　桜田晋也著　徳間書店
　1997.2　Ⓘ4-19-860647-1
　＊構想に5年、執筆に丸2年を費して、戦
　　国乱世を勝ち抜いた毛利元就の生涯を
　　とらえ、その生きる姿勢を現代社会に
　　問いかけた野心作。

◇毛利元就―はかりごと多きは勝つ　秀吉が、
　そして家康が畏怖した男　堺屋太一ほか
　著　プレジデント社　1997.2
　Ⓘ4-8334-1625-5
　＊戦闘で信長を凌ぎ、調略で秀吉を越え、
　　持続力では家康を陵駕!!75年の生涯を現
　　役で通した、その「堂々たる晩成」の
　　秘密。

◇毛利元就と二男吉川元春山陰制覇の戦
　河本英明編著　いなば庵　1997.2

◇「毛利元就」なるほど百話―NHK大河ド

660　教科書に載った日本史人物1000人

ラマの人物像がよくわかる　大衆文学研究会編　広済堂出版　（広済堂ブックス）　1997.2　①4-331-00760-X
＊作家・文芸評論家十人十話で知将・元就を解剖する厳選百話!!必読！　縄田一男の「毛利元就の本」徹底分析。

◇智将 毛利元就・勝利の方程式99　藤田公道著　成美堂出版　（成美文庫）　1997.1　①4-415-06457-4
＊戦国の世、小豪族から大望を抱き、まれにみる知謀知略で、ついには西国の覇者としての地位を築いた毛利元就。3人の息子に、協力して家名を守るよう教えた「三矢の訓」は、元就を語るうえで有名なエピソードだが、その他にも現代のビジネス社会に生きる私たちに示唆を与える数多くの知恵を残している。

▌**最上徳内**　もがみとくない
1755～1836　江戸時代中期, 後期の北方探検家。アイヌ交易の改善に尽力。

◇私の徳内紀行―最上徳内の足跡を訪ねて　菊地栄吾著　菊地栄吾　2016.2

◇北冥の白虹―小説・最上徳内　乾浩著　新人物往来社　2003.4　①4-404-03122-X
＊和人として初めて択捉島・得撫島に足跡を印した北方探検家・最上徳内―。北方探検に賭けた徳内の苦闘と生きざまを描く渾身の書き下ろし長編歴史小説。

▌**黙庵**　もくあん
？～1345？　鎌倉時代後期, 南北朝時代の画僧。元に渡り楚石梵琦らに師事。作品に「布袋図」「四睡図」など。

◇水墨美術大系　第5巻　可翁・黙庵・明兆　田中一松著　講談社　1978.10

▌**モース**　Morse, Edward Sylvester
1838～1925　明治期のアメリカの動物学者。東京大学初代動物学教授。大森貝塚を発見。日本の考古学を指導。著書に「日本その日その日」。

◇明治のこころ―モースが見た庶民のくらし　小林淳一, 小山周子編著　青幻舎

2013.9　①978-4-86152-409-7
＊豊かさより、便利さより、大切なものがあった。自然を愛し、ものを大切にし、日々を楽しみ、正直に生きる。大森貝塚の発見者として知られるモースが感動した130年前の日本。アメリカ最古のピーボディー博物館、ボストン美術館所蔵モース・コレクションより生活民具、写真、スケッチなど約600点を収録。

◇日本考古学の原点・大森貝塚　加藤緑著　新泉社　（シリーズ「遺跡を学ぶ」）　2006.12　①4-7877-0731-0
＊いまから一三〇年前の明治一〇年六月、来日すぐのモースは、汽車で横浜から東京に向かう途中、大森停車場をすぎたところで線路際に露出した貝塚を発見した。―こうして始まる日本最初の考古学的発掘と刊行された報告書の内容と特徴をわかりやすく解説する。

◇モースのスケッチブック　中西道子著, エドワード・シルヴェスター・モース原画　雄松堂出版　（新異国叢書 第3輯）　2002.10　①4-8419-0297-X
＊ピーボディ博物館・個人所蔵の日記・手紙などからスケッチを集め、モースの人物像を浮き彫りにする。貝類・日本の風景・陶器類など未発表のものを含む貴重な図版を多数収録。

◇モース博士と大森貝塚―大森貝塚ガイドブック　改訂版　品川区立品川歴史館編　品川区立品川歴史館　2001.9

◇ハーン、モース、グリフィスの日本　R.A.ローゼンストーン著, 杉田英明, 吉田和久訳　平凡社　1999.10　①4-582-46004-6
＊極東の異国を訪れた者の眼に映ったものは一体何だったのか。明治期の日本に足跡を記した3人のアメリカ人に光をあて、その生涯と思想を対比的にとらえた画期的評伝。

◇モースの贈り物―甦る100年前の日本　ジョン・E.セイヤー, 守屋毅ほか著　小学館　1992.5　①4-09-358022-7
＊明治10年に来日し、大森貝塚を発見したモース。日本の文化を深く愛し、3万点を超える貴重な日本の民具をアメリカに持ち帰り、保存した。その偉業を

称える7人が、秀逸なモース論を展開。

◇モースの見た北海道　鵜沼わか編著　北海道出版企画センター　1991.10
①4-8328-9105-7

◇私たちのモース―日本を愛した大森貝塚の父　東京都大田区立郷土博物館編　大田区立郷土博物館　1990.9

▌以仁王　もちひとおう

1151～1180　平安時代後期の後白河天皇の皇子。平氏追討の令旨を発し、全国の源氏が蜂起する契機を作った。源頼政とともに宇治で戦死。

◇皇子・逃亡伝説―以仁王生存説の真相を探る　柿花仄著　MBC21，東京経済〔発売〕　1993.8　①4-8064-0364-4
＊平家の軍勢に殺されたとされている後白河天皇の第三皇子、以仁王―。その足跡の中に"生きていた"事実が。越後小国に伝わる二つの巻物を突破口に、以仁王伝説の謎に迫まる。

▌本居宣長　もとおりのりなが

1730～1801　江戸時代中期，後期の国学者。「古事記伝」の著者。

◇本居宣長―近世国学の成立　芳賀登著　吉川弘文館　（読みなおす日本史）　2017.3　①978-4-642-06723-2

◇宣長にまねぶ―志を貫徹する生き方　吉田悦之著　致知出版社　2017.2
①978-4-8009-1139-1

◇本居宣長　吉田悦之著　創元社　（日本人のこころの言葉）　2015.5
①978-4-422-80068-4

◇本居宣長の思想構造―その変質の諸相　水野雄司著　東北大学出版会　2015.3
①978-4-86163-252-5

◇本居宣長の不思議　新版　鈴屋遺蹟保存会本居宣長記念館編　鈴屋遺蹟保存会本居宣長記念館　2013.11

◇宣長の世界―松坂の一夜250年記念　鈴屋遺蹟保存会本居宣長記念館　2013.7

◇宣長ってどんな人？　　鈴屋遺蹟保存会本

居宣長記念館　2012.7

◇宣長・鈴屋関係資料集　研究篇3　本居宣長翁全伝　中沢伸弘，宮崎和広編・解説　山田勘蔵著，本居清造編　クレス出版　2012.4　①978-4-87733-648-6，978-4-87733-651-6（set）

◇不可解な思想家 本居宣長―その思想構造と「真心」　渡辺清恵著　岩田書院　2011.6　①978-4-87294-689-5

◇本居宣長　相良亨著　講談社　（講談社学術文庫）　2011.6　①978-4-06-292056-8
＊漢意を否定し、われわれは現に日本人を支えてきた秩序によって生きるしかないという神道論を展開。文芸においては物のあわれを主張した宣長。その思想を追うことは、今日のわれわれ自身を知り、未来に生かすべきものと、同時に克服すべきものも見出すことだと著者はいう。日本思想史に決定的な影響を与えた宣長の本質を鮮やかに浮き彫りにした名著。

◇本居宣長の不思議　鈴屋遺蹟保存会本居宣長記念館編　鈴屋遺蹟保存会本居宣長記念館　2011.3

◇本居宣長　上巻　9刷改版　小林秀雄著　新潮社　（新潮文庫）　2007.6
①978-4-10-100706-9

◇本居宣長　下巻　7刷改版　小林秀雄著　新潮社　（新潮文庫）　2007.6
①978-4-10-100707-6

◇増補 本居宣長　1　増補版　村岡典嗣著，前田勉校訂　平凡社　（東洋文庫）　2006.1　①4-582-80746-1
＊小林秀雄が、今なお宣長をめぐる最もすぐれた研究と評した、若き村岡の古典的名著。日本思想史学の誕生をしるすものでもあるこの書に新たに関連論文を増補して、待望の復刊。

◇本居宣長とは誰か　子安宣邦著　平凡社　（平凡社新書）　2005.11
①4-582-85297-1
＊江戸中期の学者・本居宣長とはいったい誰か？　昭和前期には皇国思想と結び付けられてきた歴史がある。そもそも宣長は、「日本」というアイデンティ

662　教科書に載った日本史人物1000人

本居宣長

ティを考察した最初の思想家だということができる。賀茂真淵との出会い、『源氏物語』と「物のあはれ」、大著『古事記伝』の執筆、上田秋成との論争、そして死。宣長の思想の発展に従って、十の問いを設定し、それに答える形で記述した宣長入門書の決定版。

◇宣長・秋成・蕪村　日野竜夫著　ぺりかん社　（日野竜夫著作集）　2005.5
①4-8315-1103-X
＊儒学と国学、漢詩と俳諧。近世中期文学の思想史。

◇21世紀の本居宣長　川崎市市民ミュージアム［ほか］編　朝日新聞社　2004.9

◇本居宣長の国語教育―「もののあはれをしる」心を育てる　浜本純逸著　渓水社　2004.4　①4-87440-787-0

◇本居宣長―言葉と雅び　改訂版　菅野覚明著　ぺりかん社　2004.3
①4-8315-1084-X

◇秋成と宣長―近世文学思考論序説　小椋嶺一著　翰林書房　2002.6
①4-87737-152-4

◇宣長さん―伊勢人の仕事　中根道幸著　和泉書院　2002.4　①4-7576-0142-5
＊伊勢人の視座から、生い立ちと仕事を追う、本居宣長研究の画期的な大著。とくに青春期の日常を照射して数々の創見が提出されている。一般の人々には新しい見方を伝え、研究者には問題を提起する。絶筆となった著者のライフワーク。

◇山桜の夢―宣長残照　藤井滋生著　新風書房　2002.3　①4-88269-495-6

◇本居宣長事典　本居宣長記念館編　東京堂出版　2001.12　①4-490-10571-1
＊本居宣長の学問芸術は、「日本」とは何かという根本的な問題へと発展してゆく。それは、借り物ではない自分の目で見、自分の頭で考える方法であった。本事典は、宣長とその周辺の人物、宣長の著書と関連書、さらには国学の事項について、最新の研究成果を盛りこみ、解説したものである。

◇平田篤胤の世界　子安宣邦著　ぺりかん社　2001.10　①4-8315-0984-1

＊神道の講説家篤胤、幽界の探求者篤胤、国学的宇宙論の形成者篤胤、山師を称される篤胤、近世後期に登場したこの特異な国学者平田篤胤―日本思想史を革新しつづける著者が、篤胤独自の思想世界をあきらかにする。

◇本居宣長の学問と思想　芳賀登著　雄山閣出版　（芳賀登著作選集）　2001.9
①4-639-01743-X,4-639-01638-7

◇本居宣長　子安宣邦著　岩波書店　（岩波現代文庫 学術）　2001.7
①4-00-600058-8
＊「日本とは何か」「日本人とは何か」が問われるとき、本居宣長が甦る。何ゆえに宣長は近代にたえず再生するのか。宣長畢生の大業『古事記伝』を徹底的に読み直した著者は、そこに日本をめぐる語りの原型があるからだと見る。近代日本の「神」の言説を強く呪縛してきた『古事記伝』の自己神聖化の言説を解体する衝撃的読解。

◇2001年宣長探し　三重県松阪地方県民局　2001.3

◇「宣長問題」とは何か　子安宣邦著　筑摩書房　（ちくま学芸文庫）　2000.12
①4-480-08614-5
＊「宣長問題」とは、宣長とともにたえず近代に再生する日本の自己同一性をめぐる言説の問題である。「宣長」はいつでも人々の関心のうちに存在しても、しかし「宣長問題」はない。この欠落がもつ思想上の意味の重大さを指摘しながら著者は、宣長におけるあの再生する言説の初源的な成立を解き明かす。「やまとことば」という日本の言語的同一性が、宣長によっていかに危うい前提に立って生み出されていくかを鮮やかに分析していく。その作業は近代日本の核をなす日本的内部を成形するものへの徹底した批判的な言説分析の実践である。それは明日に向けて、私たちの視座の転換を促すものである。

◇本居宣長の生涯―その学の軌跡　岩田隆著　以文社　1999.2　①4-7531-0200-9
＊『古事記伝』の完成に一生を費した宣長は、また、親思いで子煩悩、恐妻家で、

教科書に載った日本史人物1000人　**663**

町内の諸行事や歌会にまめに参加する、すぐれて人間的な生涯を送った人でもあった。本書は、言語をとおして人間存在にこだわり続けた本居宣長の基礎的入門である。

◇本居宣長の歌学　高橋俊和著　和泉書院（研究叢書）　1996.1　Ⓘ4-87088-743-6

▌本木昌造　もときしょうぞう
1824〜1875　江戸時代末期，明治期の蘭学者，技術者。活版印刷の先駆者。著書に「蘭和通弁」。

◇日本語活字ものがたり―草創期の人と書体　小宮山博史著　誠文堂新光社　（文字と組版ライブラリ）　2009.1　Ⓘ978-4-416-60902-6

◇本木昌造と日本の近代活字　高橋律夫編　大阪府印刷工業組合　2006.9

◇「活字文明開化―本木昌造が築いた近代」図録―印刷博物館開館三周年記念企画展　凸版印刷印刷博物館　2003.10

◇活版印刷紀行―キリシタン印刷街道・明治の印刷地図　青山敦夫著　印刷学会出版部　1999.7　Ⓘ4-87085-160-1
　＊日本で活版印刷の誕生は二度あった。最初は天正遣欧少年使節によって島原の加津佐でスタート。二度目はそれから250年後の長崎が出発点。いまや失速寸前の活版印刷誕生の地を訪ねて著者が見たものは聞いたものは。

▌元田永孚　もとだながざね（えいふ）
1818〜1891　江戸時代末期，明治期の熊本藩士，儒学者。「教学大旨」「幼学綱要」を編纂，教育勅語の起草。

◇元田永孚と明治国家―明治保守主義と儒教的理想主義　沼田哲著　吉川弘文館　2005.6　Ⓘ4-642-03772-1
　＊儒学者として明治天皇の人格形成に影響を与えた元田永孚。その思想形成・国憲論・国教論・対外観を横井小楠の儒学思想との関係とともに解明。儒教的理想主義が近代化に果たした役割を探り、近代保守主義の展開を考える。

▌物部守屋　もののべのもりや
？〜587　飛鳥時代の廷臣。（大連）。大連物部目の曾孫。蘇我馬子と対立し、兵を挙げたが敗死した。

◇なにわ大坂をつくった100人―その素顔を探し求めて 歴史は生きている最新フィールドノート　古代―15世紀篇　関西・大阪21世紀協会編著　澪標　2018.8　Ⓘ978-4-86078-413-3

◇古代史悪党列伝―「正史」に封印された謎と真実　関裕二著　主婦と生活社　（プラチナBOOKS）　2008.6　Ⓘ978-4-391-13575-6
　＊蘇我入鹿は正義の改革者だった！「歴史の勝者」こそ本当の"ワル"である。スサノオ、ヤマトタケル、中大兄皇子、中臣鎌足、持統天皇、物部守屋、恵美押勝、行基、道鏡ほか全24人の"ワル"。

◇磐舟の光芒　上　黒岩重吾著　講談社　1993.5　Ⓘ4-06-206354-9
　＊武勇の大連（神祇派）物部守屋VS.智謀の大臣（崇仏派）蘇我馬子。益々熾烈化する二人の対立。黒岩古代史小説の新境地。

◇磐舟の光芒　下　黒岩重吾著　講談社　1993.5　Ⓘ4-06-206355-7
　＊武勇の大連（神祇派）物部守屋VS.智謀の大臣（崇仏派）蘇我馬子。遂に物部・蘇我合戦に突入。黒岩古代史小説の醍醐味。

▌森有礼　もりありのり
1847〜1889　明治期の政治家，教育家。駐英公使。初代文相着任中、学制を全般的改正・学校令を公布。

◇森有礼が切り拓いた日米外交―初代駐米外交官の挑戦　国吉栄著　勉誠出版　2018.7　Ⓘ978-4-585-22213-2

◇極東三国〈シナ・朝鮮・日本〉の歴史認識　国嶋一則著・訳　公論社　2013.6　Ⓘ978-4-7714-1301-6

◇国家と教育―森有礼と新島襄の比較研究　井上勝也著　晃洋書房　2000.3　Ⓘ4-7710-1146-X

◇森先生伝―伝記・森有礼　木村匡著　大空社　（伝記叢書）　1987.9

▌森鷗外　もりおうがい
1862〜1922　明治、大正期の陸軍軍医、小説家、評論家。陸軍軍医総監。著書に「舞姫」「雁」「高瀬舟」など多数。

◇軍服を脱いだ鷗外―青年森林太郎のミュンヘン　美留町義雄著　大修館書店　2018.7　①978-4-469-22264-7

◇森鷗外―もう一つの実像　オンデマンド版　白崎昭一郎著　吉川弘文館　（歴史文化ライブラリー）　2017.10　①978-4-642-75439-2

◇ドーダの人、森鷗外―踊る明治文学史　鹿島茂著　朝日新聞出版　2016.9　①978-4-02-251401-1

◇森鷗外　新装版　河合靖峯著, 福田清人編　清水書院　（Century Books　人と作品）　2016.8　①978-4-389-40106-1

◇漱石と鷗外　斎藤明雄著　文芸社　2015.12　①978-4-286-16712-1

◇文豪の漢文旅日記―鷗外の渡欧、漱石の房総　森岡ゆかり著　新典社　（新典社選書）　2015.3　①978-4-7879-6821-0

◇森鷗外ドイツ三部作紀行―舞姫・うたかたの記・文づかひ　ベルリン・ミュンヘン・ライプチヒ・ドレスデンの旅　田中幸昭著　竹林館　2014.12　①978-4-86000-295-4

◇軍医森鷗外のドイツ留学　武智秀夫著　思文閣出版　2014.6　①978-4-7842-1754-0

◇森鷗外明治知識人の歩んだ道　改訂新版　山崎一穎監修, 森鷗外記念館編　森鷗外記念館　2014.3

◇森鷗外―日本はまだ普請中だ　小堀桂一郎著　ミネルヴァ書房　（ミネルヴァ日本評伝選）　2013.1　①978-4-623-06497-7
＊鷗外森林太郎（一八六二〜一九二二）作家・陸軍省官吏。陸軍軍医として二度の外戦に出征し、軍陣衛生学の実地に携る傍、詩人・作家・批評家として当代の文学界に指導的役割を演じた。一方精力的な翻訳家として泰西の古典から現代に至る文芸・哲学・医学・軍事学の綿密な紹介に厖大な業績を遺し、晩年には歴史叙述の新様式開拓に尽瘁した。その精励恪勤の生涯を明治精神史の象徴的一章として描破する。

◇森鷗外小倉時代の業績　出口隆著者代表　北九州森鷗外記念会　2012.12

◇森鷗外　国家と作家の狭間で　山崎一穎著　新日本出版社　2012.11　①978-4-406-05653-3
＊二つの生き方を歩んだ鷗外。その苦悩を現代に問う渾身の評伝。

◇鷗外の坂　森まゆみ著　中央公論新社　（中公文庫）　2012.9　①978-4-12-205698-5
＊団子坂、無縁坂、暗闇坂…。明治の文豪が暮らした坂のある町。その足どりを丹念に辿りながら、創作の軌跡と家族の肖像をたずねる。森鷗外の素顔と六〇年の起伏に富んだ生涯を、追慕を込めて描き出す渾身の評伝。芸術選奨文部大臣新人賞受賞作。

◇桂太郎と森鷗外―ドイツ留学生のその後の軌跡　荒木康彦著　山川出版社　（日本史リブレット人）　2012.5　①978-4-634-54891-6
＊幕末・明治期に欧米に留学した日本人が果たした歴史的役割を考察することなしに、日本の近代化は語ることができない。とくに、十九世紀の後半から二十世紀初めの日本とドイツの関係性から、ドイツ留学経験者のその後の軌跡は注目に値する。十九世紀後半にドイツに長期留学した桂太郎と森鷗外の動きを可能な限り一次史料で追い、それを通じ日本がドイツの国制・軍制・学術などを吸収して近代国家を構築していく過程の一端も明示する。

◇鷗外　森林太郎　復刻版　森潤三郎著　森北出版　2012.1　①978-4-627-97039-7
＊実弟による貴重な書。昭和17年刊行後、戦時下でさえ多くの人々に読み継がれた名著、時をへて30年ぶりに再復刻。

◇鷗外の恋　舞姫エリスの真実　六草いちか著　講談社　2011.3　①978-4-06-216758-1
＊森鷗外の名作「舞姫」。悲劇のヒロイ

ン、エリスのモデルとは誰か？ 世間を
騒がせてきた積年の謎をついに解明。
徹底的な調査によって次々に発見され
る新資料の数々。「舞姫」モデルの正体
に迫る過程は、ミステリー小説を読む
がごとくの興奮とドンデン返しの連続
—そして巻末近くで明らかになる、「エ
リス」との感動の対面！ 抜群の面白さ
と世紀の発見の記録。

◇鷗外の恋人—百二十年後の真実　今野勉
著　日本放送出版協会　2010.11
①978-4-14-081442-0
＊文豪・森鷗外の処女作にして最高傑作
『舞姫』。主人公が打ち捨てた美少女エリ
スの実像については謎が多かった。鷗外
が遺した「埋もれた遺品」をはじめとす
る新たな物証をもとに、今まで知られて
いなかった人物像に迫る。それは百二
十年前の儚い恋をたどる旅となった…。

◇父からの贈りもの—森鷗外と娘たち　せた
がや文化財団世田谷文学館学芸部学芸課編
せたがや文化財団世田谷文学館学芸部学
芸課　（世田谷文学館資料目録）　2010.10

◇鷗外のベルリン—交通・衛生・メディア
美留町義雄著　水声社　2010.8
①978-4-89176-797-6
＊鷗外が見聞した、2つの"帝国"の相貌。
代表作『舞姫』の舞台となるこの新興都
市で、少壮エリート森鷗外は何を実見
し、日本の現実へと変奏させたのか？
従来の人物像を刷新する、"都市空間の
文学"の試み。19世紀後半のドイツを再
現する貴重な図版、80点以上収録。

◇位相 鷗外森林太郎　須田喜代次著　双文
社出版　2010.7　①978-4-88164-594-9

◇評伝森鷗外　山崎国紀著　大修館書店
2007.7　①978-4-469-22189-3
＊十歳まで過ごした津和野藩の地政学的
意味。七十年来定説化していた「鷗外
史」の枠組みを解体。「翻訳作品」につ
いて、そのすべてに梗概と解説を付し、
従来看過されてきた翻訳者としての鷗
外を改めて評価。歴史小説・史伝文学
に新しい見解を提示。

◇晩年の父　小堀杏奴著　岩波書店　（岩波
文庫）　2006.6　①4-00-310981-3

＊仰ぎみる文豪でもなければ、軍服に身
を固めた軍医総監でもない鷗外。ここ
には、母や妻、子どもたちの中心とな
り、周囲に濃やかな愛情をそそいだ家
庭人の風貌が、少女の繊細な目を通し
て生き生きと描き出されている。著者
は鷗外の次女。父の死直前のほぼ1年の
思い出を綴る「晩年の父」ほか、「思出」
「母から聞いた話」などを収める。

◇森鷗外、史伝と探墓　村岡功著　〔村岡
功〕　2002.7

◇森鷗外不遇への共感　平岡敏夫著　おう
ふう　2000.4　①4-273-03121-3
＊鷗外は冷たいか？ その"不遇への共感"
に注目しつつ、新たな鷗外文学の受容
をめざす。『石川啄木論』『漱石—ある
佐幕派子女の物語』と、ゆるぎのない成
果を示してきた著者平岡敏夫がここに
初めて年来の鷗外論集を問う。

◇森鷗外明治人の生き方　山崎一穎著　筑
摩書房　（ちくま新書）　2000.3
①4-480-05837-0

◇森鷗外の手紙　山崎国紀著　大修館書店
1999.11　①4-469-22150-3
＊書簡でたどる鷗外60年の生涯。日本が
近代化路線をまっしぐらに進んでいた
時代、軍医として、文学者として、また
家長として生きた鷗外は、どのように
己れをつらぬいたのだろうか。書簡に
こめられた鷗外の思いを読み解く。

盛田昭夫　もりたあきお

1921～1999　昭和, 平成期の経営者。ソ
ニー社長。井深大とともに、ソニーを設
立。石原慎太郎との共著『『NO』と言え
る日本』で話題となった。

◇ソニー盛田昭夫—"時代の才能"を本気に
させたリーダー　森健二著　ダイヤモン
ド社　2016.4　①978-4-478-02869-8

◇MADE IN JAPAN—わが体験的国際戦略
新版　盛田昭夫, 下村満子著, 下村満子訳
PHP研究所　2012.1
①978-4-569-80191-9
＊経済成長が止まった今、「日本の奇跡」
を体現した名経営者に学ぶ。本書で綴

られる「汗と涙の営業物語」は、厳しいグローバル競争を勝ち抜くヒントに溢れている。ソニー創業者による唯一の「自伝的ビジネス戦略論」。

◇盛田昭夫危機の決断 日ノ丸トランジスタラジオ誕生の奇跡 横道直著 ゴマブックス 2009.5 ①978-4-7771-1362-0
＊アメリカ進出を果たしながら、販売の主導権を握れないソニー。盛田昭夫が下した「決別」という決断に迫る。

◇補佐役の企業家活動—盛田昭夫と藤沢武夫 四宮正親著 法政大学イノベーション・マネジメント研究センター（Working paper series 日本の企業家活動シリーズ） 2006.10

◇ソニースピリット—成長神話を支えた精髄 塩路忠彦著 NTT出版 2006.8 ①4-7571-2178-4
＊創業60周年の今、SONYに最も必要なもの、それは、井深大、盛田昭夫、大賀典雄というソニーの歴代の俊英たちが礎石を築いた精神基軸ではないか。今一度、その命脈に目覚めよ。ソニーの再興を確信して、成長神話を支えてきた独自のマネジメントの精髄を、鋭く描いた野心作。

◇ものづくり魂—この原点を忘れた企業は滅びる 井深大著,柳下要司郎編 サンマーク出版 2005.9 ①4-7631-9661-8
＊井深大が、本田宗一郎、盛田昭夫とともに深めた「ものづくり」への信念とは？すべての「行き詰まり」を打破するヒントがここにある。

◇大事なことはすべて盛田昭夫が教えてくれた 黒木靖夫著 ベストセラーズ（ワニ文庫） 2003.9 ①4-584-39171-8
＊強力なリーダーシップでソニーを世界的企業に育て上げた、盛田昭夫の天才的な経営手腕とスケールの大きさは、その人となりを知ることで初めて鮮明になる。分刻みのスケジュールの中でプライベートはどう過ごしたか？ 2万人を超える友好関係の顔ぶれは？ 怒ることの少なかった盛田の人心掌握術とは？ 34年もの間、盛田とともに歩み続け、等身大の"ミスターSONY"を見て

きた著者が、数々のエピソードを織りまぜながら解き明かす真実の「盛田論」。

◇盛田昭夫・佐治敬三本当はどこが凄いのか!!—これまで未公開の新事実で迫る偉大な起業家の実像と遺訓 黒木靖夫, 野村正樹著 講談社 2000.10 ①4-06-210510-1
＊「ソニー盛田・サントリー佐治」の新研究。不出世の名経営者2人の共通項と相違点を知り人生の勝者たるポイントを探る。

◇井深大・盛田昭夫日本人への遺産—「井深・盛田最後の対談」から、我々はなにを学ぶべきか 井深大, 盛田昭夫述, 幼児開発協会編 ロングセラーズ 2000.3 ①4-8454-0643-8
＊ソニーの奇跡は、ふたりの"夢"と"冒険"から始まった—未来だけを見つづけていたふたりが、過去を語り合った、最初で最後の一日。

◇希望の光に照らされて—盛田さんの思い出 ソニー129会事務局 2000.1

◇大事なことはすべて盛田昭夫が教えてくれた—ともに泣き、ともに笑った三十四年の回顧録 黒木靖夫著 ベストセラーズ 1999.12 ①4-584-18523-9
＊彼こそSONY製品の最高傑作だ。フロンティア精神を学び、戦後新しく生まれ変わった「JAPAN」の名を世界に広め、一企業経営者から突出した最後のサムライ・盛田昭夫こそ、"ソニー・スピリット"そのものだった。身近にいたから知り得た"愉快なる国際人"の素顔。

◇盛田昭夫語録 盛田昭夫研究会編 小学館（小学館文庫） 1999.3 ①4-09-416292-5
＊米誌『タイム』が選んだ、20世紀に最も影響力があった世界の経済人ら20人に、日本人でただ一人選ばれたのは、盛田昭夫ソニー前会長だった。盛田は井深とともに創業したソニーを世界のソニーに育てあげただけでなく、日本という国名とその技術を世界に知らしめた人物でもある。「自信のあるような顔をしろ」「ブランドは企業の生命」「よい製品は安くなくていい」「違う人間とこそ対話しろ」「研究費に予算はない」…。彼がなにを考え、発言し、どう行動した

かを見直すことによって、混迷の時代に進むべきひとつの道が見えてくるに違いない。

◇ソニー・勝利の法則―小説「井深大と盛田昭夫」　大下英治著　光文社　（光文社文庫）　1998.11　①4-334-72724-7
＊1964年、わずか20数名でスタートしたソニー。以後、紆余曲折を経て世界を席巻。そして今、日本総不況のなか、まさに敵なしの状態で躍進する。また、映画やゲームにも進出、先駆的な経営改革で他社をリードする。彼らはなぜ、"独り勝ち"を続けられるのか!?創業当時の裏話、軌道に乗るまでの道のり、受け継がれる社員精神、時代を生き抜く鍵とヒントがここにある。

◇盛田昭夫語録―世界が舞台の永遠青年　ソニー・マガジンズビジネスブック編集部編　ソニー・マガジンズ　1996.5　①4-7897-1101-3
＊アメリカからフロンティアスピリットを学び、「技術」と「JAPAN」という国名を海外に知らしめた男。過去の盛田の発言のなかに、現在の問題を解決するヒントがあるはずだと考え、盛田昭夫のこれまでの発言を集め、1冊の本にまとめた。

◇経営の神髄　第4巻　世界を制した帝王学　盛田昭夫　針木康雄著　講談社　1991.7　①4-06-190924-X
＊世界に冠たるソニー神話の本質。幼年期より身につけた帝王学をバックボーンに、井深、大賀と共にソニーブランドを築いたインターナショナル経営の神髄。渾身の書き下ろしライフワーク。

◇ソニー会長盛田昭夫の自分をもっと大きく生かせ！　竹村健一著　三笠書房　1991.3　①4-8379-1440-3

◇ソニー盛田昭夫の経営哲学　宗重博之著　ばる出版　1991.1　①4-89386-216-2
＊技術を信じ、ベンチャー精神を忘れず、ワンマンと言われ、それでいて「人間関係こそ基本」と言う男。戦後有数の起業家・盛田昭夫とソニーの軌跡を通して、その経営哲学を解剖する。

◇ソニー・驚異の独創力の秘密―盛田昭夫

語録で解き明かす"ひとり勝ち"の理由　国友隆一著　こう書房　（KOU BUSINESS）　1990.10　①4-7696-0392-4
＊常に創造的な商品を生み出す研究開発。広大な市場を開拓しつづける経営戦略。アメリカ企業さえ買収し驚異的な成長率をみせるソニー。そのシンボル的存在である盛田昭夫会長の語録と多くの証言とを通して解明する。

◇MADE IN JAPAN―わが体験的国際戦略　盛田昭夫，エドウィン・ラインゴールド著，下村満子著・訳　朝日新聞社　（朝日文庫）　1990.1　①4-02-260582-0
＊ソニー会長、経団連副会長として、国際的視野から精力的な発言と行動を読ける著者が、自社の海外進出の体験を通して日本とアメリカの経営思想の違いを明らかにし、独自の哲学を打ち出す。諸外国との間で経済摩擦が激化してゆくなか、双方の責任と相互理解への道を説いて広く共感を呼び、世界30カ国で読まれてベストセラーの日本語版。

森戸辰男　もりとたつお
1888～1984　大正，昭和期の経済学者，政治家。広島大学長、日本育英会会長。文相在任中、六三制の実施、公選制教育委員会の設置などを行った。

◇森戸辰男関係文書目録―広島大学所蔵　上巻　森戸文書研究会編　広島大学　2002.9
◇森戸辰男関係文書目録―広島大学所蔵　下巻　森戸文書研究会編　広島大学　2002.9
◇森戸辰男とその時代　森戸文書研究会　2000.3

森矗昶　もりのぶてる
1884～1941　大正，昭和期の実業家，政治家。衆議院議員。昭和電工を核に重化学工業に展開し、森コンツェルンを形成。

◇四海兄弟―森家の人びと　森矗昶、暁伝刊行会　1988.12

668　教科書に載った日本史人物1000人

護良親王
もりよし（もりなが）しんのう
1308〜1335　鎌倉時代後期、南北朝時代の後醍醐天皇の皇子。天台座主だったが還俗して後醍醐天皇の討幕を助ける。建武新政で征夷大将軍。のち足利尊氏により幽閉され殺された。

◇護良親王—武家よりも君の恨めしく渡らせ給ふ　新井孝重著　ミネルヴァ書房（ミネルヴァ日本評伝選）　2016.9
①978-4-623-07820-2

◇相剋　渡辺了昭著　新風舎　1999.7
①4-7974-0946-0
＊北条幕府を斃し、天皇の復権に執念を燃やす後醍醐天皇は、自らの皇子護良の非凡な資質を頼りに思いを遂げる。しかし、目的のためには裏切りも辞さぬ父の酷薄さと、奸計を嫌う息子の間に不信が芽生え、ジワジワと親子の距離を広げていった…。

文武天皇　　もんむてんのう
683〜707　飛鳥時代の第42代の天皇。（在位697〜707）。草壁皇子の子。聖武天皇の父。

◇すり替えられた聖武天皇—八世紀　1　盛唐時代　小林恵子著　現代思潮新社（小林恵子日本古代史シリーズ）　2012.9
①978-4-329-00478-9
＊神亀年間の聖武天皇と天平年間の聖武天皇は別人である。天平年間の聖武は反唐の渤海と反長屋王の藤原宇合等によって擁立された。

【 や 】

八木秀次　　やぎひでつぐ
1886〜1976　明治〜昭和期の電気通信工学者。大阪帝国大学総長。超短波ビームを研究し、八木＝宇田アンテナを開発。

◇八木秀次　沢井実著　吉川弘文館（人物叢書 新装版）　2013.10

①978-4-642-05268-9
＊テレビ受像用として知られる「八木・宇田アンテナ」を発明した電気通信工学者。海外で高い評価を博した指向性アンテナ技術が、太平洋戦争で敵国兵器に利用されたため、戦時には科学技術を動員する中核的立場におかれる。戦後は、教育者・国会議員として幅広く活躍。明治以来の国家的課題「後発工業国日本の近代化」に挑んだ一科学技術者の生涯。

◇半導体産業の系譜—巨大産業を築いた（開拓者，パイオニア）たち　谷光太郎著　日刊工業新聞社　1999.6　①4-526-04400-8
＊20世紀は半導体の世紀、その陰には若さと野心に溢れた起業家や研究者、技術者がいた。

◇電子立国日本を育てた男—八木秀次と独創者たち　松尾博志著　文芸春秋　1992.11　①4-16-346940-0
＊電子工学・電子産業という言葉を日本で初めて使ったTVアンテナ発明者。湯川秀樹、江崎玲於奈、西沢潤一らを表舞台に登場させた名伯楽。説得力、交渉力に富んだ名組織者。八木秀次の波瀾の生涯を軸に草創期日本エレクトロニクスの歩みを辿る書き下ろし力作。

安井算哲　　やすいさんてつ
⇒渋川春海（しぶかわはるみ）

安井曽太郎　　やすいそうたろう
1888〜1955　大正、昭和期の洋画家。東京美術学校教授。作品に「孔雀と女」「桃」など。日本美術家連盟初代会長。

◇安井曽太郎　嘉門安雄著　日本経済新聞社　1979.2

安井てつ　　やすいてつ
1870〜1945　明治〜昭和期の女子教育者。東京女子大学学長。進歩的な女子高等教育の発展に貢献。著書に「若き日のあと」。

◇真の教育者像を求めて　藤田清次著　雄山閣出版　1991.4　①4-639-01018-4
＊国際知識人の新渡戸稲造、安井てつ、O.K.ライシャワーなどは、いかなる教

育によって、学生の心に豊かな夢と希望を育んだのか…。教育の原点を問う。

◇安井てつ伝―伝記・安井てつ　青山なを著　大空社　（伝記叢書）　1990.4
Ⓘ4-87236-380-9

安田靫彦　やすだゆきひこ
1884～1978　大正，昭和期の日本画家。法隆寺金堂壁画模写に参与。作品に「守屋大連」「夢殿」など。

◇大和し美し―川端康成と安田靫彦　川端康成，安田靫彦著，川端香男里，安田建一監修，水原園博ほか編者　求竜堂　2008.9
Ⓘ978-4-7630-0819-0
＊良寛の辞世の句に導かれ、文豪川端康成と画家安田靫彦の魂が触れ合う。安田靫彦愛蔵の良寛の書、安田靫彦作品、珠玉の安田・川端コレクション。

保田与重郎　やすだよじゅうろう
1910～1981　昭和期の評論家。反近代化主義者で論壇に影響を及ぼす。著書に「日本の橋」「近代の終焉」など。

◇保田与重郎―吾ガ民族ノ永遠ヲ信ズル故ニ　谷崎昭男著　ミネルヴァ書房　（ミネルヴァ日本評伝選）　2017.12
Ⓘ978-4-623-08223-0

◇保田与重郎を知る　前田英樹著　新学社　2010.11　Ⓘ978-4-7868-0186-0
＊昭和の文人保田与重郎の思想とは―難解ともいわれる保田の文学思想を美しい評伝映像と書下ろし評論でわかりやすく伝える。

◇私の保田与重郎　谷崎昭男他著　新学社　2010.3　Ⓘ978-4-7868-0185-3
＊昭和の文人をめぐる172人の感懐。

◇戦時下の文学と〈日本的なもの〉―横光利一と保田与重郎　河田和子著　花書院　（比較社会文化叢書）　2009.3
Ⓘ978-4-903554-41-9

◇保田与重郎のくらし―京都・身余堂の四季　水野克比古，水野秀比古写真，谷崎昭男ほか文　新学社　2007.12
Ⓘ978-4-7868-0163-1

＊戦争が終わって十年余の後、京都・鳴滝、文徳天皇陵に隣り合って新室を建て、四半世紀近くを過ごした保田のくらしぶりを、京を撮って人気の高い写真家の作品と縁りの文章で構成する祈念の書。

◇保田与重郎の維新文学―私のその述志案内　古木春哉著　白河書院　2005.1

◇保田与重郎研究――一九三〇年代思想史の構想　渡辺和靖著　ぺりかん社　2004.2
Ⓘ4-8315-1065-3

◇保田与重郎―日本浪曼派の時代（抄）/みやらびあはれ　保田与重郎著，桶谷秀昭編　日本図書センター　（シリーズ・人間図書館　作家の自伝）　1999.4
Ⓘ4-8205-9542-3

◇空ニモ書カン―保田与重郎の生涯　吉見良三著　淡交社　1998.10　Ⓘ4-473-01622-6
＊紙無ケレバ、土ニ書カン。空ニモ書カン。―いまよみがえる昭和の隠通詩人の面影。

◇花のなごり―先師保田与重郎　谷崎昭男著　新学社　1997.9　Ⓘ4-7868-0021-X

◇浪曼的滑走―保田与重郎と近代日本　桶谷秀昭著　新潮社　1997.7
Ⓘ4-10-348903-0
＊人は常に、何物かの犠牲たり。破局を予感しながら、なお懸命に日本を祈り続けた保田与重郎。その精神の源泉をたどり、今も失われぬ文章の美の本質に迫る。

◇保田与重郎　桶谷秀昭著　講談社　（講談社学術文庫）　1996.12　Ⓘ4-06-159261-0
＊近代日本の文明開化を徹底批判し、戦後は好戦的文士として公職追放を受けた保田与重郎。著者は、厖大な資料を駆使して、保田の戦時中の歩みだけでなく、戦後三十数年に及ぶ思想の一貫性を確認。戦時下の保田があれだけ若者を魅きつけたのは、日本主義や好戦思想のためではなく、「死」を真に意味づけうるものが、その真摯な思索の中にあったからだと説く。復古派文人・保田与重郎の批評精神の軌跡。

◇保田与重郎と昭和の御代　福田和也著

文芸春秋　1996.6　Ⓘ4-16-351690-5
＊保田与重郎は「戦争賛美者」か。「煽動
家」か。断じて否─。村上春樹を、三島
由紀夫を、そしてハイデガーを論じ、日
本文学における保田の意味を問う。

◇不敗の条件─保田与重郎と世界の思潮
ロマノ・ヴルピッタ著　中央公論社　（中
公叢書）　1995.2　Ⓘ4-12-002404-0
＊今、甦る「偉大な敗北」の理念。G・ダ
ンヌンツィオ、E・パウンド、M・エリ
アーデら西欧の同時代人との比較を通
して浮び上る全く新しい保田像。イタ
リア人による初の日本語書下しの驚異
的成果。

▌宿屋飯盛　やどやのめしもり
　⇒石川雅望（いしかわまさもち）

▌矢内原忠雄　やないはらただお
1893〜1961　大正, 昭和期の経済学者。東
京大学総長。植民政策を批判的に研究。
平和主義者としても著名。

◇矢内原忠雄─戦争と知識人の使命　赤江
達也著　岩波書店　（岩波新書 新赤版）
2017.6　Ⓘ978-4-00-431665-7

◇矢内原忠雄とハンセン病　松岡秀隆著
松岡秀隆　2016.6　Ⓘ978-4-87787-698-2

◇悲哀の人矢内原忠雄─歿後50年を経て改
めて読み直す　川中子義勝著　かんよう
出版　2016.4　Ⓘ978-4-906902-65-1

◇矢内原忠雄　鴨下重彦, 木畑洋一, 池田信
雄, 川中子義勝編　東京大学出版会
2011.11　Ⓘ978-4-13-003370-1
＊戦前にはその学問で軍団主義と戦い、
戦後における価値観の崩壊の中では日
本人の知と心の再建を担った矢内原。
その生涯・学問・信仰・教育の軌跡を改
めて辿る。いま、日本の傷をいやすも
のは、何か。

◇矢内原忠雄とその周辺　高木謙次著　キ
リスト教図書出版社　（高木謙次選集）
2005.9

◇矢内原忠雄伝　矢内原伊作著　みすず書
房　1998.7　Ⓘ4-622-03200-7

＊わが父は、いかにしてキリスト信者と
なったか。内村鑑三、新渡戸稲造を継
ぐ人の内面のドラマと彼をめぐる青春
群像。未公開の日記・詩歌・写真多数
を引用して、歴史の一齣を鮮やかに甦
らせる。

◇矢内原忠雄─私の歩んできた道　矢内原忠
雄著　日本図書センター　（人間の記録）
1997.2　Ⓘ4-8205-4248-6,4-8205-4239-7

▌柳沢吉保　やなぎさわよしやす
1658〜1714　江戸時代前期, 中期の大名,
老中上座（大老格）。甲斐甲府藩主, 武蔵
川越藩主。5代将軍綱吉の側用人として権
勢を振るう。6代家宣就任とともに失脚。

◇柳沢吉保の由緒と肖像─「大和郡山市所在
柳沢家関係資料に関する研究」報告書
山梨県立博物館編　山梨県立博物館　（山
梨県立博物館調査・研究報告）　2015.3

◇柳沢吉保と甲府城─山梨県立博物館企画
展　山梨県立博物館編　山梨県立博物館
2011.10

◇将軍側近柳沢吉保─いかにして悪名は作
られたか　福留真紀著　新潮社　（新潮新
書）　2011.5　Ⓘ978-4-10-610419-0
＊天下取りの野望を胸に秘め、将軍を女色
で籠絡するなど、小説やドラマで典型
的な悪役に描かれる柳沢吉保。しかし、
史料を丹念に読み込むと、見えてくる
のは意外な実像だった。将軍という最
高権力者の周囲に絶えず渦巻く、追従、
羨望、嫉妬、憎悪…。将軍の最も側近く
で仕えた吉保にとっては、悪名は宿命
だったのか。将軍とその側近の実像に迫
りながら、「武」から「文」への転換期
の政治と権力の姿を鮮やかに描き出す。

◇柳沢吉保と元禄政治　柳沢忠著　けやき出
版（制作）　2009.9　Ⓘ978-4-87751-396-2

◇柳沢吉保と江戸の夢─元禄ルネッサンス
の開幕　島内景二著　笠間書院　2009.8
Ⓘ978-4-305-70455-9
＊五代将軍綱吉の側用人、吉保を軸に江
戸文化がみえてくる。フィールドワー
クと膨大な史料を読み解いた悉皆調査
ではじめて捉えた等身大の吉保像。

柳田国男

◇柳沢吉保—でっちあげられた悪徳大名
江宮隆之著　グラフ社　2009.5
①978-4-7662-1242-6
＊五代将軍綱吉の寵愛を受け異例の大出
世をとげた柳沢吉保は本当に悪人だっ
たのか？　本当の姿に元禄という時代を
重ねて、正しいスポットを当てる。

◇柳沢吉保と風雅の世界—第二十八回企画
展　川越市立博物館編　川越市立博物館
2006.10

◇松蔭日記　[正親町町子][著],上野洋三
校注　岩波書店　（岩波文庫）　2004.7
①4-00-302791-4

◇柳沢吉保側室の日記—松蔭日記　正親町
町子作,増淵勝一訳　国研出版　1999.2
①4-7952-9217-5
＊この物語は元禄文化を生みだした綱吉
治世下における、最高権力者の柳沢吉
保半生の栄華物語である。極楽浄土も
かくやと思われる優雅な生活を送った
『源氏物語』の世界を再現したような印
象をうける。

◇柳沢吉保の実像　野沢公次郎著　三芳町教
育委員会　（みよしほたる文庫）　1996.3

◇源公実録　藪田重守著　柳沢文庫保存会
（柳沢史料集成）　1993.3

┃柳田国男　やなぎたくにお
1875～1962　明治～昭和期の民俗学者。
貴族院書記官長。日本民俗学の創始者。
著書に「遠野物語」「後狩詞記」など。

◇吉野作造と柳田国男—大正デモクラシー
が生んだ「在野の精神」　田沢晴子著　ミ
ネルヴァ書房　（人と文化の探究）
2018.3　①978-4-623-08161-5

◇故郷七十年　柳田国男著　講談社　（講談
社学術文庫）　2016.11
①978-4-06-292393-4

◇柳田国男—知と社会構想の全貌　川田稔
著　筑摩書房　（ちくま新書）　2016.11
①978-4-480-06928-3

◇テクストとしての柳田国男—知の巨人の
誕生　石井正己著　三弥井書店　2015.1
①978-4-8382-3275-8

◇柳田国男—民俗学の創始者　河出書房新
社　（文芸の本棚）　2014.5
①978-4-309-02290-1

◇柳田国男の話　室井光広著　東海教育研
究所　2014.4　①978-4-486-03783-5

◇柳田国男の生涯—『遠野物語』から『海上
の道』へ　遠野市立博物館平成24年度夏季
特別展　遠野市立博物館　2013.3

◇柳田国男を語る　石井正己著　岩田書院
2012.8　①978-4-87294-759-5

◇柳田国男の恋　岡谷公二著　平凡社
2012.6　①978-4-582-83575-5
＊世に知られた恋の詩人は、なぜうたを
捨てたのか—。一国民俗学確立のため、
頑なに「私」を否定した柳田国男。だ
が、本人の決意とは裏腹に、詩人の感性
は遺著『海上の道』にいたるまで確かに
息づいていた。没後50年、封じられた青
年期の恋物語を丹念に辿り直し、新事
実の発見から柳田学の本質に肉迫する。

◇柳田国男 物語作者の肖像　永池健二著
梟社　2010.7　①978-4-7877-6324-2
＊柳田国男の民俗学は、「いま」「ここ」を
生きる人びとの、その生の現場から、その生の
具体的な姿を時間的空間的な拡がりにお
いて考究していく学問として確立した。
近代国家形成期のエリート官僚として、
眼前の社会的事実を「国家」という枠組
みでとらえる立場にありながら、柳田の
眼差しが、現実を生きる人びとと一人ひと
りの生の現場を離れることはなかった。
「国家」や「民族」という枠組みに内在
する上からや外からの超越的な視点と
も、「大衆」や「民族」といった、人び
との生を数の集合として統括してしま
う不遜な視点とも無縁であった。そう
した彼の眼差しの不動の強さと柔らか
さは、そのまま確立期の彼の民俗学の
方法的基底となって、その学問の強靱
さと豊かさを支えてきたのである。一
日本近代が生んだ異数の思想家、柳田
国男の学問と思想の、初期から確立期
へと至る形成過程の秘奥を内在的に追
究し、その現代的意義と可能性を探る。

◇父を語る 柳田国男と南方熊楠　谷川健一
編　冨山房インターナショナル　2010.5

柳田国男

①978-4-902385-90-8
＊日本民俗学の創始者・柳田国男、世界的な博物誌学者・南方熊楠。稀有な思想家であるとともに独特な生活者であった二人の素顔と興味深いエピソードなどを訊ねる。

◇柳田国男の絵葉書―家族にあてた二七〇通　柳田国男著, 田中正明編　晶文社　2005.6　①4-7949-6654-7
＊日本民俗学の創始者、柳田国男が旅先から家族にあてた絵葉書の全容を初公開する。国内篇は、『雪国の春』『海南小記』として結実した旅をはじめ、明治二十三年から昭和二十六年にわたって投函された一二六葉。国外篇は、大正六年の台湾・中国への旅、および大正十一年から十三年の間に国際連盟統治委員会委員として滞欧した先々から投函された一四四葉である。柳田の見た風景。関心を寄せた風物。子どもたちのために選んだ愉快な絵。絵葉書の写真と一体となって綴られた文面からは、柳田の肉声が聞こえてくる。柳田の知られざる旅や、貴族院書記官長辞任の日に書いた葉書、これまで資料の少なかった滞欧体験、戦時下の暮らしなど、新発見も多数含まれている。生前の柳田国男と親交のあった社会学者・鶴見知子氏による序文、長男為正夫人の柳田冨美子氏による証言を付す。

◇柳田国男―炭焼日記　柳田国男著　日本図書センター　（人間の記録）　2005.2　①4-8205-9743-4

◇柳田国男と信州地方史―「白足袋史学」と「わらじ史学」　伊藤純郎著　刀水書房　2004.11　①4-88708-333-5
＊本書は、柳田の郷土研究と信州地方史のかかわりを、東筑摩・諏訪・北安曇・南安曇各教育部会における郷土誌編纂事業、埴科教育会での柳田の講演、上伊那教育会や伊那富小学校『蕗原』同人の教育実践の考察を通じて、郷土研究と郷土教育の視点から問い直したものである。

◇追憶の柳田国男―下野探訪の地を訪ねて　中山琥一著　随想舎　2004.7　①4-88748-098-9

◇柳田国男八十八年史　第2巻　小山清著　三省堂　2001.11　①4-385-38313-8

◇柳田国男八十八年史　第1巻　小山清著　三省堂　2001.10　①4-385-38312-X

◇民族学者柳田国男　福田アジオ著　御茶の水書房　（神奈川大学評論ブックレット）　2000.10　①4-275-01832-X
＊民俗学への開眼と展開、さらにその方法論の特色を抽出し、日本民俗学の父像を浮彫りにする。

◇柳田国男―柳田民俗学と日本資本主義　鷲田小弥太著　三一書房　（三一「知と発見」シリーズ）　1999.8　①4-380-99214-4
＊無視しがたく鬱陶しい巨人・柳田の懐深く遊泳した日本近代および日本人論。哲学者が解読する柳田民俗学の中心核。

◇柳田国男の世界　河村望著　人間の科学新社　1999.7　①4-8226-0177-3
＊「社会」は「個人」に外在するものではない。柳田国男の方法論的弱点。

◇柳田国男とその弟子たち―民俗学を学ぶマルクス主義者　鶴見太郎著　人文書院　1998.12　①4-409-54056-4
＊異なる思考の対峙と交流―。戦前・戦中、弾圧によって運動から離脱した一群のマルクス主義者が柳田の門を叩いた。橋浦泰雄、大間知篤三、中野重治、福本和夫、石田英一郎…著者は丹念な聞き取りと原資料に基づいてこの事実を掘り下げ、隠された思想のドラマを追う。

◇柳田国男の民俗誌―『北小浦民俗誌』の世界　松本三喜夫著　吉川弘文館　1998.12　①4-642-07540-2
＊民俗学の父、柳田国男が著した唯一の民俗誌『北小浦民俗誌』。著者は丹念にその内容を検討し、現地佐渡の研究者との交流をもたどることで、より立体的な視点からこの民俗誌にまつわる多くの「なぞ」の解明を試みる。

◇柳田国男の明治時代―文学と民俗学と　岡村遼司著　明石書店　1998.11　①4-7503-1094-8

◇柳田国男のえがいた日本―民俗学と社会構想　川田稔著　未来社　（ニュー・フォークロア双書）　1998.10　①4-624-22028-5

教科書に載った日本史人物1000人　**673**

柳宗悦

＊いま、柳田国男から何を読みとるか。近代日本最大の転換期にあって、日本社会の将来のありかたを考え、日本人の新たな倫理形成に向けて展開された柳田国男の学問と思想が現代に示唆すること。

◇柳田国男事典　野村純一ほか編集　勉誠出版　1998.7　①4-585-06006-5
＊柳田国男の全業績を有機的・総合的に把握できる事典。事項索引、書名索引、人名索引付き。

▌柳宗悦　やなぎむねよし
1889～1961　明治～昭和期の民芸研究家。雑誌「民芸」を創刊、各地民芸の普及・復興に尽力。著書に「工芸の道」など。

◇柳宗悦―「無対辞」の思想　松竹洸哉著　弦書房　2018.5　①978-4-86329-168-3

◇柳宗悦と民芸の哲学―「美の思想家」の軌跡　大沢啓徳著　ミネルヴァ書房　（人と文化の探究）　2018.2　①978-4-623-08147-9

◇柳宗悦―「複合の美」の思想　中見真理著　岩波書店　（岩波新書　新赤版）　2013.7　①978-4-00-431435-6
＊民芸運動の創始者として知られる柳宗悦（一八八九～一九六一）。その生涯は、政治経済的弱者やマイノリティに対する温かい眼差しで一貫している。それはどのような考えからきたのだろうか。「世界は単色ではありえない」という確信に由来するのではないか。文化の多様性と互いの学び、非暴力を重視し続けた平和思想家としての柳を浮彫りにする。

◇青春の柳宗悦―失われんとする光化門のために　丸山茂樹著　社会評論社　2009.7　①978-4-7845-0585-2
＊海軍少将柳楢悦の三男として生まれる。学習院在学中、白樺派に参加。朝鮮美術に注目し、陶磁器や古美術品を蒐集し、1924年、京城（現、ソウル）に朝鮮民族美術館を設立。李氏朝鮮時代の景福宮の光化門の取壊しに反対する評論を『改造』に寄稿する。光化門は破壊撤去から救われた。柳宗悦の生きた時代、支配する側の国民でありながら支配されている側の痛みを感じ、種々発言を

繰返すことは、また公然と批判することは、日本人といえども恐ろしい処罰を覚悟してのことだった。生誕120周年記念出版。

◇柳宗悦の民芸　NHK「美の壺」制作班編　日本放送出版協会　（NHK美の壺）　2009.5　①978-4-14-081359-1
＊柳宗悦の卓越した "目" は、名も無き職人の手仕事に、普遍の輝きを見出した。民芸に息づくすこやかな「美」、その豊かな魅力に迫ります。

◇柳宗悦と朝鮮―自由と芸術への献身　韓永大著　明石書店　2008.9　①978-4-7503-2846-1

◇柳宗悦の世界―「民芸」の発見とその思想　尾久彰三監修　平凡社　（別冊太陽）　2006.2　①4-582-94494-9

◇柳宗悦と民芸の現在　松井健著　吉川弘文館　（歴史文化ライブラリー）　2005.8　①4-642-05596-7
＊ダンディで美食家、旅先での人やものとの出会いをこよなく愛した柳宗悦。その等身大の生活と思考の現場から、生とテキストの緊張関係を解明。美と宗教哲学の思索のユニークな統一である「民芸」の意味を、大胆に論じる。

◇柳宗悦と民芸運動　熊倉功夫，吉田憲司共編　思文閣出版　2005.3　①4-7842-1236-1
＊「民芸」の発見は、二〇世紀の日本が生んだ新しい美の創造であった。さらに今、民芸の思想はわれわれに、人間に対する深い洞察を示している。これは柳宗悦の軌跡と、彼がはじめた民芸運動に対して、新たな読み直しを試みて編まれた論集である。

◇評伝柳宗悦　水尾比呂志著　筑摩書房　（ちくま学芸文庫）　2004.1　①4-480-08808-3

◇柳宗悦―手としての人間　伊藤徹著　平凡社　（平凡社選書）　2003.6　①4-582-84221-6
＊人はなぜ作るのか。大量生産、複製技術の時代にあって、人は作ることによって何を求め、何を経験しようとしているのだろうか。本書は、民芸運動の指

導者として神話化されてきた柳宗悦の言説を歴史的に検証しながら、「手としての人間」像に収斂した彼の創作理念の現代における思想的可能性を探り出そうとする。「手としての人間」の反復的な受動性において、「原像」を越えて立ち現われるかたちの生成、そこに蘇生する素材の自然や固有な場所と歴史、さらに制作の共同性。そうした人間存在の根本的な可能性への開けとして、著者は柳宗悦の創作思想を解体＝再構成し、すべての制作が目的と手段の無限連鎖の中に絡めとられてしまった現代における作ること固有の意味の救済を試みる。

◇柳宗悦―時代と思想　中見真理著　東京大学出版会　2003.3　①4-13-010091-2

◇鶴見俊輔集　続4　柳宗悦・竹内好　鶴見俊輔著　筑摩書房　2001.3　①4-480-74724-9
＊穏やかに、しかし断固として貫かれた思想と生涯からうけとるもの

◇柳宗悦・民芸・社会理論―カルチュラル・スタディーズの試み　竹中均著　明石書店　1999.9　①4-7503-1198-7

◇柳宗悦民芸紀行　水尾比呂志編　岩波書店（岩波文庫）　1995.2　①4-00-331695-9
＊美しい品物・良い工芸を求めて、日本各地・朝鮮・中国の民芸を訪ね歩いた柳宗悦（1889 - 1961）の紀行文を中心に19篇を精選した民芸紀行集。『手仕事の日本』とともに日本民芸の貴重な記録。図版多数。

◇柳宗悦　鶴見俊輔著　平凡社　（平凡社ライブラリー）　1994.9　①4-582-76069-4
＊『白樺』同人にして、日本民芸運動の創始者・柳宗悦―日常雑器の美を捉え、日韓併合策に対し断固たる批判を貫いた穏やかな思想家。生涯を辿り、その思想の質と射程を浮び上がらせる、伝記と批評の見事な融合。

◇評伝 柳宗悦　水尾比呂志著　筑摩書房　1992.5　①4-480-84222-5
＊戦前の抑圧の状況下での朝鮮・沖縄・アイヌなどの人々とその文化への限りない敬愛を通して、天才の作り出す美から民衆美の発見へと美意識の革命的価値

転換を行なって民芸運動を展開、近代日本文化の在りようを根底から問うた独創的思想家の全業績を明らかにする。

◇柳宗悦全集　第22巻 下　補遺・未発表原稿・年譜 他　下　柳宗悦著　筑摩書房　1992.5　①4-480-74425-8
＊全集完結。妻兼子宛書簡143通を含む家族宛書簡175通や河井寛次郎宛書簡143通など、新たに発見された書簡390通及び資料として年譜・著作年表・著書目録・雑誌『工芸』『ブレイクとホ井ットマン』総目次他を収録。

◇柳宗悦と初期民芸運動　岡村吉右衛門著（町田）玉川大学出版部　1991.10　①4-472-09281-6
＊〈民芸〉の創始者・造語者の中心人物、柳宗悦。民芸発見から卒民芸、出民芸そして超民芸（無対峙）に至るまでの柳宗悦の"眼の遍歴"を回想しつつ、次期民芸運動のさらなる発展を希う。

▌矢野玄道　やのはるみち
1823〜1887　江戸時代末期、明治期の国学者。修史事業に尽力、史料編纂所設立の基礎を構築。著書に「神典翼」など。

◇大洲の三偉人―近江聖人中江藤樹と名僧盤珪禅師と明治の先覚者矢野玄道　大塚道広著　大洲陶器　1981.2

▌矢野竜渓　やのりゅうけい
1850〜1931　明治期の政治家、小説家。大隈重信のブレーン。著書に「人権新説駁論」「新社会」など。

◇矢野竜渓―近代化につくしたマルチ人間普及版　山田繁伸文, 江原勲絵, 大分県立先哲史料館編　大分県教育委員会　（大分県先哲叢書）　2001.3

◇矢野竜渓　松尾尊兊監修, 野田秋生著　大分県教育委員会　（大分県先哲叢書）　1999.3

◇竜渓矢野文雄君伝―伝記・矢野文雄　小栗又一著　大空社　（伝記叢書）　1993.6　①4-87236-417-1

山内豊信　やまうちとよしげ

1827〜1872　山内容堂（やまうちようどう）とも。江戸時代後期〜明治期の大名。

◇容堂印譜―へそまがり大名の自画像　高知県立高知城歴史博物館編　高知県立高知城歴史博物館　2017.10

◇山内容堂―企画展図録　土佐山内家宝物資料館編　土佐山内家宝物資料館　2010.3

◇鯨海酔侯山内（やまうち）容堂　吉村淑甫著　中央公論新社　（中公文庫）　2000.10
①4-12-203729-8
＊自らを旧時代とともに葬りさらんと、土佐の豪気大名から一介の市人となり、風雅の人として生きた山内容堂。その晩年を彩った柳橋芸者お愛の家系は維新史家羽仁五郎へとつづく。幕末から明治にかけての江戸の花街を舞台に、二人の出会いと境涯を活写した、畢生の評伝大作。

◇幕末の土佐と容堂　海内院元著　共生出版　1996.3

◇幕末無頼山内容堂　島本征彦著　叢文社　1993.7　①4-7947-0207-8
＊比類なき強気と実行力をうたわれた土佐藩主山内容堂は松平春岳と結んで一橋慶喜の将軍擁立をはかって井伊直弼の奇策に敗れる。武内半平太の卓見に耳を貸さず「公武合体論」を掲げ、立ちふさがる岩倉・西郷・大久保と対決、大政奉還策によって幕府体制の温存をはかるが―。保身だけで右往左往の凡俗大名と小才子公家。

◇鯨海酔侯 山内容堂　吉村淑甫著　新潮社　1991.4　①4-10-380501-3
＊山内家の最後はおれが仕舞をつけてやる…といわんばかりに、柳橋にいりびたって豪遊を続ける土佐藩主山内容堂。―彼との出会い、夫唱婦随、その晩年を彩る芸者お愛―。確固たる近代人の自我と愛をつらぬいた2人の境涯を、幾多の容堂の漢詩文を読み解きながら、ときに成島柳北の名調子を懐しみ、ときに先輩作家・田中貢太郎の慧眼を借りて綴る畢生の評伝大作。

◇山内容堂　〔新装版〕　平尾道雄著　吉川

弘文館　（人物叢書）　1987.3
①4-642-05070-1
＊明治維新の先覚者として推称される土佐藩主山内容堂は、他面では詩酒奔放の行状で世の非難をも受けた。しかし混迷する維新前後の舞台に立って革新的役割を負った容堂は、優れた知性と情熱の持主であるとともに、封建大名という宿命的な地位から、時代に悩む赤裸々な一人間でもあった。見事な史料駆使による人物追求の正伝。

山尾庸三　やまおようぞう

1837〜1917　江戸時代末期, 明治期の長州藩士, 政治家。子爵。法制局長官, 臨時建築局総裁などを歴任。

◇近代工学立国の父山尾家と山尾庸三　増補改訂版　日本外交協会萩支部編　日本外交協会萩支部　2017.10

◇日本の工学の父山尾庸三―没後百年記念企画展2017　萩博物館編　萩博物館　2017.9

◇山尾庸三―日本の障害者教育の魁　松岡秀隆著　松岡秀隆　2014.5
①978-4-87787-617-3

◇「鉄都」釜石の物語　小野崎敏著　新樹社　2007.11　①978-4-7875-8575-2
＊安政4年12月1日、「日本の近代化」の扉が開かれた！ 南部人・大島高任と東北のテクノポリスをめぐる人々の物語。

◇山尾庸三伝―明治の工業立国の父　兼清正徳著　山尾庸三顕彰会　2003.1

山鹿素行　やまがそこう

1622〜1685　江戸時代前期の儒学者, 兵学者。古学派の代表的儒者で主な著作に「聖教要録」「武家事紀」などがある。

◇あたらしい武士道―軍学者の町人改造論　兵頭二十八著　新紀元社　2004.12
①4-7753-0347-3
＊世界史的見地で語られる唯一無二の武士道論。そこから見えてくる武士のあり方、これからの日本人の身構えとは。

◇山鹿素行　山鹿光世著　錦正社　1999.12

①4-7646-0251-2
＊本書は、素行自筆の「年譜」日記や、弟平馬に与えた遺言書とみるべき「配所残筆」や、甥の清吉の聞書である「飛龍」や、女系の孫である津軽耕道軒の「山鹿誌」など、身内の者の著書を本として、素行の生涯を略述したものである。

◇山鹿素行―「聖学」とその展開　劉長輝著　ぺりかん社　1998.6　①4-8315-0796-2
＊仁斎・徂徠に先んじて朱子学批判を展開し、その根源性ゆえに徳川政権から異端視された思想家の総合的研究。

◇近世日本学の研究　中山広司著　金沢工業大学出版局　（金沢工業大学日本学研究所研究叢書）　1997.1　①4-906122-36-1

◇武士道は死んだか―山鹿素行武士道哲学の解説　佐佐木杜太郎著　壮神社　1995.12　①4-915906-27-2

山県有朋　やまがたありとも

1838～1922　江戸時代末期～大正期の陸軍軍人，政治家。元帥，首相，公爵。軍制，地方制度を確立し，西南戦争を鎮圧。首相となり教育勅語を発布。日清・日露戦争に軍政両面で関与した。

◇公爵山県有朋伝　上巻1　復刻版　徳富蘇峰編述　マツノ書店　2016.3

◇公爵山県有朋伝　上巻2　復刻版　徳富蘇峰編述　マツノ書店　2016.3

◇公爵山県有朋伝　中巻1　復刻版　徳富蘇峰編述　マツノ書店　2016.3

◇公爵山県有朋伝　中巻2　復刻版　徳富蘇峰編述　マツノ書店　2016.3

◇公爵山県有朋伝　下巻1　復刻版　徳富蘇峰編述　マツノ書店　2016.3

◇公爵山県有朋伝　下巻2　復刻版　徳富蘇峰編述　マツノ書店　2016.3

◇山県有朋の「奇兵隊戦記」　一坂太郎著　洋泉社　（歴史新書y）　2013.1　①978-4-8003-0073-7
＊山県狂介は，如何にして明治元勲に上り詰めたのか!?下級武士の山県は，「奇兵隊」の指導者として数々の実戦を戦い抜いた。若き日の山県の素顔を「回

顧録」を基に活写する。

◇山県公遺稿・こしのやまかぜ　山県有朋著　マツノ書店　（続日本史籍協会叢書）　2012.3

◇山県有朋の挫折―誰がための地方自治改革　松元崇著　日本経済新聞出版社　2011.11　①978-4-532-35494-7
＊なぜ理想は歪められたのか攻防の軌跡に再生の鍵を探る。

◇山県有朋と明治国家　井上寿一著　日本放送出版協会　（NHKブックス）　2010.12　①978-4-14-091170-9
＊高杉晋作のもと奇兵隊の軍監として幕府軍と，そして英米仏蘭の四国連合艦隊と戦い，明治新政府で首相として二度組閣した男，山県有朋。閥族・官僚の総本山，軍国主義の権化，侵略主義の張本人と批判されてきたその実像を，俊英が描き直す。一九世紀型の欧州秩序が崩壊する中，形成期の大衆社会の危うさを憂慮し，あえて「強兵」路線を担った山県から，近代日本とは何か，権力とは何かを考える。

◇伊藤公と山県公　復刻版　小松緑著　マツノ書店　2010.5

◇山県有朋　半藤一利著　筑摩書房　（ちくま文庫）　2009.12　①978-4-480-42666-6
＊長州の奇兵隊を出発点に伊藤博文とともに，「偉大なる明治」の基盤を確立した山県有朋。彼は，統帥権の独立，帷幄上奏の慣例，軍部大臣現役武官制などで軍の政治的地位を高め，その武力を背景に短期間で大日本帝国を築き上げた。しかし，その仕組みゆえに，軍の独走を許し，大日本帝国は滅んだ…。「幕末史」と「昭和史」をつなぐ怪物の人生を，見事に描き切る。

◇山県公のおもかげ　入江貫一著　マツノ書店　2009.4

◇山県有朋―愚直な権力者の生涯　伊藤之雄著　文芸春秋　（文春新書）　2009.2　①978-4-16-660684-9
＊陸軍と官僚を支配下において山県閥をつくり，デモクラシーに反対し，みんなに憎まれて世を去った元老・山県有朋は，日本の近代史にとって本当に害悪

だったのか？ 不人気なのに権力を保ち続けた、その秘訣とは？ 首相、元帥、元老にして「一介の武弁」。

◇山県有朋と近代日本　伊藤隆編　吉川弘文館　2008.3　①978-4-642-03784-6
＊明治・大正期の政界に君臨し、近代日本の暗黒の象徴とされてきた山県有朋。軍国主義・侵略主義の体現者ではなく、国力の限界を認識し、国際情勢を見極めながら日本の近代化に身命を賭した山県有朋の実像に迫る。

◇歴代総理大臣伝記叢書　第3巻　山県有朋　御厨貴監修　ゆまに書房　2005.7　①4-8433-1781-0

◇山県有朋　半藤一利著　PHP研究所（PHP文庫）　1996.8　①4-569-56921-8
＊伊藤博文とともに、「偉大なる明治」の基盤を確立した山県有朋―彼は、統帥権の独立、帷幄上奏の慣例、軍部大臣現役武官制などで軍の政治的地位を高め、その武力を背景に短期間で大日本帝国を築き上げた。しかし、その仕組みゆえに、軍の独走を許し、大日本帝国は滅んだ…。"国家の悲劇"を生んだ、政略にたけた野望の人生を、見事に描き切る。

◇岡義武著作集　第5巻　山県有朋・近衛文麿　岡義武　岩波書店　1993.2　①4-00-091755-2

◇山県有朋　半藤一利著　PHP研究所（歴史人物シリーズ）　1990.3　①4-569-52736-1

◇山県有朋　〔新装版〕　藤村道生著　吉川弘文館　（人物叢書）　1986.11　①4-642-05059-0
＊典型的絶対主義政治家であり、オールド＝日本を一身に具現した山県の生涯は、そのまま近代日本の政治史であり、軍事史でもある。国軍建設以来、軍部の大御所として絶大な権力を握り、巨大な勢力をバックとして政界にも権勢を張ったが、本書は人間山県の弱点と功罪をえぐってあまさず、味わい深い歴史の秘密を追求する。

▌山県大弐　やまがただいに
1725〜1767　江戸時代中期の儒学者、尊王家。大岡忠光に仕えたが、のち「柳子新論」で幕政を批判。明和事件により死罪となった。

◇日本の近代化と宗教　吉田静邦著　上野書店　1993.8

◇権藤成卿著作集　別巻　山県大弐正伝　黒色戦線社　1991.5

▌山片蟠桃　やまがたばんとう
1748〜1821　江戸時代中期、後期の町人学者。「夢之代」の著者。

◇蟠桃の夢―天下は天下の天下なり　木村剛久著　トランスビュー　2013.3　①978-4-7987-0135-6
＊優れた経済人にして独創的な思想家、山片蟠桃は、大坂の蔵元として仙台藩の財政を支える一方、懐徳堂に学び、百科全書ともいうべき大著『夢の代』を著した。経済を論じ、鬼神、仏教を排し、古代神話を徹底批判、地動説に基づく天文学までをきわめた江戸の偉才の生涯。

◇山片蟠桃―「夢の代」に学ぶ日本再建策　山木育著　東洋経済新報社　1998.3　①4-492-06102-9

◇山片蟠桃と升屋　有坂隆道著　創元社　1993.1　①4-422-20135-2

▌山川菊栄　やまかわきくえ
1890〜1980　明治〜昭和期の婦人運動家、評論家。労働省婦人少年局長。女性の権利確立と差別撤廃などに奮闘。著書に「婦人問題と婦人運動」。

◇イヌとからすとうずらとペンと―山川菊栄・山川均写真集　山川菊栄記念会・労働者運動資料室編　同時代社　2016.3　①978-4-88683-792-9

◇いま女性が働くこととフェミニズム―山川菊栄の現代的意義　山川菊栄記念会編　労働者運動資料室　2011.3

◇山川菊栄と過ごして　岡部雅子著　ドメス出版　2008.3　①978-4-8107-0699-4

＊明治に生まれ"平和と人権"の確立をめ
ざしてひとすじに生き抜いた山川菊栄
の生涯とその素顔を共に暮らした著者
が語る。普段着の山川菊栄。

◇来しかたに想う―山川菊栄に出会って
菅谷直子著　『来しかたに想う―山川菊
栄に出会って』編集室　2005.8

◇たたかう女性学へ―山川菊栄賞の歩み
1981‐2000　山川菊栄記念会編　インパ
クト出版会　2000.11　①4-7554-0102-X
＊日本のフェミニズム史の巨星山川菊栄
が没したのは1980年、今からちょうど
20年前のことである。1890年の生まれ
であるから、今年は菊栄生誕110年にも
当たる。本書は、菊栄生誕110年、没後
20年の記念事業の一環として出版する
ものである。

◇現代フェミニズムと山川菊栄―連続講座
「山川菊栄と現代」の記録　山川菊栄生誕
百年を記念する会編　大和書房　1990.11
①4-479-01049-1
＊日本の女性解放運動史上類稀な理論家
であり、戦前・戦後を通して働く女性の
ために闘ってきた山川菊栄。当時、交
流のあった関係者の証言と各分野の専
門家の分析・解析からなる「山川菊栄の
人と思想」を知る一冊。

◇山川菊栄―人と思想　戦後篇　鈴木裕子著
労働大学　（労大ハンドブック）　1990.5

◇山川菊栄―人と思想　戦前篇　鈴木裕子著
労働大学　（労大ハンドブック）　1989.12

▌山川捨松　やまかわすてまつ
⇒大山捨松（おおやますてまつ）

▌山川均　やまかわひとし
1880～1958　明治～昭和期の社会主義者。
共産党を結成、「無産階級の方向転換」を
発表。

◇マルクスを日本で育てた人―評伝・山川
均　2　石河康国著　社会評論社　2015.4
①978-4-7845-1540-0

◇山川均・向坂逸郎外伝―労農派1925～
1985　下　上野建一, 今村稔, 石河康国

著　社会主義協会　2004.5

◇山川均・向坂逸郎外伝―労農派1925～
1985　上　上野建一, 石河康国著　社会
主義協会　2002.10

◇山川均の生涯　戦後編　川口武彦著　社
会主義協会出版局　1987.2

◇山川均の生涯　戦前編　川口武彦著　社
会主義協会出版局　1986.4

▌山崎闇斎　やまざきあんさい
1618～1682　江戸時代前期の儒学者, 神道
家。垂加神道を創始して崎門学派をつく
る。「文会筆録」の著者でもある。

◇山崎闇斎―天人唯一の妙、神明不思議の道
沢井啓一著　ミネルヴァ書房　（ミネル
ヴァ日本評伝選）　2014.3
①978-4-623-06700-8
＊崎門と呼ばれる日本朱子学、そして近
世神道を代表する垂加神道を創始した
山崎闇斎。近世前半の日本に生きた闇
斎が、いかにして東アジアの思想空間
へと向かい、日本を離脱することがで
きたのか。本書では「神儒妙契」をキー
ワードとして、その軌跡と背景を辿る。

◇山崎闇斎と李退渓　岡田武彦著　明徳出
版社　（岡田武彦全集）　2011.10
①978-4-89619-476-0
＊敬義・存養の日本的朱子学の確立―門
弟六千といわれ神儒を兼学し、後世大
きな影響を与えた崎門学の祖・山崎闇
斎の学問の特質を究明。彼が尊信した
朝鮮の儒者李退渓に関する論文も付録。

◇山崎闇斎の政治理念　朴鴻圭著　東京大
学出版会　2002.3　①4-13-036209-7
＊本書は、徳川初期の政治思想家、山崎闇
斎の実像の解明を試みるものである。

◇日本イデオロギーの完成―山崎闇斎　改
訂版　村野豪著　出版樹々　2001.6

◇日本イデオロギーの完成―山崎闇斎　村
野豪著　出版樹々　2001.3

◇山崎闇斎の研究　続々　近藤啓吾著　神
道史学会　（神道史研究叢書）　1995.4
①4-653-03004-9

◇山崎闇斎の研究　続　近藤啓吾著　神道

史学会　（神道史研究叢書）　1991.2
Ⓘ4-653-02178-3

◇山崎闇斎の研究　近藤啓吾著　神道史学会　（神道史研究叢書）　1986.7

▌山路愛山　やまじあいざん

1864〜1917　明治期の史論家。「国民之友」「信濃毎日新聞」に執筆。著書に「社会主義管見」など。

◇山路愛山とその同時代人たち―忘れられた日本・沖縄　伊藤雄志著　丸善プラネット　2015.10　Ⓘ978-4-86345-263-3

◇ナショナリズムと歴史論争―山路愛山とその時代　伊藤雄志著　風間書房　2005.10　Ⓘ4-7599-1511-7

◇山路愛山―史論家と政論家のあいだ　岡利郎著　研文出版　（研文選書）　1998.11　Ⓘ4-87636-161-4
＊現在までの愛山研究を概観すると、そこに二つの問題が残されていたと思われる。第一には愛山の政治思想を正面から問題とした研究がほとんどないこと（彼の「国家社会主義」「帝国主義」について論じたものはあるが、政治思想全体の考察には及んではいない）、第二には愛山が研究対象として取上げられる場合、彼の思想の一面のみがとり出され、彼の思想構造全体がそれ自体として問題にされることがほとんどなかったことである。本書はもとより右の問題を全面的に取扱うものではないが、それに対する一つの試みとして意図されている。

◇山路愛山　〔新装版〕　坂本多加雄著　吉川弘文館　（人物叢書）　1988.9　Ⓘ4-642-05156-2
＊明治大正期の卓越した史論家であり、独自の政治思想家であった愛山の初の本格的伝記。旧幕出身者としての「敗者の運命」を克服すべく奮闘した青少年期から、『独立評論』で活躍する壮年期、さらには、精力的に歴史叙述に取組んだ晩年に至るまで、近代日本をひたむきに生きたその思索の跡を活写。北村透谷との論争の意義にも新たな光を投じる。

▌山科言継　やましなときつぐ

1507〜1579　戦国時代、安土桃山時代の公卿。（権大納言）。権中納言山科言綱の子。

◇言継卿記　第6　新訂増補版　高橋隆三，斎木一馬，小坂浅吉校訂　続群書類従完成会　1999.2　Ⓘ4-7971-0470-8
＊本巻には、国書刊行会の旧版に脱漏となっていた永禄二年記の九月以降と、同じく旧版には抄略本に拠って収められている天正四年記を、それぞれ言継自筆の原本によって完全を収載し、更に別記三点を付収した。

◇言継卿記―自永禄元年正月-至永録二年八月　第5　新訂増補　高橋隆三，斎木一馬，小坂浅吉校訂　続群書類従完成会　1999.1　Ⓘ4-7971-0469-4

◇言継卿記　第4　山科言継著，国書刊行会編纂　続群書類従完成会　1998.12　Ⓘ4-7971-0468-6

◇言継卿記　第3　山科言継著，国書刊行会編纂　続群書類従完成会　1998.11　Ⓘ4-7971-0467-8

◇言継卿記　第2　新訂増補　高橋隆三，斎木一馬，小坂浅吉校訂　続群書類従完成会　1998.10　Ⓘ4-7971-0466-X
＊自天文十一年正月至天文十八年十二月。

◇言継卿記　第1　新訂増補　山科言継著　続群書類従完成会　1998.9　Ⓘ4-7971-0465-1
＊大納言山科言継卿の日記（大永7年正月より天正4年12月に迄る前後50余年間の記録）を分冊して刊行。今回の新訂増補版では、全巻原本によって新たに校合を行い、誤字・脱落等をことごとく訂正。脱落していた原本の表紙・扉等を各巻末に、「拾遺」として収載し、巻首及び年替り・月替りその他の部分、用字等を原本の形に復原した。

▌山背大兄王
やましろのおおえのおう

?〜643　飛鳥時代の王族。聖徳太子の第1王子。蘇我入鹿らに襲われ斑鳩寺で自殺。

◇山背大兄王　小原良文著　郁朋社

2000.3 ⓘ4-87302-076-X
＊聖徳太子を父として生を受け、権力争いの渦中に自ら滅する道を選んだ山背大兄王。激動する歴史の藁に埋もれながらも、その生の軌跡は今なお光を放つ。

▍山田顕義　やまだあきよし
1844〜1892　江戸時代末期、明治期の長州藩士、陸軍軍人、政治家。中将、伯爵。刑法草案審査委員、法相、枢密顧問官などを歴任。

◇山田顕義と近代日本—生誕170年記念特別展　萩博物館編　萩博物館　2014.4

◇剣と法典—小ナポレオン山田顕義　古川薫著　文芸春秋　（文春文庫）　1997.12　ⓘ4-16-735714-3

◇山田顕義—人と思想　日本大学総合科学研究所編　日本大学総合科学研究所　1992.3

▍山田耕筰　やまだこうさく
1886〜1965　大正, 昭和期の作曲家, 指揮者。交響曲「かちどきと平和」、歌曲「この道」「赤とんぼ」などを作曲。

◇はるかなり青春のしらべ—自伝/若き日の狂詩曲　山田耕筰著　エムディシー　2003.2　ⓘ4-7952-4245-3

◇子どもの声が低くなる！—現代ニッポン音楽事情　服部公一著　筑摩書房　（ちくま新書）　1999.12　ⓘ4-480-05828-1
＊幼児の声といえば、高い軽やかな声の代表である。だが近年彼らの世界に低音化現象が起きている。それを示す例はあの「だんご3兄弟」の大旋風。軽快なタンゴのリズムで乗りやすいうえに、戦前派の童謡にくらべ音域が低く歌いやすい。子どもの声が低くなることは音楽家としてはなはだ由々しい現象であり、音楽教育現場の対応が必要である。「絶対音感」信仰やカラオケブームの功罪など、昨今のわが国の音楽事情に一言物申すホットな話題に加え、文明開化とともにやってきたドレミファ音楽と服部家の悲喜こもごものエピソード。エッセイストとして定評のある著者による書き下ろし "私の音楽手帖"。

◇私の日本音楽史—異文化との出会い　団伊玖磨著　日本放送出版協会　（NHKライブラリー）　1999.7　ⓘ4-14-084101-X
＊音楽は、単純に音楽として存在しているのではなく、もっと広い社会、民族、国家の中での大きな渦巻きと関係をもったものであり、深い洞察をもって歴史の中でとらえられるべきだ。この本では、日本の音楽の渦が、歴史の中で、どんな姿をしながら、どんな風に動いてきたのか、そして将来どんな風に動いていくのかを、わかりやすく、自身の体験をも加味しながら考察している。

◇（自伝）若き日の狂詩曲　山田耕筰著　中央公論社　（中公文庫）　1996.6　ⓘ4-12-202624-5

◇田耕筰さん、あなたたちに戦争責任はないのですか—新谷のり子さんへのインタビュー「なぜ反戦歌を歌うのですか」　森脇佐喜子著　梨の木舎　（教科書に書かれなかった戦争）　1994.5　ⓘ4-8166-9402-1

▍山田長政　やまだながまさ
1590？〜1630　江戸時代前期の貿易商, 武将。駿河生まれ。アユタヤ郊外の日本人町の長となった。

◇ミャンマーの侍 山田長政—侍の末裔と古文書が語る長政残党伝説　沖田英明著　東洋出版　2010.11　ⓘ978-4-8096-7631-4
＊長政や息子、侍たちは、本当にアユタヤからチャイントンまで行ったのか—自らを侍の子孫と称する「ゴンシャン族」を探し求めて、ミャンマーのシャン州、チャイントンへ。ミャンマーに伝わるナガマサ伝説を追え。

◇史伝山田長政　小和田哲男著　学習研究社　（学研M文庫）　2001.5　ⓘ4-05-901058-8
＊慶長17年、関ヶ原合戦が終わり、戦国時代も終わりを告げようとしていた時代。日本を脱出してはるかシャム（タイ）に渡り、アユタヤ王朝のオークヤー、最高位の貴族にまで昇りつめ、ついにはリゴール国の王にまでなった山田長政。彼が異国の地で成功した陰には、どのような秘密が隠されていたのか。長政と同郷の歴史学者が、精魂傾けて追求

山田美妙

した真実の姿が、今明らかになる。

◇小説 南国の業火—山田長政伝 渡辺了昭著 新風舎 （シンプーブック） 1998.3
①4-7974-0507-4
＊遙か海南の国で、国王を夢見た日本人がいた。徳川二代将軍秀忠の時代、シャムに単身密航した山田仁佐衛門長政。彼の、野望に燃え波乱に満ちた生涯を劇的に描く、歴史中編小説。

◇風雲児 上 白石一郎著 文芸春秋 （文春文庫） 1998.1 ①4-16-737018-2
＊慶長15（1610）年、駿府で生れ育った伊勢山田の神主・山田仁左衛門長政は御朱印船で長崎を出港、高山国（台湾）から黄金の都シャム（タイ）のアユタヤに渡った。シャムの女性と結婚し、国王の親衛隊として頭角をあらわし、やがて日本人でありながら、シャムの王族にまで登りつめた一代の快男児・山田長政の波瀾の生涯を描く。

◇風雲児 下 白石一郎著 文芸春秋 （文春文庫） 1998.1 ①4-16-737019-0
＊シャムに渡ってアユタヤの日本人町の頭領となった山田長政は内戦の鎮圧が国王に認められて、宮廷の武将としての頂点に立った。寛永6（1629）年、リゴール国王となったが、翌年、毒薬で非命の死を遂げる。江戸時代、海を渡って異国で41年の生涯を終えた日本人山田長政の夢と冒険を描いた渾身の歴史長篇。

◇風雲児 上巻 白石一郎著 読売新聞社 1994.12
＊日本人でありながら、シャムの王族に次ぐ地位にまで上った山田長政の波瀾の半生を描いた渾身の歴史小説。

◇風雲児 下巻 白石一郎著 読売新聞社 1994.12
＊歴史の中で短くも光芒を放って消えた日本人・山田長政の夢と冒険の日々を描いた傑作長編。

◇山田長政の密書 中津文彦著 講談社 （講談社文庫） 1992.11
①4-06-185280-9
＊逃亡者として朱印船に乗り込み、日本からシャム（タイ）に渡った山田長政は、ソンタム王の信頼を得て、遂には貴族待遇の親衛隊長にまで昇りつめる。だが、シャムを交易基地にと狙う西欧列強国の謀略戦により、長政の運命も狂い始めた。そして謎に包まれた死。快男児の生涯と謎に迫る歴史推理長編。

▌山田美妙　やまだびみょう
1868〜1910　明治期の小説家, 詩人, 国語学者。辞書編纂などに従事。作品に「いちご姫」「平清盛」など。

◇「草創期のメディアに生きて山田美妙没後100年」展図録—日本近代文学館特別展 臨川書店 2010.10 ①978-4-653-04110-8

◇山田美妙—人と文学 山田篤朗著 勉誠出版 （日本の作家100人） 2005.12
①4-585-05183-X
＊言うまでもなく美妙は言文一致体創始者のひとりとして文学史に名を残した。その後、美妙は金銭・女性スキャンダルを起こし文壇の主流から消えた。その姿に著者は家庭の幸福と安らぎを死守しようとする父を見、その作品に大衆文学のさきがけを読む。また長男の未発表日記（抄）を掲載、晩年の美妙の姿を垣間見ることができる。

◇美妙、消えた。嵐山光三郎著 朝日新聞社 2001.9 ①4-02-257608-1

◇孤りの歩み—山田美妙論 深作硯史著 近代文芸社 1994.6 ①4-7733-2742-1
＊明治文壇に若くして盛名をはせ、小説・詩等において先駆的な役割を果しながら落魄の末路をたどった才人山田美妙、その評伝。

▌山田盛太郎　やまだもりたろう
1897〜1980　大正, 昭和期の経済学者。東京帝国大学教授。日本資本主義経済派の代表的理論家。コム・アカデミー事件に連座。

◇山田盛太郎—マルクス主義者の知られざる世界 寺出道雄著 日本経済評論社 （評伝・日本の経済思想） 2008.1
①978-4-8188-1982-5
＊戦前期マルクス主義の代表作の一つであり、日本における社会科学の展開に

大きな影響を与えていった『日本資本主義分析』を読み直すことを通じて、新たな山田盛太郎像を提示する。

日本武尊　やまとたけるのみこと
上代の伝説上の英雄。景行天皇の皇子。

◇英雄・日本武尊　島田建路著　文芸社　2018.6　①978-4-286-19525-4

◇ヤマトタケル―日本人なら知っておきたい英雄　産経新聞取材班著　産経新聞出版　2017.10　①978-4-8191-1323-6

◇ヤマトタケルのまほろば　後編　産経新聞大阪本社　2017.3

◇ヤマトタケルのまほろば　前編　産経新聞大阪本社　2016.12

◇景行天皇と日本武尊―列島を制覇した大王　河村哲夫,志村裕子著　原書房　2015.6　①978-4-562-05180-9

◇ヤマトタケル―イラスト版オリジナル　鈴木邦男文,清重伸之絵　現代書館　(For beginnersシリーズ)　2004.8　①4-7684-0098-1

◇ヤマトタケル―蘇える古代の英雄とその時代 企画展　熱田神宮文化課編　〔熱田神宮〕　〔2003〕

◇物語日本武尊　下　田中繁男著　展転社　2001.1　①4-88656-189-6

◇物語日本武尊　上　田中繁男著　展転社　2000.2　①4-88656-177-2

◇ヤマトタケル伝説と日本古代国家　石渡信一郎著　三一書房　1998.9　①4-380-98313-7

◇日本武尊　田中繁男著　日本図書刊行会　1997.3　①4-89039-268-8

◇崇神天皇と三王朝交替の謎　神一行著　学習研究社　(歴史群像新書)　1994.7　①4-05-400375-3
　＊崇神、ヤマトタケルの正体を解明。王権交替と「謎の四世紀」の核心に迫る。

◇古代天皇制への接近　河野勝行著　(京都)文理閣　1990.11　①4-89259-163-7

山名持豊　やまなもちとよ
1404～1473　山名宗全(やまなそうぜん)とも。室町時代の武将。時煕の子。領国を9カ国に拡大。応仁の乱では西軍の主将となる。

◇山名宗全―金吾は鞍馬毘沙門の化身なり　山本隆志著　ミネルヴァ書房　(ミネルヴァ日本評伝選)　2015.4　①978-4-623-07358-0

◇山名宗全と細川勝元　小川信著　吉川弘文館　(読みなおす日本史)　2013.11　①978-4-642-06399-9
　＊中盤戦の打込みで一挙に勢力を張る山名宗全と確実な布石で大模様をねらう細川勝元。対照的な両雄が対決した日本史上最大の内戦＝応仁の乱を、将軍足利義政とその近臣、東西両軍の武将たちの人物像を交えて描いた名著。

◇山名宗全と細川勝元　小川信著　新人物往来社　1994.3　①4-404-02106-2

山上憶良　やまのうえのおくら
660～733？　飛鳥時代,奈良時代の万葉歌人。「万葉集」に70首余を残す。「貧窮問答歌」で著名。

◇山上憶良　稲岡耕二著　吉川弘文館　(人物叢書 新装版)　2010.12　①978-4-642-05259-7
　＊奈良時代の歌人。大宝の遣唐時、無位無姓にして遣唐少録に抜擢されるが、それ以前の経歴は分からない。帰国後、伯耆守、令侍東宮となるが、類稀な歌才を発揮するのは最晩年の筑前守任官後のことである。大宰帥大伴旅人との短くも濃密な交流から生まれた『万葉集』の作品群を読み解き、人間の情や生老病死と向き合う独自の作風と貴き生涯を追う。

◇中西進著作集　27　旅に棲む―高橋虫麻呂論：万葉歌人の愛そして悲劇―憶良と家持　中西進著　四季社　2010.5　①978-4-88405-427-4
　＊魂を求める。鋭利な作品批評による構造的歌人論の試み。

◇悲しみは憶良に聞け　中西進著　光文社　2009.7　①978-4-334-97582-1

＊万葉歌人・山上憶良。その原点は朝鮮半島生まれの「在日」という生い立ちにあった。「貧窮問答の歌」など貧困・病苦・老い・生死を見つめたリアルな社会派詩人—憶良の歌う悲しみは、現代に通じる悲しみである。万葉文学の第一人者であり、日本人の心性を追求し続ける著者が、「あまりに人間的な」男の人間像に迫る。

◇天の眼　山上憶良　星野秀水著　日本文学館　2008.9　①978-4-7765-1757-3
　＊万葉歌人、山上憶良の素顔と波乱の一生を、激動の古代史を舞台に生き生きと描く珠玉作。2007年度第2期日本文学館大賞小説部門最優秀賞受賞作。

◇万葉集歌人研究叢書　2　青木周平［ほか］編・解説　クレス出版　2004.4　①4-87733-209-X,4-87733-207-3

◇万葉集歌人研究叢書　8　青木周平［ほか］編・解説　クレス出版　2004.4　①4-87733-215-4,4-87733-207-3

◇宮廷歌人車持千年—奈良前期万葉研究　村山出著　翰林書房　2002.5　①4-87737-149-4

◇読み歌の成立—大伴旅人と山上憶良　原田貞義著　翰林書房　2001.5　①4-87737-119-2

◇万葉の歌人と作品—セミナー　第5巻　大伴旅人・山上憶良　2　神野志隆光，坂本信幸企画編集　和泉書院　2000.9　①4-7576-0068-2
　＊最新の研究成果による万葉の森への誘い。

◇万葉歌人の愛そして悲劇—憶良と家持　中西進著　日本放送出版協会　（NHKライブラリー）　2000.1　①4-14-084108-7
　＊憶良と家持、あまりに対照的なふたりの歌人。万葉集には、ふたりの存在が大きい。愛と自然、風土、人間の宿願、生老病死、そして死生観、これら万葉集の主題をふたりの歌からよみとることで、新しい万葉集の姿が見えてくる。懐の深い万葉集のあり方は、間違いなく“日本のかたち”である。愛と悲劇に満ちた、万葉集の世界へようこそ。

◇奈良万葉と中国文学　胡志昂著　笠間書院　（笠間叢書）　1998.12　①4-305-10316-8

◇文芸放談　第1巻　伊達隆著　〔伊達隆〕　1998.1

◇憶良・虫麻呂と天平歌壇　井村哲夫著　翰林書房　1997.5　①4-87737-013-7

◇万葉歌人と中国思想　増尾伸一郎著　吉川弘文館　1997.4　①4-642-02310-0
　＊万葉集は、当時の政治・社会・祭儀等の状況を知る史料としても重要である。本書は万葉歌を中心に、日本古代の文学作品における道教・仏教・儒教など中国の思想文化の受容相を、多くの漢籍や経典類をもとに考察する。

◇筑紫文学圏論　山上憶良　大久保広行著　笠間書院　（笠間叢書）　1997.3　①4-305-10302-8

◇憶良述壊　丸岡愛市著　同成社　1996.1　①4-88621-134-8

◇中西進万葉論集　第8巻　山上憶良　中西進著　講談社　1996.1　①4-06-252658-1
　＊学界を揺るがした「憶良渡来人論」を要に憶良の出生から渡唐、死に至る生涯と作品の全てを詳細緻密に論じた山上憶良論の歴史的名著。

◇外来思想と日本人—大伴旅人と山上憶良　谷口茂著　玉川大学出版部　1995.5　①4-472-09681-1

◇憶良　人と作品　上代文学会編　笠間書院　1994.7　①4-305-70108-1

◇山上憶良—人と作品　中西進編　桜楓社　1991.6　①4-273-02440-3
　＊人間の愛と悲哀を歌いあげた孤高の歌人山上憶良。伝統の歌いぶりにみちた万葉集の中で、ひとり仏教思想に根ざ、人生の哀歓を歌った憶良の生涯と全作品。

▌山之口貘　やまのくちばく
1903〜1963　昭和期の詩人。放浪生活で詩作に専念。詩集に「思弁の苑」など。

◇山之口貘の青春—石垣島の足跡を中心に　砂川哲雄著　南山舎　2012.10　①978-4-901427-28-9

◇父・山之口貘 新版 山之口泉著 思潮社 2010.12 ①978-4-7837-1667-9
＊父・山之口貘を通して、人間の生への洞察を深める、出色の評伝集。

◇アルバム・山之口貘—山之口貘生誕100年記念 山之口泉，沖縄タイムス社編 沖縄タイムス社 2003.8 ①4-87127-161-7
＊本書は山之口泉さん提供の写真により、詩人・山之口貘の生涯を概観できるよう編集したものである。

◇貘さんがゆく 茨木のり子作 童話屋 1999.4 ①4-88747-005-3
＊貧しさについに屈伏することなく「精神の貴族」を貫いた、山之口貘の詩と生涯。

◇僕は文明をかなしんだ—沖縄詩人・山之口貘の世界 高良勉著 弥生書房 1997.11 ①4-8415-0741-8
＊公園や駅のベンチ、キャバレーのボイラー室、土管の中で寝泊まりしながら、自分の言葉を求めて生きた山之口貘の詩と生活。

◇ぼくはバクである—山之口貘keynote 知念栄喜著 まろうど社 1997.7 ①4-89612-018-3
＊山之口貘の『地球』と『世界』のロマンを紡ぐ。

◇貘のいる風景—山之口貘賞20周年記念誌 山之口貘記念会編集委員会編 山之口貘記念会 1997.7

山部赤人 やまべのあかひと
生没年不詳 奈良時代の歌人。「万葉集」に50首が残る。自然情景の歌が多い。

◇日本文学者評伝集 1 最澄(伝教大師)・山部赤人 塩田良平，森本治吉編 堀一郎，武田祐吉著 クレス出版 2008.6 ①978-4-87733-421-5,978-4-87733-429-1

◇高市黒人・山部赤人 人と作品 中西進編 おうふう 2005.9 ①4-273-03381-X

◇万葉集歌人研究叢書 8 青木周平［ほか］編・解説 クレス出版 2004.4 ①4-87733-215-4,4-87733-207-3

◇万葉の歌人と作品—セミナー 第7巻 山部赤人・高橋虫麻呂 神野志隆光，坂本信幸企画編集 和泉書院 2001.9 ①4-7576-0125-5

◇歌われた風景 和歌文学会論集編集委員会編，渡部泰明，川村晃生責任編集 笠間書院 2000.10 ①4-305-40113-4
＊「日本人」にとって風景とは？ 風景に宿る和歌思想。和歌文学会の最前線の研究成果を、和歌研究者のみならず他領域を含めた内外の読者に開放することを目ざして、今、切実かつ本質的なテーマを追求。風景を歌い続け、詠み込まずにはいられなかった歌人たちの営みに照明を当て「歌われた風景」と古代から近代に至る精神の軌跡を跡付ける。

◇山部赤人—万葉史の論 梶川信行著 翰林書房 1997.10 ①4-87737-025-0
＊現代によみがえる赤人。赤人の作品に関する従来の評価・常識を検証した上で新たな資料を駆使し、『宮廷歌人』の実態を明らかにする。

山本五十六 やまもといそろく
1884〜1943 大正、昭和期の海軍軍人。大将。ハワイ真珠湾攻撃の立案・実行者。

◇凡将山本五十六—その劇的な生涯を客観的にとらえる 生出寿著 潮書房光人新社 (光人社NF文庫) 2018.2 ①978-4-7698-3051-1

◇黒沢明が描こうとした山本五十六—映画「トラ・トラ・トラ！」制作の真実 谷光太郎著 芙蓉書房出版 2017.10 ①978-4-8295-0719-3

◇田中角栄と河井継之助、山本五十六—怨念の系譜 早坂茂三著 東洋経済新報社 2016.11 ①978-4-492-06203-6

◇山本五十六の真実—連合艦隊司令長官の苦悩 工藤美知尋著 潮書房光人社 2015.12 ①978-4-7698-1607-2

◇山本五十六戦後70年の真実 NHK取材班，渡辺裕鴻著 NHK出版 (NHK出版新書) 2015.6 ①978-4-14-088462-1

◇山本五十六—聯合艦隊司令長官 半藤一利著 文芸春秋 (文春文庫) 2014.5

山本五十六

①978-4-16-790106-6
＊誰よりも日米開戦に反対していたにもかかわらず、海軍軍人として真珠湾攻撃を決断せざるをえなかった山本五十六。「昭和史の語り部」半藤さんが、郷里・長岡の先人であり、あの戦争の最大の英雄にして悲劇の人の真実について、熱をこめて語り下ろした話題の一冊が、待望の文庫化。役所広司の五十六役で、映画化もされた。

◇山本五十六と語る　寺尾公男著　新人物往来社　2013.3　①978-4-404-04304-7
＊真珠湾奇襲攻撃の決行にいたるまでに山本五十六が考えた、日米情報戦略・満州開拓・帝国陸海軍の暗闘・連合艦隊の真実に迫る。

◇山本五十六と海軍航空—海軍機関大佐の回想とアルバムから　本多伊吉著　大日本絵画　2012.1　①978-4-499-23073-5
＊元帥大将山本五十六といえば太平洋戦争開戦時の聯合艦隊司令長官として広く国民に知られてきた。その姿は海軍軍人としてではなく、政治家に近い人物として述べられることが多い。ところが、その実は大正年間からの長い間、海軍航空の発展に尽力してきた"航空人"であった。本書は大正時代後期から航空エンジニアたる部下のひとりとして山本五十六に仕え、昭和18年4月18日の戦死当日にはその出発を見送った本多伊吉海軍機関大佐の手記を軸に、独自の山本五十六像を伝えるものである。

◇山本五十六と連合艦隊司令部—悲劇の提督の生と死　「丸」編集部編　光人社（光人社NF文庫）　2012.1
①978-4-7698-2718-4
＊副官として幕僚として従兵として、また作戦当事者として生身の長官に接してきたそれぞれの体験を点綴、悲劇の名将の素顔を活写した迫真の証言。

◇人間提督 山本五十六　新装版　戸川幸夫著　光人社　2012.1
①978-4-7698-1511-2
＊綿密周到な取材と豊富な資料とを駆使して、世界第一級人物の愛と真実に挑み、その人間像を活写した直木賞作家の会心のライフワーク！　動乱戦火の昭

和史を背景に展開する、壮絶華麗にして大いなる感動を呼ぶ海軍人物伝。

◇海軍の家族—山本五十六元帥と父三和義勇と私たち　三和多美著　文芸春秋　2011.12　①978-4-16-374750-7
＊優しかった父。どんな人間関係の場でも潤滑油だった父。妻と家族を誰よりも愛した父。戦争での死を予感し、家族と過ごせる短い時間を何よりもいつくしんだ父。山本五十六の参謀だった三和義勇の家族を、少女の目であざやかに再現した昭和の「家族の肖像」。

◇山本五十六の最期—検死官カルテに見る戦死の周辺　新装版　蜷川親正著　光人社　（光人社NF文庫）　2011.12
①978-4-7698-2132-8
＊昭和十八年四月十八日、山本五十六連合艦隊司令長官搭乗機は、ブーゲンビル島上空で撃墜された—その墜落現場で、最初に山本五十六を検死した"消された一軍医"の手になる遺された一冊の黒い手帳は、いったい何を語りかけるのか。関係者をさがして歩いて三十余年、疑惑に彩られた"戦死"の謎に挑んだ話題作。

◇山本五十六の書簡—長岡市立中央図書館文書資料室所蔵資料を中心にして　再版　山本五十六著, 長岡市立中央図書館文書資料室編　長岡市立中央図書館文書資料室（長岡市史双書）　2011.12

◇山本五十六戦争嫌いの司令長官　森山康平著　PHP研究所　（PHP文庫）　2011.12　①978-4-569-67740-8
＊開戦間際まで対米戦争に反対しながら、真珠湾奇襲を敢行しなければならなかった連合艦隊司令長官、山本五十六。己の主張と反する戦いに挑んだ男は、どんな思いで指揮をとったのだろうか。本書では山本自身の手紙や声、周囲の人たちの証言など、数々の資料を丹念にたどりながら、彼の心情を掘り起こす一冊。日本の将来を憂いた海軍大将の本心に迫る。

◇人間提督 山本五十六　上　新装版　戸川幸夫著　光人社　（光人社NF文庫）　2011.12　①978-4-7698-2012-3
＊動物文学の第一人者であるとともに、

幾多の珠玉の戦争文学を発表してきた直木賞作家が、綿密、周到な取材と、豊富な資料とを駆使して、世界第一級人物の愛と真実に挑み、その人間像をみごとに描き切った会心のライフワーク。動乱戦火の昭和史を背景に展開される、壮絶華麗にして大いなる感動を呼ぶ海軍人物伝。

◇人間提督 山本五十六 下 新装版 戸川幸夫著 光人社 （光人社NF文庫）2011.12 Ⓘ978-4-7698-2013-0
＊海軍省詰めの新聞記者として、海軍報道班員として、提督、士官の風貌に接し、戦火の最前線に身を置いた戦記文学の第一人者が描いた人間山本五十六の悲劇。米内光政、井上成美らと共に三国同盟に反対し、対英米戦に抗して平和と国家の安泰を願いながら、戦争の指揮官として戦い、劇的な最後を遂げた提督の生涯。

◇父山本五十六 山本義正著 朝日新聞出版 （朝日文庫） 2011.12 Ⓘ978-4-02-264641-5
＊無口ながらも子煩悩な父、故郷・長岡の水まんじゅうを喜んでいくつも食べた父、部下の死を心から悲しみ、遺族の前で号泣した父…。息子の目に映った山本五十六は愛情深く、繊細で、過酷な運命と職務に傷ついていた。太平洋戦争の幕開けを担った軍人の素顔を描いた書。

◇山本五十六の真実 太平洋戦争研究会編, 平塚柾緒著 河出書房新社 （河出文庫）2011.11 Ⓘ978-4-309-41112-5
＊日独伊三国同盟に敢然と反対し、日米衝突回避に全力をあげた山本五十六。だが開戦やむなきに至り、連合艦隊司令長官として世界初の空母艦隊を率い真珠湾奇襲を敢行する。誰よりも戦争に反対していた山本が、日本の岐路で何を考え、どう行動したのか。最前線・ブーゲンビル島上空で撃墜され戦死するまでの生涯を追う。

◇山本五十六の生涯 工藤美代子著 幻冬舎 （幻冬舎文庫） 2011.11 Ⓘ978-4-344-41765-6
＊アメリカとの戦争は何としても避けねばならなかった―。武官として米国滞在の経験を持つ山本五十六は、やがて真珠湾奇襲攻撃を敢行。世界を驚愕させる大戦果を挙げるのだが、半年後のミッドウェー海戦で惨敗。翌年、撃墜されて戦死した。家族や友人の証言に基づいて、戊辰戦争の宿命を負った男の生涯に迫る。

◇日米開戦と山本五十六―日本の論理とリーダーの決断 『歴史読本』編集部編 新人物往来社 2011.11 Ⓘ978-4-404-04111-1
＊70年前、日本の指導者たちはなぜ日米開戦を選択したのか。開戦に至る経緯、開戦の選択にかかわる事象を政治、軍事、外交、経済など様々な角度から検証する。また、真珠湾攻撃の立役者である山本五十六。開戦の責任者の一人である山本に日本人はなぜ愛惜の気持ちや尊敬の念を感じるのだろうか。証言や多角的な視点から山本の人間的魅力と軍人としての能力について論証する。

◇聯合艦隊司令長官山本五十六 半藤一利著 文芸春秋 2011.11 Ⓘ978-4-16-374640-1
＊山本五十六の願いも空しく開戦へ。太平洋戦争におけるこの人の指揮ぶりは、求めて戦いにいくような "性急さ" と "激しさ" に終始する。それもすべて戦争を早期のうちに終らせたいために―。

◇山本五十六のことば 稲川明雄著 新潟日報事業社 2011.8 Ⓘ978-4-86132-465-9

◇山本五十六 半藤一利著 平凡社 （平凡社ライブラリー） 2011.7 Ⓘ978-4-582-76739-1
＊独自の戦略観をもちながら、不本意な戦争を戦う宿命に苦しんだ悲劇の海軍大将・山本五十六。故郷・長岡人気質と絡め、さまざまな側面から「情の武人」の足跡に迫る。

◇帝国海軍の勝利と滅亡 別宮暖朗著 文芸春秋 （文春新書） 2011.3 Ⓘ978-4-16-660800-3
＊日本海海戦で歴史に残る完全勝利をおさめた山本権兵衛。対して権兵衛にならった山本五十六の真珠湾奇襲は日本を破滅へと導いた。二人のリーダーの光と影を軸にエリート集団の誕生から消滅までを描く。

◇ヤマモト・ミッション―山本五十六司令
長官機撃墜を可能にしたもの　平塚柾緒
著　PHP研究所　2010.6
①978-4-569-79051-0
＊敗北の真因を、日本軍は敗戦の日まで、
まったく知らなかった！「情報戦」の意
味を明らかにする、ケーススタディと
しての戦史ドキュメント。

◇山本五十六　田中宏巳著　吉川弘文館
（人物叢書 新装版）　2010.6
①978-4-642-05257-3
＊日本海軍の軍人。郷里新潟県長岡の負
けじの気風を糧に海軍士官となる。い
ち早く航空戦の時代を予見し、連合艦
隊司令長官として真珠湾作戦を発案・
実行するが、艦隊決戦の伝統は独創的
な発想を許さなかった。ミッドウェー
海戦後の劣勢を挽回できぬまま、ラバ
ウル前線を視察中に戦死する。太平洋
戦争の敗因を検証し、歴史の中の名提
督の実像に迫る。

◇追悼山本五十六―昭和18年9月25日発行
『水交会記事』より　新人物往来社編　新
人物往来社　（新人物文庫）　2010.6
①978-4-404-03867-8
＊海軍機関誌の「追悼号」が伝える在りし
日の山本元帥の姿…。直近の人々が語
る貴重な証言集！昭和18年9月25日発
行『水交社記事』より。

◇山本五十六と米内光政の日本海海戦―若
き提督が戦った日露戦争　松田十刻著
光人社　（光人社NF文庫）　2009.12
①978-4-7698-2626-2
＊日露戦争を体験した軍人で太平洋戦争
で現役だったのは、山本五十六や米内
光政など少数の"出世組"である。第一
線で地獄をみたのは、日露戦争を知ら
ない世代であった。身をもって戦争の
悲惨さを知っていた山本と米内―未来
の提督が日露海戦で見たものは何か。
そして命をかけて守ろうとしたものは
何だったのか。

◇山本五十六　稲川明雄著　新潟日報事業
社　（新潟県人物小伝）　2009.3
①978-4-86132-319-5

◇山本五十六の書と書簡―楠公に重ねる責

任と苦悩　中島修三著　〔中島修三〕
2008.12

▌**山本鼎　やまもとかなえ**
1882～1946　明治～昭和期の版画家, 洋画
家, 美術教育家。版画「デッキの女」、油
彩「ブルターニュの女」などを制作。

◇山本鼎物語―児童自由画と農民美術 信州
上田から夢を追った男　神田愛子著　信
濃毎日新聞社　2009.3
①978-4-7840-7106-7

◇鼎、槐多への旅―私の信州上田紀行　窪
島誠一郎文, 矢幡正夫写真　信濃毎日新聞
社　2007.6　①978-4-7840-7055-8
＊「上田」へのつきぬ思いを、命ほとばし
る言葉と、詩情豊かな塩田平の美しい
写真で綴る本書は、休館を経て再出発
する「信濃デッサン館」への決意…。

◇ロシアの農民美術―テニシェワ夫人と山
本鼎　遠藤三恵子著　東洋書店　（ユーラ
シア・ブックレット）　2007.2
①978-4-88595-674-4
＊ロシアの農民美術の世界をロシア人（テ
ニシェワ夫人）側と、当時ロシアに滞在
した日本人（山本鼎）の双方の視点から
考察する。

◇美術的社会運動家としての山本鼎―鼎と
上田の青年が描いた夢 山本鼎記念館企画
展　上田市山本鼎記念館編　上田市山本
鼎記念館　2006.6

◇山本鼎―An essay on Kanae Yamamoto
上田市山本鼎記念館　1992.7

▌**山本権兵衛　やまもとごんべえ**
1852～1933　明治, 大正期の海軍軍人, 政
治家。大将, 伯爵, 内閣総理大臣。首相在
任中、シーメンス事件・虎ノ門事件が発生
し引責辞任。

◇帝国海軍の勝利と滅亡　別宮暖朗著　文
芸春秋　（文春新書）　2011.3
①978-4-16-660800-3
＊日本海海戦で歴史に残る完全勝利をお
さめた山本権兵衛。対して権兵衛にな
らった山本五十六の真珠湾奇襲は日本
を破滅へと導いた。二人のリーダーの

光と影を軸にエリート集団の誕生から消滅までを描く。

◇海軍経営者山本権兵衛　新装版　千早正隆著　プレジデント社　2009.11
　①978-4-8334-1922-2
　＊人のもつ「運」までも見抜き、抜擢し、信じ抜く。近代日本で最強の組織をつくりあげた真のリーダー。特別付録に秋山真之が乃木希典に二〇三高地奪取を迫った書簡を収載。

◇歴代総理大臣伝記叢書　第8巻　山本権兵衛　御厨貴監修　ゆまに書房　2005.7
　①4-8433-1786-1

◇山本権兵衛―日本海軍を世界レベルに押し上げた男　高野澄著　PHP研究所（PHP文庫）　2001.12　①4-569-57668-0
　＊幕末・維持の時代を駆け抜け、欧米列強の作った世界秩序の中に乗り出した明治日本。近代国家としてのシステムを整備するにあたって、海軍力の充実こそが欠くことのできない急務であった。その中心となって知恵をしぼり、実務にあたったのが、本書の主人公・山本権兵衛である。実質的に、「日本海軍の父」と呼ばれる男の波瀾多き生涯を、ドラマティックに描き上げた、長編歴史小説。

◇海軍の父 山本権兵衛―日本を救った炯眼なる男の生涯　生出寿著　光人社（光人社NF文庫）　1994.7　①4-7698-2054-2
　＊青春時代に幕末の日本を見つめ、海軍を志して、精強なる海軍を造るため、一意専心に生きた偉大なる男。藩閥主義打破、実力主義、適材適所を唱えて人員を整理し、有為の人材を登用する計画を推進して諸制度を改革し、毀誉褒貶を顧みず、わずか十数年で、ロシア海軍に勝つ近代海軍を育て上げた“海の男”のロマン。

▌ 山本作兵衛　やまもとさくべえ
1892～1984　明治～昭和期の炭坑画家, 洋画家。明治・大正・昭和のヤマの労働などを墨と泥絵の具で描写。

◇ひと日記―このひとに会いたい　中西和久著　海鳥社　2016.11
　①978-4-87415-989-7

◇炭坑（ヤマ）の絵師山本作兵衛　宮田昭著　書肆侃侃房　2016.7
　①978-4-86385-227-3

◇ヤマの記憶―山本作兵衛聞き書き　山本作兵衛述　西日本新聞社　2011.10
　①978-4-8167-0839-8
　＊最晩年の貴重な新聞連載を初の書籍化。世界を驚かせた詳細な記憶画とともに山本作兵衛自身が語るヤマ（炭鉱）の生活と半生。

◇『山本作兵衛―日記・手帳―』解読資料集第5巻・筑豊地域に関する歴史総合学習教材の開発調査―第一年度研究成果報告　山本作兵衛著, 山本作兵衛さんを〈読む〉会編, 藤沢健一, 高仁淑編　福岡県立大学生涯福祉研究センター（福岡県立大学生涯福祉研究センター研究報告叢書）　2006.3

▌ 山本実彦　やまもとさねひこ
1885～1952　大正, 昭和期の出版人, 政治家。改造社創業者, 東京毎日新聞社長, 衆院議員。昭和5年と21年に衆院議員に当選、21年には協同民主党を結成して委員長を務めた。

◇改造社と山本実彦　松原一枝著　南方新社　2000.4　①4-931376-31-2
　＊関東大震災後の不況の中で、実彦が発案した円本（えんぽん）は一世を風靡し“円本時代”をつくりあげた。大正・昭和初期、日本の文人・思想家がこぞって執筆した雑誌「改造」を主宰。アインシュタインを招聘し、科学界に貢献したのも実彦だった。実彦の全生涯と、彼の死後忽然と消えた改造社の実像が、今明らかになる。

▌ 山本宣治　やまもとせんじ
1889～1929　大正, 昭和期の生物学者, 政治家。京都労働学校校長。性領域を科学的に研究、産児制限運動を推進。

◇山本宣治と母多年―民衆と家族を愛した反骨の政治家　大林道子著　ドメス出版　2012.3　①978-4-8107-0767-0
　＊1929年、治安維持法改悪に反対を唱えて、右翼テロの犠牲になった民衆の政

治家・山本宣治。そのわずか40年の生涯で特筆すべきは政治家・労働運動家としての業績だけではない。生物学者、産児制限運動の理論家・実践運動家であった。山宣の家庭人としての飾らぬ日常を掘り起こし、彼を育てたビッグマザー・多年の魅力にも迫る。

◇煌めきの章─多喜二くんへ、山宣さんへ　本庄豊著　かもがわ出版　2012.1　Ⓘ978-4-7803-0523-4
＊暗黒の時代を矢のように駆けぬけた二人。人を愛するとは何なのか…。混迷する現代のなかで、凛として生きる意味を考える。

◇山宣譚（ものがたり）　続　小田切明徳著　つむぎ出版　2010.8　Ⓘ978-4-87668-170-9

◇山宣譚─タブーに立ち向かう義の人の青春　小田切明徳著　つむぎ出版　2009.5　Ⓘ978-4-87668-165-5

◇民衆とともに歩んだ山本宣治（やません）　宇治山宣会編　かもがわ出版　2009.5　Ⓘ978-4-7803-0278-3
＊生物学者で性教育のパイオニア、労農党代議士であった山本宣治の生涯。

◇山本宣治─人が輝くとき　本庄豊著　学習の友社　2009.3　Ⓘ978-4-7617-0656-2
＊産児制限運動、無産者診療所、労働者教育運動などに功績を残した「山宣」こと山本宣治。彼は戦争と戦争を遂行する治安維持法体制に命をかけて反対して倒れた、ただ1人の国会議員でした。山宣を知ることは、彼が生きた時代を知ることでもあります。

◇山本宣治の性教育論─性教育本流の源泉を探る　山本直英著　明石書店　1999.8　Ⓘ4-7503-1188-X
＊本書は山宣の業績と遺産のなかから、わが国の性教育の「主流」ではなくとも、まちがいなく性教育の「本流」となった山宣の性教育論のエッセンスを抽出したものです。とても彼の著書類には質量ともに伝え切れないほどの偉大な論文がいっぱいですが、彼の文章も字句も今の時代には決して容易なものではないだけに、できるだけ重要な

文章を選び抜いて本書一冊一読して了解となることを期したものです。

◇山本宣治　上　改訂版　佐々木敏二著　不二出版　1998.10　Ⓘ4-938303-00-0

◇山本宣治　下　改訂版　佐々木敏二著　不二出版　1998.10　Ⓘ4-938303-01-9

◇性のタブーに挑んだ男たち─山本宣治・キンゼイ・高橋鉄から学ぶ　山本直英編　かもがわ出版　（かもがわブックレット）　1994.7　Ⓘ4-87699-140-5

▍**山本有三**　やまもとゆうぞう
1887〜1974　大正，昭和期の劇作家，小説家。参議院議員。作品に「真実一路」「路傍の石」など。文化勲章受章。

◇山本有三と三鷹の家と郊外生活　三鷹市山本有三記念館，三鷹市芸術文化振興財団編　三鷹市山本有三記念館，はる書房〔発売〕　2006.6　Ⓘ4-89984-077-2

◇大正・昭和の“童心”と山本有三　三鷹市山本有三記念館編　笠間書院　2005.10　Ⓘ4-305-70310-6
＊1887（明治20）年生まれの山本有三から大正、昭和へとたどると、近代の児童書の歴史がわかる。

◇いいものを少し─父山本有三の事ども　永野朋子著　永野朋子　1998.3

◇山本有三─「嬰児ごろし」漫談/三鷹の思い出　山本有三著，今村忠純編　日本図書センター　（シリーズ・人間図書館）　1997.4　Ⓘ4-8205-9490-7

◇有三文学の原点　田辺匡著　近代文芸社　（近代文芸社文庫）　1996.3　Ⓘ4-7733-5358-9
＊今後の研究継続に期待。山本有三の活躍は多彩である。その研究の歴史は比較的浅く、有三研究はこれからである。

▍**山脇東洋**　やまわきとうよう
1705〜1762　江戸時代中期の医師。官許による人体解剖を行なう。

◇江戸のスーパー科学者列伝　中江克己著　宝島社　（宝島SUGOI文庫）　2013.8　Ⓘ978-4-8002-1038-8

＊「江戸」と「科学」には、なんの繋がりもないように思える。しかし、江戸時代には多くの科学者が日々研究に明け暮れていた。「行列式」を発見した和算家の関孝和、世界初の全身麻酔手術に成功した華岡青洲、ソメイヨシノを開発した遺伝学者の伊藤伊兵衛など。そのレベルは当時の世界を見ても決してひけをとっていなかった。本書では江戸の科学者31人を取り上げ、彼らの功績と人柄に迫る。

◇江戸解剖始記―小説・山脇東洋　林太郎著　なのはな出版，東銀座出版社〔発売〕1997.12　①4-89469-000-4
＊日本で初めて人体解剖を試みた江戸中期の医者ものがたり。お家断絶、切腹を覚悟した実験が今日の近代医療の礎となった。

▌屋良朝苗　やらちょうびょう
1902～1997　昭和期の教育者，政治家。沖縄県知事。沖縄初の公選主席。著書に「屋良朝苗回顧録」。

◇基地のない平和な沖縄を求めて―屋良朝苗氏を偲ぶ県民葬の記録　「屋良朝苗氏を偲ぶ県民葬の記録」編集委員会編　故屋良朝苗元琉球政府行政主席元沖縄県知事県民葬実行委員会　1997.7

▌ヤン・ヨーステン
Jan Joosten Van Lodensteyn
1556？～1623　耶楊子（やようず）とも。江戸時代前期のオランダの船員，朱印船貿易家。徳川家康の外交顧問を務めた。東京八重洲の地名の由来となった。

◇江戸・東京の中のドイツ　ヨーゼフ・クライナー著，安藤勉訳　講談社　（講談社学術文庫）　2003.12　①4-06-159629-2
＊江戸期から近代にかけて、江戸・東京を舞台に活躍したドイツ人は数多い。「八重洲」にその名を残すヤン・ヨーステン、帝都改造計画に参画したエンデとベックマン、帝国ホテル繁栄の礎を築いた支配人フライク兄弟…。日・独交流に献身し、わが国の発展にきわめて大きな役割をはたした彼らが、江戸・東

京に残した軌跡を探索し、その事績を検証する。

【ゆ】

▌唯円　ゆいえん
1222～1289　鎌倉時代後期の真宗の僧。親鸞の門弟、「歎異抄」の執筆者。

◇唯円房　丹地甫著　審美社　1998.6
①4-7883-3090-3
＊描き出されるのは、親鸞の傍らに居て、日常の言葉を耳の底に刻みながら信を会得し、東国常陸に戻っては、働く村の衆と共に念仏を行じ、気になれば笈を背負い遠く和州の山にまで入って法を説いた、唯円房六十九歳の生涯である。

◇こぼれた種　小野里祐著　近代文芸社1995.5　①4-7733-4018-5
＊偉大なる宗教家 親鸞聖人の教えに帰依し、貧困に喘ぐ民衆に一条の光を与えんと心血を注いだ唯円房の生涯。

▌由井正雪　ゆいしょうせつ
1605～1651　江戸時代前期の楠流軍学者。浪人を糾合して幕府への反乱を企てた慶安事件の指導者。事前に露見して自殺。

◇由井正雪　柴田錬三郎著　講談社　（講談社文庫　柴錬痛快文庫）　2001.10
①4-06-273275-0

◇由比正雪　上　村松友視著　小池書院（道草文庫）　1996.10　①4-88315-731-8
＊三代将軍家光の死の直後に起こり幕府を震撼させた江戸のクーデター「慶安の変」。だがそれは、あまりにもあっけない結末を迎えた。謎多き事件の背後に秘められた恐るべき事実の数々。由比正雪を反逆へと駆り立てたものは何か？ 太平の世を迎えつつある江戸の闇に、妖しい男女が虚々実々の駆け引きを見せる新しい時代小説。

◇由比正雪　中　村松友視著　小池書院（道草文庫）　1996.10　①4-88315-732-6

＊野心を抱き江戸に出た若き高松与四郎（由比正雪）は、楠流の老軍学師・楠不伝の弟子となり頭角をあらわす。そこで与四郎は、同門・島村喜三郎の導きにより、春日局の負甥の姪である素心尼と運命的な出会いをする。吸い寄せられるように素心尼の屋敷に通い続け、いわれるがままに自らを仕立てあげていく与四郎。与四郎の前を謎の人物があまた現れては消えていく。

◇由比正雪　下　村松友視著　小池書院（道草文庫）　1996.10　①4-88315-733-4
＊江戸に忽然と現れた怪しい軍学師・由比正雪は南海の竜と呼ばれる紀州大納言・徳川頼宣と親交を重ねる。正雪に密かに近づく知恵伊豆こと松平信綱の狙いは何か？　家光の死で十一歳の長男家綱が四代将軍となり、幕府は権力の空白を迎え、緊張はいよいよ高まっていく。体制に与せぬ浪人たちの生活は厳しいものとなり、正雪らの決起の日が刻一刻と迫りくる。

◇由比正雪　上　大仏次郎著　徳間書店（徳間文庫）　1995.7　①4-19-890341-7
◇由比正雪　下　大仏次郎著　徳間書店（徳間文庫）　1995.7　①4-19-890342-5

雄略天皇　ゆうりゃくてんのう
上代の第21代の天皇。允恭天皇の第5皇子。

◇王の歌―古代歌謡論　鈴木日出男著　筑摩書房　1999.10　①4-480-82341-7
＊記紀歌謡の多くは集団の感情表出に終始しているにもかかわらず、物語のなかに置かれると作中人物固有の感情としてみずみずしい抒情を発揮するのはなぜか？　入念な読みに基づき、歌の多様な発想を明らかにし、歌謡と和歌とのダイナミックな相互関係を浮き彫りにする画期的力篇。

◇日本書紀研究　第20冊　横田健一編　塙書房　1996.10　①4-8273-1520-5

◇曙光の大王―小説雄略天皇　倉田美恵子著　創英社　1991.5

◇雄略天皇陵と近世史料―河内国丹南郡南嶋泉村松村家文書　西田孝司著　末吉舎

1991.3

湯川秀樹　ゆかわひでき
1907～1981　昭和期の理論物理学者。コロンビア大学教授、世界連邦世界協会会長。中間子理論を発表。戦後日本人初のノーベル賞受賞。

◇旅人―ある物理学者の回想　改版　湯川秀樹著　角川学芸出版、角川グループパブリッシング（発売）（角川文庫〔角川ソフィア文庫〕）　2011.1　①978-4-04-409430-0
＊日本人として初めてノーベル賞を受賞した湯川秀樹博士が、自らの前半生をふり返る。「イワン（言わん）ちゃん」とあだ名された無口な少年は、読書を通じて空想の翼を羽ばたかせた。数学に熱中するも「小川君はアインシュタインのようになるだろう」という友人の一言がきっかけとなり、理論物理学への道が開けていく―。京都ならではの風景とともに家族の姿や学生生活がいきいきと描かれ、偉大な先人を身近に感じる名著。

◇思索する湯川秀樹―日本人初のノーベル賞受賞者の天才論　山崎国紀著　世界思想社　2009.3　①978-4-7907-1395-1
＊人文系への湯川秀樹の貴重な「思索」に初めて照明をあてる。啄木や荘子等について真摯に語る天才論を軸に、漱石や紫式部等の文学、そして哲学、宗教、倫理、教育、戦争、平和等への「思索」を掘り起こし、精細に分析した画期的湯川論。

◇新編素粒子の世界を拓く―湯川・朝永から南部・小林・益川へ　湯川・朝永生誕百年企画展委員会編、佐藤文隆監修　京都大学学術出版会（学術選書）　2008.11　①978-4-87698-839-6
＊南部陽一郎・小林誠・益川敏英―3氏の業績を理解するには、素粒子物理学の世界を創造した湯川秀樹・朝永振一郎の業績と彼らが育んだ伝統を知る必要がある。いずれもノーベル賞に輝いた5人の業績を“湯川の中間子論から標準理論へ”という歩みの中に位置づけ、素粒子論の解説はもとより、人の営みとしての

科学、すなわち人文学を含めた豊かな学びの風土こそ独創性を育み時代を拓くことを教える、珠玉の評伝と科学解説。

◇市民による湯川秀樹生誕100年シンポジウムプロシーディングス　湯川秀樹を研究する市民の会企画・編集　大阪科学振興協会　2008.9

◇湯川秀樹とアインシュタイン―戦争と科学の世紀を生きた科学者の平和思想　田中正著　岩波書店　2008.7
①978-4-00-025407-6
＊核兵器廃絶と日本国憲法への痛切な思い、世界連邦と恒久平和に向けたヴィジョン。20世紀科学革命と世界戦争の時代を生きた科学者たちの、平和の理念構築に向けた懸命の歩みを、光と影の両面から再現する。

◇語り継ぎたい湯川秀樹のことば―未来を過去のごとくに　牟田泰三著　丸善
2008.6　①978-4-621-08003-0
＊「未来を過去のごとくに考えよ」と湯川秀樹先生は話された―それは、自分の発見、未来のビジョンに確信を持てということではなかったか。日本初のノーベル賞受賞者・湯川秀樹の間近で研究生活を送った著者が、湯川から教えられたこと、まわりで起こったおもしろいできごとや思い出を書きとめ、そこから展開した著者自身の考えをまとめた随想。当時の研究者の様子、京都大学基礎物理学研究所での活発な研究・教育や交流事業を振り返り、研究の醍醐味や難しさなど科学者の生の姿を描き出す、湯川の平和への願いとそれを受け継いだ活動も紹介する。

◇湯川秀樹日記―昭和九年：中間子論への道　湯川秀樹著, 小沼通二編　朝日新聞社（朝日選書）　2007.12
①978-4-02-259936-0
＊1949年に日本人初のノーベル賞を受賞した物理学者・湯川秀樹。2007年、生誕100年を機に、はじめてその日記が公開された。本書には、中間子論をまとめた1934年、湯川27歳の日記を抄録する。研究生活や、朝永振一郎ら研究のなかまとの交流がつづられているほか、室戸台風の被害や事件・事故、国際情勢

などへの言及も多い。歌舞伎を楽しみ、ドストエフスキー、アナトール・フランスなど文学に親しむ素顔もうかがえる貴重な史料である。

◇素粒子の世界を拓く―湯川秀樹・朝永振一郎の人と時代　湯川・朝永生誕百年企画展委員会編, 佐藤文隆監修　京都大学学術出版会　（学術選書）　2006.10
①4-87698-817-X
＊巨大な科学界に成長した物理学も人の歴史に他ならない。素粒子物理学の世界を創造してノーベル賞に輝き、戦争による荒廃から復興する勇気を人々に与えた湯川秀樹・朝永振一郎の生誕から百年―豊かな営みとしての科学を再生するために、物理学の巨人を育んだ時代を知り、彼らが時代の負託にどう応えたかを学ぶ。日本の誇る科学の業績が、21世紀に生きる我々にとって持つ意味は何か？　日本の誇る科学史を珠玉の評伝として読む。

◇本の中の世界　湯川秀樹著　岩波書店（岩波新書）　2006.10　①4-00-415090-6
＊読者はこの本で湯川博士のくつろいだ姿に接することができる。読者とともに散歩しつつ、読書の思い出を述べ、あるときはエラスムス、アインシュタインにふれて世界観を語り、あるときは荘子、墨子、ドストエフスキーに説き及んで人生を語る。科学的思索をささえる教養の広くゆたかな据野が峰の高さをしのばせる。

◇湯川博士の物理学　田中正著　日本大学原子力研究所　2001.6

◇湯川秀樹白紙の講義録　桜井邦朋著　黙出版　2000.10　①4-900682-52-7
＊戦後日本に勇気を与えた日本人初のノーベル賞受賞者の実像。

◇福井謙一博士の死―大学回り記者哀歓記
川端真一著　ミネルヴァ書房　1999.8
①4-623-03051-2
＊報道業界の論理とは。ノーベル化学賞受賞者の死を機に、最前線から見つめ直した取材と報道の実態。

◇湯川秀樹―旅人ある物理学者の回想　湯川秀樹著　日本図書センター　（人間の記

由利公正

録） 1997.6 ①4-8205-4274-5

◇湯川秀樹&朝永振一郎―二つのノーベル物
理学賞 鴇巣直樹作，麻生はじめ画 丸
善 （丸善コミックス） 1994.8
①4-621-03961-X
＊日本人で初めてノーベル物理学賞を受賞
した湯川秀樹。続いて受賞した朝永振一
郎。西洋で発表した科学に挑んだ二人の
日本人研究者の人間ドラマに迫ります。

◇湯川秀樹論 高内壮介著 第三文明社
1993.7 ①4-476-03182-X
＊物質の窮極を追究してやまない素粒子
論の創始者にして、現代物理学の二巨
柱―相対論と量子論―からの跳躍に生
涯を賭した、湯川秀樹という不世出の
個性に共振する詩魂が試みる、その物
理学と思想への〈数式〉なき肉迫。

◇電子立国日本を育てた男―八木秀次と独
創者たち 松尾博志著 文芸春秋
1992.11 ①4-16-346940-0
＊電子工学・電子産業という言葉を日本
で初めて使ったTVアンテナ発明者。湯
川秀樹、江崎玲於奈、西沢潤一らを表舞
台に登場させた名伯楽。説得力、交渉
力に富んだ名組織者。八木秀次の波瀾
の生涯を軸に草創期日本エレクトロニ
クスの歩みを辿る書き下ろし力作。

◇湯川秀樹と朝永振一郎 中村誠太郎著
読売新聞社 1992.9 ①4-643-92081-5
＊直接、教えを受けた唯一の弟子が明か
す対照的な2人のノーベル賞学者の実
像。素粒子物理学の人間ドラマ。

▎ 由利公正 ゆりきみまさ
1829～1909 江戸時代末期、明治期の福井
藩士、政治家。子爵、貴族院議員。維新政
権下、財政を一手に担い活躍。

◇子爵由利公正伝 復刻版 由利正通編
マツノ書店 2016.11

◇由利公正 加来耕三企画・構成・監修，井
手窪剛原作，中島健志作画 ポプラ社
（コミック版日本の歴史 幕末・維新人物
伝） 2015.11 ①978-4-591-14722-1

◇由利公正のすべて 三上一夫，舟沢茂樹編
新人物往来社 2001.5 ①4-404-02903-9

＊横井小楠、坂本竜馬にその才を見出さ
れ、明治新政府発足と同時に最初の大
蔵大臣として紙幣の発行にふみきり、
維新財政の基礎を築いた。財政改革の
礎となった男の波瀾の生涯。

◇横井小楠と由利公正の新民富論―明治国
家のグランドデザインを描いた二人の英
傑 童門冬二著 経済界 2000.9
①4-7667-8208-9
＊開国か鎖国かで激しく揺れ動く幕末期
に、来るべき日本国家の青写真を描い
た二人の巨人。日本は有道の国をめざ
すべし。

◇経綸のとき―近代日本の財政を築いた逸
材 尾崎護著 文芸春秋 （文春文庫）
1998.8 ①4-16-760801-4
＊幕末の動乱期、越前藩主・松平慶永によ
り抜擢された三岡八郎（のちの由利公
正）は、破綻した藩財政を立て直し、維
新における藩の発言力を確立した。その
後、横井小楠の"教え"と坂本龍馬の"想
い"を胸に、新政府の財政を担い、五箇
条の御誓文の起草にも関わった男の生涯
を元大蔵事務次官が丹念に描いた大作。

◇経綸のとき―小説三岡八郎 尾崎護著 東
洋経済新報社 1995.12 ①4-492-06079-0

【よ】

▎ 横井小楠 よこいしょうなん
1809～1869 江戸時代末期、明治期の熊本
藩士、論策家。藩政改革で重商主義論策を
提示。「国是三論」を著す。

◇評伝横井小楠―未来を紡ぐ人1809-1869
小島英記著 藤原書店 2018.7
①978-4-86578-178-6

◇横井小楠と小河一敏―新出書簡を読み解
く 熊本県立美術館編 土佐の龍馬、肥
後の小楠展実行委員会 2017.4

◇横井小楠関係史料 1 オンデマンド版
東京大学出版会 （続日本史籍協会叢書）
2016.3 ①978-4-13-009506-8

横井小楠

◇横井小楠関係史料　2　オンデマンド版　東京大学出版会　（続日本史籍協会叢書）　2016.3　①978-4-13-009507-5

◇横井小楠研究　源了円著　藤原書店　2013.6　①978-4-89434-920-9
　＊幕末・開国期において世界を視野に収めつつ「公共」の思想を唱導、近代へ向かう日本のあるべき国家像を提示し、維新の志士たちに多大な響影を与えた思想家・横井小楠（1809‐69）の核心とは何か。江戸思想と日本文化論を両輪として日本思想史に巨大な足跡を残してきた著者の50年にわたるライフワークを集大成。

◇横井小楠の実学思想—基盤・形成・転回の軌跡　堤克彦著　ぺりかん社　2011.4　①978-4-8315-1267-3
　＊近代日本の礎を築いた最大の思想家・横井小楠—その思想を晩年における「完成された小楠実学」から解明するのではなく、永青文庫所蔵資料を丹念に発掘・解読し、小楠が生きた肥後藩の時代背景とともにその思想形成過程から綿密に検証した究極の前期小楠論。

◇横井小楠　松浦玲著　筑摩書房　（ちくま学芸文庫）　2010.10　①978-4-480-09318-9
　＊幕末最大の思想家横井小楠。ペリー来航という欧米近代の外圧に対して、たんなる開国や攘夷ではなく、仁政という儒学的理想によって内外の政治的状況を具体的に批判し、政策を立案し実行しようとした。「尭舜孔子の道を明らかにして、西洋器械の術を尽くさば、なんぞ富国に止まらん、なんぞ強兵に止まらん、大義を四海に布かんのみ」。その目的のための実学思想は武家政権を根底から否定し、坂本龍馬や高杉晋作をはじめ、多くの人びとにはかりしれない影響を与え、明治日本の礎となる。幕末維新期の複雑な思想状況や込み入った人間関係のなかで、小楠の思想と生涯を見事に描き切った名著の決定版。

◇横井小楠—1809-1869「公共」の先駆者　源了円編、平石直昭ほか述、石津達也ほか執筆　藤原書店　（別冊『環』）　2009.11　①978-4-89434-713-7

◇「公」の思想家横井小楠　堤克彦著　熊本出版文化会館、創流出版（発売）　2009.9　①978-4-915796-80-7
　＊新時代を切り開いた維新の英傑。横井小楠生誕200年記念出版。近年、小楠は文化人が選ぶ「維新・明治の夢の内閣」の"総理大臣"に選ばれたり、"世界のための「世話役」になる"という小楠の思想が日本の新戦略として新聞紙上を騒がせるまでになった。その小楠の民衆の視点からの「公」に徹した思想生育の歩みをはじめ、暗殺の原因追究や私生活までにわたる小楠理解のために今読むべき必読書。

◇横井小楠伝　復刻　山崎正董著　マツノ書店　2006.1

◇あなたが変われば日本が変わる—明治維新の真の演出家横井小楠に学ぶ平成維新への道筋　片岡友博著　新風舎　2005.9　①4-7974-2190-8

◇横井小楠と松平春岳　高木不二著　吉川弘文館　（幕末維新の個性）　2005.2　①4-642-06282-3
　＊行動する政治学者として新たな国家構想を提唱した横井小楠。越前藩主にして「賢侯」とうたわれ、小楠を政治顧問に幕末政治の舞台で活躍した松平春岳。倒幕派でも佐幕派でもない第三の立場から明治維新を描き直す。

◇横井小楠—維新の青写真を描いた男　徳永洋著　新潮社　（新潮新書）　2005.1　①4-10-610101-7
　＊勝海舟曰く「おれは今までに天下で恐ろしいものを二人見た。横井小楠と西郷南洲だ」。日本史の教科書でもろくに取り上げられず、幕末もののドラマで登場することもほとんどない。しかし小楠こそ、坂本竜馬や西郷隆盛をはじめ、幕末維新の英傑たちに絶大な影響を与えた「陰の指南役」であった。早くから現実的開国論を説き、東洋の哲学と西洋の科学文明の融合を唱え、近代日本の歩むべき道を構想した鬼才。その生涯を追う。

◇朝鮮朱子学と日本・熊本—李退渓と横井小楠を中心に　鄭鳳輝著　熊本学園大学

付属海外事情研究所　（熊本学園大学付属海外事情研究所研究叢書）　2004.12

◇横井小楠と道徳哲学―総合大観の行方　山崎益吉著　高文堂出版社　2003.1　①4-7707-0692-8
　＊至善、至善また至善…儒教的理想社会を追求し続けた碩学横井小楠の実像に迫る。

◇舌剣奔る―小説横井小楠　福本武久著　竹内書店新社　2001.7　①4-8035-0329-X

◇横井小楠と由利公正の新民富論―明治国家のグランドデザインを描いた二人の英傑　童門冬二著　経済界　2000.9　①4-7667-8208-9
　＊開国か鎖国かで激しく揺れ動く幕末期に、来るべき日本国家の青写真を描いた二人の巨人。日本は有道の国をめざすべし。

◇発見！ 感動!! 横井小楠―郷土の偉人に魅せられて　徳永洋著　徳永洋　2000.6

◇横井小楠―儒学的正義とは何か　増補版　松浦玲著　朝日新聞社　（朝日選書）　2000.2　①4-02-259745-3
　＊ペリー来航というヨーロッパ近代の外圧に対して、幕府の教学である儒学を理想主義的に読みかえることによって、アジアとヨーロッパの双方の政治的現実を批判しつつ、政策を立案・遂行し、思想的に対決しようとした唯一の政治家の生涯。

◇横井小楠シンポジウム報告書―熊本が生んだ幕末・維新の思想家 生誕190年・没後130年　横井小楠フェスティバル実行委員会　2000.2

◇横井小楠―その思想と行動　三上一夫著　吉川弘文館　（歴史文化ライブラリー）　1999.3　①4-642-05462-6
　＊内憂外患の中で、儒学倫理をもとに「世界の中の日本」を構想し、近代化の論策を編み出した政治思想家。松平春岳・橋本左内・坂本竜馬らとの交遊を交え、非業の最期に至る波瀾の生涯を、幕末社会にダイナミックに描く。

◇横井小楠　堤克彦著　西日本新聞社　（西日本人物誌）　1999.3　①4-8167-0478-7

＊幕末の偉大な思想家横井小楠。開明的な「実学」の指導者として明治新時代に活躍する多くの俊秀たちを育てた。その真摯な生き方の記録。

◇横井小楠　山下卓著　熊本日日新聞社，（熊本）熊本日日新聞情報文化センター〔発売〕　1998.10　①4-87755-019-4
　＊志半ばで散った小楠の理想とは…。幕末・維新の回天の時代、坂本竜馬や勝海舟らに影響を与えた男の理想と挫折をえがいた歴史小説。

◇大義を世界に―横井小楠の生涯　石津達也著　東洋出版　1998.8　①4-8096-7255-7
　＊徳川慶喜が最も恐れた男、横井小楠。勝海舟、坂本龍馬、松平慶永等、幕末のヒーローたちの師であり、明治維新のシナリオを書いた思想家の、波瀾の生涯。

◇横井小楠のすべて　源了円ほか編　新人物往来社　1998.3　①4-404-02568-8
　＊100年に1人の異才。明治政権のシナリオを書いた男の波瀾の生涯。

◇慶喜を動かした男―小説知の巨人・横井小楠 長編歴史小説　童門冬二著　祥伝社　（ノン・ポシェット）　1998.2　①4-396-32621-1
　＊「「先生の意見を承りたい」苦渋の慶喜は小楠に尋ねた」開国か、攘夷か―幕末の動乱期、日本の命運を一人の男が握ろうとしていた。政事総裁職松平春岳の懐刀、横井小楠である。諸国を奔走して"有徳"の政治と外交を説く小楠は、坂本龍馬ら憂国の士の信奉を得ていく…。小楠が描いた日本の未来像とは？ 勝海舟も虜れた知られざる英傑の生涯を、独自の視点で描く。

◇横井小楠の新政治社会像―幕末維新変革の軌跡　三上一夫著　思文閣出版　1996.4　①4-7842-0903-4

◇(小説)横井小楠―維新への道を拓いた巨人長編歴史小説　童門冬二著　祥伝社　1994.9　①4-396-63069-7

◇なるほど！ 横井小楠　徳永洋著　〔徳永洋〕　1994.2

◇横井小楠―「開国」と「公議」を中心に　李雲著，富士ゼロックス小林節太郎記念

基金編 富士ゼロックス小林節太郎記念
基金 1992.7

横田英 よこたえい
1857～1929 和田英（わだえい）とも。明
治～昭和期の製糸工女。官営富岡製糸場
の伝習工女。工女にたいする技術指導で
活躍。著書に「富岡日記」。

◇女のきっぷ―逆境をしなやかに 森まゆ
み著 岩波書店 2014.5
①978-4-00-025978-1
＊厳しい環境の中でも微笑みを忘れない。
困っている人がいればほうっておけな
い。見栄を張らず自分をさらけ出す。
男に媚びず、もたれかからない。金に
きれいでいざとなれば啖呵も切れる。
そんなさぎよくたくましい「きっぷ」
（気風）のいい生き方とは。「きっぷ」を
評価基準にして、女の生き方をながめ
てみたらどうなるだろう―。明治から
平成まで、信念をもって時代を生き抜
いた「きっぷ」のいい女たち。一七人の
ひたむきな人生や心のあり方から、い
まを生きるうえで大切なものは何かを
探る評伝エッセイ。

◇烈女伝―勇気をくれる明治の8人 榊原千
鶴著 三弥井書店 2014.5
①978-4-8382-3263-5
＊激動の明治、変革の波は女性たちをも
飲み込んだ自らの意思と志で時代に向
き合い駆けた8人の生き方。

◇富岡日記―富岡入場略記・六工社創立記
和田英著 東京法令出版 1965

横田喜三郎 よこたきさぶろう
1896～1993 昭和期の国際法学者，裁判
官。最高裁長官，国連国際法委員会委員。
国内外の学界・司法界に業績を残す。著
書に「国際法の法的性質」など。

◇横田喜三郎―1896-1993 現実主義的平和論
の軌跡 片桐庸夫著 藤原書店 2018.9
①978-4-86578-186-1

横光利一 よこみつりいち
1898～1947 昭和期の小説家。新感覚派

として活躍。著書に「日輪」「上海」「旅
愁」など。

◇横光利一 新装版 荒井惇見著，福田清人
編 清水書院 （Century Books 人と作
品） 2017.9 ①978-4-389-40117-7

◇横光利一とその時代―モダニズム・メ
ディア・戦争 黒田大河著 和泉書院
（近代文学研究叢刊） 2017.3
①978-4-7576-0830-6

◇東と西―横光利一の旅愁 関川夏央著
講談社 2012.9 ①978-4-06-217828-0
＊横光利一は昭和十一年、半年かけて
ヨーロッパを旅した。その経験をもと
に、『旅愁』を書きはじめる。優柔不断
な男と大胆な女が集ってはすれ違う小
説は、西洋文明になじみ得ぬ横光の精
神の現れであった。連載は戦時中もつ
づき、横光は戦前の欧州に滞在した
人々の「サロン」的社交を描き続けた。

◇横光利一 欧洲との出会い―『欧洲紀行』
から『旅愁』へ 井上謙，掛野剛史，井上
明芳編 おうふう 2009.7
①978-4-273-03532-7

◇戦時下の文学と〈日本的なもの〉―横光利
一と保田与重郎 河田和子著 花書院
（比較社会文化叢書） 2009.3
①978-4-903554-41-9

◇論攷横光利一 浜川勝彦著 和泉書院
（近代文学研究叢刊） 2001.3
①4-7576-0086-0
＊初期作品の華麗な表現の底に流れる
「虚無」の存在を具体的に探り、そこか
ら出て、人間の心理の内奥の秘境に肉
薄し、一方では二十世紀前半の激動の
社会に日本人であることのアイデン
ティティを確認しようと苦闘する横光
利一の、文学的営為の意義を考察する。

◇横光利一と鶴岡―21世紀に向けて 横光
利一文学碑建立実行委員会 2000.9

◇横光利一―比較文化的研究 小田桐弘子
著 南窓社 2000.4 ①4-8165-0265-3

◇横光利一文学の生成―終わりなき揺動の
行跡 伴悦著 おうふう 1999.9
①4-273-03096-9

◇横光利一と川端康成展―川端康成生誕100年記念　世田谷文学館編　世田谷文学館　1999.4

◇横光利一　田口律男編　若草書房　（日本文学研究論文集成）　1999.3　①4-948755-41-9

◇横光利一―文学と俳句　中田雅敏著　勉誠社　1997.10　①4-585-05036-1

◇横光利一―春は馬車に乗って/夜の靴（抄）横光利一著, 栗坪良樹編　日本図書センター　（シリーズ・人間図書館）　1997.4　①4-8205-9491-5

◇横光利一の表現世界―日本の小説　茂木雅夫著　勉誠社　1995.10　①4-585-05015-9
＊伝統と新鮮さが交錯する横光文学。客観に徹した鑑賞、明快な哲学性を交えた批評、さらに研究。新たな視点と体系化により日本の小説の流れから見た巨匠横光の全体像を照射する。

◇横光利一―評伝と研究　井上謙著　おうふう　1994.11　①4-273-02789-5

◇横光利一見聞録　保昌正夫著　勉誠社　1994.11　①4-585-05009-4
＊昭和の文学に屹立する作家の姿勢を多角度から検証。その周辺に在った菊池寛・川端康成・石塚友二らを介して文壇情況をも解明。横光利一探究一すじの筆者による巨細なノート。近代文学愛好家必携の文献。

◇横光利一　新潮社　（新潮日本文学アルバム）　1994.8　①4-10-620647-1

◇横光利一と宇佐　「旅愁」文学碑建立記念誌編集委員会編　「旅愁」文学碑建立記念誌編集委員会　（翰林選書）　1993.10　①4-906424-32-5

◇横光利一　神谷忠孝編　国書刊行会　（日本文学研究大成）　1991.8　①4-336-03092-8

◇青春の横光利一―中学時代の日記・書簡を中心に　増補改訂　横光利一著, 横光利一研究会編　横光利一研究会　1990.8

◇横光利一論　栗坪良樹著　永田書房　1990.2　①4-8161-0560-3
＊横光利一を熱愛する著者が、ユニーク

な視点から論ずるその人と作品。理解の深さと厳密な論証によって利一の深奥を解明し、既存の横光論に新たな視野をひらいた実証的研究の集大成。

▌ **横山源之助**　よこやまげんのすけ
1871～1915　明治期の社会問題研究家。「毎日新聞」記者。「日本之下層社会」を刊行。

◇横山源之助伝―下層社会からの叫び声　立花雄一著　日本経済評論社　2015.10　①978-4-8188-2394-5

◇天涯茫々　岩川隆著　潮出版社　1985.12　①4-267-01054-4

▌ **横山大観**　よこやまたいかん
1868～1958　明治～昭和期の日本画家。日本美術院の中心作家。作品に「屈原」「生々流転」など。

◇もっと知りたい横山大観―生涯と作品　古田亮監修・著, 鶴見香織, 勝山滋著　東京美術　（アート・ビギナーズ・コレクション）　2018.5　①978-4-8087-1105-4

◇横山大観―カラー版 近代と対峙した日本画の巨人　古田亮著　中央公論新社　（中公新書）　2018.3　①978-4-12-102478-7

◇画聖横山大観の系譜―郷土の偉人伝　坂田暁風著　〔坂田暁風〕　2015.1

◇上州と横山大観　小板橋良平, 小林二三雄共著　みやま文庫　（みやま文庫）　2006.9

◇大観伝　近藤啓太郎著　講談社　（講談社文芸文庫）　2004.10　①4-06-198385-7

◇横山大観巨匠という仮面　尾竹俊亮著　新風舎　2002.6　①4-7974-1958-X
＊横山大観とは何者だったのか？―下村観山・菱田春草・川端竜子が語った。尾崎紅葉・与謝野晶子や高村光太郎・岡本一平は、名声と逆な証言を残した。旧・日本画壇のウソを読む。

◇横山大観と近親の人々　長尾政憲著　鉦鼓洞　1984.9

◇大観自伝　横山大観著　講談社　（講談社

学術文庫） 1981.3

与謝野晶子 よさのあきこ

1878〜1942 明治〜昭和期の歌人，詩人，評論家。第一詩集「みだれ髪」以下，著名な反戦詩「君死にたまふこと勿れ」などがある。

◇私の生い立ち 与謝野晶子著 岩波書店（岩波文庫） 2018.8
①978-4-00-310383-8

◇近代日本における私生活と政治与謝野晶子と平塚らいてう—自己探求の思想 小嶋翔著 東北大学出版会 2018.5
①978-4-86163-287-7

◇与謝野晶子 新装版 浜名弘子著，福田清人編 清水書院 （Century Books 人と作品） 2017.9 ①978-4-389-40115-3

◇評伝 与謝野寛 晶子 昭和篇 新版 逸見久美著 八木書店 2012.8
①978-4-8406-9037-9

◇女三人のシベリア鉄道 森まゆみ著 集英社 （集英社文庫） 2012.3
①978-4-08-746810-6
＊与謝野晶子，宮本百合子，林芙美子。明治末から昭和初めの動乱期に，シベリア鉄道で大陸を横断した逞しい女性作家たちの足跡を辿り，著者もウラジオストクから鉄道で旅に出た。愛と理想に生きた三人に思いを馳せながら，パリを目指す。車中での食事，乗客とのふれあい，歴史の爪跡が残る街…世界で最も長い鉄道旅をめぐるエピソードの数々。三人と著者の旅が，時を超えて交錯する評伝紀行。

◇寛と晶子—九州の知友たち 近藤晋平著 和泉書院 （和泉選書） 2011.9
①978-4-7576-0598-5
＊未公開資料でたどる，九州における寛と晶子の足跡。これまで空白であった北九州・若松での寛の講演と晶子挨拶の全容には目をみはるものがある。特に晶子の挨拶は，大正期の晶子自身の社会観を象徴していて注目すべきであろう。また，熊本県人吉で新たに見つかった書簡や，球磨川下りの舟の上で

の珍しい写真などの豊富な資料を紹介し，晩年の二人の素顔と息吹に迫る。

◇与謝野晶子と小林一三 逸翁美術館編，伊井春樹監修 〔池田〕逸翁美術館 2011.4
①978-4-7842-1567-6

◇センシュアルな晶子か？ それからの晶子か？ 大岳洋子著 素人社 2010.7
①978-4-88170-415-8

◇与謝野晶子 松村由利子著 中央公論新社 （中公叢書） 2009.2
①978-4-12-004010-8
＊「情熱の歌人」と呼ばれる与謝野晶子は，短歌だけでなく，詩，社会評論，童話・童謡など，さまざまな分野で多くの仕事を成し遂げた人物である。しかしその活躍が多岐にわたるがゆえに，「君死にたまふことなかれ」や「母性保護論争」など限られた側面しか知られていないのが実情である。本書では，晶子の幅広い業績をたどるとともに，教育や労働について鋭く論評し，多くの子を産み育てた「ワーキングマザー」でもあった，ひとりの等身大の女性像を描きだす。

◇君死にたもうことなかれ—与謝野晶子の真実の母性 茨木のり子作 童話屋 （詩人の評伝シリーズ） 2007.4
①978-4-88747-069-9
＊一九六七年発行のさ・え・ら書房刊「うたの心に生きた人々」を四分割した一冊。

◇与謝野晶子—さまざまな道程 香内信子著 一穂社 2005.8 ④4-900482-22-6

◇君死にたもうことなかれ 吉田隆子著 新宿書房 2005.3 ④4-88008-326-7
＊現代日本を代表する女性作曲家吉田隆子が与謝野晶子をヒロインに書き下ろした，三幕七場のオペラ。1950年に発表されて以来未上演となっていたオペラ台本が，55年ぶりに単行本化。

◇与謝野晶子に学ぶ—幸福になる女性とジェンダーの拒絶 中川八洋著 グラフ社 2005.3 ④4-7662-0872-2
＊女性を愛してこそ，男性は自分を理解し健全な人生を歩めます。同様に，男性を愛してこそ女性は女性であること

与謝野晶子

ができるのです。

◇与謝野晶子「女性地位向上と文学」―三十
一字の詩形と自己表現　宇山照江著　宇
山照江　2004.4

◇与謝野晶子とその時代―女性解放と歌人
の人生　入江春行著　新日本出版社
2003.4　①4-406-02998-2
＊歌集『みだれ髪』での衝撃的な登場以
後、「君死にたまふことなかれ」をめぐ
る論争など、多くの警世の論文を残し
た晶子の人生と思想を描く。

◇与謝野晶子童話の世界　古沢夕起子著
嵯峨野書院　2003.4　①4-7823-0373-4
＊子どもたちへ、少女たちへ―晶子が語り
始める。明るい笑いに満ちたふくよかな
晶子童話の世界。歌人晶子のかげに隠
された童話作家としてのもう一つの顔。

◇九州における与謝野寛と晶子　近藤晋平
著　和泉書院　（和泉選書）　2002.6
①4-7576-0160-3
＊晶子研究の死角となっている九州での
足取りを実地調査し、同時に書簡等か
ら江上孝純と寛・晶子との交友地図を
推察した。第二期『明星』以降晩年に至
るまでの寛・晶子の心境に迫る。

◇与謝野寛・晶子心の遠景　上田博著　嵯
峨野書院　2000.9　①4-7823-0312-2

◇与謝野晶子ノート　続　石川恭子著　角
川書店　2000.4　①4-04-871831-2

◇風呂で読む与謝野晶子　松平盟子著　世
界思想社　1999.2　①4-7907-0741-5
＊本書では、晶子の個性や美意識や価値
観がくっきりと見える秀歌を選んで鑑
賞しようと努めた。

◇与謝野晶子　渡辺澄子著　新典社　（女性
作家評伝シリーズ）　1998.10
①4-7879-7302-9
＊ジェンダーで読みかえる女性作家の生
の足跡。

◇与謝野晶子と源氏物語　市川千尋著　国
研出版　（国研叢書）　1998.7
①4-7952-9216-7

◇与謝野晶子と周辺の人びと―ジャーナリ
ズムとのかかわりを中心に　香内信子著

創樹社　1998.7　①4-7943-0529-X
＊歌から詩、小説、評論へ！　新しい女、
新詩社のリーダー、そして妻・母として
華麗に逞ましく生き抜いた晶子の生涯
を、時代の変動と多彩な人間関係の“曼
陀羅図”のなかで浮き彫りにした著者多
年にわたる労作。

◇鉄幹と晶子　第3号　特集　パリから帰っ
た鉄幹と晶子　上田博編　和泉書院
1997.10　①4-87088-878-5

◇初恋に恋した女　与謝野晶子　南条範夫著
講談社　（講談社文庫）　1997.5
①4-06-263518-6
＊明治歌壇に颯爽と登場した鉄幹を囲ん
で、多くの女性たちが愛を競った。その
中で晶子は、もっとも激しく恋し行動
して、彼の妻となった。しかし、結婚の
現実は厳しく、次々と挫折に襲われる。
萎縮する夫を支え続け、恋冷めの気持を
歌によって発散し昇華させて、愛を貫い
た与謝野晶子を描く、感動の長編小説。

◇女をかし与謝野晶子―横浜貿易新報の時
代　赤塚行雄著　神奈川新聞社　1996.11
①4-87645-205-9

◇私の生ひ立ち　与謝野晶子著　学陽書房
（女性文庫）　1996.7　①4-313-72021-9

◇資料与謝野晶子と旅　沖良機著　武蔵野
書房　1996.7

◇与謝野晶子書簡集　新版　岩野喜久代編
大東出版社　1996.2　①4-500-00621-4
＊明治の光栄、千古の歌人与謝野晶子。偉
大な文筆活動の裏にかくされた、ひとり
の女の忍苦に満ちた波瀾の生涯。数々
の書簡がその素顔を明らかにしていく。

◇与謝野晶子を学ぶ人のために　上田博,
富村俊造編　世界思想社　1995.5
①4-7907-0554-4
＊〈みだれ髪〉の歌人晶子、鉄幹夫婦の、
いのちを凝視し、時代を鋭くえぐる目
を、四女宇智子、六女藤子をはじめ各界
の執筆陣が探究する。

◇与謝野晶子　平子恭子編著　河出書房新
社　（年表作家読本）　1995.4
①4-309-70055-1
＊この一冊で与謝野晶子のすべてがわか

700　教科書に載った日本史人物1000人

る。日々時々を追った詳細な生活事項と創作活動、晶子自身の文章や手紙、肉親知友の証言、エピソード、310点の写真図版を組み合わせて浮彫るヴィジュアル版年表作家読本。付後後史。

◇与謝野晶子―明るみへ　与謝野晶子著，逸見久美編解説　日本図書センター　（シリーズ・人間図書館）　1994.10
ⓘ4-8205-8004-3

◇晶子曼陀羅　佐藤春夫著　講談社　（講談社文芸文庫）　1993.11　ⓘ4-06-196248-5
＊与謝野寛・晶子夫妻の生涯の詩と真実を、明星派の歌人山川登美子の哀しい死にからめて描く読売文学賞受賞作。若き日、晶子らに師事して文学の道に歩んだ佐藤春夫が、晶子・寛・登美子三者三様の秘めた愛の絶唱の心の裡を無限の共感をこめて語りつくす名篇。『晶子曼陀羅』完結後、あらためて三者の愛を寛の長詩をもとに深く洞察して執筆した「ふたなさけ」を併録。

◇与謝野晶子　尾崎左永子ほか著　小学館　（群像 日本の作家）　1992.4
ⓘ4-09-567006-1
＊「やは肌のあつき血汐」の若き晶子の処女歌集『みだれ髪』、日本近代文学史上、この1冊の歌集ほど、一世を驚倒させた文学作品はない。人間本能の赤裸裸な肯定、はげしい情熱の奔流、閉ざされた女性の解放を願う熱情の生涯。

▌**与謝野鉄幹**　よさのてっかん
1873～1935　明治～昭和期の歌人。「明星」を創刊、浪漫主義運動を推進。詩歌集に「東西南北」など。

◇評伝 与謝野寛 晶子 昭和篇 新版　逸見久美著　八木書店　2012.8
ⓘ978-4-8406-9037-9

◇寛と晶子―九州の知友たち　近藤晋平著　和泉書院　（和泉選書）　2011.9
ⓘ978-4-7576-0598-5
＊未公開資料でたどる、九州における寛と晶子の足跡。これまで空白であった北九州・若松での寛の講演と晶子挨拶の全容には目をみはるものがある。特に晶子の挨拶は、大正期の晶子自身の

社会観を象徴していて注目すべきであろう。また、熊本県人吉で新たに見つかった書簡や、球磨川下りの舟の上での珍しい写真などの豊富な資料を紹介し、晩年の二人の素顔と息吹に迫る。

◇与謝野鉄幹研究―明治の覇気のゆくえ　永岡健右著　おうふう　2006.1
ⓘ4-273-03373-9

◇与謝野鉄幹―鬼に喰われた男　青井史著　深夜叢書社　2005.10　ⓘ4-88032-271-7

◇小説鉄幹　五十部希江著　健友館　2000.10　ⓘ4-7737-0487-X

◇与謝野寛・晶子心の遠景　上田博著　嵯峨野書院　2000.9　ⓘ4-7823-0312-2

◇鉄幹と晶子　第3号　特集 パリから帰った鉄幹と晶子　上田博編　和泉書院　1997.10　ⓘ4-87088-878-5

◇晶子曼陀羅　佐藤春夫著　講談社　（講談社文芸文庫）　1993.11　ⓘ4-06-196248-5
＊与謝野寛・晶子夫妻の生涯の詩と真実を、明星派の歌人山川登美子の哀しい死にからめて描く読売文学賞受賞作。若き日、晶子らに師事して文学の道に歩んだ佐藤春夫が、晶子・寛・登美子三者三様の秘めた愛の絶唱の心の裡を無限の共感をこめて語りつくす名篇。『晶子曼陀羅』完結後、あらためて三者の愛を寛の長詩をもとに深く洞察して執筆した「ふたなさけ」を併録。

◇近代作家追悼文集成　第24巻　与謝野鉄幹　ゆまに書房　1992.12　ⓘ4-89668-648-9

◇与謝野寛と晶子と板柳町―青森県民文化祭元年・晶子没五十年記年の津軽の歌碑　間山洋八編　鈴木康生　（青森県社会教育小史双書）　1991.12

▌**与謝蕪村**　よさぶそん
1716～1783　蕪村（ぶそん）とも。江戸時代中期の俳人、画家。落日庵・紫狐庵・夜半亭（二世）・夜半翁などの別号がある。文人画で著名、また俳諧は写実的な句風だった。

◇友ありき与謝蕪村　渡辺洋著　ぷねうま舎　2016.9　ⓘ978-4-906791-61-3

与謝蕪村

◇俳諧つれづれの記―芭蕉・蕪村・一茶　大野順一著　論創社　2014.2　①978-4-8460-1294-6
＊近世に生きた三つの詩的個性の心の軌跡を、歴史の流れのなかに追究した異色のエッセイ。近世俳諧史の前・中・後の三期を代表する芭蕉・蕪村・一茶をつらねて、それぞれの個性の所在をさぐりながら、合わせて近世という時代の思想史的な変遷を跡づけた。

◇山下一海著作集　第3巻　蕪村　山下一海著　おうふう　2013.8　①978-4-273-03713-0

◇蕪村ノート　古田徹生著　文芸社　（文芸社プレミア倶楽部）　2013.8　①978-4-286-14191-6

◇蕪村育ての心―妻や子の寝顔も見えつ　太田正己著　文理閣　2012.7　①978-4-89259-690-2

◇蕪村余響―そののちいまだ年くれず　藤田真一著　岩波書店　2011.2　①978-4-00-024658-3
＊遊歴・行脚を経たのち、五十路を過ぎて京都に定住した蕪村。多様多彩な文人たちとの幅広い交流を通して、絵画にも俳諧にも創意に富んだ魅力ある作品を生み続けた。その一方、私生活では、妻や子をいつくしむ、ごくふつうの家庭人であった。蕪村研究の第一人者が、市井での穏やかな暮らしのなかの蕪村とその創作活動を描く。

◇花野―みちのくの蕪村　戸村昭子著　紅書房　2009.12　①978-4-89381-251-3

◇蕪村　放浪する「文人」　佐々木丞平, 佐々木正子, 小林恭二, 野中昭夫著　新潮社　（とんぼの本）　2009.11　①978-4-10-602195-4
＊絵筆をとれば文人画から俳画まで自在にこなし、俳句を詠んでは芭蕉とならび、書にも抜群のセンスを示す蕪村こそは画壇・俳壇を股にかけた江戸ルネサンス最大のマルチアーティストだった！旅を重ねた若き日から、京都に腰を落ち着けた円熟の晩年まで、大胆に変貌しつづけた蕪村の世界を丹念に追う。

◇蕪村のまなざし　稲垣克巳著　風媒社

2009.10　①978-4-8331-5201-3
＊大阪・毛馬にはじまる与謝蕪村の足跡をたどり、植物好きの著者ならではの観察眼で、その魅力の源泉を浮かび上がらせる。

◇白の詩人―蕪村新論　山下一海著　ふらんす堂　2009.3　①978-4-7814-0099-0

◇大谷晃一著作集　第4巻　大谷晃一著　沖積舎　2008.11　①978-4-8060-6655-2

◇日本文学者評伝集　6　芭蕉・蕪村　塩田良平, 森本治吉編　萩原蘿月, 暉峻康隆著　クレス出版　2008.6　①978-4-87733-426-0,978-4-87733-429-1

◇蕪村遍歴　高木良多著　有文社　2007.8　①978-4-946374-31-9

◇芭蕉、蕪村、一茶の世界―近世俳諧、俳画の美　カラー版　雲英末雄監修　美術出版社　2007.5　①978-4-568-40069-4
＊旅こそ人生だと観じ、風雅の誠を求め、野ざらし、笈の小文、奥の細道の旅を経て、俳諧を庶民詩の頂点にまで高めた芭蕉。成熟した京の都で、俳諧と絵画の世界を自在に往き来し、新しい領域を追求した蕪村。信州の農民出身で、人々のくらしや自然、小動物を克明に謳いあげた一茶。三者をたどりながら、俳諧の本質と美にせまる。掲載図版三〇〇点。

◇萩原朔太郎と与謝蕪村展―萩原朔太郎生誕120年記念　萩原朔太郎記念・水と緑と詩のまち前橋文学館編　萩原朔太郎記念・水と緑と詩のまち前橋文学館　2006.10

◇蕪村入門―関東に足跡を求めて　成井恵子著　日本詩歌句協会, 北溟社〔発売〕（詩歌句新書）　2006.5　①4-89448-507-9

◇芭蕉の孤高蕪村の自在―ひとすじの思念と多彩な表象　雲英末雄著　草思社　2005.7　①4-7942-1420-0
＊著者の「松尾芭蕉は本当にすぐれた俳人だったのか」という素朴な疑問から本書は出発する。元禄時代にあまた輩出した俳人たちと芭蕉を比較し、芭蕉はやはり本当に傑出した俳人であったことを確信する。現代の俳句にいそしむ人たちにとって、何よりの手引きとなるのは、芭蕉の推敲の過程であろう。推敲のた

びに発句は魅力をましていくことを著者はこの本で示してくれる。芭蕉をこよなく尊敬した蕪村は、俳句と絵画のとりあわせの妙を生かした作品を数多く残した。蕪村はストイックな芭蕉とは対照的に、芝居や酒席をおおいに楽しむ自在で洒脱な俳人であった。これもまた、俳人のひとつの生き方であることを読者は知ることになるであろう。

◇宣長・秋成・蕪村　日野竜夫著　ぺりかん社　（日野竜夫著作集）　2005.5
①4-8315-1103-X
＊儒学と国学、漢詩と俳諧。近世中期文学の思想史。

◇蕪村と漢詩　新装版　成島行雄著　花神社　2003.4　①4-7602-1736-3

◇鴉—高橋未衣詩集　高橋未衣著　書肆青樹社　2002.12　①4-88374-094-3

◇蕪村ノート　薄多久雄著　日輪発行所　2002.10

◇蕪村余響　藤田真一著　紫薇の会　2002.7

◇蕪村in京都—蕪村とともに京都を散歩　田端秀雄著　田端秀雄　2002.5

◇蕪村の跫音を聞く　谷口蕪村作, 川井健太郎著　文芸社　2001.6　①4-8355-1875-6

◇蕪村春秋　高橋治著　朝日新聞社　（朝日文庫）　2001.6　①4-02-264252-1
＊蕪村に狂う人、蕪村を知らずに終わる人。世の中には二種類の人間しかいない—与謝蕪村の豊潤多彩な世界を大胆かつ華麗に読み解いた、著者念願にして会心の蕪村論。映像作家として培った斬新な視点と鋭い洞察力により、絵画的な蕪村の句が、いま動き始める。

◇蕪村と漢詩　成島行雄著　花神社　2001.3　①4-7602-1628-6
＊蕪村が漢詩から学んだものは何か。

◇蕪村　藤田真一著　岩波書店　（岩波新書）　2000.12　①4-00-430705-8
＊「菜の花や月は東に日は西に」「稲づまや波もてゆへる秋津しま」など、親しまれ続ける名句を生んだ蕪村。画業にも秀でた才人であった彼の「詩」を貫いていたものは何か。「芭蕉再評価」の時代

にあった蕪村の位置を一門の様子を交えて明らかにし、近代以後の受容も追いながら、真の魅力を綿密な構想力と自由な創意に着目して解説する。

◇蕉風復興運動と蕪村　田中道雄著　岩波書店　2000.7　①4-00-023346-7
＊本書は、蕪村を中心にして、十八世紀後半の俳諧に考察を加えたものである。ほぼ半世紀にわたる期間とはいえ、論述の多くを、安永・天明期（1772 - 88）にあてている。

◇蕪村集　中村草田男著　講談社　（講談社文芸文庫）　2000.7　①4-06-198220-6
＊伝統的俳句を継承しつつも俳句の近代化を追求して人間探求派と称された『万緑』の著者による俳句評論集。蕪村の俳句の口語訳と解釈を中心にした「俳句編」では、"新年の部" "春の部" "夏の部" "秋の部" "冬の部" に分けて「蕪村を歴史的に価値づけている」俳句作品をほぼ採録。芭蕉の句とも対比させ、実作者の立場から鋭く独創的な蕪村論を展開。ほかに「俳諧編」「俳文編」「俳論編」など。

◇蕪村の『宇都宮蔵旦帖』を読む—『寛保四年宇都宮蔵旦帖』輪読　丸山一彦監修, 蕪村研究会編　下野新聞社　2000.5　①4-88286-119-4

▌吉川英治　よしかわえいじ
1892～1962　大正, 昭和期の小説家。時代小説作家。作品に「鳴門秘帖」「新・平家物語」など。

◇吉川英治事典　志村有弘編　勉誠出版　2016.8　①978-4-585-20048-2

◇落第坊主の履歴書—私の履歴書　遠藤周作著　日本経済新聞出版社　（日経文芸文庫）　2013.10　①978-4-532-28006-2
＊テストは0点。女子にはフラれ、神父にも叱られ、授業はサボって映画三昧。周囲も心配するほど落ちこぼれだった少年は、やがて皆に愛される作家となった。生い立ちから「作家・遠藤周作」の誕生、作家仲間との交遊録まで。狐狸庵先生が語る、涙と笑いの回顧録。

芳沢あやめ

◇父 吉川英治 新装版 吉川英明著 講談社 （講談社文庫） 2012.6 ①978-4-06-277284-6
＊故吉川英治の長男である著者が、70歳で逝った父の十三回忌を機に、青梅の吉野村に疎開した昭和19年からの想い出をまとめた一冊を復刻。厳しい作家の側面と、良き家庭人としての素顔を、著者以外の誰もが知り得ない多数のエピソードと共に綴った貴重な追慕の書。

◇吉川英治ものがたりの時代―『新・平家物語』『私本太平記』の世界 中島誠著 論創社 2004.5 ①4-8460-0420-1

◇父吉川英治 吉川英明著 学習研究社 2003.6 ①4-05-402096-8
＊世にも稀なほど美しい父と子の交情の記録。巻末に吉川英治年譜・原稿、色紙・写真等収録。

◇〈武蔵〉と吉川英治―求道と漂泊 斎藤慎爾責任編集 東京四季出版 2003.5 ①4-8129-0275-4

◇吉川英治―忘れ残りの記（抄）/草思堂随筆（抄） 吉川英治著, 塚越和夫編 日本図書センター （シリーズ・人間図書館 作家の自伝） 2000.11 ①4-8205-9550-4

◇人間吉川英治 松本昭著 学陽書房 （吉川英治幕末維新小説名作選集） 2000.9 ①4-313-85148-8
＊日本人のこころを洗うこの一冊！ 愛とは、幸福とは、人間とは、歴史とは何か。すべての日本人に愛され、読みつがれている文豪の全貌を描き出す決定的評伝。吉川英治自筆年譜収録。

◇吉川英治と宮本武蔵 姫路文学館編 姫路文学館 1999.4

◇吉川英治―下駄の鳴る音 大野風太郎著 葉文館出版 1997.12 ①4-916067-76-2

◇吉川英治とわたし―復刻版吉川英治全集月報 講談社編 講談社 1992.9 ①4-06-205904-5
＊温かさ、優しさ、そして厳しさ。偉大な国民作家で人生の達人―。吉川英治の作品と人となりを、余すところなく伝える、235人の作家・画家・評論家・友人・編集者・愛読者たちの熱いメッセー

ジを収録。吉川英治生誕百年記念出版。

◇世相心眼―吉川英治清談 山田秀三郎著 山手書房新社 1992.8 ①4-8413-0059-7

▍芳沢あやめ（初代） よしざわあやめ
1673～1729 江戸時代中期の歌舞伎役者。元禄3年～享保13年頃に活躍。

◇名優芳沢あやめの追憶 谷本重清編 中津村公民館 1958

▍慶滋保胤 よししげのやすたね
？～1002 平安時代中期の下級官人, 文人。「日本往生極楽記」の著者。

◇慶滋保胤 小原仁著 吉川弘文館 （人物叢書 新装版） 2016.4 ①978-4-642-05279-5

▍吉田兼倶 よしだかねとも
1435～1511 室町時代, 戦国時代の神道家, 公卿。（非参議）。非参議吉田兼名の子。

◇日本の思想家 奈良本辰也編 毎日新聞社 1954

▍吉田清成 よしだきよなり
1845～1891 明治期の外交官。子爵, 農商務次官。駐米公使に就任、日米新条約を締結。

◇吉田清成関係文書 6 書類篇2 京都大学文学部日本史研究室編 思文閣出版 （京都大学史料叢書） 2016.1 ①978-4-7842-1818-9

◇吉田清成関係文書 4 書翰篇4 京都大学文学部日本史研究室編 思文閣出版 （京都大学史料叢書） 2008.8 ①978-4-7842-1428-0

◇吉田清成関係文書 3（書翰篇3） 吉田清成関係文書研究会編 思文閣出版 （京都大学史料叢書） 2000.8 ①4-7842-1048-2
＊『吉田清成関係文書』は、日本文書翰と欧文書翰とに分けた上で、さらに両者を吉田清成宛書翰・吉田清成書翰・第三者間書翰に分類した。

◇吉田清成関係文書 2 書翰篇2 京都

大学文学部日本史研究室編　思文閣出版（京都大学史料叢書）　1997.2
①4-7842-0925-5

◇吉田清成関係文書　1（書翰篇1）　京都大学文学部国史研究室編　思文閣出版　（京都大学史料叢書）　1993.12
①4-7842-0804-6

■ **吉田兼好**　よしだけんこう
　⇒兼好法師（けんこうほうし）

■ **吉田茂**　よしだしげる
　1878〜1967　昭和期の外交官，政治家。内閣総理大臣。政界の偉大なワンマン宰相。日米安保条約に調印などを行った。

◇父のこと　吉田健一著　中央公論新社（中公文庫）　2017.9
①978-4-12-206453-9

◇吉田茂 独立心なくして国家なし　北康利著　扶桑社　（扶桑社新書）　2016.8
①978-4-594-07518-7

◇吉田茂―戦後日本をデザインした名宰相　洋泉社　（洋泉社MOOK　ビジュアル伝記）　2016.4　①978-4-8003-0897-9

◇吉田政権・二六一六日　上　第2版　永野信利著　行研　2013.2
①978-4-87732-020-1
＊苛酷な占領政策に抵抗しつつ、新憲法、農地改革、6・3制教育を実施し、東西冷戦の中で多数講和、日米安保条約を選択、軽武装通商国家路線で日本を世界第二の経済大国に再生させた。この書を読まずして「安倍・麻生政権」は語れない。

◇吉田政権・二六一六日　下　第2版　永野信利著　行研　2013.2
①978-4-87732-021-8
＊苛酷な占領政策に抵抗しつつ、新憲法、農地改革、6・3制教育を実施し、東西冷戦の中で多数講和、日米安保条約を選択、軽武装通商国家路線で日本を世界第二の経済大国に再生させた。この書を読まずして「安倍・麻生政権」は語れない。

◇父 吉田茂　麻生和子著　新潮社　（新潮文庫）　2012.9　①978-4-10-134061-6
＊戦争に負けて、外交で勝った歴史がある―。終戦後、吉田茂は口癖のようにそう語った。そして、歴代4位の在任期間を誇る稀代の指導者となった。欧州や中国に赴いた外交官時代。米国との開戦阻止に動いた戦前。サンフランシスコ講和条約、バカヤロー解散…と、信念を押し通した首相時代。官僚、政治家、父親。全ての吉田茂に最も近くで接した娘が語る「ワンマン宰相」の素顔。

◇吉田茂＝マッカーサー往復書簡集―1945-1951　吉田茂, マッカーサー著, 袖井林二郎編訳　講談社　（講談社学術文庫）　2012.7　①978-4-06-292119-0
＊「戦争で負けても外交で勝つ」ことをモットーにした吉田茂は、マッカーサーとの外交に最大のエネルギーを注いだ。それが占領下日本における政治のすべてだからであった。存在さえも隠されていた幾多の書簡は、息詰まる折衝の全容を明らかにする。何を護持したかったのか？ いったい何が、保守できたのか？ 孤軍奮闘、臣茂。民主改革、阻むため。

◇赫奕たる反骨 吉田茂　工藤美代子著　日本経済新聞出版社　2010.2
①978-4-532-16732-5
＊ワンマン、貴族趣味、人を食ったような言動と態度…自らの信念を貫き、時に政権とも米中とも真っ向対峙し、戦後日本の骨格を作った名宰相の生涯。対等な外交関係を築く政治家の資質とは？―。

◇吉田茂vs鳩山一郎　大下英治著　静山社（静山社文庫　昭和政権暗闘史）　2009.10
①978-4-86389-000-8
＊敗戦後、首相就任を目前に公職追放となった鳩山一郎は、党首の座を密約の下に吉田茂に禅譲した。GHQをバックに「日本独立」の悲願を果たした吉田は、長期政権を敷く。自衛隊設置、安保条約調印、抜き打ち解散…独断専横が続く吉田のワンマン政治。追放解除後、病に倒れた"悲劇の宰相候補"鳩山は、政権奪取を誓って謀略と偽計の渦巻く権力闘争を繰り広げる。宿命のライバルの政権闘争を光と闇の両面から描く

吉田茂

シリーズ第一弾。

◇歴史としての吉田時代—いま、吉田茂に学ぶもの　吉田茂国際基金編　吉田茂国際基金, 中央公論新社（発売）　2009.9
Ⓘ978-4-12-004062-7
＊終戦後に吉田茂が目指した「安全」と「繁栄」の道筋、その思索の跡を辿ることは、いまの日本に、どんなヒントをあたえ得るか—アメリカ、中国の研究者を含む新たな吉田茂の評価。

◇吉田茂と昭和史　井上寿一著　講談社（講談社現代新書）　2009.6
Ⓘ978-4-06-287999-6
＊「自立」か「協調」か、「自由」か「統制」か—歴代首相の立ち位置は吉田との政治的距離で決まっている。今の日本政治は昭和の歴史から何を学ぶべきか。

◇吉田茂ポピュリズムに背を向けて　北康利著　講談社　2009.5
Ⓘ978-4-06-214938-9
＊日米開戦阻止、投獄、日本国憲法制定、サンフランシスコ講和条約締結—。「宰相の器」とは？　未曽有の国難に立ち向かった気骨溢れる男の生涯。

◇吉田茂—麻生太郎の原点　塩沢実信著　北辰堂出版　2009.1　Ⓘ978-4-904086-86-5
＊敗戦の中から新しい日本を築きあげた男の堂々たる人生。

◇熱血「ワンマン」宰相 吉田茂　老川芳明文　生活情報センター　（ビジュアル偉人伝シリーズ 近代日本をつくった人たち）
2007.1　Ⓘ4-86126-324-7
＊10章で読む偉人の人生、今だから学びたい「吉田茂」。

◇宰相吉田茂　高坂正堯著　中央公論新社（中公クラシックス）　2006.11
Ⓘ4-12-160093-2

◇吉田茂—尊皇の政治家　原彬久著　岩波書店　（岩波新書）　2005.10
Ⓘ4-00-430971-9

◇信念の人吉田ワンマン宰相　木原健太郎著　霞出版社　2004.8　Ⓘ4-87602-217-8

◇吉田茂—写真集　吉岡専造撮影　吉田茂国際基金　2004.7　Ⓘ4-12-003545-X

◇吉田茂という逆説　保阪正康著　中央公論新社　（中公文庫）　2003.5
Ⓘ4-12-204207-0
＊戦後日本の道筋を決定的に方向付けた日本国憲法、対米交渉そして「天皇」。そこには、常に一人の政治指導者の姿があった。やがて日本が冒されるだろうと予言した"自立性を欠いた民権思想という病"とは、そして、彼が信じた「日本の進むべき道」とは何か—。戦後最大の宰相・吉田茂の虚実に迫る著者渾身の大作。

◇吉田茂とその時代—敗戦とは　岡崎久彦著　PHP研究所　2002.8　Ⓘ4-569-62264-X
＊無条件降伏とは勝者による敗者の完全征服であり、天皇制保全のため日本人はいかなる屈辱にも耐えた。著者渾身の「外交官とその時代」シリーズ堂々の完結編！「戦後日本」は誰がどのようにつくったのか。

◇回想十年　4　吉田茂著　中央公論社（中公文庫）　1998.12　Ⓘ4-12-203311-X

◇回想十年　3　吉田茂著　中央公論社（中公文庫）　1998.11　Ⓘ4-12-203283-0

◇回想十年　2　吉田茂著　中央公論社（中公文庫）　1998.10　Ⓘ4-12-203259-8

◇回想十年　1　吉田茂著　中央公論社（中公文庫）　1998.9　Ⓘ4-12-203244-X
＊占領から講和独立を経た激動の時代に多くの難題を引き受け、格闘し続けた首相吉田の本回顧録は、「ただ回想だけでなく、視野を遠く将来に置いて日本の進路を示唆」する。また「その軽妙な洒落は定評があり、ずばり相手の肺腑をえぐる場合もあり」(岸信介)、吉田の魅力を伝えた痛快な証言記録といえよう。

◇評伝吉田茂　3　雌伏の巻　猪木正道著　筑摩書房　（ちくま学芸文庫）　1995.2
Ⓘ4-480-08175-5
＊昭和11年(1936)年、吉田茂は駐英大使に任ぜられた。折りしも、日独伊防共協定の締結(1936年)、日中戦争の勃発(1937年)によって対米英関係の緊張が最も高まった時期である。外交という手段によって、何とか米英との戦争突入を回避しようとする吉田の努力もむ

706　教科書に載った日本史人物1000人

なしく、破滅への道をひた走る日本。炯眼にもこの戦争の無謀を予測していた吉田は、天皇に戦争終結を直言した。いわゆる「近衛上奏文」に関係した廉で憲兵隊に拘束を余儀なくされてしまった。そして、昭和20年（1945）年の終戦とともに外相に就任、いよいよ激動の戦後政治が幕を開ける。

◇評伝吉田茂 4 山顛の巻 猪木正道著 筑摩書房 （ちくま学芸文庫） 1995.2 Ⓘ4-480-08176-3
＊公職追放となった鳩山一郎の後を受けて自由党総裁となった吉田茂は、昭和21（1946）年以降5次にわたって内閣を組織する。厳しい占領体制の下、外交の専門家から政治家（ステイツマン）への転身であった。日本国憲法の制定と教育改革・農地改革。傾斜生産方式などの計画的経済政策をドッジ・ラインによる自由主義的経済政策に転換。山積する問題を強いリーダシップによって次々と克服しつつ、復興への模索が続けられた。朝鮮戦争（1950年）の勃発によって、国際情勢は東西対立が顕在化し始めてきた。再軍備のための準備も着々と進められる。そして、いよいよ日本国民の悲願であった講和条約締結という大仕事が遂行される。

◇評伝吉田茂 1 青雲の巻 猪木正道著 筑摩書房 （ちくま学芸文庫） 1995.1 Ⓘ4-480-08173-9

◇評伝吉田茂 2 獅子の巻 猪木正道著 筑摩書房 （ちくま学芸文庫） 1995.1 Ⓘ4-480-08174-7

◇吉田茂とその時代 下 ジョン・ダワー著，大窪愿二訳 中央公論社 （中公文庫） 1991.9 Ⓘ4-12-201839-0
＊敗戦後の日本の再建を担い、外交面では米国との協調を、内政面では経済復興を最大の柱として邁進する長期政権の過程を解明する。諸改革にみる帝国日本と「新生日本」の連続性、講和・再軍備をめぐる日米の攻防、保守派の内部闘争によって政権の座から追われるまで。

◇吉田茂とその時代 上巻 ジョン・ダワー著，大窪愿二訳 中央公論社 （中公

文庫） 1991.8 Ⓘ4-12-201832-3

▌**吉田松陰** よしだしょういん
1830〜1859 江戸時代末期の長州（萩）藩士。佐久間象山に師事し、ペリー来航時に密航を企てたが失敗。のち許されて松下村塾を開き、高杉晋作・久坂玄瑞・伊藤博文・山県有朋ら尊王攘夷派の人材を輩出する。安政の大獄で再び獄に入り刑死。

◇日本の偉人物語 2 上杉鷹山 吉田松陰 嘉納治五郎 岡田幹彦著 光明思想社 2018.4 Ⓘ978-4-904414-75-0

◇松陰の本棚─幕末志士たちの読書ネットワーク 桐原健真著 吉川弘文館 （歴史文化ライブラリー） 2016.11 Ⓘ978-4-642-05837-7

◇吉田松陰の魂が震える言葉─人は必ず伸びる 野中根太郎著 アイバス出版 2016.8 Ⓘ978-4-86113-663-4

◇吉田松陰留魂録 吉田松陰原著, 松陰神社著, 三宅紹宣監修 萩ものがたり （萩ものがたり） 2016.5 Ⓘ978-4-908242-00-7

◇吉田松陰と佐久間象山 陶徳民編著 関西大学東西学術研究所 （関西大学東西学術研究所資料集刊 開国初期の海外事情探索者たち） 2016.3 Ⓘ978-4-87354-630-8

◇吉田松陰 新装版 高橋文博著 清水書院 （Century Books 人と思想） 2015.9 Ⓘ978-4-389-42144-1

◇吉田松陰の手紙─図録 萩博物館所蔵杉家寄贈資料 吉田松陰著 萩博物館 2015.8

◇吉田松陰に学ぶリーダーシップ─リーダーたちを育てたリーダー 高杉俊一郎講演録 高杉俊一郎著 アガリ総合研究所 2015.5 Ⓘ978-4-901151-23-8

◇将来の日本 吉田松陰 徳富蘇峰著, 隅谷三喜男責任編集 中央公論新社 （中公クラシックス） 2015.5 Ⓘ978-4-12-160156-8

◇吉田松陰─幽室の根源的思考 井崎正敏著 言視舎 （言視舎評伝選） 2015.4 Ⓘ978-4-86565-016-7

◇吉田松陰を語る 新装版 奈良本辰也他著 大和書房 2015.4 Ⓘ978-4-479-86026-6

教科書に載った日本史人物1000人 **707**

吉田松陰

◇松陰の歩いた道―旅の記念碑を訪ねて
海原徹著　ミネルヴァ書房　2015.4
①978-4-623-07346-7

◇感化する力―吉田松陰はなぜ、人を魅きつ
けるのか　斎藤孝著　日本経済新聞出版
社　2015.3　①978-4-532-16958-9

◇吉田松陰―右も左もなく、ただ回天の志が
あった!!　増補新装版　三浦実文,貝原浩
イラストレーション　現代書館　（FOR
BEGINNERSシリーズ　日本オリジナル
版）　2015.3　①978-4-7684-0108-8

◇吉田松陰に学ぶリーダーになる100のルー
ル　沢辺有司著　彩図社　2015.3
①978-4-8013-0057-6

◇吉田松陰の女子訓　川口雅昭著　致知出
版社　2015.3　①978-4-8009-1050-9

◇吉田松陰真の教え　川口雅昭著　太陽出
版　2015.3　①978-4-88469-836-2

◇吉田松陰―久坂玄瑞が祭り上げた「英雄」
一坂太郎著　朝日新聞出版　（朝日新書）
2015.2　①978-4-02-273602-4

◇吉田松陰　新装版　池田諭著　大和書房
2015.2　①978-4-479-86024-2

◇吉田松陰―明治維新150年記念　幕末を熱
く語ろう実行委員会編　幕末を熱く語ろ
う実行委員会　（幕熱文庫）　2015.1

◇吉田松陰と松下村塾の秘密と謎　中見利
男著　宝島社　2015.1
①978-4-8002-3522-0

◇吉田松陰と萩写真紀行　清永安雄撮影
産業編集センター　（ノスタルジック・
ジャパン）　2015.1　①978-4-86311-107-3

◇吉田松陰の言葉に学ぶ本気の生きざま―
カリスマ経営者が実践！　蓬台浩明著
現代書林　2015.1　①978-4-7745-1505-2

◇佐久間象山　下　松本健一著　中央公論
新社　（中公文庫）　2015.1
①978-4-12-206069-2

◇図説吉田松陰―幕末維新の変革者たち
木村幸比古著　河出書房新社　（ふくろう
の本）　2015.1　①978-4-309-76225-8

◇吉田松陰　誇りを持って生きる！―信念と
志をまっとうした男の行動力　森友幸照著

すばる舎　2014.1　①978-4-7991-0316-6
＊ひたすら真っ直ぐに生き、正々堂々と
説き、失敗も死も決して恐れなかった
吉田松陰。しだいに先鋭化し、最後は
弟子たちでさえその疾走を止めること
はできなかった…。散り際まで叫びつ
づけたその本懐に迫る！

◇吉田松陰著作選―留魂録・幽囚録・回顧録
奈良本辰也著　講談社　（講談社学術文
庫）　2013.11　①978-4-06-292202-9
＊幕末動乱の時代、久坂玄瑞、高杉晋作、
伊藤博文ら、倒幕・維新を実現する人材
を育てあげ、明治維新の精神的理論の
支柱と称された長州藩士、吉田松陰。
『幽囚録』『対策一道』『回顧録』などの
代表的著述に丁寧な語釈と平易な現代
語訳を施した原典を通して迫る、至誠
と行動を貫徹した時代の変革者の思想。

◇吉田松陰　徳富蘇峰著　岩波書店　（岩波
文庫）　2012.8　①978-4-00-331541-5
＊明治の元勲はすでに位高く志満ちて意
欲を失い、今や維新の大業はなかば荒
廃したという切実な認識から、では現
状をいかに打破するかの精神的課題を、
松陰像に結晶させた徳富蘇峰（1863 -
1957)。その若々しい筆致は、本書を傑
出した史論・人物論たらしめている。
明治26年版を底本にし、読みやすさに
意を用いた。

◇魂の変革者 吉田松陰の言葉　童門冬二著
学陽書房　（人物文庫）　2012.6
①978-4-313-75278-8
＊日本を変革させた多くの人材を育てた
真の教育者吉田松陰の語録集。どんな
境遇におかれても常に純粋な魂を保ち
続け、「共に学び、日本を変える人材を
生みたい！」の一心で、あるときは主宰
する松下村塾で、またあるときは投じ
られた獄舎で語っていく「涙と血」を含
んだ宝玉のような言葉の数々は、混沌
の現代を生きる日本人の心に響き、「勇
気」と「励まし」のメッセージとなる。

◇二十一回猛士―吉田松陰 死しても、なお
輝きを放つ人 永久保存版　ザメディア
ジョン　（山口の歴史シリーズ）　2011.5
①978-4-86250-174-5

708　教科書に載った日本史人物1000人

吉田光由　よしだみつよし

1598〜1672　江戸時代前期の和算家。「塵劫記」の著者。

◇江戸のスーパー科学者列伝　中江克己著　宝島社　（宝島SUGOI文庫）　2013.8
①978-4-8002-1038-8
＊「江戸」と「科学」には、なんの繋がりもないように思える。しかし、江戸時代には多くの科学者が日々研究に明け暮れていた。「行列式」を発見した和算家の関孝和、世界初の全身麻酔手術に成功した華岡青洲、ソメイヨシノを開発した遺伝学者の伊藤伊兵衛など。そのレベルは当時の世界を見ても決してひけをとっていなかった。本書では江戸の科学者31人を取り上げ、彼らの功績と人柄に迫る。

◇塵劫記の著者吉田光由が夷にいた　三角寛市著　〔三角寛市〕　（郷土史資料）
1992.3

吉野作造　よしのさくぞう

1878〜1933　明治〜昭和期の政治学者。東京帝国大学教授。「中央公論」に民本主義の論文を発表、右翼の反発にあう。

◇吉野作造　太田哲男著　清水書院
（Century Books　人と思想）　2018.8
①978-4-389-42196-0

◇吉野作造と柳田国男―大正デモクラシーが生んだ「在野の精神」　田沢晴子著　ミネルヴァ書房　（人と文化の探究）
2018.3　①978-4-623-08161-5

◇美濃部達吉と吉野作造―大正デモクラシーを導いた帝大教授　古川江里子著　山川出版社　（日本史リブレット）
2011.7　①978-4-634-54895-4
＊大正デモクラシーを先導し、議会・政党政治危機の時代には軍部に敢然と異を唱え、議会・政党政治の擁護と対外膨張阻止に全力をそそいだ美濃部と吉野。彼らの提言に従っていたら、戦争は起こらなかったはずである。なぜ、彼らの主張が危機の時代、その真価を問われるときに影響力をおよぼせなかったのか。それを問うことは、民主主義時代の私た

ちが、よりよき選択を行うために不可欠である。その答えを、当時の政治社会と彼らの言動から模索していきたい。

◇吉野作造と中国　尾崎護著　中央公論新社　（中公叢書）　2008.5
①978-4-12-003942-3

◇吉野作造　松本三之介著　東京大学出版会　（近代日本の思想家）　2008.1
①978-4-13-014161-1

◇吉野作造―人世に逆境はない　田沢晴子著　ミネルヴァ書房　（ミネルヴァ日本評伝選）　2006.7　①4-623-04676-1
＊吉野作造（一八七八〜一九三三）政治学者。大正デモクラシー期、「民本主義」を提唱した吉野作造。政治学者としてのみならず、社会事業や文化生活の理想の追求、明治文化研究など、その活動は多彩であった。本書では、「民本主義」に留まらない新しい吉野像を紹介するとともに、郷土宮城県との関わりも明らかにする。

◇内村鑑三の研究　田中収著　愛知書房
2003.8　①4-900556-45-9

◇吉野作造―閑談の閑談（抄）　吉野作造著　日本図書センター　（人間の記録）
1998.8　①4-8205-4311-3,4-8205-4305-9

◇民本主義と帝国主義　松尾尊兊著　みすず書房　1998.3　①4-622-03502-2
＊吉野作造と東アジア・日本プロテスタントと朝鮮・関東大震災下の朝鮮人虐殺事件・「東洋経済新報」の帝国主義批判、の4部構成。他民族軽視という帝国主義の思想的汚染に抗した先人の足跡を発掘。

◇近代日本の戦争と政治　三谷太一郎著　岩波書店　1997.12　①4-00-002763-8

◇日本最初の翻訳ミステリー小説―吉野作造と神田孝平　西田耕三編　耕風社　（みやぎ文学館ライブラリー　みやぎ文学館シリーズ）　1997.10

◇吉野作造選集　15　日記　3（昭和2-7）
松尾尊兊ほか編　岩波書店　1996.10
①4-00-091945-8

◇大正デモクラシー研究　2　大正デモクラ

シー研究会編　大正デモクラシー研究会
1996.10

◇吉野作造選集　14　日記　2（大正4-14）
松尾尊兌ほか編　岩波書店　1996.5
①4-00-091944-X

◇大正デモクラシー研究　1　吉野作造　大
正デモクラシー研究会編　大正デモクラ
シー研究会　1996.5

◇大正デモクラシー論―吉野作造の時代
新版　三谷太一郎著　東京大学出版会
1995.2　①4-13-030096-2

◇吉野作造と仙台　西田耕三編　宮城地域史
学協議会　（宮城地域史学文庫）　1993.9

◇目でみる吉野作造―大正デモクラシーの
先覚者　目でみる吉野作造編集委員会編
吉野先生を記念する会　1990.6

吉村寅太郎　よしむらとらたろう
1837～1863　吉村虎太郎（よしむらとら
たろう）とも。江戸時代末期の土佐藩士,
天誅組幹部。土佐勤王党結成に参画。

◇吉村虎太郎―天誅組烈士　平尾道雄著
土佐史談会　1988.12

吉屋信子　よしやのぶこ
1896～1973　大正, 昭和期の小説家。作品
に「良人の貞操」「安宅家の人々」など。

◇吉屋信子―黒薔薇の処女たちのために紡
いだ夢　河出書房新社　（Kawade道の手
帖）　2008.12　①978-4-309-74021-8

◇生誕110年吉屋信子展―女たちをめぐる物
語　神奈川文学振興会編　県立神奈川近
代文学館　2006.4

◇ゆめはるか吉屋信子―秋灯机の上の幾山
河　下　田辺聖子著　朝日新聞社　（朝日
文庫）　2002.5　①4-02-264291-2
＊文壇ペン部隊で見た戦争の実態、宇野
千代、林芙美子ら女流作家との交流、そ
して別れ。半世紀をこえる長い文学経
歴を経て到達した小説世界には、明る
い無常感が吹き渡る。小説の神様に愛さ
れた作家、吉屋信子の生涯とそこに
集う女性作家たちの軌跡を描く、近代
女流文学史。

◇ゆめはるか吉屋信子―秋灯机の上の幾山
河　上　田辺聖子著　朝日新聞社
1999.9　①4-02-257392-9

◇ゆめはるか吉屋信子―秋灯机の上の幾山
河　下　田辺聖子著　朝日新聞社
1999.9　①4-02-257393-7
＊女学生のバイブル『花物語』から、晩年
の『女人平家』まで。吉屋信子の半世紀
をこえる小説世界に、明るい無常感が
ため息のように吹き渡る。そしてまた、
女性への深い愛と、風趣に富む男性
像…。「私は少女時代から吉屋さんの熱
烈なファンであった」と告白する著者
ならではの実感的な吉屋信子伝。

◇吉屋信子―投書時代/淲しき童女　吉屋信
子著, 松本鶴雄編　日本図書センター
（シリーズ・人間図書館　作家の自伝）
1998.4　①4-8205-9510-5

◇二女流の児童文学―北川千代と吉屋信子
大河原宣明著　里岬　1997.9

◇吉屋信子―隠れフェミニスト　駒尺喜美
著　リブロポート　（シリーズ民間日本学
者）　1994.12　①4-8457-0954-6

◇風を見ていたひと―回想の吉屋信子　吉
屋えい子著　朝日新聞社　1992.10
①4-02-258520-X
＊叔母吉屋信子と吉屋家の人びと。「鬼子」
と信子をうとんじた母への愛の渇きを
恋人門馬千代にもとめ、美しい女性へ
の憧憬を生涯描きつづけた吉屋信子―。
広くヨーロッパを舞台に活躍中の陶芸
作家が、鋭い感性と時間のパースペク
ティブでとらえた知られざる作家像。

米内光政　よないみつまさ
1880～1948　大正, 昭和期の海軍軍人, 政
治家。大将, 内閣総理大臣。連合艦隊長
官、海軍大臣などを歴任。

◇不戦海相米内光政―昭和最高の海軍大将
生出寿著　潮書房光人社　（光人社NF文
庫）　2017.11　①978-4-7698-3037-5

◇戦わざる提督 米内光政　半藤一利ほか著
新人物往来社　（新人物文庫）　2012.8
①978-4-404-04229-3
＊滅亡寸前の日本を救った最後の海軍大

米内光政

臣。戦争終結への勇断と苦難の道。

◇山本五十六と米内光政の日本海海戦―若き提督が戦った日露戦争　松田十刻著　光人社　（光人社NF文庫）　2009.12　①978-4-7698-2626-2
＊日露戦争を体験した軍人で太平洋戦争で現役だったのは、山本五十六や米内光政など少数の"出世組"である。第一線で地獄をみたのは、日露戦争を知らない世代であった。身をもって戦争の悲惨さを知っていた山本と米内―未来の提督が日露海戦で見たものは何か。そして命をかけて守ろうとしたものは何だったのか。

◇海軍大将米内光政正伝―肝脳を国の未来に捧げ尽くした一軍人政治家の生涯　実松譲著　光人社　2009.2　①978-4-7698-1419-1
＊日本敗戦時、自らの血圧260を超ゆるも国と天皇の要請に応え、日本陸軍の徹底抗戦に身命を賭して抗しつづけ、日本本土決戦を回避し、本土決戦時に想定された日米両軍の将兵、及び日本国民数百万人の生命と産とを守った希有な一軍人政治家の生涯。往時の秘書官が慈愛をこめて綴った一軍人の生涯。

◇歴代総理大臣伝記叢書　第27巻　米内光政　御厨貴監修　ゆまに書房　2006.12　①4-8433-1805-1,4-8433-2298-9

◇海軍一軍人の生涯―最後の海軍大臣米内光政　松田十刻著　光人社　（光人社NF文庫）　2006.11　①4-7698-2512-9
＊三国同盟に反対し、終戦処理に没頭した最後の海軍大臣・米内光政―平和への扉を押し開いた米内の国際感覚に優れた高い見識は、いかにして培われたのか。郷土盛岡の地にて少年期の英気を養い、海軍興隆と共にコスモポリタンとしての素養を身につけた米内の、人間的魅力にあふれる生きざまを描いた感動の人物伝。

◇阿川弘之全集　第12巻　評伝2　阿川弘之著　新潮社　2006.7　①4-10-643422-9
＊米内光政、名誉ある敗戦に賭けて、一億玉砕から日本を救った最後の海軍大臣の苦闘。

◇日本海海戦―その時、山本五十六と米内光政は？　松田十刻著　光人社　2005.7　①4-7698-1248-5
＊連合艦隊司令長官・山本五十六と太平洋戦争時の海相、首相・米内光政の原点は日本大海戦にあった！一砲弾・銃弾飛び交う最前線の海で戦いつづけた二人の青年士官を主軸に、日本海海戦を再現する野心作。日本海軍を代表する英傑の生きざまを描いて感動を呼ぶ話題の書き下ろし。

◇米内光政―海軍魂を貫いた無私・廉潔の提督　神川武利著　PHP研究所　（PHP文庫）　2001.2　①4-569-57518-8

◇海軍一軍人の生涯―肝脳を国にささげ尽くした宰相の深淵　高橋文彦著　光人社　1998.2　①4-7698-0846-1
＊公私を識り、清廉にして清貧、つねに国家と国民の将来に思いを至し、眼窩くぼみ、皮膚枯れて、骨格を残すのみとなるまで、終戦処理に没頭した最後の海軍大臣・宰相米内光政の知られざる全生涯を、同郷新進の若き学徒が描く感動の大作。

◇昭和天皇と米内光政と　高田万亀子著　原書房　1995.7　①4-562-02694-4
＊「米内のことが懐しくなった」と昭和天皇はもらされた…戦争防止と平和のために苦闘し、「昭和」に立ち向かった天皇と米内光政。

◇米内光政　阿川弘之著　新潮社　1994.8　①4-10-300413-4

◇米内光政のすべて　七宮涬三編　新人物往来社　1994.1　①4-404-02067-8
＊日米開戦に反対しつづけた男・米内光政。最後の日本的武人の生涯。

◇米内光政の手紙　高田万亀子著　原書房　1993.10　①4-562-02478-X
＊新たに公開された生涯の親友荒城二郎宛の百通の手紙を中心に、大著『静かなる楯・米内光政』の著者ならではの味わい深さで、人間米内と時代の絡みを描く。その事においての姿勢、人となりを自ずと感じさせる手紙の数々と、その背景。

◇米内光政―山本五十六が最も尊敬した一軍人の生涯　実松譲著　光人社　（光人社

教科書に載った日本史人物1000人　**711**

NF文庫） 1993.9 ①4-7698-2020-8
＊吹き荒れる軍国主義と、日米開戦の激流
にさからい、身命を賭して、ただひとり
平和への小舟を漕ぎつづけた海軍大将・
米内光政―。連合艦隊司令長官、海相、
首相と、暗黒への坂道を転落する日本を
支えて立ちあがった悲劇の提督の秘めら
れた愛と真実を描く。米内光政秘書官が
第一級提督の遺訓を伝える感動の名著。

◇米内光政―昭和最高の海軍大将 生出寿
著 徳間書店 （徳間文庫） 1993.4
①4-19-567515-4

◇米内光政―山本五十六が最も尊敬した一
軍人の生涯 実松譲著 光人社 1990.12
①4-7698-0537-3
＊吹き荒れる軍国主義と、日米開戦の激流
にさからい、身命を賭して、ただひとり
平和への小舟を漕いだ悲劇の提督の秘め
られたる愛と真実を描く感動の人物伝！

◇静かなる楯―米内光政 上 高田万亀子
著 原書房 1990.8 ①4-562-02120-9
＊戦争へ邁進する昭和の日本と非戦海軍
リーダー。

◇静かなる楯―米内光政 下 高田万亀子
著 原書房 1990.8 ①4-562-02121-7
＊軍国主義者たちから最も敵視されたの
は米内であり、そこに存在価値の偉大
さがあった。歴史の奔流を静め終戦を
成就した信念の生涯。

【ら】

頼山陽 らいさんよう
1780～1832 江戸時代後期の儒学者。「日
本外史」「日本政記」の著者。

◇頼山陽のことば 長尾直茂著 斯文会
（MY古典） 2017.7
①978-4-89619-765-5

◇頼山陽とその時代 上 中村真一郎著
筑摩書房 （ちくま学芸文庫） 2017.3
①978-4-480-09778-1

◇頼山陽とその時代 下 中村真一郎著

筑摩書房 （ちくま学芸文庫） 2017.3
①978-4-480-09779-8

◇風雲児頼山陽の光と影―山陽と細香を取
り巻く人間模様 堀霧澄編 〔堀霧澄〕
〔2012〕

◇頼山陽 鈴木史楼著 紅糸文庫 （本朝書
人論） 2003.7

◇頼山陽と平田玉蘊―江戸後期自由人の肖
像 池田明子著 亜紀書房 1996.4
①4-7505-9605-1
＊「玉蘊さん、ああ、頼山陽の"いいひと"
のことかね」「ありゃあ、山陽先生にふ
られたおなごですけんのう」―地元の
複雑な反応に抗して著者の玉蘊復権へ
の旅が始まった。没落した家業の中で、
画家として一家を支え、自由に飛翔した
生涯とその時代を活写する。脱藩した山
陽と豪商の娘玉蘊―。この作家と画家
の生涯を新時代到来の象徴として描く。

◇随筆頼山陽 市島春城著 クレス出版
（近世文芸研究叢書） 1995.11
①4-87733-002-X

◇歴史を動かした人びと 石山洋，頼惟勤，
諏訪春雄著，国立教育会館編 ぎょうせ
い （教養講座シリーズ） 1990.12
①4-324-02365-4

ライト, フランク・ロイド
Wright, Frank Lloyd
1867～1959 明治～昭和期のアメリカの
建築家。旧帝国ホテルなどを設計。

◇フランク・ロイド・ライトの呪術空間―有
機建築の魔法の謎 草森紳一著 フィルム
アート社 2009.7 ①978-4-8459-0932-2
＊ライトの有機建築に秘められた"謎"を
解き明かす！ 稀代の"天才雑文家"・草
森紳一の"見立て"が冴え渡る、摩訶不
思議な建築論。

◇ライト 仮面の生涯 ブレンダン・ギル著，
塚口真佐子訳 学芸出版社 2009.7
①978-4-7615-4086-9
＊友人にして『ニューヨーカー』ベテラン
記者が暴く建築家フランク・ロイド・ラ
イトの素顔と"真実"アメリカの超ロン
グセラー、待望の完全邦訳。

ライト

◇フランク・ロイド・ライト―建築は自然への捧げ物　大久保美春著　ミネルヴァ書房　（ミネルヴァ日本評伝選）　2008.9
①978-4-623-05252-3
＊伝統にとらわれず、自由な発想で次々と新しい建築を生み出したフランク・ロイド・ライト。その美学、建築哲学には、浮世絵をはじめとする日本文化が大きく影響していた。作品に込められた「物語」を辿りながら、建築の限界に挑んだ奇才の源泉を描き出す。

◇未完の建築家フランク・ロイド・ライト　エイダ・ルイーズ・ハクスタブル著, 三輪直美訳　TOTO出版　2007.5
①978-4-88706-281-8
＊ピュリッツァー賞評論家が描く、天才建築家のあまりにも真摯で破天荒な一生。

◇フランク・ロイド・ライト・ポートフォリオ―素顔の肖像、作品の真実　マーゴ・スタイプ著, 隈研吾監修, 酒井泰介訳　講談社　（講談社トレジャーズ）　2007.4
①978-4-06-213794-2
＊20世紀、アメリカ建築界における偉大なパイオニアとしてその名を不動のものとした、フランク・ロイド・ライト。没後約半世紀を経ても色あせぬ鮮烈な足跡を残し、飽くことなく高みを目指しつづけたその精神と作品の背景が、フランク・ロイド・ライト・アーカイブズの全面協力により、いま蘇ります。本書は、巨匠の知られざる素顔を収めた豪華写真のほか、作品誕生の鍵を握る手紙やコンセプト・スケッチなどの秘蔵資料の実物大複製品を満載。また、インタビューや講演録など、ライトの肉声を集めた60分CDを特別収録。生きたライトがあなたに語りかけてくる、いままでにない贅沢なミュージアム・ブックです。

◇水と風と光のタイル―F.L.ライトがつくった土のデザイン　INAXライブミュージアム企画委員会企画　INAX出版　（INAXミュージアムブック）　2007.4
①978-4-87275-404-9

◇フランク・ロイド・ライトと武田五一―日本趣味と近代建築　ふくやま美術館編　ふくやま美術館　2007.1

◇ライト＝マンフォード往復書簡集1926-1959　ブルース・ブルックス・ファイファー, ロバート・ヴォトヴィッツ編, 富岡義一訳　鹿島出版会　2005.6
①4-306-04452-1
＊機械のイメージが席巻した時代の潮流に抗い、二十世紀アメリカ文化の根柢を問い続ける建築家フランク・ロイド・ライトと批評家ルイス・マンフォード。ふたつの情熱の間に綴られた言葉たちは、環境に人間性を刻印する意志を描き出す…。

◇フランク・ロイド・ライトの建築遺産　岡野真著　丸善　2005.1　①4-621-07516-0
＊フランク・ロイド・ライトは、今もなお世界中で、計り知れない影響力をもっている。しかし、あまりにも多様性に富んだ作品スタイル、様々な著作や講演記録、さらに彼の波乱に満ちた生涯ゆえに、その人間像と作品は誤解され、理解しがたいものとなっている。初期のウィンズロー邸やロビー邸、日本で実現した代表作の帝国ホテル、近代建築の金字塔とされる落水荘、そして晩年のグッゲンハイム美術館やマリン郡シビック・センター等、ライトが残した「建築遺産」を訪ね、各々の作品が成立した経緯をたどりながら、これまで難解とされてきた建築家ライトと作品をわかりやすく解き明かすことを試みる。巻末には公開されているライト作品の所在地、連絡先をまとめる。

◇フランク・ロイド・ライトのランドスケープデザイン　Charles E.Aguar,Berdeana Aguar［著］, 大木順子訳　丸善　2004.12
①4-621-07492-X

◇フランク・ロイド・ライトの日本―浮世絵に魅せられた「もう一つの顔」　谷川正己著　光文社　（光文社新書）　2004.9
①4-334-03269-9

◇フランク・ロイド・ライトの帝国ホテル　明石信道文・実測図面, 村井修写真　建築資料研究社　2004.3　①4-87460-814-0

◇フランク・ロイド・ライト　フランク・ロイド・ライト作, ブルース・ブルックス・ファイファー文, ピーター・ゲーセル, ガ

ライト

ブリエル・ロイトハウザー編, Kenji
Watanabe訳 Taschen c2002
①4-88783-138-2

◇巨匠フランク・ロイド・ライト デヴィッ
ド・ラーキン, ブルース・ブルックス・
ファイファー編, ブルース・ブルックス・
ファイファー著, 大木順子訳 鹿島出版会
1999.5 ①4-306-04384-3
＊フランク・ロイド・ライトは南北戦争の
終わりに生まれ, 宇宙時代の幕開けにこ
の世を去った。92年に近い人生であっ
た。ライトはこのうちの72年間, 建築の
設計に携わった。そして彼の才能と視
野は建築家と一般の人びとの両方に同
様に影響を与えてきた。ライトの建築
家としての業績は20世紀の初めの工法
と材料によってもたらされたものであ
る。コンクリート, スチール, 鉄筋コン
クリート, 金属シート, ガラス板, そし
て後には樹脂が使用できるようになっ
た。これらのエレメントを利用して,
ライトは過去のスタイルの模倣を脱出
し, 建築に新しい生命を吹き込む空間
や形態を編み出し, 建築をダイナミッ
クで革新的な時代へと導いたのである。
本書で取り上げた作品は, 規模や建築
費, 優雅さなどで選ばれたものではな
い。作品の選考は建築史の年代におけ
る建物の重要性に基づいて行った。

◇ライト、アールトへの旅―近代建築再見
樋口清文・写真 建築資料研究社 （建築
ライブラリー） 1997.11
①4-87460-530-3
＊近代建築の潮流の中にあって人間中心の
建築観を貫いた二人の建築家, F・Lラ
イトと, A・アールトの作品を, 著者自
身の多数の写真を通して紹介する。彼ら
の言葉とその建築を通して綴られる内
容からは, 著者の近代社会に対する批
判精神と建築への愛情が伝わってくる。

◇フランク・ロイド・ライトと日本文化 ケ
ヴィン・ニュート著, 大木順子訳 鹿島出
版会 1997.9 ①4-306-04354-1
＊フランク・ロイド・ライトが日本の伝統
的絵画美術を愛好していたことは広く
知られているが, 同時に, 彼は日本美術
や建築からの直接的影響は強く否定し

ていた。本書では, 日本の哲学的部分
だけではなく, 美術や建築のある特定
の意匠が実際ライトの初期の作品に大
きな影響を与えていた事実を検討する。
ライトのいう「有機的」デザイン原理の
観点から, ライトがいかに日本の伝統
美術や建築を理解していたかについて
論じる。そして, それぞれ独立した形
態やアイデアがひとつの新しい創造的
な統合体にまとめられていった過程を
示すことによって, ライトの芸術的な
独創性について明らかにする。アメリ
カ建築家協会（AIA）の1994年
ARCHITECTURE BOOK AWARD
受賞。

◇ライフ・アンド・ホーム―その生涯と住ま
い カーラ・リンド著, 稲垣伸子訳 集文
社 （フランク・ロイド・ライトスタイ
ル） 1996.12 ①4-7851-0139-3
＊フランク・ロイド・ライトはアメリカで
最も有名な建築家であった。ライトの
おかげで, 私たちは今までとは全く異
なった視点で自分をとりまく環境を見
るようになった。ライトが1959年に91
歳で永眠した後も, 彼の名声は増すば
かりである。それと同時にライトの残
したメッセージも, あらためて私たち
の心を打つようになった。それは, 人
間の住居, 職場, 学校, オフィスが,
ちょうど私たちのニーズに合うように,
まわりの環境になじむべきだという
メッセージである。本書は, この多才
な建築家と彼の残した革新的なデザイ
ンの真髄を紹介する本である。本書は
ライトの青春時代, 成功をつかんでか
らの歳月, そして驚くほど多くの作品
を生み出した彼の人生そのものを, 多
彩なエピソードで綴っている。

◇建築家：フランク・ロイド・ライト テレ
ンス・ライリー編, ピーター・リード編,
京都大学工学部建築学教室内井研究室監
訳 デルファイ研究所 1995.4
①4-924744-97-2

◇（図面で見る）F.L.ライト―日本での全業
績 谷川正己編著 彰国社 1995.4
①4-395-00386-9

◇F.L.ライトと弟子たち―日本人によるラ

714 教科書に載った日本史人物1000人

イトの受容と実践　ギャルリー・タイセイ編　ギャルリー・タイセイ　c1995

◇知られざるフランク・ロイド・ライト　エドガー・ターフエル著, 谷川正己, 谷川睦子共訳　鹿島出版会　1992.7
①4-306-04296-0

◇フランク・ロイド・ライトと広重　アルファキュービックギャラリーほか編　京都書院　1992.6　①4-7636-0051-6

▌頼三樹三郎　らいみきさぶろう
1825〜1859　江戸時代末期の儒学者, 志士。頼山陽の3男。尊王攘夷論を唱える。

◇百印百詩を読む　「百印百詩を読む」編集委員会編　江差町の歴史を紀行し友好を進める会　2000.10

▌ラクスマン　Laksman, Adam K.
1766〜1796?　ラックスマンとも。江戸時代後期のロシアの軍人, 遣日使節。ロシア初の遣日使節として根室に来航。大黒屋光太夫らを日本に送還した。

◇光太夫とラクスマン—幕末日露交渉史の一側面　木崎良平著　刀水書房　（刀水歴史全書）　1992.3　①4-88708-134-0
＊「漂民大黒屋光太夫の数奇なる生涯」。世に伝わるフィクションを厳しく取り去った後に, 事実の重みが読者に迫る。ソ連崩壊以前からロシア史を冷静に眺め続けた歴史学者が, 旧来の「鎖国三百年史観」をうち破り, 近代の夜明けの対外交渉の実情を知らせる。

▌蘭渓道隆　らんけいどうりゅう
1213〜1278　鎌倉時代前期の渡来僧。臨済宗楊岐派のうち松源派。

◇あなたの知らない栄西と臨済宗　山折哲雄監修　洋泉社　（歴史新書）　2014.4
①978-4-8003-0376-9
＊栄西が「茶祖」と呼ばれる理由は？　中興の祖・白隠の『坐禅和讃』とは何か？臨済禅と曹洞禅は, どこが違うの？　枯山水庭園は何を表現しているのか？　Q&Aで宗祖の教えと宗派の特徴・歴史

がスッキリわかる！　あなたの知らない仏教宗派別シリーズ第7弾！

【り】

▌履中天皇　りちゅうてんのう
上代の第17代の天皇。仁徳天皇の子。

◇物語履中天皇　田中繁男著　展転社　2001.9　①4-88656-199-3

▌隆光　りゅうこう
1649〜1724　江戸時代前期, 中期の新義真言宗の僧。豊山派興隆の功労者。

◇史料纂集　期外〔第1〕第2　隆光僧正日記　第2　護持院隆光僧正著, 永島福太郎, 林亮勝校訂　続群書類従完成会　1970

◇史料纂集　期外〔第1〕第3　隆光僧正日記　第3　護持院隆光僧正著, 永島福太郎, 林亮勝校訂　続群書類従完成会　1970

◇史料纂集　期外〔第1〕第1　隆光僧正日記　第1　護持院隆光僧正著, 永島福太郎, 林亮勝校訂　続群書類従完成会　1969

▌柳亭種彦　りゅうていたねひこ
1783〜1842　江戸時代後期の合巻作者。「正本製」で作者の地位を確立。

◇柳亭種彦—読本の魅力　本多朱里著　臨川書店　2006.5　①4-653-03964-X
＊文化年間の, 種彦の作家人生の前半部分に注目し, 読本を中心とした作品を取り上げた。

▌良寛　りょうかん
1758〜1831　江戸時代中期, 後期の歌人, 漢詩人。

◇良寛と貞心尼—版画　布施一喜雄版と文考古堂書店　（えちご草子）　〔199-〕
①4-87499-200-5

◇良寛ものがたり—「良寛禅師奇話」よりその1　布施一喜雄版画と文　考古堂書店

良寛

（えちご草子）〔199-〕①4-87499-501-2

◇良寛ものがたり―「良寛禅師奇話」より
その2　布施一喜雄版画と文　考古堂書店
（えちご草子）〔199-〕①4-87499-502-0

◇良寛―その人と書〈五合庵時代〉　小島正
芳著　考古堂書店　2018.5
①978-4-87499-867-0

◇良寛―愛語は愛心よりおこる　持田鋼一
郎著　作品社　2018.3
①978-4-86182-682-5

◇良寛 軽やかな生き方　境野勝悟著　三笠
書房　（知的生きかた文庫）　2018.3
①978-4-8379-8522-8

◇慈愛の風―良寛さんの手紙〈100通〉　杉
本武之著　考古堂書店　2016.12
①978-4-87499-855-7

◇良寛　新装版　山﨑昇著　清水書院
（Century books　人と思想）　2016.7
①978-4-389-42149-6

◇良寛に生きて死す　新装版　中野孝次著,
北嶋藤郷聞き手　考古堂書店　2016.6
①978-4-87499-849-6

◇若き良寛の肖像　小島正芳著　考古堂書
店　2015.12　①978-4-87499-842-7

◇良寛は権力に抵抗した民衆救済者だった
本間明著　考古堂書店　2015.4
①978-4-87499-832-8

◇良寛伝　こうじまちとら著　考古堂書店
2015.4　①978-4-87499-833-5

◇布留散東の良寛　大沢桂二郎著　菊谷文
庫　2013.12　①978-4-907221-06-5
＊良寛の人柄は越後の風土そのものだっ
た…布留散東に呼び寄せられた良寛が,
人々とともにお互いを育て合う姿を綴
る。あたらしい良寛像がここにある。

◇良寛の実像―歴史家からのメッセージ
刀水歴史全書版　田中圭一著　刀水書房
（刀水歴史全書）　2013.5
①978-4-88708-411-7
＊日本人なら誰でも「良寛さま」が好き
だ。しかし良寛を美化するあまり「山
本家譜」や自筆と称する「過去帳」など
が現われて真実を隠した。本書は良寛
を愛する歴史家による「歴史としての

良寛」である。

◇良寛はアスペルガー症候群の天才だった
本間明著　考古堂書店　2012.7
①978-4-87499-792-5

◇良寛・芭蕉の謎を解く―鉢叩きの残像
平松真一著　考古堂書店　2012.4
①978-4-87499-785-7

◇良寛―すべてことばはをしみをしみいふ
べし　市川隆一郎著　相模書房　2012.3
①978-4-7824-1203-9

◇慈愛の人 良寛　杉本武之著　〔常滑〕ち
たろまん,〔名古屋〕中部経済新聞社（発
売）　2011.1　①978-4-88520-145-5
＊良寛はボランティアの先駆者だった。
良寛と時空を超えた東西の偉人たち
を徹底比較。半世紀にわたる研究成果。

◇良寛ものがたり　中野義人著　文芸書房
2011.1　①978-4-89477-362-2
＊名主の家系でありながら、家業を継ぐ
ことを拒み、出家した良寛。その生涯
にはいまだ謎が多い。良寛の生涯はい
かなるものだったか。生い立ちから遡
りその生涯を追った1冊である。

◇良寛の涙　久馬慧忠著　法蔵館　2010.10
①978-4-8318-5647-0
＊多くの人から親しまれている良寛の穏や
かな姿の裏には様々な涙が隠されていた
―「良寛さん」の人間味あふれる評伝。

◇ひとりで生きる道―「大愚」良寛の生涯に
学ぶ　大角修著　PHP研究所　2010.9
①978-4-569-79175-3
＊鞠つきをして遊んだ良寛は、みんなと
なかよしで、子どもにも大人にも人気
があった。しかし、はじめから、そのよ
うな人柄だったのではない。良寛は心
に激しい怒りをもち、仲間から離れて
孤立しがちだった。良寛が生涯をかけ
て戦ったのは、この自分の心だった。

◇良寛 行に生き行に死す　立松和平著　春
秋社　2010.6　①978-4-393-13641-6
＊鮮やかにいま、良寛の姿が蘇る。「日本
人の生き方」とも重なって深い感動を
呼び起こす。一途に、不器用に。「良寛
の生き方」に自らの人生を重ねて、最期
に、作家が見出したものとは。

716　教科書に載った日本史人物1000人

◇新良寛伝─「越の聖」の虚像と実像　高橋誠著　彩流社　2010.5　①978-4-7791-1532-5

◇聖僧 良寛を偲ぶ　堀霧澄編　〔堀霧澄〕〔2010〕

◇良寛─旅と人生 ビギナーズ・クラシックス日本の古典　松本市寿編　角川学芸出版, 角川グループパブリッシング（発売）（角川文庫　〔角川ソフィア文庫〕）2009.4　①978-4-04-407206-3
　＊子ども達と手まりで遊ぶお坊さんとして名高い良寛は、越後国出雲崎の名主の長男に生まれたが、わけあって22歳で出家の道を選んだ。生涯に残した七百余首の漢詩には人の生きる道がやさしく説かれ、千四百余首の和歌には生きる喜びと悲しみが大らかに歌い上げられている。江戸時代末期、貧しくとも心豊かに生きたユニークな禅僧の生涯をたどり、和歌・漢詩を中心に特に親しまれてきた作品を解説した、良寛入門の決定版。

◇良寛伝記考説　新装版　高橋庄次著　春秋社　2008.9　①978-4-393-44163-3
　＊編年体で見る良寛の生涯。良寛を取り巻く人物との交流を含め、徹底して編年体にその生涯を捕捉し展開しながら、良寛の思想や情念との関連を追究した労大作。

◇乞食僧良寛─現代に生きる　新装版　青木基次著　考古堂書店　2008.6　①978-4-87499-702-4
　＊新たな解釈によって良寛を論じた問題提起の書！ 良寛の生涯、思想、子どもたちとの遊びの再検討を通して真の良寛に迫る。

◇良寛のスローライフ　松本市寿著　日本放送出版協会　（生活人新書）　2008.6　①978-4-14-088257-3
　＊生涯自分の寺を持たず、托鉢の乞食僧として過ごした良寛。質素で、自然を愛し、自然に根ざした生活を送った良寛は、まさに「スローライフ」の先駆にして最高の体現者だった。そんな良寛の暮らしぶりを身近に見ていた解良栄重の『良寛禅師奇話』にあるエピソード

から、疲れてしまった現代人に向けた「豊かな生き方」のヒントを探る。

◇良寛街道　羽賀康夫著　日本放送出版協会　2008.6　①978-4-14-009342-9

◇良寛─新潟県人物小伝　加藤僖一著　新潟日報事業社　2008.4　①978-4-86132-270-9

▌ **良観**　りょうかん
　⇒忍性（にんしょう）

【れ】

▌ **霊元天皇**　れいげんてんのう
　1654～1732　江戸時代前期, 中期の第112代の天皇。(在位1663～1687)。後水尾天皇の第19皇子。「桃薬集」「一歩抄」の著者。

◇江戸時代の天皇　藤田覚著　講談社　（天皇の歴史）　2011.6　①978-4-06-280736-4
　＊政治的には無力だった江戸時代の天皇がなぜ幕末に急浮上したか。後水尾、霊元など学問や和歌を奨励した天皇は将軍に対抗して権威を高め、光格天皇は天明の飢饉の際に幕府に救い米を放出させた。孝明天皇が幕末、政治権力の頂点を極めるまで天皇はどんな役割を果たし、実質的な君主に変貌したか明らかにする。

▌ **レザノフ**
　Rezanov, Nikolai Petrovich
　1764～1807　江戸時代後期のロシアの政治家。遣日特使。長崎に来航するが通商を拒否された。

◇仙台漂民とレザノフ─幕末日露交渉史の一側面 NO.2　木崎良平著　刀水書房　（刀水歴史全書）　1997.1　①4-88708-198-7
　＊日本人最初の世界一周と日露交渉。若宮丸の遭難と16人の数奇な運命、かれらを伴って通商を迫ったロシア使節レザノ

蓮如

フ。この交渉を機に幕府は鎖国政策を確認し、無二念打払令にいたる。日露の史料を駆使して迫る幕末日本の実相。

蓮如　れんにょ

1415～1499　室町時代, 戦国時代の浄土真宗の僧。本願寺第8世宗主。本願寺中興の祖。

◇蓮如の生き方に学ぶ―二十一世紀少子高齢社会の処方箋　宇野弘之著　北国新聞社　2015.7　①978-4-8330-2031-2

◇蓮如―乱世の民衆とともに歩んだ宗教者　神田千里著　山川出版社　（日本史リブレット人）　2012.9　①978-4-634-54841-1
＊蓮如は本願寺中興の祖とされる。教団の発展につくし、多くの子女もそのために活用し、一向一揆にも影響をあたえた。そのためか、政治家としてのイメージが強く、思想家のイメージが強い開祖親鸞とは対照的にみられがちである。しかし蓮如の真骨頂は、乱世の社会や民衆と切り離せない生涯の足跡である。本書では社会や民衆の動きとともに、その生涯と伝道の実像に迫ってみたい。

◇後生の一大事―蓮如上人の御教化　増補新版　増井悟朗著　白馬社　2011.5　①978-4-938651-82-4

◇歴史に学ぶ蓮如の道―日本再生を求めて　大谷暢順著　海竜社　2010.11　①978-4-7593-1157-0
＊戦国の世に生きた一高僧蓮如を紹介し、その人物像を通して著者の学んだところを述べたい。又明治以後の日本の歴史を辿って、蓮如の生涯などと対照して、将来の日本再生の為に、何か示唆が得られないか探ってみたところである。―「はしがき」より。

◇シリーズ親鸞　第8巻　親鸞から蓮如へ　真宗創造―『御文』の発遣　小川一乗監修　池田勇諦著　筑摩書房　2010.10　①978-4-480-32028-5
＊「真宗再興の人」とも「本願寺中興の人」とも言われる蓮如。殺戮と天災の戦国乱世において、蓮如が送り届けた『御文』（「おふみ」）とよばれる手紙の数々が、人びとの心に深く染みわたり、

念仏に生きる無数の真宗門徒を生んだ。その『御文』の精神を読み解き、宗祖親鸞の「同朋精神」を伝統して、現代につながる真宗教団の礎を築いた蓮如の思想的歩みに迫る。

◇詳解 親鸞聖人と浄土真宗　山崎竜明監修　学研パブリッシング　（宗教書ライブラリー）　2010.7　①978-4-05-404657-3
＊なぜ念仏を称えるのか？ 他力本願とはどういう意味なのか？ 極楽往生とはいったい何なのか？ 苦悩の末、称名念仏にたどり着いた親鸞聖人。その信仰と生きざまから生まれた浄土真宗が教える、阿弥陀仏による救いの本質を探る。

◇人間 蓮如　増補新版　山折哲雄著　洋泉社　（MC新書）　2010.1　①978-4-86248-523-6
＊本願寺中興の祖といわれる蓮如（1415～1499）は、応仁の乱という激動の時代に彼独自の布教と戦略をあみ出し、念仏の運動を全国の民衆の間に拡めた。その結果、門徒たちは政治権力との血で血を洗う戦いを繰り広げ、信仰の元に人を殺す状況に追い込まれていく。この時、蓮如は、「宗教戦争」を回避することで、本願寺教団の基礎を固めることに成功するが、その陰には、信徒たちが犯した「悪」をどう救済すべきかに苦悩する蓮如の壮絶な姿があった。日本宗教史に燦然と輝く宗教指導者の生涯を描く名著の復刊。

◇大谷晃一著作集　第5巻　大谷晃一著　沖積舎　2009.6　①978-4-8060-6656-9
＊この巻は、近世以前で文学者でない人物の歴史小説を集めた。

◇大系真宗史料　伝記編6　蓮如絵伝と縁起　真宗史料刊行会編　法蔵館　2007.3　①978-4-8318-5056-0

◇蓮如上人・空善聞書　空善著, 大谷暢順全訳注　講談社　（講談社学術文庫）　2005.3　①4-06-159702-7
＊衰微していた本願寺を一大教団へと再興した蓮如上人。教勢拡大へと導いた真宗信心の要とは一体何か。また、人々の心を大きくつかんだ秘訣とは何であったのか。上人の身辺に近侍していた法

718　教科書に載った日本史人物1000人

蓮如

専坊空善は自らの目で見た蓮如晩年の姿と弟子たちに語りかけた教えを記録した。隠居後も変わらぬ布教への情熱、門下への思いやり等々。等身大の蓮如像を現代に伝える言行録の初の注釈書。

◇こころの道標―浄土の真宗　柏女霊峰著　ミネルヴァ出版企画，(京都)ミネルヴァ書房〔発売〕　2005.1　①4-623-04294-4
＊著者自らの法話をいとぐちに、親鸞聖人の生涯と浄土真宗の教えを明らかにする。また、浄土真宗の系譜にも触れ、浄土真宗の現代的な意義について考えていく。仏教(浄土真宗)の体系的入門書。

◇蓮如信仰の研究―越前を中心として　阿部法夫著　清文堂出版　2003.5　①4-7924-0539-4
＊東・西本願寺の「御影(真影)道中」に随行した体験をもつ著者が、地道なフィールドワークの成果を踏まえ、上人への思い入れと共に明らかにする新たな「蓮如信仰論」である。

◇実如判五帖御文の研究　資料篇　同朋大学仏教文化研究所編　法蔵館　(同朋大学仏教文化研究所研究叢書)　2003.3　①4-8318-7846-4

◇蓮如上人の河内での『御文章』　稲城選恵著　久宝寺御坊顕証寺　2003.3　①4-8162-5045-X

◇蓮如方便法身尊像の研究　同朋大学仏教文化研究所編　法蔵館　(同朋大学仏教文化研究所研究叢書)　2003.3　①4-8318-7848-0

◇法然上人と蓮如上人　稲城選恵著　永田文昌堂　2002.7　①4-8162-6168-0

◇親鸞・覚如・蓮如　千葉乗隆著　法蔵館　(千葉乗隆著作集)　2001.9　①4-8318-3361-4

◇実如判五帖御文の研究　研究篇　下　同朋大学仏教文化研究所編　法蔵館　(同朋大学仏教文化研究所研究叢書)　2000.3　①4-8318-7845-6

◇蓮如夏の嵐　上　岳宏一郎著　毎日新聞社　1999.7　①4-620-10603-8
＊人間・蓮如。すべての制度・価値観が崩壊した戦国へと至る混沌の時代、人々

は一人の男の言葉にすがり、生きることの意味を知った。日本史上最大の混乱期を鮮やかに描く傑作歴史小説。

◇蓮如夏の嵐　下　岳宏一郎著　毎日新聞社　1999.7　①4-620-10604-6
＊交錯する愛憎。新時代を予見させる一向一揆の嵐は蓮如とその家族、弟子たちを予期せる相剋へとみちびく。蓮如が最後に求めた救いとは。栄光の影にひそむ蓮如の波瀾に満ちた生涯。

◇蓮如　源了円著　大法輪閣　(精読・仏教の言葉)　1999.1　①4-8046-4101-7
＊親鸞の教えを庶民のものにした蓮如。蓮如の一語一語が、500年後の今ここに蘇り、我らの生き方を問う。その代表的な言葉・名句、浄土真宗の基本語・重要語を、原文・現代語訳・語釈・解説で解き明かす。

◇現代語訳蓮如上人御一代記聞書　瓜生津隆真著　大蔵出版　1998.9　①4-8043-1048-7
＊民衆救済を掲げて、乱世に生きた蓮如の信仰思想を現代的な視点で問い直す、最新の口語訳。

◇蓮如上人御一代記聞書　藤沢量正著　本願寺出版社　(聖典セミナー)　1998.9　①4-89416-626-7

◇蓮如　8　蓮如遷化の巻　改版　丹羽文雄著　中央公論社　(中公文庫)　1998.7　①4-12-203199-0
＊本願寺住持職を五男実如に譲って大阪御坊に隠居した蓮如は、明応八年三月、親鸞思想の伝道者であり浄土真宗中興の祖としての八十五年の波瀾の生涯を山科に閉じた。

◇蓮如―本願寺王国を築いた巨人　大谷晃一著　学陽書房　(人物文庫)　1998.6　①4-313-75050-9
＊「大阪学」のルーツ。日本人の乾いた心をうるおす、人間蓮如の愛と成功の生涯。

◇蓮如　7　山科御坊の巻　改版　丹羽文雄著　中央公論社　(中公文庫)　1998.6　①4-12-203174-5

◇蓮如さまとお方さま　籠谷真智子著　弘

教科書に載った日本史人物1000人　**719**

文出版　1998.6　①4-87520-212-1

◇小説蓮如　百瀬明治著　PHP研究所
1998.5　①4-569-60084-0

◇蓮如　6　最初の一向一揆の巻　改版　丹
羽文雄著　中央公論社　（中公文庫）
1998.5　①4-12-203149-4

◇蓮如の世界―蓮如上人五百回忌記念論集
大谷大学真宗総合研究所編　文栄堂書店
1998.4

【ろ】

ロエスレル
Roesler, K. F. Hermann
1834～1894　明治期のドイツの法学者, 経
済学者。内閣顧問。プロイセン憲法を手
本とした「日本帝国憲法草案」を提出。

◇井上毅とヘルマン・ロェスラー―近代日
本の国家建設への貢献　長井利浩著　文
芸社　2012.10　①978-4-286-12685-2
＊本書は、明治維新後の新生日本の近代化
に立ち向かった日本およびドイツの先
人の勇猛果敢なエネルギーを、一会社
経営者が解き明かした渾身の希望の書
である。明治の官僚、井上毅と外務省
の法律顧問、ドイツ人のヘルマン・ロェ
スラーが「緊密な連携と共同作業」によ
り、近代日本の礎ともいうべき明治憲法
並びに教育勅語の起草という一大事業を
成し遂げた、その経緯を明らかにする。

ロッシュ　Roches, Leon
1809～1901　江戸時代末期のフランスの
外交官。駐日公使。幕府を援助し横須賀
製鉄所の建設を指導。

◇江戸幕末滞在記―若き海軍士官の見た日
本　エドゥアルド・スエンソン著, 長島要
一訳　講談社　（講談社学術文庫）
2003.11　①4-06-159625-X
＊王政復古直前に来日したデンマーク人
が、フランス公使ロッシュの近辺で見聞
した貴重な体験を綴る。将軍慶喜との

謁見の模様やその舞台裏、横浜の大火、
テロに対する緊迫した町の様子、また、
日本人のきれい好きから悪習や弱点ま
でも指摘。旺盛な好奇心、清新な感性、
鋭い観察眼と洞察力。若き海軍士官が
幕末日本の姿を鋭く鮮やかに描く。

【わ】

若槻礼次郎　わかつきれいじろう
1866～1949　大正, 昭和期の政治家。内閣
総理大臣, 憲政党総裁。大蔵大臣、内務大
臣などを歴任。

◇国を動かした出雲人―若槻礼次郎と岸清
一　平成28年度企画展生誕150年記念　松
江歴史館編　松江歴史館　2016.11
①978-4-907152-06-2

◇若槻礼次郎　御厨貴監修　ゆまに書房
（歴代総理大臣伝記叢書）　2006.2
①4-8433-1794-2

◇自分史　若槻礼次郎, 若槻美代子著　〔若
槻礼次郎〕　1991.9

◇宰相・若槻礼次郎―ロンドン軍縮会議首
席全権　豊田穣著　講談社　1990.9
①4-06-204890-6
＊「今や日本は軍縮によって、経済の安定
を図らねばならない」―親友の浜口雄
幸首相から頭を下げられると、若槻は
決断した。国論を二分し、日米英がし
のぎを削った昭和五年の軍縮会議は、
今日の国際政治にも通じる多くの教訓
を残した。書下ろし長編人物評伝。

ワーグマン　Wirgman, Charles
1832～1891　明治期のイギリスの画家, 新
聞記者。漫画誌「ジャパン・パンチ」を
発行。

◇ワーグマンとその周辺―横浜を愛したポ
ンチ絵の元祖　重富昭夫著　ほるぷ出版
（ほるぷ現代ブックス）　1987.10
①4-593-53413-5
＊内訌の動乱うちつづく幕末日本を縦横

に奔ったイギリス人絵語りジャーナリスト、ワーグマンの肖像を追う。

◇ワーグマンと横浜―風刺漫画のルーツ、英人ジャーナリスト　重富昭夫著　暁印書館　1985.6

和気清麻呂　わけのきよまろ
733〜799　奈良時代, 平安時代前期の公卿。(非参議)。垂仁天皇の裔。道鏡の皇位簒奪の企てを阻止し左遷される。道鏡失脚後に復権。

◇和気清麻呂にみる誠忠のこころ―古代より平成に至る景仰史　若井勲夫著　ミネルヴァ書房　2017.10　①978-4-623-07915-5

◇和気清麻呂公と護王神社　所功著　護王神社　2006.10

◇和気清麻呂　久井勲著　作品社　2005.6　①4-86182-034-0
＊称徳女帝の意向に反し、道鏡の皇位継承を阻んだ清麻呂。世上著名な「弓削道鏡事件」のほか大和川の治水、平安京の建設責任者としての側面に光を当て、その人と時代を斬新な視点で活写する郷土作家による書下ろし歴史小説。

◇日本歴史再考　所功著　講談社　(講談社学術文庫)　1998.3　①4-06-159322-6
＊あなたは、日本の歴史をどれだけ知っていますか。日本史上、中心的リーダーとして歴史を動かした人物を何人知っていますか。本書は、その代表的人物といわれる菅原道真や橋本景岳らの生き方を学ぶとともに、日本の年号制度、年中行事や祝祭日、即位儀礼と神宮への親謁の意義などを考察。日本のさまざまな歴史事象を多面的・総合的な立場から見直すことにより日本民族文化の原点を探った必読の書。

和田英　わだえい
⇒横田英(よこたえい)

和田英作　わだえいさく
1874〜1959　明治〜昭和期の洋画家。東京美術学校教授。作品に「渡頭の夕暮れ」

「こだま」など。文化勲章受章。

◇わが国洋画界の泰斗故和田英作画伯ゆかりの人びと　野村泰三編　野村泰三　1996.10

渡辺崋山　わたなべかざん
1793〜1841　江戸時代後期の武士, 画家, 経世家。洋風画を研究していたのが洋学研究へと進み、高野長英らと交わる。幕政を批判した「慎機論」を執筆し蛮社の獄で牢に入り、蟄居中自刃。

◇渡辺崋山書簡集　渡辺崋山著, 別所興一訳注　平凡社　(東洋文庫)　2016.12　①978-4-582-80878-0

◇渡辺崋山　ドナルド・キーン著, 角地幸男訳　新潮社　2007.3　①978-4-10-331707-4
＊田原藩士として武士の本分を堅守しつつ、西洋文明の正確な理解に努め、瞠目すべき写実を独創した、徳川後期屈指の画家。不遇な幼少期から非業の自刃に至るまで、明治維新という一大革命の前夜、その文化状況の危機を象徴するかのような崋山の生涯。宿命の男の肖像を、等身大に活写する。

◇幕末から明治へのめまぐるしい美術―渡辺崋山を中心に　新装版　金原宏行著　沖積舎　(ちゅうせき叢書)　2006.10　①4-8060-7528-0
＊幕末・近代の黎明期から新時代の明治へ―木喰・ガラス絵など民衆の美術・渡辺崋山・大久保一丘の作品。幕末から明治へ近代化が大きく進む時代を通して描く労作12編。

◇異才の改革者渡辺崋山―自らの信念をいかに貫くか　童門冬二著　PHP研究所　(PHP文庫)　2005.12　①4-569-66547-0
＊日本美術史に新境地を開いた画風を生み出す一方、藩政家として東海の小藩・田原藩の経営再建に尽力した渡辺崋山―。蘭学者との交流を通じて西洋の先進知識を蓄えた多才にして「異才の人」は、幕府の海防政策を批判した容疑で、49歳で自刃に追い込まれる。幕末初期の改革者だった崋山は、いかに守旧派と闘い、自らの信念を貫き通したの

か？　時代の先駆者の生涯に学ぶ一冊。

◇士魂の人渡辺崋山探訪　芳賀登著　つくばね舎　（つくばね叢書）　2004.4　①4-924836-64-8

◇渡辺崋山―郷国と世界へのまなざし　別所興一著　あるむ　（愛知大学綜合郷土研究所ブックレット）　2004.3　①4-901095-45-5

◇渡辺崋山―優しい旅びと　芳賀徹著　朝日新聞社　（朝日選書）　2003.6　①4-925219-72-3

◇渡辺崋山研究―三河田原藩の周辺と画論を中心に　小沢耕一著　日本図書センター　1998.5　①4-8205-2375-9

◇崋山探索　杉浦明平著　岩波書店　（同時代ライブラリー）　1998.5　①4-00-260344-X

◇非業の人・渡辺崋山―青少年劇場用　平林卓郎著　文化書房博文社　1998.3　①4-8301-0819-3

◇渡辺崋山　日比野秀男執筆，日本アート・センター編　新潮社　（新潮日本美術文庫）　1997.5　①4-10-601540-4

◇渡辺崋山と（訪甌録）三ヶ尻　熊谷市立図書館編　熊谷市立図書館　（市内の文化財をめぐる）　1997.3

◇渡辺崋山　加藤文三著　大月書店　1996.4　①4-272-54044-0
＊日本美術史に新境地を開く名画をつぎつぎに生みだすいっぽう、多くの蘭学者との交遊をつうじて西洋の新知識を蓄えた異才の人・崋山。激動する時代の足音を予感しつつ、慫容として自刃の日を迎えるまでの光彩あふれる一生を描く。

◇渡辺崋山の逆贋作考　月山照基著　河出書房新社　1996.1　①4-309-26271-6

◇独訳『渡辺崋山』へのいざない　神波比良夫ほか著　独訳『渡辺崋山』刊行会　1995.4

◇渡辺崋山―秘められた海防思想　日比野秀男著　ぺりかん社　1994.12　①4-8315-0659-1

◇わたしの崋山　杉浦明平著　ファラオ企画

（原点叢書）　1991.12　①4-89409-112-7
＊党と訣別し民衆とともに生きんとした求道者・杉浦明平が永久革命者としての自己を渡辺崋山に投影した表題作他八編に日本知識人の悲劇と屈折を見る。

▌渡辺錠太郎　わたなべじょうたろう
1874～1936　明治～昭和期の陸軍軍人。大将。二・二六事件で青年将校に暗殺された。

◇渡邉錠太郎―軍の本務は非戦平和の護持にあり　岩村貴文本文執筆　岩倉渡邉大将顕彰会　2010.6

◇郷土の偉人渡辺錠太郎　増補版　岩倉渡辺大将顕彰会著，愛北信用金庫編　愛北信用金庫　1998.2

▌和田義盛　わだよしもり
1147～1213　平安時代後期，鎌倉時代前期の武将。鎌倉幕府侍所別当だったが、北条氏に挑発され挙兵。激戦となったが敗死した。

◇和田義盛―浄楽寺仏像の願主　若命又男著　若命又男　1977.1

▌和辻哲郎　わつじてつろう
1889～1960　明治～昭和期の哲学者。東京帝国大学教授。日本的人間観が基調の倫理思想を構築。著書に「風土」など。

◇和辻哲郎と昭和の悲劇―伝統精神の破壊に立ちはだかった知の巨人　小堀桂一郎著　PHP研究所　（PHP新書）　2017.10　①978-4-569-83704-8

◇和辻哲郎　新装版　小牧治著　清水書院　（Century Books　人と思想）　2015.9　①978-4-389-42053-6

◇和辻哲郎―人格から間柄へ　宮川敬之著　講談社　（講談社学術文庫　再発見日本の哲学）　2015.9　①978-4-06-292311-8

◇和辻哲郎―文人哲学者の軌跡　熊野純彦著　岩波書店　（岩波新書）　2009.9　①978-4-00-431206-2
＊『古寺巡礼』『風土』等、流麗な文体により、かつて青年の熱狂をかきたてた

和辻哲郎

ことで知られる和辻哲郎。彼は同時に、日本近代が生んだ最大の体系的哲学書、『倫理学』の著者でもある。日清戦争前夜に生まれ第二次大戦後におよんだその生と思考の軌跡は、いかなる可能性と限界とをはらむものだったのか。同時代の思想状況を参照しつつ辿る。

◇二人のヨーロッパ—辻善之助と和辻哲郎　姫路文学館編　姫路文学館　2001.4

◇和辻哲郎—異文化共生の形　坂部恵著　岩波書店　（岩波現代文庫 学術）　2000.12　①4-00-600036-7
　＊七歳のときの夢幻劇体験が見出した民衆文化の古層への回路。時間と空間が融け合う世界を感知する資質は、西洋の学問を吸収してもなお独特の思索を紡いでいった。近代哲学の存在論と、直観を手がかりに個の内側から他なるものの理解へ至ろうとする構想力の葛藤が生み出す著作群。思想の原点にふれるまったく新しい和辻像。

◇和辻哲郎の実像—思想史の視座による和辻全体像の解析　荘子邦雄著　良書普及会　1998.2　①4-656-21831-6

◇和辻哲郎　湯浅泰雄著　筑摩書房　（ちくま学芸文庫）　1995.5　①4-480-08196-8
　＊近代日本を代表する哲学者として『古寺巡礼』『風土』『倫理学』などを著した和辻哲郎。その生涯と思想形成を描く。日本国家と運命をともにした和辻は、文化創造こそ世界史における日本の使命だと説く。彼は日本の思想伝統をどうとらえたのか。その文化的ナショナリズムは政治状況とどう向かい合ったのか。その哲学の可能性と問題点はいったい何か。晩年の和辻哲郎に師事した著者が、その思想の全貌を時代のコンテクストを交えながら、共感と批判の眼をもって描く本格的評伝。

◇若き日の和辻哲郎　勝部真長著　PHP研究所　（PHP文庫）　1995.4　①4-569-56754-1
　＊第二次『新思潮』以来、生涯にわたっての友人で、よき競争相手であった谷崎と和辻。互いに天成の文章家でありながら、生涯を小説家として貫き通した谷崎に対し、途中で転向し倫理学者としての道を歩んだ和辻。和辻を学問の世界へと導いたものは何だったのか。明治・大正期の青春時代、谷崎らとの交友を軸に、その生活と文芸・思想との関係を明らかにし、和辻学の礎が築かれるまでを描く。

◇和辻哲郎の面目　吉沢伝三郎著　筑摩書房　1994.2　①4-480-84231-4
　＊主著『倫理学』における東洋文化の伝統に根ざした独特の〈人間観〉の考察を踏まえて、その人間性と人間論の二つの側面を浮き彫りにした倫理学者としての和辻哲郎論。若き日に師事し、恩師の晩年にいたるまで親交のあった著者の畢生の労作。

◇自叙伝の試み　和辻哲郎著　中央公論社　（中公文庫）　1992.4　①4-12-201893-5
　＊明治22年、医家に生れながら文科を志して上京し、一高に入学するまでの若き日々を綴った、思想家和坪哲郎の半生記。平明で淡々とした記述は、ゆったりとした時の流れの中での少年和辻の精神発展の軌跡だけではなく、明治2、30年代の日本が移り変っていく様子をもあざやかに映し出している。

◇和辻哲郎を読む　姫路独協大学公開講座運営委員会　1990.12　①4-938621-04-5

教科書に載った日本史人物1000人
―知っておきたい伝記・評伝

2018年12月25日　第1刷発行

発　行　者／大高利夫
編集・発行／日外アソシエーツ株式会社
　　　　　　〒140-0013 東京都品川区南大井6-16-16 鈴中ビル大森アネックス
　　　　　　電話 (03)3763-5241（代表）FAX(03)3764-0845
　　　　　　URL http://www.nichigai.co.jp/
発　売　元／株式会社紀伊國屋書店
　　　　　　〒163-8636 東京都新宿区新宿3-17-7
　　　　　　電話 (03)3354-0131（代表）
　　　　　　ホールセール部（営業）電話 (03)6910-0519

電算漢字処理／日外アソシエーツ株式会社
印刷・製本／光写真印刷株式会社

不許複製・禁無断転載　　　　　　　　　《中性紙三菱クリームエレガ使用》
＜落丁・乱丁本はお取り替えいたします＞
ISBN978-4-8169-2756-0　　　　**Printed in Japan, 2018**

本書はディジタルデータでご利用いただくことが
できます。詳細はお問い合わせください。

日本全国 歴史博物館事典

A5・630頁　定価（本体13,500円＋税）　2018.1刊

日本全国の歴史博物館・資料館・記念館など275館を収録した事典。全館にアンケート調査を行い、沿革・概要、展示・収蔵、事業、出版物・グッズ、館のイチ押しなどの最新情報のほか、外観・館内写真、展示品写真を掲載。

江戸近世暦
―和暦・西暦・七曜・干支・十二直・納音・二十八（七）宿・二十四節気・雑節

A5・600頁　定価（本体6,200円＋税）　2018.7刊

天正10年（1582）から明治5年（1872）までの291年間・106,253日の暦表。日本で本能寺の変が起き、西欧でグレゴリオ暦が採用された年から、明治政府により太陰太陽暦（天保暦）が廃止される直前まで、和暦と西暦を1日1日対照。七曜・干支・十二直・納音・宿曜・節気・雑節など基本的な暦注を再現したほか、没日・滅日・日食予報・月食予報も記載。

日本の祭神事典
―社寺に祀られた郷土ゆかりの人びと

A5・570頁　定価（本体13,800円＋税）　2014.1刊

全国各地の神社・寺院・小祠・堂などで祭神として祀られた郷土ゆかりの人物を一覧できる。天皇・貴族・武将など歴史上の有名人をはじめ、産業・開拓の功労者、一揆を指導した義民など、地域に貢献した市井の人まで多彩に収録。

読み間違えやすい 全国地名辞典

A5・510頁　定価（本体6,000円＋税）　2018.6刊

全国の現行地名の中から複数の読みを持つ地名、一般に難読と思われる地名など32,000件の読みかたを収録。「地域順一覧」により“読み間違えやすい地名”を都道府県別、地域毎に一覧できる。地名の先頭漢字から探すことができる「頭字音訓ガイド」付き。

データベースカンパニー
日外アソシエーツ　〒140-0013　東京都品川区南大井6-16-16
TEL.(03)3763-5241　FAX.(03)3764-0845　http://www.nichigai.co.jp/